中国智能网联汽车产业发展年鉴

CHINA INTELLIGENT AND CONNECTED VEHICLE INDUSTRY DEVELOPMENT ALMANAC 2023

中国汽车工程研究院股份有限公司
西部科学城智能网联汽车创新中心(重庆)有限公司
中国汽车信息化推进产业联盟
北京中汽智联科技有限公司
编

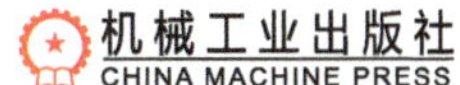
机械工业出版社
CHINA MACHINE PRESS

本书是中国汽车工程研究院股份有限公司等在持续进行智能网联汽车产业研究的基础上推出的产业研究专著，在本书的编制过程中获得了来自高校、行业机构、智能网联汽车整车企业以及相关单位专业人士的大力支持。

本书从科学角度，对我国智能网联汽车产业发展情况进行了全面系统的梳理和分析，作为产业的观察者持续紧跟产业发展节奏，密切关注产业发展态势，既从受众的角度让广大读者了解中国智能网联汽车产业发展现况和趋势，又从专业角度客观评价智能网联汽车创新技术和产品。本书有助于地方政府、汽车行业相关企业、研究机构、社会公众等了解中国智能网联汽车产业发展的最新动态，意在为政府部门出台智能网联汽车产业相关政策法规和企业制定相关战略规划提供必要的借鉴和参考。

图书在版编目（CIP）数据

中国智能网联汽车产业发展年鉴．2023 / 中国汽车工程研究院股份有限公司等编．—北京：机械工业出版社，2024.3

ISBN 978-7-111-75546-3

Ⅰ．①中⋯ Ⅱ．①中⋯ Ⅲ．①汽车－智能通信网－产业发展－中国－2023－年鉴 Ⅳ．① F426.471-54

中国国家版本馆 CIP 数据核字（2024）第 070213 号

机械工业出版社（北京市百万庄大街 22 号 邮政编码 100037）

策划编辑：王 婕　　　　责任编辑：王 婕

责任校对：贾海霞 张 薇　责任印制：张 博

北京建宏印刷有限公司印刷

2024 年 6 月第 1 版第 1 次印刷

210mm × 285mm ·31.25 印张·3 插页·1026 千字

标准书号：ISBN 978-7-111-75546-3

定价：699.00 元

电话服务　　网络服务

客服电话：010-88361066　机 工 官 网：www.cmpbook.com

010-88379833　机 工 官 博：weibo.com/cmp1952

010-68326294　金 书 网：www.golden-book.com

封底无防伪标均为盗版　机工教育服务网：www.cmpedu.com

《中国智能网联汽车产业发展年鉴 2023》编审委员会

顾问专家（以姓氏笔画为序）

万鑫铭　中国汽车工程研究院股份有限公司党委书记、董事长
马　健　长安大学原校长
王震坡　北京理工大学教授、电动车辆国家工程实验室主任
毛　明　中国科学院院士、中国北方车辆研究所所长
公维洁　中国汽车工程学会副秘书长
石晓辉　重庆理工大学原校长
叶盛基　中国汽车工业协会总工程师、副秘书长
朱西产　同济大学教授、汽车安全技术研究所所长
刘　英　中国电子商会副秘书长、中国汽车信息化推进产业联盟副理事长兼副秘书长
刘安民　中国汽车工程研究院股份有限公司总经理
许书权　交通运输部公路科学研究院副处长
李开国　中国汽车工程研究院股份有限公司原董事长，中国汽车工程学会监事长
李庆建　国汽大有时空科技（安庆）有限公司副总裁
李克强　中国工程院院士、国家智能网联汽车创新中心首席科学家
李海生　中国环境科学研究院院长
杨世春　北京航空航天大学交通科学与工程学院院长
罗远新　重庆大学国家卓越工程师学院院长
赵福全　清华大学车辆与运载学院教授、博士生导师，汽车产业与技术战略研究院（TASRI）院长，世界汽车工程师学会联合会终身名誉主席
蔡晓禹　重庆交通大学智慧城市学院院长

主任专家（以姓氏笔画为序）

王　磊　北京汽车研究总院有限公司党委委员、院长
王德平　中国第一汽车集团有限公司研发总院院长党委书记，技术中心主任
古惠南　广汽埃安新能源汽车有限公司总经理
刘伦才　中国电科芯片技术研究院 / 中电科汽车芯片技术发展研究中心副院长 / 主任
汤文彬　惠州华阳通用电子有限公司副总经理
张于威　武汉经济技术开发区双智办公室副主任
陈佳锐　北京理想汽车有限公司政策研究院经理
陈振斌　海南大学机电工程学院副院长
欧鹏飞　北京理想汽车有限公司政策研究院总监
罗跃军　武汉中海庭数据技术有限公司 CTO

赵起超　北京津发科技股份有限公司董事长
姜卫平　武汉大学科学技术发展研究院 / 武汉大学卫星导航定位技术研究中心院长 / 主任
黄　刚　中国移动上海产业研究院副总经理
戚　湧　南京理工大学院长
褚文博　西部科学城智能网联汽车创新中心（重庆）有限公司

副主任专家（以姓氏笔画为序）

万　如　蘑菇车联信息科技有限公司联合创始人兼副总裁
王　豪　天津德科智控股份有限公司总经理
史有强　兆易创新科技集团股份有限公司汽车市场部总监
年劲飞　千寻位置网络有限公司副总裁
刘俊峰　科大讯飞股份有限公司副总裁、智能汽车事业部总经理
羊绍林　未来（北京）黑科技有限公司研发负责人
孙红星　武汉大学珞珈实验室 / 武汉际上导航科技有限公司教授
杨冬生　比亚迪集团副总裁兼产品规划及汽车新技术研究院院长
李　凯　东风悦享科技有限公司 CEO
李　谦　华人运通（上海）云计算科技有限公司智能整车副总裁、创始合伙人
何嘉智　光羿科技有限公司研发负责人
沈帮炉　重庆车联网科技有限公司创始人兼总经理
宋向辉　交通运输部公路科学研究院智能交通研究中心副主任
宋德王　北京百度智行科技有限公司智能网联资深专家
张　兵　北京现代汽车有限公司市场公关部部长
张　武　名商科技有限公司总经理
张　炜　软安科技有限公司汽车行业负责人
张远燚　厦门旷时科技有限公司董事长
张然懋　联通智网科技股份有限公司总经理
陈君毅　上海同济大学汽车学院博士
陈春毅　采埃孚（上海）管理有限公司商用车解决方案事业部亚太区车辆动态控制产品线负责人
范雪俭　北京天融信网络安全技术有限公司车联网安全总架构师
赵新华　金杜律师事务所合伙人
侯　聪　苏州轻舟智航智能技术有限公司联合创始人兼 CTO
耿伟峰　长城汽车股份有限公司哈弗技术中心智能平台开发中心副总经理
高博麟　清华大学车辆与运载学院副研究员
郭飞龙　西安主函数智能科技有限公司总经理助理
唐绍春　浙江德清莫干山智联未来科技有限公司车联网负责人
黄　洁　中智行科技有限公司技术总监
曹立波　湖南大学教授
梁艳菊　无锡物联网创新中心有限公司技术总监
蒋　宏　上海昱感微电子科技有限公司 CEO
蒋建春　重庆邮电大学教授
谢毅松　广西电力职业技术学院汽车与交通工程学院副院长

鲍世强　万物镜像（北京）计算机系统有限公司 CEO
廖光朝　重庆云潼科技有限公司总经理

委员专家（以姓氏笔画为序）

于宗元　安富科技股份有限公司 CEO
王　飞　北奔重汽（北京）汽车研发有限公司执行董事、经理
王世玮　探维科技（北京）有限公司 CEO
王永亮　重庆梧桐车联科技有限公司副总经理
王学思　北京万集科技股份有限公司汽车电子产品事业部执行副总经理
王宗博　北京木牛领航科技有限公司 CEO
王诗鹏　浙江长三角车联网安全技术有限公司总经理
王钧锋　上海月芯半导体科技有限责任公司副总经理
云　朋　木卫四（北京）科技有限公司 CEO
邓召文　湖北汽车工业学院汽车工程师学院二级学院副院长
石添华　厦门金龙旅行车有限公司总工程师
田　磊　中国重型汽车集团有限公司智能网联研究部部长
冯　拔　中车时代电动汽车股份有限公司智驭子公司技术部部长
朱　捷　上海丙寅电子有限公司技术总监
乔斌亮　阳泉领航科技产业有限公司总经理
任立鹏　清智汽车科技（苏州）有限公司线控底盘事业部总经理
任德红　重庆九洲星熠导航设备有限公司总经理助理
刘　晟　南京智慧交通信息股份有限公司董事长
刘　斌　北京顺创智能网联科技发展有限公司副总经理
刘飞龙　上海宏景智驾信息科技有限公司创始人兼 CEO
刘传富　山东豪驰智能汽车有限公司董事长
刘国兵　北京超核电子科技有限公司 CEO
刘瑶秋　扬州亚星客车股份有限公司大数据算法工程师
阮大治　上海市车联网协会秘书长
李必军　武汉大学测绘遥感信息工程国家重点实验室教授
李冠群　北斗星通智联科技有限责任公司副总裁
李祥明　浙江天行健智能科技有限公司总经理
杨　波　深圳东和邦泰科技有限公司总经理
杨　曾　上海创时汽车科技有限公司产品经理
吴名芝　（同济大学）南昌智能新能源汽车研究院智能网联汽车研究所所长
吴国庆　车路通科技 (成都) 有限公司董事长
吴征明　广州市智能网联汽车示范区运营中心主任
吴振波　美格智能技术股份有限公司企划部经理
何　贝　北京斯年智驾科技有限公司创始人兼 CEO
张　炼　北京银联金卡科技有限公司副总经理
张炳力　合肥工业大学车辆工程系、安徽省智能汽车工程研究中心主任
陈升东　广州软件应用技术研究院副主任

林　浩　锐驰智光（北京）科技有限公司产品技术总监
周志宇　探步科技（上海）有限公司产品总监
周坤明　湖南纳雷科技有限公司总经理
贲　伟　南京莱斯网信技术研究院有限公司副总经理
钟成保　芯海科技（深圳）股份有限公司产品经理
段卫洁　北京交通运输职业学院汽车学院汽车智能技术专业负责人
铁金胜　上海智能网联汽车技术中心有限公司战略发展部高级经理
倪　凯　禾多科技（广州）有限公司创始人兼 CEO
徐匡一　江苏波雯科技有限公司创始人兼首席科学家
陶　青　成都易控智联汽车电子有限公司研发部长
陶　鑫　云创智行科技（苏州）有限公司研发副总裁
黄宏留　杰平方半导体（上海）有限公司副总经理
韩　炜　广东星舆科技有限公司高级副总裁
傅春耘　重庆大学机械与运载工程学院副教授
舒　强　上海同驭汽车科技有限公司董事长兼总经理
鲍君威　图达通智能科技（苏州）有限公司联合创始人兼 CEO
霍　向　北京洛必德科技有限公司首席信息官

《中国智能网联汽车产业发展年鉴 2023》办公室

编辑说明

一、《中国智能网联汽车产业发展年鉴》由中国汽车工程研究院股份有限公司、西部科学城智能网联汽车创新中心、中国汽车信息化推进产业联盟、北京中汽智联科技有限公司共同主编，是目前首部专业针对智能网联汽车行业的大型综合性年鉴，每年编辑出版一册。本书旨在逐年记述、反映全国智能网联汽车的发展情况，展示中国智能网联汽车产业的伟大发展历程，为各级领导了解产业发展现状、实施科学决策，为各行各业及有关单位查寻资料、获取信息，为国内外各界人士认识中国智能网联汽车、熟悉中国智能网联汽车产业提供服务，同时，也是中国汽车行业的权威读物和重要参考资料。

二、《中国智能网联汽车产业发展年鉴 2023》的编纂工作，以进一步促进我国智能网联汽车改革发展，交流彼此研究成果，熟悉掌握各项研究成果、政策标准、技术应用为中心，力求突出中国智能网联汽车产业发展的优势和特点，全面地反映 2023 年中国智能网联汽车产业各方面的发展情况。

三、本年鉴包含 2022—2023 年智能网联汽车发展概述、智能网联汽车政策动态研究、智能网联汽车标准动态研究、智能网联汽车市场发展研究、智能网联汽车细分领域专项研究、行业观点、中国智能网联汽车重点企业发展概况，以及智能网联汽车整车制造方向、定位方向、感知方向、决策方向、执行方向、车联网方向、智能座舱方向、测试与示范方向、高校技术研究创新成果及相关附录。

四、本年鉴的原始材料由各级政府、智能网联示范区、主要汽车集团、分领域配套单位、高等院校、科研院所及有关单位提供，部分稿件由中国汽车工程研究院股份有限公司撰写。所用数据主要参照《中国智能网联汽车产业发展年鉴 2023》办公室的统计资料，但因个别供稿单位统计口径不同等原因，有的数据在不同条目中不尽一致，使用时请注意出处。资料截止时间为 2023 年 12 月 30 日。

五、为方便读者查阅，我们编制了年鉴目录，置于卷首。

六、本年鉴的编辑、出版承蒙各有关部门（单位）大力支持，在此谨表诚恳谢意。书中纰漏、错误之处，恳请读者指教。

《中国智能网联汽车产业发展年鉴 2023》办公室

2023 年 12 月

目　　录

第 10 章 243

智能网联汽车感知方向技术研究创新成果

第 1 章
2022—2023 年
智能网联汽车发展概述

当前，全球智能网联汽车产业发展驶入快车道，海内外政策持续升级、法规创新突破、技术迭代更新，有力地推动了产业从常态化运营到商业化落地，加速智能网联汽车与智能交通、智慧城市深入融合发展。2022 年以来，在国家战略引领、整车支持及产业各方的共同努力下，我国智能网联汽车产业在政策法规制定、管理模式创新、关键技术突破、产业链条完善、基础设施建设等方面取得较好成绩，产业整体呈现出蓬勃发展的良好局面。

1. 政策法规持续牵引

随着智能网联汽车产业的发展和技术的成熟，产业政策重心逐渐由基础培育向实际应用和落地推广转移。2022 年以来，我国重点围绕关键技术攻关、数据安全与发展、测试示范应用等方面，持续出台政策法规，引导和支撑行业快速、健康发展。

一是关键技术攻关。《交通领域科技创新中长期发展规划纲要（2021—2035 年）》《“十四五”交通领域科技创新规划》《关于推进 5G 轻量化（RedCap）技术演进和应用创新发展的通知》等政策陆续发布，布局重点研发方向，提出多项科技工程，推动智能交通系统建设。

二是数据安全与发展。2022 年，《数据出境安全评估办法》《关于促进智能网联汽车发展维护测绘地理信息安全的通知》发布，重点在于规范数据出境及测绘地理信息数据采集活动，保障数据安全。2023 年，《关于构建数据基础制度更好发挥数据要素作用的意见》《关于促进数据安全产业发展的指导意见》等政策出台，对建立数据要素的产权制度、流通和交易制度、收益分配制度、治理制度提出具体要求，助力数据要素市场培育和价值释放。

三是测试示范应用。2023 年 11 月，《关于开展智能网联汽车准入和上路通行试点工作的通知》发布，首次从国家层面为 L3、L4 级自动驾驶汽车准入和上路通行试点工作提供政策依据，释放出大力发展高级别（L3/L4 级）自动驾驶的明确信号。

在国家政策的指引下，各地方政府纷纷颁布规划和行动方案，加速推动自动驾驶产业试点试行和商业化发展。2022 年以来，北京、上海、重庆等地纷纷出台智能网联汽车产业发展相关规划、发展战略、应用条例及地方法规，助力当地智能网联汽车产业发展。

2. 管理模式探索创新

智能网联汽车的自动驾驶阶段（有条件自动驾驶、高度自动驾驶、完全自动驾驶）与现行法律法规规范的有人驾驶存在质的区别。政府通过试行等方式不断摸索新的管理模式。

“监管沙盒”创新智能网联汽车监管模式。2022 年 4 月，国家市场监管总局等五部门联合发布《关于试行汽车安全沙盒监管制度的通告》，启动汽车安全沙盒监管试点工作，明确提出沙盒监管的对象，鼓励企业在不完全掌握产品风险时，自愿开展进一步测试，最大限度地防范产品应用风险。“监管沙盒”较好地平衡了技术创新和安全风险，为推动我国智能网联汽车产业安全有序发展提供新的监管思路。

智能网联汽车管理地方立法创新。2022 年 7 月，国内首部关于智能网联汽车管理的法规《深圳经济特区智能网联汽车管理条例》正式发布。首次创设了对智能网联汽车的准入和管理办法，并首次明确交通事故责任划分，通过清晰的定义明确了 L3、L4、L5 级智能网联车辆的准入、管理、使用合法性，对道路测试、数据安全等进行了更合理细致的管理制度规范。

3. 关键技术实现突破

我国智能网联汽车关键技术不断突破，在整车集成与部分关键技术方面逐步追赶国际先进水平，开始形成并跑趋势。

整车集成层面，L2 级自动驾驶形成广泛应用，多家车企已做好了量产 L3 级自动驾驶车型的准备。根据工信部数据，2022 年，L2 级乘用车新车渗透率已达到 34.5%。当前，长安阿维塔、一汽红旗、上汽智己、北汽极狐、长城 WAY、赛力斯、蔚来、小鹏等多家车企积极储备 L3 级及以上自动驾驶研发能力，完成相关 L3 级准量产车型开发，在相关管理办法许可后即可投入市场。

关键技术层面，激光雷达国产化及上车速度明显加快，华为、览沃科技、图达通等国内企业的半固态激光雷达产品实现量产车型搭载；华为、地平线、黑芝麻智能、芯驰等企业实现高算力计算芯片产品开发，车型搭载也有明显进展；人机交互方面，虚拟显示、驾驶员监控系统等已有应用，紧跟国际进展，座舱多模融合交互技术应用领先国际水平；C-V2X 技术水平处于国际领先状态，多款车型已经开始搭载自主 C-V2X 终端；基于北斗卫星导航系统的高精度地图与定位技术逐步扩大应用领域，支持高级别自动驾驶落地。

4. 产业链条加速完善

随着智能化、网联化深入人心，智能网联汽车产业机遇凸显，整车制造企业纷纷深化布局智能化战略，科技公司大力转型汽车产业，各类初创公司经过数年发展也取得显著成效。从产业链视角看，**在上游，**关键传感器、定位和地图、车规级计算芯片、线控执行器等产业关键环节相对齐备；**在中游，**各类自动驾驶解决方案集成商、智能座舱方案集成商等形成了较为成熟的解决方案，各整车制造企业纷纷推出智能网联车型投放市场；**在下游，**应用场景不断拓展，Robotaxi、无人末端配送、无人港口/矿山运输等快速发展。

但需要正视的是，我国智能网联汽车产业链仍有短板，操作系统、研发测试工具链、车规级高性能芯片等方面存在“卡脖子”和断供风险。此外，相较于传统汽车，智能网联汽车信息终端特征凸显，汽车数据要素将成为行业的重要资产。汽车数据资产化是促进数据要素价值释放和全面治理的必由之路，但具体商业模式仍待探索。

5. 基础设施加快建设

面对单车智能存在的产业化挑战，我国明确发展以车路云融合为核心的“中国方案”智能网联汽车路线，依托测试示范区、车联网先导区、“双智”试点等契机，大力推动各地道路智能化改造和基础设施投资，加速智能化、网联化融合发展。

我国正大力推动智能化基础设施建设。目前，我国已经建成 17 个国家级测试示范区，7 个车联网先导区，16 个双智试点城市，拥有超过 50 个封闭测试场。截至 2023 年 11 月，全国已开放智能网联汽车测试道路超过 22000km，完成 7000 多 km 道路智能化升级改造，建成 5G 基站超过 321 万座，部署智能化路侧基础设施超过 8500 套。

展望未来，随着我国智能网联汽车政策的不断优化、关键技术的不断进步、自动驾驶先导应用试点和“双智试点”的实施以及地方法律法规的突破，智能网联汽车的发展具备了更广阔的发展空间和更充沛的发展动力，势必将引领交通运输系统数字化、网联化、智能化发展，颠覆整个交通运输、运载工具及相关产业。面向愈发激烈的竞争环境，L3 级智能驾驶商业化落地将成为竞争关键，能实现 L3 级智能驾驶量产的企业将更具竞争力。

第 2 章
智能网联汽车政策动态研究

2.1 国际智能网联汽车政策动态

2022—2023 年，智能网联汽车作为汽车产业新的发展方向，正在全球范围内加速发展。为了把握未来汽车产业的制高点、维护智能网联汽车产业体系的稳定，全球主要汽车强国都在战略规划、规范标准、法规创新等领域积极行动，不断完善政策体系，以推动智能网联汽车的持续健康发展。

欧美建立芯片领域“技术主权”。一方面，欧盟《芯片法案》于 2023 年 9 月起正式生效，计划在成员国和委员会之间建立协调机制，以监测芯片供应，预估需求，并在必要时启动应急机制。该法案旨在促进欧洲半导体领域工业发展，促进相关技术领域的研究创新，吸引市场投资，为更好应对未来可能出现的芯片供应危机提前做好准备。另一方面，美国《芯片和科学法案》“国家安全护栏”最终规则于 2023 年 11 月起生效，主要规则是补助资金接受者在十年内不得扩大被视为安全关切国家的半导体设备和材料的制造能力，与相关外国实体进行某些联合研究或提供技术转让和许可也受到限制。该规则旨在防止 520 亿美元的半导体制造和研究资金，被“对美国国家安全构成威胁”的国家利用。

德日等国家政策推动自动驾驶汽车运行。德国和美国近年出台了《自动驾驶法》及《自动驾驶法案》，美国加州公共事业委员会许可 L4 级“无限制”商用，日本于 2023 年 4 月 1 日施行的《道路交通法》修正案等国家政策加快推进自动驾驶进程，日本政府计划到 2025 年度在全国约 50 个地方开启自动驾驶车辆运行服务，以应对少子老龄化以及部分地区人口稀少问题。多个国家通过制定 L4 级自动驾驶落地应用法律法规，意图抢占新一轮汽车产业变革制高点。

国际智能网联汽车重要政策详见表 2.1。

表 2.1　2022—2023 年国际智能网联汽车重要政策

国家 / 地区	年份	法规	内容简介
美国	2022 年	《无人驾驶汽车乘客保护标准》	美国国家公路交通安全管理局（NHTSA）发布《无人驾驶汽车乘客保护标准》（Occupant Protection Safety Standards for Vehicles without Driving Controls），是首个针对无人驾驶车辆的乘客安全保护技术标准，明确了完全自动驾驶汽车不再需要配备传统的方向盘、制动或加速踏板等人工控制装置来满足碰撞中的乘员安全保护标准
	2022 年	《美国数据隐私和保护法》	美国众议院和参议院商务委员会的主要成员联合发布的该草案是第一个获得两党两院支持的美国联邦全面隐私保护提案。草案通过建立强有力的国家框架，明确规定数据处理者在收集、处理和传输消费者个人数据时，应当履行的责任和义务，最大限度地保护消费者数据隐私和安全
	2022 年	参议院 965 号法案	美国宾夕法尼亚州参议院交通委员会主席与宾夕法尼亚州运输部部长共同提交参议院 965 号法案，旨在为宾州联邦的高级别自动驾驶车辆（HAV）的测试和商业部署制定路线图
	2023 年	《芯片和科学法案》“国家安全护栏”最终规则	美国商务部 2023 年 9 月 22 日发布了实施《芯片和科学法案》国家安全保护措施的最终规则。该规则详细阐述了该法案的两项核心规定：第一项规定是禁止芯片基金受助人十年内在其他相关国家扩大半导体材料生产能力；第二项规定是限制受助人与相关外国实体开展某些联合研究或技术许可活动
欧盟、英国	2022 年	《自动驾驶车辆批准和运营条例》	德国联邦内阁通过该条例对《自动驾驶法》上路管理流程做出了详细规定，同时明确自动驾驶汽车的技术要求以及监管机构和汽车制造商等行业内各方的义务，强调了对自动驾驶车辆的数据安全保护
	2022 年	《公路法》	2022 年 4 月，英国交通部再次提出拟修改《公路法》，当车辆满足保持在一条车道上且行驶速度低于 60km/h、驾驶员可在需要时收回对车辆的控制权两个条件时，车辆开启自动驾驶模式后，驾驶员可以在汽车内置屏幕上观看电视或电影等
	2022 年	《新版欧盟汽车通用安全法规》	《新版欧盟汽车通用安全法规》强制规定新车上牌自 2024 年 7 月开始，需强制配备下面六个高级驾驶辅助系统（ADAS）的功能以提高道路安全：行驶区域信息提示系统（MOIS）、盲点信息提示系统（BSIS）、倒车信息提示系统（REIS）、智能车速辅助系统（ISA）、驾驶员疲劳预警系统（DDAW）、胎压监测系统（TPMS）
	2022 年	自动驾驶车辆的型式认证法规 Reg.(EU) 2022/1426	欧盟委员会关于机动车辆安全涉及自动 / 联网车辆（安全 / 网络安全）的规则，覆盖轻型车辆（客车和货车）和重型车辆（公共汽车、客车和货车）。这项立法将修改欧盟国家批准汽车销售方式，是对汽车安全标准“通用安全法规”（GSR）进行更广泛修订的一部分，是世界上首个允许成员国批准注册和销售高级别自动驾驶技术汽车的技术法规，下一阶段欧盟委员会将在 2024 年 7 月前进一步制定并通过欧盟对无限制批量生产的全自动车辆进行整车型式认证的必要要求

（续）

国家 / 地区	年份	法规	内容简介
欧盟、英国	2023 年	《芯片法案》	资助“欧洲芯片计划”，加快创新技术产业化；鼓励公共和私人对芯片制造商及其供应商的制造设施进行投资，创建“综合生产设施”和“开放式欧盟铸造厂”的框架概念，以提高半导体制造产能；构建成员国和委员会间的协调机制，加强成员国间的合作，监测芯片供应、估计需求、预测短缺情形，并在必要时触发应急机制
日本	2023 年	《道路交通法》修正案	由警视厅提案，日本内阁通过一项新的《道路交通法》修正案，从 2023 年 4 月 1 日开始正式生效，该法案允许特定条件下 L4 级别自动驾驶汽车上路，以及无人配送机器人在人行道行驶
	2022 年	《道路运送车辆保安基准》	日本国土交通省汽车局正在就汽车的安全和环境标准等问题展开国际性调整，修改《道路运送车辆保安基准》，依次进行扩充
	2022 年	《报告书草案 Ver.6.0》	《报告书草案 Ver.6.0》针对未来社会交通运输愿景及自动驾驶可实现的功能，包括无人自动驾驶运输服务、高级干线物流系统、私家车 AD/ADAS 等主要领域的活动及方向，加快推动“Road to the L4”项目进展，以推动无人驾驶应用、Maas 服务的实用化和社会应用

资料来源：中国汽研根据公开资料整理。

2.2 国内智能网联汽车政策动态

2022—2023 年，我国智能网联汽车政策聚焦技术研发、基础设施智能化水平、试点和示范应用三大方面。

1. 政策支持关键技术攻关

工业和信息化部于 2022 年 4 月发布《“十四五”交通领域科技创新规划》，该政策基于《交通领域科技创新中长期发展规划纲要（2021—2035 年）》的政策指导，明确提出要推动云计算、大数据、物联网、移动互联网、区块链、人工智能等新一代信息技术与交通运输融合，加快北斗导航技术应用，开展智能交通先导应用试点，并发布智能交通先导应用试点工程、北斗导航系统智能化应用工程等科技工程推动创新规划落地。

工业和信息化部于 2023 年 10 月发布《关于推进 5G 轻量化（RedCap）技术演进和应用创新发展的通知》，明确提出到 2025 年，全国县级以上城市实现 5G 轻量化规模覆盖，5G 轻量化连接数实现千万级增长；推动 5G RedCap 芯片、模组、终端等产业关键环节成本持续下降，终端产品超过 100 款。下一步我国智能网联汽车产业发展将支持重点大企业牵头，大中小企业参与，开展跨行业、跨领域协同创新；加快关键芯片、高精度传感器、操作系统等新技术、新产品的研发和推广应用，进一步提升产业发展内生动力。

2. 加强数据信息安全与产业融合发展

2023 年 1 月，工业和信息化部、国家互联网信息办公室、国家发展和改革委员会等 16 部门印发《关于促进数据安全产业发展的指导意见》，明确数据安全产业发展任务并营造数据安全产业发展生态。提出到 2025 年，数据安全产业基础能力和综合实力明显增强；到 2035 年，数据安全产业进入繁荣成熟期。在该指导意见的顶层框架下，为了促进我国地理空间数据与智能网联汽车产业加快融合，自然资源部于 2022 年 8 月印发《关于促进智能网联汽车发展维护测绘地理信息安全的通知》，2023 年 2 月印发《公开地图内容表示规范》等政策，主要采取了包括政策保障、试点实施、地图审核、技术研发、标准研制五方面措施，支持业界利用测绘地理信息技术，基于时空大数据，加快数字地图、导航定位等地理信息数据与智能网联汽车产业融合。目前，自然资源部已支持指导北京、上海、广州、深圳、杭州、重庆 6 个城市开展智能网联汽车高精度地图应用试点。下一步，自然资源部将继续改革完善政策制度、推动试点试验、改进监管方式方法、加大技术研发力度、加快标准研制，为低碳绿色出行助力。

3. 政策加速推动智能网联汽车示范应用

国家级车联网先导区促进车联网产业发展。自工业和信息化部于 2018 年 12 月制定了《车联网（智能网联汽车）产业发展行动计划》以来，我国陆续成立七个国家级车联网发展先导区，分别为江苏无锡、天津西青、湖南长沙、重庆两江新区、湖北（襄阳）、浙江（德清）、广西（柳州），逐步实现高级别自动驾驶功能的智能网联汽车和 5G-V2X 规模化商业应用，“人 - 车 - 路 - 云”高度协同的目标。国家鼓励先导区先行先试，通过实践检验摸索的成果，创新商业应用模式和场景探索应用场景，培育产业链条，形成可复制、可推广的经验。同时，各先导区发布相关行动计划，明确发展目标及任务，打造不同先导区具有核心竞争力的智能网联汽车产业。

国家政策开放智能网联汽车先行先试示范区。基于 2021 年 8 月工业和信息化部、公安部和交通运输部联合发布的《智能网联汽车道路测试和应用示范管理规范》、交通部发布的《关于促进道路交通自动驾驶技术发展和应用的指导意见》等有关规定，深圳、北京、东莞、苏州等多地政府于 2022 年至 2023 年相继出台《智能网联汽车管理条例》或《智能网联汽车实施方案》，目前已逐步开放智能网联汽车先行先试示范区。

启动智能网联汽车准入和上路通行试点。在全国智能网联汽车道路测试与示范应用工作基础上，2023 年 11 月，工业和信息化部、公安部、住房和城乡建设部、交通运输部四部门联合印发《关于开展智能网联汽车准入和上路通行试点工作的通知》，部署开展智能网联汽车准入和上路通行试点工作，引导智能网联汽车生产企业和使用主体加强能力建设；在保障安全的前提下，促进智能网联汽车产品的功能、性能提升和产业生态的迭代优化，推动智能网联汽车产业高质量发展；基于试点实证积累管理经验，支撑相关法律法规、技术标准制修订，加快健全完善智能网联汽车生产准入管理和道路交通安全管理体系。

2.3 2022—2023 年智能网联汽车重点政策分析

1.《关于开展智能网联汽车准入和上路通行试点工作的通知》政策分析

我国智能网联汽车已进入落地的关键期。截至 2023 年 8 月，全国累计开放测试道路超过 2 万 km，一批搭载自动驾驶功能的智能网联汽车产品开展大量研发测试验证，部分产品已具备一定的量产应用条件。在前期开展道路测试与示范应用工作基础上，组织开展智能网联汽车准入和上路通行试点，推动量产车型产品上路通行和推广应用，有利于加快提升智能网联汽车产品技术水平，有效促进产业生态迭代优化，加速智能网联汽车产业化进程。

2023 年 11 月，工业和信息化部、公安部、住房和城乡建设部、交通运输部联合发布了《关于开展智能网联汽车准入和上路通行试点工作的通知》（以下简称《通知》）。工作目标是，一方面引导智能网联汽车生产企业和使用主体加强能力建设，在保障安全的前提下，促进产品的功能、性能提升和产业生态的迭代优化；另一方面基于试点实证积累管理经验，支撑相关法律法规、技术标准制修订，加快健全完善智能网联汽车生产准入管理和道路交通安全管理体系。

细化要求与责任，有效完善管理体系。一方面明确了智能网联汽车生产企业主体责任，《通知》在《道路机动车辆生产企业及产品准入管理办法》《新能源汽车生产企业及产品准入管理规定》等道路机动车辆产品准入要求的基础上，细化明确了智能网联汽车准入管理指南要求，加快健全完善道路机动车辆准入管理体系，同时明确了要对试点工作进行实施效果评估。另一方面有助于完善道路交通安全管理体系，在尊重现有道路交通安全管理规范的基础上，进行符合智能网联汽车特性、满足试点要求的制度创新，例如将智能网联汽车交通规则符合性纳入产品准入测评体系、以试点形式将智能网联汽车纳入正式的机动车登记管理体系、规定公安机关交管部门针对智能网联汽车交通违法程序等内容。

首创多方联动式组织保障机制，统筹稳妥推进智能网联汽车产业的发展。《通知》明确由汽车生产企业和使用主体组成联合体，在具备政策保障、基础设施、安全管理等条件的城市开展试点工作。在试点实施过程中，充分发挥地方政府作用，构建国家、地方、企业有机融合、权责清晰、协同共管的准入和上路通行试点管理体系，同时兼具创新性和可实施性。有关管理部门、省级主管部门、试点城市政府部门等可以通过准入试点形成多方联动关系，提升工作效率，减少资源浪费，共同推动智能网联汽车产业的发展和创新。

有利于打造一批成效明显、可复制、可推广的应用场景，探索多种合作模式。积极推进自动驾驶发展，打造自动驾驶生态集群，交通运输部将坚持应用驱动，依托真实场景、解决真实需求，围绕自动驾驶等智慧交通创新前沿布局典型试点示范，打造一批成效明显、可复制、可推广的应用场景。北京、上海、广州、深圳、重庆、武汉、长沙等城市率先开展先行示范打造标杆城市，从政策法规、城市基础设施建设、安全监管等方面布局。目前已在北京、上海、重庆等地开展了城市级“车路云一体化“示范应用，探索出云控基础平台、生态共建的网联应用平台、感知覆盖的城市智能道路、智能路侧点位，成功接入各类网联车辆，为下一年 C-V2X 车路云协同落地积累经验。

试点工作以测试示范为基础，为城市发展注入新动力。一是提升城市战略地位，试点工作将整合省级、城市等各方资源，对试点城市的自身发展具有战略意义；二是促进城市提档升级，试点工作能够对外释放试点城市坚定发展自动驾驶相关产业决心的信号，带来一定的规模集聚效应，对相关产业形成示范效应，有利于地方城市扩大招商引资、培育多层次人才、构建智慧产业集群、促进商业生态发展，进而推动城市高质量发展。

促进自动驾驶汽车规模化应用和开展汽车可靠性研究。一是汽车零部件、软件系统等具有非常明显的规模效应，相关量产订单的增加将进一步降低零部件价格，推动自动驾驶规模化量产产品进入市场，促进汽车供应链体系的完善。二是开展动力电池、车用操作系统、高精度传感器等技术攻关，着力提升产品安全性、可靠性，开发更多生活娱乐、智能办公、自动驾驶等功能，在满足消费者使用需求的同时加强国际合作，打破技术壁垒，保障产业发展需求。

整体来看，我国智能网联汽车已经逐步转入技术快速发展、生态加速构建的新阶段。智能网联汽车准入和上路通行试点进入最后发布程序，试点工作的推行对于政策法规加快完善、技术发展路径和商业化模式逐渐探索、产业管理协同加强等方面具有重要意义，进一步促进我国智能网联汽车产业在全球市场的持续领跑，实现双碳目标与经济高质量发展协调统一。

2.《关于推进公路数字化转型加快智慧公路建设发展的意见》政策分析

当前，全球新一轮科技革命和产业变革深入发展。推进人工智能、物联网、大数据等新一代信息技术与交通运输深度融合发展，是推动交通运输质量变革、效率变革、动力变革的新机遇、新挑战，也是加快建设交通强国的重要任务。

2023 年 9 月，交通运输部印发《关于推进公路数字化转型加快智慧公路建设发展的意见》（以下简称《意见》），推动公路建设、养护、运营等全流程数字化转型，助力公路交通与产业链、供应链深度融合，大力发展公路数字经济，为加快建设交通强国、科技强国、数字中国提供服务保障。推进公路数字化转型的目标是，到 2027 年，构建公路设计、施工、养护、运营等“一套模型、一套数据”，基本实现全生命期数字化。到 2035 年，全面实现公路数字化转型，建成安全、便捷、高效、绿色、经济的实体公路和数字孪生公路两个体系。

公路建设在经济社会中有着重要作用。党的十八大以来，全国公路固定资产投资累计超过 20 万亿元，新增公路里程 112 万 km。截至 2022 年末，全国公路总里程 535 万 km，承担着 63.5% 的营业性旅客运输量（不包括城市客运数据）和 73.3% 的营业性货物运输量，成为流动的仓储和产业链、供应链的重要组成部分，在经济社会发展中发挥重要的先行作用。

在“一套模型、一套数据”中实现全生命期数字化。一是提升公路设计施工数字化水平，推动智慧养护。二是提升路网管理服务数字化水平，推动智慧出行。三是提升公路政务服务数字化水平，推动智慧治理。四是提升公路标准数字化水平，推动标准升级。五是提升公路数字化基础支撑水平，筑牢数字底座。

明确提出形成一批试点成果和技术方案。依托新改建工程和养护工程，遴选一批重要通道、重点区域路网、重点工程，将其优先纳入交通强国建设试点，力争形成一批场景明确、效益显著、经济适用、可复制可推广的试点成果和技术方案。2023 年已开放多条数字化道路与高速公路，自动驾驶道路的开放城市以武汉、北京、东莞、福州、重庆等地为主，以上海、深圳、重庆等为代表的城市已试运行智慧高速公路，全国首条满足车路协同式自动驾驶等级的全息感知智慧高速公路在苏州投用。一方面，智慧高速建设将提升高速公路的通行效率，减少交通拥堵，改善出行体验。另一方面，智慧高速建设也将为交通管理部门提供更好的决策依据，提升管理效率和运输安全性。

智能网联汽车发展促进公路数字化转型。交通运输部指导各地布局建设智慧公路，应用新技术，引入新装备，打造新场景，构建新模式，强化数字赋能，建成了一批智慧公路试点工程、样板工程，已经具备一定的实践基础、人才储备和市场环境。公路作为资金密集型、智力密集型行业，在全面数字化方面具有先发优势。

公路数字化转型与智能网联汽车发展，为加快建设交通强国提供支撑。随着我国智能网联汽车政策的不断优化、关键技术的不断进步、自动驾驶先导应用试点和“双智试点”的实施以及地方法律法规的突破，智能网联汽车的发展将引领交通运输系统数字化、网联化、智能化发展，优化国民经济社会产业格局、促进社会现代化发展。

3.《芯片和科学法案》——“国家安全护栏”政策解读

美国商务部发布《芯片和科学法案》（简称《芯片法案》）国家安全护栏（National Security Guardrails）最终规则。该规则详细规定了《芯片法案》的两个核心条款：第一，禁止资金接受者在十年内扩大在受关注国家（country of concern）的半导体设备和材料制造能力（“扩张收回”）；第二，限制资金接受者与受关注的外国实体（foreign entities of concern）进行某些联合研究或技术许可工作（“技术收回”）。该规则于 2023 年 11 月 24 日生效。

“扩张收回”有三方面重点内容。一是**制定标准以限制在有关国家扩建先进设施**。包括前端、后端工艺和晶圆（wafer）生产，涵盖适度的交易以扩大生产能力的定义范围，允许资金接受者通过正常的业务过程设备升级和效率提高来维持其现有设施。二是**限制遗留设施在受关注国家的扩张**。该规则为计划扩大遗留芯片设施的相关方建立了通知程序，以便美国商务部确认是否符合国家安全护栏规则。三是**强调半导体对美国国家安全至关重要**。该清单由国防部和美国情报界协商后制定，涵盖了对美国国家安全需求至关重要的具有独特特性的芯片，包括用于量子计算、辐射密集型环境和其他专业军事能力的当前一代和成熟节点芯片。

“技术收回”有两方面的重点内容。一方面是**安全港**，在向涵盖实体通报引起国家安全关切的技术或产品之前，正在进行的联合研究或技术许可不适用技术收回条款。另一方面是**应对规避技术收回的风险**，如果涵盖实体的关联实体参与联合研究或技术许可，财政部长可以采取适当的补救措施，包括要求达成缓解协议或收回提供给涵盖实体的联邦财政援助的全部金额。

护栏细则的正式落地，标志着中美在半导体领域的竞争进入更为激烈的新阶段。作为全球最大的半导体单一市场，中国半导体企业与产业将受到以下影响：第一，**护栏细则通过限制联合研究与技术许可活动，遏制了芯片技术的自由流动，中国先进制程芯片创新进程将会受阻**。受惠厂商的商业秘密和专有技术许可受限，针对科研的豁免情形也主要涉及关联集团内部活动、现有产品代工封装、产品保修售后等领域，未豁免情形仍受到技术流动限制，国内半导体企业自主创新的渠道将受限。第二，**供应链受限范围扩大，加剧我国半导体产业供应链断裂风险**。截至 2023 年 8 月，已有 460 多家公司申请芯片补贴，企业类型涵盖晶圆厂、封装、半导体材料等半导体生产全产业链。半导体行业依赖供应链分工，受惠厂商受限范围扩大将影响中国半导体产业供应链韧性，给中国半导体企业带来断供风险。

中国企业的芯片进口量将走向逐年减少的趋势。2022 年，中国芯片进口量占全球芯片产量的 72%，2023 年上半年，中国进口的芯片数量同比下降了 18.5%。中国芯片进口减少主要有以下几方面原因，一是**电子消费品市场的饱和与全球经济的不景气**，需求下滑导致了对芯片的需求减少。二是**美国的芯片禁令对全球芯片供应链产生了影响**，全球芯片供求关系的紊乱进一步加剧了库存高企和产能过剩的状况。三是**中国在芯片产业的快速发展减少了对国外芯片的依赖**，尤其是在存储芯片领域，国内芯片企业加大了自主研发和生产的力度，提高了芯片的自给率。

芯片是现代信息产业的基础和核心产业之一，对于经济发展和国家安全具有重要影响。近年来，为加快推进我国集成电路产业发展，国家及各级政府部门推出了一系列法规和产业政策推动行业的发展。同时，国家设立产业投资基金，主要吸引大型企业、金融机构以及社会资金，重点支持集成电路等产业发展，促进工业转型升级，支持设立地方性集成电路产业投资基金，鼓励社会各类风险投资和股权投资基金进入集成电路领域。随着行业内主要法律法规、发展规划、产业政策的发布和落实，为集成电路产业的发展提供了良好的制度和政策保障，同时在财政、税收、技术和人才等多方面提供了有力支持，为集成电路企业创造了良好的经营环境，对集成电路企业的经营发展带来积极影响。

第 3 章
智能网联汽车标准动态研究

3.1 国际智能网联汽车标准动态

国际标准组织主要有国际标准化组织（ISO）、国际自动机工程师学会（SAE）、电气与电子工程师协会（IEEE）。2022—2023 年，三大组织制定了很多智能网联汽车相关标准。ISO 在智能网联汽车领域制定的标准主要在自动驾驶、智能运输方向；SAE 在智能网联汽车领域制定的标准主要在智能驾驶方向；IEEE 在智能网联汽车领域制定的标准主要在网联化方向。世界范围内在智能网联汽车准入、认证架构、术语定义方面已经建立了较为完善的标准参考，但在测试体系构建、事故责任划分方面仍存在不足，未来将着力建立更完善的标准体系。国际组织制定的智能网联部分相关标准见表 3.1。

表 3.1　国际组织制定的智能网联部分相关标准

发布机构	标准 / 法规编号	中文名称
ISO	ISO/PAS 11585：2023	道路车辆　部分驾驶自动化　有条件免提驾驶系统的技术特点
	ISO 8092-2：2023	道路车辆　车载电气线束的连接　第 2 部分：术语、测试方法和一般性能要求
	ISO/DIS 24311	智能交通系统　移动集成　使用 C-ITS 对 UVAR 进行“控制区域”管理
	ISO 39003：2023	道路交通安全（RTS）与自动驾驶汽车安全相关的道德考虑指南
	ISO 23374-1：2023	智能交通系统　自动代客泊车系统（AVPS）第 1 部分：系统框架、自动驾驶和通信接口的要求
	ISO/DIS 6029-1	智能交通系统　ITS 车站多式联运的无缝定位　第 1 部分：一般信息和用例定义
	ISO 23150：2023	道路车辆　用于自动驾驶功能的传感器和数据融合单元之间的数据通信　逻辑接口
	ISO 34503：2023	道路车辆　自动驾驶系统的测试场景　操作设计领域规范
	ISO 20900：2023	智能交通系统　部分自动停车系统（PAPS）性能要求和测试程序
	ISO 24089：2023	道路车辆　软件升级工程
	ISO 19642-12：2023	道路车辆　汽车电缆　第 12 部分：指定模拟带宽高达 1GHz 的无屏蔽双绞线射频电缆的尺寸和要求
SAE	J3164—2023	自动驾驶系统（ADS）的本体模型和应用场景　在道路 / 正常运行场景下的运行车辆的表现和策略
	J3289—2023	SAEV2XASN.1 模块　组织和管理规则
	J3265—2022	驾驶自动系统的命名方法
	J3224—2022	协同自动驾驶的 V2X 传感器分享
	J3161/1—2022	LTE-V2 XV2V 安全通信的板载系统要求
	J3186—2023	机动共享与协调服务的应用协议和要求
IEEE	802.3—2022	以太网标准
	7001—2022	自动系统透明度标准
	1609.2—2022	车辆环境中的无线接入（进入）应用和管理信息的安全服务
	1609.2.1—2022	车辆环境中的无线接入（进入）终端实体的证书管理界面（接口）

资料来源：中国汽研根据 ISO、SAE、IEEE 公开信息整理。

3.2 国内智能网联汽车标准动态

我国高度重视智能网联汽车标准的相关政策指导情况，以加快建设智能网联汽车标准体系，推进汽车产业转型升级。2023 年，我国发布《国家车联网产业标准体系建设指南（智能网联汽车）（2023 版）》《国家汽车芯片标准体系建设指南（2023 版）》（征求意见稿）等多项指导文件，制定了一系列政策重点支持智能网联汽车标准体系建设，如制定智能交通相关标准体系、升级汽车软件技术要求、完善自动泊车试验方法、细化自动驾驶服务、开展网联车准入和上路通行试点等，为进一步建设系统化的车联网产业标准体系提供保障。2022—2023 年我国修改发布的智能网联标准相关指导文件见表 3.2。

表 3.2　2022—2023 年我国修改发布的智能网联标准相关指导文件

时间	文件名称	发布单位	主要内容
2022.06	公开征求《汽车软件升级通用技术要求》等九项强制性国家标准的意见	工业和信息化部	规定了汽车软件升级管理体系要求、车辆要求、试验方法、车辆型式的变更和扩展、说明书、标准实施等内容
2022.07	《智能网联汽车自动泊车系统性能要求与试验方法》等 29 项推荐性国家标准制修订计划（征求意见稿）	工业和信息化部	本次征求意见的推荐性国家标准项目包括《工业互联网平台云边协同通用要求》《智能网联汽车自动泊车系统性能要求与试验方法》《车联网安全管理接口规范》等
2022.08	《面向边缘计算的 5G 核心网增强技术要求》等 490 项行业标准制修订计划（征求意见稿）	工业和信息化部	申请立项的《面向边缘计算的 5G 核心网增强技术要求》等 490 项行业标准和《智能网联汽车自动泊车系统性能要求与试验方法》等 29 项推荐性国家标准计划项目予以公示
2022.11	《交通运输智慧物流标准体系建设指南》	交通运输部	《指南》提出，到 2025 年，聚焦基础设施、运载装备、系统平台等领域，完成重点标准制修订 30 项以上，形成结构合理、层次清晰、系统全面、先进适用、国际兼容的交通运输智慧物流标准体系
2022.11	《智能网联汽车（驾驶自动化）分级统计指南》（团体标准）	中国汽车工业协会	规定了智能网联汽车各驾驶自动化功能的统计工作的一般要求、统计原则及分类统计方法
2023.03	《智能汽车基础地图标准体系建设指南（2023 版）》	自然资源部	加强智能汽车基础地图标准规范的顶层设计，推动地理信息在自动驾驶产业的安全应用
2023.03	《国家汽车芯片标准体系建设指南（2023 版）》（征求意见稿）	工业和信息化部	从应用场景和标准内容两个维度搭建标准体系架构，明确汽车芯片标准体系建设的原则、目标和方法，提出了体系框架、整体内容及具体标准项目，确立了各项标准在汽车芯片产业技术体系中的地位和作用
2023.07	《国家车联网产业标准体系建设指南（智能网联汽车）（2023 版）》	工业和信息化部、国家标准化管理委员会	新版《建设指南》提出了 2025 年、2030 年两个阶段的标准体系建设目标，形成了“三横两纵”核心技术架构，整合归纳智能网联汽车标准体系的 3 个层级，细分形成 14 个二级分类、23 个三级分类

资料来源：中国汽研根据公开信息整理。

1. 我国智能网联汽车标准体系

我国已搭建完成智能网联汽车标准体系框架。根据《国家车联网产业标准体系建设指南（智能网联汽车）（2023 版）》，综合考虑不同功能、产品和技术类型、各子系统之间的交互关系，将智能网联汽车标准体系划分为 3 个层级。其中，第一层级规定了智能网联汽车标准体系的基本分类，即基础、通用规范、产品与技术应用 3 个部分；第二层级根据标准内容范围和技术等级，细分形成 14 个二级分类；第三层级按照技术逻辑，进一步细化形成 23 个三级分类，从而形成了逻辑清晰、内容完整、结构合理、界限分明的标准体系框架，见图 3.1。

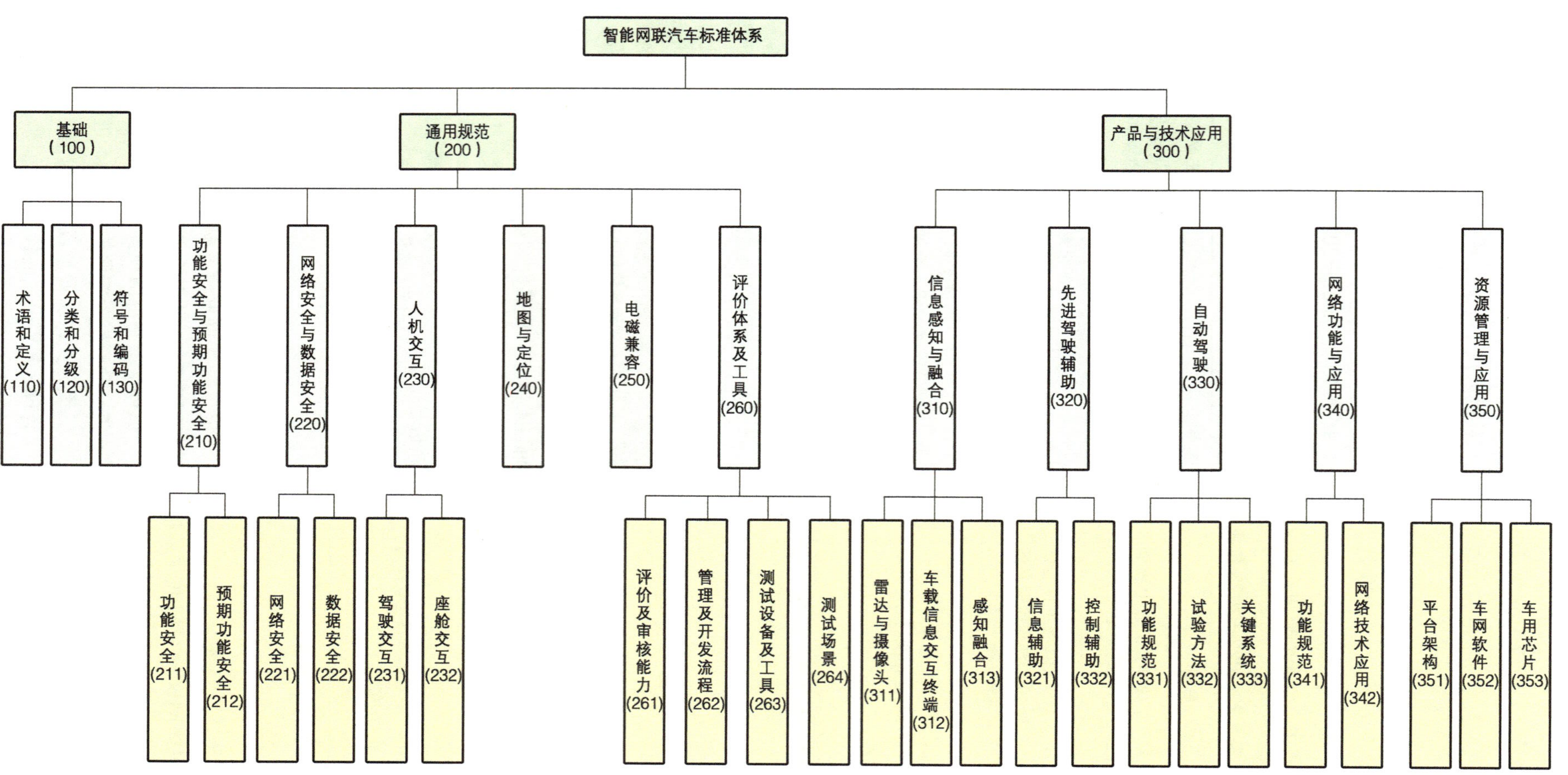

图 3.1 智能网联汽车标准体系框架图

资料来源：《国家车联网产业标准体系建设指南（智能网联汽车）（2023 版）》。

2. 智能网联汽车相关国家标准动态

我国智能网联汽车标准体系有效满足了产业发展和管理需求，并在国际标准法规协调中做出了积极贡献。在国内智能网联汽车标准建设方面，根据全国标准信息公共服务平台、全国汽车标准化技术委员会不完全统计，截至 2023 年 11 月，我国现有智能网联汽车相关标准约 60 条，在先进驾驶辅助、自动驾驶、网联功能与应用、资源管理与应用、功能安全及网络安全等专业领域均有涉及。按照智能网联汽车标准体系框架分类，属于基础类别的有 5 条，1 条正在实施；属于通用规范类别的有 18 条，7 条正在实施；属于产品与技术类别的有 32 条，11 条正在实施。在国际标准法规协调方面，我国参与智能网联领域国际标准法规协调，承担多个标准委员会主席、副主席、召集人及项目负责人等职责，牵头和参与国际标准和法规 19 项，为全球智能网联汽车标准法规研制贡献了中国方案和中国智慧。智能网联领域部分国家标准见表 3.3。

表 3.3 智能网联领域部分国家标准

标准项目及分类	标准类型	性质	计划号 / 标准号	当前阶段
基础（100）				
智能网联汽车术语和定义	国家标准	推荐	20203968-T-339	批准
汽车驾驶自动化分级	国家标准	推荐	GB/T 40429—2021	实施
智能网联汽车自动驾驶系统设计运行条件	国家标准	推荐	20230388-T-339	征求意见
智能网联汽车操纵件、指示器及信号装置的标志	国家标准	推荐	20203960-T-339	批准
通用规范（200）				
道路车辆 电子电气系统 ASIL 等级确定方法指南	国家标准	指导	GB/Z 42285—2022	实施
汽车整车信息安全技术要求	国家标准	强制	20214422-Q-339	批准
汽车软件升级通用技术要求	国家标准	强制	20214423-Q-339	批准
道路车辆信息安全工程	国家标准	推荐	20230389-T-339	起草
汽车信息安全应急响应管理规范	国家标准	推荐	20213611-T-339	批准
电动汽车充电系统信息安全技术要求及试验方法	国家标准	推荐	GB/T 41578—2022	实施
车载定位系统技术要求及试验方法 第 1 部分：卫星定位	国家标准	推荐	20221438-T-339	起草
智能网联汽车数据通用要求	国家标准	推荐	20213606-T-339	批准
道路车辆信息安全工程	国家标准	推荐	20230389-T-339	—
产品与技术应用（300）				
汽车用超声波传感器总成	国家标准	推荐	GB/T 41484—2022	实施
车载激光雷达性能要求及试验方法	国家标准	推荐	20230386-T-339	起草
车载毫米波雷达性能要求及试验方法	行业标准	推荐	2021-1123T-QC	—
汽车全景影像监测系统性能要求及试验方法	国家标准	推荐	20203958-T-339	批准
乘用车夜视系统性能要求与试验方法	国家标准	推荐	20203963-T-339	批准
驾驶员注意力监测系统性能要求及试验方法	国家标准	推荐	GB/T 41797—2022	实施
商用车辆车道保持辅助系统性能要求及试验方法	国家标准	推荐	GB/T 41796—2022	实施
汽车智能限速系统性能要求及试验方法	国家标准	推荐	20203961-T-339	批准
智能泊车辅助系统性能要求及试验方法	国家标准	推荐	GB/T 41630—2022	实施
智能网联汽车 自动驾驶功能场地试验方法及要求	国家标准	推荐	GB/T 41798—2022	实施

资料来源：中国汽研根据全国标准信息公共服务平台、全国汽车标准化技术委员会信息整理。

3.3 2022—2023 年智能网联汽车重要标准解读

1.《国家车联网产业标准体系建设指南（智能网联汽车）（2023 版）》解读

为适应我国智能网联汽车发展新阶段的新需求，充分发挥标准的引领和规范作用，进一步巩固良好发展势头，抢抓战略发展机遇，夯实后续发展基础，工业和信息化部、国家标准化管理委员会组织全国汽车标准化技术委员会及相关各方修订形成了《国家车联网产业标准体系建设指南（智能网联汽车）（2023 版）》（以下简称《产业标准体系建设指南》）。2023 版《产业标准体系建设指南》是对《国家车联网产业标准体系建设指南（智能网联汽车）（2018 版）》的继承、延伸与完善，是在对第一阶段标准体系建设情况进行客观总结、对智能网联汽车产业新需求和新趋势进行深入分析后，形成的框架更加完善、内容更加全面、逻辑更加清晰的标准体系建设指南，为智能网联汽车产业高质量发展奠定了坚实基础，见图 3.2。

一是提出新的建设阶段目标。新版指南建设重点升级到车路协同，目标为到 2025 年系统形成能够支撑组合驾驶辅助和自动驾驶通用功能的智能网联汽车标准体系，到 2030 年全面形成能够支撑实现单车智能和网联赋能协同发展的智能网联汽车标准体系。我国已完成第一阶段目标，正向第二阶段进发，为适应我国智能网联汽车新的发展形势，新一阶段的智能网联汽车标准体系将涵盖智能感知、信息通信、决策控制与执行、功能安全、信息安全、数据安全等内容。

二是明确“三横两纵”技术构架。智能网联汽车“三横两纵”的核心技术架构：横向以智能感知与信息通信层、决策控制与执行层、资源管理与应用层三个层次为基础，纵向以功能安全和预期功能安全、网络安全和数据安全通用规范技术为支撑。同时结合智能网联汽车与移动终端、基础设施、智慧城市、出行服务等相关要素的技术关联性，体现跨行业协同特点，共同构建以智能网联汽车为核心的协同发展有机整体，更好发挥智能网联汽车标准体系的顶层设计和指导作用。

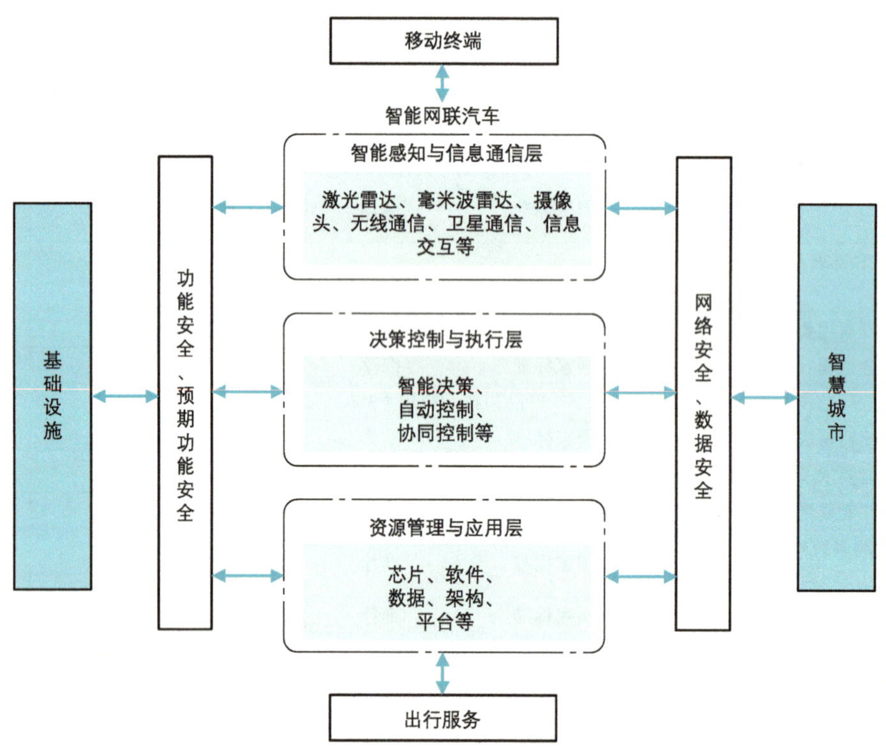

图 3.2 智能网联汽车标准体系技术逻辑框架

资料来源：《国家车联网产业标准体系建设指南（智能网联汽车）（2023 版）》。

三是明确自动驾驶落地路径。2023 版《产业标准体系建设指南》明确了 L3 级以上高阶自动驾驶技术的落地路线，为自动驾驶技术公司和车企指明发展路径。依据 2023 版《产业标准体系建设指南》，自动驾驶类标准主要包括功能规范、试验方法和关键系统等。其中，功能规范标准主要以高速公路、城市道路、其他特定区域等不同应用场景为基础，综合考虑自动驾驶功能的级别和相应的设计运行条件两个因素，提出车辆自动驾驶系统在相应场景下的技术要求以及评价方法和指标；试验方法标准以“多支柱法”为指导，针对车辆自动驾驶系统，利用仿真试验、场地试验、道路试验等方法验证车辆自动驾驶系统的基础安全性；关键系统标准针对支撑车辆自动驾驶功能实现的关键系统提出功能、性能要求及试验方法。

2.《智能汽车基础地图标准体系建设指南（2023 版）》解读

伴随我国自动驾驶技术、智能汽车产业快速发展，智能汽车基础地图的标准化、规范化需求越来越迫切，自然资源部于 2020 年印发《智能汽车创新发展战略》，国务院于 2021 年印发《关于开展营商环境创新试点工作的意见》《“十四五”数字经济发展规划》，提出“把握数字化发展新机遇，拓展经济发展新空间”“面向自动驾驶等重点新兴领域，提供体系化的人工智能服务”。为此，自然资源部印发《智能汽车基础地图标准体系建设指南（2023 版）》（以下简称《基础地图建设指南》），旨在促进维护智能汽车产业发展与国家安全之间的关系，指导规范智能汽车基础地图数据社会化应用，促进智能汽车产业健康有序发展。

《基础地图建设指南》通过标准体系规划提出更细化的管理目标，共涉及 30 项标准项目，包含强制性国家标准、推荐性国家标准、行业标准，标准归口全国地理信息标准化技术委员会，由自然资源部统一管理。该文件分为基础通用、生产更新、应用服务、质量检测和安全管理五个部分，同时根据各具体标准在内容范围、技术等级上的共性和区别做进一步细分，形成涵盖术语定义、空间参照、数据采集、信息交互、导航定位、服务分发、系统测试和安全保护等 17 个子类的标准体系，见图 3.3。

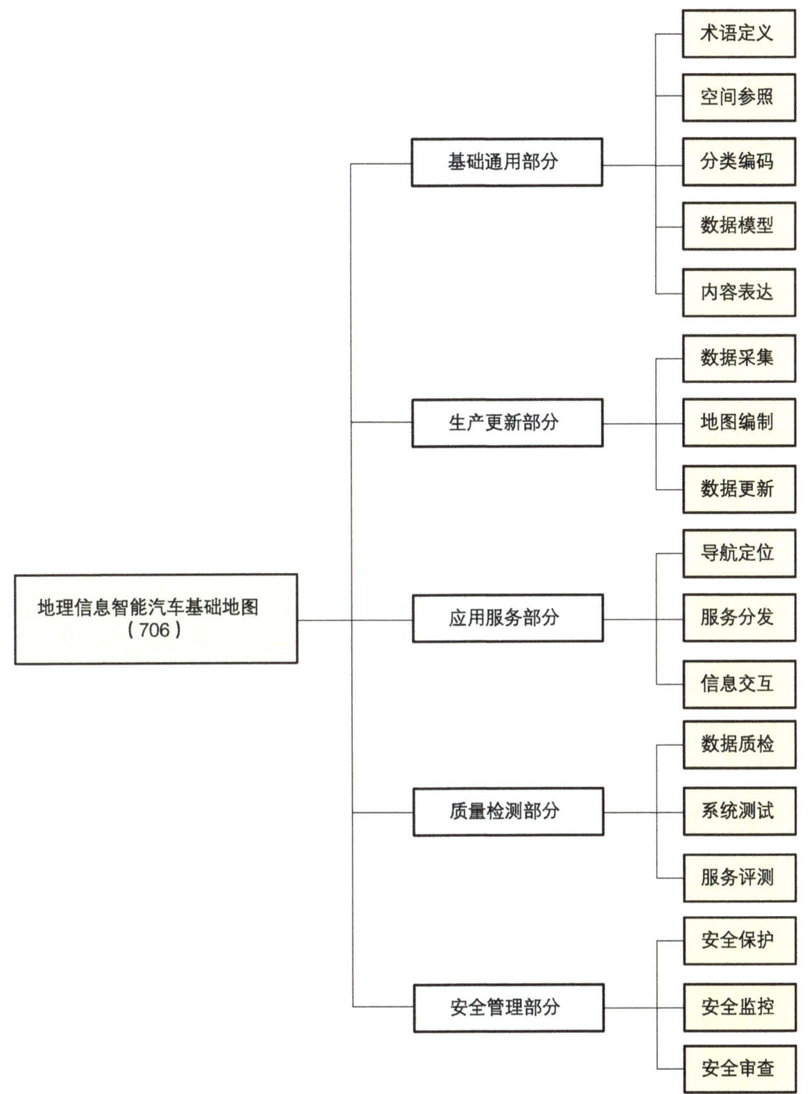

图 3.3　智能汽车基础地图标准体系框架图

资料来源：《智能汽车基础地图标准体系建设指南（2023 版）》。

考虑我国智能汽车基础地图技术现状、行业需要及未来发展趋势，主要分以下两个阶段开展智能汽车基础地图标准体系建设及各子类相关标准制定工作：一是到 2025 年，优先开展支撑整个标准体系的基础通用类，行业需求迫切的基础通用、数据采集、动态更新、数据分发、数据交换格式，以及多种智能端侧相关数据安全保护和监控类等标准研制工作，初步构建能够支撑汽车驾驶自动化应用的智能汽车基础地图标准体系。二是到 2030 年，丰富开展标准体系数据生产、应用服务、质量检测和地图审查类等标准研制工作，系统形成较为完善的智能汽车基础地图标准体系，引导和推动我国智能汽车基础地图安全合规应用。依据《基础地图建设指南》标准进度及制定周期推测，2025 年前已发布和预计发布的标准见表 3.4。

表 3.4　2025 年前已发布和预计发布的智能汽车地图相关标准

序号	名称	性质及标准号	状态
1	智能汽车基础地图要素分类与编码	行业标准	已立项
2	地图导航定位产品通用规范	国家标准 GB/T 35766—2017	已发布
3	导航应用软件基本功能及技术要求	国家标准 GB/T 39774—2021	已发布
4	导航电子地图安全处理技术基本要求	国家标准 GB 20263—2006	已发布
5	导航电子地图检测规范	行业标准 CH/T 1019—2010	已发布
6	道路高精度电子导航地图质量规范	行业标准	已立项
7	智能网联汽车时空数据安全处理技术基本要求	国家标准	已提交立项
8	智能网联汽车时空数据传感系统安全检测基本要求	国家标准	已提交立项
9	智能汽车基础地图数据安全保护技术基本要求	国家标准	已提交立项
10	智能汽车基础地图数据传输安全保护技术规范	国家标准	已提交立项

资料来源：中国汽研根据全国标准信息公共服务平台、全国汽车标准化技术委员会信息整理。

3.《国家汽车芯片标准体系建设指南（2023 版）》（征求意见稿）解读

伴随智能化、网联化、电动化趋势的不断演进，汽车电子系统中的芯片占比不断增加，逐渐成为我国智能网联汽车发展战略的重要攻关方向。一方面，新能源汽车的芯片成本是整车成本第二高的核心部件（仅次于动力电池），未来芯片成本将继续升高。另一方面，我国汽车芯片需求量与日俱增，而车规汽车芯片国产化率较低、缺乏标准引领，难以满足市场需求。2023 年发布的《国家汽车芯片标准体系建设指南（2023 版）》（征求意见稿）（以下简称《汽车芯片建设指南》），旨在系统部署和科学规划汽车芯片标准化工作，引领和规范汽车芯片技术研发和匹配应用，推动汽车芯片产业健康可持续发展。

《汽车芯片建设指南》为我国汽车芯片标准体系建设指明了方向和路径，并提出了明确的目标。在技术结构上，以“汽车芯片应用场景”为横向基础，包括动力系统、底盘系统、车身系统、座舱系统及智能驾驶五个方面；形成基于应用场景的汽车芯片各项技术规范，包括基础通用、产品与技术应用、匹配试验三个技术领域；各技术领域根据汽车芯片产品技术特点分为多个技术方向，每个技术方向制定相应标准，实现不同应用场景下汽车关键芯片从器件—模块—系统部件—整车的技术标准全覆盖。在目标上，《汽车芯片建设指南》提出，到 2025 年，制定 30 项以上汽车芯片重点标准，引导和规范汽车芯片产品实现安全、可靠和高效应用；到 2030 年，制定 70 项以上汽车芯片相关标准，实现基础、通用要求、产品与技术应用以及匹配试验等重点领域均有标准支撑，加快推动汽车芯片技术和产品健康发展，见图 3.4。

当前，我国汽车芯片标准总体处于建设初期，已发布约 15 条汽车芯片相关标准。国外公认的可靠性标准（AEC-Q 系列标准、IATF 16949 质量管理体系标准）以及安全标准（ISO 26262 功能安全标准），已被我国整车企业评价车用芯片普遍引用，但国内在此方面标准较为缺失，尤其是电磁兼容相关标准。

随着芯片信息安全已成为新的需求，我国作为智能网联汽车渗透率领先的国家，在信息安全标准建设方面相对迅速。国内汽车芯片相关标准见表 3.5。

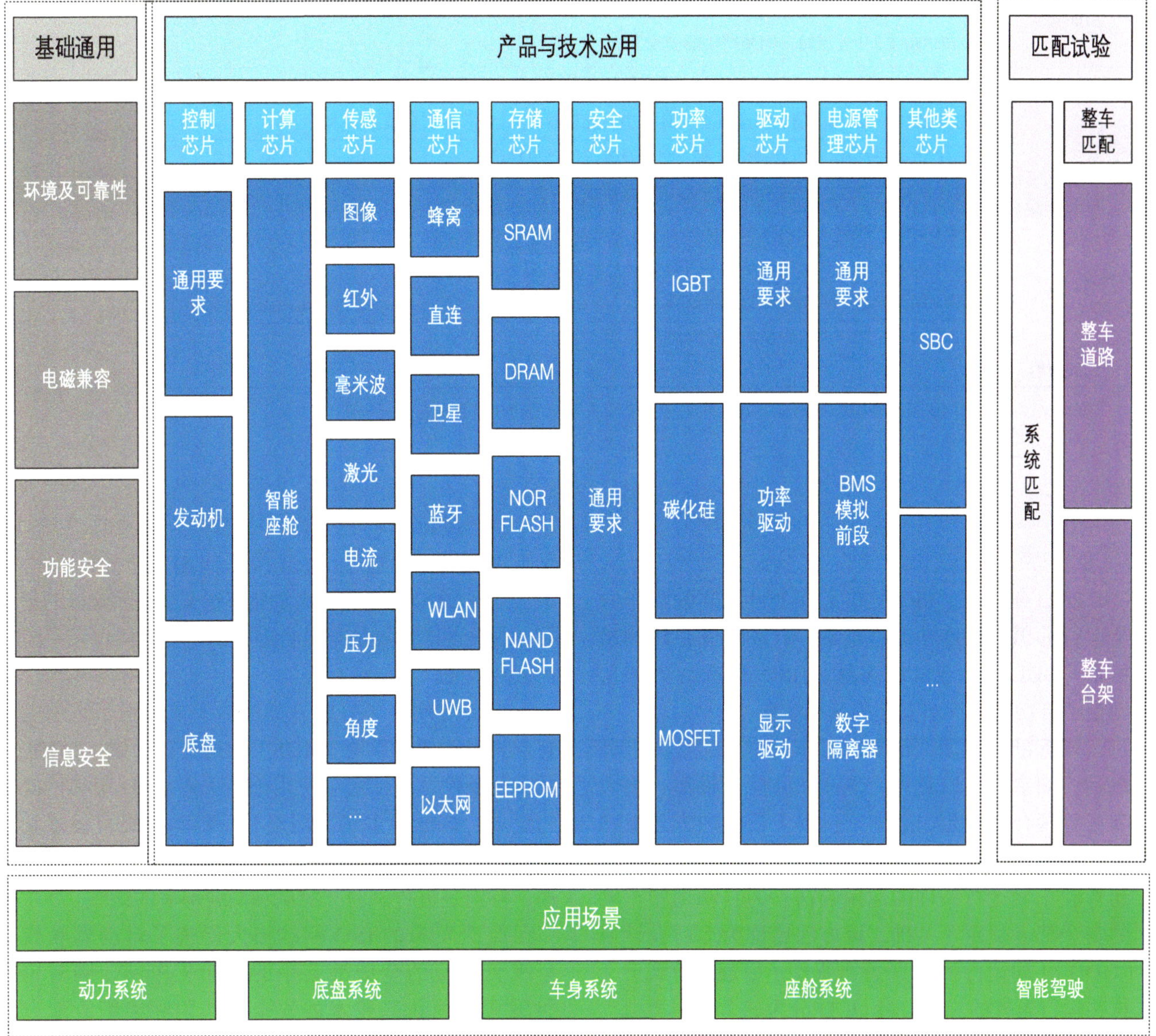

图 3.4 汽车芯片标准体系技术结构图

资料来源：《国家汽车芯片标准体系建设指南（2023 版）》。

表 3.5 国内汽车芯片相关标准

类别	标准号及名称
可靠性	GB/T 4937《半导体器件 机械和气候试验方法》系列标准
	GB/T 38187—2019《汽车电气电子可靠性术语》
	GB/T 5080.1—2012《可靠性试验 第 1 部分：试验条件和统计检验原理》、GB/T 28046《道路车辆 电气及电子设备的环境条件和试验》系列标准
	QC/T 1136—2020《电动汽车用绝缘栅双极晶体管（IGBT）模块环境试验要求及试验方法》
	GB/T 2900.66—2004《电工术语 半导体器件和集成电路》

（续）

类别	标准号及名称
功能安全	GB/T 34590《道路车辆　功能安全》系列标准
	20203970-T-339《道路车辆预期功能安全》
信息安全	GB/T 18336《信息技术　安全技术　信息技术安全评估准则》系列标准
	GB/T 22186—2016《信息安全技术　具有中央处理器的 IC 卡芯片安全技术要求》
	GB/T 36322—2018《信息安全技术　密码设备应用接口规范》
	GB/T 40861—2021《汽车信息安全通用技术要求》
	GM/T 0005—2012《随机性检测规范》
	GM/T 0008—2012《安全芯片密码检测准则》
	GM/T 0028—2014《密码模块安全技术要求）
	GM/T 0039—2015《密码模块安全检测要求》
电磁兼容	无

资料来源：中国汽研根据全国标准信息公共服务平台、全国汽车标准化技术委员会信息整理。

4.《道路车辆　自动驾驶系统测试场景　ODD 运行设计域规范》（ISO 34503：2023）解读

2023 年 8 月，ISO 发布了首个自动驾驶汽车安全运行的国际标准《道路车辆　自动驾驶系统测试场景　ODD 运行设计域规范》（ISO 34503：2023），制定了自动驾驶汽车安全的基本标准。

该标准由美国、德国、日本、中国、法国、奥地利、加拿大、以色列、瑞典、芬兰、韩国、澳大利亚等国合作制定，适用于世界上任何地方开发和制造的每一款自动驾驶汽车，通过创建一种定义自动驾驶车辆运行条件的通用方法，为自动驾驶车辆的安全部署奠定了基础，该方法也称为运行设计域（ODD）（即运行条件）。标准提供了以通用方式定义这些运行条件的规范，将 ODD 分为三个关键类别。

1）景观元素：不可移动的元素（如道路、桥梁、红绿灯）。

2）环境条件：天气和其他大气条件。

3）动态元素：所有可移动的物体和参与者。

欧盟最新的《自动驾驶系统法案》（EU2022/1426）已于 2022 年 8 月通过，也强调了 ODD 概念的重要性，该法案将 ODD 概念作为自动化车辆安全保障流程的基石，联合国欧洲经济委员会即将出台的条例也在考虑类似的做法。

该标准规定了分级分类法的要求，用于指定能够定义自动驾驶系统（ADS）的运行设计域（ODD）的运行条件，还指定了使用分类法的 ODD 定义格式的要求。该标准主要适用于 L3 级和 L4 级自动驾驶系统，可供参与开发自动化车辆安全案例的组织使用，特别是进行试验、测试和商业部署的组织。

此次发布的 ISO 标准极大促进了自动驾驶汽车在更广泛的全球社会中的商业化应用，同时也保障了这项新兴技术的安全性。国际组织、地方政府或监管机构可以将该标准作为制定自动驾驶汽车法规和政策的指南，自动驾驶汽车开发商和制造商可以根据国际一致的安全基准设计和测试其技术性能。

第 4 章
智能网联汽车市场发展研究

4.1 市场情况

我国智能网联汽车市场快速发展，搭载辅助自动驾驶系统的智能网联乘用车新车比例达 48%，搭载 L2+ 级辅助驾驶技术的智能网联汽车渗透率快速提高，同时各项智能网联功能在前装市场应用渗透率逐步提升。

1. 总体市场分析

全球智能网联汽车行业稳定发展，我国正处于加速渗透阶段。随着智能网联汽车技术水平的不断提升及相关产业的全面融合，全球智能网联汽车产业正在进入新的发展阶段。根据 ICVTank 数据显示，2022 年全球智能网联汽车市场规模约 2340 亿元，渗透率约 24%；2022 年中国智能网联汽车市场规模约 890 亿元，2023 年达到 1000 亿元左右。从最初的车载信息系统到现在的 V2X 互联互通，5G、C-V2X、AI 等创新技术的发展不断推动着“车联万物”加速实现，全国已开放智能网联汽车测试道路里程超过 1.5 万 km；商用车利用车联网管理车队效率得到大幅提升，自动驾驶出租车、无人巴士以及无人配送等多场景示范应用在有序开展；乘用车搭载智能网联功能应用广泛，我国搭载辅助自动驾驶系统的智能网联乘用车新车渗透率快速提高，2022 年达 48%，远超全球水平。

我国乘用车智能网联 L2+ 级渗透率快速提高。根据高工智能汽车数据，近两年中国乘用车 L2+ 级渗透率逐步提升，2023 年 10 月约为 35%，较 2022 年 1 月增长约 15 个百分点（见图 4.1）。目前，配备 L2 级辅助驾驶技术的汽车已实现批量生产，但应用场景仍然有限，搭载更高级别自动驾驶技术的智能网联汽车仅能在实验及示范的特定场景下运行。随着技术改进和自动驾驶技术准入政策的出台，高阶自动驾驶汽车有望逐步实现市场应用。

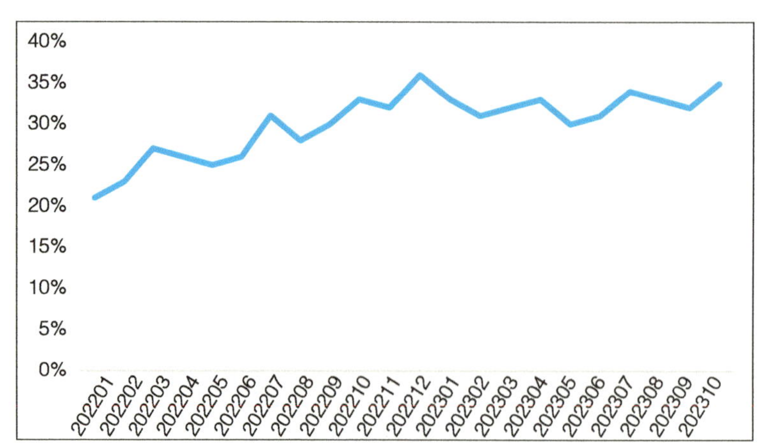

图 4.1 我国乘用车智能网联 L2+ 级渗透率

资料来源：高工智能汽车。

2. 细分领域市场分析

多项智能网联功能渗透率逐步提高，加速前装市场应用。乘用车方面，用户对于汽车驾驶安全、舒适性和便利性等方面的要求越来越高，智能网联功能进入加速渗透的阶段，尤其是智能驾驶相关配置，车道偏离预警（LDW）、自动紧急制动（AEB）等智能网联功能渗透率较高，自适应巡航（ACC）、记忆泊车（HPP）等功能渗透率短期内仍处于低位。商用车方面，由于 AEB、LDW 等辅助驾驶功能对安全的重要提升作用，我国加速推动相关功能在营运客车、营运货车上的强制安装，智能网联功能渗透率同步提速。2023 年 1—10 月乘用车智能网联功能渗透率及同比情况见表 4.1。

表 4.1 2023 年 1—10 月乘用车智能网联功能渗透率及同比情况

项目	1—10 月累计渗透率	累计同比
	整体	
L1 级	11.6%	—
L2 级及以上	36.6%	9%
	功能	
车道偏离预警（LDW）	49.0%	12%
倒车侧向警告（RCTA）	21.4%	6%
全景环视（AVM）	39.2%	9%
自适应巡航（ACC）	2.6%	-2%
车道保持辅助（LKA）	45.4%	12%
自动紧急制动（AEB）	56.6%	9%
自动泊车（APA）	16.5%	2%
高速辅助驾驶（HWA）	22.1%	2%
NOA- 高速	2.7%	2%
NOA- 城区	1.0%	—
遥控泊车（RPA）	13.1%	6%
记忆泊车（HPP）	1.0%	—
前视摄像头	53.1%	9%
前向毫米波雷达	50.2%	8%
激光雷达	1.9%	2%

资料来源：高工智能汽车。

4.2 投融资情况

1. 主要投融资事件

智能网联行业投资热度上升。2019 年至 2021 年，智能网联汽车行业投融资持续火热，投资事件数呈上升趋势，热度于 2021 年到达顶峰。此后，受疫情及全球经济下行等多因素的叠加影响，投资机构趋于谨慎，一级市场整体遇冷。受大环境及企业盈利难、基金退出难等因素影响，中国智能网联汽车行业投融资热度有所下降，2022 年及 2023 年 1—11 月分别发生 101 和 123 起投资事件。2019 年到 2023 年 1—11 月中国智能网联汽车行业投融资情况见图 4.2。

智能驾驶、智能座舱成为投融资热点领域。从细分赛道融资情况来看，国内智能网联汽车产业链融资事件主要分布在智能驾驶、出行及数据平台服务、智能座舱等领域。2023 年，发生在智能驾驶领域的融资事件最多达 31 起，其次为智能座舱 16 起，车用软件 11 起，见图 4.3。

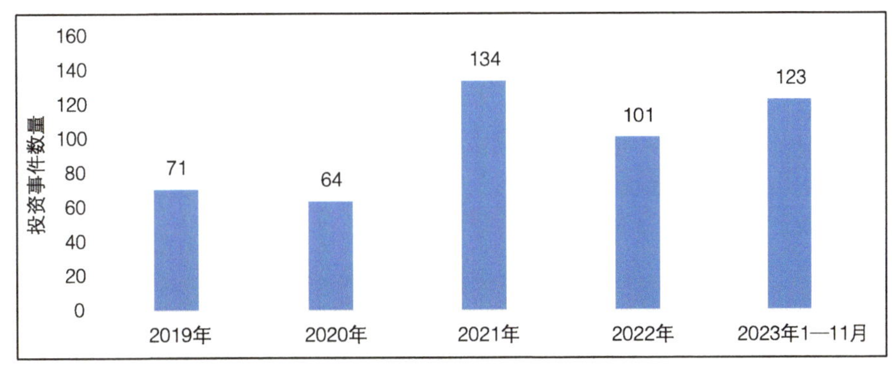

图 4.2 2019 年到 2023 年 1—11 月中国智能网联汽车行业投融资情况

数据来源：中国汽研根据公开资料整理。

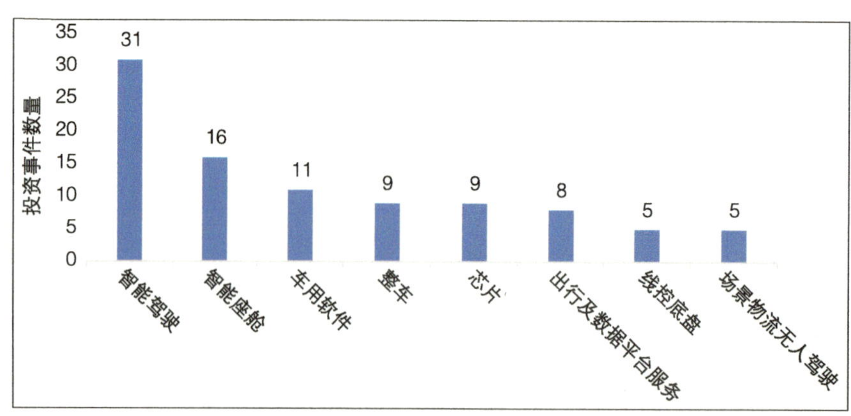

图 4.3 2023 年智能网联细分赛道融资情况

数据来源：中国汽研根据公开资料整理。

自动驾驶投资热度持续升温。一方面，为实现我国汽车产业转型升级，国家持续发布系列政策支持自动驾驶关键技术、产品生产、产业生态和应用场景的发展；另一方面，随着激光雷达、芯片、算法等自动驾驶软硬件不断成熟，自适应巡航、自动泊车、主动车道保持、自动变道等 L2 级辅助驾驶功能已实现广泛商业化运用。未来，随着法规的进一步放开、算法能力提升和基础硬件成本的下降，L3 级自动驾驶将有望迎来大规模应用。2023 年自动驾驶领域部分投资事件见表 4.2。

表 4.2 2023 年自动驾驶领域部分投资事件

序号	企业简称	融资金额
1	佑驾创新	3.25 亿人民币
2	卡尔动力	1500 万人民币
3	小马智行	7.18 亿人民币
4	卡尔动力	4.5 亿人民币
5	纽劢科技	7.8 亿人民币
6	滴滴自动驾驶	数十亿人民币
7	宏景智驾	数亿人民币
8	恺望数据	数千万人民币
9	木蚁机器人	4810 万人民币
10	傲图科技	2511.88 万人民币
11	八维通科技	未披露
12	乐骑智能	3000 万人民币
13	禾多科技	3 亿人民币
14	易航智能	未披露
15	易成创新	数千万人民币
16	海康智联	1.5 亿人民币
17	苇渡科技	数亿人民币
18	滴滴自动驾驶	未披露

数据来源：中国汽研根据公开资料整理。

智能座舱持续受到投资关注。一方面，智能座舱为承载和实现汽车智能化、网联化应用和服务的空间，与驾驶者直接接触，更易被感知且技术门槛相对较低，成为投资者重点关注对象；另一方面，智能座舱作为各品牌差异化竞争点，带给用户升级的体验，语音助手、DMS、OTA 升级已成为主流车型标配功能，部分车型更是提供情感功能、OMS、多音区识别等高级别交互功能。从融资金额来看，智能座舱单笔融资金额攀升趋势较为明显。2023 年智能座舱领域部分投资事件见表 4.3。

表 4.3 2023 年智能座舱领域部分投资事件

序号	企业简称	融资金额
1	锐见智行	数千万人民币
2	斑马智行	7 亿人民币
3	智云谷	数千万人民币
4	麦腾物联网	未披露
5	瑞地测控	未披露
6	可数智能	未披露
7	银基科技	2 亿人民币
8	北汽蓝谷	60.45 亿人民币
9	启英泰伦	数千万人民币
10	标贝科技	数亿人民币
11	炽云科技	数千万人民币
12	瀚强科技	1.54 亿人民币
13	车小米	未披露
14	悦坤智能	未披露
15	镁佳科技	未披露
16	锦图计算	数千万人民币

数据来源：中国汽研根据公开资料整理。

2. 车企投资动向

智能网联市场正在呈现出强劲发展势头，成为全球企业争相抢占的战略制高点，国内车企纷纷加码在智能网联汽车及其相关领域的投资力度。2023 年智能驾驶领域继续成为车企重要战略方向，例如小鹏汽车发布具备高速和城市智能辅助驾驶能力的 SEPA2.0 扶摇架构；理想汽车投资的自动驾驶公司知行科技即将在香港主板上市；长城战略投资地平线，双方将在高级辅助驾驶、自动驾驶、智能座舱多模态交互等方面进行重点合作。车企投资动向见表 4.4。

表 4.4 车企投资动向

车企	投资动向
东风汽车	东风着力推进改革创新和转型升级，面向汽车电动化、智能化、网联化时代的平台、商品、关键总成及核心技术资源布局已经基本完成。东风系统打造了 ITECE 猛士架构、东风量子架构、DSHA 节能架构三大平台，推出了覆盖节能、混动和纯电的“马赫”动力品牌以及“东风氢舟”氢动力品牌
长城汽车	长城战略投资地平线，双方将在高级辅助驾驶、自动驾驶、智能座舱多模态交互等方面进行重点合作。地平线基于长城汽车需求，开放由“芯片 + 算法 + 工具链”构成的智能汽车基础技术平台，包括智能驾驶 AI 处理器、自动驾驶计算平台、视觉感知算法、多模态交互、地图众包和定位等，充分满足长城汽车对于智能网联汽车制造的多元化需求
上汽集团	上汽通用将加快电动化、智能网联化转型，计划至 2025 年在电动化和智能网联化上总计投资 700 亿元
广汽集团	广汽主导 100 亿元智能网联新基金。基金首期规模达 100 亿元（广汽集团认缴 33.4%），主攻新能源电池、能源生态、车联网、智能驾驶、汽车芯片、智慧城市等领域。智能网联新能源产业发展基金将加速广汽集团核心自主研发成果的产业化，为主业提供有力支持，进一步提升核心产品竞争力
比亚迪	比亚迪布局智能驾驶。发布两大自研产品 DiLin 智能网联系统和 DiPiot 驾驶辅助系统，同时牵手英伟达、华为、百度、研鼎、地平线等多家企业开启汽车全面智能化。未来，比亚迪 20 多个车型将全部升级高阶辅助驾驶，智驾芯片来自英伟达、地平线，智驾软件联合魔门塔、大疆车载开发
长安汽车	长安陆续发布了新能源战略“香格里拉”计划与智能化战略“北斗天枢”计划。在“北斗天枢”计划下，长安汽车将通过自研、合作等多重路径，构建自主可控的全栈式智能化核心能力，聚焦智能产品、智能制造、智能管理等领域。同时，以智能驾驶、智能网联、智能交互三大领域技术为支撑，实现智能网联运营，分阶段打造智能汽车平台
理想汽车	理想智能化发展全面发力。理想汽车投资的自动驾驶公司知行科技即将在香港主板上市，知行科技专研自动驾驶域控制器，为理想在自动驾驶领域的发展提供助力。打造“智能驾驶”和“智能空间”技术平台，推出理想 ADMax3.0，通过大模型 AI 算法，摆脱对高精地图的依赖。理想汽车将向用户推送 ADMax3.0 正式版，提供全场景的 NOA 能力，并计划在年底前完成 100 个城市的落地推送
小鹏汽车	小鹏智能化优势突出。小鹏汽车发布了经过多年探索、累计研发投入超百亿的全新平台——SEPA2.0 扶摇架构，具备高速和城市智能辅助驾驶能力。大众汽车宣布计划向小鹏汽车投资 7 亿美元，共同在华开发电动汽车，双方亦将基于小鹏 G9 平台联合开发两款大众品牌旗下全新纯电车型，并计划 2026 年量产。此外，未来也有望在智能网联、自动驾驶、供应链管理等领域进行更多的合作与探索
蔚来汽车	蔚来布局智能电动汽车的 12 项全栈技术及行动，包括芯片及车载智能硬件、电池系统、电驱系统、车辆工程、操作系统、移动互联、智能驾驶、智能座舱、智慧能源、智能制造、人工智能、全球数字运营等关键技术领域。推出的首款手机打通了车和手机之间的软硬件隔阂，共享设备算力，实现车、机互联互通

资料来源：中国汽研根据公开信息整理。

4.3 企业及产品动态

目前，我国智能网联汽车发展增速快，整车企业产品迭代速度较快，配备 L2 级辅助驾驶技术的汽车已实现批量生产，搭载 L3—L4 级自动驾驶技术的智能网联汽车已正式达成准入规范。典型车企量产的智能网联汽车情况见表 4.5。

1. 蔚来汽车

蔚来汽车在 2023 年全面技术创新，布局“蔚来技术全栈”，开发包括芯片和车载智能硬件、电池系统、电驱及高压系统、车辆工程、整车全域操作系统、全景互联、智能驾驶、智能座舱、智慧能源、智能制造、人工智能、全球数字运营 12 项关键技术领域。其中，整车全域操作系统（天枢 SkyOS）、激光雷达主控芯片（杨戬）、全景互联技术（NIO Link）与超算集群（ADAM CCC）为四大重要创新。此外，换电业务领域扩张合作版图，目前与长安汽车、吉利控股达成了战略合作。

表 4.5　2023 年 1—10 月主要智能网联汽车情况

车企	车型	上市时间	自动驾驶目标等级	车身类型	动力类型	价格	销量 / 辆
小鹏汽车	G6	2023 年 6 月	L3—L4	SUV	纯电动	20.99 万 ~ 27.69 万元	28122
	X9	2023 年 11 月	L3—L4	MPV	纯电动	38.8 万元起	—
理想汽车	L7	2023 年 2 月	L3—L4	SUV	增程式	31.98 万 ~ 37.98 万元	97062
	MEGA	2023 年 12 月	L3—L4	MPV	纯电动	50 万 ~ 60 万元	—
吉利集团	极氪 X	2023 年 4 月	L3—L4	SUV	纯电动	18.98 万 ~ 20.98 万元	15329
	极氪 007	2024 年 1 月	L3—L4	轿车	纯电动	22.99 万元起	—
蔚来汽车	EC7	2022 年 12 月	L3—L4	SUV	纯电动	45.8 万 ~ 54.8 万元	2943
上海汽车	智己 LS6	2023 年 10 月	L3—L4	SUV	纯电动	22.99 万 ~ 29.19 万元	4847
	智己 LS7	2023 年 2 月	L3—L4	SUV	纯电动	30.98 万 ~ 45.98 万元	12994
长安汽车	阿维塔 12	2023 年 11 月	L3—L4	轿车	插电混	30.08 万 ~ 40.08 万元	153
	深蓝 S7	2023 年 6 月	L3—L4	SUV	增程式 / 纯电动	14.99 万 ~ 21.79 万元	36068
零跑汽车	C10	2024 年一季度	L3—L4	SUV	增程式 / 纯电动	—	—
赛力斯	问界 M9	2023 年 12 月	L3—L4	SUV	增程式 / 纯电动	50 万 ~ 60 万元	—
奇瑞集团	智界 S7	2023 年 11 月	L3—L4	轿车	纯电动	24.98 万 ~ 34.98 万元	—

资料来源：中国汽研根据公开资料整理。

2022 年 12 月上市蔚来新品 EC7，并于 2023 年 4 月正式开启交付。EC7 配备 NT2.0 平台的全套自动驾驶硬件，包括 Aquila 蔚来超感系统，Adam 蔚来超算平台以及蔚来自动驾驶技术 NAD。Aquila 蔚来超感系统配备 1 颗超远距激光雷达、7 颗 800 万像素摄像头等在内的 33 个高性能传感器，Adam 蔚来超算平台由 4 颗 NVIDIA Drive Orin X 芯片组成、总算力高达 1016 TOPS。数字座舱平台采用高通骁龙第三代，内置 8155 芯片，AI 算力、图形处理能力全面提升。

2. 小鹏汽车

小鹏汽车具有全栈自研能力，新发布了全新技术架构“扶摇”，并从上一代的辅助驾驶系统 XPliot 升级为小鹏全新一代智能驾驶系统 XNGP，保留了基础的高速 NGP、停车场记忆泊车功能，同时升级了更多的场景。XNGP 的硬件包括双激光雷达、毫米波雷达、超声波传感器、摄像头等 31 颗传感器，双英伟达 Orin X 芯片总共可以提供 508TOPS 的算力。

2023 年小鹏汽车发布小鹏 G6 与 X9 两款新车。小鹏 G6 是 SEPA2.0 扶摇全域智能进化架构下的首款战略车型，配备全域 800V 高压 SiC（碳化硅）平台 +XNGP 全场景智能辅助驾驶系统。小鹏 X9 基于扶摇架构，拥有全域 800V、EE 车身架构，搭载 8295 座舱芯片与 XNGP 全场景智能辅助驾驶系统，并首次搭载 Xmart OS 5.0 系统，采用全新界面（多任务、自定义）、服务人机共驾的一站式 SR（提升人驾安全，覆盖泊车场景），并具有全面演进的语音交互能力、免唤醒六音区并接入 GPT 大模型。

3. 理想汽车

理想汽车具备智能驾驶系统全自研能力，在 2023 年实现 OTA 5.0 升级，AD Max 3.0 将重新定义理想汽车的智能驾驶能力，实现全场景智能驾驶（NOA）和全场景辅助驾驶（LCC）、行业领先级别的主动安全能力（AEB），以及行业领先级别的智能泊车能力。理想汽车推出的“双能战略”，计划自 2023 年起每年至少推出两款高压纯电动新车型，到 2025 年，将形成 1 款超级旗舰车型、5 款增程电动车型、5 款高压纯电动车型的产品布局。

2023 年理想汽车发布理想 L7 及理想 MEGA 两款新车，L7 新增了第二排皇后座椅，提供差异化场景体验。Air 以及 Pro 车型采用地平线征程 5 芯片，提供 128TOPS 算力，具备高速 NOA 导航辅助驾驶功能，Max 车型采用 2 颗英伟达 Orin X 处理器，提供 508TOPS 的总算力，具备全套自动驾驶安全冗余系统，能实时高效处理传感器的融合信号，构建完整、实时的数字道路世界，支持自动泊车、城市智能驾驶、远程召唤、OTA 升级等场景和功能。理想的首款纯电旗舰 MPV 车型 MEGA 采用流线型的设计，形似“高铁”，首发搭载麒麟 5C 超充电池，充电峰值功率达到 500kW 以上，12min 补能 500km，将充电速度带入“5G 时代”。

4. 长安汽车

长安汽车新能源贯彻自主品牌战略，设立阿维塔、深蓝等新能源自主品牌，抛弃原有的品牌固化定位，更加专注于产品本身。2023 年，长安汽车与华为深度协作，签署《投资合作备忘录》，拟成立一家新公司，新公司业务范围包括汽车智能驾驶解决方案、汽车智能座舱、智能汽车数字平台、智能车云、AR-HUD 与智能车灯等，涵盖了目前华为汽车 BU 的核心技术。

2021 年，长安汽车通过 CHN 模式（长安汽车、华为、宁德时代）打造高端智能电动品牌阿维塔，2023 年 11 月推出阿维塔 12，搭载华为 ADS 2.0 高阶智能驾驶系统、鸿蒙 4 智能座舱系统，全系标配包括 3 颗隐藏式激光雷达在内的 29 颗智驾传感器，搭载华为 MDC810 计算单元，并配备智能光感变色前风窗 / 全景天幕、双零重力座椅、空气悬架等。

深蓝汽车与华为签署合作框架协议，成为长安汽车旗下第二个与华为合作的新能源自主品牌。2023 年 6 月发布深蓝品牌首款 SUV 车型 S7，推出纯电和超级增程两个版本，其超级增程版的动力系统由发动机 - 发电机串联构型，采用原力超集电驱和原力智能增程的技术创新，解决了驾驶性能与低油耗之间的矛盾。相比普通增程技术，超级增程赋能让深蓝 S7 纯电续驶里程更长，并有 3 种能量管理模式——山地、高速和市区。除此之外，深蓝 S7 搭载 AR-HUD 全息式增强现实系统、EPA1 全电数字平台、iBC 数字电池管家、高通 8155 芯片（提供 105KDMIPS 算力支持）等多种配置。

5. 赛力斯汽车

赛力斯汽车在新能源汽车智驾领域秉承“软件定义汽车”战略，产品矩阵不断扩容丰富。其 9000T 一体化压铸工艺作为核心技术之一，生产出的后车体可以减少接近 80 个零部件，实现了市面上一体化压铸部件中最高的集成度，拥有降低车身总重、制造难度，提升生产效率、车辆续驶里程和节能效率的优势。

赛力斯汽车与华为联合探索“智选车”模式，2023 年联合打造了问界 M9。问界 M9 率先搭载华为新一代 AR-HUD 及光场屏产品。华为 AR-HUD 采用华为 AutOptiX 智能车载光技术，成功实现对德州仪器 DLP 方案的替代，搭载业内首个 2K 车规级 LCoS 光学成像模组，其短焦镜头畸变小于 2%，成像更为清晰，并拥有业界量产最大画幅，可实现 7.5m 处 70in（1in=0.0254m）、10m 处 96in 画幅尺寸；光场屏作为一种采用光场引擎技术来突破车内物理空间限制的全新显示方案，具备成像距离远、画幅大、分辨率高、不易受车外光线影响、不易晕车的优势。

6. 吉利集团

吉利汽车在纯电、混动、换电、甲醇等多条新能源技术路径上实现全栈自研，并与电池上下游产业链协同发展，形成自主可控的智能电动车产业生态化布局，旗下包含吉利、领克、极氪三个主要品牌。极氪发布全球首款量产 800V 磷酸铁锂超快充电池——金砖电池，是全球量产充电速度、体积利用率、安全性均位居全球前列的动力电池。极氪 NZP 高速自主领航辅助系统正式上线，采用 Mobileye 与自研两种路线，可实现自主完成高速故障车识别变道躲避、大曲率弯道行驶、自动变道、识别施工路段等功能。

2023 年正式发布了极氪 001 FR 和极氪 X。极氪 001 FR 拥有多项全球量产首发核心技术：四电机分布式电驱系统、ZVC 四轮扭矩矢量控制技术、“蜻蜓结构”中段一体式压铸技术、8295 智能座舱计算平台，以及卫星通信技术。首款纯电 SUV 极氪 X 基于吉利 SEA 浩瀚平台，全系装载由 5 颗摄像头、5 颗毫米波雷达，以及 12 颗超声波传感器组成的 ZAD 智能驾驶辅助系统。2024 年年初发布的极氪 007，搭载 8295 智能座舱计算平台和 Kr GPT AI 大模型，可以实现语音控制、人脸识别、情感识别等功能。

7. 零跑汽车

零跑汽车具备全域自研自造能力及高垂直整合度，在电池、电驱、电控、座舱、智驾、电子电气、车灯等核心系统和电子部件方面均为自研自造，占整车成本的 70%。平台架构进化到 LEAP3.0，该架构以中央集成式电子电气架构为依托，整合 CTC2.0 电池底盘一体化技术、全新油冷电驱、新一代智能座舱、激光雷达智驾方案在内的多项领先智能电动技术。

2023 年，零跑开启全球化战略，携全球化产品 C10 和全新技术亮相慕尼黑国际车展。零跑 C10 搭载了全域自研最新成果 LEAP 3.0 架构与 8295 芯片，同时配备激光雷达、800 万像素高清摄像头等 30 余个传感器，结合 NVIDIA DRIVE Orin SoC 及单颗算力达 254TOPS 的英伟达 Orin X 芯片，实现高阶的城市以及高速路段 NAP 智驾功能。

8. 特斯拉

特斯拉目前在售所有车型均为纯电动汽车，电池采用镍钴铝材料，电机搭载多个独立驱动单元并采用碳化硅材料，自主研发了主从架构的 BMS 电池管理技术。

2023 年，特斯拉升级 Model 3 与 Model Y 两款车型，包括新增多色氛围灯、更新仪表台饰板以及 19in 轮毂，同时后轮驱动版的百公里加速性能提升至 5.9s。在智能驾驶领域，特斯拉拥有 Autopilot 自动辅助驾驶技术，采用纯视觉方案构建无人驾驶，8 个摄像头和强大的视觉处理能力可实现 360° 视野范围，对周围环境的监测距离最远可达 250m。特斯拉在 Model 3 车型上首次应用了一体压铸技术，在 Model Y 上采用了一体式前舱、后舱设计，相较于 Model 3 的分体式结构，重量更轻，生产效率更高。

4.4 推广及应用分析

1. 测试示范

目前，全国已有 7 地获批创建国家级车联网先导区，建成 17 个国家级智能网联汽车测试示范区，16 个“双智”试点城市，拥有超过 50 个封闭测试场。截至 2023 年 11 月，全国已开放智能网联汽车测试道路超 2.2 万 km，发放测试牌照 4800 余张，测试总里程达 8700 万 km，建成 5G 基站超 321 万座，部署智能化路侧基础设施超过 8500 套。

（1）国家级车联网先导区建设情况

2023 年 4 月，工业和信息化部批复新增湖北（襄阳）、浙江（德清）、广西（柳州）三地创建国家级车联网先导区，加上江苏（无锡）、天津（西青）、湖南（长沙）、重庆（两江新区），全国国家级车联网先导区共有 7 家，区域覆盖东、中、西部地区，各地正合力推动自动驾驶、智能交通、智慧城市的发展。国家级车联网先导区建设情况见表 4.6。

表 4.6　国家级车联网先导区建设情况

先导区	批复时间	先导区任务目标	建设进展
江苏（无锡）	2019.05	1. 部署 C-V2X 网络、路侧单元、车载终端 2. 建设云端服务平台 3. 开展相关标准规范和管理规定探索	一期项目建设完成，正在探索二期的商用化、可落地场景
天津（西青）	2019.12	1. 部署 C-V2X 网络 2. 标准制定和验证，测试评价体系 3. 车联网通信终端安装方案 4. 建设云端服务平台	一期智能基础设施及应用平台工程已全部建设完成
湖南（长沙）	2020.09	1. 部署 C-V2X 网络 2. 发展车载终端用户（公交、出租等公共服务车辆率先安装） 3. 建设云端服务平台	公共服务车辆应用场景创新，取得阶段性进展
重庆（两江新区）	2021.01	1. 部署 C-V2X 网络 2. 结合产业基础和复杂道路交通特征构建丰富实用的车路协同应用场景 3. 建设云端服务平台 4. 有效发展车载终端用户 5. 建立健康可持续的建设和运营模式	加快建设阶段
湖北（襄阳）	2023.04	1. 结合 5G 和智慧城市建设，规模部署 C-V2X 网络 2. 构建丰富实用的车联网应用场景 3. 建设云端服务平台	加快建设阶段
浙江（德清）	2023.04	1. 建设云端服务平台 2. 开展自动驾驶地图数据标准化、动态高精度地图基础服务、高精度地图数据动态更新等基础地理信息数据服务	加快建设阶段
广西（柳州）	2023.04	1. 部署 C-V2X 网络 2. 建设云端服务平台 3. 构建商业化典型应用场景	一期两个阶段均完成项目建设，正推动项目验收工作

资料来源：中国汽研整理。

坚持政府主导，发挥政企协作优势。湖南长沙实行以市级投资为主，市、区两级财政按比例分摊投资的方式，委托国企和民营企业成立的合资公司作为建设运营主体，其国家智能网联汽车测试区项目一期总投资约 18.96 亿元。重庆两江新区由政府出资，委托两江智慧城投公司作为先导区的投资、建设主体，委托国企作为运营主体，其先导区建设方案预算投入 12 亿元。湖北襄阳由市级财政投资，委托市属国企作为先导区建设运营主体，其先导区建设总投资达 4.7 亿元。广西柳州由市级财政投资，委托市属国企负责先导区的建设与运营，其先导区建设方案预算共投入 19.7 亿元。各先导区充分体现了市、区国资国企灵活高效的投资优势，在组织领导、资金保障、基础设施与运维管理等方面发挥了重要作用。

坚持系统谋划，政策体系完备。江苏无锡形成车联网“1+1+1+N”产业政策架构，包括全国首创的车联网领域地方性法规《无锡市车联网发展促进条例》《无锡市智能网联汽车道路测试与示范应用管理实施细则》《无锡市车联网及智能网联汽车发展三年行动计划（2023—2025 年）》和一系列车联网及智能网联汽车专项政策及地方标准体系。天津西青牵头并参与制定多项行业标准，涵盖国际、国家、团体三种类型，形成一定的行业影响力。浙江德清发布《智能网联道路基础设施建设规范》《智能车辆基础地理数据规范》《智能网联数据脱敏规范》等规范，形成完善的标准化建设方案。重庆发布《重庆市自动驾驶和车联网创新应用行动计划（2022—2025 年）》《重庆市智能网联汽车道路测试与应用实施细则（试行）》等政策，推动产业高质量发展。湖南长沙发布《长沙市智能网联汽车道路测试与示范应用管理细则（试行）V4.0》《湖南湘江新区智能网联汽车创新应用示范区行动方案（2022—2025 年）》等政策，进一步规范长沙智能网联汽车道路规模化测试与示范应用活动。

依托区域条件，注重特色发展。江苏无锡依托其坚实的物联网、集成电路、软件服务等产业基础，着重探索网络部署、路侧单元和车载终端的架设、装配，并形成规模化应用。天津西青依托中汽中心 - 国家汽标委驻津的独特优势，以及完整的测试体系，侧重标准认证、评价体系建设方面的探索。湖南长沙着眼终端数据的融合应用，侧重在场景创新、运营模式方面的探索及产业生态打造，建设智能网联汽车创新应用的先导区。重庆两江新区着重打造山地特色车路协同应用场景，侧重建设复杂路况开发测试的先导区。湖北襄阳依托汽车产业基础和交通区位优势，以推动车联网规模化深度应用、打造规模发展的智能网联汽车产业、构建国内领先的智能网联测试体系为目标，侧重建设中心城区车联网应用全覆盖的先导区。浙江德清着重探索“车联网 + 地理信息”技术创新融合应用。广西柳州着重依托汽车产业发展基础，构建商业化典型应用场景。

1）湖北襄阳。湖北（襄阳）车联网先导区是全国第五个、湖北首个国家级车联网先导区。由市级财政投资，委托市属国企作为先导区建设主体，委托国企和民企的合资公司作为先导区运营主体，建设总投资达 4.7 亿元。主要任务和目标包括在重点高速公路、城市道路规模部署蜂窝车联网 C-V2X 网络，做好与 5G 和智慧城市发展的统筹衔接，完成重点区域交通设施车联网功能改造和核心系统能力提升，带动全路网规模部署；结合产业基础和复杂道路交通特征，加强技术创新和产品研发，构建丰富实用的车联网应用场景，有效发展车载终端用户，带动产业转型升级和高质量发展；深化政策和制度创新，建立健康可持续的建设和运营模式，打造信息开放、互联互通的云端服务平台，完善安全管理体系，形成可复制、可推广的经验做法。

道路智能化改造加快。襄阳市依托汽车产业基础和交通区位优势，将创建车联网先导区作为加快汽车产业转型升级和智慧城市建设的重要抓手，以建设全国首个车联网深度应用城市为目标，加快中心城区交通路口智能化改造。目前，已实现 244 个交通路口的车联网覆盖，道路里程 510km，辐射面积 150km^2。到 2023 年年底，襄阳中心城区 448 个主要路口将实现全域覆盖。

示范应用探索加快。襄阳市联合东风公司、腾讯公司等，围绕智慧交管、智慧物流、智慧出行、智慧公交等深度落地一批车联网应用场景，在公交车、出租车、私家车等领域推广车载智能终端，探索开展规模化、商业化示范应用。

产业生态集聚加快。襄阳市建设了车联网（智能网联汽车）产业园，依托襄阳达安汽车检测中心国家级智能网联汽车检验检测平台优势，推动东风公司等企业研发生产无人物流、配送、环卫、集装箱货车等智能网联汽车，引进车 - 路 - 云 - 网 - 图等行业头部企业，以应用推动产业生态集聚。

2）浙江德清。浙江（德清）车联网先导区是工业和信息化部批复的全国首个以县域为主体创建的国家级车联网先导区，计划组建规模达 30 亿元的“地理信息 + 车联网”产投基金。主要任务和目标包括做好车联网与 5G、智能交通、智慧城市发展的统筹协调，强化重点区域车联网功能改造和核心系统能力提升，打造信息开放、互联互通的云端服务平台，深化技术创新与产品研发，培育新应用与新服务，完善安全管理体系；开展基于北斗卫星导航系统的自动驾驶地图数据标准化、动态高精度地图基础服务、高精度地图数据动态更新等基础地理信息数据服务；深化政策和制度创新，建立健康可持续的建设和运营模式，形成可复制、可推广的经验做法。

车联网建设实现县域全覆盖。德清农村道路、城市道路和类高速同步纳入建设范畴，完成双向 400km 的智能化基础设施铺设，全面打造适合 V2X 商业化落地的基础设施环境，实现了道路的全方位融合感知和多维度大数据的存储与计算。同时，5G 通信网和高精度地理信息网实现全县域覆盖，实现全域 949.3km 道路开放测试，同步完成县域 520km 道路的高精度地图采集和基于北斗的高精度全县域定位系统。

建设运营模式健全。德清上线城市级智能网联云控平台，为自动驾驶、网联类车辆提供测试、运营等方面的全方位一体化服务。同时，发布了《智能网联道路基础设施建设规范》《智能车辆基础地理数据规范》《智能网联数据脱敏规范》等一系列规范，形成完善的标准化建设方案。积极探索多场景、常态化市场运营模式，获批全省首个车联网直连通信频率使用许可，不断提升开放道路的测试服务能力，先后服务了奥迪、吉利、阿里达摩院等多家主机厂和研究机构，并在运营过程中吸引了阿里达摩院自动驾驶产线、智行者、方正电机等相关产业合作。

3）广西柳州。广西（柳州）车联网先导区是全国第七个国家级车联网先导区，由市级财政投资，建设方案预算共投入 19.7 亿元。主要任务和目标包括在城市道路规模部署蜂窝车联网 C-V2X 网络，做好与 5G、智慧城市发展的统筹衔接，完成重点区域车联网功能改造和核心系统能力提升，打造信息开放、互联互通的云端服务平台；依托汽车产业发展基础，构建商业化典型应用场景，有效发展车载终端用户，推动共享出行等车辆率先安装使用，强化用户服务体验和价值效益分析，打造车联网产业新生态；深化政策和制度创新，建立健康可持续的建设和运营模式，完善安全管理体系，形成可复制、可推广的经验做法。

政企合作机制健全。柳州把政府由“经营者”转变为“监管者”，发挥车联网生态企业在整合设计、建设、运营、管理等方面的综合优势，让“专业人做专业事”。目前，已有 5 家企业提交了投资方案，投资规模均超过车联网二期项目的 50%。

先导区建设进程加快。柳州先导区项目一期两个阶段均已完成建设，正推动项目验收工作。目前，先导区一期已实现 79.88km 道路联网及 125 个路口的升级改造，共完成 241 套车联网 C-V2X 路侧设备（RSU）、476 套边缘计算单元（MEC）及 1090 套路侧感知设备部署，并完成车联网先导区公共服务平台一期建设，向车企发放智能网联测试 / 示范应用牌照 28 张次。二期已完成项目立项并获得可研报告批复，正在进行设计方案编制，将以广域覆盖和应用场景为特点，落地上汽通用五菱、东风柳汽无人物流应用场景。

（2）国家级车联网测试区建设情况

目前，工业和信息化部、公安部、交通运输部已单独或联合支持、授牌了 17 家封闭测试场，具体包括工业和信息化部支持 9 家，工业和信息化部和公安部联合支持 1 家，工业和信息化部和交通运输部联合授牌 3 家，交通运输部支持 4 家。各个封闭测试示范区相关信息见表 4.7。

测试区差异化发展，为产业注入新活力。长沙测试区在全国率先开展无人测试和高速测试，以应用场景主导带动产业生态的发展。上海测试区凭借政策创新引领优势，开放载人、载物或特种作业的准商业化运营，政策和示范相互促进、协同发展。京冀测试区以政策先行先试的优势，推动管理体系的创新。中德四川试验基地以标准制定引领检验检测和示范应用，是中德国际合作窗口。无锡测试区定位构建国家智能交通综合示范基地，在车路协同应用模式和 V2X 相关产品及技术具有优势。武汉、浙江、重庆、广州 4 家测试区积极推进部署 5G 和 C-V2X 路侧通信，探索构建智能汽车和智能交通融合发展的产业生态。

测试场地建设完备，示范场景应用丰富。各测试区结合智能交通系统管理与控制，场地具备当地典型交通、气候特点，涵盖高速公路与快速道路测试区、城市道路测试区、乡村 / 城郊道路测试区全场景；涵盖三部委《测试规范》规定的自动驾驶功能检测项目中的 14 个测试项目，以及《智能网联汽车自动驾驶功能测试规程（试行）》中的核心场景。

表 4.7 国家级智能网联汽车测试示范区基本信息

序号	名称	省市	地址	审批 / 支持方	运营主体 / 建设主体
1	国家智能网联汽车应用（北方）示范区	吉林长春	净月高新技术产业开发区百合街 1009 号	工业和信息化部	启明信息技术股份有限公司
2	国家智能汽车与智慧交通（京冀）示范区	北京	1. 亦庄经济开发区兴亦路南侧、京福路东侧智能汽车创新园 2. 海淀区北安河路 69 号	工业和信息化部	北京智能车联产业创新中心公司
		河北保定	徐水区大王店产业园区		长城汽车股份有限公司
3	国家智能交通综合测试基地（无锡）	江苏无锡	滨湖区山水东路	工业和信息化部、公安部	公安部交通管理科学研究所
4	国家智能网联汽车（上海）试点示范区	上海	嘉定区伊宁路 2155 号	工业和信息化部	上海淞泓智能汽车科技有限公司
5	浙江 5G 车联网应用示范区	浙江	嘉兴（桐乡同胜路 232 号）	工业和信息化部	北京赛目科技有限公司
			杭州（云栖小镇）		阿里巴巴
6	国家智能网联汽车（武汉）测试示范区	湖北武汉	开发区智慧生态城	工业和信息化部	武汉市经济开发区政府（示范区工作专班）
7	国家智能网联汽车（长沙）测试区	湖南长沙	望江路与学士路交叉口西北角	工业和信息化部	湖南湘江智能科技创新中心有限公司
8	国家智能汽车与智慧交通应用示范公共服务平台	重庆	垫江县黄沙乡长安大道 9 号（垫江试验场）	工业和信息化部	中国汽车工程研究院
9	广州市智能网联汽车与智慧交通应用示范区	广东广州	番禺、黄埔、南沙、白云、花都区	工业和信息化部	广州市智能网联汽车示范区运营中心
10	中德合作智能网联汽车车联网四川试验基地	四川成都	龙泉驿区黄土镇	工业和信息化部	信通院车联网创新中心（成都）有限公司
11	自动驾驶封闭场地测试基地（北京）	北京通州	大杜社乡	交通运输部	交通运输部公路科学研究院
12	自动驾驶封闭场地测试基地（重庆）	重庆	高新区金凤镇	交通运输部	重庆车辆检测研究院
13	自动驾驶封闭场地测试基地（西安）	陕西西安	南二环路中段	交通运输部	长安大学
14	国家智能汽车与智慧交通（京冀）示范区亦庄基地	北京	大兴区笃庆堂村北口	交通运输部	北京智能车联产业创新中心有限公司
15	智能网联汽车自动驾驶封闭场地测试基地（泰兴）	江苏泰兴	常州市竹林北路 256 号	工业和信息化部、交通运输部	江苏中质智通检测技术有限公司
16	智能网联汽车自动驾驶封闭场地测试基地（襄阳）	湖北襄阳	高新区汽车试验场	工业和信息化部、交通运输部	襄阳达安汽车检测中心有限公司
17	智能网联汽车自动驾驶封闭场地测试基地（上海）	上海	浦东新区海洋一路 333 号	工业和信息化部、交通运输部	上海临港智能网联汽车研究中心有限公司

资料来源：CAICV。

基础设施建设完善，数据采集储存规范。测试区的设施设备和测试设备均较为完善，涵盖了道路环境模拟设备、交通参与者模拟设备、信号环境模拟设备、测试及数据采集设备、监管基础设施设备、行驶环境模拟设施。通过建立测试大数据中心、监控中心、管理平台等方式，实现对整个测试区数据的采集、处理、存储、管理及后续的服务与分析。收集数据的类型众多，包括位置数据、视频数据、速度等运行数据、车辆违章数据、道路交通环境数据等（温度、湿度、能见度、风速、道路类型、道路湿滑度等）。使用统一数据库实时存储，以实现后期分析处理，分析车辆测试是否符合测试标准。

运营模式创新多元，服务内容专业丰富。一是由地方政府负责建设、国有企业负责运营。采用该模式的有国家智能网联汽车（武汉）测试示范区，该模式便于协调测试道路资源，统筹整合企业、检测机构资源。二是由国有企业负责建设、第三方检测机构负责运营。采用该模式的有国家智能网联汽车（长沙）测试区、国家智能网联汽车（上海）试点示范区、国家智能汽车与智慧交通应用示范公共服务平台、广州市智能网联汽车与智慧交通应用示范区等。国家智能网联汽车（长沙）测试区由湖南湘江智能公司负责场景建设，由该公司与第三方检测机构合作，负责运营。三是由政府负责建设，合作组建企业负责运营。采用该模式的示范区有国家智能汽车与智慧交通（京冀）示范区、浙江 5G 车联网应用示范区。该模式多由科技企业与当地政府或检测机构合作，发挥多方优势，表现出较强的赢利能力和示范运营效果。

2. 场景应用

目前，全国各地不断丰富智能网联汽车测试应用场景，积极开展自动驾驶的出租车、公交车、接泊车等载人场景，以及末端配送等载物场景的示范应用，部分地区结合地域特色积极布局在港口、矿山等特定场景的测试，自动驾驶正加速从测试示范应用向无人驾驶商业化应用阶段拓展。

（1）Robotaxi 商业化运营加速

百度 Apollo 在重庆、武汉、深圳、北京已开展自动驾驶全无人化商业运营。2022 年 8 月，百度宣布已拿到重庆、武汉等地政府发放的全国首批自动驾驶全无人化示范运营资格，允许车内无安全员的自动驾驶车辆在社会道路上开展商业化服务；在武汉市全无人自动驾驶车辆已增加到 300 辆，单程最长距离达 95km，可运营区域面积扩展至 1100km²（见图 4.4）。2023 年 3 月，百度首批获准在京开展全无人自动驾驶示范应用，这是全球范围内全无人车队首次在首都城市落地。2023 年 6 月，百度获得深圳坪山区正式授牌，开展 L4 级无人驾驶商业化收费运营。

图 4.4　百度 Apollo 在武汉商业运营场景展示

安途 AutoX 在上海、深圳、北京先后获得全无人驾驶商业化许可。2023 年 4 月，AutoX 获得上海市首批 L4 级自动驾驶 Robotaxi 收费示范应用许可，首发覆盖上海嘉定区，上线享道出行 App，面向公众开展 Robotaxi 收费服务。2023 年 5 月，深圳向安途 AutoX 发放首批智能网联汽车全无人商业化试点资质，许可 AutoX 在坪山区开展整车完全无人的 Robotaxi 商业化收费运营，覆盖区域达 168km²，是中国最大的单一连通全无人驾驶 ODD（见图 4.5）。2023 年 7 月，北京市向安途 AutoX 正式发放北京市智能网联汽车政策先行区无人化道路测试许可通知书，获准在示范区 225km² 的核心区域公开道路上有序推进无人化道路测试。

图 4.5　AutoX 在深圳坪山整车完全无人运营场景展示

传统主机厂与造车新势力加快入局 Robotaxi。2022 年 12 月，搭载了上汽 Ai Lab 自研高级别自动驾驶 2.0 技术、实现批量前装量产的上汽享道 Robotaxi 车辆投放市场，已在上海嘉定、临港，苏州相城，深圳前海等区域开展常态化载人示范应用，车辆规模超百台（见图 4.6）。2023 年 4 月，小鹏 G9 正式获得广州市智能网联汽车载客测试牌照，成为业内首款未经硬件改装即实现自动驾驶能力的量产车，该车对 Robotaxi 场景进行了多项优化，以适应用户对 Robotaxi 的使用需求。2023 年 8 月，丰田汽车（中国）投资有限公司与小马智行、广汽丰田汽车有限公司就三方共同设立 Robotaxi 合资公司签订协议，以支持未来 Robotaxi 前装量产和规模化部署。

图 4.6 上汽享道 Robotaxi 运营场景展示

（2）自动驾驶公交进入规模化试运营阶段

目前我国自动驾驶城市公交车辆已超过 200 辆，多地已正式步入公开道路常态化运行阶段。2022 年 12 月，上海临港新区首条智能网联自动驾驶小型货车示范应用线路正式开通，微循环自动驾驶小型货车进入常态化载人应用阶段。2023 年 2 月，安徽首条基于公开道路的自动驾驶公交线路在合肥市包河区进入常态化运行，该公交线路双向里程 15km，共停靠 6 个站点。2023 年 8 月，杭州开通首条无人自动驾驶公交线路，采用领骏科技的自动驾驶公交，能识别和准确避开 300m 范围内的障碍物，采取预约制助力亚运接驳（见图 4.7）。2023 年 10 月，北京发放首张大型普通客车自动驾驶路测牌照，自动驾驶公交车辆进入地面实际运营场景开放道路测试阶段；武汉开通全省首条“无人驾驶车”旅游专线，单程 12km，由东风悦享科技运营。2023 年 12 月，江西九江首批厦门金龙 L4 级自动驾驶公交车在鄱阳湖生态科技城正式上路运行，为园区、社区提供便捷的自动驾驶接驳服务。

（3）末端无人配送加快打通物流“最后一公里”

全国多个城市开放道路上正规模化应用无人配送车，为城配物流降本增效。2023 年 2 月，顺丰在无锡某商场楼宇投用了智能配送机器人“方糖”，具备“自动化派送、云呼通知、取件码快速取件”等特点，一次性可完成 2 ~ 4 个包裹的无障碍物派送，并实现自助充电，8h 续驶时长。2023 年 9 月，北京顺义区在全市率先允许试点企业在机动车道开展时速不高于 45km 配送业务。2023 年 11 月，常州顺丰首批 6 台无人配送车上路服务，覆盖两个顺丰网点，运行五条线路，承担网点到驿站的短驳中转运输，单日单台配送快递可达千件，有力提升派送效率（见图 4.8）。毫末智行的小魔驼 2.0 末端物流自动配送车已在北京顺义和亦庄等地区进入常态化运营，截至 2023 年 6 月，完成订单配送近 20 万单，“618”期间整体配送单量超 1 万单，极大缓解高峰期配送压力。

图 4.7 杭州亚运会自动驾驶公交运营场景展示

图 4.8 常州顺丰无人配送车派送场景展示

（4）矿山、港口等封闭场景自动驾驶应用加速

伴随自动驾驶技术的成熟，部分矿山、港口等封闭场景已实现 L4 级自动驾驶技术的初步商业化落地。2022 年 11 月，由希迪智驾主导的江苏句容台泥项目实现了 14 台无人驾驶纯电矿卡无安全员 7 × 24h

运营，零事故安全生产365天，已累计行驶56万km，运矿650万t（见图4.9）。2023年2月，易控智驾携手多方在山东宏河百利邹城凫山矿打造了中国首个全矿“5G+纯电动+无人驾驶”零碳矿山，截至2023年10月底，无人驾驶运营里程已超22万km。2022年12月，主线科技无人集卡车队在宁波舟山港甬舟集装箱码头首次实现去安全员无人化作业，目前已正式投入24h不间断常态化作业；龙拱港4台无人水平运输平板车HAV编队加入港口生产作业，实现无人智能水平运输常态化运行。

图4.9　希迪智驾无人矿卡展示

第 5 章
智能网联汽车细分领域专项研究

2022—2023 年，智能网联汽车各细分领域都有快速发展，车规级芯片、智能座舱、线控底盘等细分领域受到行业重点关注。

5.1 车规级芯片

1. 产业概述

车规级芯片是技术标准达到汽车行业要求，完全满足汽车电子元件的规格标准与“车规认证”，应用于汽车控制的芯片，涵盖电控、电池管理、车体控制、汽车电子等应用场景，具备高可靠、高性能、低功耗等特征。按其功能划分，可分为计算芯片、控制芯片、存储芯片、传感芯片、功率芯片、电源芯片、驱动芯片、通信芯片、模拟芯片、信息安全芯片等 10 大类，70 余个子类。

单车芯片价值成倍增长，芯片正成为抢夺汽车智能化赛道的制高点。一般来说，60% 的汽车技术创新都是由汽车电子技术推动的。据测算，车规级芯片在传统汽车中的成本约为 2270 元 / 车，在新能源汽车中的成本约为 4540 元 / 车，其中高端芯片进口被“卡脖子”、成本昂贵等问题突出，进口替代需求强烈。

汽车智能终端需求多元化，对车规级芯片技术创新提出更高要求。在智能驾驶、智能空间、智能车联多元化需求趋势下，车规级芯片的集成化程度越来越高，算力越来越大，已经成为智能汽车向集中式架构发展的关键，车载计算平台的复杂度将数倍提升，同时也将面临功耗、散热、电磁、质量等多重挑战。

电动化、网联化、智能化加速演进，驱动汽车“含芯量”需求大幅提升。随着全球第三次信息终端革命，汽车正逐步成为智能移动空间和应用终端的新物种，一方面电动化、智能化功能需要车辆处理与储存的信息量呈指数级增长，驱动单车“含芯量”实现跃升，另一方面我国作为全球汽车产销第一大国，推动车规级芯片需求规模数量级增长。

2. 产业链分析

一般来说，一颗智能汽车芯片完整的制作过程包括芯片设计、晶圆制造、芯片封装、芯片测试 4 个主要环节。其产业链主要包括上游（设计工具、原材料、制造封装设备供应企业）、中游（芯片设计、晶圆代工及封装测试企业）、下游（车载系统、仪器、整车制造企业）。车规级芯片产业链见图 5.1。

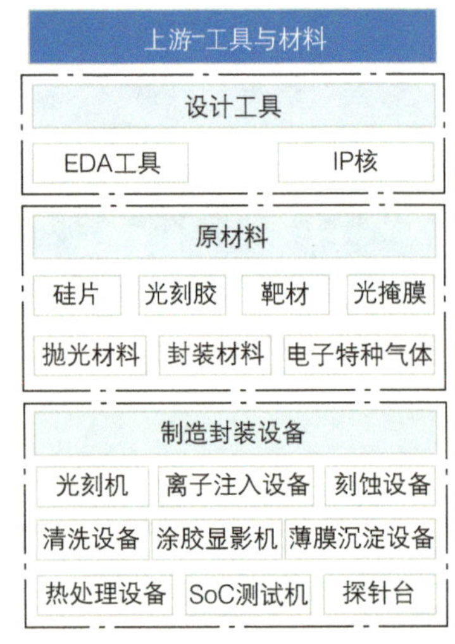

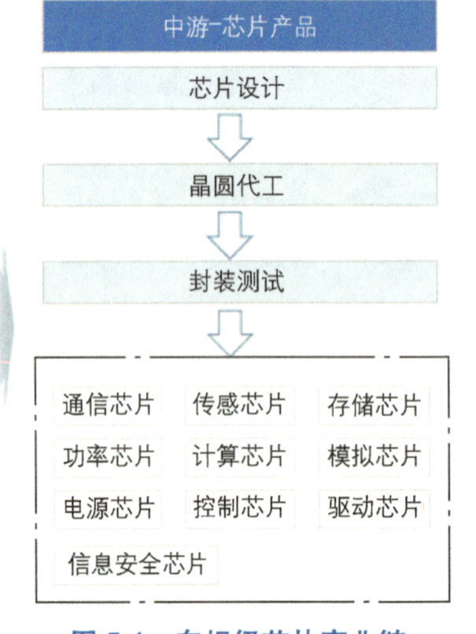

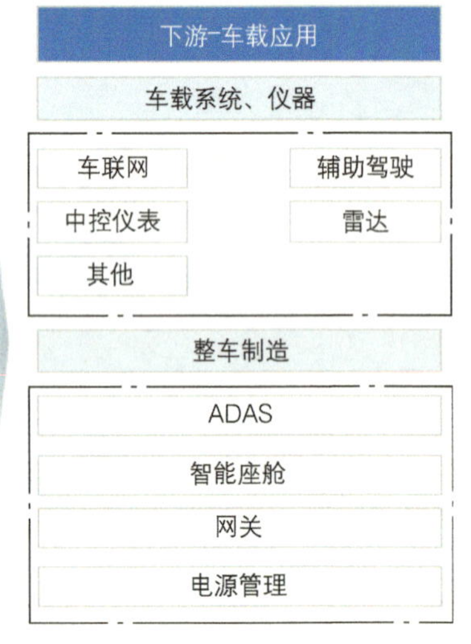

图 5.1 车规级芯片产业链

资料来源：中国汽研根据公开资料整理所得。

（1）上游环节

芯片设计是最具创新性和附加值的环节，主要依靠 EDA 工具进行，基于电路设计迭加 IP 核（具有独立功能的电路模块的成熟设计），对芯片的功能、性能进行制造前的反复检查和验证，即可完成芯片设计。

美国一直处于全球芯片设计行业的领导地位。根据 Trend Force 的数据，2023 年第二季度全球前 10 大芯片设计企业中，其中 6 家为美国公司，分别是英伟达、高通、博通、超威、美满电子和芯源系统。其次，中国台湾为全球芯片设计行业的第二大阵营，联发科技、联咏科技、瑞昱半导体均位列前十。以上 IC 设计公司在技术创新、市场份额、商业能力方面均处于全球前沿水平。2023 年 Q1/Q2 芯片设计企业排名见表 5.1。

全球半导体 IP 市场的竞争格局呈现出寡头垄断的特点。2022 年，全球前十 IP 供应商占据超八成的市场份额，其中 8 家是欧美厂商。ARM、新思科技（Synopsys）、楷登电子（Cadence）是全球 IP 核三巨头，占据全球超 6 成市场份额。芯原股份是中国大陆地区唯一一家跻身全球前十的 IP 厂商。2022 年 IP 核企业排名（按营业收入）见表 5.2。

表 5.1　2023 年 Q1/Q2 芯片设计企业排名（按营业收入）　　（单位：亿美元）

排名	公司	营业收入			市场份额	
		2023Q2	2023Q1	同比增长	2023Q2	2023Q1
1	英伟达	113.32	67.32	68.3%	29.7%	19.9%
2	高通	71.74	0.08	9.7%	18.8%	23.5%
3	博通	68.97	0.07	0.2%	18.1%	20.4%
4	超威	53.59	53.53	0.1%	14.1%	15.8%
5	联发科技	31.95	31.47	1.5%	8.4%	9.3%
6	美满电子	13.35	13.54	−1.4%	3.5%	4.0%
7	联咏科技	9.87	7.91	24.7%	2.6%	2.3%
8	瑞昱半导体	8.56	6.46	32.6%	2.2%	1.9%
9	韦尔半导体	5.28	5.39	−1.9%	1.4%	1.6%
10	芯源系统	4.41	4.51	2.2%	1.2%	1.3%
合计		381.04	338.63	12.5%	100.0%	100.0%

数据来源：Trend Force。

表 5.2　2022 年 IP 核企业排名（按营业收入）　　（单位：亿美元）

排名	企业	2021 年	2022 年	增长率	2022 年市场份额
1	ARM	220.2	2741.9	24.5%	41.10%
2	新思科技	107.7	1314.8	22.1%	19.7%
3	楷登电子	3.2	357.8	13.5%	5.4%
4	Imagination Technologies	1.5	188.4	23.1%	3%
5	Alphawave	9.0	175.0	94.7%	3%
6	Ceva	12.3	134.7	9.8%	2%
7	Verisilicon	10.9	133.6	22.1%	2.0%
8	SST	10.3	122.0	18.6%	1.8%
9	eMemory Technology	0.8	105.1	23.9%	1.6%
10	Rambus	0.48	87.9	84.3%	1%
CR10		430.4	5361.2	24.6%	80.3%
合计		552.2	66772	20.9%	100%

数据来源：IPnest《2022 年设计 IP 报告》。

原材料方面，按应用环节进行划分，半导体材料主要包括晶圆制造材料和封装材料。其中，晶圆制造材料包括硅片、掩模版、电子气体、光刻胶、CMP 抛光材料、湿电子化学品、靶材等，封装材料包括封装基板、引线框架、键合丝、包封材料、陶瓷基板、芯片黏结材料等。半导体材料是国内对外依存度较高的一大领域，尤其是高端晶圆制造材料，包括高端光刻胶、CMP 抛光垫、靶材、大硅片等细分领域对外依存度高达 90% 以上，EUV 更是处于空白状态。一直以来，国内相关优势企业主要集中在技术壁垒较低的封装材料方面。目前，国内已在电子气体、硅片、湿电子化学品、CMP 抛光液等领域有所突破，也出现了不少本土头部企业在这些细分领域积极突围。

另外，以碳化硅、氮化镓等为代表的宽禁带半导体材料正在成为全球半导体市场争夺的焦点，但价值量较高的碳化硅衬底市场主要还是以美国 CREE（科锐）、Ⅱ - Ⅵ（2022 年更名为 Coherent）和日本 Rohm（罗姆）三家企业为主，占据全球近 90% 的市场份额。国内则有天岳先进、三安光电等逐渐拥有与国际企业竞争的能力。上游原材料概览见表 5.3。

表 5.3　上游原材料概览

细分领域	主要用途	应用环节	典型企业
硅片	全球 95% 以上的半导体芯片和器件都是用硅片作为基底功能材料生产的	贯穿制造环节	中芯国际、沪硅产业、日本信越、世界晶圆
光刻胶及配套试剂	用于显影、刻蚀等工艺，将微细图形从掩模版转移到待加工基衬底	显影、刻蚀	晶瑞股份、陶氏化学、住友化学、东京应化
电子气体	薄膜、刻蚀、掺杂、气相沉积、扩散等	薄膜、刻蚀，掺杂、气相沉积、扩散	泰克科技、华特气体、南大光电、巨化股份
溅射靶材	半导体溅射	薄膜沉积	林德、住友化学、江丰电子、TOSOH、霍尼韦尔
高纯试剂	大规模集成电路制造的关键配套材料，主要用于芯片清洗、刻蚀	清洗、刻蚀	上海新阳、江化微、晶瑞电材、巨化股份
CMP	IC 硅片抛光	化学机械抛光	安集科技
光掩膜版	半导体制造过程中的圈形“底片”转移用的高精密工具	光刻	福尼克斯、SKE、HOYA、LG-IT 和清溢光电

数据来源：中国汽研根据公开资料整理所得。

制造封装设备方面，包括前道设备（晶圆制造）和后道设备（封装测试）。按市场份额来看，光刻、刻蚀和薄膜是占比最高的前道设备，工艺过程测量设备是质量检测的关键设备。制造封装设备行业精度、技术门槛高，设备精度要求在微米级别，设备良率直接影响上层产品的盈利能力，美、日、荷同样占据了全球 90% 以上的份额，并囊括了全球前 10 家半导体设备厂商。光刻机厂商的市场集中度最高，全球仅有 3 家企业具备高端光刻机制造能力，其中以 ASML 为首，其销量和销售额分别在全球市场占比达到 62% 以及 91%，完全垄断了全球中高端光刻机市场，最精密的 EUV 光刻机也只有 ASML 才能提供。其他部分设备已有国产化产品，但满足车规需求还需进行优化。蚀刻机方面，我国蚀刻机设备几乎可与世界前沿技术比肩，北方华创、中微已有成熟的 14nm 产品，车规半导体在蚀刻技术方面初步具备国产化能力；在薄膜沉积设备方面，我国也具有一定的生产能力和技术水平，CVD 技术相对成熟。2022 年制造封装设备厂商前十（按营业收入）见表 5.4。

表 5.4　2022 年制造封装设备厂商前十（按营业收入）　　（单位：亿美元）

排名	公司	营业收入	全球份额	主要领域
1	应用材料	163.65	17.7%	刻蚀、沉积、CMP、离子注入、热处理
2	ASML	153.96	16.7%	光刻
3	泛林	119.29	12.9%	刻蚀、沉积、清洗
4	东京电子	113.21	12.3%	涂胶显影、沉积、刻蚀、清洗
5	科磊 KLA	54.43	5.9%	过程量测
6	爱德万	25.31	2.7%	测试
7	SCREEN	23.31	2.5%	清洗、涂胶显影
8	泰瑞达	22.59	2.4%	测试
9	日立高新	17.17	1.9%	过程量测
10	ASM 国际	15.16	1.6%	沉积
其他		215.97	23.4%	—
合计		924.05	100%	—

注：营业收入包括设备销售额及服务和支持相关收入。
资料来源：VLSI Research。

（2）*中游环节*

当前芯片企业分为三大类型，依据其设计及制造能力不同划分，可分为 IDM、Foundry、Fabless。其中，IDM（垂直整合制造）是拥有设计、制造、封测全套能力的厂商，如英特尔、三星、德州仪器、闻泰科技等，此类企业越来越少。Foundry 是负责生产、制造芯片的厂商，如海思、联发科（MTK）、博通（Broadcom）等，此类企业数量基本保持不变。Fabless 是负责芯片的电路设计与销售的厂商，如高通、博通、海思等，此类企业数量越来越多。

晶圆代工方面，国内在车规级制造产线上面临产品成本、稳定性及配套设备竞争力不强的问题。2022 年中国大陆地区晶圆代工产业规模为 1035.8 亿元，同比增长 47.5%。2023 年，在全球市场需求普遍下滑的情况下，中国主要晶圆制造企业预计增加产能 60.2 万片 / 月。国内芯片制造产能足够，但工艺暂不能满足车规要求，消费级芯片制造工艺已达到 14nm 制程，车规级产线需要通过 IATF 16949 认证、额外投入设备并调整工艺参数使芯片产品满足可靠性要求，投入大、产出相对低，因此目前汽车芯片制造仍较多依赖国外晶圆代工厂。2023Q2 全球晶圆代工厂前十（按营业收入）见表 5.5。

封装测试环节对于行业技术壁垒及对人才的要求相对较低，在当前国产芯片产业链中，国产化程度最高、行业发展最为成熟。从封测企业角度来看，目前全球十大封测公司市场份额超过 80%，竞争格局相对稳定。2022 年全球封测企业前十（按营业收入）见表 5.6。

表 5.5　2023Q2 全球晶圆代工厂前十（按营业收入）　（单位：亿美元）

排名	公司	营业收入			市场份额	
		2023Q2	2023Q1	增长率	2023Q2	2023Q1
1	台积电	156.56	167.35	−6.4%	56.4%	60.2%
2	三星	32.34	27.57	17.3%	11.7%	9.9%
3	格芯	18.45	18.41	0.2%	6.7%	6.6%
4	联电	18.33	17.84	2.8%	6.6%	6.4%
5	中芯国际	15.60	14.62	6.7%	5.6%	5.3%
6	华虹集团	8.45	8.45	0.0%	3.0%	3.0%
7	高塔半导体	3.57	3.56	0.3%	1.3%	1.3%
8	力积电	3.30	3.32	0.5%	1.2%	1.2%
9	世界先进	3.21	2.69	19.1%	1.2%	1.0%
10	晶合集成	2.68	1.62	65.4%	1.0%	0.6%
CR10		262.49	265.43	0.0%	95.0%	95.0%

注：1. 三星仅计入晶圆代工事业部营收。

2. 力积电仅计入晶圆代工营收。

3. 华虹集团包含华虹宏力及上海华力。

4. 华虹集团 2023Q2 营收为 Trend Force 预估值。

资料来源：Trend Force。

表 5.6　2022 年全球封测企业前十（按营业收入）　（单位：亿元）

排名	公司	营业收入			市场份额	
		2021 年	2022 年	增长率	2022 年	2021 年
1	日月光控股	772.4	854.89	10.68%	27.11%	26.90%
2	安靠	386.06	443.93	14.99%	14.08%	13.44%
3	长电科技	305.02	337.78	10.74%	10.71%	10.62%
4	通富微电	158.12	205.19	29.77%	6.51%	5.51%
5	力成科技	189.16	192.77	1.91%	6.11%	6.59%
6	华天科技	120.97	121.27	0.25%	3.85%	4.21%
7	智路封测	91.46	109.68	19.92%	3.48%	3.19%
8	京元电子	77.88	84.48	8.47%	2.68%	271%
9	颀邦	62.47	55.15	−11.72%	1.75%	218%
10	南茂	63.21	54.01	−14.55%	1.71%	2.20%
CR10		2226.75	2459.15	10.44%	77.98%	77.55%
其他		644.66	694.35	7.71%	22.02%	22.45%
全球合计		2871.41	3153.5	9.82%	100.00%	100.00%

数据来源：芯思想研究院。

芯片制造方面，我国呈现出市场份额低、自主率低的特征。目前国内自给率不足 10%，主要被瑞萨、恩智浦、英飞凌、德州仪器、微芯、意法半导体等海外巨头垄断。按照功率半导体、计算及控制、模拟及通信、传感器、存储等芯片分类来看，国内车载半导体目前做得最好的是功率芯片，但市场占有率仍然不到 10%，计算类芯片、控制类芯片、通信类芯片、存储类芯片、安全类芯片自主率分别低于 1%、1%、3%、8%、5%。国内外车规级芯片制造厂商汇总见表 5.7。

表 5.7 国内外车规级芯片制造厂商汇总

类型	应用场景	国内企业	国外企业
功率芯片	电子装置中电能转换与电路控制的核心	士兰微、新洁能、斯达半导、扬杰科技	英飞凌、恩智浦、德州仪器、塞米控、瑞萨、高通、安森美
计算芯片	智能驾驶、控制决策	地平线、紫光集团、黑芝麻、杰发科技、芯驰科技、四维图新	英特尔、ADM、高通
控制芯片	车身、电机	兆易创新、英迪芯、华大半导体、芯旺微、中颖电子、杰发科技、复旦微电	恩智浦、瑞萨、微芯科技、三星、意法半导体、英飞凌
存储芯片	DRAM（DDR、LPDDR）、NAND 等	北京君正、复旦微、兆易创新、长江存储、中国电科	三星、铠侠、西部数据、英特尔
传感器芯片	车载摄像头、激光雷达、毫米波雷达、红外传感器、超声波传感器	韦尔股份、纳芯微、琪埔微、北京君正	博通、博世、意法半导体
通信芯片	车载网关	芯力特、华大半导体、宸芯科技、国民技术、中国电科	恩智浦、瑞萨、英飞凌、博通、美满、瑞昱、德州仪器
模拟芯片	新能源汽车充电桩、电池管理、车载充电、动力系统	圣邦微、思瑞浦、矽力杰、中国电科、中科院微电子所	德州仪器、ADI、Skyworks、英飞凌、意法半导体、恩智浦、安森美
电源芯片	电池	华大半导体、圣邦微、矽力杰、北京君正	德州仪器、瑞萨、英飞凌、高通、安森美、微芯科技
驱动芯片	车辆运动	北京君正、中科院微电子所、圣邦微、安世	德州仪器、意法半导体、安森美、英飞凌、罗姆、Allegro、东芝、松下、恩智浦，美信
安全芯片	动力、车身、车载网关	华大半导体、信大捷安、国民技术、紫光同芯	意法半导体、英飞凌、恩智浦

（3）下游环节

作为全球汽车第一产销大国，我国新能源智能网联汽车的快速发展，将为芯片技术创新、上车应用提供广泛的应用场景。2023 年前三季度，我国新能源汽车销量 627.8 万辆，约占全球总量的 64.4%，新车销售渗透率创新高达 29.8%，搭载智能辅助驾驶系统的乘用车渗透率超过 40%。从车规级芯片搭载情况来看，新能源智能网联汽车需要搭载的芯片明显更多，单车芯片价值量更高。根据中国汽车工业协会公布的国产品牌乘用车单车平均搭载芯片总数，2022 年燃油车单车平均搭载 938 颗芯片，新能源车单车平均搭载 1459 颗芯片。同时，随着整车向智能化、部件集成化趋势发展，产业界将对芯片算力、可靠性、功耗等方面提出更高的要求。目前，我国车规级芯片国内自主率不超过 10%，“芯片短缺”问题严重影响了汽车供货周期。因此，为继续巩固新能源智能网联汽车长板优势，实现“制造强国”“交通强国”“汽车强国”战略，我国亟需围绕高端芯片自主可控发力，打破国外企业的垄断和控制。

3. 发展现状

（1）市场规模

我国车规级芯片市场广阔，国产化替代初具规模基础。按照单车芯片价值量可初步估算，2022 年我国车规级芯片市场规模为 167 亿美元，同比增长约 10%，约占全球总量的 28%。从芯片市场结构来看，受大量新传感器、模拟设备、控制器和光电器件被整合到新车中等因素驱动，控制类芯片、传感器芯片规模占比较高，分别为 27.1%、23.5%，功率半导体占比为 12.3%，见图 5.2。

从企业数量来看，据车百智库《汽车芯片产业发展报告（2023）》，我国已有近 300 家公司开发汽车芯片产品，在智能座舱、智能驾驶、智能网联领域涌现出一批优质的计算芯片、通信芯片、功率芯片、控制芯片企业。从区域分布来看，国内汽车芯片制造企业主要分布在长三角、珠三角地区，根据企查查数据，广东、江苏、福建、浙江、上海的汽车芯片企业数量居全国前列，广东、江苏、上海、北京的国内A股上市汽车芯片企业数量居全国前列。

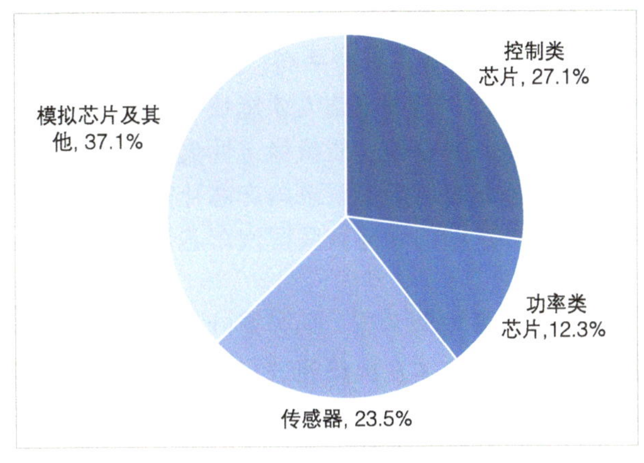

图5.2 我国汽车芯片市场占比情况

从市场格局来看，目前全球汽车芯片市场前五厂商占比接近50%。其中英飞凌市场份额12.7%，其次分别为恩智浦、瑞萨、德州仪器及意法半导体，占比分别为11.8%、8.4%、8.3%及7.5%。从核心车规级芯片来看，有几个特点：一是自动驾驶大算力芯片（>100TOPS）整体市场格局尚未收敛，英伟达和高通走在变革前列，地平线量产进度领跑国内市场；二是MCU市场集中度较高，前五大厂商均为海外厂商，合计份额为75.6%，国内MCU厂商在中低端市场具备较强的竞争力；三是IGBT市场集中度较高，前五大厂商均为海外厂商，合计份额约为70%，而国内斯达半导（3%）、时代电气（2%）、士兰微等仅占极少市场份额；四是存储芯片，DRAM基本被三星、SK海力士、美光三家巨头垄断，合计份额为95.8%，NAND、NOR竞争格局更加分散，前五大厂商合计份额分别为96.9%、90%；五是模拟芯片市场格局相对分散，前五大厂商均为海外厂商，合计份额约为51.5%，圣邦股份、思瑞浦、纳芯微等国内企业填补了部分国内高端模拟芯片空白。

从发展布局来看，国内汽车企业以四种典型发展模式为主，加速完善布局。一是芯片自研，以垂直整合供应链的比亚迪和造车新势力为例，比亚迪正计划自主研发智能驾驶专用芯片，并招募BSP技术团队，蔚来也开始在激光雷达芯片上发力。二是战略投资，如丰田通过供应商间接持股瑞萨电子4.5%股权，长城投资地平线发展智能座舱和自动驾驶芯片，上汽投资晶晨半导体，一汽投资芯擎科技、芯旺微、地平线等公司。三是成立合资公司，如上汽与英飞凌成立上汽英飞凌、亿咖通与ARM成立芯擎科技、北汽与Imagination成立核芯达科技，东风与中国中车成立智新半导体。四是战略合作，如东风与华中科技大学、武汉理工大学、芯来科技、中汽中心等8个企事业单位成立湖北省车规级芯片产业技术创新联合体，宝马、福特、通用、奔驰等外资车企纷纷与芯片企业建立战略合作关系，确保芯片供应。

根据相关专家预测，2025年全球市场搭载智能网联功能的新车渗透率将接近60%，而我国市场渗透率将超过75%以上，高于全球市场的装配率水平。随着新能源智能网联汽车渗透率提升，单车“含芯量”得以快速提升，2025年燃油车平均芯片搭载量将达1243颗，智能电动汽车的平均芯片搭载量则将高达2072颗，其中分立器件、功率半导体类芯片的增量最大。2025年，我国汽车芯片市场规模有望达到216亿美元，2030年有望达到290亿美元，数量将达1000亿~1200亿颗/年。

（2）卡点分析

1）原材料。汽车芯片使用的电子级多晶硅主要来自美国（Hemlock）、德国（Waker）和日本（Tokuyama、住友、三菱）等企业，国内生产多以太阳能级多晶硅材料为主，在原料纯度、管道清洗、提纯塔等方面与电子级多晶硅差距较大。硅片制造壁垒主要有以下几方面：一是技术壁垒，先进制程对硅片均匀性要求较高，平整度、翘曲度、弯曲度、表面金属残余量等技术参数都非常重要，而且纯度要求在9~11N，难度较大。二是认证壁垒方面，量产硅片不仅要晶圆厂认证通过，同时必须得到终端Fabless客户的认证，认证标准多、认证程序多、认证周期长。三是设备壁垒方面，硅片生产厂商往往对设备进行严格的控制，如日本厂商多通过自身或控股子公司进行设计制造，并不对外销售设备，其他厂商也拥有独立的设备供应商并且签订严格的保密协议。

2）EDA软件。国内厂商对国外EDA软件依赖极强。国外Synopsys、Cadence和Siemens Mentor三家全流程EDA工具链巨头占据了全球约80%市场份额，在国内占据了约90%市场份额。国内少数EDA厂商与全球头部企业差距明显，这主要是因为EDA工具链非常长，大多从某一环节单点切入，全流程、全细分领域的覆盖能力不够，国内 EDA 全流程最高支持工艺与国际存在代差。

3）制造封测设备。芯片制造封测设备，市场份额主要被美、日、荷三国占据，国内技术水平与国外巨头存在较大差距。如光刻机制程远落后于 ASML，良品率、系统稳定性、生态系统等方面存在欠缺，与蚀刻机、PVD、PCD 等设备配合不紧密，超高端光刻机关键零部件依赖国外产品，如美国光源、德国镜头、法国阀件等，所有核心零部件皆对中国禁运。清洗设备方面，国内企业仅占 3% 市场份额，其中高制程芯片的清洗依赖日本等国外企业设备。检测设备方面，部分关键检测设备需要进口国外企业设备，比如光学检测和电子束检测设备依赖美国 KLA 公司。

制造封测设备的自主化，易受到地缘政治风险因素影响。2022 年 8 月美国通过《芯片与科学法案》，不仅限制获得联邦资金的公司在中国投资，还对向中国出口的 28nm 制程以下芯片以及先进半导体设备实施限制。日本将先进半导体制造设备等 23 个产品列入出口管制清单，使中国芯片制造设备进口受限。荷兰加码对先进处理器芯片的制造设备出口的限制。

4）晶圆制造工艺。车规级芯片产线技术要求高、投资回报周期长，造成当前尚处于快速发展期的中国晶圆代工企业建设积极性低，导致 28nm 以上成熟制程车规级产线面临制造工艺不成熟和产能不足问题，而高端智能芯片依赖的 14nm 以下先进制程国内还无法突破。

5）标准和认证。目前，车规级芯片检测主要依据国内外相关标准，分别进行产品技术可靠性及安全性认证（AEC-Q）、生产全过程管理流程体系认证（ISO 26262）。一方面，车规级芯片对产品的工作温度、寿命、良率、认证标准等指标要求严苛，认证过程复杂，需要有丰富的技术积累和经验，并且认证周期和供货周期较长，下游客户黏性强，综合竞争壁垒高。另一方面，整车厂在认证车规级芯片的新供应商时，通常会要求其产品拥有一定规模的上车数据，国产厂商缺乏应用及试验平台。

4. 发展建议

当前，我国汽车芯片产业发展机遇与挑战并存，与海外巨头企业在技术水平、知识产权自主化程度等方面存在较大差距，90% 以上的进口依赖度将严重影响我国新能源智能网联汽车的发展进程。一方面，本地化企业市场需求广阔，易于与本地车企形成紧密协同创新关系，在国产化替代政策积极支持下，本土芯片企业获多家车企投资，研发资金相对充足，我国汽车芯片产业发展面临巨大机遇。另一方面，黑天鹅事件迭加海外制裁等导致地缘政治风险因素多变，标准与认证时间长、竞争格局相对稳定等导致芯片行业进入壁垒高，测试认证平台缺失、标准体系缺位、集成电路人才短缺等导致产业生态体系不健全，安全性、质量稳定性欠佳，安全认证和防护措施相对落后等要求国产芯片安全技术水平亟需提升，这些因素导致我国汽车芯片产业发展面临巨大挑战。

一是政策支持方面。加强对欧、美、日、韩等国家或地区半导体发展路径进行综合研究，全面分析其战略规划、发展路径、政策支持，制定结合我国实际的半导体国产化发展战略。加强半导体原材料、制造设备的研制与供应，以装备强国、制造强国战略为引领，围绕良品率、系统稳定、生态系统为核心，攻关共性技术难点。

二是技术研发方面。全面突破设计、制造、封测、软件、设备、材料等卡点问题，鼓励以企业为创新主体，加强与高校、研究机构的合作，促进技术创新和转化。推动芯片供应产能结构优化，优先保障成熟制程芯片产能供应，扩大 28nm 和 40nm 等制程芯片的基础产能，推动 14nm 以上先进制程芯片的产能建设和布局。

三是国产替代方面。依据 AEC-Q、ISO 26262、ISO 21434 国际标准，建立健全我国的芯片标准、检测认证体系，严格把控芯片检测认证。加强国产化芯片上车验证工作，制定国产化替代评估体系和国产芯片选型指南，强化芯片企业与整车企业、Tier1 企业深度协同，建立起良性的工序对接机制。

四是国际合作方面。以开放、包容的心态，积极参与全球合作，充分融入全球芯片生态系统。推动本土产学研机构与国际优秀企业和技术团队进行合作和交流，积极通过合资、并购等方式引进先进技术和经验，逐步减少与国际先进芯片设计、制备等技术的差距。

五是产业生态方面。以产业需求为导向，通过校企合作方式，培养具有实操能力的人才，梯度建设高层次、高素质的集成电路人才队伍。加强财政资金支持，强化对创新型小微企业、专精特新企业的资金支持，以及对高精尖中小企业的风险投资等金融支持。加强芯片知识产权全链条保护，加快推动芯片自主知识产权成果转化运用。

5.2 智能座舱

1. 产业概述

智能座舱已成为满足用户个性化体验需求的重要因素。相比传统整车厂打造汽车品牌形象用以满足消费者需求，智能化的汽车座舱能够在更高一级的层次上满足消费者。随着消费者个性化需求的不断释放，汽车座舱内的设计逐渐从以功能性需求为主，向以“用户体验”为核心的方向演进。

智能座舱已成为整车企业实现产品差异化的切入点。虽然自动驾驶在算力、算法、传感器、车路协同等技术方面非常先进，但实际上目前大部分智能汽车在自动驾驶方面仍然处在 L2/L2+ 级别，尚无法完成向更高层级的跨越。而智能座舱在技术上相比自动驾驶更易实现，并且落地时所受到的监管压力远低于自动驾驶，且智能座舱中往往包含多个屏幕显示，可以给用户直观的科技感受，因此是车企在寻求差异化、品牌化发展中的重点布局领域。

智能座舱已成为智能网联汽车核心价值载体之一。在智能化、万物互联化的大背景下，智能座舱通过整合驾驶信息和车载应用，利用车载系统的强大信息数据处理能力，为驾驶者提供高效且具科技感的驾驶体验，可实现人、车、路的联通互动，是人车关系从工具向伙伴演进的重要纽带和关键节点。

2. 市场分析

（1）市场规模

全球智能座舱市场空间巨大。2022 年，全球智能座舱市场大约为 539 亿美元，同比增长 11.13%；预计 2025 年全球智能座舱市场规模可达到 708 亿美元，三年复合增长率约为 9.36%。2017—2025 年全球智能座舱市场规模及增速见图 5.3。

中国智能座舱市场发展较快。2022 年，我国智能座舱市场规模约为 739 亿元，同比增长 14.22%；预计 2025 年整体市场规模突破 1000 亿元，达到 1030 亿元，三年复合增长率预计达到 11.7%，高于全球的复合增速。2017—2025 年中国智能座舱市场规模及增速见图 5.4。

中国智能座舱渗透率和增速领先全球。2022 年，中国智能座舱新车渗透率为 60%，超过全球智能座舱 52% 的新车渗透率水平。中国市场的渗透速度也更快，预计 2025 年中国市场智能座舱新车渗透率可达 76%，见图 5.5。

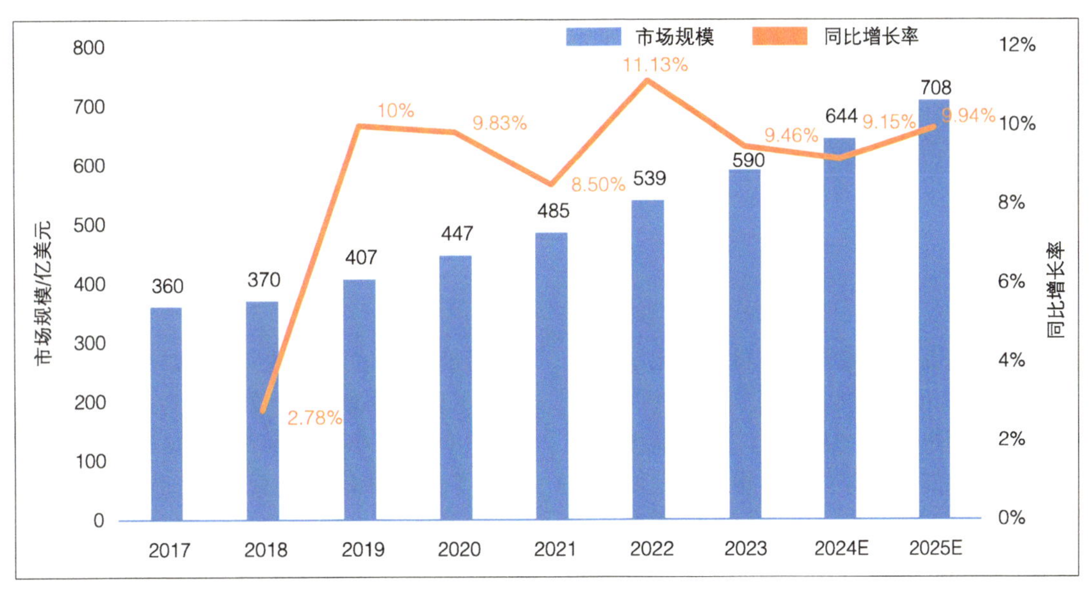

图 5.3 2017—2025 年全球智能座舱市场规模及增速

资料来源：ICV Tank，伟世通。

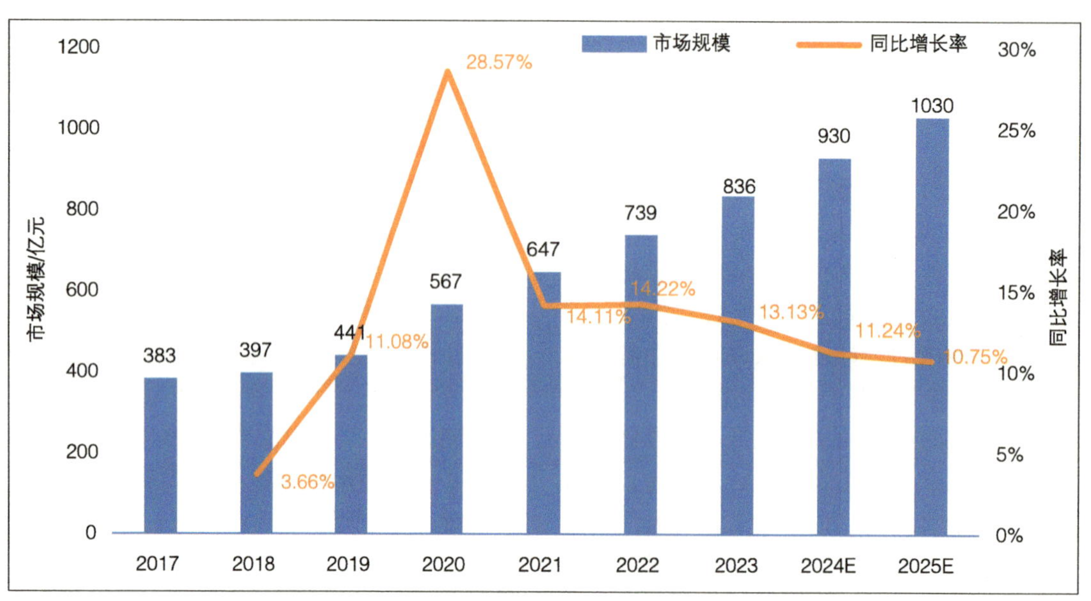

图 5.4 2017—2025 年中国智能座舱市场规模及增速

资料来源：ICV Tank，伟世通。

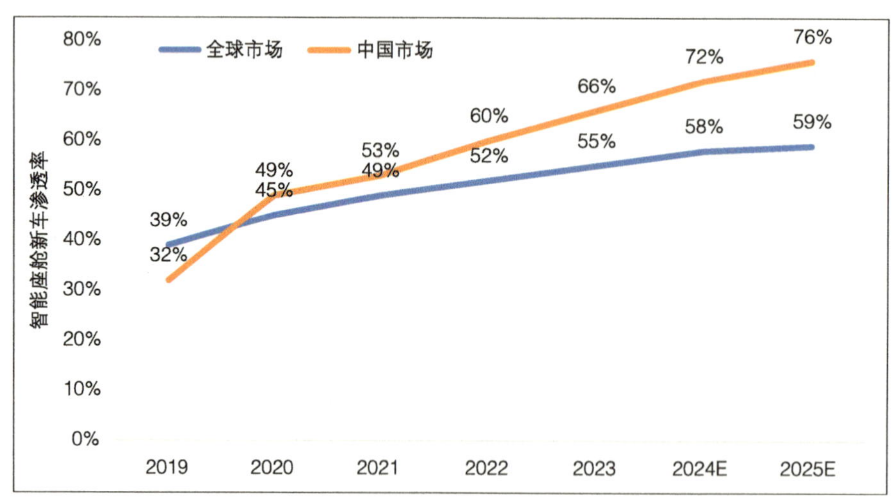

图 5.5 2019—2025 年全球和中国市场智能座舱新车渗透率

资料来源：IHS。

智能座舱各项细分赛道快速发展。智能座舱是汽车迈向智能化和网联化路径中关键的人机接口，未来将成为满足用户个性化需求的，具有高级驾驶体验的智能移动空间。随着汽车智能化的发展，智能座舱的功能也将更加多样，带动包括硬件部分的PCB、车载显示屏、域控制器、座舱芯片以及实现人车交互功能的光学、声学等设备在内的细分赛道快速发展。智能座舱细分领域全球及中国市场规模预测见图 5.6。

（2）投融资情况

1）近年投融资情况统计。**近十年智能座舱投融资热度波动上升。**从 2014 年到 2021 年，融资事件与金额整体处于上升趋势，于 2021 年达到顶峰，2021 年融资事件达 60 件、融资金额约 172.18 亿元，2022 年受市场因素等影响，座舱市场总体融资事件和融资金额逐渐减少，2022 年分别为 39 起和 69.75 亿元，见图 5.7。

2）细分赛道投融资情况。**智能座舱各细分赛道吸引资本关注。**座舱行业重点细分赛道中，座舱芯片融资热度最高，达 45 件；其次为抬头显示仪（HUD）、语音交互、驾驶员监测系统（DMS/OMS）和空中下载技术（OTA），分别为 29 件、28 件、28 件和 21 件，其余流媒体后视镜、域控制器、信息娱乐系统（IVI）和液晶仪表盘和液晶中控（显示屏），分别为 16 件、15 件、12 件和 12 件。从融资金额来看，座舱芯片最高，达 209.98 亿元，其次为 DMS/OMS、语音交互和 OTA，分别为 64.56 亿元、32.45 亿元和 22.37 亿元，其余均在 10 亿元左右。2014—2022 年智能座舱细分赛道融资情况统计见图 5.8。

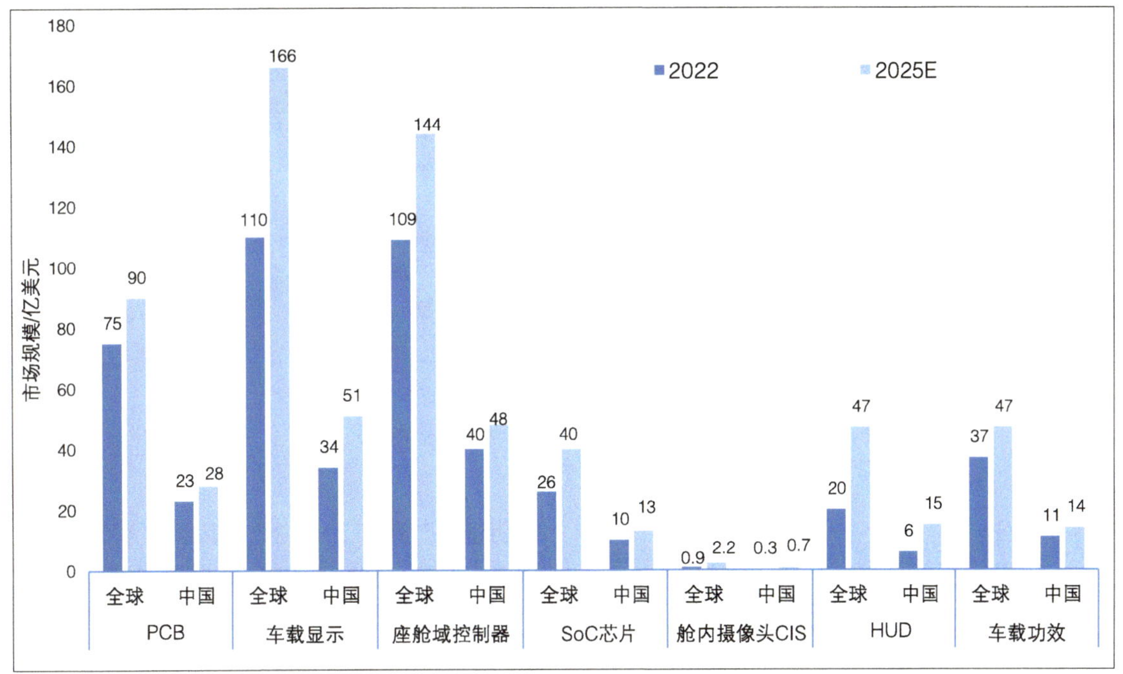

图 5.6 智能座舱细分领域全球及中国市场规模预测

资料来源：中国汽研根据公开信息整理。

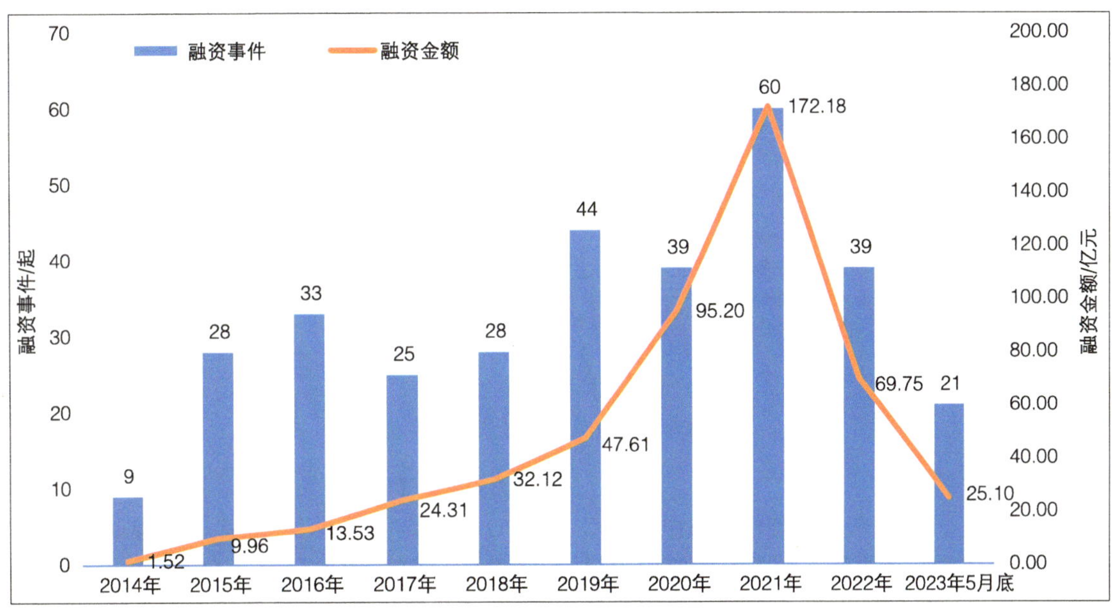

图 5.7 2014—2022 年智能座舱融资情况统计

资料来源：睿兽分析数据库，创业邦研究中心。

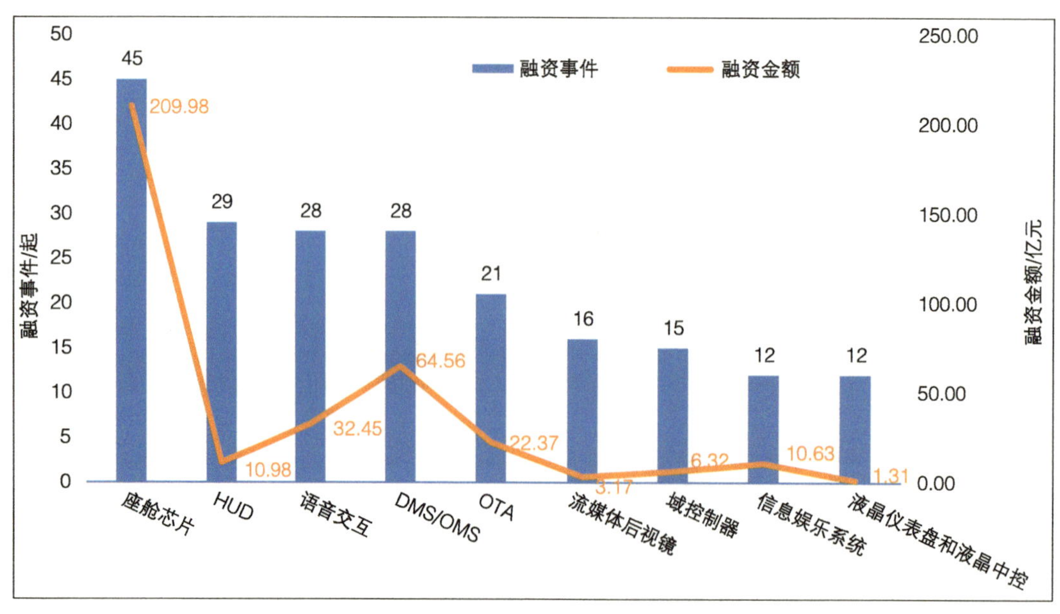

图 5.8　2014—2022 年智能座舱细分赛道融资情况统计

资料来源：睿兽分析数据库，创业邦研究中心。

3. 产业链分析

（1）产业链图谱

智能座舱是指拥有智能化和网联化功能的车载乘员舱，从而可以塑造人与车之间的智能交互，是人车关系从工具向伙伴演进的重要纽带和关键节点。智能座舱产业链上游主要包括操作系统、视觉算法、DMS、座舱芯片、PCB、智能座椅等各类软硬件，中游主要为车载显示系统、驾驶员监测系统、域控制器等软硬件系统集成，下游主要面对主机厂，见图 5.9。

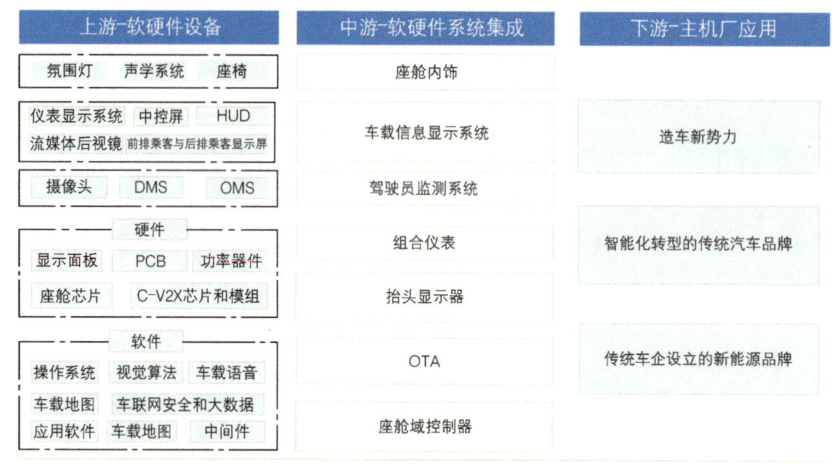

图 5.9　智能座舱产业链图谱

资料来源：中国汽研根据公开信息整理。

（2）重点环节分析

1）智能座舱芯片。**汽车 E/E 架构变革中，SoC 芯片将成为智能座舱芯片主流。**随着智能座舱时代的来临，大屏幕、多功能、多模态交互的智能座舱平台的数据处理复杂度较传统座舱显著提升，传统的 MCU 芯片难以满足智能座舱的算力需求，算力更强的 SoC 芯片成为必然选择。SoC 即系统级芯片，通常集成 CPU（中央处理器）、GPU（图形处理器）、NPU（神经网络单元）等多个处理单元，能够支持高性能计算、图形计算、AI 计算、音频处理等多项功能，具备强大的计算性能，也是座舱域控制器实现多硬件融合控制的关键核心。以高通 SA8155P 为例，其集成了高通 AI 引擎、图像信号处理单元、KryoCPU、数字信号和图形处理器等多个处理器，能够将液晶仪表、中控大屏、HUD、流媒体后视镜、后座显示屏等多个屏幕的 ECU 功能集中整合到一块芯片上，从而通过一个座舱域控制器实现"一芯多屏"。

芯片算力逐步提升，技术封堵成为行业发展卡点。2024 年智能座舱 SoC 芯片 CPU 算力和 NPU 算力需求预计达到 89KDIMPS 和 136TOPS，是 2021 年的 3.6 倍和 9.7 倍，如图 5.10 和图 5.11 所示。算力提升下，智能座舱系统能够提供更强大的性能和功能，带来更智能、便捷、丰富的驾乘体验。集成了 CPU 的 SoC 芯片使得处理视频、图片等非结构化数据的能力大幅提升，带来更流畅的视觉体验；集成了 NPU 的 SoC 芯片极大地提高了人工智能运算的效率，满足了智能座舱系统对于车载娱乐、智能化交互体验的需求。目前，主流智能座舱 SoC 芯片已基本实现 10nm 以下制程，8nm 制程的包括三星 V9、瑞芯微 RK3588M；7nm 制程的包括高通 8155、英伟达 Orin、华为麒麟 990A、芯擎科技 SE1000。然而在 2022 年，美国工业与安全局发布了一份文件，针对中国芯片产业，进行了技术、资金、人才全方面的围堵，造成国内座舱芯片供应不足，中国多家企业被美国列入了"实体清单"，同时也对华限制出口先进半导体生产设备。

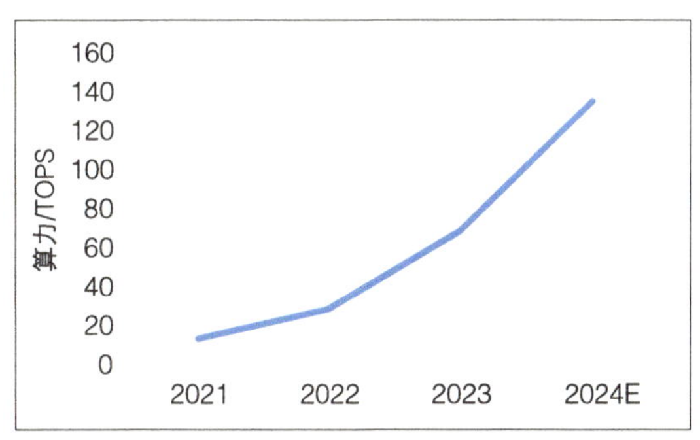

图 5.10　NPU 算力发展趋势

数据来源：HIS。

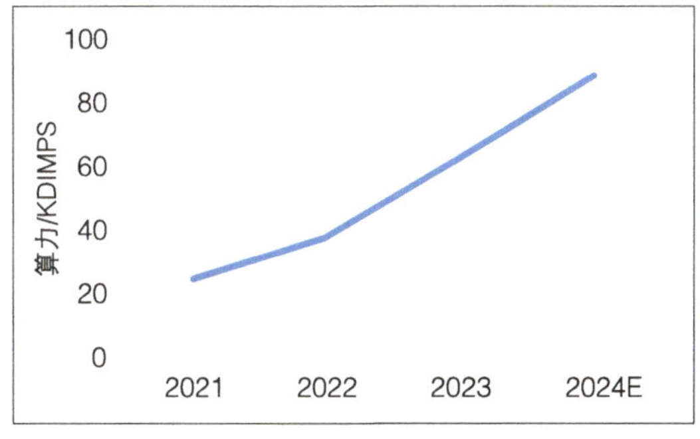

图 5.11　CPU 算力发展趋势

数据来源：HIS。

座舱芯片竞争激烈，国外大厂稳步推进，本土厂商加速造芯。近两年车载座舱 SoC 市场竞争越发激烈，尤其是中高端市场，不仅竞争企业增多，除恩智浦、瑞萨、德州仪器等传统车载 SoC 厂商外，高通、英特尔、英伟达、华为、AMD、联发科等消费电子领域芯片厂商也在积极进入，如 2021 年，AMD 通过特斯拉进入车载座舱市场，AMD 从车载游戏场景出发，为特斯拉定制搭载消费级游戏显卡的智能座舱 SoC。不只是海外芯片大厂，国内芯片企业如杰发科技、芯驰科技、瑞芯微、地平线、芯擎科技等也通过自主造芯之路加入混战，重塑汽车芯片产业格局。

座舱芯片市场具有高度垄断性，头部企业占据 90% 的市场份额。从 2022 年国内乘用车座舱芯片市场来看，恩智浦、瑞萨、高通、TI、英特尔和英伟达占据了市场超 90% 的份额；从价格区间结构来看，恩智浦、瑞萨、TI 份额集中在 40 万元以下的中低端市场，尤其恩智浦在 10 万元以下车型中约占 50% 份额，英伟达和英特尔主要集中在 30 万元以上的中高端市场，高通凭借高性能芯片逐渐切入中高端车型，在 20 万元以上车型中份额在 20% ~ 30% 之间。座舱芯片相关厂商及代表车型见表 5.8。

2）操作系统。**智能座舱操作系统主要为车载信息娱乐服务和车内人机交互提供控制平台。**智能座舱操作系统通过集成各种功能模块和服务，如音频、视频、导航、语音识别、人脸识别等，为驾驶员和乘客提供丰富的娱乐和交互体验。智能座舱操作系统也能够与其他智能设备进行互联，如智能家居设备、智能手持设备等，并实现多设备间的互动和协作。

操作系统面临多种技术卡点。我国车载操作系统多依赖于对开源系统的二次开发，在自主研发设计方面的基础相对薄弱，尤其在底层操作系统和中间件领域面临挑战，包括开发难度较大、生态建立困难等因素。此外，基础软件的研发周期长、投入消耗巨大等问题也对自主车载操作系统的发展造成了一定的压力。

操作系统市场集中度较高。目前主流的底层车载操作系统共有四种，QNX、Linux、Android 以及 WinCE 占据了超过 85% 的市场份额，QNX 占据龙头地位，Linux 紧随其后（见图 5.12）。我国的自主车载操作系统斑马 AliOS 和华为鸿蒙 OS，尽管市场份额相对较小，但可按需扩展，实现更广泛的系统安全。同时，我国正积极努力加强自主研发和设计能力，在车载操作系统领域不断提升自身实力。

表 5.8　座舱芯片相关厂商及代表车型

类型	竞争优势	代表厂商	发展趋势	代表产品	量产时间	搭载车型
传统汽车芯片龙头	1. 产品线齐全，车规级芯片积累多 2. 中低端车型应用多	恩智浦	主要在中低端市场	i.MX8	2019	福特、林肯、长安 UNI-T 等
		瑞萨	日系、德系一定份额	R-CARH3	2019	本田、丰田、大众等
		德州仪器	份额逐渐萎缩	Jacinto6	2016	威马 EX 系列、大众、传祺等
消费电子领域龙头	1. 目前在中高端车型和造车新势力广泛应用 2. 在智能座舱及自动驾驶领域均处于行业领先水平	高通	高性能及应用生态优势，提升在造车新势力及中高端车型中的市场份额	骁龙 820A	2019	多款车型
				SA6155P	2020	捷达 X70
				SA8155P	2020	威马 W6、蔚来 ET7、零跑 C11、小鹏 P5、智己 L7、理想 L9 等
				SA8195P	2021	凯迪拉克
				SA8295	2022	集度
		英伟达	日系、德系一定份额	TegraX2	2018	奔驰 S
		英特尔	可能出现下滑	ApolloLake	2018	长城 WEY、一汽红旗
		AMD	通过特斯拉打开高端市场	特斯拉定制	2021	特斯拉
		三星	通过奥迪打开高端市场	ExynosAutoV9	2021	奥迪
国内科技公司	1.AI 技术加码，提供“算法＋芯片”全栈方案 2. 主要应用于国产车型	华为	性能及生态优势提高份额	麒麟 990A	2021	极狐阿尔法、问界
		地平线	国产车型一定份额	J2/J3	2021	长安、理想
		全志科技	逐渐导入前装市场	T3	2018	小鹏、哈弗、一汽奔腾

资料来源：盖世汽车。

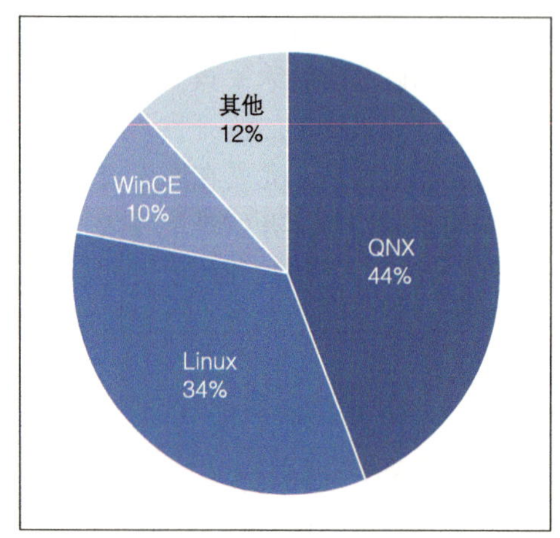

图 5.12　全球汽车座舱底层操作系统市场份额占比

资料来源：中国汽研根据公开信息整理。

3）域控制器。**座舱域控制器是未来汽车运算决策的中心。**从硬件层面来看，座舱域控制器由一颗主控座舱芯片以及外围电路构成，以集中化的形式支撑汽车座舱功能的丰富性与强交互性，经操作系统与应用生态赋能之后可以集成车载信息娱乐系统、液晶仪表、HUD 等功能，接收传感器信号、计算并决策、发送指令给执行端。

域控制器量产供应商的技术壁垒、时间壁垒较高。汽车从分布式架构到集成式架构演进，传统的分布式电子电气架构难以承载汽车的复杂功能，呈现出极大的缺陷：①车身重量与成本上升；②算力协同性弱，相互冗余；③验证复杂度提升；④不利于 OTA 的实现。这些缺陷极大地影响了用户体验。博世等主流配件厂商均采取了向集中式 E/E 架构甚至服务器式的方向演变战略，ADAS、车身控制、多媒体等功能可以通过域实现局部的集中化处理。在域集中的方案下，整车上百个 ECU 理论上有望被“浓缩”到 5 个域控制器，由域控制器集中控制对应域内的多个部件，但座舱域控制器量产供应商的技术壁垒、时间壁垒较高，不仅是芯片、外围设备的集成，也需要对客户需求、软件应用的理解。

国内外巨头布局智能座舱域控制器市场，国内多家厂家参与。中国座舱域控制器市场前五大厂商占有约40%的份额，目前参与自动驾驶域控制器主要有四大类玩家：①传统外资车企，与芯片厂商合作，做方案整合后研发中央域控制器并向整车厂销售，如博世、大陆、采埃孚等；②本土车企，主要联合芯片厂商、软件公司及整车企业合作，负责中间层及硬件生产，整车厂负责自动驾驶软件部分，如德赛西威等；③互联网科技与软件公司，专注于自动驾驶技术软件平台，如华为、百度；④整车企业，如特斯拉自研全栈式布局，蔚小理等与传统车企深度合作。域控制器相关厂商及代表车型见表5.9。

表5.9 域控制器相关厂商及代表车型

域控制器厂商	座舱域控制器	代表车型
德赛西威	第一代/第二代座舱域控制器（已量产）	理想、奇瑞瑞虎、捷途
	第三代座舱域控制器（获定点）	长城、广汽埃安、奇瑞、理想
	第四代智能座舱系统（基于第四代骁龙）	在研
东软睿驰	C4-Alfus	一汽红旗、沃尔沃、奥迪、吉利、长安
延锋伟世通	第一代/第二代 Smart Core	奔驰A级
	第三代 Smart Core	广汽 Aion LX、星越L、领克、奔驰A、奔驰C
佛吉亚	—	红旗H9
哈曼	哈曼 DigitalCockpit2021	Arcfox α T、Jeep Grand、Wag oneer、Jeep 新指南者
博泰车联网	座舱域控制器	东风岚图 FREE、岚图梦想家
	座舱域控制器（高通8295平台）	准备中
安波福	ICC	长城 WEY 摩卡、奥迪、法拉利

资料来源：中国汽研根据公开信息整理。

4）车载显示屏。**车载显示屏结构上由显示到触控显示一体化，材料上由塑料到玻璃，外形上由2D到3D曲面等方向转化。**根据摆放位置不同，车载显示屏可分为中控显示屏、液晶仪表盘、抬头显示器、前排乘客及后座娱乐屏、侧视屏、后视镜屏等。车载显示屏是指安装在汽车内部的显示屏，其主要功能为驾驶辅助和娱乐。其中渗透率最高的是中控显示屏（提供倒车影像及导航等驾驶辅助，控制空调、音频等车内设备，兼具娱乐功能）、液晶仪表盘（提供里程、转速、燃油等信息，反映车辆工作状态）。近年来，随着汽车电动化、智能化、网联化趋势持续，车载显示屏作为人车交互的主要界面正呈现高端化、大屏化趋势。

车载显示屏技术由LCD向Mini LED发展。目前LCD面板由于成本低、技术成熟度高等特点仍然是市场主流。但由于汽车座舱内车辆信息显示、在线娱乐等功能都需要更高清的信息显示，且未来需要增加科技感和操作便捷性，拥有画质高、能耗低、寿命长以及更高显示性能等特点的OLED和Mini LED有望随着技术的成熟而进一步渗透。车载显示屏技术路线对比见表5.10。

表5.10 车载显示屏技术路线对比

特征	LCD	OLED	Mini LED	Micro LED
机理	背光	自发光	自发光	自发光
是否可弯曲	否	是	是	是
功耗	高	中	中	低
材料寿命	长	短	长	长
是否存在屏	不存在	存在	不存在	不存在
成本	低	中	中高	高
产业化情况	普遍	小尺寸取代 TFT-LCD，大尺寸需突破	逐渐实现	极难

资料来源：eet-China。

车载显示屏行业总体由中、日、韩资企业占据。深天马在车载显示市场的市占率为16.2%，排名第一；JDI（日本）和AUO（中国台湾）的市占率分别为15%和13.4%，依次位居第二、三位。作为全球显示市场的龙头企业，深天马已经在 Micro LED 领域布局多年，在柔性、高透明、拼接显示等 Micro LED 核心领域都进行了大量的技术开发并取得重大成果，将能率先享受座舱智能化时代的发展红利。京东方作为显示龙头企业，提供车载业务全场景解决方案，京东方智能座舱产品已全面应用到包括中国、美国、德国、英国、日本、韩国等几乎所有主流汽车品牌中。

5）抬头显示仪。**抬头显示仪（HUD）作为中控屏、仪表盘之外的第三块视觉显示屏，近年来在汽车上的装载率迅速上升。**HUD 是通过将车速、油耗、发动机转速等重要的行车信息实时显示在前风窗玻璃上，避免因驾驶员低头、转移视线等带来一系列安全隐患的一套显示系统。当前主流的 HUD 技术主要分为 C-HUD、W-HUD 和 AR-HUD 三种类型。目前，我国 HUD 市场中，C-HUD 由于成像效果较差、显示内容少等原因已经基本退出市场，AR-HUD 由于成本较高，技术还不成熟等原因尚未量产落地，W-HUD 在技术方面比较成熟、显示效果较好、价格适中，已经成为我国 HUD 市场的主流产品。总体来看，AR-HUD 是座舱智能化背景下抬头显示技术的必然发展趋势，它将行车信息投影在风窗玻璃前方，能有效降低事故发生的概率，提升驾驶员的便利性。HUD 技术路线对比见表 5.11。

表 5.11　HUD 技术路线对比

类别	C-HUD	W-HUD	AR-HUD
优点	采用半透明树脂板作为显示介质，安装便利，安装价格低	较 C-HUD 显示范围更大、投影距离更远 无色差，图像更明亮清晰，投影内容多，包括车况、车速、部分 ADAS 信息	投影范围最大，可投影于整个前风窗玻璃 投影内容多，信息量大，质量高，图形生成器技术先进是智能驾驶对 AR 技术的完美融合
缺点	成像区域小、显示信息少，投影质量较差，存在镜片和玻璃色差 以配件的形式加装在车辆上，发生事故时容易造成二次伤害	光学结构复杂，维修成本大幅增加 制造成本偏高 夜间行车干扰行车视线，带来安全隐患	虽有部分应用，但应用效果未发挥最佳 需要强大的算法支撑，量产成本高 受限于技术和成本，暂时无法大规模量产使用
趋势	逐步淘汰	主流应用	未来方案

资料来源：中国汽研根据公开信息整理。

车载 HUD 市场供应商众多，渗透率逐步提高。2022 年，HUD 渗透率仅为 10%，此前被海外供应商垄断，近年来中国市场玩家涌现，预计 2026 年渗透率有望达到 50%。全球汽车零部件供应商如日本精机、日本电装、德国大陆集团等，主要服务于奔驰、宝马、奥迪等中高端品牌；国内的厂商有华阳集团、联合光电、欧菲光、水晶光电等，多服务于国内车企。HUD 相关厂商情况见表 5.12。

表 5.12　HUD 相关厂商情况

公司	主要供应部件	客户	现状
华阳集团	屏显示、数字仪表、W-HUD、AR-HUD、数字功放、域控	国内外车企	产品竞争力持续提升，已覆盖 W-HUD、AR-HUD、数字功放域控等，其他新产品进展顺利
联合光电	车载 HUD、车载镜头	海康汽车等	具备生产车载 HUD 核心光学部件的能力；布局车载镜头，已通过 Tier1 厂商供给多家下游车企
欧菲光	车载摄像头、AR-HUD 等产品	国内主流品牌客户	光学性能优越；独立的 PGU 设计及生产能力；丰富的软件及产品系统整合优势
水晶光电	AR-HUD 等	长安、长城、比亚迪	具备 AR-HUD 的光机设计和量产制造能力；已进入国内多家车厂供应体系

资料来源：中国汽研根据公开信息整理。

4. 发展建议

一是强化智能座舱顶层设计，赋能产业高质量发展。加快智能座舱发展战略研究，编制智能座舱技术发展路线图，明确产业发展战略方向，促进智能座舱产业健康、有序、可持续发展；加强标准化顶层设计，积极布局智能座舱标准体系，为技术创新和高速发展提供良好的产业环境。

二是加强关键核心技术创新，加快国际化发展

步伐。加强座舱芯片、域控制器、操作系统、中间件、人机交互系统等软硬件核心及原创性技术攻关，尽快在重点领域、关键环节实现自主可控；持续深化人工智能技术对于语音交互、机器视觉、触觉监控等领域的赋能，推动应用场景落地；深度参与国际竞争，加强与国际知名企业的交流与合作，不断拓展海外市场。

三是深化产业链上下游协同，构筑行业合作新生态。汽车智能座舱产业上下游要在产品研发、标准制定、性能评测、上车应用验证等多方面强化协同、多元共创，积极构建开放的软硬件共性技术平台，打破行业信息壁垒，打造多领域多主体参与的“网状生态”，共同推动智能座舱产业的高质量发展。

5.3 线控底盘

1. 产业概述

线控底盘是一种基于电气和电子技术的汽车底盘系统，它不同于传统的机械连接，而是通过电缆、传感器和控制器来实现车辆各部分的控制和操作。其核心特点在于可实现“人机解耦”，向执行器下发指令的信号源可由人变为自动驾驶系统零部件。线控底盘系统构成包括线控转向系统、线控制动系统、自动换档系统、电子油门系统和线控悬架系统五大系统，见表 5.13。

表 5.13　线控底盘组成

系统	作用
线控转向	负责汽车横向操控，通过机械解耦，提升驾驶手感和碰撞安全性
线控制动	负责汽车纵向操控的减速功能，同时兼顾能量回收以提升新能源汽车续驶里程
自动换档	由电子换档操纵机构、执行机构控制器、执行机构和变速器组成，通过电控来实现传动
电子油门	驱动系统，通过电信号控制节气门 / 电门，以达到加速的目的
线控悬架	在不同工况下调整至最合适的弹簧刚度和减振器阻尼力

资料来源：中国汽研根据公开资料整理。

线控底盘产业是实现高阶自动驾驶的关键基石。根据工业和信息化部对自动驾驶等级的划分，随着自动驾驶级别的提高，自动驾驶系统承担的驾驶任务在逐步增加，同时也意味着高级别自动驾驶系统对执行层响应速度和执行精度的要求更高。作为传统底盘系统的升级，线控底盘系统在匹配高级别自动驾驶系统方面，基于电信号交互的特点，极大地提升了执行层的响应速度和操作准确度，是实现高阶自动驾驶中不可或缺的环节。

线控底盘助力汽车实现轻量化。线控底盘高度集成，可减少传统执行器部分或全部机械零部件的使用，有利于降低整车重量。同时可通过协同能量回收降低能量损耗，提升续驶里程、降低使用成本。

商用车自动驾驶催生线控底盘赛道新机遇。目前，自动驾驶已经在城市配送、环卫、矿山、港口等低速封闭或半封闭场景中实现无安全员运行，在部分场景率先实现商业化落地。原有车辆设计以驾驶者为核心，其主导方是传统主机厂，产业链围绕传统 OEM 展开。在无人驾驶趋势下，车辆设计转变为以自动驾驶为核心，自动驾驶公司成为引导产业升级的新生力量。“L4 级自动驾驶系统集成商 + 集成式线控底盘公司”成为新模式。

2. 市场分析

（1）市场规模

中国线控底盘市场规模稳步上升。在疫情后经济复苏、自动驾驶等级提升以及政府支持的影响下，中国线控底盘市场规模增长形势可观，根据数据显示，中国线控底盘市场从 2016 年的 94.1 亿元上涨至 2020 年的 147 亿元，预计未来线控底盘市场规模还会呈现持续上涨态势。据预测，2026 年汽车线控底盘的国内市场规模将达 575 亿元，年化增速在 30% 以上，其中线控转向和线控制动的年均复合增长率分别达 72.2% 和 45.3%。

在细分领域中，线控悬架、线控制动、线控转向尚未实现大规模量产。电子油门和自动换档因技术发展较早，已经在主机厂得到广泛应用。其中，电子油门的渗透率已接近 100%，市场基本饱和。自动换档渗透率约 25%，但随着智能化相关功能配置率的提升，其渗透率也将同步快速提升。相较而言，线控悬架、转向及制动系统，受制于高昂的技术壁垒及上车成本，目前渗透率低，整体仍处于量产的初期阶段。当前线控制动渗透率仅为 5% 左右，线控悬架渗透率不足 4%，线控转向几乎尚未实现规模化量产。中国线控底盘细分领域市场渗透率见图 5.13。

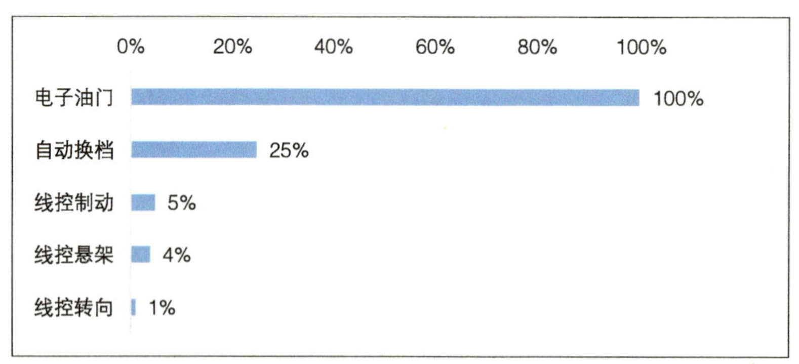

图 5.13　中国线控底盘细分领域市场渗透率

资料来源：网易，华经情报网。

从市场份额看，线控悬架应用最多，其市场份额也占比最高，为 45.9%，其次为线控制动，占比 20.6%，线控转向位于第三，占比 15.9%，电子油门占比 9.3%。自动换档占比 8.3%，见图 5.14。

（2）市场竞争格局

国外线控底盘供应商率先布局，国内厂商逐步崛起。从系统领域来看，线控制动、线控转向以外资 Tier 1（博世、耐世特、同驭、采埃孚等）为主，国内自主供应商正加速突破市场竞争格局。电子油门商业化成熟，由国外供应商（日立、博世、大陆等）掌握核心技术，市场空间增长有限，自主供应商的参与度较低。自动换档市场格局稳定，海外生产商（采埃孚、康斯伯格、法可赛国际）占据主导地位，国内生产商主要以合资企业（东风康斯伯格）为主，自主品牌主要为宁波高发、奥联电子等企业。线控悬架总成与部件均以外资供应商（大陆、威巴克、AMK 等）为主，自主供应商（中鼎、拓普、保隆等）已掌握核心技术，可提供定制化的系统集成解决方案，实现整条产业链本土化。

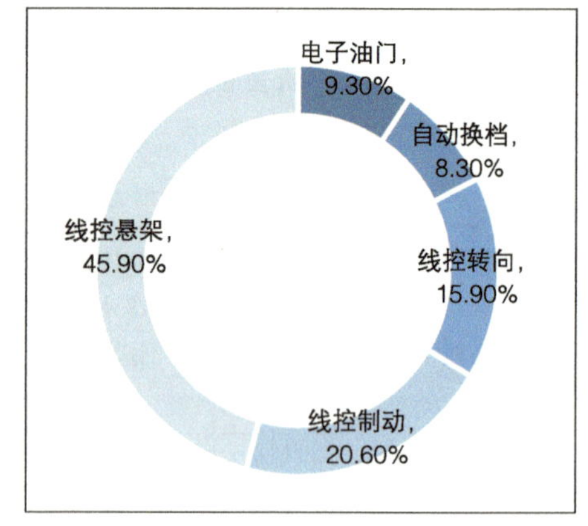

图 5.14　中国线控底盘细分领域市场份额占比

资料来源：网易，华经情报网。

（3）市场趋势

伴随着自动驾驶技术的快速发展，线控底盘也迎来新的市场机遇。据多家证券机构测算，预计 2026 年全球汽车线控底盘市场规模约为 1528 ~ 1757 亿元，其中国内市场规模预计将达 575 亿元，年化增速在 30% 以上，见图 5.15。

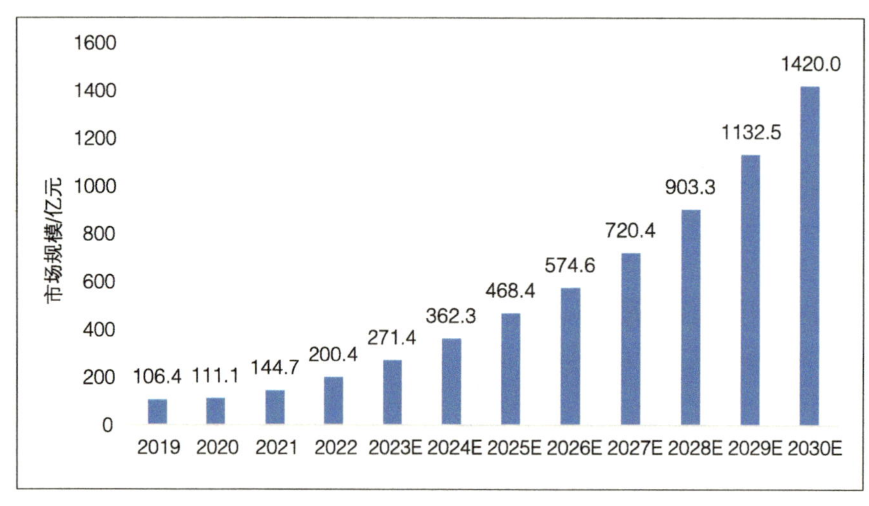

图 5.15　中国线控底盘市场趋势

参考资料：《2023 年中国商用车线控底盘行业研究报告》。

3. 产业链分析

（1）线控底盘产业链结构

线控底盘产业链结构上游为零部件，主要有制动器、前后悬架、转向盘、发动机、变速器、传动装置；中游为线控底盘制造商，主要由线控悬架、电子油门、自动换档、线控制动、线控转向组成，下游为线控底盘应用领域，主要为汽车，见图 5.16。

（2）线控底盘与传统底盘差异对比

底盘系统的电子化程度逐步提升。底盘线控技术（X-by-wire）是指将输入的驾驶指令利用传感器传递到中央处理器，通过中央处理器的控制逻辑发送电信号给相应的执行机构从而完成驾驶操作，传递与控制的实现方式由机械变为电信号。在传统底盘中，操作机构与执行机构之间通过机械连接传递机械能量。传统底盘虽然成本低，控制简单，但质量重、体积大且控制精度与效率低。线控底盘相较而言虽然成本高、难度大、对算法的要求高，但操作延迟低、控制精度高，且灵敏度能满足智能驾驶的低延迟反应需求。线控底盘与传统底盘对比见表 5.14。

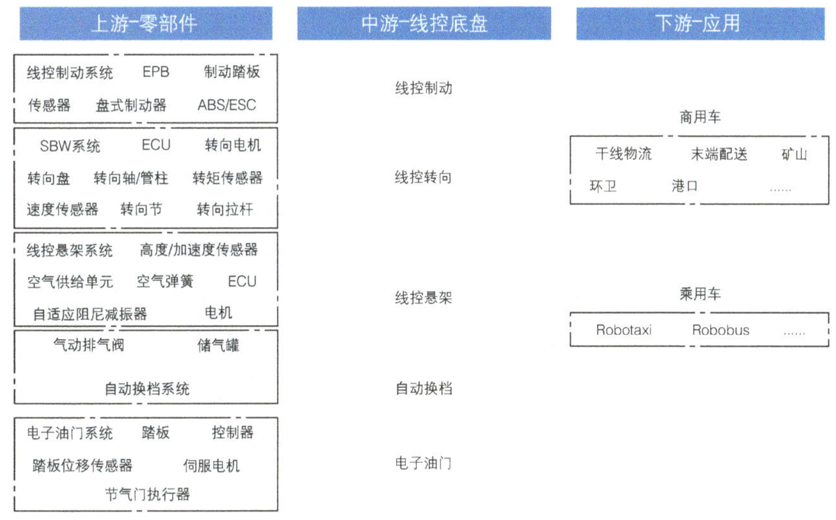

图 5.16 线控底盘产业链

资料来源：中国汽研根据公开数据整理。

表 5.14 线控底盘与传统底盘对比

系统结构		机械零部件	电子零部件	特点
制动	线控（EMB）	制动踏板；制动盘 / 制动鼓等	ECU；踏板行程探测器；制动压力传感器；电机；轮速等传感器；冗余系统等	体积小；操作延迟低；控制精度、效率高；能进行能量回收；对软件、算法要求高；需要高功率电机；12V 电池无法满足功率要求；成本较高
	线控（EHB）	制动踏板；推杆；液压传动系统（制动主缸，制动油管，制动轮缸，制动液等）；制动盘 / 制动鼓等	ECU；踏板行程探测器；制动压力传感器；电机；轮速等传感器；冗余系统等	介于 EMB 和传统液压制动之间，是从传统真空液压制动到 EMB 转化的中间状态，操作延迟较低，机械耦合，能进行能量回收，对算法、软件要求高，需要高功率电机
	传统（真空液压）	制动踏板；推杆；真空助力器；液压传动系统（制动主缸，制动油管，制动轮缸，制动液等）；制动盘 / 制动鼓等	—	结构复杂；真空助力器需要发动机提供真空状态；控制延时较长；控制精度、效率较低；机械耦合，安全性较高；无法做到高效能量回收；成本低
转向	线控	转向盘；转向执行单元（齿轮齿条机构；转向臂；连杆等）	ECU；转向盘单元（转向盘探测器；反馈执行器等）；转向执行单元（电机；探测器等）；冗余系统等	体积小；安全性能高；操作延迟低；控制精度、效率高；对软件、算法要求高；需要高功率电机；成本高
	电子助力转向（EPS）	转向盘；转向柱筒（阀芯；扭杆；阀套等）；转向执行单元（齿轮齿条；转向臂；连杆等）	ECU；转向盘单元（转向盘探测器；反馈执行器等）；转向执行单元（电机；探测器等）；冗余系统等	介于线控转向和传统液压助力转向之间，省略了液压系统，但相比于线控转向，多了转向柱筒。其操作延迟低，控制精度高，对软件、算法要求高，需要高功率电机

（续）

系统结构		机械零部件	电子零部件	特点
转向	传统液压助力转向	转向盘；转向柱筒（阀芯；扭杆；阀套等）；转向执行单元（齿轮齿条；转向臂；连杆等）；液压系统（油泵；储油罐；回油管；进油管；液压缸体等）	—	结构复杂；安全性能高；操作延迟较长；控制精度、效率较低；成本低
换挡	自动	变速杆（广义）；变速器①等	ECU（TCU）；换档传感器；离合位置传感器；换档执行器；离合（变矩）执行器；冗余系统等	体积小；质量轻；可定制化；可实现附加功能多（如全自动泊车）；安全性高；对软件、算法要求高
	传统	变速杆；选档拉索；变速器（齿轮副 / 行星齿轮组；输入轴、中间轴、输出轴；同步器等）；离合器；油泵等	电控单元；换档传感器；离合位置传感器；换档执行器；离合执行器等	体积大；质量重；无法实现全自动泊车等功能
油门	电子	加速踏板；节气门机构①等	ECU；踏板行程探测器；电机等	控制精度高；成本较高；效率更高；依赖算法和软件
	传统	加速踏板；节气门机构；拉索或拉杆等	—	控制精度差；反应迅速；刚性连接；成本较低；控制简单
悬架	线控	空气弹簧、控制阻尼；悬架执行器；减振器等	ECU；控制器、高度传感器、电磁阀、高度信号等	刚度可调；自动维持车身高度不变；通过性提高；可抑制制动时的点头；提高车轮与地面的附着力，增加汽车抵抗侧滑的能力；结构复杂、故障概率高
	传统	螺旋弹簧；支撑结构；中央控制臂等	—	占用空间小、结构简单、成本低

① 纯电动汽车或不需要变速器以及节气门。

资料来源：中国汽研根据公开资料整理。

（3）线控底盘重点环节分析

1）电子油门。油门系统经历了原始机械油门、传统机械油门和电子油门三个阶段，通过电子结构替代机械结构来控制汽车加速，具有控制精确、稳定性高的特点，已基本实现 100% 普及。

海外厂商掌握核心技术，国产替代空间有限。当前海外企业核心技术领先，电喷执行机构、ECU（Engine Control Unit）等技术全部掌握在国际零部件巨头中。该技术门槛相对较低，但核心技术不足，国产替代有限。

商业化成熟，市场竞争格局较为稳定。电子油门商业化成熟度较高，市场空间增长有限，海外企业市占率较高，国外主要供应商为博世、大陆、电装、马瑞利、日立、德尔福科技、斯凯孚。国内主要为宁波高发、奥联电子、凯众股份。国内厂商业务覆盖面较窄，但依靠积极的客户拓展取得了一定的市场地位（见表 5.15）。

表 5.15 国内外主要电子油门企业及产品

分布	企业名称	业务 / 产品	主要客户
国外	博世	加速踏板、踏板位移传感器、电控单元（ECU）、CAN 总线、伺服电机和节气门执行机构等	奔驰、宝马、特斯拉、雪佛兰、本田等
	大陆	加速踏板、踏板位移传感器、电控单元（ECU）、CAN 总线、伺服电机和节气门执行机构等	大众、路虎、蔚来等
国内	凯众股份	加速踏板、节气门等	通用汽车、福特汽车、蔚来、小鹏、理想、特斯拉等
	宁波高发	加速踏板、节气门等	特斯拉、埃安、吉利集团、上汽集团、比亚迪、长城汽车等
	奥联电子	加速踏板、节气门等	一汽、比亚迪、长安汽车、吉利汽车、长城汽车、奇瑞汽车、极氪汽车、零跑汽车、合众汽车等
	隆盛科技	节气门等	福田康明斯、江淮汽车、江铃汽车等

资料来源：中国汽研根据公开资料整理。

2）自动换档。电子换档及自动换档已较为普及，相比传统机械换档，自动换档没有拉索束缚，整个系统更轻、更小、更智能，突破传统变速杆必须放在中控与变速器硬连接的限制，使得换档形式更多样（通过旋钮、按键、怀档等形式换档），换档更高效简洁。

技术较为成熟，插混车型对技术提出更高要求。自动换档技术可通过ECU与电子油门协同配合，共同实现插混车的驾驶模式智能切换，这对自动换档提出了更高的技术标准。目前自动换档技术较为成熟，技术难度小，国内已有部分企业进入自动换档领域，主要服务于国内客户。

市场空间快速扩容，市场格局由外企主导。自动换档市场格局稳定，海外企业凭借先发优势占据市场。海外生产商主要有采埃孚、康斯伯格、法可赛国际。国内生产商主要以合资企业为主，如东风康斯伯格；自主品牌主要为宁波高发、奥联电子。国内外主要自动换档企业及产品见表5.16。

表5.16　国内外主要自动换档企业及产品

分布	企业名称	业务/产品	主要客户
国外	法可赛国际	汽车配件和系统研发	通用、福特、广汽等
	三立汇众	电子加速踏板总成、换档控制器、驻车制动操作杆总成、发动机支架总成	上海大众、上汽通用、沈阳金杯、北京现代、东风悦达起亚等
国内	睿格汽车	MT、AT换档控制器，加速踏板	神龙汽车、一汽轿车、长安汽车、长城汽车等
	圣加仑控制	MT、AT换档控制器，换档拉索	一汽轿车、华晨汽车、一汽大众等
	贝尔达控制	换档拉索、火花塞	华晨汽车、铃木、大众、起亚等
	宁波高发	变速操纵系统总成、电子加速踏板、换档拉索等	一汽大众、上海大众、吉利集团、理想等

资料来源：中国汽研根据公开资料整理。

3）线控制动。线控制动系统可分为半线控制动（EHB）和全线控制动（EMB），其中EMB由于冗余备份等问题短期较难商业化，EHB仍将是未来较长时间内主流方案。EHB中，One-Box方案相比Two-box方案的集成度更高、能量回收更强、成本更低，市场发展潜力更大。

技术壁垒逐步被攻克，国内主要参与者基本实现全覆盖。线控制动要求厂商具备核心电控产品的量产经验。从电控制动产品线看，国内厂商中以伯特利为主的供应商实现了品类的全覆盖，拥有驻车制动（EPB）和行车制动（ABS/ESC/线控制动）的系统供应能力，以及制动系统产品的核心Know-How，为线控制动打下坚实的技术基础。

线控制动以外资为主，自主品牌有望实现国产替代。外企中，博世、大陆、采埃孚、舍弗勒、万都等占据市场90%以上份额。国内企业在制动领域一直在迭代积累2000年起，国内一些自主整车企业和零部件供应商相继启动线控制动系统的自主研发，由于具有研发技术不断升级、供应链稳定、开发和市场响应快等优势，国内供应商大有后来者奋起追赶之势。国内供应商主要为伯特利、比亚迪、格陆博、拿森电子等企业。

国内外主要线控制动企业及产品见表5.17。

表5.17　国内外主要线控制动企业及产品

分布	企业	产品	路线	量产时间
国外	博世	IBooster	Two-Box	2013
		IPB	One-Box	2020
	大陆	MK C1	One-Box	2016
		MK C2	One-Box	2022
	采埃孚	EBB	Two-Box	2018
		IBC	One-Box	2018
	舍弗勒	SPACE DRIVE	One-Box	2018
	爱德克斯	ECB	Two-box	—
	万都	IDB	One-box	—
国内	伯特利	WCBS	One-box	2021
	亚太股份	iEHB	One-box	2023
	比亚迪	BSC	One-box	2022
	格陆博	GIBC	One-box	2022Q4
	拿森电子	N-booster	Two-box	2018
	英创汇智	E-booster	Two-box	2019
	同驭汽车	EHB系统	Two-box	—
	拓普集团	IBS	Two-box	—
	长城汽车	智慧线控底盘	EMB	2023
	华域汽车	HBS、DBS	—	—

资料来源：中国汽研根据公开资料整理。

4）线控转向。转向系统从机械式向电控助力式不断升级。半线控转向（EPS）仍保留转向轴及齿轮齿条，电机仅起到助力作用，可满足 L0 ~ L2 级别自动驾驶，为当前市场主流配置；线控转向（SBW）彻底取消转向盘和齿条间的机械连接，采用 ECU 传递指令，执行电机驱动转向轮转动，具有响应速度快、安装方式灵活、重量轻、碰撞安全性高等优势，是未来转向系统发展方向。

市场处在商业化爆发前夕，技术壁垒较高。线控转向系统对于技术、资本、安全等要求较高，技术壁垒高。当前具备线控转向能力的厂商大多都是传统的 Tier1 供应商，包括博世、采埃孚、耐世特等。转向系统的电机、电控、传感器等核心零部件由厂商自供，具有一定壁垒，能切入该领域的国内厂家相对较少。

海外企业处于市场主导地位。国内企业仍处于研发阶段，短期内线控转向市场还将由博世、采埃孚等巨头所主导。目前拓普集团等企业在 EPS 等领域已有产品布局或量产，未来国内企业或将迎来发展机会。国内外主要线控转向企业及产品见表 5.18。

5）线控悬架。悬架系统发展经历了从被动调节到主动调节，从螺旋弹簧 + 减振器组合向空气弹簧 +CDC 型减振器组合升级。线控悬架可以在不同工况下具有不同的弹簧刚度和减振器阻尼力，既能满足平顺性的要求，又能满足操纵稳定性的要求，空气悬架已逐步成为中高端智能电动汽车标配。

表 5.18　国内外主要线控转向企业及产品

分布	企业	线控转向产品及布局情况	量产时间
国内	长城汽车	2021 年发布咖啡智能线控底盘，搭载 EMB 线控制动技术和线控转向技术，可实现 L4 级别自动驾驶	2023
	一汽丰田	搭载线控转向技术的 bZ4X 车型上市	2022
	吉利汽车	与海拉合作开发纯电动线控转向系统	—
	蔚来汽车	与采埃孚合作研发线控转向产品	—
	红旗	联合国内配套资源开发自主冗余 EPS，完成一轮验证	—
	联创汽车电子	SBW，有研究，有原型机	—
	浙江世宝	正在研发 SBW	—
	拿森科技	全冗余小齿轮线控转向系统，已推出两个版本，分别对应乘用车和轻型客车	—
	东风商用车	2020 年，东风商用车与赢彻科技合作完成 L3 重型货车 A 样车验收，双方联合克诺尔对技术方案、性能参数、时间进度、开发成本等进行全面论证并经过多次调整优化，完成了 L3 级线控制动与转向冗余方案。2021 年底，实现车规级、L3 级自动驾驶货车在干线高速公路量产落地	—
	拓普集团	正在研发 SBW	—
国外	博世（含博世华城）	2018 年，博世华城线控转向产品搭载在 Demo 车上展示	2024
	舍弗勒	线控转向技术 Space Drive 发展至第三代 收购帕拉万公司，拥有 Space Drive 线控系统，可通过纯电控方式进行安全可靠的车辆转向	2021
	ZF	发布 SBW&AKC2.0 后轴线控转向系统	—
	耐世特	基于 SBW 推出静默转向盘转向系统和随需转向系统（Quiet Wheel）	—
	捷太格特	获多家 OEM 订单	2022—2023
	特斯拉	率先搭载该技术的车型是特斯拉旗下的纯电动皮卡 Cybertruck	2023
	斯巴鲁	在 2022 年上市的 Solterra 采用 SBW	—
	Kayaba	DAS 配套英菲尼迪	2013
	Mando	在 CES 2021 年上发布 SBW 线控转向技术，预计配套 Canoo	—
	伯特利	收购浙江万达，正在研发 SBW，有原型机	—
	万都	开发了“双冗余安全系统的线控转向系统”	—

资料来源：中国汽研根据公开资料整理。

线控悬架核心部件技术壁垒较高，主要由海外企业供应。核心零部件主要有空气压缩机、空气弹簧、减振器等，核心技术由国际巨头掌握，技术门槛高。其中，空气压缩机对能耗、体积、空气质量要求高，本土厂商通过海外并购获取核心技术，中鼎股份在2016年收购AMK，获得空气悬架领域核心技术。空气弹簧主要由海外企业供应，皮囊制造是其核心壁垒。可变阻尼减振器技术相对独立，目前较为成熟，部分车型通过搭载可变阻尼减振器来实现半主动悬架的效果。

外资企业市场占比较大，国内厂商推动线控悬架国产化。线控悬架直接影响行车安全，主机厂主要以采购外资供应商的成熟产品为主，外资供应商以大陆、威巴克、AMK等企业为主。国内企业通过提高自研能力与收购海外巨头的方式，使得配套条件逐步成熟，同时国内造车新势力等自主品牌空气悬架装配意愿提升，共同推进空气悬架国产化提速。目前，国内供应商主要以中鼎股份、保隆科技、孔辉科技等企业为主。国内外厂商线控悬架产品见表5.19。

表5.19 国内外厂商线控悬架产品

分布	供应商	业务	配套车企
国外	大陆	系统、空气弹簧、可变阻尼减振器、空气供给单元、控制器、传感器	ZFSachs、路虎、捷豹、蔚来等
	AMK	系统、空气弹簧	捷豹、路虎、沃尔沃、奥迪、奔驰、宝马、蔚来等
	威巴克	系统、空气弹簧、可变阻尼减振器、空气供给单元、控制器、传感器	宝马、奥迪、沃尔沃、大众、华晨宝马等
	采埃孚	系统、空气弹簧、可变阻尼减振器	—
	倍适登	空气弹簧、可变阻尼减振器	宝马、奔驰、奥迪等
	Pneuride	系统、空气弹簧、可变阻尼减振器	—
	Ridewell	系统	—
	蒂森克虏伯	系统、空气弹簧、可变阻尼减振器	克莱斯勒、奥迪、宝马、福特、沃尔沃，特斯拉等
	日立安斯泰莫	空气弹簧	东风日产、广汽丰田、北美福特、日本日产等
	万都	系统、空气弹簧、可变阻尼减振器	—
	凡士通	空气弹簧	—
	威伯科	空气弹簧、空气供给单元、控制器、传感器	解放、东风、宇通、重汽、福田、江淮、红岩、徐工、比亚迪等
	康迪泰克	空气弹簧、空气供给单元	—
国内	中鼎股份	系统、空气弹簧、空气供给单元	国内多家造车新势力及传统自主品牌龙头企业
	保隆科技	系统、空气弹簧、可变阻尼减振器、控制器、传感器	通用、福特、克勒斯勒、宝马、丰田、蔚来汽车等
	孔辉科技	系统、空气弹簧、可变阻尼减振器	东风岚图、红旗、理想等
	天润工业	系统、空气弹簧、可变阻尼减振器、空气供给单元、控制器、传感器	三菱、云内、卡特彼勒、重汽、沃尔沃等
	拓普集团	系统、空气弹簧	金康、比亚迪、吉利新能源、理想、蔚来、小鹏等
	瑞尔实业	系统、空气弹簧、可变阻尼减振器	奔驰、宝马、捷豹、路虎、大众等
	京西重工	系统、空气弹簧、可变阻尼减振器	东风、吉利集团、上汽通用等
	科曼股份	系统、空气弹簧	苏州金龙、中国重汽、包头北奔、北汽福田、东风杭汽等
	时驾科技	系统、空气弹簧、可变阻尼减振器	国内多家造车新势力
	瀚瑞森	空气弹簧、可变阻尼减振器	国内多家商用车企业
	溢滔钱潮	系统、空气弹簧、可变阻尼减振器	一汽、二汽、重汽、金龙客车、宇通客车、金华青年

资料来源：中国汽研根据公开资料整理。

4. 发展建议

强化科技创新支撑。线控底盘技术是产业核心竞争力，一方面要强化企业创新主体地位，线控悬架、转向及制动系统的开发难度大，核心技术主要由外资掌握，我国整体仍处于量产的初期阶段，需要鼓励企业不断推进技术创新和研发，提升产品性能和质量。另一方面需要重点建设涵盖重大科技基础设施、前沿交叉研究平台、研究型大学、科研机构的高能级科技创新平台支撑体系，并推动建立市场化、专业化的技术转移转化体系，共同攻关关键技术，加快技术进步和应用。

完善供应链规划与风险管理。线控底盘产业依赖于供应链的稳定和高效，零部件供应商的不稳定会给产业发展带来风险。国家层面与企业层面应分别制定线控底盘供应链规划，定期评估及优化线控底盘供应链战略布局，建立与预期发展情况相适配的线控底盘供应链安全数据库、安全评价体系及预警机制。整车厂还应加强与线控底盘供应商的合作关系，建立长期稳定的合作伙伴关系。

满足环保和能源效率要求。随着环保和能源效率要求的提高，线控底盘产品需要满足更严格的排放和能耗标准。加大对环保和能源效率的研究和开发，推动绿色制造和低碳发展，提高产品的环保性能和能源利用效率。

加强人才培养工作。线控底盘产业需要高素质的人才支持，包括技术研发、管理和市场推广等方面，学校提供相关专业的教育和培训，企业搭建公共服务平台，比如共享实验室、概念验证中心、科教成果转化基地等，助力人才培养。产教融合共同培育线控底盘产业人才，建立健全人才队伍。

第 6 章
行业观点

李庆建：倾注热血奋斗科研前线二十载，助力智能网联汽车核心技术攻关

李庆建，现任国汽大有时空科技（安庆）有限公司联合创始人 &CTO，总工程师，科协主席。中国智能网联汽车产业联盟自动驾驶地图与定位工作组副组长，中国卫星导航定位协会自动驾驶高精地图专业委员会副主任委员。本科毕业于武汉大学，曾任职于国汽智联、海格星航、东纳软件、长地万方等公司，拥有多年从事导航地图及高精地图和定位等领域研发经历，具有较强的软件研发和产品设计经验，具有多项专利，参与多项省、部级高精地图项目研发。

1. 主要成就和贡献

（1）参与重大项目，为自动驾驶产业落地提供支撑

参与建设由中华人民共和国工业和信息化部科技司发起的智能网联汽车大数据云控基础平台项目，负责高精度感知与时空定位体系建设与云控基础平台中心云建设，支撑智能网联汽车的中国方案和中国标准，提升我国智能网联汽车及相关产业在全球价值链中的地位。参与由中央军委装备发展部装备项目管理中心发起的北京市北斗融合创新应用示范项目（国家级示范项目），实现北斗时空技术与高级别自动驾驶、车路协同、5G 通信、人工智能等技术融合应用。李庆建担任项目负责人，将整个自动驾驶市场需求升级为拥有全国定位服务能力，并实现超百万的数据并发。除此之外还参与了开元项目、科技部“冬奥项目”、江西智慧高速等重大项目建设，赋能定位地图技术前沿技术发展，为自动驾驶产业落地提供支撑。

（2）科技成果研发创新，赋能定位地图前沿技术发展

从业 20 年来，拥有多项知识产权与标准成果。以《一种空间地理范围编码方法及全球范围内的 GNSS 差分增强定位方法》《基于 P2P 技术构建的对等安全卫星高精度增强网络方法》为代表的专利共计 15 项；以《自动驾驶卫星差分与惯导组合定位技术规程》为代表的标准共 10 项；以《GGA 精度分析软件》《定位产品管理系统》为代表的软件著作权共计 30 多件。

2. 中国智能网联汽车产业发展的现状及前景分析

（1）智能网联汽车行业发展环境与现状

1）国家政策大力支持智能网联汽车行业发展。汽车网联化和智能化是汽车未来长期发展趋势。近年来国家主管部门统筹规划，工信部、交通运输部、公安部联合发布《关于开展智能网联汽车准入和上路通行试点工作的通知》，标志着国内 L3 级自动驾驶法规正式落地，L3 级和 L4 级自动驾驶即将合法上路。也对智能网联汽车的发展给予多个具体的政策支持。在多项政策叠加支持下，智能网联汽车应用场景也越发广阔。

2）道路测试和示范应用相继开放。据统计，全国累计开放智能网联汽车测试道路 2 万多 km，测试示范区达 17 个，“双智”试点城市达 16 个。7 个国家车联网示范区完成了 7000 多 km 道路智能化升级改造，一批搭载自动驾驶功能的智能网联汽车产品大量开展研发测试验证，部分产品已具备一定的量产应用条件。

（2）智能网联汽车发展前景

1）高阶智能驾驶的演进发展。《智能网联汽车技术路线图 2.0》规划，到 2025 年，L2 ~ L3 级智能网联汽车渗透率将达到 50%，L4 级智能网联汽车开始进入市场，且在特定场景和限定区域开展 L4 级车辆商业化应用；到 2030 年，L2 ~ L3 级的智能网联汽车渗透率达到 70%，L4 级车辆在高速公路广泛应用，在部分城市道路规模化应用。

2）智能网联示范区从车路协同到数据闭环阶段升级需求加剧。整体上，现阶段（V1.0 阶段）全国智能网联示范区完成了车路协同基础设施建设，但整体缺少对研发、测试、训练和运营的支撑，仍存在以下痛点：

对车企研发而言，首先在智能汽车量产过程中，如何保障智能汽车在运行过程中从数据采集、存储、处理到应用全链路的安全合规是关键；其次，自动驾驶数据闭环过程中所需的 AI 训练及仿真测试等对

数据中心算力的需求很高，少数大型车企拥有自主算力，中小型车企尚无任何算力支撑；再者，自动驾驶算法训练所需的数据量规模不够，自动驾驶系统包含大量机器学习算法，算法在数据闭环中的训练和验证需要大量的数据。

因此，亟须在示范区通过建立基于数据闭环的高精地图实时更新、仿真场景建设、标注算法训练等，以及满足合规要求的数据中心（V2.0 阶段），实现对智能网联汽车从 L2 级到 L4 级演进过程中量产级研发运营的支撑。数据闭环研发量产运营所需的基础平台，通过支撑车路协同和智能汽车两条技术路线的发展，共同推进中国智能网联汽车的发展。

3）结合主流 PPP-RTK 高精度定位技术，形成以域控为载体的室内外一体化融合定位方案，逐渐被视为智能驾驶的主流技术方案。

作为自动驾驶演进的关键基础，高精度定位随着各种 ADAS 功能在终端市场的快速普及，尤其是以高速 NOA 和城市 NOA 等为代表的复杂智驾功能的逐步落地，已然进入“爆发前夜”。

从 2015 年起，第三代 N-RTK 在单站 RTK 基础上构建了全国大区域的 N-RTK 系统，虚拟参考站对周边基站具有强大的依赖性，任何基站出问题都会导致该区域失去定位服务可靠性，无法做到更高级别的可用性。第四代 PPP-RTK 在 2020 年达到技术成熟，从原理上解决了汽车功能安全问题，将轨道、钟差、电离层误差的每一个差分信号分别提供给终端，适合于长距离实时动态移动目标。因此，PPP-RTK 为智驾而生。

伴随汽车智能化的快速演进，汽车产品呈现显著的集成化发展趋势。以域控为载体，集成终端 GNSS SPE、卫惯 SPE、多源融合 SPE、GNSS 模组、卫惯模组等多种智能驾驶车端方案，成为智能驾驶的主流技术方案。

（3）“轻地图重感知”成为实现高阶智能驾驶的方向

传统高精地图一直面临着制图成本高、覆盖率低、更新慢等多重痛点，难以很好地满足智能驾驶的快速大规模上车需求。

目前乘用车上采用的轻地图方案，实际上是在车端到云端实时生成一套完整的闭合地图，车厂的一些 L2++ 方案主要采用轻地图方案。高阶智能驾驶系统采用重感知轻地图方案已是业界公认的发展趋势。但轻地图并不是指不用高精地图。至于轻地图的具体方案由谁来提供，只是一种选择。

从重感知重地图到重感知轻地图，再到高精地图的安全合规，形成智能网联汽车数据发展的关键路径。

综上所述，涵盖第四代 PPP-RTK 高精定位系统，且包含海量数据采集和处理、轻量化高精地图生产与更新、算法训练、数据合规等在内的“数据飞轮”，可以实现数据驱动地图更新、数据驱动算法训练和海量场景库支持仿真测试，多维度的赋能成为自动驾驶发展的必要需求。

冯硕：深耕智能网联自主核心技术，助推汽车产业升级

冯硕，北京汽车研究总院有限公司院长助理、智能网联中心主任。毕业于德国德累斯顿工业大学电气工程专业，硕士研究生学历，兼任星闪联盟副理事长、全国汽标委-智能网联分标委委员、中国智能交通产业联盟理事、国汽智联技术委员会委员、北京智能车联产业创新中心有限公司董事。负责北汽自主品牌乘用车智能网联总体技术发展规划、产品开发及团队管理工作，熟悉智能网联汽车行业导向、相关标准法规、产品技术路线及智能化核心零部件供应商体系。主持过多个整车智能网联系统的产品规划、设计开发与工程实现，能够将理论知识与工程开发充分结合，具备扎实的技术功底和丰富的管理经验。

中国智能网联汽车产业发展的现状及前景分析

在汽车产业发展过程中，汽车产品正在从传统的“功能汽车”向“智能汽车”转变，汽车产业也在政策、技术、市场多重因素驱动下，正在经历前所未有之“百年大变革”。类比手机发展演变史，从硬件厂商演变成为集软硬件研发为一体，自研覆盖芯片设计、操作系统、中间件、应用层软件研发。如今的智能网联汽车开发模式同样发生了根本改变，车企逐步开始在软件研发等核心技术方面加大投入。各车企近年来逐步加大核心技术研发布局，建立独立的软件开发团队，增加软件人员的投入，以规模化的投入加深车企软件自主开发的深度，提升产品的灵活性，满足快速变化的用户需求。

智能汽车发展将呈现上下半场两个阶段：上半场硬件预埋，车载端智能硬件渗透率进一步提升，路侧端构建智慧交通及智能驾驶示范区的智能基建；下半场软件服务创新，汽车成为流量入口，软件升级成为新常态，软件和服务开始收费。传统的制造业盈利模式开始向新的盈利模式转变，即通过对汽车整个生命周期提供产品或者服务来盈利，包括新车销售、软件服务以及各种配套服务等，而智能化是新盈利模式落地的前提。为实现上述目标，各大车企加大投入力度，一方面加强核心技术自主开发能力，另一方面布局智能网联产业链关键节点。

智能网联汽车的发展已进入商业应用试点乃至规模落地的关键转折期，成为世界各国抢占未来经济发展制高点的关键举措之一，将加速带动汽车、电子、信息通信、道路交通运输等相关行业的发展。加快推动形成适应并促进智能网联汽车新技术、新模式、新业态发展的滚动型综合性产业政策体系意义重大。面向未来全面推广应用阶段，在出行服务模式、交通管理法规、道路基础设施建设标准等方面有待进一步研究探讨。

北汽集团明确提出了全面新能源化与智能网联化“双轮驱动”的发展路径，并将“高、新、特”作为高质量发展要求的总体发展方向，在智能技术、智能产品、智能生态、智能交通四大战略重点领域加速布局，主动拥抱智能网联汽车，推动汽车产业升级。

王德平：聚焦技术创新，打造智能网联汽车技术高地

王德平，中国第一汽车集团有限公司研发总院院长、党委书记，技术中心主任。

1. 主要成就和贡献

20 多年来始终致力于新能源智能网联汽车科技创新与重大工程产品研发，主持解决新能源“三电”系统、先进底盘、智能网联等关键技术难题，打造纯电动、混合动力两大整车平台，开发 14 款红旗整车产品，性能国际先进，助力红旗年销量突破 30 万辆，实现 5 年 65 倍快速增长。参与编制国家《节能与新能源汽车技术路线图》，完成国家 863 项目、重大科技专项等 10 余项，开展关键核心技术攻坚战和自主车规级芯片攻坚战，为我国新能源智能网联汽车产业高质量发展做出重大贡献。

获得中国汽车工程学会科技进步奖特等奖 1 项、吉林省专利奖 1 项、其他省部级二等奖 3 项（均排名第一），以第一发明人获授权发明专利 11 项，出版专著 1 部，发表论文 24 篇。

2. 中国智能网联汽车产业发展的现状及前景分析

新能源汽车在国内产销量已达到 500 万辆的量级，可以确定中国新能源汽车占领了技术高地，并在国际上处于并跑状态。下一个竞争领域必然是智能网联汽车的自动驾驶与智能座舱，为此行业需要在以下三个方面加大投入，联合攻关，形成产学研用联动的产业链良性互动的格局。

第一方面是车云一体的面向 SOA 服务的技术架构。其能够帮助 OEM 构建更高效、可扩展且用户友好的一体化可持续迭代的服务能力。2023 年是面向区域的 SOA 架构量产元年，多家车企发布面向服务的多域中央式计算平台，以计算平台 + 区域控制器为表征的 E/E 架构平台纷纷亮相，不断拓展汽车的功能及服务边界。整车功能域控正在稳定落地，域融合已经成为当下阶段的重要发展方向，未来将进一步跨域融合，演变为驾驶、控制、座舱一体的超级车脑 + 云脑智控平台，实现更高级别的智能体验。

第二方面是车辆的智能驾驶能力发展迅猛。智能网联汽车的焦点技术智能驾驶正处在快速推进的阶段，出现了两个分支，一是从算力扩张、感知堆叠向更加注重成本的方案过渡，如 L2 级智能驾驶向少激光、轻地图、中算力方案发展。二是随着车载算力的大幅度提升，以及国家 L3 级自动驾驶车辆准入政策的预期发布，L3 级智能驾驶将快速演进迭代，车云融合类智能驾驶功能也将进入发展的快车道。

第三方面是座舱智能化能力日新月异，产业带动作用明显。汽车座舱是人车交互的载体，正在进行着智能化的变革，从简单的操作指令向场景化、内容级交互转变，3D 场景化交互将逐渐成为未来几年视觉交互的重要表现形式。为适应 SOA 服务化的需求，高度的模块化解耦将成为今后的重要课题，让座舱的人车交互可以不依赖于当前硬软件和生态资源，能够无界自然变幻，无限迭代生长。

智能驾驶与智能座舱的技术发展，离不开人工智能技术的加持。在智能驾驶方面，大模型具有更大的参数量，可处理更多数据，节省成本，提高效率，能够实现感知决策的一体化，更好地处理复杂的驾驶场景和环境，减少车端推理计算时间，增加汽车的安全性。在智能座舱方面，基于大模型的车载搜索与推荐系统更加类人化，包括语音助手及座舱执行系统对用户意图的理解更加准确、流畅，使人车之间的交互更加舒适。AI 大模型技术已经成为行业热点。各家车企也在纷纷加码大模型能力的建设和应用，为自动驾驶技术发展以及汽车智能座舱升级提供强有力支撑。

汽车电子技术的发展，离不开芯片，芯片技术及产业已经成为当前汽车技术的基石，也是国内汽车行业发展的瓶颈，需要主机厂发挥产业拉动作用，快速提升国产芯片的全产业能力，才能使中国汽车行业逐步领跑世界。得益于科技进步、政策推动和市场接受度的提高，智能网联技术已然是汽车行业新的竞争焦点，国内智能网联汽车行业的发展已经进入快车道，呈现出生机蓬勃、充满活力的融合发展态势。

古惠南：智能纯电汽车——广汽埃安引领行业发展

古惠南，现任广汽埃安新能源汽车有限公司总经理。从事汽车行业 36 年，先后在广州标致、东风本田发动机、广汽丰田发动机、广汽乘用车等企业工作。作为汽车行业的资深专家和企业家，其在整车和动力总成制造技术、企业管理等方面具有丰富的经验，拥有多项发明专利，曾获得“中国汽车工业科学技术奖”“中国汽车工业科技进步奖”“广东省科技进步奖”等奖项。2007 年始，开始参与广汽自主品牌项目建设，现正带领广汽埃安新能源汽车团队，致力打造高端智能电动车品牌，为用户提供世界级智能纯电动车产品和服务，引领绿色智慧出行新方式。自 2017 年成立以来，广汽埃安始终坚持科技创新，持续保持高质量发展步伐，销量连年翻倍增长，迅速跻身为新能源汽车行业头部车企。

1. 贡献与成就

为适应更激烈的市场竞争，广汽埃安先后完成混改、资产和人员重组、股改，开创了国有大型企业股份拆分制的先河，打造了极具竞争力和生命力的体制机制，行业称：国企的平台、民企的效率、合资的流程。

通过深化公司治理结构，广汽埃安进一步强化了全价值链的资源配置和市场竞争能力。同时，采用股权激励能更好地吸引并留住人才，激发团队的积极性和创新力。在 A 轮引战中，广汽埃安引入了 53 名战略投资者，与在资源、市场、技术等方面具备优势的战略投资伙伴实现合作，进一步提高了广汽埃安的核心的竞争力。

2. 中国智能网联汽车产业发展的现状及前景分析

当前，电动汽车（EV）+ 智能网联汽车（ICV）已经成为行业的主流技术路线。作为智能网联技术的最佳载体，纯电动汽车未来与智能化技术的结合还会更加深入，发展前景无比广阔。

另一方面，智能纯电动汽车行业已从单一的“产品”竞争，升级到“产品 + 生态”的竞争。车企必须刷新思维，在研发、智造、产业链、组织体系、营销服务模式等方面增强体系力，迎接新的挑战。

得益于持续的科技创新和大手笔的产业链布局，广汽埃安已具备为用户打造更多高价值体验和产品的大工业运营体系，通过新品牌、新科技、新产品、新智造、新生态、新体制，全面提升品牌价值，创造了高速 + 高质量发展的埃安现象，成为推动行业发展的中坚力量。

刘伦才：破解汽车芯片核心关键技术和供应链安全问题 实现汽车芯片行业集中度和产业竞争能力快速跃升

刘伦才，中国电科芯片技术研究院副院长、中电科汽车芯片技术发展研究中心主任，研究员级高级工程师，享受国务院津贴专家。

1. 主要成就和贡献

（1）带领团队成为模拟集成电路自主可控、技术创新的主力军

“十三五“期间，作为中国电科芯片技术研究院模拟及数模混合信号单片集成电路、混合集成电路研发与生产部门的负责人，带领团队在模拟信号链路（中频放大器、通信接口、模拟开关等）、射频信号链路（低噪声放大器、射频开关、数控衰减器等）、电源管理及伺服控制链路（电源及电源管理、功率驱动、VDMS 等）等专业方向，面向系统应用为客户提供了单片集成、套片、ASIC/SOC/SiP 等多种形式的国产化元器件解决方案。期间团队成员共申请发明专利 18 项，发表论文 100 余篇，获省部级科技进步奖 4 次，中国电科集团技术发明奖 1 次，专利优秀奖 1 次等多个奖项，在模拟集成电路自主可控方面为国家做出了重要贡献。

（2）带领团队攻关汽车芯片核心关键技术，贯通汽车芯片自主可控产业链

瞄准国家所需以及市场定位，带领团队布局开展了电子驻车制动专用芯片、安全气囊控制芯片、77GHz 毫米波雷达射频芯片等数款汽车芯片的核心关键技术攻关工作，预计几年内可以实现完全国产化和上车应用的目标。主抓汽车安全气囊控制器、电子驻车控制器等汽车电子产品的研发，逐步开展关键芯片国产化应用。

带领中电科汽车芯片技术发展研究中心与院士工作站、主机厂、Tier1 企业、封测 / 认证机构、高校、创新企业等开展战略合作，落实具体合作项目。整合“政、产、学、研、用”优势资源，打造芯片设计合作开发圈、芯片后道测试封装圈以及汽车电子车企及行业合作发展圈，发挥用研一体自主创新优势。

2. 智能网联汽车是物联网领域重要的一环

智能互联的根本目的，在于提高整车的扩展性，让人类的出行场景在物联网时代拥有无限的可能。未来，汽车智能互联还会覆盖更多生活化的场景，汽车将是万物互联时代的核心终端之一。

车家互联：智能家居早已不是什么科幻电影中才有的黑科技，很多家电都已经实现了联网，当所有的智能家电都通过 WiFi 局域网实现互联，一部手机就能实现远程管理。未来，随着智能家居智能化程度的进一步提高，并与车辆实现深度联动，“车家互联”将具备更强的自主化能力。举个简单的例子，当你下班行驶在回家路上，车辆可以根据你的行驶速度和空调的运行功率，决定在你到家之前几分钟打开空调，实现舒适和低碳双重目标。

车商互联：你可以在行驶途中，把你想要采购的商品通过座舱语音助手下单，并通过人脸识别支付，然后指定一家顺路的智能无人商店，实现免停车购物体验，不用找停车位也不用下车进店，极其高效便利。

车路协同：车路协同是汽车互联的更高阶形态，它已经不止是车与手机、计算机、家电等私家终端的互联，也不止是车与商业服务主体的互联，而是扩大到了整个社会公共领域。实际上自动驾驶是高度依赖云端大数据平台和交通基础设施的，因此网联化同样是未来公路建设的必然方向。L5 级别的自动驾驶，其实就是一种车辆与道路高度协同的交通模式，统一调度的交通更安全也更高效。未来路侧的硬件设施，比如智慧路灯、充电桩、停靠站等，会通过激光雷达、摄像头等传感器，以及 5G 通信等技术手段，与车辆实现感知与互联。

汤文彬：智能汽车高速发展趋势下，打造更具灵活多变、高效便捷、快速迭代、丰富生态等特点的开放平台，更好满足车企客户的高效开发与交付

汤文彬，近 20 年汽车电子行业从业经历，在汽车智能座舱领域有较深入的研究和丰富的实践经验，现任惠州华阳通用电子有限公司副总经理。

1. 主要成就和贡献

（1）建立研发软件标准化和流程化体系，加速产品研发创新

带领团队建立软件研发流程体系，逐步走向标准化、流程化的软件研发，通过了 A.SPICE 二级以及功能安全 ASIL-B 第三方认证；注重软件团队建设和人才培养，培养了大批研发科技人才；持续推进汽车信息娱乐产品软件研发体系与信息化建设，创新建立软件开发全流程信息化体系，实现了 citrix 软件虚拟化云端办公系统；持续推动国产化芯片落地，和瑞萨、芯驰、地平线、华为等建立了战略合作关系，导入了多款国产芯片。

（2）华阳为智能化贡献自主智慧

负责公司座舱域控（见图 1）、自动泊车及液晶仪表产品线。在座舱域控和自动泊车产品线上，带领团队攻坚克难，2022 年，完成了首个项目量产，并获得了多个新项目定点；在仪表产品线上，主导了多项核心技术创新、成本优化和新平台搭建，完成了多个重点项目交付，连续三年实现了销售额和利润快速增长，为开拓座舱域控及自动泊车市场、提升液晶仪表竞争力，做出了突出贡献。

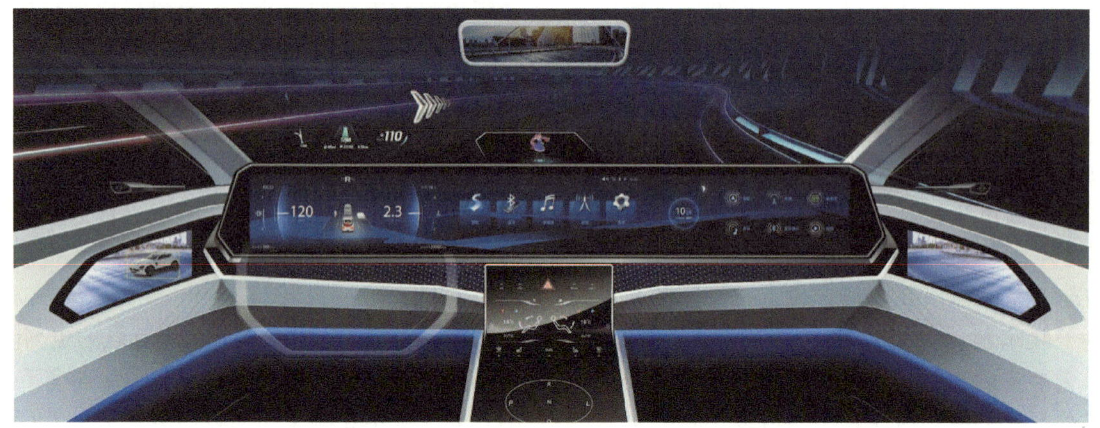

图 1　智能座舱域控产品

2. 中国智能网联汽车产业发展的现状及前景分析

（1）行业发展现状

1）智能网联汽车市场规模。随着人工智能、5G、大数据等新一代信息技术的迅猛发展，智能网联汽车正呈现出强劲发展势头，成为全球汽车企业争相抢占的战略制高点。近年来，政府相关部门积极推动智能网联汽车行业的发展，行业市场规模快速增长。2022 年，我国智能网联汽车行业的市场规模为 1342 亿元，同比增长 21.56%。随着行业科技加速变革，技术加快升级，预计 2025 年我国智能网联汽车行业市场规模将增至 2223 亿元。

2）智能网联汽车产量分析。随着先进汽车材料与工艺、新型驱动系统、磷酸铁锂电池等技术不断优化，新能源汽车的大批上市推动了汽车整体智能化水平快速提升，预计未来三年，智能网联汽车应用服务市场将走向量价齐升的成长阶段。

智能网联汽产量将持续稳步提升。2022年我国智能网联汽车总量为1.85亿辆，预计到2025年，智能网联汽车总量将达到2.59亿辆，在汽车保有量中的占比约75.6%。

前装市场成为智能网联汽车规模发展的重要驱动力。随着新能源汽车加速推广，智能中控、辅助驾驶等功能进一步普及，用户使用习惯和消费偏好重塑，越来越多新上市的乘用车将搭载联网设备，成为前装联网市场增长的重要来源。

2022年我国前装联网乘用车存量约为7300万辆，预计到2025年将达到1.19亿辆，年复合增长率达25.9%。

3）智能网联汽车出货量。汽车和智能网联的结合不仅改变了人们的出行方式，还促进了交通系统的智能化和自动化。随着智能网联技术的迅速推广、6G网络的发展，以及消费者对汽车智能化接受度的逐渐增高，智能网联系统在汽车产业内的装配率预计将在2025年达到83%的水平，智能网联汽车出货量将增至2490万辆，年均复合增长率为16.1%，发展空间十分广阔。

4）ADAS级智能网联汽车销量。智能网联汽车与智能驾驶技术关系密切，在我国市场上，智能网联汽车普遍配备ADAS（L1+L2）智能驾驶技术。目前，我国的智能驾驶技术仍处于发展阶段，配备L2级驾驶技术的汽车已实现批量生产。近几年，我国ADAS级智能网联汽车销量增长速度较快，由2019年的720万台增至2022年的1320万台，年均复合增长率约为22.4%。预计2023年我国ADAS级智能网联汽车销量将增长至1481万台。

（2）行业发展前景及趋势

随着汽车智能化和网联化的渗透与普及，汽车电子电气零部件占汽车的比重也逐渐提高。高级驾驶辅助系统和车载多媒体娱乐系统等逐渐成为消费者关注且左右购买决策的功能配置。越发复杂的系统对传感器、电子控制器的数量有了新的需求，如自动驾驶的摄像头和毫米波雷达、多媒体娱乐系统的前排乘客娱乐屏幕、抬头显示系统、控制发动机的ECM、管理新能源汽车电池的BMS以及用于360°环视影像融合计算的AVM等。据统计，一辆现代豪华汽车中通常包含70～100个ECU。传统的分布式电子电气架构由于算力分散无法高效利用、线束成本重量劣势、无法支持高带宽车内通信、后续升级维护困难等多维度原因，已无法满足发展需求。集中式电子电气架构和域控产品应运而生，并且在未来最终会走向中央计算平台的形式。

顺应潮流，华阳围绕智能化和网联化，积极进行技术创新和成果应用，聚焦智能座舱和智能驾驶两大域，为客户提供高品质的域控制器产品和服务。

在智能座舱方面，华阳拥有方案多样的座舱域控产品，具有丰富情感体验的多模态交互系统，另外，还不断融入众多创新性产品，如电子外后视镜、智能声学系统、智能表面等，进一步提升座舱智能化配置，满足客户多元化需求。

在智能驾驶方面，从360°环视、自动泊车项目量产，到代客泊车产品预研，再到驾驶域控产品落地，华阳不断积累产品开发经验和储备相关技术，紧跟市场和技术前沿，积极携手生态伙伴联合打造与时俱进的智能驾驶域产品。

除此之外，华阳生态开放平台AAOP不断迭代升级，将逐步从座舱域延展到驾驶域，旨在与生态伙伴共建车联网、主动智能、自动驾驶等越来越宽广的智能汽车生态圈。

随着汽车智能化的不断提升，域控、中央计算平台将进一步普及，软硬件复杂性带来革命性变化，华阳也将进一步开放AAOP和扩大智能座舱域、智能驾驶域产品布局，积极携手广大主机厂客户、行业生态伙伴，凝聚力量共建生态，联手打造有竞争力的智能汽车产品，让用户享受更有魅力的智能汽车生活。

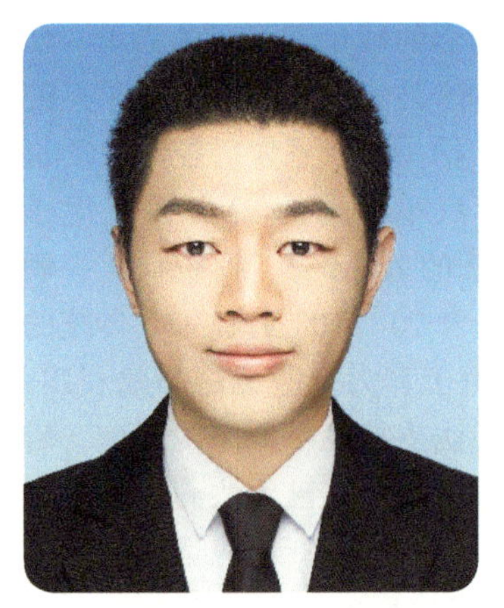

陈力：把握试点契机，助力汽车产业转型升级

陈力，武汉市新能源与智能网联汽车专班副主任，智慧城市基础设施与智能网联汽车协调发展工作专班成员，武汉新兴汽车产业发展有限公司总经理兼执行董事，武汉智慧生态科技投资有限公司总经理，中电智开系统技术有限公司董事。大学本科学历，计算机科学与技术专业，曾就职于湖北三环、北大方正、华胜天成等上市集团公司，有着丰富的IT行业技术及管理经验，负责过多个轨道交通、航运水运、数字政府、智慧城市、医疗卫生、新能源与智能网联汽车等领域的地方重点项目及国家课题。

1991 年，为承接东风公司中法合资神龙轿车项目的落户，武汉经济技术开发区（经开区）因车而起，如今武汉经开区已经集聚了 9 家整车生产企业、13 家整车工厂，1200 余家零部件企业，年产销整车超过百万辆，已成为湖北省、武汉市经济发展的主引擎。

在新能源汽车销量不断增长、市场需求疲软的背景下，传统燃油车面临的被动局面日益明显，“一车独大、一家独大”的时代已成过去式。如何突破对单一主机厂的依赖，依托产业转型升级，构建多元化、大而全的汽车新型产业生态，如何再次成为中国汽车产业引领者是武汉经开区必答的问卷。作为“中国车谷”的武汉经开区，要打造万亿级汽车产业新生态，需加速传统汽车向下一代汽车转型升级，加快智能网联汽车发展，前瞻性布局全产业链，引进头部企业、创新技术，建设应用场景和基础设施，形成产业链集聚效应抱团取暖。

2016 年，武汉规划打造 4 大国家级产业基地，其中国家新能源和智能网联汽车基地落子武汉经济技术开发区，国家智能网联汽车（武汉）测试示范区（以下简称示范区）应运而生。七年来，国家智能网联汽车（武汉）测试示范区、交通强国建设试点、智慧城市基础设施与智能网联汽车协同发展试点、车联网身份认证和安全信任试点、新能源全产业链发展示范区、检验检测高技术服务业示范区六大国家创新战略使命叠加。武汉因此成为兼具第一批国家级智能网联示范区、第一批交通强国试点、第一批“双智”试点等多项部委试点工作的城市。在此背景下，武汉经开区抢抓汽车电动化、智能化与网联化发展新趋势，深入探索智慧城市基础设施建设与汽车智能化协同发展新路径，积极推动双智协同融合发展，助力汽车产业全面转型升级。

经过几年的探索，武汉经开区在汽车产业转型升级的努力被誉为智能网联的“武汉实践”，进而引发各地和产业界的广泛关注。

1. 加强顶层设计，健全跨部门协同机制

为深入推进试点并借力各项试点工作带动产业转型发展，我区构建了四位一体的协同机制。成立了由主要领导挂帅的“双智”工作领导小组以及实体化的军山新城“双智”事业部，建立各部门的“双智”任务协同体系，高效地协调推进相关工作落地落实；依托百人会武汉基地，积极发挥国家级智库平台优势，高标准做好顶层设计工作；建立第三方运营管理平台公司，为来示范区进行测试的企业提供一站式的服务，极大地提升了应用场景落地速度。

2. 高标准推动示范区建设，打造了丰富的测试场景

汽车行业的转型升级上半场是新能源，下半场是智能网联。产业和资本跟随场景走是智能网联汽车领域区别于传统产业的典型特征。因此，我们始终将场景的打造放在首要位置。

在武汉示范区建设伊始，即明确了构建“仿真、封闭、开放”三位一体的完备测试体系，进而能全方位支撑智能网联汽车从研发、测试到上路运行全链条。

（1）建成了全国领先的车路协同智能网联道路

建成了 106km 融合 5G、北斗等国家战略性技术的智能道路。通过探索建设智能道路，武汉创造了多个国内第一：国内第一个大规模采用 5G 进行路侧“无光纤”通信、第一个大规模采用车端 5G OBU 与北斗 RTK 模组融合方案、第一个大规模采用 5G RSU 和 5G OBU 进行车路协同应用、第一个

将 CA 系统进行车联网工程化部署的示范区。

建立了统一高精度地图及定位网：对智能化改造路段范围进行统一的高精度地图采集及制作，所有应用车辆及平台统一基于同一张高精度地图；与武汉大学刘经南院士团队合作，建设 10 个高精度定位基准站，形成武汉北斗高精度定位网，实现武汉市全域范围内北斗高精度 RTK 实时定位信号覆盖。

（2）开放了大范围跨区连片和场景丰富的开放测试道路

累计开放武汉经开区、汉阳区、江岸区、硚口区、东西湖区、青山区、江夏区和东湖高新区的智能网联汽车测试道路 1845.91km（双向里程 3691.82km），覆盖超过 1400km^2 区域，测试总里程突破 1211.52 万 km。

示范区开放测试道路场景丰富，不仅包括常见的城市道路场景，还包括丰富的临湖、临江道路，跨湖、跨江桥梁等具有武汉城市路网特色的测试场景，更是率先在全国开放了主城区 - 机场高速通行场景。

（3）打造领先的智能网联汽车测试场

示范区打造了 1312 亩（1 亩 =666.67m^2）的 T5 级智能网联汽车测试场，是全球唯一一个 T5 级测试场与 F2 级赛道相结合的封闭测试场，拥有 10 大测试区，可组合形成 130 余种测试场景。测试场于 2023 年 9 月正式运营，已成为第十一届汽车轩辕奖年度测评、2023 全国智能驾驶测试赛（华中赛区及总决赛）等多个重磅级专业测评和测试比赛的指定测试场。

（4）打造了国内最早的车城网平台

2023 年 10 月，交通运输部发布《公路工程设施支持自动驾驶技术指南》，正式提出了公路工程设施支持自动驾驶总体架构和主要技术指标。但是武汉在更早之前即开始了“路”与“车”的协同探索，2019 年完成智能网联道路的建设后，又于 2020 年完成了武汉车城网平台的建设。车城网平台实现了与武汉市交管系统互联互通，能够获取交通流信息、交通事件信息，判断交通态势。它既能支持车路协同，又能支撑交管体系对自动驾驶车辆上路的安全监管，有助于探索未来“系统”对“系统”的智慧交管模式。

3. 汇聚国内领先的示范应用

智能网联汽车仍处在产业发展早期，我们认识到有大量新技术、新产品、新模式需要测试环境进行研发、验证与迭代。我们在建设初期就全面支持企业产品与模式创新，联合头部企业探索了多个应用场景，如探索国内首个自动驾驶主题景区场景、面向社会车辆的车路协同应用、面向校园封闭环境的末端物流应用场景。

丰富的测试场景、开放的创新环境、完备和高效的支撑体系已经吸引了众多企业在此创新。2021 年 12 月，东风悦享开启国内首个 24h 服务的车路协同无人驾驶接驳巴士，2022 年 8 月，百度萝卜快跑在武汉经开区率先开启车内无安全员的“全无人”自动驾驶商业化运营，目前运营区域已经覆盖“大汉口”—“大汉阳”的大范围连片区域。2023 年 8 月，百度萝卜快跑开通武汉天河机场的自动驾驶接驳服务。2023 年 10 月，东风悦享开通“无人驾驶车”旅游专线。截至 2023 年 10 月，武汉已经累计完成出行服务订单 55.9 万单，累计服务人次 70.9 万人次。

4. 完善和强化产业链，将汽车零部件摆在与整车同样的重要位置

当前电动化、智能化浪潮不断重塑汽车产业生态格局，零部件企业跨领域的创新能力与整车企业旗鼓相当，零部件企业与整车企业成为汽车产业链的“联合主角”。武汉经开区在提升汽车产业首位度的同时，也把汽车零部件摆在与整车同样的位置加以重点发展。

2023 年 8 月，经开区出台《新能源与智能网联汽车产业战略提升行动方案（2023—2025 年）》，再次明确把汽车零部件摆在与整车同样的重要位置，10 月又专门制定了《武汉经开区汽车核心零部件产业发展行动方案（2023—2025 年）》，以实现新能源和动力系统本地配套，促进智能驾驶和智能座舱核心技术突破，布局底盘和线控系统等重点领域，抢占轻量化车身和新材料等关键环节。

2023 年 9 月，武汉智能汽车软件园正式揭牌，聚焦自动驾驶、智能座舱、车规级芯片和车联网四大智能汽车软件领域，打造智能汽车软件和车规级芯片产业高地，东软集团、中国电子云、法雷奥、亿咖通、芯擎科技等多家数字经济与科技创新头部企业已经入驻。

同月，军山双智创新港正式开工，将聚焦智能网联汽车、新能源、新材料等产业，落地产业链上下游龙头企业和创新企业，搭建专业技术平台，引进科技成果转化平台，目前已经吸引东风悦享等企业入驻。

区内还将南太子湖创新谷、经开智造 2045 创新谷等区域“腾笼换鸟”，与军山双智创新港一起，在智能制造、数字经济、“双智”应用等领域优势互补、协同发展，已经集聚科大讯飞华中总部、东软集团第三研发中心、大唐互联等数字经济龙头企业，还有“独角兽”企业芯擎科技、“瞪羚”企业华砺智行等新兴企业。

目前，全区已拥有汽车零部件企业 1200 多家，已经初步形成了“电池 + 软件 + 芯片 + 传统零部件”的完整布局。

5. 发挥产业金融引导作用，解决“卡脖子”难题

金融是实体经济的“血脉”，发挥好金融对建设现代化产业体系的促进作用，是推动产业链、资金链、人才链、创新链融合发展的必要前提。为此，武汉经开区转化思路，由过去的“财政直投”变成通过基金或股权的方式投资，以产业转型为牵引，构建了全方位的发展基金，瞄准未来产业发展方向，着力解决“卡脖子”关键技术，培育、引导和壮大产业发展。

2023 年 3 月，总规模 500 亿元的车谷产业发展基金成立，以“产业 + 资本”为核心，打造“产业投资、科创孵化、资产经营、园区开发”四位一体的国有资本产业投资平台，采取“母基金 + 重大项目直投 + 专项基金”等方式，力争撬动 1500 亿元社会资本，汇集形成总规模 2000 亿元的产业基金集群，招引、支持新能源与智能网联汽车产业龙头企业、有技术有市场的高成长性企业、“专精特新”企业布局。

2023 年 9 月，总规模 100 亿元的湖北长江车谷产业投资基金正式成立。该基金作为省级专注于汽车产业转型升级的母基金，围绕新能源与智能网联汽车等细分方向，构建千亿级汽车产业基金群。

目前，武汉经开区已建立覆盖企业发展全周期的投资服务体系，持有 9 只基金和 11 只产业基金，投资总规模突破 410 亿元，项目总估值达 6289 亿元，并培育了 4 家“独角兽”企业，有力推动武汉经开区产业创新。

2023 年 8 月，武汉经开区获评“2023 最受投资机构欢迎的区县政府 LP TOP15”，首次跻身全国 15 强，排名第 7 位，成为全省唯一上榜区县、中部地区唯一上榜国家级经开区。

6. 增强政策扶持力度，加速产业转型升级

2023 年 8 月，武汉经开区发布《武汉经开区新能源与智能网联汽车产业战略提升行动方案（2023—2025 年）》，明确指出实施新能源与智能网联汽车战略提升行动，打造“双智”引领区、转型示范区、智造先行区、“数智”集聚区四大产业载体。

武汉经开区依托“车谷科创 33 条”“黄金 10 条”“汽车零部件 20 条”“高质量发展 8 条”等政策鼓励、支持和引导企业发展。其中，每年将拿出不少于 30 亿元支持新能源与智能网联汽车企业科技创新、产业自立自强，企业落地建设给予固定投资 8% 的奖励，整车厂本地零部件采购金额给予 5% 的三年奖励。

目前已落地新能源与智能网联汽车项目 67 个，总签约额达 2000 亿元，成为全国少有的具备新能源与智能网联汽车产业化和商业化能力的区域，新能源与智能网联汽车产业综合服务能力位于全国第一梯队。

罗跃军：深耕自主核心技术，赋能智能驾驶发展

罗跃军，武汉中海庭数据技术有限公司 CTO，高级工程师，是国家科技部、省科技厅专家库资深行业专家，武汉市光谷“3551 人才”获得者，多次荣获中国地理信息科技进步奖、优秀工程奖等荣誉。从事空间信息研究近 20 年，在地图学、地理信息系统、空间信息模型、航空影像处理、海量数据存储管理、车载导航数据、车载导航系统、个人位置服务、智能交通、车辆主动安全等方面具有非常精湛的技术和丰富的经验。现负责公司重点项目研发、核心技术研究、前沿技术和产品的规划、软件开发体系的建设及制定战略发展规划等。其主导或参与省部级重大科研课题 15 项，申请发明专利 129 项，其中已授权发明专利 82 项，发表学术论文 21 篇。

1. 贡献和成就

（1）数据闭环赋能智能驾驶

智能网联汽车、车路协同与智慧城市新基建等领域是国家未来智能交通发展的核心方向。完善的解决方案不仅需要智能芯片提供强大的计算能力，也需要高精地图保障自动驾驶安全可靠。首创提出“数据闭环赋能智能驾驶”，分析如何挖掘智能驾驶中的数据价值。随着数据被广泛采集、应用，数据安全被提升至国家安全的层面，有关部门陆续出台相关政策、法规。数据安全性要求高，同时对自动驾驶的迭代又起关键作用，因而需要构建数据合规下的数据闭环生态，重新定义数据价值。

（2）主导制定国家高精地图规格标准

在高精度地图领域，成为国内最早进入该行业的领军者，参与国内外多家标准化组织，积极参与制定国家高精度地图规格的标准化工作，在高精度导航数据模型及更新机理、多源异构信息融合的高精度动态交通信息挖掘方面处于世界前沿，同时建立的基于高精度导航电子地图和高精度定位的动态交通车载导航系统及示范，代表了导航系统及汽车产业的发展趋势，将有力地促进我国地理信息产业、汽车电子和智能交通行业的发展。

2. 中国智能网联汽车产业发展的现状及前景分析

随着人工智能、5G、大数据等新一代信息技术的迅猛发展，智能网联汽车正呈现出强劲发展势头，成为全球汽车企业争相抢占的战略制高点。近年来，政府相关部门积极推动智能网联汽车行业的发展，行业市场规模快速增长。2022 年，我国智能网联汽车行业的市场规模为 1342 亿元，同比增长 21.56%。随着行业科技加速变革，技术加快升级，预计 2025 年我国智能网联汽车行业市场规模将增至 2223 亿元。

随着智能网联汽车行业的快速发展，我国自动驾驶车辆渗透率逐渐提升，高精地图市场规模也呈现高速增长态势，高精地图的社会赋能价值凸显，开始进入规模生产和分发的商业时代。

目前 L2 级别自动驾驶汽车已成为市场主要增长动力，预计到 2025 年，市场增长动力将会向 L2+/L2++ 迁移，智能驾驶行业拐点已至。安全性和舒适体验依然是消费者对智能驾驶最重要的关注点，因此，地图技术应用带来的智能驾驶差异化体验和数字化服务，最终或将吸引更多用户购买。

自动驾驶技术还处于快速演进的过程中，终局未定，多条技术路线齐头并进，将保持长期共存的状态。高精地图技术应用未脱离各阶段自动驾驶技术的发展，高精地图行业逐渐演化为测绘高精地图、轻量化地图、即时语义地图三种形态，本质区别在于地图内容丰富度和采集方式。不依赖高精地图≠不用地图，针对自动驾驶的不同场景或阶段，如高快速场景、城区场景及“无图”时代，会存在不同类型的地图形态并存。未来高精地图将与多维地理信息融合为时空“一张图”，并作为重要基础设施，服务于城市规划、交通、能源、经济等众多领域。

此外，消费者对于智能汽车的认知虽然在区域和年龄段表现有所差异，但整体呈向上趋势，智能驾驶 / 智能座舱慢慢成为影响购车的主要因素。安全性依然是消费者购买智能驾驶汽车最重要的关注点，智能座舱更加倾向舒适体验。

同时，在数据合规方面，国家从多方面进行规范，强调汽车数据的安全合规管理，高精地图的合规和及时的更新是实现 L3 级以上自动驾驶的重要保障，也是维护地理信息安全的关键。国家高度重视数据安全合规，不断完善测绘活动和时空数据监督管理的标准体系，对智驾时空数据全链路均有明确要求。高精地图的合规、及时、在线更新不但是实现 L3 级以上智能驾驶的重要保障，也是维护地理信息安全的关键。从事高精地图在线更新的车企及服务商，需依法取得测绘资质或委托具有资质的单位开展，资质价值进一步突显。大模型时代的智能驾驶竞争中，拥有时空大数据是核心竞争的关键能力之一，构建多源数据融合的合规云平台，有利于降低训练成本、提升研发效率，同时也保障了数据安全。

赵起超：专注科技创新，推动人因与工效学行业发展

赵起超，国家级专精特新“小巨人”企业北京津发科技股份有限公司董事长，北京人因智能工程技术研究院执行院长，北京理工大学博士研究生；北京大学、哈尔滨工业大学特聘校外导师，主要从事人因工程与工效学、人机交互与用户体验等研究与科技创新。承担和参与了多项国家重点研发计划、工信部高质量发展专项、国家自然科学基金、军队重大科研项目、国防科技计划基金项目等在内的多项国家级科技项目课题基金和多项国家标准制定，以及北京市科技计划等多项省部级科技项目。

目前兼任 IEA/Kingfar Award 人因与工效学国际奖发起人、教育部“人因与工效学”产学合作协同育人项目发起人、全国信标委虚拟数字人标准化工作组成员、黑龙江省工业和信息化厅专家、广东省市场监管局人因工效学标准化组委员、《国防科技工业》全国理事会副理事长、中国人类工效学学会常务理事兼副秘书长 & 智能穿戴与服装人因工程分会副主任兼秘书长；中国电子质量管理协会理事 / 中国用户体验联盟副理事长、中国和平利用军工技术协会常务理事等。

1. 主要成就和贡献

带领公司创新研发了国产化自主可控、具有自主知识产权的人因工程与工效学系列产品，累计申请国家和国际专利超过 200 项，已授权国家发明专利 60 余项，获得多项省部级科学技术奖励，通过了国家科技成果登记，省部级军民融合重点产品和省部级新技术新产品认证 30 余项，荣获中国电子信息行业用户满意产品认证，服务于国内高等院校科研院所和国防科技工业单位应用示范，已支撑科研学者和科技工作者发表中英文学术论文超过 400 篇。

2. 中国智能网联汽车产业发展的现状及前景分析

人因工程是关于通过理解人与系统其他各元素之间交互的科学规律，并在设计中应用专业理论、原则、数据、方法实现人与整个系统效能的科学学科。人因工程是随着科技进步与工业化水平的提升而快速发展的一门综合性交叉学科，它倡导“以人为中心”的设计理念，在包括汽车在内的多个领域和产业都发挥着重要作用，如航空航天、装备测评、医疗卫生、建筑设计、产品设计等。人因工程具有交叉学科的特点，它综合运用生理学、心理学、人体测量学、生物力学、计算机科学、系统科学等多学科的研究方法和手段，致力于研究人、机器、环境之间的相互关系和影响，最终实现提高系统性能，确保人的安全、健康和舒适等目标。

近年来，随着互联网、云计算、大数据等信息技术的飞速发展，各种先进技术相互融合，世界从原来的“人 – 物理”二元空间向“人 - 信息 - 物理”三元空间发展。“人 – 信息 – 物理”系统是以人为中心，由人、信息系统和物理系统有机集成的综合系统。21 世纪以来，新一代人工智能技术的发展和应用，呈现出深度学习、跨界融合、人机协同、群体智能等新特征，信息系统被赋予了感知、学习、决策、控制等能力，人工智能及智能技术从学术牵引转向需求牵引，催生出许多基于智能技术的新产品、新模式、新业态，人和智能系统间的交互研究也成为人因工程新的热点研究方向之一。重视人的因素和用户体验是面向用户的智能系统成功的关键因素，智能系统也给人因工程的研究和应用带来了许多新的机遇和挑战。

以智能座舱人因工程研究为例，由于新技术的发展与应用，汽车的概念也从交通工具向智能终端演变。HMI 是智能座舱中的关键部分，也是汽车车载系统和人员之间进行信息交换的媒介。由于智能技术与汽车产业的结合，当前智能座舱的功能、形态和交互等与传统座舱相比发生了显著变化，比如在输入方式上，物理按键、旋钮被简化，触屏交互得到发展，语音交互被广泛应用，手势交互、面部识别等输入和控制方式被初步尝试；在输出方式上，HMI 显示向大屏化、多屏化、便捷化的方向发展，多种反馈方式得到应用。除此之外，自动驾驶也改变了人、车、环境间的交互，比如驾驶员转变为“乘员”，进行非驾驶相关任务等。在这样的背景下，智能座舱 HMI 作为车辆与驾驶员和乘员沟通的媒介，对于提高系统的安全性、舒适性等就显得尤为重要。对于智能座舱 HMI 设计，非常需要有意义的人在环测试，从用户的角度出发进行 HMI 设计、测评与优化。

姜卫平：北斗精准位置服务，助力智能网联发展

姜卫平，长江学者特聘教授，国家杰出青年科学基金获得者，大地测量和卫星导航定位专家，现任武汉大学科学技术发展研究院院长，兼任武汉大学卫星导航定位技术研究中心主任。主持国家重点研发计划、国家自然科学基金、国家“863”计划等项目 80 余项，获国家科学技术进步二等奖 3 项，省部级科技进步特等奖3项，一等奖11项，二等奖6项，发表论文260余篇，专著 3 部。获光华工程科技奖、中国青年科技奖，入选国家“万人计划”领军人才、国家百千万人才工程、国家中青年科技创新领军人才，是国务院政府特殊津贴专家和国家有突出贡献中青年专家。兼任中国卫星导航定位协会副会长、教育部科技委委员、中国测绘学会位置服务工作委员会主任、中国测绘学会教育工作委员会副主任、自然资源部导航与位置服务实验室主任、湖北珞珈实验室首席科学家。

1. 贡献与成就

导航与位置服务是继移动通信、移动互联网之后我国具有国际竞争力的战略新兴产业，也是推动智能网联汽车产业发展的重要基础。而卫星导航定位基准站网是建立精确时空基准，支撑精准导航与位置服务的关键基础设施。

姜卫平教授长期从事卫星导航定位基准站网高精度构建与维持关键技术研究与规模化应用，是我国该领域的主要学术带头人之一，主要成果如下：

（1）突破了大规模多系统卫星导航定位基准站网整体处理方法与长期维持理论与技术瓶颈，建立了基准站网设计、布测、处理及应用的技术体系，实现了规模化工程应用

基准站网是建立空间基准和北斗等卫星导航系统高精度应用的关键设施。长期以来，大规模网的严密、整体、快速数据处理和精密维持是国际难题。为此，创建了用距离代替相位的无模糊度整体处理模型，将整体解算站数从一百个提高到两千个以上；提出了顾及地表质量实际分布的精密环境负载建模方法，精度较 GGFC 等国际权威模型精度提高约 20%，实现了基准站网长期精准维持；突破了北斗与其他多系统高精度定位关键技术，通过精化卫星信号噪声随机模型与多径改正模型，提出顾及系统间偏差和通道码偏差的多 GNSS 模糊度固定方法，并建立附加大气约束的参数估计模型，解决了复杂环境下 1mm 级精度的卫星定位难题，提升了复杂环境下卫星导航定位系统的可靠性和适用性。主持完成了江苏等 30 多个省、市及行业级基准站网的数据处理。

（2）创新了利用卫星定位系统精确建立和统一坐标框架的理论与方法，推动了我国区域坐标框架的精度由厘米级到毫米级、维持由静态到动态的跨越

建立和维持毫米级、三维、动态地球坐标框架是国际大地测量界 21 世纪的奋斗目标，也是跨行业、跨区域坐标系统融合统一，支持智能网联汽车等高精度导航与位置服务的关键。为此，提出了利用坐标时间序列、融合周期函数及环境负载建立与维持动态坐标框架的方法，构建震后形变模型、顾及站坐标分量相关性的多维噪声模型，解决了区域毫米级动态坐标框架建立难题；建立了基于国际地球参考框架和国家基准站网的坐标框架实现方法，提出分级约束、基准统一、误差分类建模等技术，将省市级坐标框架精度从厘米级提高到毫米级，并实现了动态维持；构建移动坐标转换模型，解决了多种坐标基准高精度统一难题，实现了地理信息数据的精确兼容。主持和参与完成了国家级、广东等百余个坐标框架工程。

2. 中国智能网联汽车高精度位置网发展的现状与前景分析

智能网联汽车是汽车、信息通信、位置服务、电子和道路交通运输等行业深度融合的新型产业，也是全球创新热点和未来发展制高点。其中，高精度导航与位置服务是智能网联汽车自主进行路径规划、运动控制和协作通信的基础，目前已成为实现智能驾驶的标配服务。

以北斗为代表的 GNSS 是实现高精度导航与位置服务的主要途径，然而其提供的实时公开定位服

务精度仅为米级，远远无法满足智能驾驶、智能机器人等行业对实时高精度定位的需求。为了提高定位精度、缩短定位收敛时间，需要在卫星导航定位基准站网（位置网）的支撑下，使用精密增强定位服务，其主要包括地基增强和星基增强两种模式。其中，前者利用有线/无线实时数据通信链路，为覆盖范围内的用户提供厘米级高精度定位服务。我国已经建立国家和多个行业级北斗地基增强系统，在服务区域内可提供分米级和厘米级的实时高精度导航定位服务；同时，我国和欧美一些国家还建立了比较成熟的区域网络 RTK 系统，部分企业也建立了商用的地基增强系统，如华测导航的“华测一张网”服务。星基增强服务是通过地球静止轨道卫星搭载导航增强信号转发器，向大范围用户播发多种增强信息，以实现用户分米级和厘米级定位精度。例如，我国的北斗卫星导航系统可提供星基增强服务（SBAS）和精密单点定位服务，一些商业公司也具有比较成熟的星基增强服务系统，如 Trimble 公司的 RTX 系统、千寻位置的 XStar 等。

尽管现有卫星导航系统依靠地基增强技术已能实现实时厘米级的高精度定位，但仍存在以下不足：

1）当前基于 4G 的移动通信网络难以支撑高稳定性、高可靠性的数据传输，而 5G 的智能网联等工业应用尚不成熟，仍处于起步探索阶段。

2）当进入没有移动通信覆盖或不具备密集地面参考站的区域，星基增强与地基增强服务尚不能做到无缝切换，这也成为限制北斗高精度导航与位置服务在智能驾驶中应用的瓶颈问题。

3）卫星定位技术与惯导、视觉、高精地图等融合应用，是实现智能网联汽车复杂场景下的高精度、高可信定位服务的主要途径，但目前在融合定位算法、集成方式、服务成本以及技术标准等方面仍不够成熟，限制了其规模化应用。

瞄准上述瓶颈问题，未来可从以下方面展开工作：

1）北斗与 5G/6G 融合。通过高精准授时、高精度定位、高速通信能力的互补和增强，彼此赋能，为智能网联汽车提供更稳定、更精准的时空信息服务。2023 年 11 月，工业和信息化部发布了《“5G+工业互联网”融合应用先导区试点建设指南》，其中指出：引导工业企业加快提升 5G、云计算、边缘计算、大数据、人工智能等新一代信息通信技术的集成应用水平，充分释放“5G+ 工业互联网”行业赋能效应。5G 涵盖增强移动宽带、超高可靠低时延通信和海量机器类通信三大应用场景，这不仅能够更加稳定地传输北斗地基增强时空位置修正信号，提升北斗时空信息服务水平，还能增强车与车、车与路、车与云端的智能信息交换和共享的效率和质量。然而，5G 的时延标准是毫秒级，仍然难以满足智能网联汽车避障远程控制的需求，6G 将进一步增大带宽、拓展连接和降低时延，有望满足这些需求。北斗系统是全球性、高精度、高稳定度的时空基准，授时精度为纳秒级，且能够实现全球时间的精确同步，可在广域甚至全球范围将感知时间和空间位置的能力赋给 5G 或其他系统，解决智能网联汽车广域和全球性控制、高稳定性导航与位置服务等难题。

2）突破地基/星基一体化增强服务关键技术，实现不同应用场景下用户终端侧不同服务模式的平滑无感切换。这不仅需要在卫星精密定轨、基准站网数据高效处理、大气误差建模等方面进一步展开技术攻关，实现增强产品的高精度、快速更新，还需要在地基/星基增强产品融合处理、状态域和观测域增强产品等价转换等方面创新方法，解决星基和地基一致处理和统一高精度服务难题。在此基础上，研制面向海量用户的星地一体化实时增强服务系统以及支持相应服务的定位模组/终端，实现不同增强产品的无缝无感切换和定位模式的统一，用高质量导航与位置服务推动北斗在智能驾驶领域的规模化应用。

3）发展基于车端感知、路侧感知、高精地图等多源数据的融合定位方法，解决城市复杂场景下高精度、高可靠、高连续的车辆导航无缝定位感知难题，实现跨视域场景交通要素的融合感知与无缝定位。在此基础上，研制满足智能驾驶技术要求的时空感知芯片、模组等，并将成本由当前的千元级进一步降低至百元级，以推动智能驾驶的规模化应用。此外，在规范标准方面，根据工业和信息化部、国家标准化管理委员会联合修订的《国家车联网产业标准体系建设指南（智能网联汽车）（2023 版）》，车载定位系统技术要求及实验方法，车载激光雷达、毫米波雷达等性能要求及实验方法等国标仍处于推荐阶段，应进一步加快建设智能网联汽车标准体系，以充分发挥标准对智能网联汽车关键技术及核心产品等的引领作用，全方位打造具有全球竞争力的智能网联汽车科技创新高地。

总体而言，“北斗 +5G/6G”、星地一体化增强、多源融合定位等领域的技术突破和发展，将进一步推动中国智能网联汽车技术与产业体系的建设，为智能网联汽车的大规模应用提供关键技术支撑。

戚湧：国家“万人计划”领军人才，致力于智能交通核心技术研究

戚湧，工学博士，南京理工大学教授、博士生导师。南京理工大学江苏省智能交通信息感知与数据分析工程实验室主任、江苏省智能交通与车联网工程研究中心主任、江苏省无线传感网安全组网及其应用工程技术研究中心主任、南京理工大学-华盛顿大学智能交通国际联合实验室主任、交通信息融合与控制工业和信息化部重点实验室副主任、世界知识产权组织技术与创新支持中心主任，南京理工大学知识产权学院常务副院长，入选科学中国人（2017）年度人物，国家新一代人工智能社会实验总体专家组专家，江苏省高等学校优秀科技创新团队带头人，江苏省“333 高层次人才培养工程”中青年领军人才，江苏省知识产权领军人才，江苏省“六大人才高峰”高层次人才，中国交通运输协会智慧高速专家委员会副主任、数字交通专家组专家委员，交通与能源融合发展工作委员会委员，中国自动化学会区块链专业委员会、中国公路学会自动驾驶工作委员会委员，江苏省人工智能学会智能交通专业委员会主任，江苏省系统工程学会智能交通系统工程专业委员会主任，江苏省信息化专家委员会委员，江苏省密码学会区块链专业委员会主任，江苏省综合交通运输学会常务理事、信息化工作委员会委员、公路分会常务委员，江苏省人才学会区块链专业委员会副主任，江苏省互联网协会车联网工作委员会常务副主任，可信区块链工作委员会专家、区块链标准化技术委员会副主任兼秘书长，南京区块链产业应用协会顾问。

1. 主要贡献和成就

先后主持国家和省、部级科技、人才计划项目 60 余项，申请发明专利 100 余件，获得授权国际发明专利和中国发明专利 60 余件，获批软件著作权近 20 余项，制订国际、行业和地方以及团体技术标准 20 余项，发表学术论文 200 余篇，其中 120 余篇被 SCI、EI 等收录，荣获国内外重要学术会议优秀论文奖 20 余项，出版专著、教材及产业发展报告 6 部。

2. 中国智能网联汽车产业发展的现状及前景分析

随着车联网技术的不断发展，中国在车联网安全领域也取得了重要的技术突破。一些先进的加密技术（如 SM2、SM4）和安全协议（如 C-V2X）被广泛应用于车联网中，以提高数据传输和存储的安全性。

国家也高度重视车联网安全问题，出台了一系列相关政策和标准，为车联网安全的发展提供了政策支持。强制性国家标准《汽车数据安全管理办法》的实施，对汽车数据处理进行了规范，保障了个人隐私和国家安全。

南京理工大学也积极投身到车联网安全领域进行自主研发，不断提升自身的技术水平和创新能力。

黄刚：夯实信息基础，赋能智慧交通

黄刚，研究生学历。现任车载信息服务产业应用联盟副理事长、5G自动驾驶联盟专家委员会主任等职务。中国移动智慧交通平台总设计师，中国移动车联网产品、高精度时空产品、5G智慧港口示范应用总负责人。长期从事中国移动面向5G智慧交通领域的相关工作，现任中移（上海）信息通信科技有限公司副总经理，中移智行网络科技有限公司董事会董事、总经理。主要从事为交通、金融、工业等行业提供信息化产品和能力的专业研发，结合5G、人工智能等新技术，面向垂直行业提供信息与通信技术（ICT）产品和解决方案，打造开放共享的新型产业生态圈。

根据车路云一体化行业发展进程，提出“两分、三不、四融合”的车联网示范区建设建议，倡议车联网基础设施建设应该根据行业发展进程、技术应用阶段进行分步、分级建设，暂时不建议在开放道路上开展路控车应用，不建议路端替代单车智能，不要过度超前建设，建议开展5G-V2X通信能力融合、车-路算力融合、车-城-云数据融合、人-车-家服务融合四大相关技术体系的融合，构建稳定、可靠、低成本的新型基础设施系统，全面助力车路云一体化规模化发展。

曾先后担任上海市长途电信局移动局班长、办公室专业秘书、副总工程师，中国移动上海公司网络部副总经理、运行维护中心总经理兼党总支书记、集团客户部总经理兼党总支书记、综合管理部总经理，中国移动通信集团上海有限公司董事会董事、副总经理，中国移动通信集团有限公司政企客户分公司副总经理。2019年9月起担任中移（上海）信息通信科技有限公司副总经理兼中移智行网络科技有限公司董事会董事、总经理。

曾获得的荣誉有2010年中国移动上海公司世博工作先进个人、2007年第五届上海IT青年十大新锐、全国通信企业管理现代化创新成果三等奖、2023年中国通信学会科学技术奖二等奖、中国移动通信集团科技进步奖一等奖。

褚文博：加快推进我国智能网联汽车创新发展及产业化进程

褚文博，西部科学城智能网联汽车创新中心总经理；博士，中共党员，正高级工程师、研究员，本科和博士毕业于清华大学，硕士毕业于德国亚琛工业大学；北京市青联委员，重庆市政协委员，国家智能网联汽车创新中心首席技术专家。曾获首都劳动奖章、北京市科技新星人才、“亦麒麟”领军人才、北京市青年骨干人才、西部（重庆）科学城“金凤凰”杰出人才、重庆市专业标准化技术委员会委员等称号。

1. 主要成就和贡献

长期从事智能网联汽车、新能源汽车、车辆动力学领域关键技术研究，先后牵头并主持 10 余项国家和省部级项目，牵头组织行业多方力量编制发布智能网联汽车领域标准 10 余项；具有多年汽车领域的研发和管理经验，发表英文专著 1 部，并由德国 SPRINGER 出版社公开出版；在 SCI、EI 期刊发表学术论文 30 余篇，申获国家发明专利和软件著作权 30 余项。先后担任中国智能网联汽车产业创新联盟基础数据平台工作组组长、北京市青联委员、北京航空航天大学研究生导师、重庆大学博士生导师等职务，2020 年联合业界 60 余家单位编制并发布了《车路云一体化融合控制系统》白皮书，为云控产业发展提供了清晰的架构支撑。荣获重庆市专业标准化技术委员会委员（2023）、西部科学城“金凤凰”杰出人才（2022）、首都劳动奖章（2021）、北京市经济技术开发区“亦麒麟”领军人才（2020）、北京市科技新星（2019）等多项荣誉称号。深度参与和推进中国汽车转型升级并推动智能网联汽车中国方案的落地，2017 年参与国家智能网联汽车创新中心的筹备，2018 年推动了国汽（北京）智能网联汽车研究院有限公司的成立，该公司于 2019 年正式被授予国家智能网联汽车创新中心，此外，先后推动国汽云控、国汽智控、国汽智图等智能网联汽车基础平台公司的产业化落地，2022 年 4 月推动西部科学城智能网联汽车创新中心成立，并担任总经理，为我国智能网联汽车及云控关键共性技术突破、产业有序发展和国家战略制定做出了相应的贡献。

2. 中国智能网联汽车产业发展的现状及前景分析

随着新一轮科技革命和产业变革加速演进，智能网联汽车已成为全球汽车产业发展的战略方向，是全球大国竞争的重要科技和产业领域。在技术路线层面，我国率先提出车路云融合的智能网联汽车车路云一体化“中国方案”，该路线已逐步成为国际共识。“中国方案”通过建立智能网联汽车信息物理系统架构，充分融合智能化与网联化发展特征，以计算基础平台、云控基础平台、车载终端基础平台、高精度动态地图基础平台、信息安全基础平台五大基础平台为载体，构建车路云一体化产业标准体系。

智能网联汽车不是简单的智能化、网联化技术和汽车技术的叠加，而是产业领域关键要素融为一体后产生的新产品结构。智能网联汽车产业要发展壮大，需要“顶天立地”，既要努力攻克智能网联汽车核心关键技术，勇攀世界科技高峰；又要将智能网联汽车科研成果转化为生产力，解决国家和产业重大需求。随着智能网联汽车车路云一体化产业化进程的不断加速，我国已具备了较好的产业发展基础。在车端，我国芯片国产替代方面已实现部分突破，稳定支持自动驾驶企业与量产车企车辆开展功能测试。在路端，以标准带动智能网联路口等基础设施建设，在部分区域已实现自动驾驶、交通交管、公安、城市管理设备的深度复用。在云端，云控平台已初步构建一套标准化、开放兼容的生态系统，有力支撑多种网联量产车辆及高级自动驾驶汽车实现融合感知、协同决策、协同控制等云控协同服务场景。在网端，已完成对“5G+V2X”融合通信网络的端到端验证探索，满足车路云一体化通信网需求，确保了高效流畅的数据交互。在图端，越来越多的整车企业基于高精地图及高精度定位技术方案，在其产品中应用并推出适应于高速公路、城市路况场景的 NOA 等高阶辅助驾驶功能，使车辆能够在指定路径上实现精准、智能的自主驾驶。

近期，随着国家相关部委相继发布了智能网联汽车准入和上路通行试点及“车路云一体化”应用试点城市申报政策，依托政策东风，建议在充分发挥市场在资源配置中的决定性作用的基础上，积极探索、培育、挖掘各类新型业态及商业模式，通过数据增值服务、基础设施共享共建、出行服务、金融保险、技术供给等各类创新应用场景与业务模式，打通智能网联汽车、智能交通、智慧城市的业务逻辑，推进形成各类市场主体互融共生、科学分工、利益共享的新型产业生态体系，助力我国智能网联汽车产业可持续、高质量发展。

第 7 章
中国智能网联汽车重点企业发展概况

国汽大有时空科技（安庆）有限公司

1. 发展概况

国汽大有时空科技（安庆）有限公司（以下简称“大有时空”）于2021年2月注册成立，是由国家智能网联汽车创新中心孵化设立的科创企业，大有时空是中国地理信息产业协会常务理事单位，中国智能网联汽车产业创新联盟理事单位，安徽省汽车行业协会副会长单位，安庆市汽车工业协会副会长单位，中国测绘学会、中国卫星导航定位协会、中国汽车工程学会以及中国汽车工业协会等多个行业领军组织成员单位。

大有时空以星地一体化卫星定位服务为核心，融合卫星导航、惯性导航、高精地图和视觉感知等技术，聚焦精准位置和新型地图。

大有时空为智能网联汽车和智能物联终端提供精准位置服务、高精地图和地理数据服务。以智能时空数据底座赋能智慧交通、智慧出行、智慧应急、智慧园区、智慧监测、智慧物流、智慧矿山、智慧农业等场景和应用。

公司总部位于安徽省安庆市，在北京、成都、武汉、广州设有研发中心，在北京、苏州、重庆、深圳设有技术中心（见图1）。

图1　公司总部

2. 生产经营

大有时空作为以软件定义硬件的新型汽车零部件供应商，以卫星高精度定位服务为基础，发挥“卫星定位一张网，智能驾驶全球通”的优势，为智能汽车和智慧出行提供云端高精度定位服务、车端卫惯组合算法与模组、多源融合定位算法与模组、自动化建图算法和地图更新服务，为智驾方案商和车企提供智驾训练、仿真和智驾规划决策所需要的精准时空数据。

3. 技术进展及研发能力

大有时空具备外业采集数据设备等全链路专业数据采集设备工具，并依据国家保密标准BMB17—2006和BMB20—2007建设数据中心，支持智能汽车高精地图数据运营。

大有时空已获得授权知识产权40项，包括发明专利4项、外观专利4项、标准6项、软件著作权26项。公司已取得9项测绘资质，其中包括1项互联网地图服务甲级测绘资质，以及大地测量、测绘航空摄影、摄影测量与遥感、工程测量、界线与不动产测绘、地理信息系统工程、地图编制、导航电子地图制作8项乙级测绘资质（见图2）。

4. 主要产品与服务

（1）卫星定位与云服务

大有时空全球卫星定位服务采用第4代全新PPP-RTK定位算法技术，以北斗、GPS、GLONASS和GALILEO卫星导航系统为基础，提供覆盖全球的一体化高精度定位服务，构建智能汽车高精度定位解决方案。

（2）地图数据与云服务

大有时空地图服务在车、路、云、网、图一体化的新型技术路线下，采用自动驾驶“数据飞轮”模式，汇聚智能汽车众源采集的数据，通过数据飞轮AI算法融合计算，进行地图众源众包更新。支持形成仿真、标准数据，支持智能驾驶仿真、算法训练。

（3）智能驾驶车端方案

大有时空重点突破多源传感器信息融合感知、新型智能终端、高精度时空基准服务和智能汽车基础地图等共性交叉技术，针对智能驾驶乘用车和商用车量产，提供以融合定位引擎，高精地图引擎，车端构图引擎，卫惯融合算法等为核心的自动驾驶车端解决方案，同时结合大有合规工具链，确保整个闭环链路的安全合规性，全方位助力智能驾驶的快速发展。

5. 发展规划

大有时空作为以软件定义硬件的汽车零部件供应商，发挥全球定位和合规的优势，致力于为智能汽车提供全面的解决方案，包括定位服务、定位模组、定位终端和地图数据工具链，成为汽车制造业的战略合作伙伴，推动整个行业向智能化迈进。同时，作为以 AI 为核心的大数据公司，基于服务客户沉淀的技术与数据入口，为智驾方案商和车企提供智驾训练、仿真和智驾规划决策数据。通过大数据分析，公司将不断优化智能驾驶算法，提升车辆的智能化水平。未来，公司期待与更多汽车制造商携手合作，实现大有时空智驾方案的量产上车，为汽车行业发展贡献力量，共同开启智能驾驶的新篇章。

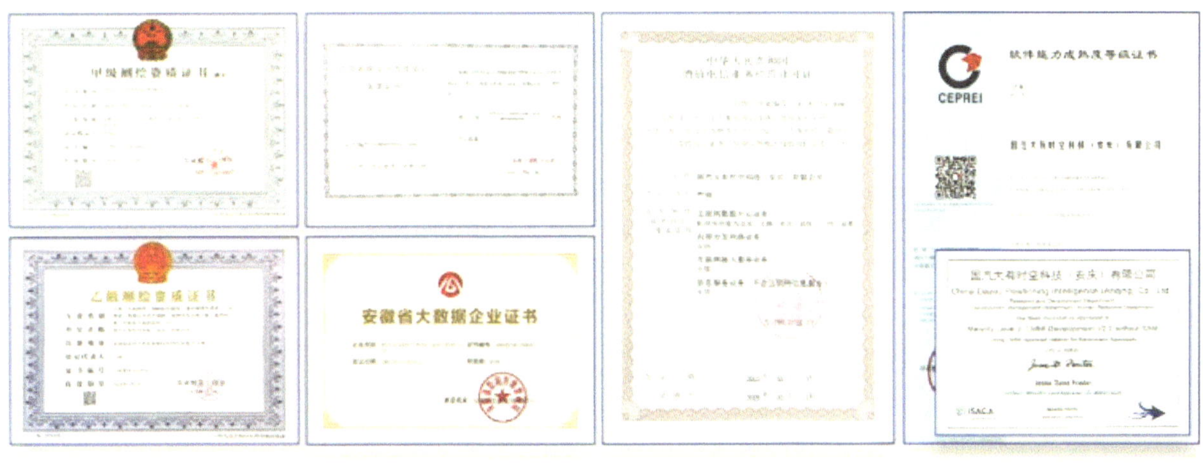

图 2 公司资质

北京汽车研究总院有限公司

北京汽车研究总院有限公司（简称“研究总院”）于 2007 年挂牌成立，是北京汽车集团有限公司（简称“北汽集团”）的主要研发机构之一。研究总院涵盖整车研发全过程业务，具有完备的正向研发体系和完全自主的正向开发能力，研发的产品主要涵盖轿车、微客、越野车等乘用车，有效支撑极狐和北京（含 BEIJING）两大品牌及旗下产品（主要包括极狐阿尔法 T/S、考拉、北京 BJ 系列以及 X7、魔方等）的研发工作。研发体系方面，围绕产品开发、技术开发、项目管理、质量管理、成本管理、技术标准，建立了完备的正向研发体系。产品开发体系以客户需求为导向，包括六阶段、十六阀点。技术开发体系承接技术和产品规划，结合市场反馈及产品开发需求，有策略、有步骤地进行技术开发与迭代。项目管理体系以商品成功为导向，责权利统一，强化过程管控。质量管理体系实现质量策划、评审、验证、改进等全过程管控。成本管理体系具备行业领先的正向成本评估能力。技术标准体系支撑多品牌战略，企业技术标准近 5000 份。

开发能力方面，整车架构、造型设计、智能网联、三电开发、动力开发、性能开发、试制试验等业务已具备正向开发能力，达到行业领先水平。整车架构业务以平台架构为基础，以整车集成为牵引，在车身、内饰、底盘、材料及轻量化、工艺尺寸等方面打造了成熟的正向开发能力。造型设计业务可同时开展 3 个以上内外造型全新设计项目，覆盖乘用车领域及商用车领域内皮卡等车型的造型设计。智能网联业务具备电子电气架构、智能驾驶、智能座舱、智能互联、软件工程等核心技术开发能力。三电开发业务在电驱总成、电池系统、电控系统及充电系统开发方面，具备成熟的正向开发能力。动力开发业务在发动机、变速器、混动系统开发及仿真技术、标定技术等方面，具备相对成熟的正向开发能力。性能开发业务建立了策略转化、性能对标、目标设定及分解、验证集成等全过程正向开发能力。试制试验业务具备制件、焊装、涂装、总装、测量等五大核心工艺能力，同时具备涵盖整车、系统及零部件 19 个领域的 51 类试验能力。

经过十余年发展，研究总院获得国家级、省市级奖项众多，包括国家级企业技术中心、国家高新技术企业、国家级工业设计中心、中国汽车工业科学技术进步一等奖等重磅奖项。这些不仅是对北汽集团自主研发能力的肯定，更是研究总院持续发展的动力。

未来，研究总院将在聚焦商品创造、赋能核心技术、强化组织效能的基础上，深入推进全面向电动化、智能化转型的进程，实现高质量发展。

中国第一汽车集团有限公司

1. 发展概况

中国第一汽车集团有限公司（以下简称“中国一汽”）是国有特大型汽车企业集团，前身为第一汽车制造厂，是国家“一五”计划重点建设项目之一，1953 年奠基，1956 年建成投产并制造出新中国第一辆卡车（解放牌），1958 年制造出新中国第一辆小轿车（东风牌）和第一辆高级轿车（红旗牌）。中国一汽的建成投产，开创了新中国汽车工业的历史。

经过近 70 年的发展，中国一汽构建了全球化研发布局并建立了东北、华北、华东、华南、西南等五大生产基地，业务覆盖红旗、解放、奔腾、合资合作、资产经营、新兴业务、海外业务和生态业务等八大板块，累计产销汽车超过 5300 万辆，销量规模位列中国汽车行业第一阵营。拥有“红旗”“解放”“奔腾”等自主品牌和“大众”“奥迪”“丰田”等合资品牌。

中国一汽现有员工 11 万人，资产总额 5963.69 亿元、注册资本金 354 亿元。其中中国一汽研发总院的前身是 1950 年位于北京南池子的汽车实验室，经过 74 年的积淀、传承和发展，当前主要负责集团科技创新管理和技术创新研究，乘用车自主品牌平台及整车、动力总成、新能源三电、智能网联、软件开发工作。目前已形成以长春为全球研发总部，构建“5 院、8 部、1 全重、1 国创”的全球化研发布局，发挥全球化人才高地优势。其中，在长春设立了前瞻技术研究院、造型设计院、整车开发院、新能源开发院、智能网联开发院、检测试验院和材料与轻量化开发院，主要负责造型设计、整车研发、新能源与节能动力总成和智能网联研发。在德国慕尼黑设立造型中心负责前瞻造型设计，在北京设立软件工程研究院负责软件开发，在南京设立人工智能研发中心负责大数据与人工智能开发。

在以“新四化”（电动化、网联化、智能化、共享化）为代表的新技术革命推动下，一汽红旗加快了数字化战略转型的步伐。2023 年，在对汽车更高阶架构需求的背景下，中国一汽拥抱智能网联汽车时代，战略行动“飞刃计划”应运而生。其核心是基于主域控制器 VDC 和三个区域控制器 PDC 共同组成的全新飞刃 1.0 架构平台，实现了将整车多域功能按物理区域集成，通过设备抽象实现软硬件解耦、通过功能服务化实现中央计算算法融合，有效降低线束长度、减少控制器数量；车载通信终端采用 5G+V2X 通信制式，双频、RTK 高精度卫星定位，完成 ESIM 应用首发搭载；支撑整车 SOA 面向服务的分层软件架构，支撑整车功能快速迭代，支撑车云协同交互。

中国一汽不仅在架构方面有所提升，更致力于用户的驾乘体验与感受，进一步深耕红旗智能座舱 HIS 平台，在 2023 年上海车展上完美亮相，获得行业媒体广泛关注。其核心旗偲座舱 4.0 体现红旗舱内外一体化设计的数据驱动，全新的国风 HMI 主题“无极”搭载红旗 LS7 车型并发布。回顾旗偲智能平台的发展，2019 年时期的旗偲座舱 2.0，实现行业领先的 11 项技术，搭载语音、抬头显示器、虚拟化座舱、沉浸式音响、动态流光仪式感灯光等产品，在 HS5、红旗 EV、HS7 等车型进行量产实现；2020 年亮相的旗偲座舱 3.0，是红旗智能化、情感化、体验化智能座舱的代表作。

2. 技术进展及研发能力

（1）基于服务的域集中架构开发

中国一汽自主开发的飞刃架构 1.0 平台于 2023 年搭载全新电动 B 级车首发亮相，其突破 SOA 架构设计、整车智能配电、高速以太骨干网等多个关键技术，实现了以 1000M 以太网为骨干网全车时钟同步，满足了飞刃架构高实时性、高可靠性数据传输需求，达到行业领先水平。为红旗智能网联相关亮点产品落地应用提供了保障；车辆诊断协议、故障机理的深耕以及远程诊断功能场景的丰富，全方面提升了用户的用车安全。

（2）智能座舱领域的产品开发

中国一汽自主开发了均衡合理、分层解耦、边界清晰的新一代座舱域控制器 CSC，突破了面向 SOA 服务的技术架构，实现复杂功能分核部署设计，交付稳定、流畅、可拓展裁剪的座舱域控底座，结合车控功能和云端生态，打造基于 AI 认知智能的全场景、可成长、自进化的智慧服务引擎，为用户提供新一代的个性化场景智能产品矩阵；音响产品方面，从完全委托合作商开发转变为把控核心的系统方案设计和自主调音，开展相关调音设备布局和人员能力培养，目前具备部份自主音效标定能力。灯光系统方面，完成 260 万超高像素 DLP 智慧交互大灯开发，拥有红旗特有的 15+ 交互场景、中心亮度达 120lx，除了在夜间提供犹如白昼的照明外，还能提供人与人、人与车、车与车的智能交互，极大地提升了行车安全性，该技术将在红旗新型 D 级车型搭载，将于 2024 年中旬上市；全球首发的 512 像素超红光 OLED 尾灯，亮度峰值达 2000nit 以上，极致均匀的视觉体验，尽显高贵优雅，该技术将在新款 H9 车型中搭载，将于 2024 年上旬量产。

（3）智能控制产品开发

在发动机电子控制系统开发方面，中国一汽自主研发的 V 型发动机电控系统，通过定制化开发结合实时高精度进气计算、精益燃烧控制等技术，实现了核心关键技术的自主掌控；自主开发了红旗首个混动专用发动机自主电控系统平台，并搭载 HQ9 PHEV 车型量产应用，填补了一汽产品与技术空白。在车载分布式天线产品（FMAM、5G、GNSS、V2X）方面，本着高性能、高可靠及模块化的设计理念，从产品方案、硬件结构、测试试验各环节入手，逐步确立构建仿真、零部件测试、实车测试的三级性能测试平台能力，实现全新天线产品从设计到首次量产的突破。

（4）智能安全开发

首次根据整车 130 多项安全相关功能开展基于场景的危害分析与风险评估，定义整车 - 系统 - 部件多层级电子电气安全架构，持续开展基于 SOA 架构的整车级功能安全分析和需求设计。首次定义国际领先的安全监控功能，完成安全监控产品的功能定义和功能设计，同时引领国际标准进行预期功能安全的安全评估和运行监控体系的建立。通过“开发基于信息安全、功能安全融合技术的整车安全一体化平台”的项目开发，完成了国内外相关标准技术研究，设计了安全融合技术的总体方案并设计实现。突破车辆数据多级分类管控、数据共享安全、数据隐私脱敏等关键技术，打造能够覆盖数据采集、传输、存储、使用、共享和销毁等过程的符合汽车数据安全法规要求的车辆数据全生命周期安全防护体系，确保智能网联汽车数据使用合法合规。

3. 主要产品与服务

2018 年 1 月 8 日，中国一汽红旗品牌战略发布会在北京人民大会堂盛大举行。“打造‘中国式新高尚精致主义’，成为‘中国第一、世界著名’的‘新高尚品牌’，满足消费者对新时代‘美好生活、美妙出行’的追求，成功肩负起历史赋予强大中国汽车产业的重任”的誓言掷地有声。甲子之年的“红旗”焕然新生，开启了新时代“红旗”振兴的宏伟篇章。

自 2018 年发布品牌战略以来，红旗以产品为本，从轿车到 SUV、从燃油车到电动车全面布局，相继推出十余款全新产品，不断完善产品矩阵。红旗 H5“锋芒新生”、红旗 HS5“当红不让”、红旗 HS7“气势如红”、红旗 E-HS9“蓄势谋远”、红旗 E-QM5“绿动新生”、红旗 LS7“硬核自主”、红旗 H9+“礼遇匠呈”、红旗 HQ9“待万物以和”、红旗 H6“动静皆风尚”、新红旗 HS5“强者当红”、红旗 HS3“大有可为”……在新车型的助攻下，红旗品牌全擎加速，年度累计销量先后突破 10 万辆、20 万辆、30 万辆，“红旗”用 5 年增长 65 倍的产业奇迹，向新时代交上了一份惊艳答卷。

2023 年 1 月 8 日，中国一汽召开新能源汽车全球战略发布会，明确将“All in”新能源，并全域推动所有车型电动化，构建可持续发展绿色未来。新时代的中国一汽进一步完善红旗品牌“大家族”的整体品牌架构，即在“红旗”主品牌下，构建“新能源车”“节能车”“红旗顶级车”“超级跑车”四个子品牌。

基于全新设计理念和“旗帜”超级架构的红旗新能源产品系列，即将发布有首款专为新高尚先锋用户打造的“科技范”“新锐潮”B 级纯电动高级轿车，首款专为新高尚家庭用户打造的“休闲舒享”“城市越野”的 B 级纯电动 SUV，面向新高尚精致用户倾力打造 C+ 级旗舰高级纯电动轿车。

红旗品牌将持续秉承“中国式新高尚精致主义”理念，创新奉献崭新技术、卓越产品和极致服务，坚持“一切为了客户，一切服务于客户，一切谦敬于客户”的理念，持续完善“红旗心服务”，提升用户的品牌归属感。以领航关键核心技术，树立高端汽车品牌，开创新时代中国高端品牌汽车产业创新发展的新道路为使命，打造世界著名、绿色智能、消费者热爱的汽车品牌。无论是通过一年一度的粉丝盛典、经典车文化巡游、马拉松等活动拉近用户情感，还是打造“旗仕联盟”、启动红旗“旗享+”用户权益计划为用户带来覆盖生活消费、商旅出行、休闲娱乐、加油补能等多类专属权益，无一不是“红旗”以实际行动秉持为用户服务的初心、满足广大消费者“美妙出行、美丽体验、美好生活”需求。

4. 发展规划

随着智能网联汽车产业的飞速发展，一汽红旗智能驾驶方面计划用三年时间，面向“安全、舒适、高效、科技”四大需求，围绕高速公路、城市道路、泊车三类场景，聚焦产品创新、技术创新，打造国际一流、安全舒适、智慧高效的智驾产品。通过突破 BEV 感知融合、高度类人驾驶等核心关键技术，构建辅助驾驶、高阶智驾、智能泊车、智能安全和智能拓展五大产品平台，实现极致安全、舒适驾驶、通行效率、科技魅点等产品价值，实现行业内智能驾驶技术领先。

为保证用户驾驶体验，智能座舱产品方面计划以用户需求为核心，产品创新、技术创新双轮驱动，实施“4-1-X2”技术战略，构建一流的座舱产品集群，打造“极致视听 +AI”为核心，前瞻智慧、极致梦幻的舒享座舱。实现开放融合、安全稳定、软硬解耦的可持续生长的高阶智能网联系统。人机交互方面，中国一汽计划以整舱大交互 X.0 平台为引领，建立以为“用户体验 +AI”核心驱动大交互自进化体系，实现“多端 + 多机构 + 多模态”交互与“全场景 + 全链路 + 全周期”体验，为用户打造“有温度，有情感，有智慧”的移动出行体验；音响系统方面，基于自主音效标定 + 大功率多通道红旗音响 + 音源到算法的全链路听觉体验构建，打造以殿堂级音质为核心，多觉融合、生长智能、美妙悦耳的汽车音响产品。

广汽埃安新能源汽车股份有限公司

1. 发展概况

广汽埃安新能源汽车股份有限公司是广汽集团发展智能网联新能源汽车的战略核心载体。2017 年，广汽集团高效执行，大手笔投资 450 亿打造了智能网联新能源汽车产业园，并建成了国内首个纯电专属工厂，成立广汽埃安，专人专事聚焦 EV+ICV 路线，全力打造高端智能电动车。经过六年发展，广汽埃安已成为全球新能源汽车头部企业，年均复合增长率超 120%，持续保持高速高质量发展态势。

作为新能源国家队，广汽埃安贯彻习总书记“坚持高水平科技自立自强”的思想，成立以来始终坚持科技创新驱动发展，通过“产品 + 研发 + 智造 + 产业链 + 营销服务 + 组织”六大核心能力构建品牌护城河。

广汽埃安致力于成为世界领先和社会信赖的绿色智慧移动价值创造者。面向未来，广汽埃安将继续聚焦 EV+ICV 技术路线，通过新品牌、新科技、新产品、新智造、新生态、新体制，全面提升品牌价值，争取在 2025 年成为世界一流高端智能电动车品牌，在 2035 年成为全球高端智能电动车领导者。

2. 生产经营

2017 年至今，广汽埃安年均复合增长率超 120%；2022 全年累计销量 27.1 万辆，同比增长 126%，跑赢市场大势；2023 年以来，广汽埃安销量节节攀升，连续四个月销量突破四万，1—10 月累计销量达 392489 辆，同比增长 85%，产销稳居行业前三。

广汽埃安坚持创新引领，EV（纯电动汽车）方面，广汽埃安电池、电机、电控核心技术达到了世界领先水平，初步形成自主可控的研发体系布局和产业化能力；ICV（智能网联汽车）方面，广汽埃安跻身世界先进行列，是国内最早规模化应用智驾提升行车安全的整车企业，参与了自动驾驶国家标准的制定。

2022年以来，埃安陆续成立能用科技公司、锐湃动力科技公司、因湃电池公司，与上游材料端头部供应商赣锋锂业、寒锐钴业等达成战略合作，完成电池研发中试线建设，推出“V2G+快速补电”网络等大手笔布局，已全面打通上游原材料、研发、制造、电池回收及梯次利用在内的能源生态闭环。

目前，广汽埃安已打造7款世界级智能纯电车型。其中AION S/V/Y凭借领先的产品力，长期位列细分市场前三；AION LX创造多个行业第一，拥有全球最长的1008km纯电续驶里程；中大型运动轿车昊铂GT，首发搭载昊铂双王牌技术，为用户带来前所未有的科幻出行体验；昊铂SSR实现百公里1.9s极致加速，填补了中国规模量产超跑的空白；中大型豪华纯电SUV昊铂HT，以高奢外观、豪华享受、极致性能、领先智驾四大核心优势，为用户带来超越期待的豪华出行体验。

3. 技术进展及研发能力

（1）研发实力

广汽埃安研发中心下设八个部门：研发项目管理部、整车部、电池研发部、电池系统部、电驱系统部、软件工程部、智能网联部、试验认证部，全面负责新能源汽车关键技术和零部件研究、产品开发、系统及整车试验等。中心现有研发团队人员800人，其中，拥有博士学历的约占3%，中级及以上职称的约占17%，主管及以上级别人员约占34%。

研发流程方面，广汽埃安新增发布25份流程文件和135份标准化体系文件，累计形成了30份流程文件和620份标准化体系文件，并从技术研发和产品开发两个维度建立流程管控机制，构建了从市场调研和论证、立项、过程管理、进度管控和经验总结反馈的全流程技术研发运作机制，构建了从项目前期研究、产品概念设计、产品详细设计、产品设计验证、产品认证和生产准备、产品SOP的全流程产品开发管理机制。

（2）研发成果

1）纯电专属平台AEP 3.0。2022年广汽埃安纯电专属平台迭代至AEP 3.0，实现后驱驾驭，提升操控性，打造了埃安独有的“AICS智能底盘系统”，根据轮速、转角等参数，进行转矩、制动、悬架等动态匹配控制，将转向灵敏度提升30%，过弯侧倾降低40%；在保证乘坐空间、通过性的同时，重心更低、姿态更优、操控更好，持续保持平台的领先性。

2）微晶超能电池技术。2022年广汽埃安发布微晶超能电池技术，该技术突破了磷酸铁锂电池的能量密度瓶颈，有效解决了当前锂离子动力电池单一化学体系性能难以均衡的行业难题。在继承磷酸铁锂电池成本低、安全稳定、使用寿命长等本质优点的同时，将体积能量密度提高20%以上，低温容量发挥提升10%以上，充电时间缩短25%，循环寿命达150万km以上，实现了磷酸铁锂动力电池“能量密度-低温-快充-寿命”综合性能全面提升。

3）超倍速电池技术。超倍速电池技术相较于传统的锂离子电池，在迁移速率、嵌入速度和导电能力上有全面提升，可实现6C倍率充电，充电5min即可恢复200km续驶里程。广汽埃安掌握了自主研发的三维结构石墨烯（3DG）制备技术，是实现锂离子迁移加速的关键。目前，埃安三维石墨烯材料已实现稳定量产、成本可控，从而助推超倍速电池技术的量产落地。

4）海绵硅负极片电池技术。“海绵硅负极片电池技术”是一个从材料、黏结剂、极片到生产制造等领域具有近50项专利的自主知识产权技术群。该技术群包括“纳米复合硅技术”“自修复黏结剂技术”“梯度复合涂布技术”等，让电池内部的硅负极片像海绵一样柔软有弹性，使硅在充放电过程中的膨胀和收缩被限制和缓冲，不会碎裂。同时，也像海绵吸水一样，让硅负极发挥大容量的优势，储存更多的能量。

5）夸克电驱技术群。2023年3月，广汽埃安发布全新一代高性能集成电驱技术群——夸克电驱技术，电机功率密度高达12kW/kg，刷新电机功率密度天花板。夸克电驱技术群围绕高功率密度和低发热损耗两个核心点，持续进行技术迭代开发，从而积累纳米晶-非晶超效率电机、X-PIN扁线绕组、900V高效碳化硅、E-drive软件、无动力中断电子换档等一系列创新技术，突破了“大动力与小体积”不可兼得的矛盾。

6）弹匣电池技术。弹匣电池系统安全技术是一个从电芯本征安全提升、整包被动安全强化、再到主动安全防控的一整套安全技术。2021年3月，广汽埃安发布弹匣电池1.0技术，行业首次实现了三元锂电池整包针刺试验不起火。在此基础上，广汽埃安于2023年3月推出弹匣电池2.0技术，全球首次实现电池整包枪击试验不起火，首次解决了多电芯瞬时短路、爆裂性破坏等极端环境下的电池安全难题，具有超稳电极界面、阻热相变材料、电芯灭火系统三大原创技术。

7）星灵电子电气架构。星灵架构是由汽车数字镜像云和中央计算机、智能驾驶计算机、信息娱乐计算机三个核心计算机群组，配以高速以太网、5G、信息安全和功能安全等技术，组成可高效支撑纯电、混动车型的车云一体化集中计算式电子电气架构。通过智驾域、车身域、座舱域的集中式布局，星灵电子电气架构带来算力、传输效率、线束及控制器减少等方面的全面提升，可实现硬件即插即用、软件常用常新，并支持 L4 级以上智能驾驶。

8）自主研发 ADiGO（智能互联）生态系统：ADiGO PILOT（全天候安全智驾）和 ADiGO SPACE（智能座舱）升级。全新一代 ADiGO PILOT 基于华为和英伟达大算力域控平台，部署了行业最多的 33 个感知硬件，配置了 6 颗 800 万像素摄像头及 3 颗激光雷达，大幅提升感知能力，将红外热成像技术应用于智能驾驶成为行业首创，能够突破夜障、穿透迷雾、无惧炫光，实现全天候的智能驾驶，在多种技术支持下，打造出行业顶尖的安全自动驾驶系统。全新一代高端智能座舱系统 ADiGO SPACE 以 8155 芯片为基础，结合 7.1.2 杜比全景声及 Hi-res 高品质音源，配置多种休息场景和海量沉浸资源，首创性建立全场景声音交互生态，基于充电、超充、换电数据接入和充电桩自动推荐算法，提供全场景能源服务，全新升级语音助手，与系统、生态、车控深度融合，提升响应速度，全方位打造智能信息化座舱。

4. 主要产品与服务

（1）AION Y 系列

AION Y Plus 定位纯电 A 级 SUV，定价区间为 11.98—18.98 万元，是 14 万级唯一 600km 续驶里程的纯电 SUV。2023 年 3 月 7 日加推 AION Y Younger 新车型，上市以来凭借变态大空间、“弹匣电池第一车”、年轻人的 bigger house 等优势，全面超越竞品，成为“国服榜首”。AION Y 系列上半年销量已超 9 万台，8 月荣登纯电 SUV 销量榜榜首。

（2）AION S 系列

AION S Plus 定位 A 级纯电私人轿车市场，定价区间 14.98—19.16 万元。作为纯电界的教父级神车，AION S 系列创造了多项业界“第一”：全国首款纯电专属平台轿车；率先开启 600km 续驶里程时代，实力对标特斯拉长续驶里程版；全球第一款深度集成式“三合一”电驱系统；并以大空间、领先动力、弹匣电池、智能座舱与驾驶辅助领先同级竞品。2023 年 1—8 月，AION S 系列累计销量超 16 万辆，持续保持 A 级纯电轿车市场头部地位。

（3）AION V 系列

AION V Plus 产品定价 15.99—23.29 万元，是 20 万级唯一的七座纯电 SUV。作为一款“更有 AI 的家庭 SUV”，2024 款 AION V Plus 新增脉冲蓝外观色和米兰时光内饰主题，优化 CNSL 区域，提升动力性能，并对 ADiGO SPACE 智能座舱进行全面升级，音响升为 Premium HIFI 品牌扬声器，优化了声场布局和隔声系统等，可满足不同家庭的场景出行需求。

（4）AION LX 系列

AION LX Plus 定位“智行千里纯电旗舰”，定价区间为 28.66—46.96 万元，以更大更豪华更安全的产品优势领先竞品。AION LX Plus 搭载前瞻领先科技，包括四合一高性能电驱、海绵硅负极片电池技术等，率先实现 3s 级零百加速、续驶里程达到 1000km。

（5）昊铂 GT

作为 Hyper 昊铂的王牌车型，昊铂 GT 定位高端智能轿跑，于 2023 年 7 月 3 日上市，补贴后售价为 21.99—33.99 万元。新车拥有七翼 GT 轿跑车型和高品位米兰新奢座舱，4s 级加速性能、5.3m 转弯半径，小于 33.9m 的制动距离等运动性能都优于同级车。另外昊铂 GT 还搭载 3 颗第二代智能可变焦激光雷达，拥有先进的高速 NDA 智能领航辅助驾驶系统，可为用户带来并线、进匝道准确率远高于行业水平的智驾体验。昊铂 GT 是少数能够在上市首月做到销量超 2000 台的车型，堪称“上市冲量最快的高端纯电轿车”。

（6）昊铂 SSR

“中国第一超跑”昊铂 SSR 是埃安全新高端车系 Hyper 昊铂旗下的首款车型，售价为 128.6—168.6 万元。昊铂 SSR 致敬经典超越经典，集地表最快 1.9s 百公里加速、全球首创噬风自动蝶翼、100% 碳纤维外覆盖车身，集 AI 赛道科技于一体，是自主设计、自主研发、自主智造的中国超跑。它以顶级的性能和制造工艺，树立了中国汽车工业的新标杆。

（7）昊铂 HT

昊铂 HT 定位为中大型豪华纯电 SUV，其售价为 21.39—32.99 万。作为精英家庭首选，昊铂 HT

基于 AEP 3.0 高端纯电专属平台打造，承袭了中国第一超跑 SSR 的同源底盘调校技术，以“长腰美背宽肩”的外形比例，铸就了新能源时代的美学新范式。得益于高奢外观、豪华享受、极致性能、领先智驾四大核心优势，昊铂 HT 为用户带来了超越期待的豪华出行体验。

5. 发展规划

（1）2025 年实现产销超百万辆

面向十四五，广汽埃安将坚持创新驱动发展战略，围绕研发、产业链、智造与质量、营销服务与组织文化五大领域，全面提升广汽埃安品牌价值和综合竞争力，构建可持续能源生态、智能出行生态、营销服务新生态，打造品牌力、研发力、智造力、产品力、营销力、供应力、组织力 7 大核心能力，争取在 2025 年实现产销 100 万辆的目标，新能源行业“坐二望一”，成为世界一流高端智能电动车品牌，2035 年成为全球高端智能电动车领导者，为建设新能源汽车强国提供埃安解决方案。

（2）布局能源生态

随着新能源汽车市场快速发展，充电桩数量不足、补电效率低、充电桩网络布局不合理等问题，已成为制约新能源行业发展的核心课题。广汽埃安将通过“快广近补电网络”，在 2025 年底建成 2000 座超级充换电中心和超过 20000 个充电桩，实现全国地级城市全覆盖。

（3）投入研发前瞻科技，构建技术护城河

1）迭代 AEP4.0，支撑未来高阶自动驾驶，构建智慧出行生态。建立满足 L4 及以上自动驾驶的纯电平台技术，开发线控制动（制动冗余）、线控转向（转向冗余）、电源冗余、CTC 结构设计、分布式驱动系统，可实现原地掉头、双向行驶、平移入库停车等更加科技便捷的功能体验，改善同平台一出多车型开发周期，可实现 Robotaxi 多场景应用，构建智慧出行新生态。

2）研发高压无钴电池、半固态 / 固态电池、正负极材料技术，保持电池技术持续领先。

① 高电压无钴电池技术，能量密度较传统磷酸铁锂电池提升 30% 以上，成本降低 15% 以上，并大幅增加低温续驶里程等性能。

② 聚焦半固态 / 固态电池技术瓶颈，解决当前半固态 / 固态电池存在的离子电导率低、倍率性能差、循环寿命低、对制造环境及工艺要求苛刻、成本高等行业痛点，加快推进半固态及固态电池产业化应用的步伐。

③ 着力开展正负极材料及匹配化学体系的开发，通过新型材料合成及改性技术，开辟非锂体系电池新路径，摆脱稀有金属依赖，从而进一步提升整车成本竞争力和安全性。

3）打造 N 合一全向驱动技术，推动电驱技术变革。2025 年后推出全向驱动技术，基于深度集成 16 合一动力域产品，结合 Delta Modulation 电驱动电力电子域控制软件及 E-TCS 整车转矩矢量分配算法实现整车三自由度的转矩控制，基于埃安电驱动数字孪生技术，实现电驱全工况优化设计，动力域产品实现至高 93.6% 工况效率，持续保持行业领先地位。

4）推进下一代半导体功率器件开发。开发第三代功率半导体（碳化硅 / 氮化镓）功率器件，实现功率器件损耗 30% 大幅下降，搭载第四代电源产品，提高整车配电智能化、节能化；推出下一代半导体（氮化铝）功率器件，引领行业发展。

中电科芯片技术（集团）有限公司

1. 发展概况

中电科芯片技术（集团）有限公司（简称“芯片集团”）是经中国电子科技集团有限公司（简称中国电科）党组批准，国家市场监督管理总局核准，由中电科技集团重庆声光电有限公司更名而来，芯片集团是中国电科深化科研院所改革，突出企业科技成果转化和产业发展平台作用，批准设立的二级成员单位。芯片集团突出科技成果转化和产业发展平台作用。成体系布局数字集成电路、模拟集成电路、微声电子、半导体光电子、传感器等芯片技术发展。着力实施“以创新为引领、以市场为导向、以产品为核心、以工艺为支撑”总体发展思路，布局六大产业板块业务，是强芯固基主力军，产业基础中坚力量（见图 1）。

图 1　中电科芯片技术（集团）有限公司

2. 生产经营

公司主要从事微电子、微声及惯性器件、光电子、微系统的研制、开发、生产、销售与服务，半导体制造和封装，智慧信息系统集成和服务，不断拓展在通信及导航电子、汽车电子、智慧电子等领域的应用。

3. 技术进展和研发实力

公司成体系布局数字集成电路、模拟集成电路、微声电子、半导体光电子、传感器等芯片技术发展。拥有模拟集成电路设计平台，基于双极、CMOS、BCD、SiGe 等工艺的高可靠芯片设计能力，利用最先进工艺时的设计能力可达到 28nm 制程。A/D 数据转换器水平达到 10 位 5GSPS、12 位 2.6GSPS、14 位 3GSPS、16 位 1GSPS 水平，D/A 转换器水平达到 16 位 12GSPS，射频与毫米波信号收发达到 77GHz 频段，单片集成式电源管理芯片超过 30W、效率大于 95%，在数据转换器、射频集成电路、高性能放大器、功率集成和功率变换器、模拟开关及延迟线、高性能温度传感器和抗辐照加固特种电路等主要领域创造了我国集成电路技术各个发展阶段具有代表性的先进水平产品，并广泛应用于导航、精密测量、自动控制等电子装备。

公司具备超大规模数字集成电路研发和生产能力，产品涵盖 CPU、FPGA、DSP、MCU、存储芯片、总线接口电路等，设计工艺平台已达到 7nm 制程。拥有数字集成电路设计平台，利用最先进工艺的设计能力达到 7nm，研发除了 64 位 CPU、32 位 MCU、SoC、DSP、FPGA、SRAM、DRAM、EEPROM、FLASH 存储、CAN 总线、以太网交换等似乎所有数字门类芯片，其中 64 位 CPU 核心数达到 260 个、算力达到 3.06TFlops，32 位 MCU 芯片型号超过 50 款，SoC 实现处理器、神经网络加速器、DSP 异构集成、主频超过 1GHz。DSP 芯片集成 8 个核心、数字信号算力突破 400Gflops，FPGA 集成度突破 1 亿门。

公司具备汽车 ECU 开发和汽车电子系统架构和系统集成能力；基于自主芯片的平台化硬件模块开发能力；汽车电子功能安全和信息安全设计能力；基于 AutoSAR，SoC 基础软硬件平台开发的嵌入式开发能力；掌握加密、解密、防夹、模糊控制、逻辑、定位算法。

4. 主要产品与服务

主要产品与服务包括模拟集成电路、混合集成电路、微电路模块、电子部件的开发和生产，技术实力雄厚，是我国高性能模拟集成电路设计开发和生产的重要基地。具备集成电路设计、掩模、制造、封装、检测、应用等完整的产业链。主要产品有 AD/DA 转换器、高性能放大器、射频集成电路、驱动器、电源、CPU、FPGA、DSP、MCU 等多款 IC 产品以及汽车电子模块产品，并广泛应用于雷达导航、自动控制、汽车和通信等领域。目前已有 10 余款产品通过 AEC-Q 产品认证。

目前，已经成为汽车车身域控领域国内领先的系统解决方案供应商，拥有智能电控、智能网联、智能传感三大产业化产品线，具备完整的 AutoSAR 软件架构的车身域控开发能力，掌握车身域控无线信号加解密通信与定位技术、车身总线、纹波防夹、自动空调、网关、PEPS、复杂控制逻辑等核心技术，产品符合车厂功能安全与网络安全要求。

芯片集团或下属公司已通过了汽车行业 ISO 26262、IATF 16949 质量体系认证，并拥有 CNAS 资质的环境实验室。

5. 发展规划

一方面，公司将持续加强运算放大器、高低边驱动、比较器、MCU、DSP、LDO 等通用汽车芯片研发设计，扩大产品型谱，并着力破解汽车芯片“卡脖子”和供应链安全问题，有序推动系列核心自主产品打破国外垄断、通过车规级认证，逐步批量上车应用；另一方面，将继续推进车规芯片产线的建设，结合现有基础及未来发展所需，统筹谋划促进产线投资和配套能力建设。

惠州华阳通用电子有限公司

1. 发展概况

惠州华阳通用电子有限公司是惠州市华阳集团股份有限公司（股票代码：002906）全资子公司，成立于2002年，是一家专注于汽车电子研发、生产与销售的高新技术企业。

公司自成立起，发展历程就充满了挑战与机遇，因此公司非常注重技术的持续创新和升级，不断加大研发投入，引进和培养技术人才，积极跟踪全球最新的电子信息技术发展趋势，不断推出具有自主知识产权的高新技术产品。这些产品不仅满足了国内市场的需求，也出口到了海外市场，进一步扩大了公司的业务范围。公司能够为客户提供智能座舱域与智能驾驶域的产品及服务，包括信息娱乐、液晶仪表、屏显示类、座舱域控制器、智能声学系统、空调控制器、车联网服务、360°环视、自动泊车、驾驶域控制器及其他驾驶辅助系统等。公司始终坚持以客户为中心，坚持创新，持续为客户提供优质的产品与服务。目前公司产品已行销世界80多个国家和地区。

展望未来，公司将继续坚持以科技创新为驱动，以客户需求为导向，全面提升企业的核心竞争力。同时，积极拓展新的应用领域和市场，加快推进国际化战略，进一步提高在全球范围内的竞争力和影响力。

2. 生产经营

公司致力于为客户提供智能座舱域与智能驾驶域的产品及服务，业务范围涵盖海外OEM/ODM、自主品牌（FORYOU/ADAYO）及国内前装车厂等。

1）智能座舱：以用户体验为核心，满足不同应用场景，运用软件、硬件、系统及生态资源，融合触控、智能语音、视觉识别、智能显示等实现多模态交互，为用户提供集出行、生活、娱乐为一体的沉浸式座舱体验。

① 华阳开放平台（AAOP）：软件定义汽车，平台开放先行。公司通过硬件抽象封装、软件分层分列、模块标准化，打造一个软硬分离、可灵活对接生态的开放平台。

② 座舱域控制器：可将多个不同操作系统和安全级别的功能融合到一个平台上，以高性能、高集成、高扩展性等满足个性化需求，能够实现一芯多屏、多屏互联、多模态交互等功能。

③ 信息娱乐：从收音到智能联网影音娱乐，公司已掌握外观工艺、音效处理、图像处理、导航定位、手机互联等核心技术，通过融合丰富的车联网生态，为客户提供定制化信息娱乐产品。

④ 液晶仪表：向着高清、集成、智能等趋势发展。公司凭借多年车载技术研发经验，遵循仪表设计规范，持续优化设计工具及工艺、提升安全等级且获ISO 26262认证，为客户提供科技感强、安全可靠、丰富多样的相关产品。

⑤ 屏显示类：随着显示技术的发展，为了给用户更加愉悦的视觉体验，公司持续引进国际领先的生产技术和设备，不断提升产品设计、制造工艺，为客户提供高清屏、双联屏、曲面屏等多样化的屏显示产品。

⑥ 电子后视镜：电子后视镜能呈现更宽阔、清晰的车辆行驶路况，既能减少视野盲区，又能提升夜间和雨天体验，可集成丰富的ADAS功能，进一步提升行车便利性和安全性。

⑦ 空调控制器：拥有舒适性控制算法以及执行器控制技术，致力于为客户提供舒适、安全、健康、节能环保的空调控制系统产品。

⑧ 数字声学系统：支持8～24声道，根据车型及扬声器位置，通过专业调声，为用户提供沉浸式音频体验和定制化服务，可扩展RNC/ANC/ASE。

2）智能驾驶：融合多种感知技术，对汽车及周边环境实时监控，运用控制算法实现智能驾驶辅助预警及控制，提升驾驶的安全性、舒适性和便利性。

① 360°环视功能：随着芯片算力与摄像头像素不断提升，360°环视功能日臻齐全、成熟，除了能显示车辆四周清晰的画面，还可实现停车位识别、泊车指引、透明底盘等功能。

② 自动泊车功能：自动泊车作为低速自动驾驶

的主要运用场景之一，可提高车辆的智能化水平和安全性。借助于摄像头与传感器的感知融合，产品具备多种类型的停车位探测、动态路径规划、自动泊入泊出等功能，解决 90% 以上的泊车难问题。

③ 驾驶域控制器：随着汽车智能化的发展，公司推出行泊一体域控产品 ADC02，搭载了地平线 J5 芯片，支持 11 路高清摄像头、1 路激光雷达接入、5 路毫米波雷达、12 路超声波传感器，摄像头支持 800 万像素，可实现 L2 级别智能驾驶功能，包括高速 NOA、城市 NOA 及记忆泊车。产品支持 OTA 升级，为智能驾驶软件功能的持续迭代升级奠定基础。

④ V2X：V2X 是智能交通、智慧城市的关键技术。华阳 5G-V2X BOX 可以实现车辆与周围车辆、基础设施、行人、以及云端等互联互通，从而获得实时路况、道路信息、行人信息等一系列交通信息，从而提高驾驶安全性、减少拥堵、提高交通效率。

⑤ 高精度定位：高精度定位与高精度地图相结合，能够为高级别自动驾驶乘用车提供亚米级至厘米级的高精度位置信息，对于自动驾驶行业的发展起着举足轻重的作用，是智能驾驶发展至 L3 及以上的一大利器。

3. 技术进展及研发能力

公司专注于汽车电子领域，注重可持续发展，把研发创新放在首要位置。多年来，华阳通用建立了国家卫星定位系统工程技术研究惠州分中心、国家级工业设计中心、省级企业技术中心、省级工程技术研究中心、华阳汽车电子研究院、CNAS 认可实验室等多个创新平台。公司也是广东省高新技术企业、国家火炬计划重点高新技术企业、广东省自主创新 100 强企业、广东省创新型企业。

经过多年的研发创新积累，公司形成了一批汽车电子领域的核心关键技术，并申请知识产权保护和应用（见图 1）。截至目前，公司已申请国家专利 1000 多件（发明专利 500 多件），获授权专利 500 多件（发明专利 300 多件），获著作权登记 100 多项，参与制定标准十多项。

图 1　产品研发

4. 主要产品与服务

公司拥有雄厚的技术力量、完善的制造系统和卓越的品质保证系统，专注于音效处理、图像处理、导航定位、人机交互、智能语音控制、智能互联及高级驾驶辅助等领域。

公司始终坚持以客户为中心，坚持创新，持续为客户提供优质的产品与服务。目前公司产品已行销世界 80 多个国家和地区。

在域控方面的布局，华阳为满足新架构下客户的多样化需求，华阳的智能座舱域控制器产品覆盖高通、瑞萨、芯驰等多类芯片的解决方案，已全部实现量产，具有性能稳定、配置全面、快速诊断、生态丰富、研发高效等特点。围绕域融合和中央集成的发展趋势，华阳持续提升软硬件技术创新能力，陆续推出舱泊一体和驾驶域控制器产品，并预研跨域融合和中央计算平台。

随着智能汽车产品的高速迭代，华阳开放平台 AAOP 也在不断升级，逐步从座舱域拓展到驾驶域，以更灵活多变、高效便捷、快速迭代、丰富生态等特点，满足车企客户域控产品的高效开发与交付。

5. 发展规划

2023 年国内汽车行业竞争激烈，由“价格战”点燃的“内卷”风潮形成了连锁反应，很快就烧到了智能化赛道，各主机厂搭载智能座舱、智能驾驶的新车纷纷登场“拼杀”。而相比于智能驾驶领域，智能座舱的渗透率更是一路飙升。在智能座舱功能加速落地的进程中，我国自主品牌主机厂一马当先，智能座舱域控制器等电子零部件不断走向成熟，一批国内自主零部件企业也呈现出“领跑”的态势。

（1）掌握底层逻辑　洞察系统需求

从市场情况来看，目前行业当中头部车企的很多热销车型都采用了域集中形态的电子电气架构，普遍形成了智能座舱域、智能驾驶域、车身控制域的架构方式。

站在智能座舱域控制器的角度回望，华阳过往二十多年在汽车电子业务领域的开发经验，成为了公司丰厚而宝贵的财富。以智能显示单元为例，无论是屏显示、HUD、CMS，华阳都经历了比较完整的开发流程，并逐步实现了定点和量产。经过这样的锤炼，华阳不仅详细了解每一个子系统的精髓与实际经验（Know-How），也能更了解 OEM 的需求。而当这些子系统开始向集成化演进之时，华阳不仅传承了对子系统功能实现的稳健扎实把控，更在此基础上得以对智能座舱域控制器的设计有了自己独特的理解。

（2）软硬解耦　两手都过硬

从子系统开发所积累的经验并非华阳在域控制器领域当中的唯一优势，在多年的积累中，华阳很早就意识到软硬件的同等重要性。

现在行业当中对软件定义汽车的概念基本形成了共识。而华阳基于自己多年的开发实践，在较早的时候就意识到了类似问题，也即在汽车产品未来的形态中，硬件不是企业全部的核心能力，与硬件同等重要的是企业的软件实力。当我们采用 SOA 的架构进行开发的时候，此前与硬件绑定在一起的软件，逐渐开始解耦，底层的设备将在软件的驱动下实现不同功能的应用。

意识到趋势的华阳在 2018 年开始就进行了“华阳开放平台”的规划布局，仅用两年左右的时间，AAOP 正式从规划变为现实。平台经过迭代先后实现了对传统娱乐系统的软硬件分离；对智能座舱产品的软件实现了分层分列设计；支持 SOA 架构，实现对底层功能的抽象化等。基于华阳开放平台，我们不仅实现了软硬解耦，同时具备了软硬件全栈研发能力，实现了开发形式的多样化。

（3）敏捷开发应对挑战　倡导行业生态共建

有了丰富的子系统积累，具备了出色的软件能力，依然不一定能够在智能座舱域控制器这个细分领域当中“如鱼得水”，摆在 OEM 与 Tier 1 面前无法回避的课题还有芯片。即便同一家 OEM，针对不同的细分市场选用不同品牌、型号的芯片也是常规操作。

华阳已经能够分层分列地为客户提供多种智能座舱整体解决方案，适配高通、瑞萨、芯驰等不同品牌的芯片产品。得益于全栈式的开发服务能力，基于从硬件架构到软件的设计能力，华阳能够对硬件进行模块化设计，构建标准硬件及车辆驱动接口；而在系统服务层，将不同的功能进行封装。这样的工作思路改变了以硬件选型为区分的垂直孤立开发模式，大大降低因为硬件差异而带来的开发工作量，实现快速移植、匹配。

同时，围绕域融合和中央集成的发展趋势，华阳持续提升软硬件技术创新能力，陆续推出舱泊一体、驾驶域控制器，并预研跨域融合、中央计算平台。未来华阳将不断探索，在智能座舱、智能驾驶、智能网联三大领域持续深耕，与产业多方共同搭建生态，共赴智能化波澜壮阔的新阶段。

国家智能网联汽车（武汉）测试示范区

1. 发展现状概况

国家智能网联汽车（武汉）测试示范区源于2016年工信部与湖北省签署建设的“基于宽带移动互联的智能汽车与智慧交通应用示范”项目，是国内第六、中部首个国家级智能网联汽车测试示范区。2019年9月22日，示范区在武汉经济技术开发区（以下简称武汉经开区）正式揭牌，同日颁发了全球首批自动驾驶商用牌照，是全球最早开始自动驾驶商用试点的示范区。经过几年的建设，智能网联“武汉实践”已经被国内外广泛关注，2023年3月获“智慧城市基础设施与智能网联汽车协同发展最佳实践案例”，2023年10月获商务部“国家服务业扩大开放综合试点示范建设最佳实践案例”。

示范区还叠加多项国家级创新使命，相继获批“交通强国”建设试点、“智慧城市基础设施与智能网联汽车协同发展”首批试点、“车联网身份认证和安全信任”首批试点；“新能源汽车全产业链发展示范区”和“检验检测高技术服务业示范区”。

2. 开放测试道路

在首批“双智”试点的城市中，武汉示范区在开放测试道路里程、开放行政区域数量、累计发放测试牌照、车城网入网车辆等关键指标中均排名第一。

截至2023年10月，武汉开放智能网联汽车测试道路1845.91km，覆盖武汉经开区、汉阳区、江岸区、硚口区、东西湖区、青山区、江夏区、东湖高新区等超过1400km^{2}的区域。武汉经开区成为中部首个全域开放智能网联汽车测试道路的区域，另有多个区域跨区连片开放，还开放了机场高速道路和跨江桥梁。其中，武汉经开区在全国率先建成106km 5G全覆盖的车路协同自动驾驶汽车测试道路。

示范区已经累计为19家自动驾驶企业发放1581张测试牌照，智能网联汽车测试总里程1211.52万km，测试总时长超79.42万h，常态化测试和运营的智能网联汽车超386辆。

3. 封闭测试场

武汉智能网联汽车测试场于2023年正式投入运营，是国内领先的智能网联汽车测试场。该项目也是全球唯一一个T5级测试场与F2级赛道相结合的封闭测试场，总投资40亿元，占地面积达1312亩。

测试场主要用于智能网联汽车的研发、检测、认证等服务，场景丰富完备，拥有4个测试实验室群以及高速及极限性能测试区、极端环境测试区、城市交通场景测试区、乡村交通场景测试区、自动泊车测试区、山路模拟测试区、多功能测试区（虚拟测试广场）、城市高架匝道场景测试区、极限竞速测试区等10大测试区，可组合形成130余种测试场景。

4. 车城网平台

示范区打造了全国首个车城网平台——武汉车城网。武汉车城网平台接入和融合路网、建筑物等静态数据，以及约1800个路侧智能设备、100个城市传感器，日活跃400+智能网联车辆等动态数据，形成车城融合一体化基础能力体系。

车城网平台实现了与武汉市交管系统互联互通，能够实现绿波车速引导和车路协同应用扩展，获取交通流信息、交通事件信息，判断交通态势，是国内首个示范区与交管部门实现数据互通的案例。

5. 示范应用

积极推动多家企业开展示范应用，率先在国内开展全无人自动驾驶商业化运营，并打造了国内首个24h服务的车路协同无人驾驶接驳巴士。百度萝卜快跑、东风悦享等企业在示范区逐步实现商业闭环，其中，萝卜快跑已服务58.3万人次，订单超45.4万单，武汉成为百度无人驾驶商业化订单最多的城市。东风悦享无人驾驶集装箱卡车投入湖北港口集团阳逻港二期码头试运营，同时，还开展了面向万余市民的车路协同智能后视镜应用、无人驾驶物流配送商业化运营应用和数字经开美丽社区应用。

6. 标准建设

2022年初，武汉发布全国首个城市级智能网联道路建设标准——《智能网联道路建设规范（总则）》为武汉全市智能网联道路的风险评估和开放测试提供了指导依据。该标准填补我国智能网联道路建设地方标准的空白，为智能网联道路的省级标准、行业标准乃至国家标准的形成提供先行经验和参考。

示范区还牵头编制《车城网平台感知设备接入技术导则》，该标准归纳了武汉车城网平台的建设经验，涵盖多种类、多型号、多厂家设备类型和第三方平台，通过规范数据内容促进后续各地双智工作推广和建设规范、增强武汉行业话语权。

7. 政策扶持

示范区拥有完备的政策扶持体系。2023 年 8 月，武汉经开区发布《武汉经开区新能源与智能网联汽车产业战略提升行动方案（2023—2025 年）》，明确指出实施新能源与智能网联汽车战略提升行动，打造“双智”引领区、转型示范区、智造先行区、“数智”集聚区四大产业载体。

示范区依托“车谷科创 33 条”“黄金 10 条”“汽车零部件 20 条”“高质量发展 8 条”等政策鼓励、支持和引导企业发展，其中，企业落地建设给予固定投资 8% 的奖励，整车厂本地零部件采购金额给予 5% 的三年奖励。同时出台多项人才落地激励政策，对产业领军人才和行业高端人才，给予最高 1000 万元资金资助；对杰出高管人才，给予最高 500 万元奖励。

8. 产业聚集

目前，武汉经开区推动智慧城市与智能网联汽车“双智”联动发展，建立了 1 个院士工作站、23 个联合创新实验室和 1 个国家级智能交通技术创新中心，携手 150 余家企业组成“智能汽车与智慧城市协同发展联盟”，已落地新能源与智能网联汽车项目 67 个，总签约额达 2000 亿元，构建了“主机厂 + 上下游产业链”的产业生态体系，成为全国少有的具备新能源与智能网联汽车产业化和商业化能力的区域，新能源与智能网联汽车产业综合服务能力位于全国第一梯队。

北京理想汽车有限公司

1. 发展概况

理想汽车位于北京市顺义区，建有研发中心、试制中心、造型中心、试验中心，坚持核心技术自研、用户服务闭环的战略，不断加强研发高端人才引入和人才梯队建设。截至目前，公司全国员工总数超 2 万人，北京总部员工超过 5000 人，其中研发人员超过 3000 人，硕士和博士超 1800 人。目前公司已建立完整的新能源智能网联汽车全栈研发能力，在车规级国产芯片应用方面，已实现了多款国产车规芯片在智能电动车核心域控制器的研制及产业化落地，拥有丰富的开发，应用及落地经验。

2. 生产经营

（1）生产规模

理想汽车北京工厂于 2023 年 7 月开始试生产，于 2023 年 9 月开始交付测试车（2023.9—2024.2 期间预计生产 800 ~ 900 台测试车），2024 年 2 月规模量产，批复产能 10 万辆 / 年，预计最大产能 25 万辆 / 年，自动化率 80% 以上；常州工厂 2018 年自建并投入使用，项目批复产能 10 万辆 / 年，自动化率 70% 以上。

（2）主要设备水平和数量

北京工厂冲压车间主要设备有一条 5 序 6600t 全自动高速冲压线和一台 2400t 调试压机，满足年产 10 万台的生产需求。冲压线采用 5 台济二机械压力机及全新一代单臂自动化机械手，配置德国力士乐伺服液压垫，最高节拍 15 冲程 /min，ADC 自动化一键换模时间约 3min，达到国内领先水平；整线采用全封闭，实现防尘降噪。焊装车间共 21 条全自动化生产线，主要配备 19 种设备类型，集成 497 台发那科机器人，满足 11 种连接工艺，连接自动化率 100%。主要应用 SPR、FDS、Arplas、激光钎 / 飞行焊、门盖自动装配等工艺，处于国内行业领先水平。此外，建设配备屋面光伏发电系统、停车场光伏发电设备，装机容量总计 29.5MW。

（3）市场实力

主要产品在行业中所处水平及市场占有率见表 1。

3. 技术进展及研发能力

（1）国产主控芯片的车身域控制器研制技术

1）核心技术。基于国产高性能 MCU 主控设计的车身控制器，重点补国产高端 MCU+ 操作系统 + 软件工具链的短板，推动国产芯片上车和产业落地。

表 1　主要产品及市场占有率

主要产品（或服务）	市场占有率
增程式智能电动车理想 L9（家庭六座旗舰 SUV）	62.8%（中国大型 SUV 市场）
增程式智能电动车理想 L8（家庭六座豪华 SUV）	9.7%（中国中大型 SUV 市场）
增程式智能电动车理想 L7（家庭五座旗舰 SUV）	9.9%（中国中大型 SUV 市场）

2）技术来源。主控芯片用于汽车主要控制信号的计算和生成功能。主控芯片通过接受各类传感器搜集到的信号，进行计算，生成相应的处理措施，并将驱动信号发送给对应的控制模块。因此主控芯片相当于汽车的“大脑”。

3）技术水平。MCU 在汽车制造领域的需求非常广泛，尤其是智能网联汽车更是使用了越来越多的 MCU 芯片，在辅助驾驶、自动驾驶及信息娱乐系统中，对高性能 MCU 的要求更加苛刻，当前 Tier 1 和整车厂大多采用英飞凌、ST 等国际大厂的芯片。

4）研发能力。将国产高性能、高安全 MCU 作为硬件核心主控，搭载理想汽车自研操作系作为底层软件控制系统。通过自研操作系统、底层驱动软件，优化芯驰 E3 硬件不足，重点在 I/O 资源扩展实时性、存储容量扩容调度效率上有所提升。软件 + 硬件系统完成实际应用需求。通用的自研操作系统可以适配国内外主流的 MCU 硬件平台，能够更好地补齐 MCU 在实际应用中的不足，重点并补国产软件工具链的短板。

（2）国产 AI 芯片的智能驾驶控制器研制技术

1）核心技术。基于地平线征程 SOC 最小系统的国产化外围芯片适配，包括存储、通信、电源类等，为实现智能驾驶域控国产化奠定基础。

2）技术来源。自动驾驶汽车通过摄像机、激光雷达、毫米波雷达、超声波等车载传感器来感知周围的环境，依据所获取的信息来进行决策判断，由适当的工作模型来制定相应的策略，如预测本车与其他车辆、行人等在未来一段时间内的运动状态，并进行避碰路径规划。在规划好路径之后，接下来需要控制车辆沿着期望的轨迹行驶。车辆控制系统需要实现车辆的横向控制（转向）与纵向控制（速度）。

3）技术水平。目前国内车规智驾芯片处于起步发展阶段，大算力 SOC 芯片的设计和制造具有很高门槛，需要综合功耗、性能、成本、车规安全等多方面因素，其中核心壁垒为“深刻理解 AI 算法 + 充足的资金储备 + 拿到先进制程产能 + 设计合适的编译器 + 严苛的车规认证”。算法架构方面需要在设计之初深入了解 AI 算法；硬件架构方面需要有足够的资金进行先进制程流片；软件架构方面后续可以通过编译器不断去优化芯片性能。

4）研发能力。在创新能力上，使用国内地平线国产车规 AI 芯片，依托地平线自研 IP BPU（Brain Processing Unit），聚焦最新神经网络架构和理想汽车真实应用场景，充分利用其高性能、低延迟、低能耗的技术特点，打造出更适合自动驾驶的计算核心。理想汽车自研智驾控制器，从实际场景出发，结合自研操作系统 + 硬件底层驱动构建独立自主可控的自驾控制器。

4. 主要产品与服务

（1）主要产品

理想汽车主要产品包括增程式智能电动车理想 L9（家庭六座旗舰 SUV）；增程式智能电动车理想 L8（家庭六座豪华 SUV）；增程式智能电动车理想 L7（家庭五座旗舰 SUV）以及 2023 年底发布公司首款纯电车型 MEGA。

（2）主要服务

理想汽车属于新能源汽车整车研发、制造、销售企业。上游产业包括矿产资源开采、材料加工及零部件制造，中游产业包括汽车整车生产和装配，下游产业则包括汽车销售和售后服务。

（3）产品认证

2006 年 3 月 2 日，中国汽车技术研究中心正式发布首版中国新车评价规程（C-NCAP）。C-NCAP 以更严格、更全面的要求，对车辆进行全方位安全性能测试，包括乘员保护、行人保护、主动安全等，从而给予消费者更加系统、客观的车辆安全信息。理想 L9 在乘员保护、行人保护、主动安全等各方面测试中以 91.3% 的综合得分率，荣获 C-NCAP 五星安全认证，成为目前 C-NCAP 综合得分率最高的车型。

5. 发展规划

2023 年 4 月 18 日，理想汽车发布“双能战略”，即在“智能”和“电能”全面发力。

理想 AD Max 3.0 的城市 NOA 导航辅助驾驶将于 2024 年第二季度内开启推送，并于年底前完成

100 个城市的落地推送。此次发布标志理想智能驾驶方面正式迈入了 3.0 阶段，使理想车型彻底摆脱高精地图的依赖，可以像人类驾驶员一样实时感知、决策、规划，从而实现在复杂的城市场景自主通行，为用户带来真正可用的智能驾驶系统。

理想汽车推出 800V 超充纯电解决方案，基于第三代功率半导体的高压电驱系统、具备 4C 充电能力的电池、宽温域的热管理系统和 4C 超充网络，实现“充电 10 分钟，续驶 400km”的充电体验，将充电效率从“2G”带入“5G”时代。这标志着理想汽车正式迈入“增程电动”与“高压纯电”并驾齐驱的新阶段。到 2025 年，公司将形成“1 款旗舰车型 +5 款增程电动车型 +5 款高压纯电车型”的产品布局，面向 20 万以上的市场，全面满足家庭用户需求。

海南大学机电工程学院

海南大学是海南省唯一的“211”工程高校，现有 36 个学院（部），3 个国家级重点学科（含 1 个培育学科），19 个省级特色重点学科、6 个博士后科研流动站、13 个一级学科博士点、1 个专业博士点、34 个一级学科硕士点、21 个硕士专业学位类别、71 个本科专业；建有 2 个国家重点实验室（含 1 个培育基地），19 个省部级重点实验室，3 个省部级协同创新中心，14 个省部级工程研究中心，14 个省级院士工作站，23 个院士团队创新中心。海南大学承担的国家“973”、“863”、科技支撑计划、国家重点研发计划项目、国家自然科学基金等国家级项目数量逐年增加，科研立项经费快速增长，科研实力和管理水平大幅提升，产生了一批科技含量高、社会影响较大的标志性成果。

海南大学机电工程学院经过多年的学科与专业建设，拥有建筑面积为 8000m^2 的专业实验室和机电工程中心。拥有智能车联网实验室、新能源汽车实验室、汽车电子控制实验室、汽车仿真实验室和汽车动力实验室等，已经初步形成低碳智能汽车技术的研发能力，是本科生和研究生重要的实践教学基地。2019 年，机电工程学院建设了智能车辆网汽车实验室。该实验室包括车联网智控开放平台、车联智能监控系统、大数据分析模块、智能硬件开发模块、智能车联网负载均衡与缓存服务系统、智能车联网应用服务系统、智能车联网数据库服务系统、智能车联网创新开发项目实验资源管理系统。

新能源农业机械智能控制与自动驾驶团队面向国家智能交通和低碳发展重大需求，立足于海南省高新技术及产业的发展需求，专注于新能源车辆和自走式移动机械智能化领域，聚焦于智能网联汽车，智能驾驶与场景仿真等领域，开展了动力电池绝缘监测系统（高压安全）、智能汽车实车实验系统、智能驾驶安全防护系统、自动驾驶仿真平台和基于数字孪生的智能汽车虚实结合测试等关键技术的研究，团队研发的低速无人车辆在海南大学海甸校区和三亚汽车小镇特定区域内进行了实车测试与验证。近年来团队承担国家级项目 4 项，省部级项目 6 项，科研经费近 500 万元；发表科研论文 30 余篇，其中 SCI/EI 收录论文 20 余篇，授权国家发明专利 10 余项，获海南省科技进步奖三等奖 1 项。

武汉中海庭数据技术有限公司

1. 发展概况

武汉中海庭数据技术有限公司成立于 2016 年 9 月，是上海汽车集团股份有限公司旗下控股子公司，定位为中国一流、世界领先的高精度电子地图全数据链服务供应商。

公司立足于汽车工业自动驾驶、智慧出行大趋势和空间地理信息大数据产业的融合创新，汇聚人工智能核心技术和人才，打造基于高精度电子地图的出行大数据生态，具备为个人、车企、行业用户及政府部门提供高精度地图、高精度定位数据产品、工程服务及解决方案的能力。

公司主导产品为面向智能驾驶的高精度地图技

术及数据服务，提供 AI 算法仿真数据集及数字孪生模型。产品具有精度高、要素全、成本低、更新快、覆盖广的特点，标杆用户包括上汽 、上汽大通、上汽大众、奔驰、泛亚、北汽、日产、北汽福田、广汽传祺、东风、宇通、地平线、采埃孚等。

公司目前拥有正式编制员工 500 余人，其中技术团队布局在高精度定位、高精度导航、自动驾驶、数字孪生等方向共近 400 人，技术团队中研究生以上学历人数占团队人数的 50% 以上，绝大多数毕业于 985、211 院校。

公司已获授权发明专利 225 项，软件著作权 21 项，目前正在受理中的发明专利 431 项。公司是国家高精度地图技术路线 CAICV 副组长单位，参与国内及行业标准 16 项，其中已发布的国内标准草案 2 项。公司拥有国家高新技术企业、国家专精特新“小巨人”企业、国家知识产权优势企业等诸多荣誉称号，具备导航电子地图制作甲级资质，通过 ISO 9001：2008 质量管理认证，IATF16949 汽车行业质量管理体系认证，ISO26262 汽车功能安全管理体系认证，软件能力获评 CMMI 3 级，ASPICE 2 级。

中海庭自成产以来，围绕智能汽车和数字孪生等领域，构建了高精度时空数据基座，并借此衍生出众多时空数据产品。目前公司已积累海量时空数据，并具备了一套成熟的大数据处理技术。基于汽量时空数据、甲级导航电子地图制作资质，以及 AI 处理技术，中海庭已构建面向智能驾驶、智慧城市、智慧港口等领域的综合解决方案，致力于成就智能汽车与智慧出行新时代，成为时空数智服务领航者。

2. 生产经营

武汉中海庭数据技术有限公司围绕智能驾驶高精度地图数据及服务、数字孪生等业务，服务于智能驾驶、智慧港口、智慧城市等领域。公司率先打通众包技术路线，前装、后装生态数据入口硬件定义及相应合规性闭环架构方案完成论证，构筑强大运营竞争力，实现“有车即有图”的战略构想，成为智能驾驶高精度地图产业的领导者。中海庭已成为智己汽车、上汽乘用车、上汽大通、上汽红岩、宝能汽车、智加科技等多家车企与智驾技术企业的定点供应商，以专业化的能力和优质的服务赋能合作伙伴，共赢智能驾驶时代。

3. 技术进展与研发能力

团队深度布局基于高精度地图数据的感知定位与大数据构图关键技术、众源专包数据技术、点云感知 + 图像融合自动化处理技术、道路要素智能提取与高效更新技术、基于 LiDAR 或 BEV 感知的自动化建图技术等，自主研发基于深度学习数据自动作业平台，已形成专业的高精度电子地图数据采集、制作、验证、发布、众包更新全业务闭环产品研发体系与服务自动驾驶 /ADAS 及智慧出行的感知定位、多维数据导航引擎解决方案的技术开发能力。以人工智能、大数据为技术核心，融合深度学习等跨领域技术，构建高精度时空数据基础、打造高精度数据智能工厂，并借此衍生众多时空数据产品。

中海庭高辅地图是国内首批完成全国高快速路的高精度全要素审图产品。基于百万级像素专业测绘车采集，覆盖全国高速及快速路里程超 37 万 km，城区里程超 5 万 km。支持 100+ 地图要素属性表达，还原现实世界。

公司在研究主营业务领域方向上，已申请自主知识产权发明专利 622 项，其中已授权发明专利 225 项、软件著作权 21 项。其中发明专利占比超过 99%，公司专利布局主要集中于地图数据、自动驾驶等相关领域。2021 年公司“高精度导航电子地图技术研究”项目荣获“湖北省高价值知识产权培育工程项目”，2022 年公司被评为“湖北省知识产权优势企业（专利类）”和国家知识产权优势企业。

4. 主要产品与服务

（1）高辅地图

高辅地图即高级辅助驾驶地图，是精度更高、数据维度更多的电子地图。精度更高体现在精确到厘米级别，数据维度更多体现在其包括了除道路信息之外的与交通相关的周围静态信息。准确和全面地体现道路相关要素，是高辅地图最显著的特征。

（2）轻量化地图

轻量化地图，是高鲜度、低精度，表达智驾关键需求要素的电子地图，在城区高辅地图存在覆盖难和鲜度低的困境下，满足城区“重感知、轻地图”的主流智驾解决方案。

中海庭轻量化地图基于众源的多次主动感知结果，实时回传至车端构建局部语义地图，通过 OTA 将车端语义地图上传至云端，在云端进行坐标统一、数据聚合，拓扑优化生成全局地图，还原客观现实世界。

（3）地图引擎

基于高辅地图数据，为车辆提供超视距道路交通信息的产品或者服务，供汽车感知、决策、控制等各功能模块使用。

中海庭地图引擎在各量产项目中为智能驾驶模块提供超出传感器感知范围的道路（如等级、立交关系）、车道（如车道线形状、车道曲率坡度、拓扑）、红绿灯（如位置、类型）等信息，使智能汽车更安全、更智能、更舒适。

（4）多传感器融合定位

中海庭提供的多传感器融合定位，通过融合高精度卫星定位、惯性测量单元、视觉传感器、高辅地图信息、车身速度等信息，依托融合算法，发挥不同定位模块在不同场景的优势，使结果相互冗余，保证在各种环境下连续、稳定、可靠的输出高质量定位结果。

北京津发科技股份有限公司

1. 发展概况

北京津发科技股份有限公司（以下简称津发科技）是国家级专精特新“小巨人”企业（见图 1）、国家级知识产权优势企业（见图 2）、国家级高新技术企业、国家高新区瞪羚企业、国家级科技型中小企业、中国电子信息行业用户满意机构、北京市企业创新信用领跑企业。公司旗下包含北京人因智能工程技术研究院和北京人因工程设计院有限公司，联合共建了国家发改委省部级工程实验室和省部级工程研究中心等新型研发机构。

图 1　国家级专精特新“小巨人”企业

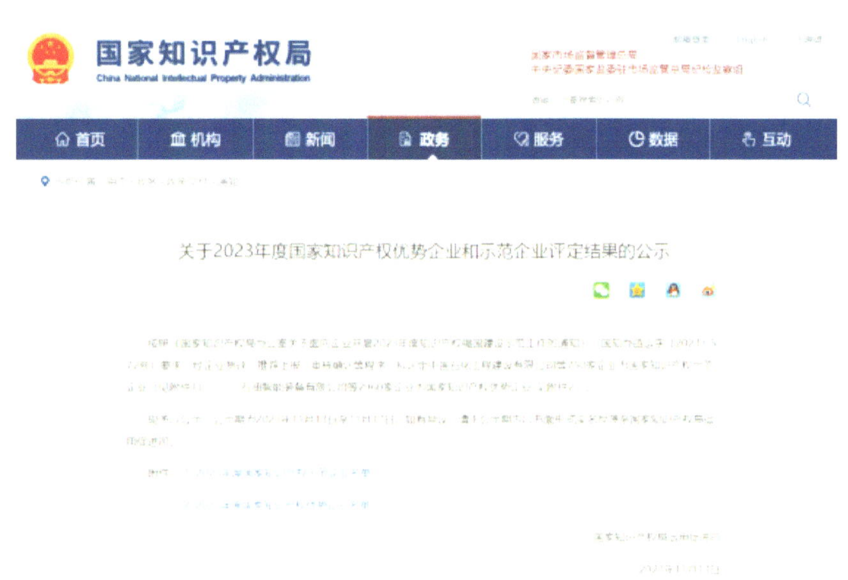

图 2　国家级知识产权优势企业

公司承担和参与了多项国家标准、国家重点研发计划、工信部高质量发展专项、国家自然科学基金等在内的多项国家级课题基金以及北京市科技计划、省部级重点研发计划等省部级科技项目，累计申请国家和国际专利超过 200 项，已授权 60 余项国家发明专利、50 余项国家注册商标、130 余项国家软件著作权。

津发科技创新研发了国产化自主可控、具有自主知识产权的人因工程与工效学系列平台产品与技术，已服务于高等院校、军工科研单位示范应用，打破进口科研产品技术垄断，已支撑国内学者发表中英文科研论文超过 400 篇。同时荣获多项省部级科学技术奖励、工信部科技成果，中国电子信息行业用户满意产品，30 余项省部级新技术新产品和国家防爆产品认证；也通过了欧洲 CE、美国 FCC、欧盟 ROHS，以及 ISO 9001、ISO 14001、ISO 45001 等多项国际认证。

多年来，在军工国防武器装备领域以及教育科研领域积极推动人因与工效学技术进步，携手众多研究者进行联合开发与科研实验、人才培养、学术合作与产学研融合，联合申报基金、科技项目以及军事预研课题等；致力于推动人因工程与工效学行业发展和青年人才培养，2012 年起，在国内率先发起“科研支持计划”，无偿支持人因工程领域青年学者进行科学研究；2014 年联合共建“工信部 CSIP- 津发人因工程技术创新中心”；2016 年起发起“工效学卓越研究工程”并设立“CES-Kingfar 基金”，借鉴国家自然科学基金的评审标准对青年学者研究计划书予以资助；2017 年起联合教育部设立“人因与工效学”产学合作协同育人项目，并由高教司发布申报指南和立项名单；2019 年联合国际工效学联合会（IEA）设立国际奖项 IEA/Kingfar Award“人因与工效学研究奖”；2021 年依托教育部设立“人因与工效学”供需对接就业育人项目，并由高校学生司发布申报指南和立项名单；2022 年基于中国国际“互联网 +”创新创业大赛设立人因与工效学专项命题。

2. 生产经营

津发科技相关人因与工效学技术平台已服务于全国高等院校、军工科研单位示范应用，支撑前沿科学研究和国家 / 国防重大装备的工程实践，打破了进口科研产品技术垄断。已为“主动健康”“科技冬奥”等科技部国家重点研发计划及军事、载人航天、航空、航海、能源、交通等领域的高端装备人因与工效学研究与评价提供了支撑，参与多项国家自然科学基金、科技部国家重点研发计划、工业和信息化部高质量发展专项等科技计划项目，相关技术成果已支撑国内学者发表中英文科研论文超过 400 篇。

3. 技术进展及研发能力

津发科技创新研发了国产化自主可控、具有自主知识产权的人因工程与工效学系列平台产品与技术。ErgoLAB 人车路环境同步测试分析平台是津发科技在智能座舱人机交互测评方向自主研发的核心技术之一。平台涵盖完整的研究与测评流程。第一，驾驶任务模拟仿真与实验设计模块对接座舱 HMI 设计原型和测试场景，通过研制测试场景与设计数据接口，获取研究或测评的 HMI 原型设计源文件信息，并采集传统旋钮按键交互外设、手指轨迹触控交互、语音交互等多模态人机交互原始数据；第二，主观与客观数据相结合的人车路环境多维度数据同步采集，基于自主研发的时空行为同步模型与多模态数据时钟晶振同步专利技术，同步采集人的数据（生理数据、眼动数据、脑功能数据、动作姿态数据、表情行为）、HMI 原型系统的数据以及人机交互数据、道路环境数据、时空行为数据等，并在同一时间轴进行同步浏览；第三，针对平台同步采集的所有数据源，设置专门的信号处理模块，并配置信号的标准处理参数，研究者可一键批量化处理所有的信号，直接获取与人员状态相关的特征指标，进行评价与比较；第四，基于主客观数据与 AI 智能状态识别技术结合的人因智能评估技术，采用主客观结合验证的同步采集与评价方法，全面测量个体的认知维度与绩效维度的状态数据。同时系统内嵌人工智能算法，可以自动化实现基于多模态信号提取的特征值进行模型训练、模型部署、状态识别、状态预警整个流程，实现高效、科学、先进的研究与测评。

4. 主要产品与服务

津发科技主要产品包括 ErgoSIM 智能座舱、人机交互模拟器、物理环境模拟舱，ErgoLAB 人车路环境同步测试分析平台、ErgoXR 虚实融合人机工效测评系统、ErgoHMI 智能座舱人机交互测评系统、ErgoLAB Expert 交通人因测试专家系统、ErgoLAB 智能穿戴人机环境测试系统、ErgoAI 人因智能状态识别平台、ErgoHCI 多通道人机交互模拟系统等。

5. 发展规划

津发科技将面向自动驾驶和智能网联汽车产业智能座舱人因工程相关技术方向，进行产品、技术和服务的进一步研发与提升。一方面，与产业伙伴合作，针对自动驾驶和智能网联汽车产业的智能座舱设计与测评需求，开发个性化设计评价、试验评估系统，并提供专业的技术服务；另一方面，坚持与高校和科研院所等单位进行产学研合作，推动最新的研究成果进行转化。

武汉大学卫星导航定位技术研究中心

1. 发展概况

武汉大学卫星导航定位技术研究中心始建于1998 年，以卫星定位导航及相关领域的基础理论方法研究、新技术的推广应用及高精尖人才培养为主，不仅是国家卫星定位系统工程技术研究中心，也是国际全球卫星导航系统服务组织（IGS）三大数据与分析中心之一，同时还是国家科技部指定的导航与位置服务全国科技服务业行业试点单位，全球连续监测评估系统（iGMAS）分析中心和北斗数据与分析中心，是国际上具有重要影响力的卫星导航领域研发与创新平台及人才培养基地。近年来，中心主持和承担国家重点研发计划项目、863、973、自然基金等国家级项目 100 余项，各类工程项目 300 余项，参与欧盟 FP6 等国际合作计划多项。主持完成的项目获国家科技进步一等奖 1 项、二等奖 4 项；获省部级科技进步特等奖 2 项和一等奖项 9 项、总装备部“北斗二号卫星工程建设”突出贡献集体奖 1 项，参与获得省部级科技奖项 30 余项。多年来，中心一直瞄准国家北斗卫星导航系统建设战略、导航与位置服务应用的重大需求，积极开展卫星导航定位与相关领域理论与方法、软件研制、硬件开发与工程实践等工作，获得了一大批具有国际先进甚至领先水平的科研成果，为我国卫星导航定位及相关领域的发展做出了重要贡献。

2. 生产经营

中心以北斗时空智能技术为核心，以智能定位授时、智能监测、智能导航等关键技术产业转化为重点方向，拥有高精度卫星定位、定轨及大规模北斗 /GNSS 基准站网联合解算算法库，通导遥一体化芯片以及智能网联汽车及无人系统导航解决方案。作为技术负责单位，承担了近 50 个北斗 /GNSS 增强系统的建设。

3. 技术进展及研发能力

车辆在城市环境中的高精度定位是智能网联汽车发展的主要技术瓶颈，目前大多数厂家采用 GNSS/ 惯导组合导航定位技术，在 GNSS 严重遮挡环境下，该技术不能满足车道级定位需求；另外一些技术流派在城市峡谷中，为了提高车辆在城市环境中的定位性能，采用城市三维建模辅助（3DMA）的方法筛选卫星信号，但成本和计算复杂度明显提高。针对上述技术难点开展攻关，取得了以下三方面的技术进展及研发能力：

1）多源智能导航技术经过十多年持续发展和积累，惯性导航技术、GNSS/INS 组合导航技术、深组合技术、多源融合导航技术等研究成果逐步成熟，并走向智能网联汽车导航与定位产业化应用；随着视觉定位技术、智能导航技术等新发展方向研究不断深入，逐渐具备了为自动驾驶提供高精确高可靠的导航与位置服务的能力。同时，具有丰富的国家级项目和企业技术研发与服务项目经验，大量研究成果已转化至自动驾驶方案商和车企控股图商等。

2）高精度 PPP-RTK 技术突破了全球跟踪站网卫星钟产品实时更新效率瓶颈，实现了北斗 /GNSS 全星座钟差 5s 滤波解算；建立了广域区域融合的高精度大气延迟弹性聚类模型；突破了状态域和观测域兼容的 GNSS 增强产品兼容处理关键技术，初步发展了星地一体化导航增强处理理论和方法，在实时厘米级卫星导航定位领域具有广阔的应用前景。

3）构建了以 5G 技术和北斗导航定位技术为基础的多源融合定位系统，形成了具备北斗 +5G 系统特点的融合定位模型，提出了复杂场景下 5G/ 北斗 / 惯性导航融合算法和策略。该系统在观测值层面实现了北斗与 5G 的紧组合定位模型；针对遮挡环境，融合了惯导系统，采用了 5G/ 惯导组合定位方法；在此基础上，提出了基于 5G 大带宽信号的城市峡谷筛星方法，利用 RTT 测量和差分伪距的时间同步，以及基于 5G 边缘云的 PDOP 预存方法，有效克服了传统定位的不足，解决了城市环境下车辆高精度定位的需求。

4. 主要产品与服务

研发了具有自主知识产权的多源信息智能组合导航数据处理系列软件，基于 MEMS IMU 的低成本 GNSS/INS/VMM（车辆运动模型）车辆组合导航技术和多元传感器智能融合导航技术，已经向包括导航芯片、车载电子、自动驾驶方案等国内一线厂商多家公司进行了技术转让和授权，客户包括导航芯片、车载电子、自动驾驶方案等一线厂商；并在此基础上开源了标准 GNSS/INS 组合导航和视觉定位算法代码；研制的基于 MEMS IMU 低成本高精度车载组合导航硬件模块——INSProb，已可用于成果转化中导航性能评估和技术验证平台。此外，面向智能网联汽车导航定位服务的“车载位姿传感器阵列研制及多源定位技术”获批湖北省“尖刀”重大技术攻关工程项目。研发了具有自主知识产权的分布式实时 GNSS 高精度数据处理软件“复兴”（FUSing IN Gnss，FUSING），并用于国际 GNSS 服务组织（IGS）武汉大学实时分析中心产品处理，已业务化向全球用户提供多系统实时轨道、钟差、信号偏差等增强服务产品。IGS 评估表明，在包括欧空局、德国地球研究中心等分析中心在内，武汉大学实时产品精度位居国际前列，其中北斗卫星轨道精度居世界第一。

公司致力于打造“融合北斗和 AI 的智能导航软硬件系统”，以机器人实验箱硬件搭配高精度北斗定位、语义建图、协同控制等软件，实现感知、规划、控制一体化，叠加实操案例，支撑智能网联汽车技术发展。系统依托于“协同精密定位（2016YFB0501800）”和“基于视觉的机器人环境建模与定位导航（2018YFB1305001）”两个高水平国家重点研发计划项目，先后获得上海市科学进步一等奖和中国发明协会发明创新一等奖。

5. 发展规划

密切关注和跟进下一代卫星导航技术的规划和发展，大力发展北斗 +5G/6G 融合高精度定位，继续推进精密定位云服务的推广和应用；面向车辆载体和城市道路环境的高精度高可靠定位问题，引入路面标示和杆牌等道路视觉语义信息，以及新型道路机会信号（SOP），配合高精导航电子地图实现连续可靠的车道级导航；构建智能融合的高精地图众包系统，实现基于“云边端网图”的主动安全和车路协同应用示范；探索数据驱动的 AI 算法在智能网联汽车中实现导航定位、路况感知及规划控制一体化方案。

南京理工大学江苏省智能交通与车联网工程研究中心

1. 发展概况

南京理工大学是隶属于工业和信息化部的全国重点大学，学校由创建于 1953 年的新中国军工科技最高学府中国人民解放军军事工程学院（简称“哈军工”）分建而成，经历了中国人民解放军炮兵工程学院、华东工程学院、华东工学院等发展阶段，1993 年更名为南京理工大学。1995 年，学校成为国家首批“211 工程”重点建设高校；2000 年，获批成立研究生院；2011 年，获批建设“985 工程优势学科创新平台”；2017 年，学校入选“双一流”建设高校，“兵器科学与技术”学科入选“双一流”建设学科；2018 年，王泽山院士获得国家最高科学技术奖，同年，学校成为工业和信息化部、教育部、江苏省共建高校。进入新时代、开启新征程，学校坚持“以人为本，厚德博学”的办学理念，秉持“进德修业，志道鼎新”的校训，弘扬“团结、献身、求是、创新”的校风，以服务国家战略需求、推动社会进步为使命，为党育英才、为国铸利器，围绕陆海空天信融合发展，向特色鲜明世界一流大学的目标奋勇前进。

江苏省智能交通与车联网工程研究中心依托南京理工大学建设，由江苏省发改委批准成立，实验室团队入选江苏省双创团队和江苏省高校优秀科技创新团队，现有包括国家级领军人才在内的教授、副教授、讲师和专职科研人员 60 余人，成员主要来自于华盛顿大学（西雅图）、美国亚利桑那大学、清华大学、南京大学、哈尔滨工业大学、北京航空航天大学、东南大学、国防科技大学、南京理工大学等高校，专业方向涉及通信与信息工程、计算机科学与技术、软件工程、控制科学与工程、交通工程、管理科学与工程、系统工程等专业，形成了一支知识结构、年龄结构、学缘结构合理、学历层次高、学术思想端正、科研思维活跃、注重研究与应用紧密结合的科技创新团队。2019 年实验室成功获批交通信息融合与控制工业和信息化部重点实验室，2022 年成功获批工信部车联网校企协同育人示范基地，2023 年成功获批江苏省国产基础软硬件与网络安全信创实验室。

2. 生产经营

研究中心基于 TAAS 交通即服务、MAAS 出行即服务的理念基础，围绕智能交通系统关键技术与应用领域“交通信息智能感知与组网通信技术”“智能网联车路协同”“交通大数据与车联网安全”和“交通主动管控与数字孪生”等 4 个方向，开展“交通大数据智能分析”“区块链智能交通应用”“智能网联车路协同”“交通管控与仿真”“交通信息智能感知”“交通图像处理”“交通传感器组网通信”“车联网安全”和“主动交通安全”等 9 个核心技术研究，深入攻坚车路协同、智能交通区块链、智能网联技术等关键技术。

3. 技术进展及研发能力

（1）在交通信息智能感知与智能组网通信技术上取得突破

该研究成果创新性体现为：针对缺乏高精度的交通数据感知能力的问题，在智慧路贴、雷视一体化、视频理解等多种感知手段基础上，研发传感器、数据、算法一体化的交通流感知及多源异构数据融合技术，采用数据融合方法检测公路的交通状况，研发的综合智能感知系统具备高精度和高可用性，该成果居于国内领先、国际先进水平。

（2）发明了数据驱动的基于人工智能和统计学习的路网交通状态估计和预测分析方法

该研究成果创新性体现为：针对交通状态信息、异常事件和违法行为的主动认知、预警能力不足以及对交通安全事故的智能决策能力较差的问题，提出了改进型疲劳检测方法、异常事件主动预警算法和违法行为主动认知算法，提出改进型算法实现高速公路交通流状态的高精度检测。该成果居于国内领先、国际先进水平。

（3）发明和实现了面向路网主动管控的交通大数据综合应用平台

该成果创新性体现为：针对缺少路网级交通进行有效管控的大数据平台，研发支持交通流感知、预测、管控和出行服务等综合应用的交通大数据系统，包括交通出行云服务架构、基于 JSEDA 的智能交通大数据平台分发共享系统，基于大数据图像采集的智能道路交通追踪管理系统、公路网运行监测与服务、智能交通大数据挖掘和分析平台、面向应急管理的公路网指挥调度平台、高速公路主动安全智能监测管控云平台等管控系统研究以及研究区块链技术在交通运输领域的应用，可精确掌握路网交通运行状态、路网交通流变化趋势，形成整体上居于国内领先、国际先进水平的管控大数据平台。

研究中心近年来获批欧盟地平线 2020 科研计划、国家重点研发计划重点专项项目、国家自然科学基金项目、工业和信息化部物联网集成创新与融合应用项目、工业和信息化部网络安全技术 应用试点示范项目等国家和省部级科技、人才计划项目 30 余项。发表学术论文 900 余篇，其中 SCI 收录 500 余篇；申请国际专利 20 余项，授权 8 项，申请国内发明专利 170 余项，授权 110 余项；登记软件著作权 26 项；主持制定国际和国家行业和地方标准 30 余项，其中发布实施 20 项。

4. 主要产品与服务

1）智慧路贴信息感知关键技术：研究中心发明的多传感器融合智慧路贴，由地磁传感器、振动传感器和光照传感器、无线传感器通信网络以及信息智能采集接收机组成，基于自主发明的单轴地磁交通信息检测方法，可完成行驶车辆的车速、车长等交通信息的感知，用于道路交通流的实时监测，并最大能支持到 32 个通道，具有功耗低、感知准确、实时性强的优点，适用于各种恶劣环境，所有传感模块可重复利用，其通信节点互为容错，系统具备高可用性。

2）雷视一体化交通检测器关键技术：研究中心突破了雷视一体化技术，将军用雷达技术结合视频检测技术创新应用于民用智慧交通领域，其中微波雷达具有精准测速、测距和测角的功能，发挥感知范围广、多目标跟踪检测精度高的特点，视频探头具有采集信息全、系统功能强的显著优势，通过雷视一体化，以位置、速度的目标轨迹数据为基础，匹配道路渠化特征，构建高精度区域状态和事件信息检测体系，流量和事件融合检测精度超过 95%。

3）微波交通检测器关键技术：研究中心研发的微波交通检测器（亦称微波交通雷达）将军用雷达技

术创新应用于民用智慧交通领域，该雷达具有精准测速、测距和测角的功能，感知范围广、检测精度高、采集信息全、系统功能强的显著优势，在交通流信息感知、交通事件检测、交通信号智能感应控制领域得到广泛应用。

4）基于视频理解的交通安全感知关键技术：研究中心基于多重分形谱描述和识别方法以及深度学习的视频理解技术，构建了车辆和道路设施交通信息感知自适应算法，通过视频结构化实现了车辆、标志、标牌、标线、护栏、道路中心线等在内的智能识别，利用边缘计算实现了检测数据实时解析、实时上云、偏离碰撞自动预警的全链条安全感知关键技术。

5）分布式传感器多源异构数据组网融合关键技术：研究中心发明了基于蓝牙通信的交通传感器组网方法，实现对分布式路贴和微波雷达等传感器的信息组网，通过统一网关配置实现数据上云，在服务器端通过设计时间和坐标双参数数据匹配算法，基于贝叶斯组合算法和马尔可夫模型算法，实现多源数据的融合处理，数据融合速度达到 3ms/ 条，融合精度达到 99.99%。

6）高灵敏度团雾检测与消雾关键技术：研究中心发明了高灵敏度团雾检测与消雾系统，通过检测光线透过率的变化，敏锐检测出团雾的出现，可从根本上实现团雾快速精准高效的监测、识别、告警和处置，并通过提高湿度的方法，改变团雾生成的条件，明显提升团雾区能见度，显著减少湖海水网地区团雾对交通的影响，极大提升了道路安全通行能力。

7）基于混合加密的多源数据安全传输关键技术：研究中心发明了基于混合加密的交通传感网数据传输方法及系统，结合 SM4 对称加密算法加解密速度快和 SM2 非对称加密算法加密密钥管理难度低，安全性高的优势，应用于智能车载终端、智能路测设备以及云平台的通信过程中，能够有效提升交通传感网数据传输的安全性及传输效率。

8）交通网络全局路况分析和效率评价关键技术：研究中心发明了一种全程全局路况分析系统和智能车载终端控制芯片，能够实时监测车辆路况信息，分析用户的行驶轨迹和行驶速度，形成全局路网交通路况信息。在此基础上，建立路口拥堵评价、路网拥堵评价、综合评价，根据路口排队长度、延误时间以及平均停车率进行路网综合交通网络效率评价，本方法对路网分析的评价精确度提高了 20%，评价时间缩短了 35%，评价成本降低了 30%。

9）基于多源数据的路段交通状态判别关键技术：研究中心发明了基于多源数据的路段交通状态判别方法，以固定检测器和浮动车为数据源，选取多个时段的历史交通参数值和历史交通状态等级构建样本数据库，计算路段交通畅通时段的固定检测器平均速度调整参数、各时段的路段历史空间平均速度，再训练得到支持向量机模型，并分别采用直接判断法、K 近邻非参数回归法和数据状态关联分析法得到当前时段的路段空间平均速度，采用直接判断法以及支持向量机模型判别当前时段的路段交通状态等级，通过该方法可以快速对路段交通状态进行判断和辨识，交通状态判别速度与常用的方法相比运行速度提高了 27%。

10）基于时空分析和 CNN 深度学习的交通流量短时预测关键技术：研究中心通过对交通数据进行相关性分析，提取相关性高的时空流量数据，利用 CNN 对矩阵内部交通流的时空特征信息进行提取、学习和预测。该成果所提出的基于包裹式特征选择方法的时空特征选择算法 (STFSA) 可用于寻找在验证数据集上表现出最高预测精度网络输入的算法，并且具有较好的泛化性能。实验结果与传统交通流量预测模型支持向量回归（SVR）和典型的人工神经网络（ANN）的比较表明，该成果在 5min 的交通流量预测性能分别提高了 27% 和 16%。

11）基于因子交通状态网络的路网交通流状态估计关键技术：研究中心对于路网交通流的模型建立采用数据驱动与领域知识相结合的研究方法，包括微观和宏观两个层次的模型。在微观层次，对于路段交通因素相互的作用和影响进行系统化的建模，通过对于数据的学习，总结出交通因素在系统中相互作用的特性；在宏观层次，对路段交通流之间的相互作用和影响进行系统化的建模，借助于对数据的学习和人工智能方法，研究出交通网络在交通特性支配下的表现，预测精度提高了 35%。

12）基于伪 3D 卷积神经网络的驾驶员疲劳检测关键技术：研究中心采用伪 3D 卷积模块进行时空特征学习；提出 P3D-Attention 模块，利用 P3D 的结构融合双通道注意力模块和适应的空间注意力模块，提高对重要通道特征的相关度，增加特征图的全局相关性，将多层深度卷积特征进行融合。通道注意力模块用于关注帧与帧之间、通道与通道之间的权重，获取对关键帧的注意，从而实现疲劳检测中关键特征，如眼睛、嘴巴和整个面部的检测。

13）基于组合模型的交通事故严重程度预测关键技术：研究中心采用{道路特征，环境特征，事故严重程度}为数据集，以事故严重程度为预测目标，使用道路特征和环境特征预测事故严重程度，寻求道路特征与环境特征对于事故严重程度的影响。通过路号获取事故地点邻近道路信息，结合卷积神经网络提取道路在空间维度中的信息，采用 stacking 方式将 CNN 与 XGBoost 组合，最终生成道路交通事故严重性的分类模型（多层提升算法），并依据分类模型的预测结果进行诱因分析，为减少道路交通事故及减轻道路交通事故严重等级的管理措施提供参考依据。

14）发明了基于 JSEDA 的交通数据管控中台：研究中心基于管端边云架构体系和边缘计算技术，实现了包括感知层、边缘计算层、存储层、数据中台、业务层、通信层在内六层新一代路网管控顶层框架。其中，基于 JSEDA 的智能交通大数据分发共享技术，依托图像大数据识别模型以及结构数据分析模型，发明了交通数据管控中台，提高了交通大数据约 30% 的处理速度，15% 的共享效率。

15）交通数字孪生仿真预测关键技术：研究中心通过数据采集系统收集实时数据，经交通评价模块分析后得出交通流量、驾驶特征等核心参数，依照时域表达式，结合不同的交通管控模式等要素，分析交通系统的稳定性、瞬态和稳态性能，使用 Vissim 进行交通仿真预测，使用 Unity 加载平台搭载的 BIM 模型，将预测结果以三维虚拟现实场景展现出来，为实时交通的智慧化协同运行提供数据基础，海量、详尽、准确的历史数据，也为智慧交通系统的交通仿真、沙盘推演、事故事件分析与取证等应用提供了重要的基础支撑。

16）开发了城市路网主动管控综合平台系统：研究中心实现了以 e 交通学为支撑的主动式城市路网交通流管理和控制系统，包括基于路网运行状态智能监测与安全服务保障、重点营运车辆营运数据综合应用、综合交通管理及决策分析等在内的交通出行服务和交通管控功能，形成整体具备技术先进性的大数据平台。

17）开发了高速公路主动安全智能监测管控云平台：研究中心以基础设施数字化，指挥调度可视化，警务管理智能化，系统管控自动化为目标，坚持“顶层规划、错位设计、互联互通、优势互补”原则，由“一路三方”共同使用，分责管理，采用业务模块化运作，平台包含物联网管控、应急管控、异常事件报警、违法行为捕捉、治安防控、指挥调度、勤务管理、决策分析、实战推演、事故现场快处、信息发布阵控、车辆协同服务、综合可视化业务功能，实现高速公路主动管控智能化运作。

18）开发了基于区块链的城市智慧停车系统：研究中心针对现有停车管理系统在信息共享、可靠交易凭证、停车支付方面存在的不足之处，充分利用区块链技术的信息共享、不可篡改、价值传递等特性，基于区块链在数据共享、数据安全存储、收费支付等方面有较为突出的应用价值，将停车支付信息、充值信息、提现信息和停车场空位信息写入区块链中，提高停车位共享系统处理业务的效率。

19）开发了基于区块链的小区车位共享平台：研究中心针对土地成本高昂、停车位资源有限、私家车位未能有效使用等问题，利用区块链技术的特性，来实现停车位共享系统可靠交易凭证、交易可追溯等功能，对停车位资源的管理和运营模式进行创新，利用共享经济模式结合互联网科技构建停车位资源共享服务平台，推动停车位资源共享的可持续发展。

20）开发了综合执法非法营运监管区块链平台：研究中心针对非法营运现象，监管部门通过运管 + 卡口 + 高速数据获取数据，基于区块链安全信任机制构建驾驶人员、车辆信任体系，实现车辆身份识别认证。针对疑似非法营运车辆进行查找识别，最终将非法营运监管的违章处罚和需要共享的重要关键数据信息实时上链，利用区块链的防篡改特性，防止数据更改丢失，促进实现各地、各部门一体化综合执法，加强非法营运的监督管理。

5. 发展规划

实验室将继续遵循“集中力量，突出重点，带动整体”的原则，坚持立足本校，重点服务全省，辐射全国的发展战略，力争在交通信息智能感知与组网通信、交通大数据智能挖掘与分析应用、智能交通数字孪生系统、智能网联车路协同四个研究方向上出一批优秀高端学术成果，凸显本工程研究中心在智能交通和车联网领域的研究特色和优势。从四个研究方向合力承接国家级重点课题，有计划、高质量地组织申报省市重大课题，成为智能交通信息感知与数据分析以及融合控制领域具有显著学科优势的研究基地。做到四个进一步：应用基础研究水平进一步提高；关键技术创新能力进一步增强；技术成果转化实力进一步提升；公共技术服务成效进一步拓展。

中国移动上海产业研究院

1. 基本概况

中国移动上海产业研究院（简称“上研院”）是中国移动的正厅级全资子公司，于 2018 年 9 月 18 日在中国（上海）自由贸易试验区完成公司注册，注册资本 20 亿元，并于 2018 年 11 月 6 日正式挂牌成立。公司总部设在上海市浦东新区金桥经济技术开发区，现在北京、武汉、沈阳设立分公司。

上研院是中国移动面向 5G 和人工智能，引领时空信息、智慧交通、工业能源、金融科技等领域数字化服务的专业机构，深耕“1+3”业务布局，赋能四大垂直行业，始终坚持央企使命担当，贯彻落实国家对新基建、交通强国、工业互联网等方向的建设要求，以 5G 发展为契机，持续锻造核心能力，全面布局产品、研发、运营、支撑、拓展等一体化工作，目前已获得国家高新技术企业认证并取得国家测绘甲级资质。目前上研院员工总数超 1300 人，其中技术研发人员占比超过 90%，硕士研究生及以上学历人员占比约 60%，人才队伍呈现专业化、高素质、年轻化的特点。

近年来，上研院在能力和应用上结合人工智能、云计算、大数据、物联网、边缘计算、高精度定位等新一代信息技术，发挥长三角地区经济发展和信息通信产业优势，践行科技创新使命，深入推进 5G 技术应用创新，积极承担国家重大科研项目，参与国际、国内行业标准制定，取得显著成果。

2. 建设情况

在试点建设方面，中国移动作为唯一获批“交通强国”的运营商试点单位，围绕“5G 智能交通信息基础设施及服务、5G 车路协同与智慧高速、5G 智慧港航”展开三个方面的试点任务。作为智慧交通主建单位，上研院围绕 5G 等新型信息基础设施建设及其在智慧交通领域中的应用，积极推进 5G 智能交通信息基础设施建设、5G 车路协同与智慧公路技术创新及应用和 5G 智能航运技术创新及应用等试点建设。此外，上研院牵头“基于 5G+ 车联网远控场景的车云协同安全项目”入选工信部公示车联网身份认证和安全信任试点项目，同时上研院与合作伙伴基于落地项目共同申报的 5 个项目同步入选，覆盖本次试点的全部试点范围。

在产业落地方面，作为中国移动集团在智慧交通行业的专业公司，近两年来上研院协同各省市公司，落地交通行业项目上百个，带动收入几十亿，在各细分领域均有标杆项目落地，带来了良好的示范效应。在湖北武汉，打造了目前国内规模最大的智能网联示范项目，示范区面积 21 平方公里，5G 智慧道路 28 公里。在江苏无锡，打造国家级车联网先导区，智慧化升级路口 280 个，车联网系统已稳定运行 3 年。在江苏苏州，打造了高铁新城 5G+ 智慧路口，实现了国内基于 5G 无线空口的车路协同多业务验证首秀。在广西南宁，打造了全国首个边坡检测领域的 5G+ 北斗精准定位融合应用项目等。在重庆，打造全国首个基于 5G 消息的车路协同多业务验证 - 重庆两江示范区车联网项目，应用融合感知能力识别港口交通目标及箱区拥堵、交叉口碰撞预警等的厦门远海码头示范区项目等。

在生态建设方面，坚持自主创新与合作共研相结合，为拓展无线通信能力在网联智能交通中的应用，积极构建开放合作生态，上研院参与组建精准定位联盟、5G 自动驾驶联盟、飞联网联盟及中国移动轨道交通智联网联盟，参与中国汽车工程学会、中国智能网联汽车产业创新联盟等相关联盟及行业组织共计 33 个。同时积极支撑中国移动集团参与行业联盟，目前中国移动集团是 5G 汽车联盟（5GAA）董事会唯一中国运营商。

在政产学研用方面，上研院与众多高校、科研企业成立创新实验室，与清华大学、长安大学成立“车联网”教育部 - 中国移动联合实验室，与交通运输部公路科学研究院成立“5G智慧公路联合创新实验室”，与中远海运成立“5G智慧港口联合创新实验室”，与武汉大学成立“5G+北斗联合创新实验室”，与太原地铁成立“5G联合创新实验室”。此外，上研院与政府、科研院所、行业龙头等单位签署相关战略合作协议，探索在交通、工业、金融等领域的深度合作。

3. 技术进展及研发能力

上研院深入开展智慧交通核心技术能力建设。构建3-1-N能力体系，其中3是指三张网，即高精度定位、5G蜂窝网及车路协同网，依托现有全国站址优势，布局全球规模最大、覆盖最广、制式最新的网络能力，通过三网融合构建“连接+算力+定位”的基础能力，赋能智慧交通行业高质量发展；1是指OneTraffic智慧交通平台，以该平台为自研能力底座，基于该平台，将智能网联、车路协同、交通大数据等核心能力下沉，提供车联网一站式服务、数字交通产品、智慧港航产品，并孵化飞联网市场新引擎；N是指N个应用场景，围绕公路、港航、轨交、民航、汽车、物流、公交和出行8大细分市场，打造无人车、智能网联测试示范区、港机远控等多个5G示范应用场景。

在关键技术方面，目前车路协同平台并发性能指标达到六百万V2X消息并发下处理时延不超过70ms，车联网平台具备千万级连接能力，超亿次调用，数字交通高并发、低时延关键技术达到业界主流水平。自研远控车载三合一网关，实现远控生产环境端到端时延120ms低时延高可靠生产保障。同时，高精度定位已实现了地基、星基等部分核心定位算法的自主掌控，提供广泛连续覆盖的高精度定位服务能力。为积极落实国家北斗发展战略，强化北斗关键核心技术创新，上研院也成为“5G+北斗+短报文”高精度定位能力唯一建设方，且已经建成全球最大的5G+北斗高精度定位系统。

在标准化建设方面，上研院参与了多项交通领域国内外标准制定。如作为ITU-T报告人牵头制定《基于网络的自动驾驶车辆驾驶辅助功能架构》标准；在IMT-2020牵头立项3项，其中《基于C-V2X的船岸协同关键应用技术》是通信行业第一个5G在港航应用课题；联合中远海运、东风等单位制定了港口无人驾驶集装箱车系列标准，其中由中国移动主导的《港口无人驾驶集装箱车技术要求 第2部分 无线通讯和信息安全》（TITS 0147.2—2021）已在C-ITS发布；在中国通信标准化协会（CCSA）参与《航空机载通信客舱基站子系统技术要求》标准，为中国ATG领域行业领域第一个行业标准，同时参与多项关键性国标的制定。上研院的交通技术研发能力得到了团体组织成员的广泛认可，行业影响力持续扩大。

此前交通运输部正式发布《交通运输部关于公布2020年交通运输行业研发中心认定名单的通知》，中移上研院联合合作伙伴荣获三项“交通运输部行业研发中心”认定（唯一荣获三项“行业研发中心”认定的通信运营商）。同时，中移上研院亦承担了交通部重点研发项目——面向智慧公路的5G车路协同与管控关键技术演进。其中，“交通运输自动化作业技术行业研发中心”是依托5G通信、北斗高精度定位和车路协同等关键技术，聚焦交通运输自动化作业领域重大技术和装备，加速推进交通运载机具、施工作业设备自动化生产进程，奠定基建作业环境下感知共享、远程驾驶、自动驾驶应用发展基础。而自动化作业行业研发中心是以联合体已有科研成果为基础，以引领行业技术发展为己任，面向行业发展需求，建设具有国际影响力的自动化作业创新基地，建设国内领先的无人作业公共服务平台，构建“车、路、云、管、安”之间的技术联动，构建产学研用一体化研发体系，提升行业自主创新能力，打造无人作业产业生态。

4. 发展规划

高带宽、低时延的无线通信网络对于智能驾驶以及产业升级的影响正在加速，跨界、跨产业的合作也在重塑。交通设施从“灵活的移动空间”正在走向“虚实结合的智慧空间”，而自动驾驶的能力从“主动”到“智慧”转型。未来，上研院将继续践行“尚善尚为、研精研新”的工作文化，打造面向“车联网链接+平台服务+增值服务”的产品组合和运营能力，不断提升交通大数据应用能力，深耕智能网联汽车产业，贡献自身力量做行业“使能者”争当垂直行业数智化发展主力军，成为5G+交通新基建先导区主要服务商。

西部科学城智能网联汽车创新中心

1. 发展概况

西部科学城智能网联汽车创新中心成立于 2022 年 4 月，是在重庆市政府指导下，由西部科学城重庆高新区管委会和中国工程院院士、清华大学教授李克强团队共同策划，联合重庆高新开发建设投资集团共同发起成立的聚焦智能网联汽车领域的新型研发机构。李克强院士是国家智能网联汽车创新中心首席科学家，“智能网联汽车”这一术语及其技术中国方案的提出者与产业化推动者，在智能网联汽车的概念提出、国家战略制定、产业化落地和应用等领域为我国汽车行业发展做出了重要的贡献。立足西部（重庆）科学城，依托成渝地区双城经济圈国家战略，西部智联致力于打造“国内领先、国际一流”的开放式国际化高端研发机构，积极培育引入产业链上下游企业，力争形成“车—路—云”为一体的百亿级智能网联汽车产业集群，推动重庆迈入全国智能网联汽车产业第一梯队，打造智能网联汽车中国方案名片、助力重庆建设世界级智能网联新能源汽车产业集群（见图 1）。

图 1　西部智联

2. 生产经营

现有员工 130 余人，其中，中国工程院院士 1 人、西部科学城“金凤凰”杰出人才 2 人、西部科学城“金凤凰”领军人才 2 人、重庆英才创新创业示范团队负责人 1 人，研发人员占比超过 70%。西部智联紧密围绕重庆市“33618”现代制造业集群总体部署和成渝地区双城经济圈建设总体战略，积极联动长安汽车、赛力斯、中信科智联、中国汽研、招商车研、国汽智联、重庆大学等头部企业与机构，着力打造智能网联汽车产业技术创新与科技成果转化主平台，已孵化智能网联汽车产业链相关企业 14 家，汇集行业专家 20 余人，实现 1000 余台网联汽车链接上“云”。在智能网联汽车示范区建设、智能网联相关平台能力建设、智能网联相关新型实验室建设和测评服务、高精度地图、5G 应用、域控制器应用、智慧工厂 / 智慧园区的智能化和数字化转型等领域实现市场合同签订 20 余个，合同总金额超 1 亿元，持续助力重庆市万亿级汽车产业集群打造。

3. 技术进展及研发能力

加速推进智能网联汽车“中国方案”车路云一体化的产品研发和落地应用。积极与市内外头部机构、高校深度合作，开展系列研发攻坚和产业合作，包括与长安汽车、赛力斯协同开发智能线控及网联研发平台车；与长安福特联合研发新能源网联汽车大数据挖掘模型；与招商车研联合发布智能网联汽车西部山地仿真场景库；与中国电科集团、月芯半导体建立联合研发验证机制。目前已获批院士工作站、博士后科研工作站、新型高端研发机构、ISO 等科研资质。围绕智能网联汽车感知、算法、试验仿真、数据存储、高精地图等关键技术领域，成功受理发明专利 82 个，正式授权发明专利 11 个，积极参与智能网联汽车相关标准制定 24 个，参与市区产业发展相关顶层规划 13 个，参与重庆市科技重大专项 5 项，重庆市经信委揭榜挂帅项目 2 项。持续打造智能网联汽车创新试验服务能力，正在加快建设智能驾驶系统实验室、场端融合信息通信实验室、跨域联动信息安全实验室、云控实验室等，整合招商车研、清研理工各自优势资源，积极策划、建设、申报国内领先的智能网联汽车重庆实验室，形成支撑产业集聚、科研创新、技术引领、人才培养的公共技术平台。

4. 主要产品与服务

基于车云、路云等核心标准，构建云控基础平台系统，实现车端、路端、云端的数据打通与信息共享；联合长安汽车、赛力斯开发出具备 L4 级自动驾驶的车型平台，实现智能网联线控底盘改造能力；

基于市场和行业需求，自研开发基于自主国产芯片平台的路侧计算单元；积极与生态合作伙伴开展联合研发，打造新一代路侧智能感知设备；积极引进、举办中国汽车工程学会年会、重庆国际人才交流大会、车路云融合创新发展 50 人论坛等行业头部品牌活动，打造智能网联汽车行业活动品牌标杆；充分发挥产业发展规划、示范区建设运营等专家智库的技术支撑作用，参与《重庆市打造世界级智能网联新能源汽车产业集群方案》等多项政策规划的编制，为产业发展建言献策。

5. 发展规划

坚持项目引领、强化产业支撑，聚焦智能网联关键核心技术和卡脖子问题，充分发挥生态集成及产业赋能增效优势，持续瞄准原创性引领性科技突破攻关，持续打造智能网联汽车创新服务能力，加速推进“中国方案”车路云一体化产品研发和落地应用，践行“平台 + 中心 + 企业”三位一体的创新孵化机制。西部智联提供创新孵化平台，大力吸引国内外领军人才加入成立多个业务中心，并在未来进一步孵化成科技企业，持续发挥创新孵化平台的产业集聚效应，助力各个业务中心及企业的发展，向全国智能网联汽车行业输出关键技术和公共服务，在重庆世界级智能网联新能源汽车产业集群建设中展现新作为，彰显新担当。

天津德科智控股份有限公司

1. 发展概况

天津德科智控股份有限公司（简称“德科智控”）成立于 2009 年 3 月，专注于全车系电动转向产品、L2—L4 级高端智能转向产品和线控技术方案的研发及量产，是国内领先的智能驾驶转向技术供应商。曾获国家级“专精特新”小巨人企业、国家级高新技术企业、天津市科技创新民企百强等多项荣誉称号。

德科智控总部位于天津市津南区，总建筑面积 20000 多平方米，拥有独立的总装车间、防尘防静电的控制器总装车间、高效的电机生产线以及完整的实验室。公司还通过了欧盟的 CE、ECE 认证及 IATF16949 质量体系认证。

2. 生产经营

公司运用智能工厂信息系统，实现从研发、制造、销售、采购、物流等各环节数据一体化管控，保证工作效率和安全生产。开发并量产面向乘用车、商用车、自动驾驶全系列车型的智能转向系列，累计交付全球前装主机客户逾 200 万套优质产品。

3. 技术进展及研发能力

德科智控是国内首批 EPS 研发团队，具备超 22 年的研发经验，转向系统生产及销售经验 14 年。公司自有软硬件技术团队，掌握转向系统控制器、无刷电机、传感器和减速机构全产业链开发能力；自主研发的 L4 级车辆智能驾驶线控冗余算法、L2—L4 级线控智能硬件平台，为整车品牌提供转向产品定制化方案，解决车企研发的技术瓶颈和开发痛点。

4. 主要产品与服务

德科智控拥有“全车系、全场景、全冗余”的智能转向产品矩阵（车规级 SBW，SBEH，EPS，EHPS），100% 覆盖 A、B、C 级乘用车、商用车、特种车、自动驾驶市场主流车型；已进入数十家主流车企前装供应链，为全球客户累积交付超 180 万套优质转向产品，在多个细分市场连续 9 年蝉联出口第一。

德科智控也是首批入局自动驾驶线控技术的国内 Tier 1，重点布局干线物流、Robotaxi、低速无人配送、港口矿山特种作业等多款无人驾驶场景车型，具备 L2—L4 级车规级线控转向产品规模交付能力。2013 年至今，公司研究和改装过的无人驾驶车辆项目总计 600 余项，线控转向产品已规模交付超过 10000 台，细分市场占有率遥遥领先。

5. 发展规划

德科致力于成为自主可控的世界一流汽车核心零部件品牌。全地形车用 EPS 在国内保持现有 95% 以上的占有率下，做到全球占有率达 40% 以上；商用车、乘用车产品产量比例上升至 60%；完成 L4 级无人驾驶线控转向技术开发，包括级线控转向系统开发、无人驾驶路感模拟模块开发、后轮转向系统开发等。

兆易创新科技集团股份有限公司

1. 发展状况

随着汽车“新四化”变革趋势的进一步加深，汽车电子应用快速成长，推动整体市场迎来新一轮增长周期。与消费电子不同，汽车行业对电子器件有着严苛的车规标准要求，主要体现在工作温度范围、运行稳定性、安全性、可靠性与一致性等方面，这对车规级芯片提出了很高的准入门槛。

兆易创新科技集团股份有限公司（股票代码603986）是全球领先的 Fabless 芯片供应商。自 2014 年进入汽车电子领域，经过多年的耕耘，兆易创新凭借稳定可靠的存储和微控制器芯片打造了独到优势的汽车市场布局。

2. 生产经营

在存储器领域，兆易创新已实现从 SPI NOR Flash 到 SPI NAND Flash 车规级产品的全面布局，旗下车规级 GD25/55 SPI NOR Flash 和 GD5F SPI NAND Flash 系列从设计研发、生产制造到封装测试所有环节均采用国内供应链，极大程度上填补了国产大容量车用存储器的空白。目前，上述系列产品全球累计出货量已达 1 亿颗，广泛运用在如智能座舱、智能驾驶、智能网联、新能源电动车大小三电系统等。在微控制器领域，兆易创新 GD32 微控制器拥有成熟且久经验证的知识产权，旗下车规级 GD32A503 系列微控制器具有主流型配置和优异特性以及配套的产品级软件，为客户提供一站式解决方案。

3. 技术进展及研发能力

兆易创新车规级芯片均已满足 AEC-Q100 标准，并且公司通过了 ISO 26262：2018 汽车功能安全最高等级 ASIL D 流程认证。目前，公司已与多家国内知名一级汽车供应商（Tier 1）平台合作开发产品，如航盛汽车电子车联网平台、埃泰克车身控制域、保隆科技胎压监测系统、明然科技国产化主动悬架控制器等，同时与多家国际头部公司合作，产品被批量应用于奇瑞、理想、长安、长城、吉利、一汽、东风、上汽、广汽、比亚迪、蔚来等汽车厂商。

4. 主要产品

（1）GD25/55 系列 SPI NOR Flash 全系列车规闪存芯片

兆易创新 GD25/55 系列 SPI NOR Flash（见图 1）是目前容量覆盖最全的全国产化车规闪存产品，产品容量覆盖 2Mb ~ 2Gb，支持 3.0V/1.8V 供电，支持单通道、双通道、四通道和八通道通信，最高达 400MB/s 的数据吞吐速率，内存架构灵活自如（扇区大小 4K Bytes，块大小 32/64K Bytes），中大容量产品内置错误检查和纠正（Error Checking and Correcting，ECC）算法与循环冗余校验码（Cyclic Redundancy Check，CRC）校验功能，在提高可靠性的同时延长产品使用寿命，DQS 和 DLP 功能为高速系统设计提供了保障。工作温度范围支持 −40 ~ 85℃ /−40 ~ 105℃ /−40 ~ 125℃，可靠性指标高，可达到 10 万次擦写周期及 20 年数据保留能力，这些完善的产品组合能够全面满足汽车电子应用所需，实现一站式选择。GD25/55 系列 SPI NOR Flash 广泛用于车载娱乐影音、智能网联、智能驾驶、电池管理、充电管理、域控制等应用。

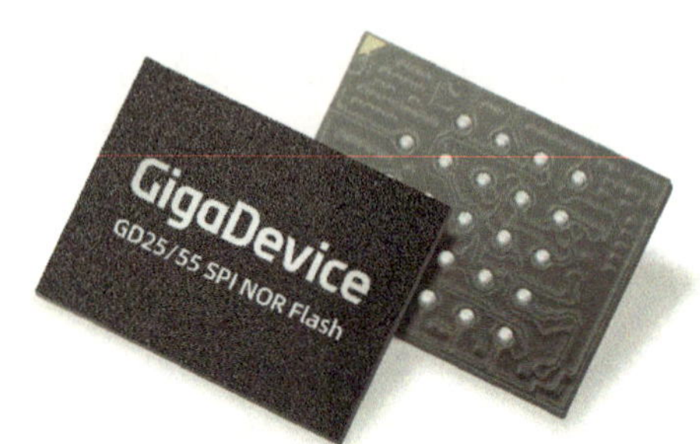

图 1　GD25/55 系列 SPI NOR Flash 全系列车规闪存芯片

（2）GD5F 全系列 SPI NAND Flash 车规闪存芯片

兆易创新 GD5F 全系列 SPI NAND Flash 车规闪存芯片覆盖 1 ~ 4Gb 容量，采用 3.0V/1.8V 供电，使用成熟的 38nm 制程工艺，采用少引脚、小型化封装，在狭小空间内实现大容量的选择；其内置错误检查和纠正（Error Checking and Correcting，ECC）

模块，在保留 NAND 成本优势的前提下，极大提高产品的可靠性；并且在 −40 ~ 105℃ 的宽温度范围内，实现高达 10 万次的擦写性能。该系列产品可为车载网关、数字视频录像机（Digital Video Recorder，DVR）、智能驾舱、远程信息处理器（Telematics-BOX，T-box）等应用提供大容量、高性价比的解决方案。

（3）基于 Cortex®-M33 内核的 GD32A503 系列车规级微控制器

GD32A503 系列车规级微控制器（见图 2）基于 100MHz Cortex®-M33 内核，配备 384KB 闪存芯片（Flash）和 48KB 静态随机存取存储器（Static Random-Access Memory，SRAM），另有专用代码空间可配置为 64KB Dflash/4KB EEPROM。芯片采用 2.7 ~ 5.5V 宽电压供电，工作温度范围为 −40 ~ +125℃，工作寿命达 15 年以上。为实现多样化的车身控制和互联应用，GD32A503 集成了多种通信接口增强连接能力，支持多达 3 个 USART、2 个 I2C、2 个 SPI、1 个 I2S，还配备了 2 个 CAN FD 和 3 个 LIN。根据开发应用需求，新增的 MFCOM 组件可以灵活配置为 USART/SPI/I2C/LIN 等接口。芯片配备了 1 个通用 16 位定时器、2 个基本定时器、4 个 PWM 高级定时器。内部 12 位模数转换器（Analog to Digital Converter，ADC）采样速率可达 1M s/s，还集成了快速比较器、数模转换器（Digital to Analog Converter，DAC）等高精度模拟外设以支持车用电机控制。GD32A503 的 Flash/RAM 支持错误检查和纠正（Error Checking and Correcting，ECC）校验，数据通信支持循环冗余校验码（Cyclic Redundancy Check，CRC）校验，还配备了高低电压监测（BOR/PDR）、时钟监测等功能。并以出色的静电防护及抗干扰（ESD/EFT）能力，应对汽车电子所必需的低失效率和高可靠性要求。GD32A503 系列微控制器可以广泛用于多种车用场景，如车窗、刮水器、空调、智能车锁、电动座椅、电动行李舱等车身控制系统和电机电源系统，氛围灯、动态尾灯等车用照明系统，以及仪表盘、车载影音、娱乐音响、中控导航、车载无线充电等智能座舱系统。得益于出色的安全监测机制，GD32A503 也适用于部分高级辅助驾驶系统（Advanced Driver Assistance System，ADAS），如环视摄像头、声学车辆警报系统（Acoustic Vehicle Alerting System，AVAS）等场景。

图 2 基于 Cortex®-M33 内核的 GD32A503 系列车规级微控制器

5. 发展规划

汽车产业正在经历着巨大的变革并体现出极大的增长潜力，微控制器的发展已成为汽车电子智能创新的关键推动因素，市场对车载存储的程序和处理的数据量也提出了更多的新需求。兆易创新将持续深化车规产品线布局，以贴合汽车用户需求的产品和解决方案，与合作伙伴一同提升产业影响力。

蘑菇车联信息科技有限公司

1. 发展概况

蘑菇车联信息科技有限公司（以下简称“蘑菇车联）于 2017 年成立于北京，是行业领先的自动驾驶全栈技术与运营服务提供商。公司自主研发了业内首个“车路云一体化”自动驾驶系统，掌握 L4 级自动驾驶全栈技术，多项人工智能核心算法世界排名第一，落地全球首个城市级自动驾驶项目，是第 31 届世界大学生夏季运动会自动驾驶官方供应商，成为首个服务世界性赛事的自动驾驶公司。

公司为科技部、财政部、税务总局认定的“高新技术企业”，公司“车路云一体化”系统获科学技术成果“国际先进”水平评价，获得工业和信息化部颁发的网络安全技术应用试点示范项目荣誉，并入选长城战略咨询“2022 年中国独角兽企业”榜单。

公司持续多年的高占比研发投入，研发人员占比达 70% 以上，硕博以上人员占比超 1/3，目前已在智慧交通、自动驾驶领域申请专利超 1200 项，其中发明专利超 900 项。

2. 生产经营

公司在北京顺义落地国内第一个开放式 5G 商用智慧交通车路协同项目；在湖南衡阳打造国内首个城市级自动驾驶项目；在云南大理打造支持 L4 级自动驾驶的车路协同智能网联项目；服务第 31 届世界大学生夏季运动会，成为首个服务世界性赛事的自动驾驶公司。

公司自动驾驶商业化进程居全球领先地位，商业化应用场景覆盖城市开放道路、高速公路、园区、景区、机场等，目前已在北京、湖南、云南、山东、湖北、江苏、四川、贵州等多地实现商业化落地。

3. 技术进展及研发能力

公司自研“车路云一体化”系统（见图 1），应用融合感知、融合决策控制、高精地图、高精定位、AI、仿真系统、云 + 边缘计算、实时大数据等前沿技术，深度融合自动驾驶 + 车路协同 +AI 云平台三大板块，满足不同场景、不同车型的需求，核心技术指标行业领先。

自研算法和系统（交通大脑），以毫秒级标准实时处理海量并发交通信息，包括车辆、道路和交通参与者的信息数据；全链路信息传递决策在 100 毫秒以内，保证车辆行驶安全，提供全局协同和管理能力，形成高商业价值数据资产。

前沿研究方面，蘑菇车联所提出运动目标分割算法、激光雷达语义分割算法、多目标跟踪算法，以及轨迹预测模型、人体姿态估计模型位列全球多个榜单第一，多项研究成果被国际顶会收录。

4. 主要产品与服务

公司自主研发了行业首个“车路云一体化”自动驾驶系统，并基于行业领先的“车路云一体化”技术，推出包含车、路、云全系列产品的自动驾驶标准化产品包（MOGO Package），包括 AI 数字道路基站 (MOGO AI Station)、自动驾驶车辆 (MOGO Vehicle)、智慧交通云平台 (MOGO AI Cloud)，可短时间内实现多地、多场景快速落地，助力交通数字化转型。并于 2023 世界智能网联汽车大会上正式发布**“车路云一体化”标准产品包（MOGO Package 2.0）**（见图 2）。

“车路云一体化”标准产品包（MOGO Package 2.0）具备以下优势和特点：①模块化，快速复制；②全部 L0 ~ L4 智能网联车辆；③城市开放道路、高速公路、景区、园区；④智能化、舒适化、少人化；⑤提升安全及效率，降本增效；

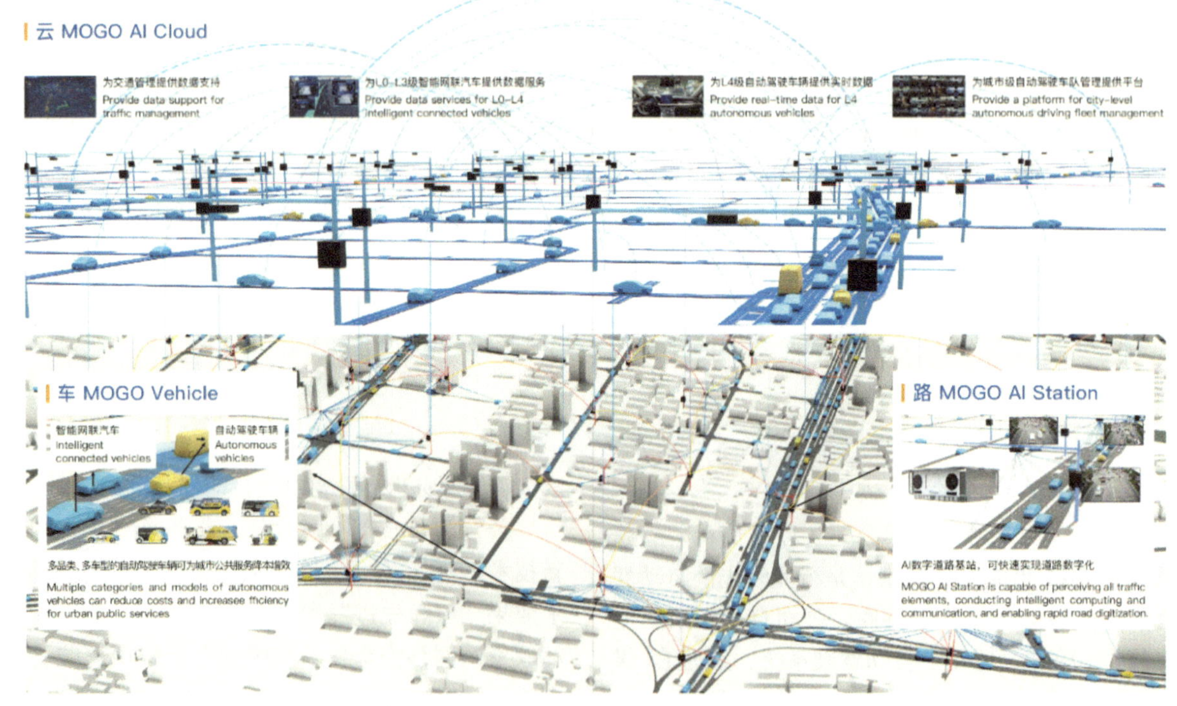

图 1 蘑菇车联“车路云一体化”系统

MOGO Package 2.0

自动驾驶车辆
MOGO Vehicle

数字道路基站
MOGO AI Station

智慧交通云平台
MOGO AI Cloud

图 2　蘑菇车联“车路云一体化”标准产品包（MOGO Package 2.0）

其中，路侧方面，蘑菇 AI 数字道路基站 2.0（MOGO AI Station 2.0）（见图 3）搭载全栈自研、国际领先的智能交通处理操作系统 MRS 2.0，将感知、通信、计算设备高度集成，可对全域交通要素实时数字化，并将全量数据经过内置 AI 大模型处理，全链路时延低于 0.1s。经过数千万公里道路测试里程验证，可以显著降低交通安全隐患，大幅提升交通效率，使无人驾驶车辆大规模落地成为可能。

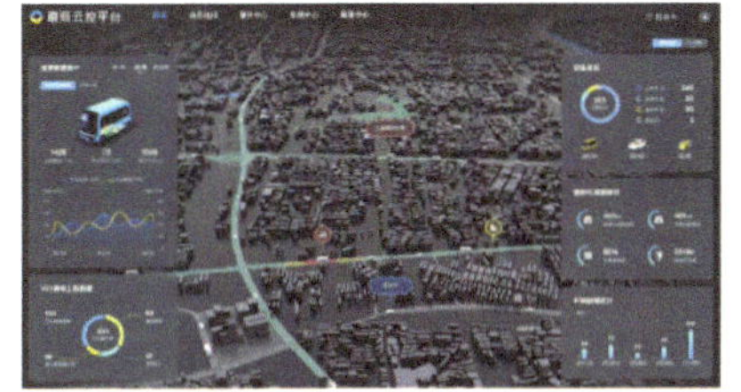

云控平台 Zion

交通大脑 Matrix

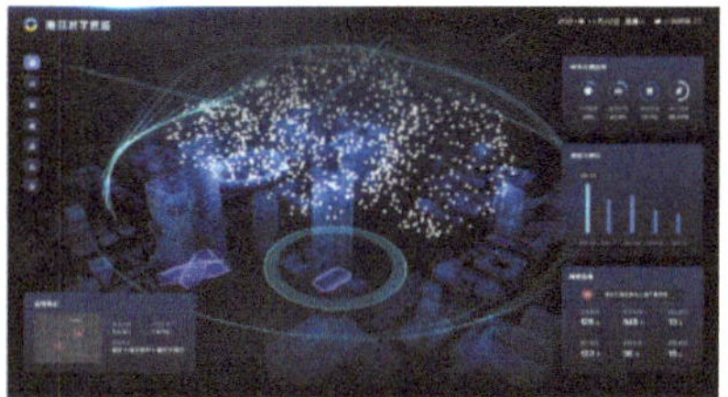

数字底座 DMP

高精地图 HDM

平行驾驶 Avatar

图 3　蘑菇 AI 数字道路基站 2.0（MOGO AI Station 2.0）

云端方面，蘑菇车联推出智慧交通 AI 云平台（MOGO AI Cloud）（见图 4），包含自研的数字化底座、无人驾驶云控平台、城市交通大脑以及车载 APP 和云端数据服务在内的城市级一体化 AI 云系统，可以有效实现城市全域交通数据互联互通，以毫秒级标准实时处理海量并发交通信息，将边缘云、区域云和中央云全链路贯通，有效保证车辆行驶安全和提供全局协管能力，全面赋能给 L0 ～ L4 级别智能网联汽车和城市交通治理优化。

自动驾驶车辆方面，蘑菇车联打造了多品类、多车型标准化自动驾驶车辆 (MOGO Vehicle)，全系车型标配车路协同 V2X 功能，包括自动驾驶出租车（Robotaxi）、自动驾驶巴士（Robobus）、大型自动驾驶清扫车（Robosweeper）和小型自动驾驶功能车，覆盖公共出行、接驳、观光、环卫、安防、零售等场景，其安全性和行驶控制性能已在多个落地运营项目得到实际验证，指标显著领先。

MOGO T1
入门级 | 高性价 | 车路协同 | 规模营运

MOGO T2
豪华级 | 极致体验 | 车路协同 | 商务接待

MOGO B1
多场景 | 高性价比 | 车路协同 | 规模营运

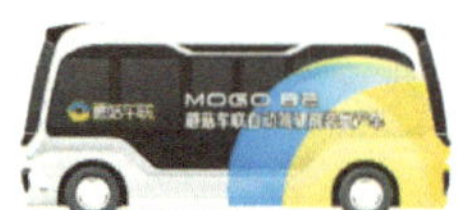
MOGO B2
一体化 | 自主设计 | 前装定制 | 未来科技

MOGO M1
无人化 | 自主设计 | 全栈自研 | 娱乐空间

MOGO C1
入门级 | 高性价 | 车路协同 | 规模营运

MOGO T100
全栈自研 | 高性价比 | 车路协同 | 平行驾驶

MOGO功能车矩阵
生态完善 | 业态多样 种类齐全 | 全局调度

图 4　蘑菇车联智慧交通 AI 云平台（MOGO AI Cloud）

科大讯飞股份有限公司

1. 发展概况

科大讯飞股份有限公司成立于 1999 年，是亚太地区知名的智能语音和人工智能上市企业。自成立以来，一直从事智能语音、自然语言理解、计算机视觉等核心技术研究并保持了国际前沿技术水平，并积极推动人工智能产品和行业应用落地，致力让机器“能听会说，能理解会思考，用人工智能建设美好世界”。

从 2003 年开始，科大讯飞已经在汽车智能化领域深耕了 20 年，经过不断的探索和研发，科大讯飞集成了业界先进的多麦克风阵列降噪、多语种识别、AIUI 对话式交互、多语种合成、音频音效处理等技术，实现汽车“能听会说”。通过融合生物识别及认证、机器视觉处理、图像识别、自然语言理解、机器翻译，并结合大数据及云计算等技术，让汽车能够“察言观色”“能理解会思考”。通过深度整合优质的互联网信息娱乐内容和汽车出行服务资源，让驾驶体验更丰富、更有趣。与此同时，科大讯飞智能汽车围绕购车、驾车、乘车和换车生命全周期，全链路、全场景布局汽车智能化产品，围绕智能交互、智能座舱、智能驾驶、智能服务四个智能化赛道不断探索新产品和新服务。一路坚持让汽车驾驶更安全、更智能、更有趣，让汽车服务更丰富、更贴心、更高效的使命，使人工智能技术在汽车行业得到了深度的应用。

2. 生产经营

目前，科大讯飞已实现在汽车智能座舱、智能驾驶和智能服务领域的全面产品布局，并立志成为全球优秀的智能汽车增量软件产品提供商和服务商。当前，公司汽车智能化产品合作已覆盖 90% 以上的中国主流自主品牌和合资品牌车厂，包括奇瑞、广汽、长安、长城、比亚迪、高合、零跑等汽车厂商。截至 2023 年 9 月底，科大讯飞的汽车智能化产品和技术已累计实现 5000 万的前装搭载，上半年在线交互次数突破 26.13 亿次，同比增长 88%，平均每月活跃用户近 1900 万。

3. 技术进展及研发能力

2023 年 5 月 6 日，科大讯飞发布新一代认知智能大模型——讯飞星火认知大模型，拥有跨领域的知识和语言理解能力，能够基于自然对话方式理解与执行任务，从海量数据和大规模知识中持续进化，实现从提出、规划到解决问题的全流程闭环。整体布局为“1+N”体系。其中，“1”是指通用认知智能大模型；“N”就是大模型在教育、办公、汽车、人机交互等各个领域的落地。在新华社研究院中国企业发展研究中心针对国产主流大模型的测评中，讯飞星火认知大模型以总分 1013 分位居榜首。《麻省理工科技评论》中国发布的大模型评测报告中，讯飞星火以总分 81.5 分摘夺桂冠，被称为中国“最聪明”的大模型。

面向多样化的汽车使用场景，科大讯飞推出星火座舱OS、星火汽车APP和星火座舱域控，支持实时检索，可以实现插件化调度，并集成了多模态生成的能力，为合作伙伴提供自主可控、组件化、更开放的座舱解决方案。自讯飞星火认知大模型发布以来，科大讯飞积极推进大模型在汽车领域的应用落地，通过大模型赋能智能座舱和智能驾驶，带来人车交互体验跃升。当前，讯飞星火已与包括奇瑞、广汽、长城、长安在内的多家车企和合作伙伴强强联手，构建汽车AI星火生态，共同推动汽车智能化升级。

未来（北京）黑科技有限公司

1. 发展概况

FUTURUS未来（北京）黑科技有限公司是专注于汽车领域增强现实显示技术研发及应用的新锐企业，也是中国首批将HUD产品带入量产的企业之一。

目前已形成以汽车风窗玻璃为介质，以光场光学、计算光学、全息光学、微纳和衍射光学、波导光学、自由曲面光学、AR引擎等技术为核心的汽车抬头显示产品（HUD）系列。产品覆盖WHUD、ARHUD、全车窗HUD等诸多产品线，可适配L2～L5不同自动驾驶阶段的用户对车内智能交互的需求。

自2016年成立以来，FUTURUS在技术创新、产品研发、量产落地等各方面均实现了高速有序的发展，与宝马、奥迪、上汽、理想、长城、吉利、比亚迪等头部主机厂建立了合作关系，规模化量产实力雄厚。

2. 生产经营

公司拥有基于复杂自由曲面成像的汽车平视显示技术（HUD）、基于超材料和光场的增强现实平视显示技术（ARHUD）、基于光场的无介质全息显示技术，和基于地理信息系统、机器视觉及深度学习的AR融合算法等核心技术，围绕各种新型显示技术开发产品，为企业客户提供定制化研发服务和高质量的平视显示器。

3. 技术进展及研发能力

FUTURUS高度重视光学显示及交互基础技术创新，截至2022年年底，FUTURUS共申请国内外专利477件，其中发明专利273件、国际专利55件。是近三年来全球HUD技术专利申请数量最多的中国公司，ARHUD专利申请数量位居全球第一。

公司拥有超过100名研究员、技术专家和工程师，研发人员占比超75%，平均拥有超10年的行业经验，专业涵盖基础物理学、光学超材料、光学工程等多个领域，基础创新、技术研发及工程落地能力优越。

4. 主要产品与服务

（1）智能WHUD

智能WHUD可以投射车速、转速、指示灯等信息，全面替代传统仪表。此外还可以显示ADAS、电话、信息、地图、导航、语音交互、歌曲等驾驶过程中可能用到的各种信息。让驾驶员在驾驶过程中，不用低头就可以获取几乎所有的信息，极大提高了驾驶安全性（见图1）。

图1 智能WHUD

（2）光场ARHUD

光场ARHUD是FUTURUS最新推出的一款采取多焦面光场成像，并搭载FUTURUS独家AR Kernel®渲染引擎的ARHUD产品。该产品采取连续变焦的多焦面光场成像技术，配合空间运动姿态捕捉及延时补偿算法，以及高帧率、高性能的实时渲染，能够在实现 HUD 虚拟成像和真实世界的稳定贴合，实现了更好的 AR 融合效果（见图 2）。

图 2　FUTURUS 空间光场 ARHUD

（3）空间光场 ARHUD

FUTURUS 的空间光场 ARHUD 采用 3D 光场显示器，结合极低延迟实时融合系统，可以实现真正实时的 AR 融合。FUTURUS 凭借独家 3D 光场显示技术，能够做到在驾驶员视线所及之处显示对应画面，显示范围覆盖道路前方 4 ~ ∞m 范围，实现了 HUD 画面虚像与道路实景的实时、动态贴合，结合 ADAS 高级驾驶辅助系统，极大提高了用车便利性及行车安全性。

（4）全车窗 HUD

FUTURUS 全车窗 HUD 可以把汽车的前风窗玻璃变成一整块透明屏幕，可显示光场 ARHUD 相关驾驶辅助信息，副驾则可以利用前风窗玻璃满足资讯获取、在线办公、在线购物、社交娱乐、视频电话等需求。左右分区相互独立，互不影响，安全娱乐两不误。该产品 100% 自主研发，采用纳米光学超材料设计让汽车前车窗变身巨幅屏幕，成为汽车在将来从交通工具转向第三生活空间的唯一视觉入口。

（5）光场 MRHUD

结合三维深度显示技术和超薄纳米超材料技术，实现了既有深度又有广度的全景光场 AR 显示，充分满足用户在车载移动场景下的不同诉求。FUTURUS 光场 MRHUD 更加关注车内与车外环境的交互，可基于 LBS 地理位置信息提供商场、咖啡馆、加油站等 POI 信息推送，将前车窗改造为继电视、计算机、手机之后的第四块屏幕，开辟了面向下一代增强现实互联网的全新入口，具备极大的想象空间和商业价值。

5. 发展规划

一是打造性价比最优的 WHUD 产品，通过把 WHUD 产品做成行业标杆，借助成本和体验优势，实现市场规模化；二是主打绝对差异化的光场 ARHUD 和空间光场 ARHUD 产品，将体验做到极致，带动 FUTURUS 实现更健康的利润。

武汉际上导航科技有限公司

武汉际上导航科技有限公司（简称：际上导航），成立于 2015 年，位于东湖新技术开发区（中国光谷），是一家拥有完全自主知识产权，致力于应用 GNSS（卫星导航）、INS（惯性导航）、VL（视觉定位）、LIDAR（激光雷达）、SLAM（同步制图定位）等专业技术，提供各种目标空间状态信息和定位测姿导航方案的国家高新技术企业。

公司团队本科以上学历占 70%、硕士及博士学历占 20%，现有院士 1 人、高级工程师 18 人，拥有以两院院士李德仁与海归“百人计划”专家孙红星博士为代表的国际一流研发团队，拥有 30 多项产品专利和软件著作权，其中授权发明专利 7 项。与美国俄亥俄州立大学、英国诺丁汉大学、澳大利亚新南威尔士大学、德国国家地球科学研究中心、中国科学院测量与地球物理研究所、武汉大学等众多知名研究机构建立有紧密稳定的联合研发和技术交流机制。

团队自主研发的 GNSS 高精度动态差分定位软件、高精度 GNSS/INS 组合定位定向系统稳居世界同行第一梯队，是中国第一个研究高精度（厘米级）GNSS/INS/ 多传感器组合定位的团队（2000 年），是国际上最早研究 GNSS/INS/LS（激光雷达）组合定位（SLAM）的团队之一（2007 年），是国际上最早实现 GNSS/INS/WS（里程计）组合检测铁轨平顺度的团队（2014 年）。

创立至今，际上导航已发展成为 GNSS 卫星定位设备、多传感器组合定位测姿系统、多平台移动激光扫描系统、智能驾驶车辆组合定位系统、道路信息采集系统、铁轨平顺度惯导检测系统等研发、生产、销售、服务和培训的国家高新技术企业，连续多年获得湖北省双创战略团队、省专精特新中小企业、武汉市人工智能企业、光谷瞪羚企业、3551企业等荣誉资质。

目前，公司产品及解决方案已被广泛应用于测绘、电力、国土、林业、农业、水利、能源、交通、智慧城市、智能驾驶、应急与国防等诸多领域，市场覆盖中国大陆30多个省份与海外100多个国家和地区。

进入新时代，以创新、实业为使命，紧抓国家科技兴国战略机遇期，际上导航将继续为中国地理空间信息产业发展做出新的贡献，持续为客户和社会创造更大的价值。

东风悦享科技有限公司

东风悦享科技有限公司成立于2020年12月29日，是依托“国家级技术中心”——东风汽车集团有限公司技术中心孵化而来的科技公司。公司是东风汽车集团有限公司在L4及以上高级别自动驾驶领域的布局，承载了东风集团汽车智能化发展战略任务。

自成立以来，公司沿袭了传统汽车行业产业链协同、质量管理及成本控制能力，以市场需求为导向、应用场景为牵引，根据不同场景、特征、业务特点，打造出载人、载物、特殊用途等多条产品线（见图1），以应对智慧交通、智慧城市、智慧港口等场景通过多样化产品领域布局，实现智慧交通、智慧港口等多场景落地应用。

图1　悦享科技产品线

目前，公司在职人员329人，平均年龄为30岁，国家级外聘专家5人。其中技术研发人员占比52%，硕士及以上学历占比27%。在人员职称方面，公司32%的员工拥有职称，其中正高级职称2人，副高级职称20人。

公司重视自主技术研发、关键核心技术自主掌握，累计承接国家工信部、科技部课题2项，国资委科技任务攻关5项，省、市课题4项，在自动驾驶领域深耕细作，争做原创技术策源地。课题成果立足技术研发和市场需求，从技术、产品和应用三个层面实现全价值链的自主化突破。自控系统解决行业核心部件“大脑”工程化问题，云控系统填补国内车规级集成式平行驾驶终端空白。公司持续强化自主创新，为进一步提升自主掌控力，完成了L4级自动驾驶域控制器研发、自主云控控制器开发等重点攻关任务，并入选国资委《中央企业科技创新成果推荐目录（2022年版）》关键零部件清单。承载东风50余年积攒经验，公司通过自动驾驶技术研发与创新，积极参与行业学会活动，多次参加行业白皮书、创新应用路线图等行业研报编写，同时取得了多项成果。公司入围国资委“科改示范企业”名单、入选2022年高新技术企业、专精特新中小企业、“双软企业”、湖北省建设型产教融合企业等多项资质认证；荣获工信部2022年工业互联网APP优秀解决方案、“中国图象图形学会科技进步一等奖”、绽放杯5G应用二等奖；揭榜武汉市科技重大专项和首批数字经济应用场景、入选武汉市人工智能优秀应用场景。

公司始终重视知识产权保护及行业发声，截至2023年一季度，公司累计牵头或参与无人驾驶行业团体标准27项、受理发明专利超300件（授权28件），软著登记32件，发表高水平论文8篇，自主掌握自动驾驶、远程驾驶、车路协同等 23 项核心技术，实现关键核心技术 100% 自主可控。

公司着力发展智慧园区、智慧景区、智慧港口等多场景运营，逐步成功从封闭园区走向公开道路。在武汉经开区军山新城投放 Sharing-X 系列服务车辆和移动服务设备 50 台，通过提供无人接驳、移动核酸检测、无人清扫、安防巡逻、无人配送等服务，累计服务人次近 7 万，助力军山新城开展全面的无缝化移动服务运营，为军山新城"双智"发展贡献力量；在雄安新区，公司探索绿色智慧交通出行和交通管理新模式，获得当地首张智能网联测试牌照，设立了 901 无人驾驶公交线路，通过"车 + 路 + 云 + 站 + 场"公共交通领域的全场景解决方案服务周边居民；在厦门远海海港码头、广西龙邦陆路口岸、武汉阳逻内河码头，公司投放近 50 辆无人集卡运营应用，为建设安全、可靠、高效的智慧物流赋能。另公司在北京、上海、杭州、西安、长沙、兰州、青岛、苏州、洛阳、嘉兴、保定、襄阳、宜宾、大理、佛山、等三十余个城市地区落地应用了公司商业化运营和无人驾驶运营服务方案。

华人运通（上海）云计算科技有限公司

1. 发展概况

华人运通是一家专注于未来出行体验的创新型科技公司。在智能汽车、智捷交通和智慧城市"三智战略"下，将传统汽车产业精华与互联网、信息通讯和人工智能跨界融合，打造了源自中国的高端新能源智能汽车品牌高合 HiPhi。用突破性的"场景定义设计""软件定义汽车""共创定义价值"三大理念自主开发 HiPhi X/Y/Z，为用户带来科技豪华的未来出行体验。HiPhi X 于 2021 年 5 月量产交付，HiPhi Z 于 2022 年底量产交付，双车型在 50 万元以上豪华电动车领域长期处于领先地位。HiPhi Y 于 2023 年 7 月上市并交付，迅速获得用户认可，让高合 HiPhi 系列在高端豪华电动车市场进一步站稳脚跟。

2. 生产经营

华人运通（Human Horizons）成立于 2017 年 12 月 12 日，是一家专注于未来出行体验的创新型科技公司，以智能汽车、智捷交通和智慧城市"三智战略"，实现改变人类未来出行的愿景。

公司以"场景定义设计""软件定义汽车""共创定义价值"的理念，跨界融合传统汽车产业精华与 AI、互联网、信息通信等技术实力，以"共创"这一全新方式，与相关方尤其是用户，共同打造了中国高端的智能电动车品牌高合 HiPhi。

高合汽车始终坚持打造面向全球的豪华智能纯电品牌，目前家族产品阵营涵盖豪华纯电超跑 SUV HiPhi X、豪华纯电超跑 HiPhi Z 及 HiPhi Z 城市版、科技豪华 SUV HiPhi Y 及新世纪顶级超跑 HiPhi A，多方位布局豪华纯电市场，为用户带来 TECHLUXE® 科技豪华体验。

高合 HiPhi X 为高合汽车旗下首款旗舰产品——豪华纯电超跑 SUV，集全球领先软硬件技术于一体，是中国汽车产业史上从传统燃油车走向新能源、智能化，自主品牌走向高端豪华的跨时代产品。2022 年成为 50 万元以上豪华电动车单车型全年销量冠军。

高合 HiPhi Z 是高合第二款旗舰产品——豪华纯电超跑，具备未来时尚、电子时代的操控，以及数字生命交互。2022 年底交付，细分市场市占率保持领先。2023 年 10 月 14 日 HiPhi Z 城市版上市，作为高合旗舰车型全新力作，打造中国纯电跑车新标杆。

高合 HiPhi Y，高合家族主力舰——科技豪华 SUV。起步即豪华，起步即高配，高合 HiPhi Y 标配十余项科技豪华配置，包含第二代 NT 智能展翼门、ISD 智能交互灯、全速域主动后轮转向、具有三档通风、加热和按摩前排座椅、HiPhi Port 高合拓展坞等。自 2023 年 7 月上市以来，HiPhi Y 月度交付量不断攀升，以持续上涨趋势在主流豪华纯电 SUV 市场中取得不断突破。

3. 技术进展及研发能力

（1）自主研发　科技实力

华人运通成建制地传承中国汽车产业 30 年发展积淀的团队、体系、经验、知识积累，又融合互联网、通信、消费电子等中国强势产业人才和实践的跨界创新企业，覆盖自动驾驶、智能座舱、三电技术等先进技术研发、造型设计、整车工程开发/试制/试验、供应链和制造工艺开发等业务链条，同时形成了在整车零售和售后服务、智能交通技术开发和示范项目运营等前后端各个领域的布局与业务开展能力。

截至2023年12月，华人运通累计申请专利2400余件，近50%为发明专利，人均专利申请量显著高于业界平均水平；累计获得专利授权超1300件。此外，华人运通还积极在欧、美、日等国家和地区布局海外专利，目前已申请了200余项。

（2）智能架构　场景体验

高合自主研发的开放式H-SOA超体电子电气架构实现了量产，其搭载了六大计算平台和千兆以太网，开发了软件中间件，实现软硬件解耦，进行功能重组和调动，通过四大域控制器，实现高性能、可进化的软件定义硬件的微服务化智能平台，从而可以创造出更多的车辆智能应用，适应更多的使用场景，甚至不断创造出全新的使用场景。

华人运通高合汽车与全球知名游戏公司Epic Games进行深度合作，基于高合H-SOA电子电气架构，将虚幻引擎（Unreal Engine）应用于高合HiPhi Z/Y车机系统，打造“真3D”数字座舱，实现更智能与拟真的人机交互体验，彰显“数字生命”特征。

HiPhi Z/Y搭载了高通新一代骁龙8155车载芯片；基于AI图像识别算法，结合视线、头部姿态及面部识别技术，实时检测驾驶员是否处于疲劳/分神的状态，当出现异常情况时通过HUD、中控屏等提醒用户，保障行车安全；支持用户通过简易手势对车机下达指令，使用户在不操作屏幕或使用语音的情况下也可以完成车控或多媒体调节，提升了观影等场景下的便捷性，并凸显整车的科技感；基于AI图像识别算法，当用户离车锁车后，实时检测车内宠物、儿童的滞留情况，及时通过车外灯光、手机APP消息等形式提醒用户，并可以由用户远程开启空调通风。

从“场景定义设计”“软件定义汽车”“共创定义价值”三大定义出发，高合汽车突破单体智能的局限，打造出更人性化的场景智能。相比单体智能而言，场景智能是将多个功能联动，一键触发，实现多步直达，最大程度的开放用户共创的自定义权限，从而满足用户所有的用车场景。2022年3月，高合发布了基于H-SOA开放架构打造的HiPhi Play场景共创平台。并在9月的2022世界人工智能大会（WAIC）上车发布了全球首个可自定义组合车辆各项能力的场景编程平台——HiPhi Developer，也是目前行业中开放程度最高的场景智能共创平台。截至2023年8月，HiPhi Play累计拥有超过11000张场景卡，超过78%的用户使用过场景卡，下载18万频次。

4. 发展规划

华人运通自创立之初就提出从人出发，考虑人性化的需求，通过人性化的智慧科技，以智能汽车、智捷交通、智慧城市的三智战略，推动整个出行从单体智能向混合智能转变，最终实现群体智能。通过拓展智能电动汽车的外延，使之与智慧能源、智能交通、智慧城市深度融合，并且最大化协同效益，将汽车、能源、交通、城市高效安全地相互连接，从而重新定义未来出行形态。

作为车路城一体化探索的先行者，华人运通携HiPhi X 5G+V2X车路协同车型多次参与国家“新四跨”暨大规模先导应用示范活动并圆满完成相关测试，进一步助推车路协同智能驾驶的规模化商业落地。在2022年工信部信通院的IMT-2020（5G）推进组蜂窝车联工作组（C-V2X工作组）的第十七次结题会议上，经专家评审，华人运通HVP整车智能下线系统通过“MEC+C-V2X融合测试床项目”结项验收。

公司将持续把未来车辆的研发，放在整体城市发展和道路发展的维度讨论，秉持“一次开放，多点利用”技术战略，以智能汽车为起点，通过技术的共用，推进车路协同延展到智捷交通和智慧城市。一方面，持续自研高阶智能驾驶辅助系统，通过搭载更多更好的传感器，不断提升算法来实现单车智能的增强；另一方面，公司也在持续推进车路协同的技术积累和业务拓展。

同时，随着车辆从简单的交通工具演变成为城市中移动的最大智能终端、计算平台和服务平台，智能汽车作为一个移动的空间，移动的智能终端，将通过高效可靠的通信方式，连接更广阔的互联网和物联网生态。我们相信，基于智能汽车作为智能终端和数据节点，元宇宙未来一定会结合到智慧出行中，成就更广的应用生态。

基于高合H-SOA电子电气架构，公司将持续尝试通过实时渲染技术实现对周围环境的实时感知，以“一镜到底”和“数字孪生”的特点实现人机自由交互，模拟人类对于从认知到重建的过程，使用实时渲染技术构建了一个可自由交互的 3D 空间，以“数字生命”回答人们对未来 HMI 的畅想。

光羿科技有限公司

1. 发展概况

光羿科技有限公司（以下简称“光羿科技”）于2017年在深圳、硅谷、印第安纳同步建立，发展至今，光羿科技已建立普渡研发中心、深圳工程技术中心、苏州产品交付中心等全球多个基地。光羿科技专注于电致变色技术领域，拥有超过 500 名员工，其中包括 15 位博士级的权威专家，主要来自清华大学、斯坦福大学、普渡大学等国内外知名高校，是一家致力于自主研发和生产的创新科技企业。

作为全球电致变色技术领导者，光羿科技在汽车领域提供整车调光解决方案，并拥有超过 380 项全球专利。此外，光羿科技荣获国家高新技术企业认证、通过了 IATF 16949 汽车行业质量体系认证以及多个行业奖项，其中包括：CES2023 车辆技术与先进移动出行创新奖、2023 年“未来之星”高成长性创新公司、铃轩奖·智能座舱类优秀奖等。

2. 生产经营

作为全球范围内唯一实现电致变色大面积曲面产品量产的公司，光羿科技打破了传统电致变色材料的限制，通过固态柔性电致变色薄膜，解决了传统电致变色技术在汽车领域的应用难题，优化了新能源整车光线体验与空间体验。同时光羿科技在生产工艺上采用更高效的卷对卷涂布技术，大大实现了降本增效，更好的服务于全球新能源汽车市场。

当前国内已有 9 款新能源车型使用光羿电致变色智能调光产品：

① 2021 年 6 月，埃安 S Plus 光感浩瀚天幕；

② 2021 年 6 月，极氪 001 EC 光感天幕；

③ 2022 年 5 月，比亚迪海豹 光感天幕；

④ 2022 年 10 月，哪吒 S 全景隔热变色天幕；

⑤ 2022 年 12 月，蔚来 EC7 全球首款黑灰色智能调光全景天幕；

⑥ 2023 年 6 月，蔚来 ET5T 黑灰色智能调光全景天幕；

⑦ 2023 年 9 月，蔚来 EC6 黑灰色智能调光全景天幕；

⑧ 2023 年 11 月，阿维塔 12 智能光感前风窗玻璃与智能光感全景天幕；

⑨ 2023 年 12 月，比亚迪宋 L EC 智能感光天幕；

3. 技术进展及研发能力

（1）技术进展

光羿电致变色智能调光薄膜属于第三代电致变色技术，采用柔性固态电致变色薄膜技术（见图 1）。传统的电致变色材料通常以玻璃为基底，生产效率有限，需要逐块制作。光羿科技突破了这一局限，采用柔性 PET 薄膜作为基底，并运用 R2R（卷对卷）涂布技术，实现了大面积产品的批量生产。这一突破性技术不仅提高了生产效率，还为电致变色技术的应用带来了新的可能性。

光羿电致变色薄膜器件由光羿科技自主研发的 EC 材料和固态电解质组成，具有多重优点，包括低雾度、宽范围的变色能力、连续动态控制、低驱动电压、超快响应速度、断电后能保持稳态以及长时间的循环稳定性。

此外，基于薄膜基底的器件可以轻松切割成各种曲线和不规则形状的产品，以满足不同客户对不同尺寸、曲率和颜色的需求。目前，光羿电致变色（EC）智能调光产品在汽车领域得到广泛应用，主要包括汽车调光隔热天幕、汽车调光侧窗、防眩目内外后视镜等。通过调控光线透过率，这些产品不仅实现了防晒和隔热的效果，还有效管理了汽车内部的光线和热量，减少了对车内遮阳设施的依赖，提高了车内空间的有效利用率，从而显著提升了驾乘体验的舒适性。

（2）研发能力

光羿科技现有团队 500 余人，其中包含来自清华大学、斯坦福大学、普渡大学等国内外知名高校的博士权威专家 15 位，多年来团队先后申请 380+

项专利认证。

		第一代	第二代	第三代
类型		凝胶电致变色技术	无机固态电致变色技术	柔性固态电致变色薄膜技术
器件		凝胶态器件	全固态器件	固态薄膜器件
材料		有机材料（紫罗精等）	无机材料（三氧化钨等）	聚合物
基底		玻璃基底	玻璃基底	柔性PET薄膜
生产工艺		液态灌胶技术	磁控溅射技术	R2R涂布技术
生产效率		★★	★★★	★★★★★
应用范围		小面积玻璃	大面积平面玻璃	大面积平面/曲面玻璃
汽车智能座舱产品应用	汽车天幕	×	×	√
	汽车侧窗	×	×	√
	内外后视镜	√	√	√

*EC（electrochromic）电致变色是一种电化学反应，在外加电压作用下，电致变色材料发生氧化还原反应，其光学性质（透过率，反射率，吸收率等）发生稳定、可逆的变化。

图 1　已实现量产的电致变色技术演变史

4. 主要产品与服务客户

公司主要产品与服务客户见表 1。

表 1　公司主要产品与服务客户

产品名称	服务客户
光羿电致变色（EC）智能调光天幕（蓝色）	极氪 001、比亚迪海豹、埃安 S Plus、哪吒 S、阿维塔 12、比亚迪宋 L
光羿电致变色（EC）智能调光天幕（黑灰色）	蔚来 EC7、蔚来 EC6、蔚来 ET5T
光羿电致变色（EC）智能调光前风挡（蓝色）	阿维塔 12
光羿全固态防眩目内 / 外后视镜	蔚来 EC7、蔚来 ES7、蔚来 ES8

5. 发展规划

当前，电致变色智能调光技术融合与赋能智能座舱俨然成为了新趋势。

光羿科技的技术研发与主机厂车型战略深度结合，专注整车玻璃调光与智能座舱深度结合，不断提升新能源汽车产品力。

1）持续提供整车调光产品的迭代与开发（见图 2），如高对比度调光产品、侧窗调光产品等，最终实现整车玻璃可调。

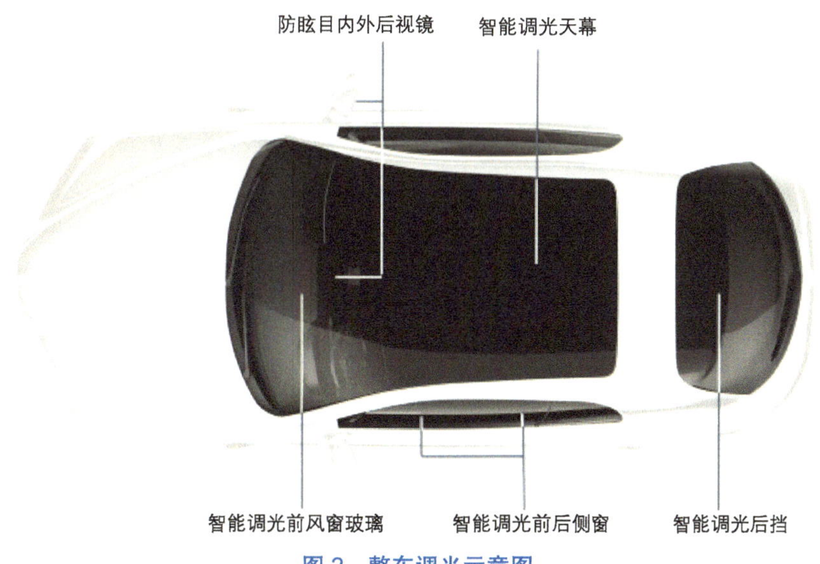

图 2　整车调光示意图

2）与智能座舱的联动控制，开发更多的智能座舱调光应用场景。

交通运输部公路科学研究院智能交通研究中心

1. 发展概况

交通运输部公路科学研究院智能交通研究中心（以下简称智能中心）是我国智能交通技术研究创新的先行者和产业化的主要推动力量，长期从事智能交通领域的应用基础、前瞻性技术和公益性技术研究和产业化工作，形成了智能交通战略与规划、自动驾驶与车路协同、智慧公路与智能管控、便捷出行与随程服务、城市交通与高效运行、数据挖掘与信息建模、密码算法与信息安全等优势研发方向。智能中心长期为交通运输部（以下简称部）出台的科技战略、行业政策、中长期发展规划、标准体系等提供技术支撑，现围绕建设交通强国，跟踪国内外科技发展趋势，开展科学评估，进行技术预测预判，为部提出建设交通强国在发展规划、技术方向、行业政策、重大工程项目等方面的咨询建议。

与智能网联汽车紧密相关的自动驾驶与车路协同是智能中心优势研发方向之一，也是部高端智库重点研究方向之一。智能网联汽车规模化发展推动了自动驾驶进入加速期，部正式成立自动驾驶专题组后，强调要高度重视自动驾驶、车路协同等前瞻性技术的发展，争取与我国国际地位相匹配的话语权与影响力，要求其提出交通运输行业持续推动自动驾驶发展的顶层指导类文件，出台一批基础性、关键性标准，对自动驾驶和车路协同技术进行准入监管。智能中心是部自动驾驶专题组重要的技术支撑单位。

2. 生产经营

智能中心积极探索与智能网联汽车相关的自动驾驶与车路协同技术在公路场景中的应用。2017 年在交通部公路交通试验场（以下简称试验场）建成自动驾驶与车路协同专用测试环境，配建缩微仿真平台。2018 年，试验场成为部认定的首批自动驾驶封闭场地测试基地之一，在试验场区内搭建了包括城市道路、高速公路等典型路网应用场景，与移动、成谷等企业合作建设多模无线通信全覆盖，部署智能路侧设施，研究制定自动驾驶测试规程。依托自动驾驶封闭场地测试基地，智能中心与华为、东风汽车联合研发基于 LTE-V 的车路协同系统，设计自动驾驶动态编队、车路协同安全预警等测试场景，对自动驾驶货车编队行驶应用在控制策略、管理模式等方面开展测试、验证和评价；与百度、阿里合作，优化高速公路测试场景以及标识标线适应性测试场景，对标识标线的机器识认性以及智能路侧设施满足车路协同自动驾驶服务的能力进行测试、验证和评价，并以此为基础对相应标准、规范进行制修订，构建产业准入体系。

3. 技术进展及研发能力

智能中心在与智能网联汽车相关的智慧公路和自动驾驶与车路协同领域，形成了一支研发能力强、学术水平高的研发团队。技术支撑了多项国家、行业智慧公路示范工程，承担了多项与人工智能、自动驾驶相关的国家重点研发计划项目。作为部高端智库，技术支撑了部出台的自动驾驶相关的指导意见、技术指南、行业标准等。

（1）与智能网联汽车协同发展的智慧公路领域

智能中心凝练前期智慧高速公路建设科技创新成果，明确智慧高速公路概念、特征和技术内涵，提出支撑“三网合一”智能基础设施和“云-边-端”协同云控平台建设的智慧高速公路技术体系框架。作为支撑和推动车路协同自动驾驶试点示范工程落地的技术单位，服务于国家长三角一体化发展战略，从顶层设计、科研攻关、标准规范、核心方案等方面，全面支撑了浙江省杭绍甬、杭绍台智慧高速公路建设工程，推动了浙江省智慧高速公路发展，支撑了上海市 G15（嘉浏段）和 G50 沪渝智慧高速公路示范工程；服务于京津冀一体化发展战略，完成了支持自动驾驶落地示范的京雄、延崇智慧高速公路设计工作，为雄安新区提供基础设施智能化技术方案，支持其成为全国第一个自动驾驶应用区；服务于国家成渝地区双城经济圈建设战略，全面支撑川渝两地智慧高速公路建设工作，编制并发布了川渝两地 4 项智慧高速公路地方标准，开展了已建智慧高速公路系统与服务运行效果评价工作，并提出了智慧公路运行效果评价体系。智能中心参加了蜀道集团牵头的新一代人工智能重大项目“公路交通系统全息感知与数字孪生技术及应用示范”，作为课题牵头单位承担“超大规模交通仿真推演系统构建”研究，与四川数字交通科技股份有限公司等10家单位联合攻关“人工智能＋公路交通”。

（2）智能网联汽车支撑的自动驾驶与车路协同领域

智能中心支持部自动驾驶专题组，技术支撑了《关于促进道路交通自动驾驶技术发展和应用的指导意见》（2020年12月交通运输部出台），初步建立自动驾驶与车路协同标准体系，编制了《自动驾驶封闭场地建设技术指南（暂行）》（2018年7月交通运输部出台）。支撑了《浙江省自动驾驶汽车道路测试管理办法（试行）》（2018年8月浙江省交通运输厅、公安厅、经信委联合出台）文件的编制工作，为浙江、湖北等省市自动驾驶汽车封闭测试场地建设提供成套建设方案，支持多省市建成面向L4及更高等级自动驾驶汽车研发、测试和产业集聚区。智能中心主持编写的国家标准《车路协同系统智能路侧一体化协同控制设备技术要求和测试规程》与《自动驾驶汽车封闭测试场地建设技术要求》已报批，主持编写的行业标准《公路工程适应自动驾驶附属设施总体技术规范》已完成报批审查，根据标准主管部门意见，将规范名称修改为《公路工程设施支持自动驾驶技术指南》，拟于2023年12月发布。智能中心支持部科技司港口自动驾驶工作，完成了“港口自动驾驶应用技术报告”的编写工作，开展了《集装箱港口智能运输车辆示范应用管理办法》（征求意见稿）的编制工作，开展了交通运输战略规划政策项目“港口自动驾驶应用和发展推进策略研究”。智能中心参加了上港集团牵头的“十四五综合交通运输与智能交通”重点专项“大型集装箱港口智能绿色交通系统关键技术研究与示范”，作为课题牵头单位承担“大型集装箱港口智能运行与绿色能源交互系统构型与适用性研究”，与武汉理工等单位联合攻关“港口智能绿色交通系统”。

4. 发展规划

智能中心力争到2025年，基本建成国际一流智能交通科技创新平台。在与智能网联汽车相关的智慧公路与智能管控、自动驾驶与车路协同等方面形成原创性、前瞻性、先进性和经济性的代表性成果，解决智慧公路与智能网联汽车协同发展面临的重大瓶颈问题，科技引领能力、自主创新能力和支撑服务能力进一步提升，行业智库作用和国际影响力进一步显现，智慧公路与智能网联汽车协同发展带来的社会效益和经济效益进一步增长，为加快建设交通强国、推动交通运输高质量发展提供有力保障。

北京百度智行科技有限公司

百度从2013年开始布局自动驾驶领域，十年来一直坚持压强式的、马拉松式的研发投入，以技术创新驱动长期发展。百度Apollo L4级自动驾驶安全运营测试里程累计已超7000万km，拥有自动驾驶专利族超4800件，其中高级别自动驾驶专利族数全球第一，获得了超过1000张自动驾驶测试牌照。如今，百度Apollo正在全面推进全无人自动驾驶规模化应用。萝卜快跑全无人自动驾驶车队已驶入北京、深圳、武汉、重庆、上海五城，是首家在全国多个城市开展全无人自动驾驶商业运营以及测试的企业。

2021年8月百度世界大会上，百度正式发布了“汽车机器人”，（见图1）。汽车机器人依托百度AI能力，具有自动驾驶、智能助理、忠诚陪伴和自我学习的特点，提供美好出行服务体验。百度汽车机器人具备L5级自动驾驶能力，不仅无需人类驾驶，而且比人类驾驶更安全，具备语音、人脸识别等多模交互能力，分析用户潜在需求，主动提供服务，具备自我学习和不断升级能力，是服务各种场景的智慧体。2023年2月2日，百度汽车机器人在北京首钢园参与了冬奥火炬传递，汽车机器人作为火炬手，传递路程总长度800m左右，这是奥运史上首次有无人驾驶汽车参与火炬传递。百度汽车机器人还作为重要成果之一在国家“十三五”科技成就展展出，向党和国家领导人展示汇报。

图 1　百度汽车机器人

2022 年 7 月，百度世界智能大会期间发布了百度第六代量产无人车 Apollo RT6，（见图 2）该车具备比上一代车型更强的 L4 级自动驾驶能力，更好支撑中国复杂城市道路条件下，更大范围、更大规模、更高安全性的全无人驾驶，该车型不但具备城市复杂道路的无人驾驶能力，而且成本仅为 25 万元，预计 2023 年率先在萝卜快跑上投入使用，年规划产能会根据运营部署节奏，从万台到十万台逐步攀升。该车具备业界首创七重全冗余的整车系统：电源冗余、通信冗余、L4 级冗余制动系统、L4 级冗余转向系统、架构冗余、计算单元冗余、传感器冗余。

百度于 2021 年 8 月正式对外推出自动驾驶出行服务平台——萝卜快跑。作为全球最大的自动驾驶出行服务商，截至 2023 年 6 月 30 日，百度萝卜快跑订单总量已超过 330 万单，其中第二季度萝卜快跑提供了 71.4 万次乘车服务，同比增长 149%。乘坐过萝卜快跑的用户对自动驾驶出行的信任度增加，“无人车，打萝卜”正成为更多用户的日常出行新选择。

图 2　百度第六代量产无人车 Apollo RT6

目前百度 Apollo 已经在自动驾驶、智能汽车、智能交通三大领域拥有业内领先的解决方案，成为全球智能驾驶产业领跑者。随着百度 Apollo 自动驾驶车辆在多场景路测的不断开展，百度 Apollo 自动驾驶技术将日趋成熟，百度 Apollo 商业化落地场景将实现城市、快速路以及高速的闭环，为用户提供更安全、更多元的自动驾驶出行服务。

北京现代汽车有限公司

1. 发展概况

北京现代汽车有限公司（BEIJING-HYUNDAI AUTO，简称“北京现代”），成立于 2002 年 10 月 18 日，由北京汽车投资有限公司和韩国现代自动车株式会社共同出资设立，注册资本 20.36 亿美元，中韩双方各占 50%。北京现代是中国加入 WTO 后被批准的第一个汽车生产领域的中外合资项目，被确定为振兴北京现代制造业、发展首都经济的龙头项目和示范工程。（见图 1）

北京市顺义区拥有整车工厂、发动机工厂以及技术中心。目前，北京现代零部件本土化率 99%。2022 年 11 月，北京现代发布以“向智电时代进军、向年轻后浪致敬”为行动方向的“2025 向新计划”，制定战略转新、品牌向新、服务创新、渠道赋新进阶路径，通过内部革新将北京现代打造成一个自驱型、服务型、用户思维型高效运营企业，保持企业长期良性发展。

图 1　北京现代汽车有限公司

北京现代入华 21 年来，用户保有数量近 1200

万，带动20余万就业人口数量，相关的产业链数量超过1200家。

2. 生产经营

北京现代秉承“绿色、品质、智能、高效”的生产理念，集“柔性化生产、精细化运营、人性化管理”于一身，依托先进的智能化设备和国际化的生产管理体系，致力于打造高品质智能化环境友好型的整车制造工厂（见图2）。历经21年的发展，北京现代已构建起百万产销体系，产品线涵盖了A0级、A级，B级及SUV等主流细分市场。

3. 技术进展及研发能力

技术乃立身之本，在电动化、网联化、智能化和共享化为代表的新四化影响下，掌握前沿技术，方能占领市场制高点。

现代汽车全球首创CVVD连续可变气门持续期技术，是汽车行业里程碑式的技术进步。CVVD技术实现了发动机在气门控制技术领域新的突破，可根据定速行驶、加速行驶等行驶条件，合理控制气门开启持续时间，无须在性能和燃油效率之间妥协折中，兼顾高效、经济与动力性能。凭借CVVD技术的应用，发动机可实现性能提升4%、燃油率提升5%、尾气排放量减少12%。

图2　工厂生产线

i-GMP技术平台作为创新全球模块化架构平台，凭借着领先平台技术、设计更创新、碰撞更安全、能效更卓越、操控更运动、空间更舒适等特性，展现出超越同级的全能与均衡，为消费者带来品质更高的出行享受（见图3）。

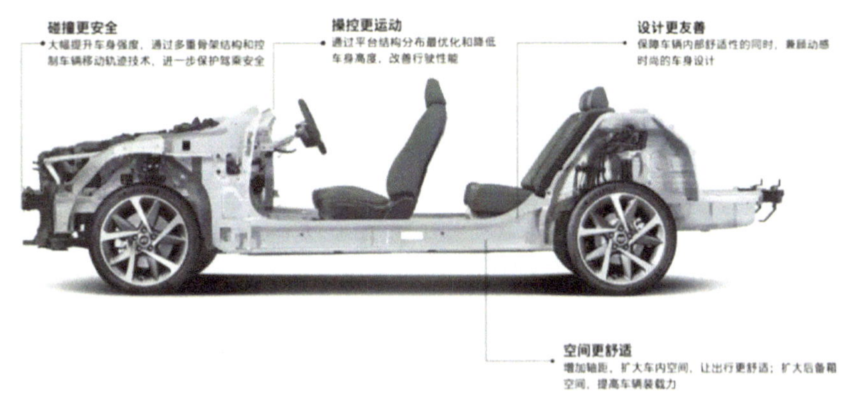

图3　i-GMP技术平台

E-GMP平台是现代汽车积极应对用户全新生活方式和多功能用途需求，是专为电动汽车打造的平台，兼具全球化、模块化和平台化特点，集设计、安全、效能、驾驶、多种动力等基础功能模块为一体，实现了跨车型和跨级别的灵活产品研发，可以满足客户对车辆性能的各种需求。

面对中国车市的高速发展变化，现代汽车持续加大中国本土化研发体系的建设，累计投资约185亿美元，以及时洞察并满足中国用户的最新需求。2013年，现代汽车在烟台建立并运营了海外最大的研发中心，负责产品规划、设计和车辆测试等；2017年，现代汽车在贵州建立中国大数据中心，对海量车辆数据进行研究，并用于国内产品的研发、生产、销售等领域；2021年，现代汽车中国前瞻数字研发中心在上海开幕，并对外展示了最新的智能驾驶和自动泊车技术。此外，现代汽车在广州建立首个海外氢燃料电池生产与销售基地“HTWO 广州”（见图 4），以“HTWO 广州”和 NEXO 中国版为起点，现代汽车将不断助力中国加速迈入氢能社会，推动中国氢能产业发展。

图 4　HTWO 广州

4. 主要产品与服务

作为中国汽车市场的主流合资车企，2023 年，北京现代先后推出 ix35 升级版沐飒、全新伊兰特及 N Line 版本。目前，北京现代共拥有十余款车型，涵盖了轿车、SUV、MPV 各大主流细分市场，充分满足不同消费者需求。

服务创新方面，北京现代秉持“让用户不被服务困扰”的宗旨进行“一对一”服务，在产品定义和流程设计阶段提前思考，如何让客户不被产品和服务约束，充分尊重客户的自由，不“绑架客户”、不“套路”客户。北京现代将客户触点分成线上和线下两条线进行“一对一”服务，厂家负责线上服务、经销渠道进行线下服务，“一对一”服务将重塑北京现代内部的管理观念和管理逻辑，“尊重”和“真诚”将成为北京现代服务创新的核心“价值观”（见图 5）。

5. 发展规划

面对新赛道和年轻化发展趋势，北京现代明确了转型发展的举措：

图 5　客户服务

一是稳定燃油车市场。当前阶段，中国仍有 2/3 的客户选择稳定而实用的燃油车。北京现代将对现有的燃油产品持续改进，引入更多智能化技术、年轻化造型，提升燃油车竞争力，满足燃油车用户新的需求。

二是成为现代汽车全球出口基地，未来北京现代投放的所有产品，包括燃油车和新能源车都将面向国际市场，力争三年内出口量达到 10 万台的规模。

三是加速电动化智能化转型，北京现代将借助股东双方在新能源领域积累的产品和技术优势，未来三年，将开发五款以上的全新新能源产品，包括纯电动和插电式混动。智驾座舱将采用中国本土方案，研发质量和制造采用全球统一标准。

四是成为技术领先型企业，在技术应用层面，北京现代有先天优势。在燃油车领域，i-GMP 平台、CVVD 技术全面领先；在新能源领域，现代汽车和北汽集团都在纯电、氢能领域具有强大的技术储备；未来布局，现代汽车已经在自动驾驶、空中出行、机器人等领域展开行动，并已初见成效。

五是夯实年轻化品牌形象，北京现代把 2024 年定义为年轻旗舰年，将以两款旗舰产品第五代胜达和第十一代索纳塔，向 1200 万销量冲刺！

名商科技有限公司

1. 发展概况

名商科技有限公司（以下简称“名商科技”）成立于 2003 年，深耕商用车智能驾驶领域二十载，致力成为全球领先的商用车智能驾驶科技企业。

名商科技专注于商用车智能终端、智能座舱、智能驾驶、智能网联领域，为全球客户提供数智化、信息化、网联化技术底座，是国家高新技术企业、国家专精特新“小巨人”企业。

名商科技凭借在研发设计、质量管理和智能制造领域的专业能力为全球客户提供多元化服务。目前与宇通客车、三一集团、比亚迪、卡特彼勒、东风商用车、大运集团、零一汽车、龙马环卫、依维柯、福特等全球 100 多家客户建立良好的合作关系。获得虹软科技、地平线、博泰、紫金矿业、深智城等行业头部企业的战略投资。通过与产业伙伴的战略合作和生态融合，共同推动商用车智能化产业可持续发展。

2. 生产经营

名商科技拥有自动化生产车间，配置行业领先的自动化生产设备、Class6 级无尘车间。全面应用 ERP、MES、WMS 等信息化管理系统，积极推动数字化应用转型，以构建“数智化、信息化、网联化”三化融合的智慧工厂，敏捷快速响应客户的多元化需求。

名商科技秉承“高标准、严要求、靠科技、造精品”的质量方针，追求卓越，始终坚持以客户为中心，坚守“零缺陷”质量原则。充分运用 APQP、PPAP、FMEA、MSA、SPC 等质量工具对产品进行全过程的品质管控。拥有现代化实验室，先进的检测设备，测试能力包含图像测试、ESD、7637、电气性能、振动、机械冲击、防水、环境等试验，产品测试达 50 多项，为智能化产品的品质提供强有力的保障。

3. 技术进展及研发能力

名商科技注重研发的持续投入，以技术创新驱动未来发展。自主掌握商用车智能终端、智能座舱、智能驾驶、智能网联等业务板块的核心技术，拥有基于人工智能的自动制动决策系统等核心专利。公司拥有一支国际化的研发团队和运营团队，在惠州、香港、深圳、长沙、厦门、白俄罗斯、新加坡等地设立分支机构，与北京理工大学、北京邮电大学、天津大学、香港生产力促进局等高校和机构建立紧密合作关系，通过产业伙伴生态融合，推动产品技术的可持续创新。公司计划自建 10000m² 商用车自动驾驶测试场，为商用车智能驾驶落地提供快速、安全、高效的环境测试与方案验证。

名商科技作为商用车智能驾驶安全领域的重要参与者，积极参与国家、地方和行业技术标准的制定，公司拥有多感知融合、自标注数据引擎和多任务学习人工智能模型的关键算法，构建了面向百万级并发连接的车联网平台，积累了跨商业场景下的真实车辆运行数据，并在此基础上形成了 Misundrive 端到端的智能驾驶解决方案。

4. 主要产品与服务

（1）智能驾驶

名商科技立足于 AI 智能化技术的本质，以智能车载设备为抓手，以商用车联网为主体躯干，构建针对商用车业务场景的数据引擎 + 多任务 AI 模型引擎的“双驱动”智能化解决方案；满足从基础监控到远程调度，从 ADAS、AEB 到 L4 级别商用车无人驾驶以及特殊场景需求叠加的高性价比商用车智能驾驶域控制器系列产品（如远程驾驶控制系统、高清 360 全景系统、AI 辅助驾驶系统等）。

（2）智能座舱

以用户体验为核心，基于生态资源整合及智能驾驶、智能网联技术的应用，通过多模融合的人机交互设计，为用户提供极致的智能化、个性化、情感化的座舱体验。

（3）智能网联

运用人工智能、大数据、云计算、通信等技术，形成车与人、路、平台之间数据互通，通过对数据的分析，为商用车用户提供车辆监控、运营管理、风险管控等智能化服务。保障车辆与货物安全，降低货损。围绕商用车在能耗、运管、路费、造车、维保、金融等为客户降本增效。基于 BIP 平台进行二次开发，为企业用户、车队提供业务监管、调度、核算、台账、报表的云管家服务。

（4）智能终端

运用光学、电子、软件、通信、图像信号处理、精密结构、精密工艺等技术，提供采集精准、显示清晰传输稳定的高品质、低成本智能终端系列产品。

覆盖商用车各应用场景，满足从 L1 ~ L5 级的智能驾驶应用。

软安科技有限公司

1. 发展概况

随着科技的不断进步和智能化的发展，汽车行业正面临着日益复杂的安全威胁。汽车已经从传统的机械设备转变为拥有大量软件系统的智能化产品。然而，随之而来的是对车辆网络安全的新挑战。黑客利用漏洞和弱点，可以远程控制汽车、窃取个人信息甚至操纵整个车辆。因此，汽车安全已经成为一个重要的议题，也是行业和消费者关注的焦点。

在当前的汽车行业安全现状下，软安科技提供全面的软件安全解决方案，以确保整车和用户的网络安全、数据安全。软安软件安全解决方案可以对整车软件进行全面分析和评估，发现潜在的质量风险和漏洞并提供修复建议。同时，软安科技也帮助客户制定有效的安全策略，通过培训和工程服务，提高员工的安全意识和技能。

未来，汽车行业的安全问题将更加突出和复杂。随着智能驾驶技术的不断发展和应用，车辆将与外部环境更加紧密地连接，涉及到更多的数据传输和通信。这将为黑客提供更多的机会和潜在漏洞。同时，随着人工智能和物联网的应用，车辆将与其他智能设备和系统相互连接，整车系统面临的攻击面日益扩大。

在这个充满挑战和机遇的汽车安全领域，软安科技应运而生，公司具备丰富的经验和领先的技术优势、拥有专业的安全团队，具备深厚的技术实力和专业的安全知识。公司不断研发创新的安全工具和解决方案，以满足客户不断变化的需求。公司将与汽车行业中的合作伙伴密切合作，共同推动汽车行业的发展。

软安科技作为一家专注于提供软件质量提升工具链和方案的公司，主要服务于汽车、金融、政府、能源等行业的客户。随着汽车行业的发展，公司将继续不断创新和进步，为客户提供更加全面和可靠的解决方案，共同构建汽车生态系统。

2. 生产经营

软安科技拥有自主研发的开源软件成分分析工具（SCA），静态代码检测工具（SAST）、模糊测试工具（FUZZ），能够对整车软件进行全面的分析和评估。基于先进的技术和算法，能够深入检测软件系统中的漏洞和质量弱点，并提供详细的报告和修复建议。公司的工具还支持定期的自动化扫描和监测，可以帮助客户及时发现和解决安全隐患。

此外，软安科技还提供包括代码审计、开源组件检测、模糊测试、渗透测试等安全咨询服务，帮助客户制定有效的安全策略和流程。公司的安全专家会与客户合作，全面分析客户的业务需求和软件系统，为其量身定制最佳的解决方案。公司也会提供周全的培训，帮助客户提高员工的安全意识和技能，并确保安全策略的有效执行。

软安科技拥有丰富的安全方案建设经验以及专业的安全团队，我们与多家汽车制造商和一、二级供应商，如吉利汽车、长安汽车、蔚来汽车、极氪汽车、路特斯、亿咖通、沐曦、博泰等合作，输出优质的软件质量提升解决方案，并在关键系统的开发和测试过程中提供全方位的支持。公司的解决方案帮助客户减少了潜在的质量风险，同时保障了软件系统的完整性和用户数据的安全性。

厦门旷时科技有限公司

1. 发展概况

厦门旷时科技有限公司（以下简称“旷时科技”）（见图 1）2018 年创始于厦门市集美区，是国内少数拥有芯片、算法、物联网应用平台的毫米波雷达整体方案提供商。公司拥有芯片设计、天线设计、雷达信号处理、雷达算法、模组解决方案等全链条研发能力；致力于为客户提供全天候、高性价比的毫米波雷达及行业相关的产品与服务。经过多年深耕，旷时科技拥有雄厚的研发力量，研发人员占全体员工人数的 70% 以上，拥有在台积电、中芯国际、格罗方德、富士通、联电等主流工艺厂家丰富的流片生产经验。

旷时科技深耕于毫米波雷达领域，高度重视自主创新和研发投入，经过长期的研发投入和技术积累，已累计获得发明专利、集成电路布图保护等近 70 项，多款芯片填补国内空白，多款产品处于业内领先水平，获得众多行业头部客户的认可。

图 1 旷时科技 LOGO

在生产经营方面，旷时科技拥有 3600m^2 高规格的现代化研发基地；与云知声、美契等知名品牌均达成重要的战略合作；与厦门民政局达成深度合作，开展一系列健康监测的利民项目；8G/12G 小数 N 分频频率合成器已批量上市并广泛应用于汽车雷达和消费雷达上。

2. 技术进展及研发能力

旷时科技是国内少有的集芯片开发、算法开发及天线设计三位一体的雷达全方案供应商，并拥有完整的 OTA 服务器、数据仓库、大数据云计算等云功能开发能力：

① 公司成立至今共申请 79 项专利，其中发明专利已授权 23 项，集成电路布图设计已授权 14 项；

② 在芯片方面，公司拥有车规级雷达芯片，可支持多芯片级联实现高精度 4D 雷达成像；

③ 在算法方面，公司拥有前端雷达信号处理技术及后端应用开发能力，是国内最早研究神经元网络技术同毫米波雷达算法结合的公司，产品在多个领域内广受市场好评；

④ 在天线方面，公司拥有大规模平面阵列天线技术，可以针对不同客户场景做深度定制。

3. 发展规划

旷时科技积极推进与各上下游企业的合作，加强与智能家居、健康、新能源汽车、智能制造等优势产业深度结合、协同发展，实现高效“补链”“强链”。公司将继续秉承“用芯感知，智享未来”的奋斗愿景，立足当下、着眼未来，为“中国芯”的高质量发展添砖加瓦。

联通智网科技股份有限公司

1. 发展概况

联通智网科技股份有限公司（以下简称“联通智网科技”）成立于 2015 年 8 月，是中国联通集团控股子公司，是中国联通面向汽车行业及交通行业负责汽车数字化运营服务的专业子公司，国家级专精特新“小巨人”企业，国资委国企改革“双百行动”名单企业，也是中国联通智慧交通军团的承建单位。

公司以“客户为先、团队为本、能力为核心”作为经营理念，集联通集团的资源优势，深耕车联网与智慧交通细分市场，确立了“车联网数字基础设施运营服务的国家队，汽车企业数字化转型服务的主力军，数字技术与车联网融合创新的排头兵”的新定位。

联通智网科技目前拥有完备的资质认证。在企业认证方面，获得了国资委国企改革“双百企业”认证、国家级专精特新“小巨人”企业认证、高新技术企业认证、企业技术中心认证。在能力认证方面，获得了软件能力 CMMI5 级认证、多项安全能力类认证如汽车行业信息安全的评估和交换机制（简称“TISAX”）的最高级别认证、数据安全 DSMM 及 CCRC 认证、拥有 ISO 类认证 6 项，涵盖安全、技术、人权及能源等领域。在软著专利方面，拥有智慧交通中台系统、无人车运行安全管理操控系统、5G 车路协同服务相关的软著及专利百余项。（见图 1）

2. 生产经营

联通智网科技将通信技术及车联网全生命周期各应用场景相融合，形成全球领先的车联网通信能力，目前已经为国、内外近 90 家车企，近 6000 万车主提供服务，处于行业主导地位；综合运用大数据、人工智能、人机交互技术与车主服务场景融合，打造出行业领先的车联网服务能力，为 58 家车企 2600 万车主提供有温度的运营服务，是行业内服务车企数量最多、服务车主用户数量最多的车联网企业。

同时，公司秉承“交通强国”建设使命，构建面向车路协同、数字交通、车队管理的产品体系，目前 5G 车路协同试点覆盖 20 多个省市重点示范项目，车队管理应用覆盖 31 个省 330 多个客户。成功打造了一大批标杆案例，大幅加速了自动驾驶技术的规模化应用，高效赋能了交通行业数字化转型升级发展。在智能座舱方面，智 UI 产品已经在 5 款车型上量产。

3. 技术进展及研发能力

联通智网科技不断探索和布局，基于分布式、边缘计算多路径访问的云网一体基础设施，实现服务最佳体验；基于 5G、MEC 和 C-V2X 的融合组网，实现车路云一体化协同，支持自动驾驶的场景化商业落地；基于海量数据和 AI 算力的消费者模型平台型能力输出，将为客户运营提供驱动力。将 5G+AI 能力与感知技术融合，攻克了路侧多源融合感知、5G 低时延传输以及边缘协同计算等关键技术难题，研发了首个基于运营商视角、支撑“全国、区域、地方”三级架构的车路协同服务平台，有力地推进了自动驾驶中国方案的落地。

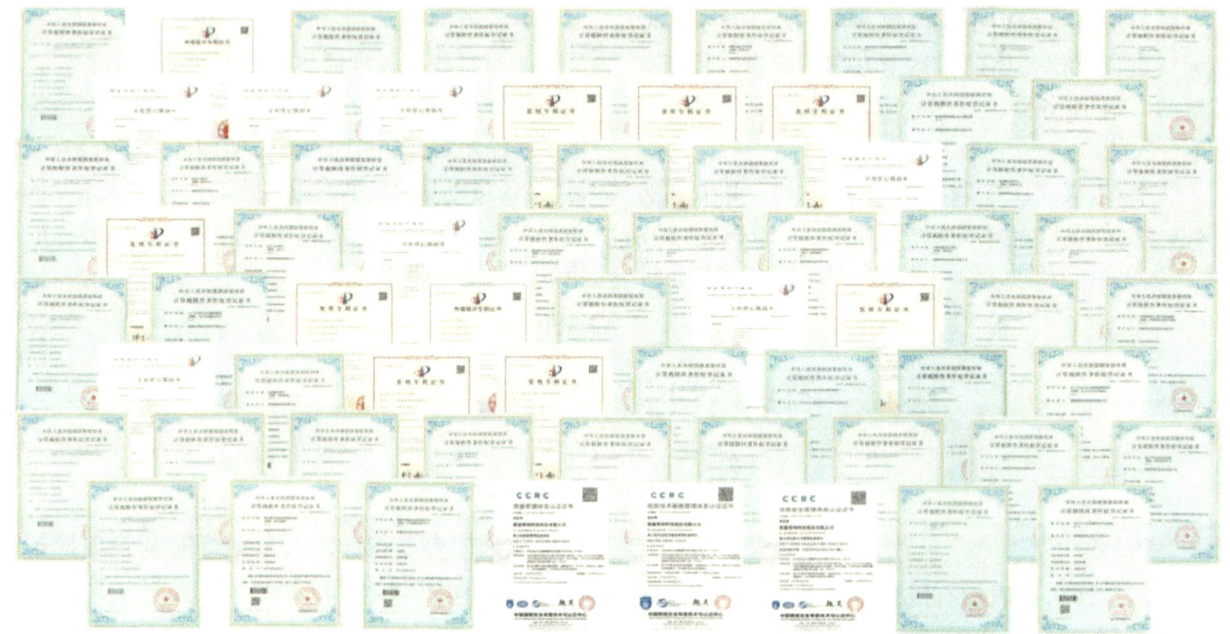

图 1　资质认证

4. 主要产品与服务

联通智网科技作为中国联通在车联网领域的专精特新企业，聚焦车联网与智慧交通行业，以平台支撑产品，以产品赋能解决方案，向客户提供具有智网自主核心能力的服务。

面向汽车行业助力行业数字化转型，提供完整的智能网联时代的车辆联网与场景化服务运营解决方案和实施落地。基于 5G-V2X 的核心能力，构建智能交通行业中台，带动智慧交通、智慧城市协同发展。逐步形成核心竞争力和可持续发展力，成为专业赛道领军企业。

5. 发展规划

联通智网科技以“建设美好车生活”为使命，以“致力于成为一流的汽车数字化运营服务提供商”为愿景，紧扣国家科技创新战略，全面落实国家交通强国的战略部署，聚焦于车联网和智慧交通两大领域，以研发自主可控、安全高效的车联网及智慧交通科技产品及创新服务，赋能车企和城市，促进汽车产业数字化转型，助力城市智能化管理升级。未来三到五年，公司将充分发挥公司在人才、研发技术、客户及品牌等方面的领先优势，坚持市场导向、自主创新、科技引领，继续加大技术研发投入和人才培养力度，基于车联网联接、车联云计算构建车联网数字信息基础设施服务，基于车联网大数据、车联网应用深化汽车行业数字化转型服务，全面推动数字技术与智能网联技术在汽车行业的融合创新，推动人工智能产业化进程在汽车、交通行业的智能化转型升级，助力“数据驱动、人机协同、跨界融合、共创分享”的智能经济形态的建设。

采埃孚（上海）管理有限公司

1. 发展概况

采埃孚是一家全球性技术公司，致力于为乘用车、商用车和工业技术领域提供下一代移动性系统产品。采埃孚能使车辆进行自主观察、思考和行动。在车辆运动控制、集成式安全系统、自主驾驶以及电驱动四大技术领域，采埃孚能为现有的汽车制造商以及初创出行服务供应商提供广泛的解决方案。此外，采埃孚还能为各种车型提供电驱动解决方案。凭借其产品组合，采埃孚始终致力于推动节能减排、环境保护以及出行的安全性。

采埃孚商用车解决方案事业部（CVS）致力于成为商用车行业首选的全球技术合作伙伴，助力塑造商业运输生态系统的未来。采埃孚商用车具备专业的系统技术、广泛的产品组合和全球运营能力，服务商用车行业全价值链。随着汽车行业不断趋向自动化、网联化和电动化，凭借其零部件和先进控制系统的供应及整合能力，采埃孚商用车解决方案事业部能够提供创新的解决方案，赋能商用车辆和车队更安全和可持续的未来。2020 年 5 月，采埃孚收购威伯科后即成立商用车控制系统事业（CVCS）部，而采埃孚商用车解决方案事业部是 CVCS 与采埃孚商用车技术事业部的完美结合。通过整合，采埃孚在商用车领域的综合能力将跃升到一个新的高度。全新的采埃孚商用车解决方案事业部于 2022 年 1 月 1 日正式启动，将以“赋能商用车智能 · 即在此刻”为战略目标，围绕“安全交通运输”“可持续交通运输”和“智慧车队运营”三个方面，为全球的货车、客车、挂车等整车制造商和车队客户开创下一代出行解决方案和服务（见图 1）。

图 1 采埃孚商用车解决方案事业部战略目标

2. 生产经营

整合后的采埃孚商用车解决方案事业部将从事商用车车辆运动控制、传动、底盘、ADAS、AD 等系统及零部件的研发、生产、销售与服务，其中包括空气管理系统、电子制动与稳定性控制、悬架控制、转向器、变速器、离合器、底盘悬架、Radar、LiDar、Camera、域控制器、中央计算平台等广泛的产品线。自 1996 年进入中国市场以来，采埃孚商用车布局中国，目前有 11 家制造工厂，不断提升本土生产能力、完善供应链管理、培育研发和创新能力，助推本地业务成长，致力于为客户创造价值增值。

3. 研发能力

采埃孚商用车解决方案事业部（CVS）亚太研发中心的团队分布在亚太区的 3 个国家 6 个地点，专注于提升商用车安全性和效率的产品开发和应用，其中包括自动驾驶、高级驾驶辅助系统（ADAS）、制动系统、转向系统、传动系统、悬架技术、空气管理、挂车技术、电驱动解决方案以及围绕车队管理的数字服务。自成立以来，亚太研发中心一直为把突破性商用车技术引入亚太市场提供有力支持。核心研发能力涵盖机械产品设计、机电一体化产品设计、电驱系统设计、系统工程、系统功能开发、系统集成、零部件验证、系统测试以及功能安全和信息安全等领域。此外，强大的本土开发和应用工程团队支持区域市场的系统开发、技术服务、应用释放，车辆测试以及认证试验，涵盖车辆的横向和纵向控制、底盘悬架、ADAS 和高阶自动驾驶以及电驱动解决方案等全系列产品线。

2018 年，亚太研发中心成立了产品创新团队，致力于自动驾驶、电驱动及数字化等前瞻技术的研究与开发，重点关注亚太区特定的市场需求，技术要求和法规驱动。

随着市场、法规的标准和要求不断提高，应用的产品日趋复杂，亚太研发中心的研发能力也在持续地增强和扩展。公司研发团队的使命和目标不仅是提供尖端技术和最优的客户系统解决方案，同时致力于成为客户可信赖的、高效能的下一代出行解决方案合作伙伴。

4. 主要产品与服务

采埃孚商用车解决方案致力于赋能商用车智能，为整车制造商，车队客户和初创出行服务提供商提供自动驾驶、电动出行、智能网联和系统集成的解决方案，共同携手打造下一代出行方案。采埃孚商用车的产品线覆盖货车、客车和挂车领域，凭借其无以伦比的系统能力，将货车和挂车技术相结合，旨在货车挂车组合的安全性和效率方面树立行业新标杆。在自动驾驶和智能网联领域，采埃孚主要产品技术涵盖自动驾驶的感知、决策和执行三个阶段，并且由采埃孚系统产生的海量数据可进一步优化系统性能，充分赋能商用车智能网联，最终为用户创造新的价值。

5. 发展规划

作为百年制造企业，采埃孚商用车业务已在中国市场深耕超过 25 年，并与国内主要货车、客车和半挂车企业建立了深入合作，业务领域覆盖自动驾驶、驾驶辅助系统、制动控制系统、底盘悬架系统、手动变速器、自动变速器、离合器、转向机、车桥等产品。近几年，随着汽车智能化、电动化、共享化、网联化的发展趋势，采埃孚将重点围绕电驱动和智能驾驶，陆续推出一系列新产品和新技术，并致力成为一家可以为商用车提供不仅是零部件，还包括子系统、模块、软件服务或应用场景解决方案的供应商。面对新的发展趋势和日趋激烈的市场竞争环境，采埃孚不断突破，正在把更多的研发能力、创新能力及产品带入中国。

北京天融信网络安全技术有限公司

1. 发展概况

北京天融信网络安全技术有限公司（简称天融信）创立于 1995 年，是上市公司中成立最早的网络安全企业，亲历中国网络安全产业的发展历程，如今已从中国第一台自主研发防火墙的缔造者成长为中国领先的网络安全、大数据与云服务提供商。多年来，天融信为政府、金融、运营商、能源、卫生、教育、交通、制造等各行业客户提供网络安全产品与服务。天融信始终以捍卫国家网络空间安全为己任，创新超越，致力于成为民族安全产业的领导者、领先安全技术的创造者和数字时代安全的赋能者。

2. 生产经营

根据天融信 2022 年年报显示，公司网络安全业务总收入 35.43 亿元，同期增长 5.71%；归属与上市公司股东的净利润 2.05 亿元。

3. 技术进展及研发能力

天融信长期专注于智能网联汽车安全的发展与创新，依托天融信在网络安全领域领先的技术和安全服务体系，将传统网络安全架构与智能网联汽车行业进行深度融合创新，打造出一系列车载安全产品，并建立涵盖车联网云端安全、车端安全、通信安全、V2X 安全以及数据安全的安全合规、纵深防御、安全协同、动态赋能的车联网安全防护体系，为车联网客户提供全方位、多手段、深融合的安全保障。

在车载安全防护技术上，针对车端网络、车端数据、车端通信的安全场景，对车载入侵检测技术、车载防火墙技术、车端认证加密技术等方面进行深入的研究和应用；在车联网安全检测能力上，实现了涵盖车载总线、无线通信、车端设备、数据安全、业务安全等全方位测试工具设计与开发。公司陆续推出车载防火墙、入侵检测、车内认证加密、车联网安全运营平台、车联网数据安全管控平台、车联网安全检测平台，以及车联网安全合规咨询、体系建设、渗透测试等十余款创新产品和服务，形成车联网网络安全、数据安全、安全运营相结合的车联网安全体系。

在车联网安全标准法规建设方面，天融信积极参与国家、地方和行业的各类重大科技专项的标准建立，先后参与车联网安全领域标准 30 余项。是全国信息安全标准化技术委员会（TC260）、全国汽车标准化技术委员会智能网联汽车分标委（TC114/SC34）以及中国通信标准化协会（CCSA）的成员单位。2023 年，天融信牵头发起《车联网网络安全检测技术要求》团体标准，积极推进车联网安全检测标准化体系建设；同年7月，作为核心技术支撑单位参与《汽车网络安全入侵检测技术规范》国家标准制定，推进车联网安全入侵检测标准化体系建设。

在促进车联网安全生态建设方面，天融信与北汽蓝谷信息、广汽、中汽中心等多家行业头部企业深度合作，与TIAA、CAICV等车联网安全联盟紧密协同，共同推动构建车联网安全综合防御体系。2021年，天融信牵头成立中国计算机协会计算机安全专业委员会车联网安全工作组，进一步系统化地推进车联网安全生态的融合创新。2022年，天融信与公安三所联合成立车联网安全联合实验室，聚焦辅助驾驶安全检测领域，搭建实现辅助驾驶的全维度信息安全合规验证与渗透测试体系。2023年，天融信与岚图汽车、武汉大学国家网络安全学院、武汉市网络安全协会达成智能汽车网络安全产学研战略合作，政企校协同推进产业技术攻关，持续提升车联网安全保障能力。

在车联网学术交流与人才培训方面，天融信多次组织承办车联网安全技术交流活动，连续四届独家冠名世界智能驾驶挑战赛"天融信杯"信息安全挑战赛，并连续两届独家冠名中国智能网联汽车国际大会"天融信杯"信息安全挑战赛，通过全国产业化车联网安全攻防演练体系，整合车联网行业上下游产业核心技术，实现集训、练、赛、评、测为一体的综合化产业，提供网络安全攻防知识培训、技术研究、实战演练，并形成完整的人才能力评价体系，为我国车联网网络安全与数据安全培养大批创新性人才。

4. 主要产品与服务

（1）车联网安全产品

1）车载防火墙：天融信车载防火墙将智能网联汽车通信功能和边界安全能力进行深度融合，是一款内置国密安全芯片、具有丰富的接入功能、支持广域网通信优化与全面的安全能力、支持车规级硬件的综合性车载通信与安全产品，可为新一代智能网联汽车、自动驾驶巴士、无人驾驶出租车、无人物流车等提供全方位的网络接入与安全防护。同时支持与云端安全运营平台联动，实现集中化策略管理与车云一体化安全检测。该产品成功入选《北京市首台（套）重大技术装备目录（2021年）》。

2）车载入侵检测与防御系统：天融信入侵检测与防御系统，依靠轻量级分布式探针部署，融合云端大数据分析引擎，对中央网关、域控制器、IVI、T-BOX等车内关键组件和车内异构网络进行深度检测，精准识别攻击和异常行为，并支持在线防御，全方位保障智能网联汽车安全。同时，支持与云端安全运营平台联动，通过云端多维度事件分析，赋能车端安全能力，实现安全闭环运营管理。

3）车联网安全运营平台：天融信安全运营平台以大数据分析技术为核心，通过车端安全检测探针监控车端网络安全状态，实现安全事件集中管理、安全预警、安全评估，预测风险走势监测，支持海量数据存储和安全事件处理。提供但不限于资产管理、漏洞管理、告警评估、应急响应、态势感知等多种安全能力，构建完备的车联网安全运营体系。

4）车联网安全检测平台：天融信车联网安全检测平台是一款软硬件结合的自动化汽车网络安全检测工具集。平台融合丰富的测试用例库和多元化测试工具，通过对车联网进行系统框架分解、业务流程分析、威胁分析建模、渗透测试验证，形成以具体车载网络智能单元为对象、覆盖合规验证与渗透测试的全生命周期的标准化安全测试流程。为检测机构、主机厂、供应商、高校等应用场景提供体系化的车联网网络安全和数据安全合规验证与渗透测试能力。

（2）车联网安全服务

1）车联网整体安全咨询及建设服务：基于在车联网安全领域的攻防研究与积累和服务一线客户的经验，形成了完善的车联网安全服务体系和专业的安全服务方法论，为车联网产业生态链上下游企业提供包括安全咨询、风险评估、渗透测试、预警通报、应急响应、追踪溯源等在内的覆盖车联网全生命周期的综合性安全服务。

2）车联网全生命周期数据安全治理服务：在车联网数据安全领域，天融信车联网全生命周期数据安全治理服务以数据为中心、建设车联网数据安全基线为标准，通过治理评估、组织建设、安全制度、防护体系、数据运营等多个维度，为车企全面建设车联网全生命周期的数据安全保障体系，从根本上解决智能网联汽车数据安全问题，实现车联网数据全生命周期的可视化、可感知、可管控、可运营的数据安全目标。

5. 发展规划

随着欧盟R155汽车信息安全强制法规的全面实施，大量规划出海的车企正在逐步围绕着整车开发补全网络安全活动。在国内，整车信息安全强标的推进以及《道路机动车辆生产准入许可管理条例》等法律法规的完善，落地可执行的标准逐渐明晰，未来几年将对车联网安全产业起到积极的推动作用。

其中，为贯彻落实《新能源汽车产业发展规划（2021—2035 年）》，进一步指导企业建立健全安全保障体系，2022 年 3 月，工业和信息化部、公安部、交通运输部、应急管理部、国家市场监督管理总局联合发布《关于进一步加强新能源汽车企业安全体系建设的指导意见》，该意见指导新能源汽车企业加快构建系统、科学、规范的安全体系，全面增强企业在安全管理机制、产品质量、运行监测、售后服务、事故响应处置、网络安全等方面的安全保障能力，提升新能源汽车安全水平，推动新能源汽车产业高质量发展。此外，2023 年 7 月，工业和信息化部、国家标准委员会联合印发《国家车联网产业标准体系建设指南（智能网联汽车）（2023 版）》明确指出：到 2025 年，制修订 100 项以上智能网联汽车相关标准，系统形成能够支撑组合驾驶辅助和自动驾驶通用功能的智能网联汽车标准体系，满足智能网联汽车技术、产业发展和政府管理对标准化的需求。到 2030 年，制修订 140 项以上智能网联汽车相关标准并建立实施效果评估和动态完善机制，全面形成能够支撑实现单车智能和网联赋能协同发展的智能网联汽车标准体系。上述政策的发布，标志着国家对智能网联汽车以及车联网安全建设要求的重视程度全面提升。

智能网联汽车是全球汽车产业发展的未来方向，也是我国汽车产业转型发展的战略选择，保障智能网联汽车安全已经成为技术升级和行业发展的必然需求。面对未来车联网技术趋势，天融信将现阶段汽车产业与网络安全产业的主流技术进行融合创新，提出车联网安全产业未来三大技术趋势：智能化、场景化、融合化，并重点在车联网安全运营、车联网数据安全及车载边界安全方向进行创新实践。

在智能化方面，重点发展基于深度学习与威胁感知的云端车联网安全运营，通过源于深度学习的威胁感知技术，将数百万辆汽车、数千万的道路基础设施数据进行综合建模和分析，足够丰富的数据量可以将威胁感知的能力进行拓展和应用。

在场景化方面，重点发展基于车云协同的车联网数据安全防护体系，在智能汽车本身已经成为当下最大的移动数据源产生体时，从数据规模、数据类型和数据重要性都在快速增加，数据安全的重要性日益凸显。

在融合化方面，重点发展基于异构环境融合的车载边界安全技术，基于车内的网络、主机、业务环境多样化，因此存在多类型的安全边界。同时在业务高速发展过程中，新的安全边界也会快速出现，车内安全能力的部署需要能够应对此种变化，随着中央计算的发展，除了软件形态的安全 SDK，基于 Docker 的虚拟化安全会快速普及。

除外，天融信将持续推进我国车联网安全上下游企业间合作，实现车联网上下游产业技术整合，加强跨企业、跨领域的协同配合，互通资源，集中突破关键技术，进一步研发标准化安全防护产品和技术方案，增加车联网安全应用场景、打造车联网安全体系闭环，为车联网产业落地与持续发展提供健康环境，建立良好的产业生态，实现车联网安全产业的有序健康发展，为车联网安全产业赋能。

金杜律师事务所

1. 发展概况

金杜是一家根植亚洲，服务世界的一流国际化律师事务所。金杜在全球设有 32 个办公室，拥有 3000 多名律师。金杜的律师深谙东西方文化，凭借多元化思维、深厚的专业知识以及对客户需求的深入理解，为客户提供精准的法律服务。

客户是金杜开展一切工作的核心。金杜始终坚持提升业务能力，不断寻求突破，从根本上理解客户的需求，帮助客户解决问题和发掘机遇。金杜为客户提供灵活、独到的专业服务，量身打造服务方案，助力客户深耕本地市场、开拓国际业务。

金杜拥有代表中国企业在亚洲、欧洲、美洲、澳洲及非洲各地区投资的丰富经验，金杜律师不仅谙熟国内外的法律监管环境，而且了解国际市场惯例和实际操作流程。金杜能够帮助客户在成功完成交易的同时有效防范法律风险。

2. 服务能力

金杜律师事务所是中国为数不多的专门设有汽车行业、新能源及移动出行团队的事务所。

近年来，中国的新能源汽车和移动出行领域正在改变中国汽车行业的格局，为汽车行业注入新的生命力与发展空间。不论是针对传统的汽车行业，还是新能源汽车、智能网联汽车、车联网、网约车、自动驾驶等领域，金杜都能够为汽车行业领域的客户提供全方位的法律服务，与客户共同成长，并在该领域积累了丰富的经验。

金杜汽车行业团队实力雄厚，在包括并购、数据合规、私募、证券、融资、环保、监管、知识产权等各领域拥有深厚法律专业知识和丰富交易经验的合伙人和律师团队。凭借多年的积累和沉淀，金杜能够为客户提供该领域全方位“一站式”的法律服务。

秉承以客户为导向、以行业为中心的理念，金杜洞悉中国和全球汽车出行行业的发展趋势，积极研究行业最新动态、最新的法律法规，努力为客户提供有针对性和创造性的解决方案，助力客户实现商业目标。

在中国创新驱动战略的指引下，智能网联汽车、移动出行行业是当前中国经济转型中的新兴行业之一，金杜的很多客户也是这一行业的佼佼者。

凭借多年丰富的执业经验和强大的团队实力，金杜深谙汽车行业特点和商业需求，协助该行业各公司在瞬息万变的发展中应对日益增长的竞争、风险和挑战。

我们致力于在客户每一个商业阶段——从创业到融资的有机成长、进而收购兼并实现跨越式增长，再到首次公开募股以及之后参与其短期和长期发展战略及创新方案筹划，以商业伙伴的合作模式，从不同业务的角度共同研究汽车出行行业，实现资源共享，为客户提供一体化全方位的优质法律服务。

3. 服务项目

金杜的服务项目包括汽车和出行公司的资本市场融资、重组和整体上市，股权和资产并购，数据合规，绿地投资，汽车销售架构搭建，汽车融资和资产证券化，汽车经销商与车企纠纷、产品责任纠纷，境外投资以及环保合规、反垄断合规等。

苏州轻舟智航智能技术有限公司

1. 关于轻舟智航

轻舟智航（QCraft）是世界前沿的自动驾驶通用解决方案公司，创立于2019年，拥有一支轻、快、高效的自动驾驶团队，通过多年实践，积累了全栈自研的核心技术体系，并且打造了全球领先的高效力方法论“自动驾驶超级工厂”，以数据驱动+效率提升为内核，实现自动驾驶的快速迭代与高效落地。

轻舟智航坚持技术与商业化并重的发展思路，逐步实现自动驾驶的广泛落地。依托这一理念，轻舟智航推出了“双擎”驱动的发展战略，即以公开道路L4级别自动驾驶能力为“动力引擎”，提升技术能力的深度；以高阶辅助驾驶前装量产规模化落地为“创新引擎”，拓展场景应用的宽度。

在高速的业务发展过程中，轻舟智航坚持以客户价值为导向，持续打造满足用户和市场需求的产品，不断推动前装量产车型、城市公交、网约出行等多种场景和产品的智能化发展。

面向汽车厂商不同等级辅助驾驶前装量产需求，轻舟智航致力于成为头部高阶辅助驾驶解决方案Tier1提供商，携手产业上下游生态伙伴，共同打造“轻舟乘风高阶辅助驾驶解决方案”，不仅为客户提供更适合中国道路场景、更具量产落地优势，且具有极高性价比的解决方案，也为终端消费者带来更好用、消费者更爱用的高阶辅助驾驶体验，并已获数家主流车企量产定点。

面向城市交通智能化、网联化、共享化趋势，轻舟智航致力于以Robobus打造“城市的移动科技名片”，目前已在苏州、深圳、北京、重庆、武汉等16座城市部署龙舟系列自动驾驶车辆，车队规模超150台，覆盖多种车型和应用场景，并开展公开道路常态化运营，落地规模全国第一。作为国内Robobus的领跑者，轻舟智航已累计服务超过50万人次的低碳出行。

目前，轻舟智航已获得来自知名投资机构及产业战略投资伙伴的投资，包括中金资本旗下中金汇融基金、TCL、云锋基金、元生资本、美团龙珠、招商局创投、Translink Capital、联想创投、IDG 资本、元璟资本、Tide Capital 等。

2. 业务布局：以技术与商业化并重的发展思路，推动自动驾驶规模化落地

基于“自动驾驶超级工厂”方法论，轻舟智航构建了专注城市复杂交通场景的自动驾驶全栈解决方案“Driven-by-QCraft”，适用于城市多场景 + 高速 + 快速路等公开道路上的多种复杂路况，并可按需定制，在多车型、多场景中高效部署应用。基于“Driven-by-QCraft”，轻舟智航推出了“轻舟乘风高阶辅助驾驶解决方案”以及龙舟系列自动驾驶解决方案，不断推动前装量产车型、城市公交、网约出行等多种场景和产品的智能化发展。

（1）轻舟乘风高阶辅助驾驶解决方案

面向高阶辅助驾驶的前装量产，轻舟智航推出的“轻舟乘风高阶辅助驾驶解决方案”不仅支持城市多场景 + 高速 + 快速路多种复杂路况的点到点辅助驾驶，让开车像打车一样轻松，同时也为主机厂提供了更适合中国道路场景、更具量产落地优势，且具有极高性价比的解决方案。

“轻舟乘风高阶辅助驾驶解决方案”可以有效应对多种复杂交通场景，具备无保护左转、行人车辆避让、自动变道、自动转向、交通信号灯识别、窄路及拥堵路段通行、自动绕障等多种高阶辅助驾驶能力，为用户带来无顿挫、流畅平滑、轻松愉悦的辅助驾驶体验，让每一位车主都能享受到城市 NOA 的安全性、可靠性和高效性，为用户带来极大便利。

（2）龙舟系列自动驾驶解决方案

面向 L4 级自动驾驶，轻舟智航推出的龙舟系列（龙舟 ONE、龙舟 LONG、龙舟 SPACE、ROBOTAXI）自动驾驶车辆及解决方案，可满足多类智慧城市场景和需求，可以作为网约车、公交车及接驳车等多场景使用，打造“城市的移动科技名片”。其中，在 Robobus 领域，轻舟智航已成为行业的领跑者。

龙舟 ONE 是面向城市开放道路的自动驾驶小巴，通过城市微循环模式，贯穿城市核心区域，打造通勤、接待、游览的城市地标。龙舟 SPACE 是可在复杂道路运营的量身定制的未来出行移动空间，采用无转向盘、模块化的定制车舱，快速满足不同场景的需求，释放对空间的想象。龙舟 LONG 是更安全可靠的智能网联公交，可实现站点间的自动辅助驾驶，减轻司机负担，守护乘客舒适与安全。轻舟智航的 Robotaxi 是可满足城市多种场景的自动驾驶网约车。

3. 技术实力：超感知融合、时空联合规划算法、数据闭环自动化等差异化技术路线推动技术安全、高效落地

轻舟智航凭借感知、PNC 等底层软硬件技术能力，以及在数据驱动研发模式方面的长期积累，打造了领先的“Driven-by-QCraft”自动驾驶全栈解决方案，为自动驾驶技术安全、高效落地保驾护航。

轻舟智航还具有行业领先的工程化能力，这得益于其拥有的经验丰富的技术团队及体系化的工程治理团队；车规量产级、灵活配置的硬件方案；完善的自动驾驶系统功能安全开发流程，有效加速了轻舟产品在多车型、多场景中的落地。

轻舟智航拥有独特的“超融合”感知方案，其领先的“多传感器时序穿插融合”技术可以按需融合，让感知模型在不同阶段利用不同传感器信息相互补充，得到更优融合结果，避免各类误检和漏检，精度高且鲁棒性强。基于“超融合”感知方案，轻舟智航提出了国内首个在量产计算平台实现视觉、激光雷达和毫米波雷达特征和时序融合的大模型 OmniNet，以一个神经网络即可实现视觉、激光雷达、毫米波雷达在 BEV 空间和图像空间上输出多任务结果，带来“感知更精准、车端更适配、迭代更高效”多种优势。

PNC 负责指导车辆在复杂城市路况中完成导航、预测、决策规划和控制等一系列操作，对于行车效率、体感与舒适性至关重要。轻舟智航致力于以空间和时间复合的视角看待和解决自动驾驶的各类问题，前瞻性地选择了更适合国内复杂路况的决策规划技术架构，独家实现了行业公认更优的时空联合规划算法，具有“更符合人类驾驶习惯、更适合复杂场景、更适合数据驱动”三大优势。

轻舟智航前瞻的技术创新、健全的全栈研发体系以及完善的基础设施建设所带来的行业首屈一指的数据闭环和研发效率，是快速实现更好的技术泛化能力并获得客户认可的关键。作为高级别自动驾驶解决方案提供商，轻舟智航在数据方面具备天然优势，其强大的数据工具链，支持轻舟感知等算法的快速迭代和升级。轻舟智航领先的数据闭环能力，

可实现高效、低监督成本的数据标注和挖掘，并让实车测试、数据传输、问题诊断、模型分析、数据挖掘可以实现以天为单位的闭环和迭代；在此过程中，轻舟还不断进行场景挖掘，持续强化场景库建设，目前已覆盖超过 10 万个场景，累计仿真里程达到上亿公里。

长城汽车股份有限公司

1. 发展概况

长城汽车面向全球用户，提供智能、绿色出行服务，加速向全球化智能科技公司进阶。长城汽车业务包括整车及零部件设计、研发、生产、销售和服务。长城汽车打造了以能源、智能化为导向的森林生态体系，确立混动、纯电、氢能三轨并行发展，在智能驾驶、智能座舱、智慧底盘等方面进行全产业链布局，在低功率大算力芯片、数据智能体系等前瞻领域进行深入研发和应用，构建了业内领先的“光伏 + 分布式储能 + 集中式储能”的能源体系，完成了“太阳能 - 电池 - 氢能 - 车用动力”的全价值链布局。

2. 生产经营

长城汽车基于“柠檬、坦克、咖啡智能”三大技术品牌，打造了汽车研发、设计、生产以及汽车生活的全产业链价值创新技术体系，是长城汽车核心科技的强势积淀，并以品类创新，打造品类品牌，旗下拥有哈弗、魏牌、欧拉、坦克及长城皮卡五大整车品牌，产销网络遍布全球（见图 1）。

图 1　长城汽车整车品牌

哈弗品牌：以“全球 SUV 专家”为品牌定位，全球累计销量已超 800 万辆。哈弗以“新序列、新渠道、新造型、新技术、新产品”为战略思想，全面发力新能源赛道，已完成新能源城市 SUV+ 新能源越野 SUV 的双线产品布局。

魏品牌：魏牌以“0 焦虑智能电动”的品牌定位，全面向“高端智能新能源”进阶。魏牌未来将完成“两横三纵”的布局，即 PHEV+BEV 双能源战略和 SUV+MPV+ 轿车的全品类布局。

欧拉品牌：以“更爱女人的新能源汽车”为品牌定位，以女性需求为主导。专注 BEV 市场，拥有好猫 GT、芭蕾猫、闪电猫等多款车型，持续推动品牌、技术、产品、服务四大价值维度的全面升级，通过差异化赛道和特色化产品，深耕细分市场用户需求。

坦克品牌：以“铁汉柔情”为品牌主张，开启全新品类市场，坦克已经布局了成体系、清晰化的新能源路径，笃定“越野 + 新能源”技术路线，以越野超级混动架构 Hi4-T 为基础，紧密布局越野新能源家族矩阵。

长城皮卡：长城皮卡连续 25 年蝉联国内和出口销量第一，全球累计销售突破 245 万辆。2023 年 8 月 18 日，长城炮品牌第 50 万台整车正式下线，成为首个突破 50 万台的中国高端皮卡品牌。此外，高性能混动技术和超级越野平台的加持，也会助力长城皮卡的引领之路一往无前。

在商用车方面拓展新业务，长城汽车旗下如果科技推进商用车行业清能（清洁能源）化、智慧化发展，助力运力行业革新；长城汽车与宝马集团合资成立光束汽车，光束汽车立足于长城汽车研发能力和研发资源，同时借助宝马集团全球市场技术经验和运营实践支持，实现“联合研发、中国制造、服务全球顾客”。

3. 技术进展及研发能力

长城汽车森林生态体系是一套以整车为核

心，全面布局能源、智能化等相关技术产业，实现多物种相互作用并持续进化的生态体系，具有开放全面、共生共享、高效协同、进化成长的特征（见图 2）。

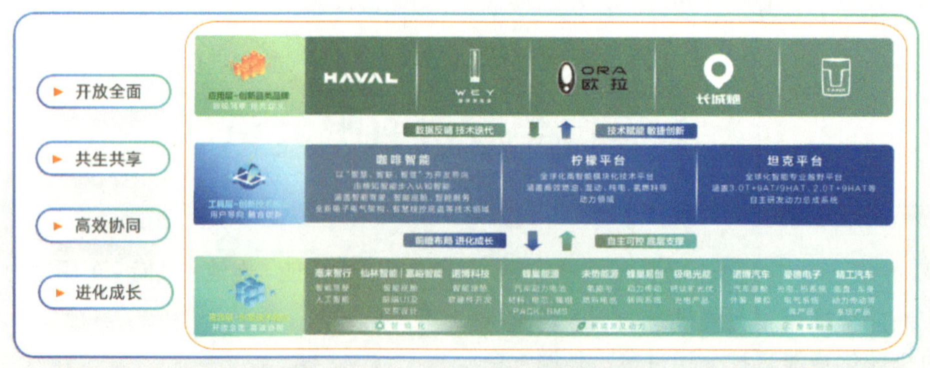

图 2　长城汽车森林生态系统

在森林生态体系作用下，长城汽车以整车为核心，持续将电动化和智能化作为技术变革的着力点和增长引擎；同时对核心技术和产业链精准布局、持续饱和式精准投入，完成了能源、智能化两大领域扁平化、网络化、去中心化的全产业链布局的企业。

在新能源领域，长城汽车确立了多条技术路线并举的发展策略，混动、纯电、氢能三轨并行，并构建了业内领先的“光伏 + 分布式储能 + 集中式储能”的能源体系，完成了“太阳能 - 电池 - 氢能 - 车用动力”的全价值链布局。

在智能化领域，2020 年 7 月 20 日，长城汽车重磅发布“柠檬”“坦克”“咖啡智能”三大技术品牌，作为长城汽车面向全球、面向未来的智能化技术品牌。三大技术品牌涵盖了汽车研发、设计、生产以及汽车生活的全产业链价值创新技术体系，代表了长城汽车的全新“造车理念”，是长城汽车核心科技的强势积淀（见图 3）。

图 3　长城汽车技术品牌

4. 主要产品与服务

长城汽车拥有整车智能化技术品牌咖啡智能，业务涵盖电子架构、智能座舱、智能驾驶、智享生态、云平台等众多领域，重点打造 Coffee OS、Coffee Pilot 两大智能化产品。咖啡智能以用户体验及需求为牵引，秉承“安全稳定、三智融合”的技术理念，打造端云一体、万物互联、会思考、能判断、可成长的未来出行伙伴。

（1）智能驾驶：从感知硬件到计算平台的全域自研

在感知硬件方面，长城汽车森林生态旗下睿博感知自研自制了国内首例采用 1700 万像素感光芯片的车载摄像头，业内首个媲美激光雷达的高分辨率成像 4D 毫米波雷达；长城汽车森林生态旗下诺博科技自主研发高算力平台，与睿博感知共同搭建了智能驾驶硬件架构。

在数据智能体系方面，长城汽车携手森林生态伙伴毫末智行从底层软件、中间件、上层应用软件的全栈自研，率先发布了中国首个可大规模量产落地的城市NOH智能辅助驾驶系统：咖啡智能城市NOH，采用“重感知、大算力、轻地图”技术路径，并向城市全场景不断扩充；推出了中国首个自动驾驶数据智能体系MANA雪湖、中国自动驾驶行业最大之一的智算中心雪湖·绿洲，以及行业首个自动驾驶生成式大模型DriveGPT雪湖·海若。目前，自动驾驶数据智能体系MANA雪湖的学习时长超84万小时，虚拟驾龄相当于人类驾驶员驾驶11万年。

咖啡智能驾驶系统Coffee Pilot是长城汽车全栈自研的行业领先的智能驾驶系统，是长城汽车自动驾驶的全域解决方案，包含智能感知架构、智能驾驶计算平台、智能驾驶软件系统等全域软硬件，具备重感知、强安全、快迭代的特点，能够实现从高速路到城市路的智慧领航功能。

（2）智能座舱：具备全栈软硬件自研能力

硬件层面，长城汽车森林生态旗下诺博科技专注智能座舱、智能车控、智能网联和智能驾驶领域，自研咖啡智能座舱V3.5高算力平台，搭载的车型销量已破20万辆。软件层面，与行业领先的生态伙伴深度共创了咖啡智能座舱操作系统Coffee OS，奠定了可生长、可插拔生态互换、软硬件兼容的系统基础。在语音体验上，唤醒时间250ms，成功率达95%，车控域执行时间900ms，其他在线技能响应时间1300ms，语音处理速度处于行业第一梯队。

交互方面，可拓展触控、语音、视线头姿、手势等多维立体交互。同时，智能座舱系统秉承“场景驱动服务，服务主动找人”的理念，通过自研平台化算法框架，开发视觉、自然语音处理等AI算法，提供主动式服务的AI场景引擎，持续满足千人千面的用户需求。

（3）智能生态服务

围绕用户体验第一原则，基于全球统一的大数据平台，以众创平台为载体，提高整车开放能力，吸引全球用户及开发者共思共创，同时进一步引入第三方生态，围绕“三智融合”理念，实现N个场景的深度定义、N个需求的服务满足，促进云端、手机端、车端、智能硬件端的全域融合，打破人、车、生活的固定边界，以开放的平台能力和开放的运营模式构建长城汽车万物互联、全域互通的智慧生态。

5. 发展规划

以全新的战略发展目标及规划，开启进阶未来的新一轮冲锋，加大研发投入，面向未来，重点规划“碳中和”与“智能化”两大层面的发展布局。这些投入将集中在纯电动、氢能、混动等新能源领域，提升“绿能”应用，加快从低碳到零碳的步伐；将着力在低功耗、大算力芯片和碳化硅等第三代半导体关键核心技术，以及现代传感、信息融合、人工智能等方面，做好软件和硬件的交互融合，确保在绿色新能源和智能化领域的技术领先优势。

面对汽车智能化技术的革新与未来，长城咖啡智能再创佳绩，成立了智能化前沿组织——TCAL（Technology Center AI Lab，简称AI Lab）。AI Lab的成立将构建起咖啡智能从研发端到整车端的技术沟通桥梁，从而为产品提供全方位的智能化解决方案，全面满足用户日益增长的智能化体验需求。长城AI Lab将以咖啡智能为抓手，负责构建长城汽车全链路AI技术体系，打造AI能力。以算力、算法、大模型能力建设为基础，并基于跨域化、横向化、创新化的理念，将动力、底盘、造型、上车身等组织打通，打造长城汽车大模型服务平台，形成面向整车领域与研发领域的技术中台，驱动长城汽车向全球化智能科技公司转型升级。

清华大学车辆与运载学院

随着新一代电子信息、人工智能、计算通信技术的迅猛发展，以及人们对更高质量出行方式的紧迫需求，智能网联汽车正迅速发展，已经实现了基于云平台的复杂环境感知认知、智慧决策规划与协同控制执行等重要功能。其中环境感知主要利用多种主被动传感器，并结合先进的感知算法，实现对周围交通环境动态信息的获取。车路云一体化融合系统依托云端的数据存储与计算等优势，使复杂交通环境下跨平台的多传感器、多视角与超视距的一体化协同感知成为可能。而路侧感知作为车路协同感知的重要组成部分，因其探测范围广、感知盲区小，成为支撑车路云一体化融合系统的重要数据来源，发挥着不可或缺的作用。

然而当前路侧各个感知节点之间往往独立工作，不同感知节点的传感器之间缺乏信息协同，这导致同一辆车辆可能被分配多个不同的局部身份，在车辆感知信息上传云端进行实时映射时缺少目标在感知网络中唯一的全局身份标识，这种情况下云端获取到的感知信息仅在局部感知域可用，跨感知域间的真实车辆目标因身份标识混乱，难以在云端实时映射出目标在感知网络中的完整轨迹。

针对这一行业难题，清华大学智能网联汽车团队提出了一种基于双向匹配策略的目标交接方法，建立摄像机间变换关系对重叠域内车辆目标进行投影，设计匹配约束机制解决匹配冲突难题，将目标经双向投影后依据相对距离进行位置匹配，并结合车辆的颜色直方图特征度量车辆外观相似度输出最终交接结果。利用真实道路下采集的路口与路段数据，验证了该方法可有效应用于典型城市道路交通场景，与单向匹配方法相比，该方法有效改善了漏匹配与误匹配问题，提升了不同感知节点之间匹配的准确性和可靠性。

进一步地，清华大学智能网联汽车团队在以上研究的基础上，针对无重叠视野下的车辆跨域感知问题，提出一种基于时空模型的多摄像机车辆目标跟踪方法。该方法利用路侧单元上两摄像机间盲区小且背向部署的特点，建立摄像机视野之间的空间拓扑关系，结合车辆在摄像机之间的时间转移模型或图像特征模型实现车辆的跨摄像机关联。该算法相比于其他关联算法结构简单，占用算力资源少，可应用于真实道路的实时跨域跟踪部署中，而且可以有效提高跨摄像机跟踪的准确率。

为保证能更好地对机动车、行人等目标进行类型、位置、速度等信息的获取并实现身份一致性的连续跟踪，实现在云端进行全类型交通参与者的数字孪生，路侧传感器的部署是至关重要的一步。针对车路云一体化下的路侧传感器部署工作，清华大学智能网联汽车团队综合考虑各类传感器的感知精度、不同感知节点的传感器之间的感知重叠距离以及感知覆盖面积和部署成本，优化路网中路端传感器的部署。通过单传感器在不同俯仰角下的数据采集以及算法检测，确定传感器的最佳俯仰角；通过调整传感器间的感知重叠距离，检测不同重叠域下目标跨域重识别的准确率，确定跨域跟踪算法的最佳适用场景；最后利用改进启发式算法求解出路网传感器的部署方案。

在实现车路云一体化的进程中，需要准确且全面的路侧感知信息来支撑云平台进行真实交通参与者的实时状态数字映射，以实现将人、车、路、云的物理空间、信息空间融合为一体，进而为智能网联汽车的决策与控制提供重要依据。团队的研发工作成功克服了在重叠与无重叠视野下车辆跨域重识别问题，改进了联合视觉与时空信息的重识别方法，并优化了路侧传感器的部署方案，为建立数字化感知、计算和通信功能的“智慧道路”，推动实现安全、节能、舒适及高效运行的智能网联汽车交通系统奠定了坚实的基础。相关研究成果在 2021 年的《汽车工程》期刊发表论文题目为《面向车辆目标的路侧多摄像机双向匹配交接方法》，受到行业高度评价，被选为该年度期刊优秀论文（见图 1）；在第 29 届智能交通世界大会上，展示了团队在“面向智慧城市的智能出行系统与示范”方向的最新成果，包括“车路云一体化”数字孪生系统、行车风险综合评估技术、智能路侧设备等，吸引了上万人次参观交流（见图 2）。

图 1　2021 年《汽车工程》优秀论文作者代表合照

图 2　智能交通世界大会主会场

西安主函数智能科技有限公司

1. 发展概况

西安主函数智能科技有限公司成立于2018年，是国家高新技术企业，公司以“成为先进的矿山无人运输系统提供商”为愿景，肩负着“让矿业开采更简单”的使命，致力于“宽体自卸车线控系统”和“矿山无人运输系统”产品的开发和应用。公司专注于矿山智能化赛道，经过多年深耕，于2018年发布了国内第一台线控宽体车，目前已拥有多项专利和软件著作权，具备非公路运输车辆无人驾驶全系统的设计、整车线控基础平台的设计和生产、传感器感知、数据计算和决策、规控、系统信息管理等专业能力，自主研发的“矿山无人运输系统”已在国内数个露天矿山得到应用，得到客户一致好评和高度认可，成为当前行业头部企业之一（见图1）。

图1 公司 logo

2. 生产经营

主函数智能线控系统已销售至华为、易控智驾、踏歌智行、中科慧拓等企业，累计销售200多台套线控产品（见图2）足迹遍布大江南北。

图2 无人驾驶车辆

主函数智能矿山无人运输方案累计投入40台无人驾驶宽体车，方案已在内蒙古某矿山验证成功。后续将以项目复制和批量化应用作为首要任务，推动“矿山无人运输解决方案”与“矿山场景”深度结合，为“智慧矿山”建设添砖加瓦。

3. 技术进展与研发能力

主函数智能专注于矿山智能化赛道，经过多年深耕，拥有近百项专利，参与多个国家（行业）标准起草。

在2017年5月，同力重工无人驾驶与新能源项目组（公司前身）于太白山召开无人驾驶专题研讨会，并于同年7月发布《无人驾驶产业发展研究报告》。

2018年，主函数智能自主研发成功国内首台套线控宽体车。目前，线控系统已供应行业内多家企业，并在技术进步与产品迭代中取得多项成绩。

2019年，主函数智能矿山无人运输解决方案在内蒙古某大型露天矿山测试（见图3），2020年实现双编组主路段无人运输，2021年实现原煤运输环节安全员下车、多编组全流程无人化作业，并助力客户通过内蒙古自治区首批“智慧矿山”验收。2022年，无人驾驶实现连续双班作业，项目入选国家能源局“2022年能源领域5G应用优秀案例”，2023年，主函数智能矿山无人运输解决方案不仅系统技术上实现安全、可控、有序、顺畅，而且在原煤运输环节实现产能替代，无舱无人驾驶宽体车在矿山驰骋，项目复制，公司发展进入新篇章。

图3 无人驾驶车辆应用场景

4. 主要产品与服务

主函数智能主要产品为“宽体车线控系统”与“矿山无人运输解决方案”

（1）宽体车线控系统

主函数智能宽体车线控系统是将操作车辆加速、转向、制动、举升等动作转化为电信号，输入到车辆执行机构，控制车辆动作的智能化系统，它是连接车辆底盘和自动驾驶系统的中枢，实现自动驾驶系统按既定的决策、规划控制车辆工作的目的，同时，具备故障警示、安全保护、车辆健康管理等功能。

（2）矿山无人运输解决方案

主函数智能在内蒙古某大型露天煤矿原煤运输环节，将煤矿地理特征和开采工艺相结合，研发出满足原煤运输作业需求的“车 - 路 - 网 - 云”一体化无人运输解决方案，该方案由车端无人驾驶系统、路侧调度系统、无线通信系统、云端中控系统组成，实现“装 - 运 - 卸 - 停”全流程无人化作业。

（3）定制服务，交钥匙工程

围绕着“以用户为中心”这一核心理念，主函数智能正在积极搭建全新的项目服务体系，通过流程标准、保障体系、工程师驻矿等方面实现定制化服务，利用多年的工程经验定制工程方案满足客户产能诉求，为客户提供安全可靠、自主可控、降本增效的交钥匙工程服务。

基于主函数智能扎根矿山多年的工程经验，主函数智能以“需求研究、产品定义、产品实现，创新引领”的服务理念，围绕“智慧矿山”“绿色矿山”的全面升级改造，构建全生命周期的用户服务体验。

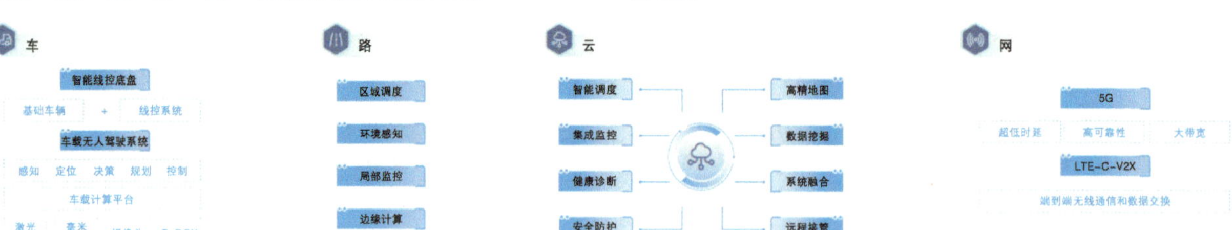

图 4　车 - 路 - 网 - 云各模块功能

5. 发展规划

未来，主函数智能将继续深耕矿山领域，推陈出新，持续不断地完善“宽体车线控系统”与“矿山无人运输解决方案”，为智慧矿山建设提供“数据源”支持，为客户提供“交钥匙”服务。

“宽体车线控系统”方面，主函数智能将持续集成研发线控系统与控制系统部件与架构；迭代升级研发适用于大吨位、多动力的智能线控系统。

“矿山无人运输解决方案”方面，主函数智能将实现“车 - 路 - 网 - 云”协同、深度融合，实现物料无人化运输的高效、安全、可靠、低耗。

大数据方面，主函数智能将基于线控车辆车端状态数据和无人运输系统运行数据、生产数据，为智慧矿山规划与建设提供数据源。

实施交付方面，主函数智能将通过工程阶段的领先经验，培养处大量工程与应有型人才，进行产品与项目的交钥匙服务。

浙江德清莫干山智联未来科技有限公司

1. 发展概况

浙江德清莫干山智联未来科技有限公司（以下简称“莫干山智联未来公司”）是湖州莫干山高新产业投资发展集团有限公司全资子公司，成立于 2023 年 7 月 19 日，注册资本 10000 万元。莫干山智联未来公司作为国家级车联网先导区浙江（德清）建设运营单位，下设两个全资子公司：德清县车网智联产业发展有限公司和德清车百高新智能汽车示范区运营有限公司，分别负责开放道路的建设运营和封闭测试场的运营工作。

现已完成德清智能网联云控平台、双向近 380km 的智能化路侧基础设施、全省唯一既能满足单车智能测试又能满足智能网联测试的封闭测试场、车联网实验室、5G 自动驾驶小巴和 OBU 推广等商业化试运营项目的工作，完成总投资约 13 亿元。同时已启动测试场三期（长直线和动态广场）、全省首个商业化运营的自动驾驶商用车（无人低速车）创新基地的建设工作，计划总投资 3.8 亿元。累计服务包括宝马、奔驰、蔚来、达摩院等企业20余家，封闭测试场累计营收超2000万元，开放道路测试累计实现营收520余万元。

公司于2022年获批浙江省首个湖州市唯一的车联网无线电频率使用许可证（5905MHz～5925MHz）。基于智能化路侧基础设施建设项目获浙江省经信厅、浙江省信管局主办的第三届“绽放杯”5G应用征集大赛浙江分赛一等奖、全国总决赛优秀奖，联合阿里云、毫末智行发布全国首个基于车路协同云服务的大规模自动驾驶场景库，并获得2022浙江省数据创新应用大赛一等奖。各类应用示范也分别获得第五届“绽放杯”5G应用征集大赛优胜奖、“华彩杯”算力大赛东区一等奖等。同时主导参与或参编了国内首个自动驾驶封闭测试场国家标准《自动驾驶封闭测试场地建设技术要求》（GB/T 43119—2023）、全国首个县级地方标准规范《智能网联道路基础设施建设规范》（DB330521/T 64—2020）和全国首个数据脱敏地方标准《面向自动驾驶的路侧采集交通数据脱敏技术要求》（DJG330521/T88—2023）等。

公司以国家级车联网先导区建设为目标，坚持车路云协同化发展、一体化应用为方向，完善新型基础设施建设，深化技术创新与产品研发，推动培育新应用与新服务，创新基础地理信息数据服务体系，强化安全保障能力，致力于打造德清高质量产业集群和可持续发展的产业生态，服务构建全省车联网发展新格局。

2. 生产经营

浙江德清莫干山智联未来科技有限公司核心业务围绕智能汽车、智慧交通、车联网建设、城市服务大数据管理、分析、处理软件开发等。作为国家级车联网先导区（浙江德清）的建设和运营主体，积极打造德清全域“人、车、路、网、云”的系统化建设及其协同发展，通过建设路侧基础设施，打造智能互联的路；通过网络基础设施优化，打造高效协同的网；通过建设智能网联云控平台，打造开放融通的云等，实现赋能全省乃至全国的人工智能、智能汽车行业转型升级。

3. 发展规划

根据德清县编制发布的《国家级车联网先导区（浙江德清）创建三年行动计划（2023—2025）》、《德清县加快车联网（智能网联汽车）产业高质量发展若干意见（试行）》等文件，以及即将发布的《德清县车联网场景创新应用行动方案（2023—2025年）》，计划至2025年建成全域全程全覆盖的基础设施环境，进一步拓展车联网路侧通信设备建设范围，探索落地县域特色的应用场景拓展，形成可持续的创新发展运营模式，构建融合发展的“车路云网图”产业生态。

中智行科技有限公司

1. 发展概况

中智行是一家基于车路协同的自动驾驶技术提供商和出行服务运营商，由中国无人驾驶开拓者王劲于2018年创立。中智行致力于通过车路云强耦合，打造自动驾驶的“中国方案”，解决行业技术长尾问题和商业落地困境。通过第二代全方位升维的自动驾驶技术——“路侧强赋能”，中智行整合产业链核心资源，实现助力高级别自动驾驶降本增效、更快规模化验证与落地。

中智行在全国首创性地选择车路协同技术方案，也是将“中国方案”真正落地的自动驾驶公司。公司于2022年发布“轻车·熟路”车路协同自动驾驶系统方案，以全息智能道路赋能L2级别车辆，在全球范围内首次实现城市级公开道路纯网联式L4级别自动驾驶。基于在感知、通信、系统稳定性等多个技术维度的跃升，中智行车路云一体化方案能够推动自动驾驶综合能力超越单车智能，同时赋能智慧交通、智慧城市，打造智能网联的数字化运营范式。

中智行是第一批获得长三角一体化智能网联汽车测试牌照的无人驾驶公司，先后获评了“南京市培育独角兽”“国家高新技术企业”，并入选工信部“苏州相城车联网身份认证和安全信任验证与示范项目”、交通部“苏州城市出行服务与物流自动驾驶先导应用试点项目”等荣誉，是率先实现城市级公开道路纯网联式 L4 级别自动驾驶的公司，是车路协同高级别自动驾驶的领跑者。

2. 生产经营

（1）智能网联行业背景

2023 年 6 月 21 日，促进新能源汽车产业高质量发展国务院政策例行吹风会上，工信部副部长辛国斌介绍，目前全国已开放智能网联汽车测试道路里程超 1.5 万 km，自动驾驶出租车、无人巴士、自主代客泊车、干线物流以及无人配送等多场景示范应用有序开展。在网联发展方面，全国 17 个测试示范区、16 个“双智”试点城市、7 个国家车联网示范区完成了超 7000km 道路智能化升级改造，装配路侧网联设备 7000 余台套（见图 1）。

图 1　中国智慧交通、智慧高速市场规模及预测（数据源：中商情报网）

（2）中智行商业化情况

中智行致力于通过车路云强耦合打造基于车路协同的自动驾驶“中国方案”。目前，已经实现了从核心技术的研发突破到规模化的商业闭环落地。前期技术实现阶段的实车测试范围涵盖苏州市、上海市、南京市、北京市四地多个测试区，并在中国电信研究院完成了封闭场景的技术闭环验证，目前已经实现城市公开道路的示范运营。

随着智能网联道路规模的扩大，中智行打造在不同智能化等级道路上应用的车路协同运营方案。为城市道路场景、高速高架场景、封闭园区场景等提供车路协同自动驾驶解决方案，打通 C 端出行运营、智慧道路升级、数据价值开发等车路云一体化的价值交付。

优势技术吸引战略资源主动聚集，推动产业协同发展，与政府方、运营商、主机厂 /Tier1、关键零部件等合作伙伴携手推进车路协同自动驾驶的规模化落地。

推进商业化产品和 MaaS 运营的齐头并进，推出了覆盖从车端到路端的软硬件产品矩阵，中智行的出行即服务运营（MaaS 运营）在苏州高铁新城核心区域开启商业试运营，同步推出自动驾驶公交车（Robobus）和自动驾驶出租车（Robotaxi）服务。用科技使交通更安全、更高效、更经济（见图 2）。

图 2　中智行车路协同运营车辆

3. 技术进展及研发能力

中智行核心团队均来自人工智能、互联网、主机厂商、高校等领域头部机构，是世界级的车路协同无人驾驶团队。核心骨干具备平均 10 年以上无人驾驶相关开发经验，具备软硬兼备的研发实力。

创新研发覆盖集成电路、人工智能、汽车、高端装备等领域，攻克了自主研发车路协同卡脖子技术。研发投入强度中研发投入占营业收入超过 90%，且每年保持 20% 增长率。投入效率方面，吸引研发人员占比超过 80%，硕士占比超过 50%。作为最早获得长三角一体化智能网联汽车测试牌照的无人驾驶公司。

中智行着眼于车路协同的“标准打造”和“全技术布局”，专利授权率超过 85%。目前公司形成的知识产权 100% 在国内注册，在知识产权、技术能力上自主可控。专利涉及无人驾驶的感知、预测、规划、控制各个环节，遍布车端、路端、软件、硬件各个层面，基本具备了车路协同全领域全覆盖的能力。

4. 主要产品与服务

“轻车 · 熟路”是基于车路协同的新一代自动驾驶系统，由轻量化硬件配置的智能汽车与具备全息感知能力的智慧道路两个体系组成（见图 3）。

轻车·熟路 车路协同自动驾驶系统

摄像头
毫米波雷达
计算平台
通信单元
“轻 车”
激光雷达
摄像头
补盲激光雷达
“熟 路”

图 3 “轻车 · 熟路”系统示意

该系统在全球首次实现以轻量化自动驾驶车 + 高级别全息智能道路，依赖纯路端感知在城市级公开道路上达成长距离、长时间 L4 自动驾驶，做到“让城市更智慧，让车辆更聪明”。

中智行基于“轻车 · 熟路”的车路云一体化全栈技术方案，实现不同应用场景中车路协同方案的灵活配置，满足项目多样化的运营需求（见图 4）。

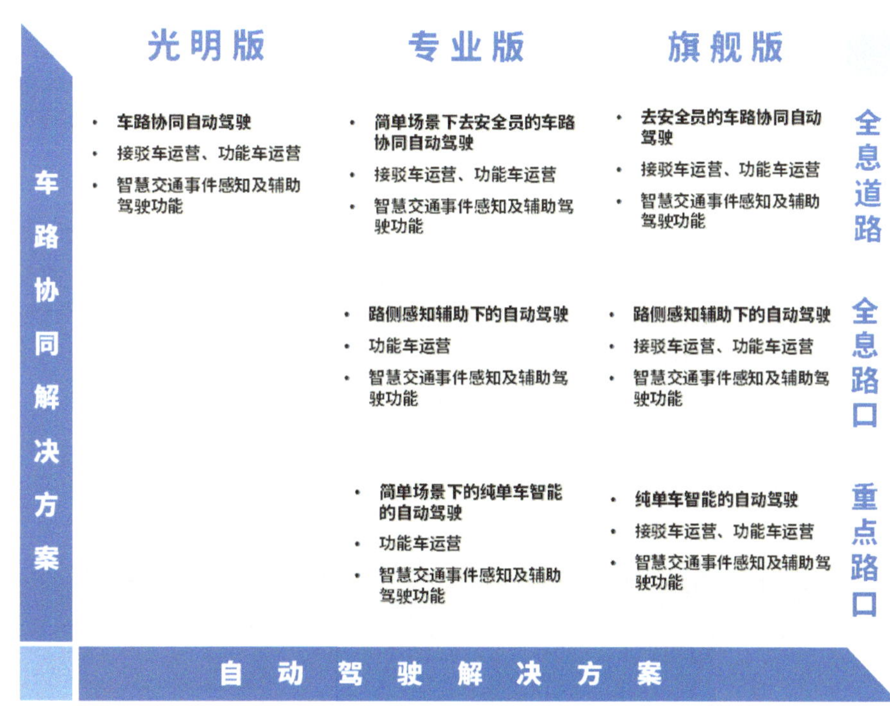

图 4 车路云一体化方案配置

5. 发展规划

（1）加强合作　构筑生态

坚持"以技术赋能自动驾驶，以产品创造社会价值"为战略导向，中智行携手整车制造、主机厂、关键部件服务、智慧交通服务、聚合出行平台等上下游企业开展广泛合作，加速车路协同自动驾驶场景应用的规模化落地，基于平台级车路协同技术，面向乘客、物流公司、运营平台，提供自动驾驶系列产品和出行、运输服务。

（2）单城打透　快速复制

中智行采用商业落地单点打透、快速复制、全面领先的运营思路。立足苏州，以单城打透为战略方向打造"苏州模式"，未来讲车路协同智能体系向其他城市复制升级，实现覆盖全国主要城市的快速落地，让技术创新真正改变大众的生活，也让属于中国的智能交通时代更快到来。

（3）加速实践　促成标准

中智行积极推动车路协同行业标准制定，提炼车路协同自动驾驶的应用模式以及相关科技成果，推动形成标准化经验，参与制定了由上海市标准化协会发布的《智能网联汽车公共道路测试监管系统技术规范》，不断强化产学研合作，积极参与行业课题，推动地标、团标的建立和完善，进一步升级为行标、国标。在车路协同规模化场景应用中促进标准成熟和技术的迭代。

无锡物联网创新中心有限公司

1. 发展概况

无锡物联网创新中心有限公司（简称：物创公司）是无锡市政府主导下，联合先进芯片、传感器、存储器、网络通信、计算、系统集成、服务等物联网产业链上下游多家龙头企业与科研机构共同发起，于 2018 年 7 月 31 日成立，注册资本 8.72 亿元。公司致力于物联网先进感知技术研发，并在工业互联网、车联网领域进行系统解决方案开发与成果转移转化，同时进行产业技术发展战略规划研究、标准研究制定、测试验证和推广应用等工作。目前主导和参与标准研制 32 项，授权专利 53 件，软件著作 50 件。

2. 生产经营

物创公司在物联网先进感知领域致力于国产芯片的工艺研发与晶圆代工；在车联网领域致力于技术研发、标准制定、成果示范和商业化应用。在车联网应用研究方面，公司于 2019 年建设智能网联交通联合实验室，围绕智能网联、智能交通相关关键技术突破及商业化应用、标准及知识产权体系建设等方面开展工作。同年 7 月建设车联网技术创新基地，围绕车端智能边缘感知终端、路侧通信及感知设备、V2X 云平台等方向开展研发、测试和验证，为前装车厂、Tier1 厂商提供关键感知设备及系统，为应用客户提供车联网、自动驾驶系统解决方案。

3. 技术进展及研发能力

（1）奖项与荣誉

物创公司目前已形成一套面向 5G-V2X 环境下智能驾驶的集成硬件、软件、算法、SDK 开发平台的完整解决方案，并获得多个创新成果奖项（见图 1）。

图 1　奖项与荣誉

（2）成果示范应用

公司车载产品已在前装工程车厂、物流车队进行批量应用，车联网系统解决方案已在无锡新吴区、无锡市微纳园区、山东交通学院、泰兴港口开展车路协同各类场景应用示范，同时参与工信部《身份认证和安全信任试点项目》，开展车与车安全通信、车与路安全通信的试点应用以及国家级江苏（无锡）车联网先导区与“双智”试点城市任务，开展 5G-V2X 全场景自动驾驶验证与服务。

（3）商业化探索

中国干线物流市场具备万亿级的市场规模，行业也逐渐暴露出驾驶员难招、安全事故频发、运输成本高、碳排放过高等问题，通过自动驾驶可有效避免驾驶人员短缺、疲劳驾驶以及由于车辆监测盲区导致的安全问题、提高运输效率，同时解决由于人员成本增加导致物流企业成本压力问题。公司目前已开展 L4 级电动重卡自动驾驶技术研发与实地测试（见图 2）。

4. 主要产品及服务

物创公司主攻车联网领域关键核心技术，布局车路协同通信设备、车载摄像头、特种车辅助驾驶系统以及自动驾驶系统、车联网中台等软件系统平台，为车联网车路协同和自动驾驶、智能全景视频、智慧城市、智慧交通、智慧物流等行业提供可靠、可信、可控以及定制化的完整解决方案和配套软硬件系统。

图 2　电动重卡自动驾驶实地路测

5. 目标规划

物创公司将从货运市场现状出发、积极响应国家政策，面向物流业务的人 - 车 - 路 - 网 - 云闭环生态，基于线控电动重卡打造面向干线物流的自动驾驶系统，围绕实际物流需求和运输场景开展应用示范，提高物流运输效率保障运输安全，逐步扩大投放车辆和运输规模形成可实际运营的自动化物流运输一体化系统平台，推动自动驾驶技术商业化应用进程。

上海昱感微电子科技有限公司

1. 发展概况

上海昱感微电子科技有限公司（以下简称“昱感微”）于 2022 年 8 月在上海张江自贸区成立，公司成立之初就获得了浦东国际人才港论坛颁发的“2022 最具潜力的海归创业团队”奖项。昱感微聚焦“感知智能”芯片和方案，致力于推出多维（可见光视觉 / 红外视觉 / 毫米波 4 D 感知等）数据融合算法和提供目标多维度感知完整信息的 AI 融合芯片。不同于市场已有的多传感器后融合以及混合融合技术，昱感微的融合感知芯片采用最前沿的多传感器前融合技术，摄像头和雷达等多传感器的目标获取数据在前端交互，并且做到“坐标统一、时序对齐、数据同质 、突出事件感知”，为自动驾驶与机器视觉提供前所未有的目标感知能力，助力车企跨越 L3/L4 级智能驾驶感知技术门槛。

2. 生产与经营

目前昱感微正投入于第一代产品的设计研发、原型验证、新 IP 创新（包含多个专利的申请）等工作上。目前产品的原型验证平台（硬件）已经有迭代更新，功能样机也已经安装在 Alpha 客户的测试基地并向 Alpha 客户提供系统演示及验证。昱感微作为市场上融合感知技术的先行者已经与 Alpha 客户展开了积极的沟通合作，已有部分项目在试点，还有多家下游厂商和车企表达了合作意向。

3. 技术进展及研发能力

昱感微核心设计团队成员目前全部来自 TI、高通等业内知名企业的领先团队组成，在毫米波传感器、智能感知系统、自动驾驶处理器芯片等领域具备深厚的技术、产品和经验积累。公司拥有多项技术创新，截至 2023 年 11 月底，昱感微已有 7 项发明专利和 2 项实用新型专利（含已公布 / 公告）。其中“多维像素”是昱感微的核心技术创新之一。它是指在可见光摄像头像素信息上加上其他传感器对于目标感知的信息，将图像像素的感知维度扩展以达到多维度感知目标的完整信息（见图 1）。芯片将摄像头 RGB 数据矩阵层，和雷达探测目标的距离、速度、散射截面 R 数据矩阵层以及红外传感器探测的热辐射图像数据矩阵层叠加组合到一起，以摄像头的像素为颗粒度，每个像素不仅有图像数据，纵向组合上还包含了毫米波雷达和红外传感器的探测数据，形成多维度测量参数矩阵数组。多维像素能直接高效地突出“事件感知”的能力，提供目标多维度感知完整信息来提升自动驾驶的可靠性。

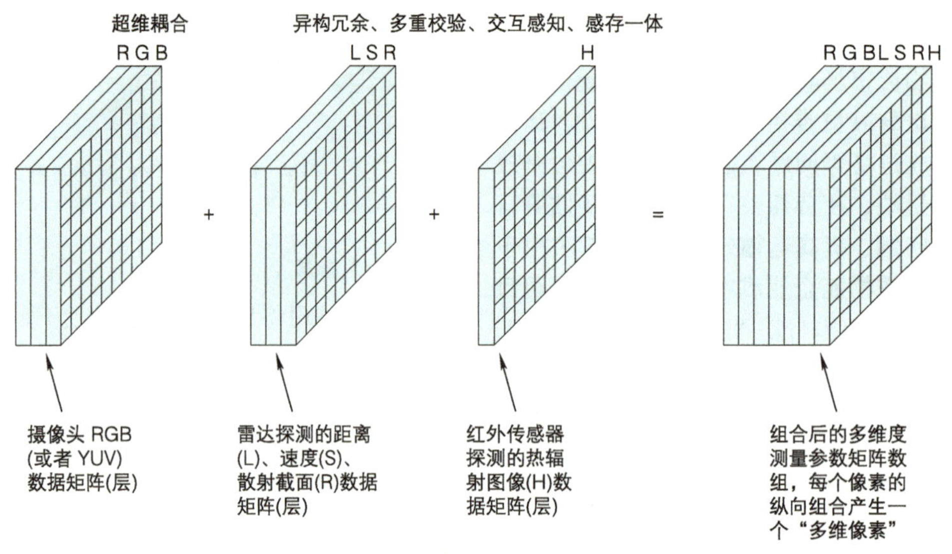

图 1 “多维度测量参数”矩阵数组结构示意图

4. 主要产品与服务

昱感微第一代产品是基于同一个芯片 Die 设计出的两款产品。

1）“多传感器多维像素融合感知芯片”可以实现多传感器原始数据的融合（传感器前融合），摄像头和雷达等多传感器的目标获取数据在前端交互，经过完全自主知识产权的雷达信号处理加速器，将目标感知的距离速度等信息与图像传感器的图像信息结合，生成多维像素并以多维像素数据格式输出（见图 2）。多维像素数据格式满足系统对目标感知“坐标统一，时序对齐，数据同质，突出事件感知”的要求，能够解决目前车厂在自动驾驶邻域的技术痛点；基于多维像素数据格式，融合感知芯片能够很好地支持传感器融合需要实现的“超维耦合、异构冗余、多重校验、交互感知、感存一体”功能，为客户节省后续应用处理器（或者是域控制器）的算力成本。此外，“多维像素”支持多传感器对目标的识别与样本采样同步完成，车厂可利用其广大车主用户的数据完成大数据样本采集。融合感知芯片的输入和输出格式和现有传感器以及 AI 计算平台完全兼容，客户后续可按需求自主处理应用数据。

2）“4D 成像毫米波雷达处理器芯片”是产品 1）的简化版（见图 3），输出格式为高密度 4D 成像雷达点云数据。昱感微通过芯片内部的硬件加速器来降低芯片的成本和功耗，嵌入通用 DDMA 以及超分辨硬加速单元来扩展芯片信号处理性能。此款芯片较竞品有较强的价格优势，可快速切入市场产生销售，分摊整体开发成本。昱感微也会向客户提供 4D 毫米波雷达的产品参考设计，降低设计门槛，与客户一起开拓更大的市场空间并加速产品量产落地。

5. 发展规划

昱感微计划在 2024 年完成第一代产品流片，并于 2025 年开始第二代产品“太赫兹多传感器融合感知芯片”的设计和验证。基于太赫兹技术，毫米波感知系统可以进一步缩小射频系统尺寸，提升分辨率，这是毫米波成像技术的发展方向。第二代产品会面向更广阔的市场应用：手机与 AR/VR 游戏、智能城市、元宇宙应用等。此外，多维像素的应用场景也十分广阔，目前我们的融合感知芯片以智驾作为市场切入口，未来还计划将产品推广至交通安防、工业机器人、无人机等细分市场中。

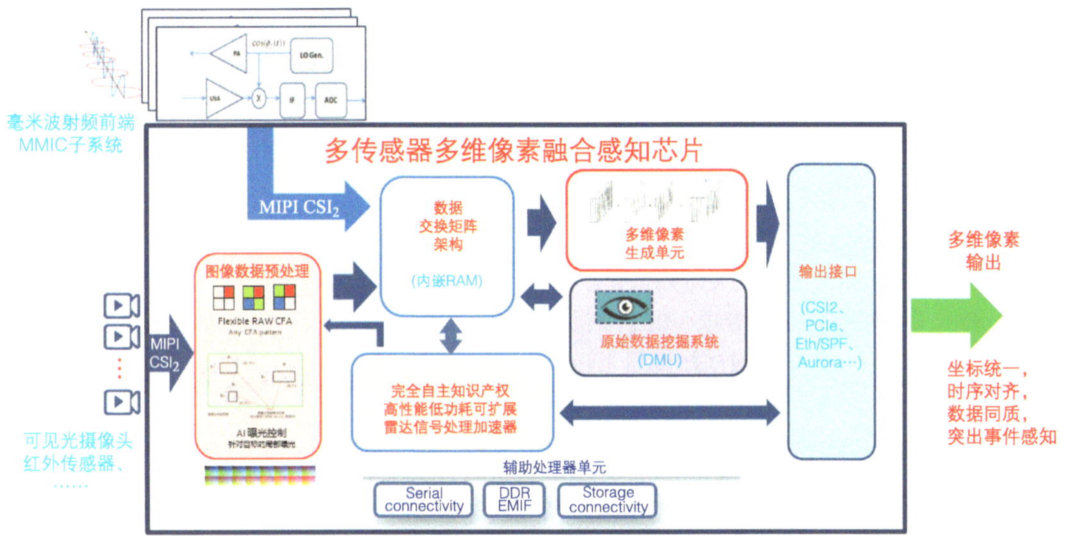

图 2　多传感器多维像素融合感知芯片系统框架示意图

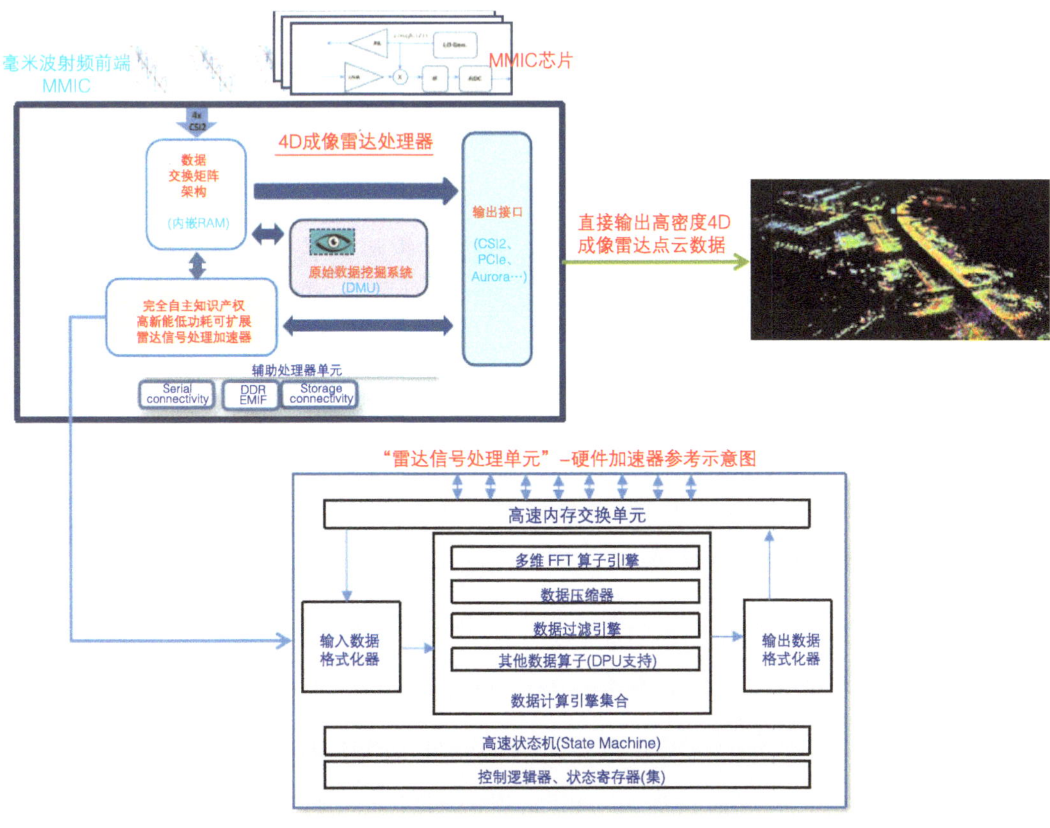

图 3　4D 成像毫米波雷达处理器系统框架图

重庆邮电大学

1. 发展概况

重庆邮电大学是一所以信息通信技术为特色与优势的高校，是科技部汽车电子产业技术创新联盟秘书长单位、中国汽车电子软件创新联盟（CASA）单位，重庆邮电大学汽车电子创新团队依托汽车智能网联技术重庆市高校工程研究中心、重庆市汽车电子控制嵌入式系统工程技术研究中心等开展智能网联汽车、车路协同、智能交通等相关研究工作。

项目团队承担了国家科技重大专项、863 项目、国家重点研发计划专项、工业互联网创新发展工程、国家自然科学基金等项目，获中国自动化学会一等奖 1 次、中国通信学会科学技术奖二等奖 1 次、中国智能交通协会科学技术奖二等奖 1 次。

2. 技术进展及研发能力

重庆邮电大学汽车电子团队开展了基于多传感器融合的无人驾驶车辆环境感知、组合定位、路径规划与决策控制相关技术研究，应用于自动驾驶物流车、环卫车、巡检车及接驳车，联合企业开发的自动驾驶物流车获得重庆市首张商用车自动驾驶测试牌照。

重庆邮电大学也是行业内最早开展 V2X 通信、车路协同等相关研究的高校之一，汽车电子团队面向智能网联汽车、车路协同、智能交通等领域，开展车路协同感知识别、辅助安全、决策控制、智慧交通、智慧出行、测试验证平台等相关算法研究与系统设计。项目团队自主研发了智能驾驶域控制器、C-V2X 车联网 OBU、RSU、车联网信息服务平台等设备与系统，并开发了符合 TCSAE 53-2017 标准的典型应用。项目研究成果在重庆车联网先导区、柳州车联网先导区、重庆寸滩保税港区物流 5G+V2X 车路协同智慧物流系统、江西赣州车路协同系统、福州公交车路协同系统等得到应用。

广西电力职业技术学院汽车与交通工程学院

1. 发展概况

汽车与交通工程学院汽车智能技术专业 2019 年开始招生，秉承学校“厚德笃学 · 砺能敏行”的校训，坚持“以服务为宗旨、以就业为导向”的办学方针，已累计为社会培养输送了近万名毕业生，近年来学院毕业生就业率均在 95% 以上，其中超过 18% 升入本科院校继续深造。毕业生纷纷就职世界品牌汽车 4S 店，包括奔驰、宝马、红旗等；进入知名大型国企，包括深圳比亚迪公司、深圳航空公司、中国中车集团有限公司、南宁轨道交通集团等，众多毕业生成为企业中层经理、技术骨干。多名毕业生创办了汽车服务企业，实现创业梦想。

2. 师资力量

学院现有教职工 41 人，其中专任教师 32 人，教授 2 人、副教授 11 人，高级职称教师占比 32%，具有硕士以上学位教师 14 人，占比 34 %，“双师双能型”教师 29 人，占比 71%。同时，学院在校外汽车企业聘请一批具有丰富实践经验的高级工程师、业务主管担任兼职教师，大幅度提升人才培养质量。

3. 科研成果显著

近 5 年来，学院积极参与国内学术研究、交流活动，广泛参加国家级、自治区级教改、科研、竞赛，硕果累累。其中发表论文 130 多篇（EI 核心、中文核心期刊 16 篇、广西优秀期刊 25 篇）；公开出版国家级教材 29 本；申报国家级和自治区级教学、科研课题 21 项；发明实用新型国家专利、软著 23 项；荣获自治区级教学能力大赛一、二、三等奖 17 项；荣获自治区级学生技能大赛一、二、三等奖 22 项；其中，作品《汽车水温传感器故障检修》，获全国职业院校信息化教学大赛二等奖。

近年汽车与交通工程学院主要成果包括：

① 中央财政支持特色专业项目 1 项；

② 国家级教师技能信息化教学大赛一、二等奖 17 个；

③ 自治区教学成果二等奖 2 项；

④ 自治区及以上教改科研项目 21 项；

⑤ 自治区学生职业技能竞赛一、二等奖 22 项；

⑥ 校内实训基地 36 个，校外实训基地 47 个。

4. 实训设备先进

学院 2021 年入驻五象新校区，实训条件全面提升，拥有完整汽车楼 9 层，实训面积超过 $6000m^2$，设有新能源汽车实训中心、智能汽车实训中心、汽车检测维护保养实训中心、汽车营销中心教育部 1+x 考证中心，航空服务实训中心、轨道交通实训中心，创新创业实训中心共 43 间，设备资产总额达 1300 万元。2022 年，学院正着力建设集教学、培训、职业技能鉴定、研发、生产经营“五位一体”的 $2000m^2$ “智能新能源汽车技术实训基地”。其中已投入超 300 万置备车联网集成应用实训室、智能网联汽车实训室、智能网联计算机实训室，可以实现车路协同作业、智能网联汽车装调技术、基于 Linux 嵌入式系统应用开发、地理信息与导航定位技术等智能网联核心课程的学习。该实训室同时作为广西车联网集成应用“1+X”职业技能等级鉴定的牵头单位专用考点，是广西高职首个车联网试点院校。2021 年我院是全国首个车联网集成应用职业技能等级证书考证的试点院校（见图 1）。使用的是上海物联网行业协会指定的车联网集成应用实训设备（见图 2）。

图 1　学院成为全国首个车联网集成应用职业技能等级证书考证试点院校

图 2　车连网集成应用实训设备

5. 发展规划

目前广西电力职业技术学院汽车智能技术专业在校生约为 250 人，毕业生人数为 80 人，专业发展稳中有序。未来 3 年将实现年均 100 人的招生规模。在校企合作和实训室建设规划中，有望与华为合作成立智能驾驶技术合作学院，持续输出该领域技能型人才。

汽车智能技术专业将着手发展其汽车智能技术课程和实践能力培养，以培育符合行业发展趋势的高技能人才。该学院计划通过更新课程体系、投资先进实验室设施、加强师资力量、与行业领军企业合作，以及提供强化学生实习和就业服务，来塑造其成为汽车智能技术领域的领先教育基地。通过持续投入和项目评估，学院致力于成为区域乃至全国在智能汽车技术教育方面的引领者。我校已组织车联网集成应用职业等级技能考试三年，通过率超过 90%（见图 3）。

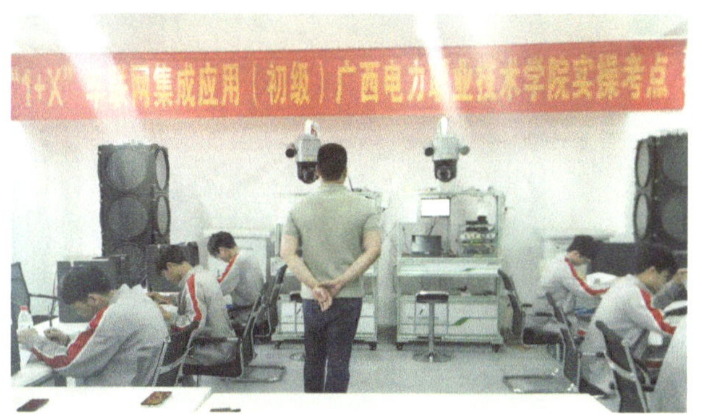

图 3　“1+X”车联网集成应用实操考试

万物镜像（北京）计算机系统有限公司

1. 发展概况

万物镜像（北京）计算机系统有限公司（以下简称 51Sim）成立于 2017 年，是 51WORLD 孵化的专注于智能驾驶仿真的子公司。51Sim 开发了自主知识产权的仿真平台 51Sim-One，场景管理与挖掘平台 Dataverse 等产品，涵盖静态和动态数据导入、测试场景案例编辑、传感器仿真、动力学仿真、可视化、测试与回放、虚拟数据集生成、在环测试等功能，具备全链闭环仿真能力，在场景仿真、数据驱动闭环仿真、分布式云仿真、感知在环仿真等领域具有核心竞争力。

2. 生产经营

迄今为止，51Sim 已与智能驾驶领域的近百家客户展开合作，为汽车企业及其上下游合作伙伴提供标准产品和定制方案的全方位仿真服务，解决主机厂、Tier1 及合作伙伴不同层面的仿真应用问题，助力中国自动驾驶量产落地。

3. 技术进展与研发能力

公司目前规模百余人，超 80% 为研发人员，硕博比例超 50%，以智能驾驶仿真测试软件为主要研发内容，研发领域覆盖计算机图形学、计算力学、交通仿真、传感器仿真、深度学习、强化学习等多项基础研究领域。

经过多年累积，公司的智能驾驶仿真测试产品已经具备了出众的传感器仿真能力，内含行业物理级真实的传感器仿真模型；配备完善的场景编辑工具，包括支持 OpenSCENARIO 标准的动态场景编辑器和支持 OpenDRIVE 标准的静态场景编辑器；具备感知、决策、控制算法训练能力，支持算法、软件、硬件、整车在环等多种测试流程；具备了云端多人协作能力，支持高并发仿真测试。

4. 主要产品与服务

公司主要产品线包括智能驾驶仿真平台 51Sim-One，场景管理与挖掘平台 Dataverse 等产品。

（1）51Sim-One 仿真平台

51Sim-One 是 51WORLD 自主研发的一款集静态和动态数据导入、测试场景案例编辑、传感器仿真、动力学仿真、可视化、测试与回放、虚拟数据集生成等一体化的自动驾驶仿真与测试平台，功能模块覆盖自动驾驶仿真测试的全流程，兼具规模、高精度和高真实感，原生使用灵活可扩展的分布式并行仿真架构，可部署在单机、私有云、公有云的环境。用于自动驾驶产品的研发、测试和验证，可为用户快速积累自动驾驶经验，保证产品性能安全性与可靠性，提高产品研发速度并降低开发成本。

1）业务架构：51Sim-One 从业务层面主要分为数据、仿真、评价以及系统后台（见图 1）。

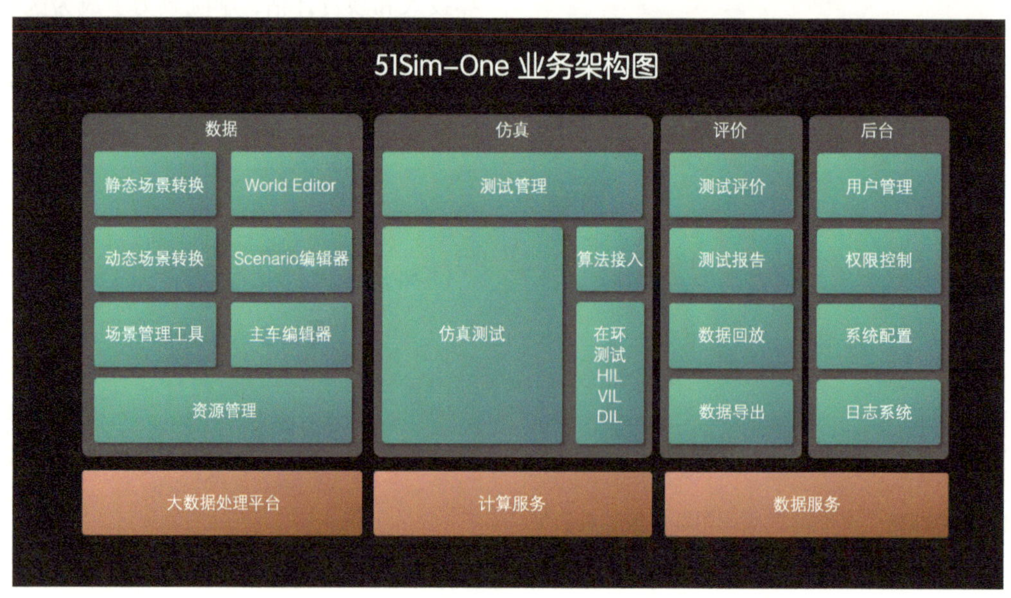

图 1　51Sim-One 业务架构图

2）数据系统：数据层主要作为仿真测试的输入端，提供数据的支持。51Sim-One 支持通过多种方式来生成用于测试的数据，主要包含以下 3 种方式。

① 手动编辑场景：用户可以通过 World Editor 来创建 OpenDRIVE 静态场景，通过 51Sim-One 内置的场景编辑器来创建 OpenSCENARIO 动态场景，最后结合静态场景形成一个可用仿真测试的场景数据；

② 通过语义自动生成：51Sim-One 支持通过预先定义的标准语义描述文件来生成静态、动态场景用于仿真测试；

③ 采集数据驱动：通过用户采集的车侧、路侧或者无人机采集的数据，通过自动转换工具链并依托大数据平台来生成测试场景用于仿真测试。

3）仿真系统：仿真系统支持仿真任务管理、被测算法接入管理等功能，其仿真模块主要包括传感器仿真、动力学仿真、物理仿真、动态交通流量仿真等，并支持多种在环测试流程，包括 HIL 硬件在环、DIL 驾驶员在环、VIL 整车在环等（见图 2）。

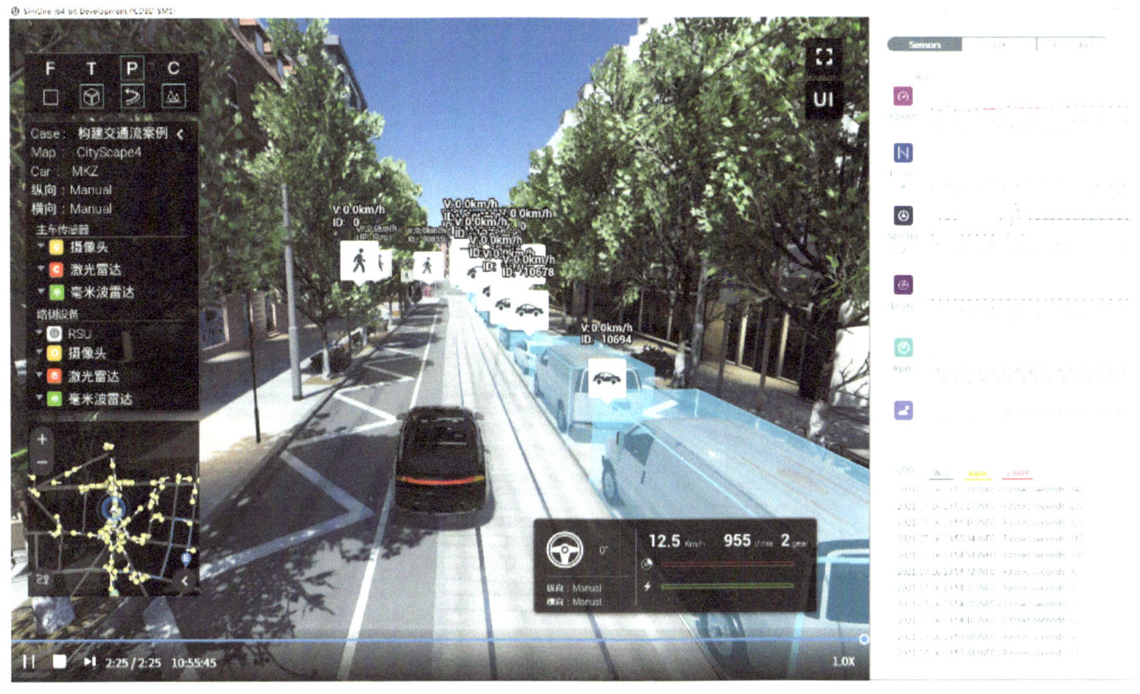

图 2　仿真运行与可视化

其中，传感器仿真模块用于仿真虚拟世界，仿真各类目标级或者物理级的车辆传感器，包括摄像头、毫米波雷达、激光雷达、超声波雷达、GPS、IMU 等。

动力学仿真模块基于自主研发的动力学模块对车辆动力学进行仿真。

物理仿真模块基于物理引擎，对于仿真场景中的物理属性进行解算，生成仿真结果。

动态场景仿真模块用于生成动态场景，包括基于 OpenSCENARIO 场景引擎的动态场景解析，随机动态交通流仿真和基于外部工具输入的联合仿真。

4）评价系统：评价系统包含丰富的指标库供用户自行选择进行评价，涵盖安全性、违规性、舒适性、高效性、经济能耗性、控制准确性等多个维度，支持用户自行灵活配置打分函数与评价权重，支持多场景并发评价、单场景以及多场景统计性评价，支持通过判定和评价的设定生成测试报告，同时能够导出测试过程中的所有原始数据，可结合外部工具进行进一步分析评估。

5）后台系统：后台系统主要包括用户管理、权限控制、系统配置、日志系统。

6）云端仿真版本：51Sim-One 除了单机版以外同时也具有云端的形态，支持多用户协作以及多任务并发协作（见图 3）。

基于 BS 架构的云端版本能够实现数据共享、多人协作以及中心化计算。用户可以通过 WEB 浏览器编辑、运行、监控、分析案例；提供多用户支持，能够对用户进行分组和权限管理。相较于传统的单机软件产品，云端的版本支持大规模并发仿真，支持弹性的扩展，可灵活部署到公有云、私有云、能够更好的服务团队，提升工作效率。

（2）数据平台 Dataverse

Dataverse 是针对自动驾驶仿真测试开发的一款数据平台，具备数据清洗、数据计算、数据管理、数据可视化、数据统计等能力，帮助自动驾驶实现数据驱动的仿真闭环（见图 4）。

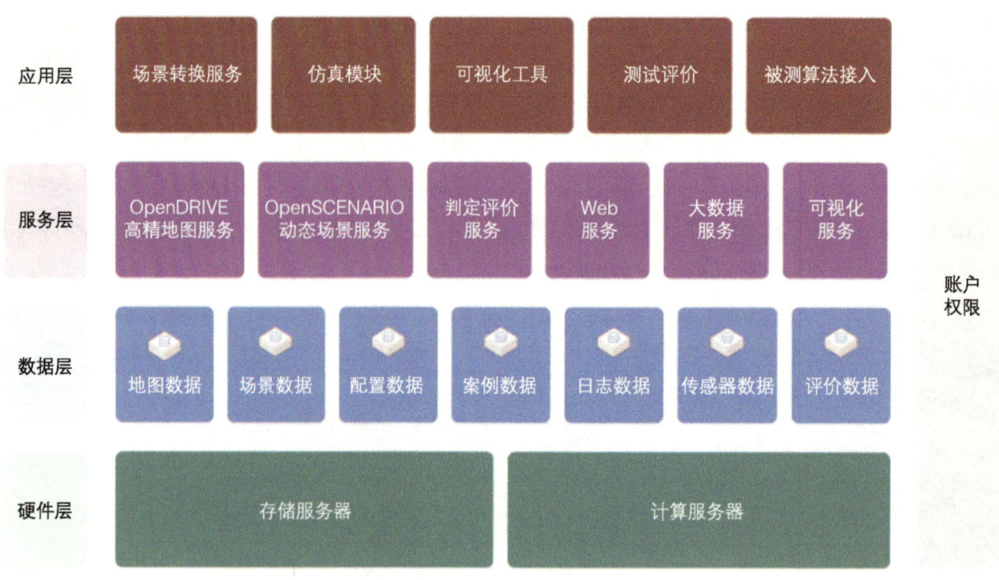

图 3　云端版本架构图

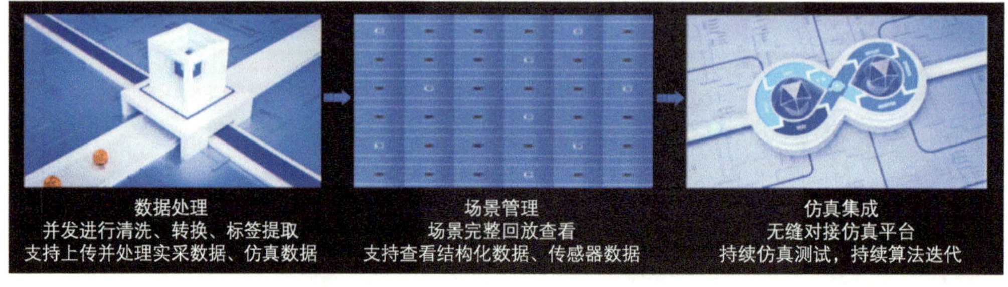

图 4　数据平台 Dataverse 主要功能

1）数据处理：可实时多并发清洗、计算、提取、分析、标记数据，能够将实采数据转换为可用于仿真的测试场景，提供任务管理器实现对于数据处理任务的监管。

2）数据管理：支持通过高级 SQL 语句精确查询，支持数据的批量化操作。

3）数据可视化：提供可视化工具对数据进行回放查看，支持查看结构化数据、传感器数据。

5. 发展规划

在新的一年，51Sim 将继续加大研发投入，增加在数据驱动闭环，场景泛化与仿真，仿真评价等方向的积累和成果，持续推动中国自动驾驶量产落地。

重庆云潼科技有限公司

1. 发展概况

重庆云潼科技有限公司（以下简称“云潼科技”）成立于 2018 年 6 月，坐落于重庆市渝北区礼嘉金泰智能产业园，是一家致力于车规级功率半导体国产化替代的半导体 Fablite 公司，拥有多位具有十余年国内车规 IGBT、MOSFET 半导体企业工作经验的核心成员，是国内车规半导体器件标准的主要制订者，现有 100 多项功率半导体领域的自主知识产权。当前业务以新能源汽车市场为主，产品主要应用于电机驱动控制器、PTC、压缩机、电子水泵、电子油泵、电子风扇、整车控制器、电动尾门、电动门吸、ABS、EPB、ESC、EPS 等。并且云潼科技于 2022 年获得第十一届中国创新创业大赛优秀企业及第二届明月湖国际创新创业大赛一等奖，在 2023 年 5 月和 2023 年 10 月分别通过专精特新企业、高新技术企业的认定。

云潼科技始终以"用'芯'智慧，让世界'动'起来"为愿景，以"紧跟市场需求，在功率芯片及功率管理芯片方面为客户"为使命，以"诚信第一、顾客至上、积极开创、优待员工"为核心价值观，紧跟客户的需求变化，以期引领功率半导体器件蓬勃发展。

2. 生产经营

云潼科技当前的核心业务主要以国内新能源汽车功率逆变零部件为主，通过提供车规级 IGBT 晶圆、MOSFET 芯片、功率 IC 器件、IGBT 单管、功率 DIPM 模块、功率 PIM 模块和功率 IGBT 模块等功率半导体器件对不同需求场景进行匹配和兼容，以提高"国产替代"的多应用场景。云潼科技致力于功率半导体国产替代，并希望通过技术研发、技术改进创造出满足更多新能源汽车需求的功率半导体器件，为国内新能源整车客户提供更加优质、更加稳定、更加可靠、更加全面的技术支持和产品服务，为国内节能减排、新兴能源提供更加有力的支持！

3. 技术进展及研发能力

（1）IGBT 单管及模块、高 / 低压 MOS 及模块和相关 Driver IC 产品研发和生产能力

云潼科技拥有完整的 IGBT 单管及模块、高 / 低压 MOS 及模块和相关 Driver IC 产品线，具备强大的研发和生产能力。通过自建模块工厂和技术中心，专门对相关 IGBT 单管及模块、高 / 低压 MOS 及模块和相关 Driver IC 产品进行定制研发，通过需求分析、技术研发、性能测试流程进行可靠性保证，在保障产品可靠性的基础上，定制生产工艺，通过模块工厂批量生产，保障产品品质。目前，云潼科技已经实现了在国内各大主机厂主流车型中批量出货，服务车型超过 100 种，应用案例涵盖主驱逆变、底盘域电子制动 / 助力转向、热管理以及车身域等多种安全强相关应用。

（2）车规级 PIM MOSFET 模块研发和生产能力

目前，云潼科技在该模块的研发和生产方面取得了重大突破，成功研发出 1 款全桥首创 PIM MOSFET 模块（见图 1），实现 1 替 6，该产品在技术上突破传统模块封装模式，使用 DFN 环氧塑封工艺研发，同时具备完整自主知识产权技术架构，是未来域控制器中的尺寸减少及 EMC 改进的利器。这项技术的推出，将极大地提高汽车电子设备的效率和可靠性，为汽车工业的发展注入新的动力。

图 1　云潼科技 PIM MOSFET 模块 CCM80N4-6A

（3）关于云潼科技自主知识产权

云潼科技自成立以来，高度重视知识产权对企业发展的重要性，每年度均围绕公司主营产品和核心产品进行多项自主知识产权布局，涵盖国家专利、软件著作权和集成电路布图设计，截至目前，云潼科技已申报或登记知识产权 108 项（不含商标），其中国家专利 86 项（发明 40 项、实用新型 42 项、外观设计 4 项），软件著作权 20 项、集成电路布图设计 2 项。获得授权或登记的知识产权已达 51 项（见图 2），其中国家授权专利 29 项（发明 3 项、实用新型 24 项、外观设计 2 项），软件著作权登记 20 项、集成电路布图设计登记 2 项，剩余 57 项未获权知识产权均处于正常审查流程。

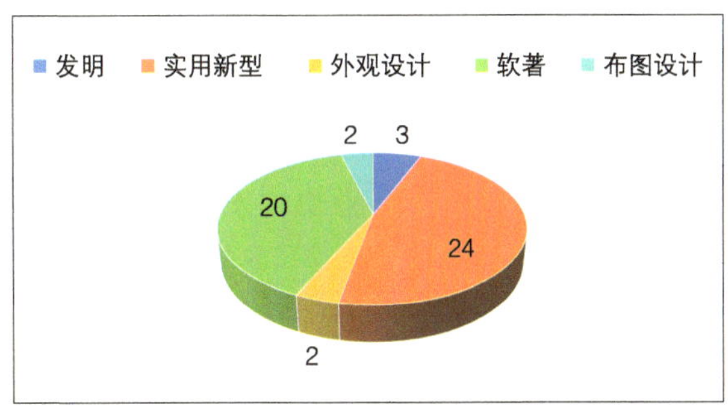

图 2　云潼科技各知识产权授权情况

4. 主要产品与服务

云潼科技主要从事车规级功率半导体 IGBT 和 MOSFET 的设计、生产和销售，主要产品运用于新能源汽车的电机控制系统、底盘控制系统和车身

控制系统，服务国内主要主机厂上百款车型，目前，云潼科技已获得国际知名新能源汽车品牌热管理零部件供应商三花智控（A 股：002050）、宝鼎投资、德宁资本、中信建投、衡盈资本、渝富资本、朝希资本、两江基金等投资，成功加入国际知名新能源汽车品牌供应链，缓解新能源汽车产业“缺芯”难题。

具体来说，云潼科技的产品包括 TO 系列单管，功率 PIM 模块，功率 DPIM 半导体模块，小信号、高 / 低压 MOSFET，线性驱动 IC 和功率半导体大功率模块。产品通过 IATF 16949 质量管理体系，能够为客户提供优质、高效的技术支持和产品解决方案。

5. 发展规划

云潼科技自成立开始，就已经进行了自己合理的企业发展规划。2019 年，云潼科技自研 750V/200A IGBT 并实现量产；2020 年启动天使轮融资，获得了三花智控领投；2021 年自研 1200V/40A IGBT 和 40V、60V MOSFET 并实现量产；2022 年模块工厂建成通线，2023 年融资金额超过 2 亿人民币。

而在本年度及今后的企业发展规划中，主要以打磨、自研开发产品，提高企业产品品质为向导。从技术创新上，持续增加研发投入，继续关注功率半导体科技前沿，紧跟市场行业发展趋势，积极推动产学研合作，加强与高效、科研机构的联系与合作，持续增加企业自主知识产权数量，注重提升知识产权质量，同时进行涉外知识产权的布局，逐步提升公司的技术实力；从人才培养上，制定一系列人才培养计划，提高员工的专业技能和管理素质，积极引进优秀人才，帮忙解决就业压力，打造一直高素质、高技术的团队；从合作发展上，积极寻求与同行业或跨行业的企业的合作机会，积极参与行业协会和联盟组织，加强与各方的沟通与协作，共同推进行业的发展。云潼科技正在稳扎稳打，朝着可持续发展进步的方向迈进，预计 2027 年实现科创板 IPO。

比亚迪股份有限公司

1. 发展概况

比亚迪股份有限公司（以下简称“比亚迪”）成立于 1995 年 2 月，总部位于广东省深圳市，业务横跨汽车、轨道交通、新能源和电子四大产业，是在香港和深圳两地上市的世界 500 强企业，在全球累计申请专利超 4 万项、获得授权专利超 2.8 万项。

比亚迪在 2022 年营收 4240.6 亿元，同比增长 96.2%，实现了技术、产品和市场全面爆发，形成了以乘用车为龙头、各大产业协同发展新局面；2023 年前三季度，集团总营收 4222.8 亿元，同比增长 57.8%。比亚迪扛起时代责任和使命，坚定拥抱汽车电动化、智能化浪潮，打造中国和全球的新能源汽车龙头，走出一条绿色创新发展之路。

2. 生产经营（均含出口）

涵盖汽车、轨道交通、新能源和电子四大产业。

3. 技术进展及研发能力

（1）汽车领域

比亚迪掌握电池、电机、电控等新能源汽车全产业链核心技术，从自主创新到全面开放创新，持续引领全球新能源汽车变革。经过长时间的坚守，比亚迪凭借刀片电池、DM-i 超级混动、e 平台 3.0、CTB 电池车身一体化、“易四方”、云辇系统、DMO 超级混动越野平台等颠覆性技术，迎来前所未有的发展机遇。2022 年，比亚迪汽车累计销量达到 186.8 万辆，同比增长 152.5%；其中新能源汽车销量 186.3 万辆，同比增长 208.6%，居全球新能源汽车销量第一。2023 年 1—11 月，比亚迪新能源汽车累计销量 268 万辆，同比增长 65%。比亚迪新能源汽车已进入德国、日本等汽车强国市场，以及泰国、巴西等新兴市场，运营足迹遍及全球 70 多个国家和地区、400 多个城市。

（2）轨道交通领域

比亚迪站在世界轨道交通创新最前沿，发挥集成创新优势，将电动车产业链延伸到轨道交通领域，推出了具有完全自主知识产权的中运量云轨和低运量云巴，填补轨道交通技术产业空白，为全球城市治理交通拥堵提供有效方案。2021 年 4 月，全球首条无人驾驶云巴市政示范线在重庆开通，拉开商业化应用的序幕。2022年12月，深圳首条云巴市政线在坪山开通，进一步形成先行示范。2023年5月，全国首条旅游观光云巴线在长沙开通，成为推进旅游产业现代化重要范例。云巴是创新前沿黑科技、绿色出行新物种，不只是简单的产品和系统解决方案，更是代表对未来居住空间和生活方式的探索，用现代化创新技术连接城市、自然、经济、人文，全面提升城市竞争力和市民幸福感，打造未来城市样板间。

（3）新能源领域

比亚迪作为新能源整体解决方案提供商，拥有电池、太阳能、储能等新能源产品，打通能源从获取、存储到应用的全产业链各环节。公司新能源产品覆盖消费类3C电池、动力电池、光储一体化等领域，拥有完整的产业链，牢牢占据行业前列，2022年电池出货量89.8GW·h，同比增长136.9%。刀片电池具有高安全、长寿命、高续航等特点，不含镍、钴金属，通过行业最严苛的单体电池针刺试验，获得了市场高度认可，几乎以一己之力把磷酸铁锂电池重新拉回行业发展正道。比亚迪的太阳能和储能方案现已服务美国、德国、日本、瑞士、加拿大、澳大利亚和南非等新能源发达市场和新兴市场。

（4）电子领域

比亚迪电子（国际）有限公司2007年于香港分拆上市（股票代码：285.HK），2020年被纳入香港恒生科技指数，已发展成为全球领先的平台型高端制造企业。业务涵盖智能手机、平板电脑、新能源汽车、户用储能、智能家居、游戏硬件、无人机、物联网、机器人、通信设备、医疗健康等多元化市场领域。凭借全方位的研发能力、超大规模的精密模具和制造能力、行业领先的智能信息系统和自动化解决方案，为全球品牌客户提供新材料开发、产品设计与研发、零部件及整机制造、供应链管理、物流及售后等一站式服务。

4. 主要产品与服务

在乘用车市场，比亚迪涉及燃油车和新能源车两大领域。自2008年推出全球首款量产的插电式混合动力车型以来，比亚迪陆续推出e6、秦、唐、宋、元等多款新能源车型，并获得市场的极大认可，助力公司连续六年位居全国新能源乘用车销量第一。2021年比亚迪全系乘用车共计销售730093辆，相比2020年增长了75.4%。比亚迪第100万辆新能源车也在2021年5月19日正式下线，成为首个进入新能源汽车“百万俱乐部”的中国品牌。

在商用车市场，比亚迪拥有丰富的纯电动巴士、纯电动货车产品线。2010年，比亚迪发布“城市公交电动化”解决方案，随后上升为中国国家战略。比亚迪K9是全球首款集欧、美、日等多项权威认证于一身的纯电动巴士，早在2011年就陆续在深圳投入商业运营。比亚迪各类纯电动商用车获得包括深圳巴士集团、伦敦交通局、洛杉矶大都会交通局、悉尼机场、斯坦福大学、Facebook等国内外顶级客户的高度认可，足迹遍布包含中国、美国、英国、日本、澳大利亚、法国在内的数十个国家和地区，并屡次创造行业纪录。比亚迪已累计向全球合作伙伴交付超过5.5万辆纯电动巴士，并占据英国60%以上的纯电动巴士市场份额。

2016年10月，比亚迪发布“云轨”，正式宣告进军轨道交通领域。2017年8月，全球首条跨座式单轨“云轨”线路在银川投入运行。比亚迪“云轨”和“云巴”受邀亮相2019年春节联欢晚会，向全球展示中国科技成果和“未来城市”的发展趋势。

在新能源领域，比亚迪拥有电池、太阳能、储能等丰富的产品。

比亚迪电子业务目前涵盖智能手机和便携式计算机、汽车智能系统以及新型智能产品三大领域。比亚迪电子是全球唯一一家能够大规模提供精密金属、玻璃、陶瓷、塑胶等全系列结构件及整机设计制造解决方案的公司。

5. 发展规划

（1）智能驾驶领域发展规划

比亚迪在智能驾驶开发上稳健发展、不激进，确保智能驾驶功能安全可靠，保证用户体验。基于交通安全，从“辅助、陪伴、救助”定义我们的智能驾驶，通过硬件搭载，软件迭代的方式，不断推出智能驾驶辅助的功能。

在低阶辅助驾驶方面，以安全和实用为核心，搭载率逐年提升。比亚迪扎根智能驾驶对驾驶安全方面的提升，深入研究。传统的L2级别安全辅助类功能（包括疲劳驾驶监测DMS、主动制动AEB、车道保持LKA、后向碰撞预警RCW等功能），搭载率逐年提升。同时，通过对全国交通事故场景的深入分析，针对高频事故类场景开发了独特的安全伴驾、守护功能，以降低交通安全隐患。

在高阶辅助驾驶方面，比亚迪迎来量产落地潮。

比亚迪在智能驾驶 SoC 芯片、计算平台、传感器和核心算法等方面都有广泛的布局，自设计、自生产新一代车载计算平台，自研 BOS 操作系统和新一代 AI 芯片，依托电子电气架构加全栈自研能力实现全场景陪伴、辅助、救助。通过处理更为复杂路况的智能感知与决策，实现高速 NOA、城市 NOA 等多项智能驾驶辅助功能，为用户带来全场景的安全辅助，最大程度地降低驾驶疲劳和避免交通事故发生。

2023 年 7 月 3 日，在腾势 N7 发布会上，比亚迪全球首发其高阶智能驾驶辅助系统——“天神之眼”，该系统硬件由比亚迪全栈自研，是全球首款完全由整车厂自己设计开发、自己生产的车载计算平台。“天神之眼”以安全为设计初衷，依托比亚迪先进的电子电气架构和长期的高研发投入，为智驾提出的整车系统级解决方案。包含中央计算平台加区域控制器深度协同的系统架构、整车级融合感知平台、控制算法的分布式布局和毫秒级控制响应，让整车智驾真正做到在危险发生前尽早识别、尽快纠正、精准控制。

（2）集团其他产品发展规划

乘用车方面，依托核心技术的持续应用以及精准的市场策略，比亚迪围绕产业需求和市场痛点，坚持纯电和插电混动并行的技术路线，现已形成比亚迪、腾势、仰望和方程豹四大新能源品牌，全面覆盖主流、豪华、高端、个性化的不同客群。当前，比亚迪正在加速海外市场拓展，新能源乘用车已进入日本、德国、澳大利亚、巴西、阿联酋等 50 多个国家和地区，跻身多个市场热销前列，深受全球消费者青睐。

商用车方面，比亚迪力争逐步实现全市场布局。按照“全产业链 + 全市场”发展模式，商用车领域已形成了客车、货车及专用车、工业车辆等产品矩阵，覆盖了 7 大常规领域（城市公交、出租车、道路客运、城市商品物流、城市建筑物流、环卫车、私家车）和 4 大特殊领域（仓储、矿山、机场、港口）。

轨道交通方面，比亚迪借助“云轨”“云巴”高空疏解地面交通拥堵，用绿色大交通为城市治污、治堵。比亚迪已经与国内外多个城市就“云轨”“云巴”达成战略合作，发展前景广阔。

秉承“用技术创新，满足人们对美好生活的向往”的品牌使命，比亚迪通过强有力的市场布局，以及坚定推动全球可持续发展的战略举措，赢得了《财富》杂志“改变世界的 52 家公司”“扎耶德未来能源奖”以及“联合国特别能源奖”等一系列赞誉。

北奔重汽（北京）汽车研发有限公司

1. 发展概况

北奔重汽（北京）汽车研发有限公司（以下简称“北研公司”），隶属于中国兵器工业集团商用车制造企业北奔重型汽车集团有限公司（以下简称“北奔集团”），是其投资的全资子公司，注册成立于 2009 年 7 月，注册资本为 300 万元。总部位于北京市门头沟区，在长三角和珠三角地区设立科创基地，在内蒙古自治区包头市设立控制器生产基地；是“国家高新技术企业“、北京市“中关村高新技术企业”。

北研公司始终坚持习近平新时代中国特色社会主义思想，深知“关键核心技术是要不来、买不来、讨不来的”，紧紧围绕动力电动化、能源低碳化、系统智能化发展方向，积极践行关键核心技术自主开发，构建了“政、产、学、研、用”一体化的发展模式，研究和探索重卡产业和技术发展方向，为北奔集团的发展提供信息支撑；围绕车辆电控化、智能化、无人化发展方向，履行自主开发关键核心技术并产业化的责任和使命，为北奔集团提供车辆电子电气架构智能化发展的综合解决方案；依托区域优势，发挥“雷达”积聚效应，形成人才中心和创新高地，建设北奔集团高质量发展高端人才队伍基地，打造北奔集团重大项目及关键技术攻关集散地和创新平台的发展定位。

北研公司全力推进车辆智能化技术发展，加快资源整合力度，深度融入汽车产业科研发展的生态中，加快构建基于关键核心控制单元，软硬件同步驱动的，预研一代、研制一代、销售一代的车辆电子电气架构技术发展路线，为可持续发展提供总体规划。

坚持“开发协同、生态共享、合作共赢”的经营理念，坚持“小核心、大协作、高动态、专业化”科研模式；研究和开发整车控制器、车身控制器、门控制模块、中央网关、新能源整车控制器、多合一控制器、三代高机动平台系列关键核心控制器、EOL 下线检测及诊断仪等技术，实现核心关键技术自主，达到进度、成本和性能可控的目标，并在相关领域形成产品，实现可持续发展目标。

北研公司在坚持整车关键核心电控技术和产品自主可控的前提下，持续迭代车身控制向车身域发展，整车控制向整车域发展，智能驾驶向线控自主和算法集成技术发展的三大关键核心技术的研究与开发；成功研发了封闭场景下 L4 级高度自动驾驶，为陆路口岸提供智能无人驾驶解决方案；填补了内蒙古自治区智慧通关集卡需求的空白。

北研公司积极响应国家“3060”发展战略，持续在车辆电动化、智能化、低碳化等方面研究与开发关键核心控制技术并进行成果转化，在国家构建低碳绿色、智慧生态的新发展阶段做出应有的贡献。北研公司当期发展历程见图 1。

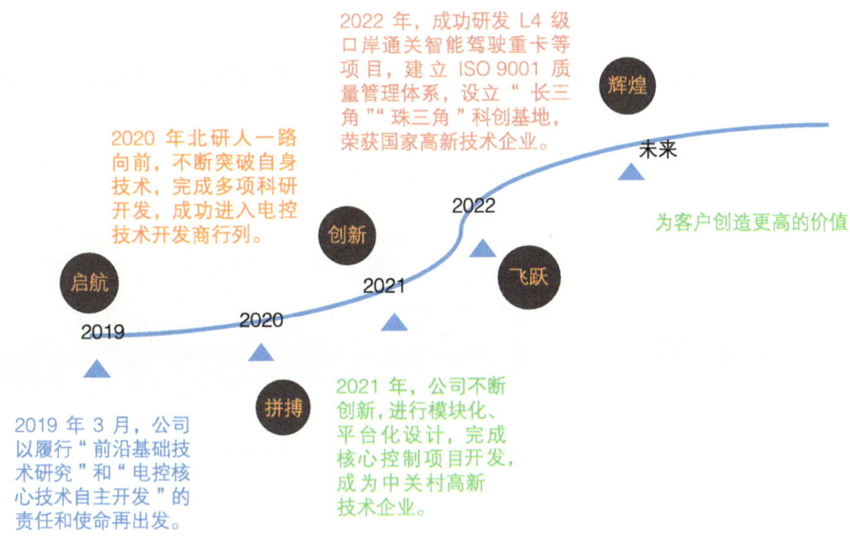

图 1　当期发展历程

2. 生产经营

北研公司主要开展汽车技术开发、服务、推广、咨询等业务，并销售汽车配件。目前，北研公司已完成门控制模块 DCM、车身控制 BCM、整车控制器 VCU、特种车辆系列核心控制器（BCM、DGM、RCM）、环视系统、EOL 下线检测设备及售后诊断仪科研开发，正在进行批量生产、装车。完成完全自主知识产权的线控底盘开发，并在此基础上 L4 级口岸通关智能驾驶重型货车。北研公司科研开发大记事见图 2。

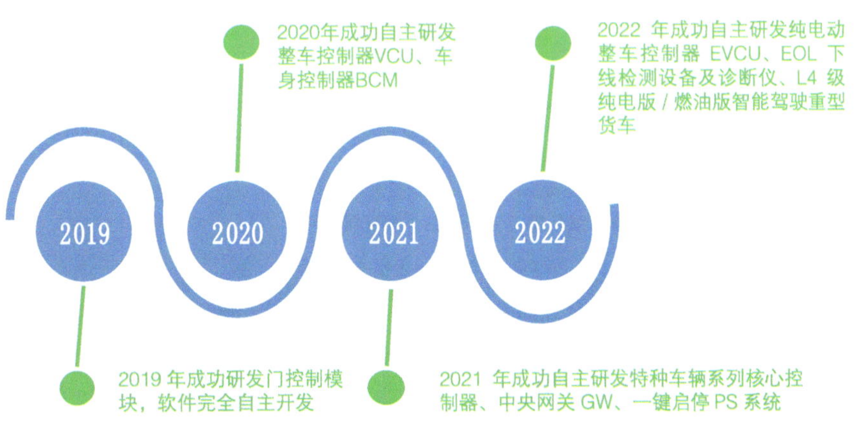

图 2　科研开发大记事

3. 技术进展及研发能力

北研公司以市场需求为导向，以项目为载体，自主开发整车控制器、车身控制器、门控制模块、中央网关、新能源整车控制器及多合一控制器高机动平台核心控制器、EOL下线检测及诊断仪等研究和开发，实现核心关键技术自主，达到进度、成本和性能可控的目标，并在相关领域形成产品，实现可持续发展目标。北研公司的主要科研开发领域见图3。

（1）电控系统开发流程

建立了基于SPC560B64x系列、TC27x系列芯片软件开发能力，建立了基于MBD模型的MATLAB Simulink电控系统V型开发流程，建立BYGS_车辆控制器应用层软件开发、BYGS_车辆控制器应用层软件MIL测试、BYGS_整车CAN总线网络系统开发、BYGS_整车EEA架构开发流程，BYGS_基于UDS的PROF程序刷写规范，BYGS_Bootloader需求规范，BYGS_J1939通信需求规范等14项科研开发流程、规范，开发流程（见图4）。

（2）电控软件开发能力

控制软件贯彻基于AutoSAR CP架构基础标准（见图5），构建北研公司“1个体系能力+5个软件基础能力+1个平台能力+N个应用对象”的软件开发系统框架，贯彻软硬解耦设计、软硬融合集成的技术路线；贯彻GJB5000B及CMMI软件成熟度模型要求；贯彻可靠性、可移植性、可维护性、可测试性、可重用性、可扩展性、可读性、软件安全属性。（见图6）。

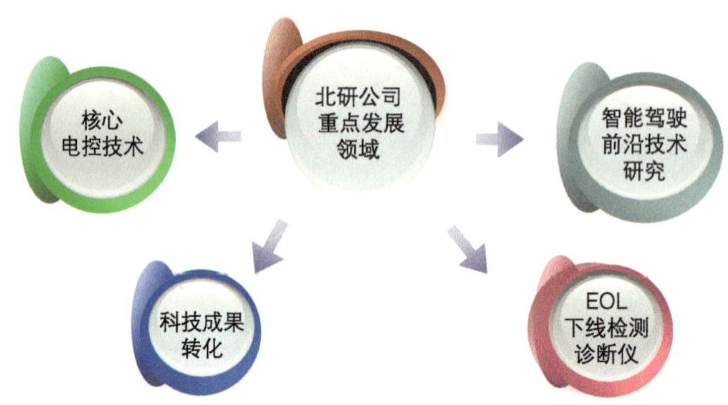

图3 北研公司主要科研开发领域

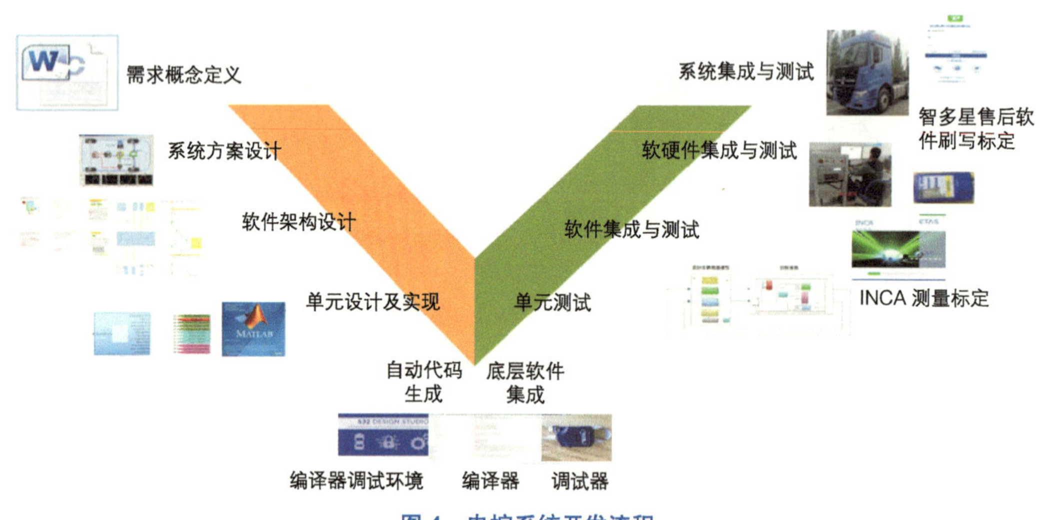

图4 电控系统开发流程

（3）测试标定能力

建立了单元台架测试能力、半实物电环境仿真测试能力、硬件在环（HIL）测试能力；具备了三级测试环境条件。同时在包头建立了实车测试环境，具备了测试的完整工具链和实操能力。公司的实验设备见图7。

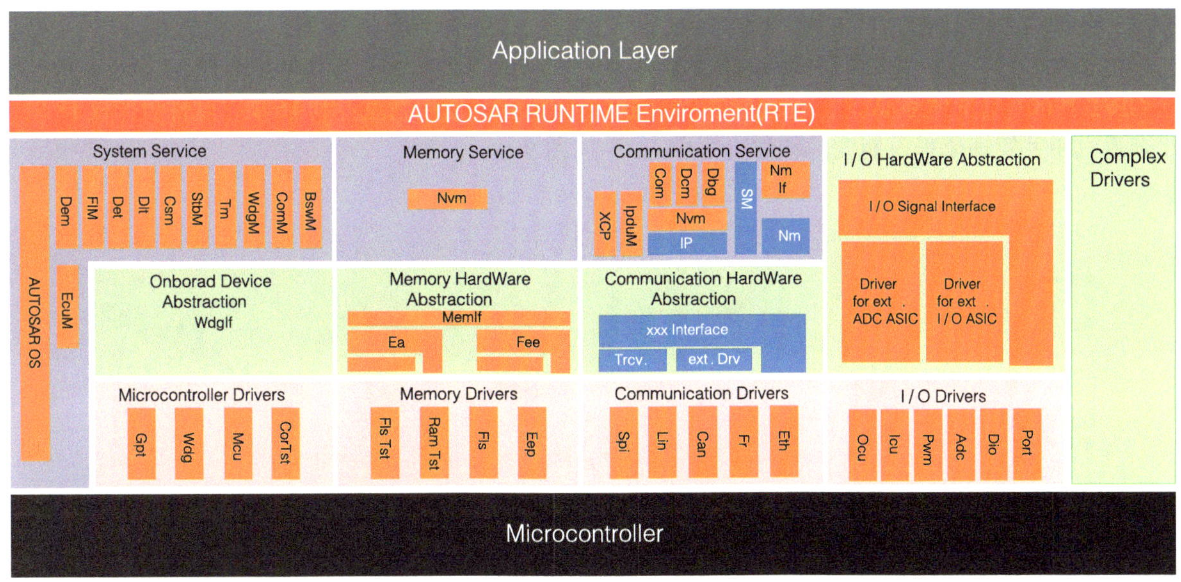

图 5　AutoSAR CP 架构

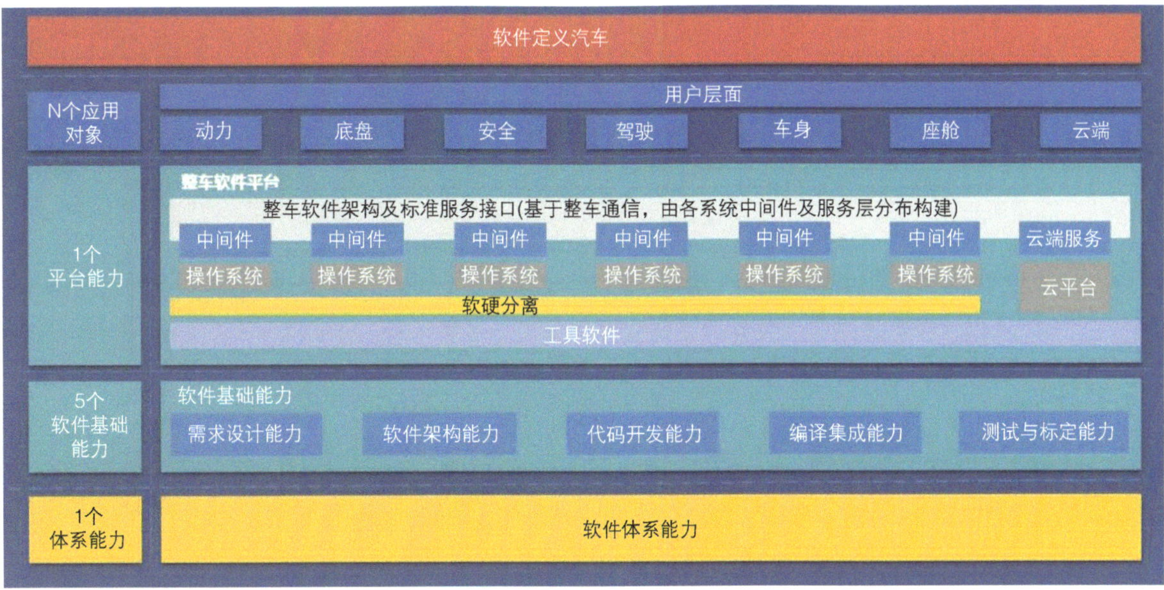

图 6　软件开发系统框架

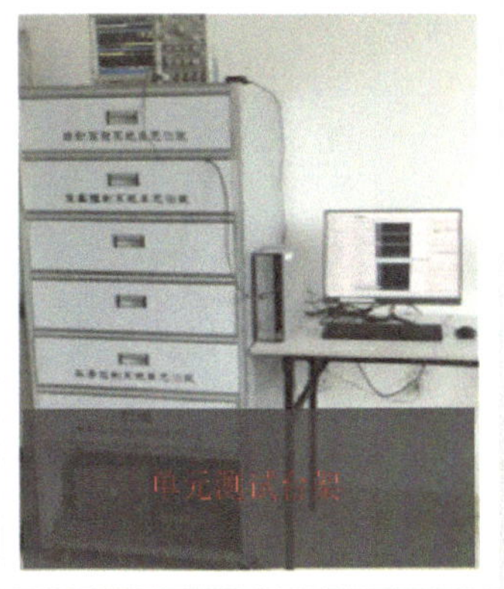

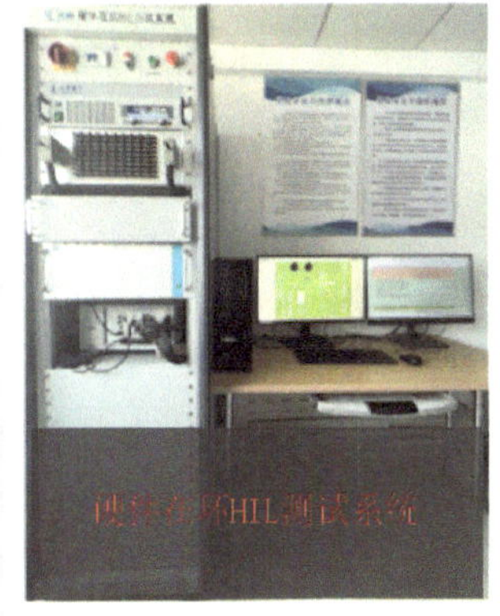

图 7　实验设备

（4）科研成果转化能力

建立软件刷写中心，实现科研成果的落地转化；建立 GB/T 19001 质量体系认证，过程管控严格执行北奔重汽相关管理流程及制度。软件刷写中心见图 8。

（5）知识产权

北研公司成功申请知识产权 37 项，其中发明专利 3 项，使用新型专利 16 项，软件著作权 18 项（见图 9）。

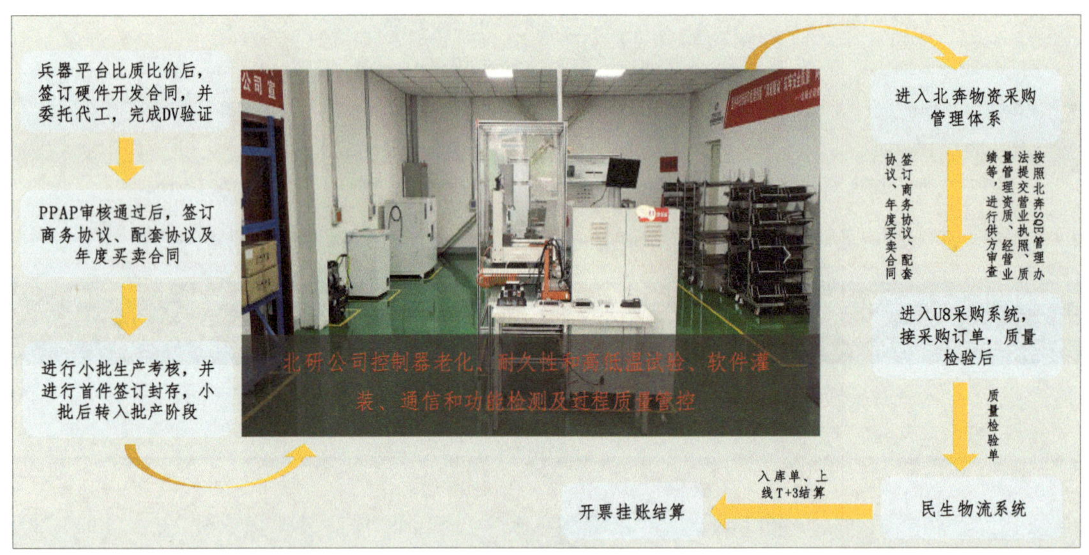

图 8　软件刷写中心

图 9　知识产权

4. 主要产品与服务

北研公司紧紧围绕动力电动化、能源低碳化、系统智能化发展方向，持续进行关键电控技术自主研究与开发、科研成果转化、实现可持续发展目标；达到掌握车辆关键核心技术、降本增效、优化控制策略、差异化变更、提升产品核心竞争力。在车身控制技术、整车控制技术、自动驾驶集成技术方面形成了一批关键技术和科研成果，形成了基于 MBD 模型的软件开发能力，构筑了单元、系统和实车三级测试流程和验证能力。

北研公司构建了“1 个关键领域 +3 个研究方向 + 1 个服务体系 +N 个应用成果”技术研究架构；在

智能化技术领域深耕细作，在 3 个研究方向及 1 个服务体系方面持续发力，实现 N 个应用的目标（见图 10）。

（1）车身控制技术方面

① 形成了基于 PowerPC 架构的车身控制软件平台化开发能力。

② 实现了整车必须掌握的车身核心电控技术能力，达到差异化变更能力、降本增效、优质可靠、提升产品核心竞争力。

③ 基于该控制技术，成功研制了车身控制器（批产）、门控制模块（批产）、中央网关（样车试装）、一键启动系统（样车试装）、车身及网关控制器（J 品批产）、底盘动力网关（J 品批产）、后部控制模块（J 品批产）、底盘信息采集盒（J 品批产）。

④ 达到自主可控的目的，实现了芯片资源紧张下的市场环境下，快速推出多方案并实施，满足保供和整车交付目标做出贡献。

⑤ 形成了 8 项软件著作权知识成果。

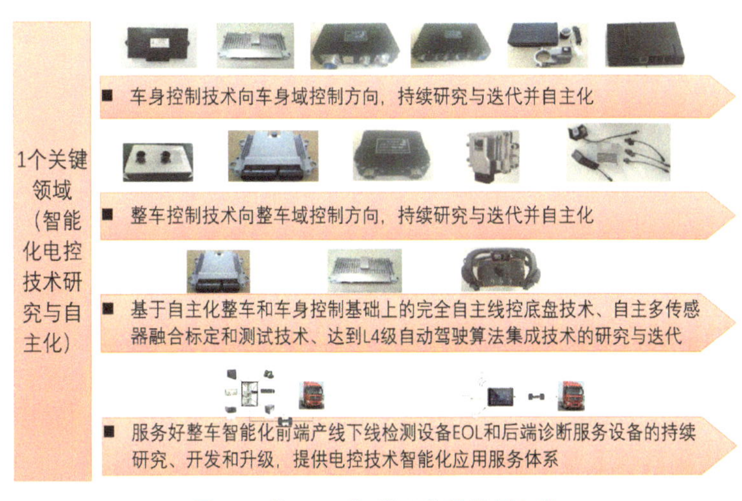

图 10 “1+3+1”科研产品发展架构

（2）整车控制技术方面

① 形成了基于 AURIX 架构的整车控制软件平台化开发能力。

② 实现了整车必须掌握的整车核心电控控制技术能力，达到整车控制策略的优化能力、节能增效、优质可靠、差异化变更能力、提升产品核心竞争力。

③ 基于该技术，形成了燃油版整车控制器 CVCU、纯电动整车控制器 EVCU，并成功在自动驾驶车辆进行应用。

④ 形成了 6 项软件著作权知识成果。

（3）自动驾驶技术方面

① 研制了完全自主的线控底盘控制系统，实现了无人驾驶车辆横纵向运动控制。

② 构建了多重感知融合，高精定位的无人驾驶系统，达到了前向 150m、左右侧 50m，覆盖整车 360° 视场角的全域感知能力。

③ 基于全球定位、GNSS、惯导和多传感器融合的定位，定位精度达到 ±5cm，基于高算力平台，处理速度系统响应时间 ≤ 200ms，延迟时间 ≤ 50ms。

④ 该自动驾驶技术所形成的无人驾驶集卡具备规定的道路行驶，自动避障，变道、跟随、紧急制动、精准停车等功能。

⑤ 该自动驾驶技术实现封闭场景下 L2 辅助驾驶 +L4 高阶高度自动驾驶，为口岸、港口、码头、园区、矿山提供智能无人驾驶解决方案；填补了自治区智慧通关集卡需求的空白。

⑥ 形成了 2 项软件著作权知识成果。

（4）整车下线检测 EOL 及售后服务方面

① 研制了整车 EOL 下线检测平台和售后服务诊断平台，统一了基于 OBD 接口协议和工具。

② 将生产任务下发、车辆检测、检测过程跟踪、检测结果统计分析，实现所有车型纳入平台统一管理。

③ 建立单车档案，与追溯系统深入对接，覆盖该车从研发、生产、售后等所有数据，为车辆检测、

维修、后期历史查询提供支持。

④ 售后诊断仪提供维修指导界面，根据当前故障码，进行维修指导信息推送，解决售后市场电气类故障维修困难的现状。

⑤ 实现科研、生产、服务各阶段的数据可存储和追溯，通过平台数据库反哺科研开发。

5. 整体发展规划

北研公司坚持动力电动化、能源低碳化、系统智能化原则，坚持技术定义平台、场景定义产品，服务创造价值。

行业逐步形成大联合、大协同格局；聚焦客户需求，把握行业发展趋势；研究智能网联技术，紧跟传统汽车电子产业快速向新兴汽车电子产业转型的速度；解析好汽车电子发展更趋专业化，分工更具创新驱动性，驱动主机厂对整车关键核心技术的自主化开发能力。

推动北研公司围绕智能化、无人化、电控化发展的过程中，逐步成为北奔重汽的关键控制技术主要解决者和北奔重汽的一级供应商；同步推动人才队伍激励机制的创新，核心人员持股的方向深度改革，切实从根源上留住人才，用好人才，让育人和引人相结合，打好人才第一资源这个硬仗。

湖北汽车工业学院汽车工程师学院

湖北汽车工业学院是全国唯一一所以汽车命名的高等院校，学校因车而建、因车而兴，前身是1972年成立的中国第二汽车制造厂工人大学。1983年经国务院批准为全日制普通本科院校，正式命名为湖北汽车工业学院，中国汽车工业技术主要奠基人、原中科院学部委员孟少农任首任院长。1994年列入机械工业部院校序列。2006年学校从东风汽车公司划至省政府管理。2013年获批为硕士学位授予权单位，2016年顺利完成教育部本科教学工作审核评估，2018年入选教育部“高校新工科研究与实践项目”的首批高校，同年学校正式进入湖北省“双一流”建设和博士学位授权单位立项建设高校。2022年入选国家首批现代产业学院（湖北省仅2所高校入选）。经过50年的发展，学校已经成为覆盖工、管、经、理、法、文、艺等七大学科门类的多科性应用型大学，现有全日制在校普通本科生、研究生、留学生19000万余人，教职工1100余人。建校50年来，学校已为汽车行业和社会发展培养了11万多名专业人才，被誉为“汽车工程师的摇篮”（见图1）。

1. 人才培养

学校坚持“工程教育回归工程”理念，围绕和拓展汽车产业链，培养专业基础扎实、工程实践能力强、具有创新精神和创业意识的专门应用型人才。学校拥有20个国家和省级一流专业、6个国际工程教育专业认证专业、3个国家特色专业、15个省级品牌专业；建设有29门省级一流课程、22门国家级及省级精品课程、10个省级教学团队、17个省级优秀基层教学组织，1个国家级汽车产业实验实训教学示范中心、5个省级实验教学示范中心和3个省级虚拟仿真实验教学中心、1个“湖北省服务外包人才培养（训）基地”、1个省级大学生创新活动基地。学校与企业联合共建校外大学生实习实训基地200余个。学校毕业生就业率长期保持在94%以上，连续多年居省属高校前列，一批批校友成长为汽车行业的技术管理骨干、领军人物和高管。

图1 学校概况

2. 技术进展及研发能力

学校近五年主持和承担了国家级、省部级研究项目、市厅级项目及企业委托项目等1500余项。获授权专利600余项，参与制定国家标准5项，获国家、省市级科技奖励百余项。“混合动力城市客车节能减排关键技术”获国家科技进步二等奖，承担“乘用车双离合变速器换档毂高精度复合加工生产线示范工程”“高精度惯性传感器地面测试方法研究”等国家重大重点科技研发项目。学校多篇资政报告获得省市主要领导批示采纳。以省科技创新群体为代表的17个省部级科技创新团队，8位优秀专家被纳入了中国工程院院士专家团队，共同服务十堰“双百行动”。

3. 主要应用及服务

学校扎根十堰、立足湖北，以“服务地方经济和汽车产业”为己任，走“产学研创融合”的特色发展之路，与东风汽车公司、十堰市建立了6个院士（专家）工作站、30余个校企共建研发中心、6个地方特色高端智库，与200多家企事业单位建立了长期产学研创合作关系。设有汽车动力传动与电子控制湖北省重点实验室、汽车节能技术湖北省协同创新中心、武当文化研究与传播中心等54个省部级科技创新平台和省人文社会科学重点研究基地。获批“湖北中程科技十堰产业技术研究院”，参建“湖北隆中实验室”。近三年，学校承接企事业单位委托的各类技术攻关课题千余项，多项科技成果在企业成功转化。

4. 发展规划

学校牢记“立德树人”根本任务，坚持社会主义办学方向，秉承“求是创新”校训，弘扬“艰苦奋斗、自强不息”的汽院精神，走“质量立校、科技兴校、人才强校、特色扬校、依法治校、开放活校”之路，正有力推进实施“三步走”发展战略，即在“十四五”时期实现大学更名；再用五年的时间，在2030年成为博士授权单位，建成高水平应用型大学；在2035年达成国内一流应用研究型大学的宏伟目标。

国家智能汽车与智慧交通（京冀）示范区顺义基地

作为未来汽车产业发展的必然趋势，无人驾驶技术已经成为国际上的重点研究方向。2017年12月，北京市出台自动驾驶车辆道路测试相关指导意见及管理细则，积极支持北京自动驾驶车辆开展相关测试工作。拥有北京现代、北京汽车、奔驰新能源、滴滴出行等造车势力的顺义区已经成为北京市首当其冲地自动驾驶战略要塞，目前顺义已有77条自动驾驶车辆测试道路，开放测试道路达409km。作为落实顺义区新版总规、服务北京市建设科技创新中心的具体体现，此次顺义区以区内国有投资平台—北京顺义科技创新集团有限公司为主体，投资建设的智能网联汽车封闭测试场，将有效的完善北京市无人驾驶汽车产业生态，为国内外车企提供功能更加齐全、设备更加先进的测试基地，带动京津冀乃至全国的无人驾驶汽车产业蓬勃发展（见图1）。

1. 测试场地基本情况

国家智能汽车与智慧交通（京冀）示范区顺义基地（见图1）总占地18万平方米，包括场区附属设施2.8万平方米，测试道路面积11万平方米。实现5G信号全覆盖，通过V2X、高精度地图及定位、云控平台等前沿技术，为自动驾驶车辆的研发、测试、验证、评价提供更全面的支持和服务。项目已完成所有测试场景及附属设施建设，可为相关车企提供测试、办公、会议、用餐、住宿、实验、研发、车辆改装、数据存储等全方位服务。2020年10月30日项目通过了由市经信局、市交通委、市公安交管局联合组织的相关专家验收，成为北京市自动驾驶车辆封闭测试场（以下简称“测试场”）。

2. 测试场功能特色

测试场依据T1-T5级别测试需求建设，设计有城镇道路、高速公路、乡村道路、特种道路、坡道模拟以及工程配套6大功能分区，并且在高速路段末端设置直径170m的动态广场，同时建有模拟加油站、隧道、换道、铁路等附属设置。测试场还提供背景车辆、模拟行人等交通参与者设备，可构建上百种静态动态典型交通场景。同时场区还搭建有5G基站、LTE-V2X路侧单元、DSRC路测单元、智能交通信号控制系统、GNSS差分导航基站、高精度地图、Wi-Fi等测试环境，满足企业对自动驾驶车辆测试验证的需求。

国家智能汽车与智慧交通(京冀)示范区顺义基地

城市道路测试区

1. 城市主干道
2. 城市次干道
3. 大型十字路口
4. 环岛
5. 公交站点
6. 弯行路口
7. 加油站、充电桩
8. 丁字路口
9. 学校路段
10. 异形路口
11. 无信号灯路口
12. 左转待转区
13. 右转专用道
14. 潮汐车道
15. 公交专用车道
16. 街景
17. 侧方泊车

乡村道路测试区

1. 林荫道
2. 模拟隧道
3. 特殊气象路段
4. 砖石路
5. 连续弯道
6. 苜蓿立交
7. 龙门架
8. 铁道口
9. 湿滑路
10. 乡村道路

服务型电动自动行驶轮式车测试区

1. 住宅区道路
2. 双向坡道
3. 自动泊车
4. 双凸路
5. 涉水路
6. 砂石路
7. 智能停车区

高速公路与快速道路测试区

1. 高速直线路
2. 快速道路
3. 高速路入口
4. 高速路出口
5. 匝道
6. 高速路收费站
7. 动态测试区
8. 高速弯道

配套设施

1. 研发楼
2. 综合测试楼
3. 停车楼
4. 试验准备厂房
5. 门卫

图 1　国家智能汽车与智慧交通（京冀）示范区顺义基地场景位置图

上海宏景智驾信息科技有限公司

宏景智驾是国内领先的智能驾驶高科技公司，成立于 2018 年，总部位于杭州，在北美、上海和北京分别设有技术中心。公司致力于成为全球智能驾驶科技领航者，是一家全栈式自动驾驶解决方案服务商，具备全栈自动驾驶软件算法和完整的系统集成能力，可针对不同客户需求提供定制化的高性能智能驾驶解决方案，全周期赋能 L1 ~ L4 级别智能驾驶。主要产品是软硬一体自动驾驶计算平台（Autonomous Driving Computing Unit，ADCU）、智能摄像头产品，产品覆盖硬件、感知、定位、融合、规划与控制等自动驾驶全研发链。公司研发团队成员超 400 人，其中 85% 以上为研发人员，来自世界顶尖自动驾驶公司、头部汽车整车和供应商企业。

目前，宏景智驾已在上汽、长城、奇瑞、江淮、比亚迪、合众等 OEM 共计 30 个车型上实现量产和定点。同时，宏景智驾还获得了顶级风险投资机构包括华登、高瓴、线性、蓝驰、沙特阿美 Prosperity7、中信金石等投资，也有合肥产投这样领先产投机构的鼎力支持。

1. 宏景智驾定位

全球智能驾驶科技领航者：全栈智能驾驶解决方案商，赋能多应用场景落地。

高阶能力：坚定布局高阶技术，将为辅助驾驶工程化量产，是国内少有的具备高阶智驾能力的方案商。

完整技术：自研软件算法 + 车规级硬件完整技术栈，一体机产品全球集成化程度最高。

行业首发：全球首家量产地平线征程 3 芯片域控方案，2021 年至今已完成多个智驾方案行业首发。

百万量产：自主、合资、全球车企客户逐级突破，量产订单累计预计超 100 万辆。

前瞻布局：乘用车产品线全面覆盖不同市场价位车型，L3+ 级重卡智驾方案落地中国及海外市场。

顶尖团队：核心团队成员来自于通用汽车、百度、通用 Cruise、博世、德尔福、华为等全球领先企业。

2. 宏景智驾的使命、愿景、价值观

宏景智驾的使命、愿景、价值观见图 1。

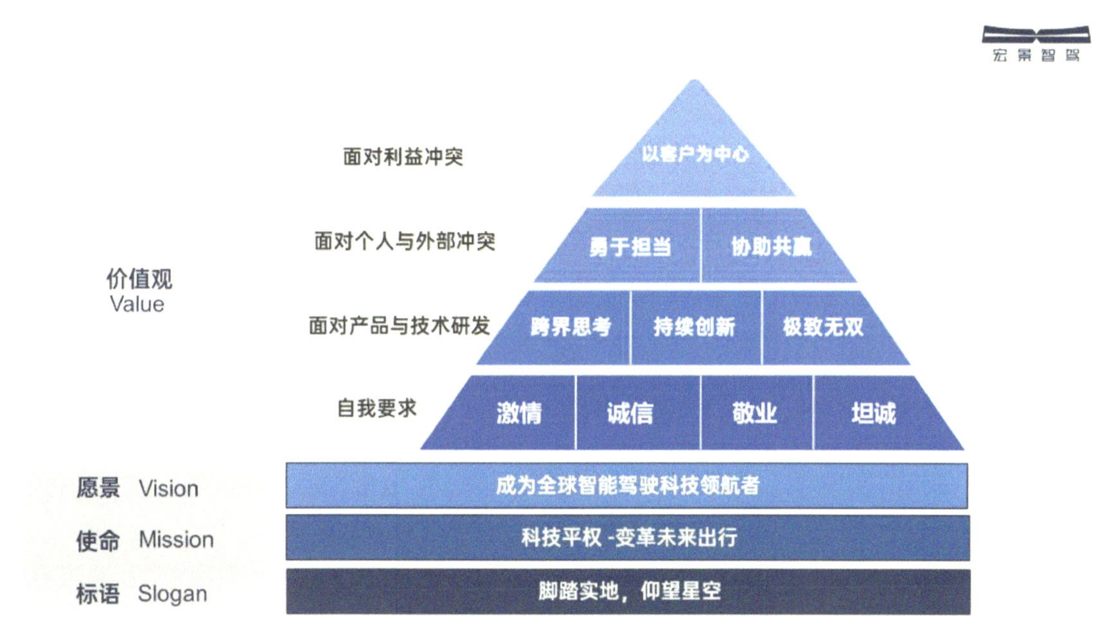

图 1 宏景智驾的使命、愿景、价值观

3. 宏景智驾企业发展历程

2018 年 5 月，公司成立。

2018 年 10 月，首个乘用车项目签约，江淮汽车 L4 智驾研发。

2019 年 1 月，首个商用车项目签约，一汽解放 L4 智驾研发。

2020 年 7 月，宏景江淮合资公司域驰智能成立。

2020 年 7 月，英特尔 - 宏景智驾智能驾驶创新中心成立。

2020 年 11 月，理想智驾域控项目启动，全球首个基于地平线芯片的智驾域控量产项目。

2021 年 5 月，理想 ONE 车型征程 3 域控量产，从研发到量产仅耗时 7 个月。

2021 年 8 月，与江淮汽车联合研发 L3+ 级新能源重卡。

2022 年 5 月，上汽 3J3 域控项目量产。

2022 年 6 月，宏景智驾与地平线建立战略合作伙伴关系。

2022 年 8 月，奇瑞汽车一体机项目量产。

2022 年 10 月，比亚迪项目定点并在同月量产

出货。

2023 年 2 月，与安霸基于 CV3 开启战略合作。

2023 年 4 月，与芯驰科技达成战略合作，共同打造 L2 级量产 ADAS 方案。

2023 年 4 月，全新单 J3 域控和一体机首次实机展示，推出基于 BEV 新一代感知技术的高阶智驾方案等三款新产品。

2023 年 7 月，与江汽集团达成战略合作。

2023 年 9 月，与英伟达达成合作，打造自动驾驶 4D BEV 感知真值系统。

2023 年 9 月，与联友智连达成合作。

4. 宏景智驾融资历程

天使轮：线性资本、高瓴资本、华登国际、清研资本。

Pre-A 轮：蓝驰创投领投，Translink Capital 和线性资本跟投。

A 轮：达泰资本领投，德联资本、云九资本、高瓴资本和蓝驰创投跟投。

A+ 轮：碧桂园创投领投，杭州金投、华登国际跟投。

A++ 轮：沙特阿美旗下基金 Prosperity7 独家投资。

B 轮：中信金石领投，博将资本、建信投资、淳信宏图、泰达投资、Prosperity7 等多家机构跟投。

B+ 轮：正在交割中。

5. 宏景智驾自动驾驶技术储备

（1）感知领先：自研 BEV

实时建图，替代 RTK 和高精地图，可实现更精准的环境感知。

（2）规控领先：L4 级自动驾驶研发起家

4000 台 L3+ 新能源重卡订单，支持封闭场景 L4 重卡商业化落地。

（3）单 SOC 域控＋全球最高集成度一体机

功耗和散热更优，兼容低算力，成本优势突出。其中芯片合作伙伴包括地平线、芯驰、安霸、德州仪器、英飞凌、赛灵思、英伟达；传感器合作伙伴包括禾赛、速腾、傲酷、行易道等。

（4）泊车系统商业化，进军全球市场

全新泊车 2.0 软件算法架构，全面支持欧洲法规，适配全球市场平台化车型开发。

6. 宏景智驾商业模式——赋能车企客户量产

客户需要什么，我们就提供什么：软件、硬件、系统解决方案、底软、中间件等等，都可以灵活组合，按需供应。

目前可支持的智能驾驶量产功能：

① 行泊一体：行泊一体功能增长趋势明显，在成本可控的前提下追求极致体验；

② AEB 自动紧急制动：自研 AEB 算法满足中国和欧盟法规 5 星安全评级，适应全球市场出口应用；

③ APA/AVP：AVP 关键技术包括 SLAM、融合感知定位、路径规划等，进一步提升极窄车位处理能力；

④ 高速 NOA：宏景智驾已实现高速 NOA 量产，追求性价比；

⑤ 城市 NOA：产品具备更高的感知融合精度，时空联合规划需求高；

⑥ 商用车高级别辅助驾驶：重卡载荷不同导致传感器位置、制动和加速方式不一样，需要更优算法以适应潜在盲点变化；要求预测、规划和控制紧耦合。

北斗星通智联科技有限责任公司

北斗星通智联科技有限责任公司（简称“北斗智联”）于 2019 年 6 月在重庆市成立，是一家专业从事汽车智能网联产品研发、生产和销售的国家级专精特新“小巨人”企业。自成立以来，北斗智联保持稳定快速增长，已成为自主品牌车企智能座舱出货量第一的一级供应商。北斗智联现有 2000 余名员工，研发人员超 1000 人，公司在重庆、北京、深圳、宿迁、南京、成都多地布局。

1. 公司历史沿革与现状

2019 年 9 月，华瑞世纪集团旗下北京远特科技股份有限公司与北斗星通集团旗下的汽车电子板块强强联合，合并组建北斗智联。北京远特科技成立于 2007 年，合并前已深耕行业十余年，是国内最早专业从事车联网的企业之一，一直致力于打造汽车智能网联产品和服务，是第一家实现 Telematics 系统上车并全系标配的领先企业。北斗星通是北斗导航芯片和设备的龙头企业，拥有深厚产业资源和品牌赋能“北斗上车”。合并后的北斗智联依托自身的技术积累和股东的资源支持，快速迈入新的发展阶段。目前北斗智联已与超 15 家主机厂合作量产 200 余款车型。2023 年座舱产品出货量预计超 200 万套，占据自主品牌车企出货量排名第一的行业位置。2023 年 11 月，依据各方股东达成的股权转让协议，控股股东由北斗星通集团正式变更为北京华瑞世纪智联科技有限公司。北斗智联基于智能座舱领域多年积累的核心优势，以智能座舱业务为基础，以舱驾融合产品为引领，致力于成为国内领先、国际一流的舱驾融合产品和服务供应商，打造以“赋车智能”为核心的企业价值。

2. 公司主要产品与服务

主体座舱业务方面，北斗智联布局智能座舱域的“全域”产品，在导航影音娱乐（IVI）、数字仪表（DI）、抬头显示（HUD）、屏总成（Display）、手车互联（DA）、流媒体后视镜、电子外后视镜和座舱域控制器等相关产品上形成自主解决方案；形成智能座舱域“全栈”能力，在制造、供应链、硬件、底层软件、操作系统、中间件、人机交互（HMI）和车联网云端软件等方面形成完整能力，根据不同客户的产品需求和能力需求形成不同的产品及服务组合。顺应座舱集成化和主芯片算力不断提升的大趋势，充分将语音、视觉、人工智能等技术进行导入，集成驾驶员监测系统（DMS）、乘客监测系统（OMS）、辅助泊车（APA）等驾驶域和车身控制方面的功能，从智能座舱到“座舱 +”，提升单车产品价值。

左翼业务方面，一方面抓住智能网联汽车对高精度定位的需求，充分发挥股东方北斗星通集团在卫星导航基础产品的优势，形成“北斗上车”的云端和终端核心技术能力，在产品端根据不同域和集成化阶段的需求，布局组合导航控制器（P-Box），带高精定位功能的车载通信单元（T-Box），高精度地图控制器（MapECU）、视觉融合控制器（V-Box）、高精度定位天线、融合定位算法、车道级导航解决方案等产品。另一方面紧跟跨域集成和车载一体化计算平台的趋势，利用座舱优势形成 L2+ 级别的舱泊一体方案、舱驾一体方案、高级辅助驾驶产品（ADAS）并布局未来的中央计算平台产品（CCP）。

右翼业务方面，紧抓“软件定义汽车”和智能化迭代加速的机遇，一方面支撑主体业务和左翼业务在软件方面形成核心竞争力，另一方面独立向车厂和其他零部件供应商提供软件产品和软件开发工程服务，提升毛利率。软件业务除了自主研发以外也充分复用成熟软件产品和工具，为客户提供代理产品。通过参股的测试工具和服务提供商进行业务协同，提升软件产品质量，形成“开发 + 测试”的软件全链服务能力（见图 1）。

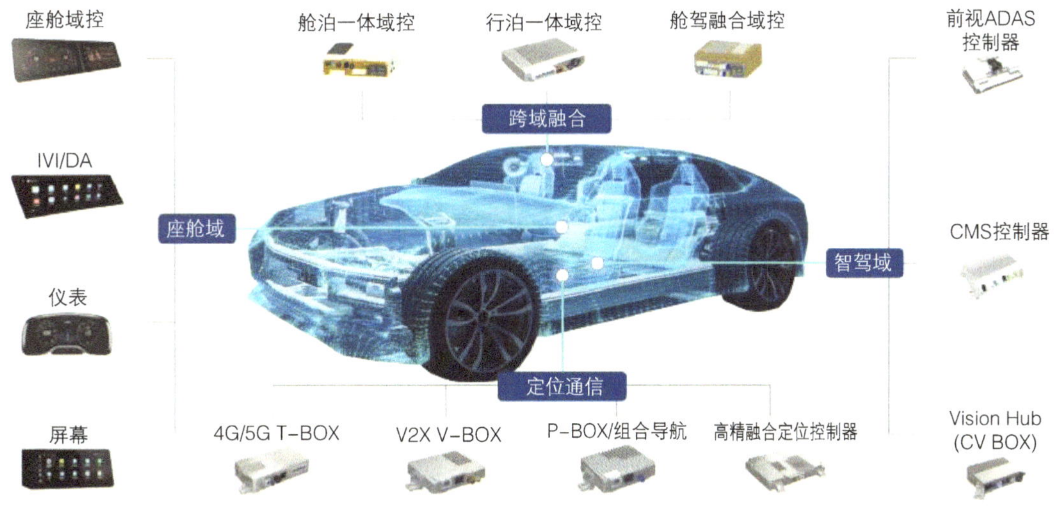

图 1　北斗智联产品矩阵

3. 公司未来发展

北斗智联未来将积极布局智能驾驶领域，结合已推出的舱泊一体产品解决方案，布局舱驾融合产品。随着舱驾两域融合时代的到来，结合北斗智联在座舱域深度的技术积淀，丰富的平台化技术开发能力，业内最全面的座舱产品体系，快速的商业化落地能力，重庆、宿迁两大生产基地年产能 300 万套的量产能力，实现座舱域加智驾域的领先布局。立足于扎实的座舱业务基本盘，致力于成为舱驾融合智能化时代的领导者。

车路通科技（成都）有限公司

1. 发展概况

车路通科技（成都）有限公司（以下简称“车路通”）成立于 2021 年 2 月，致力于成为全球领先的智慧交通及智能网联汽车解决方案提供商，引领未来出行大变革。

车路通以 C-V2X 通信、4G/5G 通信、边缘计算以及感知融合算法为技术基础，聚焦国家“智慧交通”“智能网联汽车”两大战略发展方向，打造满足政府、公安交管、运营商、车企、Tier1、自动驾驶公司等合作伙伴需求的软硬件和系统解决方案。公司核心产品包括 T-BOX 应用软件、V2X 协议栈软件、V2X 模块、4G/5G 车载终端（包括 T-BOX、V-BOX、E-BOX 等）、4G/5G 路侧设备、综合感知智能分析系统等。公司所有产品均拥有自主知识产权，目前已累计获得专利四十余项。

车路通拥有经验丰富的“车端”和“路端”业务团队。面向智能网联汽车业务，在 4G/5G V2X、4G/5G T-BOX、网关 / 域控、智舱融合、智驾融合等产品解决方案、软硬件研发、测试、生产和制造、运营、过程质量管控等方面具备丰富的实战经验。团队基于 IATF16949 和 ASPICE CL2 要求，从需求导入、方案制定、设计研发、测试认证、生产制造再到交付全过程推出了多款满足汽车前装要求的软硬件产品，目前在手合同额突破六亿元。面向智慧交通业务，团队具备路侧 RSU、融合感知、全息路口、边缘计算系统等软硬件开发和应用交付能力。公司全新推出综合感知智能分析系统“智感”，集成团队最新研究成果，广泛应用于智慧高速、智慧公安交管、智慧城市等领域。公司坚持自主创新与合作共研相结合，与政府和行业组织广泛沟通，参与行业标准化制订，与合作伙伴密切协同开展有关智能网联前装量产软硬件项目、国家级车联网先导区项目、行业应用示范项目的合作，取得了阶段性成果。还与多个重点城市签订了战略合作协议，共同推动智能网联、车路协同等技术的大规模商业化应用及落地。

2. 生产经营

截至目前，车路通已与百余家行业重点客户建立了合作关系，参与了 3 个车联网先导区建设，获得 6 个前装量产项目的定点，落地 10 余个汽车 POC 项目，累计在十余个城市落地了 30 余个应用示范项目。经过两年多的努力发展，公司营业收入和合同额迈上了一个新的台阶，预计 2023 年营收较 2022 年将实现翻番，合同额将突破 6 亿元。

3. 技术进展及研发能力

车路通基于对车路协同技术的深刻理解及应用研究，于 2021 年 6 月推出了自主研发的 5G OBU、5G RSU、V2X CARD 等多形态多用途的 V2X 终端产品以及 V2X 协议栈、综合感知运算系统等软硬件产品。2022 年，随着技术与行业的深入发展，陆续针对智能网联应用推出 4G/5G TBOX、4G/5G EBOX、V2X 仿真测试平台以及综合感知智能分析系统等系列产品，公司产品线逐步完善。

在车端智能设备方面，车路通科技以 5G、V2X、感知融合为核心，自研包括前后装 5G/4G VBOX、5G/4G TBOX、V2X Module 以及 V2X 协议栈、SIL 仿真系统、V2X-ADAS 协同感知与显示等全类软硬件产品。特别说明的是，车路通 V2X 协议栈产品完全按照行业标准以及前装软件开发要求开发，完整遵循 ASPICE 要求及软件代码编码要求，99% 的单元测试覆盖率以及不超过 20MB RAM 需求、不超过 3200DMIPS 算力需求均达到行业最高梯队水平。基于此，目前已获得了包括一汽解放、东风商用车、东风本田、上汽、江铃福特、均联、赛格、博泰等前装项目定点，且与大众、奔驰、蔚来、摩斯、跃薪等行业知名企业开展系列技术验证项目，得到行业好评。

在智能网联技术研究上，车路通科技创新V2X应用平台和应用场景，将V2X应用融入智慧座舱系统，通过跨域数据，融合V2X数据、车辆数据等，提升驾驶安全和出行效率；参与V2X融合ADAS系统技术和标准研究，挖掘V2X在自动驾驶领域的可实现性。自动驾驶是人工智能在交通领域的自然延伸，是一项复杂而又精细的工程，其中囊括了AI、芯片、通信、控制、感知、大数据、云计算等方面的高技术领域。鉴于中国交通、汽车、市场及人文的特殊性，国内自由驾驶将会走协同式自动驾驶路线。车路通科技瞄准未来自动驾驶需求，深入研究5G通信、V2X、感知融合等技术课题，夯实自动驾驶基础，研发系列软硬件产品，为中国式自动驾驶的发展贡献力量。具体来讲，针对车路协同式自动驾驶，在路端基础设施方面，车路通科技自研不同配置的MEC产品、RSU产品以及高性能感知融合算法，软硬件产品性能达到行业领先。高安全性MEC产品内置20～300TOPS算力，且支持扩展配置，可并行处理4～60路1080P@25P实时视频流、1～4路激光雷达点云数据、1～16路毫米波雷达感知数据以及天气传感器、位移监控传感器、路面感知传感器等多类型传感器；可同时支持30余类交通目标检测，且可扩展新增交通目标类别，支持厘米级的轨迹跟踪，目标检测时间小于1s，检测准确率≥95%，事件监测时间小于5s，检测准确率≥98%，基本覆盖了交通领域内所有的交通元素，满足几乎所有交通环境感知应用所需，可支持全生态数字孪生展示。RSU产品以高性能大算力处理器为核心，行业最高IP67防水等级以及行业最小尺寸，支持V2X通信和5G通信，支持NO-GNSS通信和RTCM数据输出，外置接口丰富，如光纤、以太网、USB、RS485等，可满足交通全场景应用，MEC产品与RSU产品以其高性价比目前已经在多个先导区、示范区、高速、示范道路、示范路口项目中应用，经济效益与社会效益明显。

公司的产品均享有自主知识产权，其中5G车载产品和5G路侧产品已通过LTE-V2X协议一致性认证、SRRC认证以及CTA认证，证明了其在技术领域的卓越表现。凭借其核心产品的研发实力，该公司已获得23项专利授权，并通过ISO 9001质量体系认证以及汽车行业软件开发标准ASPICE L2的认证，因此被授予四川省“专精特新”企业称号，同时还通过了国家级高新技术企业评审认定。

目前，公司正在与合作伙伴（一汽大众、东风本田、蔚来、奔驰、一汽解放、东风商用车、上汽、江铃福特、广汽、江淮、跃薪矿卡、均联、博泰、挚途、移柯、千寻、东华软件、成都智能网联公司、深智城、联通智网、雅讯、东华软件、深交中心、中汽中心、信通院、安徽工业大学等）开展有关智能网联前装量产软硬件项目、国家级车联网先导区项目、行业应用示范项目的合作，并取得了一定的成果。

公司自成立以来，陆续参与了《广州市车联网先导区LTE-V车载通讯终端技术要求规范》《广州市车联网先导区LTE-V车载通讯终端测试方法规范》《合作式智能运输系统应用层交互技术要求第1部分：意图与协作》《面向V2X网联应用的场景库技术要求及仿真规范》《面向车路协同的绿波车速引导技术规范和接口要求》《道路交通信号控制机与RSU设备信息交互接口规范》《C-V2X与单车智能融合应用研究》《自动驾驶车辆编队行驶能力测试内容及方法》等标准的制定工作。另外，公司作为工信部“车联网身份认证和安全信任试点项目”的参与单位，也在为行业的发展贡献着力量。

4. 主要产品与服务

公司的核心产品有V2X协议栈软件、V2X模块产品、4G/5G车载设备、4G/5G路侧设备、MEC综合感知智能分析系统等。鉴于车路协同技术既涉及汽车又涉及交通两个行业的特点，公司产品覆盖工业级和车规级，软件和硬件，主要以通信和感知技术为主。车路通是为数不多的同时拥有两个行业经验的团队，比传统汽车T1更深谙交通行业，比交通行业供应商更懂得汽车前装的要求且更具经验。在产品方面公司根据所涉猎的领域进行划分，综合市场、客户需求、竞争对手、外在机会与风险以及市场和技术发展态势等，制定出产品远景以及产品发展规划，进行一系列的、不断调整更新的产品组合，形成一套适合我司发展、符合市场前景和满足客户需求的完整产品矩阵。具体产品见表1。

5. 发展规划

预期未来一年会形成完整的智慧交通产品线，车载通信域产品线。未来在技术方面的深度上，进一步夯实已经掌握的专项技术，如 V2X、5G 通信、AI 视频算法等，使其在满足客户需求的过程逐步具备大规模、多场景应用的属性；广度上，不断扩展相关技术应用空间，特别是 V2X、5G 专网等专项技术在智能座舱、远程驾驶、ADAS、L3 及以上自动驾驶等领域的深度应用。同时，在关键技术的研究上进一步加大投入，如 AI 算法、感知融合、域控制器等方面；加强安全相关领域的基础技术研究，包括信息安全、功能安全等通用技术研究以及行为监测、行为分析、AR-HUD、安全监控等基础技术研究。在产品方面，会丰富并完善 V2X 协议栈产品的相关配套，如测试工具链、配置软件等；前装产品依然以满足主机厂需求为主，扩展前装产品线的研发能力，如对 ETC、EDR、OBC 等产品方案的熟悉和掌握；后装产品结合标准演进情况及市场发展情况，向低成本、通用强的方向发展。未来三年公司的产品会在行业大规模落地应用，成为行业领先的方案和产品供应商。

表 1　车路通科技产品列表

产品系列	产品特点
V2X 协议栈	① 全自主知识产权，覆盖 V2X 协议栈、安全 SDK、应用场景、测试 / 模拟工具、HMI 工具以及全套测试用例 ② 前装量产级协议栈产品，完全遵从 ASPICE 流程开发 ③ 全栈单元测试覆盖 99.9% 代码，集成测试覆盖每一个功能模块，场景测试覆盖所有场景；目前测试用例体系仅针对单元测试包含测试套 300+ 套，测试用例 2500+ 条 ④ 通过行业标准测试包括大规模测试和一致性测试，大规模测试结果良好 ⑤ 高可移植性，已适配多个主流平台，包括高通平台、大唐平台、MTK 平台和芯驰平台。 高通：IMX8QXP+DMD9150，IMX8QXP+AN958T，SA215S+AG550Q/AG570Q，SA8155P+DMD9150； 大唐：IMX8QXP+CX7100，CX7101，DMD31/DMD3A； 联发科：IMX8QXP+T103/T800，T800+AUTOTALKS； 芯驰：X9+AG520Q ⑥ 高可扩展性，结构优化，开放接口，方便二次开发，面向不同的需求可提供 V-STACK/V-STACKpro/V-STACKmini/V-STACKcm 等多种模式协议栈包 ⑦ 模块化设计，可读性强，使用灵活，支持一键配置，资源占用率低，运行效率高；性能指标行业领先：ROM 空间 < 8MB；RAM 空间 < 20MB；CPU 算力 < 2200DMIPS ⑧ 专业团队全链条支持，包括软件开发、硬件适配、测试支持、测试工具提供以及售后等所有环节均提供及时技术支持 ⑨ 积极主持或参与国标、团标、地标等车联网相关标准制定 ⑩ 积极跟踪并拓展 V2X 应用领域，除 DAY1&DAY2 标准应用场景外，创新 V2X 在换电站、轨道交通、充电桩等场景应用，同时面向远程驾驶与自动驾驶应用领域
综合感知智能分析系统	通过对激光雷达、毫米波雷达、摄像头、小型气象站等感知设备进行监控、管理、数据采集等远程操作，实时获取路侧感知设备数据进行融合计算。通过先进的并行多媒体数据分析框架，运动领先的人工智能技术，以高性能的计算能力，提供更高的识别精度和更可靠的融合感知，完成交通目标识别、分类、轨迹追踪 / 拟合等功能。还具备对目标速度、距离、航向角、尺寸、车牌号码、车流量、车头时距、排队长度等典型参数计算能力，以及运动属性预测功能，具备“云 - 边 - 端”数据协同能力，为道路交通参与者、边缘云、区域云、中心云提供准确的数据服务 ① 模块化设计，可扩展性好，充分利用服务器资源 ② 性能处于行业领先水平 · ID 变换率 ≤ 5% · 轨迹跟踪准确率 ≥ 95% · 交通流统计准确率 ≥ 95% · 系统分类准确率 ≥ 90% · 系统漏检率 ≤ 10% · 系统误检率 ≤ 5% · 100 米内定位精度偏差 ≤ 1m · 至少识别 3 车道、150 米内不同交通参与者类型 · 感知数据延迟时间小于 100ms
V2X 模组	① 行业首创 V2X 最小集，结构紧凑，便于集成 ② 产品形态多样，支持前后装集成应用 ③ 集成 GNSS 与安全，支持完整 V2X 应用场景

（续）

产品系列	产品特点
4G OBU	① 超低成本实现 C-V2X 与 4G 通信功能 ② 超小尺寸，环境适应性强，可直接安装在风窗玻璃或后视镜内 ③ 支持完整 V2X 国标一期 / 二期应用场景，并支持场景扩展 ④ 车规级测试要求
5G OBU	① 多方案设计，包括高通方案、大唐方案、华为方案、联发科方案以及芯驰方案等 ② 5G 通信与 V2X 融合，内置高算力处理器，支持业务扩展 ③ 厘米级定位；内嵌高精度 IMU，支持 NO-GNSS 环境位置跟踪 ④ 应用场景丰富，支持国标一期、二期场景，并支持场景扩展 ⑤ 支持二次开发，可根据客户需求配置开发工具包 ⑥ 兼容性高，针对不同车型不同网络，方便移植 ⑦ 车规级测试要求，通过 SRRC、CTA 认证
5G RSU	① 多产品形态，分为标准版、定制版、AI 增强版，根据不同应用场合选择不同形态产品 ② 集成 5G 通信与 V2X 通信功能，通过 SRRC、CTA 认证 ③ 内置轻算力卡，支持本地数据融合处理 ④ 内置厘米级定位及高精差分基站，提供 RTCM 服务 ⑤ GNSS+PTP 双时间同步，支持 NO-GNSS 环境 V2X 应用 ⑥ 应用场景丰富，支持国标一期、二期场景，并支持场景扩展 ⑦ 9 ~ 36V DC+POE 多源供电，并支持自适应 ⑧ IP65/IP67 防水等级，4kV 10/200us 防雷等级，满足各种室内外工况应用条件 ⑨ 结构紧凑、接口丰富、功能稳定、安装方便 ⑩ 冗余电源网络设计，高可靠性；7 × 24h 不间断工作，高稳定性
前装 VBOX	① 自主知识产权前装量产级产品，车规级，全标准流程开发与测试 ② 符合多种标准，包括 3GPP R15、3GPP R14、T/CSAE 53-2020 & T/CSAE 157-2020、SAE J1939/ISO 14229/ISO 15765 以及 GB/T 32960—2016 标准 ③ 多功能融合，支持 5G TBOX、V2X、GateWay、视频应用，支持远程驾驶、L3 及 L3 以上自动驾驶 ④ 四路 200 万高清视频接入与处理，高可靠、低时延 ⑤ 双定位模组与高精度 IMU 组合支持厘米级定位、纳秒级同步以及分级静态航向角 ⑥ 内置高精度定位算法，为未来应用融合奠定基础 ⑦ 多核协调处理技术，准实时操作系统 ⑧ 支持二次开发，可根据客户需求配置开发工具包 ⑨ 高信息安全与功能安全设计，瞄准远程驾驶 / 自动驾驶应用领域 ⑩ 整机多级功耗控制，带冗余设计功能，可根据应用需求自动切换
MEC	① 最高支持 8TFLOPS 的峰值算力 ② Intel I7-8700 处理器 ③ 支持高达 6 路高清视频全流程处理 ④ 内置视频目标识别算法，视频目标检测算法最快可达 150 帧 /s ⑤ 图像数据与雷达三维数据进行融合，实现对目标精确定位 ⑥ 支持 C-V2X 应用标准：T/CSAE 53-2017 & T/CSAE 157-2020 ⑦ IP65 防护等级 ⑧ 被动散热，支持无空调机柜安装 ⑨ 基于 X86 平台 + 通用 GPU 平台，配置大容量运行内存，配置高可靠电源系统。支持交通专用的分析和决策算法 ⑩ 冗余电源网络设计，高可靠性；7 × 24h 不间断工作，高稳定性

美格智能技术股份有限公司

1. 公司产品与服务

万物智联，模组先行。通信模组是连接物联网感知层与传输层的关键。无线通信模组需对不同芯片、器件进行再设计和集成，涉及多种通信协议 / 制式、体积、功耗与特殊工艺，是实现万物智联的关键设备，物联网终端通过无线通信模组接入网络以满足数据无线传输需求，是物联网感知层与网络层的重要连接枢纽。

美格智能技术股份有限公司（股票代码：002881），专注于无线通信模组及解决方案业务，以 4G/5G 无线通信技术为核心，以万物互联的物联网行业为依托，围绕通信和链接能力为全球客户提供 MeiLink 品牌的各类型无线通信模组和以模组技术为核心的物联网解决方案。首发全球 5G 智能模组，支持 5G 独立组网（SA）和非独立组网（NSA），支持全球主要地区和运营商的 5G 商用频段，将超高速与超智能结合。目前，公司相关产品和服务已在众多物联网核心应用领域处于领先地位。

2. 案例简介

作为新一代移动通信技术，5G 技术具有大带宽、低时延、高可靠等特性。在政策支持、技术进步和市场需求驱动下，5G 产业快速发展，对 5G 模组的需求也随之高涨。

同时，AIoT 浪潮已席卷各行各业，人机交互与智能化数据处理也随着智能终端的爆发实现了大规模落地，加之 5G 加速商用，掀起新一轮智能化终端设备的变革，激发应用领域的新需求。

针对 5G 业务，公司为能夯实基础研发平台能力，构建 5G 客户生态建设架构，分别针对国产 5G 芯片平台、ODU&Wi-Fi 6 全场景覆盖、毫米波实验室、5G V2X 车路协同、5G 工业互联网等几个领域加大研发投入，构建 5G 基础能力，从而实现赋能千行百业。

2020 年，公司率先和高通签署了骁龙 690 5G 方案授权，成为第一家拥有 5G SoC license 的物联网模组厂商，并推出行业首款 5G 智能模组 SRM900（见图 1）。

SRM900 模组采用了 LGA 的封装方式，尺寸为：47.0mm × 48.0mm × 3.0mm。模组内置了最新的骁龙 690 CPU，是高通首款支持 4K HDR（10bit）摄录和最新第五代 AI Engine 的 5G 平台。

图 1 SRM900

SRM900 模组支持最低 4GB LPDDR4X 的 RAM 和 64GB UFS2.1 的存储，采用了全新优化的 Kryo 560 CPU 架构，基于 ARM A77/A55 设计而来，包括两个大核 A77（2.0GHz）、六个小核 A55（1.7GHz），性能提升最高达 20％，同时集成了新的 Adreno 619L GPU，图形渲染性能也提升最高达 60% 以上。

在无线连接方面，该模组采用的是 X51 的 5G 调制解调器及射频系统，支持全球频段的 5G/4G 网络覆盖和 2 × 2 Wi-Fi ac Wave2，并且支持 Wi-Fi 6。Wi-Fi 6 支持的 OFDMA 技术、MU-MIMO、1024QAM、BSS Coloring、TWT 等关键技术，大幅度提高了上下行速率，支持多个终端同时并行传输，不必排队等待、相互竞争，大大提升了传输效率和连接密度。

在 AI 性能方面，骁龙 690 首次在骁龙 600 系列引入专门面向 AI 的硬件加速单元 HTA，AI 综合算力达到 2.4T，为更先进的 AI 体验提供有力支持。

同时，SRM900 模组支持 L1+L5 双频 GPS 定位，可同时接收两个频段的卫星信号，降低了电磁波信号的延迟影响，加速周道模糊的解算，实现定位精度的提高。

SRM900 集成了丰富的功能接口，包含 LCM、触摸屏、摄像头、拾音器、扬声器、UART 接口、USB 接口、I2C 接口、SPI 接口等等；可提供语音、短信、通讯簿、2×2 MIMO Wi-Fi、BT 和 GPS 功能；产品支持双 1600W 的 3D 摄像或景深拍照（见图 2）。

图 2 应用场景

3. 创新点

1）支持 5G NR sub-6GHz，支持 DL 4×4 MIMO SA/NSA mode 和 UL 1×1 MIMO SA mode。

2）支持 2×2 MU MIMO Wi-Fi，支持 ax ready。

3）AI 支持 V66A 16/16/512KB 1.2GHz+Dual HVX。

4）支持双屏异显和双触摸控制，屏显支持 2520×1080@60fps+QHD60 via Display-Port。

5）摄像头功能，支持 3 路 bayer+1 路 RDI 摄像头。

6）集成 GPS L1+L5 双频定位，满足不同环境下快速、精准定位的需求。

7）支持 4K @30fps 视频的录制和播放。

SRM900 系列模组秉承公司的一贯风格，深挖行业应用，在 VR/AR、高清视频设备、车联网、行业手持终端等应用领域发挥核心优势，协助客户项目快速开发落地。现已可广泛应用于 5G 网络下的视频记录仪、智能 POS 收银机、物流终端、VR Camera、智能机器人、视频监控、安防监控、车载设备、智能信息采集设备、智能手持终端、无人机等产品。

北京银联金卡科技有限公司

北京银联金卡科技有限公司（国家金融科技测评中心，以下简称 BCTC），是由中国人民银行批准成立，中国银联股份有限公司和中国印钞造币集团有限公司出资成立的独立第三方专业技术服务提供商。作为国内权威的第三方测评机构，BCTC 在芯片安全、终端安全、网络安全等领域有着丰富的技术积累与测评经验。

自 2017 年开始，BCTC 从事汽车信息安全方向的研究，随着我国智能座舱、车图导航、车载联网化及无人驾驶等技术的快速发展与产业应用，信息安全被行业广泛关注，公司先后建成“生物识别安全实验室”“车联网终端产品安全检测实验室”“汽车电子芯片安全检测实验室”和“车规级高可靠性实验室”等专项重点实验室。

为了形成“车规级可靠性、金融级安全性”的技术特色，公司在原有优势的安全芯片测试的基础上，增加了车规级可靠性测试项目，为客户提供芯片安全测评 + 可靠性验证测试一站式服务。可以提供安全芯片、安全设备的物理攻击、侧信道攻击、故障注入、协议分析、渗透测试、加速环境应力测试、加速生命周期模拟测试、封装组装完整性测试、电性验证测试等方面的技术能力。

在行业标准化规范化的进程中，BCTC 也贡献了自己的力量。作为中国汽车芯片产业创新战略联盟会员单位和中国汽车芯片标准检测认证联盟理事单位，BCTC 积极参与了《面向车路云一体化的智能网联汽车数据安全分类分级指引》《汽车远程升级 OTA 信息安全测试规范》《汽车芯片标准体系建设》（车规可行性 / 信息安全 / 功能安全）《车载终端芯片 V2X 性能技术要求》《智能网联汽车毫米波雷达感知性能测试评价方法》《自动驾驶地图数据质量规范》《信息安全技术 - 汽车电子芯片安全技术要求》《V2X 车载终端安全芯片处理性能测试方法》等多项标准研究和编制工作。

上海智能网联汽车技术中心有限公司国家工程研究中心

上海交通大学汽车动力与智能控制国家工程研究中心前身为汽车电子控制技术国家工程实验室（以下简称实验室），2008 年由国家发改委批准成立，始终以服务汽车领域国家重大工程和推动汽车产业发展为目标。2022 年，国家发改委对体系下的国家工程实验室进行严格考核、优胜劣汰，实验室均顺利通过审核，升级为“汽车动力与智能控制国家工程研究中心”（以下简称研究中心）。

研究中心在智能化、数字化网联化等大发展背景下，积极响应国家交通强国、汽车新四化、新基建与国家双碳战略，聚焦“智能网联 - 智能运维”及“动力氢 - 电协同”等技术，是根据国家任务需要，承担国家重大科技创新任务，打造成为提升产业创新效率、推动产业链创新及深度融合的国家战略科技力量。

研究中心研究主要面向四大技术方向：①智能网联汽车与智能运维；②氢燃料电池与系统；③动力锂电池系统与应用；④低碳车用动力系统。在基于车网融合架构的协同智能运维、大功率燃料电池电堆核心部件制造、磷酸铁锂动力电池制造及其应用过程、燃料喷射、燃烧、增压及燃料适应性等关键领域取得了突破，形成了具有影响力的核心技术，解决行业落地应用及多项“卡脖子”难题。

研究中心由上海交通大学林忠钦院士担任研究中心主任，中国汽车工程学会名誉理事长付于武担任研究中心技术委员会主任，副主任为李骏院士与欧阳明高院士。拥有研究和试验发展人员共 322 人，其中 40 岁以下青年学者 159 人；高级专家 28 名，包括院士 3 人，杰青、长江学者 10 人，四青人才 15 人。研究中心在 7 家成果转化公司拥有 600 余名研发人员，还聘请了来自海内外知名高校和重点企业的 94 名外部专家，形成了一支具有优秀科研能力和成果转化经验的研究团队。

近年来，中心也积极探索产学研合作模式，开拓了校外基地，实现了跨越式发展。上海交通大学在上海市奉贤区委、区政府及临港集团的大力支持下，借鉴“斯坦福 - 硅谷”模式，在奉贤构建了上海交大—临港—奉贤合作模式，全面整合延伸科创资源，合作建立产业化、功能型平台公司——上海智能网联汽车技术中心有限公司（以下简称平台公司），引入企业化运作的汽车动力与智能控制国家工程研究中心（奉贤中心），在奉贤建设智能网联汽车产业高地、技术高地、人才高地，支撑上海市建设世界级汽车产业中心战略，在奉贤打造具有世界影响力的智能网联汽车产业集群。

平台公司依托研究中心技术力量，在奉贤深入实施智能网联与新基建战略，研发并落地了低成本、可实施性强的 V2X 车路协同工程建设关键技术，所研发的路侧超视距感知系统、路侧 3D 感知智能视觉装置总成、路侧 4D 毫米波雷达总成及路侧激光雷达总成等设备具备体系化、全天候、全空域、高精度、高冗余、大规模部署等特点，具有非常广泛的大规模产业应用价值。构建了集自动驾驶汽车、智慧交通云控、园区示范运营和大型地下车库泊车在内的智能网联汽车“全出行链”测试验证场景，包括 9000m^2 地下测试区、0.96km 园区道路、7.8km 车路协同道路和 87.5km 城市开放道路，是服务于智能网联汽车落地应用的标杆工程，已成为上海市四大测试示范区之一，并在此基础上建成了自动驾驶“智慧全出行链”国家先导应用试点（国家交通部批准）。

平台公司具备覆盖自动驾驶系统的模型在环、软件在环、硬件在环、动力系统在环、车辆在环和环境在环仿真工具链，实现了车路协同、车网融合、虚实孪生仿真测试的智慧交通综合测试仿真示范体系，为上汽商用车、上汽乘用车、泛亚汽车、江淮汽车、海螺集团、华为和中兴通讯等企业的产品研发与测试提供服务。

平台公司提出了车路协同架构体系以及车 - 路 - 网 - 云系统建设方案，研发了兼容现有智能交通基础设施且覆盖车路协同全域技术规范和信息安全标准；提出的地上地下无缝衔接精准定位技术方案，有效推动了“最后一公里”的产业应用。在奉贤的智能网联车路协同建设新增投资 10 亿元，并将保持大规模投入和产出。此外，平台公司还牵头了多项智能网联汽车相关标准和试验方法制定，有力推动了我国智能网联汽车产业的高质量发展。

平台公司在自动驾驶干线物流方面形成了自动驾驶商用车、智能干线物流、智慧通关等全技术链体系，将在我国港口、陆路通关口岸、智慧矿山、大规模干线物流等领域发力，引进国际一流团队，开发拳头产品，在全力支撑“一带一路”国家顶层战略中发挥关键引领作用。

禾多科技（广州）有限公司

1. 发展概况

禾多科技成立于 2017 年 6 月，致力于基于前沿人工智能技术和汽车工业技术，打造由本地数据驱动的自动驾驶量产解决方案。

凭借出色的技术研发实力和量产产品化能力，禾多科技获得了 IDG、红杉资本、贝塔斯曼亚洲投资基金、四维图新、混沌投资、广汽资本、地平线等多家业内知名投资方的投资，并与多家汽车主机厂商达成合作关系。

禾多科技创始人、CEO 倪凯博士曾任职于微软、百度等科技巨头。在百度深度学习研究院担任高级科学家期间，他牵头组建了百度无人驾驶初创团队，负责无人车的研发和部分高精度地图的工作，与宝马合作打造自动驾驶测试车。

禾多科技目前已在北京、武汉、广州、上海和苏州五座城市建立办公室，整体团队已达到 500 人以上的规模，其中 85% 为研发人员，硕博比例达到 80%，核心团队人员背景既有博世等 Tier1 供应商，也有奔驰、宝马、丰田等汽车主机厂和百度、微软等科技、互联网公司，兼具互联网创新基因和汽车制造业工程能力。

以促进自动驾驶技术产业化落地为目标，禾多科技服务于量产，目前聚焦行车和泊车两大应用场景，为汽车厂商提供自动驾驶研发服务，目前已经与广汽、奇瑞、东风等多家国内大型汽车集团达成合作关系，共同为新车型研发自动驾驶系统。

2. 生产经营

基于前沿人工智能与汽车工业技术，禾多科技致力于为汽车厂商乘用车产品研发自动驾驶系统。

2021 年，禾多科技与广州汽车集团签订深化合作协议，广汽集团旗下广汽资本对禾多科技进行数亿元人民币独家投资，禾多科技将为广汽车辆平台提供自动驾驶技术。

从 2022 年开始，禾多行泊一体自动驾驶方案陆续在广汽埃安 LX PLUS、传祺影酷、传祺 E9、昊铂 GT 等新车量产上市。与此同时，禾多科技已与奇瑞、东风等大型汽车集团达成合作，获得新车定点。禾多科技“软硬一体”自动驾驶方案将从 2023 年年底开始量产装车。此外，HoloIFC 等硬件还获得了海外 NCAP 标准认证，未来有望伴随中国自主品牌发展进程同步进军海外市场。

3. 技术进展及研发能力

禾多科技目前已形成全栈自动驾驶研发能力，具备从人工智能算法到嵌入式系统，从大数据闭环到系统迭代进化的完整布局。

在自动驾驶前沿创新领域，公司已取得近 300 项发明专利，软件著作权 203 项，90.1% 为核心发明专利，预计每年新增专利 100 项。同时，由中国工程院院士、清华大学信息科学技术学院院长戴琼海院士担任首席科学家，佐治亚理工学院终身教授 Frank Dellaert 担任首席 3D 视觉科学家，公司与清华大学、武汉大学、加州伯克利大学、佐治亚理工学院达成了学术合作。

在量产方面，禾多科技的自动驾驶解决方案已实现车端的全栈自控，在自动驾驶量产落地取得实质性进展。与广汽集团达成战略合作关系后，搭载禾多自动驾驶方案的广汽量产车将于 2022 年开始逐步上市。同时，禾多科技正与其他国内大型汽车集团深入合作，推动自动驾驶方案在更多品牌乘用车上量产。

在自动驾驶系统研发过程中，禾多科技坚持体验为王的产品战略，通过用户视角的实车体验来审视产品反哺需求，致力于为消费者打造最极致的智驾体验，创造更加安心、舒适、高效的智能出行未来。

4. 主要产品与服务

1）禾多科技“行泊一体”自动驾驶功能软件：禾多科技利用前沿人工智能技术和汽车工业技术，基于中国本土数据，完全自主研发的行泊一体式自动驾驶量产方案。系统可提供高速和城区领航辅助驾驶、HPA 记忆泊车、AVP 自动泊车等不同功能，打通高速公路驾驶 + 城区道路 + 智慧泊车的完整闭环，打造满足中国消费者实际使用需求、体验优秀的自动驾驶系统。

2）HoloArk 域控制器：基于地平线征程系列芯片、德州仪器芯片，禾多科技自主设计硬件架构，自研基础软件和中间件打造的自动驾驶域控制器。目前推出的 HoloArk 1.0 ~ 2.0 版本方案，将覆盖 18TOPS、288TOPS 级别算力，通过禾多领先算法，极致优化芯片算力，为汽车主机厂商提供不同性价比方案，充分满足从 L2+ ~ L4 级高阶智驾系统所需的不同性能。

3）HoloSAR 中间件：禾多科技自主研发的面向 SOA 架构、满足 AUTOSAR 标准的自动驾驶中间件，能以松耦合机制和可组合扩展特性，灵活、高效地服务于不同汽车厂商的自动驾驶开发流程，有效缩短量产开发周期。

4）HoloIFC 智能前视摄像头：基于地平线征程系列芯片、配合 MCU 芯片自主研发，目前已推出 HoloIFC 1.0、2.0 两种方案，能提供 AEB、FCW 等紧急类和 HWA 等辅助驾驶功能，为消费者提供充分的安全保障及舒适的智驾体验。

5. 发展规划

以行泊一体、软硬一体、驾舱一体的思路推动产品迭代，在逐步打通高速、最后一公里泊车和城区交通场景的同时，推动自动驾驶域与智能座舱域的交互融合，打造第三空间，形成更可靠、更安心、更好用的完整自动驾驶用户体验。

与此同时，在量产落地后，基于海量回传的真实交通数据，形成数据闭环反哺算法迭代升级，从研发数据和量产后的海量回传数据中进行快速有效的大数据挖掘，建设场景库，解决长尾的 corner case，实现自动驾驶系统向无人驾驶升级的战略目标。

第 8 章
智能网联汽车整车制造方向技术研究创新成果

北汽研究总院 2023 年创新成果案例

北京汽车研究总院有限公司

1. 电子电气架构创新应用案例，面向油电混跨平台乘用车电子电气架构关键技术

作者：张兆龙，孙江辉，李思瑶

（1）创新成果

北汽围绕油电混跨平台乘用车电子电气架构关键技术，在高复用架构设计、高可靠混合网络、高效能低压电器、高效率架构测试方面取得突破（见图 1），基于跨平台模块化的开发思路，研发出了具有自主知识产权的高效能电子电气架构，支撑覆盖北汽纯电动汽车、燃油汽车、混合动力汽车三种动力形式的产品，实现了大规模产业化应用。

图 1　油电混跨平台乘用车电子电气架构关键技术

该创新成果具有高复用、高可靠、高效能、高效率的特点，详细介绍如下：

1）基于功能聚簇集成的架构设计技术，搭建“功能域控制器 + 中央智能网关”的跨平台域集中式电子电气架构，实现电子电气架构的跨平台优化，突破了核心零部件的功能集成度低、复用率低的难题，解决了分布式架构耦合性问题。

2）发明混合网络自适应通信开发技术，开发混合网络智能协议转换工具“E-Matrix”，实现 Ethernet、CAN（FD）、LIN 等不同网络技术的高可靠组网；发明基于诊断数据库（ODX）的全链路多协议刷写技术，开发统一诊断刷写开发平台，突破了混合网络诊断开发效率低、诊断测试效率低和刷写时间长的难题。

3）发明基于用户场景的智能调度节能降耗技术，实现特定场景下能耗精细化主动管理，从系统级和零部件级层面，搭建“用户 - 场景 - 策略 - 系统 - 硬件 - 软件”能耗分析模型，支撑油电混车型平台能耗开发，突破了低压能耗急剧增加的难题。

4）开发面向混合网络的一体化架构测试平台，搭建基于混合网络的电子电气架构一体化测试体系，涵盖部件、系统和实车测试；发明测试用例自动化执行方法，建立基于混合网络的车载网络通信测试平台，实现电子电气架构开发测试自动化。

（2）产业价值

北汽开发了具有自主知识产权的跨平台模块化域集中式电子电气架构，构建了电子电气架构完备技术体系，实现了汽车核心技术的自主可控，支持跨北汽品牌燃油汽车、电动汽车、油电混合汽车的平台化应用落地。

首先，项目从模块、系统、整车的标准制定、技术规划的编制、关键技术的储备，到提高平台产品技术及产业化水平，为技术的发展提供了强有力的支撑，促进了北汽产品品质的提升。其次，行业带动示范作用明显，提升了核心供应商的技术开发和规模化制造测试能力，推动了电子电气架构平台技术规模化应用。最后，通过油电混跨平台技术共享，有利于分摊研发成本，促进企业持续技术投入，助力整车成本降低，从而为用户提供更优质的产品。

2. 智能驾驶应用案例，智能驾驶行泊一体平台的自主研发创新与实践

作者：陈新，赵芸辉

（1）创新成果

为适应行业快速发展的趋势，北京汽车研究总院借助内部面向量产的软件算法开发自研技术项目，打造了智能驾驶行泊一体平台，硬件配置见图 2，初步建立了高速导航辅助驾驶（NOA）及以下智驾系统的规控算法量产开发迭代能力，并初步具备了目标级融合算法、MCU 中间件、软件在环仿真的开发能力。

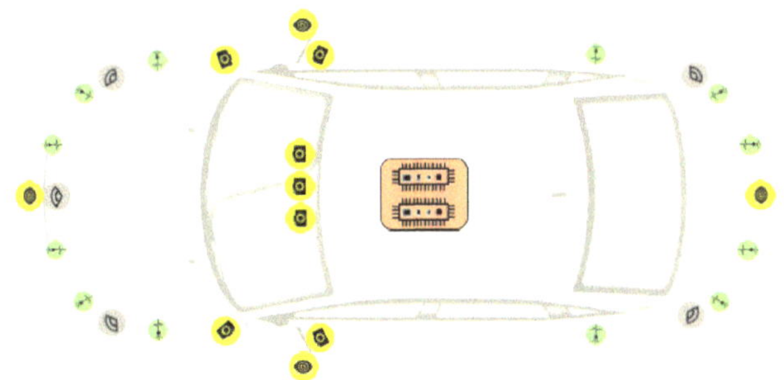

图 2　行泊一体平台硬件配置

当前自主开发的 Pilot 2.0 平台，可实现 L2.9 导航辅助驾驶＋记忆泊车（NOA+HPA）功能，采用“软硬件解耦＋硬件平台化＋软件模块化适配”方式，使智能驾驶功能产品的开发周期不受限于特定软件的开发，硬件预埋，软件空中下载（OTA）升级，加快智能驾驶车型产品的推出。该平台设计方案可缩短产品上市周期，上市后也可通过 OTA 高效升级软件，持续快速响应用户需求。

（2）应用案例

目前该平台正在按计划搭载 B41V 的 C 系列车型进行量产化验证，行泊一体平台量产搭载验证车辆见图 3。并于 2023 年 9 月参加了工信部、国家发展改革委、科学技术部等主办，在重庆举办的全球首次公开道路上不封路工况下的智能汽车比赛，最终在高速通行赛中荣获“最佳功能奖”（见图 4）。

图 3　行泊一体平台量产搭载验证车辆

图 4　自研成果荣获“最佳功能奖”

3. 智能车控应用案例

作者：马如斌，白天睿，王浩杰

（1）域集成式控制器

北汽集团域集成式控制器基于 AUTOSAR 软件架构搭建，集成了车身电子、热管理、动力域控、底盘控制等功能，基于主从控制器实现软硬件解耦、软件分层的产品架构。

硬件平台对中央域控制器以及区域网关控制器合理分工，中央域控制器主要负责计算以及信息处理，搭载高算力系统级芯片（SoC）对不同功能域逻辑进行运算处理，并且作为信息汇集中心对多路以太网信息进行整合以及路由转发，区域网关控制器作为整个系统的神经和触手，负责收集与转发各个子网段的网络信息，开发网络镜像、混合网络管理和分网段休眠等功能，同时区域网关控制器也负责接入多个开关、传感器以及信号检测电路，实现对整车电器信息的检测识别，区域网关控制器也负责车身舒适域负载控制，包括常见的灯光、门锁等功能。

软件开发实现面向服务的架构（SOA）分层解耦，不仅实现不同功能域的软件隔离，同一功能的软件也按不同特性分层，形成原子服务、增强服务、应用服务等部分，见图 5，进行软件分层设计，使域内功能可以在几个控制器上灵活部署，并且可以便捷地实现功能的增、删、改，快速适应不同车型应用，由于这种特性，采用 SOA 产品的车型可以根据配置选装不同数量的区域网关控制器，让产品架构适配不同车型，并且高集成度的产品有利于节约线束和提高装配效率。

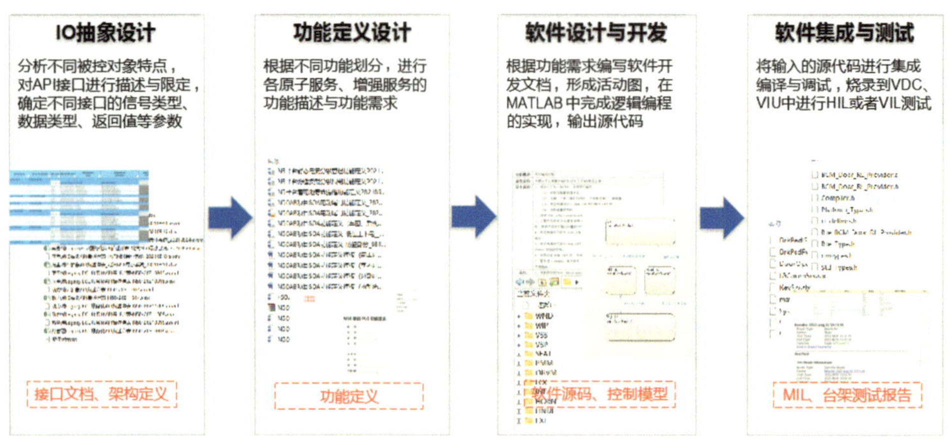

图 5　软件分层设计流程

采用 SOA 进行敏捷开发可以实现软硬件解耦，硬件上降低传统控制器的成本，软件的高通用化率可以降低修改软件带来的人力和资金成本，在开发工作外，敏捷开发还可以辅助开发过程中各阶段的功能验证，及时排查问题、分析问题、解决问题，缩短开发周期，提高团队测试技术水平。

（2）新一代热管理系统架构开发

随着整车电动化（混合动力、增程、纯电动）的发展，整车热管理系统已经从驾驶室内的热舒适向用车健康、节能、综合热管理的方向发展，尤其是在节能已经成为消费者的重点关注方向的背景下。北汽已经将热管理系统定位为要针对用户真实使用场景，解决高低温下续驶能力衰减严重的问题。

北汽北京（BEIJING）品牌和极狐（ARCFOX）品牌的热管理架构为可利用余热回收的直接热泵形式。此种热管理架构不仅利用了电驱余热，而且电驱在整车策略下还可以进行堵转生热和低效运行主动加热，在此基础上此系统还能吸收空气中的热量，最大程度地进行多热源利用。同时为了减少热损失，提高传递效率，又采用了直接热泵的形式，大大提高了整个热管理系统的能量利用率。

热泵不是一个简单的“泵”类零部件，其实是一套制冷循环系统，是一种热量的泵送装置，用来将低温物体中的热能传送给高温物体，就像水泵将水从低处送到高处一样。在冬季，热泵空调可以从室外温度较低的环境中抽取热量，形成热气为乘员舱加热，夏季可把乘员舱内较低环境温度的热量再吸走，形成冷气为乘员舱降温。也就是说，从低温热源吸热，向高温热源供热，实现这一过程的循环装置称为热泵。热泵又分为直接热泵和间接热泵（见图 6），简单来说，它们的区别就是间接热泵需要通过换热装置先将热量传递给水等介质再传递到乘员舱的空调箱内，也就是存在二次换热的传递，因此存在一定的热损失以及传递效率的即时性衰减。制冷时，两种热泵形式的制冷原理无差异，都是压缩机做功，蒸发器吸收车内热量，并通过前端冷凝器向外界放热；制热时通过控制阀改变制冷剂流动方向，制冷剂通过前端室外换热器从环境空气中吸热，直接热泵通过室内冷凝器将热量释放到乘员舱空气中（冷媒热量直接给乘员舱空气加热），间接热泵则通过冷媒加热循环水，循环水循环到空调箱从而加热乘员舱内的空气。

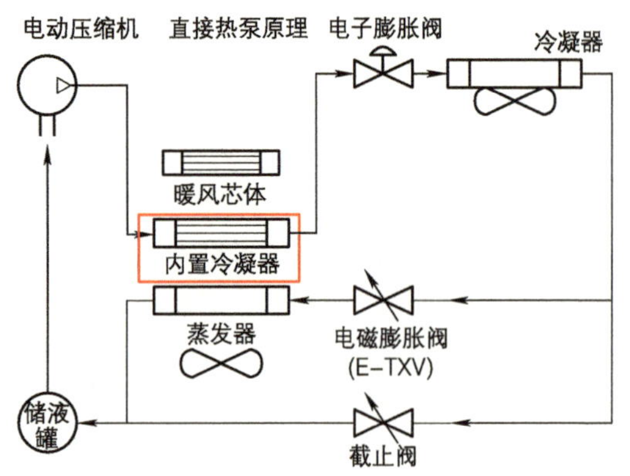

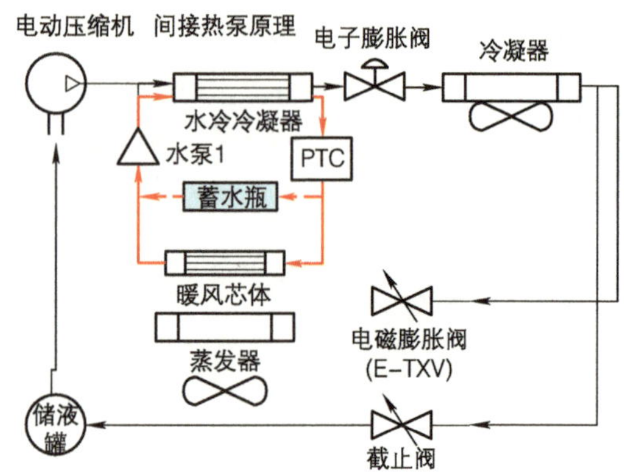

图 6　直接热泵和间接热泵示意图

此新一代热管理系统中还自主创新开发了部分外置空调箱（见图 7），此种空调箱将鼓风机部分外置于机舱，而乘员舱仪表板下为相关的配风以及换热部分，这种创新的布局形式有利于仪表板扁平化、二排场景化，方便行李舱存放、实现女王座驾等整车利益点，并且还减少了因鼓风机内置而出现的鼓风机噪声问题，为新能源汽车的空间布局以及造型发挥留出了较大的空间。

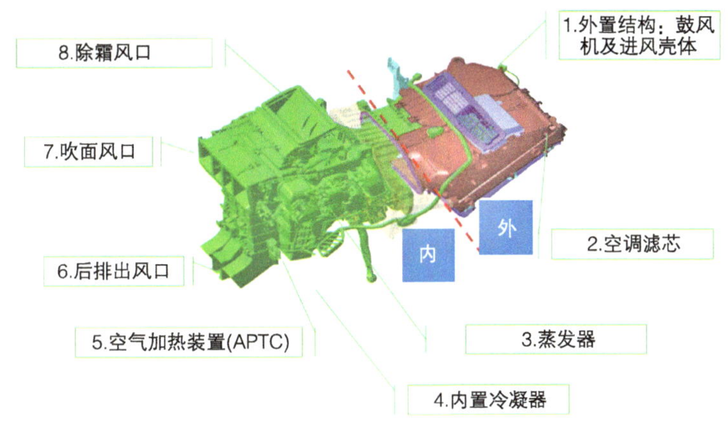

图 7　部分外置空调箱示意图

4. 软件开发应用案例，北汽基础软件平台 BAIC-OS

作者：梁海强，訾少鹏，郝荣，孙成帅

北汽研究总院自主研发了面向服务架构的基础软件平台 BAIC-OS，作为北汽架构演进和整车软件生态的中枢，构建了北汽智能网联发展的核心竞争力。BAIC-OS 采用集中式 E/E 架构和 SOA 设计（见图 8），通过标准化分层接口设计，实现了跨车型、跨平台的软件复用。平台提供了面向服务的底层通信技术支撑，通过任务关联调度、零拷贝通信、时间同步等关键技术，使平台具备低延迟、高带宽、可裁剪、易扩展、易使用、易维护的特点。同时通过虚拟化技术支持不同业务方向对基础软件平台的实时性及安全性需求，支撑智能车控、智能驾驶、智能座舱应用软件的敏捷交付与稳定运行。

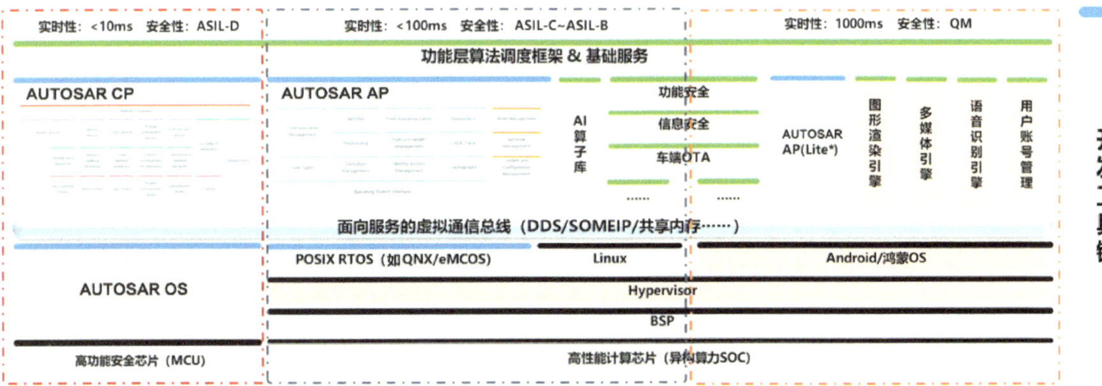

图 8　北汽基础软件平台 BAIC-OS

（1）BAIC-OS 智能座舱基础平台

BAIC-OS 智能座舱基础软件平台基于 QNX+ Android 的系统架构开发，满足北汽自主乘用车智能座舱需求。智能座舱平台划分为 8 个子系统，包括车设车控、音源管理、系统管理、显示管理、多媒体、外设管理、OTA 升级和日志系统，为座舱域应用提供 600 多个标准化接口，覆盖多媒体、蓝牙、导航、语音、自动泊车辅助（APA）、数字视频录像机（DVR）和仪表等功能，兼容第三方应用。平台具备系统开机自诊断及在线诊断机制，可实时存储操作系统、中间层及应用层各层日志数据，确保系统可靠性。同时建立了完备的系统监测与灾难恢复机制，以监测及恢复异常模块。通过安全启动、安全升级、系统加固、防火墙加解密等措施，系统满足座舱功能安全及信息安全要求。目前，BAIC-OS 智能座舱基础软件平台已在北汽极狐、北京品牌系列 5 款车型搭载应用。

（2）BAIC-OS 智能驾驶 / 智能车控基础平台

BAIC-OS 智能驾驶 / 智能车控基础软件平台采用 AUTOSAR CP + AP 的软件架构，可支持标定、诊断、网络管理、健康管理、OTA、通信管理、状态管理、执行管理、存储管理等共计 21 个基础功能服务。通过定义统一的接口和标准，实现各种车载应用程序的快速开发与升级，为后续各业务方向开展应用层服务化设计开发工作提供支撑。平台引入了确定性调度与确定性通信框架，保证应用程序的实时交互及确定性的执行，提高了系统整体的安全性和可靠性。

5. 智能座舱开发应用案例，极狐考拉场景化开发创新成果案例

作者：笪琦，张鲁楠，季飞，张国龙，张博

极狐考拉项目围绕“母婴特色、家庭专属”的核心使用场景，通过 B 柱摄像头、生命体征检测雷达、头枕音响、杀菌消毒灯、儿童座椅等硬件设计，结合新一代车载高通 8155 芯片，融合灵活且可扩展的系统架构、儿童监控算法、智能语音助手，为母婴出行打造出“宝宝安睡”“哭闹提醒”“紫外线杀菌”等丰富的场景化功能模式。

在系统架构方面，我们根据不同场景，采用不同的设计原则和模式，从模块化架构、插件系统和标准化接口入手，构建了一个灵活且可扩展的系统架构，见图 9。通过使用分层架构和模块化设计，我们实现了各个功能模块之间的解耦，提高了系统的可维护性和可拓展性。同时，我们还采用了响应式编程和异步处理等技术，使得系统能够更好地应对并发和高负载的情况，提供流畅的用户体验。此外，平台化是我们在整个极狐考拉项目开发过程中重点考虑的一个问题，我们构建了一个通用的平台，能够快速满足多种不同车型项目的要求，各个组件能够以一种模块化的方式进行添加、替换和升级，通过平台化，我们实现了更灵活、可扩展和易维护的系统，从而实现了个性化的解决方案。通过极狐考拉项目，我们完成了从无到有的自研平台搭建，初步完成了平台化的目标，实现了在不同车型项目上的快速移植，为后续更多的项目节约了时间和成本。

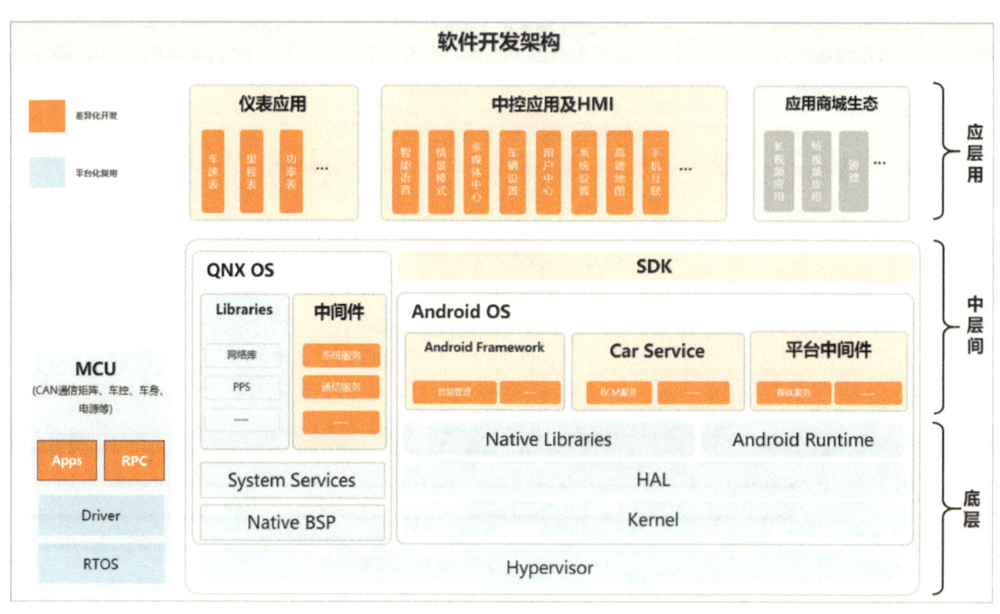

图 9　智能座舱域控制器软件开发架构

儿童监控算法由睡眠识别、表情识别、年龄识别模型组成，各模型均是基于目前人工智能（AI）主流的 PyTorch 机器学习框架开发的人工智能模型。各模型采用深度学习神经网络推理引擎，该引擎具备高性能、轻量化、通用性强等优势。应用了卷积神经网络，具备自动捕获特征、速度快、鲁棒性高、对大数据集适应强等优势。各模型基于大模型预训练，继承大模型在数百万数据集中深度学习所得的性能，并且加入了数十万张涵盖多年龄段及各类坐姿等场景的实车采集样本进行训练，使模型具备更强的鲁棒性以及泛化能力。以上核心人工智能前沿技术及方案，同时赋能了乘员监控摄像头（OMS）后排儿童监控算法模型高效、轻量、高精准度等优点，B 柱摄像头后排查看功能见图 10。

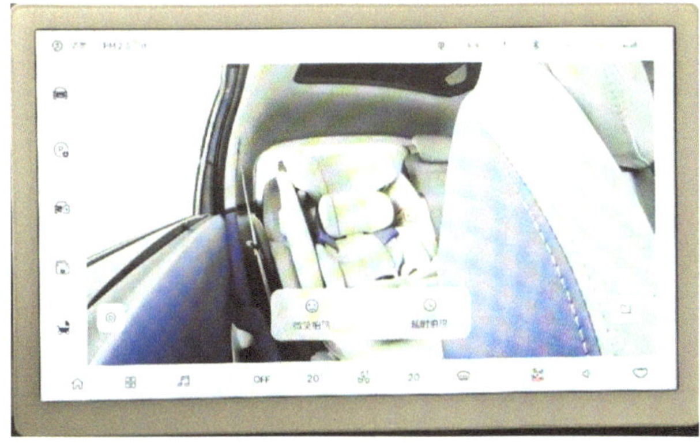

图 10　B 柱摄像头后排查看功能

在智能语音助手方面，极狐考拉拥有极快响应速度，语音助手唤醒速度仅需 250ms，唤醒成功率高达 97%，处于行业第一梯队，即唤醒即使用，轻松交流，无需等待。具备“可见即可说”功能，使得车机屏幕上面显示的所有可点击元素都可以通过语音来进行交互，不仅支持长文本分词、文本泛化、模糊匹配，而且搜索过程看得见。副驾也可语音操作，不会影响驾驶员驾驶，彰显语音交互的无可替代。考拉语音助手还具备如日常交流的上下文指代能力，可根据上下文推理获取更多指令细节，交互更自然，不再“断章取义”。考拉语音助手还内置丰富的技能与资源，可以和乘客闲聊、讲故事、说笑话。在此基础上，考拉语音助手搭载了回声消除算法、波束形成算法、盲源分离算法、噪声抑制算法，可实现语音交互抗干扰和四区识别（主副驾 + 后排左右位置）。不同音区可进行不同指令，根据不同座位发出的指令，执行对应的操作，控制该音区车窗、空调、座椅等，另外针对母婴车的使用场景，还添加了儿童位屏蔽语音功能的设置。从用户界面（UI）形象，到语音能力、合成音、语义融合以及使用技能等多层面多样化开发语音能力，为考拉带来智能化、全场景语音的交互新体验。

极狐考拉在母婴场景座舱设计中，深入研究了宝妈和婴儿的需求，从创新的场景化进行功能设计，以灵活且可扩展的系统架构为根基，辅以儿童监控算法和智能语音助手，打造具备特色且更为人性化的服务。

中国一汽第三代智能网联架构平台 2023 年创新成果案例

中国第一汽车集团有限公司

作者：王德平，周时莹，高长胜，孙涛，罗逍，王淑琴，杨雪珠，安文君，尹斌

1. 红旗自动驾驶域控计算平台

红旗自动驾驶域控计算平台（见图 1）基于飞刃 1.0 架构，支持 SOA 服务接口，以高算力、大带宽、高性能、高安全为主要特点。平台采用多核异构 SoC 硬件平台，匹配 AUTOSAR CP 和 AUTOSAR AP 软件方案，功能安全、预期功能安全、信息安全满足自动驾驶准入要求。该计算平台采用 J5 和 TDA4 系列高性能 SoC，AI 算力为 448TOPS，逻辑算力为 278kDMIPS，GPU 算力为 100GFlops，具备高性能运算处理能力。平台可接入 13 颗摄像头、3 颗激光雷达、5 颗成像毫米波雷达、12 颗超声波传感器和组合惯导，集成高精地图，实现全方位环境感知、驾驶员状态监测，硬件配置处于行业领先水平。

2. 5G+ 北斗高精度定位车载终端产品

5G+ 北斗高精度定位车载终端产品中的 5G 通信、MCU、SoC、卫星定位等核心芯片均采用国产自主知识产权产品，终端国产化率为 65% 以上。中

国一汽参与 5G 创新联合体（见图 2），拉动国产车载芯片产业链，助力国产芯片行业发展，首创 5G 网联通信终端集成高精度组合导航定位功能，通过 5G 网联通信终端集成高精度卫星定位芯片、高精度惯性传感器（IMU）等元器件，实现高精度组合导航定位解算及数据传输。此外，还达成车载 5G 网联通信终端（T-BOX）与车载高精度定位终端（P-BOX）的合并，提升终端集成度，节约共有元器件，降低功能所需单车成本。高精度组合导航定位功能实现持续厘米级定位精度。提升定位系统定位精度。开阔天空场景下水平定位误差 CEP68<5cm，CEP95<10cm；拓展厘米级定位达成场景，低矮楼房、林荫路等非严重遮挡场景下水平定位误差 CEP68<5cm，CEP95<15cm，定位性能用于现有量产车载高精度定位终端。

图 1　红旗自动驾驶域控计算平台

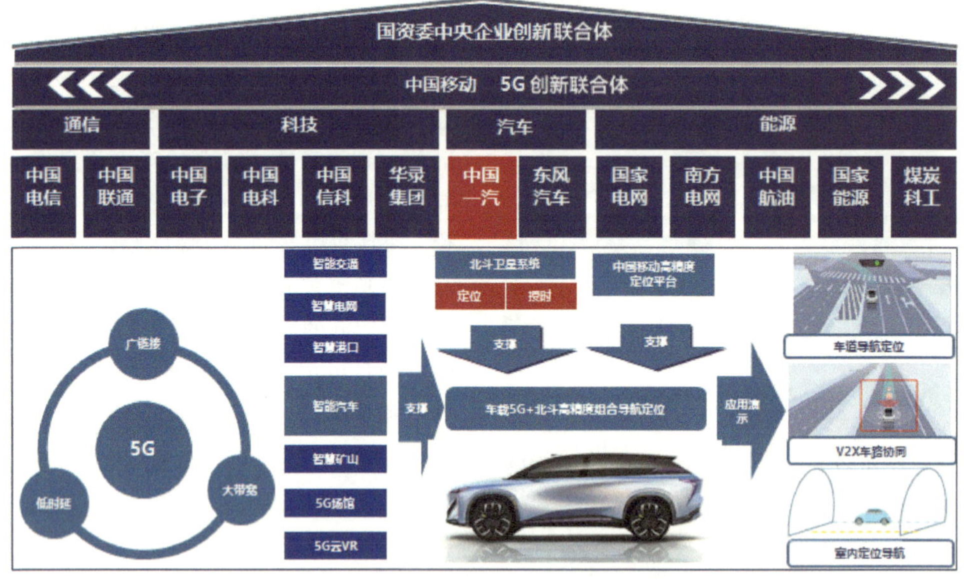

图 2　中国一汽参与 5G 创新联合体

3. 红旗 V8TD 自主发动机电控系统产品

中国一汽 V8TD 发动机的自主发动机电控系统（EMS）拥有双 ECU 高实时联控技术、超高压燃油弹道喷射控制技术、高精度平衡燃烧控制技术、瞬时高精进排气控制技术、高实时故障监控及安全保护技术等 69 项核心专利技术，在大幅降低油耗和排放水平的同时，依旧可以释放 V8TD 发动机的全部潜能（最大功率为 485kW，峰值转矩为 850N·m），打造顶级的动力品质，V8TD 双 ECU 联控方案见图 3。基于双 ECU 联控的关键传感器冗余、双 ECU 备份及多维交叉监控技术，可以确保在各种严苛工况下，ECU 均能准确获取发动机的运行状态，实施更加安全可靠的控制响应，达到更高级别的功能安全等级。基于双 ECU 联控的超高压燃油弹道喷射控制技术、高精度平衡燃烧控制技术

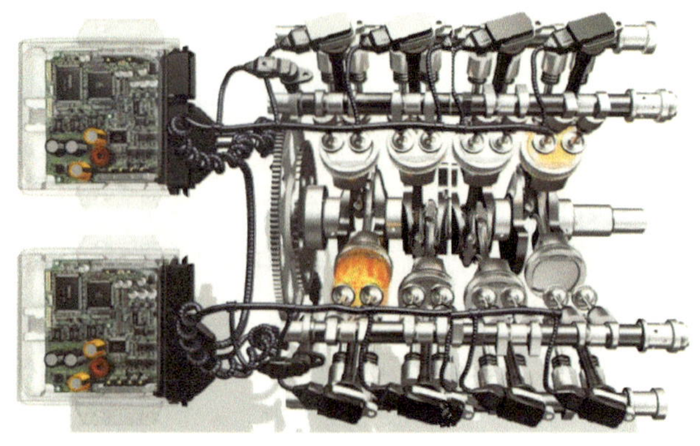

图 3　红旗 V8TD 双 ECU 联控方案

和瞬时高精进排气控制技术，V8TD发动机在各种工况下，都能提供快速、强劲且平顺舒适的动力输出。高实时故障监控及安全保护技术，可以高效可靠地对系统的各种异常状态进行多层立体的实时监控，对系统故障实时定位，并能够智能分类决策，执行最优级的安全保护响应，实现V8TD发动机动力、舒适与安全之间的完美平衡。中国一汽自主EMS的控制器硬件电路全面自主设计，基础软件和应用软件完全自主开发，系统自主集成，车辆自主匹配应用，实现了全过程的自立自强、安全可控，为顶级豪华的“国之重器”，提供了至臻品质和极致安全的动力保障。

广汽埃安创新成果案例

广汽埃安新能源汽车股份有限公司

1. 国内首个纯电动汽车专属智能生态工厂

埃安智能生态工厂是国内首个纯电动汽车专属智能生态工厂，占地面积47万m^2，总投资47亿元，具备钢铝车身柔性生产、数字化自主决策、深度互动式定制、能源综合利用生态四大全球领先优势，荣获国家工信部“2021年度智能制造示范工厂”。工厂总体规划产能40万辆/年，首期生产能力为20万辆/年。

2022年10月，埃安第二智造中心竣工，在原有的智造技术上，实现了数字化、品质、定制、节能方面的全面升级。

（1）钢铝车身柔性生产

为适应未来铝合金等轻量化材料的应用，埃安智能生态工厂全球首创铝铆接、点焊切换技术及“钢铝混合”生产线，其中AION S车型的车身正是采用了高强度钢+铝合金下车体混合车身，安全性和轻量化达到世界领先水平，最大限度保护了乘员安全。

（2）数字化自主决策

国内整车工厂首次运用全球数据云平台进行生产过程分析决策，大幅提升生产效率和品质控制能力，打造最优质产品。智能制造赋予机器人的智慧，使其能够实现数据采集、分析、判断和决策。

（3）深度互动式定制

通过互动式定制，客户通过App即可享受形式丰富、互动有趣的流畅个性化体验，更有上百种爱车定制方案，满足用户审美需求。

（4）能源综合利用生态

智能生态工厂还全面运用绿色环保工艺和材料，践行可持续发展理念。工厂采用5.2万块（8.5万m^2）光伏板打造太阳能屋顶，年发电1677万kW·h，约占工厂满负荷耗电量的15%。此外工厂还自建了动力电池储能场，存储富余电能，一期储能达1000kW·h。新工厂大量使用先进环保技术，如涂装车间采用液态阻尼材料喷涂技术，使用水性环保可喷涂型隔声阻尼（LASD）材料全自动化喷涂，车内苯醛类挥发性有机化合物（VOC）降低49%。工厂采用绿色薄膜工艺，采用先进的绿色薄膜工艺（锆化），实现有害物质零排放。

2. 原创弹匣电池技术

（1）弹匣电池1.0技术，全球首次实现三元锂针刺不起火

围绕电池起火的行业安全难题，埃安首创研发了弹匣电池技术群，全球首次实现三元锂电池针刺不起火。

弹匣电池技术群是针对热失控发生前检测安全隐患、热失控后控制灾害程度两个方面提出整体解决方案，它拥有超高耐热性和稳定性的电芯、超强隔热的电池安全舱、极速降温的速冷系统、全时管控的第五代电池管理系统等四大核心技术。

1）超高耐热性和稳定性的电芯

首先，弹匣电池具有高耐热性和稳定性的电芯，电芯耐热温度提升了30%。据介绍，弹匣电池的电芯通过正极材料的纳米级包覆及掺杂技术的应用，提升了电池的热稳定性。而其中新型电解液添加剂的应用实现了固体电解质界面（SEI）膜的自修复，达到了改善电芯寿命、降低电芯短路风险的效果。此外，弹匣电池通过特殊的电解液添加剂，使电池在加热至120℃及以上时，在活性材料表面自发聚合形成高阻抗特性聚合物膜，大幅降低热失控反应产热。

2）超强隔热的电池安全舱

其次，弹匣电池在电池组中增强了隔热的功能。通过网状纳米孔隔热材料和耐高温上壳体，弹匣电

池的电池组实现了三元锂电芯热失控时不蔓延至相邻电芯。同时，电池包上壳体耐温可达 1400℃，以保护电池组整包安全。

3）极速降温的速冷系统

此外，弹匣电池拥有速冷系统。通过全贴合液冷系统、高速散热通道、高精准的导热路径的设计，弹匣电池实现了散热面积提升 40%，散热效率提升 30%，可适时控制热蔓延。

4）第五代电池管理系统

最后，弹匣电池配备全时管控的第五代电池管理系统。通过采用最新一代车规级电池管理系统芯片，该系统可实现每秒 10 次全天候数据采集，相比前代系统提升 100 倍，以 24h 全覆盖的全时巡逻模式，对电池状态进行监测。当车辆出现异常时，该系统将立即启动电池速冷系统为电池降温。

同时，弹匣电池技术也对冷却系统、电芯设计、整包布置等方面进行了全面优化。相对于同类普通电池包，使用弹匣电池技术的电池包体积能量密度提升了 9.4%，质量能量密度提升了 5.7%，成本下降 10%。目前该技术已在超过 40 万台的埃安量产车型上应用，未发生过一起自燃事故，被广东省汽车工程学会组织的第三方专家认定为国际先进技术，带动了电池产业链对主动安全技术的升级及应用。

（2）弹匣电池 2.0 技术，全球首次实现枪击不起火

埃安在弹匣电池 1.0 的基础上，突破性研发了超稳电极界面、阻热相变材料、电芯灭火系统等一系列原创安全技术，首次解决了多电芯瞬时短路、爆裂性破坏等极端环境下的电池安全难题，全球首次实现枪击不起火。

1）超稳电极界面

对于锂离子电池而言，电极界面是电芯内活性最高的区域。为了加强电极界面的稳定性，弹匣电池 2.0 开发出“超稳电极界面”技术。通过具有超高稳定性、超高耐热性的纳米陶瓷材料，大幅增加了电极界面韧性；复合集流体材料的应用，可以在热量聚集时快速坍缩，避免持续短路；同时，埃安还在弹匣电池 2.0 的电解液中加入了耐氧化阻燃剂，高温激活后，可捕获燃烧反应的自由基，断绝持续燃烧的条件。在三重技术的防护下，电芯即便发生热失控，其升温速度也能降低 20%。

2）隔热相变材料

除了提升电池本征安全性，埃安还与中国航天合作，开发了拥有隔热和相变吸热双重功能的隔热相变材料。这种相变材料的相变潜热相对常规材料提升了 10 倍，能在温度维持不变的基础上吸收大量的热量，配合网状纳米隔热材料，整体的隔热性能大幅度提升 40%。此外，弹匣电池 2.0 采用了双层冷却系统，对电芯顶部和底部同时进行冷却，整体冷却效率可提升 80%，同时还降低了 75% 的上壳体温度，进一步保障了电池包上方乘员的安全。

3）电芯灭火系统

对于电池整包有可能会因为外界原因而发生损坏的极端场景，埃安的工程师还为弹匣电池 2.0 配备了电芯灭火系统。它利用低熔点合金构成了灭火腔，在非常小的高度空间上实现了灭火剂的储存、热失控电芯的自定位和定点喷淋。当电芯发生热失控，大量的灭火剂瞬间精准喷淋到该电芯上。灭火剂可以在吸热气化的同时，捕捉燃烧链式反应的自由基，形成惰性气体氛围，结合埃安的热失控气体排放处理技术，可以消除排气中的火星和 99.5% 的 PM10。这一技术的应用，令弹匣电池 2.0 成了唯一自带安全“消防队”的电池技术。

4）第六代云端电池管理系统

除了被动电池安全技术，埃安还基于大数据和 AI 技术，开发出第六代云端电池管理系统。得益于超过 60 万台车辆、1300TB 的全生命周期应用数据，第六代云端电池管理系统大幅提升了自放电异常、冷却异常、电连接异常、隐性绝缘故障等故障的识别能力，AI 识别内短路的能力已经达到 200Ω 级，远高于 10Ω 的风险线，可实现提前诊断，防患于未“燃”。以上技术的应用，让弹匣电池 2.0 的综合热失控管理能力提升了 5 倍，可抵抗多个电芯同时热失控带来的冲击力。

3. 夸克电驱电驱技术，实现全球最高功率密度

夸克电驱技术是埃安新一代高性能集成电驱技术群，功率密度可达 12kW/kg，相比行业水平 6kW/kg 提升 100%。

夸克电驱技术围绕“高功率密度、低发热损耗”两个核心点，通过纳米晶 - 非晶超效率电机、X-PIN 扁线绕组、900V 高效碳化硅功率模块、E-drive 软件、无动力中断电子换档等一系列创新技术，实现了全球最高功率密度。在夸克电驱技术群中，最核心的是三大前瞻技术。

（1）纳米晶 - 非晶超效率电机

永磁同步电机技术发展至今，电机铁芯损耗是

影响电机工况效率的主要因素。埃安电机团队从基础原材料和电磁原理创新开发，设计了一种纳米晶 - 非晶合金材料及批量制备工艺。相较于传统的铁基硅钢材料冶炼工艺，纳米晶 - 非晶材料冷却速度高达 100 万℃ /s，较铁基硅钢材料快 1000 倍；具有原子无序排列、无晶粒、无晶界的微观特性。埃安创新应用铁损系数远低于铁基硅钢等电工钢的新材料制作电机铁芯，可降低电机 50% 铁芯损耗，从而有效降低电机能量损耗，电机工况效率提升至 97.5%，电机最高效率达到 98.5%。

（2）X-PIN 扁线绕组

埃安融合自主专利的 X-PIN 扁线定子技术和碳纤维高速转子技术，在缩小 25% 体积的情况下，将电驱功率提升 30% 以上。基于电机技术的进步，未来产品将呈现小型化、轻量化、出行形态多样化。X-PIN 碳纤维高速电机技术具有 3 项独有平台绕线方案的国家专利，可实现 70kW ~ 320kW 功率范围、220 ~ 450N · m 转矩范围多平台兼容。

（3）900V 碳化硅功率模块

埃安深度介入碳化硅（SiC）产业链建设，自研封装设计。从芯片布局、均流一致性、缩短芯片开关延时、叠层功率回路设计四个方向进行突破，同时结合全银精准低温烧结工艺的革新，使得 SiC 模块回路杂感降低 50% 以上，热阻降低约 25%，芯片通流能力提升 10% 以上，功率循环寿命提升约 100%。

结合安全可靠的 SiC 芯片驱动与保护设计，充分发挥碳化硅的高耐压、高功率密度、高效率特性，助力夸克电驱实现最高满功率工作电压 900V，峰值功率高达 320kW，最高效率超 99.8%，位居行业顶尖水平。

4. 国内首个全铝合金纯电专属平台 AEP 3.0

纯电专属平台 AEP 3.0 是国内首个全铝合金纯电专属平台（2017 年，全球第二个），具备长续驶里程、大空间、高安全特性，电池可快充、可快换、可升级。AEP 3.0 在继承 AEP 2.0 的长续驶里程、大空间、高安全特性的基础上，在车身结构、轻量化、能耗、低温续驶能力等方面进行了全面升级。

（1）超跑级电驱技术

AEP 3.0 平台可兼容夸克电驱技术。基于 AEP 3.0 平台打造的车型，可实现后驱单电机版的百公里加速时间为 4.9s、四驱多电机版的百公里加速时间为 1.9s，极速最高可达 300km/h。

（2）AICS 智能底盘系统

埃安独家研发的 AICS 智能底盘系统可以根据轮速、转角、转速、横摆角速度等一系列参数，进行车轮输出转矩、制动力矩以及悬架刚度的调整，实现多系统动态匹配控制。

1）转向

为在保证直线行驶时稳定性的同时兼顾操控灵活性，AICS 通过独创的转向结构设计，可实现转向灵敏度和精准度提升超 30%。在车身轴距超过 3m 的情况下，转弯半径依然可低至 5.3m，最低转向圈速仅需 2.48 圈。

2）智能减振系统

可通过毫秒级响应调整减振器阻尼，匹配横向稳定杆的设计可使过弯侧倾减少 40%。此外，在不需要频繁操纵转向盘时，电磁悬架可以吸收更多来自路面的冲击，改善车内乘员的乘坐舒适性。

3）制动

AICS 智能底盘系统还应用了高附着电动汽车（EV）专属定制轮胎、固定式卡钳和 OneBOX 制动系统等，在全力制动阶段可以提供强大的减速度，百公里制动距离低于 35m。同时，制动响应时间缩短一半，达到 150ms。

4）ASTC 鹰爪系统

ASTC 鹰爪系统独有的 eTCS 电控系统可根据电机转速传感器位置信号，预测车辆打滑临界点，对驱动力进行调整。同时，结合分布式牵引力控制，ASTC 鹰爪系统缩短了转矩响应链路，使转矩响应速度提升 20 倍，解决了高性能电驱超高转矩带来的打滑现象。

5. 全球首个集中式电子电气架构——星灵架构

星灵架构是中央运算单元、自动驾驶域控制器、信息娱乐域控制器三大计算核心和高速车载以太网 + CANFD+5G 构建的车云一体化集中计算架构。

（1）智能驾驶

在智能驾驶方面，星灵架构引入了风云三号红外遥感技术、第二代智能可变焦激光雷达、航天级星基融合定位等多项全球领先技术，是针对新一代智能纯电动汽车的智驾安全问题给出的系统性解决方案。

红外遥感技术通过生命体热辐射成像，弥补“雷达 + 摄像头”感知识别能力的不足，不受恶劣天气影响，即便是夜晚会车等强弱光交替、眩光等场景仍能清晰成像，进行准确识别。

第二代智能可变焦激光雷达可实现 10 ~ 30Hz 智能变频刷新帧率和 0.05° ~ 0.2° 智能调控分辨率，响应速度比第一代快 3 倍。城区中更准确地判断安全转向的空档，减少不必要的原地等待；高速中实现远距离预判风险，提前进行减速、变道等。

星灵架构还创新应用了航天级星基融合定位技术，结合高精地图和惯导单元，实现全域厘米级的车辆定位。

为解决各个感知硬件之间的毫秒级时间差问题，埃安打造了 ADiGO PILOT 数据闭环平台，对千万张场景图片进行感知训练及仿真验证，并结合超百万千米的实车验证，不断循环迭代，通过全栈自研的算法，修正了硬件造成的感知场景偏差。

（2）智能网联

在智能座舱方面，星灵架构在国内率先实现了软硬件可分离、计算高度集中，同时基于该电子电气架构开发的普赛 OS 操作系统，将智能驾驶域、智能座舱域、智能车控域三域打通，实现了“硬件即插即用，软件常用常新”。

理想汽车双能战略发展情况

北京理想汽车有限公司

作者：欧鹏飞，陈佳锐

1. 创新成果

（1）“智能”：坚持全栈自研，公布终身免费的理想 AD Max3.0 的城市 NOA

理想汽车拥有国内最大的 NOA 用户规模，截至 2022 年底，理想汽车共计交付带有高速 NOA 的车辆近 19 万辆。从理想 ONE 到理想 L9、理想 L8，NOA 行驶里程超过了 6500 万 km，总辅助驾驶行驶里程超过了 4 亿 km。智能驾驶在辅助驾驶功能与算法及性能方面取得重大成果如下：

1）辅助驾驶功能方面。理想汽车全栈研发的智能驾驶系统包括智能驾驶控制器、底层软件、感知算法、规控算法与应用软件，面向用户提供了包括 NOA、先进驾驶辅助系统（ADAS）、自动紧急制动系统（AEB）、APA 等行业一流水平的辅助驾驶功能。针对用户不同的智能化需求，为理想 L8 和理想 L7 提供 AD Pro 和 AD Max 两个版本。其中，AD Max 是全球首个使用英伟达 Orin 芯片进行量产交付 NOA 智能驾驶的产品，而 AD Pro 是全球首个使用地平线 J5 芯片量产交付的 NOA 产品。

2）算法及性能方面。随着理想 L9 的交付，理想汽车成为行业首家把量产激光雷达算法应用于主动安全和辅助驾驶功能的企业。理想汽车智能驾驶产品在夜间环境的安全性能已达到行业领先的水平。在中保研车辆辅助安全指数评价中，理想 L9 Max 评分达到 G（最高安全评价水平）。同时，在知名媒体“百度有驾”的夜间 AEB 测评中，2022 款理想 L9 Max OTA4.2 版本性能排名第一。此外，理想汽车与清华大学、麻省理工学院（MIT）共同提出的融合 BEV 算法，不仅拿到了多项学术成果的第一，也对业界智能驾驶研发产生了广泛且深远的影响。

（2）“电能”：提出 800V 超充纯电解决方案，迈入增程电动、高压纯电新阶段

2022 年，理想汽车持续布局电动化技术研究，针对用户最关注的振动噪声、维护保养里程、全平台搭载能力、热效率、排放、动力性和重量等属性做了有针对性的设计和分析，电动驱动装置在系统效率上有明显提升。同时，在纯电系统研发方面亦取得了长足的进展，实现了 4C 纯电电芯的能量密度、快充能力、安全性方面的设计优化与能力验证。此外，2022 年理想汽车在研的 SPD 高压三合一电驱动项目、SiC 功率模块自研项目以及超级充电（HPC）项目均完成样品的试制和测试，达成预期指标。

（3）创新成果奖项

1）理想 ONE 获 J.D.Power2022 中国汽车智能化体验研究（TXI）主流新能源汽车品牌创新奖第一名。

2）理想 ONE 获 J.D.Power2022 中国新能源汽车新车质量研究（NEV-IQS）主流插电混动细分市场第一名。

3）理想 ONE 获 J.D.Power2022 中国新能源汽车产品魅力指数研究（NEV-APEAL）主流插电混动细分市场第一名。

4）理想 L9 荣获第十届轩辕奖“中国年度汽车”的终极大奖，并荣获年度十佳汽车，入选智驾排行榜 Top10、行车辅助 Top10、智驾交互 Top10。

5）理想 L9 在最新的中国汽车保险安全指数评价中荣获多项最高（G）优秀评级。

6）理想 L9 在中国汽车健康指数（C-AHI）评级中获得车内挥发性有机物和车内气味强度、车内颗粒物、车内致敏物、车内电磁辐射四项全五星认证，总分位列 2022 年度第一。

7）理想 L9 在“华舆奖”2022 中国年度典范智能座舱评选中斩获“年度智能座舱典范”大奖。

8）理想 L9 在 2022 年 12 月懂车帝发布的“6+2 新能源汽车评测体系”中总分排名第一。

截至 2022 年底，理想汽车累计获得授权专利 2061 个，注册核准商标 655 个，著作权数量 54 个。其中，理想汽车“能量回馈的控制方法及装置”发明专利获得了第二十三届中国专利优秀奖。

2. 应用案例

（1）“智能战略”：实现首款国产车规 AI 芯片 NOA

理想汽车已建立新一代智能电动车核心域控制器全栈自研能力（底层硬件、操作系统、底层软件、应用层软件），完成了核心域控制器（智能驾驶域、智能座舱域、智能车控域）自研并量产落地。2021 年 5 月，搭载国产车规 AI 芯片（地平线征程 3）的 2021 款理想 ONE 首发量产，这是业界第一款应用国产车规 AI 芯片的 NOA 系统，一举打破了国外芯片供应商的垄断，实现了从关键芯片到核心域控制器再到智能驾驶算法的自主受控，在智能驾驶领域实现了中国芯与中国魂。理想汽车与地平线深度合作，实现地平线征程 3/ 征程 5 智能驾驶 AI 芯片国内首发并批量量产，截至 2023 年 2 月已实现近 20 万辆上车部署，打通了国产芯片开发、验证及落地的流程。在理想汽车的成功示范引领下，地平线与近 70 家主机厂 / 一级供应商（Tier1）达成定点订单，有效带动了国产芯片的快速发展与商业化应用，为国产车规 AI 芯片落地提供了最佳实践。

（2）“电能战略”：自主研发超级充电（HPC）项目

2022 年，理想汽车完成了自研超级充电桩开发，满足 4C 及以上超级充电新能源车辆的补能需求，并通过了国家认证机构的测试认证。同时，理想汽车的一体式液冷、液冷充电枪线缆及常规风冷充电枪线缆成功做到了行业最细，提枪重量达到行业最轻水平，大大提升用户充电体验。2023 年，理想汽车自建国内首个 5C 高压超级充电网络，通过数据和算法，与城市规划相协同，基于车辆的流量精准规划充电站的选址，最大程度提高高速充电站的使用频次，以提升经营效率。在国家高速公路主干线上，理想汽车将陆续在流量较大的服务区和高速出入口部署理想的 5C 超级充电站。目前，理想汽车的 5C 超级充电桩峰值充电功率已达到 500kW。相比上海车展时的初次亮相，理想汽车进一步提高了场站的主机功率，并且优化了超级充电桩的液冷散热设计，提高了枪线的载流能力，将峰值电流从 615A 提升到了 700A 以上，业界领先。此外，理想汽车的 5C 超级充电站，无论是 5C 的液冷充电线，还是 2C 的风冷充电线，线径都仅为 26mm，提枪质量为 3.3kg。而公共充电桩的充电枪质量普遍在 4 ~ 5kg 之间，线缆的直径也很大，一般为 34 ~ 42mm。

理想汽车基于“双能战略”推进增程电动、高压纯电、智能驾驶、智能空间，以及系统研发和前瞻研发等技术布局，以此构建企业长期发展技术的“护城河”，加速实现 2030 年成为全球人工智能企业的战略目标。理想汽车通过 5C 电池技术、800V 高压平台和超级充电网络，实现了充电 12min 续驶 500km，补能体验达到和传统燃油汽车相当的水平，以满足家庭长距离出行需求。截至 2023 年 9 月 30 日，理想汽车年度累计营收为 821.2 亿元，距离达成千亿营收目标更近一步。随着企业营收和车辆交付的持续增长，理想汽车已经完成从 0 到 1 的积累，正在加速从 1 到 10 的规模化拓展。作为中国首家达成 50 万辆汽车交付能力的新势力，理想汽车用 8 年时间，已经发展成为中国智能新能源汽车赛道增速最快、经营最好的头部车企，在全球汽车工业大变革的趋势下，还将继续创造中国汽车发展的奇迹。

华人运通智能化、网联化自主创新产品与技术应用案例

华人运通控股（上海）有限公司

1. H-SOA 架构与 HiPhi Play 场景共创工具

智能出行，早已成为社会智能的重要标签之一。汽车，作为我们出行不可或缺的重要交通工具，通过对各类出行需求的集成和拓展，更是成为智能出行过程中，连接着人们与出行的重要枢纽与关键拓展方向。尽管自 1885 年至今，汽车已有近 140 年的发展历程，但仍然没有改变并突破“能跑的铁皮箱子”本质，不同的零散功能组合在车辆中，少有架构、集成的意识。

随着 SOA（Service-Oriented Architecture），即面向服务的架构在互联网和智能化行业的实践与发展，以高合汽车智能整车副总裁李谦、电子电气负责人汪清平、首席架构师杨威为主的团队，首先意识到了该架构对整车服务设计与体验带来的革命性改变，并由此自研出 H-SOA 超体电子电气架构，目标是将整车智能化的底层能力拆分至最小颗粒度后进行重新组织，从而实现截然不同的用车新功能、新体验。同时通过设立若干域控制器，将车内各电子控制单元（Electronic Control Unit，ECU）的业务和执行逻辑解耦，将功能接口模块化和标准化，实现 ECU 层面的服务化。如此一来，基于 H-SOA 架构颠覆性设计和 ECU 服务化的原子化支持，全球首创的车辆智能应用图形化开发工具 HiPhi Play 由此问世。

高合汽车致力于满足用户体验个性化、用户场景共创化，以打造 HiPhi 的智能生态为目标，而 HiPhi Play 的诞生更是旨在汇聚智能座舱的各项能力，为用户提供可编程、定制化、“千人千乘”的用车场景，通过场景引擎打造 HiPhi 车辆用户高度自定义的能力（见图 1 和图 2）。

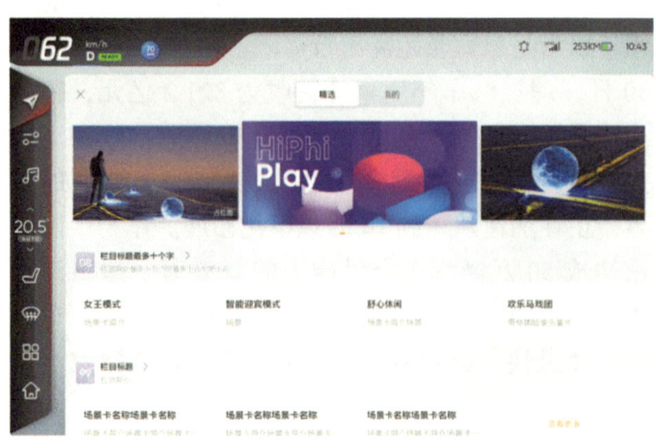

图 1　HiPhi Z 型汽车智能大屏上 HiPhi Play 的首页 1

图 2　HiPhi Y 款汽车智能大屏上 HiPhi Play 的首页 2

2. HiPhi Play 共创生态

为实现完全覆盖用户的用车场景，HiPhi Play 已成功在车机端及移动端 App 内完成应用部署和云数据同步。用户可根据当前自己身处的物理环境选择在任意端创建、编辑、展示或分享独一无二的自定义场景卡。不论是车主还是授权用车的亲朋好友，都可以通过 HiPhi Play 的定制化场景卡实现“千人千乘”的用车场景。

以 H-SOA 架构为基石，场景卡由若干原子能力灵活重构所组合，而这些原子能力分为车辆硬件原

子能力和生态应用原子能力，分别来自于车内 500 多个传感器和 300 多个电控执行器提供的标准化服务接口。领先业内的共创工具链和数量庞大的开放性车辆软硬件功能和感知器赋予了用户创造出无限可能的功能组合和使用场景的能力，通过对车内条件的监测实时配合需求改变车内状态，向用户提供车辆模式、车辆状态、多媒体、生态数据、车辆应用等全方位无微不至的服务。

个性化创建用车场景、功能一键式触发、贴心周到的自动场景……HiPhi Play 作为提供用户“共创”场景的平台，鼓励用户根据自身用车的个性化需求和习惯打造专属于自己的原子功能集成场景卡，在保证高度可玩性的前提下同时满足了用户实际的用车场景。自 HiPhi Play 问世至今，已有超 78% 的高合车主参与运用 HiPhi Play 的 11000 张独一无二的个性化场景卡，12.8% 的高合车主深度参与了场景卡的共创。不论是个人分享的还是官方制作推荐的场景卡，共计被下载次数 18 万次，为用户们节约超过 31000h 的时间。

3. 场景化时代和共创未来

高合汽车不仅希望将原子化能力提供给用户，还相信 100 个零散的原子能力不如一个极致的场景体验，因此，HiPhi Play 将原子功能集成为场景卡后，无须用户再挨个点击功能执行，只需要设置一键式或自动式，便可将多个功能同时同步完成。例如，当检测到爱车在车主设置的家的位置时，且时间为工作日的早晨某一刻，“即刻出发”场景将自动为用户开启前往公司的导航，将空调设置为用户偏好的温度、档位和模式，并播报用户已完成前往公司的导航设置的语音提示；在下午或晚上的某一刻时，则自动开启回家的相关设置和提示。如此，场景卡的特点不仅是搭建便捷，而且秉持着覆盖到生活中大多数场景的理念为用户创造便捷安心的出行体验。

高合始终在冲刺“更高阶”的场景化时代过程中不断努力，打造场景用户社群，搭建目前已凸显雏形的“用户共创生态”（见图 3 和图 4）。当前，场景卡不仅可以分享好友、社群，还可以使用 2022 年第 5 届世界人工智能大会上正式推出的全新科技平台——HiPhi Developer 进行在线模拟 3D 仿真测试环境。无论是在车机端或移动端内，抑或是在 PC 端的 HiPhi Developer 创造者平台内，HiPhi Play 都期望将共创元素和成熟的生态环境进一步开放给外界，打破汽车行业传统的用户边界，重新定义规则（见图 5 和图 6）。

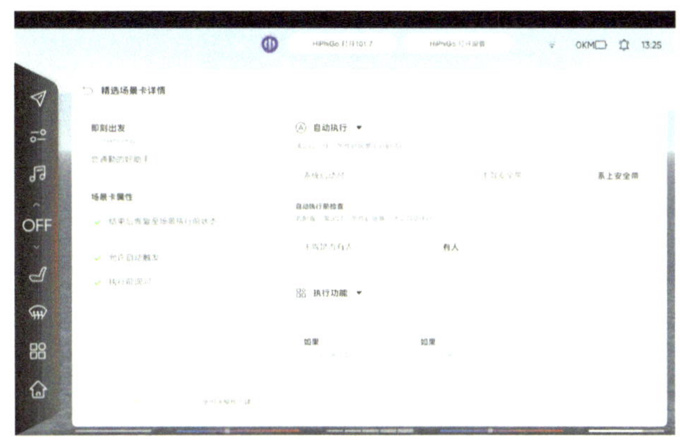

图 3　高合 HiPhi Z 上，用户自定义的“即刻出发”场景应用操作界面 1

图 4　高合 HiPhi Y 上，用户自定义的“即刻出发”场景应用操作界面 2

图 5　HiPhi Play 手机端的浏览界面

高合汽车一直前瞻性地将智能列为品牌发展核心之一，在这条同用户同世界一起探索和打造高端智能电动车品牌的征途上，始终以构建完整生态链为目标，力求将汽车从出行工具进化为全新的个性化智能服务平台（见图 7）。

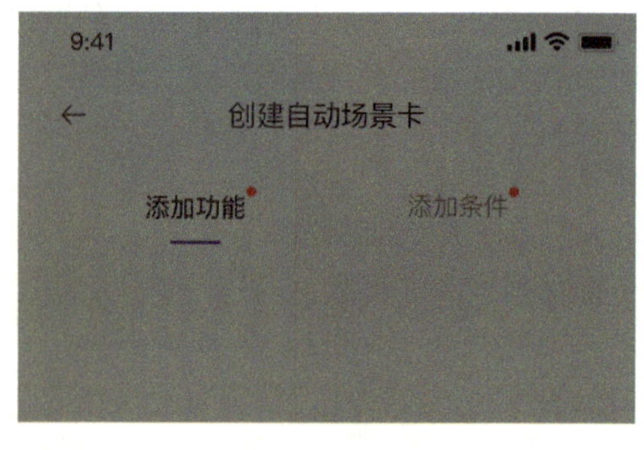

图 6　HiPhi Play 手机端添加场景功能的界面

图 7　HiPhi Developer 网页端开发者界面

北京现代智能网联产品与技术创新成果

北京现代汽车有限公司

目前，北京现代智能网联系统经过多年的技术升级，已经迭代到了第四代，凭借精准识别、更快的算力、及时的响应等属性，成为北京现代车型的“发达大脑”。

1. 智能网联4.0系统

智能网联4.0系统集成OTA升级、语音交互、车机互联生态、在线导航、在线音乐、QQ音乐、喜马拉雅听伴、百度应用、远程控制等一系列丰富的车联网功能，如同智能手机一样功能齐全且实用（见图1）。

图1　智能网联4.0系统

目前，ix35升级版沐飒、全新伊兰特等车型搭载了智能网联4.0系统。

（1）OTA升级

可无线下载新版本智能网联系统，进行软件安装更新，系统更新过程中智能网联系统（AVNT）可正常运行。

（2）私人助理交互系统

语音识别系统可精准区分说话者，人机交互机器人可根据不同指令显示不同状态，语音备忘录可在行驶途中记录重点事项。

（3）矢量双区语音识别功能（同级领先）

提供基于自然语言的语音识别系统，系统可以准确区分驾驶员或副驾驶员说话者。

（4）私人助理交互机器人

人车交互机器人（Graphics User Interface，GUI）可根据语音指令内容显示不同状态动画。

（5）随口记语音备忘录（同级独有）

驾驶过程中可通过语音记录关键事项，录音终止时自动保存，驾驶工作两不误。

（6）畅享未来出行系统

基于百度导航可与组队车辆共享目的地，在ETCP停车场无感缴费，BLE手机蓝牙钥匙可以共享车辆权限。

1）星链车队位置共享功能：车机搭载最新的百度导航系统，可通过微信与组队车辆共享实时位置及目的地信息，车辆接收相应目的地信息后可提供导航及关联服务，轻松出行不迷路。

2）零接触停车结算功能（同级独有、新增）：车机可搜索附近的ETCP停车场，绑定微信或支付宝后可无接触自动结算并显示扣费金额，实现无感支付，方便又快捷。

3）BLE手机蓝牙钥匙：通过手机蓝牙匹配操作车门解锁、车辆起停、钥匙权限和行李舱开启权限分享，可在近距离起动车辆及开启空调，在手机上确认车辆信息，再也不怕忘带车钥匙。

4）Bluelink功能（同级领先）：拥有远程控制门锁/解锁、车辆起动；实现密钥权限共享、空调控制等功能。

5）车家互控（同级领先）：通过手机App、小度HOME关联智能家电，可在车内控制家电，包括灯（开关及亮度控制）、智能插座（开关）、空气净化器（开关空气质量风速变更模式）、扫地机器人（开关自动模式充电）、窗帘（开关）。

6）代客泊车模式（同级独有、新增）：将车辆交给朋友或叫代驾的时候，通过信息娱乐系统的画面锁定，保护车主的个人信息。

2. Hyundai Smartsense智心合一安全系统

在行车安全方面，北京现代也实现了全面升级，应用的Hyundai Smartsense智心合一安全系统，拥有超越同级的24项先进驾驶辅助（ADAS）功能，其中智能限速辅助（ISLA）、定速巡航实现了全系标配，并且增加了多重碰撞防卫辅助系统（MCB）（见图2）。

在2023年广州车展亮相的第十一代索纳塔可实

现至高 27 项 ADAS 功能，超越了同级的水平。新增智能遥控泊车（RSPA）、后方停车防碰撞辅助（PCA-R）等。

图 2　Hyundai Smartsense 智心合一安全系统

（1）驾驶安全（10 项）

1）前方防碰撞辅助（FCA）（识别车辆 / 行人 / 两轮车）：行驶时防止与前方车辆、两轮车、行人及骑自行车者发生碰撞的安全辅助功能。前方行驶车辆突然减速或感应到与前方停车的车辆、行人、骑自行车者相撞的危险时发出警告（仪表盘、警告声），警告后碰撞危险增加时，可自动帮助制动。

2）前方碰撞预警（FCW）：行驶时防止与前方车辆、行人及骑自行车者发生碰撞的安全预警功能。前方行驶车辆突然减速或感应到与前方停车的车辆、行人、骑自行车者相撞的危险时发出警告（仪表盘、警告声）。

3）车道偏离预警（LDW）、车道防偏离辅助（LKA）：行驶时防止车辆脱离车道行驶的安全辅助功能。行驶时未开转向灯，感应到偏离车道时发出警告（仪表盘、警告声），自动帮助转向，防止车道偏离。

4）远近光自动切换（HBA）（同级领先）：行驶时自动调节远光灯的行驶安全功能。识别对面车辆或前车的灯等周边光源和照度，自动开关远光灯。

5）盲区防碰撞预警（BCW）（同级领先）、盲区防碰撞辅助（BCA）（同级领先）：变更车道时，感应到与后方相邻车道车辆相撞的危险，会发出警告；侧方位驶出车辆时，防止与后方车辆相撞的行驶安全功能。在侧方位停车状态下前进驶出时，如感应到与后方车辆相撞的危险，可自动帮助制动。

6）盲区显示系统（BVM）（同级独有）：为驾驶员提供车辆两侧盲区影像，降低车辆碰撞风险。

7）驾驶员注意力警告（DAW）（同级领先）：分析驾驶员的注意力集中情况，必要时发出警告的行驶安全功能。驾驶员注意力集中度驾驶按 0 ~ 5 级计算，注意力降低至 0 级时发出警告（仪表盘、警告声）。

8）前方防碰撞辅助 - 交叉路对向车（FCA-JT）（同级独有）：当车辆在交叉路口左转弯时，防止与对面驶来的车辆相撞的行驶安全功能。在交叉路口打开左转向灯，左转弯时感应到与邻近车道驶来的对向车辆有相撞的危险时发出警告（仪表盘、警告声），警告后碰撞危险增加时，可自动帮助制动。

9）安全下车预警（SEW）（同级独有）：下车时，为防止与后侧方车辆碰撞而进行警告的行驶安全功能。停车后，乘员下车开门时，如感知到与从侧后方车辆有碰撞危险时进行警告（仪表盘、警告声、外后视镜指示灯闪烁）。

10）后方影像显示系统（DRM）（同级独有）：可在车辆行驶时，通过后方摄像头，将正后方影像显示在屏幕中，影像视野范围远大于后视镜视野，可有效减少盲区，提高行驶安全性。

（2）行驶便利（6 项）

1）智能巡航控制（带起停功能）（SCC）：行驶时保持与前车的距离，帮助驾驶员以设定的速度行驶，包括停车和再出发在内的行驶便利功能。跟车距离可以选择 1 ~ 4 级，自动保持车距和设定速度行驶；前车停止后自动停止，如前方车辆在 3s 内出发则自动出发。

2）高速公路驾驶辅助（HDA）（同级独有）：在高速公路上行驶时保持与前车的距离，按照驾驶员设定的速度在弯道上也能保持在车道中央行驶的便利行驶功能（包括车距控制和车道维持控制，可一键启动）。

3）车道居中保持（LFA）：行驶时帮助车辆维持在车道中央行驶，减轻驾驶疲劳。利用前方摄像头识别车道帮助车辆转向；未识别车道时，识别前方车辆，在一段时间内帮助转向。

4）基于导航智能巡航控制（NSCC）（同级独有）：在高速公路行驶时，根据道路状况，帮助车辆以安全速度行驶的便利功能。进入限速区间前自动减速，通过限速区间后自动恢复原设定速度；功能启动时驾驶员按照当前高速公路 / 汽车专用道路的限速要求设定车速；限速变化时自动按照限速要求设置车速在高速公路行驶；主路行驶时帮助在弯道区间以安全速度行驶，进入弯道前自动减速，通过弯道区间后自动恢复原设定速度。

5）前车出发提醒（LVDA）（同级独有）：停车时，前方车辆出发时告知驾驶员（仪表盘、警告声）。

6）智能限速预警（ISLW）、智能限速辅助（ISLA）（同级领先）：行驶时提醒驾驶员不要超速。通过前视摄像头及导航识别道路限速标识或限速信息，超速行驶时通过仪表盘警告灯进行警告；启动智能巡航控制时，驾驶员可设定行驶速度，车辆根据限速要求变更设定速度。

（3）停车安全（2 项）

1）全景影像（SVM360°）（同级独有）：停车及行驶时给驾驶员提供车辆周边影像，以提高安全性与便利性。

2）后方交叉碰撞警告（RCCW）（同级领先）、后方交叉防碰撞辅助（RCCA）（同级独有）:倒车时，防止与左 / 右方向驶来的车辆发生碰撞的停车安全功能。低速倒车时，感应到与左 / 右方向驶来的车辆发生碰撞危险时发出警告（仪表盘、警告声、外后视镜指示灯闪烁）；警告后碰撞危险增加时会自动帮助制动。

（4）停车便利（2 项）

1）泊车雷达（PDW）（同级领先）：车辆在低速行驶时发出警告，预防与周边物体产生碰撞。

2）倒车影像（RVM）：采用 190° 广角镜头可实现多视图摄像头，通过 100 万像素摄像头输出高清画质影像。

（5）多重碰撞防卫辅助系统（MCB）（新增）

当发生碰撞时，气囊弹开后，系统判定驾驶员没有踩制动踏板或是踩踏力不够，可自动施加制动，降低二次碰撞或多次碰撞的风险。

3. CCNC 智能网联架构

第十一代索纳塔应用现代汽车 CCNC 智能网联架构，支持 OTA 升级、数字钥匙、指纹识别、座椅记忆、身份识别等个性化功能，实现人与车深度链接的便利化驾驶体验。

“智”的打造，新的体验——长城汽车智能化再进阶

长城汽车股份有限公司

1. 打造语音标准化平台

（1）技术研发

语音交互是座舱智能化的核心组成部分，是打造汽车行业品牌差异化的重要利器，也是人与车重要的交流媒介。在此背景下，长城汽车落地了第二代智能座舱系统——Coffee OS 2，对座舱系统的智能化能力进行全新升华，其中针对语音交互模块的全链路进行了统一规划管理，全方位深度提升语音交互能力，以回应用户对智能座舱人机交互能力、响应速度、场景体验等方面的更高诉求。

为使用户真切体验到便捷而高效的语音交互功能，长城汽车语音专项团队建设了语音标准化平台，实现了三个平台化：功能平台化、软件架构平台化、语音数据分析平台化，以此提高语音产品开发效率和技能跨平台复用率，助力语音产品力的提升。

功能平台化：对所有车型的功能进行横向比较和拉齐，根据用户不同的用车场景，对语音产品功能进行平台化规划，同时兼顾自然化语音能力的提升和唤醒效率，让所有搭载该平台功能的车型的语音能力得到提升。

软件架构平台化：为了提高语音服务的整体体验，引入语音行业头部企业，对各个企业不同的优势能力进行整合，将长城软件架构平台化，自研长城云 / 端整体语音平台化的解决方案，实现个性化的长城语音场景服务能力，并快速上线新功能。

语音数据分析平台化：建立分析用户语音数据的能力平台，为数据分析做助力，从数据中充分了解用户痛点及需求，结合运营团队，持续迭代，提升语音产品力，为用户提供更多语音场景化服务。

（2）语音功能

基于长城新一代咖啡智能座舱系统 Coffee OS 2 的技术底座，其中语音模块的智能化能力不断迭代升级，又经过自主打造的语音标准化平台的叠加赋

能，语音交互能力得到再次飞跃，使座舱语音唤醒率、识别率、响应速度等扎实语音交互基础实力得到质的提升，并在多指令执行、多音区识别、后排抗干扰、免唤醒、模糊指代语义理解等更高阶语音交互能力上实现颠覆性突破。

此外，凭借搭载的新一代咖啡智能座舱系统Coffee OS 2的进阶能力下，语音产品规划覆盖全车功能领域控制与对话场景功能可高达940个，包含车控车设、系统设置、导航、多媒体等各模块，同时还具备四大优越的语音交互功能：

1）瞬间响应：Coffee OS 2仅需250ms的唤醒速度，远超行业第一梯队300～350ms的平均速度。

2）多领域多意图指令精准识别执行：Coffee OS 2可支持一句话包含多领域十意图复杂口令，语音功能操作变得便捷而高效。

3）后排抑制：Coffee OS 2通过多音区声源定位，后排闲聊不影响前排语音交互，大大降低语音控制误报、漏报率。

4）语音车控：Coffee OS 2具备超强的上下文理解和泛化理解能力，极限逼近真实口语习惯。

除以上功能外，Coffee OS 2座舱系统还拥有可见即可说、免唤醒、全双工多轮对话、车机闲聊、跨域知识上下文理解等多项语音交互能力，为用户带来了更便捷、更本能、更好玩的智能交互体验。

2. 智能驾驶能力再进阶

随着AI技术的不断演进，为进一步提升智能化水平，更好地改善和升级用户驾乘感受，长城汽车成立技术中心AI Lab，对AI技术的整个智能化布局进行了全新思考。长城AI Lab的成立从大局意识出发，兼顾到汽车整体智能化的方方面面，从而为整车产品功能、技术研发提供全方位的智能化解决方案，为用户打造更智能、更安全、更便捷的全场景智慧出行体验。

在智能驾驶领域中，长城不断与AI算法博弈，自研的咖啡智能驾驶系统Coffee Pilot具备三大优势，即实现最全场景覆盖、最快进化能力、最强安全防护，针对最全场景覆盖，Coffee Pilot可覆盖包括高速路/城市快速路、城区开放路、泊车场景等累计超过3万种场景，满足不同用户、不同车型的差异化需求。

咖啡智能驾驶系统核心主张数据智能、感知智能、认知智能，并相对应自主研发了三大体系：数据智能方面，长城一直在研究自动AI设计和离线验证系统，并布局了大规模自主持续学习系统、数据可视化和自动挖掘系统，旨在让系统更加稳健，创造更有价值的数据资源；感知智能方面，长城布局了视觉、激光雷达、高精地图的方案；认知智能方面，完成了一些算法的自研，打通了预测、规划和决策的链路。

在AI赋能的进阶能力上，智能驾驶大模型的应用目前已经比较明晰，长城搭建了自动驾驶数据智能体系雪湖（MANA）已经有所尝试，这套系统通过人类反馈强化学习（RLHF）技术，可以让智能驾驶系统变得更“聪明”，长城Drive GPT可针对自动驾驶场景进行驾驶数据的学习，处理图像、雷达点云、驾驶反馈数据等，从而从大数据中发掘驾驶经验。截至2023年7月底，MANA学习时长超过84万h，虚拟驾龄相当于人类驾驶员11万年。

Coffee Pilot推出自动驾驶生成式预训练大模型DriveGPT“雪湖·海若”，截至2023年7月底，DriveGPT雪湖·海若已经完成基于6500万km驾驶数据的训练，参数规模达1200亿。目前，Coffee Pilot已实现智慧巡航（ICC）、高速智慧导航（NOH）、城市NOH三大辅助驾驶功能进阶，并且Coffee Pilot已落地三代产品，整体搭载近20款车型。

此外，长城的智能驾驶朝向“轻地图”的模式进行研发落地，通过AI大模型与一系列智能驾驶能力提升的叠加升级，魏牌新摩卡DHT-PHEV迎来了激光雷达版，其采用视觉+激光雷达双感知技术路线，主打“重感知、轻地图”技术路线，即避免过度依赖高精地图。该款车型不仅搭载了智能混合动力系统（DHT），并具备了城市NOH智能辅助驾驶系统，精准识别博弈避让其他车辆。目前魏牌打造的城市NOH系统已经首批落地北京、保定、上海等地，按目前规划，2024年，长城的城市智能辅助驾驶将计划拓展100座城市。

目前，长城汽车处于AI变革时代，未来长城将全面定义汽车的形态和开发过程，基于长城AI Lab跨域化、横向化、创新化的理念，以算力、算法、大模型能力建设为基础，将持续深耕整车智能化领域，全面满足用户日益增长的智能化体验需求。

智慧矿山无人运输系统解决方案

西安主函数智能科技有限公司

作者：郭飞龙

1. 矿山无人运输解决方案

为支持矿山自动驾驶应用场景的实现，智慧矿山自动驾驶总体技术架构包括“车-路-网-云”四个层面以及相应的安全保障体系，车端具备自车感知与通信、决策和执行等能力，云平台具备协同控制、路径规划等能力，车端和云平台之间基于4G/5G、LTE-V2X多模立体网络实时通信传输，安全保障体系确保整个自动驾驶体系安全可靠地运行。无人运输系统架构见图1。车端包括车辆底盘和车载智能化设备，智能化设备包括4G/5G、LTE-V2X通信终端、摄像头、激光雷达、毫米波雷达、车载定位、车载计算平台等设施，实现环境感知、信息传输和智能决策等，例如摄像头、激光雷达等传感设备进行环境融合感知，完成障碍物检测，车载高精度定位系统采用融合定位方法以满足不同环境下的定位需求。

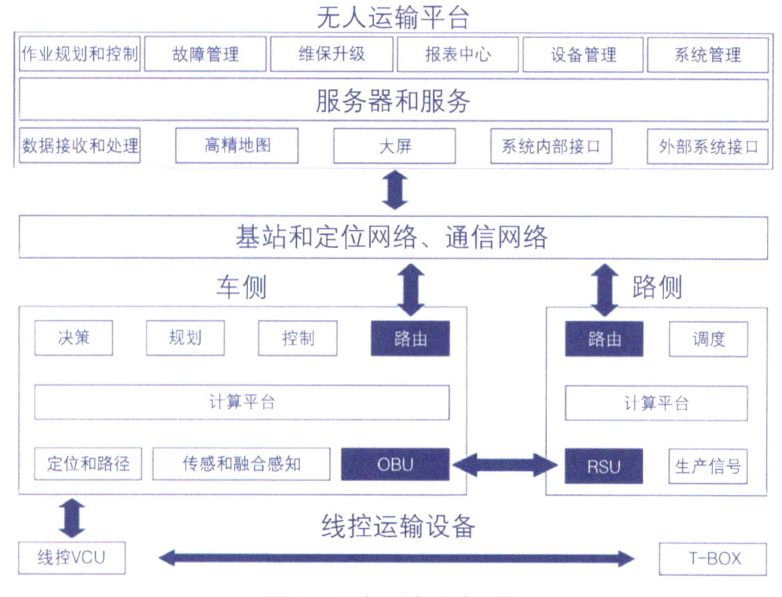

图1　无人运输系统架构

（1）无人驾驶系统

以宽体自卸车为基础，以计算单元为中心，搭载感知、决策、规划、控制等软件算法和定位、感知、通信等硬件设备，结合路侧和云端下发的作业任务和控制指令，实现车辆在矿区道路上自主规划、行驶、作业。

（2）车路协同系统

车路协同系统通过对道路全时空动态交通信息的数据采集、多源感知、智能决策、协同管理，实现道路预警、交通调度、信息服务、辅助泊车等功能，为车辆提供增强感知、辅助规划和引导控制等服务，构建智能路网的车路云一体化解决方案。

系统架构方面，车路协同系统对V2X设备采集的信息进行交通大数据汇总，支撑丰富的大数据应用，同时实现对V2X设备的集中管控，进而实现对整个道路的实时动态管控。

路端级车路协同管理系统对特定区域的信息进行汇聚，从而实现路段级的信息分发、交通诱导。

（3）通信网络

智慧矿山网络架构设计考虑到矿区工作区特征和通信需求，结合5G、LTE-V2X等技术，支持矿区不同业务需求。网络架构包括车端、路侧端、基站、多接入边缘计算平台（MEC）作为本地数据处理中心和本地应用服务、核心网以及云端应用服务。LTE-V2X 直连通信支持车 - 车、车 - 路之间信息交互，蜂窝通信支持高清视频上传、遥控接管等功能。车和云之间通过 4G/5G 网络实现感知数据与控制信息交互。部分业务数据通过核心网上传到云端应用服务，实现多矿区综合管理。本地业务服务可直接连到本地计算服务平台，实现业务本地化。

（4）云平台

通过车辆与驾驶环境的全面信息聚合和应用，将云计算、智能传感、通信网络、定位、地图等技术融合和智能计算，基于标准化通信协议，实现物理空间与信息空间中包括“车、交通、环境”等要素的相互映射。根据可预先规划的作业任务，利用高精地图、全网路径规划和导航技术，实现多个车辆的智能作业调度和精准定位导航。同时利用云计算大数据能力，解决系统性的资源优化与配置问题，促进按需响应、快速迭代、动态优化的人 - 车 - 路运行，最终实现协同式作业。

2. 应用案例

在内蒙古某大型露天煤矿的原煤运输环节中，主函数智能通过将煤矿地理特征与开采工艺相结合，应用了 5G+ 无人驾驶技术，并与矿方自有的煤炭破碎系统联动，成功实现了“装料 - 运行 - 卸料 - 停车”全流程无人化作业（见图 2 ~ 图 5）。该项目累计投入了 35 台无人驾驶宽体自卸车，在封闭区域内实现了白班和四点班连续运行，整个运输过程中无须安全员参与，并且已经运输原煤超过百万吨。系统的效率达到了每小时不低于 35 车次的产能要求，实际上已经达到了人工作业 90% 的水平。

图 2　无人驾驶车辆装料

此项目展示了一个重要的先例，即通过实施无人驾驶技术，成功地达成了本质安全的目标。此外，该项目的实施还显著降低了生产经营成本，仅驾驶员成本一项，每年就可节省高达 900 万元。此外，与有人驾驶模式相比，此项目在无人驾驶模式下实现了 11% 的油耗降低，助力实现“双碳”目标。

图 3　无人驾驶车辆运行

图 4　无人驾驶车辆卸料

图 5　无人驾驶车辆运行鸟瞰

3. 行业推广前景

目前矿区无人驾驶行业已初步进入了规模化试运营阶段，2022 年底开始就已实施完全无人化运营，距离实现完全无人驾驶的商业化应用越来越近。

5G 和车联网、云计算等技术愈发成熟，叠加政策端智慧矿山建设上升到国家战略高度，将驱动着无人驾驶持续替代有人运输。

基于本项目的成功实施，在煤炭开采运输环节应用无人驾驶，为智慧矿山建设摸索出一条切实可行的道路，有利于为在本矿其他运输环节进行的项目提供经验数据和积累，为智慧矿山建设提供方向与路径。就产业推动价值而言，无人驾驶技术的实际应用充分解决了矿区作业中存在的高危、招人难及人力成本高等问题。此项技术的推广不仅有利于在矿区的其他运输环节进行广泛应用，也有利于在其他矿山企业进行全面推广。这无疑将推动智慧矿山建设进程更进一步，同时也为未来的行业发展开创了新的道路。

自动驾驶重卡技术助力口岸智慧通关的思考

北奔重汽（北京）汽车研发有限公司

作者：王飞，赵瑞波，魏磊，张久祥

在商用车系统智能化快速发展的时代，自动驾驶技术是有效破解口岸通关不畅、效率低下、驾驶员缺乏等窄口问题的关键抓手，同时也是实现降本增效、降低通关成本的有力抓手，以及提升贸易溢出价值的最佳措施。采用达到 L4 级自动驾驶水平的重卡产品，辅助低成本的 V2X 系统、一体化的调度系统，推动口岸智慧化通关示范应用已经成为现实，也是性价比最优的智慧化口岸通关解决方案。

1. 总体概述

近年来，商用车在智能化方面持续加大科技创新力度，基于人工智能（AI）、大数据、5G 高实时通信和云计算等关键技术，积极自主研制自动驾驶集卡及智慧调度平台等装备体系，开展了线控化底盘、自动驾驶算法、调度指控平台、大数据分析等技术的研究，突破了车辆线控控制技术、多传感器感知融合技术、高精地图应用技术、远程调度和监控等关键核心技术，完成了自动驾驶重卡及智慧调度平台的成熟化。

（1）商用车自动驾驶技术迭代成熟度

自动驾驶技术迭代持续在感知、预测、规划和控制四个部分进行了技术迭代，多方案、多场景融

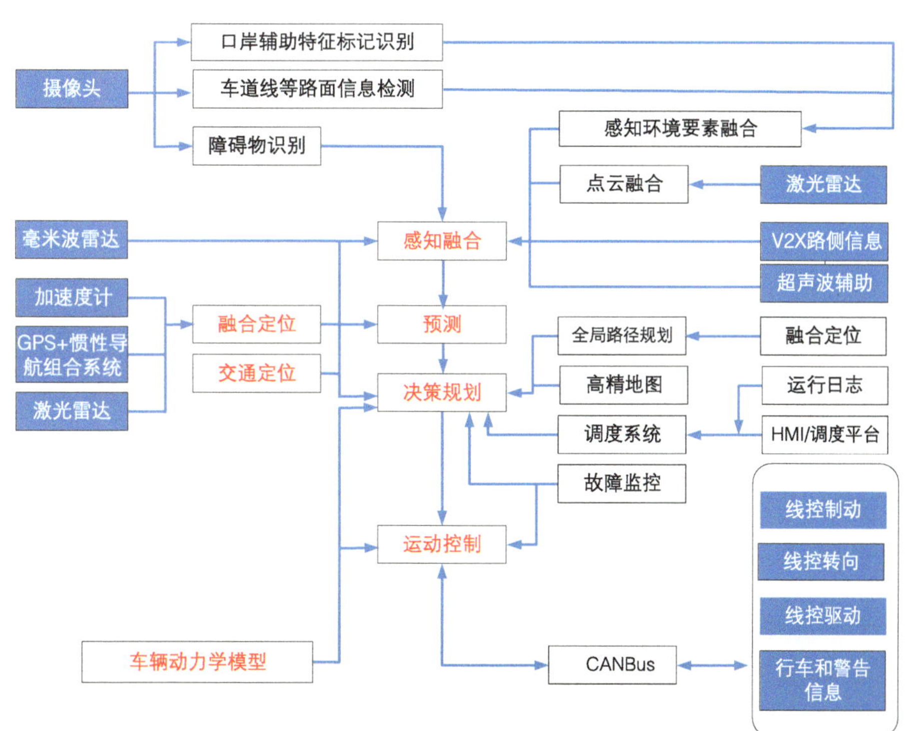

图 1　自动驾驶技术迭代成熟度

合、冗余、取舍比对验证，大量数据的支撑下，商用车自动驾驶在特定场景已经成熟（见图 1）：感知系统多方位多角度对视觉感知（前视和周视摄像头）、激光雷达、毫米波雷达、加速度计、GPS+ 惯性导航组合系统等软硬件的融合迭代，获取各种场景下的环境信息；进行分析和预测周围运动物体在时间范围内的行驶轨迹；借助感知和预测的信息，以及高精地图，控制系统即可进行最优路径规划，自动驾驶系统即控制智慧通关重卡的行驶轨迹与设计轨迹重合在一起，运行的可靠性和实时性大幅提升，技术成熟度有了质的提升。商用车多场景运营结果是实际路径与规划路径的横向偏离值满足 road-error 值指标要求。

（2）商用车自动驾驶集卡产品的成熟度

在推动口岸通关落地和自动驾驶重卡技术层面已经非常成熟，自动驾驶集卡已经实现了依托全新一代电子架构平台，自主开发底盘线控控制系统，搭载车规级高算力平台，依托五大系统（环境感知、定位导航、路径规划、运动控制、辅助驾驶）（见图 2），基于全球定位导航和惯性导航系统，定位精度可达到厘米级，可实现 24h（雨天、雪天、低能见度条件等）全天候自动驾驶，包含按规划道路行驶、遇障停车和变道、自主跟车编队、特定场景精准停车等功能，智能驾驶系统具备特定场景中 GB/T 40429—2021《汽车驾驶自动化分级》的 L4 级智能驾驶水平，填补了内蒙古自治区重卡 L4 级智能驾驶技术的空白。

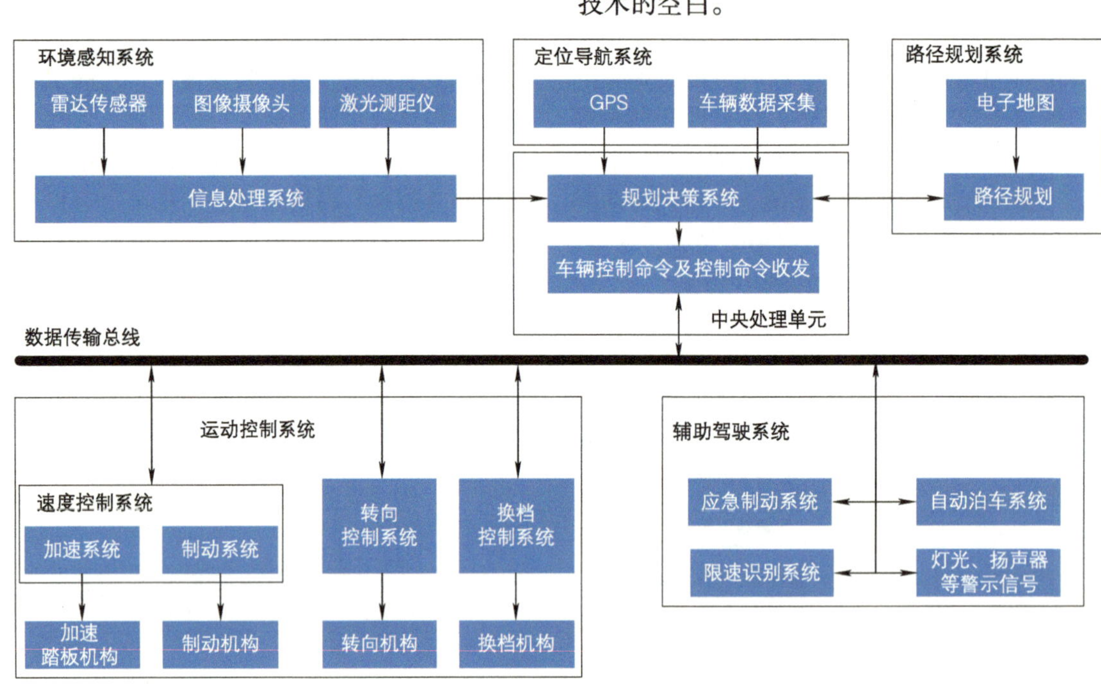

图 2　自动驾驶五大系统

（3）商用车自动驾驶集卡口岸通关推进还要考虑的要素

虽然实现了智能集卡的自主规划路线、轨迹跟踪、智能导航、远程调度、安全可控、车货互联；可以解决疲劳驾驶导致的安全问题，可以通过智能化控制、节能减排等实现重卡污染气体排放量的降低，降低重卡全生命周期成本（TCO），同时提高环保效果，但是，在推动陆路口岸通关落地方面，还需要考虑诸多方面的因素，比如国家间互通政策的落实、智能化技术应用政府政策支持、口岸场地智能化改扩建许可、通信机制的互通、最佳综合解决方案的制定、营运模式的创新、经营利益的分配、可持续发展方案等。口岸自动驾驶智慧集卡总体功能图见图 3。

2. 自动驾驶重卡国内外应用案例

国外自动驾驶重卡 L3、L4 级别技术已经非常成熟，更有原始设备制造商（OEM）达到了惊人的 L5 级别的对外发布，例如沃尔沃车队在车头的引导下，通过车联网连接一气呵成地完成了起步、交替行进、转弯等一系列难度极高的自动化操作。2023 年 9 月，沃尔沃公司推出了一款自动驾驶电动重卡，在港口和大型物流中心全天候运行。

国内自动驾驶商用车行业最高已经发展到了

L4 级别，代表产品为北奔重汽 V3ET、重汽 T5G 电动重卡、一汽解放 J7、东风天龙重卡，其他企业也已陆续达到了 L3 级别，正在向高度自动驾驶 L4 级自动驾驶方向迭代并取得一定的应用，国内自动驾驶商用车一定是自动驾驶技术的“先行者”和“实践者”，也必将是自动驾驶最先落地的引领者和实践者，是推动自动驾驶技术落地最有力的抓手。

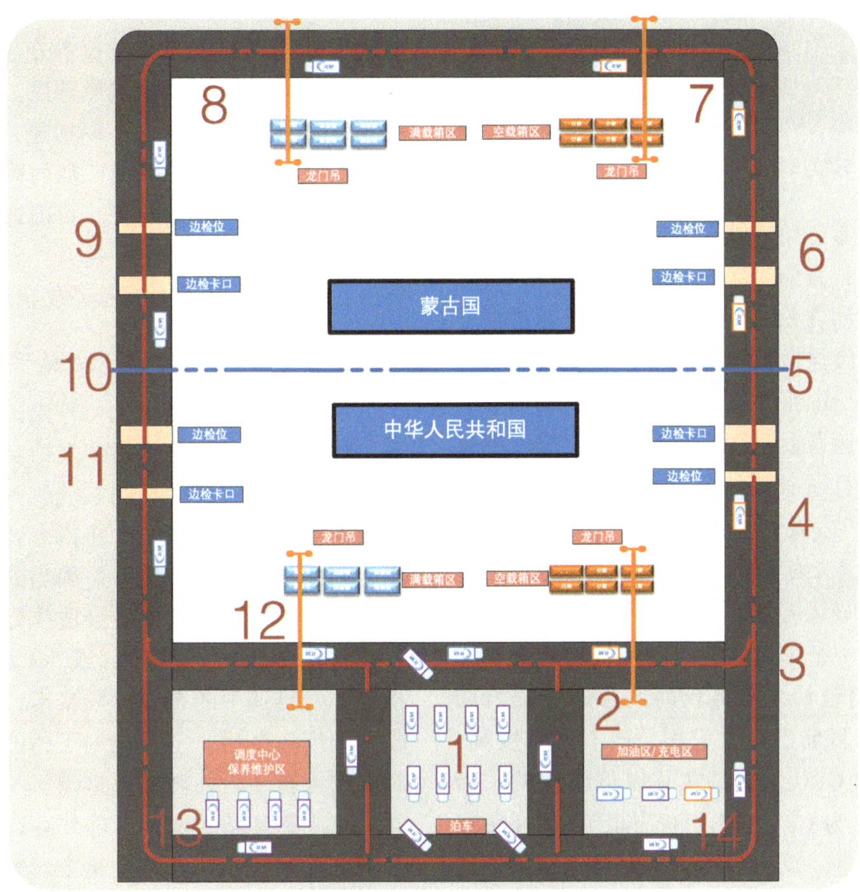

图 3　口岸自动驾驶智慧集卡总体功能图

北奔重汽持续深耕自动驾驶技术，已具备多动力源、多场景适应力、多承载力的 L4 级别自动驾驶集卡，在满都拉口岸开启自动驾驶试运营（见图 4）。该集卡完成了道路行驶、精确停车、集装箱装卸、障碍物响应等指定操作，实现了集装箱在满都拉口岸指定交换港务区进行换装，以及全程自动驾驶运输。该车装配激光雷达、高清摄像头等传感器，具备全域全天候 L4 级别自动驾驶无人通关能力，非常适合口岸、园区、码头等工况。该车依靠先进的自动驾驶系统和成熟可靠的奔驰技术底盘，能够自动化完成编队请求、应答、队列行驶、编队避障、制动停车、分离重组等一系列操作。通过车辆同步减速、转弯、停车等操作，大大降低事故发生几率并降低车辆燃油成本，大幅降低了运营成本。

3. 自动驾驶重卡技术难点与攻关点

L4 级自动驾驶集卡的商业应用场景覆盖物流全域，包括物流枢纽（港口、口岸、物流园区）、高速干线、城区配送等实际应用场景。目前，港口作为自动驾驶集卡战略布局中的“桥头堡”，已取得了有规模的、实质性的商业落地，同时具备“跨场景复制应用”的技术迭代过程。此外车辆能够始终保持最佳工况行驶，降低油耗成本。据权威机构预算，自动驾驶重卡通过节省燃油、节省人力、节省保险费等，能将物流公司的毛利率从 5% 提高到 40%，可谓是颠覆性创新技术的应用。

图 4　满都拉口岸开启自动驾驶试运营

目前，要打通自动驾驶重卡的商业化路径还需要突破以下几点：首先，产品系列化瓶颈，最终让用户买单的是自动驾驶重卡产品，只有产品规模化运营，才能够持续保持技术先进性；其次，运营瓶颈，确保用户将产品运营起来，并产生效益；最后，数据瓶颈，通过运营数据以及数据分析持续反哺技术的升级迭代，打通研发、生产、运营的整个可闭环过程迭代的良性发展轨道。

（1）硬件配置开发方面

主要构建车规级芯片、摄像头、激光雷达以及毫米波雷达。其中毫米波雷达技术已日趋成熟；激光雷达研发周期较长，成本较高，且需要提升防护等级；摄像头目前已广泛应用，技术成熟度高；芯片领域主要以 GPU 为主，尤其以英伟达的平台（PX2、Pegasus）为主。这些硬件感知已经具备很好的移植性和重用性。重点技术满足融合感知能力的低成本硬件系统，满足口岸性价比和指标要求。

（2）软件算法研制方面

针对口岸场景提供具体系统性解决方案，自动驾驶中所含的算法：感知算法（动静态物体识别、车道线识别、通行空间识别）、融合算法（激光、视觉、V2X、地图）、车辆控制算法（Simulink 建模）、地图定位算法（SLAM）等。在软件算法研制方面，实现了采用大模型的开发技术并注重适用性等，通过试运行进一步提升算法成熟度。此外在车辆线控控制策略方面，要保证车辆加速、制动、转向的实时性，规划最佳行驶路线，从而确保自动驾驶集卡真正变成一台自动化设备。目前通过算法的持续迭代和验证，成熟度已得到提升，成本有了大幅度的降低，对于推动口岸批量运营做出了贡献。

4. 口岸自动驾驶集卡系统处理流程及主要功能

系统整体处理流程上，首先由生产系统生成水平运输作业指令，并将指令发给自动驾驶集卡车队调度控制系统。调度控制系统收到作业指令后，会对根据不同的作业场景，将指令转换为不同类型的集卡调度指令，并根据口岸内当前各个集卡作业状态、位置等信息，选择最合适执行当前作业指令的自动驾驶集卡，再通过 4G 或 5G 无线网络，将调度指令下发给选中的自动驾驶集卡，自动驾驶集卡接收到调度指令后，主动规划下达的路径，在规定的时间窗内自动行驶到作业地点，与其他作业机械协同，完成集装箱的水平运输作业，然后等待调度控制系统下发新的作业调度指令，整个作业流程在系统层面通过数据交互自动完成（见图 5）。

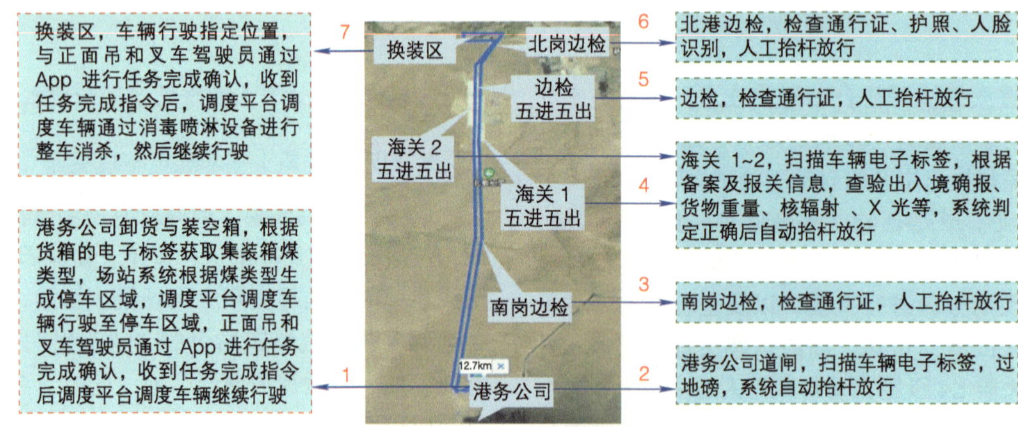

图 5　口岸自动驾驶集卡系统处理流程及主要功能

整个自动驾驶集卡系统分为服务端的自动驾驶集卡车队调度控制系统和集卡上的车载自动驾驶控制系统两大部分。

5. 结论

自动驾驶技术带来的最大变化是车辆不仅可以自动超车、变道、安全停车，同时，还可以实现节能增效、安全可靠，从而显现出自动驾驶技术在真实物流场景的应用以及给行业带来的商业运营价值。而无人驾驶重卡的商业化，不仅将对物流企业产生重大影响，也对智慧交通建设应对新科技带来的变革提出挑战。作为智能制造和现代服务业的载体，整个行业如口岸、园区、港口等会大力推动智慧物流生态，实现无人驾驶重卡商业化进程。

随着口岸多方及各种影响因素的逐步解决，将加大推动该方案的普及化，持续推动口岸开展智慧无人化通关应用。通过该项目的持续实施，将进一步提高通关效率，为实现通关目标的持续增长及打造智慧无人通关示范口岸奠定技术基础。

金旅智能化、网联化创新探索成果案例

厦门金龙旅行车有限公司
作者：石添华

近年来，国家、行业从政策、市场端着力推进智能网联、智慧城市“双智”融合发展：2021 年 5 月及 12 月，住建部、工信部先后确定两批共 16 个城市为“双智”试点城市，为智能网联汽车市场需求创造机遇；2022 年 3 月，由工信部提出的 GB/T 40429—2021《汽车驾驶自动化分级》推荐性国家标准正式实施，汽车驾驶自动化分级从此依据明确；2023 年 11 月，由工信部、公安部、住建部、交通运输部四部委联合发布的《关于开展智能网联汽车准入和上路通行试点工作的通知》正式发布生效，并配套发布了《智能网联汽车准入和上路通行试点实施指南（试行）》及评分标准。

国家级“双智”试点城市推广应用智能网联车辆，市场前景广袤。同时有四部委《关于开展智能网联汽车准入和上路通行试点工作的通知》进一步指明技术发展方向加持，汽车企业迎来智能化转型东风、良机，已是大势所趋。

厦门金龙旅行车有限公司（以下简称“金旅公司”）长期致力于新能源、智能网联客车研究及前沿新兴技术的研发与应用，顺应汽车行业发展大势，积极投入电动化、网联化、智能化等技术研究，重点实现自动驾驶、车联网、智能网联云平台、电动客车智能化等共性核心技术落地，当前已建立面向智能网联整车企业准入及车辆准入所需的核心研发能力、测试验证能力、全生命周期智能网联整车监控平台等相关软硬件能力。

在智能网联汽车研发、制造领域，金旅公司拥有完善的智能网联汽车研发体系，以及丰富的智能网联汽车开发设计和生产制造经验。2015 年至今，金旅公司同多个有清华大学、武汉大学、上海大学等知名高校学术背景及行业领先的自动驾驶方案商深度合作，完成了 5G 通信技术的预研和技术储备，以及第一代自动驾驶 L4 级微循环城市公交的设计、第二代 L4 级自动驾驶城市客车“星辰”“北极星”的示范运营（见图 1）、金旅第三代 5G 微循环智能网联城市客车“驰睿”的总体设计及批量生产。

图 1　金旅“星辰”自动驾驶城市客车示范运营

2015 年，金旅公司在国内率先开展“微循环”公交布局，旨在解决“最后一公里”出行难问题，积极布局园区、厂区内封闭区域、确定路线的接驳需求研究，并成功研发出第一代智能设备前装车辆。2017 年 6 月，在上海汽车城测试封闭区一周年庆典活动上，金旅第二代自动驾驶 L4 级客车“星辰”作为其中一项园区展示活动对外展示，正式亮相。在示范运行期间，“星辰”车辆实现自动避过障碍、自动环岛绕行、到站自动停靠、自主变道等智能驾驶功能，展现了金旅公司在智能化、网联化技术上的探索成果。

2018 年 5 月，金旅公司作为项目中唯一的客车企业，承担了国家科技部重大专项“自动驾驶电动汽车集成与示范”项目的车辆落地及推广任务，并在项目期间顺利完成任务指标。2018 年 9 月，金旅第二代自动驾驶客车“星辰”车型获得世界人工智能无人驾驶挑战赛“应用奖”。2018 年 11 月，“星辰”于江苏省常州市斩获三部委（工信部、交通运输部、公安部）核发的国内首张智能网联商用车（客车）道路测试牌照，胜利完成开放路段自动驾驶测试演示工作。2019 年 3 月，金旅作为国内首家走出国门的自动驾驶客车制造商，在以色列进行实际道路测试；在此期间，金旅自动驾驶客车还获得了平潭自动驾驶测试牌照、国家自动驾驶客车运营能力挑战赛“优胜奖”等荣誉。

2022 年 9 月，金旅公司以“软件定义汽车”为纲领，兼顾有、无方向盘，响应公开道路运营条件及景区、园区道路接驳需求的金旅第三代自动驾驶客车“驰睿”系列智能微循环客车正式下线，并开始批量交付（见图 2）。金旅第三代自动驾驶客车“驰睿”系列车辆，是金旅在智能网联前瞻技术方向探索迈向新征程的又一力作。车辆采用多域融合的电气架构，在全新的 GEA3.0 架构基础上具备底盘域控制器协同控制、多元异构冗余、内生安全三大优势特征，达到了高安全、高性能、高可靠的自动驾驶顶尖级技术水准。整车在节能、环保、高效方面精心设计，续驶里程较之前产品更长。除在公开道路行驶的有方向盘版本外，金旅“驰睿”系列客车还适应时代需求，面向智能网联接驳线路场景开发了无方向盘系统版本，更具科技感及未来感，并进一步与人、车、路、云等全栈式服务实现无缝衔接、耦合，实现了智能客车华丽转身，完美升级。

图 2 金旅“驰睿”自动驾驶客车批量交付

从 2015 年开始进行“智能驾驶”领域研发至今，从助力乌镇开通全球首条城市开放道路“5G 自动微公交”示范线路，扩展到上海临港开发区、苏州高铁新区、无锡城区、厦门软件园三期、北京高级别自动驾驶示范区、大理洱海公园等地自动驾驶交通运输项目的常态化落地运营，金旅自动驾驶车辆累计行驶里程已超过百万公里，销售的自动驾驶版本车辆已超过百台，形成了初具规模的市场推广效应及良好的品牌口碑。

展望未来，金旅公司将继续在智能网联、新能源、车路协同等前沿技术领域展开深入探索，秉承合作开放的理念，与行业参与方共同继续为智能网联技术的实际落地运营添砖加瓦，创造互惠互利的智能网联汽车“生态圈”。

中国重汽智能网联产品在智慧港口的创新应用

中国重型汽车集团有限公司

作者：杨孟，贾敏，田磊，栗松涛，赵玉超

随着全球贸易的快速增长，港口作为货物流通的重要枢纽，承担着越来越多的运输任务。然而，传统的港口运营模式面临着一系列的挑战，包括效率低下、资源浪费、安全隐患等问题，传统港口面临着智慧化转型的困境，而中国重汽纯电动无人驾驶集卡是港口智慧化转型的新突破。中国重汽纯电动无人驾驶集卡的规模化应用可以有效解决港口驾驶员短缺、疲劳驾驶等问题，可提升运营效率，降低安全风险，实现港口由劳动密集型产业向自动化、智能化、无人化的升级转型。

面向港口应用场景，中国重汽采用高度平台化的技术方案，历经技术研发、产业化应用和持续优化提升三个重要阶段，在其自主研发的豪沃 TX 系列集卡产品上实现了技术应用。在无人干预的情况下，装配有激光雷达、高清摄像头、惯性导航和智能计算单元等硬件装置的无人驾驶电动集卡，完成了道路行驶、精确停车、集装箱装卸、障碍物响应等指定动作，实现了集装箱从岸边到堆场的全程无人驾驶运输，标志着中国重汽对无人驾驶技术的探索和创新一直不断迭代升级。

面向智慧港口场景，中国重汽先后与山东港、宁波舟山港等集团合作多年，开展智能纯电动集卡合作开发与示范运营，陆续交付完成多个项目。一路以来，在探索“中国创造”的道路上，中国重汽作为中国重卡行业的领头羊，以技术引领智能化，遥遥领先于中国商用汽车的各大企业。

1. 中国重汽智能网联产品在宁波舟山港的创新应用

宁波舟山港是我国“一带一路”倡议的东部起始点，是我国大陆重要的集装箱远洋干线港、国内最大的铁矿石中转基地和原油转运基地，以及国内重要的液体化工储运基地和华东地区重要的煤炭、粮食储运基地，是国家的主枢纽港之一。2015 年宁波舟山港货物吞吐量达到 8.89 亿 t，连续 7 年位居世界港口第 1 位。集装箱吞吐量首次突破 2000 万标箱，排名跃居世界港口第 4 位。在新的历史机遇期，宁波舟山港主动适应新形势，加快推进创新突破，全力打造全球一流的现代化枢纽港、全球一流的航运服务基地、全球一流的大宗商品储备交易加工基地、全球一流的港口运营集团，而这一切的努力也为中国重汽在此实现长足发展奠定了坚实的基础。

中国重汽纯电动无人驾驶集卡匹配基于豪沃 TX 车型，融合线控、新能源、网联化等新技术，依据集装箱码头实际需求和场景特点，为集装箱码头水平运输定制化设计，目前包含充电、换电两款产品。整车匹配低速大转矩电机动力总成、282kW・h 容量磷酸铁锂动力电池、港口专用版电液转向器、EBS+ESC+EPB 制动系统。基于多域电子电气架构，集成驱动、制动、驻车、转向、车身信号五大线控系统，通过自主开发的整车线控域控制器，实现整车与自动驾驶系统的标准化对接及线控功能的快速、精准响应。

宁波舟山港一直是中国重汽的合作伙伴，自合作以来，每年都有批量的中国重汽产品入驻宁波舟山港，双方多年以来一直保持着良好的合作关系。从 2019 年首辆纯电动无人驾驶集卡正式交付宁波舟山港至今，中国重汽电动集卡陆续交付累计 100 余台，持续支撑宁波舟山港成为全球最大的自动驾驶集卡作业车队所在地。智能集卡在宁波舟山港运行见图 1 和图 2。

图 1　智能集卡在宁波舟山港运行 1

图 2　智能集卡在宁波舟山港运行 2

2. 中国重汽智能网联产品在山东港的创新应用

山东省港口集团有限公司是省属国有重要骨干企业，成立于 2019 年 8 月 6 日，总部位于山东青岛，拥有青岛港集团、日照港集团、烟台港集团、渤海湾港集团四大港口集团。目前，形成了“以青岛港为龙头，日照港、烟台港为两翼，渤海湾港为延展，各板块集团为支撑，众多内陆港为依托”的一体化协同发展格局，共有 21 个主要港区、360 余个生产性泊位、330 余条集装箱航线。山东省港口集团是全国首个“智慧港口建设”试点单位，曾建成国内规模最大、集约化程度最高的全自动化智慧绿色干散货码头。

中国重汽纯电动无人驾驶集卡匹配低速大转矩电机动力总成、282kW・h 容量磷酸铁锂动力电池、国际知名品牌线控零部件，整车集成化程度高，动力强劲。针对山东港口多弯道、作业区域狭小等特殊工况，定制化开发专用版转向电控软件，对山东港口作业效率的提升起到了关键的作用，得到了高度好评。

中国重汽集团与山东省港口集团长期以来保持

着良好的战略合作关系。2023 年 7 月，中国重汽向山东港交付了首批无人驾驶集卡，总计 100 余辆，是迄今为止全球最大规模量产的 L4 级无人驾驶车辆批量交付订单。首批交付车辆配置了 10 台双枪充电设备，支持双车同时充电，每辆车充满电仅需 1h，极大提高了车辆的运营运输效率。智能集卡在山东港运行见图 3 和图 4。

图 3 智能集卡在山东港运行 1

图 4 智能集卡在山东港运行 2

知常明变者赢，守正创新者进。展望未来，中国重汽将在总结实践经验的基础上，持续深入挖掘自身优势，秉承合作共赢理念，在新时代新征程上展现新气象、实现新作为，助力全球数字化智慧港口建设。

中车电动“云智通”平台助力新能源商用车安全运行

中车时代电动汽车股份有限公司

作者：冯拔，朱田，魏志红，李祥，李荣康

为积极响应国家交通强国战略，结合“互联网 +”的新生态、新思维，中车时代通过自研多源异构数据融合技术、多维预测性维护技术，以及对车辆信息数据开展全方位治理工作，构建了云智通车辆安全监控与大数据分析平台。平台以车辆的网联化、节能、安全为目标，建立了“云、车、人”三级车联网产品体系，为政府及用户提供专业的车联网管理服务。云智通车辆智能管理平台见图 1。

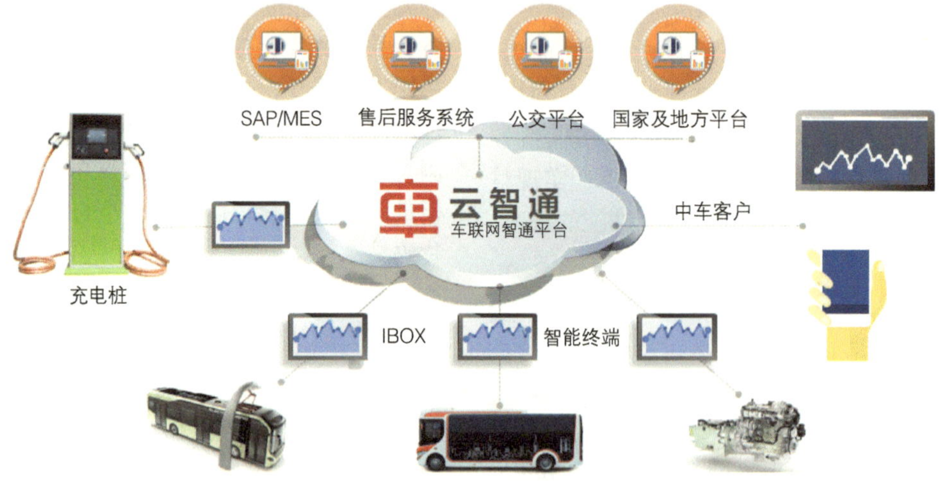

图 1 云智通车辆智能管理平台

系统由车载终端、大数据存储处理平台、大数据分析平台三部分构成，其中车载终端采集车辆实时运行数据（驾驶员操作行为、动力系统工作参数、定位信息等），利用通信运营商 3G/4G/5G 网络，实现对车辆所有工作信息和静、动态信息的采集、存储并发送。由大数据处理平台处理海量车辆信息，对数据进行“过滤清洗”，大数据分析平台则负责对数据进行报表式处理，供公司各级管理、技术人员、公交客户查看。

1. 云盾安全系统

（1）电池 24h 监控技术，电池安全监控无死角

中车时代研发了新能源商用车电池 24h 安全监控系统，该系统具备定时自动唤醒功能，消除电池监控的数据盲区。当电池系统出现故障时，故障信息将第一时间上报云智通平台。

（2）专业化的监控团队，全天候保驾护航

针对新能源商用车故障监控，特别是其电池系统的故障监控，专门成立了以总工程师为组长的 24h 安全监控小组。

（3）灵活多变的信息传递方式，故障信息精准推送

预 / 报警系统将产生的故障信息以短信、App 推送消息、邮件等方式传递给售后服务人员，对于特别严重的故障，平台将直接以语音电话方式通知售后处理人员。通过建立监控机制和监控手段，可有效避免车辆“带病”运行，有效保障车辆安全。

（4）多重电池安全预警模型，预警准确率大于 80%

凭借在新能源汽车领域长期的技术积累，借助机器学习模型和大数据分析和挖掘工具，在云智通平台建立了 106 个在线预警模型，16 个离线预警模型，用于储能系统的故障预测和维护，预警准确率大于 80%，预警时间提前 12h。某车辆事故前电池健康状态分析及电池安全预警模型见图 2。

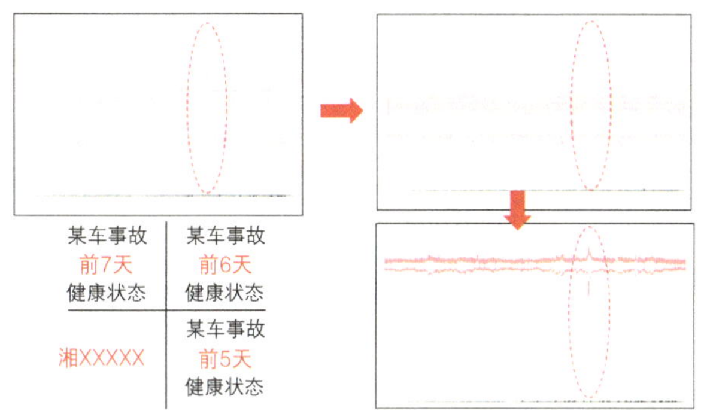

➢基础数据核查模型：

绝缘阻值检测模型	单体电压检测模型	单体温度检测模型

➢BMS软件质量提升模型：

绝缘故障误报模型	绝缘故障漏报模型

➢安全预警模型(*电池*工况*严重等级)：

绝缘预警模型*3*3	单体过压模型*3*2*2	单体欠压模型*3*2
单体过温模型*3*2*2	单体温差过大模型*3*2*2	持续报警异常模型*5

图 2　某车辆事故前电池健康状态分析及电池安全预警模型

（5）具备移动端故障处理能力，售后服务现场全信息化率大于 90%

借助移动通信技术，丰富云智通平台在移动端的应用，升级打造云智通 App 版，助力售后服务人员通过 App 一键定位车辆，接收故障推送通知，填写故障处理单，售后服务现场信息化覆盖率达到 90%。

（6）丰富的数据统计报表，故障信息一目了然

云智通提供了丰富的数据统计报表功能（见图 3），包括高发故障排名、处理率统计分析等，故障信息可一键导出。

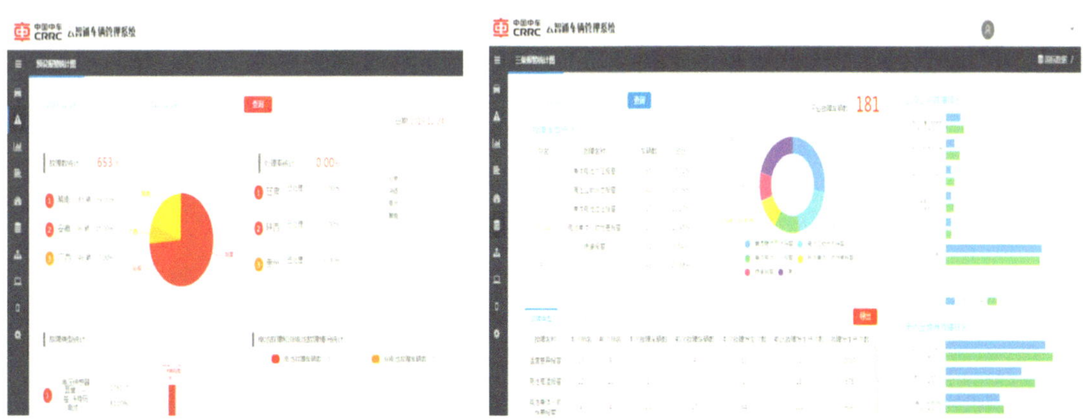

图 3　云智通数据统计报表功能

2. 云控系统

云控系统是基于微信小程序开发的远程车辆控制系统，用于提升车辆的驾驶体验。用户可方便快捷地对其所拥有的车辆进行远程遥控，如远程开启灯光、开关车门、空调启动等；能准确地获取车辆的实时状态和各种统计数据，如充电量、营运里程等。用户可在安全设定范围内自由配置车辆个性化参数，设置专属驾驶模式，如车辆动力性设定、蠕动模式使能、空调温度设定等。发车前，用户可通过一键诊断了解车辆健康状态，确认车辆是否能正常运营等。

（1）远程车控

由客户完成驾驶员与车辆的绑定后，驾驶员可对自己的车辆进行远程控制。如晚上在停车场寻找自己的车辆时，远程控制灯光开启，远程鸣笛等；夏季气温过高时，远程控制空调开启，提前为车厢内降温；冬季气温过低时，提前开启电池加热系统，对电池进行预热，提高运营效率。

（2）运营信息查询

驾驶员可查询车辆的运营统计数据，包括车辆能耗、营运里程、能耗排名等关键数据。

（3）专属模式

驾驶员可在安全限定范围内自由设置车辆参数，如车速、空调温度等，满足驾驶员个性化需求，提升驾驶体验。

（4）一键诊断

驾驶员发车前通过一键诊断服务，可快速了解车辆健康状况，确认车辆是否能正常运营。

3. 驾驶成就系统

驾驶员的驾驶行为对整车能耗有重大影响，常规公交运营以节能奖励方式激励驾驶员改善驾驶行为，但由于车辆能耗排名实时性差等问题，无法对驾驶技能进行实时有效指导。基于云智通平台构建驾驶成就系统，以公交线路为单位组成车辆群体，建立车辆仪表实时能耗排行榜，同时利用大数据分析提取驾驶行为特征参数，识别驾驶行为与能耗的关联特性，建立驾驶行为智能识别模型，通过智能仪表为驾驶员提供驾驶行为的实时改善建议，提升驾驶技能，实现车辆整体能耗的降低。

（1）驾驶员荣誉在线发布

驾驶员可直观了解所驾驶车辆在公交线路的能耗排名及变化情况，驾驶员车辆信息在全线路（车队）进行公布，实现驾驶荣誉的在线发布，提高驾驶员主动节能降耗的热情，同时也为运营企业精准管理提供平台和数据服务。

（2）驾驶技巧提升辅助

驾驶员从能耗排行榜了解自车能耗情况后，驾驶成就系统可为驾驶员提供瞬时能耗、50m 平均能耗、2km 能耗变化趋势、2km 能耗均值、当日百公里能耗等数据，为驾驶员节能驾驶技巧的提升提供指导与帮助。

（3）驾驶数据回溯

驾驶员从实时能耗探索节能驾驶技巧的提升后，驾驶成就系统可通过网联式智能仪表查询本车前三日、前三月、前三年的车辆营运里程、百公里能耗及能耗排名情况，及时总结节能驾驶技巧行为对能耗降低的作用。

（4）驾驶行为诊断及建议

驾驶成就系统通过云智通后台大数据分析，量化影响车辆能耗的驾驶行为影响因素，自动分析并统计本线路最节能驾驶员操控行为，并通过智能仪表将节能驾驶操控技巧推荐到本线路所有车辆。驾驶员可参照推荐的驾驶行为优化建议，适当调整驾驶技巧，实现节能降耗。

4. 工况及驾驶行为分析

云智通系统可按公交公司和车主需要，读取车辆工况信息，例如营运里程、踏板踩踏次数、急加速和急减速次数，并按期生成车辆运行工况报告，配合公交公司对驾驶员驾驶行为进行规范，使公交公司管好车，驾驶员用好车。地理位置智能识别与工况匹配的能量管理技术见图 4。

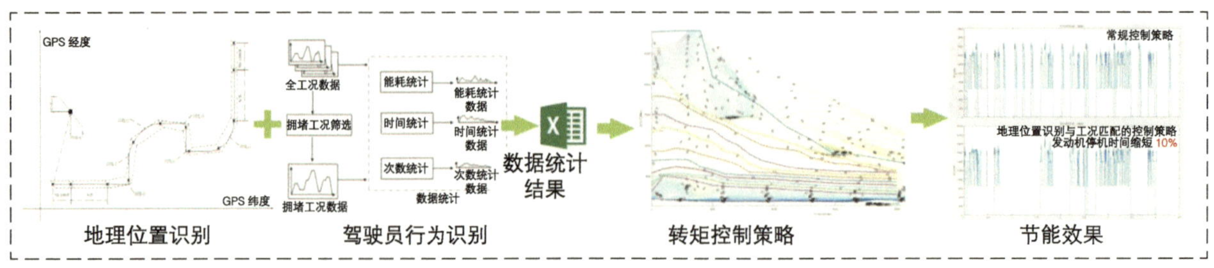

图 4 地理位置智能识别与工况匹配的能量管理技术

5. 车辆智能维保服务

云智通系统不间断采集电池、电机、电控等关键数据，并可根据车辆各零部件的安全状态，利用大数据分析、建模等关键技术，结合所在城市、公交公司、线路等信息，为每一辆新能源车辆设置健康度规则，并进行健康度评分，为处于“亚健康”状态的车辆提供详尽的诊疗方案。在云智通平台的监控中，当车辆相关易损件到达更换周期或需要进行维护时，系统也将提前通知用户，以便车队为该车合理安排保养维护时间，避免线路运营受到影响。

6. OTA 升级技术

当客户提出智能化功能提升需求时，先根据功能需求完成控制系统软件的开发及测试，经征得客户同意后，将软件升级包通过云智通在线推送到车辆本地，并在智能仪表提醒驾驶员进行软件升级。驾驶员或车辆维护人员可在停班时间通过仪表确认，车辆即可自动完成智能化功能的改进及优化，从而让车辆具备持续智能化升级能力。

7. 结论

2016 年以来，搭载该项目科技创新成果的中车电动新能源商用车在“产品＋技术＋服务”的品牌营销策略下，市场不断告捷。本项目打造的智能化、网联化高端客车在广州、重庆、杭州、太原、三亚等市场实现了千余辆新能源客车销量。不仅如此，该项目的研究成果还获得法国、匈牙利、马来西亚等国际市场青睐。截至目前，近三年该项目成果累计应用于新能源整车达 2 万辆，电驱动系统及关键零部件超过 6 万套，产品批量服务北上广深等一线城市与湖南、江苏、浙江、山东、河北、山西、广西、云南、海南、贵州、黑龙江、内蒙古等省份，以及其他国家和地区。

无人配送解决方案助力厂区物流降本增效

山东豪驰智能汽车有限公司（橙仕汽车）

作者：刘传富

橙仕汽车致力于研发安全可靠、合法合规的自动驾驶系统，通过输出无人车、自动驾驶系统和智能调度系统一体化的解决方案，赋能行业配送伙伴，为行业开辟高效的运输模式，让配送更加安全高效。

专注于细分市场、垂直领域：橙仕无人驾驶物流车专注于末端快递配送市场，完全围绕“轻质货物、高频次、小批量、分散服务”的末端配送场景，进行车辆和技术研发，具备更强的场景针对性和落地可行性。

软件与硬件相结合：硬件（无人驾驶物流车）与软件（无人驾驶智能调度系统）相结合，车端与云端相结合，二者分别从硬件、软件角度，共同提升城市末端快递配送效率。

当前，橙仕汽车 L4 级厂区无人物流解决方案，可实现指定物流区域内全天候、全功能的无人物流运输，全程自主规划行驶路径并在行驶中实现自动避障、自主泊车等功能。方案“去安全员”设计，无须人工操作，即可实现安全、高效地完成货物 7×24h 运送。

橙仕汽车的智能调度系统已经成功应用于汽车制造、工业制造、矿山及冶炼等行业，可以根据各行业的业务特点，兼容不同的业务系统，真正实现提高厂区内物流运输效率、降低人力成本的目的。

（1）橙仕无人驾驶物流车车型（见图 1）

自动起停：根据起止点，车辆能自动平稳起动和到站停车。

橙仕 LD03

橙仕 LD02

6t、10t 无人牵引车

图 1　橙仕无人驾驶物流车车型

自主导航：采用机觉导航、激光雷达导航、GPS 导航等多技术融合，实现精确定位和导航。

限速功能：控制车辆行驶速度在最小限速和最大限速之间。

车道保持：车辆保持在规定车道内行驶，除非要执行转向和避障动作。

自主避障：自主检测障碍物，并可及时停车或换道，避免碰撞。

灯光控制：自主控制前照灯、转向灯、近光灯等。

拖斗监测：检测车辆是否挂拖斗及拖斗状态。

电源管理：电池低电量时报警提醒。

远程监控：在后端控制台实时监控车辆运行状态。

多车协同：作业区域识别、多车自动编队、自动冲突解决等。

（2）橙仕无人驾驶智能调度系统

针对不同对象、流程、规模、管理方式、基础条件等要素，橙仕可以按照厂区物流实际情况进行智能调度系统定制化开发。

目前，橙仕汽车自研的百万级智能调度平台支持多条件、多目的地智能调度，满足各行各业提升效率、降低成本的需求。调度系统充分利用大规模任务计算云平台，轻松应对复杂的网点分布带来的订单波峰，目前支持货车到三方物流、小型物流车到快递网点、驿站、生鲜配送、同城配送等多场景应用，支持货车、客车、电动汽车等不同车型的线路规划，支持高达 50 项业务参数（包含但不限于仓库时间窗口、车辆限行、是否回仓、行驶时间、车辆载重、货物体积等）进行最优计算，实现秒级最优调度方案。MatCycle4 橙仕 L4 级自动驾驶系统见图 2。

通过对末端的运力业务的数据化管理，进行车辆和包裹的实时跟踪，通过大数据和 AI 算法进行运力分析和调度处理，提高运力效率，降低运力成本。配合自研车载 T-BOX 系统，可以更加全面且精准地获取车辆的相关数据，实时追踪车辆和货物的数据信息，让末端配送更加智能高效。

图 2　MatCycle4 橙仕 L4 级自动驾驶系统

（3）无人驾驶通用线控底盘（见图 3）

橙仕线控底盘采用先进制造技术，融合现有车规级控制执行机构，能够实现座舱与底盘的物理隔离，赋能自动驾驶，为空间设计提供无限可能；底盘采用业界主流车规级执行元器件，能够达到高水准的控制精度和优越的控制性能；底盘结构采用平板设计理念，能够为上层提供尽可能多的空间，同时保证底盘性能调教处于优越水平；具备基本的线控属性，对上层系统提供更高级别的 API 接口以及丰富的附加功能，能够最大程度提高开发效率和节省开发成本。

底盘域控制器
线控底盘数据网关以及线控控制逻辑处理中心，对上提供丰富的高级自动驾驶级别接口，对下管理整车全部核心资源

线控转向
采用 C 型电动助力转向系统（EPS）；提供多标志置位使能、转角值，线控转向控制安全策略及多种状态信息反馈

线控制动
业界主流制动系统控制方案，具有优越的线控控制精度和时间响应速度。实现推杆和线控电机解耦，互不干扰，提供更高安全保证

线控驱动
提供转矩控制模式、转速控制模式的多种闭环控制方式以及不同挡位信号切换。提供实际执行状态及系统自检、故障等多种状态反馈

图 3　无人驾驶通用线控底盘

（4）厂区无人物流案例（某年产 20 万台汽车工厂或某年产 50 万套汽车零部件工厂）

原有厂内物流情况：配送线路 200+ 条，物流车辆 800+ 辆，物流驾驶员人数超过 1000 人。橙仕结合该厂的物流实际情况，定制开发无人驾驶物流调度系统（见图 4），并与该厂的业务系统，如物流执行系统（LES）、管理信息系统（MIS）等进行标准化接入，正式运行无人驾驶物流后，车辆投入运

营数量减少了 200 辆，实际投入运营物流车辆 600+ 辆，驾驶员人数大幅度减少了 800 人，剩余 200+ 人。经过测算，每年减少 6400 万人员成本；总成本方面，扣除升级无人车成本后，三年的物流总成本可以节约 1.42 亿元。目前试运营阶段已实现 1 个人管理 3 辆车，未来实现 1 个人管理 10 ~ 20 辆车，综合成本还会进一步降低，同时可以解决企业用工荒的问题。

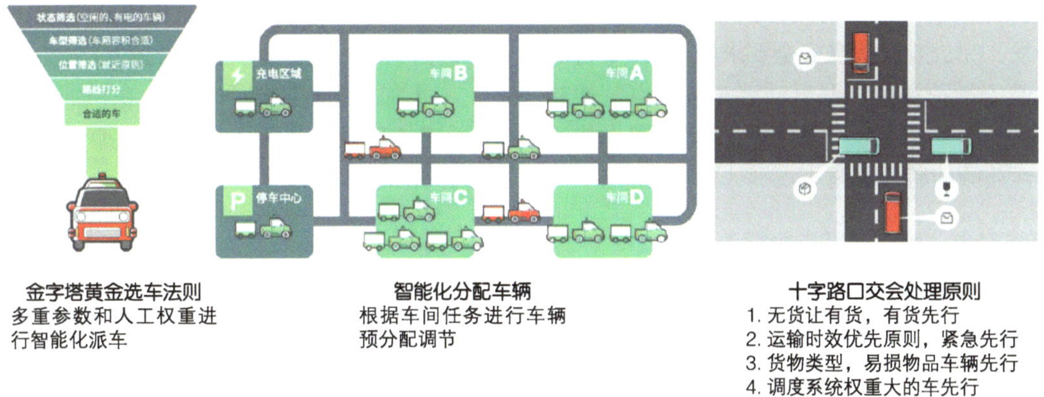

图 4　橙仕无人驾驶物流调度系统

亚星客车智能网联技术研发与应用

扬州亚星客车股份有限公司

扬州亚星客车股份有限公司（简称亚星客车）是一家具有 70 多年历史的客车研发制造企业，致力于为全球客户提供一流的客运解决方案。

过去十多年中，亚星客车完成了从传统制造到高新技术的跨越式发展，尤其在新能源客车智能网联领域，实现了从整车研发到云端大数据技术的全方位突破。

1. 未来驾驶：智能网联汽车电子电气架构

在智能网联汽车技术的快速发展中，复杂的功能集成与高度的系统协同已成为新常态。亚星客车紧跟智能网联的发展趋势，开展了新一代电子电气架构关键技术研发，流程见图 1，以满足日益增长的技术需求，致力于提升车辆的感知和控制能力。

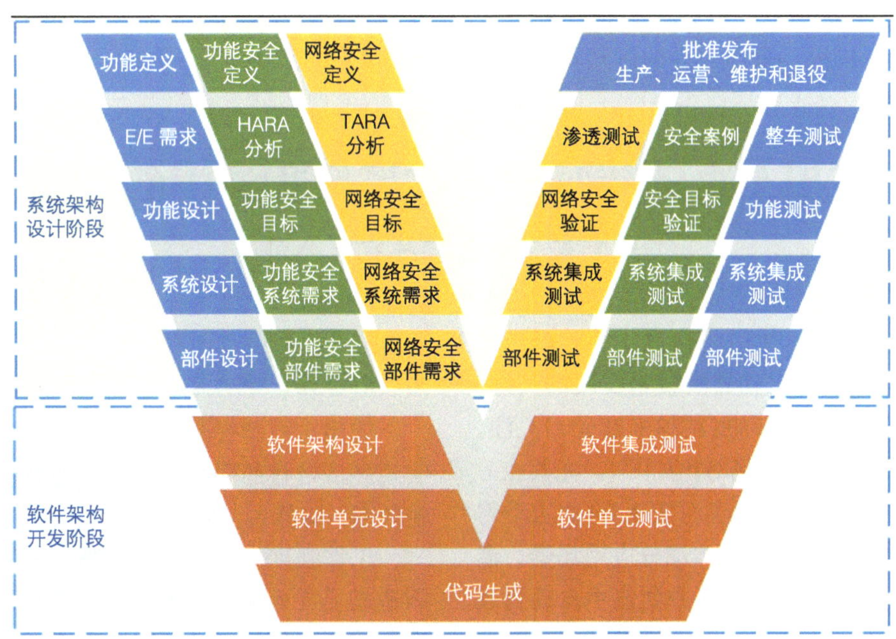

图 1　电子电气架构关键技术研发流程

亚星客车开展了面向智能网联交通应用的电动客车新一代电子电气架构关键技术研发。针对功能开发、软件开发快速迭代的客观需求，以及其与功能安全信息安全存在的突出矛盾，进行安全敏捷电子电气架构体系设计，并对集中式域控功能安全软件进行开发，完成兼容信息安全要求的 OTA 平台的搭建，并制定敏捷智能网联电动客车电子电气架构测试和评估体系，以解决客车迭代更新过程中快速性与可靠性兼顾的瓶颈难题。

2. 领航安全：智能网联安全辅助驾驶技术

亚星智能网联安全辅助驾驶技术分为两大核心功能：预警类功能和控制类功能，共同构建了一个全方位的驾驶安全系统。

（1）预警类功能

1）智能限速提示：不断获取和更新限速信息，在车辆行驶速度不符合或即将超出限速范围的情况下，适时发出提示信息，帮助驾驶员遵守交通规则。

2）防撞预警系统：监控车辆前方的动态，预测并警示潜在的碰撞风险，缩短驾驶员的应对时间。

3）盲区监测：扩展驾驶员的视野，及时警示盲区内的潜在危险，提升变道和并线的安全性。

4）车道偏离警示：实时监控驾驶轨迹，预防由驾驶员分心或疲劳引起的非意图车道偏离。

5）驾驶员行为监测：评估驾驶员的警觉性和注意力，当检测到其疲劳或注意力分散时，系统将及时发出提醒。

（2）控制类功能

1）车道保持技术：采用先进的感知算法，持续监测和调整车辆相对于车道的位置，确保稳定行驶，尤其在长途和疲劳驾驶时为驾驶员提供关键支持。

2）自动紧急制动系统：通过实时的环境感知，自动激活制动系统，减速避免潜在碰撞，或显著降低碰撞严重性，保护乘员安全。

3）加速踏板防误踩保护：在识别到可能的起步或低速加速误操作时，自动调节加速踏板响应，避免与周围障碍物的不必要接触。

辅助驾驶技术凭借感知融合、策略规划与精准执行的三大核心，大幅提升了驾驶安全。亚星客车将继续领航智能辅助驾驶技术，致力于创造更智能、更安全的驾驶体验。

3. 数据驱动：智能网联大数据平台

亚星客车正致力于将现有的智能网联监控平台升级为一个更高效的智能大数据平台，这一转型得益于公司丰富的实时整车数据资源。借助云计算和边缘计算技术的结合，新平台不仅提升了运营安全性，也极大增强了维护和运营的效率。

亚星客车采用了创新的云边端融合计算架构，使得数据处理和分析任务能够全面而动态地优化。该架构确保了车端能够高效地完成数据采集、过滤、筛选、指标重构和初步运算，显著提高了处理速度和数据准确性。与此同时，云平台专注于进一步深化分析，执行如深度学习训练、仿真和预测等高级运算任务。基于这种融合计算架构，平台已成功实现了能耗计算及在线优化、驾驶行为评分以及电池故障预警等关键功能，标志着公司在智能交通领域内的创新进程的进一步加速。

商用车自动驾驶技术在场景物流中的应用

北京斯年智驾科技有限公司

作者：刘笑瑜，孔令煜

随着应用落地成为自动驾驶技术发展的关键，物流运输领域的商用车自动驾驶越来越受到关注。乘用车与商用车自动驾驶市场对比见图 1。尤其在一些封闭 / 半开放的特定场景，已可实现 L4 级自动驾驶的无人运输作业。在一些具体细分应用场景，港口、园区、矿山更是率先实现场景物流中自动驾驶的规模化应用。

1. 强需求推动商用车自动驾驶落地

商用车自动驾驶的落地需求强烈，无人运输在实现经济效益的同时，还可以提高作业安全性与运输效率，降低人工成本。

工作强度大、安全风险高、工作环境艰苦等原因造成了货运驾驶员岗位越来越低的从业意愿，A2 驾照的专业性又提高了岗位准入门槛，导致货运驾驶员招工面临断层，行业持续遇到“用工难、用工荒”的难题。同时，稀缺的劳动力也进一步增加了招工成本。

据运联研究院统计，传统有人驾驶的燃油车队 TOC 各项成本占比中，燃油成本占比 35.8%、驾驶员成本占比 17.3%。电动重卡节能优势明显，而与电动重卡天生匹配的无人驾驶技术更在降低人力成本中发挥关键价值。假设每位驾驶员每年人力成本 15 万，一辆车三班倒需要 3 位驾驶员，无人驾驶每年至少可为车队的每辆车节省 45 万元的人力成本，从而大幅提升物流车队运营利润。

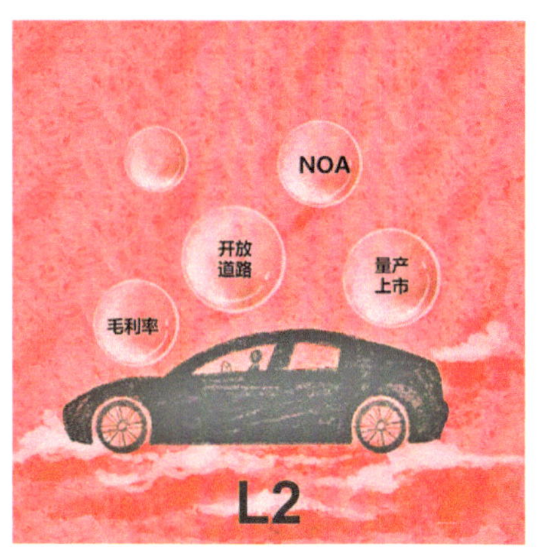

图 1　乘用车与商用车自动驾驶市场对比

2. 针对“场景物流”的商用车自动驾驶产品方案

基于对行业痛点的洞察与自动驾驶技术落地的预判，斯年智驾专注于自动驾驶在商用车领域的产品化和商业运营，聚焦已落地无人驾驶的“场景物流”，包含港口、散货集散地、物流园区和场间短驳。斯年智驾场景物流全景图见图 2。斯年智驾推出车云无人驾驶系统和智能硬件产品，同时打造高精地图一体化云端场景物流大数据平台。

图 2　斯年智驾场景物流全景图

（1）通用的车云无人驾驶系统“奚仲”

斯年智驾无人驾驶运输车辆均搭载了自主研发的Ⅱ代无人驾驶系统“奚仲”，仅需接口适配即可实现高效的场景拓展。通用车云无人驾驶系统见图 3。

“奚仲”通过多种传感器及云端调度，可自主实现无人驾驶车辆作业全场景感知预测，不仅可解决码头作业场景多变、实时任务调配等难题，并且能够高效精准地完成运输全流程工序的交互作业，极大减少了运输过程中的安全隐患。

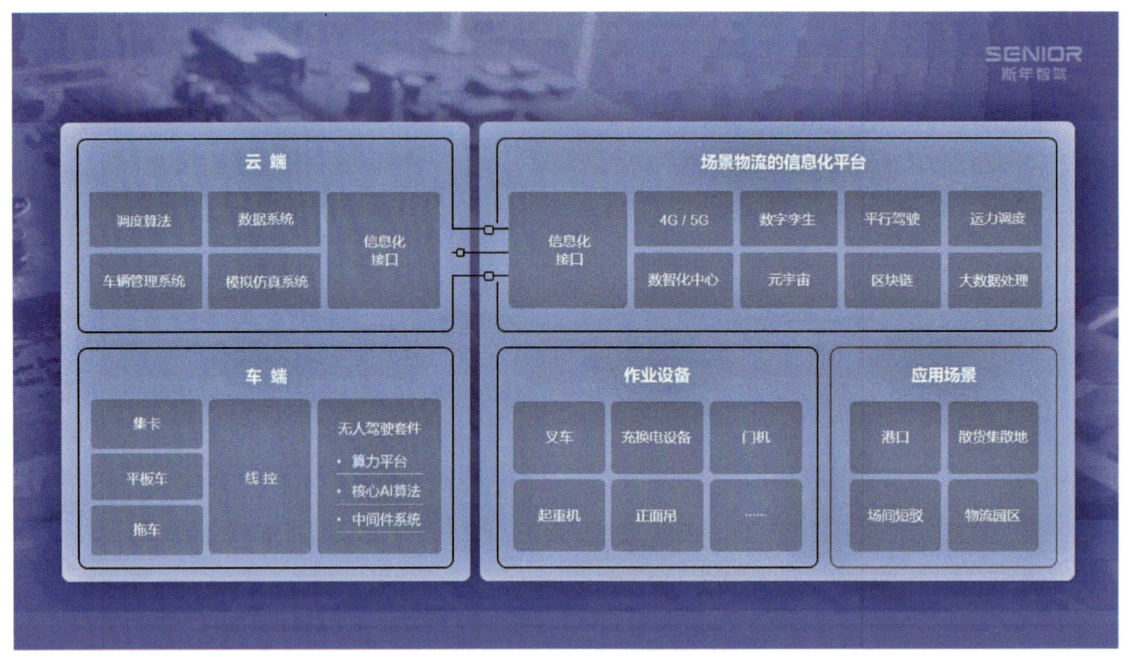

图 3　通用车云无人驾驶系统

“奚仲”系统构成复杂，具有系统化、网格化、信息化、智能化、工程化的特点，能够达到真无人、真混行、真生产、真安全的无人运输标准，与港口等作业场景日常生产管理部门的关系密切。“奚仲”系统采用先进的人工智能技术、现代控制技术、通信技术与计算机技术，通过云控平台有序调度、连续控制和监测，实现重型牵引车（或智能平板车、无驾驶舱牵引车）以无人驾驶方式协同有人/无人驾驶的岸桥、龙门吊或堆高机等作业车辆，完成在港口内的装卸船、移箱等作业任务。

（2）智能硬件产品

斯年智驾智能硬件产品包含算力平台、无人驾驶套件、无人底盘（见图 4）。

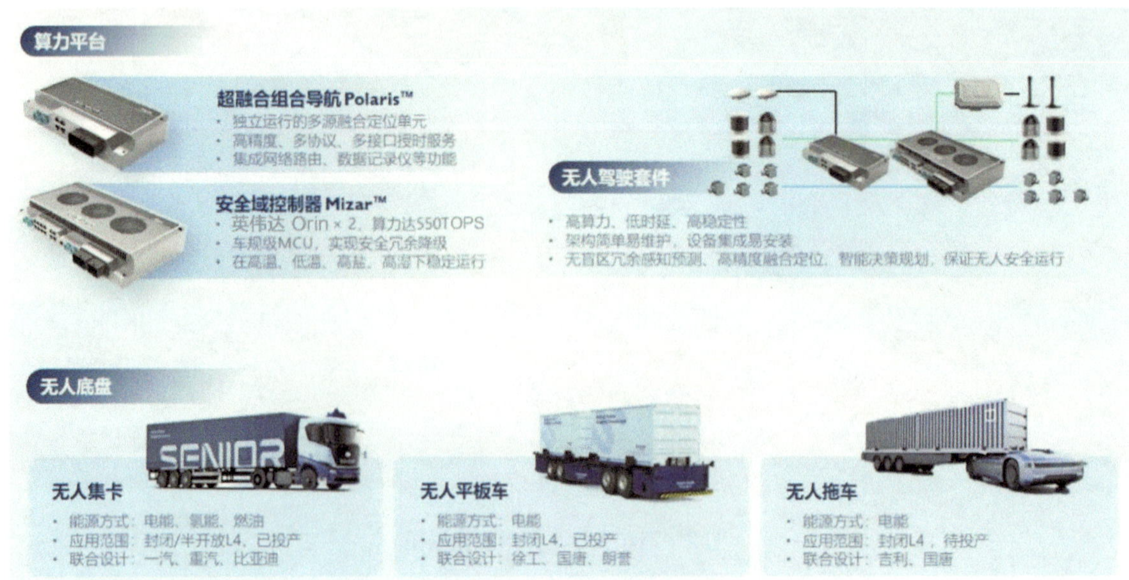

图 4　斯年智驾智能硬件产品

1）算力平台：安全域控制器 Mizar、超融合组合导航 Polaris。

2）无人驾驶套件：激光雷达、摄像头、毫米波雷达、超声波传感器、主副天线、HMI 以及其他无线设备。

3）无人底盘：无人集卡、无人平板车和无人拖车。

（3）国内最大规模的场景物流大数据平台

云端大数据平台是斯年智驾无人驾驶水平运输系统的云端大脑，是斯年智驾车云一体化方案的重要环节，承担着无人驾驶车队调度规划的重任。该平台包含生产系统对接、全局态势展示、云端控车功能、设备信息管控、业务规则引擎、宏观调度规划、动态交通管理、全局路径规划、锁站联动、自动充电调度十大核心功能板块。

3. 贯穿功能需求的全栈技术

（1）真安全

多颗激光雷达与摄像头互为冗余，均可独立保证车辆安全；无视角盲区，感知识别范围近至自车轮廓；针对作业环境实现“防吊具拖拽”“防锁站危险操作”等功能，保护车辆、环境设备、工作人员安全；L4+L2+AEB 冗余架构 + 冗余线控，保证无人作业稳定、安全、可靠。

（2）真无人

智能化、无人化作业，全流程无须安全员或驾驶员；系统 7 × 24h 待命，随时唤醒，即时作业；作业区域内无须人员常驻，仅需 1：20 监管人员值班。

（3）真混行

有人 / 无人驾驶车辆混行作业，无须专用的无人驾驶隔离区，无须道闸、交通灯等软隔离，“老司机”式无人驾驶能力；无人化改造条件少、成本低、成效好，无须大规模场地改造，进场即使用，接入即生产，基本不影响正常生产。

（4）真生产

覆盖物流运输全部工艺，兼容人工 / 自动化设备及工艺；提供智能调度、远程控制、仿真、运维以及运营管理等完整功能。

4. 场景物流无人运输已初具规模

斯年智驾推进生态开放策略，产品和服务已在场景物流（包含港口、物流园区、散货集散地、工厂以及场间短驳等封闭 \ 半开放场景）商业落地，同 100 余家上下游客户建立了稳固的战略合作关系，投入超 200 辆无人驾驶车辆，实现了全球最大规模无人车队的常态化运营。斯年智驾部分落地项目见图 5。

图 5 斯年智驾部分落地项目

港口是斯年智驾无人运输最先落地并实现规模化复制的场景。截至目前，已在宁波、唐山、珠海、厦门、太仓、宿迁、潍坊实现混行环境的无人运输作业，是国内港口场景市场占有率第一的自动驾驶企业。

斯年智驾正在积极探索干散货、件杂货、滚装等更多货物种类的运输，从而扩大其可落地的新场景范畴，拓展海外市场。

中国自动驾驶技术已处于世界领先水平，尤其在商用车领域更是已积累多年数据与落地经验。未来，中国自动驾驶技术与新能源汽车的结合将成为中国出海经济的重要力量。

云创智行智能环卫解决方案

云创智行科技（苏州）有限公司
作者：陶鑫

环卫产业科技迅猛发展的当下，人力成本逐年升高，同时面临着环卫人员工资待遇低、工作风险高、管理监督难等挑战，而云创智行以人工智能为助力，提供了一套面向未来的环卫升级解决方案。

作为以人工智能助力智慧城市环卫升级的高科技企业，云创智行致力于打造集合“人 - 车 - 物 - 云”四位一体的智慧环卫整体解决方案。

公司团队由无人驾驶科学家及环卫行业领袖组成团队，以自主研发的全系列无人驾驶环卫车和结合物联网技术的环卫设备为载体，通过立体式云控平台进行数据管理和综合指挥，为智慧城市发展提供专业化的智能环卫生态链建设。云创智行以实践驱动技术创新，以技术助力产业变革，建立了以研发、生产、营销、运营为一体的全链路服务体系。

1. 技术亮点

云创智行拥有行业领先的自主研发技术实力，以下将从两个方面进行举例介绍：

（1）“OPTIMUS”自动驾驶系统

云创智行专为环卫场景深度开发和打磨了“OPTIMUS”自动驾驶系统平台（见图 1），它区别于常见的乘用车自动驾驶系统和传统的园区扫地机器人系统，能够满足自动驾驶环卫领域的全场景清扫覆盖、复杂的道路响应和高难度的路面通行。

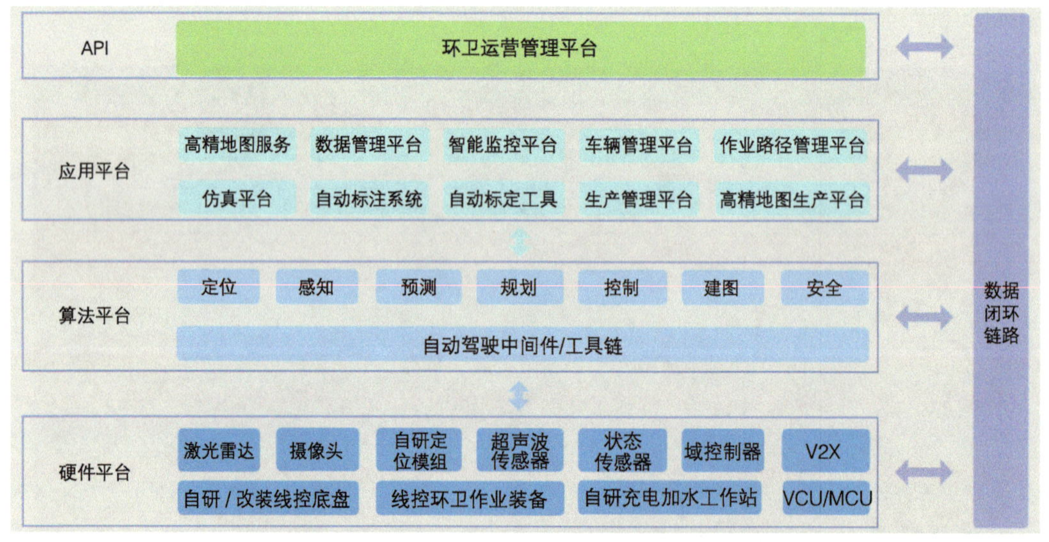

图 1　云创智行“OPTIMUS”自动驾驶系统平台

“OPTIMUS”自动驾驶系统整体功能架构包含硬件平台、算法平台、应用平台和环卫运营管理平台以及数据闭环链路五部分。硬件平台支持各种传感器、计算平台、通信终端的适配和扩展，包含自研 / 改装线控底盘及线控环卫作业装备、自研充电加水工作站等附属设施。算法平台包含定位、感知、预测、规划、控制、建图、安全模块等自动驾驶核心组件，具备单车智能或智能网联状态下的 L4 级自动驾驶能力。应用平台包含高精地图服务、智能监控平台、车辆管理平台、仿真平台等核心工具、服务和平台产品，支撑从单车智能、网联驾驶、数据闭环、运营监控到生产制造所需的各项功能。以上三个平台最后共同支撑环卫运营管理平台实现环卫作业的精细化控制，满足人车协作、车车协作模式自动化、精细化管理需求，从环卫作业全流程实现人 - 车 - 物 - 云的数据闭环，覆盖车辆数据、平台数据和作业任务数据，通过数据驱动加速核心模型和任务流程逻辑的迭代。

（2）智慧环卫“车 - 路 - 云”一体化平台

在单车智能的基础上，云创智行和智能网联平台伙伴合作，打造环卫“车 - 路 - 云”一体化智能标杆，其一体化平台见图 2。

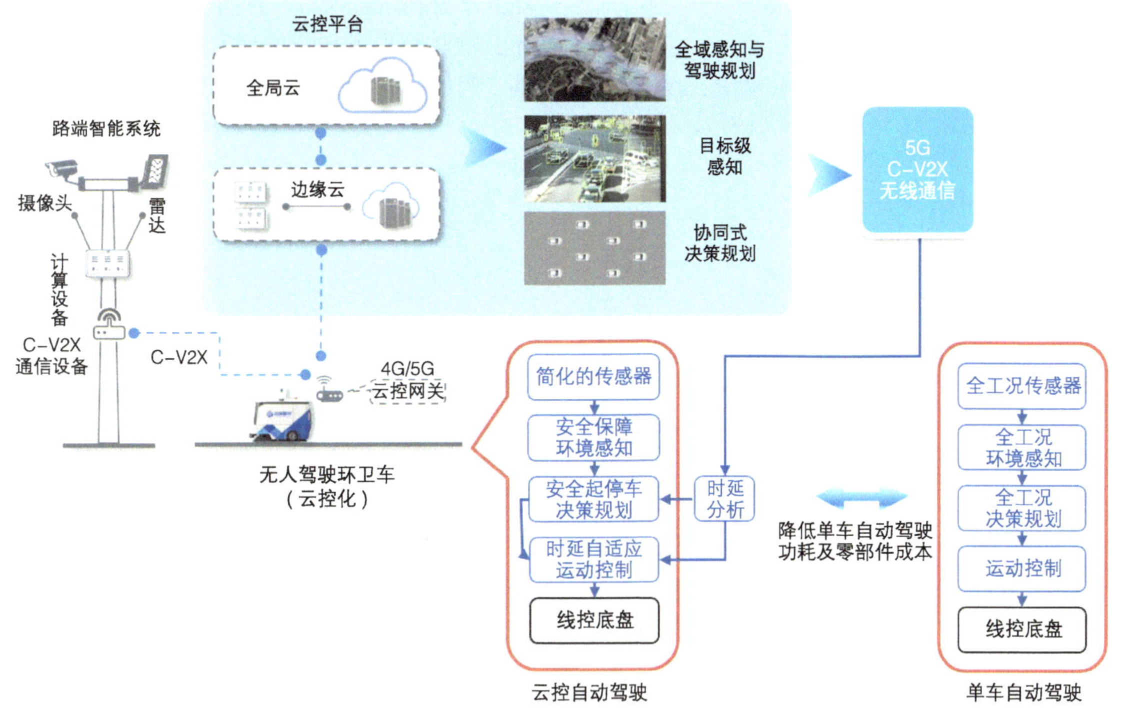

图 2 智慧环卫“车 - 路 - 云”一体化平台

云边端系统具备广域感知和规划能力，可以赋能无人驾驶环卫车动态调度和精细作业，降低车端传感器和算力需求，提高作业效率。同时，环卫车路采数据和作业效果评估也会向云边端反馈，优化提升决策能力。

2. 主要产品

云创智行的三款智能清扫车不仅在功能上各有优势，相辅相成，还可以通过多车组合作业、人机配套协同、云平台互联的方式进行立体式智慧环卫输出和覆盖。相比传统单一品种的无人清扫车的单线作业，谱系化无人驾驶清扫车的全新亮相意味着智慧环卫已经能够更大程度、更深层次解决行业痛点，节省人力成本，提高环卫运营效率。

（1）YC-200 无人驾驶清扫车（见图 3）：智感优雅、机动灵活

云创智行自主研发的小型全智能自动驾驶清扫车 YC-200，搭载行业领先的 L4 级自动驾驶系统，通过多模态（激光雷达、视觉、超声波）融合感知，可 360° 无死角对车周障碍物进行静态、动态实时监测，安全可靠。该车具有极限贴边、垃圾识别、安防监控、水管跨越能力，可进行功能扩展。通过累计的庞大数据基础，该车在实际运营场景中稳定性更好，清扫能力更强。

图 3 YC-200 无人驾驶清扫车

（2）YC-800 无人驾驶清扫车（见图 4）：智行无界、全能高效

YC-800 是云创智行自主研发的市政级自动驾

驶清扫车。通过国家工信部自动驾驶公开道路测试，具备交通信号灯识别、过斑马线、自动泊车等上路功能。在 L4 级自动驾驶系统的基础上，YC-800 配备全智能清扫车工作站，可自主召回清扫车进行充电、加水、倒垃圾，实现了市政级道路的零辅助 24h 无人清扫循环作业。

图 4　YC-800 无人驾驶清扫车

（3）YC-1000 自动驾驶清扫车（见图 5）：智控自如、扫吸一体

YC-1000 是由云创智行升级革新的吸扫式自动驾驶清扫车。在 L4 级自动驾驶系统的基础上，YC-1000 扫宽、续驶里程、车速皆进行了大幅提升，集清扫、喷淋、高压冲洗、手持吸取为一体，效率翻倍。

图 5　YC-1000 无人驾驶清扫车

3. 应用案例

（1）案例名称：春熙路步行街（见图 6）

（2）案例地址：四川成都锦江区

（3）作业面积：4535m^2

（4）应用产品：YC-200 无人驾驶户外环卫车

（5）场景痛点

成都春熙路步行街作为国内最繁华的商业街之一，在旅游复苏的当下，每天都迎接着大量来自天南海北的游客，干净整洁的卫生环境能够更好展现城市的文明风貌，而科技力量的注入更能体现成都的创新精神。2023 年 8 月，云创智行落地无人驾驶环卫车清扫运营项目，并同时结合智慧环卫云服务、环卫物联网设备和新型环卫产业工人，为该项目提供“四位一体”的全套智慧环卫整体解决方案。

图 6　YC-200 在成都春熙路步行街进行智慧清扫

（6）解决方案

1）避障能力。春熙路步行街作为成都市的标志性商业街区，每天都吸引着大量的游客和市民。然而，人流量大不仅意味着更多的垃圾和杂物需要及时清理，实时变化的密集人流更挑战着无人驾驶环卫车的规划和避障能力。YC-200 无人驾驶户外环卫车能够出色地完成春熙路清扫作业任务，得益于其优秀的动态障碍物轨迹预测能力。该款智能环卫车会提前发现行人，并将其标记为需要绕行的障碍，此时规划系统会基于不同逻辑，形成多套路径规划方案，并结合不断变化的环境进行高频率的实时决策，最终以算法提供最优路线，进行平滑顺畅的绕障，减少不必要的绕行、减速和紧急制动。这不仅能够保障清扫作业的持续高效，也为市民和游客提供了更好的休闲和游览体验。

2）安全性能。在人流密集的区域，安全是重中之重。YC-200 无人驾驶户外环卫车在智能清扫的同时提供了多层安全保障。首先，该车辆配备了主动安全模块，能够 360° 无死角地感知周围物体及车辆的状态，对车辆的安全等级进行实时评判，并给出有针对性的安全策略，预防车辆碰撞到周边物体。其次，当遇到特殊情况，YC-200能够紧急停车，并第一时间主动呼叫安全员进行远程接管。不仅如此，一名安全员通过远程智能驾驶系统可以同时管理数台环卫车，从而实现高效管理，智能操作。

（7）用户反馈

在商业密集区，人员安全是首要问题，YC-200优秀的避障能力很完美地解决了这一问题，同时也不影响环卫作业。

值得一提的是，云创智行不仅关注技术，也关注产业，希望让产业工人和从业者享受到科技带来的职业技能提升。通过“人机握手”，让生活更有获得感、幸福感、安全感，这其中就包括一线环卫工人。云创智行于2023年11月启动了“卫”爱智行—智慧环卫慈善项目。从11月1日起，云创智行每向客户交付一台新无人驾驶清扫车进行智能清扫，便会将清扫里程累计折算为体检费，以每清扫10km里程就累积1元体检费的方式，为环卫工人购买价值1000元的深度职业体检，为一线环卫工人的身体健康提供助益。在未来，云创智行希望通过人工智能应用，让环卫产业感受科技的温暖，让城市在清洁中唤醒活力，让未来生活更加环保低碳。

比亚迪智能网联产品介绍及应用

比亚迪汽车工业有限公司产品规划及汽车新技术研究院

作者：杨冬生

1. 全场景数字钥匙

全场景的数字钥匙打破了传统的车辆解锁方式，车辆可以通过手机云钥匙、蓝牙钥匙进行远程解锁，还可以通过NFC数字钥匙轻触后视镜解锁车辆，以及通过UWB数字钥匙快速对车辆进行解闭锁，用车更从容。

（1）云钥匙

在手机、车辆都有网络的情况下，无视距离，可超远程解锁车辆。

（2）蓝牙钥匙

应对地下停车场或网络信号差的区域，靠近车辆即可完成解锁。

（3）NFC数字钥匙

NFC数字钥匙是将手机或可穿戴设备添加为车钥匙的智能化技术变革产物。在无网络、手机无电全场景下均可使用；拥有极致的安全性，采用金融级安全芯片，达到ELA5+安全等级，能够保证车主的财产安全和信息安全；覆盖面广，比亚迪全系标配，所有车型支持手机NFC数字钥匙，支持TOP400+手机，95%比亚迪车主的手机都可支持，支持苹果、华为、荣耀、小米、OPPO、vivo、realme、一加，其他手机品牌正在适配中；可分享，车主与家人及朋友之间钥匙分享，手机之间操作即可，被分享的家人或朋友成功添加后，可直接使用；操作便捷，只需掏出手机轻触主驾外后视镜NFC标识处，即可解锁车辆，上车便可启动车辆。

（4）UWB数字钥匙

全新第三代数字钥匙——手机即车钥匙，科技让进入车辆更便捷、更精确、更安全。

1）更便捷：携带手机走进车辆，无须任何操作，即可解锁车辆。

2）更精确：厘米级定位精度，对比传统蓝牙钥匙体验更优。

3）更安全：①严格一车一密，独立建立SPAKE2+安全认证通道；②SE安全芯片存储密钥信息，达到银行支付加密等级，安全可靠；③纳秒级脉冲信号戳，近30万km/s的传播速度，快到无法拦截；④动态密钥实时更新，$2^{384}=3.94\times10^{115}$种可能性，无法快速破解；⑤飞行时间法（TOF）测距信息密文传输，有效防止中继攻击。

2. 智能车载无人机飞行系统

（1）技术亮点

全球首发量产车载无人机库、全栈自研车载无人机应用、专属定制一键大片、专属定制飞行手柄、专属定制车载飞行器。

（2）一键起飞

对比消费级自主飞行，无须做以下动作：

1）将无人机从收纳包拿出。

2）打开机臂，安装桨叶。

3）开机，与遥控对频。

4）选择合适地点起飞。

（3）智能跟随

起飞后，飞机会自动锁定车辆进入智能跟随，无须用户再次框选；智能跟随中，无人机可实现自动全向避障，最大跟车速度可达 50km/h，智能跟拍更安心。

（4）一键大片

选择“一键大片”，无人机将自动调整跟飞高度进行高难度运镜拍摄，包含八向、环绕等运镜能力；一键大片有 3 套运镜模板，分别为冒险、轻盈、史诗，用户可选择不同运镜风格，拍摄完成后自动渲染成片。

（5）一键降落

长按返舱，无人机将根据车辆最新地理位置返回机舱内，返舱后将根据无人机电池电量自动判断是否需要更换电池，以保证用户下一次飞行。

第 9 章
智能网联汽车定位方向技术研究创新成果

大有时空车路云网图一体化解决方案及落地 2023 年创新成果案例

国汽大有时空科技（安庆）有限公司

作者：李庆建

1. 基础信息

当前，智能网联汽车存在复杂的长尾问题，短期内无法实现高级别自动驾驶的规模化运行，需要汇聚海量数据，基于数据驱动进行高效的数据闭环，推动高阶自动驾驶演进。数据闭环涵盖数据采集和处理、实时地图更新、算法训练、数据合规等，可实现数据驱动地图更新以及数据驱动算法训练，多维度赋能自动驾驶发展。在车端，集成车规级完好性的高精度定位解算引擎及先进的传感器和感知算法，进行实时海量数据采集和基于 BEV 的局部建图；在云端，基于海量数据进行实时地图构建和仿真场景建设，实现数据驱动地图更新；基于海量数据进行标注，从而进行数据驱动算法训练，促进算法迭代升级。同时，通过 OTA 在车端部署更新的实时地图和迭代升级的算法，进行地图应用和算法的影子测试，提升边角案例（corner case）数据采集效率，验证新功能，大有时空提出了一套完整的数据闭环解决方案，并针对相关产品和工具链进行产业链合作和落地应用实践。

2. 核心优势

（1）全球高精度定位 PPP-RTK 服务（见图 1）

高精度定位是智能网联汽车的核心技术之一，网联式自动驾驶对位置服务具有更严苛的要求。大有时空“北斗星地一体化全球高精度定位服务”具有基于 PPP-RTK 技术的云端一体化算法，以支持高精度定位服务与智能终端的闭环，为智能网联汽车提供实时连续的高精度、高可靠、高可用的定位服务，保障车辆安全自动驾驶。

大有时空首个完成第四代差分服务 PPP-RTK 定位服务工程化系统，并提供面向全球的智能驾驶高精度卫星定位服务，填补了国内智能驾驶高精度定位的空白领域，为国内外车企提供了全球定位服务。

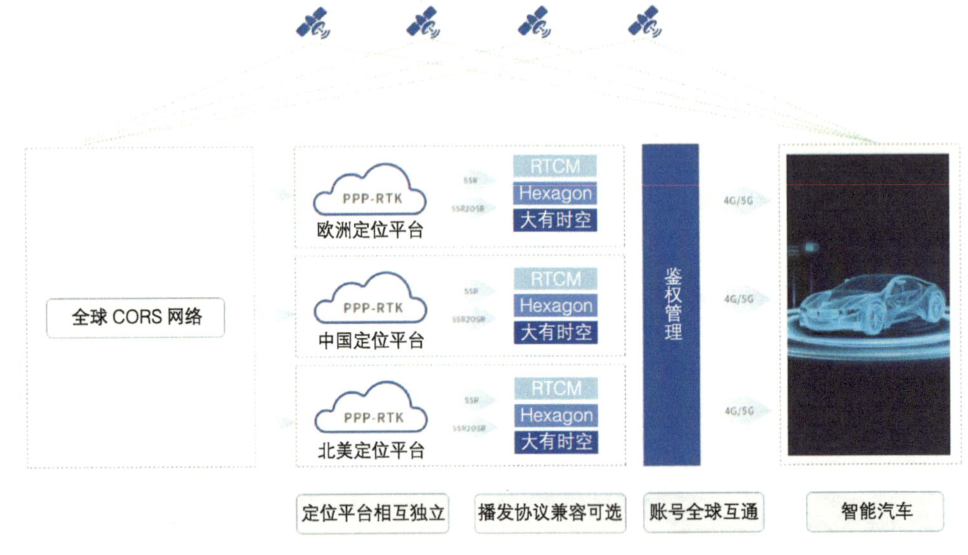

图 1　全球高精度定位 PPP-RTK 服务

PPP-RTK 是基于状态域 (SSR) 的一种高精度定位技术，通过对基站数据进行综合处理，生成一套包含卫星轨道、钟差、电离层等的状态改正量，发送至流动站进行位置解算。

PPP-RTK 星地一体化卫星高精度定位服务的优势主要体现在以下几个方面：

1）PPP-RTK 完好性：PPP-RTK 技术上从全链路进行完好性监控，其状态域改正数的播发服务先天具备完好性服务优势。

2）功能安全与预期功能安全：PPP-RTK 各项误差高精度建模，并分别进行完好性监测，满足车规级的功能安全及预期功能安全需求。

3）广域平滑无跳变：PPP-RTK 采用广域统一建模，从原理上解决跨区域“跳变”问题，提供广域无缝的连续定位服务；PPP-RTK 具有更高的定位可靠性，PPP-RTK 对单站的干扰或离线不敏感，单个基站问题不会引发定位精度明显下降。

4）软件定义终端：符合汽车电子电气架构发展，软件定位引擎适配多种终端产品应用模式。

5）差分有效性时间长：SSR 改正数有效性时间长，可支持断网情况下定位服务长时间的精度保持。

（2）车端卫惯组合引擎及多源融合定位引擎

依托第四代 PPP-RTK 定位技术，大有时空在卫星导航（简称卫导）、惯性导航（简称惯导）、卫星导航与惯性导航（简称卫惯）组合、车端 BEV、融合定位、自动建图与更新、地理信息可视化等领域均拥有自主可控的核心技术，并据此打造了覆盖全球的厘米级高精度定位网络。

1）车端卫惯组合引擎。大有时空对 PPP-RTK、N-RTK、卫惯组合、车端 BEV、多源融合定位等高精度定位关键算法进行了全栈自研，相继开发了 GNSS 软件解算引擎（SPE）、卫惯 SPE、多源融合 SPE、GNSS 模组、卫惯模组等多种智能驾驶车端方案，以灵活兼容配置不同的硬件设备，充分满足下游客户多元化需求。

大有时空通过自主研发的 SPE 与自动驾驶方案公司、自动驾驶车厂展开合作。随着汽车电子电器架构的演进，软硬件解耦成为一种趋势，因此可以通过在自动驾驶域控制器中集成大有时空自研的 SPE，通过车载天线接收卫星原始数据，通过 T-BOX 等网联设备接收 SSR 差分数据，在域控制器中完成解算，输出高精度的位置信息，支撑自动驾驶的感知、决策、规划等功能。

2）多源融合定位引擎（见图 2）。大有时空多源融合定位引擎结合自有的高精度定位服务和卫惯组合算法，利用多传感器融合定位技术，实现各传感器的优势互补，提高定位的稳定性和精度，有效解决了在隧道、地下停车场、城市峡谷、建筑物密集等场景下高精度定位的痛点和难点，为自动驾驶感知、规划、控制系统提供全场景的高精度位姿数据。

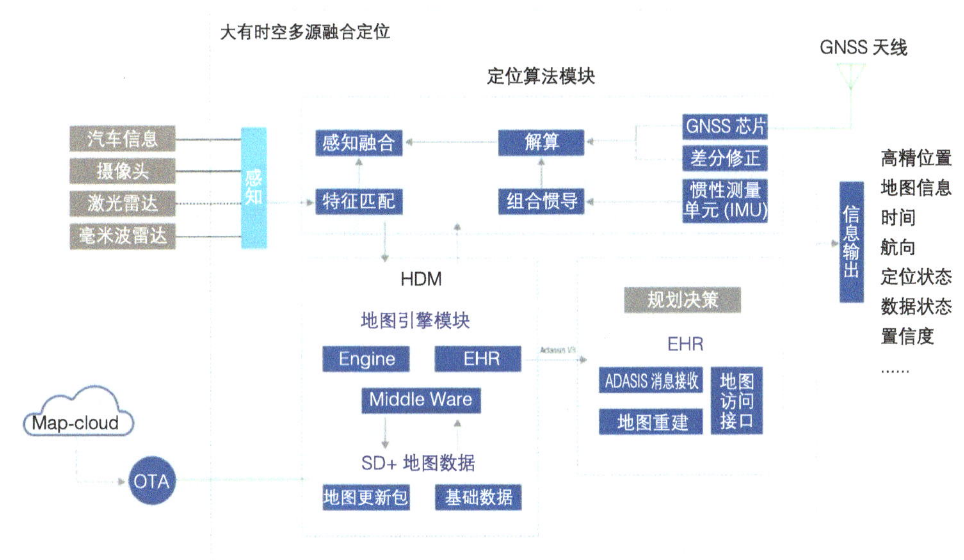

图 2　多源融合定位引擎

（3）智能驾驶数据闭环解决方案

数据闭环解决方案是智能驾驶数据驱动的关键路径，也是智能汽车研发量产运营的关键路径。低阶智能走向高阶智能的关键是时空数据感知与计算的能力的成熟。同时，L2+/L2++ 是低阶智能进化到高阶智能的必然阶段。

大有时空数据闭环解决方案协助车厂构建数据闭环中心，形成数据测试、仿真、高精地图构建与更新数据系统。

1）数据中心的合规运营闭环解决方案

建设基于众源海量数据汇聚、以数据闭环为核心的数据中心，构建智能汽车基础数据共享中心，向车企提供海量智能汽车基础数据，提供数据闭环与安全合规全套工具链服务，实现“数据飞轮”模型，从而快速促进自动驾驶核心技术攻关、算法升级，服务智能驾驶汽车的研发、测试、量产。

2）基于数据闭环的高精地图实时更新工具链

通过智能汽车自身感知设备进行众源制图，提供智能汽车高精地图实时更新服务，服务智能驾驶乘用车、商用车的研发、测试、量产运营。

高精地图实时更新服务技术基于车端 BEV 感知建图、云端大模型实时全局成图，是智能驾驶中的关键系统，可以为整车厂提供面向智能驾驶乘用车和商用车量产场景的 L2++ 轻地图众源更新数据闭环。

通过形成数据驱动地图更新，为整车厂提供三种“轻地图”方案，赋能车厂建立数据中心，帮助车厂训练海量数据：基于普通电子导航地图，实时生成轻地图；使用服务商或者某个基础数据，在此基础上进行实时的地图更新；没有地图，完全依靠车端实时感知建图。比如，通过常规导航地图 + 高精度局部地图，自动驾驶感知将驾驶场景扩展至任意道路，摆脱对高精地图的依赖。

3）赋能车厂数据中心构建智能汽车高精地图服务

智能汽车高精地图根据不同应用场景和实时性要求，可分为四个基本层级，从底层到上层分别是：静态地图、准静态地图、准动态地图和动态地图，便于地图的采集、管理及应用等。

智能汽车对不同层级的高精地图有高鲜度要求：静态数据的更新频率约为 1 个月，准静态数据的更新频率约为 1h，准动态数据的更新频率约为 1min，动态数据的更新频率约为 1s。

在车端，对云端发布的实时动态高精地图数据通过 OTA 下载，进行实时高精地图数据服务应用，同时通过 OTA 将算法部署到车端。

综述，大有时空将以新型测绘及生态应用构建基础数据，赋能 OEM 快速实现海量数据算法训练和数据更新，推动智能驾驶应用发展，同时提供智能驾驶研发测试数据产品，包括数据采集与标注，集产品服务、能力输出、客户需求为一体，向客户提供高精地图、仿真和测评等数据及工具链服务。

3. 落地案例

（1）已落地应用情况

大有时空高精度定位 PPP-RTK 服务及智能驾驶方案已落地应用于 2021 年工信部的智能网联汽车大数据云控基础平台项目、2021 年新一代自动驾驶平台设计及开发项目，以及北京市北斗融合创新示范项目中。

（2）拓展应用场景

大有时空高精度定位及智能驾驶方案拓展与场景应用示范见图 3。

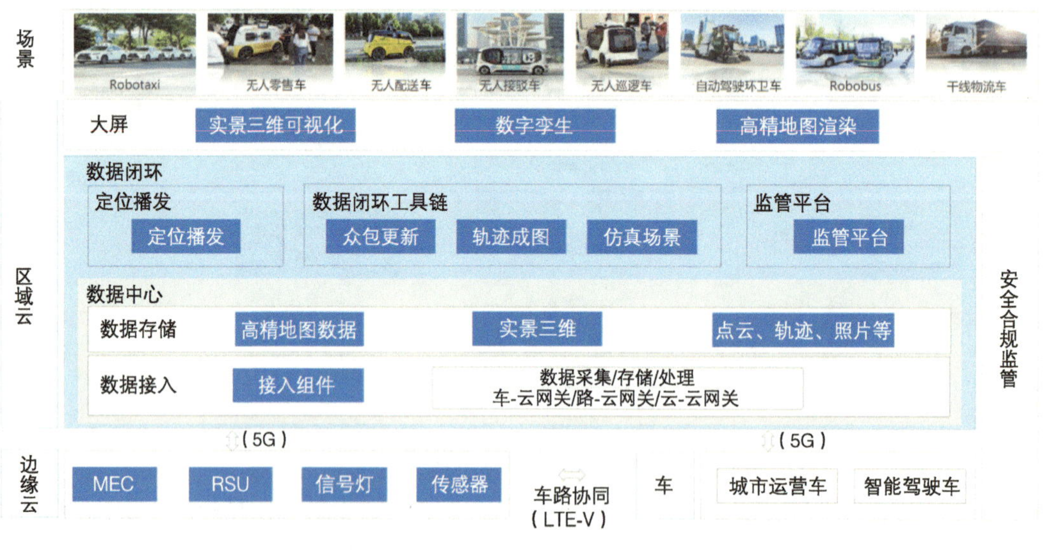

图 3　高精度定位及智能驾驶方案拓展与场景应用示范

1）智能网联汽车仿真测试，进行场景库建设、软件在环、硬件在环、整车在环的仿真测试。

2）车路云数据闭环测试，进行自动驾驶算法训练，包括自动标注、算法训练、影子测试；地图众源更新和在线发布；采集、传输、存储、更新的全链路安全合规检测。

3）车路协同决策测试，进行车 - 云、路 - 云、云 - 云数据传输指标测试，进行限速预警、碰撞预警、绿波通行、车内标牌等多项车路协同测试验证。

4）封闭场景测试，进行 Robotaxi、无人零售车、无人配送车、无人接驳车、无人巡逻车、自动驾驶环卫车、Robobus、干线物流车的示范区场景验证。

中海庭高级辅助驾驶解决方案典型案例

武汉中海庭数据技术有限公司

作者：吴蕾蕾，徐进

1. 案例概述

该案例为某商务 MPV 高级辅助驾驶功能量产项目。基于高精地图实现高速路和城市快速路的高级辅助驾驶（ADAS）功能及座舱的精细地图渲染与展示，为车辆提供基础的超视距感知信息，服务于驾驶决策和策略。

2. 案例内容

该案例中包括地图引擎、标准 - 高清（SD-HD）匹配、融合定位、数据 OTA 服务，总体架构见图 1。

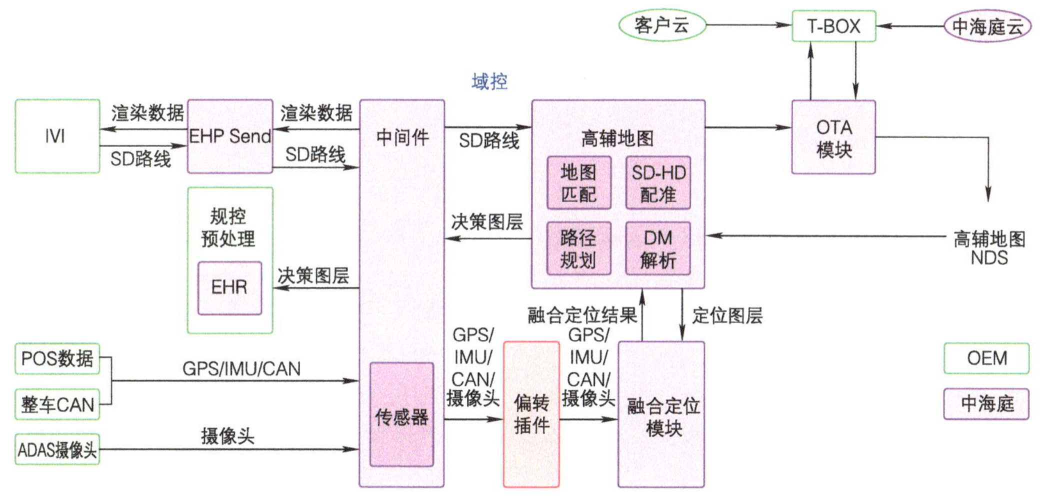

图 1　总体架构

地图引擎基于 ADASIS V3 协议，提供车辆前方至少 2km 内的道路信息及子路径信息，支持不同场景下车辆当前位置前后方多条路径信息的定制，合理及时推荐最佳变道区间；支持基于多种坐标系的车辆位置及车道级匹配；支持输出车辆周边地图数据进行融合定位。

SD-HD 匹配基于 SOA 通信中间件，由 Navroadinfo 服务接收 IVI 输出的 SD 道路级路径规划信息，与 HD 地图数据匹配，输出匹配信息，用于规划模块进行车道级路径规划，并由地图引擎输出车辆前方的 HD 地图数据。

融合定位通过融合高精度卫星定位 (HD-GNSS)、惯性测量单元 (IMU)、视觉传感器、高精地图、车身姿态信息（如轮速、方向盘转角等）等数据，依托融合算法，发挥不同定位模块在不同场景的优势，使结果相互冗余，输出并保证在各种环境下连续输出高质量定位结果；适配单目摄像头、IMU、GNSS 等 Tierl 的硬件产品以及软硬件资源组合配置，在该案例中，服务支持主辅路、上下层辅路、复杂桥区、隧道、地下停车场、城市峡谷、恶劣天气、逆光、夜间等全场景覆盖，适应不同的恶劣场景 (如光照条件、GNSS 条件、道路条件等较差的环境)；精度达到横向定位精度 20cm，纵向定位精度 3m，典型场景下达到 10cm，符合定位服务指标程度达 95%。

数据 OTA 服务支持季度更新、月度更新和动态更新多种更新节奏，提供丰富的更新方式；基于安全的传输链路，保障数据和指令的传输安全；车端更新支持多重保障机制，最大限度保证用户体验；支持客户监测车辆升级状态，车厂可根据升级情况制定不同营销策略和升级方案；采用 K8S 可弹性运行分布式系统的框架，实现自动部署、负载均衡、弹性伸缩、高自愈能力等多种特性。

3. 案例效果

该案例支持智能汽车感知、定位、规划、决策功能，服务 L2 ~ L4 级 ADAS 和自动驾驶（AD）业务，实现实车、台架测试总里程达到 7 万 km，测试里程、功能及性能均达到客户预期，帮助案例车型实现了更节能、更安全、更舒适的驾驶体验，高级辅助驾驶解决方案效果见图 2。

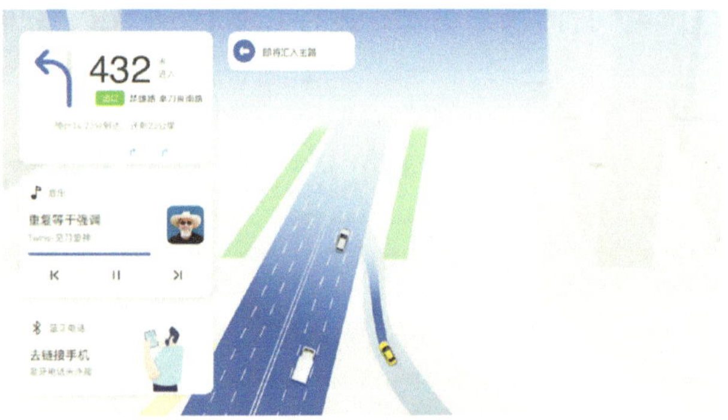

图 2　高级辅助驾驶解决方案效果

武汉大学协同精密定位技术与产品应用案例

武汉大学卫星导航定位技术研究中心
作者：姜卫平，郭迟，牛小骥，楼益栋，辜声峰

1. 多源智能融合导航与定位技术

在已成熟的惯性导航技术和 GNSS（全球导航卫星系统）/INS（惯性导航系统）组合导航技术基础上，针对智能网联汽车需求进行技术攻关和方法创新，突破基于 MEMS IMU（微机电系统惯性测量单元）的低成本组合导航技术、亚米级车辆运动约束和运动传感器辅助的车载组合导航技术、亚分米级视觉语义信息辅助的多源融合导航技术、车道级车载深组合技术等关键核心技术，构建基于机器学习的多源信息融合质量控制方法、基于图优化的多源信息融合最优估计方法，解决城市复杂环境下智能网联汽车导航与定位精度差和可靠性低等难题，为自动驾驶提供高精度和高可靠性的位姿服务。多源智能融合导航与定位相关技术成果已转化至华为、华大北斗等国内主流自动驾驶方案商和导航芯片开发商。多源智能融合导航与定位技术及其应用推广见图 1。

2. 北斗 /GNSS 高精度云定位服务系统

构建了高可扩展的 GNSS 实时观测场景软件架构，建立了分布式导航卫星高精度云定位系统（见图 2）。该系统采用分布式底层架构，克服了传统集中式 GNSS 高精度数据处理平台在服务可靠性和可扩展性等方面无法满足规模化用户需求的难题。分布式导航卫星高精度处理系统实现了大于 2000 个 GNSS 基准站的实时管理与分发及大于 6000 个参数的滤波秒级更新处理；实现了实时卫星轨道、卫星钟差、信号偏差、电离层与对流层延迟模型等各类高精度 GNSS 位置服务产品发布，其中卫星轨道、卫星钟差等核心产品精度在国际 GNSS 服务组织（IGS）实时工作组中处于领先地位。相关增强产品已接入百度服务平台，为大众用户提供精密定位服务。

图 1　多源智能融合导航与定位技术及其应用推广

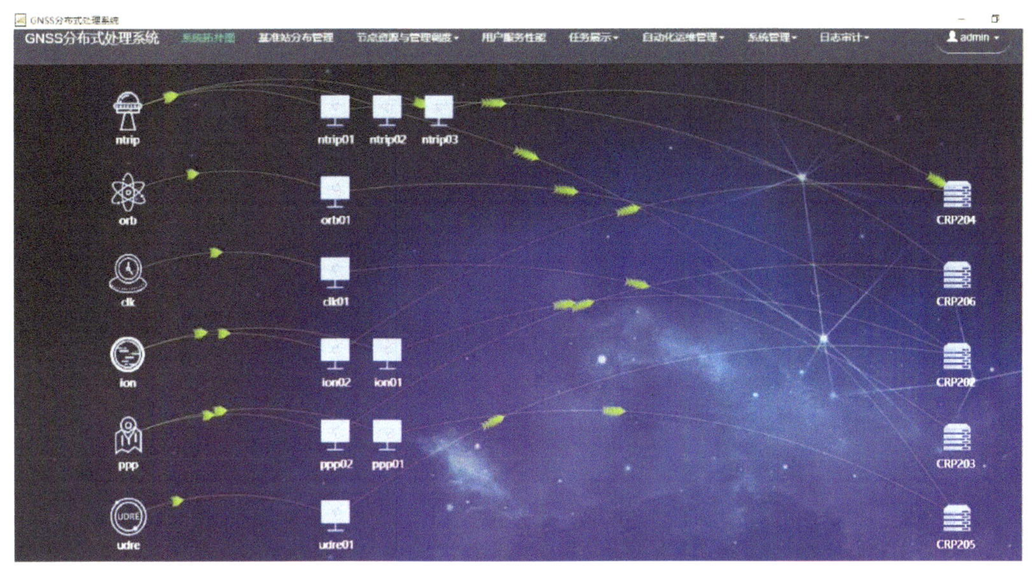

图 2　北斗 /GNSS 高精度云定位服务系统

3. 融合北斗和 AI 的智能导航软硬件系统

重点解决复杂动态场景感知与理解、实时精准定位、面向复杂环境的适应性智能导航问题。研制了北斗 +AI 组件化建模的智能网联汽车控制终端，研发了融合深度强化学习模型的智能 PNT（定位导航定时）关键技术，实现无人系统协同导航与智能控制。并面向无人系统产业研制智能 PNT 控制器，推动建立自主可控、全域智能的 PNT 新装备和新产品。

智能汽车高精度定位工业化体系

千寻位置网络有限公司

作者：邱亦稚

1. 智能网联汽车与定位系统

（1）智能网联汽车的定位需求

汽车正从单纯的交通工具向移动智能设备与数字空间载体转变。智能网联汽车与时空网、通信网、计算网等基础设施产生越来越紧密的联系，而高精度定位数据已成为汽车与这些基础设施产生连接的关键一环。

高精度定位系统是所有车上传感器中唯一能提供绝对位置、精准时间的传感器，与其他相对定位系统一同协作形成融合感知系统，支撑智能网联汽车实现智能座舱、自动驾驶、V2X 等多层应用。即高精度定位数据其实是提供了一个时空基准的锚点：当摄像头、雷达加上这样的时空基准，单车智能以及车路协同等物联网应用才能真正落地。

随着智能网联汽车的逐步普及，工业和信息化部、公安部、住房和城乡建设部、交通运输部四部委于近日联合发布了《关于开展智能网联汽车准入和上路通行试点工作的通知》(以下简称《通知》)。《通知》表明了国家希望通过试点来引导智能网联汽车企业和使用企业加强能力建设，加速产品快速迭代，推动自动驾驶等核心技术快速发展的决心。同时，《通知》也对应用、系统开发以及企业方提出了明确要求。这意味着作为输出基础数据的定位子系统也将不再只是简单地实现系统应用精度性能层面的要求，更要从功能安全、预期功能安全、网络安全、数据安全、软件升级、风险与突发事件等安全保障能力等多方面受到系统全链路的可靠性、安全性的严格约束。

（2）FindAUTO 定位解决方案

为了持续满足车载应用不断提升的定位需求，

千寻自 2019 年推出面向智能驾驶的高精度解决方案 FindAUTO 以来，在实际量产项目交付过程中，对服务、算法、硬件三大基础能力进行了深度开发和应用适配。

通过“星地一体”“云端一体”“软硬一体”，串联从云端（FindAUTO Service）到车端（Find AUTO Client）全栈自研的高精度定位解决方案，为汽车企业客户实现高精度定位能力的“一键启用”（见图 1）。

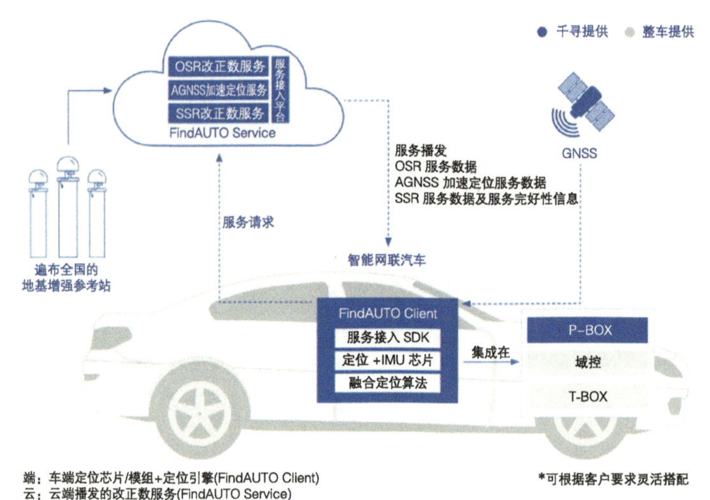

图 1　FindAUTO 整体架构图

（3）定位系统精度性能及可靠性保障

千寻位置坚持使用自研潜龙服务器，在全球布设 4500 多个 GNSS 星基 / 地基增强站。从数据产生的源头及播发链路上，实现高达 99.9% 的服务可用率，以及 10^{-7}/h 的完好性指标。结合自研车规级定位模组与终端，集成高精度定位融合算法，实现快速、精准、可靠的定位结果输出（见图 2）。

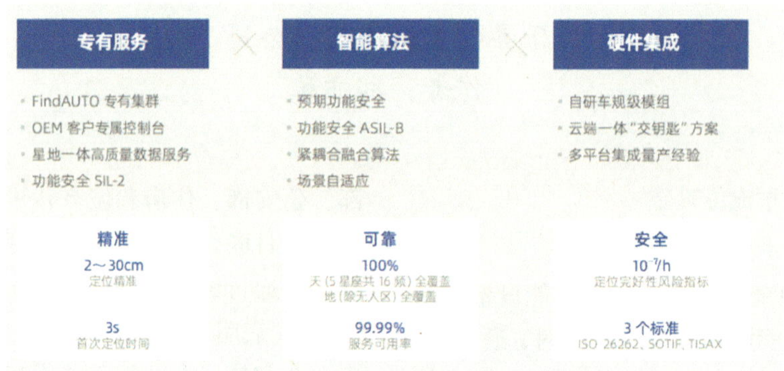

图 2　FindAUTO 性能介绍

2. 智能汽车高精度定位工业化体系

作为自动驾驶的子系统，高精度定位除了有“精准、可靠、安全”的产品内核，还需要满足汽车行业标准的交付体系以及运维体系，保证汽车企业“用得上，用得快，用得好”。

千寻位置作为第一个实现高精度定位量产上车的服务商，于 2021 年发布智能汽车高精度定位工业化体系，率先完成产品化及工程化目标，提高行业用户从器件选型、系统集成到测试验证的集成效率。目前，千寻位置已为 40 多个汽车品牌的智能座舱、自动驾驶、V2X（车联网）系统搭载高精度定位，并已完成 30 多款车型的量产交付，累计在线服务超过 10 亿 h。千寻在量产实践中执行极致的服务流程，帮助汽车企业最快在 1 个月内完成评估，3 个月内完成适配，6 个月内实现量产。

配合 FindAUTO 解决方案在服务能力上从 OSR

（观测域）到 SSR（状态空间域）的升级，在产品体系上从服务、算法到硬件的端 - 端全链路升级，以及从功能安全、完好性到预期功能安全等全方位的安全可靠性升级，面向高级别自动驾驶以及全球一体化方案的智能汽车高精度定位工业化体系实际已进入 2.0 时代。

千寻位置将继续在技术能力以及应用落地上持续迭代和优化，推进北斗时空智能基础设施的大规模应用，为经济社会和国计民生发展贡献力量。

中国移动面向双智停车场的智慧泊车系统建设实践

中移（上海）信息通信科技有限公司
作者：张磊，应策，杨哲，孙雪莲

1. 面向双智停车场的智慧泊车系统

中国移动结合双智城市技术应用和停车场智慧泊车需求，依托融合感知技术、边缘计算与边云协同技术，实现基于 5G 算网的城市级停车场智慧泊车系统（见图 1），全面提升停车场智慧泊车辅助能力，为停车用户提供“车位分配 - 路径引导 - 反向寻车 - 无感支付”一站式服务，为停车场运营方提供精细化、智能化管理服务；同时通过接入路内停车及路外停车场数据，实现城市停车一张图管理，形成以车主搜索目的地为中心的区域停车位统一调控，通过停车大数据监控各停车场高峰低谷值，实现停车场间智能调度，减化城市中心停车压力。

系统为泊车用户提供 App/ 小程序，实时查询车位状态、规划最佳泊车路线，在行驶过程中提供路径诱导、安全预警等信息服务；为停车场运营管理单位搭建上层应用的停车场监控管理模块，提升停车位的利用率，实现停车场无人化管理；为城市管理部门提供智慧停车管理云平台服务，实现城市静态交通一张图管理。

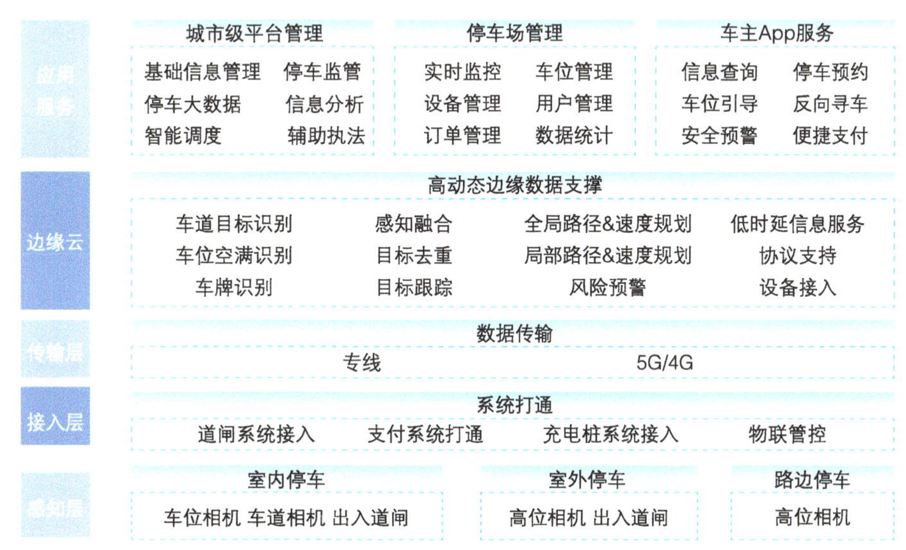

图 1　面向双智城市的智慧泊车系统架构

该系统具有以下作用。

① 提升场内车辆行车安全与通行效率。

② 实现停车场 / 停车位无人化管理、提升运营效率。

1）科技创新：

基于视觉 AI 感知的场端定位技术。搭建基于多传感器的纯视觉及不同类型感知数据的融合感知能力，支持精准、实时、稳定的行人、非机动车、机动车、交通异常事件、交通流量的检测识别，相比传统蓝牙定位精度更高，达到分米级，且更为稳定。

目标物连续跟踪技术（见图 2）。在边缘侧建设基于多点位感知设备离散或连续覆盖，汇聚车、路的跨域、全量多元数据，提供不同类型感知设备、跨点位、多网络、多协议、多源数据接入、处理、融合能力，为智能网联车辆提供“上帝”视角。

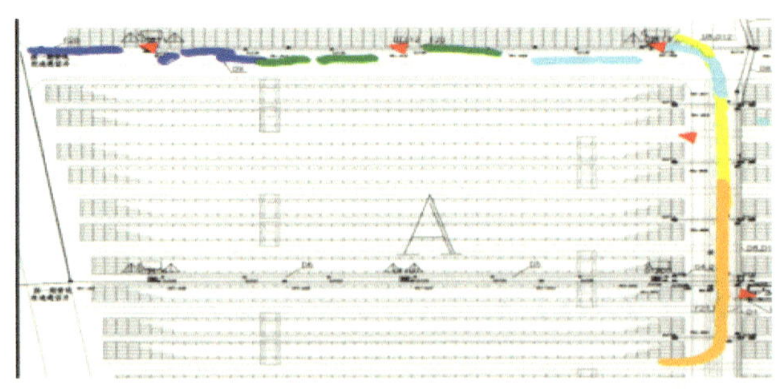

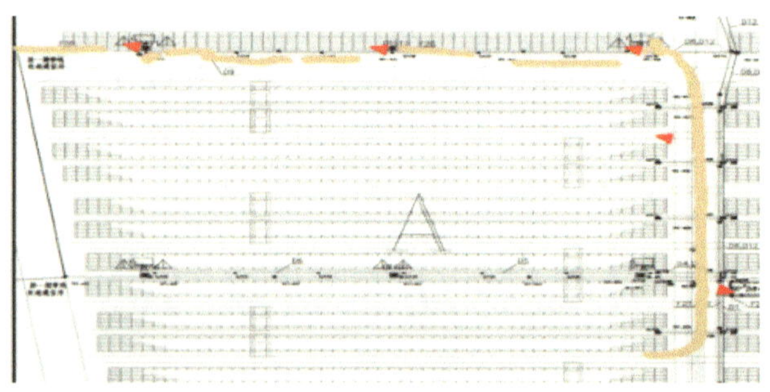

图 2　目标感知数据连续跟踪对比

协同路径规划技术。搭建实时协同规划能力，支持局部场景下单车和多车的实时动态路径规划、多车协作通行，实现停车场局部及全域交通安全管控和通行效率最优。

2）应用创新：

结合视觉 AI 感知、融合跟踪、协同规划等车路协同算法底座能力，为车主提供“全域感知 - 车位推荐 - 路径引导 - 反向寻车 - 安全预警”一站式引导服务，帮助车主解决停车难题，同时进一步提高停车场整体运作效率（车位利用率提升、周转率提升），减少不必要的人工成本投入，基于场端感知可兼顾停车场监控功能，提高安全系数。

3）模式创新：

面向城市传统停车场场景下常出现的高峰时期停车拥堵、车位供应不足等现象，通过硬件升级改造 + 算法软件部署的方式实现停车场智慧化升级，解决当前“停车难”的问题。改造后的停车场可支持平滑升级，为自动泊车（AVP）车辆提供智泊引导服务（见图 3）。

2. 应用案例

该面向双智的停车场智慧泊车系统成功应用于上海虹桥机场停车场（见图 4）、武汉创新谷停车场（见图 5），以及南通、菱湖等地，有效解决“停车难”“监管不足”等问题，实现车路协同规模服务在双智协同发展下的应用和场景创新验证。

图 3　停车场车辆行驶引导

图 4　虹桥机场停车场智慧泊车 - 停车引导界面

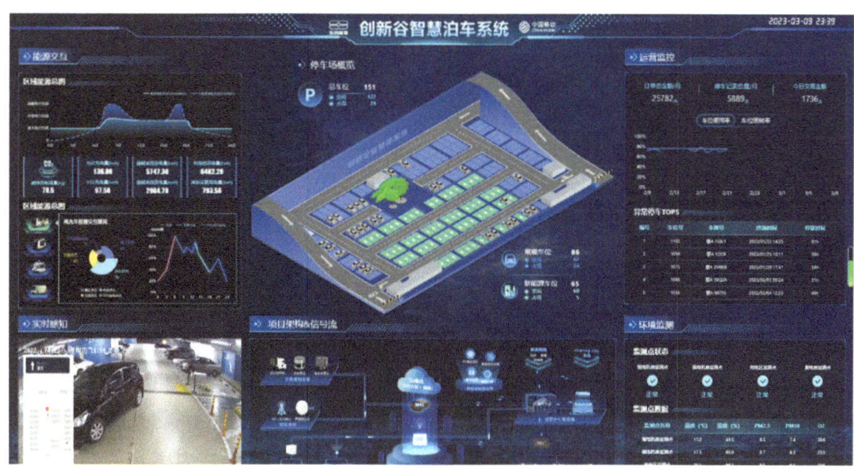

图 5　武汉创新谷智慧泊车系统

虹桥机场停车场 5G 智慧泊车项目（上海市交通领域科技创新应用场景揭榜挂帅项目）基于视觉感知面向停车场景解决高峰期停车场拥堵、效率低的问题，面向虹桥机场 P6 停车场袋鼠层提供场库级 5G+ 智泊引导改造方案。

环境部署：在停车场覆盖 5G 室分信号，部署移动云服务器，主要干道部署若干相机设备（含 5G 相机），打通停车场内部道闸系统、超声波车位检测系统、地锁系统。

软件系统部署：基于移动云服务器部署视觉 AI 感知、全景融合、协同规划等算法底座，实现对停车场的全域感知、车辆行人目标跟踪、场端车行协同调度效率最大化，部署面向车主侧的“动态车位地图、车行引导、反向寻车、安全预警”一站式服务。

应用效果：针对性解决停车场车位空闲占用状态无法实时更新展示于用户，车辆停车场内绕圈，高峰时段造成拥堵导致用户体验差的问题。同时，本次改造方案将无障碍停车位建设和改造工作作为当前工作的重点，进一步提升虹桥机场停车场无障碍环境建设水平，方便残障人士出行。

面向智能驾驶行业的 GNSS/INS/WS/Image/Lidar 等多源异构信息弹性深组合定位系统

武汉际上导航科技有限公司
作者：孙红星

以 GNSS（全球导航卫星系统）/INS（惯性导航系统）集成为代表的组合定位系统在多个行业中已经得到了广泛应用。根据不同的行业需求，组合定位系统也存在一些不同的具体技术方案。总体上，GNSS 存在单点定位和差分定位的区别，差分定位中也存在使用伪距和载波相位观测量的差异。INS 存在器件精度级别的不同，导致了虽然导航算法基本相同，但组合滤波器中误差模型的差异。对于陆地车辆定位，WS（里程计）几乎不可或缺，它将在 GNSS 受到遮挡失锁的时段有效延缓 INS 的误差积累，当然它需要在实时标定后才能参与组合工作。Image（影像）和 Lidar（激光点云）的作用类似，一方面它们可以利用已知地图数据库特征点坐标进行空间交会，以求解车辆地理位置，起到锚点的作用；另一方面它们也可以使用影像和点云匹配方法，实现即时定位与地图构建（SLAM），也能在 GNSS 失锁时段延缓 INS 的误差积累。将这些技术融合的关键，是要在对这些技术理解的基础上，设计一个具有弹性的滤波器，这个滤波器能够弹性接入不同物理类型、不同数学原理、不同随机特性、不同时空特点的空间定位信息数据，输出高精度高可靠的运动载体时空状态信息。

1. GNSS 定位

根据码伪距和载波相位观测量，可以分别得到 GNSS 码伪距和载波相位伪距的单点定位方程。在存在两台接收机同时观测的情况下，对于使用码分多址编码的 GNSS 系统，如 BDS、GPS、Galileo 系统，对两台接收机以及不同卫星之间的观测数据求差，即可得到伪距和载波相位的双差动态定位方程：

$$\nabla\Delta\tilde{\rho}_{ab}^{ij} = \nabla\Delta\rho_{ab}^{ij} + \nabla\Delta\varepsilon_{\tilde{\rho}} \quad (1)$$

$$\nabla\Delta\lambda\varphi_{ab}^{ij} = -\nabla\Delta\lambda N_{ab}^{ij} + \nabla\Delta\rho_{ab}^{ij} + \nabla\Delta\varepsilon_{\varphi} \quad (2)$$

式中，$\tilde{\rho}$为星站伪距观测值；ρ 为星站几何距离；$\varepsilon_{\tilde{\rho}}$为码观测噪声；$\lambda$ 为载波波长；φ 为相位观测值；N 为整周未知数；ε_{φ}为载波相位观测噪声；a、b 和 i、j 分别为接收机和卫星编号；$\nabla\Delta$为双差算子。

在 GNSS 双差定位方程中，卫星钟差、电离层延迟、对流层延迟、接收机钟差全部被消除。对于 GLONASS 系统而言，由于采用频分多址编码，其双差定位方程较为复杂，此处不再赘述。对于方程（1），可以得到米级的定位精度，对于方程（2），如果已知整周未知数N_{ab}^{ij}，使用一个历元观测数据即可得到厘米级精度的定位结果。用户如果设置一个称为参考基站的静止接收机，并且通过一定的数据链路将基站的观测数据传输至称为流动站的运动接收机，然后使用方程（2）的模型进行流动站的实时定位，也就是广泛使用的 GNSS 实时动态定位（RTK）方法。随着地面连续运行参考站（CORS）的建立，用户也可以申请 CORS 服务而免除参考基站的设置（见图 1）。在 GNSS 差分定位中，模糊度的求解是技术核心。

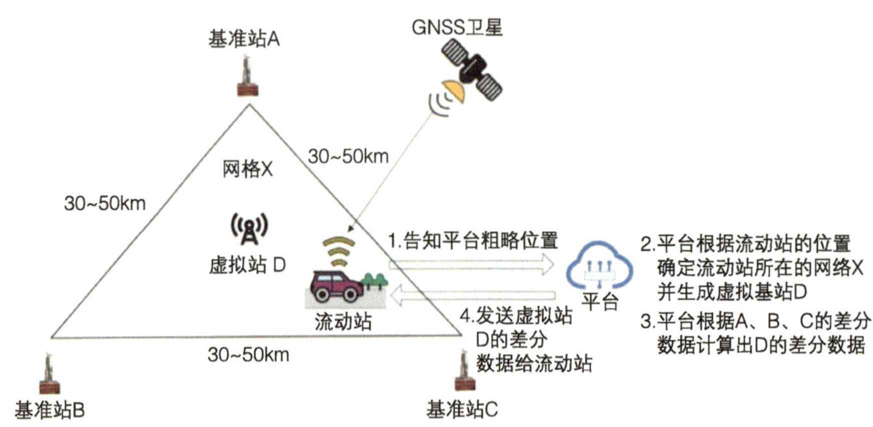

图 1　智能驾驶中 CORS 增强系统服务示意图

2. INS 定位

INS 是通过惯性器件的观测数据进行航位推算的定位系统。陀螺仪可以观测载体的空间转动角速度，加速度计可以观测载体相对于惯性空间的加速度，通过陀螺仪观测量计算载体相对于地理空间的三维姿态，再将加速度计观测量转换至地理空间，并在此空间内进行两次积分，即可实现载体的空间定位。

INS 的定位方程为一组微分方程，在地球坐标系（e 系）中的导航方程为

$$\begin{cases} \dot{r}^e = V^e \\ \dot{V}^e = R_b^e f^b - 2\Omega_{ie}^e V^e + g^e \\ \dot{R}_b^e = R_b^e\left(\Omega_{ei}^b + \Omega_{ib}^b\right) \end{cases} \quad (3)$$

式中，r^e 为 e 系空间位置；V^e 为 e 系速度；R_b^e 为 IMU 坐标系（b 系）至 e 系的旋转矩阵；f^b 为加速度计观测量；Ω_{ie}^e、Ω_{ei}^b为地球自转角速度；g^e 为地球重力；Ω_{ib}^b为陀螺仪观测量；角标 e 和 b 表示坐标系。

3. WS 测速

车轮传感器（Wheel Sensor）目前主要有两种类型，一种为基于霍尔效应的轮速计（Wheel Speed），一种是基于编码的里程计（Odometer）。WS 只能探测载体前进方向的运动，在引入载体侧向和垂向速度为零的不完全约束条件作为虚拟观测值时，则可得到 WS 在车体坐标系（V 系）下的测量值：

$$\dot{r}_W^V = kV \quad (4)$$

式中，k 为 WS 刻度因子；$V=[0\ \ v\ \ 0]^{\mathrm{T}}$，$v$ 为 WS 速度

输出量；角标 W 和 V 分别表示 WS 观测量和 V 坐标系。

4. Image 定位

影像定位（VL）是一种局部定位技术，在地理信息领域已经得到了多年的应用。如果像片中的数个目标在物方空间已知空间坐标，则可以使用后方交会技术测得摄影传感器的空间位置和姿态。

$$\begin{cases} x=-f\dfrac{a_1\left(X-X_S\right)+b_1\left(Y-Y_S\right)+c_1\left(Z-Z_S\right)}{a_3\left(X-X_S\right)+b_3\left(Y-Y_S\right)+c_3\left(Z-Z_S\right)} \\ y=-f\dfrac{a_2\left(X-X_S\right)+b_2\left(Y-Y_S\right)+c_2\left(Z-Z_S\right)}{a_3\left(X-X_S\right)+b_3\left(Y-Y_S\right)+c_3\left(Z-Z_S\right)} \end{cases} \quad (5)$$

式中，(x, y) 为像点坐标；(X, Y, Z) 为地面点坐标；(X_S, Y_S, Z_S) 为摄影中心坐标；$(a_i, b_i, c_i)(i=1, 2, 3)$ 为传感器姿态矩阵中元素；f 为相机焦距。

根据数学关系可知，如果一张相片上存在三个以上已知空间坐标的特征点，即可求得传感器的空间位置和姿态。

在无目标点地理坐标的情况下，也可以利用两张相片之间的共视目标求解传感器空间位置和姿态的变化，实现 SLAM，并以此来校正 INS 的定位漂移。在这项工作中，特征点的识别和匹配是技术核心。

5. Lidar 定位

激光扫描定位也是一种局部定位技术，但和 VL 不同的是，在 INS 提供地理参考的条件下，每一帧扫描图像中的所有扫描点都可获得地理空间坐标，但由于扫描点频的制约，激光点云的密度较低，难以获得特征点。基于这样的特点，Lidar 定位多使用特征线和特征面来进行匹配，对于存在地图数据库的场景，同样使用交会方法来校正 INS 导航误差，对于没有地图数据库的场景，则使用 SLAM 方法来校正 INS 导航误差。

由于特征线和特征面匹配相对于特征点匹配而言，约束力逐步降低，这样匹配时需要较多的特征线和特征面。这种特点导致在特征线面丰富的场景，如城市峡谷、人工封闭空间，计算效果较好，对于非规则几何目标丰富的场景，如行道树，效果不良，当然对于后者可以使用最近点迭代（ICP）方法进行匹配，从而实现 SLAM 校正。特别需要说明的是，GNSS 观测条件不良的场景正是人工构筑目标密集的场景，所以基于特征地图数据库支撑的 Lidar 交会方案和 GNSS 定位具有较大的互补性，这个特点值得我们充分利用。

6. GNSS/INS/WS/Image/Lidar 弹性深组合滤波

对于 GNSS/INS/ 多传感器组合的数学方法多采用卡尔曼滤波。在多传感器深组合滤波器中，所有的传感器观测量，均以观测方程的形式进入滤波器。滤波器系统见式（6）。

$$\begin{cases} \dot{\boldsymbol{x}}(t)=\boldsymbol{F}(t)\boldsymbol{x}(t)+\boldsymbol{G}(t)\boldsymbol{W}(t) \\ \boldsymbol{Z}(t)=\boldsymbol{H}(t)\boldsymbol{x}(t)+\boldsymbol{V}(t) \end{cases} \quad (6)$$

式中，$\boldsymbol{x}=[\delta r\ \ \delta V\ \ \varphi\ \ d\ \ b]^{\mathrm{T}}$，$\delta r$ 为 INS 导航坐标误差，δV 为 INS 速度误差，φ 为 INS 姿态误差角，d 为陀螺仪漂移，b 为加速度计偏置；$\boldsymbol{F}(t)$ 和 $\boldsymbol{G}(t)$ 分别为动态矩阵和动态噪声驱动矩阵；$\boldsymbol{Z}(t)$ 为观测矢量；$\boldsymbol{H}(t)$ 为观测系数矩阵；$\boldsymbol{W}(t)$、$\boldsymbol{V}(t)$ 均为互不相关的零均值高斯白噪声。

在方程 (6) 中，GNSS、WS 等子系统的观测方程各不相同。对于 GNSS，使用的是双差载波相位定位方程，当然也可以将模糊度参数纳入空间状态：

$$Z_G=\nabla\Delta\lambda\varphi+\nabla\Delta\lambda N-\nabla\Delta\rho^0 \quad (7)$$

$$H_G=-B_g\delta r \quad (8)$$

式中，ρ^0 为接收机至卫星空间位置的初值；B_g 为 GNSS 定位方程线性系数矩阵。

因为受到温度、荷载、胎压变化等因素的影响，WS 在使用之前需要实时标定，全误差模型的标定方程见式（9）。

$$\Delta V_W^e=\boldsymbol{A}\delta k+\boldsymbol{B}\varepsilon^b+\boldsymbol{C}\delta L^V \quad (9)$$

式中，ΔV_W^e 为 WS 在 e 系的速度误差；δk、ε^b、δL^V 分别为刻度因子、IMU 安装误差角、WS 地面接触点至导航中心杆臂值；$\boldsymbol{A}$、$\boldsymbol{B}$、$\boldsymbol{C}$ 分别为它们的系数矩阵。

WS 对 INS 的校正方程见式（10）。

$$Z_W=\delta V+\boldsymbol{B}_W\varepsilon^e+\boldsymbol{C}_Wd \quad (10)$$

式中，ε^e 为 INS 姿态误差角；d 为陀螺仪漂移误差；$\boldsymbol{B}_W$、$\boldsymbol{C}_W$ 分别为它们对应的系数矩阵。

Image 对 INS 的校正方程分为交会和 SLAM 两种情况，分别见方程（11）中的两式。

$$\begin{cases} Z_I(\mathrm{T})=A_I(\mathrm{T})\delta r+B_I(\mathrm{T})\varepsilon^e \\ Z_I(\mathrm{S})=A_I(\mathrm{S})\delta V+B_I(\mathrm{S})d \end{cases} \quad (11)$$

式中，标识 (T) 和 (S) 分别表示交会和 SLAM 两种方式。需要注意的是，方程（11）中第二式对系统的观测能力远低于第一式。

Lidar 对 INS 的校正方程和 Image 类似，也分为交会和 SLAM 两种情况。如果 Lidar 的 SLAM 是基于 ICP 技术的，则对 INS 的校正是使用的匹配结果，此时对于 Lidar 的使用为松散组合。

弹性组合滤波器需要处理好观测方程的变化、不同观测量的先验方差以及时序的处理。除了 INS，别的子系统都是弹性进入滤波器的，都允许随时进入，随时打断。一般而言，GNSS 数据率较低，1Hz 即可，WS 一般为 10Hz，Image 和 Lidar 交会校正时频率为 1Hz 即可，但是在 SLAM 时需要较高的数据率以控制模型误差，具体还要看系统的运算能力，总体上，组合滤波器的运算量在整个智能驾驶运算中占比较小。

滤波器输出位置、速度和三维姿态等空间信息后，即可反馈给 GNSS 辅助锁相环捕获 GNSS 信号。一般 GNSS 芯片在得到 INS 输入的空间状态信息后，1s 内即可完成卫星捕获。

组合滤波器的结构见图 2。

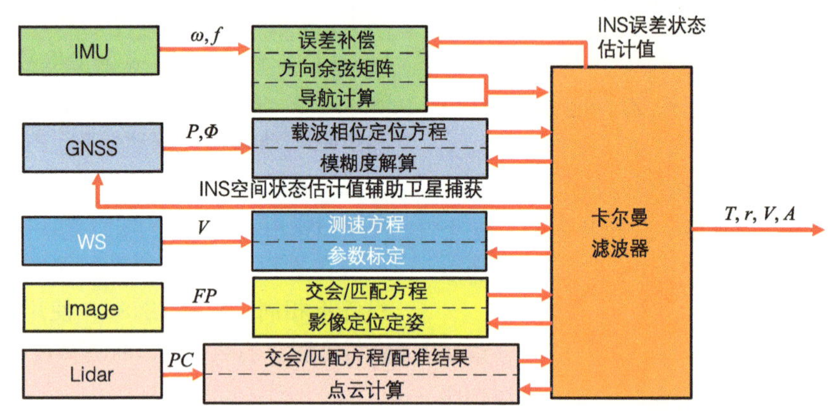

图 2　GNSS/INS/WS/Image/Lidar 弹性深组合滤波器结构

7. 智能驾驶行业的组合定位产品和应用

基于 GNSS/INS/WS/Image/Lidar 弹性深组合技术，际上导航推出了面向智能驾驶行业的系列组合定位产品。针对 L3 以上级别的无人驾驶车辆高精度定位，公司推出了低成本的组合定位盒子（PBox）gThrostle；针对车辆动态特性检测以及 BEV（鸟瞰视角）应用，公司推出了高精度组合定位测姿系统 gSpin，包括 310、410、510、610 四个型号，以应对不同的精度需求；以 gSpin 为基础，公司推出了无人驾驶 AI 训练真值车 gCollector。

gThrostle 针对目前市场上 PBox 产品普遍存在的组合深度不够，接入信息少，精度和可靠性不高、高度依赖高精度地图、功能安全不足等缺点，在充分复用影像和激光雷达数据的基础上，提出了 GNSS/INS/WS/Image/Lidar 弹性深组合技术路线，摆脱了对高精度地图的强依赖，系统在有高精度地图的情况下可以更优地运行，而没有高精度地图也能够保证系统的精度、高可靠性和完好性。gThrostle 产品外观见图 3。

gSpin 兼容中等精度 MEMS IMU 以及高精度光纤陀螺仪 IMU，支持 GNSS/INS/WS/Image/Lidar 弹性接入，为各种运动载体提供高精度的地理参考和动态特性信息。gSpin 系列产品见图 4，配套后处理软件见图 5。

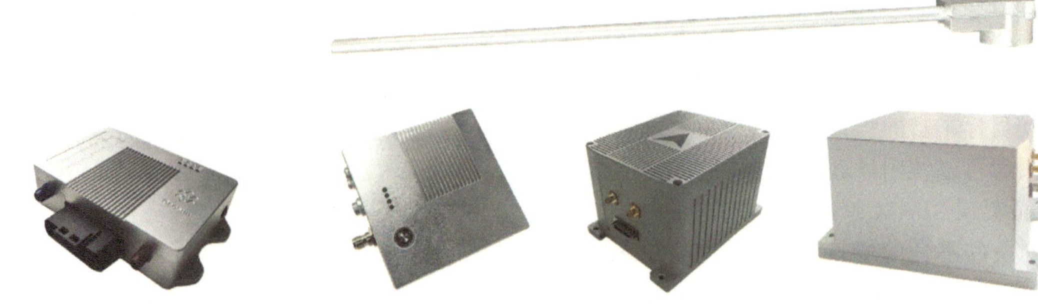

图 3　gThrostle 产品外观　　图 4　gSpin 410/510/610 系列产品

gCollector 集成了两路三维激光扫描仪、六路高清摄像机，以及 gSpin POS 系统，系统整体加装在车辆平台上进行视频影像和激光雷达扫描的 BEV 采集，具有测量速度快、作业安全性高、获取信息全面、数据相对精度高等特点。gCollector 产品见图 6。

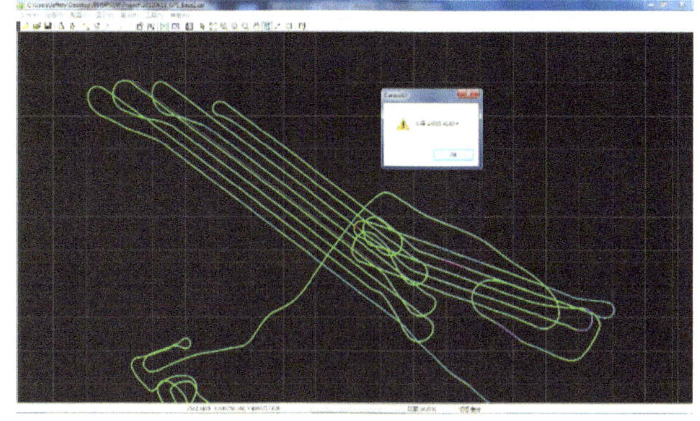

图 5　gSpin 配套后处理软件 Shuttle

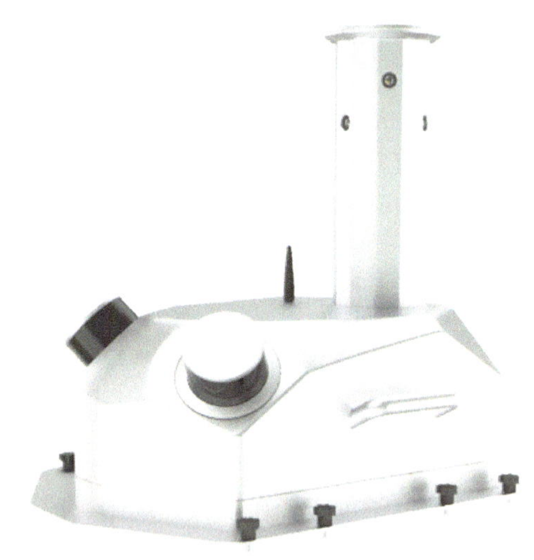

图 6　gCollector 真值车

高精度组合导航技术未来发展趋势探讨

重庆九洲星熠导航设备有限公司

1. 高精度导航定位是智驾行业的关键一环

随着智能驾驶（简称智驾）市场需求的进一步扩大，汽车智能化程度越来越高，各大汽车厂家逐步将智驾方案的重点调整为适应更多边缘场景和提升智驾过程中的用户体验。同时，多家知名汽车企业的自动驾驶车型已密集上市。佐思数据库最新数据显示，2022 年以来上市的装配高精度定位技术的车型明显增多，其中蔚来、小鹏、理想、合众、北汽极狐等企业在 2022 年新上市的车型均实现全系标配高精度定位。传统主机厂在这方面的部署也明显加快了脚步，如长城坦克 500、长安深蓝 SL03，上汽飞凡 R7、大通 MAXUS G90、奇瑞捷途大圣、凯迪拉克 IQ 锐歌等车型均推出了标配或选装高精度定位的版本。这意味着高精度定位这一技术在智驾领域正变得日益瞩目。

当下，高精度定位技术在智驾行业的重要作用分为两个方面：一是为高速领航辅助驾驶（NOA）、园区自动驾驶等具有高精度地图的场景提供车道级 / 分米级定位能力；二是为智驾提供基础的时空及姿态信息，既为其提供转换到大地坐标系的全局位姿，也为传感器的精准感知与相对定位提供时间同步及车身姿态信息，支撑车辆更好地完成轻地图应用场景的智驾功能。更精准的时空及姿态信息才能支撑更优的数据质量，为多传感器数据深度融合感知、Transformer 时序深度学习、推理预测、规划及控制等各个环节提供强有力的支撑。使感知地图生成、全局路径规划、高速 NOA、城区 NOA、自动停车辅助（APA）等功能得以高效顺利实现，使车辆更为精准地适应山区、隧道、城市高架道路、地下车库等更多边缘场景，提升自动驾驶功能的可用性。

综上所述，高精度导航定位技术是实现自动驾驶功能的基础，它可以提高车辆在自动驾驶过程中的安全性、可用性、舒适度和可靠性，从而实现更加智能化、高效化的出行方式。

2. 企业介绍

重庆九洲星熠导航设备有限公司成立于 2008 年，是九洲集团旗下专注北斗卫星导航、惯性组合导航、多源融合导航、水下导航、跨越通信等技术研究及产业化推广的高科技企业，是国防北斗应用装备的核心供应商，是面向无人化、智能化行业精准导航与位置感知设备的专业提供商（见图 1）。

图 1　九洲集团

公司总部位于重庆，在重庆、绵阳、成都三地均设有研发中心，并依托国家级创新平台“国家地方联合工程实验室”建设，自主突破了一系列关键核心技术，拥有高精度导航定位与位置感知等方面核心专利和著作权 70 余项，自主研发的北斗国防装备、高精度导航定位系统、惯性测量单元、三维激光雷达等产品得到行业的广泛认可和批量应用。

3. 核心产品介绍

公司发挥大型国有企业优势，基于在导航定位技术方面的深厚积累，面向智驾需求，深化北斗 RTK（实时动态）技术、组合导航技术、视觉 / 激光等多源融合导航技术研究，并基于重庆错综复杂的城市环境进行了大量的测试优化，研制了一系列性能优异、稳定可靠的产品，并面向智驾团队提供基于芯片 + 算法软件开发工具包（SDK）的技术方案服务，力求为客户提供性能更优、成本更低和可靠稳定的产品及服务。

（1）“星耀一号”高精度导航定位芯片

该芯片（见图 2）是公司具有自主知识产权的射频基带一体化单片系统（SoC）芯片，单颗芯片集成了 6 路射频通道、基带、双 ARM 核中央处理器（CPU）及片上内存，每个 ARM 核最高主频为 492MHz，双 ARM 核 CPU 可为客户应用预留一个 ARM 核，支持客户应用开发。

芯片拥有 218 个物理通道，可跟踪 BDS、GPS、GLONASSS、Galileo、QZSS 卫星导航系统全部民用频点信号；兼顾北斗三号区域短报文通信、全球短报文通信功能，抗窄带干扰干信比优于 75dB，降低无线信号干扰影响，内置混频 RTK 解算引擎，可实现复杂场景稳定的厘米级定位；采用 40nm 低功耗设计，稳定跟踪状态功耗约为 600mW；单颗 GNSS 芯片搭配少量的外围电路即可实现双天线高精度定向功能，减少了用户产品开发模块、板卡、终端等产品布板面积、器件，降低了应用成本，增加了开发便捷性；采用 BGA121 封装，尺寸仅为 7mm × 7mm。

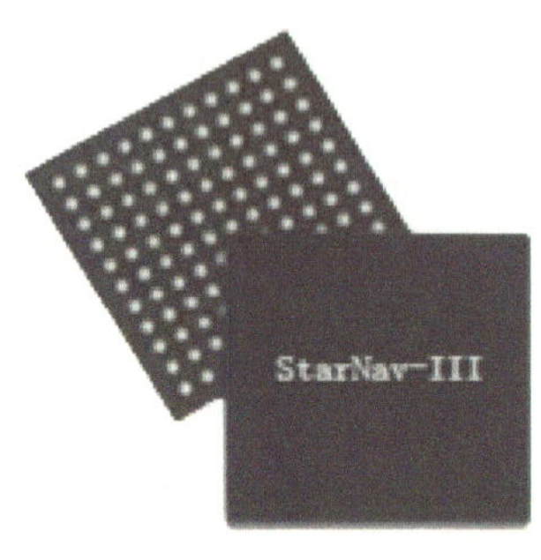

图 2　“星耀一号”芯片

（2）高精度组合导航板卡 MINS100

该产品（见图 3）是基于高精度 GNSS、高性能 IMU 开发的高精度组合导航板卡，内置紧耦合组合导航算法、参数补偿及在线估计技术、轮速融合算法，能够在各种复杂场景下输出稳定、连续、可靠的高精度位置与姿态信息。

图 3　MINS100

同时，板卡支持 LVTTL 串口、以太网口、CAN（FD）、PPS、EVENT、GPIO 等多种接口，便于集成；硬件兼容性强，可兼容市面主流板卡接口和尺寸；尺寸为 71mm × 46mm × 13mm，功耗≤ 2W，实现了小尺寸、低功耗。

（3）增强型高精度组合导航系统 MINS200

该产品（见图 4）是基于用户对高精度、高可靠位置与姿态的需求开发的增强型高精度组合导航系统，以高精度 GNSS 和高性能 IMU 为核心，以车辆动力学模型、车辆信息（轮速、转向等）为辅助，融合紧耦合组合导航算法、全误差参数补偿及在线估计技术等前沿技术，内嵌通信系统，能够在各种复杂场景下（全遮挡、半遮挡环境，如城市峡谷、地下车库、高架环岛、林荫路段、轻轨电磁干扰路段等）输出稳定、连续、可靠的高精度位置与姿态信息。

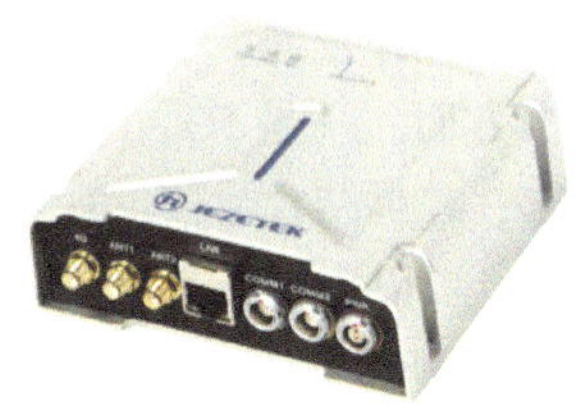

图 4　MINS200

（4）标准型高精度组合导航系统 MINS300

该产品（见图 5）是集成高精度定位定向 GNSS 模块与工业级惯导 IMU 的组合导航系统，支持全系统全频点，支持外接轮速传感器，深度融合传感器 GNSS/IMU/ 轮速传感器等多传感器数据，能够有效地应对卫星信号干扰、丢失等苛刻环境，实时提供高精度的位置、速度和姿态信息，较好地满足城市峡谷等复杂环境下长时间、高精度、高可靠性导航的应用需求。

图 5　MINS300

其中，模块化设计让用户可根据自身需求定制各种等级的 GNSS、IMU，配套 INSCEVS 软件，图形化操作界面便于用户快速配置，硬件拓展性强，支持 RS-232、CAN（FD）、RS-422、PPS、EVENT 等多种接口，同时可接入其他传感器（如里程计、Lidar、SLAM 等）协同工作。

（5）高精度导航定位技术之自驾域控集成方案

九洲星熠提供核心器件 +SDK 方案。SDK 封装了 IMU 和 GNSS 高精度组合导航算法，以车辆动力学模型、车辆信息（轮速、转向等）为辅助，融合紧耦合组合导航算法，全误差参数补偿及在线估计等前沿技术，还包括底层网络通信、差分数据收发、时间同步等服务，给客户提供一个稳定、统一、便于集成开发的软件库，能够快速实现在各种复杂场景下输出稳定、连续、可靠的高精度位置与姿态信息。整个系统的数据流见图 6。

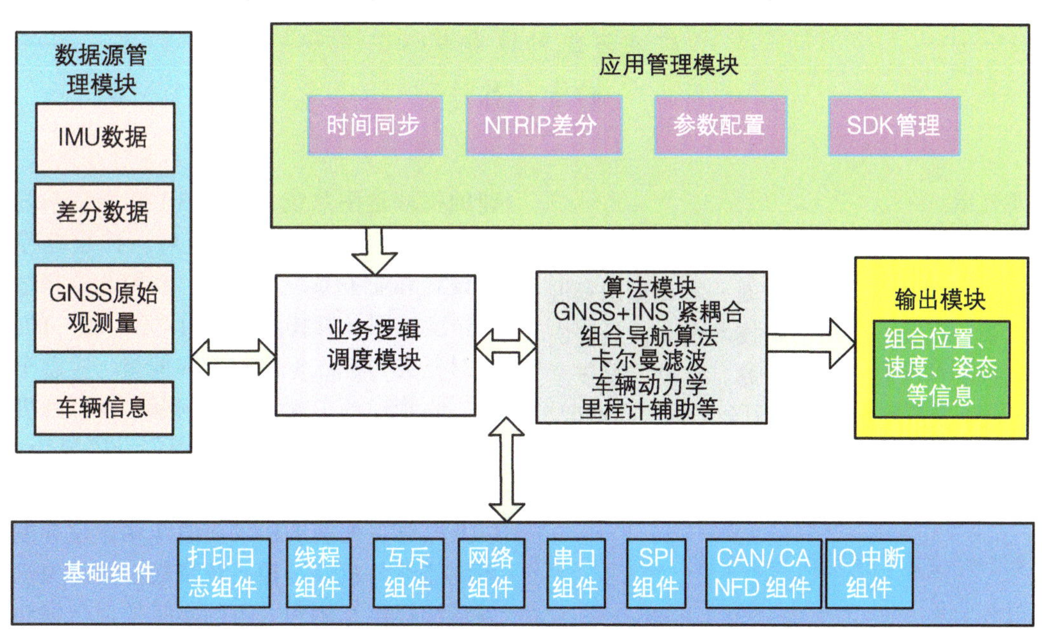

图 6　自驾域控集成方案数据流

整体框架基于带操作系统平台开发，共分为以下六个模块。

1）基础组件：类似于硬件抽象层，需要用户根据自己硬件平台，填写相应接口函数（如打印日志函数，需要填充设备实际打印串口驱动程序）。

2）数据源管理模块：主要负责 IMU、GNSS、车辆信息的采集。

3）业务逻辑调度模块：是整个 SDK 调度中心，分发相关数据流处理。

4）算法模块：主要处理融合算法。

5）应用管理模块：主要处理时间同步，NTRIP 网络差分，参数配置和 SDK 创建、删除等。

6）输出模块：组合后数据输出管理，协议封装。

4. 高精度组合导航技术发展趋势

（1）多传感器深度融合

随着传感器技术的不断发展，未来高精度导航定位技术将更加注重多传感器融合，多传感器融合也将是解决无人驾驶在各类复杂场景中应用问题的最有效的路径。通过将不同类型、不同特性的传感器进行深度融合，利用相关传感器的数据再进一步对某一传感器随机参数和函数化的参数模型进行约束，进一步提升当前应用形态的关键性能。如利用更多的传感器数据来减少在卫星导航拒止场景下的惯性发散程度；如利用惯性传感器测量出的车辆是否处于加速运动等状态信息来进一步提升卫星导航 RTK 在复杂环境下的定位稳定性；如利用视觉、激光等传感器数据及更优的运动学模型来深化对各传感器数据的完好性及质量的控制等。

（2）利用深度学习提升智能化融合能力

在平台算力不断提升的情况下，通过深度学习的手段增强场景的识别与理解能力，对各传感器的数据质量进行更优的控制。利用深度学习等手段将现在基于权值的融合方式深化到基于场景理解的更优的智能化自适应融合决策方式，进一步提升高精度时空及位姿信息的可靠性、稳定性等。

（3）与通信等技术的融合

通信技术仍在飞速发展，导航定位与通信的融合主要体现在两个方面。一是 5G、6G 本身在逐步提升定位的关键性能；二是结合通信，特别是低轨通信等基础设施的发展，可以进一步推动卫星导航高精度服务的应用模式，使用户更易获得高精度定位数据服务。

在未来，九洲星熠将顺应高精度定位技术的时代发展趋势，持续以技术为核心，以创新为动力，迎合市场需求，赋能千行百业，助力经济社会的数字化、智能化转型。

星舆机场应急车辆定位导航解决方案及星舆高精度 TCU 解决方案

广东星舆科技有限公司

作者：韩炜

1. 公司介绍

广东星舆科技有限公司（简称“星舆科技”），成立于 2018 年，总部位于广州，是一家新型国资混合所有制改革、军民融合的高新技术企业，是国内领先的北斗数字精准时空云服务商。建设了覆盖全国的北斗高精度定位网络，研发了全场景、高精度、多源融合的新一代定位技术和高精度地图，构建了星舆时空云，为数字中国提供精准定位和地图服务。

2. 星舆机场应急车辆定位导航解决方案

（1）创新成果

星舆机场应急车辆定位导航解决方案以机场已建的机坪地图系统（AMDB）和通信系统（1.4GHz 专网）、数据交换平台、机坪运控系统等数字化基础设施和业务系统为基础，利用北斗高精度定位和高精度地图计算技术，采用“云 - 端”的架构模式，针对任务目标点标注位置和偏差、应急车辆行驶导航、监管现场车辆繁琐等问题，以提高机场应急救援效率和提早发现救援过程安全隐患为业务目标，建立一套能精准定位、规划最佳路线和准确导航，以及监管更便捷的机场应急车辆定位导航系统，该系统能够与机坪运控系统集成，同时为机场其他业务系统提供车辆和人员的实时位置数据和历史轨迹数据。

（2）应用案例

星舆科技在某机场进行了该方案的应用。项目建设内容包括搭建机场应急车辆定位导航系统基础框架，建设事故位置管理、路线规划与导航、车辆位置监管、异常告警等功能，为指定数量应急车辆提供路线规划和导航服务，重点解决应急车辆驾驶员夜间找路和 AOC 危机部对机场现场应急车辆的监管问题，进一步提升机场应急救援效率；为所有应急相关部门车辆配置终端，以及为消防员（消防救援场景）等配置随身单兵作战设备，并开发相应的平台端功能，如人员实时跟踪、轨迹回放、语音对讲等；按机场数字化转型融合规划与要求，将机场应急车辆定位导航系统与机坪运控系统进行集成等。

项目采用“云 - 端”设计理念架构系统，云侧为机场应急车辆定位导航平台，主要是针对业务需求定制开发导航、告警、位置监管等应用，平台由基础设施、地图数字底座、基础功能、业务应用四部分组成。

端侧为感知终端，主要是采集车辆位置数据和实现驾驶员与系统的交互，包括高精度定位车载交互终端、智能观测站、单兵作战终端三部分。

方案整体架构见图 1。

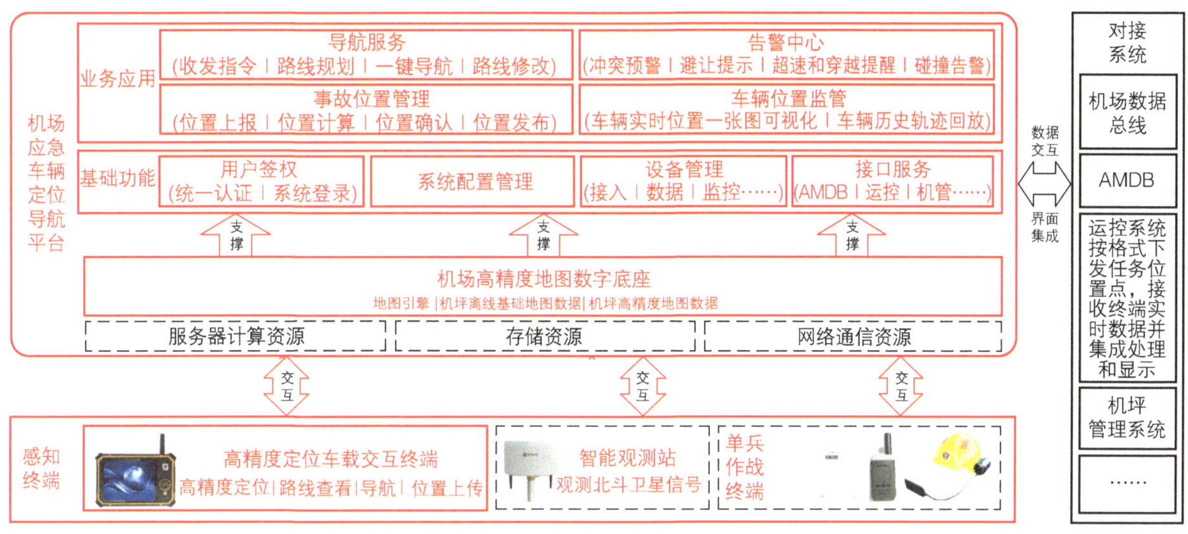

图 1　星舆机场应急车辆定位导航解决方案整体架构

机场高精度地图数字底座主要是为导航服务提供高精度地图数据和路径规划等能力，包括地图引擎、机坪离线基础地图数据、机坪高精度地图数据。

方案可实现业务功能如下。

1）导航：导航服务的业务目标是根据运行控制中心（AOC）下达的救援指令，利用导航服务，无论白天黑夜，都能够使机场应急车辆驾驶员在最短时间内将机场应急车辆行驶到飞行区的任何位置，特别是跑道区域。

2）告警：告警中心包括冲突预警、避让提示、超速和穿越提醒、碰撞告警四个功能。

3）事故位置管理：事故位置管理的业务目标是准确获取事故位置，为导航服务提供目的地位置数据，该应用包括位置上报、位置计算、位置确认、位置发布四个功能。

4）位置监管：车辆位置监管的业务目标是使 AOC 能够更直观更便捷的感知现场环境，可通过地图实时查看车辆位置，以及回放车辆历史行驶轨迹。该应用主要包括车辆实时位置一张图可视化和车辆历史轨迹回放两个功能。

系统与外部业务系统的接口见图 2。

3. 星舆高精度 TCU 解决方案

（1）创新成果

远程信息控制单元（Telematics Control Unit，TCU）是车联网终端作为未来实现网络互联和车辆智能控制的核心部件，是车联网的底层硬件入口以及完成数据采集和网络传输的关键载体，其对于高精度定位和数据安全性有更高的要求。

广东星舆科技有限公司采用多传感器融合技术，将卫星载波差分定位技术和惯性导航技术相结合，推出能够提供高精度定位导航的组合导航方案，此方案采用双频 GNSS 高精度定位模块、IMU 和外接轮速计方案，结合星舆科技差分服务云平台，为车载提供高精度定位的解决方案，同时结合星舆高精度云服务的私有协议，解决了用户位置数据隐私保护的问题。

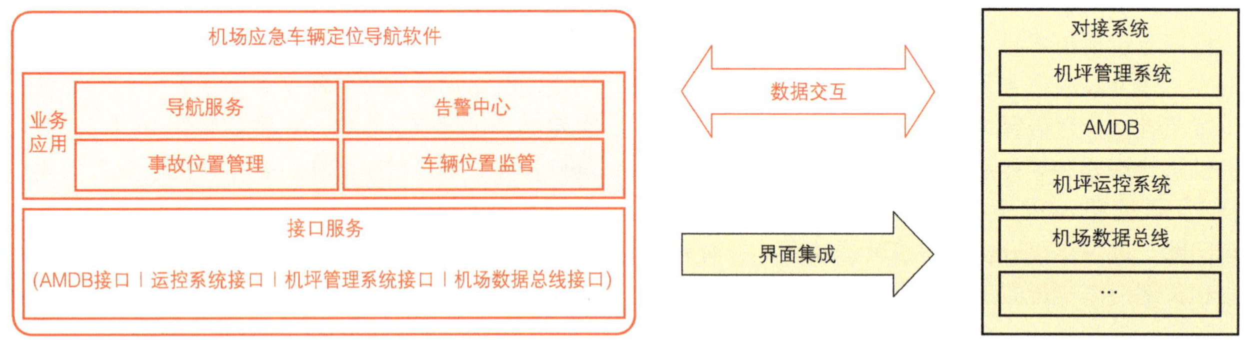

图 2　系统与外部业务系统接口

双频定位模块结合 IMU 信息辅助进行松组合 / 紧组合定位解算，并针对车载应用进行了优化设计，能够有效地应对卫星信号干扰、遮挡等苛刻环境，为智能汽车提供稳定、连续、可信的高精度位置与姿态信息。支持外接里程计信息进行辅助，借助多传感器数据融合与车辆运动学模型约束技术，大大提高了定位系统的可靠性、精确性和动态性，实时提供高精度的载体位置、姿态、速度和传感器等信息，良好地满足城市峡谷等复杂环境下长时间、高精度、高可靠性导航应用需求。

方案整体结构见图 3。

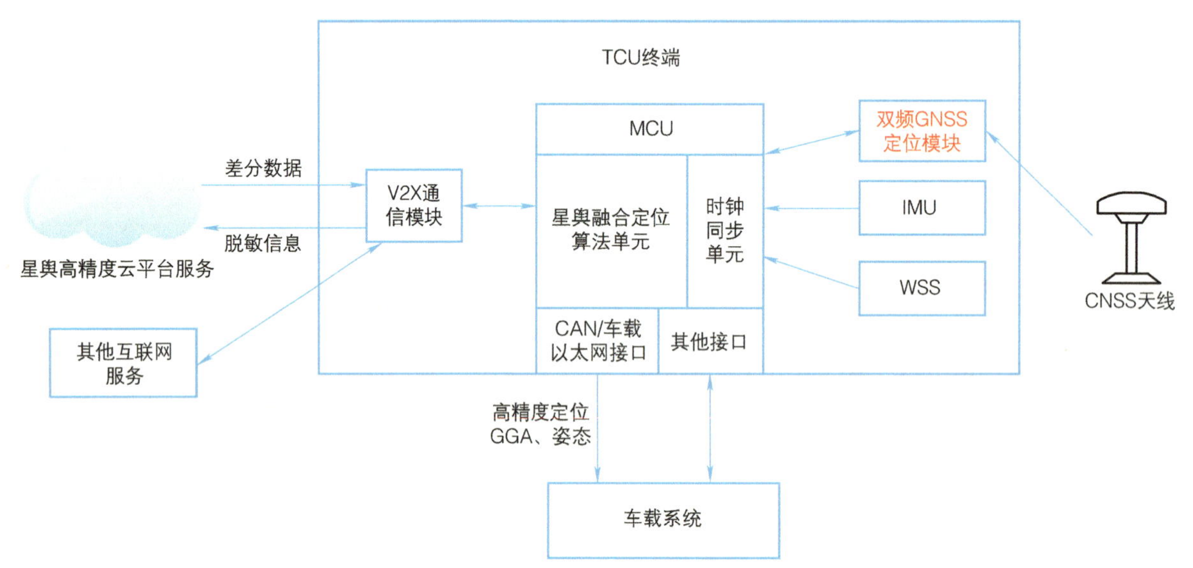

图 3　星舆高精度 TCU 整体结构图

（2）应用案例

星舆自主研发的融合定位算法，能够在卫星失锁情况下，持续提供高精度定位。时钟同步数据处理单元使用星舆的数据同步专利方案，解决多个传感器数据的同步问题，同时也可使用 PPS 信号驯服高精度的 TXCO 晶振，解决在无卫星信号环境下的无 PPS 信号的问题。

在完全遮挡——隧道（经广州临江大道新中轴隧道和 CBD）环境下，在完全遮挡搜不到卫星的情况下，定位终端惯导融合输出轨迹相对平滑，定位效果良好。在高架桥下、天桥底、城市峡谷及林荫路段等环境中，定位终端惯导融合定位输出轨迹相对平滑，定位效果良好。各环境中的定位终端惯导融合定位输出轨迹见图 4、图 5 和图 6。

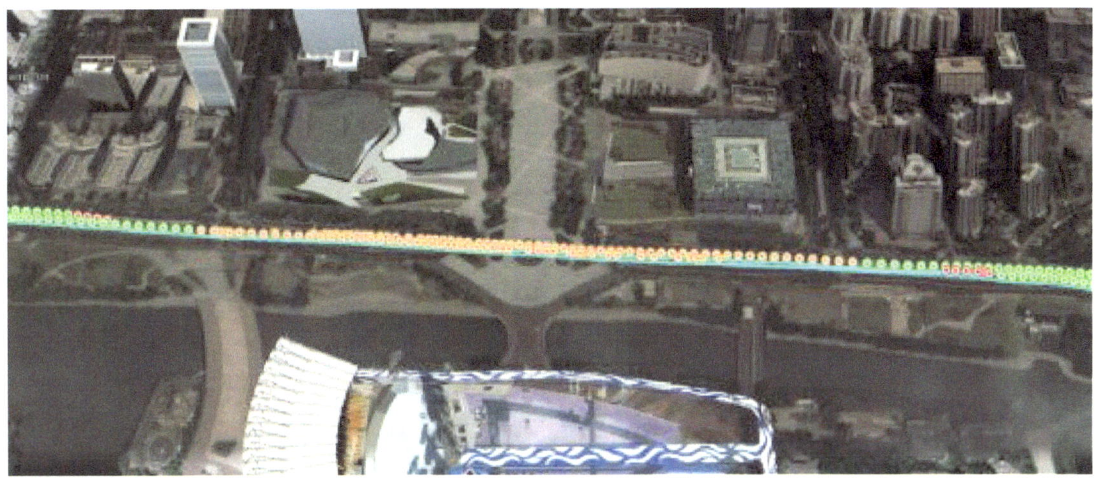

图4　隧道环境下的定位终端惯导融合定位输出轨迹

图5　高架桥下的定位终端惯导融合定位输出轨迹

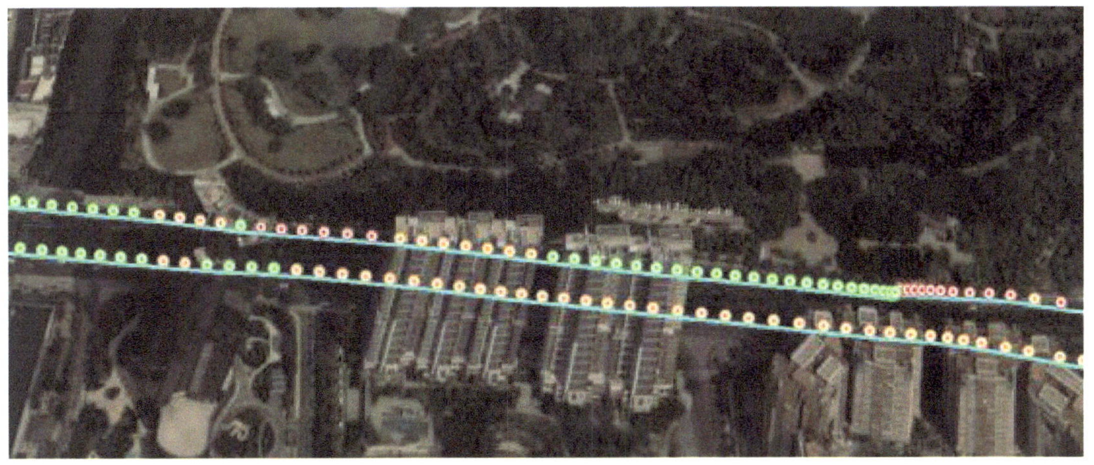

图6　城市峡谷下的定位终端惯导融合定位输出轨迹

第 10 章
智能网联汽车感知方向技术研究创新成果

旷时科技自主创新智能化毫米波雷达产品

厦门旷时科技有限公司
作者：张远燚，李怀琼

旷时科技拥有多款毫米波雷达芯片（24GHz、60GHz、77GHz）及微波雷达，以及微波通信等相关领域所需要的锁相环等产品，同时还提供有芯片SDK、天线设计、IP合作等全方位的合作与服务，目前正在致力于开发以车规级的77GHz毫米波雷达芯片为基础的多芯片级连4D成像雷达应用解决方案，以更好地服务于车联网。

旷时科技目前已拥有多款量产并广泛运用于汽车领域的产品，其中较有代表性的产品，如提升智能驾驶安全性的两轮车防撞雷达、解放驾乘人员双手的脚扫感应雷达、保护驾乘人员健康的舱内呼吸心率监测雷达。

1. 两轮车防撞雷达

两轮车防撞雷达（见图1）是一款应用于两轮车后方可主动报警的安全防护装备。雷达通过发射毫米波信号探测车身后50m范围内接近的车辆，当有车辆进入警戒范围内时及时将后方来车信息上传给两轮车中控系统，中控系统可适时在两轮车前方屏幕上方显示来车信号，也可深度开发两轮车尾灯或其他显示设备，通过两轮车尾灯以特定形式警示后方来车。

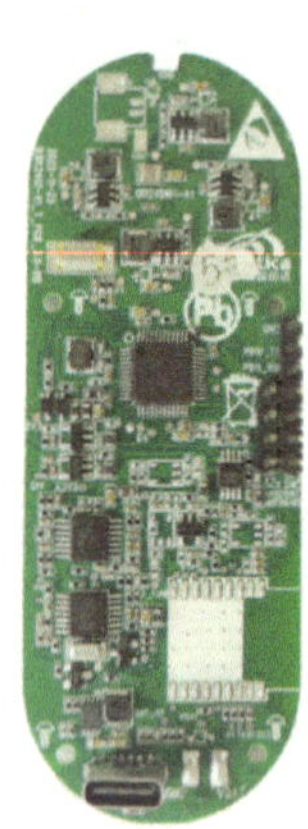

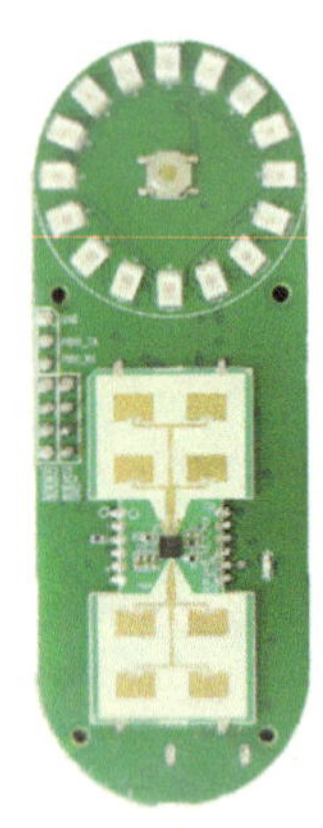

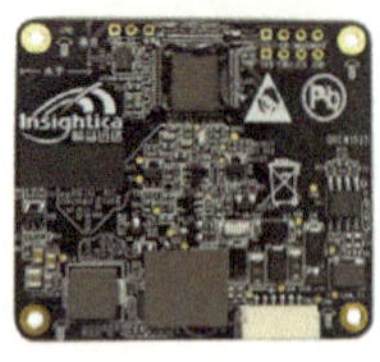

图1　两轮车防撞雷达模组

两轮车防撞雷达具有三种工作模式，分别是两轮车行驶时的正常检测模式、两轮车熄火后的待机模式、通过CAN总线连接上位机的升级模式。其中，两轮车熄火后10min雷达进入待机模式，具有极低的待机电流，从而降低雷达的平均功耗。

两轮车防撞雷达具有以下特点。

1）灵敏感知，超低功耗，支持摩托车、电动自行车、自行车等小目标检测，最远探测距离超50m。

2）雷达模块体积小，雷达波可穿透PVC等常见材质，便于集成各种设备。

3）可同时识别多辆后方来车，依据距离及相对速度的不同，提示多辆接近车辆的警戒级别。

4）可抵抗雾霾、阴雨、光线昏暗、强光等环境干扰。

5）可自行对静止目标和对向车道的来车进行过滤，避免误判。

6）模块化设计，可根据实际使用需求灵活配置，实现个性化定制。

2. 脚扫感应雷达

脚扫感应雷达（见图2）是旷时科技研发的汽车行李舱智能感应雷达，此模组能够侦测人体的接近和远离，使用户可以使用“脚扫”动作，操作汽车行李舱开关，用无感操作方式给用户带来全新智能体验（见图3）。雷达还可以过滤多类误触发。

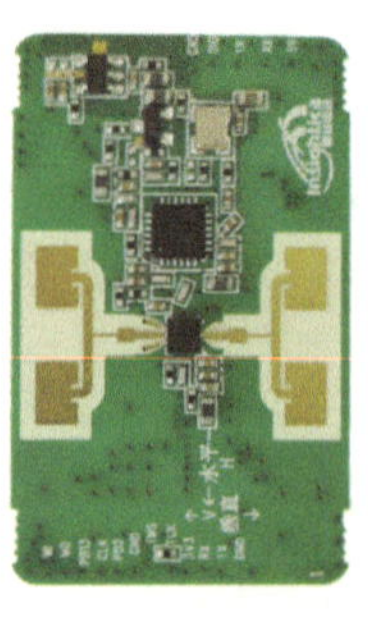

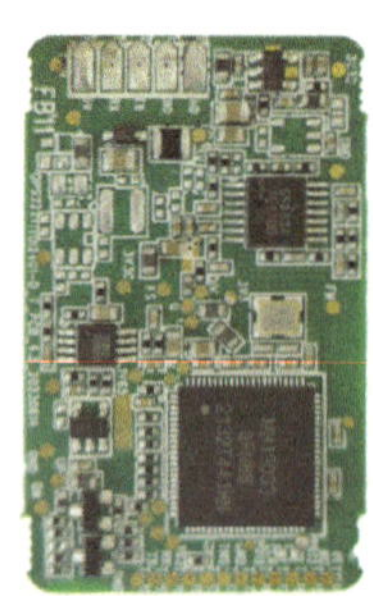

图2　脚扫感应雷达模组

图3　脚扫操作汽车行李舱示意图

脚扫感应雷达具有以下特点。

1）有效过滤人员从行李舱后方经过、跳跃等感应区外的动作。

2）采用多模式算法，可保证产品各批次生产的良率及一致性。

3）可适配多种结构，集成度高。

4）只进行动态数据感知，不侵犯隐私。

5）不受温度、湿度、噪声、气流、尘埃、光照等影响，适合恶劣环境。

3. 舱内呼吸心率监测雷达

舱内呼吸心率监测雷达（见图 4）是旷时专为智慧养老研发的一款毫米波雷达，该产品可实现在 0.4~1.5m 范围内，对躺着或坐着的人进行呼吸、心率实时监测，可以达到人体胸腹部位蠕动毫米级监测并实时输出当前人体的状态，如呼吸波形、体动指数、呼吸、心率指数等（见图 5）。看护人员可参考这些监测数据对家中老人的状态进行实时照看，尽可能避免意外的发生。用户可通过人工智能物联网（AIoT）平台、小程序等多种渠道查看和管理各项数据（见图 6）。

该产品不仅可以用于智慧养老，而且适合在智能座舱中应用，主要作用是判断舱内是否有人以及驾乘人员呼吸心率是否异常等，解决校车或轿车人员滞留车上的问题，保障驾乘人员生命安全。

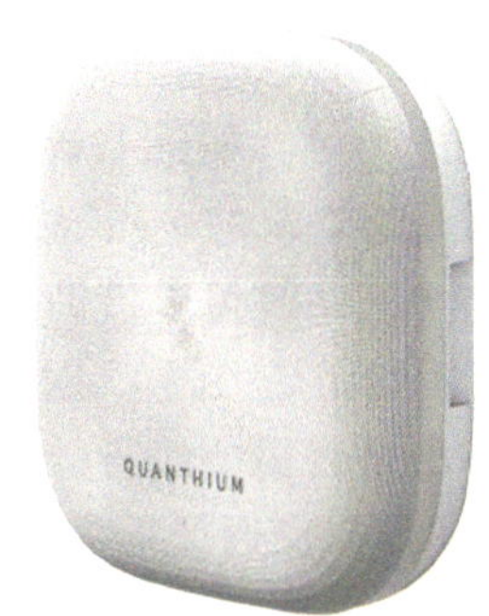

图 4　旷时科技舱内呼吸心率监测雷达外观

图 5　旷时科技舱内呼吸心率监测雷达使用示意图

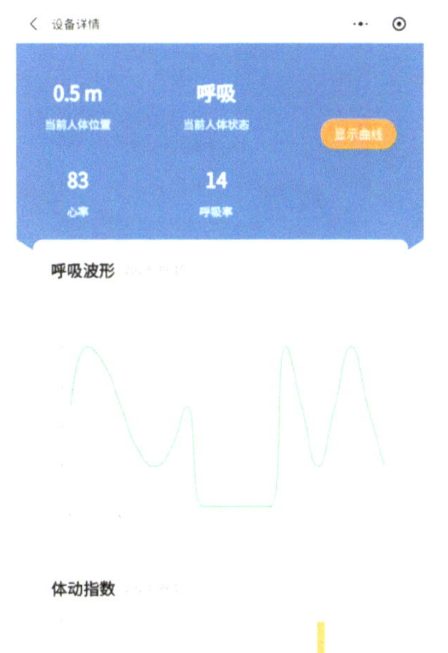

图 6　旷时科技舱内呼吸心率监测雷达小程序

舱内呼吸心率监测雷达具有以下特点。

1）进一步优化了呼吸率样本采集，减少呼吸率数据过低问题。

2）采用实时动态校准方式，心率数据更精准。

3）优化抗谐波干扰，减少微小动作造成呼吸心率不显示的问题。

4）加入语音拾音和对讲功能，支持事前语音关爱、报警后二次确认。

中智行车路云一体化创新应用

中智行科技有限公司

2023 年 6 月，江苏省新技术新产品推广应用工作联席会议办公室公布了第三十批省重点推广应用的新技术新产品目录，中智行新产品“车路协同多元数据融合感知系统”位列其中。

中智行的“轻车·熟路”车路协同自动驾驶解决方案以“轻量化自动驾驶车 + 高级别全息智能道

路”的形式，首次在城市级公开道路上，通过纯路端感知实现 5G 网联式的 L4 自动驾驶。中智行基于“轻车·熟路”系统，逐步实现了车路协同自动驾驶从技术闭环验证到商业闭环落地，助力高级别自动驾驶降本增效、实现规模化应用。

1. “轻车·熟路”车路协同系统简介

“轻车·熟路”车路协同系统由轻量化硬件配置的智能汽车与具备全息感知能力的智慧道路两个体系组成（见图 1）。

图 1 “轻车·熟路”系统示意

“轻车”，即自动驾驶车辆在智能硬件配置上实现“轻量化”，仅需具备 L2 级别的车端传感器配置，无须安装复杂和高成本的激光雷达等传感器阵列和大算力处理器芯片，从而减轻单车“负担”，车辆交付周期明显缩短，量产难度显著下降。

“熟路”系统，让原本实现 L4 级别自动驾驶所需的单车多维感知，变为由路端传感器分担。路侧布设的半固态激光雷达、高清摄像头、路侧通信模及边缘计算（MEC）等多种设备，为车辆提供海量低时延、强实时、高可靠的感知数据，并统筹更宏观的信息，帮助车辆智慧决策。

2. “轻车·熟路”系统三大优势

（1）感知优势

① 全息感知。空间全连续、居高临下的路端部署，实现物理鸟瞰视角（BEV）的超视距感知，同时大幅度减少盲区等。

② 时间的全连续。全息路端感知系统对交通参与者的观察是持续且连续的，感知从时间维度上都打通，突破了时间维度的限制，这对于感知目标的意图理解，轨迹预测等提供了更高维度的信息，从原来的三维，拓展到了四维的感知 。物体是不会凭空出现的，通过连续的跟踪，可以更好地判断其路径与状态。

③ 从感知突破到认识的升维。人工智能（AI）本身是没有认知能力的，如路上新修道路水泥是干的可以通行，还是新浇筑的必须绕行，AI 是无法识别的。但是车路协同系统可以借助学习人类的驾驶行为（如人类驾驶路径热力图），对无法识别的障碍物进行归类，作出是否需要绕行的指引，这对于自动驾驶应对长尾、异常交通场景帮助很大。

（2）海量有效数据

数据量大：基于路段采集的 7×24h 的数据。

数据量优：数据未有遗漏的情况下，数据质量更高。

通过全息路端，可以完整记录区域内所有交通参与者每天数亿千米的行驶数据，尤其是全部交通事故等异常情况，以此为基础构建场景库与仿真平台，可以极为有效地实现算法的迭代。

（3）算力大且经济

利用路端的边缘和云的计算，可以依据实际需求充分调用海量的算力，而车规的算力是相对成本高昂且低效的。假设车上的算力大约 90% 的时间只要用到 100TOPS[⊖]，但是为了剩下的 10% 的复杂交通路况，车上需要配备 2000TOPS 的算力。我们的技术通过路端的边缘计算和云计算基于交通峰谷的调剂，实际上算力效率更高。而且，路端算力设备不需要使用车规级的芯片，且计算结果可以共享给系统内连接的所有车辆，因此，整个计算硬件的成本大幅度下降。

3. 核心技术突破

为了实现路对车强赋能，需要路端能力直接赋能车辆的自动驾驶，“轻车・熟路”系统已经在技术上面有了一些比较重要的突破，涉及感知、通信和稳定性。

（1）路端感知的置信度、准确性

全息感知，实现空间与时间的全连续、无盲区、无断点，召回率超 99%，充分满足自动驾驶对于感知的精度与广度的要求。

（2）通信

车辆行驶速度一般是几十公里 / 时，为了实现真正的车路协同，通信的延迟需要严格控制在一个低水平且非常稳定的范围内。现在我们的技术已实现了以下指标。

① 通信空口延迟平均在 20ms，P99（在 99% 的情况下）延迟 <30ms。

② 端到端点（即从感知、计算到预测和规控的环节）的 P99 延迟 <200ms。

为了实现通信技术的突破，不仅在通信微基站部署等措施的采用方面做了大量的工作，也在设计全新的通信协议架构，例如车端怎样请求路端数据、路端数据怎样分组、怎样下发数据等方面做了一系列工作。

（3）系统稳定性

从硬件设备到系统软件全面实现 7×24h 长时间、无间断连续运转，稳定支持车路协同自动驾驶。

4. 应用优势与价值

安全、效率、经济，不仅是评价自动驾驶技术是否成熟的三项标准，更直接关乎自动驾驶落地的规模、速度。“轻车・熟路”带来的应用价值也着重体现在这三个方面。

（1）安全

感知范围超视距无死角、跟踪更精准、高精度地图实时更新、定位更可靠。

海量真实数据沉淀，算法更安全、更可靠。

（2）效率

预测准确率大幅提升，复杂场景通行效率高。

全局统筹大幅提升系统整体交通效率。

（3）经济

把大部分的车端传感器和车上的相当一部分的计算转移到路端。而路端的所有传感器和计算能力的配置，是被所有在路上接入这个系统的车辆共享的，所以经济性是大幅度提升的。

“轻车・熟路”系统的核心技术突破，首次让车路协同自动驾驶从理论走向实践，从试验场走向城市公开道路规模化部署，助力 L4 级别自动驾驶商业化落地和规模化应用，是真正的“中国方案”落地。

昱感微“多维像素”赋能自动驾驶前所未有的感知能力

上海昱感微电子科技有限公司

作者：蒋宏

昱感微的“多传感器多维像素融合感知芯片”可以实现多传感器原始数据的融合（传感器前融合），摄像头和雷达等多传感器的目标获取数据在前端交互，经过完全自主知识产权的雷达信号处理加速器，将目标感知的距离、速度等信息与图像传感器的图像信息结合，生成多维像素并以多维像素数据格式输出。不同于市场已有的多传感器后融合以及混合融合技术，昱感微的融合感知芯片采用前沿的多传感器前融合技术，能够提供目标多维度感知的完整信息，让自动驾驶系统能感知到“看不见”的危险。例如在强远光灯干扰下，当雷达子系统探测到潜在运动目标时，融合感知芯片可以引导本车的摄像头针对运动目标做快速局部曝光来实时获取运动目标的分辨细节特征（见图 1），避免撞击危险发生。

⊖ TOPS（Tera Operations Per Second）为处理器运算能力单位，1TOPS 指每秒进行一万亿次操作。

针对“目标”的信息捕捉

图 1 对暗处的快速局部曝光

在显感微的融合感知芯片里有非常多技术突破创新，其中包括多维像素融合技术、ISP（图像信号处理）针对目标的局部曝光权重控制技术来提高摄像头动态范围、RSP（雷达信号处理）毫米波雷达信号加速器内部集成 DDMA（多普勒分集复用）及超分辨硬加速单元，以及多个 32bit 高 SNR（信噪比）FFT（快速傅里叶变换）算子来显著降低芯片的面积（成本）与功耗等。多维像素是显感微的核心技术创新之一（发明专利已在中国及美国获批）。多维像素是指在可见光摄像头像素信息上加上其他传感器对于目标感知的信息，将图像像素的感知维度扩展以实现多维度感知目标的完整信息。见图 2 示例，芯片将摄像头 RGB 数据矩阵层和雷达探测目标的距离、速度、散射截面 R 数据矩阵层，以及红外传感器探测的热辐射图像数据矩阵层叠加组合到一起，以摄像头的像素为颗粒度，每个像素不仅有图像数据，纵向组合上还包含了毫米波雷达和红外传感器的探测数据，形成多维度测量参数矩阵数组。“多维像素数据集”可以复用已有的图像数据样本，免除了产品的神经网络训练数据需要完全重新采集的困扰。对于目前流行的神经网络框架（例如 Yolo V8、BEV+Transformer 等）只需小幅修改就可适用多维像素，而且多维像素还可以快速提升 AI 网络的训练收敛率以及目标识别率，并且可以大幅降低系统算力要求。

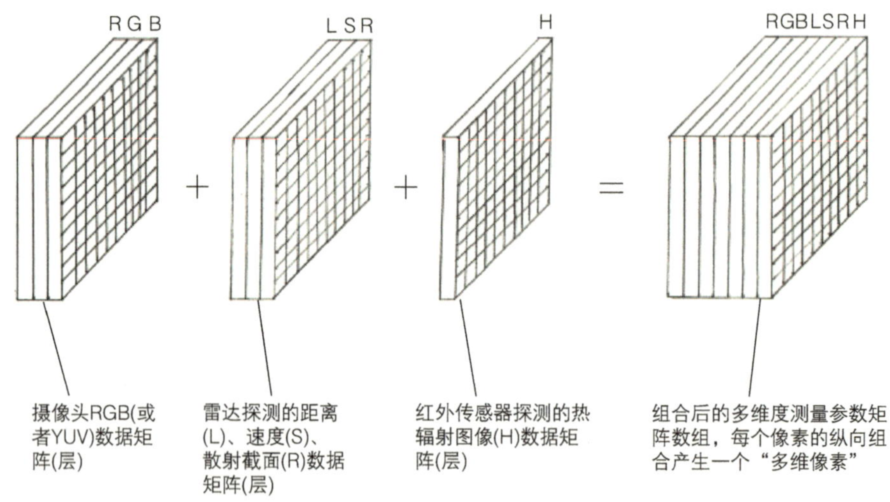

图 2 多维像素“多维度测量参数”矩阵数组结构示意图

显感微的融合感知芯片输出的多维像素数据引入了图像的语境信息，这显著提升了感知系统的语义和数据分析能力，而且可以节省系统的算力要求；芯片输出的多维像素的输出数据格式满足系统对目标感知“坐标统一、时序对齐、数据同质、突出事件感知”的要求，能够解决目前汽车企业在自动驾驶领域的技术痛点；基于多维像素数据格式，融合感知芯片能够很好地支持传感器融合需要实现的“超维耦合、异构冗余、多重校验、交互感知、感存一体”功能，可以为客户节省后续应用处理器（或者是域控制器）的算力成本。同样有多维像素语义信息的存在，可以极大地提升毫米波雷达目标感知的角度分辨率以及目标感知的结果置信度；毫米波雷达可以有效感知静态目标，对于 4 级联结构（4 × AWR2243 级联，12Tx16Rx 感知通道）的雷达系统，昱感微的芯片可以支持到 QVGA（320 × 240）以上的雷达目标解析分辨率，效果达到每帧接近 10 万点的有效点云密度输出。这对于雷达感知技术是一个巨大的创新突破，用户可以借助昱感微的芯片来迅速跨越技术门槛进入到高质量的毫米波雷达融合成像领域。

此外，多维像素还可以直接高效支持占用网格（Occupancy Network）算法。占用网格是指将感知空间划分为一个个立体网格（体素），通过检测网格是否被占用来探测物体信息（见图 3），而多维像素包含了目标的 3D 空间位置信息、目标的速度信息和材质信息，可以直接和占用网格算法中的体素相结合，正是占用网格需要推演出的算法。特斯拉（Tesla）目前在主推占用网络技术，国内也已经有大企业跟进，预计未来许多智能驾驶团队都会引入占用网络技术来提升系统能力。昱感微的智能感知融合芯片将助力汽车企业跨越 L3/L4 级智能驾驶感知技术门槛。

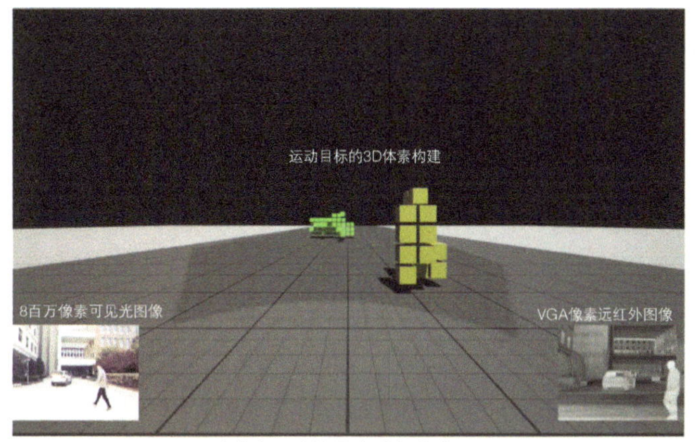

图 3　多维像素占用网格 3D 体素算法精准探测运动目标空间位置

激光雷达核心技术的坚守与破局

探维科技（北京）有限公司

1. 创新成果

探维科技为智能汽车量身打造的车规级固态激光雷达 Tempo，外形轻巧，体积为 137 × 45 × 125mm^3，拥有 300m 超远距离探测能力，120° 水平视场角和 25° 竖直视场角，提供一览无余的探测视野，提前感知复杂路况，为自动驾驶系统预留充分的反应时间。Tempo 同时具备高性能环境感知能力，角分辨率达 0.16° × 0.13°，双回波模式下点频达 276 万次，高标准满足智能驾驶感知需求。基于探维科技自主研发的 ALS（Array based Line Scanning）技术平台和单轴扫描镜技术路线，Tempo 实现了车规稳定性、性能和成本的平衡，已达到大规模量产的标准，目前广泛应用于自动驾驶、辅助驾驶（ADAS）、物流配送、智能仓储、无人机测绘等诸多领域。产品外观见图 1。

图 1　车规级固态激光雷达 Tempo

2. 发展概况

探维科技成立于 2017 年，核心团队起源于清华大学精密仪器系国家重点实验室，2008 年即开始从事激光雷达方向的技术研发。

探维科技开发了行业唯一的硬件级图像前融合产品 Tanway Fusion，解决了多传感器融合的可靠性问题，深入挖掘激光雷达在车端的应用价值与用户价值，开启激光雷达 3.0 时代。为了实现车规级稳定性，探维科技基于全自研的 ALS 平台技术，打造了高性能、低成本、易量产的车规级固态激光雷达，并于 2019 年率先完成量产交付。

探维科技总部和研发中心位于北京，在成都落地电子研发中心，2021 年年底在苏州落地车规级产线。2022 年，探维科技获得 IATF 16949 质量管理体系认证，与合创汽车联合发布全球首款搭载激光雷达的量产 MPV（多用途汽车）——V09（见图 2）。2023 年第一季度落地第 2 个乘用车定点项目，2023 年内落地 3 个乘用车定点项目。2023 年 9 月，探维科技完成新一轮战略融资，小米集团领投。

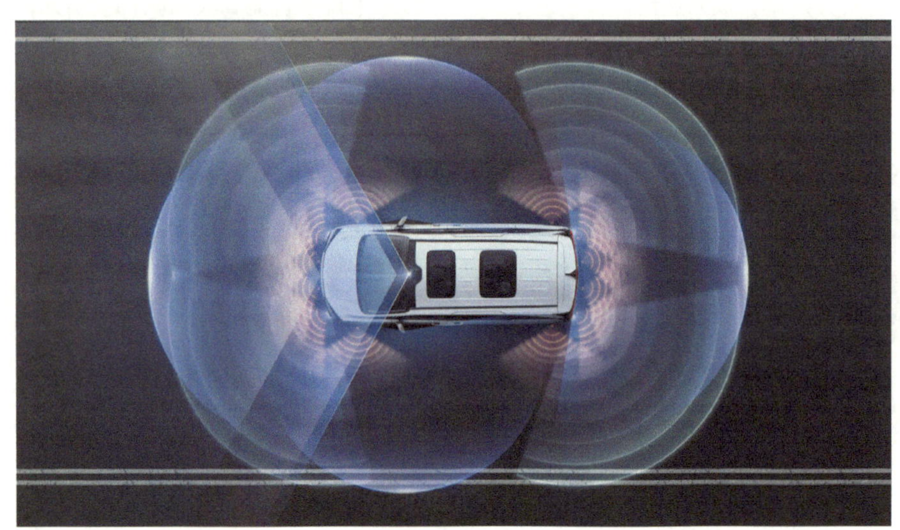

图 2　合创 V09 搭载探维科技激光雷达 Duetto

3. 生产经营

探维科技（北京）有限公司是国家高新技术企业、北京市“专精特新”中小企业，核心业务是提供智能驾驶高级传感器激光雷达及其解决方案，期望通过高性能、低成本、易量产的产品为智能驾驶的感知模块赋能，以提高智能汽车安全性能。2021 年在苏州落地车规级产线，承接客户批量订单，设计年产能达 20 万台，已获得 IATF 16949 质量管理体系认证。

4. 技术进展及研发能力

探维科技基于全栈自研 ALS 技术平台和单轴扫描镜技术路线，全面解决车规稳定、性能和成本的“不可能三角”。探维科技激光雷达采用阵列化激光收发模组，具有无间隙扫描的特性，不遗漏微小物体。同时，得益于自主 TOF（飞行时间）算法和芯片化设计，探维科技进一步提升系统方案集成度，大幅降低硬件成本。

为响应目前车辆感知融合难点，探维科技提出硬件级图像前融合，开发了行业内唯一的硬件级图像前融合产品 Tanway Fusion，基于相同硬件时钟源和同轴光学系统，时间与空间逐帧、逐列、逐点实现对准与同步，可以解决感知系统的内在配合矛盾，同时满足安全性和低成本的需求，引领激光雷达的技术形态与硬件结构进入新时代 。

探维科技已拥有的专利及软件著作权数量为 66 项，其中已授权专利及软件著作权 33 项，包括发明专利 26 项，实用新型专利 5 项，外观设计专利 1 项，软件著作权 1 项；已公开未授权专利 33 项。

5. 主要产品与服务

探维科技的产品线有三条，两大类应用场景（见图 3），其中车规级产品以 Tempo 和 Duetto 系列为主，均为混合固态激光雷达，聚焦乘用车场景，为汽车企业客户提供高度集成化的定制硬件设计方案，实现性能、体积、成本的极致平衡；工规级产品线以 Tensor、Scope 与 Focus 系列为代表，已覆盖智能工业、V2X 与低速自动驾驶等场景，年出货量逾千台。另外，探维科技开发了硬件级图像前融合产品，解决了多传感器融合的可靠性问题，深入挖掘激光雷达在车端的应用价值与用户价值，开启激光雷达 3.0 时代。

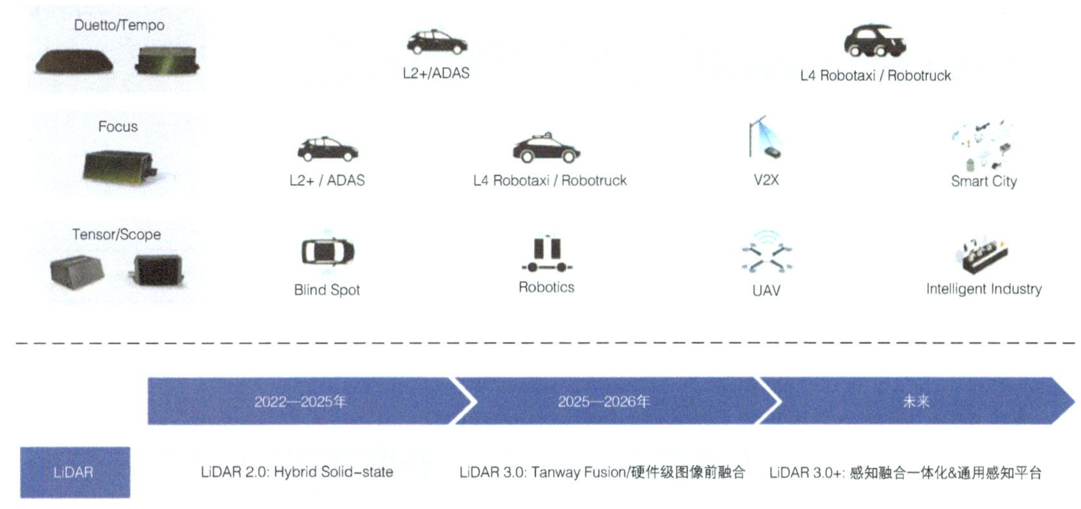

图 3　探维科技产品应用场景

6. 发展规划

未来 3 ~ 5 年，公司预计实现 30 款以上量产车型定点项目，成为国内唯一一体化感知系统供应商，凭借独家硬件级图像前融合技术引领激光雷达 3.0 变革；在定点项目的正循环推动下，苏州车规级量产基地年出货量逾百万。在这个过程中，探维科技也面临着激光雷达降本增效及场景价值应用的挑战，在和客户不断磨合的过程中，探索不同的应用场景，并且形成规模效应，加快激光雷达上车的步伐，为国内自动驾驶产业添砖加瓦。

万集科技 5G-VBOX 智能车载通信终端 2023 年创新成果案例

北京万集科技股份有限公司

作者：杜玮

1. 5G-VBOX 智能车载通信终端

万集科技基于多年在车联网领域的大量自主创新技术的积累，自主研发了 5G-VBOX 智能车载通信终端产品。该产品是一款 5G-TBOX+V2X 融合性产品，支持 TBOX 和 V2X 通信两大功能，具有高集成度、小型化、轻量化、低功耗和低成本等优势。该终端产品功能丰富，支持 5G 高速上网、数据上传、远程诊断、远程控制、E-call（紧急呼叫）、OTA（空中升级）、车辆异常唤醒、高精度定位、高速车内通信、WiFi 通信、蓝牙通信和 V2X 通信等关键核心功能。其中，V2X 协议栈由万集科技自主研发，满足我国 C-V2X 系列标准规范，系统接口多样，多层级应用程序接口（API）方便深度定制，可提供软件开发工具包（SDK）供二次开发，充分满足不同客户的需求。V2X 场景可实现一期、二期二十多个标准场景以及几十个定制化场景。产品外观见图 1。

图 1　5G-VBOX 智能车载通信终端

该智能终端产品硬件层面支持主流的非国产和国产方案，软件层面符合面向服务的架构（SOA）和汽车开放系统架构（AUTOSAR），生产制造方面符合 IATF 16949 的质量要求，并且经过了严格的车规级的测试验证，能够充分满足汽车电子零部件安全运行和可靠性的严苛要求。

万集科技积极参与车联网领域的标准制定，已参与国家标准、行业标准和团体标准制定超过 120 项，并且在 V2X 领域积累了大量的研发和量产经验。V2X 协议栈作为其中的核心技术之一，由万集科技自主研发，协议栈目前已经匹配多家主机厂量产项目和国家级示范区、智慧道路等项目。协议栈的整体架构见图 2，并且有如下特点。

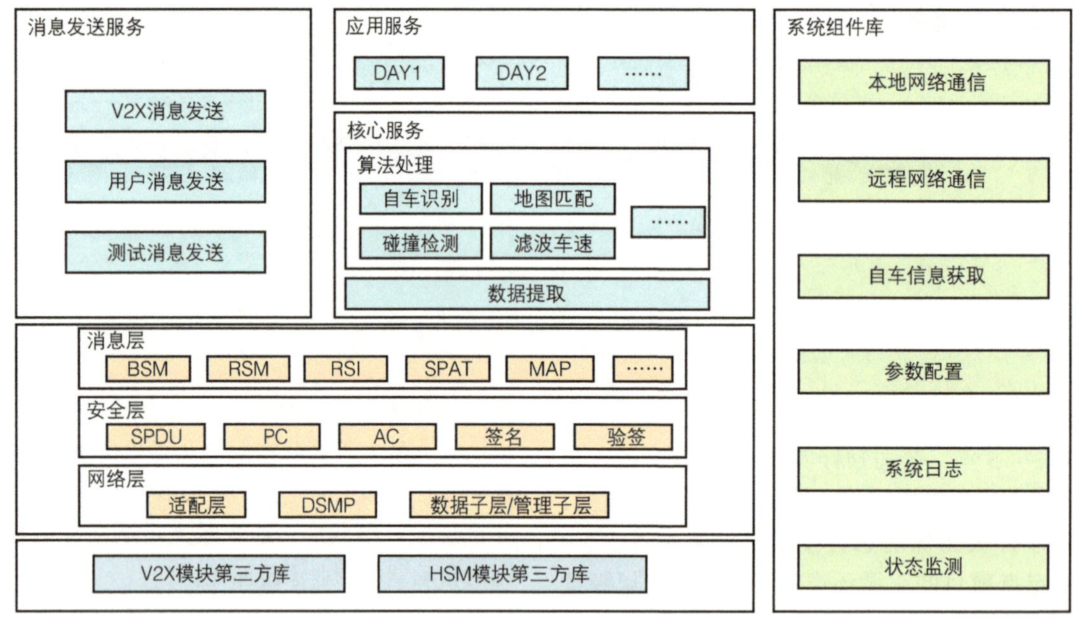

图 2　V2X 协议栈整体架构

1）满足我国 C-V2X 系列标准规范，采用规范的网络层、安全层和消息层的三层标准帧结构，有利于实现互联互通。

2）系统接口多样，多层级 API 方便深度定制，满足不同客户的需求。

3）系统功能丰富，支持所有标准 V2X 消息、用户自定义消息、透传测试消息发送。

4）系统部署灵活，平台适配层兼容适配不同的国产和非国产的 V2X、HSM 芯片模组，方便移植。

5）系统健壮可靠，采用多进程机制，确保相关功能具备独立的鲁棒性。

6）支持功能扩展和定制化的二次开发模式，可根据需求提供相关的 SDK 和 API。

7）软件编写支持多种交叉编译工具链，支持 Linux 和 C/C++ 等多种开发环境。

8）可提供优质的培训、答疑和售后支持等工作。

2. 应用案例介绍

5G-VBOX 智能车载通信终端已获得国内某头部商用车企业和某头部新势力汽车企业的前装定点项目，全生命周期累计供货量预估将达到 40 万套，其中 V2X 协议栈均由万集科技配套提供。

新一代 4D 成像雷达，挑战高阶智驾感知最高性能

北京木牛领航科技有限公司
作者：杨明乾

1. 新一代 4D 成像雷达的优势性能

木牛科技迭代升级研发的适用于乘用车的新一代 4D 成像雷达 I79，弥补了传统毫米波雷达的短板；基于对周边环境和目标信息输出，可以对驾驶环境中的静止和运动物体、高空及低矮物体都做出区分，勾勒出弱目标（路障、路沿等）的轮廓，给出准确的可通过性判断，提高在感知系统中的置信度。

4D 成像雷达 I79 较激光雷达不仅更具成本优势（是激光雷达成本的十分之一），而且在某些核心性能上还要优于激光雷达，如 4D 成像雷达的环境适应能力更佳，穿云透雾以及穿雨效果更好，且不受光线的影响，不会因为天气恶劣导致感知误判。4D 成像雷达可提供更远距离和更宽视野的检测，所有数据都可以实时传送到自动驾驶汽车的传感器融合处理器中。4D 成像雷达的上述性能优势，都有望解决激光雷达的高阶智驾感知痛点问题。

2. 4D 成像雷达 I79 的全栈设计

在 4D 成像雷达系统中，天线设计对雷达传感器的性能以及整个雷达系统解决方案的总体设计，具有决定性的作用。

在新一代 I79 雷达研发中，木牛采用了独创的 Antipodal 专利天线设计，融入多雷达抗干扰设计，采用高分辨算法大幅提升分辨率、增加俯仰维分辨能力，将点云密度提升超过 10 倍，1s 检测达 2 万点云数据，同时突破了传统 4D 成像雷达的点云密度距离限制，增强了对静止环境的描述和可行驶区域的分隔，可实现高速和城市级别的高阶智能驾驶。这一创新的全栈自研方案，不仅节省了雷达物理通道和成本，而且在同样的硬件下，使 I79 的性能表现可以做到更好（见图 1）。

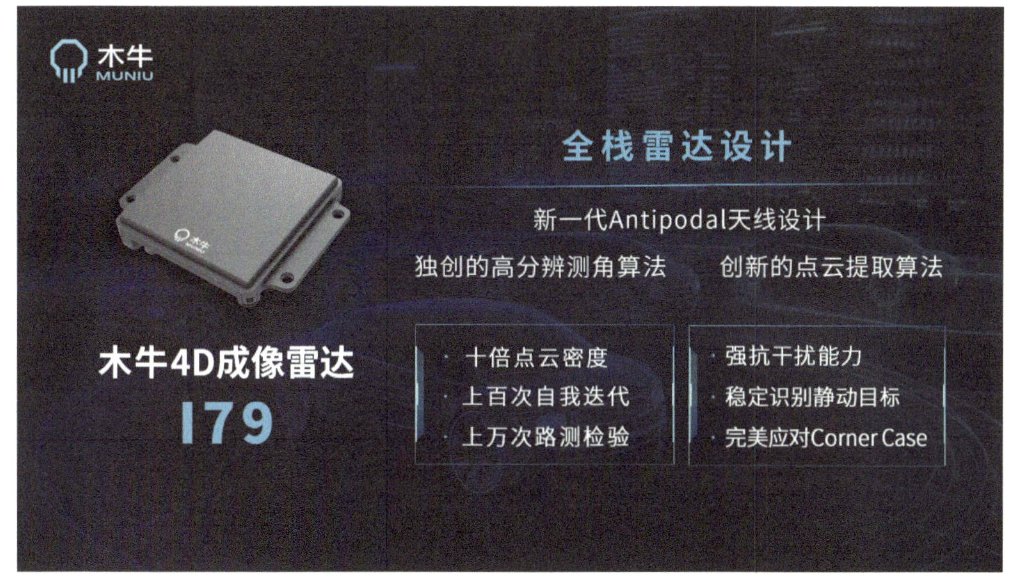

图 1　新一代 4D 成像雷达 I79

2017 年至今，木牛科技在 4D 成像雷达技术的全栈自研道路上，用硬实力一步步构筑起多方位的技术壁垒。

3. 4D 成像雷达 I79 的路测案例

在挑战极致的性能和成本的同时，还要确保产品的安全可靠。木牛 4D 雷达积累了上万次的多场景实测检验和数十万千米的路测数据，在检测过程中持续创新和迭代着硬件和软件，确保产品满足车规级量产要求。

在实测中，木牛 4D 成像雷达 I79 展示出如下突出的性能表现。

（1）静止目标检测（静止车辆、小目标、高架桥等）

木牛 I79 大幅提升了静止目标的探测距离、精度和稳定性。与此同时，对高架桥、井盖等目标可准确测量其高度，避免误识别为障碍物导致误制动（见图 2）。

（2）运动目标检测（机动车、行人、自行车等）

木牛 I79 凭借高分辨、高精度、高密度点云数据，实现目标跟踪更精确、更稳健。在车辆转弯、行人 / 自行车横穿、多目标等场景中，均表现出优异性能（见图 3）。

（3）道路结构检测（路沿、匝道、安全岛等）

木牛 I79 通过提升探测距离和点云密度，可测量目标真高，细致刻画道路环境，支持 Free Space（可行驶区域）估计，雷达点云成像和 SLAM（即时定位与建图）（见图 4）。

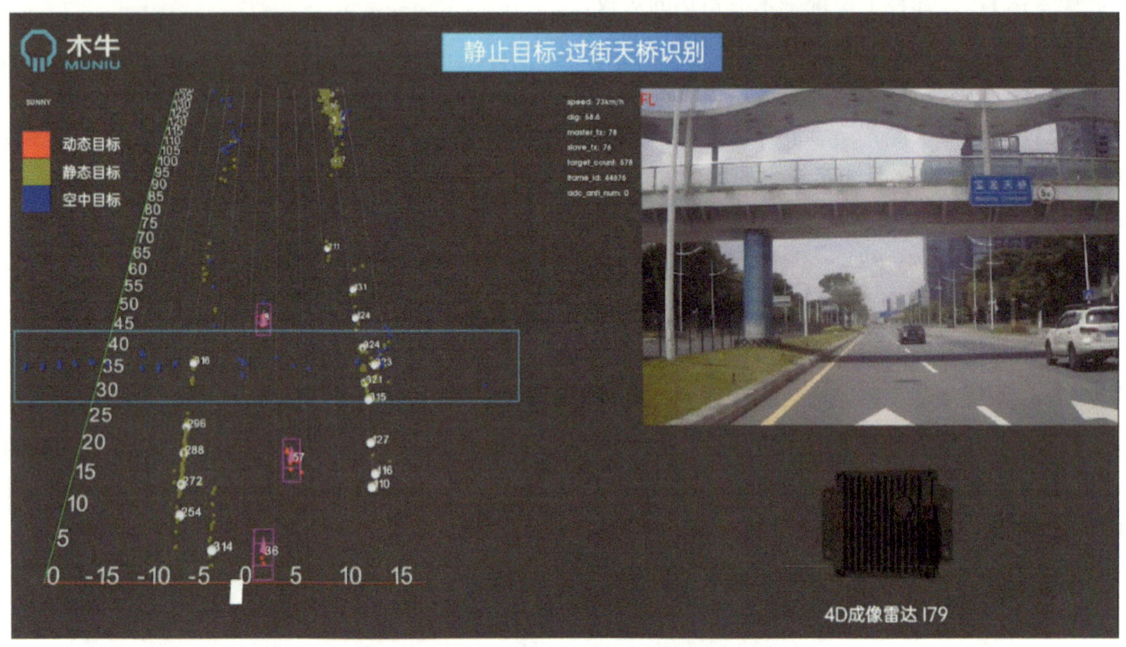

图 2　4D 成像雷达 I79 对高架桥检测画面

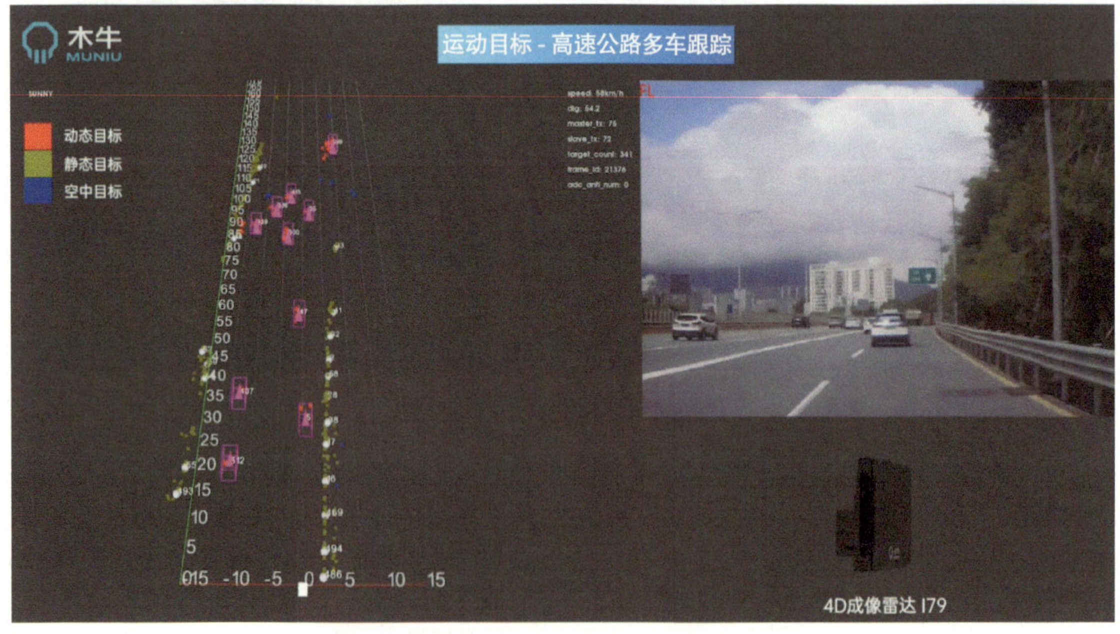

图 3　4D 成像雷达 I79 对高速公路多车跟踪画面

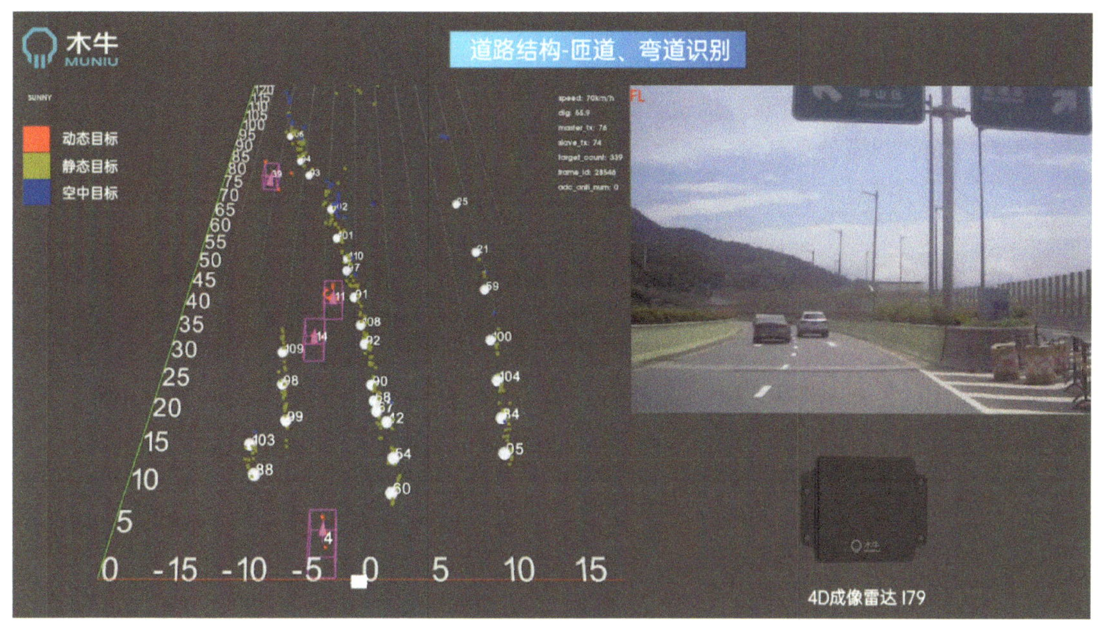

图 4　4D 成像雷达 I79 对匝道、弯道识别画面

4. 4D 成像雷达有望成为高阶智能驾驶感知的核心传感器

毫米波雷达作为汽车高级辅助驾驶系统（ADAS）的核心传感器之一，因其检测距离长、抗干扰能力强等特点而被广泛应用。伴随 L2 级智能驾驶功能的持续快速渗透，传统毫米波雷达仍呈快速增长态势，同时，4D 成像雷达进入快速成长期。

当下主流汽车企业正在努力推进 L3 级以上高阶自动驾驶系统的量产上车，这必然需要更强性能的车端传感器提供可靠的感知支撑，而车辆的零部件成本空间却在持续压缩，特别是销量占比最大的 20 万元以下车型，很难搭载高成本的激光雷达实现城市 NOA 等高阶辅助驾驶功能。

而被目标误报投诉缠身的特斯拉，在 2023 年年初宣布将采用 4D 成像雷达，来解决既要降低成本又要确保性能的高性价比难题，自此点燃了汽车产业应用高阶智能驾驶热情，上汽、比亚迪、理想、吉利、红旗、长安等多个品牌已经宣布定点或上车 4D 成像雷达。4D 成像雷达已然成为普及高阶自动驾驶感知的不二之选，以此促进高阶智能驾驶渗透率的提升，带来智能驾驶行业发展的规模效应。

新型公交都市先导区 5G 融合基础设施项目实施方案

南京智慧交通信息股份有限公司

1. 概述

（1）项目背景

新型基础设施包括信息基础设施、融合基础设施和创新基础设施三方面，是以新发展理念为引领，以技术创新为驱动，以信息网络为基础，面向高质量发展需要，提供数字化转型、智能化升级、融合式创新等服务的基础设施体系。5G 是新一代移动通信技术发展的主要方向，是未来新一代信息基础设施的重要组成部分。与 4G 相比，5G 网络具有超高速率、超低时延、超大连接的技术特点，不仅将进一步提升用户的网络体验，为移动终端带来更快的传输速度，同时还将满足未来万物互联的应用需求，赋予万物在线连接的能力。

随着 5G 的快速发展，众多交通基础设施逐步开展 5G 的探索应用，众多车路协同示范区形成了基于“车路图网云”的 5G 融合建设模式。南京市作为国家首批“国家公交都市示范城市”，在智慧南京的总体框架下，持续推进以绿色、节能为主要特征的城市公共交通体系，市委市政府提出高起点建设“新型公交都市”综合性应用场景，并制定《南京市整体推进城市数字化转型“十四五”规划》《南京市关于数据驱动打造“新型公交都市”的行动计划（2020—2025 年）》多项文件，推进“新型公交都市先导区”的建设。

秉承“按需出行，自动驾驶”的发展愿景，建成以“5G +AI”技术为基础，C-V2X 技术为核心路线，实现精准公交、公交先行、自动驾驶等功能的新型公交都市先导区，并通过项目建设、场景研发、标准制定，形成了一批可复制可推广的 5G 融合基础设施建设项目，为 5G 在南京交通基础设施中的应用与推广奠定了良好的基础。

（2）主要建设内容

本项目计划通过规模化部署 5G 行业应用终端，推动相关产业链的发展。基于南京市车载设备市场发展特点，向南京市范围内的运营车辆推广并安装 12000 个 5G 终端，基于 5G 车载终端建设南京商用车 5G 应用场景，搭建 5G 场景运营网络平台（见图 1）。以 5G 通信为核心技术，建设基于大数据的智慧交通体系，为南京市 5G 车联网以及车路协同示范运行服务建设提供基础。

图 1　总体网络图

2. 应用场景建设内容

（1）公交车场景建设内容

通过加装车载 5G 设备，全面升级现有公交车辆车载终端，满足车辆的实时通信需求，实现管理单位对车辆的精细化管理，结合路口信号控制和站点信息发布功能，充分提升公交车辆运营服务水平，并将车辆运行数据、监控数据实时回传至管理平台进行储存管理，具体包含的功能见图 2。

图 2　公交场景建设包含的功能

（2）校车场景建设内容

通过加装车载 5G 智能网关设备，实现校车 5G 实时通信，加强管理单位对车辆的实时监管，掌握校车的实时运行轨迹与驾驶员驾驶行为，充分提升校车通行安全，具体包含以下功能：通信升级、实时位置查询、车辆运营监管。

（3）5G 电子站台场景建设内容

通过在电子公交站台内加装 5G 智能终端，实现与车辆的实时通信、数据交互（见图 3），同时可将感知设备采集到的感知结果与视频画面实时回传至管理平台，后期可进一步探索与公安等业务单位的一键联动应用。

图 3　南京电子公交站台

（4）出租车场景建设内容

通过在巡游出租车内加装 5G 智能终端，实现车辆的 5G 实时通信、车内监管数据实时回传、自检、路网大数据推送等应用，充分提升出租车的通行安全与运营效率。

（5）物流车场景建设内容

本项目联合货拉拉和满帮物流，安装 5G 智能网关终端 DTU 设备，包含 GPS 定位、车辆状态监控、5G +WiFi 通信，实现多数据多功能的扩展应用。实现物流车的 5G 实时通信、基础信息管理、异常行为告警、实时定位跟踪、载重明细分析、数据统计报表等场景应用，充分提升运营管理单位和行业主管部门对物流车辆的监管能力（见图 4）。

图 4　物流车场景建设

（6）环卫类车辆场景建设内容

通过在环卫清扫车和垃圾转运车内加装 5G 智能终端，实现车辆的 5G 实时通信、车辆实时定位、车辆实时调度、车况实时监控、主动安全预警等应用，充分提升企业和行业监管单位的监管力度与车辆的通行安全。

（7）应急类车辆场景建设内容

通过在公交救援车和工程抢修管养车内加装 5G 智能终端，实现车辆的 5G 实 时通信、车辆实时定位、车辆实时调度、车况实时监控、盲区提示等应用，充分提升企业和行业监管单位的监管力度与车辆的通行安全。

3. 项目成效

本项目通过在 7 大建设场景加装 5G 终端，借助 5G 超低延时、超高可靠、超大带宽等特点，大幅提升各场景的数据采集速度与回传速度，提升商用车辆及路侧设施在智慧城市与智能交通背景下的运营效率与通行安全，建设南京新型公交都市先导区 5G+ 交通的典型示范应用场景。

以新型公交都市先导区项目为基础，通过 5G 融合基础设施的建设，并结合丰富的应用场景测试与示范运营，以信息化、智能化为牵引，提升行业管理效能和服务水平。项目建设有利于现代信息技术与交通运输管理和服务的全面融合，可实现交通运输设施装备、运输组织的智能化和运营效率、服务质量的提升，推动城市出行模式创新，提升公众出行体验。通过智能化基础设施体系建设，为智能驾驶、一站式出行服务、信号优先等应用场景提供了必要的运行环境，为智慧生态城的出行结构变革创造了基础条件。以此为基础，未来智慧生态城出行将更加便捷、高效、安全和舒适。

宏景智驾智能驾驶平台化解决方案

上海宏景智驾信息科技有限公司
作者：张伟

1. 面向量产的完整 L2 ~ L4 级软件算法栈

宏景智驾可提供 L2 ~ L4 级全栈自动驾驶软件算法能力的系统级解决方案，包括硬件、底层软件、中间件、应用层软件算法（2D/3D 感知融合、建图定位、预测决策、规划控制等），功能覆盖行车、泊车场景以及乘用车、商用车等车型。

基础的软件堆栈、可选的 AI 计算平台、感知堆栈及各类功能（包括行车功能、泊车功能）如下。

1）行车功能包括：

高速自动领航（Navigate Pilot Hwy，NOP-H）。

城市自动领航（Navigate Pilot City，NOP-C）。

交通拥堵引导（Traffic Jam Pilot，TJP）。

高速引导（Highway Pilot，HWP）。

自适应巡航（Adaptive Cruise Control，ACC）。

自动紧急制动（Automatic Emergency Braking，AEB）。

车道居中控制（Lane Centering Control，LCC）。

自动变道（Automatic Lane Change，ALCA）。

诊断 + 功能安全（Functional Safety，FUSA）。

2）泊车功能包括：

全自动泊车辅助（Automatic Parking Assist，APA）。

远程泊车辅助（Remote Parking Assist，RPA）。

记忆泊车辅助（Homezone Parking Assist，HPA）。

自动代客泊车（Automatic Valet Parking，AVP）。

量产海量数据回传，持续迭代优化算法；硬件提供流量入口，软件 OTA 持续升级收费。

宏景智驾现有完善的数据平台 Hyperion Data Infrastructure，配合主机厂、云商、图商建立了完整的合规化的数据回传方案，通过测试车队和量产车分别回传全量数据及埋点触发数据。

（1）软件

分层级提供软件包产品，最大限度满足可移植性、易维护性以及系统鲁棒性。

面向 SOA 的软件架构，具备高性能、易移植、支持软硬件分离和云端协同迭代，模块可复用和重组，并有工具链和数据平台作为研发和测试阶段的支持。

软件包括：

1）车规级硬件平台支持。

2）面向研发和测试的工具链和数据平台。

3）面向智能驾驶的高性能中间件。

4）ADAS/ADS 传感器接口。

5）算法软件包。

6）ADAS/ADS 应用服务程序及功能。

（2）中间件

宏景智驾基础软件产品 HyperOS 为宏景自研中间件，将功能平台软件和项目适配软件解耦设计，快速适配新车型。

优势：

通用性：兼容 AP AUTOSAR 接口，不为客户的中间件替换带来额外工作量。

易用性：进一步降低应用开发成本。

复用性：通过完善算法库和计算框架达到代码复用最大化。

安全性：信息安全与功能安全。

稳定性：兼容测试流程的数据需求。

（3）工具链

1）高效数据闭环：通过一整套自动与半自动的工具链组件实现从采集、存储、应用、生命周期管理的完整数据闭环。

2）数据可视化：直观的图形化数据显示与人机交互界面，极大提高研发人员效率；支持各类场景元素显示；支持底层通信诊断与数据分析可视化。

3）不断丰富的场景库：完整的场景库分类与标签体系；支持前后端软件的大规模回归分析；支持真值标注、测评与算法训练。

（4）数据闭环

数据可视化→数据回放回灌 + 回归分析→标签系统、数据挖掘→测试用例 + 自动化评测→自动化标注 + 深度学习训练→场景库搭建 + 仿真测试。

1）量产路测数据：每年数十亿千米路测数据回传（L3 重型货车运营车队 +OEM 量产车队）。

2）云端数据管理平台：Interface 切片数据、深度学习数据、场景库数据。

3）算法迭代升级：数据经过分析处理后，持续迭代优化算法（感知 / 融合、地图 / 定位、决策 / 规划、控制）。

4）OTA 升级、车端体验升级。

（5）智算中心

1）火山引擎：宏景智驾在火山引擎拥有英伟达 A100 高性能 GPU 32 张，灵活调度的机器学习平台让 GPU 的使用率达 80% 以上，用于 AI 训练的 2D 和 3D 标注数据各 500 多万帧。宏景智驾数据平台基于火山引擎，实现了完整的数据闭环，包括数据上传、数据管理、数据标注、AI 训练、云端仿真、OTA（空中升级）等。

2）合肥先进计算中心：曙光智算中心是全国一体化超算平台，合肥先进计算中心是中科曙光的重要节点之一，主机系统计算峰值 12FLOPS㊀、智能计算峰值 256POPS㊁、存储容器 15PB，同时配备国产高性能计算集群管理调度平台、人工智能平台、大数据分析平台以及算力调度平台。宏景智驾目前在该超算中心拥有国产众核加速器 DCU 100 张，高性能存储 1PB。

2. 宏景智驾智能驾驶产品竞争优势

（1）自动泊车系统

核心亮点：

1）APA2.0 全国量产首发，量产经验丰富。

2）泊车效率高，拟人化路径规划，更符合人类泊车习惯。

3）客户项目快速适配能力。

4）基于 Freespace、Hybird A* 和 AK2 技术的泊车 2.0。

5）平台化软件架构，可兼容多种芯片。

6）算力优化、低算力芯片实现高性能泊车。

（2）APA 2.0 泊车算法

1）基于栅格地图的 Freespace 融合算法。

2）感知融合：环视 + 超声 Freespace+ 视觉深度估计。

3）规控融合：几何法 +Hybrid A* 混合，满足量产鲁棒性。

4）路径规划：基于场景理解的规划算法 Hybrid A*/ 几何法，通过视觉与超声 Freespace 的融合加强识别方柱 / 细杆 / 石墩等，规划时根据 Freespace 生成 Gridmap，混合 A* 搜索会考虑和障碍物的碰撞。

5）支持 AK2 超声量产方案，更远探测距离（7m）、更高精度（<1cm）和分辨率，更稳定的性能，泊车过程中，超声避障模块会实时做碰撞检测来控制车辆减速或制动停车。

（3）学习型记忆泊车（HPP）

车辆在学习路线中区分路径行程中的固定场景及物体，如：路口、车辆、路线、车位、立柱、锥桶、固定障碍物、标识线、灯等，在行进过程中实时读取动态目标。

记忆泊车过程中，除固定场景路线指引信息呈现外（行进路线 + 车位、立柱、静态障碍物等），动态车辆及静态车辆、行人等在路线行进中实时显示）。HMI 三屏显示，自建场景、360° 环视、后向画面。（不依赖高精 GPS）

1）全栈自研（感知、融合、建图、定位、规划、控制、安全）。

2）纯视觉方案，支持低成本量产落地。

3）1km 距离记忆泊车。

4）支持在线学习建图、场景重建，存储 10+ 条停车场路径。

5）支持点到点自动导航功能。

6）支持主动避障绕行。

7）基于视觉点云和语义的建图定位 VSLAM 算法。

8）基于栅格地图的 Freespace 融合算法。

9）规划：Lattice Planner 全局规划（建图落盘）+ Hybrid A* 局部规划（巡航）。

10）支持巡航过程中任意车位泊入。

11）支持跨层和地上记忆泊车（2023 年第四季度）。

（4）平台化泊车软件架构及中间件

1）平台化泊车软件架构：

① 通过以太网与其他主芯片通信。

② 平台应用层软件可快速适配各种系统配置。

③ 可兼容多种芯片，如 J3、多 J3、J2+TDA2、J5 等。

2）中间件软件框架：

① 基于服务的中间层软件架构。

② 可扩展各类 App 服务。

③ 后台优化训练，支持 OTA 升级。

㊀ FLOPS（Floating Point Operations Per Second）指每秒浮点运算数。

㊁ POPS（Peta Operations Per Second）指每秒千万亿运算数。

④ 可兼容 DDS，Adaptive-AUTOSAR。

⑤ 数据记录、回放、分析工具。

⑥ 自主开发标定软件。

⑦ 支持 INCA 标定工具。

⑧ 加速 ADS 开发测试和部署。

超核电子 2023 年创新成果案例

北京超核电子科技有限公司

超核电子（HiPNUC）成立于2016年5月12日，是一家专注于运动感知、状态监测、定位导航的智能传感器方案提供商。

公司集研发、生产、销售一体，可以为用户提供全方位的技术支持与供应链保障。

公司研发与生产均设立于北京，拥有高低温箱、振动台、高精度转台等多种仪器设备，并且通过 ISO 9001 质量体系、中关村高技术企业认证。为技术创新、高质量生产奠定坚实基础。

自成立之日起，我们秉承着踏实的做事态度，坚持以自主研发为核心，产品的规模化交付为目的，向市场输出了很多优质产品并与客户建立了长期稳定的合作关系。

1. 创新成果

HiPNUC 专注于惯性测量单元（IMU）和精准导航定位产品的创新和研发。通过多年的技术研发与创新，我们开发出了丰富的产品线，包括倾斜测量的双轴倾角传感器、高性能惯性导航、高精度 RTK 组合导航系统。

双轴倾角传感器利用高性能、小体积、工业级微机电系统（MEMS）惯性器件测量物体的实时动态倾斜角度，它集成了惯性测量单元和搭载扩展卡尔曼融合算法（EKF）的微控制器，可输出经过传感器融合算法计算得到的精准角度。

高性能惯性导航体积小、工业级 MEMS 惯性器件感知物体姿态信息的姿态感知系统，它集成了惯性测量单元、磁力计以及一款搭载扩展卡尔曼融合算法的微控制器。可以精确地感知移动设备的俯仰（Pitch）、横滚（Roll）、航向（Yaw）等姿态信息，同时也可以输出校准过的原始的传感器数据。满足高动态下姿态角的精度，并且减小航向角的漂移。

高精度 RTK 组合导航系统是由高性能 MEMS 传感器、高精度 GNSS 系统和高性能的微处理器组成的组合导航系统（GNSS/INS）。内置自研的高可靠性组合导航算法，可以精确地感知载体的速度、位置、姿态等信息，可外接 RTCM 差分校正数据实现高精度 RTK 定位。IP68 级防水外壳式的封装可以很方便地集成到用户的系统。用户也可与激光雷达（Lidar）、视觉（Camera）等导航方案形成优势互补，增强被测载体的导航精度和可靠性（见图 1）。

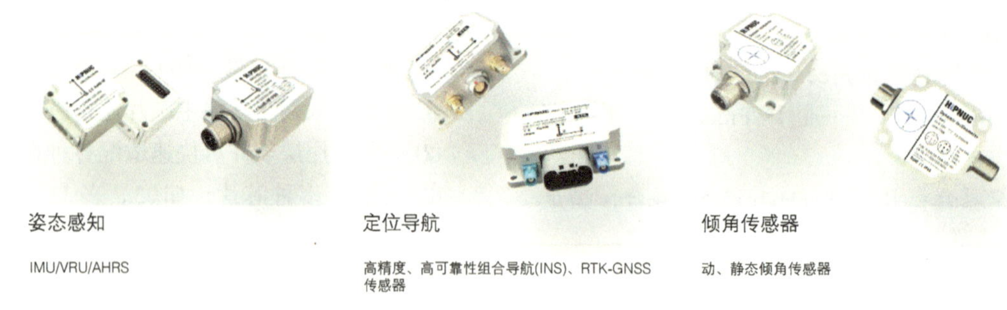

图 1　惯性系统

2. 应用案例

HiPNUC 产品基于先进的工业级 MEMS 传感器，搭载了自主研发的扩展卡尔曼滤波和 IMU 噪声动态分析技术的高精度惯性导航系统，得益于传感器、芯片等算力越来越高、性能越来越好、成本越来越低，无人驾驶行业迎来了飞速发展的机遇，我们平常看到的清洁机器人、无人驾驶汽车、AGV（自动引导车）、巡检机器人、割草机等都属于无人驾驶范畴。无人驾驶可以极大地提高生产生活效率，传感器在这里起到了关键的作用。我们的姿态和惯性导航传感器可以提供精准速度、位置、姿态、授时等信息，并且出厂的每一个产品都可以被追溯，为无人驾驶行业提供了全新的方案。

在智能、电动、网联等技术飞速发展的今天，工程机械行业也迎来了变革的最佳时机，HiPNUC的智能倾角和组合导航传感器将为该行业注入新的活力。定位导航、动、静态倾角传感器可以为工程机械提供可靠的角度、位置、速度等信息。传感器低漂移、高精度、高稳定的特性可以很好地在工程机械行业应用。

如今，HiPNUC产品已经安装在超过百万台扫地机器人中。此外，HiPNUC惯性导航系统已经被多种类型的低速无人驾驶机器人使用，并有十几万个IMU安装在各种工业和精准农业设备上。HiPNUC为各种需要姿态感知、定位导航、状态监测的行业应用提供专业高效、安全、智能的解决方案，例如AGV/AMR、农业机械、割草机、巡检机器人、无人配送、服务机器人、无人驾驶设备、光伏风电、外骨骼机器人、工程机械等领域（见图2）。

图2 应用领域

C-V2X车路协同与ADAS融合应用

车路通科技（成都）有限公司
作者：杜成阳

1. 项目背景

ADAS是高级驾驶辅助驾驶系统的简称，利用安装在车上的各类传感器（包括但不限于各类型摄像头、超声波雷达、毫米波雷达、激光雷达、压力传感器等）收集车内外的交通、环境、空间数据，进行数据分析与处理，为行车提供信息提醒、安全预警及辅助驾驶等功能，从而提高行车整体安全性。如DMS（驾驶员行为监测）、BSD（盲区监测）、AVM（全景影视）、LDW（车道偏离预警）、ACC（自适应巡航）等，都属于ADAS范畴。ADAS的典型特点是完全基于自车的感知和计算能力，触发系列安全提醒或安全辅助驾驶。

V2X是蜂窝式车路协同的简称，是车与车、车与陆端基础设施、车与人以及车与云通信的统称。基于安装在车上的点对点通信装置，实现车与外界的数据交互，融合自车的车辆数据、行驶数据，实现安全提醒、效率和服务等功能。如AEB（前向碰撞预警）、GLOSA（绿波车速引导）、LTA（左转辅助）等，都属于C-V2X应用范畴。C-V2X的典型特点是开放车辆感知范畴，基于C-V2X到达上千米的通信距离，将感知数据源从本车扩展到他车、路端基础设施、云端等外界源，感知范围更广。

自动驾驶是当前最活跃的高新技术之一，全球范围内掀起了一股自动驾驶的浪潮。ADAS 属于自动驾驶的范围，位于 L1、L2 阶段。而当前 L1、L2 属于自动驾驶市场应用主流，市场占有率已达到 70% 以上；L3 及以上级别正在孕育，仍处于发展早期。ADAS 将会长期处于应用活跃阶段，其应用场景将会越来越丰富，装车率与使用率将会越来越高。但 ADAS 完全基于自车感知能力，且相关的感知层设备，包括摄像头、雷达等，受天气、遮挡、烟雾、光线、运动等影响较大，直接影响 ADAS 的全场景应用效果。

C-V2X 技术从 2012 年提出，经过十多年的发展，从标准、技术、应用及市场均得到了很大的突破与积累，数百家行业参与者、各类示范区、先导区、双智试点城市、智慧高速、智慧路口、智慧港口等的建设，以及二十余款车型V2X前装量产上车，都标示出C-V2X技术与应用达到了前所未有的高度。但与交通行业整体相比，C-V2X 占比几乎可以忽略不计，远未达到行业爆发期。受限于技术的可靠性、标准的成熟度、市场的接受度、投资的回报度、政策的引导性等因素，C-V2X 的发展受到一定影响。C-V2X 的发展需要不断丰富其应用场景，扩展商业闭环应用，解决痛点问题，方可成为一块技术基石。

2. 系统介绍

针对 ADAS 应用范围广，现阶段基于成熟的视频识别、激光雷达识别、毫米波雷达识别等感知层识别手段，各种 ADAS 应用层出不穷，也获得了市场的认可。但感知数据来源受限于本车感知、感知距离近且感知层设备受天气、遮挡、烟雾、光线、运动等影响较大，长尾效应明显，直接影响 ADAS 的实际应用推广，从而破解需要丰富感知数据来源，弥补单车感知的种种不足。而 C-V2X 技术具有上千米的通信距离，免费频段，低时延无线通信，受天气、光线干扰小等特点，可以作为 ADAS 感知层的有效补充，另外，基于 C-V2X 的增强型 ADAS 应用的推广，可以有效解决C-V2X市场小、应用不成熟、接受度低的问题，两者结合，优势互补，能同时促进 ADAS 和 C-V2X 技术与应用的发展。

针对具体落地应用，通过跨域数据打通，融合 V2X 信息、车辆感知信息和导航信息，将 V2X 基本消息集和 V2X 应用场景在摄像头采集的实时视频流进行融合，为用户提供超视距信息感知、舒适驾驶建议和紧急情况预警，提高驾驶安全和出行效率，在车机人机交互界面（HMI）、导航、增强现实（AR）导航以及增强现实抬头显示（AR-HUD）中展示融合信息（见图 1）。

图 1　V2X 与 ADAS 融合效果图

场景一：ADAS 触发前向碰撞预警，前车尾灯损坏，无法判断前车行为，当前距离只有 12m，车辆下一步操作无法确认。通过 V2X 技术补充感知（感知手段包括路侧感知设备感知或他车感知信息共享），可知左侧车辆前方有行人正在闯红灯，前车发现左侧行人闯红灯紧急制动（左侧行人闯红灯和前车紧急制动通过本车传感器无法感知）。通过本车传感器感知和V2X感知结合，充分了解现场交通环境，从而更好为下一步决策做支撑，如制动减速。

场景二：基于用户导航目的地指引，在行驶过程中，实时将导航路线与实际道路相结合，使指引信息更明确。此外，受天气影响，在自车摄像头无法识别红绿灯相位信息和倒计时信息或无红绿灯路口，通过 V2X 技术补充感知（路侧 RSU 获取红绿灯相位信息和倒计时信息后通过 V2I 通信发给本车），可获知当前红绿灯状态并直观显示。

V2X 与 ADAS 融合采用集成化硬件平台，OBU（车载单元）支持 C-V2X 功能，支持至少两路摄像头接入，分别为前置摄像头和后置摄像头，摄像头均为广角摄像头，便于识别对前左右和后左右两侧的交通元素。（可选支持舱内摄像头，主要用于对驾驶人员的行为识别，当出现紧急情况时 [如行人闯入]，若舱内摄像头监测驾驶员未注意到紧急情况，则需采取更主动的提醒或直接辅助控车。）为支撑视频与 V2X 数据融合需求，核心处理器需同时具备视频处理能力和算法支撑能力，即需满足应用要求的 GPU 算力和 CPU 算力。最后通过 AR-HUD 与车机屏幕（AR 导航）结合显示的方式，更直观地呈现融合效果（见图 2）。

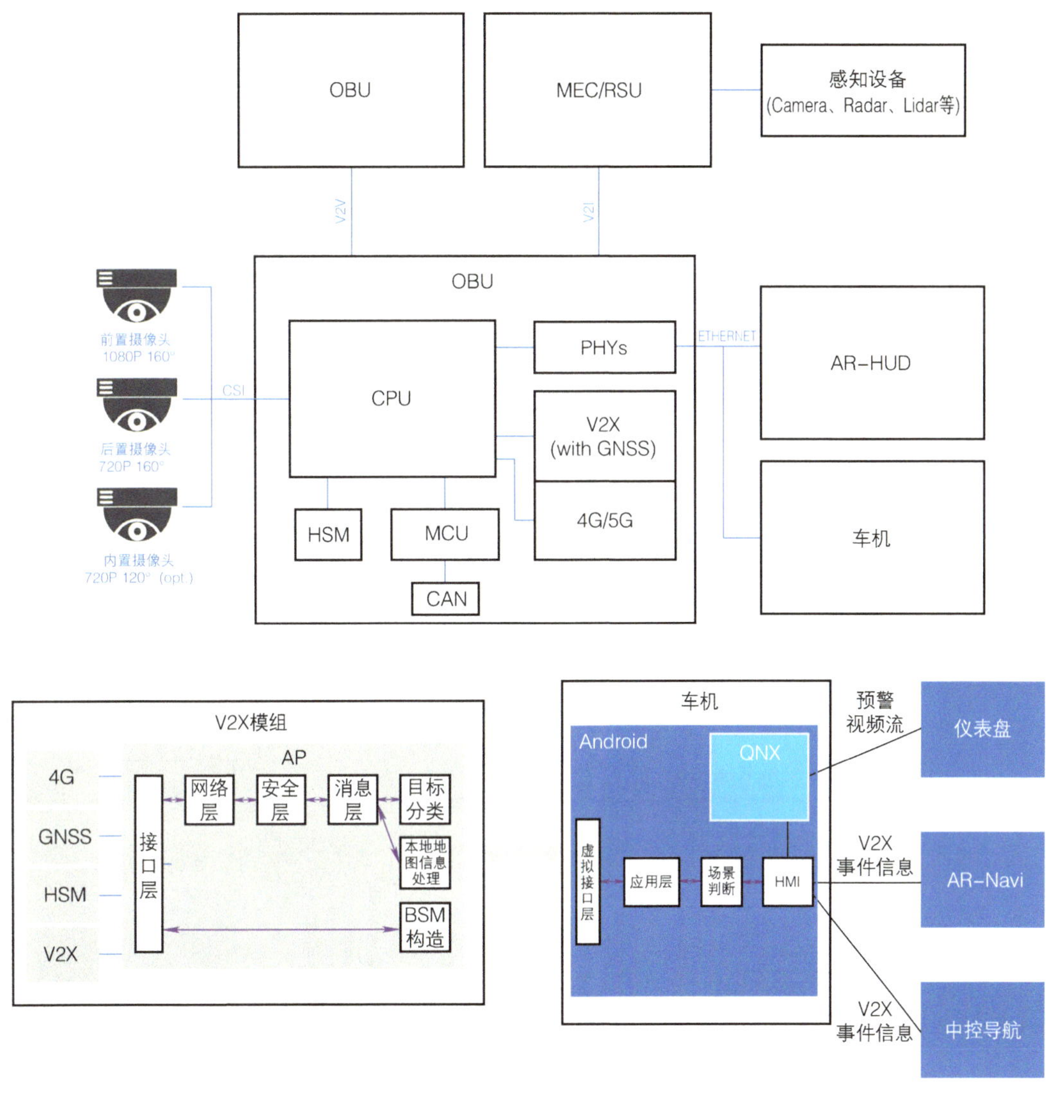

图 2　V2X 与 ADAS 融合采用的集成化硬件平台技术架构图

在车辆行驶过程中，前后摄像头导入实时视频流，视频处理器分析并处理实时视频流，识别视频中出现的各种交通元素，包括机动车、非机动车、行人、交通设施、其他非交通物体如落石、积水、团雾等，以及各交通元素的行为，实时视频流识别涵盖车辆摄像头可视范围内的各种物体与行为。同时，在 V2X 数据流方面，一方面基于 V2V 通信，获取到他车信息（包括他车车辆信息、他车行驶信息等）及与他车产生的交互事件，基于坐标匹配与时间同步，将他车信息与事件融入实时视频流中，增强 ADAS 应用，可通过 AR-HUD 或者 AR-Navi 进行显示；另一方面基于 V2I 通信，获取到路侧感知到的所有交通元素信息和交通元素行为，基于坐标匹配与时间同步，将交通元素信息和交通元素行为融入实时视频流中，增强 ADAS 应用，可通过 AR-HUD 或者 AR-Navi 进行显示，实现协同感知功能，为协同决策以至协同控制奠定基础。

V2X 与实时视频流的深度融合是该应用成败的关键。在系统运行过程中，视频流与 V2X 数据流都会一直产生，数据融合过程持续进行（见图 3）。

基于精确的时间同步和空间同步，在四维空间内以 ADAS 感知数据和 V2X 数据为基础重构现场交通环境，突破 ADAS 感知能力的界限，建立增强现实场景。V2X 与实时视频融合的流程见图 4。

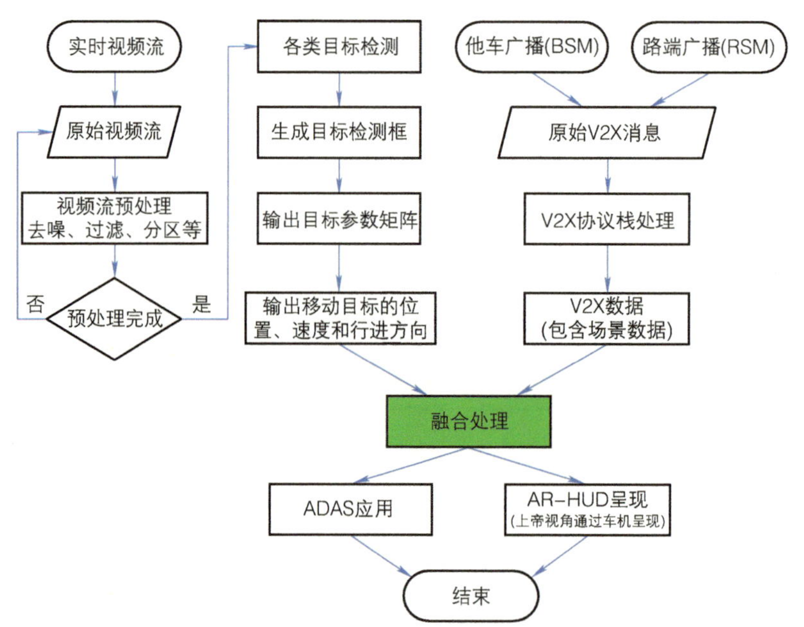

图 3　V2X 与实时视频流的深度融合系统运行流程

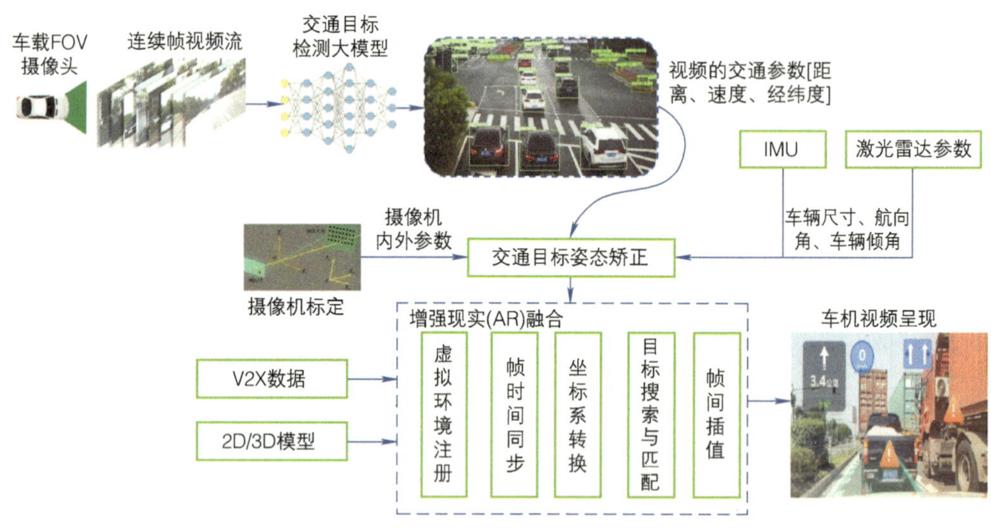

图 4　V2X 与实时视频融合

3. 方案优势

该方案具备以下优势。

1）创新性地将 V2X 技术应用于 ADAS 领域，拓展 V2X 应用空间。

2）V2X 与 ADAS 融合，提高 ADAS 应用的准确性和可靠性。

3）V2X 与视频流的实时融合技术，开创技术发展新趋势。

4）基于 V2X 技术的智能导航应用。

5）扩展 AR-HUD 应用空间，让视觉盲区进一步缩小。

6）系统级安全系统建设。

7）开放性平台，高可扩展性。

8）实时性系统，全局数据动态更新。

4. 发展思考

车路通科技研发团队一直从事 V2X 及车联网相关技术研究，核心技术团队有近 10 年的车联网应用基础，目前在该领域有相当的技术研究和产品开发积累，同时在汽车、交通领域有一定项目经验积累。

从 2012 年开始 C-V2X 标准的探索与制定，2018 年业内首次推出支持 C-V2X 标准的模组，V2X 技术已经经过十多年的发展与沉淀，具体产品与应用也经过了 5 年多的迭代。V2X 技术从标准、应用、行业、芯片、模组、产品、安全以及测试等方方面面都得到了长足的发展。但整体来看，V2X 行业的发展仍然比较缓慢，市场认可度偏低，需要将 V2X 技术与其他汽车相关技术融合绑定，提高 V2X 的使用率，逐步扩大其应用空间。

将 V2X 技术应用于 ADAS 领域，即希望借助 ADAS 规模应用这股春风，提高用户对 V2X 技术的认识与理解，从而为 V2X 自身的规模发展奠定基础。在 V2X 与 ADAS 融合应用案例中，可支持以下场景。

1）丰富 V2X 应用场景。针对 NO-V2X 的车辆，通过车载视频识别的方式识别该类型车辆，触发部分场景；针对 NO-V2X 的非机动车 / 行人，通过车载视频识别的方式识别非机动车 / 行人，触发部分场景；车载视频识别与路端视频识别的方式结合，优先车载视频。

2）虚拟现实化 V2X 应用场景。将 V2X 应用场景在虚拟现实中呈现，给驾乘人员以更直接的呈现方式。

3）上帝视角的虚拟现实。第一视角与上帝视角相结合，呈现可视范围和遮挡范围内所有的元素信息。

4）协同式 ADAS 场景。如车道偏离预警（LDW），检测到车道偏离时，ADAS 发出预警，提醒驾驶员回归车道；协同式 LDW，检测到车道偏离时，ADAS 产生盲区预警或逆向超车预警，则可采用更直接方式，如辅助驾驶回归车道。又如行人碰撞预警（PCW），视频识别到行人并发出预警；协作式 PCW，盲区内的行人无法感知时，通过路端识别并经 V2X 告知车辆，发出 PCW 提示等。

5）交通事故责任划分，全信息记录无死角。

6）基于摄像头的其他场景。

随着技术的逐步发展和应用的逐步深入，未来将会出现越来越多、越来越贴近用户实际需求的应用场景。

集成化和平台化激光雷达助力低速无人驾驶驶向未来

锐驰智光（北京）科技有限公司

在快速发展的自动驾驶领域，低速无人驾驶技术正成为一个引人注目的趋势。这一技术在无人配送、园区运输、自动巡检、旅游景区导览等多种应用场景中展现出了其独特的价值和潜力。在这些场景中，低速无人驾驶不仅提供了更高的便利性和效率，而且在安全性和环境友好性方面也表现得非常出色。低速无人驾驶作为自动驾驶领域的一个重要分支，正在逐渐被大众所接受。随着城市交通压力的增加和环境保护意识的提高，低速无人驾驶在提高交通效率和降低污染方面展现出潜在优势。此外，政策和法规的支持也在某种程度上推动了这一领域的发展。

尽管低速无人驾驶技术取得了显著进展，但在其商业化和规模化应用过程中仍面临多个挑战。

1）感知与决策：虽然低速环境相对简单，无人驾驶车辆仍需准确感知周围环境，包括行人、其他车辆、路标等。此外，复杂的交通情境（如交叉路口、行人穿越等）要求车辆能够做出快速而准确的决策。

2）安全性：保障乘客和行人安全是无人驾驶车辆面临的最大挑战之一。车辆必须能够在各种天气和光照条件下稳定运行，同时在紧急情况下能够可靠地执行安全操作。

3）成本与规模化：降低技术成本，特别是高精度传感器（如激光雷达）的成本，是实现低速无人驾驶商业化的关键。同时，如何在不牺牲性能的前提下规模化生产也是一个挑战。

因此，在市场需求日益增长的背景下，激光雷达技术的重要性日益凸显。作为一种先进的感知技术，激光雷达在导航避障以及环境感知等方面发挥着关键作用。它的高精度测量能力使得无人驾驶车辆能够在复杂环境中安全有效地导航。随着技术发展的深入，集成化和平台化的激光雷达解决方案应运而生，它们替代了传统激光雷达，不仅提高了系统的整体性能和可靠性，还降低了成本，为低速无人驾驶技术的普及铺平了道路。

传统的多线激光雷达，核心元器件激光发射和接收模组由大量独立的器件组成，即每一线都对应一对集成了激光器和探测器的 PCB（印制电路板），安装和调校复杂且造价昂贵，大规模量产后产品的一致性难以保证，而且要想让激光雷达应用在低速无人驾驶这一场景，除了稳定性和一致性外，成本和体积也是极其关键的因素。对于激光雷达的整机成本来说，收发模组的成本在整机成本中的占比很高，甚至达到了一半以上，因此除了激光雷达厂商在想办法突破光学芯片的集成外，上游的芯片厂商也看上了这块“蛋糕”，纷纷投入到研制集成光学芯片这一极其“烧钱”的研发当中。而集成光学芯片的出现，使得激光雷达的体积减小、整机成本降低、生产效率成倍提高、生产成本大幅下降，同时提高了雷达的性能和可靠性。

锐驰智光在 2017 年成立之初，就已经认识到传统分立式器件的激光雷达在未来是行不通的，没有办法大规模应用在各个领域，尤其是自动驾驶行业，因此在 2018 年就已成功流片 16 通道的集成光学芯片，更是在 2020 年流片 32 通道的集成光学芯片，而目前市场上的竞品品牌只能研制出 8 通道的光学芯片，在光学芯片集成这一技术上，锐驰智光领先了市场整整两代。32 通道的集成光学芯片可以更好地把锐驰智光深耕多年积累的激光雷达技术优势转化成最优秀、最有竞争力的产品。随着通道集成度和芯片制程的提升，无论是提升性能还是进一步降本，激光雷达在未来都将迎来巨大的成长空间。

除了雷达本身的硬件成本，产品线的设计定义以及产品未来的发展规划同样对于整个公司乃至雷达的总成本有着巨大的影响。随着应用场景的不断拓展，每个激光雷达公司的产品线也会从开始的单一产品，发展到后期的庞大产品线。因此，产品线如何合理管理、迭代、开发，考验着一个公司产品体系建设的智慧。如果在产品设计定义之初，每个产品都从零开始设计，那么会导致不同产品之间的技术共享率低，物料和模块复用率低。这样每开发一款新品，都要配套完整的研发资源、采购体系、生产体系，势必不利于成本控制。因此，模块化、平台化设计就变得尤为重要。一个激光雷达不外乎四个模块：接收模块、发射模块、扫描模块和计算模块。而集成光学芯片就是发射和接收模块的最佳实现方式，同时，扫描模块又分为电动机和旋转结构，通过不同的旋转结构就可以实现不同扫描方式的设计，计算模块分为硬件平台和软件平台，硬件平台决定了雷达的点云处理能力，而软件平台决定了运行的操作系统（OS）以及终端用户的算法可部署性和可移植性。因此基于同一个产品架构，可以衍生和开发出满足不同需求的产品。这样可以做到最大化共享技术成果、共享物料供应链、共享制造生产线。

锐驰智光很早就引入了平台化模块化思路，在同一架构下可以实现 16 线、32 线、64 线以及 128 线产品，且同一系列可以做到产品尺寸和硬软件接口一致，方便客户无缝切换和升级。除了同一产品系列内部的平台化，跨系列产品元器件以及模块复用的比例也极高，在平台化模块化前提下，60% 以上的零部件和元器件可以共享，从而大大降低了供应链管理成本。

随着技术的不断发展和迭代，集成芯片化和平台化的激光雷达将继续追求更高的性能和更低的成本，实现更高的分辨率、更远的探测距离和更快的数据处理速度，制造成本也将进一步降低，从而使集成芯片化激光雷达更具竞争力，为低速无人驾驶产业的发展发挥更加重要的作用。锐驰智光也将一如既往地聚焦激光雷达应用的各个场景，提升产品研发和技术创新，不断优化产品性能和服务，推动整个激光雷达行业的升级和发展，为所有需要激光雷达的客户降本增效。

让成像更清晰——基于软件定义的新一代 4D 成像雷达 SR75

湖南纳雷科技有限公司

作者：袁雯倩

1. 新一代 4D 成像雷达 SR75 介绍

纳雷科技为基于新一代自动驾驶平台的 4D 高分辨率成像雷达开发和应用，针对 L4 级自动驾驶、AVP 自动泊车、全自动低速无人车及无人船的应用需求，开发采用 MIMO（多进多出）体制和高度集成的毫米波雷达系统，突破多目标探测定位、目标四维信息输出、自适应环境感知等关键技术，研制具备完全自主知识产权的基于软件定义的新一代 4D 成像雷达 SR75。

纳雷科技研制的新一代 4D 成像雷达 SR75 可在

探测范围内提供良好的目标点云输出能力（1500 点云 / 帧），同时具有极高的准确率。单个 4D 成像毫米波雷达可以探测 40m 范围内的区域或路面，提供范围内所有目标的四维信息输出（见图 1），包括三维坐标与目标速度。雷达可对目标进行模式识别与分类，对人、车、减速带等不同类型目标进行区分，提供高精度、全方位的行驶场景数据，打造更智能、更安全和更高效的新一代自动驾驶平台。

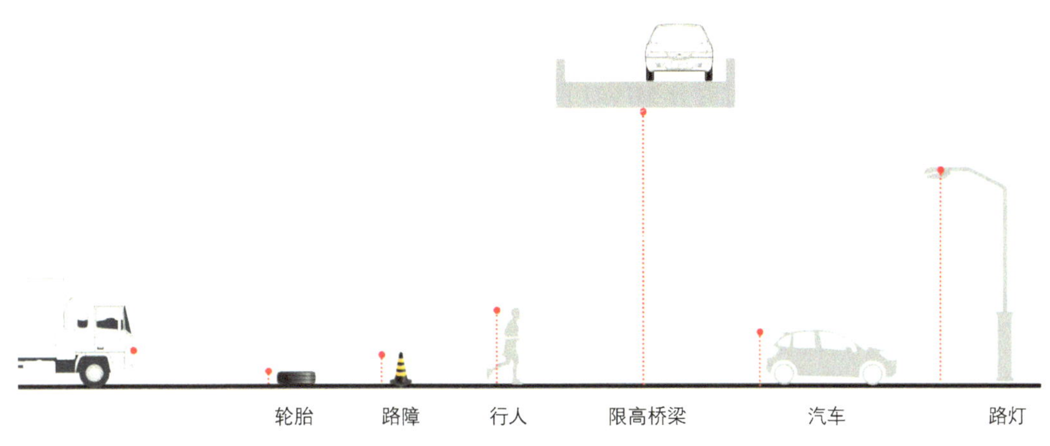

图 1　四维目标探测

4D 成像雷达 SR75 可运用于各种类型自动驾驶车辆的防撞保护、近距离和远距离的车头时距控制、危险或限制区域远距离监测系统、物体的高度测量和分类以及在拥挤或能见度低的地方探测物体等应用场景。

2. 4D 成像雷达 SR75 的关键技术

（1）自适应环境感知

4D 成像雷达 SR75（见图 2）融合多种类型传感器，通过决策算法的车载软件，建立低延迟的环视自组网，使得车辆驾驶系统具有更高安全性和鲁棒性。

通过智能算法处理目标信息，实现道路事件目标类型的快速精确识别，精确跟踪交叉路口极多目标的交叉轨迹。

通过集成多轴姿态传感器，采用车体移动速度与转向角补偿技术，解决运动平台下出现的不同径向速度、雷达主副瓣的杂波展宽问题。

图 2　新一代 4D 成像雷达 SR75

（2）软件定义雷达

通过软件定义雷达，可按照使用场景自由切换，一个雷达可实现多个雷达功能，系统方案成本降低 50% 以上。同时还可实现自动泊车（AVP），盲点检测（BSD），变道辅助（LCA）、开门预警（EAF）、后向穿越预警（RCTA），前向车辆报警（FCTA）、后方碰撞预警（PCR）等特性。

（3）4D 毫米波雷达

采用 4D 毫米波雷达方案，通过时分 MIMO 雷达体制，正交性通过分时实现，合成虚拟孔径，极大提高角度测量精度，解决现有毫米波雷达不能探测物体高度信息的问题。

采用梳形串馈水平极化天线设计，不仅可以通过控制阵面幅度分布实现方向图宽度、副瓣电平等指标的优化，还可使单个天线增益≥ 10dB，天线间隔离≥ 20dB。满足模块小型化要求的同时，提升了探测精度，降低了阵列馈线损耗。

技术指标如下。

1）水平分辨率：< 2°。

2）垂直分辨率：< 2°。

3）距离精度：≤ 0.1m。

4）水平角精度：0.4°。

5）水平角度：150°。

6）最大探测距离：40m。

7）防尘防水：IP67。

3. 4D 成像雷达 SR75 的路测案例

在挑战极致的性能和成本的同时，还要确保产品的安全可靠。在实测中，纳雷科技 4D 成像雷达 SR75 展示出如下突出的性能表现。

（1）静止目标检测（静止人、小目标、障碍物等）

纳雷科技 SR75 大幅提升了静止目标的探测距离、精度和稳定性（见图 3）。与此同时，对井盖等干扰目标可准确检测并过滤，避免误识别为障碍物导致误制动（见图 4）。

（2）运动目标检测（机动车、行人等）

纳雷科技 SR75 凭借高分辨、高精度、高密度点云数据，实现目标跟踪更精确、更稳健。在目标跟踪（见图 5）、行人横穿（见图 6）、多目标等场景中，均表现出优异性能。

4. 4D 成像雷达助力新一代自动驾驶平台落地

根据国家工业和信息化部等三部委发布的《汽车产业中长期发展规划》，2025 年，高度和完全自动驾驶汽车开始进入市场。同时，汽车智能化核心技术也是“中国制造 2025”的一项重要内容。在“中国制造 2025”中明确提出：到 2025 年，掌握自动驾驶总体技术及各项关键技术，建立较完善的智能网联汽车自主研发体系、生产配套体系及产业群，基本完成汽车产业转型升级。毫米波雷达作为人工智能感知系统以及自动驾驶技术的重要组成部分，当前主要由国外垄断，由于新一代人工智能、无人系统需求的拉动，智能 4D 高分辨率点云雷达成为全球争夺的制高点，也是中国实现变道超车重要机会窗口。

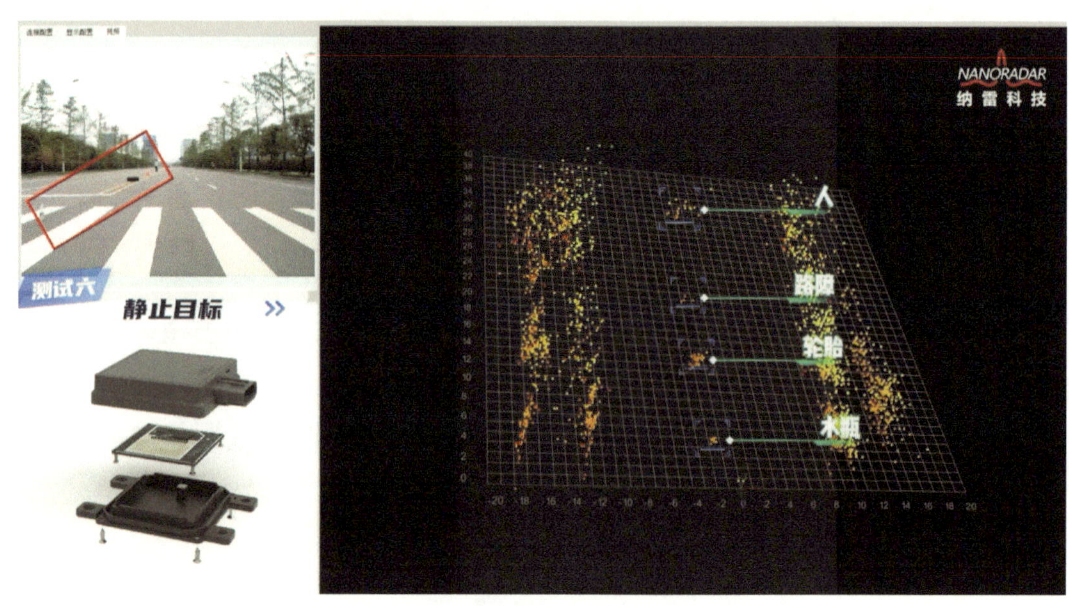

图 3　4D 成像雷达 SR75 静止目标检测画面

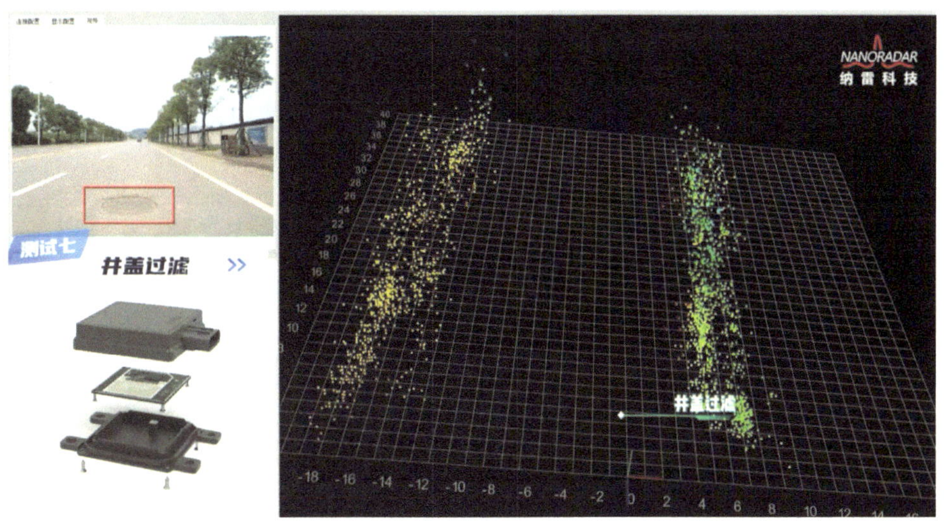

图 4 4D 成像雷达 SR75 过滤井盖检测画面

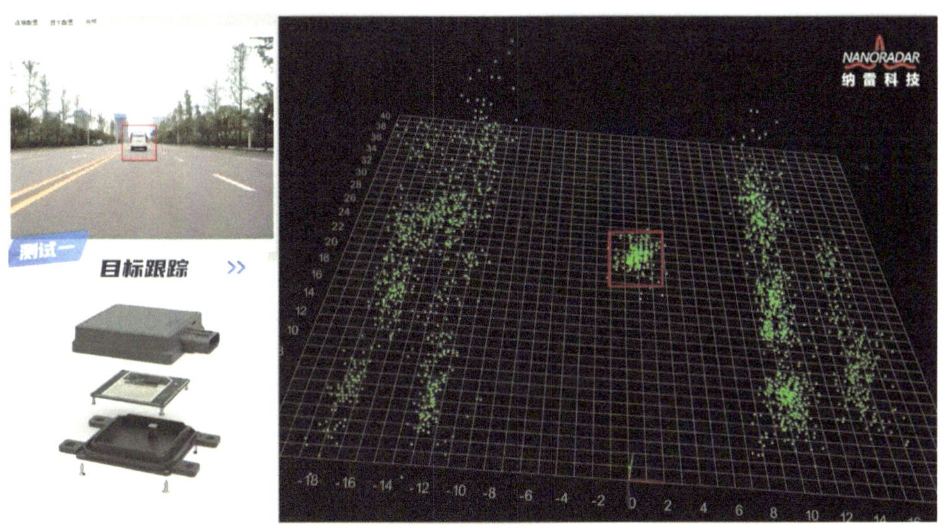

图 5 4D 成像雷达 SR75 目标跟踪画面

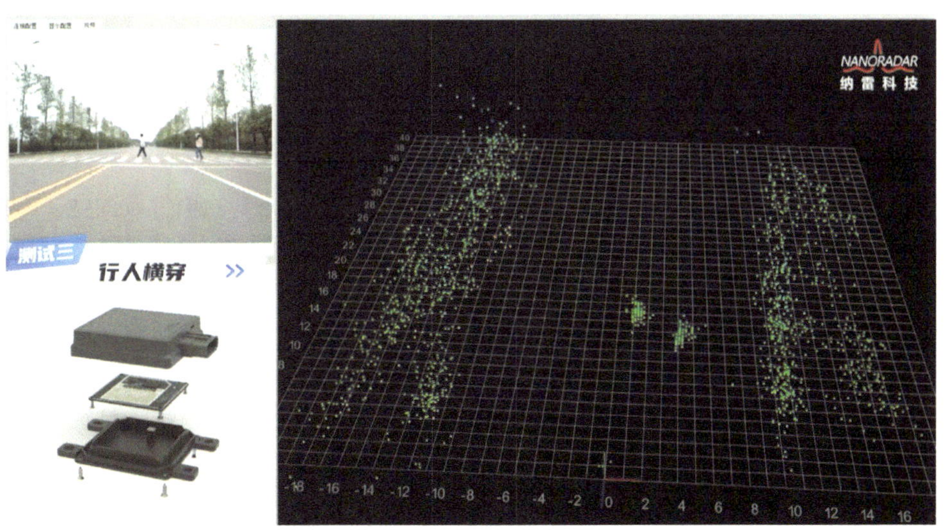

图 6 4D 成像雷达 SR75 行人横穿检测画面

纳雷科技 4D 成像雷达 SR75 基于新一代自动驾驶平台的 4D 高分辨率成像雷达开发和应用，可以为新一代自动驾驶平台提供高可靠性、高分辨率的感知，同时适当降低推广成本，有助于新一代自动驾驶平台的落地，推动《汽车产业中长期发展规划》的实施。

莱斯网信车路协同 2023 年创新成果案例

南京莱斯网信技术研究院有限公司

作者：贲伟，闵溪青，郝璐瑶

1. 创新成果

采用物联网“感传知用”技术架构，符合纵向兼容、横向开放、柔性适配、即插即用等设计理念，打通交警、交通管理需求和公众出行需求，帮助交警智能、高效、全面地对交通设备进行运维，帮助公众获取互动、精准、智慧的车路协同出行信息服务。同时，瞄准自动驾驶领域，为车辆提供高实时、高精准度、不可或缺的交通信号服务，创造安全的自动驾驶环境（见图 1）。

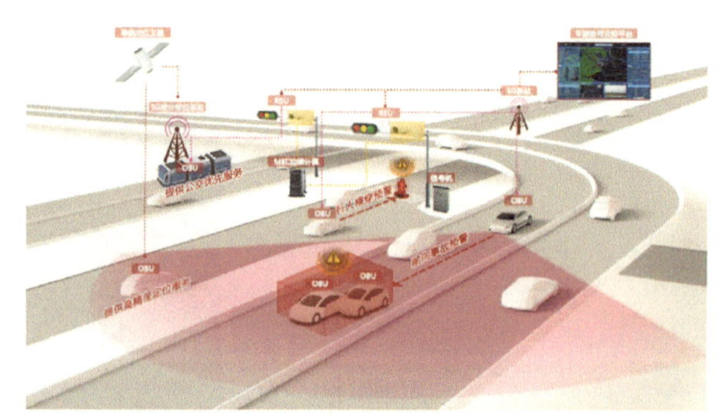

图 1　端云一体化车路协同系统运行架构示意图

2. 核心产品

莱斯网信核心硬件产品见图 2。

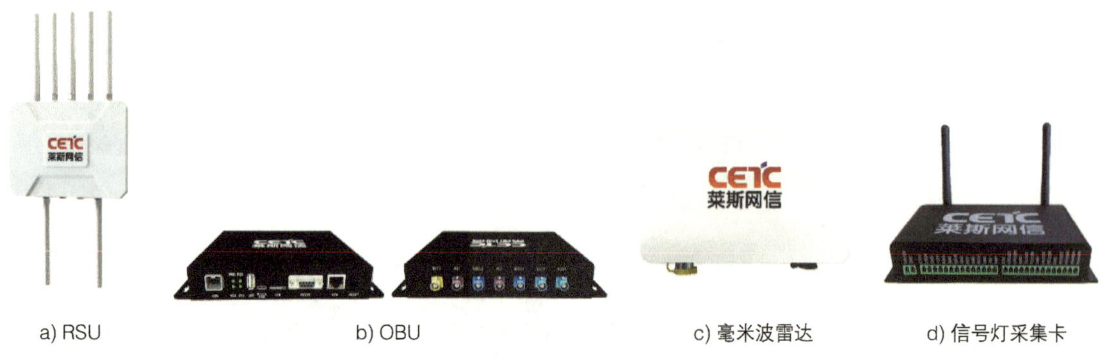

a) RSU　b) OBU　c) 毫米波雷达　d) 信号灯采集卡

图 2　莱斯网信核心硬件产品

（1）车路协同路侧单元

车路协同路侧单元（RSU）是车路协同系统中部署在路侧的通信网关，是车路协同系统的路侧核心设备，能够连接路侧智能交通基础设施、各类智能感知设备以及交通参与者，将路侧信息收集到云端，同时将交通信息下发至车端，具备业务、管理和安全数据交互等功能。

该设备是物联网、边缘计算、5G 通信等先进技术在交通领域的创新实践。设备支持车 - 路信息实时交互与智能交通路侧系统一体化协同控制；集成了 C-V2X、4G/5G 蜂窝通信、GNSS（全球导航卫星系统）、PoE、以太网、V2X 技术、交通优化算法，可接入交通视频检测器、微波检测器、交通信号机等路侧基础设施，支持交通数据回传与实时发布、局部逻辑路网管理系统构建，满足智能交通系统 V2X 应用业务的协同控制需求，具备与交通数据中心实时通信功能。设备具备边缘计算扩展能力，支持多传感器信息融合；使用自主知识产权的 C-V2X 协议栈和 C-V2X 通信模组国产化方案，实现设备自主可控；集成安全芯片，支持报文安全加密功能。

（2）车路协同车载单元

车路协同车载单元（OBU）支持车 - 路、车 - 车信息实时交互，支持车辆信息 OBD（车载自诊断系统）监控与诊断；集成了 C-V2X、4G/5G 蜂窝通信、GNSS、以太网、CAN、丰富的 IO 及其他通信方式扩展（WiFi、USB 等），支持国家标准 ITS（智能运输系统）全协议栈，可接收、储存并定时更新车辆行驶数据，包括当前车速、对方车速、相对车速、当前行驶方向、对方行驶方向、相对方向、车距等，向其他车辆或者路侧设备发送当前行驶状态数据；接收路侧设备发送的交通信号、交通管理的信息，达到危险预警、安全高效驾驶的目的。

（3）广域多目标毫米波雷达

广域多目标毫米波雷达为战场监视雷达的民用化产品，采用最新体制固态雷达技术，实现桥梁、隧道、国省道路交叉口的大范围监控，可以对车辆、人员等实现全方位的检测和监视，全天候实现场地事件安全检测并输出报警信息。

该产品具有大范围、纯固态雷达收发、电子（相位）扫描、体积小、功率低的特点，适合重点区域的监控检测，尤其适合于车路协同系统中单传感器大场景路端检测。基于超宽带调频连续波（FMCW）技术，可实现厘米距离级的分辨力；军用级别 TR 组件，实现高增益和优化信噪比处理技术；雷达电子扫描，可采集检测范围内车辆的坐标位置、实时速度、目标间距、目标个数等全方位原始数据；依据目标原始数据，实现道路态势、交通参数，以及交通事件的监控与分析。

（4）信号灯采集卡

信号灯采集卡是用于读取信号机数据的一款产品，能够采集和学习路口信号机的相位、灯色和倒计时信息，并将信号转换后通过有线 / 无线方式输出给路侧设备。该产品通过国家安全防范报警系统产品质量检验检测中心、公安部安全防范报警系统产品质量监督检验测试中心权威检测，设备具备安全隔离特性，从物理上保证信号的单向传输特性，不会对交通信号机正常运行、内网安全造成感染。

产品集成了 2G/4G 蜂窝通信、以太网通信，可实现移动互联网接入、有线网络接入，支持 BDS/GPS/GLONASS 卫星导航系统的单系统定位，以及任意组合的多系统联合定位；对外接口丰富，有 RS232、RS485、RJ45、USB、单点 IO 等接口，内部集成温湿度传感器、超级电容，可实现温湿度检测、断电检测；具备信号灯报解析与转发、智能门锁、移动特勤等功能。

3. 典型案例

（1）江苏省南京秦淮省级车联网先导区智能网联道路系统建设工程项目

在江苏省南京市秦淮区白下高新技术产业开发区建设了包含 15 条共 10.67km 智能网联城市公共道路，建设“一套车路协同基础路侧设施体系、一个端云一体化车路协同系统平台、高精度地图、差分定位、数据中心三项支撑、自动驾驶、网联辅助驾驶、车联网、交通管理四类服务”。全方位实现路网环境感知、车路动态实时信息交互，并可在全时空动态交通信息采集与融合的基础上开展车辆主动安全控制，充分实现人车路的有效协同，可支持 L4、L5 高级别自动驾驶车辆的上帝视角、冗余感知和超视距感知需求。

（2）重庆两江协同创新区车路协同二期项目

围绕福港大道开展路侧智能感知和通信设备布设，以及 40 余种车路协同应用场景建设。遵循“低成本、广覆盖、易体验”的设计原则，创新性提出标配“全域覆盖”、中配“重点打造”、高配“特色示范”的阶梯式建设方案，并可无缝升级。

基于多模态融合的 3D 多目标跟踪方法

重庆大学机械与运载工程学院

作者：王西洋，傅春耘，颜湘炎

目前，多目标跟踪方法通常可以划分为基于相机的多目标跟踪、基于激光雷达的多目标跟踪和基于多模态的多目标跟踪。通常来说，基于相机的方法是在图像平面上的 2D 跟踪，缺乏目标的深度信息，尽管目前有方法采用深度相机进行测距，然后实现 3D 跟踪，但其深度的计算精度不如激光雷达，同时计算量较大，难以满足实时性能。而基于激光雷达的多目标跟踪缺乏像素信息，无法得到像视觉那样丰富的表观信息。此外，由于激光雷达的工作特性，难以检测远处目标，因为无法实现对远处目标的稳定跟踪。融合两种传感器的信息能够弥补单一传感器的局限性，从而得到更加丰富的目标信息，实现稳定、准确的跟踪。

本研究创新性地提出了一种基于多模态融合的多目标跟踪方法，并将提出的方法与现有的主流方法进行实验对比，验证了所提出的方法的先进性。本研究的创新点主要体现在：①提出了一种简单、快速、精确的基于视觉和激光雷达融合的 3D 跟踪框架。该方法充分考虑 2D 和 3D 信息，通过多级匹配机制，能够准确、及时地融合二维和三维轨迹，并在三维坐标下实现精确、快速的跟踪。②本研究提出的跟踪框架可以结合任意的 2D 和 3D 检测器，可以广泛适用于各个场景，不需要额外的训练，并且速度非常快。③利用主流的 KITTI 数据集，与目前文献中最新的跟踪方法进行对比试验，验证了本研究所提出的跟踪方法的优异跟踪性能。

1. 基于多模态融合的多目标跟踪框架

本研究所提出的基于多模态融合（相机与激光雷达融合）的多目标跟踪方法结构见图 1。该结构共分数据输入、目标检测和特征提取、多级匹配机制与轨迹输出四个部分。

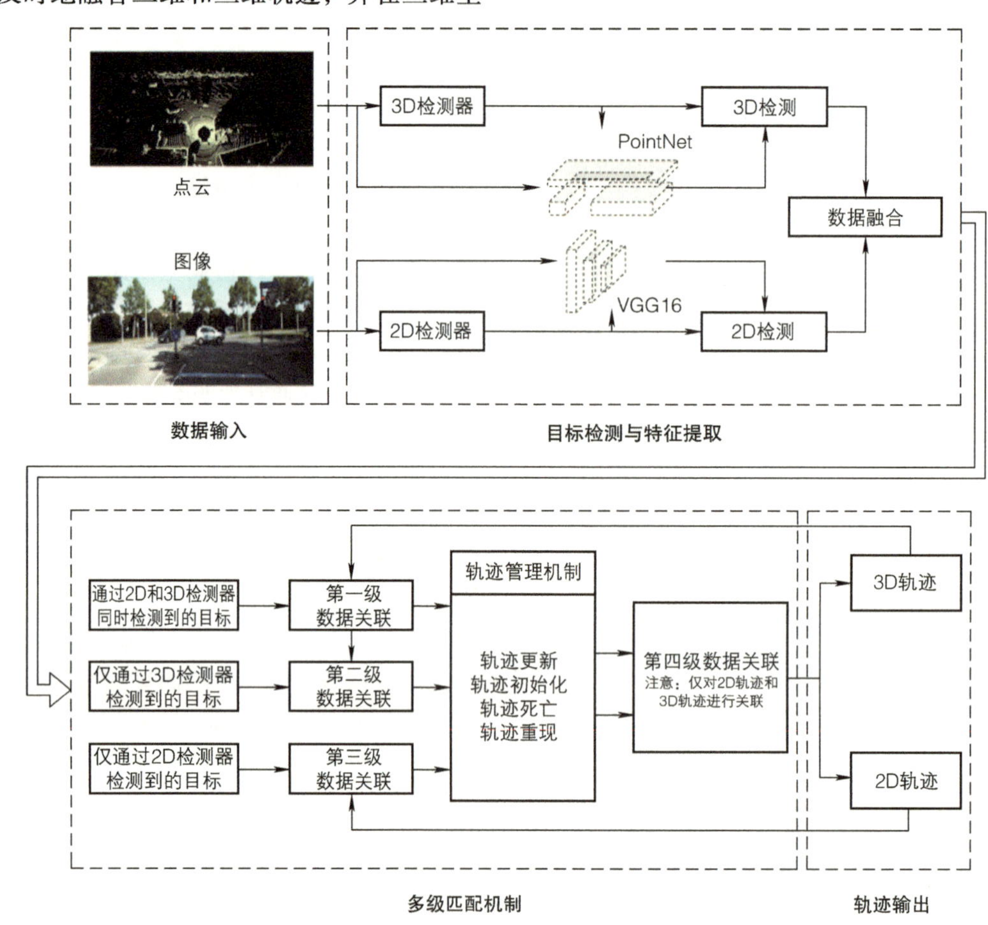

图 1　基于相机与激光雷达融合的多目标跟踪框架

第一部分为数据输入，包括激光雷达采集的点云数据以及相机采集的图像数据。

第二部分为目标检测和特征提取。首先使用基于相机的 2D 检测器和基于激光雷达的 3D 检测器分别获取物体在图像域和点云中的位置信息；然后分别利用特征提取网络（图像使用 VGG16，点云使用 PointNet）提取相应的表观特征；第三步，把在点云数据中得到的位置信息通过坐标转换投影到图像平面上（即把激光雷达点云中的 3D 检测框转换为图像平面的 2D 检测框）；最后，计算由投影得到的 2D 检测框与基于相机的 2D 检测器得到的 2D 检测框的交并比，通过与阈值进行比较，实现激光雷达与相机的信息融合。

第三部分为多级匹配机制。该机制总共包含四步：①给予同时在点云和图像中检测到的目标最高的优先权，进行第一步的匹配；②将未匹配的轨迹与仅在点云中检测到的目标进行第二轮匹配；③对仅在图像中检测到的目标与二维的轨迹进行匹配；④将三维轨迹投影到图像平面上与二维轨迹进行融合。

第四部分为轨迹输出，包括 3D 轨迹与 2D 轨迹。

2. 多级匹配机制

为了充分利用图像信息和点云数据各自的特性，我们引入了多级匹配机制，该机制能够很好地解决三个问题：①某一目标在被遮挡后重新出现时发生 ID 切换；②因为某一检测器产生漏检而导致漏跟或误跟；③仅用激光雷达传感器的量测数据难以实现对远处目标的准确跟踪。实验证明，本研究所提出的多级匹配机制具有非常好的性能，在使用相同的 2D 和 3D 检测器时，跟踪效果优于本研究比较的其他方法。该机制共分为四级数据关联，具体介绍如下。

第一级数据关联，首先将 3D 轨迹与经过融合的检测 $D_{2d\text{-}3d}^{\text{fusion}}$ 进行匹配，其中代价函数如下：

$$C_{\text{fused}}=\begin{cases}C_1^{\text{3d iou}}(若C_1^{\text{3d iou}}\neq 0)\\ C_2^{\text{dist}}(若C_1^{\text{3d iou}}=0)\end{cases}\tag{1}$$

$$C_1^{\text{3d iou}}(i,j)=\frac{d_i\cap t_j}{d_i\cup t_j}(i\in\mathbb{Z},j\in\mathbb{Z})\tag{2}$$

$$C_2^{\text{dist}}(i,j)=\frac{1}{1+\|d_i-t_j\|}(i\in\mathbb{Z},j\in\mathbb{Z})\tag{3}$$

式中，d_i 表示第 i 个检测框；t_j 表示第 j 个轨迹；$C_1^{\text{3d iou}}(i,j)$ 表示第 i 个检测框与第 j 个轨迹之间的 3D 交并比；$C_2^{\text{dist}}(i,j)$ 表示第 i 个检测框与第 j 个轨迹中心点之间的归一化欧氏距离。需要说明的是，在本研究中，二维轨迹用 $T_{2d}=(id,x_c',y_c',w',h')$ 和三维轨迹用 $T_{3d}=(id,x_c',y_c',z_c',w',h',l',\theta')$，其中 id 表示轨迹的标签。

采用交并比与欧氏距离进行融合的目的在于解决如下问题：当某一目标突然消失几帧之后重新出现，如果该目标速度较快，可能出现轨迹与量测之间的交并比为 0，从而导致轨迹和检测无法关联。鉴于此，本研究在代价函数中引入欧氏距离进行匹配，从而避免了仅使用交并比而导致的匹配失效。通过本方法进行匹配后的可能结果有三种：匹配上的 3D 轨迹，没有匹配上的 3D 轨迹和没有匹配上的 3D 检测，分别表示为 MT_{3d}，UT_{3d}，UD_{3d}。所有未匹配上的 $D_{2d\text{-}3d}^{\text{fusion}}$（即 UD_{3d}）都初始化为新的确认的轨迹，未匹配上的轨迹 UT_{3d} 则进入第二阶段的匹配，匹配上的轨迹 MT_{3d} 则用相应的量测对其位姿进行更新。

第二级数据关联，在本阶段的数据关联过程中，将上一阶段未匹配上的轨迹 UT_{3d} 与仅存在于激光雷达坐标系的 3D 检测 D_{3d}^{only} 进行匹配，此时采用的代价矩阵和第一阶段相同。当 D_{3d}^{only} 与 UT_{3d} 匹配上时，用相应的 D_{3d}^{only} 更新 UT_{3d}，剩下的未匹配上的 D_{3d}^{only} 则初始化为待确认的轨迹。需要注意的是，第二阶段中未匹配上的轨迹与第一阶段中未匹配上的轨迹不同，第二阶段中的这些轨迹为待确认的轨迹，需要经过连续 3 帧匹配上才能确认为真实轨迹。原因在于，大量实验证明当基于视觉的检测器和基于激光雷达的检测器同时检测到某目标时，通常该目标确实存在，即误检的概率较小；而仅当某一种传感器检测到某个目标时，存在误检的可能性更大。

第三级数据关联，仅仅针对的是在像素坐标系中的 2D 轨迹 T_{2d}，即将 2D 轨迹 T_{2d} 与仅存在于像素坐标系的 2D 检测 D_{2d}^{only} 进行匹配。与激光雷达相比，相机能够更准确地检测到较远处的目标。鉴于此，本研究单独设计了一个 2D 跟踪器专门处理这类轨迹，一旦目标与激光雷达的距离缩短到激光雷达的有效检测范围内，则使用 3D 检测器得到的 3D 信息来更新 2D 轨迹，实现 3D 跟踪。

第四级数据关联，本研究将未匹配上的 3D 轨迹 $\text{UT}_{3d}^{1\&2}$（包括第一阶段和第二阶段中未匹配上的轨迹、第二阶段初始化待确认的轨迹）与第三阶段中仅存在于像素坐标系中的轨迹 MT_{2d} 进行匹配。首先将 3D 轨迹投影到图像平面，然后计算投影得到的 2D 检测框与图像平面中 2D 轨迹的检测框的交并比。一旦 2D 轨迹与 3D 轨迹可匹配上，则将二者融合形成新的 3D 轨迹。

3. 轨迹管理

通常来说，一套优秀的轨迹管理机制能够很好地避免漏跟和误跟现象。在本研究中，一条轨迹可处于四种状态（见图 2）之一，分别是：死亡、待确认、确认和重现。各状态的具体含义如下。

1）死亡：如果一条轨迹连续若干帧（帧数大于某一阈值）没有与任何检测成功匹配，则将其视为死亡。

2）待确认：对于仅仅通过 3D 检测器检测到的目标和仅仅通过 2D 检测器检测到的目标，若其连续匹配上的帧数小于所设定的阈值，则将其视为待确认的轨迹。

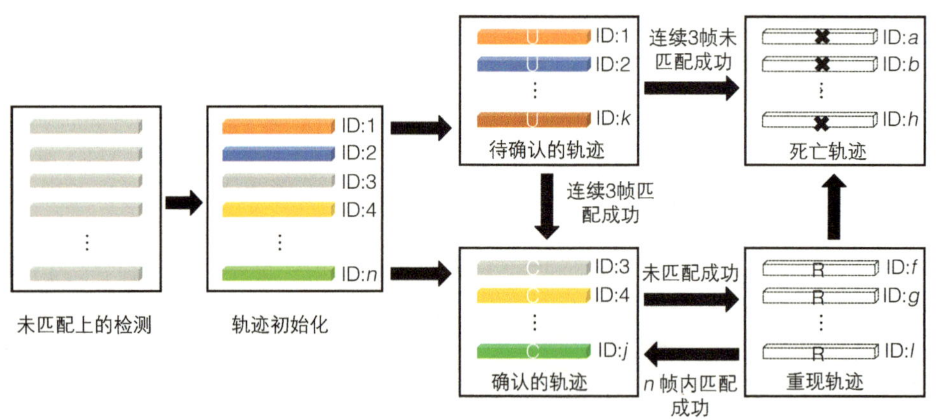

图 2　轨迹管理机制示意图

3）确认：若某个目标同时被相机和激光雷达检测到，则该目标的轨迹为确认。或者，某一待确认轨迹连续若干帧（帧数大于某一阈值）都成功匹配，则将该轨迹转为确认的轨迹。

4）重现：由于遮挡导致某一条确认的轨迹某一帧或几帧匹配不上时，则将其视为重现轨迹。此时暂时保留该轨迹，若接下来连续若干帧（帧数大于某一阈值）都未成功匹配，则转为死亡轨迹。

4. 实验

（1）实验设置

本研究使用 KITTI 数据集的相关数据进行实验验证。同时采用 2D 和 3D 评估指标对所研究文献提出的方法进行评估，其中 2D 评估指标包括 CLEAR 和 HOTA，其中 CLEAR 包含 MOTA、MOTP、ID 切换（IDSW）等评价指标。HOTA 包括检测准确度（DetA）和关联准确度（AssA）。3D 评估指标包括 AMOTA 和 sAMOTA。为了保证公平性，本研究使用和对比方法同样的检测器，即使用 RRC 和 PointRCNN 分别作为二维和三维检测器。

（2）定量结果

本研究使用 KITTI 数据集进行实验，下面展示了在两个关键评价指标上（HOTA 和 FPS），本研究提出的方法和其他方法的对比结果（见图 3）。可见，本研究提出的方法实现了先进的跟踪性能，不仅实现了最佳的 HOTA，并具有非常高的速度。

基于 KITTI 测试集中“Car”类，对比了本研究所提出的方法与 KITTI 排行榜上先进的跟踪器的性能（见表 1）。

从表 1 可知，本研究提出的方法获得了最高的 HOTA（75.46%），最少的 ID 切换（84），以及最高的 AssA（80.05%）。与经典方法 AB3DMOT 相比，在使用相同的 3D 检测器的条件下，本研究提出的方法使 HOTA 提高了 5.65%。与最新的 EagerMOT 相比，本研究提出的方法使 HOTA 提高了 1.07%，且 AssA 大幅提高了 5.89%。此外，本研究提出的方法只有 84 次 ID 切换，而 EagerMOT 有 239 次。尽管 MOTA 指标没有实现最优，但在现有的先进方法中也处于平均水平。

（3）定性结果

本研究使用 KITTI 数据集对所提出的方法进行定性评估。针对训练集 0002 展示跟踪可视化结果（见图 4）。从图 4 可以看出，2D 检测器在第 7 帧就检测到了红色圈中的车辆，而 3D 检测器在第 33 帧才检测到。常见的 MOT 方法都只能从第 35 帧开始正确跟踪这个车辆，比如 AB3DMOT。而本研究提出的方法能够实现 2D 和 3D 轨迹的融合，如图 3 中的第四列所示：当物体较远，仅仅被 2D 检测器检测到时，对其进行 2D 跟踪。一旦物体进入 3D 检测器的检测范围（比如到了第 33 帧），则使用相应的 3D 信息更新 2D 轨迹，实现 2D 跟踪平滑地切换到 3D 跟踪。

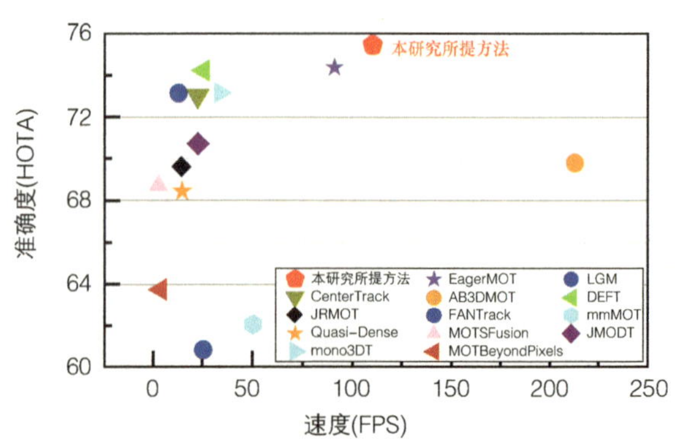

图 3　本研究提出的方法与最新的跟踪器的性能对比

表 1 多种 3D MOT 方法在 KITTI-Car 测试集上的性能对比结果

方法	刊物 / 会议	输入	HOTA(%)	AssA(%)	MOTA(%)	MOTP(%)	IDSW	FPS
BeyondPixels	ICRA(2018)	2D+3D	63.75	56.40	82.68	85.50	934	3
mmMOT	ICCV(2019)	2D+3D	62.05	54.02	82.23	85.03	733	33
FANTrack	IV(2019)	2D+3D	60.85	58.69	75.84	82.46	743	25
AB3DMOT #	IROS(2020)	3D	69.81	69.06	83.84	85.23	126	213
JRMOT	IROS(2020)	2D+3D	69.61	66.89	85.10	85.28	271	14
MOTSFusion #	RA-L(2020)	2D+3D	68.74	66.16	84.24	85.03	415	2
GNN3DMOT #	CVPR(2020)	2D+3D	—	—	82.40	—	113	—
JMODT	IROS(2021)	2D+3D	70.73	68.76	85.35	85.37	350	22
Quasi-Dense	CVPR(2021)	2D	68.45	65.49	84.93	84.85	313	14
EagerMOT #	ICRA(2021)	2D+3D	74.39	74.16	87.82	85.69	239	90
LGM	ICCV(2021)	2D	73.14	72.31	87.60	84.12	448	12
本研究所提方法	RA-L(2022)	2D+3D	75.46	80.05	84.64	85.02	84	110

注：表格中数据来自 https://www.cvlibs.net/datasets/kitti/eval_tracking.php。其中标有 # 的方法使用了和本研究所提出的方法同样的 2D 或 3D 检测器。

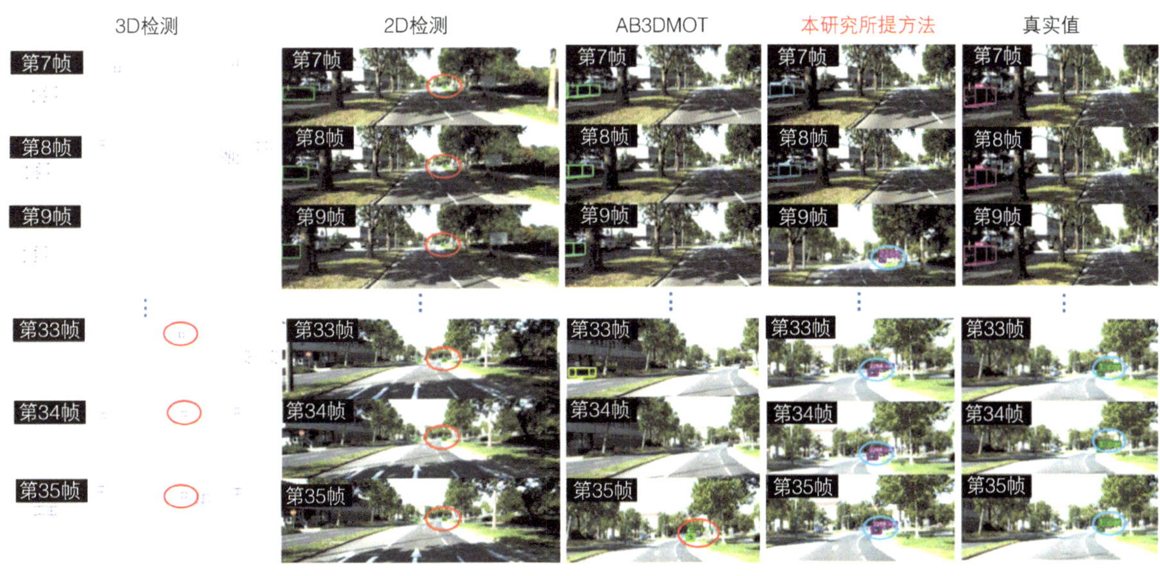

图 4 定性评价——使用 KITTI 数据集中的序列 0002 作为例子

对于连续多帧被遮挡的车辆重新出现在传感器视野中时，本研究提出的方法能够很好地对其跟踪，同时不出现 ID 切换（见图 5）。图中 ID 为 8214 的车辆在第 65 帧的时候被另一车辆完全遮挡，并且接下来连续 6 帧都处于被遮挡的状态。从 71 帧开始，传感器能够重新检测到该车辆，本研究所提出的方法能够很好地对其跟踪，并且未出现 ID 切换。可见，本研究提出的方法对于跟踪过程中常见的遮挡现象具有很强的鲁棒性。

图 5　定性评价——使用 KITTI 数据集测试集中的序列 0010 作为例子

5. 总结

本研究提出了一个新的基于视觉和激光雷达融合的多目标跟踪框架。该方法能够充分利用相机和激光雷达的特性，且在不使用复杂的特征网络的前提下，仅利用物体的几何信息，通过设计合理高效的多级匹配机制和轨迹管理方法，在 KITTI 数据集上实现了先进的跟踪性能。在与现有的先进的跟踪方法对比中，本研究的方法拥有最高的 HOTA 和 AssA 和最少的 IDSW。大量实验证明，我们的方法在仅仅使用几何信息的情况下依然具有较好的跟踪性能，并且能够结合不同的检测器，具有很好的鲁棒性和易移植性。可见，本研究提出的框架在运算速度和跟踪精度之间做到了很好的平衡，非常适用于自动驾驶领域的多目标跟踪任务。

杰平方半导体 SiC 在 OBC 市场的应用

杰平方半导体（上海）有限公司

作者：黄宏留

杰平方半导体是聚焦车载芯片研发的芯片设计企业，基于核心团队逾三十年丰富业界经验、优质资源和出众业绩，杰平方半导体对标国际先进厂商，致力于满足中国汽车产业对国产自主车载芯片的旺盛需求，主要面向电能转换、通信等领域，提供高性能碳化硅（SiC）芯片、车载信号链芯片及车载模拟芯片等前沿产品。公司有效整合国际技术经验和本土资源，深刻把握本土客户定制化需求，与国内外数家汽车产业链知名企业深入合作，提供高品质交付方案。杰平方半导体凭借自身优势设计能力和对产业的独到理解，致力于实现中国本土车载芯片的自主自强。

杰平方半导体产品有 3 条产品线，包括 SiC、车规模拟和车规信号链芯片（见图 1）。

图 1　杰平方产品线

SiC 主要应用于新能源行业，包括新能源汽车、光伏储能和其他电源类产品，能提升电源转换的效率，是碳中和的重要支撑。车载充电机（OBC）是 SiC 的重要应用场景，特别是在双向应用市场。

1. OBC 概要

OBC 作为新能源汽车的核心部件之一，其效率、功率密度等参数对新能源汽车充电时间和续驶里程具有一定影响。在保证系统可靠性和稳定性的前提下，更高的功率密度对减轻整车质量，提升整车续驶里程具有积极的推动作用，更高的效率对于缩短充电时间具有积极意义。使用传统硅基功率半导体作为核心功率器件的 OBC 在效率和功率密度上已经达到瓶颈，继续使用硅基半导体已无法较大幅度提升 OBC 的效率和功率密度，而碳化硅功率器件具有高频高效的特点，在 OBC 上使用碳化硅功率器件对于提升 OBC 的效率和功率密度有较大帮助。

传统单向充电式 OBC 典型电气结构由功率因数校正模块（PFC）和 DC/DC 变换器两部分组成，典型拓扑见图 2。

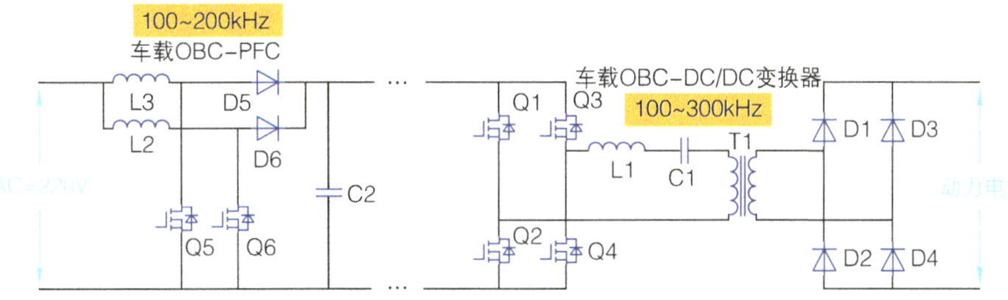

图 2　OBC 拓扑

二极管和开关管（IGBT、MOSFET 等）是 OBC 中主要应用的功率半导体器件。随着 OBC 的发展，双向能量流动的需求越来越普遍，二极管器件的使用逐渐减少，OBC 中 SiC MOS 的使用逐渐成为主流。

2. 碳化硅 MOSFET 在 OBC 中的应用

在单相交流输入的 OBC 拓扑图（见图 3）应用中，DC/DC 变换器的前段需要使用开关管将直流电压逆变成交流电压，由于 PFC 输出的直流电压在 400V 以下，且系统功率不超过 6.6kW，选择 650V 20A 的开关管即可。在 650V 20A 档位的开关管中，CoolMOS 导通电阻和输入电容 *QC* 在硅基产品中处于领先地位，650V 碳化硅 MOSFET 跟 650V CoolMOS 相比，虽然其导通电阻和输入电容都有一定的优势，但价格要比同规格 CoolMOS 高 3 ~ 5 倍，实际应用中 CoolMOS 在此市场中占据着主导地位。

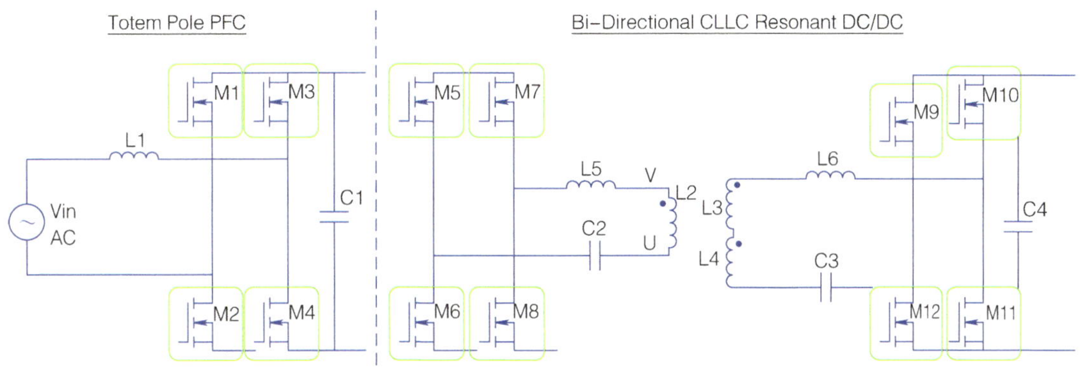

图 3　单相电源双向 OBC

缩短充电时间和提升动力电池电压是新能源汽车发展的两个主要课题，对于车载充电而言，单相 OBC 受交流电进线电流限制，功率最大只能做到 6.6kW，采用三相输入的模式可以将目前 6.6kW 的功率提升到 11kW，大幅提升充电速度，电池电压提升对于 OBC 技术的发展具有重要意义。

输入电压由单相 220V AC 变成三相 380V AC 后，PFC 电输出级的电压会相应提高到 550V 左右，如果采用两电平拓扑结构，650V 的 CoolMOS 已经无法满足要求，需要选用 900V/1200V 的开关管器件。

电池电压的提升，意味着 OBC 后级输出电压升高，配合目前 OBC 从单向到双向的发展趋势，DC/DC 变换器次级器件会从目前的 650V 二极管转变成 900V/1200V 的开关管。900V 及以上规格 CoolMOS 产品成本较高，性能上与碳化硅 MOSFET 的差距比 650V 的器件更大，因此，900V/1200V 碳化硅 MOSFET 在三相 11kW OBC 中有着广阔的应用前景（见图 4）。

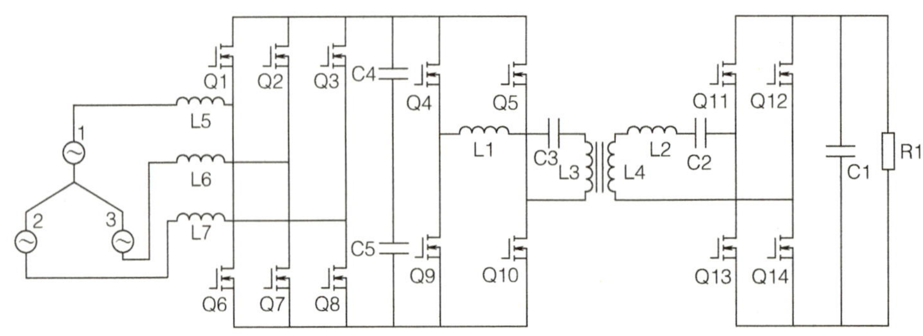

图 4　三相电源双向 OBC

各车载电源厂家已经陆续开始开发三相 11kW OBC，首选方案均考虑使用碳化硅 MOSFET 作为 DC/DC 变换器输入级开关管，可以预见，未来三相 11kW OBC 将会成为碳化硅 MOSFET 的主要应用场景之一。

结合新能源汽车行业的发展趋势和碳化硅功率器件的特点，碳化硅二极管和 MOSFET 已经在 OBC 应用中占据一定市场份额，未来的市场占比会逐步扩大，具备较为广阔的市场。

3. 适合 OBC 应用的新一代碳化硅 MOSFET

碳化硅 MOSFET 开关速度快，开启电压 V_{th} 相比硅 MOS 要低不少，如何降低碳化硅 MOSFET 在高频应用中的误动作风险，是工程师在应用中碰到的最大问题。

采用开尔文封装工艺，将传统的 TO-247-3 封装变成 TO-263-7 封装，可实现碳化硅 MOSFET 功率源极和驱动源极分开，有效降低碳化硅 MOSFET 关断时 $L\times \mathrm{d}i/\mathrm{d}t$ 对碳化硅 MOSFET 栅极的影响，降低 MOSFET 误动作的风险。另外，TO-263-7 封装作为贴片式封装，相比 TO-247-3 封装而言也可以减少 50% 左右的板上面积，有效提升了 OBC 系统的功率密度（见图 5、图 6）。

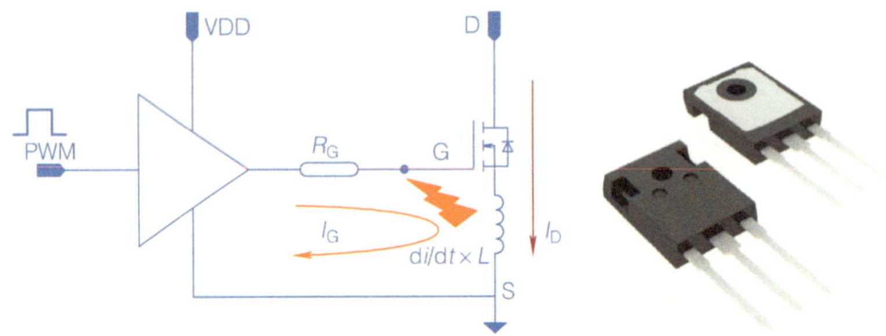

图 5　TO-247-3 封装碳化硅 MOSFET 开关过程

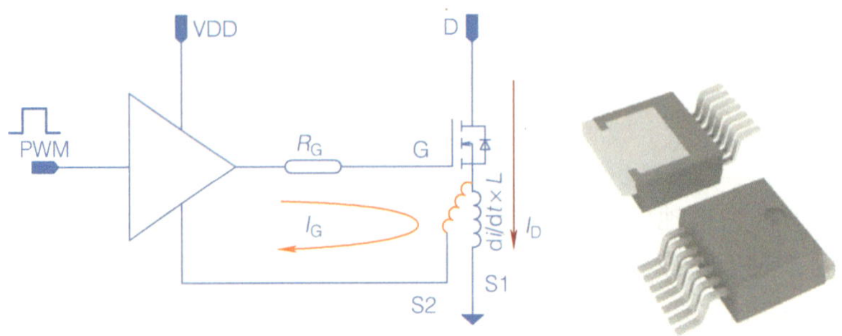

图 6　TO-263-7 封装碳化硅 MOSFET 开关过程

总的来说，通过使用碳化硅器件可以缩小散热器、被动元件尺寸，简化电路等，使得 OBC 总成本节省 15% ~ 20%，总体积缩小 60%。OBC 的前级 PFC 电路和后级 DC/DC 变换器输出电路中已经在广泛使用碳化硅二极管和 SiC MOSFET。此外，出于可靠性的考虑，OBC 通常主要采用水冷方式。采用 SiC MOSFET 的高输出电压超级充电 OBC 电源方案可以进一步提高效率，降低损耗，从而减少过多的热量产生，通过风冷就能解决之前液冷车载电源散热问题，这样可以去掉液冷循环系统，腾出车体宝贵的体积空间，从而帮助 OBC 厂商和汽车降低成本。

4. 杰平方新一代碳化硅 MOSFET

杰平方为 OBC 应用提供了完整的 SiC 系列芯片，包含了 4 颗车规级的 SiC 产品，应用于各规格 PFC 和辅助电源，能够提升 OBC 效率，降低 OBC 的尺寸，同时实现完全的国产化，提升新能源汽车产品的性价比，帮助新能源汽车的进一步渗透（见表 1）。

表 1　杰平方应用于 OBC 的硅产品

功能	技术	J2semi Part#	电压 / 电阻
OBC: totem pole PFC	SiC MOS	JPM120020B4	1200V / 20mΩ
OBC: totem pole PFC	SiC MOS	JPM120040B4	1200V / 40mΩ
OBC: 3 phase interleaved totem pole PFC	SiC MOS	JPM120040B4	1200V / 40mΩ
OBC: 3 phase interleaved totem pole PFC	SiC MOS	JPM120080B4	1200V / 80mΩ
Auxiliary Power	SiC MOS	JPM1700650B3	1700V/650mΩ

对高级辅助驾驶安全程度演进的思考

图达通智能科技（苏州）有限公司
作者：鲍君威

高级辅助驾驶系统（ADAS）在近几年得到了快速的发展，截至 2023 年年初，中国市场 L2（含 L2+）前装搭载率已突破 30%。随着技术的进步，用户体验和安全性得到了显著的提升。原始的 ADAS 功能如自动泊车和自适应巡航控制已经得到了进一步优化。现在的系统可以识别更复杂的驾驶环境，并提供更为准确的辅助，例如，在城市交通中的自适应巡航控制，或者是在交通繁忙路段的车道保持。尽管 ADAS 提供了许多安全功能，但也发生过因用户对 ADAS 功能体验的预期与其实际功能定义错配造成的严重事故。许多人相信，随着 ADAS 技术的进步，表示平均每多少英里需要人工干预一次的标志性指标——单位接管里程（Miles Per Intervention，MPI）持续增长，驾驶安全会得到前所未有的提高。然而，事实真的如此吗？

首先我们来理解一下自动驾驶的分级。为了能够明确分类各种自动驾驶功能，国际汽车工程师学会（SAE International）制定了一个详细的自动驾驶技术的分级系统，该系统从 L0 到 L5（见图 1），依次包含从无自动化、驾驶辅助、部分自动化，到有条件自动化、限定场景完全自动化、全场景完全自动化。

L2 与 L3 两个级别看似相近，但其实存在着显著差别，主要有以下三点。

1）驾驶责任主体：根据 SAE 的责任划分，在 L2 级别，驾驶责任主体始终是驾驶员。在 L3 可实现的设计运行域（Operational Design Domain，ODD）范围内，驾驶责任主体是 ADAS 系统，这就要求在此类场景下，ADAS 系统需要保障绝对安全，甚至是远超过我们心理预期的安全程度。换句话说，它应无限接近于民用航空的安全标准，即平均大约每 1700 万次航班才会发生一起致命事故。

2）控制与干预：在 L2 级别，车辆可以执行某些自动化功能，例如自动泊车或自适应巡航控制，但它仍然需要驾驶员保持对周边驾驶环境的关注，并随时准备接管。这意味着即使车辆正在自动驾驶，驾驶员也必须始终保持高度警觉。而在 L3 级别，在车辆限定的 ODD 范围内，例如高速公路场景，可以实现完全自动驾驶，驾驶员可以暂时放松或进行其他活动，但是一旦系统发出接管请求，驾驶员仍需要进行响应，但系统可以在有一定延时的情况下（比如 10 ~ 15s）等待驾驶员接管介入。

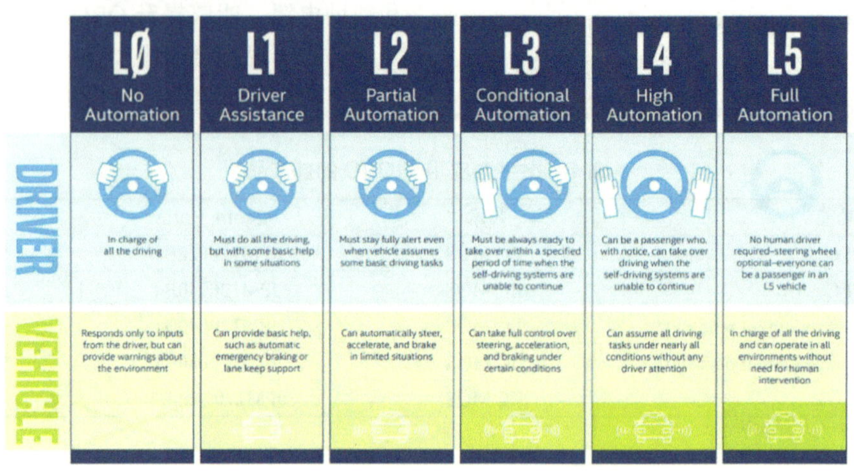

图 1　L0 到 L5

3）技术要求和安全冗余：L3 的自动驾驶对技术的要求远高于 L2。因为在 L3 级别，系统需要在其 ODD 场景下保持极高的可靠性，以处理各类感知规划控制任务，并及时判断 ADAS 系统可靠运行场景的边界条件，如判断超出边界条件，则需要采取风险减缓措施以达到最小风险状态，从而在复杂工况下为驾驶员提供足够的反应时间来接管车辆。

事实上，当前市场上绝大多数已经量产并交付使用的高级 ADAS 系统都处于 L2 级别，由于现有以及未来 5 年内的软硬件系统架构限制，这些系统的发展水平最多只能达到 L2 的 ADAS 等级。特斯拉的 AutoPilot 是行业内公认的技术较为领先的 ADAS 系统，自 2014 年推出以来，一直是自动驾驶技术领域的焦点。特斯拉不断进行硬件迭代并通过空中升级（Over-The-Air，OTA）方式对 AutoPilot 软件进行了多次更新，使车辆获得了如自动变道、自动停车、Summon（召唤车辆）等新功能。然而，尽管特斯拉一直强调 AutoPilot 仍然是一个 L2 级别的系统，需要驾驶员随时关注路况保持警惕，但仍有部分用户过度依赖系统，忽视了监控自车周边环境的必要性，导致在启用 AutoPilot 模式下发生了几起严重事故，其中一些事故甚至导致了致命伤亡，引起了广泛关注和争议。至于特斯拉的 FSD，即“Full Self-Driving”（全自动驾驶），尽管其名为“全自动驾驶”，但特斯拉仍然强调驾驶员应始终保持警惕并随时准备接管车辆，因此，实际上 FSD 目前仍是一个 L2 级别的 ADAS 系统，其他国内外汽车企业的 ADAS 系统定义也仍需要驾驶员全时监控并负责。

随着行业对 ADAS 技术的持续投入，包括更多异构传感器的增加、数据处理能力的提升、软件算法的进步以及使用更丰富更高质量的数据进行训练开发，我们期待 ADAS 系统的 MPI 会持续提高。尽管在初期，MPI 从几十千米提高到几千千米时可能会使驾驶更安全，但是在 MPI 达到上万千米以上时反而可能出现严重的安全风险。这是因为，在 MPI 只有几十千米的时候，驾驶者可能每天开车都会遇到需要接管的情况，最直接的结果就是驾驶者在知晓 ADAS 系统局限性的基础上保持高度警觉来避免事故，ADAS 系统和驾驶员是在同时“开车”，即通过人机共驾实现双保险。当 MPI 提高到上万千米时，驾驶员可能一整年使用 ADAS 系统时都不需要介入；同时，采用 ADAS 的人群也会进一步扩大，从早期对技术认知比较深入的人群扩展到更多的普通民众，这会使得很多驾驶员过度依赖系统，降低应有的警觉性，比如在开车的时候操作手机、观看视频，甚至进行其他非驾驶相关的活动，导致在系统面对无法处理的路况时，驾驶员也无法及时反应和接管车辆。在早期 Waymo 还未从 Google X 自动驾驶汽车项目独立出来之时，遇到过测试员在高速公路上将车辆设置为自动驾驶模式后，竟然离开驾驶座，爬到后座取东西的情况。此外，尽管驾驶员可能注视着路面，但长时间依赖辅助系统可能导致心不在焉的情况，从而忽略警报或延迟响应，不能立即进入操控车辆的状态，增加了驾驶安全风险。虽然从统计学上看，MPI 的提升可以实现整体驾车安全性的提升，但由于驾驶是长尾场景造成严重后果的应用行为，在 MPI 达到上万千米时，如果每天有几十万辆车使用此类系统且每天行驶几十千米，这样每天造成的恶性事故会大量上升，甚至超过未装 ADAS 系统的情况（见图 2）。

综合以上情况，为确保 ADAS 能够真正提升驾驶安全性，我们需要采取一系列措施。

（1）加强公众对 ADAS 系统功能的认知

我们需要全行业的努力让公众了解 ADAS 的实际功能和使用局限，从而降低误解和误用 ADAS 系统的风险。这包括在公众媒体上向大众普及讲解 ADAS 功能的优点和局限；汽车企业销售、用户手册及车内用户界面清楚准确地介绍 ADAS 系统的使用方式细节等。

（2）完备 ADAS 产品的定义和功能

1）提升驾驶员监控系统的性能：

目前大部分 ADAS 系统都包括驾驶员监控系统，旨在确保驾驶员双手始终在方向盘上，且眼睛注视路面。然而，目前此类监控系统的可靠性还有待提高，我们仍需要大幅降低误报率和漏报率，且在确保监控准确性的同时避免频繁误报影响用户体验。根据 2023 年发布的《国家车联网产业标准体系建设指南（智能网联汽车）（2023 年版）》，智能网联汽车的驾驶员接管能力检测系统的标准也被视为关键系统标准之一，受到重点评估和建设。

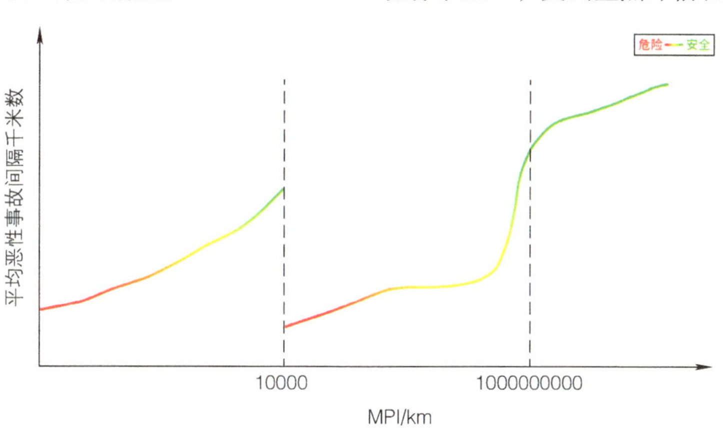

图 2　ADAS 系统 MPI 与事故数的关系

2）加强安全围栏：

一方面我们需要加强 ADAS 系统对复杂场景的识别能力，并能够及时报警退出 ADAS 模式，包括采取比较保守的策略进行判断。另一方面，在成本允许的情况下，我们应尽可能在 ADAS 整个技术栈上采用可靠的技术来实现冗余，包括传感器、感知软件、规划控制、执行机制冗余等。即使全栈解决方案不够完美，也可以通过提升关键模块的性能确保安全底线。例如，城区的高级辅助驾驶场景环境复杂、变化多端，需要处理的路况细节非常丰富，包括识别各类复杂的交通参与者并预测其行为轨迹、识别交通信号与标识、处理多车道交互的复杂路口、及时响应动态环境变化等，以及车辆在低速或停车状态下进行复杂的博弈决策和操作，例如高速匝道汇入主路场景。上述场景的挑战在于，目前预测及规划控制技术还需要大幅进步和发展才能满足系统可靠性的要求，即 MPI 远高于 10000km 的驾驶水平。

在感知方面，由于车速较低，对感知距离的要求可能在 100m 以内就足够了。如果在产品架构设计方面充分利用感知系统前沿发展的成果，例如部署多重高可靠性的感知方案，包括高清摄像头以及拥有足够分辨率和探测距离的激光雷达，就能使感知模块达到 L3 的安全冗余等级，这样即使规控系统不能完美控制车辆，也能够确保感知系统可靠准确地识别场景中各类信息，车辆能够采用尽快停止等保守方案来避免发生致命事故（见图 3）。

图 3 自动驾驶汽车

跨越鸿沟，尽快达到 L3 安全等级。

随着 ADAS 技术的持续发展，以及自动驾驶和 ADAS 系统在真实道路上的测试里程不断增加，系统可以从海量的实际驾驶数据中进行学习训练和优化，从而在技术层面逐步提高 MPI。然而，从不断迭代的产品定义及发布的角度观察，MPI 作为单个指标不免太过绝对和单一，我们也许需要从更全局的视野来选择 ADAS 技术及产品组合，优化产品发布的策略，将不断迭代演进的智能驾驶技术和相对应的产品发布节奏适当解耦。一方面，我们需要提升并深入融合 ADAS 技术栈各个基础模块的功能，并采用多维度的前沿技术产品，例如高性能激光雷达、超高算力 ECU、低延时高可靠性的路侧感知系统等；另一方面，用严谨的逻辑缜密分析产品真正的 ODD，这意味着可能比上一代 L2 产品的 ODD 有所缩减，以确保 MPI 可以从上一代产品的几百或几千千米突跃到 L3 系统需要的数十亿千米。事实上，奔驰在 2022 年初以及宝马最近在德国得到 L3 产品认证批准就是采用了这样的策略。然而，如何在变化的 ODD 和实际用户体验之间寻找平衡也是目前行业内 L3 产品研发的重要课题，毕竟用户只会买单真正让他们信服，既实用又安全的 ADAS 产品。

面对道路突发状况，我们需要在极短的时间内进行信息收集、感知预测、决策执行三个步骤。然而，在交通拥堵、道路复杂、黑夜、逆光眩光环境干扰等情况下，及时做出精准判断极具挑战。激光雷达是对于高级辅助驾驶和自动驾驶来说至关重要的感知传感器，帮助我们提前做出感知，助力尽早决策，进行车辆的安全、舒适的制动。

2016 年，行业中已有几家国际知名的激光雷达传感器厂商，但彼时都尚无法满足高阶智能驾驶的需求。考虑到市场的需求，鲍君威和当时同在百度负责传感器技术的李义民一起辞职，创立了图达通。

“以终为始”，图达通洞悉行业对安全的自动驾驶感知的高要求，倒推业界需要的产品性能，打造能够量产和落地的高性能激光雷达产品，在梳理了几乎所有的激光雷达路线后，确定开发 300 线的激光雷达。

高难度的技术路线和尚不成熟的供应链生态对高性能激光雷达产品的落地带来了极高的挑战，图达通历经几年的技术打磨与严苛验证，同步深度催熟行业供应链体系，在 2022 年率先在全球范围内实现了高性能激光雷达的大规模量产上车。

目前，图达通已拥有图像级超远距主视雷达 Falcon 猎鹰平台、图像级远距离前视激光雷达灵雀 -E（Robin-E）、高性能中短距广角激光雷达灵雀 -W（Robin-W），以及全新感知软件平台 Omni-Vidi，成为全球领先的图像级激光雷达及解决方案提供商。

国际权威研究机构 Yole Intelligence 发布的《2023 年全球车载激光雷达市场与技术报告》中显示，2022 年度图达通以全球第一的优秀成绩获“乘用及商用车车载激光雷达市场”销量和营收额的双料冠军。

第 11 章
智能网联汽车决策方向技术研究创新成果

蘑菇车联智能化、网联化自主创新产品与技术成果应用案例

蘑菇车联信息科技有限公司

公司在衡阳建设的“车路云一体化”智慧交通项目，也是我国第一个城市级自动驾驶项目，涵盖智能道路升级、大规模自动驾驶落地和城市车队的常态化运营，涉及里程 200km。项目计划在衡阳城区道路安装上万个摄像头、激光雷达、通信单元、边缘计算单元等智能终端，这些终端的实时动态数据和智能车辆数据同步进入城市交通大脑。整个项目完成后，衡阳城市智慧交通大脑系统日处理数据量将达 200PB，具备 50000TOPS 全局算力。“车路云一体化”智慧交通项目所获取为全息、全时、动态的城市交通数据，不仅涉及车端感知到的交通态势，还包括路侧的交通基础设施、元素、态势等数据，可能形成规模和复杂度都很大的数据集。

2022 年，该项目业主单位衡山科学城产业发展局局长唐俊华表示：“该项目是国内首个自动驾驶城市级大规模落地项目，目前整个项目已顺利进入试运营调试阶段，整个系统的安全性很高，目前没有任何事故故障出现”。

截至 2023 年年底，衡阳智慧交通项目一期 38km 数字化智慧道路已建设完成，实现出租车、公交车、清扫车、巡逻车等多种自动驾驶公共服务车辆的常态化运行，成为享誉全国的数字经济智慧交通标杆。

在 2022 年的“百日行动”中，衡阳市公安局获评了湖南省突出单位，行动期间共破获刑事案件 5285 起，刑拘 4848 人，逮捕 1230 人，全市刑事、治安警情同比分别下降 25.06%、21.74%。此外，衡阳还开展了智慧巡防在全省率先投入 21 台无人驾驶巡逻警车（图 1）、15 台巡逻机器人参与全天候自动巡逻。这些无人驾驶巡逻车，除了实现自动巡逻、人机交互等功能外，还融合了智能安防、第三方信息化系统，可以应用于城市开放道路、企业园区、数据中心、小区物业、金融场所等场景。更重要的是，它们能够在夜间、恶劣天气等环境中稳定工作，有效弥补传统安防场景下的漏洞，实现 24 小时立体巡防，构筑全天候无缝隙安防系统，让城市安防工作告别过去的“人海战术”和“汗水警务”。

这些无人驾驶巡逻警车（见图 1）由蘑菇车联提供，双方还签订了长期战略合作协议，基于蘑菇车联搭建的“车路云一体化”系统，在人工智能、警用巡逻机器人研发与应用等方面进行深度合作，将自动驾驶技术、智慧交通系统与警务防控相结合，实现室外全天候自动巡逻，提高见警率。

图 1　无人驾驶巡逻警车

2022 年，大理市政府与蘑菇车联签订了战略合作协议，蘑菇车联将对环洱海生态廊道全路段（136km）进行智能网联及车路协同新型基础设施升级与建设，并在建设期内陆续投放自动驾驶游客观光车、接驳车、垃圾清扫车、巡逻车等，打造包含道路信息感知、车路信息交互、路云信息传输等功能的“车路云一体化”系统。

该项目是全国首个车路协同自动驾驶智慧景区、西南地区首个“智能网联 + 智慧旅游”生态示范项目。公司将在环洱海生态廊道建设支持 L4 级自动驾驶的车路协同智能网联基础设施，并开展自动驾驶商业化运营。项目将在大理首次落地运营全球首款搭载“车路云一体化”系统的 L4 自动驾驶前装量产客车——MOGOBUS M1、MOGOBUS M2，以及自动驾驶出租车、环卫车、巡逻车、售卖车等。

2022 年 11 月，蘑菇车联中标大理环洱海自动驾驶生态旅游示范项目，一期项目金额约 2.89 亿元。目前，自动驾驶客车、环卫车、巡逻车已驶入洱海生态廊道，进行测试、试运行，自动驾驶观光服务开放在即。依托蘑菇车联“车路云一体化”系统，自动驾驶车辆具备高安全性、高效率等优势，助力大理洱海打造安全、智能、绿色的生态旅游环境。

2023 年 4 月，大理龙山行政办公区投入使用 2 辆自动驾驶巡逻车（见图 2）和 2 辆自动驾驶清扫车（见图 3），利用智能化的方式，开展巡逻检查和环境清扫，有效节约了人力，实现了公共机构节能智能一体化。

图 2 自动驾驶巡逻车

图 3 自动驾驶清扫车

大理龙山行政办公区应急分队队长赵进琪介绍称："我们有 14 名队员，24 小时分 3 班开展巡逻，自动驾驶巡逻车投入使用以来，为我们安保巡逻工作带来了极大的便利，尤其是为夜间巡逻加大了保障。夜间巡逻时间设定在 22：00—次日 5：30，2 辆自动驾驶巡逻车从同一地点出发，分 2 个方向，对龙山行政办公区开展巡逻，做到所有片区全覆盖"。

在 2023 年中秋、国庆"双节"假期期间，云南大理洱海景区一批自动驾驶车辆，包括搭载"车路云一体化"系统的 L4 级自动驾驶前装量产客车——MOGOBUS M1（见图 4）、MOGOBUS M2（见图 5）、自动驾驶零售车、自动驾驶清扫车等，吸引大量游客观看，成为当地新的网红打卡项目。

图 4 搭载"车路云一体化"系统的 L4 级自动驾驶前装量产客车——MOGOBUS M1

图 5 搭载"车路云一体化"系统的 L4 级自动驾驶前装量产客车——MOGOBUS M2

智能驾驶控制系统简介

名商科技有限公司

作者：江志洲，崔润礼

1. 应用场景（见图 1）

2. 总体方案（见图 2）

关键技术主要包括环境感知、建图与定位、决策与规划、控制与执行。

3. 智慧矿卡远遥控制应用（见图 3）

4. 远遥域控制器功能特征（见图 4）

1）芯片方案：双 J3、2 × 5TOPS AEC-Q100。

2）Linux 操作系统。

图 1　智能驾驶控制系统应用场景

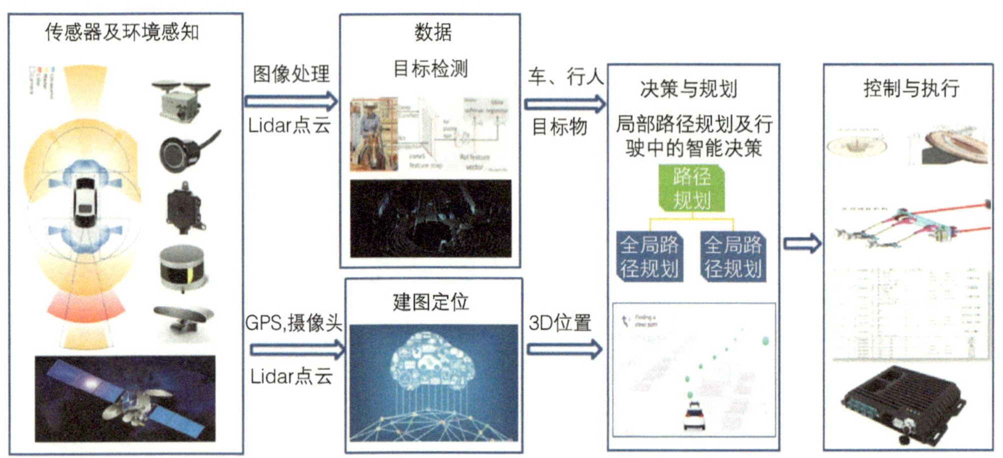

图 2　关键技术示意图

图 3　智慧矿卡远遥控制应用

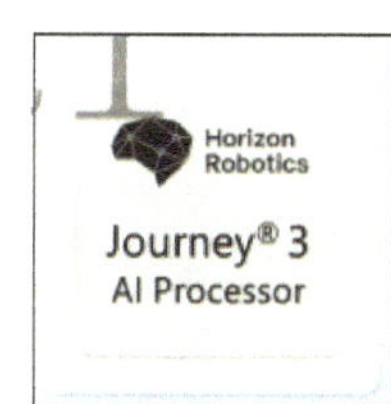

图 4　远遥域控制器

3）5G 通信、高精度定位模块（选配）。

4）ADAS、AEB 主动安全功能。

5）8 路 LVDS 720P 或 1080P/25 帧视频输入，4 路环视＋前后左右。

6）2 路千兆网口、6 路 CAN。

7）板载 1TB 存储（存储芯片直接贴板，自行开发存储协议）。

8）OTA 升级、安全保护机制。

9）IP69K、IP68 水中 5m。

10）抗震：9.73Grms。

11）工作温度范围：−40～85℃。

12）存储温度范围：−40～85℃。

5. 远遥域控制器规格参数（见表 1）

表 1　远遥域控制器规格参数

序号	项目	规格参数
1	操作系统	Linux
2	处理器	Horizon J3×2 10TOPS
3	MCU	KF32A153
4	内存	8GB LPDDR4（2GB、4G 可选）
5	存储	16GB（32GB 可选）
6	5G 模块	SIM8200EA-M2
7	摄像头输入	8 路 GMSL/GMSL2 720P 或 1080P 25 帧 RX 9296A、TX9295
8	视频输出	HDMI2.0 1080P 输出
9	以太网	2 路千兆网口（2 线以太网），1 路千兆网口（4 线以太网口，M12 连接器）
10	WiFi	2.4GHz 802.11b/802.11g/802.11n
11	蓝牙	蓝牙 4.0 及以上
12	定位	GPS、北斗、支持高精定位
13	SD 卡	2 个 256GB，共 512GB
14	SSD	1TB（支持 1T/512G/256G）
15	CAN	6×CAN2.0
16	USB	1×USB3.0（TYPE-A） 1×USB2.0（microusb，用于系统烧录）
17	串口	1×RS232、1×RS232 DEBUG 1×RS485
18	音频	1×MIC 1×Line Out
19	GPIO	2×GPI，2×GPO 8×GPIO（CPLD 双向可配）
20	LED	SSD、SD、GPS、RUN、REC、GPIO、POWER、5G
21	同步信号端	同步信号端
22	OTA 升级	支持
23	防护等级	IP69K、IP68 水中 5m
24	抗震	9.73Grms
25	工作电压	9～36V
26	工作温度	−40～85℃
27	存储温度	−40～85℃
28	盐雾	5%，240h
29	认证	NAL、SRRC、CCC、EMC、E-Mark、CE
30	尺寸	150×180×65（不含支架）
31	重量	<2000g

6. 智慧云控平台（见图 5）

7. 名商智能驾驶系统优势

（1）产品和技术

1）硬件：防水 IP69K、抗震 9.73G、1TB 存储（直接贴板）、PCB 特殊设计及定制私模。

2）软件：车 / 舱 / 云端、推流、解码、拼接均自主开发，可定制开发；系统总延时 200ms 内。

3）算法：依托芯片算法模型 / 盘古大模型，打造最全面、最可靠商用车自动驾驶数据中心。

4）平台：对接名商智慧云平台、华为盘古云平台、进行大数据采集、闭环训练等。

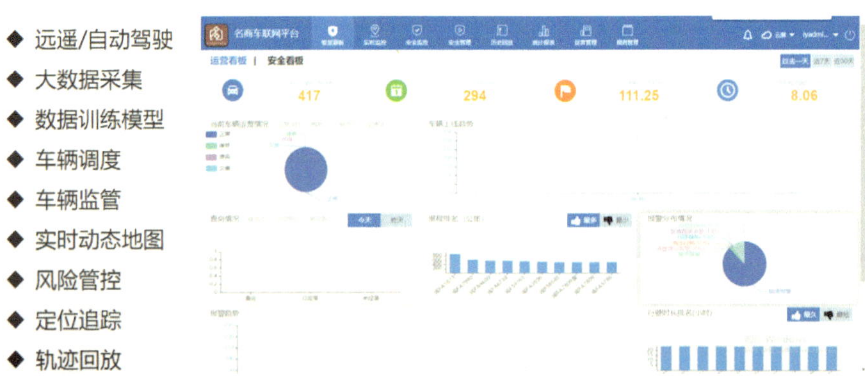

图 5　智慧云控平台

（2）配套和服务

1）智能终端、座舱、网联、驾驶、云平台全产品线融合，满足从 L0 ~ L5 各场景应用。

2）可向客户提供白盒、全套系统定制开发能力。

3）纯国产软 / 硬件、服务好、性价比高、保交付。

（3）生态圈

1）整合虹软、地平线、博泰、黑芝麻等行业龙头及独角兽企业提升技术集成能力。

2）集聚行业头部客户，打造品牌智慧港口、智慧物流、智慧矿山、智慧城市的各应用场景。

云潼科技车用水泵控制全桥 PIM MOSFET 模块创新成果案例

重庆云潼科技有限公司
作者：李应勇，张小兵，王振萍，张伟

1. 创新型全桥 PIM MOSFET 模块

（1）创新成果

在云潼科技车用水泵控制全桥 PIM MOSFET 模块问世之前，在车载或工业低压水泵、电机中，为形成三相交流工作电压，通常直接使用 6 片 MOSFET 单管组合布置在控制板上进行全桥控制。重庆云潼科技有限公司（以下简称云潼科技）基于此问题，从 2022 年 3 月至 12 月，组建由半导体行业内十余年经验的芯片设计专家、封装工艺专家、结构设计专家组成的项目团队，历经模块设计、研发、技术评审、产品测试和验证等流程，提出的创新型 DFN 14 × 12 全桥 PIM MOSFET 模块。基于集成化设计，缩减了传统 6 颗单 MOSFET 及其外围保护电路所需要的空间，直接空间从 400 mm^2 缩减到 168 mm^2，实现了以 1 替 6，有效缩减了器件尺寸（见图 1）。

图 1　云潼科技全桥 PIM MOSFET 模块与传统布局对比

在技术上，基于全桥电气原理，将 6 颗 MOSFET 晶粒组成功率 PIM MOSFET 全桥模块，形成 DFN 14mm × 12mm × 1mm 无引脚封装，PIM MOSFET 模块的外部不用设置与 PCB 等板材实现电气连接的引脚，直接通过功率端子以及焊盘实现与外部的电气连接。

在封装以及结构设置上（见图 2），将低电压、小电流的功率端子布局在模块两侧底部，设计 S4/S5/S6 独立的小电流采样端子，不与 A/B/C 三相输出的大电流端共用，使得全桥 PIM MOSFET 模块的 MOSFET 晶粒与与各个端子之间的引线较短，能够减小引线的自感系数以及引线电阻，能够有效地降低器件总体的杂散电感。同时，将电源输入焊盘 D 和三相 A/B/C 三相输出焊盘置于功率模块外部，配置焊盘与全桥中具备大电流、高电压的端口连接。由于焊盘裸露在外，提高了全桥功率 PIM MOSFET 模块的散热性能，因此进一步综合提高了模块的性能。

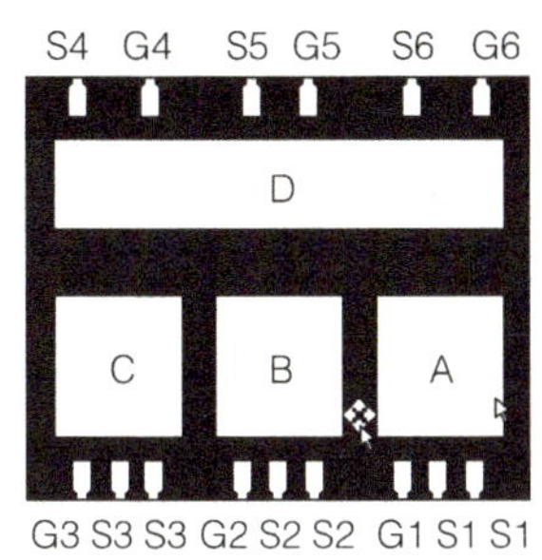

a) 全桥功率模块底部焊接图

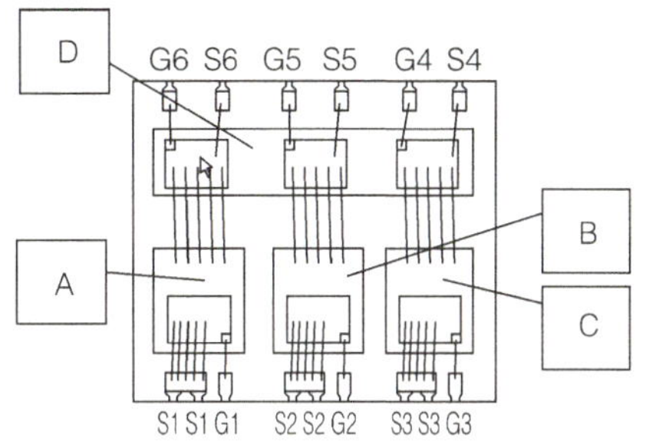

b) 全桥功率模块内部焊线图

图 2　全桥功率模块底部焊接图和内部焊线图

从采用的 MOSFET 晶圆上，采用 SGT 工艺，相较于传统的 Trench 工艺，利用 SGT 工艺制作的 MOSFET 晶圆，响应速度更快，功率密度更大，导通损耗和开关损耗大幅降低，提高了器件抗电流冲击能力。最终模块产品通过 AECQ101 三套系统可靠性验证，产品性能指标优异（见表 1）。

并且，在该功率半导体模块上，云潼科技也已经申请了多项自主知识产权，其中专利部分布局 11 项，见表 2。

（2）应用案例

功率 PIM MOSFET 模块是云潼科技以有限投入，突破重点领域，开展产业化关键技术研究，理论结合实际，发挥自身优势，在 PIM MOSFET 模块方面取得的重大突破，促进了我国在功率半导体领域的发展，缩小了与具有先进研制能力的国外龙头企业的差距。云潼科技的 PIM MOSFET 功率模块研发成功后，模块性能得到许多整机厂的认可，并且成功实现产业化，获得批量出货（见表 3）。

表 1　功率 PIM MOSFET 模块性能指标参数表

主要性能指标	性能项	限值	单位
漏源电压	VDS	40	V
栅源电压	VGS	± 20	V
导通内阻	RDS(on)TYP	5	mΩ
持续电流	ID	80	A
脉冲电流	IDM	320	A
雪崩耐量	EAS	240	mJ
总耗散功率	PD	83	W
从芯片到壳的热阻	RthJC	1.8	℃ /W
最大接温	TJ	175	℃
存储温度范围	Tstg	−55 ~ 175	℃
回流焊接温度	T	260	℃

表 2　云潼科技 PIM MOSFET 模块专利布局情况

序号	申请日	专利名称	申请号	专利类型	专利状态
1	2021.8.26	一种全桥功率模块的封装结构	202110986037.6	发明	等待实审
2	2021.8.27	三线全桥功率模块和 PCB 板	202110992802.5	发明	等待实审
3	2021.8.30	三相全桥封装芯片	202111007962.6	发明	等待实审
4	2021.8.30	芯片框架和功率模块芯片	202111002205.X	发明	等待实审
5	2021.10.22	一种全桥模块及控制板	202122552830.3	实用新型	授权
6	2021.11.11	一种全桥功率器件	202122752460.8	实用新型	授权
7	2021.11.15	一种功率模块和电机控制器	202111346303.5	发明	一通
8	2022.5.10	一种屏蔽栅沟槽 MOSFET 及其制作方法	202210505353.1	发明	等待实审
9	2022.5.27	一种桥式 MOSFET 功率模块结构及驱动电路	202221291696.4	实用新型	授权
10	2022.10.27	一种顶部散热的功率模块及散热结构	202222836152.8	实用新型	授权
11	2022.12.30	一种全桥功率模块	202223543236.9	实用新型	授权
12	2023.4.10	功率半导体全桥模块	202330188139.3	外观设计	授权

表 3 云潼科技电动车控制水泵 PIM MOSFET 模块部分客户及应用情况

模块型号	直接客户	应用	终端车型
CCM80N4-6A	三花汽零	80W 电子水泵	赛里斯、吉利、理想、比亚迪
CCM30N4-6A	三花汽零	30W 电子水泵	赛里斯、吉利、理想、比亚迪
CCM75N4-6A	富临精工、辰控智能、禄华科技	80W 电子水泵	长安、上汽

同时，公司在该模块研发设计和实验的过程中，同步制定了产品生产的企业标准，根据不同需求应用场景制定了对应的型号、规格和参数。在企业标准的指导下，公司先后自研生产 CCM30N4-6A、CCM75N4-6A、CCM80N4-6A、CCM150N4-6A 等模块产品，并由于其技术先进性、适用性、通用性能力较高，深受客户青睐和好评，逐步取代了原有的 6 颗 MOSFET 晶体管分布式布局设计的市场地位，成为公司的核心产品之一，也是目前云潼科技主推的一项产品，在 2022 年首次生产年度内，该系列模块产品产量达到 675229 颗，销售额达 490.66 万元，占公司总销售额的 11.39%。

创时智驾在智能驾驶领域的发展实践

上海创时汽车科技有限公司

作者：杨曾

1. 行业背景

创时智驾（简称“创时”）成立于 2018 年，正值中国汽车智能驾驶发展的高峰。

基于专业、负责的本土化研发和服务团队，公司能力垂直覆盖智能驾驶控制器产品的需求分析、设计、仿真、测试、生产和质量控制、销售和售后的完整生命周期。在研发方面，公司集硬件开发、基础软件开发、中间件开发、系统集成能力于一体。

依托强大的安全工程背景，创时智驾在全球率先量产分别以 TI TDA4VM 和 Nvidia Orin X 芯片为核心的智驾域控制器软硬件系统。经过 6 年时间的发展，公司累计成功完成 10 多个量产项目，积累了丰富的开发能力和经验，建立了在智驾控制器产品领域的领先地位。基于灵活的商务模式，公司可提供从全栈交付、智驾安全底座平台（硬件 + 基础软件 + 中间件）开发、独立解耦的软件或硬件发开，到系统集成等多种服务。公司视客户为长期合作伙伴，在项目合作中，我们不仅仅完整履行项目需求，为客户交付安全冗余、高性能、具备竞争力价格的产品，更和客户保持无缝的技术和项目交流，帮助客户建立和提升相关工程能力，实现持续共赢和价值最大化。

2. 产品介绍

（1）智驾安全底座平台产品

智驾安全底座产品线覆盖从基础的前视一体机、泊车控制器，到高阶行车控制器，以及实现行泊一体或驾舱一体的域控制器。在芯片选用方面，创时基于强大的自研能力，建立了以国产和海外 SOC 为核心的两条产品路线，并分别覆盖高、中、低端产品，增加了客户的选择空间。创时已量产或定点产品的概览见表 1。

1）基于 Nvidia Orin X 核心 SOC 的高阶行泊一体控制器。考虑到车路协同的巨大基础设施投入和政策落地时间，以及云端协同的信息安全边界和实时性误差，在高级别智驾方面，搭载高算力 + 高安全冗余的控制器（单车智能路线）仍为目前的主流解决方案。

由于基于英伟达芯片开发的商务起步门槛和研发能力要求较高，截至目前，创时智驾是国内唯二拥有从 Xavier 到 Orin X 完整的车规量产芯片级交付域控经验的 Tier 1 供应商。

创时以单 Orin X 芯片为核心的智驾控制器产品 iECU 3.1 的系统参数见表 2。应用场景为高阶智能驾驶（含城市 NOA）和行泊一体控制（含记忆泊车）㊀。

㊀ 功能定义为基于调研的理论值。实际功能需结合传感器配置、算法功能性能、整车功耗控制等多种因素确定。

表 1　创时已量产或定点产品

产品	图片	功能	传感器	客户	SOP	供应商
前视智能摄像头控制器（SCU1.0）		LDW/LDP/LKA...	1V1R	SMPV AS33	May. 2022	SOC：Horizon Robotics MCU：Infineon
前视智能摄像头控制器（SCU2.0）		LDW/LDP/LKA...	1V1R	SMPV AS28	Dec. 2019	SOC：Mobileye MCU：Infineon
低速泊车 DMS 控制器（PDCU）		AVM/PDC/APA/DMS...	5R6V	SMPV AS28	Q4. 2021	SOC：TI
高速行车控制器（ADCU2.0）		LDW/LKA/AES...	5R6V	Maxus MIFA	May. 2022	SOC：TI/Horizon Robotics MCU：Infineon
行泊一体控制器（iECU2.1）		AVP/APA/TJA...	5R11V	IM L7	Mar. 2022	SOC：NVIDIA MCU：Infineon
行泊一体驾控制器（iECU3.1）		NOA/HPP/AVP...	5R11V2L	IM LS7	Nov. 2022	SOC：NVIDIA MCU：Infineon
舱驾一体驾控制器（iECU3.5）		NOA/HPP/AVP/DMS/OMS...	5R13V	SAIC ES37	Q1 2024	SOC：J5/NXP

表 2　以单 Orin X 芯片为核心的智驾控制器产品 iECU 3.1 的系统参数

参数	技术规格
Orin 算力	NPU（SOC）：254 TOPS in INT8
	CPU（SOC）：12 × A78AE cores @2GHz，228K DMIPS
	FSI（SOC）：4 × R52 lock-step cores @1GHz，10k DMIPS
	GPU（SOC）：167 TOPS INT8（Tensor cores）
TC397 配置	6 × CPU Tri-core @ 300MHz（2 split +4 with LS）
Orin 存储配置	128GB UFS
	32GB eMMC
	64MB Nor Flash
	64MB Secure Nor Flash
传感器接口	摄像头：提供 12 个 GMSL1/2 接口摄像头接口，支持 RAW 和 YUV 格式的视频信号输入
	激光雷达：支持最大 2 个激光雷达（占用 2 路千兆以太网接口）
	毫米波雷达：支持 5 个毫米波雷达（占用 3 路 CAN FD 接口）
	超声波雷达：支持 12 路超声波雷达（占用 1 路 CAN FD 接口）
车机接口	支持 3 路 CAN FD/CAN 接口，3 路均支持唤醒
	支持 1 路千兆车载以太网口
定位接口	支持 1 路 CAN FD/CAN 接口
视频输出	提供 2 路 GMSL3 视频输出
高低边驱动	提供 4 路高边输出（12V/1A，超声波雷达供电占用 3 路）
	提供 4 路低边输出（12V/1A）
数字量输入	提供 6 路数字量输入
电源输入	12V（9 ~ 16V）

依托于和芯片厂商长期合作而建立的良好关系，以及自身技术积累，创时不仅为客户提供标准化的 iECU3.1 平台，同时为客户定制灵活形态的 Orin X 域控产品，定制范围包括：①向上扩展多颗 Orin X 芯片的高性能级联方案，关注面向 L3 ~ L4 的智驾功能及其安全实现，或横向集成网关、整车诊断、座舱控制等功能的中央控制功能；②向下聚焦以 Orin N 替换 Orin X 的高性价比方案，满足中高阶的智驾功能实现和轻度横向功能扩展。

值得一提的是，虽然平台方案和使用场景不同，但创时以透明统一的中间件为基础，可为客户实现不同平台上应用的快速移植和验证，以优化的项目周期，满足客户不同车型差异化的布置和投放需求。

2）基于 TI TDA4VM 核心 SOC 的行车控制器。据公开数据显示㊀，2023—2025 年间面向 L1 ~ L2 的智能驾驶功能，在中国乘用车新车销售市场的占比为 64% ~ 67%，而 L3 及以上级别的仅为 1% ~ 5%。可见，未来几年，L1 ~ L2 的智能驾驶系统的出货量，构成了该领域的价值主体。从整车价格构成看，2023 年前 3 季度，20 万以下乘用车构成了 68.7% 的新车销售市场㊁。因此，粗粒度上，可以将 20 万价位以下的整车视作 L1 ~ L2 智能驾驶系统的主力出货目标。结合智驾系统在整车的价值占比预估，对应的智驾系统（含软件）销售价格应当在 1000 ~ 2000 元之间。价值匹配，以及成熟的开发环境和广泛的

㊀ 数据来源为亿欧智库《2021—2022 中国智能驾驶产业年度总结报告》。

㊁ 数据来源为星源数据《2017—2023 各价格区间乘用车销量 / 占比》。

存量应用，让 TI TDA4 系列芯片成为这个区间的控制器的炙手可热的 SOC 选型目标。

创时以单芯片 TDA4VM 为核心的智驾控制器产品 PDCU 的系统参数见表 3。该应用场景为泊车（含 APA）控制。

表 3　以单芯片 TDA4VM 为核心的智驾控制器产品 PDCU 的系统参数

参数	技术规格
TDA4VM 算力	• NPU（SOC）：8 TOPS in INT 8 @ 1GHz
	• 主域性能核（SOC）：1 × A72 Dual Core @ 2GHz, up to 24K DMIPS
	• 主域实时核（SOC）：2 × R5F Dual Cores @ 1GHz, 8k DMIPS
	• 安全域实时核（SOC）：1 × R5F Dual Cores @ 1GHz, 4k DMIPS
存储配置	• 性能和计算域（A72 cores）：4GB LPDDR4
	• 性能和计算域（A72 cores）：32GB eMMC
	• 安全计算域（R5F cores）：32KB EPPROM; NOR Flash 64MB
传感器接口	• 摄像头：提供 6 个 GMSL1/2 接口摄像头接口，支持 RAW 和 YUV 格式的视频信号输入
	• 超声波传感器：支持 12 个超声波传感器
车机接口	• 提供 2 路 CAN FD/CAN 接口，其中 1 路支持唤醒
	• 支持 2 路千兆车载以太网口
定位接口	• 支持 1 路 CAN FD/CAN 接口
视频输出	• 提供 1 路 FDP-link 视频输出
高低边驱动	• 提供 4 路高边输出（12V/1A，超声波雷达供电占用 3 路）
	• 提供 4 路低边输出（12V/1A）
数字量输入	• 提供 3 路数字量输入
电源输入	• 12V（9 ~ 16V）

同其他智驾产品一样，除标准化产品外，创时也提供配置更为丰富的客户定制产品，如双 TDA4VM 的级联方案、单 TDA4VH 方案、单 TDA4VM ECO 方案等，并以透明统一的中间件支持快速的应用移植和验证。

（2）安全中间件产品

随着汽车智能化的发展，电气架构中央化已经成为当下主流趋势。实际项目中，司职不同的各方，如主机厂、行车和泊车算法商、基础软件商等，在同一个控制器上进行合作功能开发已成为日常。同时，应用场景的高端化和功能的复杂化也在不断加速，因此，面向服务的软件开发和软硬件解耦的开发，因其高复用性和迭代性，也逐渐成为主机厂关注的热点。中间件作为硬件、基础软件和应用软件的连接介质，在这个大背景下应势而生。其重要性在主机厂眼中不言而喻。因为产品使用场景的特殊性，在智驾领域的中间件不仅仅要具备接口统一、资源利用率高、易于移植等常规属性，更重要的是还需要满足功能安全性。

通过资源整合，创时安全中间件技术最早可追溯到 2015 年。经过多年的迭代和投入，创时中间件可适配 ASIL B 至 D 级别的应用⊖。除了丰富的功能清单，创时为客户提供界面友好、易懂易用的配置工具，支持快速代码生成，加速中间件的移植和部署。

创时中间件产品的范围在不断扩展中，见图 1 和图 2。

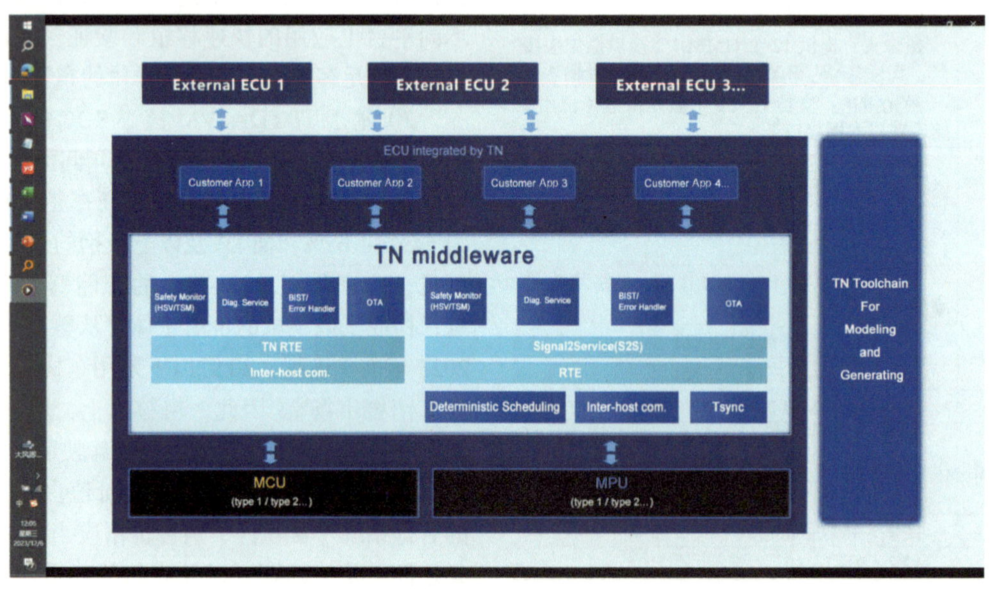

图 1　创时已有的中间件产品（1）——系统整体

⊖ 安全等级定义为基于 SEOOC 的理论值。实际安全等级需结合硬件配置、算法功能性能、整车系统安全配置等多种因素确定。

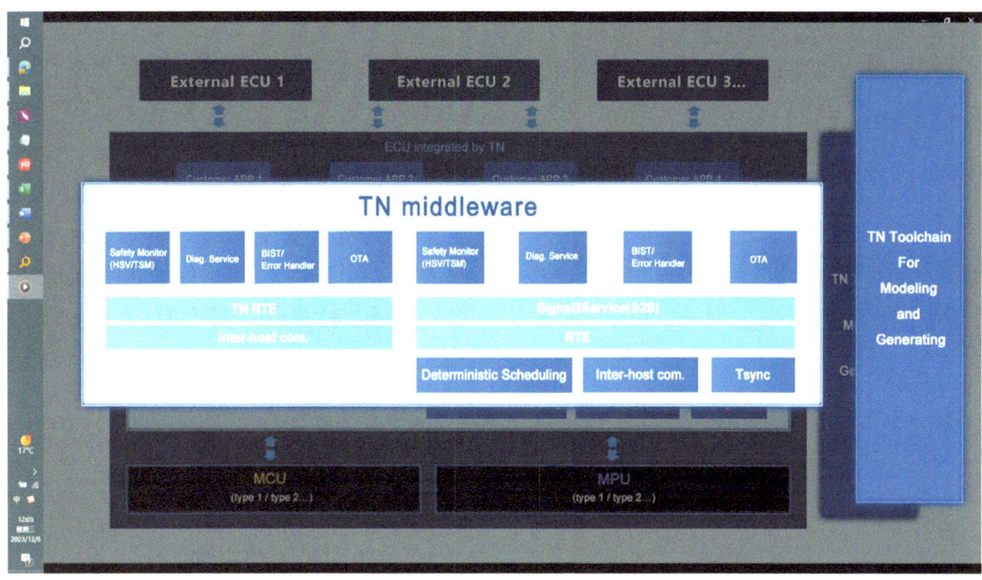

图 2　创时已有的中间件产品（1）——中间件和工具链特写

1）时间同步。对于安全相关控制器产品，任务处理的实时性是始终无法避开的话题。而无论是对于当前多核异构的域控制器，还是中央集中化的整车电子电气架构，所有实时性任务处理的基础是时间同步。只有在足够小的时间误差内，各软硬件模块才能协同完成合作任务，如传感器融合、视觉融合、安全降级等。创时时间同步中间件，符合 IEEE 802.1AS-2020 一致性要求，主从时钟偏差可控制在 100μs 内。

2）确定性调度与通信。创时确定性调度工具根据客户提供的应用架构、时域特征、处理器依赖与系统依赖，生成任务执行调度表与通信、以太网络配置，确保特定应用的响应时间与系统行为的可预测性；确定性能保证任务按照既定的顺序和时间执行，以确保系统的可靠性和实时性。

为配合确定性调度的实现，确定性通信基于不同应用数据的优先级来配置以太网交换机的门控列表，确保高优先级数据的实时传递。

3）安全执行。架构上，创时采用多级监控和逐层反馈的方式进行系统安全设计。在最底层，创时采用 Watch Dog 监控安全关键硬件（MCU、或 SOC 的 MCU 域）的运行情况。继而往上，MCU 侧监控 MCU 本身和 SOC 侧 MCU 域的安全状态，而 SOC 层的 MCU 域则监控着 SOC 其余核心的状态。当故障在某一个层级发生，则该层级会向其下一层级发出信息，实现风险的逐层传递。最终，信息将到达 MCU 或 Watch Dog 侧，由两者执行风险决策和降级处理。

硬件上，创时对为数广泛的设备进行监控，如电源、CPU、传感器、执行器、通信控制器和端口等。核心器件上，如 SOC 和 MCU，创时监控多个指标，含温度、电压、电流、寄存器和内存错误等。对于关键指标，如 SOC 的温度监控，我们部署多套冗余的传感系统，确保诊断的鲁棒性。

进程上，创时有效地进行了资源隔离。时域方面，创时对任务进行监控，确保任务激活时间和截止时间的符合性，以及程序流的正确性，同时结合上述的确定性通信和调度，共同保证进程在计算资源使用上的互斥和高效。内存管理方面，创时采用静态内存分配以及虚拟内存技术（内存的物理和虚拟地址的映射），为每个进程创建各自的内存环境。

4）FOTA（Firmware Over-The-Air）最早是一种用于更新嵌入式设备固件的技术。当前，随着整车智能化对车端的控制器软件提出了高速迭代的要求，FOTA 技术已经扩展到了控制器应用程序的更新，以及其下挂传感器的软件更新。

创时 FOTA 中间件支持客户的灵活定制，包括如下：

① 云端通信方面，支持 HTTPS 协议、SSL/TLS 协议等。

② 服务指令方面，支持 SOME/IP、DOIP 等协议。

③ 升级引擎方面，提供创时自有的升级引擎，也支持集成芯片或算法厂提供的升级引擎。

④ 信息安全方面，支持基于国密或开源算法的传输和存储的加解密。

⑤ 功能安全方面，支持 AB 面备份和回滚。

⑥ 差分算法方面，提供创时自有的算法，也支持集成第三方算法。

3. 应用落地

（1）乘用车

创时在不同商务模式上都已经有了相应的量产案例，如图 3 ~ 图 6 所示。

（2）商用车

创时以交付智驾底座平台为主。2021 年，创时向客户交付了第一批智能重卡域控制器，目标场景为 L2+。2022 年，经过产品升级，交付了第二代智能重卡域控制器，算力提升 8 倍，目标场景 L3+。这些搭载创时域控制器的重卡正活跃在洋山港、东海大桥、宁波港和苏州保税区等地，承担短途干线物流任务，持续创造着价值。

□ 项目状态
- 跨度：2020—2021年
- 状态：已量产

□ 商业模式
- 模式1_硬件平台

□ 方案概述
- 硬件名称：PDCU
- 系统功能：基于超声波传感器和环视摄像头等传感器输入完成AD L2级泊车功能

□ 具体功能
- 360° 高清环视系统（AVM）
- 停车距离检测（PDC）
- 自动泊车系统（APA）
- 驾驶员状态监控系统（DMS）

□ 职责分工
- 创时：提供ASIL D安全级别的基础硬件平台(硬件+启动软件)、最小SDK及其使用说明。执行操作系统和底层BSP的配置和集成，并在硬件级别完成系统性验证
- 客户：中间件搭建，应用层算法编写，以及系统集成和整车级验证

□ 项目亮点
- 全球首个量产交付的TDA4VM项目
- 硬件平台通过机械(疲劳+耐久等)、环境和EMC等多项严格测试
- 基于精巧的硬件设计，在业内普遍搭载风冷等主动散热机制的情况下，突破性地采用被动散热方式，降低了整车功耗和产品布置难度
- 基于TDA4VM芯片开发了基于零内存拷贝的多核间通讯(R核，A核，ISP和DSP)，在多操作系统环境(Autosar，RTOS，QNX)下获得了良好的效果。此方案被TI列选入该芯片的全球参考方案
- 客户初次开发此类功能项目。实际合作中，创时工作并不局限于双方启动前约定的范围。创时更多地参与到系统需求分析和方案搭建、整车级别标定和验证等工作中，积累了一定的系统工程能力

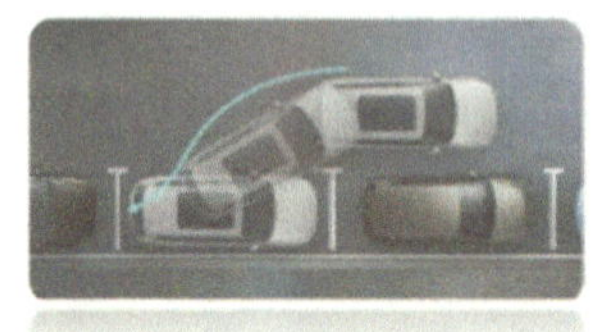

图 3　商务模式 1——硬件平台搭建

□ 项目状态
- 跨度：2021—2022年
- 状态：将量产Q3/2022

□ 商业模式
- 模式2_软硬件平台

□ 方案概述
- 硬件名称：iECU 3.1
- 系统功能：基于超声波传感器/毫米雷达，激光雷达，惯导和摄像头等传感器输入，完成L2-L3级自动驾驶功能

□ 具体功能
- L2-L2.9级行车应用：NOA，HWA等
- 通信：CAN/Ethernet。连接整车传感器，网关以及其他车载控制器
- 车辆服务：刷写，诊断，网络管理

□ 职责分工
- 创时：提供从ASIL D安全级别的基础硬件平台，操作系统(含虚拟机)和中间件(接口定义和客户一同完善和验证)3大层级成果，应用程序任务静态编排和计算链规划等软件服务，以及SDK和产品说明等支持文档。负责硬件平台验证和整个项目软件集成工作
- 客户：同创时共同规划程序接口。基于接口和Stub函数完成应用程序开发。整车级验证

□ 项目亮点
- 全球首个基于Orin的量产计算平台
- 定制化客户应用接口，适用于对接口有自身理解和要求的客户
- 面向服务的中间件，集成SOME/IP和DDS等多种基于订阅发布的通信和S2S机制
- 基于高鲁棒性和安全性的中间件，加速了客户产品落地进程以及高级别的安全功能实现
- 经典的时间服务和系统调度服务，在为客户提供更容易使用的调度平台(支持不同优先级的任务并发)的同时，保证调度即使在高负载下仍具备高实时性

图 4　商务模式 2——软硬件平台搭建

□ 项目状态
- 跨度：2022—
- 状态：进行中

□ 商业模式
- 模式3_ECU子系统

□ 方案概述
- 硬件名称：行车控制器iECU
- 系统功能：基于超声波传感器/毫米雷达，激光雷达，惯导和摄像头等传感器输入，完成L2–L3级自动驾驶功能

□ 具体功能
- 环视融合和泊车功能
- 传感器数据融合，控车决策的规划和执行
- 基于以太网的双ECU互连
- L2级自动驾驶：ACC，AEB，LCM，LKA，TJA，HWA……

□ 职责分工
- 创时：提供从ASIL D安全级别的基础硬件平台，操作系统(含虚拟机)和中间件(标准化接口)3大层级成果，应用程序任务静态编排和计算链规划等软件服务，以及SDK和产品说明等支持文档。负责硬件平台验证和整个项目软件集成工作
- 客户：基于创时提供的程序接口和Stub函数，完成应用程序开发。整车级验证

□ 项目亮点
- 标准化的应用接口，适用于跳过接口定义而专注应用开发的客户
- 基于已量产项目的复用，以及便捷易用的全方位工具链(安全、调度、通信等)，加速客户项目快速落地
- 基于高鲁棒性和安全性的中间件，加速了客户产品落地进程以及高级别的安全功能实现
- 经典的时间服务和系统调度服务，在为客户提供更容易使用的调度平台(支持不同优先级的任务并发)的同时，保证调度即使在高负载下仍具备高实时性

图 5 商务模式 3——智驾底座平台搭建

□ 项目状态
- 跨度：2020—2021
- 状态：已量产

□ 商业模式
- 模式4_交钥匙服务

□ 方案概述
- 硬件名称：智能座舱驾驶伙伴
- 系统功能：见具体功能

□ 具体功能
- 智舱应用：FaceID/OMS/DMS……
- 通信：SOME/IP，CAN/Ethernet，支持数据上传
- 数据埋点
- 车辆服务：刷写，诊断，网络管理

□ 职责分工
- 创时：提供从ASIL D安全级别的基础硬件平台，(硬件+启动软件)，到接口定义完善的中间件，到应用算法以及整个项目的标定，集成工作和ECU级的系统验证
- 客户：整车级验证

□ 项目亮点
- 创时直接提供交钥匙的一站式系统开发服务
- 创时负责完善的系统需求分析和系统设计，基于多维度无缝沟通，提供满足客户期望的系统方案
- 创时首次尝试应用算法开发，利用生态资源和自身研发能力优势，按期交付算法内容，在此项目中积累了深厚的应用软件开发经验。其中，首创性地开发了多模融合算法，基于多个输入共同确认目标状态

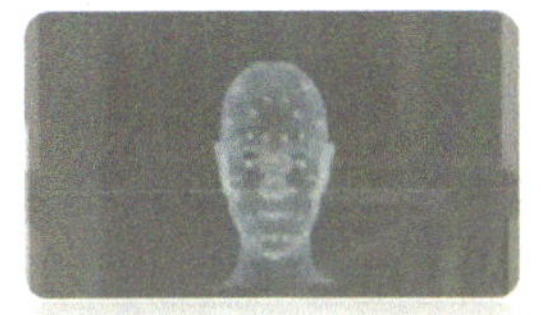

图 6 商务模式 4——智驾系统全栈交付

探步科技智能化产品解决方案及专业服务

探步科技（上海）有限公司

1. 公司介绍

探步科技（上海）有限公司（简称探步科技）2022 年 3 月成立于中国上海自贸区临港新片区，总部位于上海张江，并在重庆、成都设有分部。团队拥有十多年中国及北美运营商产品开发经验，千万量级产品大规模交付和部署经验，长期给全球车厂和一级供应商客户提供专家级方案和技术支持。

探步科技聚焦于自动驾驶和智能汽车领域，提供智能汽车电子核心技术、产品和服务，让交通更安全、舒适、高效。

为服务好整车厂和一级供应商，公司与国内外头部半导体供应商、软件工具及算法供应商、数据供应商形成战略合作关系，致力于为客户提供安全可靠的、高性价比的、弹性可扩展的自动驾驶和智能汽车电子零部件解决方案和专业服务。

2. 产品及解决方案

1）探步科技提供高性价比的 ADAS 解决方案、硬件和软件，平衡了性能和成本，满足客户订制要求。在高性价比、开放性、安全性、可靠性、智能化、用户友好性上着力，实现产品创新。

2）探步科技提供成熟的、可订制化的自动驾驶感知规控算法和中间件软件等，提升驾驶的安全性和智能化程度，提供更好的驾驶体验。

3）探步科技提供已经规模量产应用的毫米波雷达产品，包括 3D 毫米波雷达、4D 毫米波雷达、成像雷达等。随着自动驾驶技术的不断发展和普及，4D 和成像毫米波雷达的应用前景将会更加广阔。

4）探步科技提供数据闭环系统及服务，包括数据产品、仿真系统、智能标注系统及服务等。实现数据驱动和数据处理过程严格遵循 GDPR 法规、数据安全法、个人信息保护法等。数据准确、完整、一致，具备多样性，满足特定应用的需求。

5）探步科技提供车载网关产品，用于高性能、基于域的车辆架构，并降低软件复杂性，提高加密安全和功能安全。

3. 专业服务

探步科技提供专业的汽车电子系统、硬件、软件、算法等设计、开发服务，也提供智能驾驶数据智能采集和自动标注服务。

4. 合作展望

探步科技秉承开放生态、合作开发的理念，积极与客户及合作伙伴共同探索和实践，切实解决客户面临的挑战，共同为行业繁荣创造价值。

禾多科技智能驾驶 2023 年创新成果案例

禾多科技（广州）有限公司

1. 软硬一体自动驾驶方案

禾多科技“软硬一体”自动驾驶方案是禾多科技完全自主研发设计的乘用车高阶智能驾驶解决方案，为主机厂提供“域控制器＋基础软件＋中间件＋行泊功能软件”全栈智驾方案。基于禾多软件算法优势，将软件算法与大算力芯片、高精传感器深度耦合，极致发挥硬件效能，根据汽车主机厂客户需求，灵活提供性能强大、高性价比的智能驾驶方案。整体方案包括：

1）禾多科技“行泊一体”自动驾驶功能软件方案：禾多科技利用前沿人工智能技术和汽车工业技术，基于中国本土数据，完全自主研发的行泊一体式自动驾驶量产方案。系统可提供高速和城区领航辅助驾驶、HPA 记忆泊车、AVP 自动泊车等不同功能，打通高速公路驾驶＋城区道路＋智慧泊车的完整闭环，打造满足中国消费者实际使用需求、体验优秀的自动驾驶系统。

2）HoloArk 域控制器：基于地平线征程系列芯片、德州仪器芯片，禾多科技自主设计硬件架构，自研基础软件和中间件打造的自动驾驶域控制器。目前推出的 HoloArk 1.0~2.0 版本方案，将覆盖 18TOPS、288TOPS 级别算力，通过禾多领先算法，极致优化芯片算力，为汽车主机厂商提供不同性价比方案，充分满足从 L2+～L4 高阶智驾系统所需的不同性能。

3）HoloSAR 中间件：禾多科技自主研发的面向 SOA 架构、满足 AUTOSAR 标准的自动驾驶中间件，能以松耦合机制和可组合扩展特性，灵活、高效地服务于不同汽车厂商的自动驾驶开发流程，大大缩短量产开发周期。

4）HoloIFC 智能前视相机：基于地平线征程系列芯片、配合 MCU 芯片自主研发，目前已推出 HoloIFC 1.0、2.0 两种方案，能提供 AEB、FCW 等紧急类和 HWA 等辅助驾驶功能，为消费者提供充分的安全保障及舒适的智驾体验。

目前 HoloArk 已量产版本基于地平线征程 3 和德州仪器 TD4 芯片，最高算力达到 18TOPS，最高支持 5R10V 传感器接入，行车最高支持高速领航自动驾驶功能，泊车最高支持 HPA 记忆泊车；架构满足行泊一体架构，将行车功能和泊车功能集成于一个域控平台，高效发挥芯片算力效能、各种传感器信息，为主机厂商提供性能卓越、高性价比的“软硬一体”式自动驾驶解决方案（见图 1）。

图 1 搭载禾多科技 HoloArk 1.0 自动驾驶的测试车

图 2 禾多科技自动驾驶系统测试车

该方案已经获得奇瑞、东风等厂商定点，在 2023 年量产上市。此外，禾多科技自研的智能前视相机产品已经满足 E-NCAP 5 星标准，将于 2023 年年底伴随中国自主品牌发展进程同步进军海外市场。

2. 识途领航自动驾驶方案

禾多科技识途领航自动驾驶方案基于自建图 / 自循环技术研发，能实现在高精地图缺乏的停车场、城区行车场景中的记忆泊车、领航自动驾驶功能（见图 2）。

自建图技术是禾多科技运用自动地图检索 + 分布式地图合并技术完全自主研发，基于禾多自建图技术，运用于禾多行泊一体系统架构，可以实现地下停车场、城市道路交通环境中的户外场景中。在自动泊车中，自建图将会自动为车库信息整合高精度地图信息，而无需人工操作，同时为泊车提供更加精确的车位信息，为泊车规划提供精准的指引信息，推动智能驾驶方案向无人驾驶的方向进一步迈进，为消费者带来更加舒适、高效的智驾体验。

自循环系统是禾多科技运用自动地图融合 + 向量数据库技术自主研发，针对感知大模型提升需求，建立的自动数据生产 + 感知大模型训练系统。它可以在没有人工干预的情况下实现全自动的高质量数据生产和感知系统升级。在地下车库和行车场景中，可以根据自建图系统对相同场景的不同访问建立地图之间的数据关联，精准的地图融合结果也会进一步为车位感知提供先验信息，降低海量数据标注成本，并进一步提高车位检测精度，从而提高在未知环境自建图的能力。

在此基础上，禾多科技能更加高效地为汽车主机厂商提供高阶自动驾驶研发服务，实现高精地图欠缺场景下的记忆行车 / 泊车功能。

该产品预计将在 2024 年投入量产，可以向更多汽车主机厂提供禾多自动驾驶产品，打造记忆行车、泊车功能。自建图的众包能力可以快速提升地图更新频率，提高建图质量，对于自动驾驶技术应用具有广阔前景。

洛必德 Crossing 自动驾驶全栈方案

北京洛必德科技有限公司
作者：霍向

自动驾驶的本质是车辆能够自主感知和理解世界，并做出正确的行驶决策。大规模并行计算架构与多重任务高效协同处理算法，是实现高阶自动驾驶的核心需求。

面向高阶自动驾驶技术需求，洛必德推出新一代自动驾驶方案 Crossing，完成从封闭、到半封闭、再到全公开所有道路场景的更安全、更便捷、更自主、更可控的自动驾驶方案部署与运行能力，实现高国产率自动驾驶方案，助力我国自动驾驶行业行稳致远。

锚定场景落地，洛必德携手中国自主品牌轻客的核心代表——厦门金龙联合汽车工业有限公司（简称金龙客车），面向广泛应用场景开展深入合作（见图 1）。合作的示范项目以洛必德安全、智能、先进的自动驾驶方案 Crossing 为依托，以金龙客车自主车型为车辆基础，联合打造智能化自动驾驶接驳服务，构建智慧城市创新应用生态，推进顶尖科技服务智慧城市的“人 - 车 - 路 - 云 - 图 - 城”建设。

图 1　洛必德自动驾驶示范项目运行场景

在 Crossing 的主要系统硬件方面，自动驾驶感知和定位模块是由激光雷达、组合导航、视觉摄像头、毫米波雷达组成。感知和定位模块的作用是通过收集并提供车辆周围障碍物的信息，确定自身在环境中的位置。人机交互模块包括控制面板、车载显示屏等。其中控制面板用于进入或退出自动驾驶系统，车载显示屏用于实时显示车辆状态。自动驾驶控制单元分为主计算单元和车辆控制单元，自动驾驶主计算单元主要负责自动驾驶算法相关的运算，以及和车载人机交互模块的信息交互，车辆控制单元负责自动驾驶控制单元与车辆之间的信息交互、自动驾驶和人工接管模式的切换，以及自动驾驶系统出现故障的应急处理。

在 Crossing 系统软件方面，自动驾驶系统架构中的软件模块主要包括环境感知软件模块、系统定位软件模块、地图软件模块、场景理解软件模块、系统规划软件模块、系统决策软件模块以及系统控制软件模块等（见图 2）。

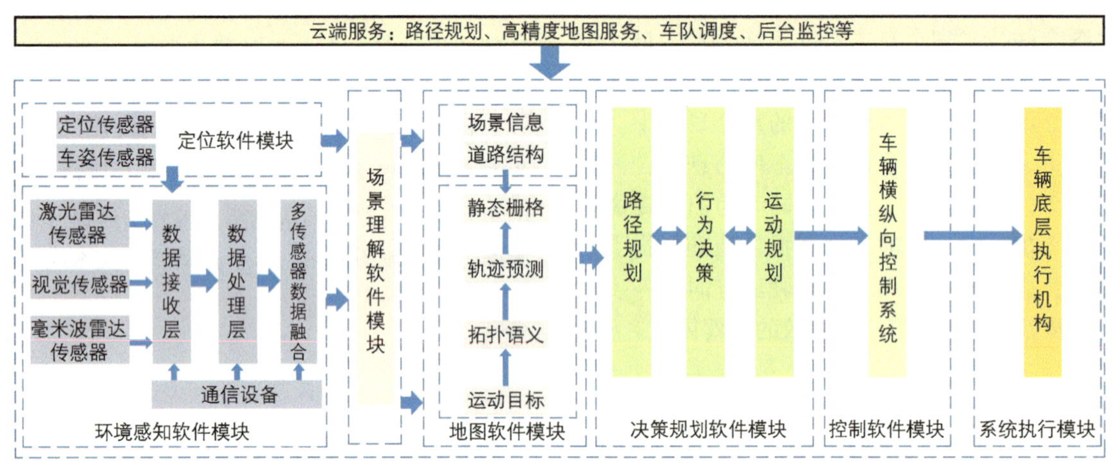

图 2　Crossing 系统软件模块架构

深耕底层源头技术的创新突破与自主可控，洛必德自研自动驾驶方案 Crossing 经历了三次重要迭代革新，形成了当前“BEV（Bird's Eye View）+ Transformer+ 时空联立序列 + 多层拓扑语义地图”的核心架构。Crossing 在每一次自我迭代优化过程中都获取了海量多样、高质量的运行数据，基于数据驱动的自学习自优化体系形成“架构 + 数据 + 算法”的良性迭代闭环，形成其最具核心竞争力的竞争壁垒。另外，在功能安全、预期功能安全与信息安全方面实现融合开发设计，全方位保障 Crossing 的硬件和软件系统的稳定性和可靠性，形成相辅相成、相得益彰的自动驾驶安全运行保障。

鲜衣怒马少年时，不负韶华行且知。洛必德将以民族复兴为己任，以创新争先为担当，在新时代世界变革大局中牢牢把握自动驾驶竞争窗口期，为交通强国目标打造高质量科技创新引擎，紧抓创新机遇，勇攀科技高峰，破解发展难题，助推伟大祖国在从科技强到产业强、经济强、国家强的创新发展新路径上昂首阔步，踔厉奋发。

第 12 章 智能网联汽车执行方向技术研究创新成果

智慧公路车路协同运行管控系统解决方案

交通运输部公路科学研究院智能交通研究中心
作者：宋向辉，王东柱，孙玲，刘楠，李亚檬

公路网是国家最为重要的基础设施之一，规模庞大，公路智能化的理念和能力随着技术、经济、政策发展逐步演进。近年来，国家和行业出台一系列加快推进数字化和新基建的政策，围绕交通强国和新型基础设施建设，加快推进新一代信息技术与公路领域深度融合，智慧公路建设试点工作迈入提速阶段。公路智能化发展遇到了难得的战略机遇，自动驾驶、车路协同、智能网联汽车等技术快速发展，应用落地迫切需要公路信息的感知、处理和发布更加准确、及时和有效，对公路智能化运行管控发展所需的应用基础和关键共性等技术提出了新的挑战。智慧公路包括了智慧化的基础设施和运行管控系统，运行管控系统是智慧公路的重要构成要素，也是智慧公路建设和发展的必要基础条件。为此，交通运输部公路科学研究院智能交通研究中心提出通过智慧公路车路协同运行管控系统的研发为以上挑战提供解决方案。

1. 系统架构和特征

（1）“云 - 边 - 端”协同控制逻辑架构

智慧公路车路协同运行管控系统采用“云 - 边 - 端”协同控制的逻辑架构（见图 1），端的核心功能是计算处理涉及交通安全、时延要求高的感知信息，并利用 I2X 直连通信进行发布，支撑实现毫秒级的预警信息发布。边核心功能是对本路段智能终端设备所采集到的交通流、交通事件、交通环境等数据进行实时融合感知和边缘计算，实现对路段交通状况的及时动态调整和精确管控，可支撑实现秒级的策略信息发布。中心云（区域云）主要承担对海量数据的存储和复杂任务的计算处理，其时延一般在分钟级别。

“云 - 边 - 端”协同控制逻辑架构具备支持现行多系统服务管理平台向分布式控制的综合管控平台技术演进的能力，支持边缘安全控制服务与路网点线面协同联动控制服务再造的能力，支持平衡云边端计算负担、协同管控指令传递业务效率提高的能力。

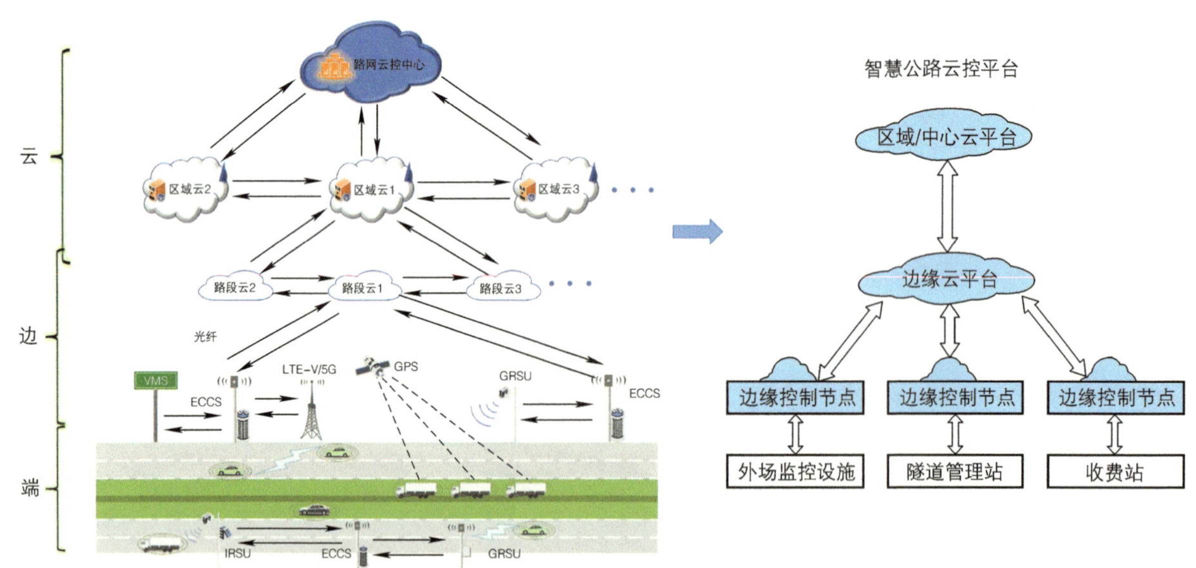

图 1 “云 - 边 - 端”协同控制逻辑架构示意图

（2）系统特征

智慧公路车路协同运行管控系统是采用“云 - 边 - 端”协同控制逻辑架构，对采集接入的全量、全时交通信息进行处理和决策分析，实现对公路精确管控、高效运营的系统。

智慧公路车路协同运行管控系统需要具备以下特征：①采集方式从视频监控及单一碎片化采集转向全要素、全时空的连接；②管控模式由事后处置向主动式精细化管控转变；③使用主体由单一主体向多主体转变；④信息发布方式由广播方式向个性

化服务方向发展。

（3）系统总体架构

智慧公路车路协同运行管控系统总体架构（见图 2）分为数据层、数据管理层、决策层和控制层，并具备自适应和自学习能力。能够实现对路网的全局洞察、科学决策统筹规划、协调发展、高效调度、准确决策及运输过程的精细化管理。

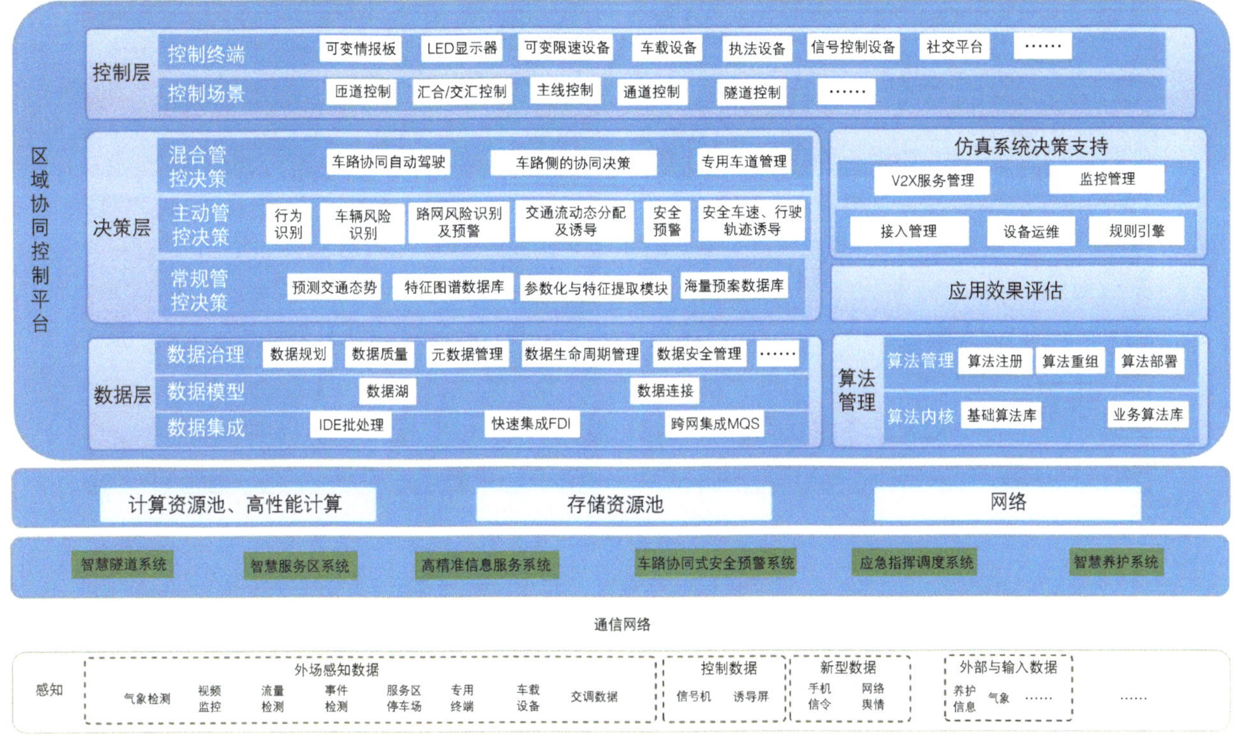

图 2　智慧公路车路协同运行管控系统总体架构示意图

2. 关键技术

（1）运行管控技术

1）交通运行状态感知技术。宏观交通流信息统计：可设置虚拟断面、虚拟起终点的交通状态信息动态显示；支持按断面对交通流量信息进行统计，可形成交通流量、车型比例等统计信息。微观车辆运行状态信息：实时跟踪车辆的位置信息、行驶速度、航向角等微观行为信息，在全息覆盖范围内，路侧智慧基站可连续追踪目标车辆，车辆标识唯一；基于车辆位置信息，可分析车辆异常驾驶行为信息。交通事件统计分析：对实时监测到的车辆违停、车辆超速、车辆慢行、车辆变道、车辆逆行异常事件按照发生时间、对应车辆进行事件标记，以及事件的基本信息展示。

2）交通运行协同管控技术。交通运行协同管控主要包括车路协同管控和多控制手段联合管控。

车路协同管控示意图见图 3：①研究提出弯道预警、分合流区预警的功能架构、数据流图、涉及到的核心算法等；②并在交通部公路交通综合试验场搭建了合流区预警、分流区预警和弯道预警等智能终端控制场景，提高车辆在分合流区、弯道等重点路段的交通安全。

多控制手段联合管控：①基于宏观基本图的交通运行状态预测，通过描述路网交通流宏观交通参数，如路网流量、路网车辆密度及其内在关系，从而间接表征交通时空演变特征；②提出协同管控策略，基于限速标志、情报板、车道灯等手段进行联合管控。

（2）仿真推演和效果评价技术

1）超大规模交通系统精准仿真推演技术。超大规模交通系统精准仿真推演子系统具备实时分析和短期预测、历史数据洞察、方案评估和可行性预研究等能力，通过对常规管控决策、主动管控决策、混合管控决策仿真推演和应用效果评估共同构成实施决策支持系统。超大规模交通系统精准仿真推演的特征为：①超大规模路网在线仿真；②模型在线标定；③中微观混合仿真；④非预知交通事件动态注入；⑤管控措施动态响应；⑥管控措施案例库构建与匹配；⑦管控方案评价优化。超大规模交通系统精准仿真推演系统工作流示意图见图 4。

图 3 车路协同管控示意图

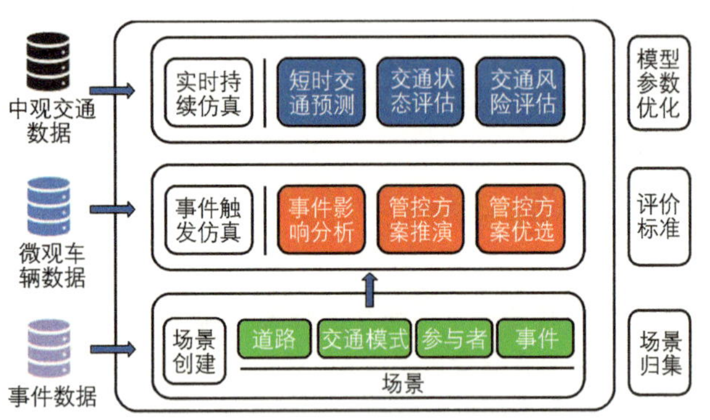

图 4 超大规模交通系统精准仿真推演系统工作流示意图

2）车路协同应用效果评价技术。构建了智慧公路车路协同应用效果评价指标体系，分为三个层次：一是能力与服务，从智慧公路的核心能力和应用服务层面进行分析与综合评价；二是业务水平，从面向政府用户、面向企业用户、面向个人用户角度，分析智慧公路对服务三类目标用户能力的提升情况；三是技术水平评估，对重要的底层组成技术进行评估。智慧公路车路协同应用效果评价指标体系示意图见图 5。

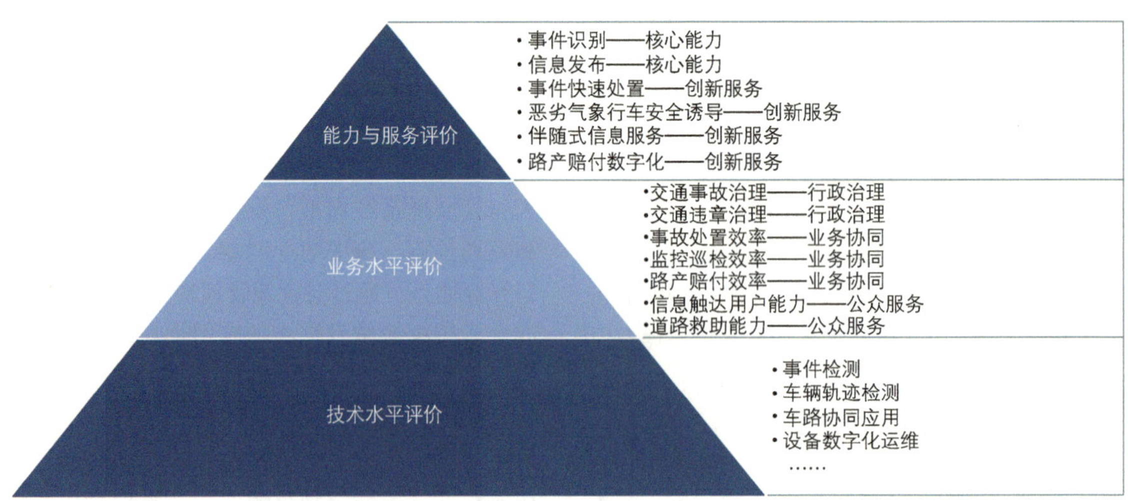

图 5 智慧公路车路协同应用效果评价指标体系示意图

线控转向系统的关键技术研究和集成化设计创新成果案例

天津德科智控股份有限公司

1. 创新成果

随着人工智能、大数据、云计算等技术的飞速发展，智能网络汽车的核心技术也在不断突破。线控底盘作为自动驾驶执行环节的核心关键零部件，直接关系到车辆的安全性、舒适性、操控性，被视作自动驾驶的基石。

作为 L3/L4 级高阶自动驾驶的刚需产品，线控底盘产业也进入了商业化的快车道，其中线控制动、线控转向系统作为其中的主赛道，是各大主机厂为从传统驾驶到脱手驾驶的各级自动驾驶寻求先进安全性和性能的方向，也是各大供应商争相提供最先进、最安全关键的线控解决方案并占领整车厂最多线控产量份额的进攻方向。德科智控 2011 年开始专注于 L2 ~ L4 级线控技术研发和量产。目前，产品已覆盖乘用车、商用车、特种车、自动驾驶市场主流车型（见图 1）。

图 1　德科智控线控转向产品型谱

线控转向要迅速识别和响应驾驶员的转向意图，解决复杂未知路面下转向角度的实时性、精确性。这背后涉及路感模拟控制、电机动态解耦控制、失效安全控制、齿条力估算、转向稳定性控制等诸多前沿转向控制算法。线控转向的研发难点主要在于软件系统的调校、机械解耦后电气件的冗余备份、成本控制以及功能安全要求。德科智控对线控转向系统的关键技术研究和集成化设计进行了深入研究，并取得阶段性成果。

（1）线控转向系统理论研究

德科智控建立高精度路感力矩动力学模型，开发高精度低迟滞的线控转向控制算法，搭建硬件在环实验台架进行半实物仿真实验（见图 2、图 3）。

（2）路感反馈力矩研究路线

SBW 系统运行时，转向盘模块将转向盘角度信息发送到执行模块，通过角度跟随方式，保证齿条移动距离与转向盘保持一致。

通过建立非线性二自由度车辆模型，结合执行端齿条力信息估算路感反馈力矩，再综合 EPS 系统常规的阻尼补偿和摩擦补偿等，折算出期望的转向盘反馈力矩，发送到转向盘模块，通过路感电机模拟出相应阻抗，为驾驶员提供路感。

（3）全冗余线控转向系统集成化设计（见图 4）

线控转向路感反馈模拟器和线控转向执行器均采用电源双路独立供电、运行和监控双芯片双冗余的控制方案。

功能控制单元和系统监控单元的供电系统相对独立，具备完整的运行诊断和系统检测功能运用智能驾驶线控冗余算法，进行控制器底层软硬件设计开发。

设计控制器的故障检测与处理的机制，保障控制器在出现故障时能够快速进行处理，通过仿真实验验证设计方案的适用范围与可行性。

（4）六相双冗余电机控制策略设计（见图 5）

通过双冗余系统的协同处理机制对传感器信号进行同步校验，对控制状态进行双系统仲裁，实现对六相电机的同步控制。

基于反馈闭环 + 前馈调节算法进行前馈补偿控制，保障转向执行系统在正常状态下的响应性。

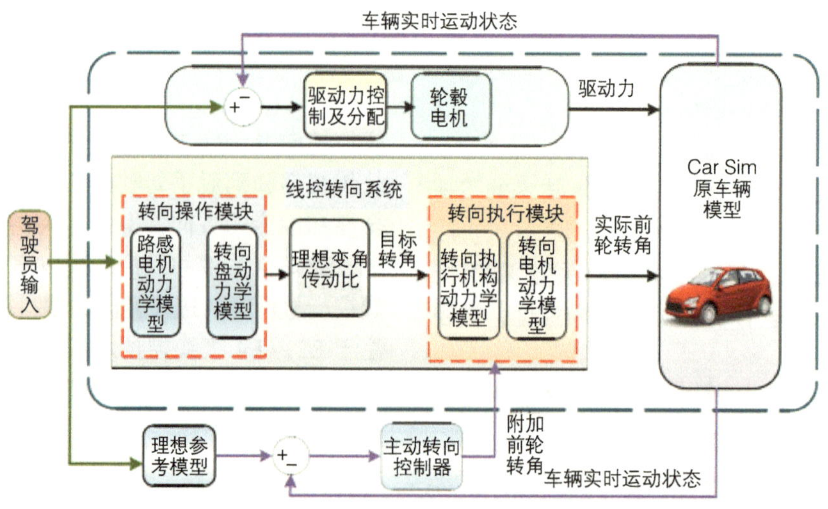

图 2　SBW 系统工作原理示意图

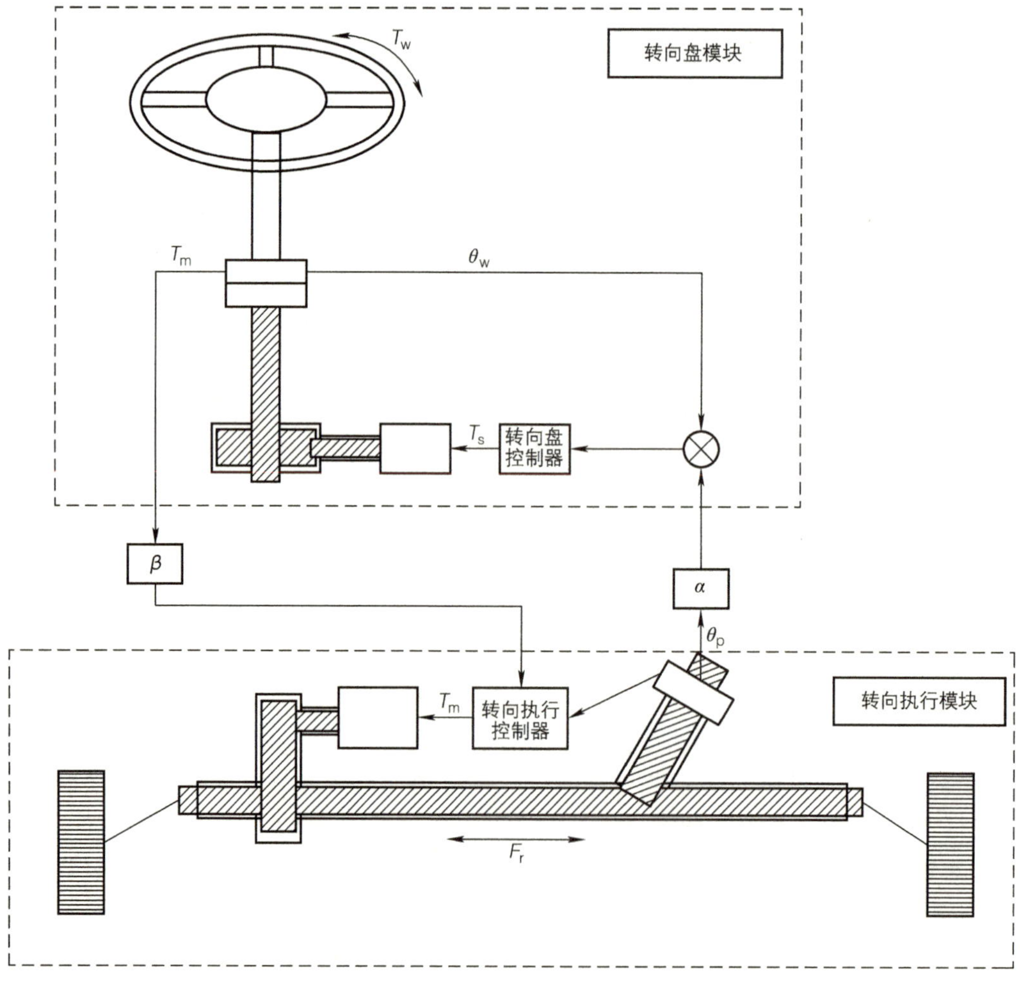

图 3　线控转向系统结构图

六相电机

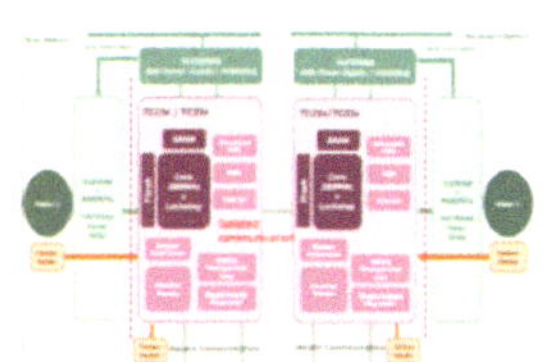

冗余 ECU 硬件

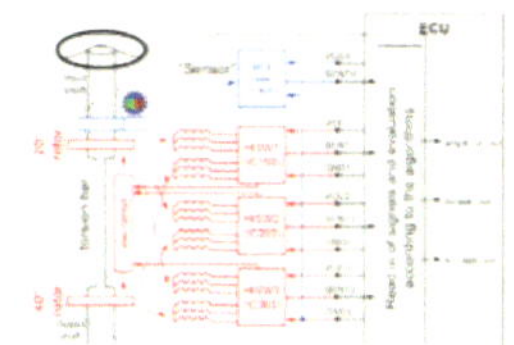

冗余传感器

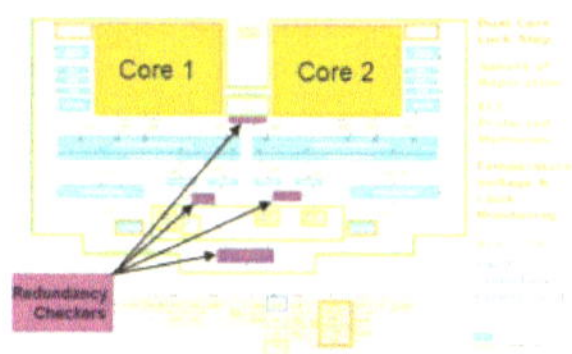

冗余软件

图 4　全冗余线控转向系统集成化设计

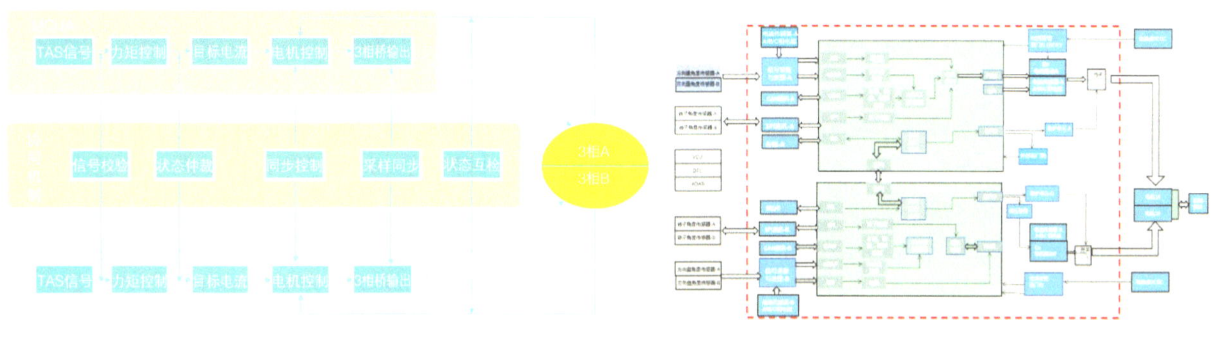

a) 六相电机协同处理机制

b) SBW系统全冗余控制架构

图 5　六相双冗余电机控制策略设计

（5）技术成果（见图 6）

1）线控转向系统高精度路感控制策略设计。

2）线控转向系统路感协同控制器。

3）ASIL-D 级全冗余线控转向机。

4）线控转向系统 HIL 测试台。

a) 路感协同管柱(SFColumn)

b) 路感协同控制器(SFA)

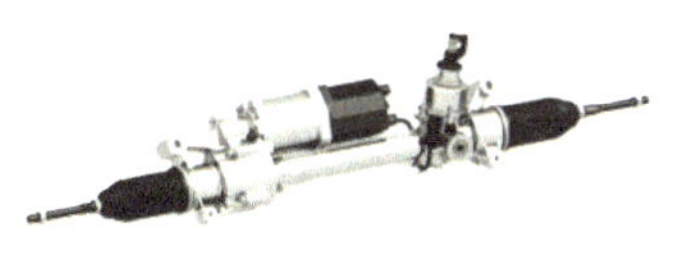

c) 线控转向机(RCB-SBW)

d) 转向执行器(RCB-RWA)

图 6　技术成果

2. 应用案例

德科智控重点布局 Robotaxi、无人载货汽车、无人货运等智慧运力场景，Robobus 和无人配送等低速场景（见图 7），和港口、矿山、机场及园区等封闭场景，线控转向产品均已规模配套或在研，为多家头部造车新势力提供了无人驾驶 DEMO 车辆的转向系统，德科智控与国内头部新能源主机厂联合开发的线控转向产品仍处于技术验证阶段。预计 2023 年可以上车测试，并在 2024 年大规模投产。

图 7　不同应用场景下的线控转向系统

采埃孚商用车解决方案赋能商用车智能

采埃孚（上海）管理有限公司

作者：汪仁佳，朱丽，尹智宇，武建勇，德才

采埃孚商用车解决方案致力于赋能商用车智能，为整车制造商、车队客户和初创出行服务提供商提供自动驾驶、电动出行、智能网联和系统集成的解决方案，共同携手打造下一代出行方案。在自动驾驶和智能网联领域，采埃孚主要产品技术涵盖自动驾驶的感知、决策和执行三个阶段，并且由采埃孚系统产生的海量数据可进一步优化系统性能，并充分赋能商用车智能网联，最终为用户创造新的价值。

1. 采埃孚“采睿星”（ProAI）超级计算机

未来的车辆智能将由几个功能强大的中央计算机控制，新一代采埃孚“采睿星”（ProAI）（见图 1）就是其中之一。它是市场上最具灵活性、可拓展性且功能最为强大的车载超级计算机，助力车辆智能化发展。“采睿星”（ProAI）超级计算机为商用车设计的应用极其灵活、具备扩展性且功能强大，能够为所有整车平台、软件应用和电子电器架构实现车辆智能化。与上一代相比，最新升级的“采睿星”（ProAI）不仅更紧凑、更节能，而且功能更强大，可支持从 ADAS 到 L5 自动驾驶所有等级的自主和自动驾驶。“采睿星”（ProAI）的数据处理能力最高可达 1000 万亿次 /s，足以具备自动驾驶所需的高级计算能力。

图 1　采埃孚“采睿星”（ProAI）超级计算机实物图

2. OnGuardMAX™ 自动紧急制动系统（AEBS）

OnGuardMAX™ 自动紧急制动系统（AEBS），是采埃孚在 2021 年 4 月上海车展时在中国全球首发的一款产品。该系统依靠先进的摄像头和雷达传感器实现数据集成，结合先进的目标分类技术，可有效识别前方各种移动、停止或静止的物体（包括车辆与行人），通过复杂的场景分析监测前方的交通情况，并在必要时实施全制动使车辆完全静止。该系统专为商用车设计，完全符合中国最新出台的相关安全法规（中国是全球第一个强制要求安装 AEBS 包含行人安全功能的国家）。为满足用户日益增长的需求，采埃孚进一步提高商用车信息化程度，让车辆更安全、更智能、更省心。OnGuardMAX™ 将在现有版本基础上升级，升级后的系统在同样硬件构成和相同车身布置的前提下，可以实现更多的功能，例如：全速自动巡航功能（Full Speed Rang ACC）——该功能可实现车辆的自动启停，交通信号识别（Traffic Signal Recognition）和前照灯辅助（High Beam Assist）。

3. 电子制动系统（EBS）

电子制动系统（EBS）是新一代制动控制系统，与常规制动系统和 ABS 相比，制动距离更短，可提高主挂车的制动一致性，确保驾驶员和车辆的安全性和稳定性，并且无论车辆载荷状态如何，均可提供舒适的制动体验，优化制动磨损，提高车辆效率。采埃孚 EBS 是业界首个标准 EBS 系统，可用于纯电动和混合动力驱动的商用车，实现极佳的能量回收。采埃孚 EBS 在制动和稳定控制的基础上还可实现多种拓展功能，使车辆运行更加安全和高效。

4. OnHand™ 电子驻车制动系统（EPH）

应对商用车市场对于驾驶安全和舒适性的日益提升的要求，采埃孚凭借其行业领先的机电系统工程设计和制造方面的丰富经验，推出了符合 ISO 26262 标准要求的 OnHand™ 电子驻车制动系统（见图 2）。创新、小巧的机电设备和独特的手控装置取代了传统的气压制动器，当载货汽车停稳并熄火时，EPH 将自动施加驻车制动，一旦监测到车辆起步，就自动解除制动。备用辅助制动是自动驾驶的一项基本安全功能，当行车的制动功能发生故障被解除时，EPH 将自动施加驻车制动。此外，EPH 还可以提供集成的 ABS 支持、坡道防溜车监控、防盗保护等功能，凭借多种差异化增值功能，提升用户的安全和舒适度。

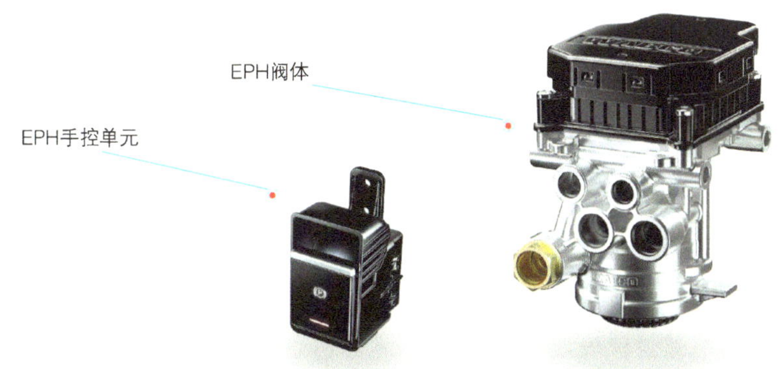

图 2　采埃孚 OnHand™ 电子驻车系统

5. ReAX 电动液压助力转向系统

ReAX 电动液压助力转向系统在液压转向器的基础上集成电机控制。该系统通过分析车辆信号及驾驶员的输入，给驾驶员提供更顺滑更精准的转向控制，帮助提升整车性能，大大减轻驾驶疲劳，将驾驶乘用车的轻松体验带给了重型载货汽车。同时 ReAX 也是未来高级辅助驾驶（ADAS）功能的一个重要组成部分，比如车道保持（LKA）功能。

6. TraXon（传胜）自动变速器

采埃孚全新 TraXon（传胜）是基于在全球拥有百万台销量的 ZF ASTronic 自动档变速器演化而来，也可以说是采埃孚的第四代重卡 AMT。作为世界顶级传动系统专家，采埃孚 TraXon（传胜）自动变速器正实现新的效率标准——高舒适性、低油耗、轻重量、高性能、长使用寿命和减少维护。

2023 年 TraXon（传胜）自动变速器全球量产达 100 万台。TraXon（传胜）系统凭借其创新设计、卓越性能及品质获得了业界的广泛认可，赢得了多项客户和媒体奖项，其中包括由中国媒体颁发的 2023 年度“值得用户信赖节油传动系统奖”。此外，TraXon（传胜）还多次被德国 ETM 出版社的读者评为“最佳商用车变速器品牌”。采埃孚正在准备推出 TraXon（传胜）的后续产品，即下一代 AMT 变速器 TraXon 2。该系统基于 TraXon（传胜）久经考验的高技术水平打造，将于 2024 年量产。TraXon 2 的创新技术更进一步，包括采埃孚自有的机电一体化产品和全新的电子控制单元。其中，电子控制单元将凭借出色的计算能力实现全新的软件功能，例如网络安全和 OTA 更新，即通过移动通信网络或无线局域网进行更新。

7. 底盘悬架系统

载货汽车的不同用途意味着驾驶的驾驶室在大小、设备和重量上存在差异—— 在某些情况下，差异非常显著。作为系统供应商，采埃孚开发和生产的驾驶室悬架系统覆盖了所有常见的驾驶室设计，包括弹簧、减振器、稳定杆和其他悬架组件。确保每个需求都有一套完美的解决方案。更少的颠簸和摇晃，也能让驾驶员从一个更舒适的工作环境中受益。

采埃孚 AirTrac X 底盘悬架系统解决方案（见图 3），采用十字推力杆、采埃孚减振器和底盘组件，可以实现更高的有效载荷和更低的燃油消耗。该系统及其各个组件坚固耐用，无需维护。借助 Airtrac X，采埃孚提供了一个高效的轻量化底盘悬架系统。

图 3　采埃孚 AirTrac X 底盘悬架系统解决方案

采埃孚驾驶室悬架系统与独立的底盘系统的组合能提高车辆可靠性、提升车辆舒适性，减轻驾驶员疲劳，从而极大地保障行驶安全。

8. OptiRide™ 电控空气悬架控制系统（ECAS）

采埃孚 OptiRide™ 电控空气悬架控制系统（ECAS）是一款专门针对商用车设计的智能空气悬架控制系统，对空气悬架系统进行电子控制，优化空气悬架车辆的底盘高度。可通过仪表盘开关或遥控器简单快速地调节高度，方便挂车接驳，节省时间和人力成本；具备高度记忆功能，在装卸货时调至装卸平台高度并可在车辆起动后自动恢复行驶高度；还可实现多种增值功能，帮助车队提高运营效率、车辆操控安全和驾驶舒适度，使车队的日常运营提升到一个全新的水平。最新一代 ECAS 可提供车架版 ECU，释放驾驶室空间，减少线束的复杂度，使装配和维护更便捷。

9. OptiPace™ 预测性自适应巡航控制（PECC）

为满足中国市场在提高车辆运行效率和减少二氧化碳排放方面日益增长的需求，采埃孚推出了 OptiPace™ 系统（见图 4）。该预测性自适应巡航控制（PECC）技术专为商用车开发，基于巡航信息和地图信息，可调节车辆至最经济的运行速度，并根据前方的道路地形进行调整，使得车辆动力系统运行在高效的工作区间，可节省约 4% ~ 6% 的燃油，降低驾驶员劳动强度的同时有助于将制动片磨损和排放量降至最低。此外，该功能可与采埃孚的自动驾驶平台 ADOPT™ 无缝集成在一起，实现高效的自动驾驶。

图 4　采埃孚 OptiPace™ 预见性自适应巡航控制系统

10. 采埃孚挂车智能制动平台（IBP）和智能挂车解决方案

采埃孚挂车智能制动平台（IBP）采用尖端技术，实现挂车智能化并提高制动性能。通过模块化概念，实现车辆高级安全和效率，并利用超过 35 年的挂车制动控制经验，更好地满足特定需求。采埃孚 IBP 是业内首个用于挂车的全球制动平台，它将 iABS（智能防抱死制动系统）和 iEBS（智能电子制动系统）整合在一个平台上，具有三个产品变形，允许根据挂车类型和车队客户的不同需求进行定制。这些产品几乎适用于所有挂车类型和全球特定地区的需求。

iEBS 是一种电子制动系统，具有取决于负荷的制动压力控制、防抱死制动系统（ABS）和防侧翻稳定系统（RSS）。iEBS 系统布局更优，可节省气管，全新设计小尺寸电气插头，适合狭小空间。集成过载保护、紧急继动阀和溢流阀，减少安装工作量和复杂性。独家专供的新型单按钮驻车释放阀，体积更小，重量更轻，便于驾驶员直观操作。

iABS 智能挂车防抱死制动系统，在紧急制动时可防止车轮抱死或滑移，从而优化挂车的控制。可拓展功能覆盖 5 个变型，均可利用通用输入 / 输出接口，5V CAN 通信和多达 19 个智能功能的定制化挂车远程通信选项，实现智能互联功能。多电压可支持挂车与各种载货汽车的连接。平台架构和高级的线束概念可使安装和维修更方便。所有这些功能都使车队的日常运营更加智能、安全和高效。

采埃孚以提供更高的安全、效率和互联为使命，提供智能挂车解决方案（ITP），使整个商用车行业，从挂车制造商、车队、托运人到驾驶员，都能优化日常运营。采埃孚“智能挂车解决方案”这项屡获殊荣的解决方案，利用制动系统、传感器技术、悬架和底盘控制的智能连接，实现业界全面的功能组合，可提供多达 40 种挂车创新功能。可完全针对挂车制造商和车队的不同需求进行定制，有效提高车辆高级安全、运营效率、驾驶员舒适度和效率、载荷优化以及降低油耗和碳排放。

11. SCALAR 全新数字化车队管理平台

SCALAR 是采埃孚专为商用车队打造的新型数字化解决方案（见图 5）。基于采埃孚逾 35 年经验的先进车队管理解决方案、数字化互联技术以及世界一流的自动驾驶车辆运营优化算法，SCALAR 平台将提供多种不同的车队运营优化功能，包括全自动实时规划、路线规划、行程安排以及配送解决方案。凭借独一无二的车辆数据、一流的机器学习能力和基于人工智能的算法技术，这一开放的模块化平台可以满足客户各种需求。无论是单行业车队还是多行业车队，SCALAR 平台都能够帮助其实现客货运输的实时协调和管理。该平台将帮助运营商，包括托运方、运输公司、市政部门和其他利益相关方，在“移动出行即服务（MaaS）”和“交通运输即服务（TaaS）”方面达到更高的水平。

图 5　采埃孚全新的 SCALAR 数字化车队管理平台

通过不断实现产品的多元化，开拓新市场，实现更深入的技术渗透并追求成熟可靠的可持续发展战略，采埃孚已在电动化、自动驾驶、智能网联和软件定义汽车等前沿领域取得了重大进展，夯实行业领先地位，为塑造移动出行和运输行业的未来做好准备。

轻舟乘风高阶辅助驾驶解决方案

苏州轻舟智航科技有限公司

作者：高健雄，陈雨浓

1. 以实现用户价值为目标，打造更好用、消费者更爱用的辅助驾驶

1）高速 NOA：达成良好的高速 NOA 体验，并实现部分区域的城市 NOA 点对点自动驾驶，接管率更低，是安心可信赖的智能驾驶管家式体验。

2）城市 NOA：实现较大 ODD 范围内的城市 NOA 点对点自动驾驶，更普适性的智能驾驶让开车像打车一样轻松，让驾驶员形成依赖。

面向高阶辅助驾驶的前装量产，轻舟智航推出的“轻舟乘风高阶辅助驾驶解决方案”不仅支持城市多场景 + 高速 + 快速路多种复杂路况的点到点辅助驾驶，让驾驶更加轻松，同时也为主机厂提供了更适合中国的道路场景，更具量产落地优势，且具有极高性价比的解决方案。

轻舟乘风高阶辅助驾驶解决方案可以有效应对多种复杂交通场景，具备无保护左转、行人车辆避让、自动变道、自动转向、红绿灯识别、窄路及拥堵路段通行、自动绕障等多种高阶辅助驾驶能力，为用户带来无顿挫、流畅平滑、轻松愉悦的辅助驾驶体验，让每一位车主都能享受到城市 NOA 的安全性、可靠性和高效性，给用户带来极大获得感。

2. 极高性价比、多平台适配的行泊一体解决方案（见图 1）

“轻舟乘风高阶辅助驾驶解决方案”的配置能够“随机”应变，可以根据量产需求提供灵活的功能配置。

为了实现我们提出的用户价值，轻舟推出了多种高性价比的行泊一体产品系列方案（见图 1），所有方案可适配单征程 5® 芯片：

1）轻舟乘风 Max：搭载一颗激光雷达，可实现城市 NOA 功能。

2）轻舟乘风 Pro：视觉为主的方案，可实现高速 NOA 功能，并可拓展城市 NOA 功能。

3）轻舟乘风 Air：极致性价、视觉为主的方案，可实现高速 NOA 功能。

3. 健全的全栈研发体系、前瞻的技术创新、完善的数据工具链保持解决方案先进性

轻舟智航凭借感知、PNC 等底层软硬件技术能力，以及在数据驱动研发模式方面的长期积累，打造了领先的全栈解决方案，为自动驾驶技术安全、高效落地保驾护航。

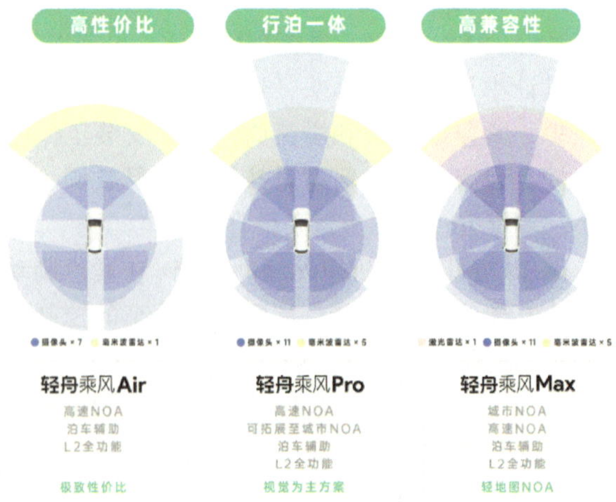

图 1　轻舟乘风高阶辅助驾驶解决方案

1）基于视觉多任务模型的行泊一体感知方案见图 2。轻舟智航基于视觉多任务的行泊一体 BEV 感知模型，以周视相机 + 环视相机作为输入，可实现交通参与者检测、车道线识别、静态障碍物检测、车位识别、可行驶区域（FreeSpace）识别等任务，同时支持行车和泊车功能。

轻舟的行泊一体 BEV 感知模型在不同任务间可共享大部分模型参数，能够以最小的算力消耗完成所有行泊车感知任务，不但可以利用泊车传感器加强车辆近距离的感知效果，还可以利用行车传感器加强泊车环境理解，做到真正的行泊一体，有助于提升算力利用并保证行车和泊车功能的无缝切换，在成本和产品体验上有很大优势。

BEV多任务感知模型，Backbone网络共享参数，BEV特征层采用Two-Level设计：

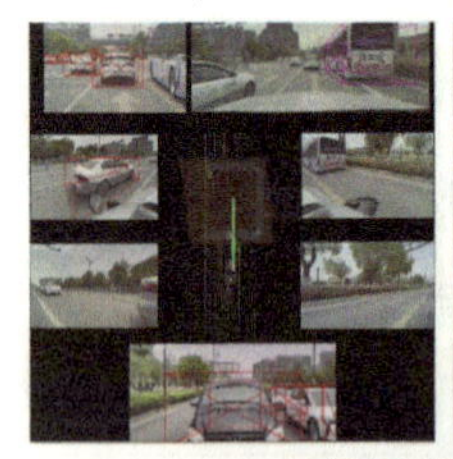

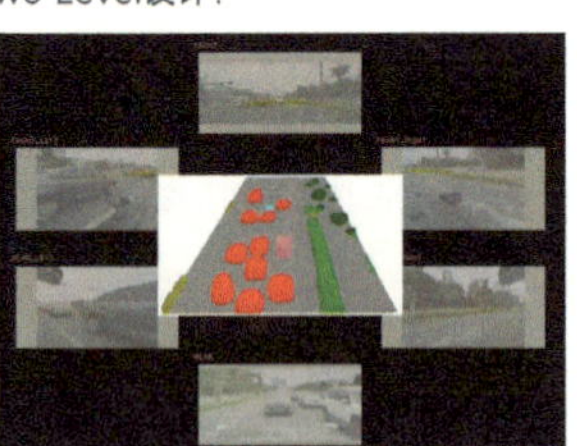

BEV对行驶中道路参与者的检测、道路几何识别、Occupancy检测

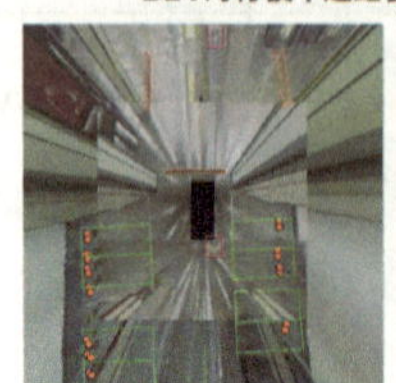
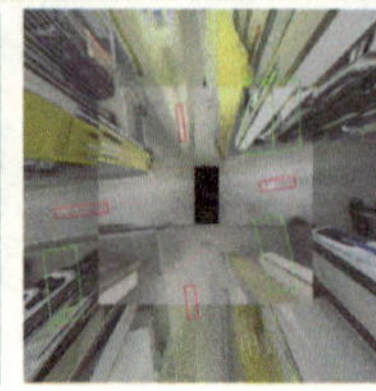

BEV对车位、地面Roadmark和障碍物边界的识别

图 2　支持 + 泊多任务的感知 BEV 模型

2）超融合 OmniNet：国内首次在量产计算平台多传感器特征和时序融合的多任务模型。轻舟智航自研了感知大模型 OmniNet，这是一个应用于前中融合阶段、实现数据 / 特征融合的全任务模型，也是首个可在量产计算平台上实现时序多模态特征融合的多任务模型。

3）OmniNet 可以利用一个神经网络模型，将视觉、毫米波雷达、激光雷达等数据，通过前融合和 BEV 空间特征融合，让本来独立的各个计算任务通过共享主干网络（backbone）和记忆网络（memory network）进行高效多任务统一计算，最终同时在图像空间和 BEV 空间中，输出不同感知任务的结果，为下游的预测和规划控制模块提供更丰富的输出（见图 3）。

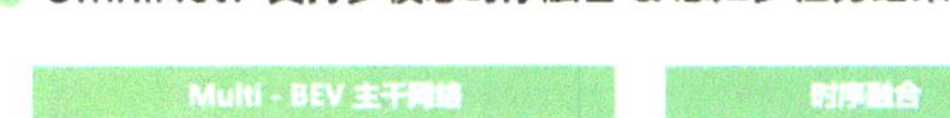

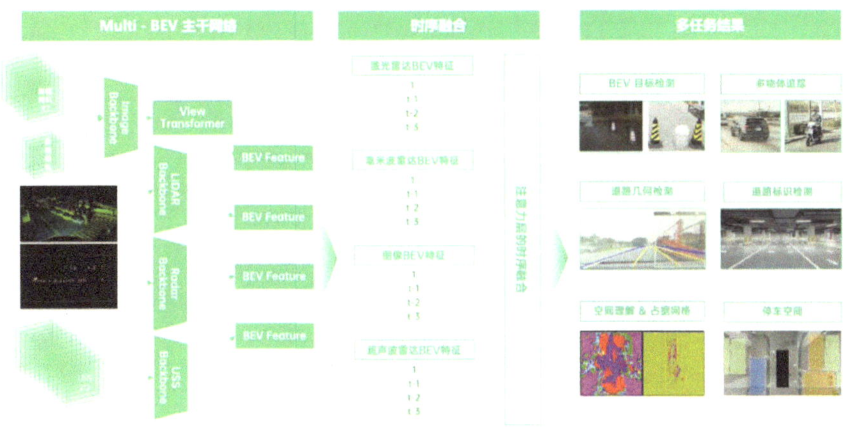

图 3　支持多模态时序融合 & 感知多任务结果

4）城市无图方案——基于感知的实时地图构建。高精度地图可以提供全面准确的路况和环境信息，帮助车辆做出可靠准确的感知和决策。然而高精度地图存在的鲜度难以保证、制作维护成本高等难题，制约了这项技术的大规模应用。通过感知识别摆脱对高精地图的依赖，是高阶辅助驾驶降低成本、在更多城市落地的关键。

在城市无图方案中，轻舟基于 Transformer 结构开发了感知地图模型 QMapNet，可以通过道路几何感知与 SD Map 融合进行实时地图构建，可支持城市复杂道路行驶，并且具备复杂路口精确拓扑建模能力，保证复杂路口的安全通行。

5）中国首家采用时空联合规划，更适应中国复杂道路情况。轻舟智航致力于以空间和时间复合的视角看待和解决自动驾驶的各类问题，前瞻性地选择了更适合国内复杂路况的决策规划技术架构，独家实现了行业公认更优的时空联合规划算法，具有“更符合人类驾驶习惯、更适合复杂场景、更适合数据驱动”三大优势。对于在决策规划上游最重要的预测模型，轻舟智航也独具优势。其自研的 Prophnet 预测模型能够提供 10s 的长时意图和轨迹预测，预测时长国内领先。根据权威公开数据集 Argoverse 的评测结果，轻舟 Prophnet 模型无论在预测效果还是预测时间上，均领先同行，且可真正用于量产实车。

6）坚持数据驱动的开发方式。轻舟智航充分利用作为高级别自动驾驶解决方案提供商在 AI 领域的先发优势，通过突出的基础设施建设、深厚的 AI 工程化经验积累，实现了整套方案的高效率、高质量迁移，从而将轻舟的 BEV 感知等技术研发优势转化为量产产品优势。

在基础设施建设领域，轻舟智航在高级别自动驾驶研发过程中积累了领先的数据闭环能力，并创新构建了离线点云大模型，为跨模态的数据标注、数据挖掘和模型训练提供强大支持，大幅提高数据价值和利用效率，提升长尾场景处理能力。

在数据标注方面，轻舟智航可实现 2D 图像和 3D 图像的自动化标注。基于离线点云大模型 3D 自动化标注可高效提供动静态的障碍物真值，还可融合跨传感器与跨时序信息，自动补全被遮挡的目标，提高标注的精度。轻舟智航还利用 NeRF 技术打造了基于纯视觉数据的高精度三维空间重建模型，在泊车的空间还达到了行业领先的厘米级重建精度（见图 4）。

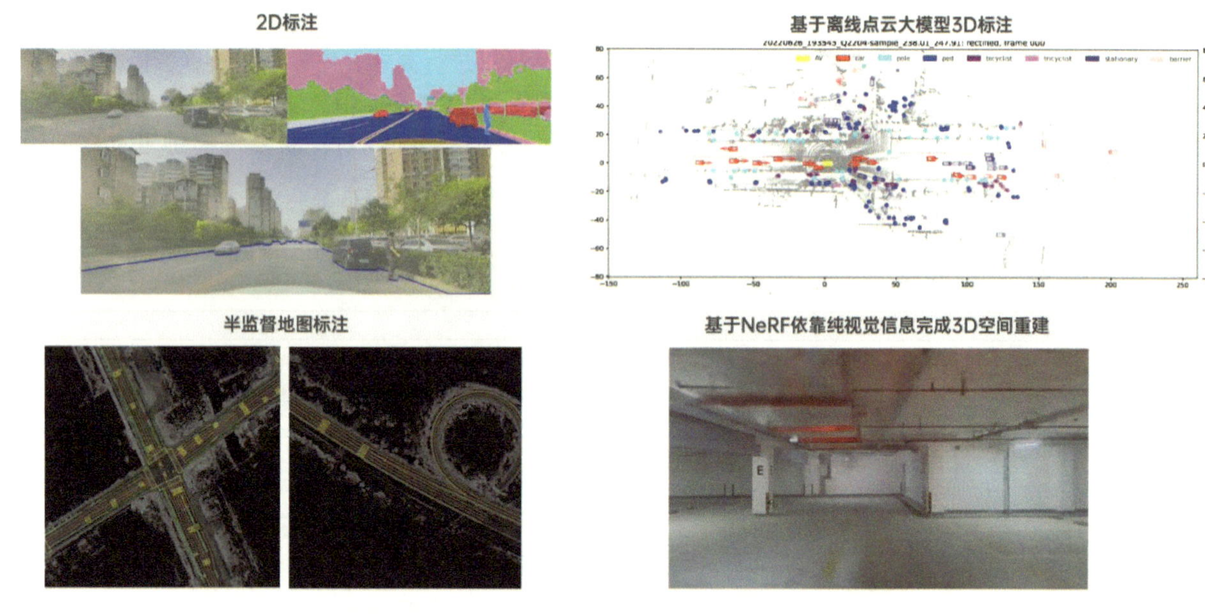

图 4　更加自动化的数据标注

除了高效标注采集的数据，还需要通过数据挖掘，在尽可能多样的场景数据中，挖掘出对算法提升真正能够起到实质性帮助的高价值场景。基于离线点云大模型，轻舟智航可进行高质量的 3D 数据挖掘，不断提升目标识别能力。不仅如此，轻舟还创新构建了基于文字到图像的多模态模型，只需通过自然语言文字描述，便可在无监督的情况下自动检索相应场景图像，提高挖掘长尾场景的效率（见图 5）。

图 5　通过更高效的数据挖掘发现更多长尾场景

在模型训练环节，轻舟智航可以利用跨模态数据高效训练和提升模型精度（见图 6）。比如通过对比离线点云大模型和车端 BEV 检测模型的输出结果，可快速发现模型性能问题，诸如车辆分类错误、行人漏检等，由此可以进行针对性的解决。轻舟智航还提出了一种高效的跨模态知识蒸馏方法，可利用离线模型提升车端线上基于 BEV 的 3D 物体检测模型精度。通过特征对齐的方式，使线上模型的特征分布尽可能与离线模型接近，从而使线上模型能够学习离线模型的能力。

利用离线点云大模型训练车端BEV模型

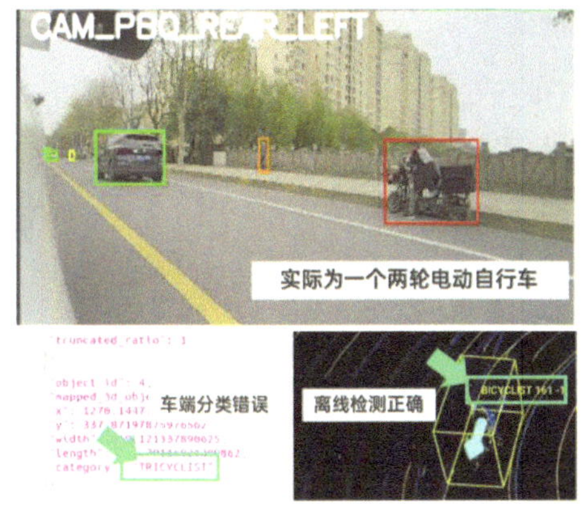

- 经训练后车端模型可正确判定为两轮自行车

利用离线点云大模型提升车端BEV模型对3D物体的精度

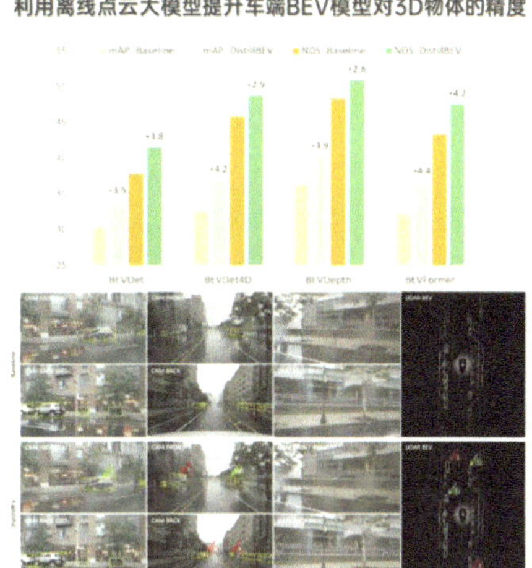

图 6　利用跨模态数据高效训练和提升模型精度

无人驾驶汽车导航的未来：采用航空航天级的导航技术

上海丙寅电子有限公司

无人驾驶的空中和地面车辆是我们这个时代最令人兴奋的创新之一。然而，将它们真正推向市场还面临诸多挑战，其中所面临的最大挑战之一是如何提供确保它们能够安全高效地导航（见图 1）。

图 1　安全高效地导航

数十年来，霍尼韦尔航空航天集团的工程师一直致力于完善机载导航系统。这些系统被设计用于非常具有挑战性和复杂的环境下运营，且系统设计对误差采取零容忍的方式，因此也非常适合在自动驾驶汽车中使用（见图 2）。

霍尼韦尔 HGuide 团队在过去 6 年间一直致力于将我们在惯性导航领域数十年的技术积累，以适合的尺寸、重量和价格应用于其他工业应用（见图 3）。

a）i300 惯性测量单元

b）HG4930 惯性测量单元

图 2　惯性测量单元

图 3　O360 组合导航

航天级导航技术的主要亮点如下：

1）航空航天级导航技术的一大优势是精度。这些系统采用 GPS、IMU 和许多其他传感器的组合，能以极高的精度计算车辆位置，重要的是可在不同情形下告知系统其精度的置信水平，让我们对位置信息的精确度充满信心。这一点对于无人驾驶汽车尤为重要，因为这种情况下哪怕微小的位置误差也可能导致灾难性后果。

2）航空航天级导航技术的另一个优势是能够适应不断变化的条件。在航空航天领域，导航系统需要能根据高度、气压和其他变量的变化进行调整。同样，无人驾驶汽车同样需要能在各种天气条件、路面和交通模式下进行导航。航空航天级导航技术非常适合这项任务，因为实时改变条件是一直以来的设计要求。

3）最重要的是，航空航天级导航技术已经成熟，并广泛用于各种重要场合。航空航天领域的工程师几十年来一直在开发和完善这些系统，确保技术成熟和可靠。通过利用这种现有技术，无人驾驶汽车厂商可以加快开发进度并降低成本。

借助来自霍尼韦尔等广受赞誉的航空航天公司的导航技术，可以增加与无人驾驶汽车相关的挑战性任务所需的精度、适应性和可靠性。随着自动驾驶汽车技术的不断发展，开发和部署更先进的导航系统非常值得期待（见图 4）。

图 4　N580 组合导航模块

商用车制动系统巨大革新——EBS

清智汽车科技（苏州）有限公司
作者：任立鹏，戴伟，王奇，毛洪聪

商用车 EBS（Electronic Brake System，电子制动系统）是制动系统的一次巨大革新。商用车 EBS 和乘用车 onebox 的功能大体相同，是由多个带控制单元的部件组成的复杂系统。EBS（见图 1）的核心部件包括主控制器、单通道模块（控制前桥或扩展桥）、双通道模块（控制后桥或扩展桥）、电子脚阀、挂车阀、ABS 电磁阀、横摆传感器、转向盘转角传感器等。相比于传统制动系统，EBS 电子化程度更高，线束和管路更少，更简单。由于电子化程度高，系统中存在多个传感器，在功能实现上，如 ABS、TCS、ESC 等，均有不同程度上的提升。根据 JT/T 1178.2—2019《营运客车安全技术条件　第 2 部分：牵引车辆与挂车》要求，从 2019 年 7 月 1 日开始，最高车速大于等于 90km/h 的牵引车辆与挂车必须安装 EBS。

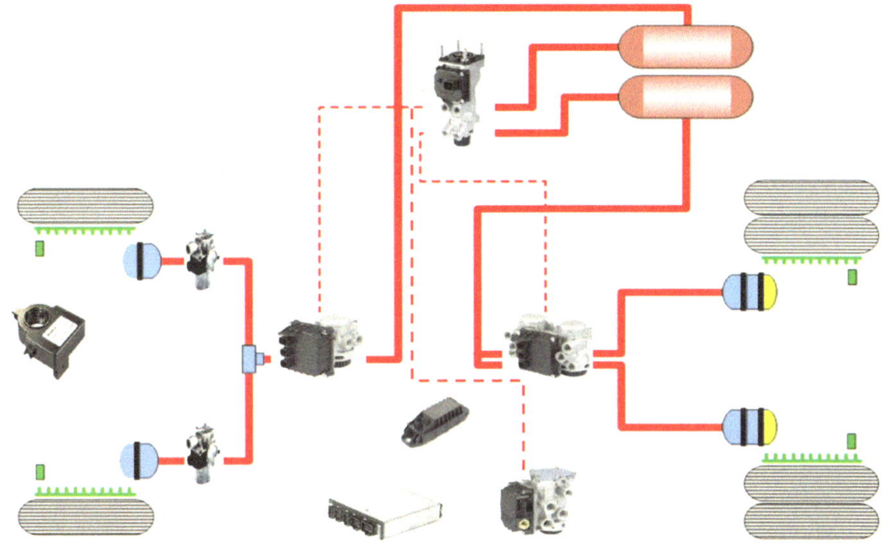

图 1　EBS 的组成

1. EBS 与传统制动系统的区别

EBS 与传统制动系统的最大区别是 EBS 为线控制动系统，即 EBS 中制动踏板只是一个具备冗余的制动信号发生器，制动回路的气压由中央控制器计算并通过单通道模块和双通道模块执行。EBS 不但可以提升传统制动系统的制动性能（主要体现在制动一致性、制动响应、制动距离方面），而且还可以解决传统制动无法满足的智能汽车的线控制动需求和新能源汽车的制动解耦要求。

EBS 实现线控制动质变的核心部件是单通道模块和双通道模块，下面以单通道模块为例说明其作用（见图 2）。在正常情况下，单通道模块采集对应车轮的轮速信号、磨损传感器信号，并将该信息发送给中央控制器，然后接收中央控制器的压力指令。但接收到中央控制器压力指令后，通过关闭备用阀（常开阀）隔断电子踏板的气压（4 口），调节进气阀（常闭阀）和排气阀（常闭阀）的开启和关闭时间来对继动阀实现电控，以单通道模块输出端压力传感器（2 口）作为信息反馈，实现精确的制动回路压力控制（见图 2）。

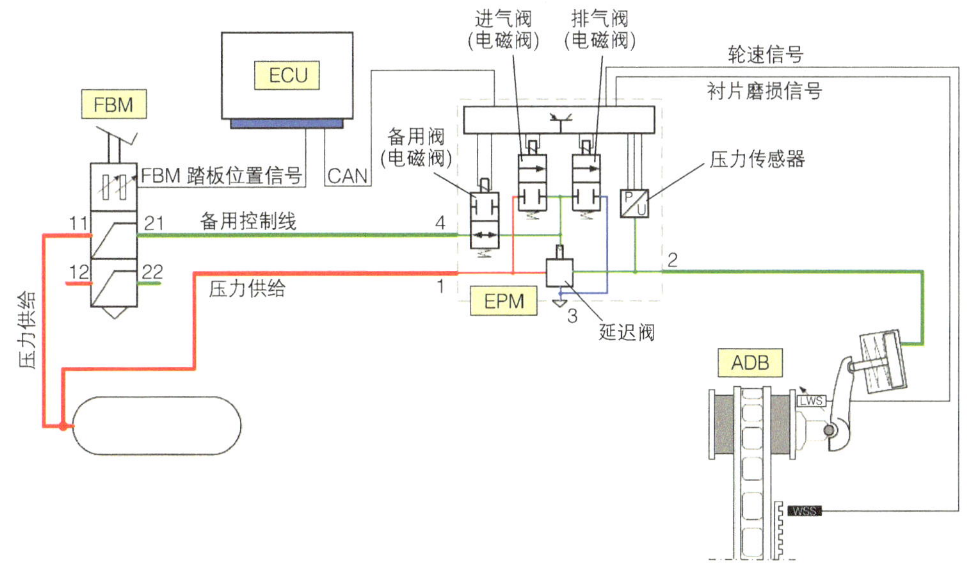

图 2　单通道模块工作原理

2. 清智科技商用车 EBS 的主要功能

清智 EBS 具备制动管理功能和底盘控制功能。其中制动管理功能是中央控制器根据不同的功能需求，对车辆不同车轴的气压进行调节，对气压制动力矩进行管理，达到节能或安全的需求。底盘控制功能是指传统的 ABS、TCS、ESC 功能，在 EBS 中，由于执行部件的区别，另外 EBS 部件中存在踏板开度传感器、压力传感器、转向盘转角传感器、横摆传感器，这些传感器信号使得传统底盘功能更精确，更安全。

（1）制动管理功能

1）制动力分配功能（BFD）：BFD 接收轮速信号计算车轮滑移率，实现各车轮的制动力分配，最大限度地减少滑移差别，实现附着系数最佳利用，保证各桥、主挂车之间的制动一致性以及磨损一致性，同时通过比较实际车辆减速度与驾驶员目标减速度，保证不管在满载工况还是空载工况，或者制动衰退的时候，车辆都能达到所需要的减速度（见图 3）。

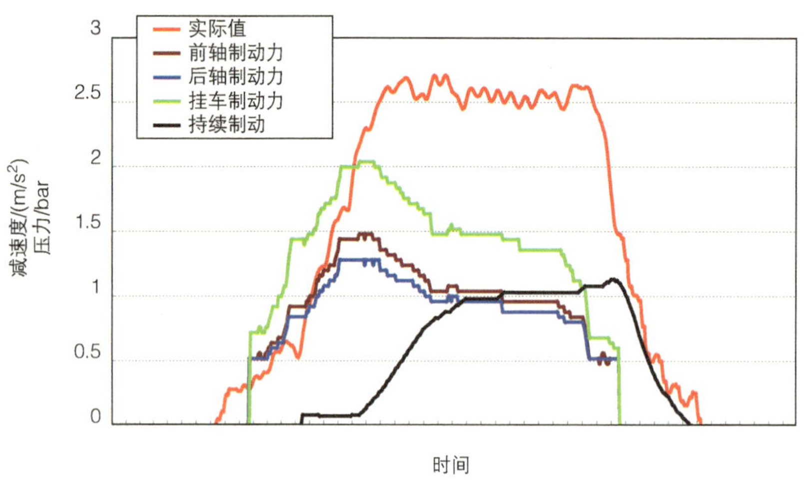

图 3　制动力分配示意图

2）制动辅助功能（BA）：在驾驶员紧急制动的情况下，为了尽快让车辆停车，需要放大整车的需求制动力，但是为了避免不期望的紧急制动，该功能仅在踏板位移和踩踏板速率大于相应门限值的情况下启动。根据请求减速度的梯度快慢，请求值的系数可以增加到 1.5～2 倍（见图 4）。

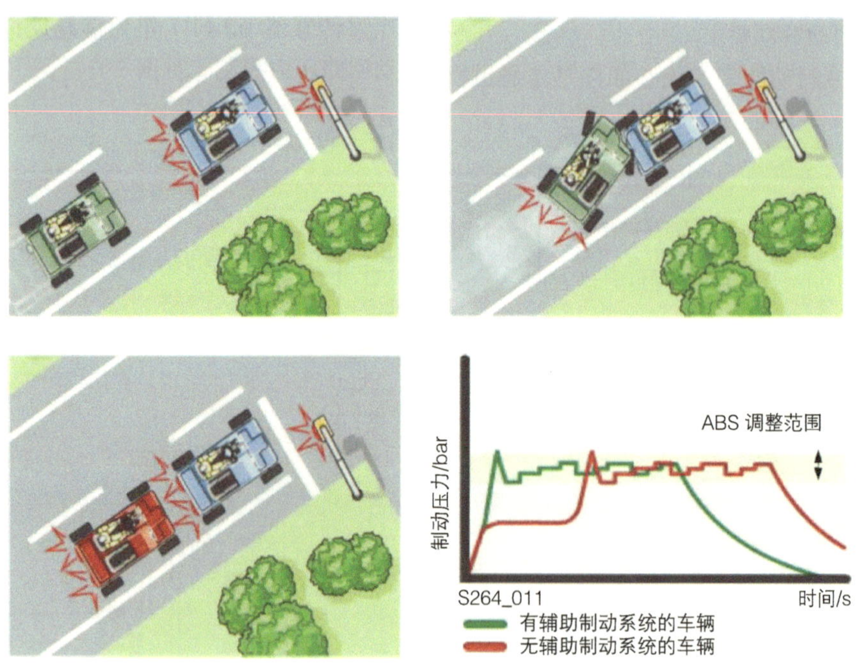

图 4　制动辅助功能示意图

3）外部制动请求（XBR）：XBR 通过执行外部请求实现减速，该请求通过 SAE J1939 CAN 总线的 XBR 报文接收，将接收到的目标减速度换算成制动压力实现对车轮的制动从而使车辆减速。

4）坡道辅助（HSA）：当车辆停在坡道上时，系统会根据坡度以及载荷计算出此时车辆停止所需要的制动力，如果此时驾驶员提供的制动力不足以维持车辆在坡道上静止，则系统会根据计算出来的制动力对整车进行制动，保证车辆能够稳定停在坡道上；即使驾驶员松开制动踏板，制动力依然会保持。当驾驶员准备起步踩加速踏板时，制动压力会跟随实际驱动转矩的上升进行逐渐解除。对客户而言，尤其是商用车驾驶员而言，当驾驶车辆停在坡道上想起步时，如果没有坡道辅助功能，那么驾驶员在松开制动踏板的同时需要快速踩下加速踏板，这样车辆才有可能不后溜。但是这种紧急的操作给驾驶员的压力会很大，尤其是新手，如果配合不好的话，车辆会溜车甚至熄火，坡道辅助功能就会给驾驶员一个很大的帮助，驾驶员松开制动踏板后，不用很快地去踩加速踏板，始终系统会有压力自动帮助驻车，然后驾驶员踩加速踏板后，压力逐渐退出，起步既平稳车辆又不会出现后溜。

5）舒适停车（CBS）：车辆快停止时，制动减速度往往过大，导致车辆点头现象比较严重，严重影响制动的舒适性，因此当车辆接近停止时，前桥制动力解除，完全由后桥进行制动，同时，制动强度也可以根据需求去调整。对客户而言，这项功能提高了制动的舒适性，防止车辆的过度点头，也提升了同乘人的体验感。

制动管理功能对客户而言：

1）由于实现了最佳气压控制，因此提高了制动安全性。

2）保证主挂车之间制动的一致性，防止挂车推头现象的出现。

3）保证每个制动衬片磨损的一致性，提高其寿命。

4）提高了制动舒适性，优化了制动踏板感觉，保证了驾驶员在相同踏板位移下所对应的减速度的一致性。

5）补偿制动衰退以及载荷变化造成的制动影响。

6）在紧急制动的情况下，可以根据驾驶员踩下制动踏板的开度和速度，将驾驶员原本想要的减速度（对应前、后轴的制动压力）放大，实现更短的制动距离。

7）当驾驶员因疲劳或者其他因素没有及时检测到前方有障碍时，能响应 XBR 发送的制动请求，使得车辆及时减速，避免出现危险。

（2）底盘控制功能

1）防抱死制动控制（ABS）：通过轮速信息判断车轮是否有抱死趋势，进而降低、保持或提高相应制动气室的制动压力，维持车辆的稳定性和方向可操纵性。在三桥或四桥的车辆中，不带传感器的车轮可以通过同侧连接到带传感器的同组桥的车轮上的压力控制（同侧低选控制）。

2）驱动防滑功能（ASR）：用于改善车辆在起步过程中，由于驱动力过大而导致的驱动轮滑转现象，通过调节车辆的驱动转矩的同时对打滑最严重的驱动轮进行制动控制，避免由于驱动轮滑转导致车辆的不稳定性，从而控制车辆平稳起步。

3）电子稳定控制（ESC）：监控汽车的行驶状态，在紧急躲避障碍物或出现转向不足以及转向过度时，使车辆避免偏离理想轨迹。ESC 根据转角传感器、IMU 传感器以及车辆的一些信号判断车辆的行驶状态，当检测到车辆即将发生侧翻、转向不足、转向过度时控制相对应的车轮进行制动，同时降低发动机的驱动转矩，以提高车辆稳定性（见图 5）。

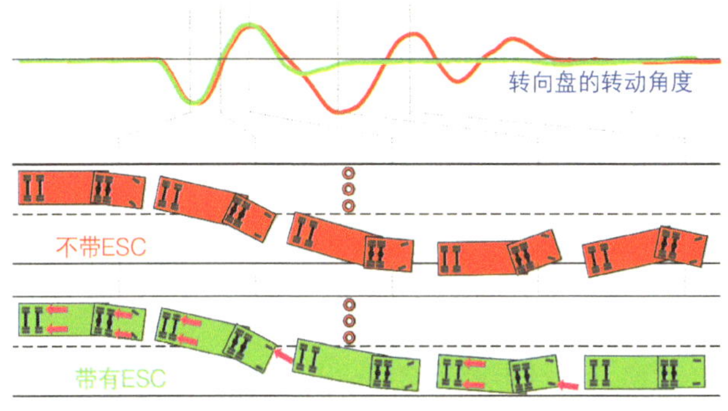

图 5　ESC 功能示意图

4）拖拽力矩控制（DTC）：当驾驶员松开加速踏板后传动系统还处于接合的状态，传动系统的拖拽力矩会产生负力矩作用在驱动桥上，尤其在低附路面上，此时就会造成驱动轮产生较大的滑移甚至导致驱动轮抱死，进而导致驱动轮出现不稳定的情况。在这种情况下可以适当请求发动机增加转矩来提高驱动轮转速，减少滑移率从而保持车辆的稳定性。

3. 客户价值

ABS、ASR、ESC、DTC 功能对客户而言，是底盘中最重要的功能，它们保障了行车安全。

1）ABS 能够保证在紧急制动过程中方向的可控性，避免后轮因抱死而甩尾，同时控制制动滑移率保持在最佳滑移率，增加地面附着系数利用率，而且不用驾驶员再像原先未安装 ABS 的车辆那样在紧急制动的时候脚不停地“点刹”，既费脚而且制动频率也低。

2）ASR 能够减小轮速与地面之间的摩擦，延长轮胎的寿命，在低附路面上也能够保证车辆的平稳起步，维持车辆的稳定性。

3）ESC 能够在高附路面防止由于车速过高而导致的翻车，尤其是商用车载荷大、质心高、在高附路面转弯的时候，如果车速过快有可能会发生翻车事件，在低附路面上车辆会出现转向失控、车辆未按照驾驶员需求驾驶行驶，此时 ESC 系统能够及时根据传感器的信息识别车辆状态，对车轮施加制动并且快速降低驱动转矩来保证车辆的安全性，提高车辆在转弯时的稳定性。

4）DTC 在低附路面上能够保证驱动轮的稳定，尤其对于后驱的商用车来说，这样更能避免在低附路面甩尾现象的发生。

4. 清智 EBS 研发路线

清智科技旨在打造全栈式商用车智能驾驶解决方案，在公司成立之初即开始了对商用车制动系统的研究。对于 EBS 这种无论是机械部件，还是功能软件都比较复杂的制动系统，清智科技线控底盘团队对技术先进的国外产品进行深入分析。在机械部件设计方面，针对 EBS 各个部件的机械特性和功能进行分析；在方案设计和部件设计上，大胆尝试，形成具备需求的新结构。

在功能实现上，依托前期储备的底盘控制基础，结合 EBS 部件特点，尤其是 EBS 中存在大量传感器，并且功能实现也不再像传统制动系统那样单一，形成充分利用新部件的底盘控制算法；另外，为了更好地理解 EBS 设计理念，配合主机厂需求，清智科技与南京金龙客车制造有限公司、中国重汽集团有限公司进行深度合作，联合挖掘 EBS 的需求和功能指标，不断优化设计。

目前，清智科技自主 EBS 已完成四轮样机改进，经历了一冬一夏测试，所有机械部件已经完成定版开模，在接下来的冬试，清智将进入最终的冲刺，完成量产前的验证。

基于芯海科技 CS32F116Q 的汽车智能尾灯应用案例

芯海科技（深圳）股份有限公司

作者：钟成保

随着汽车智能化的不断发展，人们开始追求更好的驾驶体验，并对全面的汽车安全性能提出了更高的要求，其中包括具有重要提示功能的汽车尾灯系统。

通常，汽车尾部的灯组是车辆灯光系统中非常重要的一部分，由制动灯、倒车灯、转向灯、雾灯组成。尾灯的主要功能是提醒后方车辆，向其传达前车的行驶状态。

为了提高尾灯的显示效果和稳定性，其解决方案通常采用 MCU+LED 驱动芯片的组合。因为需要符合车辆的规格要求，所以需要满足 AEC-Q100 的可靠性认证，以提高系统的稳定性。

芯海科技 CS32F116Q 是一款基于 ARM® Cortex®-M3 内核的通用车规 MCU，满足 AEC-Q100 认证的要求，可广泛应用于车灯控制、车用电机控制、车窗控制、汽车传感器检测等场景。

1. CS32F116Q 产品优势

1）高性能处理器：ARM® Cortex®-M3 内核，72MHz 工作频率，支持单周期乘法和硬件除法。

2）丰富的时钟源：具有 8MHz 的内部 RC 高速振荡器和 40kHz 的内部 RC 低速振荡器，同时支持 4 ~ 16MHz 的外部晶体振荡器，支持锁相环（PLL）倍频。

3）大容量存储：集成 128KB 的 Flash 存储器和 20KB 的 SRAM，提供足够的存储空间。

4）先进的定时器和 PWM 控制器：具有 3 个 16 位定时器，每个定时器有四个独立通道用于输入捕获 / 输出比较 /PWM 生成 / 单脉冲模式，同时支持增量编码器输入和霍尔传感器输入；1 个 16 位带有死区控制和紧急制动的 PWM 高级控制定时器。

5）高精度 ADC：提供两路 12bit 高精度 ADC，采样率高达 1Msps[⊖]，16 个输入通道。

6）强大的通信接口：3 个 USART 接口，通信速率可达 4.5Mbit/s；2 个 I2C 接口，支持标准模式和快速模式；2 个 SPI 接口；1 个 CAN 2.0B 接口；1 个 USB 2.0 接口。USART/I2C/SPI 可通过 7 通道 DMA 实现数据的直接传输。

7）身份认证和安全特性：支持 CRC 和 96bit UID，提供身份认证功能。

8）丰富的 GPIO：LQFP48 有 37 个，LQFP64 有 51 个，LQFP100 有 80 个，可实现多种外设连接（见图 1）。

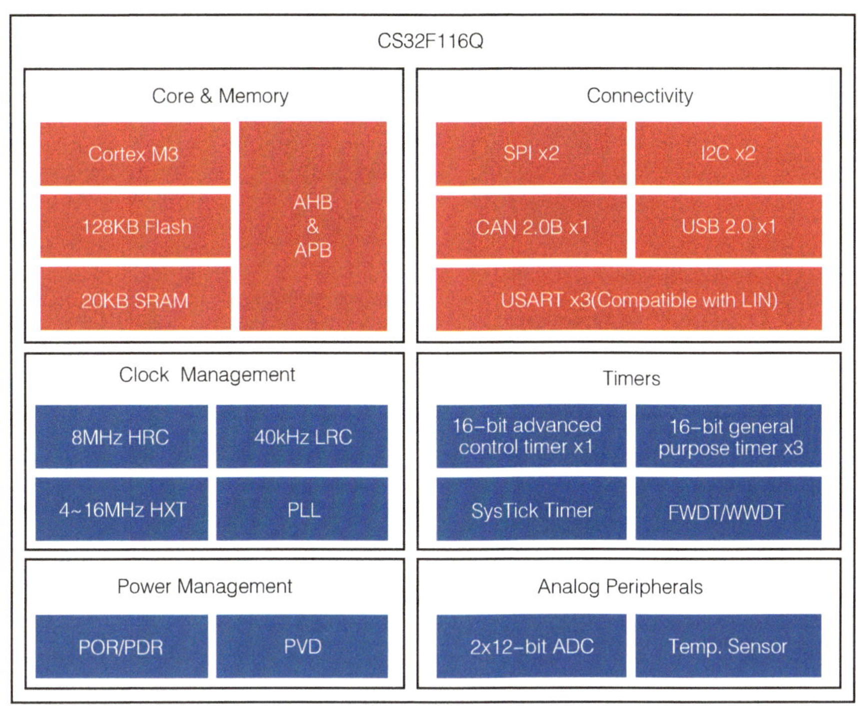

图 1　CS32F116Q 系统框图

2. CS32F116Q 的尾灯应用方案

该方案采用 CS32F116Q 作为主控芯片，搭配两颗 9 通道 RGB LED 驱动芯片和一颗 36 通道 RGB LED 驱动芯片，具有一流的应用特性。

首先，9～16V 的宽电压供电及防反接设计，确保足够电力支持的同时增强供电安全性。

其次，所有灯珠都可呈现出明暗交替的呼吸灯效果，营造出迷人的视觉效果，引领行车灯效的新潮流。灯控还可实现依次点亮、依次熄灭，演绎流水灯的效果，炫酷且富有创意。最后，该方案通过 CAN/LIN 接口与 BCM 通信，实现多样化的显示控制，满足不同用户针对汽车尾灯系统的个性化创新及稳定可靠的应用需求（见图 2）。

CS32F116Q 具备 2 个 I2C 总线接口（I2C0、I2C1），能够工作于多主模式或从模式，支持标准模式和快速模式以提供多样化的选项。I2C0 总线上能同时挂载 2 颗 9 通道 RGB LED 驱动芯片，通过不同的设备地址完成数据的精准传输，进一步控制 2 组 LED，控制 18 颗灯珠的光芒。而 I2C1 则与 36 通道 RGB LED 驱动芯片通信，控制 36 个 LED，打造醒目的转向指示。

本解决方案中，采用 400K 的快速模式，与外部设备进行及时通信。

此外，CS32F116Q 具备 3 个高效的 USART 接口，其中 USART 1 接口通信速率可达 4.5Mbit/s，其他接口（USART2、USART3）的通信速率可达 2.25Mbit/s，快速且稳定。USART 接口具有硬件 CTS 和 RTS 信号管理、支持 IrDA SIR ENDEC 传输编解码、兼

⊖ sps 表示每秒采样次数，是 sample per sencond 的缩写。

容 ISO7816 的智能卡并提供 LIN 主 / 从功能。所有 USART 接口都能使用 DMA 操作，极大地提升效率。

此解决方案使用 USART 的 LIN 从功能，与外部的单线 LIN 进行精准信息通信。该解决方案采用子母板接插方式，母板为 LED 驱动板，子板为 CS32F116Q 最小系统板，采用 8PIN 的 SWD 接口实现程序烧录。

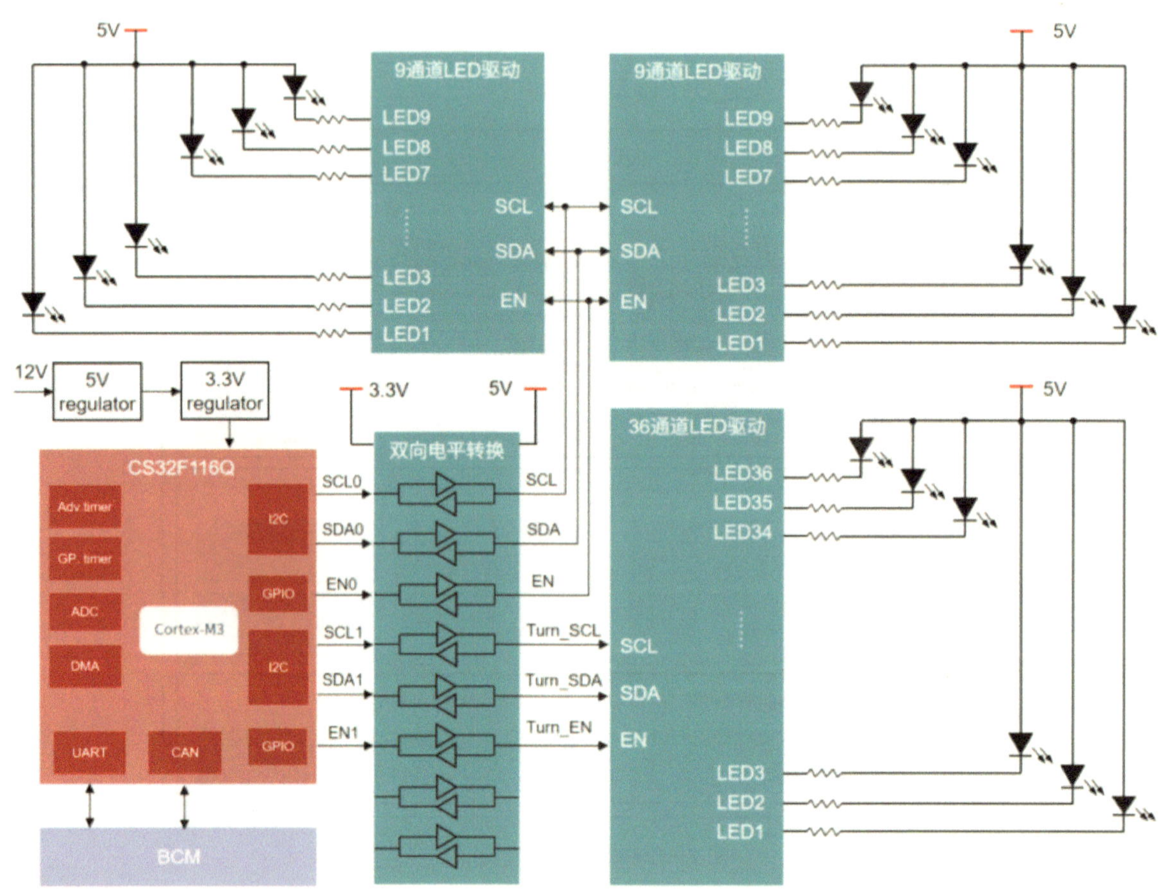

图 2　CS32F116Q 尾灯应用方案系统框图

上海同驭汽车 2023 年创新成果案例

上海同驭汽车科技有限公司

同驭汽车成立于 2016 年，是同济大学重点孵化企业、国家高新技术企业、国家专精特新小巨人企业、上海市专精特新企业、上海市科技小巨人（培育）企业，获上海市科技进步一等奖。同驭总部和研发中心设立在上海，拥有上海嘉定、江西宜春两大生产基地，已建成年产能 150 万套的智能制造中心，是全球极少数具备 EHB 量产能力的公司之一。

同驭汽车拥有国内最早从事该产品研发的团队，在线控底盘领域有着卓越的研发实力和深厚的技术积淀，专注于“新一代线控底盘核心技术”的研发和产业化，是中国汽车智能底盘系统一级供应商。

同驭汽车产品布局涵盖线控制动、线控转向和底盘域控制器。目前已拥有完整的智能制动系列产品，包括：集成式电子液压制动系统（iEHB）、线控电子液压制动系统（EHB）、电子驻车制动系统（EPB）、防抱死制动系统（ABS）、电子稳定性控制系统（ESC），可为整车厂客户提供多种系统解决方案。

同驭汽车已与一汽、日产、东风、奇瑞、合众、零跑、江淮、江铃、长安、北汽、吉利、比亚迪、美团、京东、阿里巴巴等 80 多家知名客户合作，为乘用车、商用车、无人车等 100 余款车型配套，以满足汽车电动化、智能化的发展需求，为智慧出行保驾护航（见图 1）。

图 1 同驭汽车科技宜春展厅

1. 解决方案

（1）集成式电子液压制动系统（iEHB）

同驭汽车 iEHB 集成了 EHB、EPB、ESC 三大制动产品，可实现高品质的基础制动、线控制动、线控驻车、稳定性控制等功能，并可作为底盘域控制器全面接管线控底盘。产品制动性能优异，扩展功能丰富，具有明显的性价比优势（见图 2）。

1）新一代汽车制动系统主流解决方案。

2）高品质的线控制动、线控驻车、车辆稳定性控制功能。

3）高集成度，低成本。

4）装配性能优异。

5）高强度冗余制动。

6）完全解耦。

7）阻尼式踏板感觉。

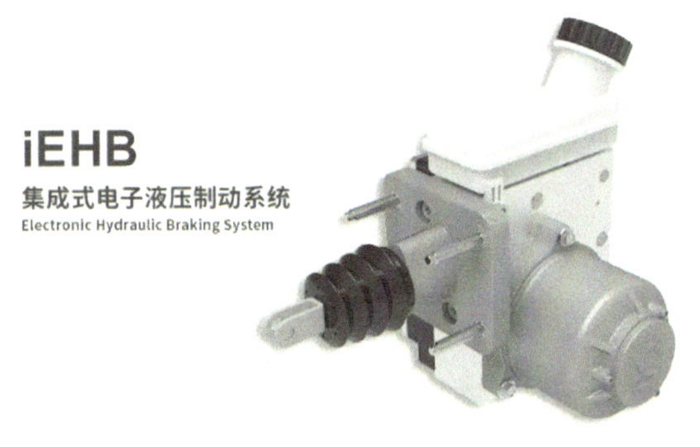

图 2 集成式电子液压制动系统（iEHB）

适用车型：燃油汽车、电动汽车、混动乘用车、商用车及无人车，覆盖 0.5 ~ 7.5t 车型。

（2）线控电子液压制动系统（EHB）

同驭汽车 EHB 方案为一体式方案，集踏板感觉模拟器总成、位移传感器总成、ECU 总成、电机总成、传动总成、主缸总成于一体，具有体积小，重量轻、安装方便等诸多优势。汽车线控制动系统主流解决方案，可摆脱真空依赖，实现高性能主动制动，大幅提升制动能量回收率，是智能驾驶关键执行器（见图 3）。

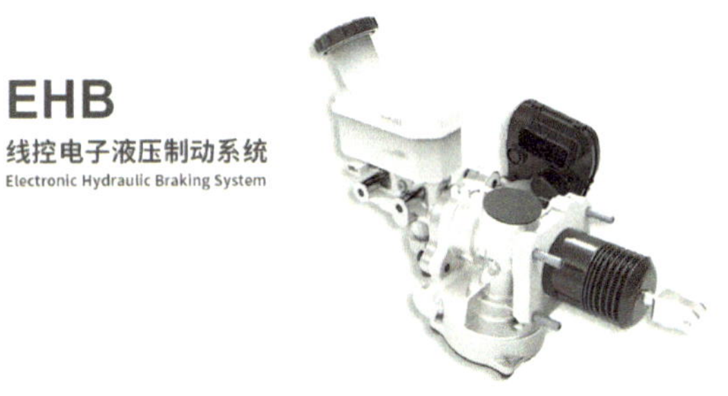

图 3 线控电子液压制动系统（EHB）

1）摆脱真空依赖，性能不受海拔、天气等环境影响。

2）高性能的主动制动，支持目标液压力、目标减速度指令。

3）泄压迅速，零拖滞。

4）解耦式方案，0.3g 制动能量回收率 100%。

5）制动感觉可调，干式 / 湿式可选，满足不同驾驶风格需求。

6）传感器配置丰富，可监控制动性能变化（衰退、老化）。

7）集成度高，易于布置。

适用车型：燃油汽车、电动汽车、混动乘用车、商用车及无人车，覆盖 0.5～7.5t 车型。

（3）集成电子驻车的电子液压制动系统（EHB-EPBi）

同驭汽车 EHB-EPBi 基于 EHB 产品，集成线控驻车系统，将独立 EPB 控制器集成至 EHB 控制器中，完全替代独立式 EPB 控制器，实现各种线控驻车功能和制动冗余功能，亦可仅使用 EHB+EPBi 部分，与 ESC 分控单边 EPB（见图 4）。

1）支持集成式冗余 EPB 控制方案，可取消 P 档锁，整车降本。

2）可拓展轮速冗余等功能，与 ESC 配合共同实现 L4 自动驾驶冗余制动方案。

3）支持 L3 及以上的制动系统的全冗余方案。

适用车型：燃油汽车、电动汽车、混动乘用车、商用车及无人车，覆盖 0.5～7.5t 车型。

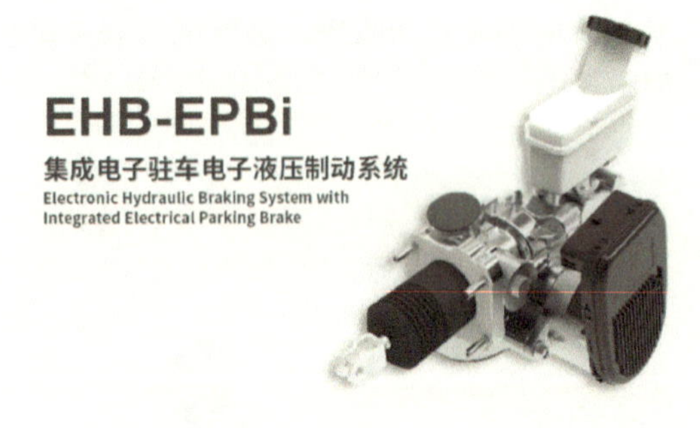

图 4　集成电子驻车的电子液压制动系统（EHB-EPBi）

（4）卡钳集成式电子驻车系统（MOC-EPB）

同驭汽车 MOC-EPB 拥有高可靠性软硬件平台架构，可实现各种线控驻车功能和制动冗余功能，可满足高等级自动驾驶需求（见图 5）。

1）控制器占用空间小，布置灵活。

2）动态减速后轮防抱死功能实现行车制动系统备份。

3）自动驻车、自动释放、高温再夹紧、溜坡再夹紧等功能保证驻车更安全。

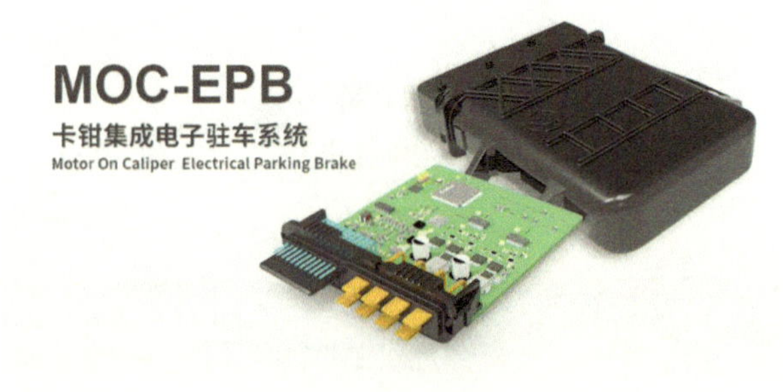

图 5　卡钳集成式电子驻车系统（MOC-EPB）

适用车型：燃油汽车、电动汽车、混动乘用车，包括 0.5t 左右 AGV，A0 级乘用车到 C 级乘用车。

（5）电子驻车制动系统备份控制器（BC-EPB）

同驭汽车 BC-EPB 拥有高可靠性软硬件平台架构，可在当 EPB 主控制器失效后，BC-EPB 进行电气接管，对卡钳执行夹紧释放动作，满足法规 EPB 备份功能要求，且开发周期短（见图 6）。

1）ESC-EPBi、卡钳集成式 EPB 控制器或 EHB-EPBi 作为主控制器，负责两路 EPB 状态检测及控制。

2）当主控制器失效后，BC-EPB 进行接管，进行单路 EPB 的控制。

3）BC-EPB 实现 EPB 控制器的基本功能备份，取代 P 档锁。

图 6　电子驻车制动系统备份控制器（BC-EPB）

适用车型：燃油汽车、电动汽车、混动乘用车，包括 0.5t 左右 AGV，A0 级乘用车到 C 级乘用车。

（6）拉索式电子驻车制动系统（CP-EPB）

同驭汽车 CP-EPB 采用单拉索式 EPB 方案，支持各种线控驻车功能，满足高等级自动驾驶需求，可独立实现辅助起步等增值功能，提升车辆高级感，集成度高，装配工艺要求低（见图 7）。

图 7 拉索式电子驻车制动系统（CP-EPB）

EPB 拉起时以力为目标，释放时以位移为目标，即可实现每次的拉起释放都是一次自学习，不会出现拖刹或驻车力不足的情况。

适用车型：商用车及大型乘用车，包括 0.5t 左右的 AGV。

（7）电子稳定性控制系统（ESC）

同驭汽车 ESC 拥有高可靠性软硬件平台架构，可实现车速计算、制动防抱死、电子制动力分配、牵引力控制、横向稳定性控制功能和主动安全高级功能。该产品适用范围广，可适配乘用车和轻型中型商用车，可集成 EPBi 方案，配合 EHB 实现高性能高级辅助驾驶方案（见图 8）。

图 8 电子稳定性控制系统（ESC）

ESC 在可以实现自身功能的情况下，同时可以配合同驭 EHB 使用，提升制动系统整体优势。

适用车型：燃油汽车、电动汽车、混动乘用车、商用车及无人车，覆盖 0.5 ~ 7.5t 车型。

（8）防抱死制动系统（ABS）

同驭汽车 ABS 拥有高可靠性软硬件平台架构，可实现车速计算、制动防抱死和电子制动力分配功能。该产品适用范围广，可适配乘用车和轻型中型商用车，可集成 EPBi 方案，配合 EHB 实现低成本高级辅助驾驶方案（见图 9）。

ABS
防抱死制动系统
Antilock Brake System

图 9 防抱死制动系统

1）具备制动防抱死控制功能。

2）具备牵引力控制功能。

3）具备动态车辆稳定性控制功能。

4）具备坡道辅助、自动驻车等增值功能。

5）支持与 EHB 配合的 fail-operational 主冗余制动功能。

适用车型：燃油汽车、电动汽车、混动乘用车、商用车及无人车，覆盖 0.5 ~ 7.5t 车型。

2. 应用领域

（1）乘用车

同驭汽车智能制动系列产品涵盖 EHB、EPB、ABS 及 ESC，适用于 A0 级到 C 级乘用车。同驭汽车已与东风日产、吉利、江淮、江铃、哪吒、零跑、创维等数十家乘用车企业达成合作，并且与比亚迪、长安、奇瑞、北汽等企业深度对接。通过定制方案全方位满足乘用车高等级智能驾驶需求，产品可实现制动解耦，从而显著提高制动能量回收率，大幅增加新能源汽车续驶里程，为智慧出行、绿色节能保驾护航。

（2）商用车

同驭汽车智能制动系列产品可适用于 3 ~ 7.5t 的微客、皮卡、轻卡、轻客、微公交，并且可以通过自研的制动系统组合方案将载重拓展到 12t，进一步满足中型卡车、中型客车等车型使用需求。产品最大推力可达 12000N，响应时间显著优于传统制动助力系统，踏板感觉优秀，显著提升能量回收效率，并支持 AEB、ACC 等高级制动驾驶，已为一汽解放、江铃股份、三一重工、北汽福田、徐工集团、宇通集团等数十家国内商用车企业提供专业方案及配套产品，满足不同驾驶需求。

（3）无人驾驶

同驭汽车智能制动系列产品可为无人驾驶车辆提供 L2 ~ L4 的系统全冗余智能解决方案，具有响应速度快、噪声小的产品优势，实现无人驾驶安全、稳定、智能的用车需求，与美团、京东、菜鸟、厦门金龙、长沙行深、PIX 等数十家企业达成合作，助推我国无人驾驶创新发展。

（4）特种车

同驭汽车智能制动系列产品成熟度极高，可覆盖牵引车、观光车、摆渡车、沙地车、巡逻车等多款特种车型、产品性能不受海拔、天气等环境影响，可满足极端恶劣路况，提升特种车整体优势，为特种车需求提供专属方案，目前已与五菱工业、宇通重工、陕汽集团、厦门金旅、驭势科技、盈峰环境、春风动力等数十家企业达成合作。

第 13 章
智能网联汽车车联网方向技术研究创新成果

北斗双向卫星消息模组　让通信时刻相联

中电科芯片技术（集团）有限公司 / 重庆西南集成电路设计有限责任公司

作者：陈彬

信息通信产业的每一次技术迭代，都会带来生活方式的改变。实际上，直到现在的 5G 时代，我们所在的地球仍然有 70% 左右的空间依然没有地面网络信号覆盖。在偏远的山区、沙漠、丛林等无地面网络信号或信号极弱的地方，车辆及汽车用户往往缺乏稳定、可靠的通信服务。

北斗短报文通信作为卫星通信技术的重要技术手段之一，是北斗卫星导航系统区别于其他全球卫星导航系统的一项特有功能，即用户可在没有公共通信网络的情况下，通过北斗卫星发送和接收信息。北斗短报文通信技术赋能智能网联汽车，为汽车用户的出行场景带来更多想象空间。

中电科芯片技术（集团）有限公司旗下重庆西南集成电路设计有限责任公司（以下简称西南集成），致力于卫星导航通信领域产品研究和开发，经过十多年的技术与市场积累，建立了卫星导航通信芯片、模组产品自主创新设计开发平台，形成了卫星导航通信核心芯片 + 模组 + 解决方案的产业链结构。导航系列产品全面支持 BDS、GPS、GLONASS、Galileo 等卫星导航系统信号，覆盖了导航定位、短报文通信、授时、测量测绘等应用领域，是国内领先的卫星导航与通信技术解决方案供应商。

1. 创新成果

在面向大众智能手机的北斗短报文消费级产品出现以前，只有通过专业级别的北斗短报文终端设备才可进行收发信息。传统专业终端的体积大、功耗高、价格昂贵，主要应用于应急通信、物流运输、海洋渔业安全监管等专业行业领域。近年来，西南集成联合国家级研发团队，通过自主创新，攻克了一系列技术难题，研发了全球首款面向大众消费应用的北斗双向短消息 SoC 芯片。基于国产工艺，在一颗米粒大小的芯片上，全球率先实现了大众手机与 3.6 万 km 外的北斗卫星之间的超远距离通信，满足了大众手机对芯片性能、体积、功耗和成本的极致要求，实现了北斗短报文在大众手机应用的全球首发和量产。基于创新的设计架构，形成了针对大众消费应用的短报文系统服务平台和终端完整解决方案，产品具有显著的小型化、低功耗、高灵敏度和性价比优势，为北斗卫星短报文通信向更多场景应用带来了更多可能。

基于“模组即服务”的设计理念，西南集成采用自主研制的车规级北斗卫星短消息 SoC 芯片，推出了小型化、低功耗的 XN6046 车载北斗双向卫星消息模组。模组集成了射频低噪声放大器、功率放大器、滤波器、晶体振荡器和电源管理等电路单元，内置 UICC SE 芯片，外接少量元件即可实现北斗卫星双向通信功能。XN6046 车载北斗双向卫星消息模组主要技术参数见图 1。

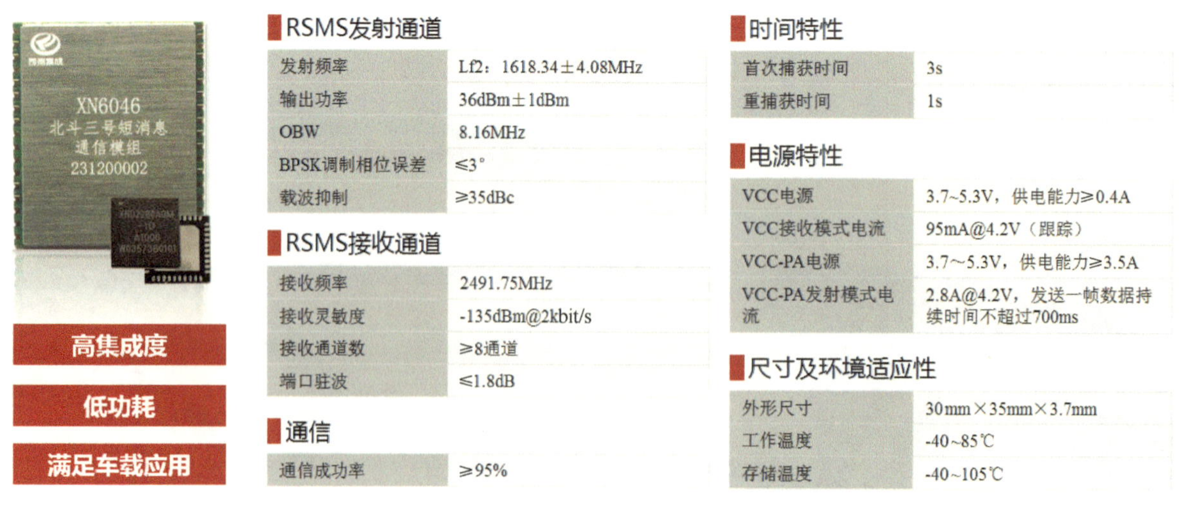

RSMS发射通道

参数	值
发射频率	Lf2：1618.34±4.08MHz
输出功率	36dBm±1dBm
OBW	8.16MHz
BPSK调制相位误差	≤3°
载波抑制	≥35dBc

RSMS接收通道

参数	值
接收频率	2491.75MHz
接收灵敏度	-135dBm@2kbit/s
接收通道数	≥8通道
端口驻波	≤1.8dB

通信

参数	值
通信成功率	≥95%

时间特性

参数	值
首次捕获时间	3s
重捕获时间	1s

电源特性

参数	值
VCC电源	3.7~5.3V，供电能力≥0.4A
VCC接收模式电流	95mA@4.2V（跟踪）
VCC-PA电源	3.7～5.3V，供电能力≥3.5A
VCC-PA发射模式电流	2.8A@4.2V，发送一帧数据持续时间不超过700ms

尺寸及环境适应性

参数	值
外形尺寸	30mm×35mm×3.7mm
工作温度	-40~85℃
存储温度	-40~105℃

图 1　XN6046 车载北斗双向卫星消息模组主要技术参数

XN6046 车载北斗双向卫星消息模组，从产品需求定义、设计到生产制造，严格遵守车规和主机厂开发流程。模组通过高低温耐久工作、高低温存储、温度循环等数十项严苛测试，满足车规级标准，具备更高的稳定性和可靠性，拥有更强的环境适应性，满足更多使用场景需求，特别是极寒、极热等恶劣环境下正常工作的使用需求，满足车辆长周期使用的特征。

2. 应用案例

北斗车载双向卫星消息模组赋能智能网联汽车，让通信时刻相联。模组应用于车载卫星通信终端，赋能汽车卫星通信能力，为车辆提供全域、全天候通信保障，支持车载终端短消息收发、车辆位置上报、车辆故障/事故自动报警、紧急呼救、数据上报等功能。

车载北斗双向卫星消息通信系统平台示意图见图 2。

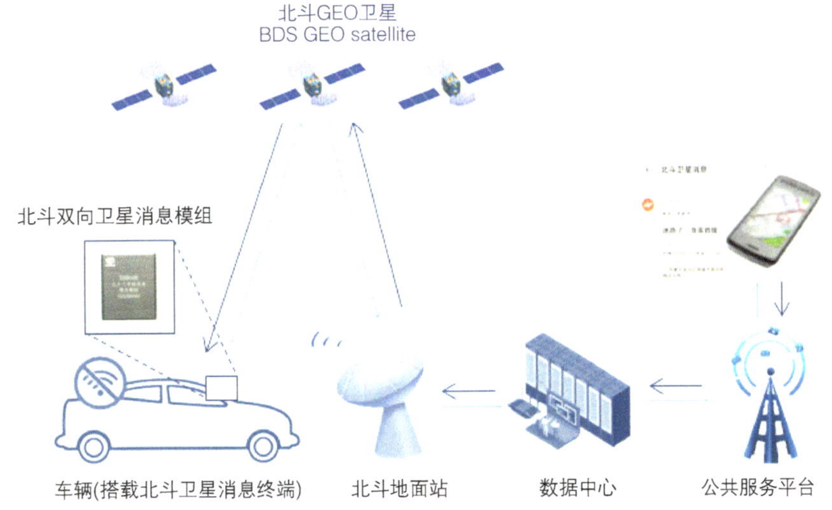

图 2　车载北斗双向卫星消息通信系统平台

西南集成技术团队深耕卫星通信、定位多场景融合应用，以期打造永不失联的车载卫星通信产品。XN6046 北斗车载双向卫星消息模组已在量产车型实现全球首发和量产。

西部智联智能网联实验室创新成果

西部科学城智能网联汽车创新中心

西部智联智能网联实验室作为关键技术研发验证的关键平台，以智能网联新能源关键技术为抓手，立足高新、服务重庆、辐射全国，结合智能网联汽车关键技术发展的方向和科学城智能网联示范区建设的需要，逐步建成集研发设计、公共测试、共性技术服务、成果转化为一体的测试研发中心，支撑行业和产业良性发展。实验室涵盖智能网联汽车零部件级、系统级、整车级测试及开发，持续打造智能网联汽车创新实验服务能力。实验室基于 CPS 理念，由智能网联整车在环平台、软硬件在环仿真平台、车载高速网络平台、无线通信仿真平台、零部件综合测试平台 5 个子研发平台组成，具体建设内容如下。

1. 智能网联整车在环平台

智能网联整车在环平台瞄准突破新能源及智能网联汽车智能驾驶评价检测关键技术，验证和训练汽车在复杂交通环境下的智能驾驶功能，聚焦自动驾驶高精度、高可靠性感知、决策和控制算法研发与测试验证需求，通过 AI 驱动、跨域联合仿真、仿真模型搭建、测试用例库建设、人机交互测评，构建 AI 与数据驱动的自动驾驶研发与高自动化测试验证平台，建立世界领先、国内一流的智能网联汽车整车在环模拟测试系统，为自动驾驶的研发提供逼真的道路运行环境，支撑智能汽车的研发测试工作，见图 1。

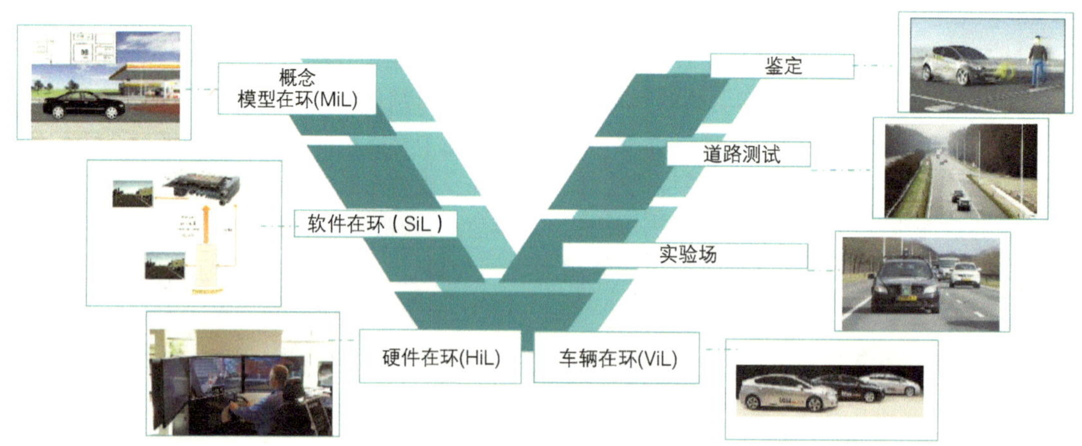

图 1　智能网联整车在环平台

其中，整车综合智能测试系统综合性强，可进行智能驾驶模拟，也可以进行新能源 / 燃油汽车基础功能、性能测试；灵活性高，既可作为整车测试平台，也可切换为独立的动力系统测试台架，支持多样性的测试需求；兼容性好，广泛覆盖不同轴距、功率的车辆测试，见图 2。

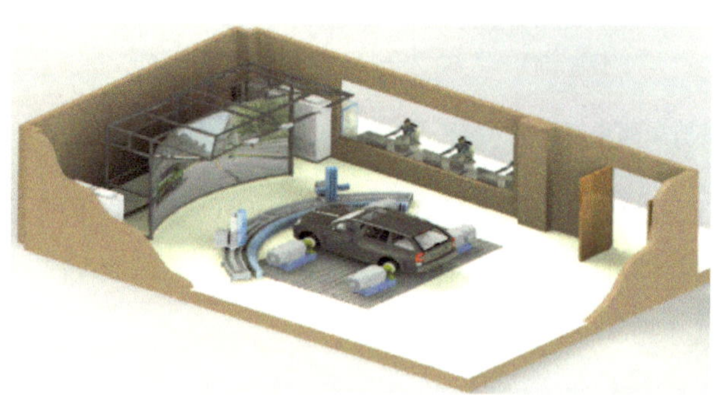

图 2　整车综合智能测试系统

主控系统及自动化测试平台是整套系统的信息处理中心。主控平台可实现测试工况编辑下发，并对各个子平台进行同步实时控制。能够完成实时实验编辑功能、系统控制功能、数据库功能、安全检测功能，以及提供外接接口用于后续功能的扩展，见图 3。

2. 软硬件在环仿真平台

智能网联汽车关键系统软硬件开发质量决定了智能网联汽车的功能、性能及安全等要素。软硬件在环仿真平台是智能网联功能、性能验证、安全测评的重要手段，也是自动驾驶产品开发和验证的重要环节，软硬件在环仿真平台架构见图 4。

结合行业开发测试需求，开展软硬件在环仿真工作，实现智能网联域控制器（自动驾驶、智能座舱等）、高级驾驶辅助系统（ADAS）等关键系统及部件的创新引领与产业落地，见图 5。

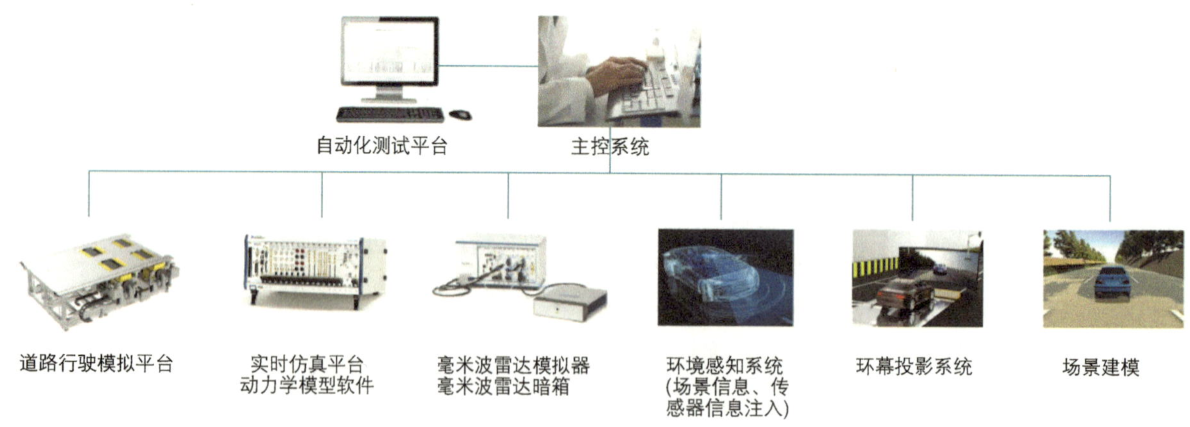

图 3　智能网联整车在环主控系统及自动化测试平台

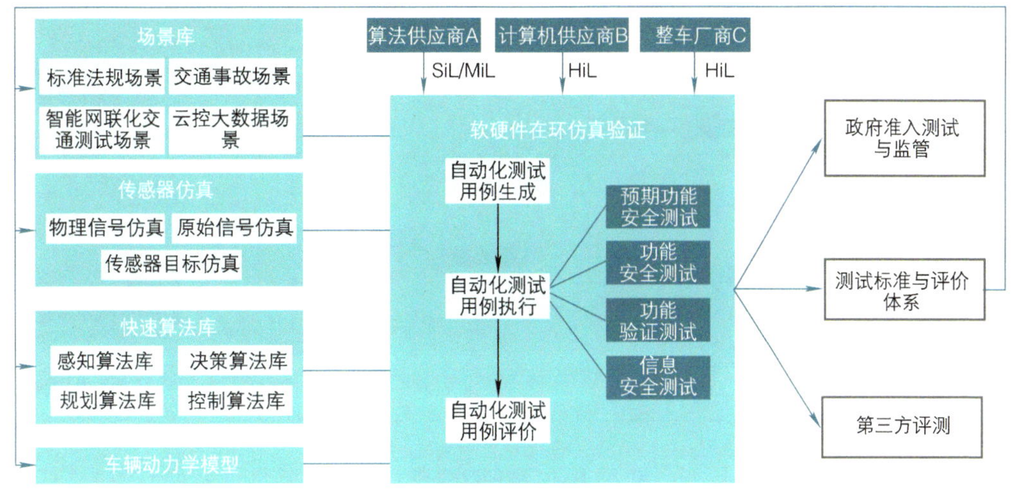

图 4　软硬件在环仿真平台架构

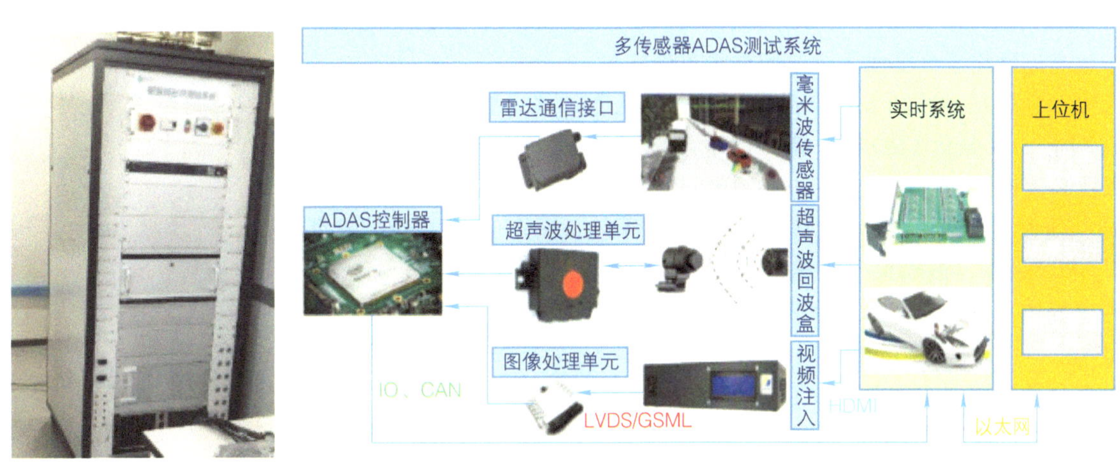

图 5　智能驾驶域控制器测试

关注智能座舱交互增效、AI 技术应用创新与高效测试验证问题；研发多模态融合增效交互方案和匹配情景的智能交互系统，建立融合云端驾驶员 AI 大模型与智能测试验证平台；促进智能座舱多模感知交互及 AI 应用核心关键技术的突破和产业落地。

构建实车仿真环境，完成对整车控制器（VCU）的测试工作，见图 6。

构建实车仿真环境，完成对电池管理系统（BMS）控制器的测试工作，见图 7。

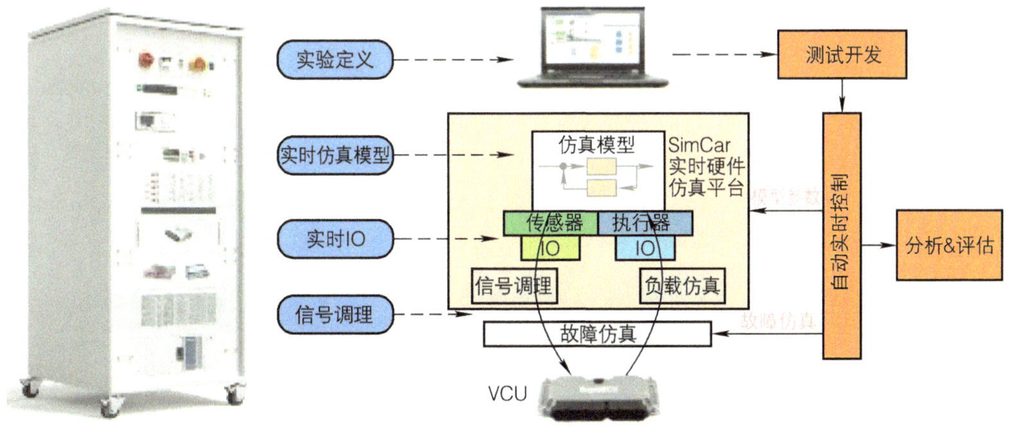

图 6　VCU 测试

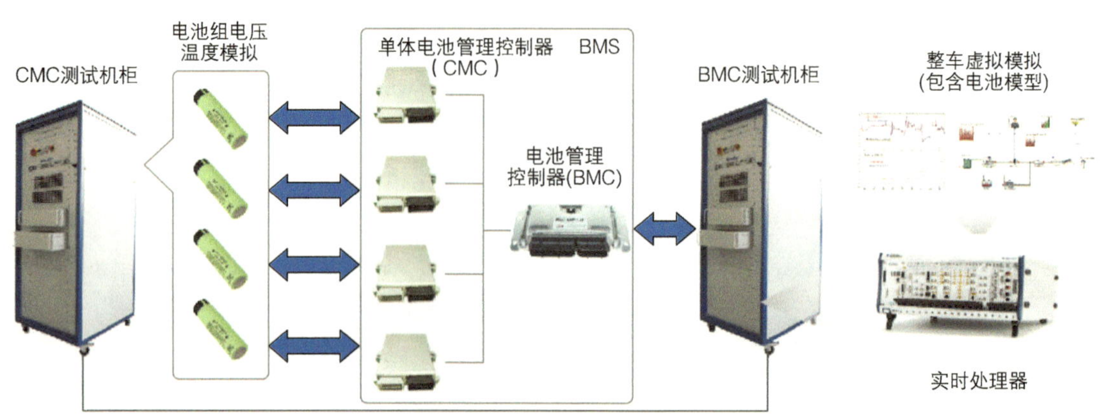

图 7　BMS 控制器测试工作

3. 车载高速网络平台

车载高速网络平台已成为企业的重要布局方向，支撑车内高速网络技术研发和产品验证，实现从底层到云端的“服务化（SOA）”新一代电子电气架构，以及高速通信网络和智能电子控制单元（ECU）的设计、研发和验证，成为支撑全在环开发系统“车脑”和“云脑”的桥梁与高速公路，为 AI 决策层的需求提供可靠的链路保证和资源分配。具体架构见图 8。

车载高速网络平台台架测试包含车载通信台架测试及交互执行台架测试，见图 9。

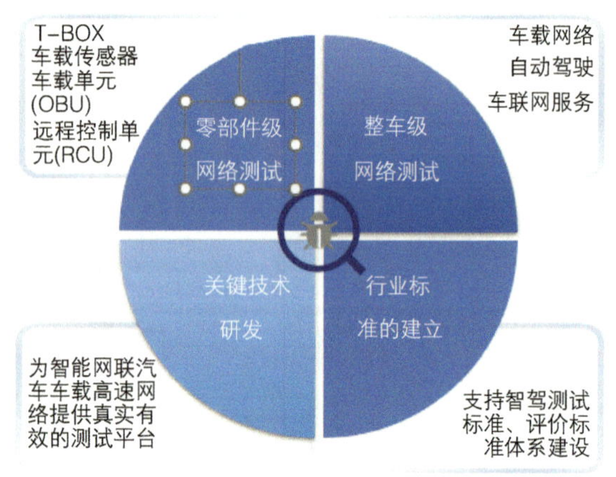

图 8　车载高速网络平台架构

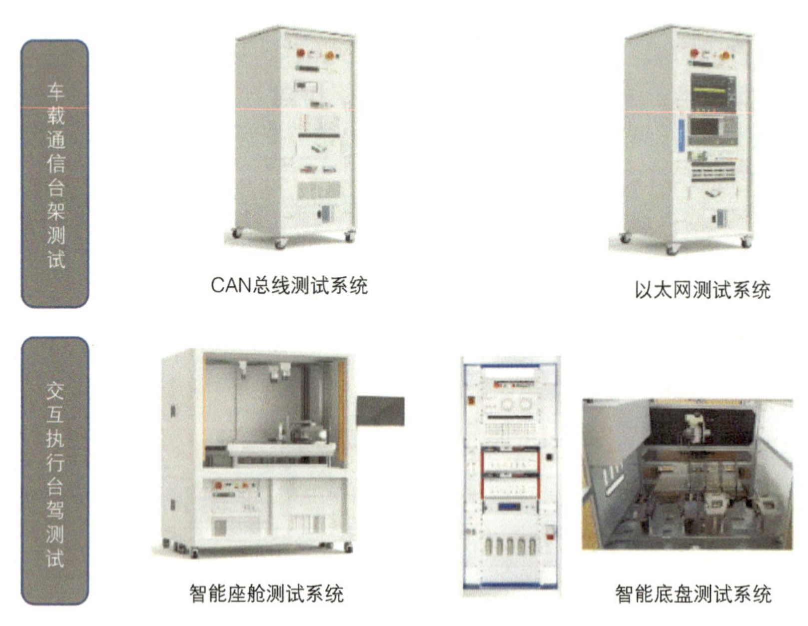

图 9　车载高速网络平台台架测试

4. 无线通信仿真平台

无线通信仿真平台基于“中国方案”智能网联的技术架构，集成通信链路物理模型，建立场（仿真场景 + 节点）端（实验室节点）融合的无线通信仿真平台，实现复杂极端工况的高精度模拟，开展网联通信性能关键技术研发，为智能网联汽车无线通信系统设计与优化、车联网网络部署与规划、智能通信终端研发等提供技术支撑。面向相关企业产品开发的需求，与科学城示范区实现融合互补，形成车载无线通信技术研发、验证、示范、应用的创新基地和产业生态，见图 10。

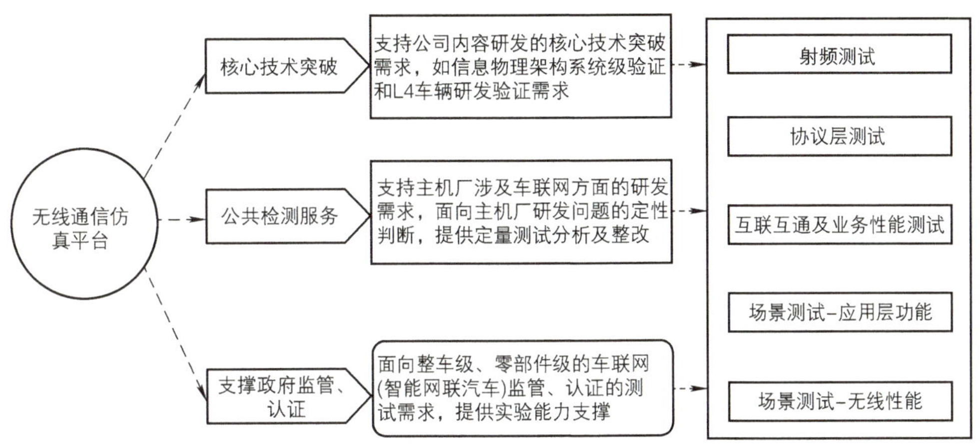

图 10　无线通信仿真平台架构

复杂车路通信场景模拟，包括路网结构、复杂交通路况、道路状况信息、交通流模型、待测 OBU 的车辆运动状态、背景车辆模拟（on-OBU、non-OBU）、C-V2X 网络节点仿真、信道场景模拟（隧道、城市峡谷等）。无线通信功能 / 性能验证，包括验证设备接收解析车路协同数据（本车、远车）、设备发送频率、大小等基本信息，以及设备发送消息内格式内容、设备协同感知能力、设备算法功能、压力测试、性能测试（信道模拟），见图 11。

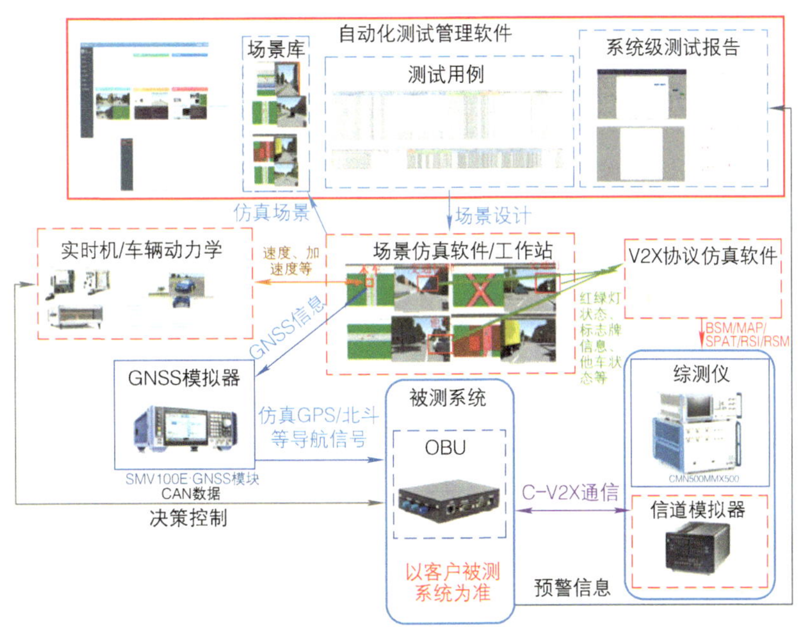

图 11　C-V2X 场景测试架构

5. 零部件综合测试平台

零部件综合测试平台主要结合域内企业在智能网联和新能源汽车零部件测试领域的技术积累，打造助推关键技术和产品量产的综合测试平台。从实际需求出发，凝练关键问题，研发共性关键技术，搭建多支柱测试验证环境，推动应用落地，从应用中发掘新需求与痛点，形成“需求 - 研发 - 验证 - 应用”的整体闭环，推动车路云一体化，智能网联汽车发展智能汽车动力域在环测试系统见图 12，智能网联动力总成在环测试系统见图 13。

图 12 智能汽车动力域在环测试系统

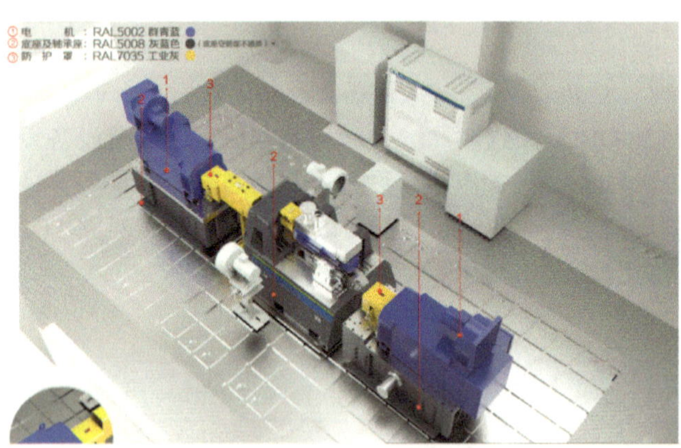

图 13 智能网联动力总成在环测试系统

京津冀城市群 MEC 与 C-V2X 融合测试床

联通智网科技股份有限公司
作者：金奕君，余方舟

近年来，随着我国 5G 新型基础设施快速发展，无人驾驶领域进入了车路协同时代。如何利用 5G 算网设施推动车联网应用落地，成为需要攻克的难题。IMT-2020（5G）推进组——C-V2X 工作组于 2021 年 9 月向行业征集 MEC 与 C-V2X 融合测试床项目。京津冀城市群 MEC 与 C-V2X 融合测试床，是在中国联通、C-V2X 工作组的指导下，由联通智网科技牵头打造的行业内首个跨省互联的测试床。测试床包括北京亦庄 5G 智能网联示范基地、天津海教园 5G 智能网联示范基地和河北雄安 5G 智能网联示范基地，示范道路总长超过 30km，包含封闭道路、半开放道路和开放道路，50 余个智慧路口，20 个智慧站点和 10 余辆智能网联汽车。

测试床采用分层级的系统架构，由一朵中心云、三朵区域云、多朵 5G 边缘云、多个路侧 MEC 平台，落地了行业首个“中心 - 区域 - 边缘”协同的三级云架构的车路协同服务平台（见图 1）。通过构建多云分发的算网能力，支持一点接入，全网分发；支持就近接入本地边缘 MEC，跨域连续切换功能；通过标准化接口，满足多厂家、多设备、多技术的接入，支持多源数据融合分析；围绕“约车 - 行车 - 泊车”智慧全出行，打造 5G 微循环小客车、5G 远程驾驶、5G 自主泊车等 100 余个创新场景，涵盖从辅助感知、协同感知、到协同决策控制。联通智网科技依托该测试床成立了 5G 车联网 OpenLab 开放实验室，构建了实验室创新联合体，对外提供一站式测试服务能力。

在北京亦庄联通大楼园区内，采用 5G/V2X 融合组网，建设了近 2km 智慧道路，21 个智慧路口和 1 个智慧停车场。孵化了 5G 微循环小客车、5G 自主泊车和 5G 远程驾驶等 10 余个创新场景。该基地成为中国联通“5G+ 车联网”研发基地（见图 2）。

图 1　京津冀城市群 MEC 与 C-V2X 融合测试床

图 2　北京亦庄 5G 智能网联示范基地

在天津海教园，完成 28km 智慧道路建设、22 个智慧路口和 12 个智慧站台，打造了国内首个 5G 智能公交常态化运行的高校示范区，构建了“车 - 路 - 场 - 边 - 云”超级智能体（见图 3）。

在雄安智绘未来科技园，建设了 2km 智慧道路，打造 5G 无人零售车、5G 无人快递车等多自动驾驶场景，构建未来园区出行样板区（见图 4）。

图 3　天津海教园 5G 智能网联示范基地

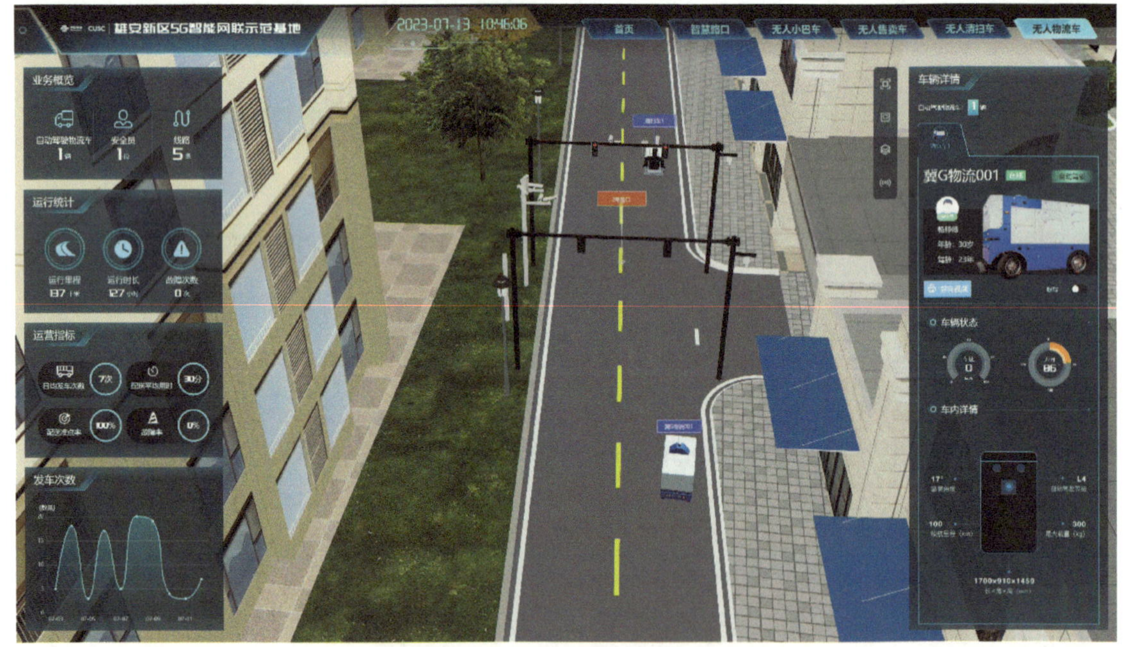

图 4　雄安新区 5G 智能网联示范基地

5G V2X 智能网联测试服务平台

5G V2X 智能网联测试服务平台是联通智网科技依托 5G 车路协同平台，打造的智能网联测试场专用产品，遵循国内发布的如 53-2020、246-2020 等多个国标以及行标要求，并采用端 - 管 - 云架构，实现测试数据采集到测试结果验证的全闭环业务逻辑，实现对智能网联车辆的 5G-V2X 应用充分测试，达成了测试过程可展示、测试结果可追溯、可记录的目的。

平台提供 V2X 预警应用测试、数据一致性测试、通信性能测试三大测试能力，每类测试能力都有各自的测试场景、测试用例、测试指标、测试报告，覆盖从 V2X 研发测试到规模化量产阶段的测试需求。

V2X 预警应用测试，是依据 CSAE 246-2022 的测试标准，实现了行标中规定的全部 15 种 DAY1 场景下的 V2X 预警测试场景，并且支持测试车辆按照自身需求，自定义测试用例。

数据一致性测试是用于测试车辆 OBU 上报数据的内容规范，平台提供了至少 40 种车辆数据一致性测试用例。

通信性能测试是根据通信时延、通信距离、带宽、丢包率等不同通信指标，测试 OBU 或者 RSU 的通信性能，提供了 20 种以上的通信性能测试用例。

关于平台的应用能力，我们分别提供数字孪生大屏、管理平台和测试专用 App。大屏上，可以通过各种统计项，看到测试场内的 V2X 预警测试的场景分布情况、测试情况，以及当日测试情况。同时，当有车辆进行测试时，还可以通过地图以及右侧的监控栏，看到正在进行测试的车辆的测试情况，并以地图中三维数字孪生的形式全程展示车辆测试过程（见图 5）。

图 5　5G V2X 智能网联测试服务平台大屏

测试场管理平台还提供数据一致性测试和通信性能测试，以及测试场景、测试用例、测试任务、测试监控、测试报告、测试回放、测试统计分析、测试运营等全流程、全测试闭环的总计 20+ 测试服务与 150+ 平台功能。

天融信车联网安全自适应弹性安全解决方案

北京天融信网络安全技术有限公司

作者：范雪俭，白洋

随着智能网联汽车与智能交通的深度融合，车云路一体化协同发展进程逐步成熟，安全形势的紧迫性及必要性日益凸显。在监管政策体系化和整车安全准入政策的加速推进下，车联网安全也成为汽车行业发展的基本保障和汽车类产品准入规范的重要组成部分。天融信依托在网络安全领域领先的技术和服务体系，将下一代可信网络安全架构（NGTNA）与车联网行业创新融合，提出安全合规、纵深防御、安全协同、动态赋能的自适应弹性车联网安全防护架构（见图 1），并在车联网安全服务、车载安全产品技术及车联网数据安全三个方面进行深度探索与实践，推出国内第一款车载防火墙硬件产品（该产品成功入选《北京市首台（套）重大技术装备目录（2021 年）》），并陆续发布自主研发的车载入侵检测、车内轻量级认证加密、车联网安全运营平台、车联网数据安全管控平台、车联网安全检测工具，以及车联网安全合规咨询、体系建设、渗透测试等车联网安全产品与服务，形成涵盖业务平台、智能网联汽车、车载零部件、路测单元为一体的网络安全、数据安全、运营安全相结合的车联网安全体系，为客户提供全方位、多手段、深融合的安全屏障。

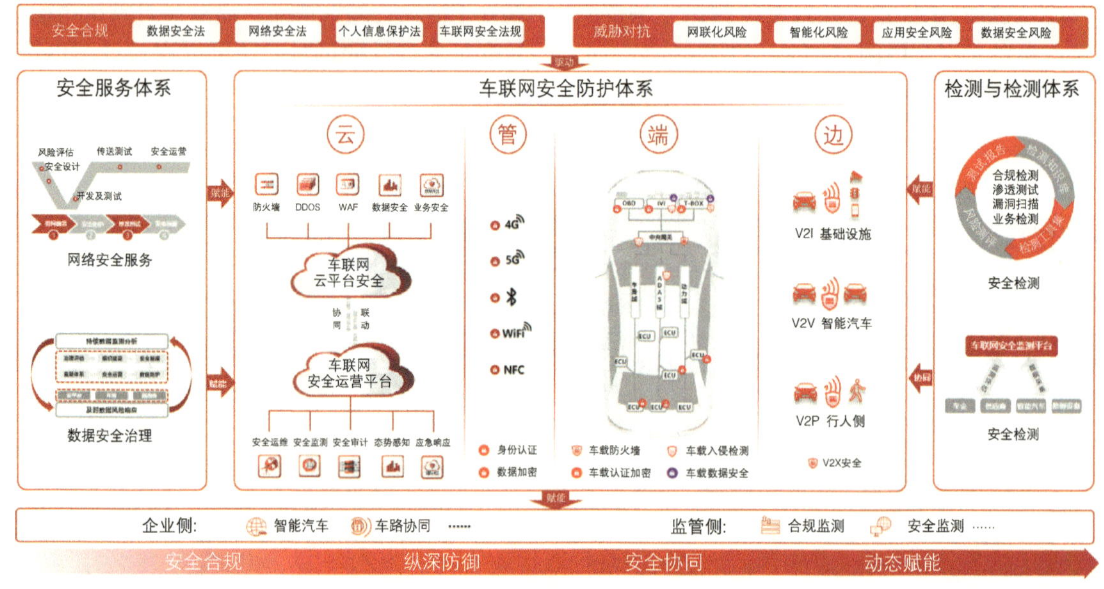

图 1　自适应弹性车联网安全防护架构

天融信车联网安全自适应弹性安全解决方案，荣获 CCIA 举办的“2023 年网络安全优秀创新成果大赛优胜奖”（见图 2）。

获奖证书

2023年网络安全优秀创新成果大赛

优胜奖

解决方案名称：天融信车联网安全自适应弹性安全解决方案

申 报 单 位：北京天融信网络安全技术有限公司

中国网络安全产业联盟
二零二三年十月

图 2　CCIA“2023 年网络安全优秀创新成果大赛优胜奖”

1. 全流程的车联网安全保障能力

为应对智能网联汽车关键组件、系统和网络等各个环节的安全威胁，天融信构建起涵盖车端、通信、云端、V2X 以及数据安全的自适应弹性车联网安全体系，为客户提供有针对性的安全检测和防护能力。同时，天融信车联网安全建设体系注重安全左移，建立动态安全管理及安全研发流程，考虑车辆在设计阶段更多的安全因素，降低安全风险，实现低成本高回报的车联网安全体系建设。

2. 领先的车联网攻防对抗团队能力

天融信凭借在网络安全和车联网安全领域多年攻防技术研究和沉淀，积极参加行业攻防赛事，连续四届参与 CNCERT“智能网联汽车安全测评技能大赛”并取得优异成绩，2023 年凭借精湛的漏洞挖掘能力与高效的安全支撑效率入选工信部 CAVD 漏洞库技术支撑单位；同时充分发挥行业领跑者优势，连续四届独家冠名世界智能驾驶挑战赛“天融信杯”信息安全挑战赛，通过研赛融合的方式促进行业整体攻防能力提升。

3. 合规驱动的产品与技术标准化能力

天融信在创新实践过程中秉承着“从标准中来，到标准中去”的理念。2022 年开始，作为中国计算机协会计算机专业委员会车联网安全工作组牵头单位，进一步系统化推进车联网安全生态的融合创新，协同工作组成员积极推动车联网安全标准化建设工作，重点参与汽标委、信安标委、TC485、CCSA、密标委等组织的车联网安全标准 30 余项。

4. 相融共创的应用落地与生态建设能力

天融信持续深化并推动车联网安全技术在行业的应用实践。2022 年，天融信与公安三所联合成立了车联网安全实验室，2023 年天融信中标北京市产品质量监督检验研究院车联网信息安全实验室建设项目，聚焦辅助驾驶安全检测领域，搭建了辅助驾驶全维度信息安全合规验证与渗透测试体系。天融信与北汽、岚图汽车、武汉大学国家网络安全学院等行业头部企业及科研院所深度合作，共同推动智能网联汽车行业高质量发展。

智能网联汽车法规政策动态研究

金杜律师事务所
作者：赵新华，徐虹宇

以自动化、机器学习、人工智能和互联网技术为主导的第四次工业革命（工业 4.0）为汽车行业带来了深刻的变革。近年来，随着汽车“新四化”的不断演进，智能网联汽车产业在中国蓬勃发展。本文将重点关注中国智能网联汽车产业在产品准入、道路测试、上路通行试点、地理信息安全、数据安全以及交通事故责任方面的政策动态，以期为智能网联汽车生产企业、自动驾驶系统开发单位、设备提供方以及其他产品和服务提供方在中国合法开展智能网联汽车业务提供帮助。

1. 智能网联汽车产品准入法规政策动态

智能网联汽车生产企业及产品准入是智能网联汽车商业化应用的第一步。2019 年 6 月 1 日修订实施的《道路机动车辆生产企业及产品准入管理办法》（以下简称《准入管理办法》）因应智能网联汽车发展，已在相关条款中以特别规定的方式为智能网联汽车准入留下了个别申请豁免的制度。2021 年工业和信息化部（以下简称“工信部”）颁布的《关于加强智能网联汽车生产企业及产品准入管理的意见》（以下简称《准入意见》），从汽车数据安全、网络安全、软件升级、功能安全和预期功能安全管理，以及保证产品质量和生产一致性的角度对智能网联汽车生产企业及产品准入做了进一步规定。2022 年工信部发布《道路机动车辆生产准入许可管理条例（征求意见稿）》（以下简称《准入管理条例草案》），该草案较为系统地增加了针对智能网联汽车的准入管理规定。2023 年 11 月 7 日，工信部、公安部、住房和城乡建设部、交通运输部联合发布《关于开展智能网联汽车准入和上路通行试点工作的通知》（以下简称《准入和上路通行试点通知》），明确了智能网联汽车准入及上路通行试点的相关要求，详细内容请见本文第三部分。

（1）生产企业准入

就智能网联汽车生产企业准入而言，《准入管理条例草案》明确了针对网络安全和数据安全保障能力的相关规定。可以预见，随着智能网联汽车产业的发展，针对智能网联汽车生产企业网络安全和数据安全的要求会进一步明确，相关规定也会和《网络安全法》《数据安全法》《个人信息保护法》《汽车数据安全管理若干规定（试行）》《工业和信息化领域数据安全管理办法（试行）》等法律法规相衔接。就智能网联汽车数据安全的相关内容，我们将在本文第四部分“智能网联汽车数据安全与合规法规政策动态”专章讲解。

《准入管理条例草案》明确车辆生产企业进行车辆软件升级时，应当报工信部备案，并明确符合特定情形的软件升级活动需经批准。该备案要求在 2021 年的《准入意见》中已有规定。另外，2022 年 4 月工信部发布的《关于开展汽车软件在线升级备案的通知》要求 L3 以上自动驾驶汽车的软件在线升级涉及汽车自动驾驶功能的，应经工信部批准。据此，涉及汽车自动驾驶功能的 L3 以上自动驾驶汽车的软件在线升级可能落入前述需要办理许可变更的情形。

（2）产品准入

就智能网联汽车产品准入而言，《准入管理条例草案》强调了智能网联汽车应符合数据安全、网络安全相关标准的规定，该要求在 2021 年的《准入意见》中也已有体现。另外,《国家车联网产业标准体系建设指南(智能网联汽车)(2023 版)》列出的智能网联汽车现行和在研标准清单中，有 5 项系强制性标准:《汽车整车信息安全技术要求》(20214422-Q-339);《汽车软件升级通用技术要求》(20214423-Q-339);《汽车事件数据记录系统》(GB 39732-2020);《智能网联汽车 自动驾驶数据记录》(20214420-Q-339);以及《车载事故紧急呼叫系统》(20230441-Q-339)。这些标准将为智能网联汽车产品在数据安全和网络安全准入方面提供基础性要求。

2. 智能网联汽车道路测试法规政策动态

（1）国家层面

2018 年 5 月 1 日，工信部发布《智能网联汽车道路测试管理规范(试行)》(以下简称《道路测试规范》)，该规范的发布标志着我国智能网联汽车道路测试正式拉开序幕。2021 年 7 月 27 日，工信部、公安部、交通运输部发布《智能网联汽车道路测试与示范应用管理规范(试行)》(以下简称《道路测试与示范应用规范》)，并取代《道路测试规范》。

《道路测试与示范应用规范》在《道路测试规范》基础上增加了智能网联汽车示范应用的相关内容，明确示范应用主体在进行示范应用前应以自动驾驶模式在拟进行示范应用的区域进行一定时间或里程的道路测试，并且可以依据安全性自我声明、道路测试情况、示范应用方案、载人载货说明等材料，申领临时行驶车号牌。《道路测试与示范应用规范》同时对道路测试与示范应用的管理进一步做出规定，明确省、市级政府相关主管部门负责测试及示范应用路段及区域选择、发布相关信息、对测试情况进行动态评估；道路测试和示范应用主体须采取必要措施降低风险并按照要求提交相关报告。

（2）地方层面

目前智能网联汽车道路测试工作主要以省、市为单位推进，各省、市级政府相关主管部门也纷纷出台地方性法规或规范性文件，明确智能网联汽车道路测试测试要求以及道路测试主体的测试评价规程。

例如，2020 年 11 月，北京市交通委员会、北京市公安局公安交通管理局、北京市经济和信息化局联合发布了《北京市自动驾驶车辆道路测试管理实施细则(试行)(2020 修订)》，对北京市内道路测试的通用技术测试申请要求、专项技术测试申请要求、试运营测试申请要求、测试管理及违规操作责任作出规定。2022 年 11 月，上海市人大常委会发布了《上海市浦东新区促进无驾驶人智能网联汽车创新应用规定》，明确在浦东新区行政区域内划定的路段、区域开展无驾驶人智能网联汽车道路测试、示范应用、示范运营、商业化运营等创新应用活动的相关规范。2022 年 6 月，深圳市人大常委会也发布了《深圳经济特区智能网联汽车管理条例》，对深圳经济特区范围内智能网联汽车的道路测试和示范应用、准入和登记、使用管理等相关活动作出规定。

3. 智能网联汽车准入与道路通行试点

《准入和上路通行试点通知》为搭载 L3 及 L4 自动驾驶功能的智能网联汽车准入和上路通行提供了政策通道，这意味着我国正式开启了智能网联汽车的量产应用。

（1）智能网联汽车准入试点要求

智能网联汽车准入试点要求包括对智能网联汽车生产企业的要求以及对智能网联汽车产品的要求。具体而言，智能网联汽车生产企业应具有：①设计验证能力;②安全保障能力;③安全监测能力;④用户告知机制四个方面的能力，并重点关注网络安全与数据安全保障能力、软件升级管理能力。

《准入和上路通行试点通知》对智能网联汽车产品的要求主要包括：①产品技术要求；②过程保障要求；③测试试验要求。该通知明确智能网联汽车产品应符合道路机动车辆产品准入要求，具有明确的自动驾驶功能定义及设计运行条件，要求智能网联汽车产品符合整车尤其是自动驾驶系统的功能安全过程保障要求，并重点关注数据记录、软件升级、网络安全与数据安全等技术要求。

（2）使用主体与上路通行试点要求

《准入和上路通行试点通知》对使用主体的基本条件、运行安全保障能力、责任承担能力、运营安全保障能力等方面进行了规定，明确了试点使用主体基本条件和能力。《准入和上路通行试点通知》同样对使用主体提出网络安全和数据安全保障能力的要求，明确使用主体应参考智能网联汽车生产企业的要求执行，并在此基础上强化了使用主体对于汽车数据的处理要求，包括汽车数据车内处理、默认不收集等。

《准入和上路通行试点通知》亦明确规定了上路通行的基本要求：如购买交通事故责任强制保险并在城市公安机关交通管理部门车辆管理所申请登记等。值得注意的是,《准入和上路通行试点通知》明确了试点中的交通事故责任承担，并规定在自动驾驶系统功能激活的状态下，由智能网联汽车一方依法承担赔偿责任的，由试点使用主体承担；试点智能网联汽车生产企业、自动驾驶系统开发单位、基础设施及设备提供方、安全员等相关主体对交通事故发生有过错的，试点使用主体可以依法追偿。

4. 智能网联汽车地理信息安全法规政策动态

智能网联汽车在进行技术研发和道路测试过程中，需要利用车载传感器进行功能开发和验证，实现算法优化、空间定位、路径规划等，在这一过程中不可避免地涉及对道路基础设施、空间位置、自然地理要素和地表人工设施信息的采集和处理。依据《中华人民共和国测绘法》（以下简称《测绘法》），该等信息采集和处理活动很可能被认定为构成测绘活动进而需要取得相应测绘资质。目前对智能网联汽车相关的测绘规定主要体现在两方面，一是对智能网联汽车测绘行为的认定，二是对高精地图制作与使用的规定。

（1）测绘资质

2022年8月25日，自然资源部发布《自然资源部关于促进智能网联汽车发展维护测绘地理信息安全的通知》（以下简称“[2022]1号文”），对智能网联汽车测绘行为做出明确界定：智能网联汽车安装或集成了卫星导航定位接收模块、惯性测量单元、摄像头、激光雷达等传感器后，在运行、服务和道路测试过程中对车辆及周边道路设施空间坐标、影像、点云及其属性信息等测绘地理信息数据进行采集、存储、传输和处理的行为，属于《测绘法》规定的测绘活动，应当依照测绘法律法规政策进行规范和管理。

[2022]1号文进一步明确：“需要从事相关数据收集、存储、传输和处理的车企、服务商及智能驾驶软件提供商等，属于内资企业的，应依法取得相应测绘资质，或委托具有相应测绘资质的单位开展相应测绘活动；属于外商投资企业的，应委托具有相应测绘资质的单位开展相应测绘活动。”这意味着智能网联汽车生产企业、自动驾驶系统开发单位、设备提供方等主体必须取得相应测绘资质或委托具有测绘资质的单位才能开展相关测绘活动。

（2）高精地图

高精地图是智能网联汽车发展的基础，尤其对于高级别自动驾驶汽车而言。目前我国对于高精地图的制作、使用等行为均作出明确规定。

2016年《关于加强自动驾驶地图生产测试与应用管理的通知》明确高精地图的制作必须由具有导航电子地图测绘资质的单位承担：自动驾驶地图（高精地图）属于导航电子地图的新型种类和重要组成部分，其数据采集、编辑加工和生产制作必须由具有导航电子地图制作测绘资质的单位承担。2007年《关于导航电子地图管理有关规定的通知》规定：除依法取得导航电子地图测绘资质的外，其他单位和个人在使用导航电子地图过程中，不得携带其他带有空间定位系统（如GPS等）信号接收、定位功能的仪器开展显示、记录、存储、标注空间坐标、高程、地物属性信息，以及检测、校核、更改导航电子地图相关内容等测绘活动。

2022年8月自然资源部发布《关于做好智能网联汽车高精度地图应用试点有关工作的通知》明确支持试点城市根据产业实际需求，开展高级辅助驾驶地图城市普通道路、高精度位置导航应用等先行先试和示范应用。

2022年11月28日上海市规划和自然资源局发布《上海市智能网联汽车高精度地图管理试点规定》，提出鼓励具有导航电子地图制作测绘资质的单位，在确保数据安全、处理好知识产权等关系的前提下，探索以众源方式采集测绘地理信息数据，运用实时加密传输及实时安全审校等技术手段，制作和更新高精度地图。

5. 智能网联汽车数据安全与合规法规政策动态

随着智能网联汽车通过V2X（Vehicle to Everything）等技术实现人、车、路、云之间的交互，以及座舱内越来越多的人机交互场景和应用，数据安全与合规正成为智能网联汽车一个值得关注的风险。

（1）座舱数据、车外数据

座舱数据是指通过摄像头、红外传感器、指纹传感器、麦克风等传感器从汽车座舱采集而来的数据，以及对其进行加工后产生的数据；车外数据主要是指通过摄像头、雷达等传感器从汽车外部环境采集的道路、建筑、地形、交通参与者等数据，以及对其进行加工后产生的数据。座舱数据和车外数据是智能网联汽车在实现人机交互、自动驾驶等功能时必然会收集和产生的数据。

2021年8月16日国家互联网信息办公室、国家发展改革委、工信部、公安局发布《汽车数据安全管理若干规定（试行）》（以下简称《汽车数据规定》）。作为汽车行业重要的数据处理法规，该规定的出台一方面是为了防范化解汽车数据安全问题和风险隐患，如汽车数据处理者过度收集重要数据、违规处理个人信息、违规出境重要数据等；另一方面是为了明确汽车数据处理者的责任和义务，规范汽车数据处理活动，促进汽车数据依法合理有效利用和汽车行业健康有序发展。

根据该规定，汽车数据处理者处理座舱数据、车外数据时，应遵循车内处理、默认不收集、精度范围适用、脱敏处理等原则，减少对汽车数据的无序收集和违规使用。对于车外数据，《汽车数据规定》进一步明确，对于无法征得个人同意采集到的车外个人信息且因为保证行车安全需要向车外提供的，应当进行匿名化处理，包括删除含有能够识别自然人的画面，或者对画面中的人脸信息等进行局部轮廓化处理等。

（2）重要数据

重要数据的概念首次出现在《网络安全法》中，《数据安全法》对重要数据处理者提出了更为明确的安全管理责任：包括进行数据分类分级、开展数据安全风险评估等。

《汽车数据规定》明确了汽车行业的重要数据类型，包括：

1）军事管理区、国防科工单位以及县级以上党政机关等重要敏感区域的地理信息、人员流量、车辆流量等数据。

2）车辆流量、物流等反映经济运行情况的数据。

3）汽车充电网的运行数据。

4）包含人脸信息、车牌信息等的车外视频、图像数据。

5）涉及个人信息主体超过 10 万人的个人信息。

6）国家网信部门和国务院发展改革、工业和信息化、公安、交通运输等有关部门确定的其他可能危害国家安全、公共利益或者个人、组织合法权益的数据。

值得注意的是，2022 年 12 月 8 日工信部发布的《工业和信息化领域数据安全管理办法（试行）》明确了工业数据处理者针对重要数据处理的全生命周期安全管理责任，包括重要数据的收集、存储、委托处理、向第三方提供、跨境传输及销毁。汽车数据与工业数据的重合度较高，智能网联汽车重要数据处理者应基于《工业和信息化领域数据安全管理办法（试行）》中关于重要数据处理的要求开展重要数据处理活动。

（3）个人信息

智能网联汽车在进行数据处理时，不仅可能处理驾驶员、乘客的个人信息，同时也可能涉及处理车外行人的个人信息。无论是座舱数据还是车外数据，都会包含大量个人信息乃至敏感个人信息，个人信息保护是智能网联汽车维系数据安全的重要内容。

2021 年 11 月 1 日实施的《个人信息保护法》是我国首部全面规范个人信息处理、保护个人信息权益的基础性法律。该法明确了个人信息处理规则，包括基于“告知 - 同意”或其他合法性基础处理个人信息，向第三方提供个人信息及跨境传输个人信息需取得单独同意等。以及明确了个人信息处理者的义务，包括制定内部制度和操作规程、实施个人信息分类、建立个人信息安全事件应急预案机制等。

《汽车数据规定》对智能网联汽车领域的个人信息保护同样提出了更为具有针对性的要求，具体如：

1）处理个人信息时，应通过用户手册、车载显示面板、语音以及汽车使用相关应用程序等显著方式告知处理个人信息的相关情况。

2）处理个人信息应当取得个人同意。因保证行车安全需要，无法征得个人同意采集到车外个人信息且向车外提供的，应当进行匿名化处理。

3）处理敏感个人信息时，应当取得个人单独同意，个人可以自主设定同意期限。

6. 智能网联汽车交通事故责任法规政策动态

智能网联汽车道路交通事故责任认定是智能网联汽车生产企业、自动驾驶系统开发单位、设备提供方等主体较为关心的问题。由于智能网联汽车技术和产品仍处于发展演变过程，对于发生交通事故的责任认定的问题，国内外立法总体上处于早期阶段。就中国而言，目前国家层面的法律法规尚未做明确的规定，一些地方性法规规范已开始一定的立法尝试，具有一定的参考价值。

（1）交通事故责任分配

如前所述，由于目前国家层面尚未形成专门针对智能网联汽车道路交通事故责任认定的法规，因此智能网联汽车道路交通事故责任认定仍基于现行《道路交通安全法》。2021 年 3 月 24 日发布的《道路交通安全法》（修订建议稿），曾有过对智能网联汽车事故相关责任的立法尝试：“发生道路交通安全违法行为或者交通事故的，应当依法确定驾驶人、自动驾驶系统开发单位的责任，并依照有关法律、法规确定损害赔偿责任。构成犯罪的，依法追究刑事责任。”但该条款并未被纳入2021年正式修订发布的《道路交通安全法》中。

地方层面上，多地政府或相关主管部门对智能网联汽车道路交通事故责任认定做出了有益的立法探索。例如，深圳市人大常委会于2022年6月30日公布了《深圳经济特区智能网联汽车管理条例》，这是我国首部关于智能网联汽车管理的地方性法规。该条例在智能网联汽车发生交通事故造成损害且属于智能网联汽车一方责任时，区分了有驾驶人的智能网联汽车和完全自动驾驶的智能网联汽车，对于前者责任由驾驶人承担，对于后者责任由车辆所有人、管理人承担。在此基础上，该条例进一步明确，若事故因智能网联汽车存在缺陷而造成损害的，车辆驾驶人或者所有人、管理人赔偿后，可以依法向生产者、销售者请求赔偿。

（2）产品责任

目前智能网联汽车交通事故产品责任认定主要存在“一步走”和“两步走”的不同认定方式。

所谓“一步走”，是指在交通事故案件中智能网联汽车的生产者、销售者也可能成为交通事故案件的当事人。此种规制思路在《最高人民法院关于审理道路交通事故损害赔偿案件适用法律若干问题的解释（2020修正）》中已有体现：机动车存在产品缺陷导致交通事故造成损害，当事人请求生产者或者销售者依照民法典第七编第四章的规定承担赔偿责任的，人民法院应予支持。

所谓“两步走”，是指在交通事故案件中，先依据交通事故责任进行认定，而后依据产品责任进行追偿。这一认定思路与前文《深圳经济特区智能网联汽车管理条例》的规定基本一致，即在智能网联汽车交通事故中，先由驾驶人或车辆所有人、管理人依据交通事故责任进行赔偿，其后若因智能网联汽车存在缺陷而造成损害的，驾驶人或车辆所有人、管理人可以向产品责任赔偿主体追偿。

面向干线物流自动驾驶技术

无锡物联网创新中心有限公司

作者：梁艳菊

无锡物联网创新中心有限公司从货运市场现状出发、积极响应国家政策，面向物流业务的人-车-路-网-云闭环生态，基于线控电动重卡打造面向干线物流的自动驾驶系统，并在西北地区开展道路测试和商业化模式探索。

物创公司基于在感知算法、辅助驾驶系统以及车联网平台的技术经验积累，积极发挥相关技术优势，车端重点在感知硬件精准配置和融合算法模型两大技术攻坚克难，云端面向物流公司打造自动驾驶云服务平台，为物流企业赋能。

1. 感知硬件精准配置

设计多目标、多变量、多约束耦合的传感器规划模型。针对重卡自动驾驶对高安全冗余、低应用成本、高检测识别率等性能要求，经深度仿真调研论证、方案实测、长期长距离实地场景测试，物创公司基于在视觉测距技术方面的积累和视觉感知方面的技术优势，自主研发可以适配干线物流重卡自动驾驶的专用感知硬件配置方案。该方案主要采用雷达和摄像头混合组合方案（见图1），并在全车特定位置配备3颗激光雷达（1颗主激光雷达，2颗补盲激光雷达）以及11颗车载监控摄像头（近距离识别使用广角摄像头），确保重卡360°视角和盲区覆盖，并通过多类型设备识别冗余提升识别安全等级，同时降低感知系统复杂度。

2. 融合算法模型

突破性构建多模多视角前融合感知框架，提出基于语义信息的多维数据BEV特征级融合算法，全方位提升识别精度和识别速度。设计并实现了BEV视角下融合不同数据源的前融合框架。该框架基于视觉几何方法，将多模多源传感器数据统一配准投影到BEV视角下，将不同数据源的BEV抽象特征图进行帧同步和深度融合，最后通过优化深度网络计算框架输出感知识别结果。BEV前融合框架相较于感知后目标级融合方法，在多数量多类型的感知设备并存冗余安全的原则下融合执行多项感知任务，在场景上具备更强和更稳定的性能，有效地解决重卡自动驾驶系统中在感知识别领域面临的问题。

图 1　感知设备装配

3. 自动驾驶云服务平台

面向物流公司自动化运输任务，提供车辆 / 车队管理、车辆调度、运营监控、路径规划、地图服务等业务功能（见图 2），同时采集自动驾驶电动重卡在运行过程中产生的状态信息，便于系统运维人员对运行数据进行分析，便于持续优化自动驾驶系统，后续通过 OTA 远程升级的方式对自动驾驶电动重卡批量升级。

图 2　自动驾驶云服务平台

4. 道路测试

目前公司研发的、基于线控电动重卡打造的、面向干线物流的自动驾驶系统已在西北地区公开道路采用 6×4 牵引车挂载半挂车形式展开道路测试，包括转弯、直行、变道、停车起步等多种规划控制场景（见图 3），以及会车、跟车、绕障、超车等多种自动驾驶路测场景，为后续资源供需方之间物流运输打造无人化资源运输示范线和面向干线物流自动驾驶商业化应用提供技术服务支持。

图 3　6×4 牵引车挂载半挂车自动驾驶路测

立足无线通信技术　助力智能网联发展

安富科技股份有限公司

作者：于宗元

安富科技股份有限公司（以下简称安富科技），2005 年成立于台北，是一家以技术为核心，致力于汽车电子前装通信产品的设计与研发，专注无线通信、移动互联等技术在汽车产业应用的创新企业。公司总部设立在台北内湖，目前在深圳、大连、沈阳、重庆设有研发中心，公司业务逐渐由中国大陆和东北亚，拓展至北美、欧洲等市场。

经过多年经营实践积累和持续产品研发，安富科技围绕车载无线通信布局，产品线日益丰富，技术与产品涵盖了汽车座舱域（BT&WiFi、ECNR、AVM）、驾驶辅助域（GNSS+INS、V2X、ADAS）和车身控制域（BLE、UWB、mmWAVE、V2G）；在定制 Cockpit/AVNT/DA/V2X 领域，可提供完整的软硬件产品与服务，为推进汽车智能网联化进程提供基础产品与技术方案。

1. 融合无线通信 打造智能座舱

汽车座舱域作为车内乘客与车辆交互的核心区域，承担着车内通信、娱乐、导航、安全等诸多功能，安富加速智能网联技术融合，为驾乘者打造更便捷、高效、安全的驾乘体验。产品涉及汽车座舱域多个方面：无线通信领域 BT&WiFi、保证车载语音识别和通话质量的声音算法、汽车 360° 全景视频算法。

（1）BT&WiFi

安富科技 BT&WiFi 模组相关产品，基于全球领先车规级平台研发，契合主机厂对智能化、网联化技术持续深化的发展需求。安富与 Qualcomm、Infineon、NXP、TI、MTK、Realtek 等领先芯片厂商合作，拥有丰富量产经验。推出支持 WiFi 6 的通信模组，支持 IEEE 802.11 ax，向下兼容 802.11a/b/g/n/ac，采用 Dual MAC 架构，通过 2X2+2X2 模式在 2.4GHz 和 5GHz 两个频段同时工作，且支持蓝牙 5.3，在容量、传输速率、时延、功耗、覆盖范围等性能上都有非常大的提升，同时已推出支持 WiFi7 标准的产品路线，丰富车规 BT&WiFi 模组产品阵营（见图 1）。

（2）*声音算法*

安富声音算法旨在提升车内声音娱乐体验，基于领先的回音消除和噪声抑制技术，自研 ECNR（回声消除和降噪）技术方案，通过消除驾驶舱中的回声，过滤噪声，自动增益，显著改善车内语音通话质量。同时安富拥有可测试 ITU 标准测项的 ACQUA 语音通话测试系统和无声室，支持 VDA 、ITU 等多项标准测项与验证。

NF3807PQ（WiFi 7）

- BT 5.3 LR
- WiFi 7
- 2 Antennas
- RF0 (WiFi 2.4G&5G&6G)
- RF1 (WiFi 2.4G&5G&6G +BT 2.4G)
- RSDB
- LE Audip

NF3223TPQ(WiFi 7)

- BT 5.3 LR
- WiFi 7
- 3 Antennas
- RF0 (WiFi 2.4G&5G&6G)
- RF1 (WiFi 2.4G&5G&6G) RF2 (BT 2.4G)
- MLO
- DBS

NF3224TPQ（WiFi 7）

- BT 5.3 LR
- WiFi 7
- 3 Antennas
- RF0 (WiFi 2.4G&5G&6G)
- RF1 (WiFi 2.4G&5G&6G) RF2 (BT 2.4G)
- MLO
- HBS

NF3321TPQ（WiFi 6E）

- BT 5.3 LR
- WiFi 6E
- 3 Antennas
- RF0 (WiFi 2.4G&5G&6G)
- RF1 (WiFi 2.4G&5G&6G) RF2 (BT 2.4G)
- DBS
- LE Audip

NF3327PQ（WiFi 6E）

- BT 5.3 LR
- WiFi 6E
- 2 Antennas
- RF0 (WiFi 2.4G&5G&6G)
- RF1(WiFi 2.4G&5G&6G +BT 2.4G)
- VSDB

NF3805TPQA（WiFi 6E）

- BT 5.2 LR
- WiFi 6E
- 3 Antennas
- RF0 (WiFi 2.4G&5G&6G)
- RF1 (WiFi 2.4G&5G&6G) RF2 (BT 2.4G)
- RSDB

图 1　BT & WiFi 模组

安富还拥有车载“无麦 K 歌”技术，通过 AFC 算法将线性与非线性声音回授消除，进一步抑制啸叫的产生，另外结合等化器、空间混响的功能，可与 K 歌 App 整合，帮助客户打造车内沉浸式唱歌体验（见图 2）。

a) 蓝牙通话：语音窄带/宽带

b) Carplay: Voicecall、Facetime、Siri

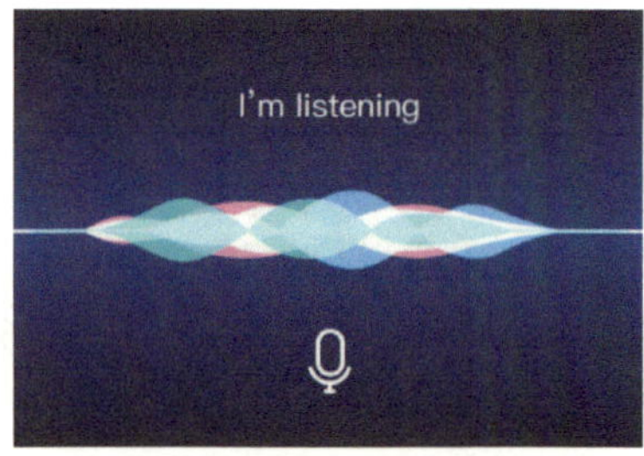

c) 自动语音识别技术处理

d) Android Auto

e) eCall

f) HiCar

图 2 声音算法

（3）视频算法

在智能驾驶领域，全景影像系统（AVM）属于自动泊车系统重要组成部分，可大幅提升用户体验和驾驶安全。安富 AVM 技术方案可提供 AVM 参考应用程序源代码、算法库和标定工具，方案集成了汽车系统和基于多个高清摄像头的 2D/3D AVM 算法，可实现全景显示、多视图显示及切换、全景标定，并支持自动驾驶辅助系统（ADAS）功能，如车道偏离预警系统（LDW）、行人监测（PD）、移动物体检测（MOD）等（见图 3）。

a）高性能
低 CPU 使用率，
超低内存占用率

b）快速校准
快速正确地校准摄像头功能，
支持线上线下标定

c）跨操作系统、跨硬件平台
多系统、多硬件平台支持，
可根据客户需求灵活定制

d）ADAS 功能
支持辅助 ADAS 功能，
如：LDW、MOD、PD、BSD 等

图 3 视频算法

2. 立足无线通信，赋能智驶升级

面对终端消费者日益增长的汽车智能网联化功能需求，安富科技立足无线通信技术，可提供多形态的驾驶辅助域产品与技术方案，包含高精度定位系列产品（GNSS+INS）与车路协同系列产品（C-V2X）。

（1）高精度定位系列产品（GNSS+INS）

安富科技拥有车载高精度 GNSS 模组产品矩阵，自研 INS 惯导算法，可满足客户的多重需求。安富开发的高精度车规级 GNSS 定位模组（见表 1），采用低功耗设计，内置 IMU（六轴传感器）和高度压力传感器，搭载安富自研的 INS 惯导算法，支持国内外多个 GNSS 卫星导航系统信号解算（GPS、BDS、GLOSNASS、GALILEO、QZSS、IRNSS），可广泛适用于智能驾驶、V2X 车路协同等车载领域，亦可搭配 RTK 系统，达到厘米级高精定位。

表 1 GNSS 系列模组

Module	Module Band	Update Rate	INS	RTK
NF6811Q	L1+L5	10Hz	—	—
NF6812Q	L1+L5	10Hz	是	—
NF6813QR	L1+L5	10Hz	是	是
NF6814Q	L1	10Hz	是	—

（2）安富车路协同

C-V2X 是推动汽车智能网联化、实现智能交通系统、构建“车 - 路 - 云”协同互联的关键技术。安富科技针对 C-V2X 车路协同，设立了立足智慧交通的技术品牌 Brimband，提供了基于车路协同的智能交通技术方案。作为 C-V2X 标准的制定者及产业发展的推动者，安富科技与多家终端设备商建立合作，共同构建车路协同生态产业链，研发推出了 C-V2X 通信模组、C-V2X 软件中间件（中美欧三大标准同步推进）、C-V2X 解决方案与测试验证等产品，助力 V2X 终端厂商快速落地量产。

1）C-V2X 通信模组。NF9315Q 是安富科技推出的支持 ITS+HSM+LTE+C-V2X 于一体的车规级通信模组。模组基于 3GPP Release 15 协议规范，支持 LTE+C-V2X 双模双通，支持国标 ITS5.9GHz。模组内置 AP 处理器，可开放 Linux 系统支持用户定制开发。模组内部集成 eHSM，可以提供 4000+ 次 /s 的消息验签，同时提供丰富的外围接口，可帮助客户设计出功能多样性能优异的 C-V2X 产品。

NF9315Q 拥有车规级模组产品质量，采用 LGA 封装，集成度高功耗低，提供了丰富的外围接口，可适应多种 OBU/RSU 产品需求。模组搭载国产芯片宸芯 CX1910，自主开发，可提供深度定制化服务，支持内置 C-V2X 通信协议栈，满足网络层一致性测试，支持内置 C-V2X 安全协议，满足安全层一致性测试。基于宸芯国产平台，安富科技构建国产 C-V2X 通信模组技术演进路线，包括 NF9312Q（基于宸芯车规级芯片 CX1860）、NF9316Q（基于宸芯下一代芯片 CX1930，模组支持 C-V2X、5G 及 HSM），助力 C-V2X 车路协同产业发展（见图 4）。

NF9312Q

- 支持 PC5 低延时直连通信
- 车规级模组产品质量，LGA 封装
- 支持内置 C-V2X 通信协议栈
- 支持内置 C-V2X 安全协议

NF9315Q

- 基于宸芯多模双通车规级 CX1910 芯片
- 内置 eHSM
- 4G+C-V2X 双模双通
- SDR 芯片架构

NF9316Q

- 基于宸芯下一代芯片 CX1930
- 内置 eHSM 支持国密算法
- 支持 5G+C-V2X 双模通信

图 4 C-V2X 通信模组

2）C-V2X 软件中间件。安富自研的 V2X 软件中间件，同时支持美国 SAE 标准、中国 CSAE 标准和欧洲 ETSI 标准。从网络层、消息层、安全层，到 V2X 场景应用层、用户显示层，支持软件模块化设计与维护，方便灵活集成于 V2X 终端（见图 5）。

3）C-V2X 解决方案与测试验证

① 安富科技车载智能 OBU 方案。安富车载智能 OBU 方案，使用车规级高性能多核处理器，可集成高精度定位模组 NF6813Q、车规 BT/WiFi 模组 NF3401Q、C-V2X 通信模组 NF9312Q、车规级 HSM 和 MCU。OBU 板载 C-V2X 通信模组内置 AP 处理器，开放 Linux 系统支持用户二次开发。板卡支持 C-V2X PC5 直连通信，可满足 C-V2X 通信的低延时、高可靠、高速移动和安全性方面的功能及性能需求。支持国密算法，支持高速签名和验签。支持安全驾驶、行车效率等 30+ 种 V2V、V2I 和 V2P 应用场景。支持国标 ITS 协议栈，同时协议栈可灵活剪裁，以适配多种通信模块。同时 OBU 板卡提供丰富的硬件接口，易于调试，可支持用户实现 C-V2X 各标准应用场景的开发需求（见图 6）。

nFore C-V2X 协议栈

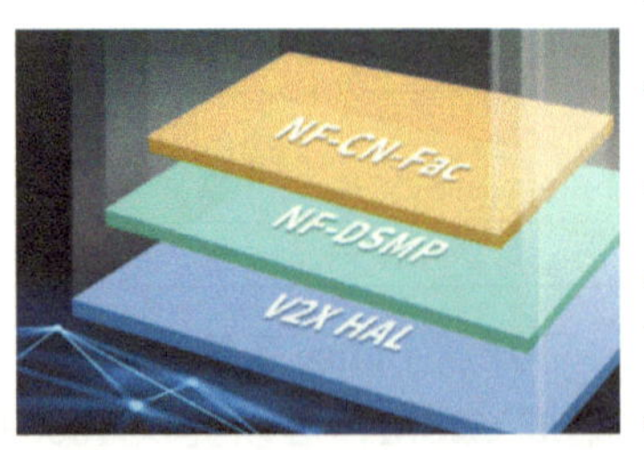

- 支持 C-V2X 网络层和消息层通信
- 模块化软件设计，配置简单
- 灵活定制 SDK，满足多种场景需求
- ROM、RAM 资源占用较少
- 提供辅助工具方便评估协议栈资源
- 通过中国 C-V2X 协议一致性测试

nFore C-V2X 场景应用

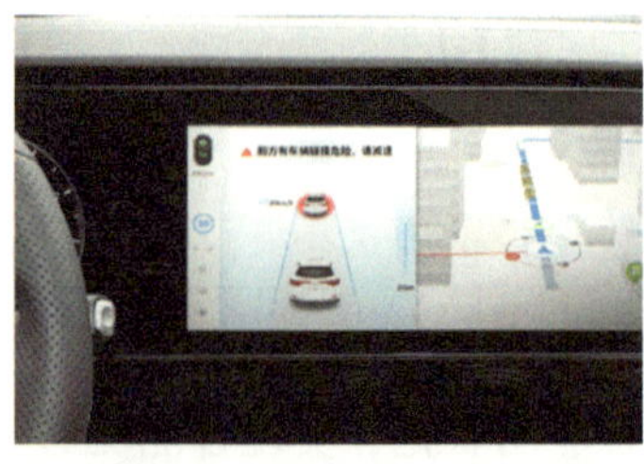

- 支持包含 Day1/2 的 30+ 场景
- 可根据用户需求灵活配置场景
- 优化预警算法降低 CPU 使用率
- 可有效过滤不合规的广播消息
- 支持城市道路和高速公路预警
- 监测周边异常车辆并上报平台

nFore C-V2X 安全协议

- 支持高性能 HSM 的 V2X 数据验签
- 支持软件和 HSM 加密的切换
- 从 PKI 端获取安全证书
- 为 V2X 通信提供多种加解密方式
- 支持芯片级的密钥管理

nFore C-V2X 测试组件

- 消息层协议一致性测试
- 网络层协议一致性测试
- 安全协议一致性测试
- 安全隐私保护测试

图 5　安富 C-V2X 软件中间件

图 6　车载智能 OBU 方案

② 安富科技路侧智能 RSU 方案。安富科技路侧智能终端 RSU 方案，PC5 信号覆盖范围超 500m，支持国标 ITS 协议栈，内置安全证书，支持多种 I2V 应用，支持交通信号灯、交通电子信息屏等多种交通设施的接入，支持以太网、Uu 和专网等与智能网联云平台交互，可实现交通分析管理，包含交通状态分析、远程监控、交通事件发布和主动控制等，同时支持路侧综合管理，包含局部路网编辑与发送等（见图 7）。

图 7　路侧智能 RSU 方案

③ 城市道路 C-V2X 解决方案。在城市道路上搭载智能路侧单元，包含 C-V2X 基础设施改造及全息感知设备部署，构建 C-V2X 应用环境，通过多端互联，获取车辆、信号灯、标识标牌等信息，实现交通预警（如盲区预警、车辆碰撞预警、绿波通行、道路警告等），向交通管理者和参与者提供信息与服务，形成“车 - 路 - 云”协同互联，实现 V2V、V2I、V2P 应用交互。让汽车、道路、行人之间建立紧密的感知机制，使车辆能够在不同的驾驶环境下实现通信，能够准确识别路网交通岗状况、事件、车辆等行驶信息，并提供网络安全保障，从而降低事故发生率，解决城市道路“高拥堵、调度效率低、交通数据不全面”等问题。

④ 高速公路 C-V2X 解决方案。建设具有网联功能的基础服务设施，提高交通运行状态的精准认知，实现云端 + 车端 + 路端 + 基础设施的高效联动，提高消息传递效率，完成高速公路的应急快速响应及恶劣天气预警等。基础设施建设通过道路智慧化、车辆智慧化、云端管理等多端互联，提升高速公路感知能力、识别能力、预测能力等，对高速公路危险路段、恶劣天气、特殊车辆优先通行、动态车道避让等场景进行预警，精准提升危险路段事故预防和预警能力，打造更安全、更高效的高速环境。

⑤ 安富 C-V2X 验证测试。自 2019 年以来，作为连续参加 C-V2X “四跨” 验证活动的重要模组、软件算法及解决方案厂商，安富科技展示了过硬的

产品和优质的服务。“四跨”活动旨在通过跨产业、大规模的测试示范，重点验证车联网 C-V2X 规模化运行能力，加速 C-V2X 技术的商业化落地步伐。在 2023 年 7 月 C-V2X“四跨”活动中，安富科技作为芯片模组及终端企业参与“四跨”演示。2023 年，安富科技参加了 2023 SAE 互联互通测试大会，顺利通过美国标准测试验证。安富科技的 C-V2X 模组、终端、协议栈和场景算法，为车辆提供了稳定且安全的通信保障，实现了场景触发精确度和准确度的验证，充分展示了 C-V2X 通信技术在智能交通、车路协同领域的广阔应用前景（见图 8）。

a) 2019 年，安富科技参与 C-V2X“四跨”验证活动

b) 2022 年，安富通过一阶段和二阶段应用场景的测试

c) 2023 年，安富 OBU 通过美国标准 C-V2X 测试

图 8　安富 C-V2X 验证测试

3. 聚焦未来出行 加速智联车控

安富科技依托多年无线通信研发量产经验，开发出一系列车身控制域产品，涵盖了 BLE、UWB、mmWAVE 和 V2G 等领域，可为汽车提供高精度定位、无线通信和能源管理等技术方案，提升汽车智能车控的便捷性与安全性。

（1）安富智能钥匙技术方案

移动互联技术与车联网技术的融合，促使物理车钥匙向数字化迁移，数字车钥匙将逐步成为智联出行的标配之一。安富智能钥匙技术方案，基于 UWB+BLE 的感知技术与核心算法，利用 UWB 超宽带技术的精准定位、高安全等特性，将智能手机等作为汽车钥匙智能终端，实现安全精准便捷的无钥匙进入与启动、身份识别、远程控车、手机远距离寻车及解锁等功能，同时支持拓展 UWB 活体雷达、脚踢雷达和 AVP（自主泊车辅助系统）等其他应用场景（见图 9）。

（2）安富毫米波雷达技术方案

毫米波雷达作为生命检测（CPD）核心传感器之一，可为汽车座舱提供监测功能，当发现后排有乘客或者宠物遗留时，通过车辆报警、仪表盘、手机等方式通知驾驶员，避免意外发生。安富推出的 NF5104、NFS5101 系列产品（见图 10），采用 6.8GHz（58 ~ 62Hz）带宽以及分时复用（MIMO）处理方式，支持 2T4R、AIP 天线封装设计，能精准检测汽车座舱内乘员的位置和移动，实现高精度 3D（包括 1D、2D）传感。

模组型号	NFS7204
尺寸	31mm × 16.5mm × 2mm
封装	QFN
天线形式	Chip Antenna
频谱范围	3.5 ~ 6.5GHz
支持接口	UART

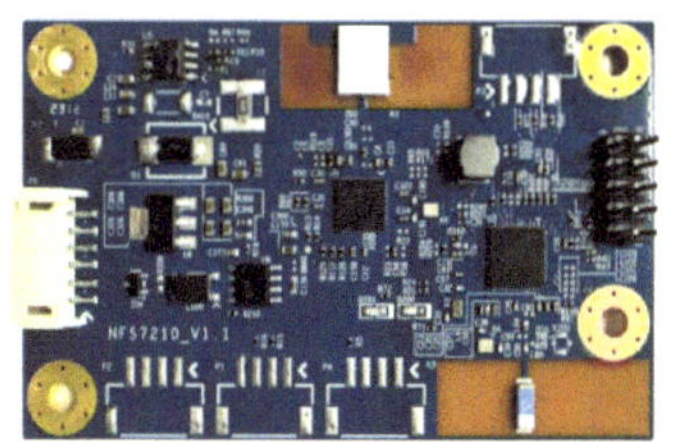

模组型号	NFS7210
尺寸	56mm × 96mm × 1.6mm
封装	UWB：QFN；BLE：HVQFN
天线形式	Chip Antenna
频谱范围	UWB：6.5~8.0GHz；BLE：2.4GHz
支持接口	UART、CAN、LIN

图 9　安富智能钥匙技术方案

NF5104

模组型号	NF5104
工作频段	57.1 ~ 63.9GHz
TX/RX 天线数	2T4R
检测距离范围	10 ~ 8000cm
通信接口	UART/I2S
距离精度	3.75mm
速度精度	0.325m/s

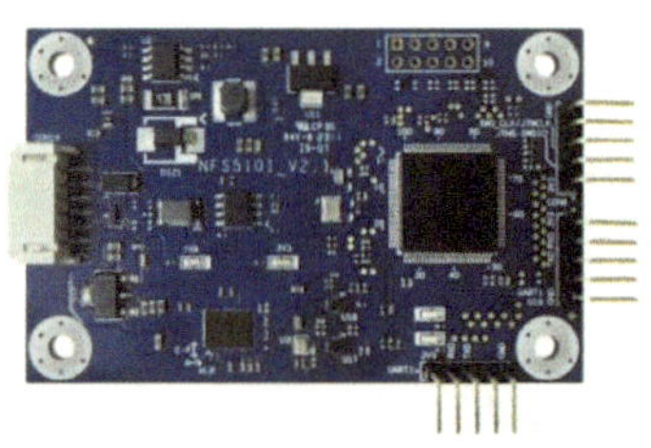

NFS5101

模组型号	NFS5101
工作频段	58 ~ 62GHz
TX/RX 天线数	2T4R
检测距离范围	10 ~ 8000cm
通信接口	CAN
距离精度	3.75mm
速度精度	0.325m/s

图 10　安富毫米波雷达技术方案

（3）安富智能充电技术方案

近年来，我国新能源汽车产业飞速发展，车辆上网充电规模逐步扩大，电动汽车充电问题已成为构建新型电力系统中不可忽视的一环。在基于 PLC 通信的智能充电领域，安富自研了 PLC 通信模组、通信协议栈、车端充电通信控制器（EVCC）、桩端充电通信控制器（SECC）。通过支持 V2G 功能的充电方案，可实现电动汽车智能充放电，提升充电安全与效率，满足不同场景的车辆充电需求（见图 11）。

随着移动互联、人工智能等技术在汽车产业的快速融合发展，汽车产业正在进行着新一轮的创新变革，将向着更加智能化、互联网化方向迈进，无线通信、移动互联以及相关关键技术已成为汽车产业变革的重要驱动力。安富科技将不断追求技术创新，与众多合作伙伴协力共赢，争做行业领先的车载无线通信供应商，丰富汽车产业智能网联化发展模式，为未来出行方式带来全新体验。

- PLC 通信模组
- 通信协议栈
- 车端充电通信控制器（EVCC）
- 桩端充电通信控制器（SECC）

图 11　安富智能充电技术方案

梧桐车联基于人因工程和 AI 技术的苍穹座舱解决方案

重庆梧桐车联科技有限公司
作者：王永亮

梧桐车联诞生于 2018 年，由腾讯和长安汽车共同出资成立，是我国最早布局智能座舱领域的科技公司。目前，梧桐车联已形成以重庆本部为核心，北京、上海“两翼齐飞”的布局。连续获得国家高新技术企业、中关村高新技术企业双重认证，以及中国通信标准化协会全权会员单位等多项权威认证，累计拥有专利 280 件，近 30% 为智能网联产业关键技术专利。

自成立以来，梧桐车联持续为全行业输出高效数字化转型工具，成长为行业领先的智能网联操作系统解决方案提供商。目前已与 10 余家主机厂伙伴合作超过 100 余款各类车型，如长安 UNI-T、长安 CS75 PLUS、奇瑞捷途 X70 等，覆盖自主品牌、合资品牌、豪华品牌，产品装机量已达百万余台。高通、科大讯飞、地平线、LG、高德等头部企业，也相继加入梧桐车联生态朋友圈。

梧桐车联以让用户体验无忧的智趣出行为使命，2023 年，梧桐车联依托全新架构能力平台，在整车智能化领域继续深耕，成为整车级智能空间的行业引领者，为用户带来更好的智趣出行体验。

1. 创新成果

梧桐车联核心技术为支持苍穹座舱的技术底座——人因工程技术底座和 AI 技术底座（见图 1）。

图 1　梧桐车联核心技术

（1）人因工程技术底座

以人因工程研究团队为主体成立的人因工程实验室，具备全周期、高可控、全层域（交互模态全覆盖，实验数据全覆盖）特点，可以系统性开展汽车人因工程技术研究。已完成 8000+ 人 / 次人因实验，收集百万级数据，构建人机交互视触模态、智能驾驶信任感等人因标准、设计指南、人因测评方法、设计工具，填补此块行业标准的空白。

（2）AI 技术底座

主要涵盖专注于车的语音引擎龙纹引擎和推荐算法融合引擎风鸣引擎。龙纹引擎基于座舱从网联化向智驾和第三生活空间的发展，建设以语音为主，垂域大模型、视觉感知融合的 AI 算法，提升空间交互体验和情感互动；风鸣引擎具备完整的数据闭环系统，拥有海量车型埋点和生态数据，可持续地进行算法模型开发和优化。已开发车控类、功能类、生态类等多类算法模型，可广泛适用于基于用户行为数据的推荐功能。

2. 亮点产品

梧桐车联依托软硬件一体的研发优势，创新构建 3A 能力（AI、AR、Adaptive Ecosystem）加持下的超感座舱，打造出新一代全栈座舱解决方案——苍穹座舱，包含 TINNOVE OS（操作系统及生态）、乾象系列（云产品）、雕龙系列（硬件产品）三大板块（见图 2）。2023 年，苍穹座舱的部分能力已在长安启源 A07 车型上落地，获得了市场的广泛认可。

图 2　新一代全栈座舱解决方案——苍穹座舱

（1）TINNOVE OS（操作系统及生态）

2019 年，梧桐车联正式发布 TINNOVE 品牌，直到 2023 年产品已更新至第五代。在全新一代 TINNOVE OS 中，以“灵”为体验设计理念打造的梧桐 HMI，可根据用户的使用场景、驾驶场景、娱乐场景等进行场景融合，结合多种硬件平台形态，满足不同场景下用户对不同功能的使用需求；主打拟人化情感交互的智慧助手，采用 3D 拟人形象、个性化人设，具备全场景多模语音和融合 AI 推荐；懂人、懂路、懂车的智趣出行，可实现加油、充电、导航全场景出行服务（见图 3）。

（2）乾象系列（云产品）

乾象系列云产品在云原生能力的基础上，打造出完整的车云业务全链路能力。自主开发的乾象 - 影霞工具链，包含 5 大类近 300 种 SaaS 工具，可形成开发 - 联接 - 控制 -AI- 运营的全周期、全场景闭环支撑体系。乾象 - 影霞工具链提供货架模式定制，客户可按需裁剪、自主灵活组合（见图 4）。

图 3　TINNOVE OS（操作系统及生态）

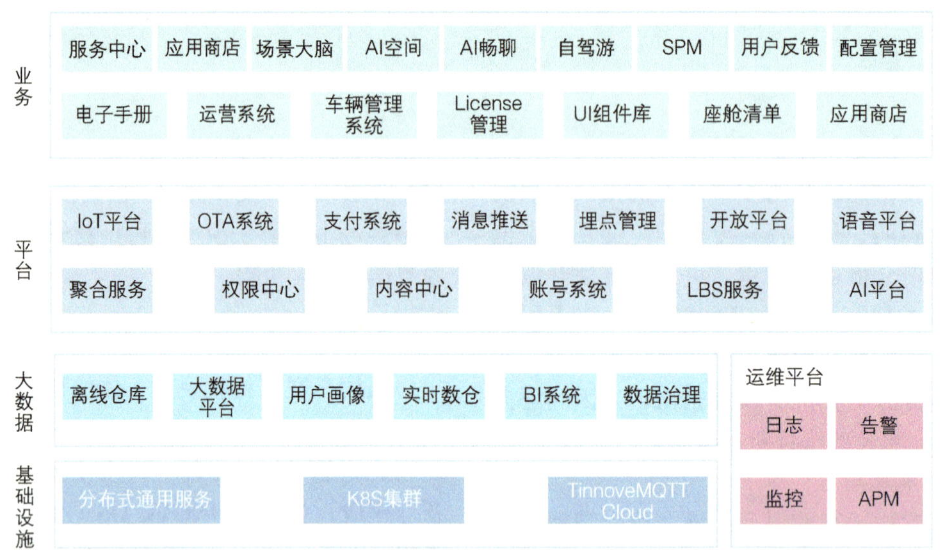

图 4　乾象系列（云产品）

（3）雕龙系列（硬件产品）

雕龙硬件产品系列包含乐府系列音响方案 YF 7.1.4、神思系列高性能车机 SS 1010 及隐秀系列显示方案 YX 11、YX 21（见图 5）。其中，乐府系列音响方案是从内到外系统级解决方案，打造移动音乐会般的体验；神思系列高性能车机采用行业首发显示增强计算模块，创新性的高集成音效优化模块，高效构建座舱综合算力，打造高画质、高音质、高集成的优越座舱体验；隐秀系列显示方案打造以 HUD 为核心的显示介质产品矩阵。

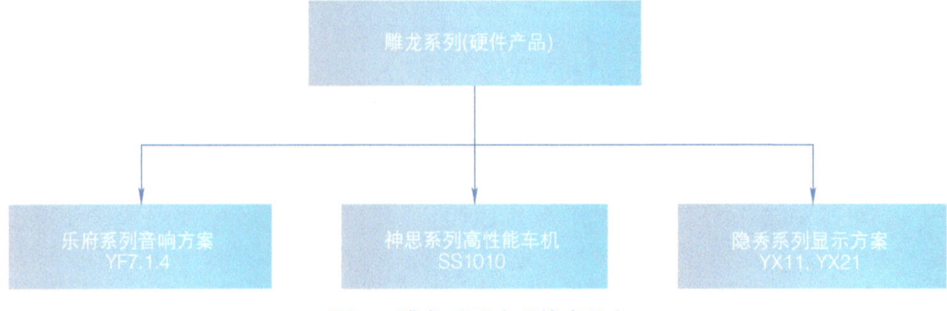

图 5　雕龙系列（硬件产品）

软件定义汽车下的车辆网络安全运营先进技术

浙江长三角车联网安全技术有限公司
作者：范永霞，王剑，胡昌国，宋晓飞，于海艳

1. 车辆网络安全运营体系建设

随着车联网与智能汽车的快速发展，汽车网络安全攻击面变得更加广泛，遭受网络攻击的漏洞风险增大。同时，网络黑客的攻击手法正在以惊人的速度超过传统的信息安全保护技术。

浙江长三角车联网安全技术有限公司构建的车辆安全运营中心（Vehicle Security Operation Center，VSOC）是一个专门对网络威胁进行监控、分析、快速响应和持续监测的平台。该平台在确保智能网联车辆安全使用和合规运营的基础上，通过使用先进的技术和安全解决方案，提供实时监测车辆的状态、识别潜在的安全威胁、进行专业的安全专家分析，并实现威胁预警和应急响应的能力，贯穿车辆的整个生命周期。车辆安全运营中心帮助车辆制造商、服务提供商和利益相关者提升车辆的信息安全性，满足安全合规、车队规模管理、网络安全监管等多重需求。

车辆安全运营中心可支撑千万级车辆的安全数据接入，该平台的业务架构包含数据收集与处理、威胁检测、威胁调查、威胁管理和信息管理五个模块（见图 1）。

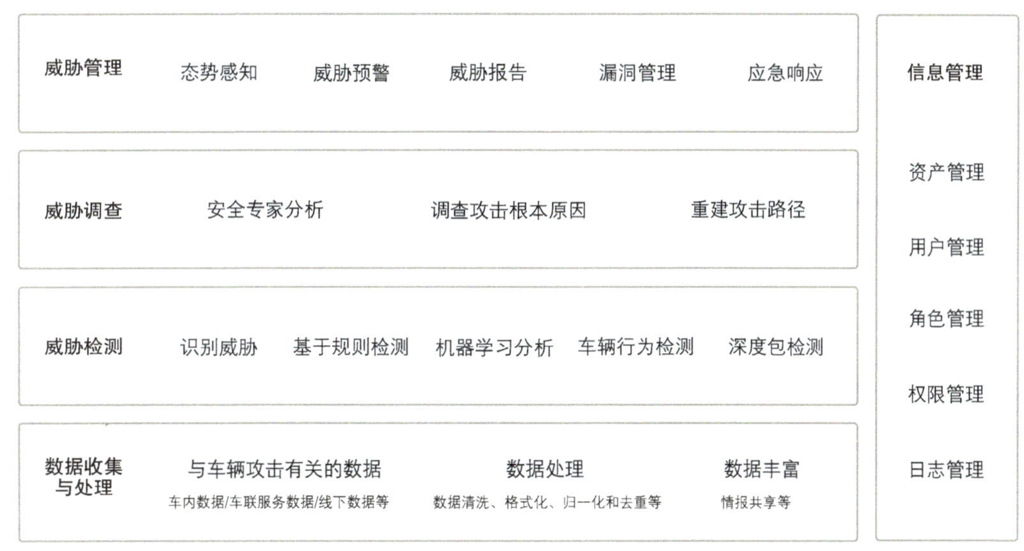

图 1　车辆安全运营中心（VSOC）

数据收集与处理模块主要负责收集与车辆攻击有关的数据，支持多源数据的采集，包含车辆内部数据、车联服务的数据以及线下数据等。数据收集后进行数据的处理，即数据清洗、格式化、归一化和去重等。此外，该模块还支持数据的丰富，运用情报共享和威胁情报分析等手段，对收集的数据进行关键字段的扩充，以获得更全面、更有效的信息。

威胁调查模块主要负责支持安全专家的分析。该平台提供关联分析的能力，为专业人员提供调查攻击根本原因的途径，帮助专业人员攻击溯源并重建攻击路径，从而完成安全事件的攻击研判。

威胁管理模块主要负责安全态势的感知、威胁预警、漏洞管理和应急响应等。其中，安全态势的感知可实现车队安全状态监控、安全事件统计和安全策略更新与优化等。该模块可接收并处理车端的安全事件和威胁报警，实现对车辆的预警。该模块支持搭建威胁的应急响应机制，对相关安全漏洞进行修复和升级。

信息管理模块主要包含资产管理、用户管理、角色管理、权限管理、日志管理等。其中资产管理包含车端、云端、移动端等资产，如车型、零部件及供应商等的详尽信息。用户管理、角色管理、权

限管理主要对系统中的各类用户及权限进行有效的维护和管理。日志管理主要帮助管理员了解系统的运行情况，及时发现问题并进行处理。

2. 智能化的先进技术

车辆安全运营中心利用大数据、人工智能技术对车端数据进行分析，利用机器学习算法构建多类检测模型，从而实现网络威胁的检测、溯源和研判，帮助企业提升车联网网络威胁的发现和处置效率。

针对智能汽车常见的攻击模块，如信息娱乐系统（IVI）、车载网联通信终端（T-BOX）、车载网关（Gateway）、统一诊断服务（Unified Diagnostic Services，UDS）、车载诊断（On-Board Diagnostics，OBD）、高级辅助驾驶系统（ADAS）、车载信息服务（TSP）、充电网络系统（Charging System）、汽车远程升级（Over-The-Air，OTA）以及手机端车联网应用程序（App）等，该平台利用人工智能算法构建数据聚合分析模型，进行资产的关联拓扑构建，实现对攻击事件的关联描述，提升攻击行为验证的有效性，实现威胁的智能研判、验证及攻击事件的关联拓展。其中，智能检测的风险项包含但不限于中间人攻击、数据监听、日志泄露、敏感信息泄露、CAN 总线注入、签名绕过、存储密钥泄露等。

木卫四创新基于先进人工智能的 VSOC

木卫四（北京）科技有限公司

作者：龚子原

1. 创新成果

木卫四 -VSOC 以数据驱动为基础、以智能分析为核心、以保护汽车核心资产及智能化服务安全为焦点建立的端到端的解决方案，旨在持续监控与检测汽车安全威胁，同时满足国内外汽车安全合规要求，为企业提供“全面覆盖、深度融合、动态协同、成效可视”的实战化汽车网络安全运营管理能力（见图 1）。

木卫四 - 汽车安全运营中心VSOC（保护核心资产及智能化服务）

图 1　木卫四 - 汽车安全运营中心

2. 核心功能

1）全局资产可视化可对所有网联车辆、车型、ECU 及云服务做到全局可视管理，并且基于事件级别、发生地点、车型车辆等维度展示异常事件信息。

2）自动化分析依照异常事件模版全面获取并自动化分析多达 200 项的汽车异常事件，并根据攻击路径描述不法分子的攻击目的。

3）监测与响应对车辆智能化功能与核心资产做到持续监测，对不同时间内的 TBOX、IVI、CGW、BCM、TSP 云服务、OTA 服务、APP 服务、密码基础设施等资产持续监测，颗粒度可以细化到不同用户不同车辆不同零部件甚至不同行为。

4）安全事件溯源通过对攻击事件发生时所关联的设备日志、地理位置、App 指令、用户状态等因素异常行为溯源，为响应、定位及修复风险节点提供依据。

5）合规与安全通过访问控制权限等安全能力建设，使企业满足监管要求的合规建设，提高车企内生安全、主动免疫、主动防御能力。

3. 解决方案价值

VSOC 汽车网络安全运营中心基于车辆护具上下文定位异常风险，快速有效地缓解汽车网络安全威胁。

1）安全合规：基于非侵入式技术快速落实；国内外车辆安全合规监管要求。

2）未知威胁发现：基于机器学习检测模型快速；识别车辆已知和未知威胁。

3）风险响应：基于定制剧本实现车辆；安全风险秒级响应处置。

4. 如何利用木卫四 VSOC

木卫四 VSOC 是专门针对汽车网络安全的独特需求而设计的解决方案（见图 2）。基于数据驱动安全的理念，结合了强大的基于联网汽车的机器学习建模以及聚合和分析汽车专有数据的能力。该解决方案提供实时针对已知和未知威胁的网络安全事件检测能力，为汽车安全分析人员提供定制的汽车事件响应 SOC，从而协助车企达到：实时提供车辆网络安全监测报告；针对新型网络攻击报告及已有缓解措施的有效性分析报告；针对新型攻击的缓解措施响应流程。

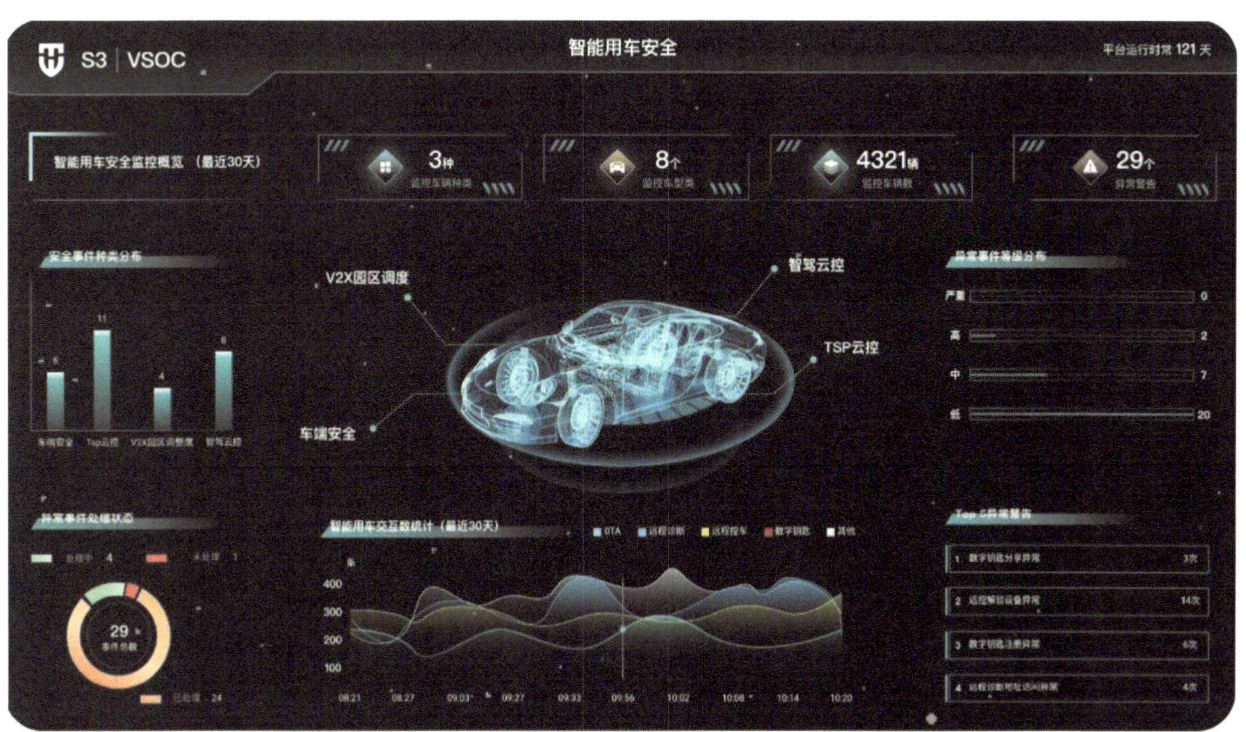

图 2　S3 VSOC 界面

智能网联汽车车路协同解决方案

广州软件应用技术研究院

作者：陈升东，秦佩

1. 方案简介

“智能网联汽车车路协同解决方案”（以下简称“车路协同”）与单纯依靠车载传感器采集路况数据进行识别计算和自动操控车辆的单车自动驾驶方案不同，本方案通过车路协同技术，可实现道路上不同智能水平车辆之间的信息交互，还协同采集道路两侧传感器发送的道路信息，从而在更大范围避免感知死角和盲区，在确保道路行驶安全的同时，能够提供更多的交通数据用于支撑未来不同智能水平车辆混行阶段的道路交通智能化管理。广州软件应用技术研究院建立的车路协同系统架构见图 1。

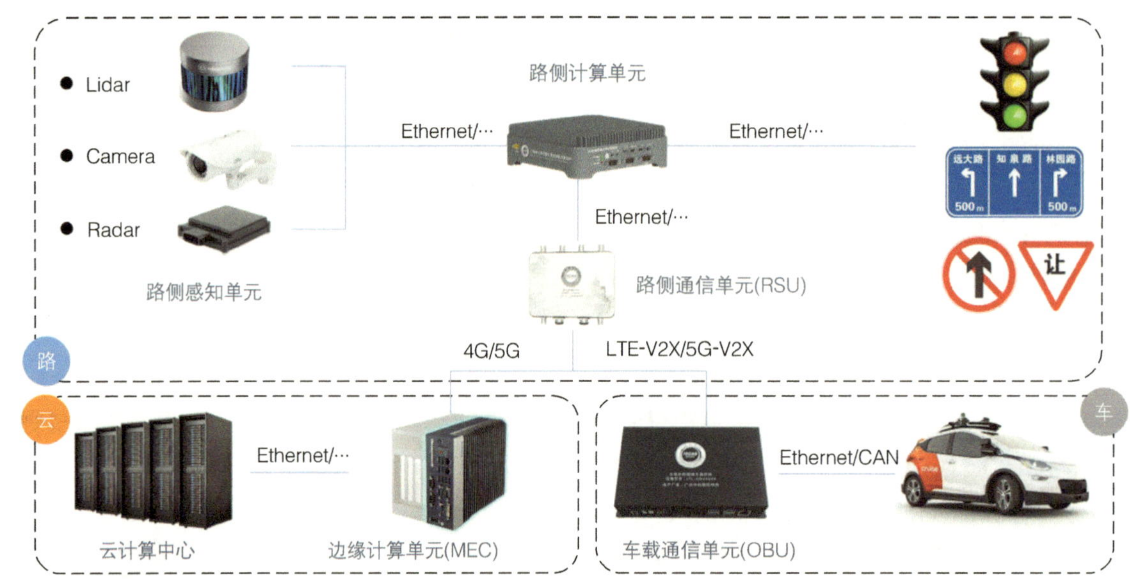

图 1　车路协同系统架构

2. 方案特点

（1）支持多通信模式

支持 LTE-V 及 4G/5G 通信功能的车路协同智能路侧单元（RSU）及车路协同智能车载终端（OBU）。

（2）兼容行业主流协议栈

满足 T/CSAE53-2017 及 T/CSAE157-2020 标准的车路协同协议栈。

（3）具备路侧感知能力

路侧计算单元提供 32TOPS 算力，内置基于视觉感知及多传感器融合感知的交通参与者感知算法。

（4）支持各类场景定制化

满足智能网联汽车车路协同及智能化交通应用的各类场景定制化需求。

3. 应用领域 / 用户类型

（1）应用领域

智能网联汽车车路协同应用场景示范、高校智能网联汽车相关专业建设。

（2）用户类型

车企、高校及科研院所、政府机构、行业联盟。

4. 落地案例——智能网联平台示范工程

（1）南沙区灵山岛尖路侧协同无人驾驶示范项目

在南沙区灵山岛尖参与完成了路侧协同无人驾驶示范项目，功能包括智能驾驶支撑系统、智能驾驶体验约车 App 和车路协同平台，设备方面包括为智能驾驶汽车提供路侧数据支持的智慧灯杆和方便快捷的充电桩设施，在驾驶车辆上加装了由我院自研的车路协同智能车载终端（OBU），可实时接收其他车辆及路侧设施广播的信息，与智慧灯杆协同作业，实时采集行驶轨迹、驾驶模式、车辆运行状态等信息并反馈到智能驾驶示范平台。

（2）广州某高校检测技术大楼园区车路协同示范应用条件建设

在广州某高校检测技术大楼园区内完成了车路协同示范环境条件建设，实现园区内实景全要素的三维仿真系统，可以满足自动驾驶测试、车路协同模拟仿真以及园区数字孪生的应用测试。

（3）贵州某高职院校自动驾驶以及车路协同示范应用条件建设

以服务贵州某高职院校的教学科研为目标，通过自动驾驶与车联网的教学实践培养智联网联汽车人才，打造智联网联汽车专业师资队伍，跟踪行业前沿技术，扩大学校影响力，有力支撑双特高的专业建设。

江苏波雲科技 2023 年创新成果案例

江苏波雲科技有限公司

作者：徐匡一

1. 智能驾驶域控平台

（1）创新成果

秉承将硬件的共性平台和差异化的算法与应用软件分离的设计理念，Pulsar 智能驾驶域控平台分为高、中、低模块化设计，以满足不同客户的需求。模块化的设计使产品贯穿 L2、L2+、L3、L4 等不同应用等级，可以适用于各种车辆，如乘用车、商用车、园区物流车、工程车、边缘计算等不同场景。平台主要参数如下：算力为 256TOPS；CPU 算力 230K/300K DMIPS。

同时，平台配备了丰富的感知接口：12 路 GSML 摄像头、GNSS +IMU、支持以太网 / 车载以太网、C-V2X，以及 CAN、WiFi、BLE 等，平台架构见图 1。

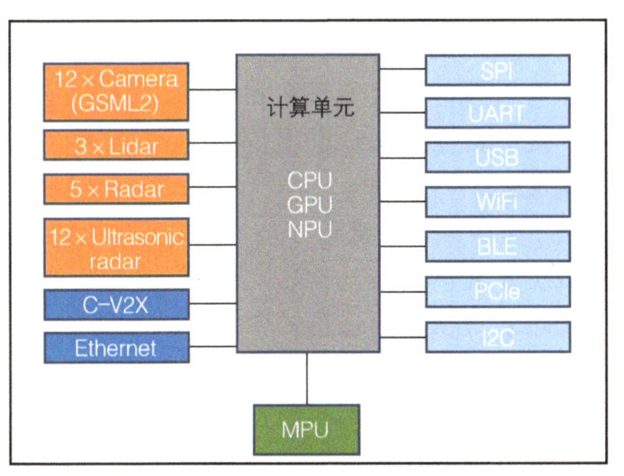

图 1 智能驾驶域控平台架构

另外，平台提供宽工作电压（9-28V）、低功耗休眠功能，支持 OTA 远程升级、冗余备份设计、C-V2X 功能与各类测试网口和工具。

（2）应用案例

产品联合重庆邮电大学交付客户搭载园区物流车投放使用，作为重庆市政府示范先导项目进行推广。在园区内从工厂到仓库的指定路段（见图 2），物流车全程实现无人化操作，整个路段包括运行、货物的上下料实施。路程全长 3.2km。其中工厂到仓库还跨越一段公开路段，包括对路侧单元的识别判断。用户使用情况表明，车辆在提升效率和降低成本方面确实带来了实际经济价值，后续已制定园区中远期规划，并推动中国电信等企业加入车路协同的建设。

2. 自动驾驶核心模块

（1）创新成果

核心板（见图 3）资源：8nm 先进制程，8 核 64 位架构，高性能，低功耗；ARM Mali-G610 MC4 GPU，专用 2D 图形加速模块；6TOPs NPU，赋能各类 AI 场景；8K 视频编解码，8K 显示输出；内置多种显示接口，支持多屏异显；超强影像处理能力，48MP ISP，支持多摄像头输入；丰富的高速接口（PCIe，TYPE-C，SATA，千兆以太网），易于扩展；支持 Android 和 Linux OS。

核心板采用 8 层 PCB 高精度沉金工艺，高 TG 板材，具有可靠的电气性能和抗干扰性能；集成 CPU、LPDDR4、eMMC、电源管理芯片等；采用板对板插接器引出多达 200 个引脚，充分扩展了处理器硬件资源，可根据引脚情况复用组合不同接口功能，制作符合需求的底板。

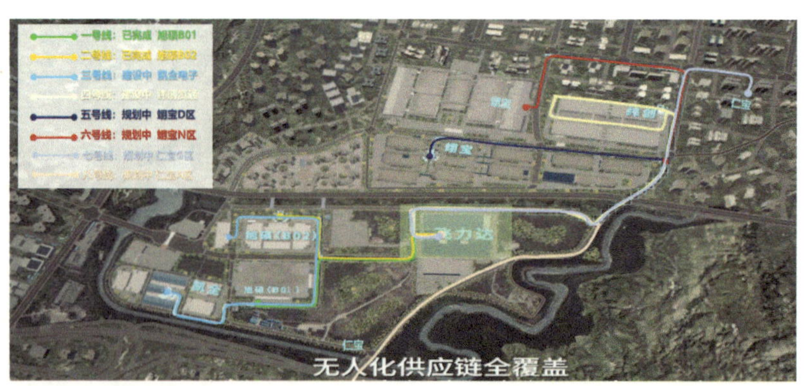

图 2　自动驾驶区域路段

图 3　核心板

主要性能参数：算力为 6TOPS；支持 6 路高清显示屏；支持 6 路 GMSL 摄像头接入；8 路以太网接口；稳定的各类传感器接口驱动支持。

应用场景：L2/L2+ 级别的 ADAS 功能可满足行泊一体及驾舱一体的需求。

（2）应用案例

在校内指定区域内，将搭载 Pulsar 核心模块的母板应用于教学车，通过采用不同的算法完成指定区域的自动驾驶教学演示。

新能源重型货车运营解决方案

成都易控智联汽车电子有限公司

成都易控智联成立于 2012 年，是易控汽车电子旗下专业从事智能网联技术及产品应用的服务提供商。公司以客户为中心，面向用户提供包括软件平台、硬件终端和运营服务的全方位解决方案。

1. 方案背景

随着我国“双碳”战略目标的推行，对于碳排放大户“燃油重型货车”来说迎来了技术转型的新机遇，传统整车企业也开始将注意力转向新能源重型货车，同时也加快了研发投入和技术创新的步伐，新能源重型货车凭借“节能减排”“噪声低”“使用成本低”等诸多优势受到了市场和用户的追捧。随着新能源重型货车产销增多，关于新能源重型货车的充电慢、充电枪高峰期资源紧张等实际运营问题比较凸显，因此我司结合国家和企业推动新能源重型货车的趋势和当下用户对运营若干矛盾，提出了新能源重型货车生态运营方案（见图 1）。

2. 方案简介

通过结合上下游产业链，实现对车辆、场站、电池、人员、营运等各个方面的数据进行平台化处理，将数据汇聚、清洗形成数据资产，让资产方的资产能有效管理与残值最大利用，运营方减少运营风险、提高营运效率，实现新能源重型货车运营各方共赢发展。

（1）方案架构（见图 2）

（2）方案介绍

场站管理模块通过场站内设备的实时监控，对异常设备与风险事件实时报警提醒，帮助场站实现场站内的安全运营以及能耗进行分析。

电池管理模块通过对电池资产、电池租赁，以及通过对电池的 SOC、热管理、充放电、工作状态等各方面数据的实时监控，在掌握电池安全的同时通过残值分析模型进行电池残值计算，为电池的梯度利用提供数据服务。

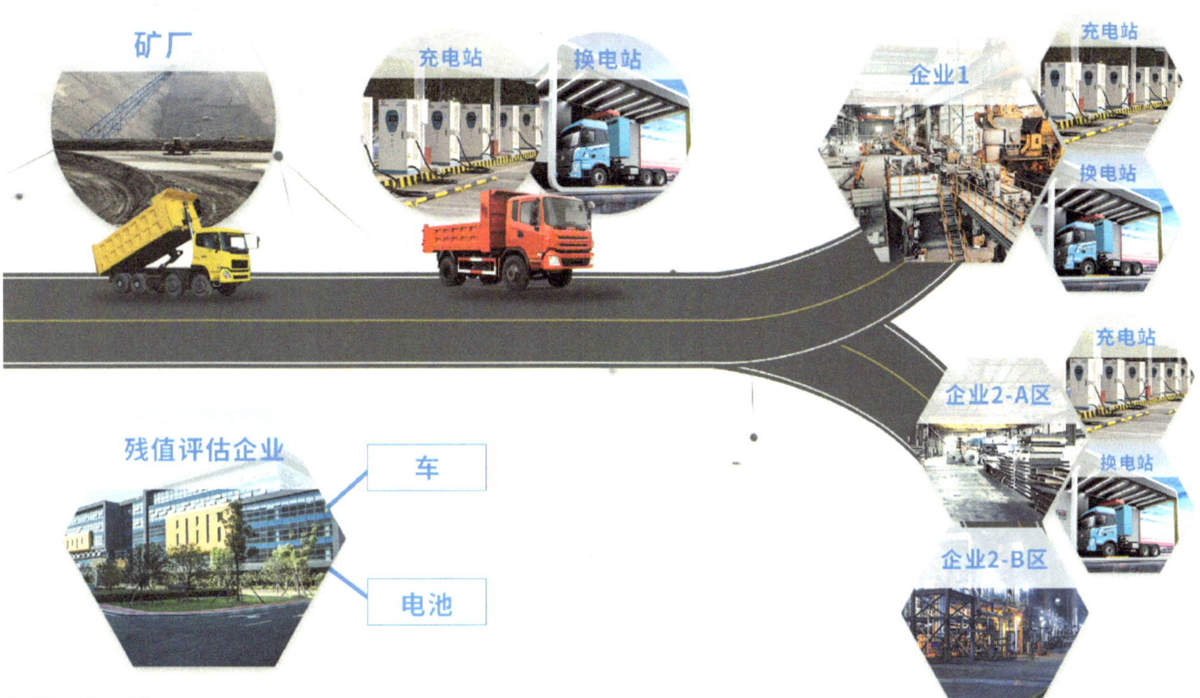

图 1　新能源重型货车生态运营方案

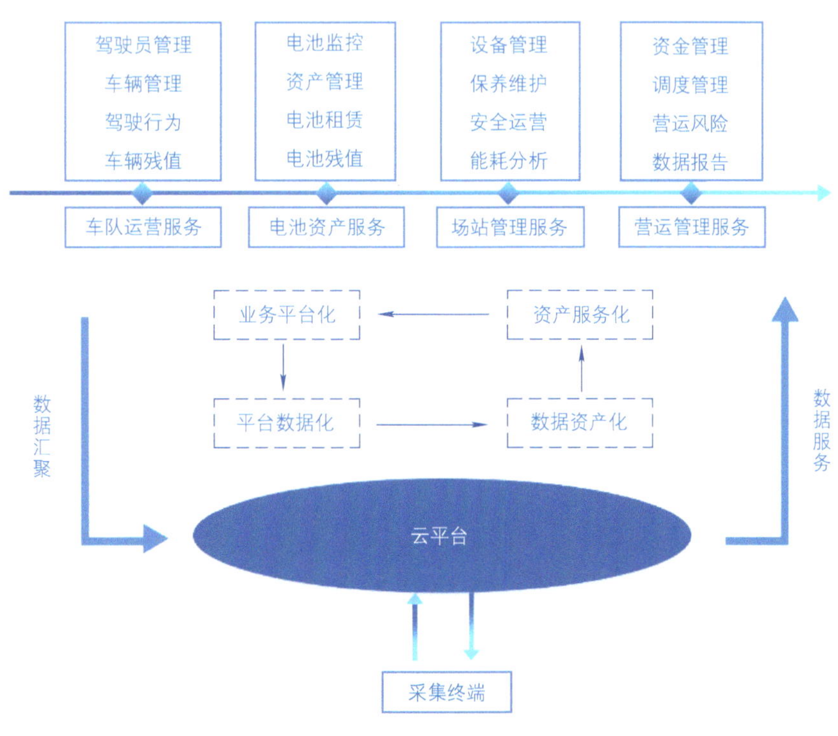

图 2　方案架构

车队运营模块通过对车辆数据的采集，并结合智能设备预防重大事故的发生，云平台通过驾驶行为评价模型对驾驶员的驾驶行为进行分析，帮助车队对车辆和驾驶员进行管理。基于大数据残值评估模型评价车辆剩余价值，为二手车交易提供判断依据。

营运分析模块可通过场景识别营运风险，结合电池断电技术手段帮助资产方管理资产风险。建立运营过程中资金实时台账，帮助资产方、运营方对资金进行管理。结合场站、电池、车辆、驾驶员各维度数据，通过智能调度算法提高车辆及场站运营效率。

第 14 章 智能网联汽车智能座舱方向技术研究创新成果

华阳生态开放平台 2022 年优秀创新成果案例

惠州华阳通用电子有限公司

作者：汤文彬

1. 华阳生态开放平台

（1）创新成果

随着汽车智能化发展，车载终端功能变得更加多样化。车载终端从传统汽车仪表、收音机、空调等单个功能 / 系统，向智能仪表、娱乐影音系统、辅助驾驶等系统进行演变。

目前传统的汽车架构中，多数系统采用分布式汽车电子电气架构（EEA），汽车内的 ECU 通过 CAN 或 LIN 总线连接到一起。随着人们对汽车的安全、效率、舒适等要求的提高，车辆的电子化程度迅速发展，汽车上的 ECU 数量快速增长，甚至有的已经达到上百个，分布式架构受到了挑战（见图 1）。大量的 ECU 单元导致电子软件开发复杂性大大增加，开发者开始追求模块化、可移植性强、易于管理的架构，因此域的概念被提了出来。

为了解决分布式的这些问题，人们逐渐把功能相似、分离的 ECU 功能集成整合到一个比 ECU 性能更强的处理器硬件平台上，这就是汽车“域控制器（Domain Control Unit，DCU）”。域控制器的出现是汽车架构从 ECU 分布式架构演进到域集中式架构的一个重要标志（见图 2），将汽车分为多个域进行管理，形成汽车网络架构。

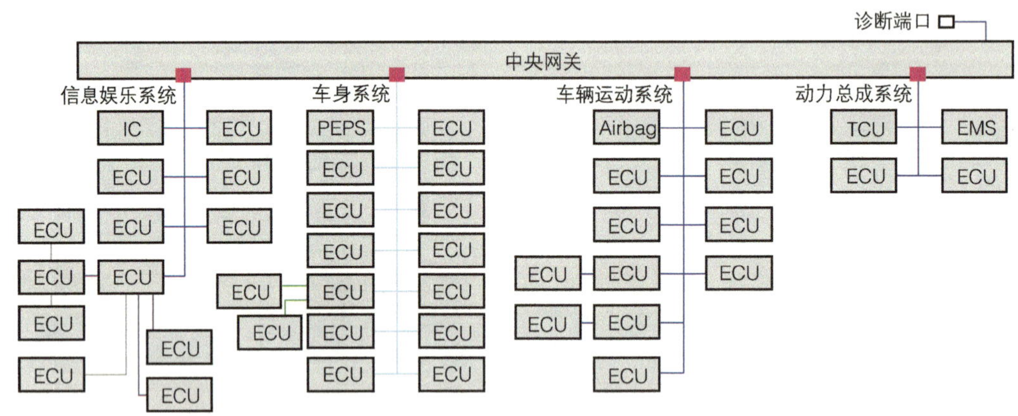

图 1　分布式架构

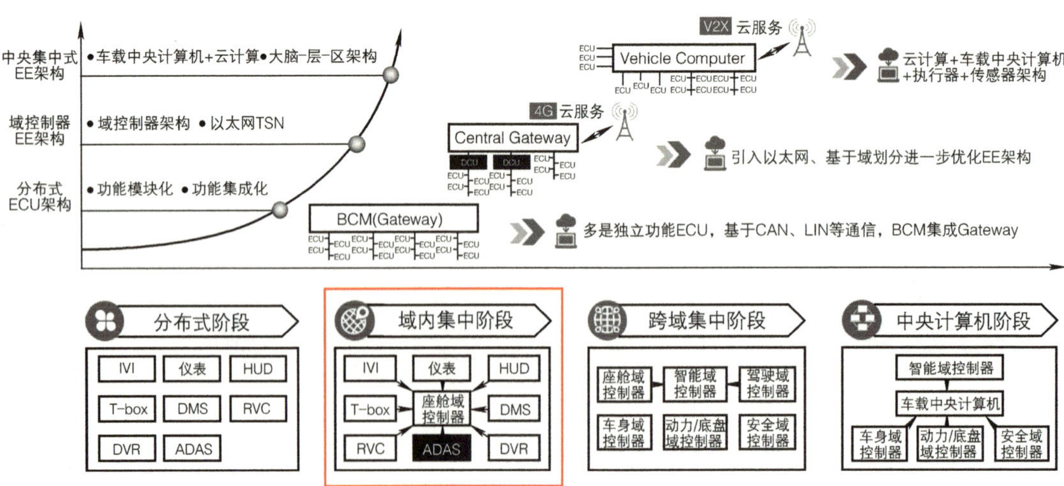

图 2　架构演进步骤

在过往智能联网产品的配套过程中，我们发现，一方面，各个品牌车型的更新迭代愈发快速，另一方面，Tier1 与 OEM 车厂需要在众多的硬件平台与丰富的车联网生态之间展开复杂的适配，缺乏统一的标准，导致适配工作量大、沟通成本成倍增加等难题。针对此，华阳通用经过不断探索与总结，研发出了华阳开放平台（见图 3），通过分层分类技术架构与模块化、标准化的 SDK 化封装，实现硬件生态与车联生态的软硬解耦，加快研发速度、减少研发准备工作量，提高研发效率，有效解决上述行业痛点。

（2）应用案例

华阳开放平台（见图 4）通过一芯多屏方案，将中控娱乐、液晶仪表、空调控制器、流媒体后视镜、车联网、ADAS 等功能集成到一体，打通各分布式设备信息和数据、采用多模态交互实现一体化智能座舱人机交互平台。通过团队的共同努力，已经以优异的产品力优势，助力长城、长安、北汽、宇通、中国重汽等客户实现智能座舱的行业领先。

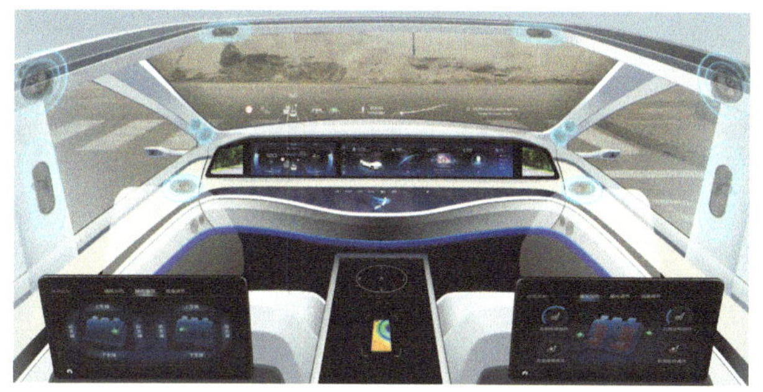

图 3　华阳开放平台

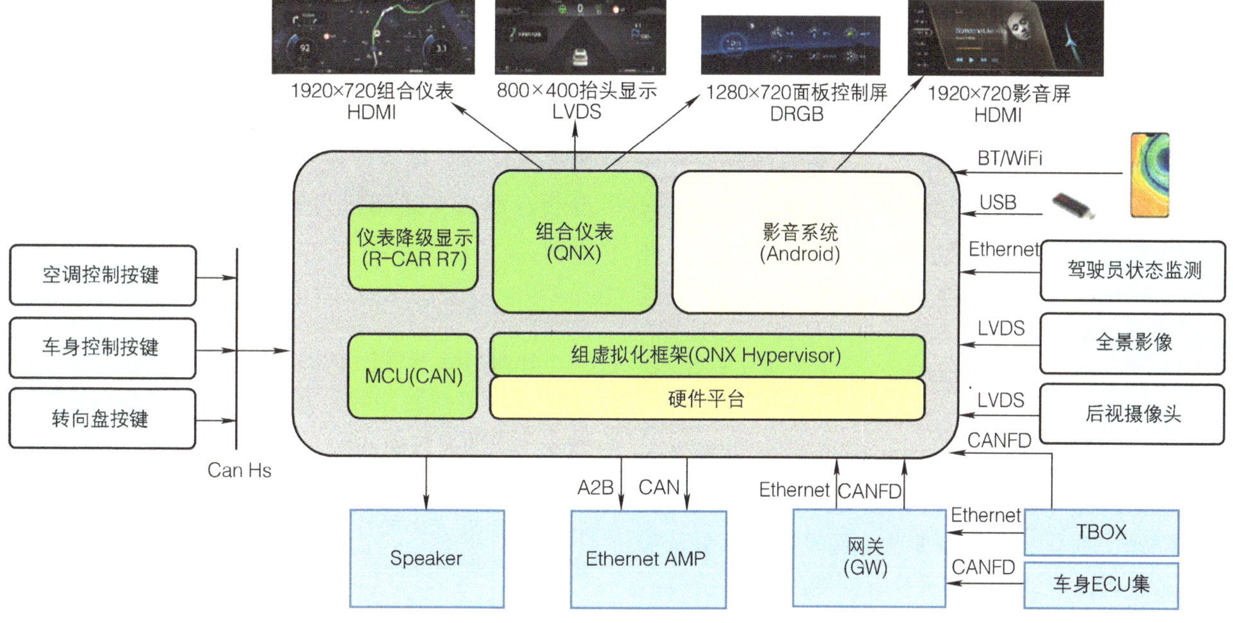

图 4　产品框架

产品技术方案根据硬件分区和软件隔离两种方式实现，在硬件隔离方面采用国产芯片芯驰 X9 方案实现，软件隔离采用高通 8155 及 R-car H3 平台，通过 QNX Hypervisor 技术实现，两种方案在应用上各有优劣势。硬隔离方案软件耦合少，复杂度低，投入少，性价比高；软件隔离方案算力可以共享，仪表、中控可以配置算力。

产品技术特点如下：

1）实现一芯多屏，通过一颗芯片多系统运行，实现多屏独立显示。

2）支持内置 AVM，支持透明底盘，大幅度降低硬件成本。

3）支持内置 DMS，通过车内红外摄像头对驾驶员进行状态监测，利用声音或视觉显示提醒驾驶员，防止出现疲劳或分心驾驶，从而有效避免一些交通事故的发生。

4）支持内置 OMS，可以通过监测座舱内乘客的状态来进一步提升汽车的安全性能，也可以判断是否有儿童或宠物单独遗留。

5）丰富的手机互联方案，支持 Carplay、Android Auto、Hicar、Carlife、Carbit 等手机互联方案。

6）利用公司自主开发的 AAOP 平台（华阳生态开放平台），聚焦智能座舱平台化，在不同的硬件上通过标准的软件框架，从汽车信息系统到智能座舱域，为车联网生态打造一个车规级、开放式的智能网联座舱域控制器平台，推进行业专业化分工。

综上所述，华阳生态开放平台技术同时具有“性能稳定、配置丰富、统一接口、快速诊断、高效研发、生态丰富”六大特点。该产品的研发与产业化，对公司产业转型升级具有典型的示范作用，它证明了企业技术研发中心策略的可行性，为公司向自动驾驶发展做进一步的技术累积，同时带动整个公司产品技术迭代和升级。

ErgoSIM 智能网联混合交通模拟仿真人因工程测试平台

北京津发科技股份有限公司

1. 平台简介

在当下交通强国建设、智慧交通发展等相关政策支持以及相关技术发展的背景下，针对当前交通行业实际需求的现状，北京津发科技股份有限公司创新研发了 ErgoSIM 智能网联混合交通模拟仿真人因工程测试平台（见图 1）。平台的建设目标可以归纳为：一个平台，两项能力，三种场景和四个关键要素。一个平台指的是“ErgoSIM 智能网联混合交通模拟仿真人因工程测试平台”；两项能力是指具备“多交通对象联机与交互协同试验”和“交通参与者感知与行为分析”两个维度的试验能力；三种场景是支持单人单交通工具、单交通工具多人、多交通工具多人三种场景，目前经测试，该平台支持 10 种以上混合交通对象（如危货车辆、公交车、小轿车、自行车、行人等），可以构建符合我国实际的混合交通试验与研究环境；四个要素指支持“人、车、路、环境”动态演化试验与智能化人因设计测评分析能力，希望可以推动我国交通实际问题的分析和解决，提升交通行业“以人为本”的规划决策、设计评价、训练体验、科普教育能力，推动交通数字孪生的理论研究和落地实践，服务于交通强国中的交通数字化转型升级。

图 1 ErgoSIM 智能网联混合交通模拟仿真人因工程测试平台

ErgoSIM 智能网联混合交通模拟仿真人因工程测试平台秉持着人 - 车 - 路 - 环境四要素设计原则，具有多样化、模块化、柔性化、智能化的综合仿真与评价分析的特点，具备混合交通对象的多用户联机与交互协同试验以及人车路环境数据的同步分析与智能化人因评价能力。平台可用于交通运输辅助规划决策、智能座舱设计评价、重点运输车辆训练、驾驶人机交互绩效评价、危险品运输车辆驾驶行为分析、混合交通流行为研究以及应急协同模训等方向。

2. 平台架构

ErgoSIM 智能网联混合交通模拟仿真人因工程测试平台包括硬件层、软件层、数据层以及应用层等多个层面（见图 2）。

平台的硬件层包含智能座舱物理环境仿真平台，如危货车辆、小轿车等驾驶模拟仿真平台以及集成化的人因监测设备，可根据测试需求柔性组合；软件层由交通虚拟环境仿真、多交通参与者标定与协同交互、人车路数据采集与分析、交通人因测试专家系统以及数字孪生可视化显控系统构成；支撑整个平台智能化的是数据算法底座，包括人车路环数据库、驾驶状态监测模型，以及针对人车路环多元时序数据的智能融合创新算法。平台可以支撑更广泛的实际应用，例如智能座舱 HMI/HUD 设计评测、新型人机交互绩效评估、多交通对象驾驶行为研究等。

3. 功能特点

（1）智能座舱物理环境模拟仿真

随着技术发展与市场需求的更迭，当下的汽车驾驶座舱与传统座舱相比，正逐渐向着数字化转变；座舱内部的实体按键被简化，座舱与驾驶员之间的 HMI 呈现着大屏化、多屏化以及触屏化趋势；此外，

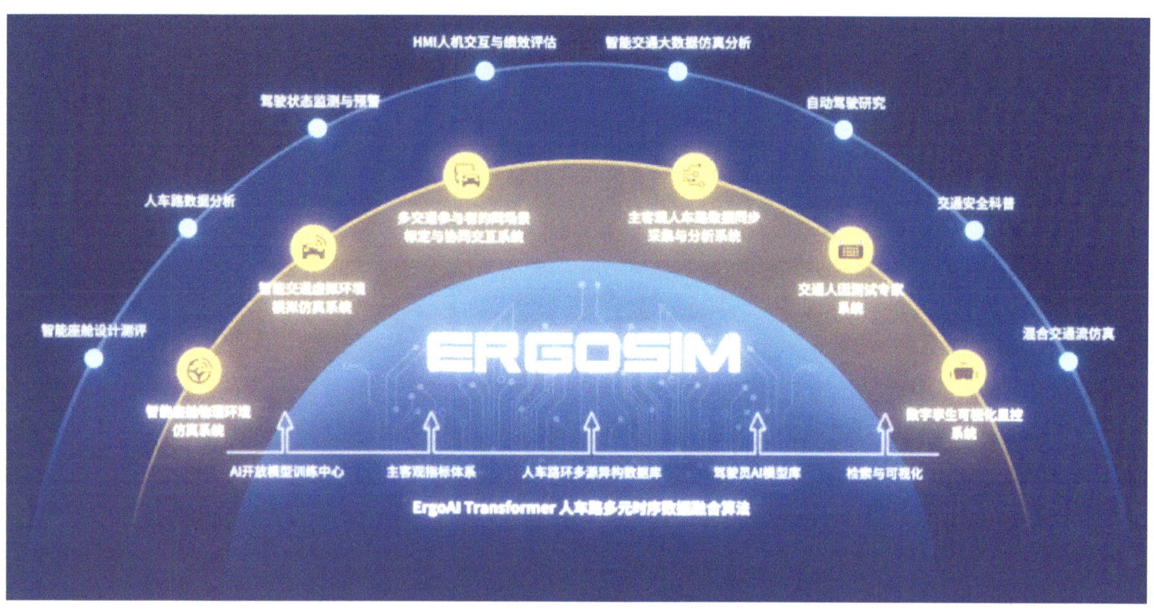

图 2　ErgoSIM 智能网联混合交通模拟仿真人因工程测试平台系统架构

人与座舱之间的交互方式，除了传统的机械式交互外，触控交互、语音交互、手势交互等新型多模态人机交互技术正逐步被应用于座舱之中。智能座舱与传统座舱相比，功能发生了革命性的进化，产品级别产生颠覆性跃升，人机交互更加科技与智能。

为满足这一背景下的智能座舱人因测试需求，智能网联混合交通模拟仿真平台与群体人因测评方案中包含对智能座舱及智能座舱使用环境的 ErgoSIM 智能柔性座舱模拟仿真平台（见图 3）。系统以模块化、轻量化、智能化为设计原则，基于柔性搭接技术，支持不同模块可以自由配置不同型号的测试载体，比如不同 HMI 型号、不同车型结构、不同组成部件等，可根据实际研究需求完成不同测试座舱的配置；同时，系统集成了人因测评系统，能够基于不同测试座舱、不同测试环境、不同测试对象进行智能座舱定量化人因研究。

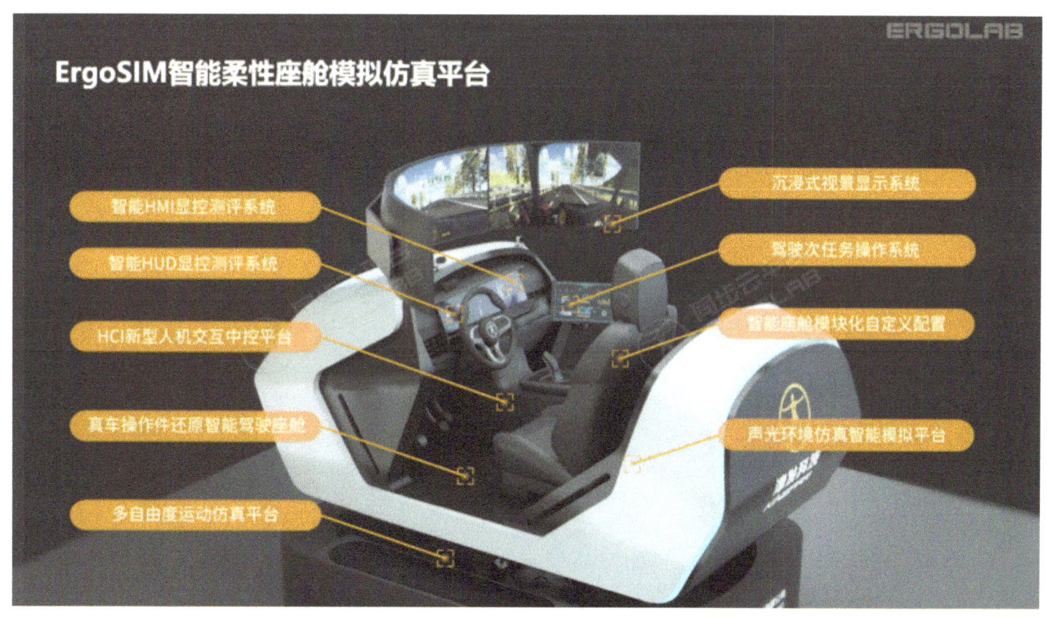

图 3　智能柔性座舱模拟仿真平台

ErgoHMI 智能座舱模拟仿真系统是基于人 - 机 - 环境系统工程和人 - 信息 - 物理系统理论，采用专利技术研发的一套基于驾驶模拟环境进行智能座舱人机交互测评的系统性技术方案（见图 4）。方案由 ErgoSIM 智能座舱模拟器、HMI 原型设计平台、ErgoHCI 多通道人机交互系统、ErgoAI 智能座舱控制系统与 ErgoLAB 人机交互与人因工效分析平台等组成。方案基于智能座舱驾驶模拟器，对接 HMI 设计原型，以 ErgoLAB 人车路环境同步云平台为核心，在不同驾驶模拟环境与任务下，对人、HMI 界面、交互、车辆、道路与环境等多维度数据进行实时同步采集、处理与综合分析，从人员的状态与体验出发，对智能座舱 HMI 进行主客观结合的定量化人因测评。

图 4　ErgoSIM 智能座舱模拟仿真系统

（2）智能交通虚拟环境仿真

ErgoSIM 智能交通虚拟环境仿真技术，可依据各类研究人员测试需求，对接不同的场景仿真与开发软件，一方面支持模块化流程，搭建虚拟环境仿真环境，包含道路环境、自然环境、交通对象设置、感知设备配置、测试情景设计、数据采集分析等，另一方面也支持定制化虚拟测试环境构建，辅助生成特定测试场景及情景，能够满足现阶段交通人因研究场景仿真模拟的大部分需求。此外，系统支持二次开发，研究人员自行开发，或与津发研发团队合作开发，以满足试验需求（见图 5）。

（3）多交通参与者同场景标定与协同交互

平台以中国交通实际情况为背景，研发了支持至少 10 个以上的多交通参与者同场景标定技术与交互协同试验平台，可以满足混合交通流仿真、混合交通场景构建、道路数字孪生构建等测试需求（见图 6）。

图 5　ErgoSIM 智能交通虚拟环境仿真系统

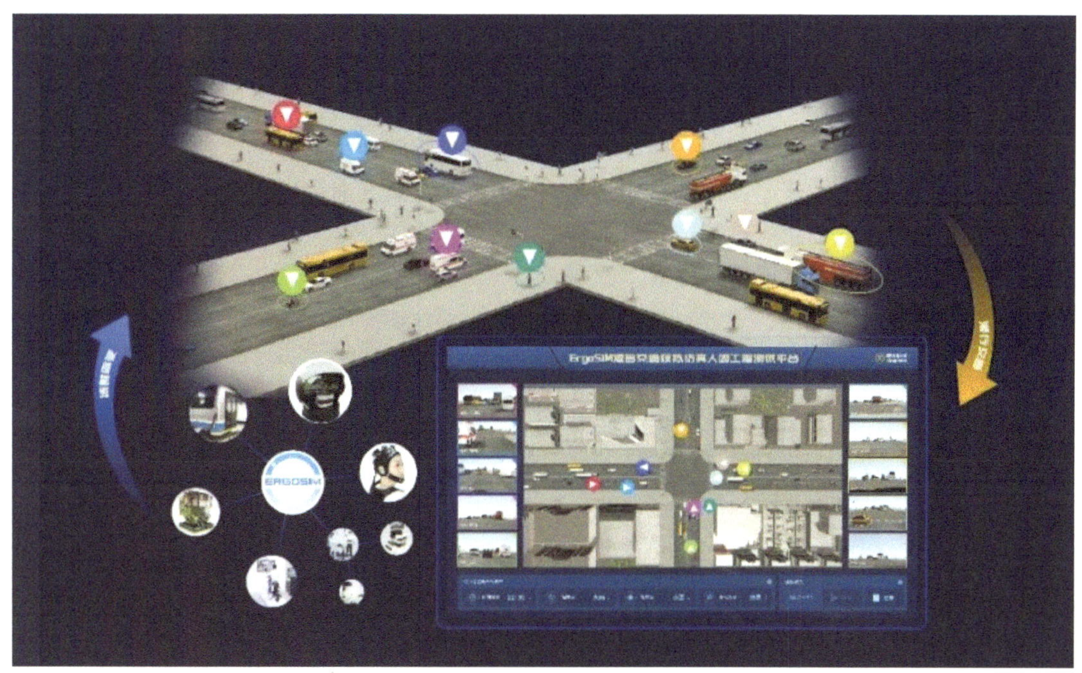

图 6 ErgoSIM 多交通参与者同场景标定与协同交互系统

用户可以自主选择交通对象类型及数量，系统自动匹配对应的视角、声效及车辆动力学模型，结合智能座舱物理环境仿真系统和智能交通虚拟环境模拟仿真平台，给予多用户趋于真实的混行驾驶体验。

（4）人车路环境多模态数据同步采集与分析

平台通过 ErgoLAB 人车路环境同步平台，对驾驶模拟环境下人、车辆、道路与环境等各项运行数据进行实时同步采集、处理与综合分析，包括驾驶员的眼动、生理、行为、脑电、动作姿态、手指轨迹等数据，车辆的速度、加速度、转向盘、脚踏板等数据，以及道路场景中的事件等。通过多维度的数据源，获取个体更全面的状态信息，进行定量化的交通人因工程测试与研究（见图 7）。

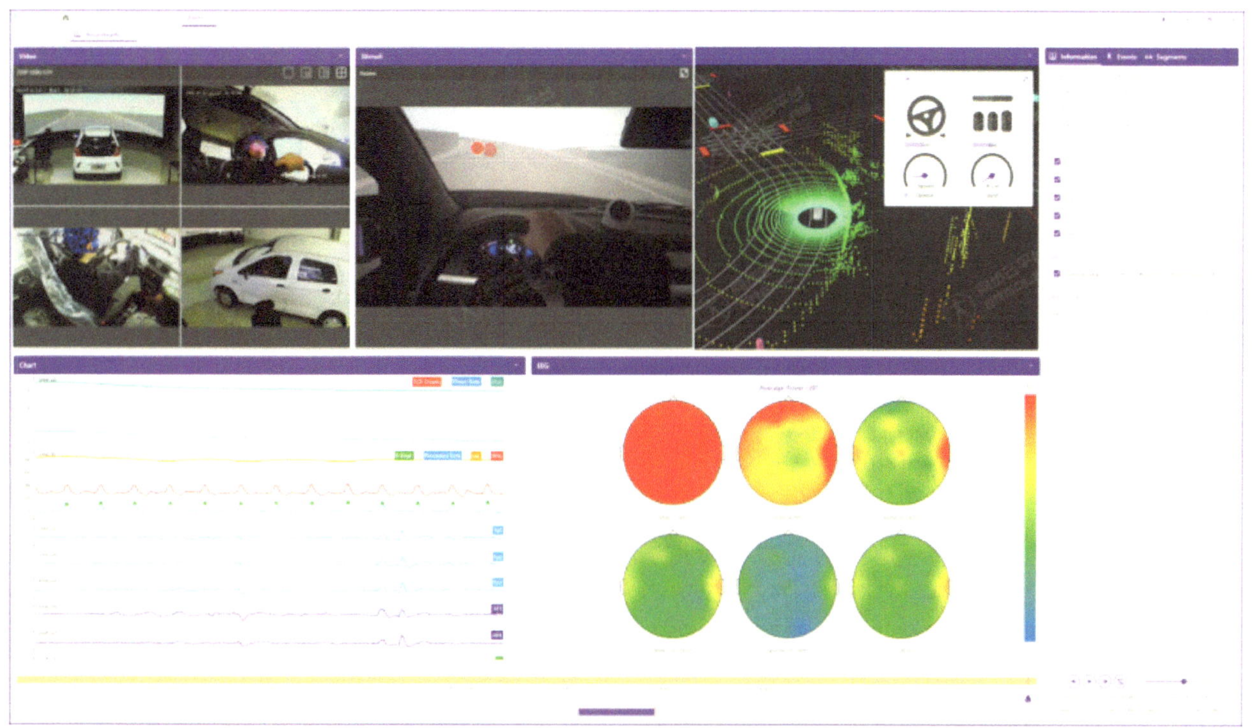

图 7 ErgoLAB 人车路环境同步平台

（5）数字孪生显控可视化技术

平台支持研究人员通过 ErgoSIM 数字孪生可视化显控系统完成试验观察与控制（见图 8）。一方面，研究人员可通过系统第一视角查看同一交通场景内某个试验参与者的情况，包括其当前驾驶状态等信息，还可通过第三视角查看场景的整体信息，并提供道路施工、事故等警示信息，便于进行智慧交通相关研究；另一方面，研究人员可通过系统控制试验的进程，包括试验的起始、天气状况以及昼夜时段变化等；此外，研究人员也可通过在系统中调节参数，改变现实世界中驾驶模拟器的参数，完成试验研究。系统通过数字孪生显控可视化技术，为研究人员提供便捷，提升研究效率。

图 8　ErgoSIM 数字孪生可视化显控系统

兆易创新车规闪存产品成功应用于悬架控制器，在奇瑞多款车型实现量产

兆易创新科技集团股份有限公司

作者：史有强

截至 2023 年 10 月，搭载了兆易创新 GD25F128F 车规级 SPI NOR Flash 的明然科技国产化主动悬架控制器（CDC）出货量已超数万台（见图 1），并在奇瑞瑞虎 9 和星途瑶光等车型上量产。在汽车底盘悬架系统等安全性要求较高的场景中稳定运行，标志着兆易创新车规级 SPI NOR Flash 的可靠性得到进一步验证。

图 1　兆易创新 GD25F128F 和明然科技悬架控制器产品图

悬架是车架（或车身）与车轿（或车轮）之间的传力连接装置，分为传统被动式、半主动式和主动式三类，而主动式悬架系统能根据车辆的运动状态和路面情况自适应调节减振器阻尼力，使其更好

地适用于当前路段，悬架控制器（CDC）作为主动悬架系统的控制核心，可以通过对减振器和空气弹簧的控制，有效提升车辆的舒适性和操控性。

随着汽车电动化和智能化的发展，以及消费者对座舱舒适性和车辆操控性的需求提升，主动式悬架的应用受到了车厂的广泛关注，而其作为汽车底盘的关键部件之一，对所搭载的车规级芯片有着极高可靠性和安全性要求。明然科技国产化主动悬架控制器（CDC）所采用的 GD25F128F 车规级 SPI NOR Flash 具有 128MB 容量存储范围，提供单、双、四通道 SPI 接口和 DTR SPI 接口，数据读取频率高达 166MHz，支持 ECC 纠错，有效提高产品的可靠性和高速 I/O 信号的准确性，为汽车电子应用提供快速存储读取和高品质保障。

除已成功在奇瑞车型上量产的车规级 GD25F128F 外，兆易创新 GD25/55 全系列 SPI NOR Flash 和 GD5F SPI NAND Flash 均已通过 AEC-Q100 认证，并提供丰富的选择组合，包括 2MB ~ 8GB 全容量覆盖、高达 400Mbit/s 的数据吞吐率、提升可靠性的 ECC 算法和 CRC 校验、延长产品寿命的 10 万次擦写和 20 年数据保持能力等，这些完善的产品组合能够全面满足汽车电子应用所需，为车载应用的国产化提供了更丰富的选择，为车载娱乐影音、智能网联、智能驾驶、电池管理、充电管理、域控制、车载网关、DVR、智能驾舱、Tbox 等应用提供大容量、高性价比的解决方案。截至目前，兆易创新车规级存储产品累计出货量已达 1 亿颗。此外，兆易创新高度重视汽车芯片管理体系的构建和完善，通过 ISO 26262：2018 汽车功能安全最高等级 ASIL D 流程认证，具备为顶级的汽车厂商所需的功能安全目标与要求提供匹配的产品和服务能力。

讯飞星火情景智能座舱

科大讯飞股份有限公司

随着星火大模型的赋能，科大讯飞具备了全量汽车座舱 AI 能力（见图 1）。

1. 创新成果

星火情景智能座舱基于星火大模型技术底座，集成讯飞多模态人机交互、知识图谱等核心技术，实现全场景智能交互、百变智能座舱空间、个性化用户服务、智能服务推荐、星火汽车等独特功能。星火座舱 OS 包括星火汽车助理和星火场景应用两大部分，将语音与视觉模态深度融合，让识别更精准，

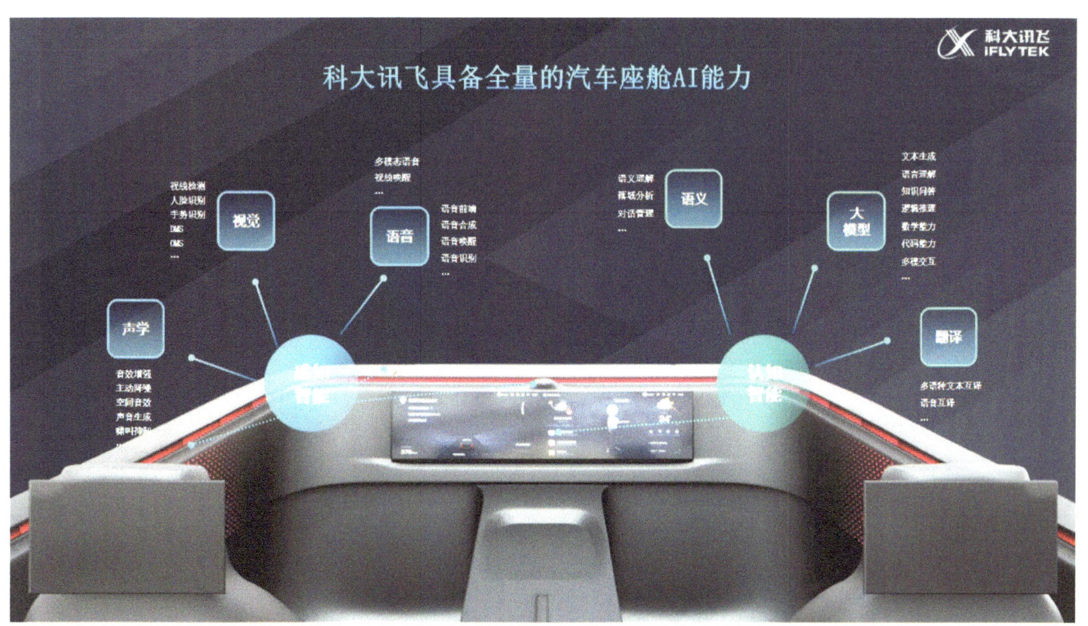

图 1　科大讯飞星火情景智能座舱全景能力示意

语音合成 MOS > 4.6，大模型业务贯穿支持十轮以上的上下文语义继承，新增的实时检索能力打破大模型认知边界，实时信息即时查询，为用户带来更自由、更智能、更自然的人车交互体验。借力大模型赋能，星火座舱 OS 打造了多个沉浸式的使用场景，并支持自定义，一句话生成复杂场景，触达 200+ 车控动作。星火汽车 App 围绕用车场景打造的多样化大模型车端应用，如用车顾问、儿童故事、口语陪练、心灵 SPA、旅行伙伴等，将大模型能力托身于众多实用小场景，为用户带来可感知的、能用好用的 AI 超能力。

星火座舱域控是智能化 AI 新底座，拥有丰富成熟的接口能力，面向行业输出兼容核心 AI 算法的“核心板”，基于全栈的座舱 AI 算法和结合芯片的异构算法优势实现芯算融合，SOC 算力消耗降低 10%，并与国内厂商深度合作，大幅度提升国产平台的渲染效果。星火座舱域控旨在以更少的资源、更短的开发周期实现差异化产品创新。

2. 应用案例

进入智能化的下半场，大模型“上车”正在重新定义人机交互与相关服务生态，继 2023 年 5 月 6 日正式发布以来，讯飞星火已在汽车领域取得了丰富的成果，当前，讯飞星火已与包括奇瑞、广汽、长城、长安在内的多家车企和合作伙伴强强联手，构建汽车 AI 星火生态。后续，科大讯飞将继续落实大模型在汽车领域的深度运用，与广大合作伙伴共同推动中国汽车产业智能化的颠覆式革新。

科大讯飞在生态方面也保持着的巨大优势，除了基于讯飞自研的儿童教育、K12 教育、音娱资源、听见会议以及讯飞翻译五大自建生态资源外，讯飞星火大模型赋能的智能座舱已经与支付宝、咪咕文娱、腾讯音乐、喜马拉雅、高德、火山引擎、雷石、能链、喜泊客等九家企业开展了深度生态合作，积极建立车主全旅程运营服务链条，满足车主多元化需求，提供高效、便捷的车载场景体验。此外，科大讯飞智能座舱还与百余家企业生态积极合作，力求以丰富全面的软件生态赋能智能座舱，助力中国汽车产业智能化的发展。

FUTURUS 未来黑科技智能化创新成果案例

未来（北京）黑科技有限公司

作者：羊绍林

1. FUTURUS 智能 WHUD 产品

FUTURUS 智能 WHUD 产品，是 FUTURUS 研发的一款在 L2 驾驶阶段高频使用的最科学、合理的交互产品（见图 1）。

图 1　FUTURUS 智能 WHUD

FUTURUS 独家自研了光学设计工具，建立人的主观感觉与数学函数之间的关系，设计工具定义了数万个优化函数，用以优化光路里面的所有光学函数，使得驾驶员长时间使用，也不会产生任何不适感，确保极佳的体验和感受。

（1）独家光学设计工具

与国外减少风窗玻璃参与成像的面积来设计生产高品质不眩晕的 HUD 产品不同，基于理论和工程实践经验，FUTURUS 的基础科学家团队自研独有的光学设计工具，专门针对人的感官体验，建立人的主观感受与数学函数之间的关系，设计工具定义了数万个优化函数，能够以量化的方式优化成像光路里所有光学元件，为画面尺寸增加带来的光学设计难度几何级数的增加提供了解决方案。以更稳定、更清晰、更细腻的画质，以极致光学、极致体验，助力 HUD 座舱内的高频使用。

（2）UI/UX 交互逻辑合理

从人机工程学视觉特征与中国用户使用习惯出发，关注展现视觉层面的界面表达，更关心所有架构、互动、内容等会影响使用者体验的一切。坚持“少即多”的设计原则，取代仪表而不照搬仪表，以简约美学设计呈现驾驶员最关注的、最基础且最核心的信息。

（3）领先的研发能力，车规级量产能力

FUTURUS 目前拥有 500 多项专利，其中 300 余项发明专利。业界领先的基础创新实验室具备独特标准化和模块化研发设计能力，能够针对车型提供定制化专属设计方案。公司已建成重庆、新乡、北京三大智能生产基地，并已顺利通过 IATF 16949、ISO 14001 等体系认证，建立完备的质量管控体系。业务方面，智能 HUD 产品已实现车规级量产，截至 2023 年 8 月 31 日，FUTURUS（重庆）智能生产基地累计交付量已突破 20 万台。

2. FUTURUS 光场 ARHUD 产品

光场 AR HUD 是 FUTURUS 最新推出的一款采取多焦面光场成像，并搭载 FUTURUS 独家 AR Kernel® 渲染引擎的 AR HUD 产品。该产品采取连续变焦的多焦面光场成像技术，配合空间运动姿态捕捉及延时补偿算法，以及高帧率、高性能的实时渲染，能够在转弯、近距离跟车等关键场景下实现 HUD 虚拟成像和真实世界的稳定贴合，实现了更好的 AR 融合效果，AR 的空间感、层次感、距离感、指引性强，用户体验更舒适（见图 2）。

图 2　FUTURUS 光场 ARHUD

（1）全球独家 3D 光场显示技术

FUTURUS 基于“AR 虚实融合”产品定义研发空间光场显示技术，在光路设计、PGU、镀膜玻璃等核心成像组件拥有独家专利，可以做到在真实世界的不同位置生成虚拟影像，达到多景深、连续景深立体成像效果，在车辆不断运动的情况下，依然可以实现处于不同位置的识别对象与 HUD 虚像在视觉上的虚实融合，消除驾驶员观察 ARHUD 成像时产生的水平视差，提供更加舒适的车载 AR 体验。

（2）独家软硬件融合系统

在车辆高速运动状态下，融合包括摄像头、激光雷达、毫米波雷达、超声波雷达，以及 GPS、差分高精度定位、IMU 等诸多传感器数据，实时感知车身运动姿态和外部环境物体姿态，基于多传感器融合算法、姿态补偿算法和 AR Kernel® 实时渲染引擎高速率、低延时地显示 AR 导航、ADAS、POI 等信息，从而实现真实环境、HUD 虚拟信息与驾驶员在空间坐标系的融合和时间坐标轴上的低延时融合显示，打造沉浸式 AR 体验。

（3）前沿 HMI 交互研究

通过场景化、人性化、个性化 UI 设计，把有限的、最重要的信息提供给驾驶员，减少不必要的视觉内容，弱化驾驶过程中对驾驶员的信息负荷和干扰，重新定义并设计数字化智能座舱产品的交互体验。

光羿科技整车调光解决方案　助力整车智能座舱调光升级

光羿科技有限公司

作者：何嘉智

近年来，随着人们对汽车功能的需求由单纯交通运输工具逐步向智能移动空间转变，智能座舱逐渐成为汽车产业的重点方向之一。光羿科技整车调光解决方案致力于赋能新能源汽车智能座舱，使天幕玻璃、前后风窗玻璃、前后侧窗玻璃、内外后视镜等具备调光功能，提供场景化的调光控制为车内用户营造视觉舒适与体感舒适，增强用户体验，从而提升整车产品竞争力。

1. 调光带来的视觉舒适与体感舒适

光羿电致变色智能调光薄膜，具有低雾度、宽范围变色的特点。调光过程始终保持低雾度的通透效果，很好地还原了汽车玻璃通透的质感。在亮态到暗态的调光过程中（见图 1），外界侵入车内的强光逐渐减弱，最终变成可视的柔光，整个调光过程让光照强度的变化保持连续性，让人眼部逐步适应光照强度的变化，达到视觉舒适的效果。同理，从暗态到亮态的调光效果亦可以让人眼部逐步适应外界的光照强度。

2. 智能座舱调光升级，场景化满足防晒、防眩目、保护隐私的需求

电致变色智能调光技术融合和赋能智能座舱俨然成为新趋势。

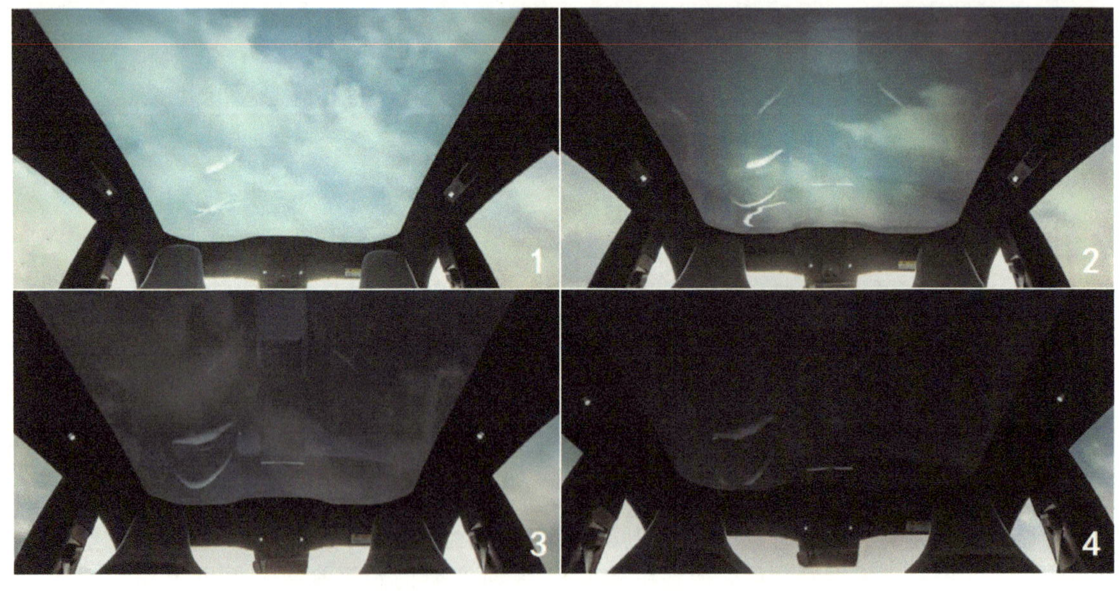

图 1　光羿电致变色智能调光天幕变色过程

光羿电致变色智能调光薄膜，薄膜厚度仅0.4mm，可与不同性能的玻璃进行组合，为整车智能座舱调光升级，如：与天幕玻璃相结合，进一步增强过滤太阳光的能力，削弱其热量侵入车内，达到更好的防晒隔热效果；与侧窗玻璃相结合，使侧窗明暗可调，暗态兼具内朝外通透可视，外朝内隐私效果强，达到保护车内隐私的效果；同时，调光薄膜降低可见光光照强度的特点，与内外后视镜结合，可有效降低来自后方车辆的前照灯强光。

整车智能座舱的玻璃具备调光功能后，可与座舱内智能设备联动，场景化增强用户体验，如：在车内小憩时，整车光线变暗（见图 2），保护车内隐私的同时，降低太阳光侵入车内，用户可快速休息；配合车内车外传感器，根据车内当前温度、湿度、人员等，以及车外光照强度，调整适合于当前的合适光感；也可结合主机厂 AI 大数据，在地域、季节、人群中，定义不同的调光应用场景，可随时进行 OTA 智能升级更新。

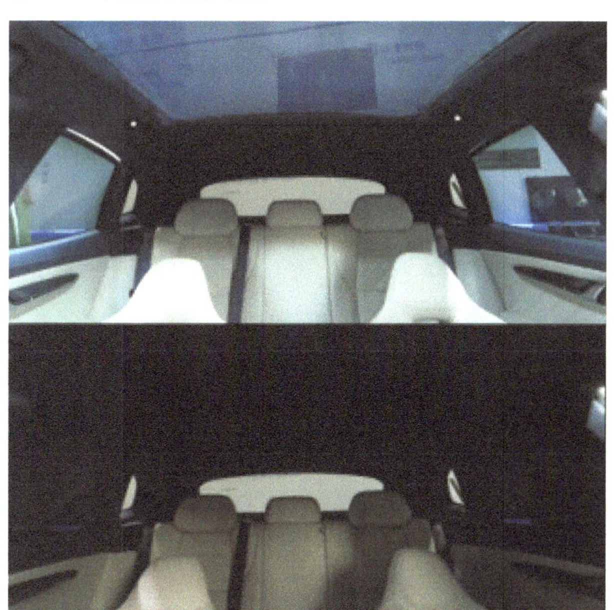

图 2　天幕 + 后侧窗调光明暗态对比

3. 节能环保、节省车内空间

光羿电致变色智能调光薄膜技术，低驱动电压（＜1.5V），断电维持稳态，调光过程每平米薄膜功耗仅为 0.4W，可以用极低的功耗驱动玻璃调光，达到防晒与保护隐私的效果。

此技术在天幕和侧窗的应用，为车辆设计带来了更多的优势。通过在这些部位引入调光功能，可以成功地节省后排纵向和横向空间的遮阳帘布置，分别节省了 6 ~ 10cm 的空间。这些节省下来的空间可以用于增加更多设备或电池的布置，从而显著提高了智能座舱的空间利用效率。

4. 可量产的黑灰色光羿电致变色（EC）智能调光薄膜

（1）技术创新

1）黑灰色突破：通过研究逾 1000 多种分子结构，成功创造了一种全新的材料，实现了对 380 ~ 750nm 整个可见光波段全光谱的均匀吸收与变化，在全球范围内，第一次实现在电致变色天幕玻璃中采用黑灰的中性基色。

2）产品形态：突破传统电致变色材料限制，开创性采用全固态电解质和 PET 柔性薄膜基底，可制作大面积曲面产品，大幅扩展了产品的应用领域。基于薄膜的电致变色器件可以很容易地切割并封装到具有任何曲率和不规则形状的玻璃中，可满足整车对不同位置玻璃的调光需求。

3）降本提效：采用独家研发卷对卷（R2R）生产工艺（见图 3），自研 1.6m 宽幅产品涂布生产线，是全球唯一实现电致变色大面积曲面产品量产的企业。截至目前，电致变色智能调光薄膜以 10m/s 的速度在快速生产下线，已生产超过 30 万 m^2，使用场景在不断扩大。

图 3　黑灰色光羿电致变色（EC）智能调光薄膜正在通过卷对卷技术量产中

（2）应用案例

2023 年 4 月，蔚来 EC7 首批装配光羿 EC 智能调光天幕车型交付投入市场。

2023 年 6 月，蔚来 ET5T 首批装配光羿 EC 智能调光天幕车型全球发布并交付投入市场。

2023 年 9 月，蔚来 EC6 首批装配光羿 EC 智能调光天幕车型全球发布并交付投入市场。

软安开源软件成分分析工具系统

软安科技有限公司
作者：张炜，李斐

1. 产品背景介绍

近年来，开源技术在各领域得到广泛应用，在推动科技创新和数字化转型方面发挥着积极作用，但也面临安全可控等诸多风险。2021 年 11 月，工业和信息化部发布《"十四五"软件和信息技术服务业发展规划》，提出了开展软件数据安全、内容安全评估审查，加强软件源代码检测和安全漏洞管理能力，提升开源代码、第三方代码使用的安全风险防控能力。中证协于 2023 年发布《网络和信息安全三年提升计划（2023—2025）》征求意见稿，计划在 2023 年底前制定及完善第三方合作的合规管控机制，持续对第三方系统开展全方位的安全检测监控。

同时随着汽车行业的发展，开源软件在车辆的电子化和智能化方面发挥着越来越重要的作用。然而，开源软件的使用也带来了一系列的挑战，其中之一就是开源软件的成分分析。

软安开源软件成分分析工具系统（以下简称软安 SCA），是一款用于开源软件治理的软件成分分析工具，通过多种检测技术，利用自主可控的分析引擎和强大的基因库，提供开源软件资产识别（SBOM）、安全风险分析、许可合规检测、漏洞告警及开源软件管理等功能（见图 1）。软安 SCA 旨在帮助主机厂和供应商对其使用的开源软件进行全面的质量把控。通过该工具，用户可以快速识别和验证车辆系统中所使用的开源软件组件及其相应的许可证信息。工具使用先进的算法和技术，能够自动扫描车辆软件中的开源组件，提取其元数据，并比对相应的许可证数据库，以确定软件的合规性和可用性。

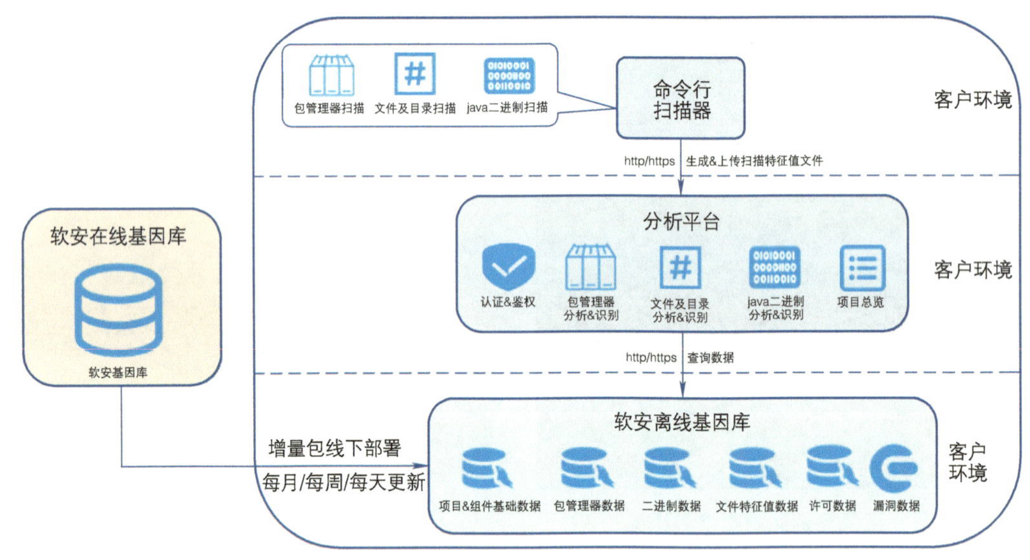

图 1 软安 SCA 业务流程

2. 产品技术优势

（1）更全面

1）多重检测场景：软安 SCA 在支持数十种开发语言检测的基础上，同时支持文件目录检测、片段代码检测、二进制检测及容器镜像检测，全方位覆盖开源软件治理不同阶段、不同场景的检测需求。

2）多样检测技术：软安 SCA 专家团队拥有多项相关专利，并发明落地多项先进技术，例如滑动哈希算法、知识图谱、递归解析技术、AI 赋能基因库数据治理等，依靠核心技术能力夯实产品基础，保障产品高精准、高深度、高性能。

（2）更精准

1）100+ 层文件目录检测：通过优质数据选型、

高质数据清洗、精准算法匹配等方式，动静结合分析开源资产，避免单一检测链造成的漏报。

2）RASA 组件漏洞定位（见图 2）：软安 RASA 漏洞库通过专业的数据运营能力，可定位漏洞影响的具体组件及版本，帮助用户快速、低成本修复漏洞。同时，软安 SCA 基于此精准定位能力，提供新漏洞预警功能，帮助企业持续监控、快速响应，避免重大安全事件的发生。

（3）更快速

1）检测项目更快速：通过行业领先的识别检测技术和算法，进行精准快速的依赖关系、特征值及哈希检测，平均每个组件的检测速度为 200ms。

2）漏洞响应更及时：在线漏洞库每小时更新数据，并及时通知到用户，做到新风险及时响应。

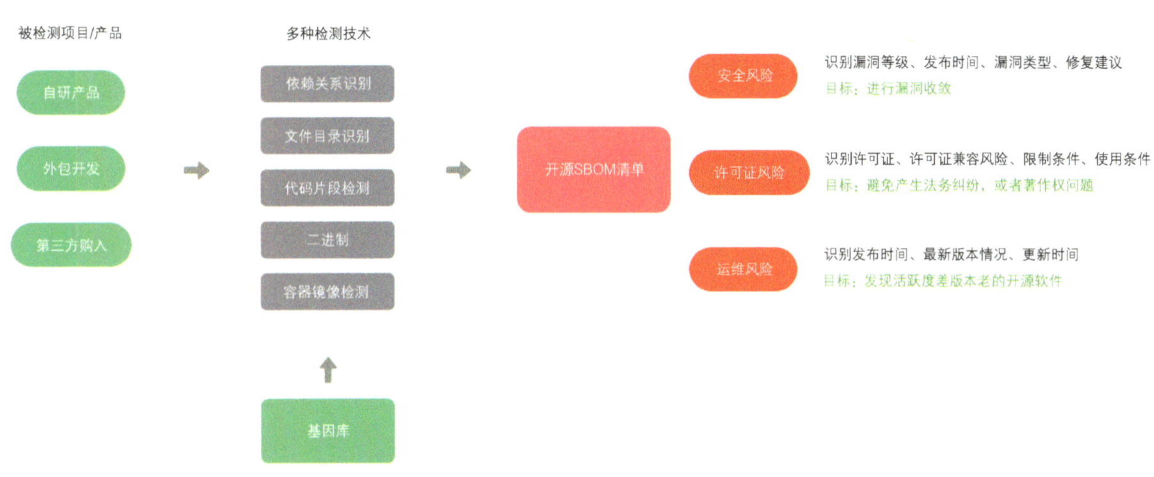

图 2　软安 SCA 核心功能路线

3. 应用价值

（1）合规性管理

许多国家和地区对车辆中的开源软件使用提出了严格的要求。软安 SCA 帮助用户全面识别和验证车辆软件中使用的开源组件及其相应的许可证信息。通过工具的报告和建议，用户可以确保软件的合规性，避免侵权和法律风险。

（2）安全性评估

开源软件使用的普及对汽车系统的安全性提出了新的挑战。软安 SCA 帮助用户发现开源组件中潜在的漏洞和安全风险。通过及时修复和更新开源组件，用户可以提高软件系统的安全性，降低被黑客攻击的风险。

（3）供应链管理

在汽车行业，供应链管理是非常重要的一环。软安 SCA 帮助主机厂和供应商更好地管理其供应链中的开源软件使用。通过对供应链中的开源组件进行分析，用户可以了解整个供应链的合规性和安全性情况（SBOM），确保从供应商到最终产品的所有开源组件都符合要求。

4. 客户群体应用场景

（1）主机厂

主机厂可以使用开源组件成分分析工具来管理其车辆软件中的开源组件，确保合规性和安全性。工具可以帮助其满足国家和地区的法规要求，并提高产品的竞争力和信誉度。

上游软件和系统供应商在汽车供应链中扮演着重要的角色，他们也需要确保其提供的开源软件组件符合要求。开源组件成分分析工具可以帮助供应商管理其开发的软件中的开源组件，为其提供合规性和安全性的保证。

（2）软件开发公司

许多软件开发公司为汽车行业提供定制化的软件解决方案。他们可以使用开源组件成分分析工具来确保所开发的软件中的开源组件的合规性和安全性，为客户提供高质量的解决方案。

（3）上游服务供应商

服务提供商可以利用开源组件成分分析工具来为汽车行业客户提供专业的开源组件分析和管理服务，帮助客户确保其软件系统的合规性和安全性。

东和邦泰智能座舱解决方案

深圳东和邦泰科技有限公司

作者：杨波

1. 智能双目限高防撞预警系统

（1）创新成果

现如今，限高防撞预警系统已经广泛应用于城市交通管理中，超高车辆的潜在风险越来越高，碰撞往往发生在不经意间。原因大致分为 4 种情况：①驾驶员由于缺乏大型车辆驾驶经验，忽视限高设施；②驾驶员注意力不集中（如看导航、玩手机、疲劳等），忽视限高设施；③部分限高设施没有明确标识高度；④部分限高设施标识高度不准确（或者限高设施故障，高度变低）。

东和邦泰基于双目立体视觉获取空间障碍物信息，通过对图像进行处理计算，能够确定在定义的检测范围内是否存在限高装置。在限高装置区域通过视差值可以推算出限高装置的距离信息，进而能够为报警或制动提供先决条件，及时将报警信息通知驾驶员或对车辆进行制动操作。

（2）应用案例

公司为上汽大通房车开发竖向双目限高防撞预警系统（见图 1），产品持续升级迭代，为广大客户带来了安全、放心的驾驶体验。

2. 汽车中控仪表一体机

该系统包含整个硬件系统、软件生态及后期的服务运营，是典型的软硬一体化产品（见图 2）。

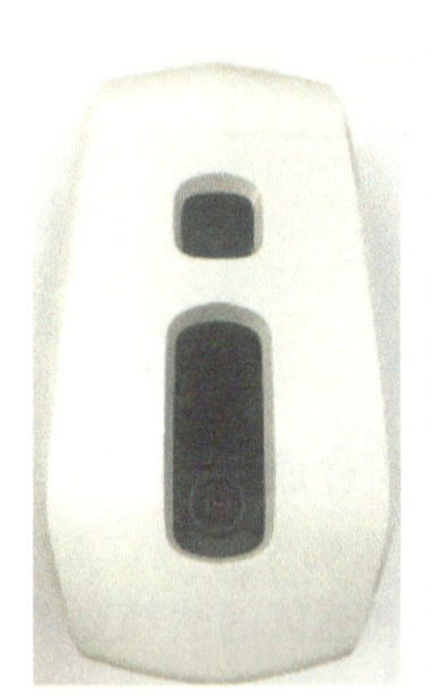

图 1　实物及装车图

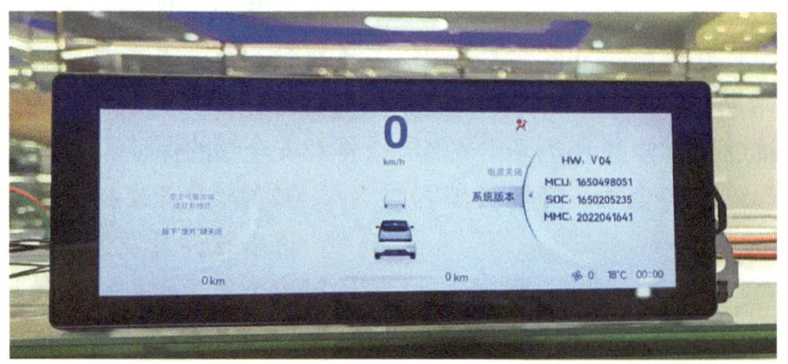

图 2　新能源中控仪表一体机

3. 三路流媒体系统

（1）创新成果

三路流媒体系统由流媒体内后视镜总成、左右盲区摄像头、流媒体后拉摄像头总成、视频信号电线组成，左右摄像头采用 LVDS 信号，后拉摄像头采用 AHD 信号；可同时显示三路视频实时画面，也可单路显示后拉摄像头画面，左右转向时切换对应方向摄像头显示画面。

（2）应用案例

公司为上汽大通房车开发三路流媒体系统，产品持续升级迭代，为广大客户带来了安全、放心的驾驶体验（见图 3）。

图 3 三路流媒体系统

4. 组合仪表

（1）创新成果

组合仪表采用国产 SOC 芯片 AMT630H，在满足客户需求，符合整车行业规范的前提下，使用平台化、模块化、稳定可靠的软件架构。组合仪表为 7.84in（1in = 0.0254m）屏，分辨率 1280×400，布局以 HMI 的输出为准。主要采集接受车辆信号，对信号进行计算处理，显示相应的信息。

（2）应用案例

公司为鑫源汽车开发的液晶组合仪表产品，产品持续升级迭代，为广大客户带来了安全、放心的驾驶体验（见图 4）。

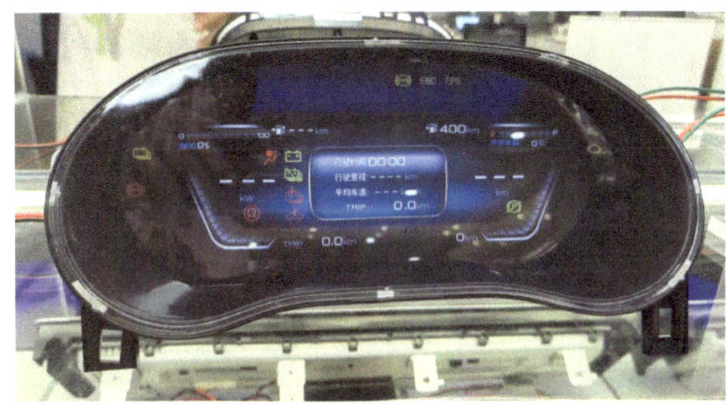

图 4 新能源液晶仪表

5. 22in 智能管家屏

（1）创新成果

智能管家屏的实际尺寸是 21.5in，分辨率均为 1920×1080；屏幕显示信息通过串行 - 解串方案设计；显示屏包含触摸功能（多点触摸），触摸信号由主机通过 I2C 读取；屏幕背光信号、诊断信号、配置参数等，与主机通过 I2C 通信交互；屏幕电源由整车供电，电源使能信号由主机控制；1 个 HOME 硬按键，输出给主机用于控制屏幕的开和关；接受工规屏幕；刷新频率 60Hz；静态电流 < 0.5mA。

（2）应用案例

公司为上汽大通房车开发智能管家屏系统，产品持续升级迭代，为广大客户带来了安全、放心的驾驶体验（见图 5）。

6. 12.3in A 柱流媒体系统

（1）创新成果

该流媒体系统采用 12.3in 显示屏，支持 1080P/720P 信号输入。左右 2 个显示屏解决驾驶员的盲区，支持安装 4 ~ 6 个摄像机。每个 LCD 屏上分两区域显示（1/3 区域和 2/3 区域）。低于 20km/h 时，可切换到前盲区画面（取自 CAN 数据车速，自动转换）。显示的视频画面支持任意裁切。可视角度比原始后视镜的大，减少盲区。摄像头用超低照度 CMOS 进口高端芯片 IMX307/225，夜晚效果更突出。防眩效果自然，不影响驾驶员驾驶。产品小巧，独家私模；取代原始后视镜，减少车身风阻。

选配：支持超声波传感器、记录仪等功能，接口丰富。

定制：安装一个横屏时，显示三区域视频画面。

第二代产品：融合“AI”人工智能的功能，增加 BSD、DMS 等功能，适应大客车、公交车、校车、特种车等商用车。

（2）应用案例

公司为金龙开发流媒体系统，产品持续升级迭代，为广大客户带来了安全、放心的驾驶体验（见图 6）。

a) 外观图效果图

b) 前后双屏显示

c) 显示效果

d) 正面一体黑色效果

图 5 装车效果图

图 6 装车效果图

5G 高算力智能模组（SRM930）助力智能网联汽车——数字座舱模块化解决方案

美格智能技术股份有限公司

1. 案例简介

过去，对大部分人来说，汽车只是出行代步的工具。然而，随着万物互联时代的到来，汽车已逐渐成为人们的“第三生活空间”，其主要属性将不再只是“驾驶”，更是通过智能网联在车内实现“智慧生活”。

将车载信息娱乐系统、导航系统、人机界面以及其他服务整合在一起进行集中运算，需要很强大的网络连接支撑。5G 技术具备高可靠、低时延、大带宽、广连接的特性，以及 5G 云、边、端协同计算带来的众多优异特性，可以提升车载娱乐体验、出行安全以及出行效率三方面的体验。通过实时更新路况及 3D 高清地图信息，实时获知自身所处的准确位置以及车道变化，避免不必要的拥堵，从而大大提升出行效率。

高算力的 AI 技术让座舱更加智能化，可以实现驾驶员识别、疲劳驾驶监测等功能。通过车载摄像头识别驾驶员信息，自动调节椅背、调整车内温度、播放音乐等。同时，车辆内的 AI 还能借助语音助手帮助驾驶员解放双手，专注于驾驶，更好地保护使用者的出行安全（见图 1）。

图 1　5G 智能模组 SRM930

随着新能源车型逐渐进入大家的视野，大屏、多屏及酷炫的应用程序刷新了大家对智能网联的认知，传统的方案在性能、价格及迭代速度方面已经无法满足需求。

针对智能网联的场景需求，美格智能推出了一系列 Android 系统的 5G 智能模组及解决方案，采用模块化设计理念，极大地缩短了客户的开发周期，提升了产品的迭代速度，大幅度降低了成本。同时该方案有很好的开放性，可以更加便捷地引入行业前沿的技术，比如人工智能、AR/VR 等（见图 2）。

2. 典型经验（模组及软件解决方案）

SRM930 5G 高算力智能模组采用了高通 QCM6490 平台，搭载高性能 GPU，可以实现“一芯多屏”、多屏联动、多屏触控，可以支持高分辨率显示及 3D 渲染。同时，SRM930 可以接入多路摄像头信号，能够实现倒车影像快速显示以及 360 环视拼接等应用（见图 3、图 4）。

在 AI 算力方面，SRM930 综合算力可达 14Tops，较 SRM900 提升了 5 倍，可以满足驾驶员行为检测、车道车距确认、交通标志及行人 / 障碍物识别的算力要求，可以媲美 L2 自动驾驶芯片（见图 5）。

图 2　应用场景

#	软件功能	描述
1	Android 操作系统	
2	单屏、双屏、三屏显示	DSI+USB Type-C DP，mipi 与DisplayPort 分屏
3	Camera CSI virtual channel	支持多路摄像头接入，AVM，DMS，DVR....，支持Android原生API接口
4	多摄像头共存	8-13路
5	快速倒车摄像头显示	2~3s 显示
6	BSP驱动支持	serdes 加接串芯片，屏与摄像头外设，PCIe转接芯片，各类传感器芯片...
7	智能手机互联（Carplay，Carlife，...）	USB role-switch, full-color-range video, audio latency, 兼容ITU1100/1101
8	蓝牙、WiFi共存	
9	音频方案	I2S，A2B，音频通道配置
10	温宽的优化	
11	冷启动速度优化	<20s
12	系统稳定性优化	

图 3　软件功能方案

图 4　数字座舱效果图

基本信息		
封装特性	LGA 392 pin	PIN向前兼容
尺寸(mm)	47mm x 48mm x 3mm	兼容 SRM900
OS	Android 11.0 ~ Android 15 (2028)	
CPU	1xA78@2.7GHz + 3xA78@2.4GHz + 4xA55@1.9GHz ；100k DMIPS	6nm
GPU	Adreno 635; 1126 GFLOPS	
Memory	4+64 / 8+128	DDR4 eMCP
频段配置	EMEA (2G/3G/4G/5G NR)	
WLAN / BT	2.4G & 5G, 802.11 a/b/g/n/ac/ax ; BT5.2	支持 WIFI 6
GNSS	GPS / Beidou / Glonass / Galileo ； L1+L5	
cDSP	2 x HVX , 4K HMX	> 10 Tops
Video	4K@60fps / 4K@30fps ； Decode / Encode H.264 , H.265	
接口信息		
Display接口	MIPI DSI+Display Port ；FHD+(1080*2520) @ 60/90/120 Hz	
Camera接口	5xMIPI CSI ; 3xISP ; （22MP+22MP+22MP or 64MP ZSL）@30fps	
USB 接口	1xUSB3.0 + 1xUSB 2.0 ; 支持OTG	
扩展接口	UART ; I2C ; SPI ; ADC ; 2xSIM ; SDIO ; GPIO ; I2S ; 1xPCIe 1L, 1xPCIe Gen 3 2L	
天线接口	4 x 5G/4G天线 ； 1 x GNSS天线 ； 2 x WIFI/BT天线	

图 5　SRM930 模组参数

公司已与多家头部新能源车企展开了合作关系，搭载了美格智能 5G 高算力 AI 智能模组与智能座舱解决方案的车已经实现大批量商用。

3. 创新点

（1）以 SoC 芯片为核心的座舱域控制器方案可以控制座舱内所有部件

1）高运算能力与高通信带宽，能提供更丰富的交互功能。

2）软硬解耦、域内集中，便于后续软件 OTA 升级。

（2）方案

1）模块化设计理念：缩短客户开发周期，降低成本；方案齐全，兼容搭配高中低，兼容 5G 通信。

2）一芯多屏：仪表、娱乐、中控。

3）兼容 Linux 和 Android 生态：开发灵活成本低、生态应用丰富、支持前沿技术。

4）多摄像头 +AI 算力强。

5）安全性有保障。

4. 公司发展逻辑、定位

（1）逻辑

练好内功，积极向世界级企业学习，与世界级企业合作，时刻保持与世界最领先技术站在同一起跑线上，为客户创造更大价值。

（2）定位

放弃碎片化市场，更聚焦。坚持走“模组 + 智能定制化”解决方案的产品战略。

第 15 章
智能网联汽车测试与示范方向技术研究创新成果

国家智能网联汽车（武汉）测试示范区成果展示

武汉经济技术开发区双智办公室
作者：朱晓寒，张于威，吴海平，张晗，杨红军

国家智能网联汽车（武汉）测试示范区坚持以习近平新时代中国特色社会主义思想为指导，深入贯彻落实党的十九大、二十大以及省第十二次党代会精神，按照省委关于“突破性发展新能源与智能网联汽车产业、着力打造世界级产业集群”与“推动智能网联汽车与智慧城市协同发展”的重要指示要求，以国家工信部和住建部有关“智慧城市基础设施与智能网联汽车协同发展试点”等获批的多个国家级创新战略使命为契机，大力推动传统汽车产业向智能网联汽车与智慧城市融合发展转型，取得了大量有价值的积极成果，获得部委、行业、其他城市和企业的好评，被誉为智能网联“武汉实践”。

1. 构建了完备的组织保障体系

结合示范区试点工作需要，在武汉市级领导的统筹指导下成立了由多个部门参与的市联合工作组，作为开展相关工作的有效组织保障，负责统筹推进各项工作，研究解决试点工作中出现的重大问题。试点核心承载区——武汉经开区也成立了由主要领导挂帅的“双智”工作领导小组，协调全区各部门形成工作合力，设立“双智事业部”实体部门高效推进试点工作落地落实，为开展相关工作提供有力组织保障。

同时，武汉市制定了《武汉市智能网联汽车道路测试和示范应用管理实施细则（试行）》作为总体实施指导规范。该实施细则优化了牌照申请流程的条款，大大加快了自动驾驶牌照的申请速度，大幅降低企业的成本支出。

2. 打造了国内领先的智能基础设施

示范区已经建设完成了 106km 基于开放标准的智能道路（见图 1），智能化改造路口 96 个，道路类型涵盖城市快速路、主干路、次干路、支路及四环高速等。

武汉智能道路建设遵循“低成本、广覆盖、重应用、强监管”原则。路侧设施布设依据不同道路等级，在有测试需求及场景的路口和路段针对性布设通信及感知设备，其余道路根据条件增加视频覆盖。其中，通信基础设施有 11736 套 ，主要包括通信基站、OBU、RSU、CPE、车载智能终端等通信设备，实现了基于 5G/LTE-V/Lora/ 有线光纤的多组网模式的多业务网络覆盖，支撑车城网智慧应用的多样性通信需求；感知基础设施有 1068 套，包含雷达类、视频类、物联感知类等设备，实现城市、道路、道路交通参与者全要素精细化感知，支撑车城网平台的智慧交通、车路协同、智慧城市等应用的实现。

图 1 智能网联汽车正在示范区智能道路进行测试

示范区智能道路创造了多个国内第一：国内第一个大规模采用 5G 进行路侧“无光纤”通信、第一个大规模采用车端 5G OBU 与北斗 RTK 模组融合方案、第一个大规模采用 5G RSU 和 5G OBU 进行车路协同应用、第一个将 CA 系统进行车联网工程化部署的示范区。

示范区还构建了北斗高精定位网、车路协同 5G 专用网和能源网；建设了 10 个北斗高精度定位基准站，实现示范区乃至武汉市全域范围内北斗高精度 RTK 实时定位信号覆盖，提供持续动态、连续、高可靠性、全天候米级、分米级、厘米级等多层级高精度位置 RTK 数据服务；建设了高可靠低延时的车路协同 5G 专用网络，已建成的 5G 通信网络是国内最大且网络性能最好的 5G 车联网专网，实现了从车端到路侧端到基站的全 5G 专网通信。全市建成且运营的充电桩共计 17.19 万个，累计建设集中式充（换）电站 1186 座，其中充电站 1149 座，换电站 37 座。在试点核心承载区域武汉经开区建成 1.457 座充

电桩，其中直流桩 1785 座，交流桩 12784 座，有力地支撑了新能源汽车的推广和智能网联汽车示范应用的测试运营。

3. 开放了场景丰富的测试道路

在首批“双智”试点的城市中，武汉示范区在开放测试道路里程、开放行政区域数量、累计发放测试牌照、车城网入网车辆等关键指中均排名第一。截至 2023 年 10 月，武汉先后开放武汉经开区、汉阳区、江岸区、硚口区、东西湖区、青山区、江夏区、东湖高新区智能网联汽车测试道路 1845.91km（双向里程 3691.82km），覆盖超过 $1400km^2$ 区域。武汉市智能网联开放测试道路呈现长江南北两翼齐飞的发展格局，先后实现“华中首个全域开放的行政区”“全国首次跨区通行”“跨江同行”“机场高速同行”等多个创新突破。

4. 建设了全国领先的封闭测试场

武汉智能网联汽车测试场（见图 2）于 2023 年正式启动运营，是国内领先的智能网联汽车测试场，也是全球唯一一个 T5 级测试场与 F2 级赛道相结合的封闭测试场，总投资 40 亿元，占地面积达 1312 亩（1 亩 = $666.6m^2$）。

测试场主要用于智能网联汽车的研发、检测、认证等服务，场景丰富完备，拥有 4 个测试实验室群以及高速及极限性能测试区、极端环境测试区、城市交通场景测试区、乡村交通场景测试区、自动泊车测试区、山路模拟测试区、多功能测试区（虚拟测试广场）、城市高架匝道场景测试区、极限竞速测试区等 10 大测试区，可组合形成 130 余种测试场景。全场部署了满足感知需求的路侧激光雷达 8 套，交通事件检测枪球联动一体机 2 套，雷视多维感知一体机 15 套，用于 V2X 通信测试的智能路侧终端 46 套，灵活搭建测试场景的一体化弱势交通参与者预警单元 3 套，模拟城市道路场景的固定交通信号机 3 套，交通信号灯 8 套，车辆网联化改造设备智能车载终端 13 套。

图 2　武汉智能网联汽车测试场

依托该测试场，武汉市正开展建设武汉智能网联汽车检验测试公共服务平台工作，充分发挥国家智能网联汽车质量检验检测中心、国家燃料电池汽车质量检验检测中心的平台优势，着力将该测试场打造成为场景最多、功能最全的集智能网联汽车研发、检测、认证、赛事服务为一体的智能网联汽车测试场。

5. 打造了统一的“双智”云服务能力

为服务智慧城市基础设施与智能网联汽车协同发展，示范区开展了武汉经开区城市智能化基础设施建设，与中国电子云合作建设了中国电子云大数据中心。

依托中国电子云自主核心安全技术体系，以统一云底座支撑智能网联汽车、智慧交通、智慧城市等相关应用平台的部署、测试、试验，构建“双智一朵云”，为双智应用及产业发展提供全面、稳定、安全的云数服务。

中国电子云大数据中心，总体规划三期建设约 2 万个标准机柜（18A/20A），总建筑面积 13.26 万 m^2；并依靠武钢电网高标准的电力基础设施，具备高可靠、稳定保证的供电资源。目前，一期已建成投运 2224 个机柜，并已承载示范区开放道路测试综合管理系统、城市与车联网大数据融合系统、封闭测试场基础测试系统和运营调度系统四大平台。数据中心具备充足的电、水、土地、网络能耗资源，支持扩容至 20 万个机柜。

6. 建成了国内首个车城网平台

示范区打造了全国首个车城网平台——武汉车城网（见图 3）。武汉车城网以数字孪生技术实时融合车联网、城市物联网动静态数据，推动了智慧城市服务智慧交通、智能公交、自主代客泊车、车路协同、智能网联汽车安全监管、交通诱导等多种应用的测试与落地，接入武汉自动驾驶、武汉社会车辆、经开区全域智能公交车及 1500 余个停车场等数据，为多家运营商开展无人驾驶开放道路测试提供了安全监管服务，并将城市环境信息、停车场信息、信号灯数据实时推送给智能网联汽车，为优化公交线路运行和车站布局提供支持，在智慧出行、智慧交通、智慧城市等管理场景产生了良好的社会经济效益。

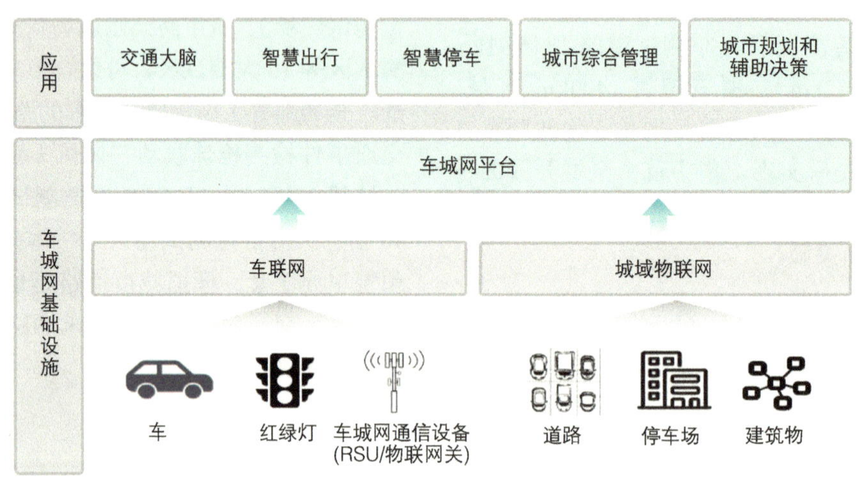

图 3　武汉车城网架构示意图

武汉车城网平台还是国内首个示范区与交管部门实现数据互通的案例，实现了与武汉市交管系统互联互通，实现了城市全面感知和车城互联，形成了车城融合一体化基础能力体系。2021 年武汉车城网被选为优秀案例，跟随住建部参加数字中国展会向全国推广。2023 年武汉车城网入选《智慧城市基础设施与智能网联汽车协同发展最佳实践案例集（2022—2023）》。

7. 开展了全国规模最大的自动驾驶商业化试点

（1）开展全域智慧公交示范应用

在武汉经开区范围内，通过加装 236 台存量公交车与引入 5 台 ADAS 公交新车，利用自动驾驶与车路协同技术，实现公交智能化，提升车辆运行安全与可行驶效率，提高公交司机智能驾驶的便捷性；同时通过车城网平台的算法与数据赋能公交运营，优化运营调度效率，提升乘客出行体验。

在军山新城投入了 20 多辆东风悦享自动驾驶接驳车（见图 4），完成春笋至小军山地铁站等 9 条路线自动驾驶路线的部署，实现 7×24h 常态化运营，为市民提供免费的接驳服务。

图 4　东风悦享春笋号自动驾驶接驳车

（2）开展全国最大规模自动驾驶出租车商业化示范应用

2022 年 5 月，百度萝卜快跑公司在武汉先期投入了 10 台主驾有人车辆运营。2022 年 6 月，武汉在全国率先发布自动驾驶全无人商业化试点政策，并发放全国首批无人化示范运营资格，允许基于 5G 远程控制方式实现车内无安全员的自动驾驶车辆在社会道路上开展商业化服务。在之后的半年里，武汉经开区无人驾驶运营服务实现了三级跨越：2022 年 8 月，武汉经开区开启中国首批全无人自动驾驶商业化出行服务；同年 12 月，实现全国首例跨区通行、全无人驾驶夜间运营。

目前，武汉萝卜快跑已拥有全国规模最大的 Robotaxi 车队（见图 5），运营区域包括长江北岸“大汉口”和“大汉阳”片区的多个区域，用户体量不断增加，中高频用户随之快速增长，为广大市民提供了智能便捷的自动驾驶出行服务。

图 5　百度萝卜快跑在武汉经开区军山新城运营

（3）开展国内首个面向市民的车路协同智能后视镜示范应用

2021 年 6 月，示范区面向武汉市民发出招募车路协同“首席体验官”的公告。最终有近 2 万市民报名参与，1 万人被选中成为“首席体验官”并在私家车上安装了示范区定制版车路协同智能后视镜。依托武汉车城网平台，为这 1 万辆社会车辆提供红绿灯信息、绿波通行等多项车路协同数据服务。这也是国内首次社会车辆大规模参与的 V2X 车路协同应用落地。

8. 制定了首个城市级智能网联道路建设标准

依托示范区智能网联道路建设需求，2022 年武汉市发布了全国首个城市级智能网联道路建设标准《智能网联道路建设规范（总则）》，明确了拟开放用于智能网联汽车进行道路测试和示范应用的智能网联道路的建设目标、建设原则、建设流程，提出了道路安全风险等级评估方法，规范了智能网联道路准入要求以及智能网联道路建设总体要求。该标准实施后，为全市智能网联道路的风险评估和开放测试提供了重要的指导依据，大大提升了智能网联道路及准入测试的整体安全性。

示范区完成了《车城网平台感知设备接入技术导则》的报批工作。另外，《车城网平台感知设备接入技术要求》导则已上报国家双智办，《车城网平台建设规范》《智能网联道路运营标准》《智能网联道路建设评价标准》和《智能网联道路建设规范（总则）修订》4 项标准正在开展编制工作。

9. 培育了“主机厂 + 上下游产业链”的双智产业生态体系

示范区推动智慧城市与智能网联汽车“双智”联动发展，建立了 1 个院士工作站、23 个联合创新实验室和 1 个国家级智能交通技术创新中心，携手 195 余家企业组成“智能汽车与智慧城市协同发展联盟”。通过构建千亿级汽车产业基金群，建立了覆盖企业发展全周期的投资服务体系，培育产业发展、支持企业落地。

目前已落地新能源与智能网联汽车项目 67 个，总签约额达 2000 亿元，构建了“主机厂 + 上下游产业链”的产业生态体系，成为全国少有的具备新能源与智能网联汽车产业化和商业化能力的区域，新能源与智能网联汽车产业综合服务能力位于全国第一梯队。

同时出台多项人才落地激励政策，近年来累计投入人才资金超 3 亿元，引育博士近 1600 余名、各类专业技术人才和高技能人才 17.9 万名，年均吸纳大学生近 2 万人，带动项目投入总资金超过 170 亿元，产生直接和间接经济效益达 600 亿元。

综上所述，国家智能网联汽车（武汉）测试示范区在组织保障、智能基础设施建设、测试体系建设、车城网平台建设、商业化示范应用和产业培育等方面的探索取得了丰硕的成果，也获得了多部委的高度认可。在住房和城乡建设部、工业和信息化部组织专家组对第一批“双智”试点城市进行的评估考核中，武汉综合得分排名第二，与上海、北京共同评为优秀等级。在工信部主导的“2023 年全国智能网联汽车示范区能力评估”工作中，武汉示范区排名居前三，被评为“2023 年智能网联汽车测试示范区综合能力评估领先单位”“2023 年智能网联汽车测试示范区封闭场地测试能力评估精进单位”。2023 年 10 月，武汉智能网联实践创新成果入选商务部国家服务业扩大开放综合试点示范建设最佳实践案例。

2023 年以来，国家智能网联汽车（武汉）测试示范区也多次受到央视报道，其中包括央视新闻联播、2023 年中国国际服务贸易交易会直播等。第十五届中国汽车蓝皮书论坛、智能网联汽车创新与应用发展论坛、2023 中国汽车供应链大会等多场高端论坛在示范区召开。由国家科技部授予的自动驾驶国家新一代人工智能开放创新平台华中区域中心落户武汉经开区，示范区整体影响力得到进一步的提升。

东风悦享智能网联关键技术研究与应用成果

东风悦享科技有限公司

作者：曹恺

基于东风悦享科技有限公司技术创新及科研技术成果，公司提出的场景驱动下对功能型无人车场景识别和认知技术、车路协同决策引导方法以及异构场景自适应的功能型无人车决策规划技术已成为市面上主流功能型无人车平台自动驾驶系统的核心算法。

1. 场景驱动下的功能型无人车场景识别和认知技术

功能型无人车运营场景多元且场景切换频繁，现有感知、定位技术存在不同场景适应性差、复杂交互环境理解能力不足等问题。当前落地运营场景不全，无法涵盖所有道路场景，同时存在着场景样本纯度低、分布不均匀、概率不一致，新车型、新场景的自适应移植和迭代效率低的问题。

为了实现功能型无人车在多种运行域下的高效运营和快速迭代，公司开发了级联判别分类器的多约束靶向对抗网络增广技术，对自动驾驶场景进行识别和解构，挖掘前景和背景的场景特征。结合场景特征，公司提出了基于前景 - 类别对齐的域自适应目标检测技术和基于背景 - 类别对齐的多源信息融合定位技术，实现了感知和定位在多场景域下的泛化性和自适应切换。针对公开道路、园区道路和人车混流道路等场景前景和背景多样化、道路拓扑特征多样化的特点，公司提出了基于前景 - 类别对齐的域自适应目标检测方法，尤其提升了背景差异化较大的多元场景的小目标检测性能。通过前景背景混淆数据增强策略实现功能型无人车在公开道路、园区道路和人车混流等场景的目标检测功能迁移，保证目标检测功能在不同场景下迁移的稳定性和适应性。

2. 面向安全高效服务需求的车路协同决策引导方法

单车智能往往存在感知视野盲区、交通参与者任意度过大导致的安全风险，现有的调度方法也无法实现多样化服务需求下的多无人车协同决策引导。基于此，公司提出面向安全高效服务需求的车路协同决策引导方法（见图 1）。利用车载网联通信终端、路侧基础设施上传实时的融合感知信息，通过云端的统一计算优化，输出最优引导车道、引导车速、任务点分配等决策引导指令，实现全局视野下安全高效的决策引导。

图 1　车路协同决策引导方法架构

首先，基于历史交通流量等环境数据，应用长短期记忆网络对客物流量时间规律、热点路线、运营车速等多维尺度进行量化评估，构建适用于多样化服务需求的效率态势预测模型。其次，根据车端及路侧反馈运力分布、任务需求，计算得到效率态势预测模型下运营效率最优的运力配置、时间排班等信息。最后，基于统一计算优化实现多无人车的协同决策引导，以运力配置、时间排班为约束，基于环境动态信息，采用多目标遗传算法求解得到成本最优的决策引导指令（如路口通行优先级、任务点分配等）。目前，公司基于该方法已实现了全行业最完备的无缝化服务，在武汉军山春笋率先实现了安防、清扫、接驳等六大作业任务的协同决策，整体作业效率提升了 25% 以上。

3. 异构场景自适应的功能型无人车决策规划技术

功能型无人车运营在多种异构场景下，所述异构场景包含结构化信息完整的公开道路、交通规则约束较弱的园区道路、复杂的人车混流道路以及室内环境等多种道路场景，面临着安全性、舒适性、场景泛化性等诸多挑战；还包含巡逻、清扫、货运、载客等多样化的服务需求，承载着支撑实现高质量服务的任务。为了实现功能型无人车在多种运行域下的安全高效运营，通过场景认知和车路协同引导信息，东风悦享建立了基于安全势场的道路风险地图，提出了一种基于胶囊网络和交互注意力的无人车统一决策域与基于多层域约束的自适应动态轨迹规划方法，实现决策规划在异构场景下的泛化能力和自适应切换（见图 2）。

通过道路风险地图对异构场景信息的整合，构建了一种基于胶囊网络和交互注意力的无人车决策域模型，对环境、天气、交通流、服务等标签特征中的相关性进行建模，并采用了一种反向动态路由，将不同标签的上下文特征聚合成胶囊特征用于评分预测，统一了不同道路、运营、服务场景下的异构数据信息，减少了决策规划模块对不同场景的扩展性压力，提高了决策规划算法的计算效率，计算消耗时间减少了 70% 以上，消耗内存空间减少了 95% 以上，实现了功能型无人车在不同场景下的快速扩展与应用，提高了异构场景的适应性、实时性、安全性和作业效率。该方法实现了功能型无人车在不同道路场景、不同运营任务情况下的自适应无缝切换，在场景切换接管率，算法效率方面均优于国内外其他规划方法，提高了功能型车辆的运营效率和行驶经济性。

截至 2023 年 11 月，东风悦享科技有限公司商业化项目累计落地 15 个省，30 余座城市，无人驾驶车辆累计运营里程达到 76 万 km，运营时长 29 万 h，订单数量 2 万单，接驳人数 12 万人次，至今保持 0 事故安全运营，客户满意度优于 95%。

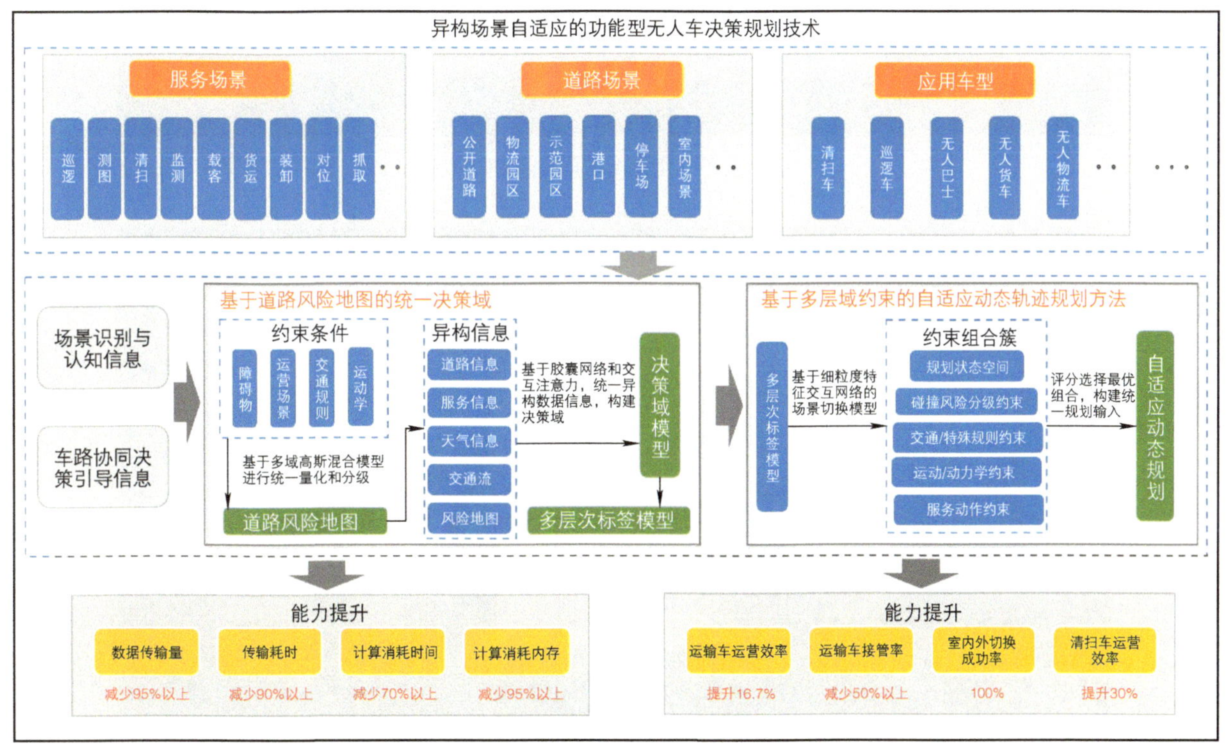

图 2　功能型无人车决策规划技术架构

百度 Apollo 开放平台 2023 年创新成果案例

北京百度智行科技有限公司

作者：宋德王，李新洲

1. 创新成果

百度 Apollo 开放平台自上线以来始终保持着创新和高频的自我迭代，从最开始聚焦于基础能力的搭建，走向侧重场景能力的发展，再升级为对平台工程易用性精益求精的追求。目前，百度 Apollo 已成长为全球最活跃的自动驾驶开放平台，拥有全球生态合作伙伴超过 220 家，汇聚全球开发者超过 100000 名，开源代码数超过 75 万行，覆盖超过 165 个国家。

2022 年 12 月 28 日，百度 Apollo 开放平台面向所有开发者，正式推出了 Apollo 自动驾驶开放平台的全新升级版本——Apollo 8.0，进一步夯实了平台的易用性，让开发者操作更简单、易上手（见图 1）。

2021 年 8 月，百度正式对外推出自动驾驶出行服务平台——萝卜快跑。萝卜快跑已在北京、上海、广州、深圳、重庆、武汉、成都、长沙、合肥、阳泉、乌镇等城市开放运营。萝卜快跑通过 46 项安全保障能力（见图 2）确保驾驶安全，使出行更安心；通过 59 项人体工程学出行服务设计（见图 3）提升用户体验，使出行更舒适。

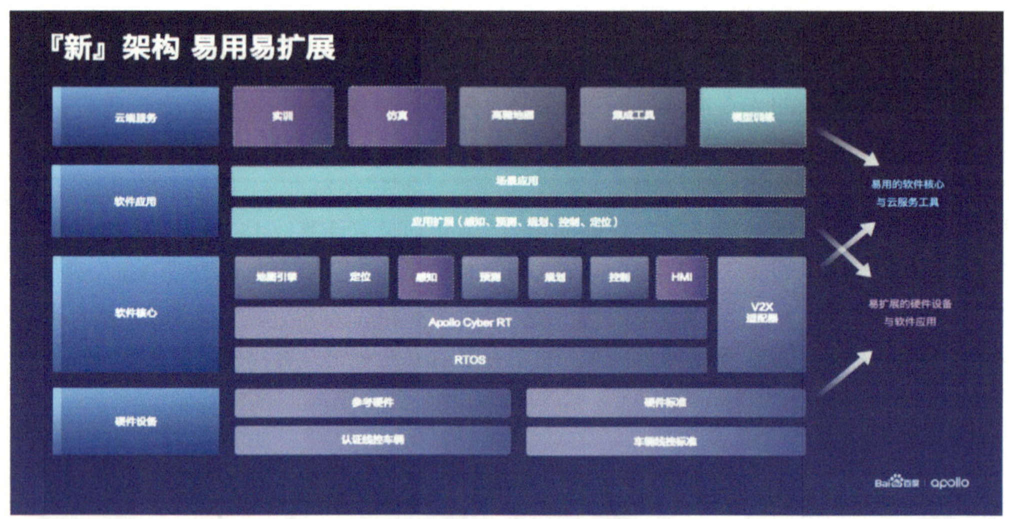

图 1　百度 Apollo 架构图

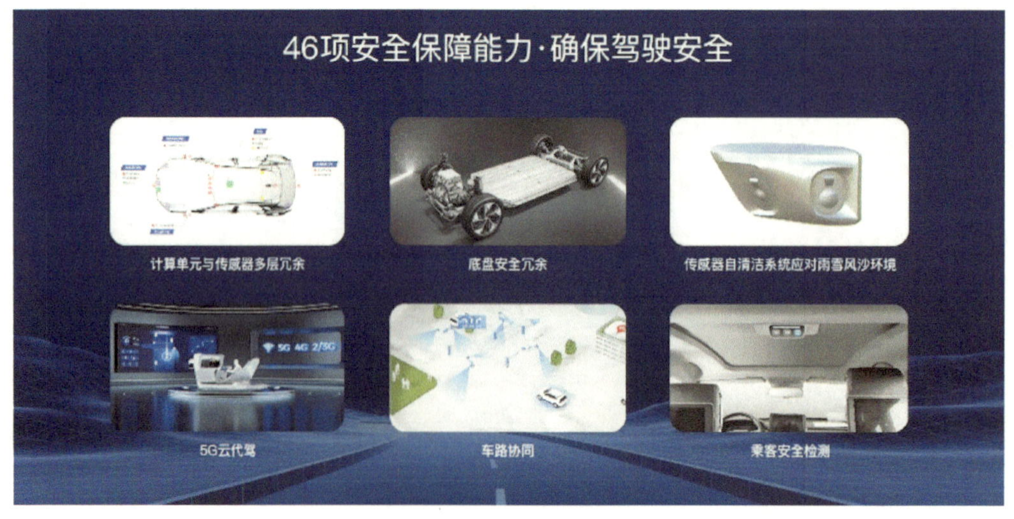

图 2　萝卜快跑安全保障能力

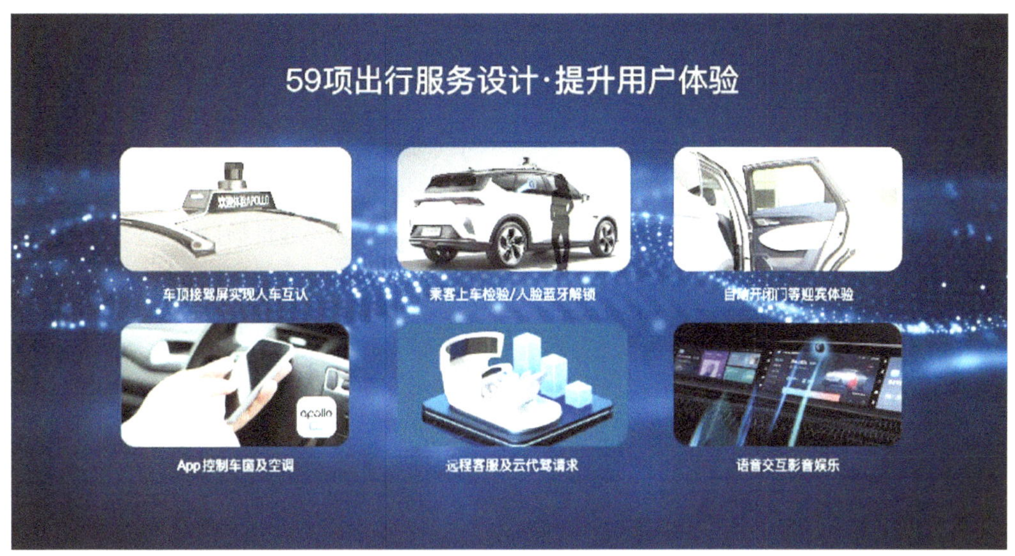

图 3　萝卜快跑出行服务设计

5G 云代驾是百度 Apollo 凭借领先的自动驾驶技术与 5G 新基建联合打造的远程控车解决方案，通过全面的安全分层设计，实时监测驾驶舱、网络、无人驾驶车辆状态，根据不同故障或风险等级做出安全处理。其实时响应的远程驾驶功能可做到毫秒级接入，高效应对真实道路上的多种复杂场景；可实现车端请求规模化派发，驾舱资源高效分配，应对车队级并发请求。5G 云代驾已为 Robotaxi、Robobus、智慧矿山、无人泊车等多种场景赋能。

2. 应用案例

“萝卜快跑”通过单车智能、监控冗余、平行驾驶和安全运营管理体系等多重措施，保障无人驾驶车辆在道路上的安全运行能力，全力确保乘客出行安全。2022 年 8 月，百度“萝卜快跑”作为唯一获得资格的企业，在重庆、武汉正式开启车内无安全员的自动驾驶付费出行服务（见图 4）。自 2022 年 8 月在武汉开启全无人自动驾驶出行服务至今，百度 Apollo 在武汉的车辆数、运营面积、覆盖人口均实现指数级增长：全无人自动驾驶车辆增加到 300 辆，提升了 60 倍；单程最长距离长达 95km；可运营区域面积从 $100km^2$ 扩展至 $1100km^2$；无人驾驶出行服务覆盖人口超过 400 万；武汉也已成为全球最大无人驾驶运营服务区。

图 4　萝卜快跑车内无安全员车辆在武汉提供服务

全无人自动驾驶运营区域扩大和车队规模增加的同时，运营效率也在提高，每车每千米的成本在不断降低。与此同时，萝卜快跑每日平均订单量和每笔订单收入均大幅增长。

2023 年 8 月 25 日，百度萝卜快跑宣布开通武汉天河机场的自动驾驶接驳服务，目前已开启用户邀约，受邀用户即日起可率先体验。现在在武汉天河机场，已经可以看到百度萝卜快跑自动驾驶车辆繁忙接驳的身影（见图 5），这是国内首次实现城市市区到机场之间的自动驾驶出行接驳服务，也是国内自动驾驶运营首次贯通城市道路和高速路线，百度也成为国内首个开通机场自动驾驶接驳服务的企业。

图 5　萝卜快跑在武汉天河机场提供接驳服务

国家级车联网先导区（浙江德清）测试服务工作创新成果案例

浙江德清莫干山智联未来科技有限公司
作者：唐绍春

1. 国家级车联网先导区（浙江德清）定位

首届联合国世界地理信息大会后，德清充分发挥地理信息产业优势，积极谋划“地理信息 + 车联网”融合发展，加速车联网开放创新的生态布局。2023 年 4 月 10 日，工信部正式批准并支持浙江（德清）创建国家级车联网先导区，德清成为首个以县域为主体创建的国家级车联网先导区。

在政策制度创新方面，发挥地理信息特色优势，率先发布了服务于自动驾驶地图采集、应用、传输和实时更新的自动驾驶测试服务七条意见，出台了国内首个智能车用地图数据省级标准 DB33/T 2391—2021《智能网联汽车　道路基础地理数据规范》和地方标准《面向自动驾驶的道路采集数据脱敏技术要求》，制定了支持高速公路、无人低速测试和商业化运营的管理实施细则及德清县牌照互认管理细则，率先推动长三角互认工作先行先试。

在基础环境构建方面，推动了车联网与地理信息基础设施有效融合，完成了双向近 380km 车联网基础设施铺设，建成城市级智能网联云控平台，实现了全域 5G 公网覆盖，完成了高精度北斗定位服务体系建设，实现了 520km 厘米级精度、全幅三维化、颗粒度细致的全场景高精度地图采集，获批了全省首个车联网直连通信频率使用许可，打造了适合 C—V2X 商业化落地的基础环境。

在场景应用方面，聚焦智慧交通、自动驾驶和数据应用等领域，推动公交、清扫、物流配送等车辆网联化改造，实现了部分线路车联网常态化运行。探索开展车路协同场景数据库建设与应用，支持奥迪等企业开展了开放道路车路协同和自动驾驶测试，加速智能化与网联化深度融合的自动驾驶技术演进。

在产业生态方面，搭建成集车联网检测认证、终端智造、共享服务等为一体的产业平台，初步形成了涵盖车路协同自动驾驶研发、智能驱动芯片和智能终端制造、功能型低速无人车生产、车联网运营、测试验证服务等环节的产业链。

根据德清县编制发布的《国家级车联网先导区（浙江德清）创建三年行动计划（2023—2025）》，将在提高基础设施覆盖率、提升应用渗透率、深化技术创新和产品研发和推动产业生态发展等方面持续发力，并重点构建可持续的车联网建设运营模式。

2. 国家级车联网先导区（浙江德清）测试服务现状

搭建了具备德清特色场景的“封闭 + 虚拟 + 开放”三层测试验证体系，形成更开放、更全面的测试环境，构建了集感知、研判、调度、验证、评价于一体的测试生态。

（1）德清智能网联汽车封闭测试场

德清智能网联汽车封闭测试场（见图 1）位于浙江省德清县高新区城北高新园砂村万亩大平台，总投资约 5.45 亿元，占地 500 余亩（1 亩 = 666.6m^2），是全省唯一一个既能满足单车智能测试又能满足智能网联测试的封闭测试场，主要模拟城市、乡村、隧道等交通环境，构建以智能网联为主的测试环境，为自动驾驶车辆上路许可提供研发、测试和验证支持。目前，测试场已完成一二期建设，三期已启动建设 1.18km 的长直线和 300m × 300m 的动态广场，可满足智能网联汽车 ABS、牵引力控制、车辆稳定性等测试需求，以及 120 ~ 140km/h 的高速测试。2022 年，交通运输部印发《交通运输支持浙江高质量发展建设共同富裕示范区的实施意见》，提出“支持德清等具备条件的测试场认定为交通运输部自动驾驶封闭测试基地”。

图 1　德清智能网联汽车封闭测试场

测试场已成功与奔驰等 25 家车企形成常态化合作，已向 20 家企业颁发了开放道路测试牌照（见图 2），其中有国内首批两张 L4 自动驾驶重型货车开放道路测试牌照，并且向 3 家企业颁发了道路运输许可证。封闭测试场累计营收超 2000 万元。

图 2　德清智能网联汽车开放道路牌照发放仪式

（2）德清城市智能网联云控平台

德清城市级智能网联云控平台是服务于车联网先导区的综合性服务与管理平台，以一套“智慧城市操作系统平台”、两个“核心应用”和一套“安全体系”为主架构，依托一体化智能化公共数据平台，高效融合公共数据与智能网联数据，形成了车路协同数据底座，为智能网联汽车测试和商业化试运营提供有力支撑，现已建成并投入使用，实现了可管可控。

通过上线城市级智能网联云控平台，并且在云控平台和路侧基础设施数据基础上，联合相关企业发布了“全国首个基于车路协同云服务的大规模自动驾驶场景库”，这是国内第一个使用真实交通数据生成、满足数据合规要求的自动驾驶场景库，将进一步加速我国自动驾驶成熟度提升以及车路云协同发展。

自动驾驶仿真场景库已成功上架 70 多个交通真实场景（见图 3），汇集超过 300TB 场景数据，吸引了超过 20 家自动驾驶公司进行测试。已有车企在使用过程中发现了规控算法部分的多项设计缺陷，并针对问题进行算法修复，算法迭代速度提升了 50%，测试的成本相对降低了 90%。

（3）开放道路测试服务

德清保持全国开放测试里程和车路协同里程两个最长，将全域 949.3km 道路纳入开放测试范围（见图 4），目前完成了双向近 380km 的智能化基础设施铺设，实现了 520km 厘米级精度、全场景三维化地图采集，获批了全省首个车联网直连通信频率使用许可，全面打造了适合 V2X 商业化落地的基础设施环境。

图 3　自动驾驶仿真场景

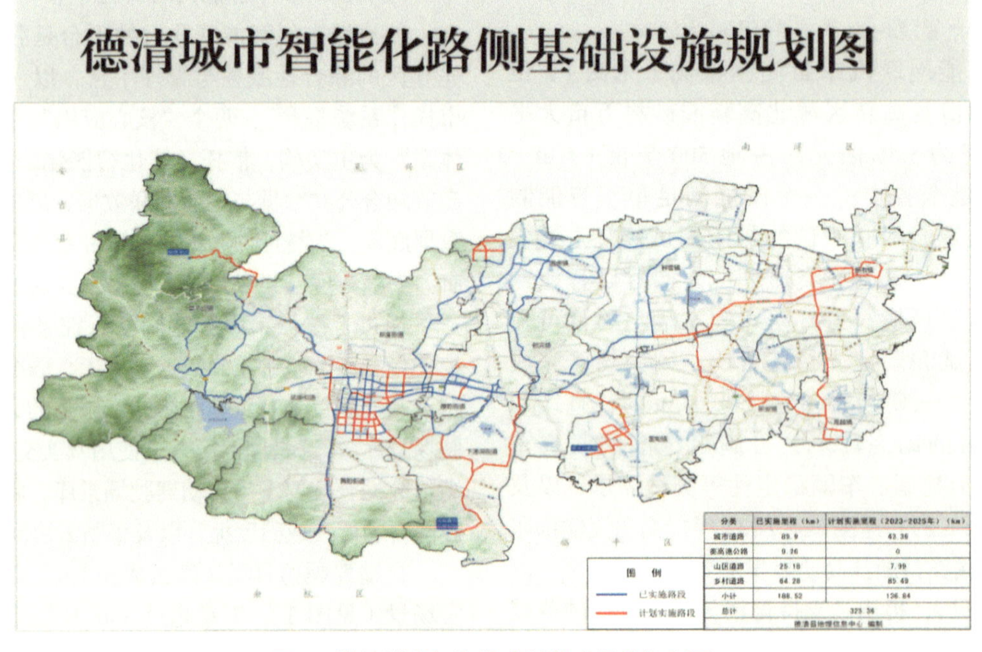

图 4　德清城市智能化路侧基础设施规划图

目前，阿里达摩院等多家企业已经在德清开展了开放道路测试，开放道路测试累计实现营收 520 余万元。

3. 国家级车联网先导区（浙江德清）未来展望

下一步，德清将进一步夯实测试服务体系，加快建成德清智能网联测试场三期，推动升级智能网联云控平台，持续完善前期已建路侧基础设施，形成基础设施全体系闭环，打造中国智驾之城。

到 2025 年，紧抓“地理信息 + 全域开放”两个特色，建设政策规制协同创新、关键技术突破、基础设施领先、应用规模化落地、运营模式可持续、产业链条完善的国家级车联网先导区。实现车联网通信网络和应用服务的全域全程覆盖，形成可复制可推广的建设运营模式，建立健全多级协同的政策规制体系，打造具有德清特色的“车 - 路 - 云 - 网 - 图”产业生态圈，形成“政策 - 技术 - 基础 - 应用 - 运营 - 产业”六位一体新格局，打造“创新融合、强基善用、便民兴产”德清新方案。

51Sim 数据驱动闭环解决方案

万物镜像（北京）计算机系统有限公司
作者：敬明

1. 简介

数据在自动驾驶系统研发与测试中一直起到举足轻重的作用，2023 年，51Sim 联合自动驾驶上下游生态伙伴，基于 Sim-One 仿真平台和 Dataverse 数据平台打造了一整套数据驱动闭环解决方案，为算法公司和主机厂提供快速迭代和量产验收的闭环验证。该方案实现了一体化采集感知、规控和定位数据，构建了感知、规控、域控和云仿真的全套测试体系，打通了数据采集、数据合规、数据管理、标注、训练和仿真的全链路，为自动驾驶量产落地保驾护航。

2. 解决方案

51Sim 联合生态伙伴构建了数据采集到自动驾驶算法训练、仿真测试的全部工作流程（见图 1），可为用户提供如下能力：

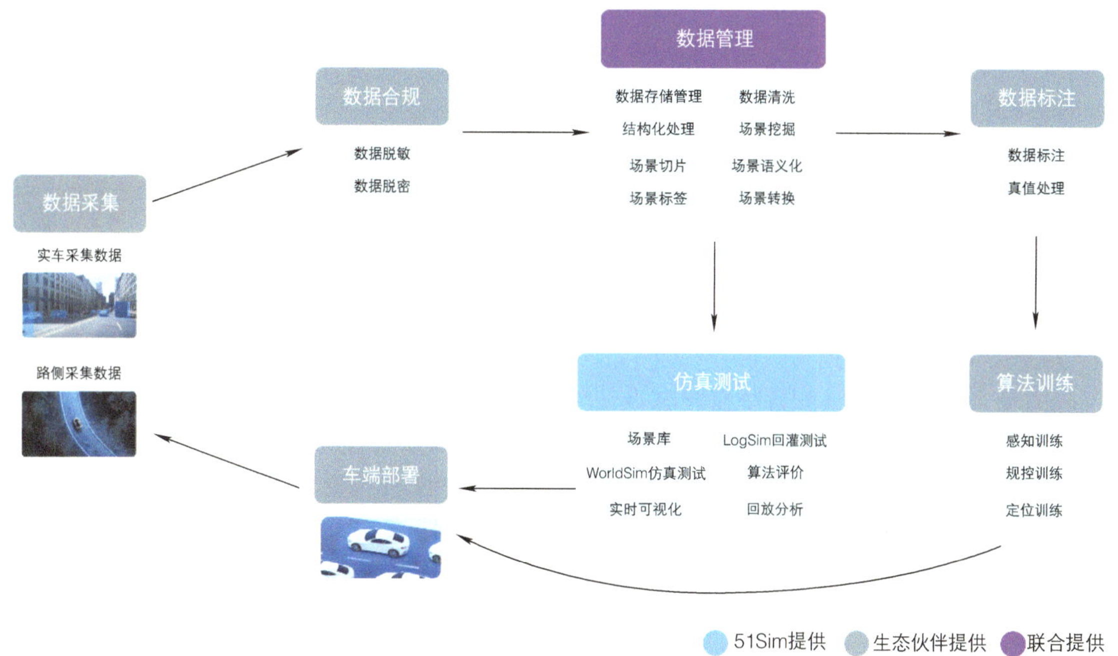

图 1　数据驱动闭环解决方案

（1）数据采集

由图商、域控供应商和算法供应商等生态伙伴，一次性采集匹配的感知、规控和定位建图数据，为下游数据处理提供完整成套的源数据。

（2）数据合规

由生态伙伴的合规资质供应商提供专业服务，对实采原始数据进行脱密、脱敏等操作，保护数据安全，避免数据泄露，为下游提供合规的脱密数据。

（3）数据管理

通过 51Sim 的 Dataverse 数据平台以及生态伙伴的专业数理管理平台，对脱密数据进行清洗、挖掘、切片、转换，形成有效的 LogSim 数据（真实数据回灌，用来重现实际驾驶场景）和 WorldSim 数据集（用来构建可以互动的智能体交通仿真场景），为后续的回灌测试和仿真测试提供数据保障。

（4）数据标注

基于 51sim 自动生成标注数据的能力，以及生态伙伴提供的专业数据标注和真值服务，构建感知、规控、定位模型训练集，为下游算法训练提供数据支撑。

（5）算法训练

由 51sim 和生态伙伴提供模型训练服务，帮助用户构建算法模型训练和评价指标体系，通过训练提升算法能力。

（6）仿真测试

LogSim 回灌测试：由 51Sim 或生态伙伴提供专业的 LogSim 回灌测试，包括规控、感知和定位回灌测试，并进行相关回灌测试评价。

WorldSim 仿真测试：由 51Sim 提供云端仿真测试，支持自动驾驶的大规模、高并发、全面的仿真测试和评价，包括感知、规控和硬件在环测试。结合自有或第三方评价体系，实现数据驱动的闭环验证。

3. 51Sim 核心能力支持

（1）场景转化能力

基于 51Sim 自研的数据处理挖掘平台 Dataverse，基于数据驱动闭环上游的实采数据，通过智能计算引擎，挖掘出不同的特征场景，进行多维度的场景分析和转换，提取生成有价值的仿真测试场景。

Dataverse 具备 AI 智能化的场景挖掘、提取能力，可以对场景进行挖掘、提取、分片，挖掘生成具有价值的 LogSim 场景；同时可以结合 OpenScenario 标准，将 LogSim 场景转换成 WorldSim 仿真场景。该平台支持高并发数据处理与智能任务调度，可以高效处理海量数据。

（2）场景编辑与泛化能力

1）静态场景编辑：51Sim 配备全面兼容 OpenDRIVE 1.5 的静态场景编辑器 WorldEditor，支持通过矢量数据等多种数据类型生成高精地图，预置各类交通元素模板和自动化工具，支持高效绘制高精地图的道路和三维场景。

2）动态场景编辑：51Sim 配备全面兼容 OpenSCENARIO 1.0 的动态场景编辑器，支持静态、动态对象的摆放和配置，支持交互式方式编辑 Event、Action、Condition 等场景要素，内置自带语法高亮的 OpenSCENARIO 文本编辑器，支持在案例编辑器内预览调试场景编辑成果。

3）场景泛化：51Sim 基于 OpenX 标准，将仿真场景参数化、语义化，基于语义泛化工具链可以轻松高效地生成海量仿真场景；内置 T-way，粒子群优化等算法来优化参数泛化效率，可有效提升仿真测试的真实性、有效性和覆盖率。

（3）传感器仿真能力

1）物理级真实传感器仿真模型：51Sim 具备出众的传感器仿真能力，提供基于真实传感器标定的物理级摄像头、激光雷达、毫米波雷达、超声波传感器、GPS&IMU 仿真，使测试验证更精准。

摄像头仿真方面，支持创建自定义摄像头，支持更改摄像头安装位置、角度、工作频率、分辨率、视场角、焦距、传感器尺寸、畸变参数；支持大量摄像头仿真参数，包括白平衡、曝光补偿、饱和度、对比度、锐度、炫光、泛光、晕影、色像差、噪声、伽马等；支持 RGB、光流真值、光流遮挡标记位、可视化光流。

激光雷达仿真方面，支持机械激光雷达和固态激光雷达；支持基于真实模型的反射强度噪声，可实时返回虚拟场景中采集的点云数据；支持自定义激光雷达安装位置、角度、工作频率、线数、点数、扫描角度、有效距离等参数；支持基于真实模型的反射强度噪声的仿真（见图 2）。

图 2　多品牌激光雷达仿真

毫米波雷达仿真方面，可实时返回目标级障碍物检测结果，含距离、方位、径向速度、RCS 和信噪比等；支持自定义雷达安装位置、角度、探测距离、探测角度、角度与距离分辨率；支持基于多次射线追踪的毫米波雷达目标级仿真（多次镜面反射、漫反射、绕射）；支持 30 种材质的 77GHz 电磁散射参数。

超声波传感器仿真方面，可实时返回障碍物距离；支持自定义雷达安装位置、角度、探测范围。

GPS&IMU 仿真方面，可返回主车的经纬度、速度、航向、加速度、角速度等；支持自定义 GPS 位置、GPS 噪声。

V2X 仿真方面，支持汽车与汽车、行人、道路等进行信息交互；支持主车端、对手车端、行人和非机动车端配置车载单元（OBU）设备；支持摆放路侧设备，包括 RSU 设备、路侧摄像头、路侧激光雷达、路侧毫米波雷达。

支持分布式多传感器时钟同步和联合仿真，以及支持多种传感器硬件在环仿真。

2）高保真 3D 场景构建和渲染：51Sim 具备高精度 3D 场景构建与渲染能力，内置大量高精度虚拟资源，支持 24h 动态光照与雨、雪、雾动态天气系统（见图 3）。

在 3D 场景中，支持交通元素 2D/3D 包围盒、主车轨迹规划、地面标线等的可视化展示；支持第三人称视角 / 路测传感器的真实感渲染可视化，可切换摄像头的 RGB、深度图以及语义分割图；支持显示激光点云，毫米波回波信号，V2X 信号展示；支持基于 OpenDRIVE 自动生成 3D 场景，对基于采集数据的场景生成与各类传感器仿真提供了有力支持。

图 3　高保真 3D 场景

3）虚拟传感器测试数据生成：可基于 3D 场景生成 RGB 图、深度图、分割图、实例图、点云数据和目标物检测真值（见图 4）。可使用该项技术扩充采集数据的使用范围。例如基于原始数据的地图数据生成 3D 场景，并自动生成传感器测试数据集，提供传感器仿真测试能力。

（4）交通仿真能力

1）交通流仿真：全面支持 OpenSCENARIO1.0，通过 51Sim 的数据转化平台将上游数据转化成 OpenSCENARIO 案例后，可用内置场景引擎进行仿真。

支持智能体交通流仿真，场景中交通对象可以与主车互动，支持多种交通元素的仿真，包括机动车、非机动车、行人、信号灯、交通规则等。支持车辆跟车、变道、路口冲突模型、信号灯时序变换。支持通过参数化的方式生成随机动态交通流；支持第三方交通仿真系统联合仿真，包括 SUMO、PTV Vissim 等。

2）车辆动力学仿真：内置自研的 26 自由度的动力学仿真引擎。内置燃油汽车和电动汽车的动力学仿真模型。支持 CarSim、CarMaker、VI-grade 等第三方的动力学模块的接入进行联合仿真（见图 5）。

内置驾驶员模型 SimOne Driver，能够通过加速、制动、方向盘转角等控制信号量来控制车辆，支持驾驶员模型和自动驾驶算法切换或混合控制。

3D车道线

摄像头语义分割

摄像头实例分割

包围盒-无人机视角

激光雷达点云

激光雷达语义分割

图 4　多模态合成数据集生成

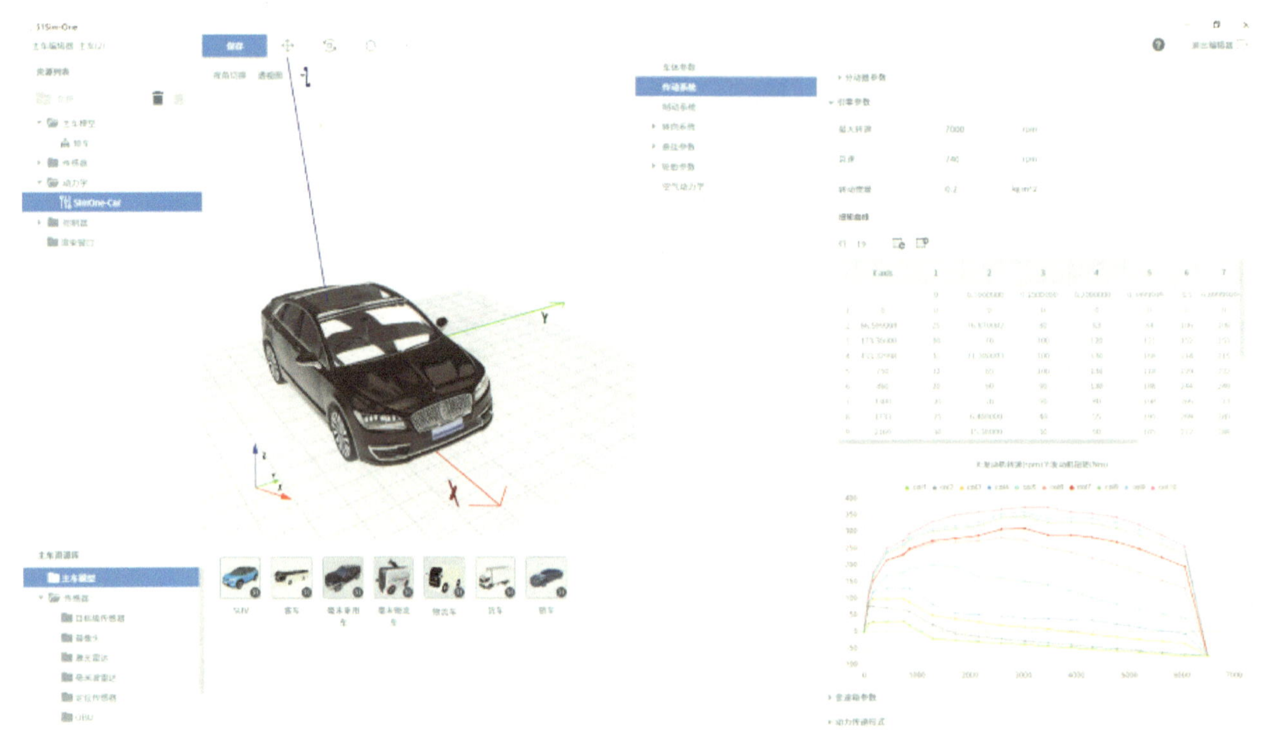
图 5　车辆动力学模型

（5）仿真评价能力

51Sim 内含丰富的指标库供用户选择，涵盖安全性、违规性、舒适性、高效性、经济能耗性、控制准确性等多个维度，支持单场景以及多场景统计性评价。

可以自定义添加测试评价标准，包括是否压线、碰撞、停车、变道、停车起动等，以及是否到达终点，是否超时等。

可以批量运行多个案例测试，支持评价结果和测试数据的导出，方便在外部进行进一步处理分析。51Sim 仿真评价流程见图 6。

（6）并发测试能力

51Sim 是原生云架构仿真平台，提供基于 BS 架构的云端版本，支持大规模并发仿真，日累计测试里程可达 10 万 km。支持弹性扩展，可灵活部署到公有云、私有云、大幅提升测试效率。

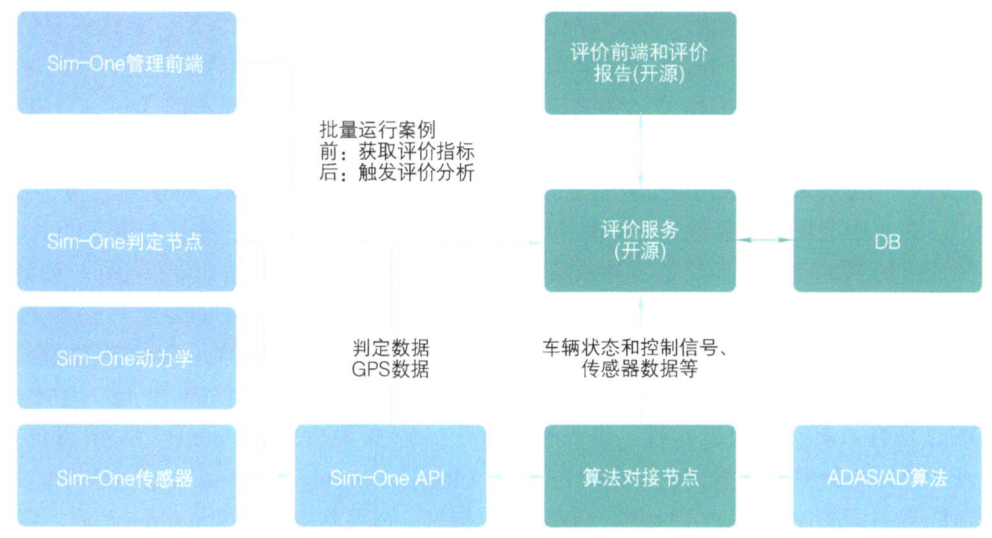

图 6　51Sim 仿真评价流程

上海月芯半导体车载控制器芯片测试项目开发案例

上海月芯半导体科技有限责任公司

作者：王文静

1. 研发背景

（1）国内外现状、水平和发展趋势

当前，汽车产业正在朝着电动化、智能化、网联化、共享化的趋势发展，对车规级芯片的需求量也与日俱增，给全球半导体企业带来了发展契机。

与消费级芯片相比，车规级芯片需要进行测试的功能并不一定更多，但面对更为复杂的应用环境，为保证芯片的可靠性，必须通过极为苛刻、复杂的测试流程。车规级芯片不仅需要满足在高温、高湿、严寒等恶劣极端环境下正常工作的要求，且对产品安全性、可靠性和一致性的需求极为严苛。为达到质量无限逼近 Zero-Defect（零缺陷）的目标，车规级芯片需要通过三温测试、老化测试等各种测试环节。

除此之外，车规级芯片的验证周期也较长，一般有 3 ~ 5 年，进入车厂需要进行严苛的认证工作，主要是北美汽车产业所推的 AEC-Q100 和供应链品质管理标准 ISO/TS 16949 规范。这要求有更高的测试覆盖率以及非常高的测试稳定性、可靠性、一致性。为适应车规级芯片更新迭代速度较快的特性，测试程序还需要具有一定的继承性。

对测试而言，严苛的要求对应的是测试成本的增加和测试程式的覆盖性提高。对更新迭代的产品，则需要更快的测试程式开发速度。国外对于降低成本采用多 site 并行测试的方案，并测数达到 64 甚至更高。国内也有相应的方案达到 32site 并测。测试程式的覆盖性基于使用测试机的差异，会稍有差距。现在国内外对于车规级芯片的测试还是以高端测试机为主。针对测试程式的开发速度，目前暂时都采用一个芯片一个测试程式，专用性较强，对于继承性方面都没有做更多的关注。

对于车规级芯片测试的发展还是会围绕低成本、快速和覆盖性进行研究和发展。平台化、模块化和失效的积累，以及测试用例库的积累、工具链的开发，都可以降低成本和加快程式开发。通过对大量模型和应用场景进行抽象，并进行严谨、充分的分析，进而来得到一个标准体系去衡量覆盖性。

（2）项目开发的目的、意义

车规级芯片测试项目是通过开发一套满足能够测试三温三压、同封装不同 pad 且具有稳定性、可靠性、一致性和继承性，力求低成本的测试程式来验证该产品在功能方面符合设计预期目标。

对于芯片本身，通过该项目能够了解芯片功能实现的结果，提早发现并剔除故障芯片，保证芯片质量，缩短芯片上市时间，进而提高公司利润，促进公司发展。

对测试而言，一套满足能够测试三温三压、同封装不同 pad 且具有稳定性、可靠性、一致性和继承性，力求低成本的测试程式除了满足芯片质量要求外，对于减少同类型芯片测试开发的周期有显著意义，具有很强的市场吸引力。

（3）项目的市场前景

车规级测试项目本身具有的稳定性、可靠性、一致性和继承性是车规级测试所看重的。它具有的继承性又使得同系列该芯片测试项目的进行具有很强的指导意义和竞争力。这些特性，对于广阔的车规级芯片测试市场很有吸引力，因此市场前景广阔，值得开发。

2. 研发内容和目标

（1）项目主要内容

项目基于 V93k 测试平台进行开发，包含硬件开发、量产测试程式的开发、项目调试验证和小批量的芯片测试。

硬件开发部分根据芯片测试需求设计和生产 Loadboard，实现芯片与测试机的连接；根据量产需要，设计和生产 Kit。Loadboard 的设计综合芯片设计通道数、信号传输需求、供电需求和现有的测试环境给出合理的设计方案，同时针对特殊测试需求寻找合适的低成本替代解决方案。Kit 的设计沿用成熟的设计方案，根据芯片外观尺寸进行修改。

量产测试程式的开发包含测试程式的搭建和测试方法的编写两部分。

测试流程的搭建主要是对测试流程进行设计，并设置相应的 level、timing、pattern、testtable 等。总体的测试项目包括 Openshort、Powershort、IDDQ、DFT、PHY、Efuse、Shmoo 等，所有的测试项目按要求进行三温三压测试和 limit 设定。

测试方法的开发主要是完成接口协议以及 shmoo、efuse 的编写和调试。

（2）项目主要目标

在一个月内完成接口协议的编写，在一个月内完成项目调试验证和小批量的测试。

硬件设计采用 Loadboard 上放置 DAC 电路与 buffer，配合 smartest 平台提供的 PPSG 工具，实现低成本的模拟波形输入，通过控制板卡内部 relay，实现多 site 信号同时供给，替代原有的使用模拟板卡方案，成本降低近 5%。

量产测试程式开发的关键在于接口协议的编写。PTB 接口协议是一种并行的测试协议，主要用于芯片内部的测试，其接口是可扩展的，支持 8 位、16 位、32 位，主要由 ACK、CLK、CMD[3 : 0] 和 DATA[32 : 0] 四种组成。其定义分为位：CLK 位测试时钟输入；ACK 为芯片使能的标志位，是输出 pin；CMD[3 : 0] 用于给芯片进行模式设定；DATA[32 : 0] 则是数据的并行输入输出接口。

V93k 测试机 smartest7 平台提供的 SmartRDI（Rapid Development Interface）是一个高级的可编程接口，依靠其提供的 SmartVec 功能，可以将 PTB 接口协议的时序转换为可供测试机识别的命名。

首先我们将 PTB 协议细分为单个 CLK 下的数据输入与输出交互，情况共分为几种，将其在头文件中声明并在相应 cpp 文件中定义，方便调用。然后通过转换读、写、空闲和复位的完整时序，也将其在头文件中声明并在相应 cpp 文件中定义，实现完整的 PTB 功能。接着将需要进行读写的寄存器地址、数据，通过 python 进行数据处理，转换为“write/read data address”的简单格式，最后在 smartest 中通过读文件的形式将其写入数组，根据读写的顺序，调用定义的函数，实现有一个完整的功能测试流程。

（3）主要技术指标或经济指标

硬件设计中信号传输需符合以下要求：

信号	传输速率	回波损耗	插入损耗	阻抗匹配
PCIE	8Gbit/s	<−20dB	>−3dB	差分 100Ω
USB	5Gbit/s	<−20dB	>−3dB	差分 90Ω
MIPI	2.5Gbit/s	<−20dB	>−3dB	差分 100Ω
DDR4	CA（2133Mbit/s） DQ（4266Mbit/s）			

针对接口协议本身具有的在同系列产品中具有的通用性，其技术指标定性为需要满足至少同系列两种芯片的读写测试。

3. 现有研发条件及公司简介

上海月芯半导体科技有限责任公司成立于 2018 年 9 月 19 日，公司总部位于上海浦东新区，并于 2022 年设立月芯量产工厂（ISE Factory），公司以高端晶圆及成品测试为核心，为客户提供测试工程调试到测试量产服务的完整流程。公司的两大服务版块包括工程中心（ISE Labs）和量产工厂（ISE

Factory)，产品应用范围包括医疗生技、电动车、网路伺服器、汽车产品包括导航系统、自动驾驶等。

月芯配备了一支专业扎实的技术研发团队，专注测试开发、硬件设计、老化、工程支持、量产维护等领域精英，具有各类生产测试的长期实践经验。

量产工厂提供以下服务：新产品阶段的功能验证，产品可靠性验证以及测试，AEC-Q100 认证服务，测试程序开发，良率提升成熟产品的升级完善，工程机时租赁，工程批验证与测试。

量产工厂占地面积 18000m^2，配备了 58 台的 93K 高端测试机以及 100 余台的配套设备，配合工程中心为客户提供从测试方案开发、晶圆测试、芯片成品测试、SLT 测试、老化测试、In Tray Mark、Lead Scan 等一站式测试服务。

阳泉市车城网——车路智行新生态项目应用案例

阳泉领航科技产业有限公司

作者：乔斌亮

为贯彻落实交通强国建设要求，阳泉市加快资源型城市绿色转型，打造“智车之城”。阳泉市在山西省交通强国建设试点自动驾驶车路协同示范区（城市路段）项目基础上，于 2021 年启动“车城网 - 车路智行新生态”项目，旨在打造市域级“车城网”。目前，全市已有 50 个交通路口完成车路协同基础设施智能化改造，自动驾驶开放测试道路里程达到 100km。“车城网”的建成不仅可支持 L4 自动驾驶车辆超视距、全量障碍物感知、盲区检测等场景应用，还能够支持交通特征分析研判、全域信控优化等多类型智慧交通创新应用，大幅提升出行效率，改善出行体验，提高城市精细化治理水平。阳泉市是全国首个地级市全域开放自动驾驶的城市。

项目通过城市道路基础设施的数字化、智能化、网联化提升，赋能公众智慧出行、智慧交通及智慧城市管理。

1. 开展全域多类型自动驾驶，加快商业化进程

车城网项目加快了阳泉市全域自动驾驶的商业化进程。为打造阳泉市自动驾驶全域全场景覆盖，已经规模化投放部署自动驾驶公交车、出租车、安防车、配送车、清扫车等在内的 10 余类自动驾驶车辆共计 50 余台，安全运营里程超 200 万 km（见图 1）。

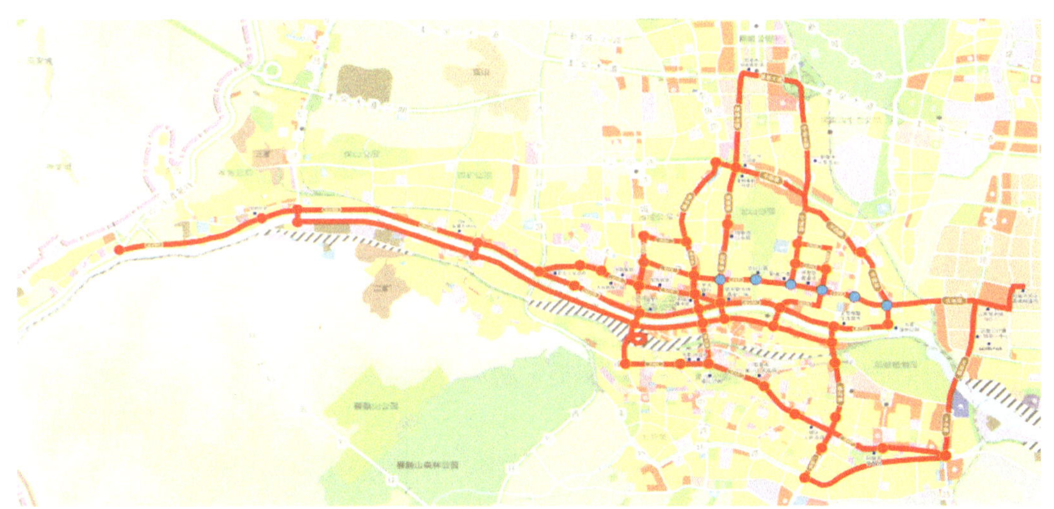

图 1　阳泉市自动驾驶覆盖路网

在商业化场景落地效果上，自动驾驶安防车（见图 2）为交警、消防、城管等部门出动 1000 趟次巡逻任务，有效解决基层人力不足的问题；14 台自动驾驶出租车（见图 3）为超过 2 万名市民提供自动驾驶出行服务，让城市拥有“科技温度”；自动驾驶公交车（见图 4）构建起 3 条“一横一纵一中心”示范运营路线，免费向市民开放，站点涵盖公园、商圈、产业园区；10 台自动驾驶配送车（见图 5）开

图 2　正在巡逻的自动驾驶安防车

图 3　开展路测的自动驾驶出租车

图 4　为市民提供服务的自动驾驶公交车

图 5　正在配送快递的自动驾驶配送车

展物流快递行业末端配送工作，配送范围涵盖阳泉城区、矿区、高新区 80 余个快递驿站，使物流配送最后一公里场景真正落地。

2. 搭建车城网平台，实现车城融合

为推动物联网、云计算、大数据、5G 及人工智能等新技术与交通管理、城市治理进一步深度融合，项目搭建了“智慧 +”车城网平台（见图 6）。平台通过构建覆盖“车、路、云、网、图”的智能交通基础设施数字底座，以各类感知传感器为采集终端，快速准确地获取城市交通数据，感知判断城市交通的变化趋势，为城市交通的智能化、精细化管理与服务提供完备而精细的数字化支撑。

平台在对全量交通数据汇聚融合的基础上，可与智慧交管、智能交通、智慧出行、智慧停车等既有交通管理平台融合互通，提升“监测预警、指挥调度、路网运行、违法收集、云端管控”等城市交通管理功能；平台与移动车辆和路侧基础设施相连后，可对城市进行动态扫描，为城市物联网的构建和大数据管理提供基础信息，增强对城市运行、道路管养、市政环卫、城市物流等不同平台的宏观管理。

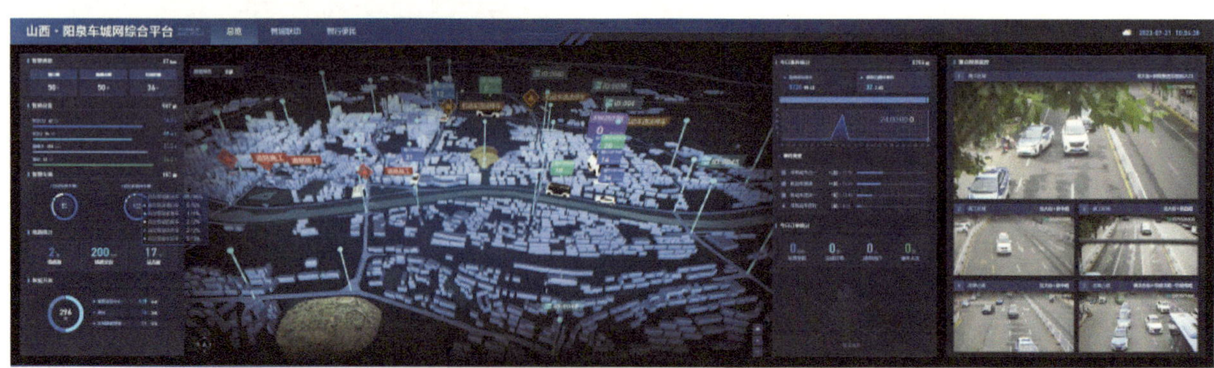

图 6　阳泉市车城网综合平台

3. 应用道路智能信控，打造低碳城市

针对阳泉市重点路段交通拥堵痛点，在 36 个路口基于车路协同基础设施完成人工智能信号控制系统建设。该系统能在高峰时段进行路口防溢出控制和区域需求控制，避免路口锁死和拥堵扩散；平峰时段进行干线协调控制，减少停车次数和延误时间，提高道路通行力。

经测算，路口信控优化系统上线后，平均行车速度提升 3.3km/h、平均停车次数降低约 53%，通行效率提升约 41%，不仅有效缩短民众出行时间，还减少汽车因等待时间过长造成的油耗和尾气排放，真正实现城市整体节能降碳。

4. 未来展望

未来阳泉市将以“车城网 - 车路智行新生态”项目为牵引，推动无人驾驶公交车、出租车、配送车商务运营实现量级提升，探索“人、车、生活”一体化消费新模式，加速互联网、消费娱乐、旅游等行业与车联网、自动驾驶产业融合应用，为智慧城市和智能网联产业协同发展提供“阳泉经验”。

临港新片区智能网联汽车创新引领区建设现状

上研智联智能出行科技（上海）有限公司

作者：阮大治　鲁江东　杨伟利

智能网联汽车是全球汽车产业发展的未来方向，也是我国汽车产业转型升级发展的战略选择。临港新片区自 2018 年首次开放 26.1km 自动驾驶开放测试道路以来，始终以“五个重要”为统领，以打造首个“数据通全路、云网联全车、智能赋全城”智能网联汽车创新引领区为目标，围绕“需求导向，场景带动，政策支撑，安全保障”的发展思路，推动临港新片区智能网联汽车政策法规创新、测试环境完善、应用场景落地和产业集聚发展。

1. 政策法规不断出台，突破无人创新

为推动临港新片区智能网联汽车创新引领建设，临港新片区始终坚持“顶层规划，创新引领，安全为先，应用为重”的推进思路，制定出台系列政策法规（见图 1），促进临港新片区智能网联汽车产业集聚、规模拓展和创新引领从无到有、从点到域与从量到优。

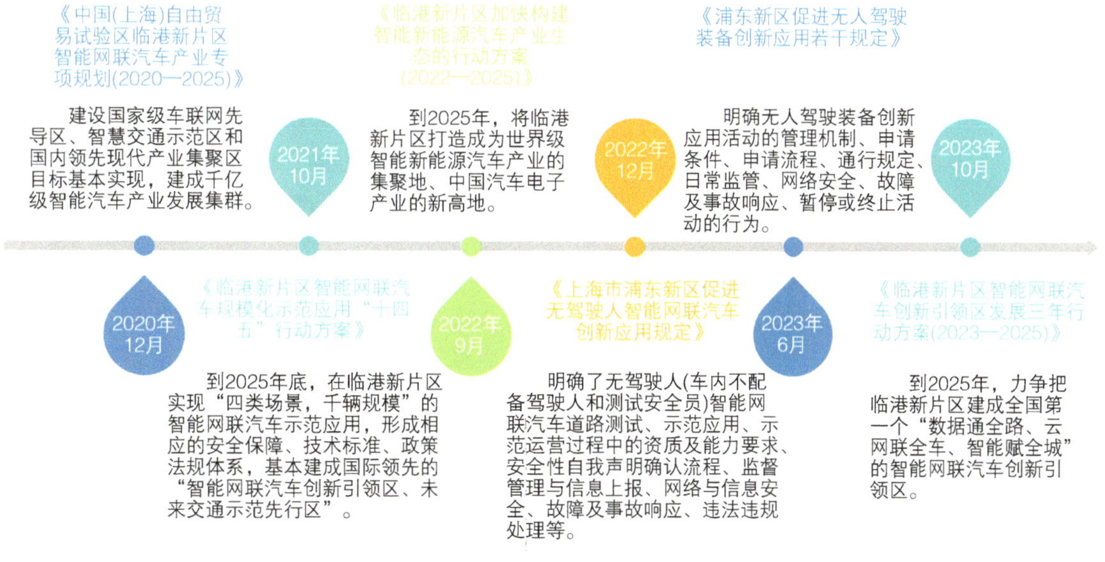

2020年12月
《中国(上海)自由贸易试验区临港新片区智能网联汽车产业专项规划(2020—2025)》
建设国家级车联网先导区、智慧交通示范区和国内领先现代产业集聚区目标基本实现，建成千亿级智能汽车产业发展集群。

2021年10月
《临港新片区智能网联汽车规模化示范应用“十四五”行动方案》
到2025年底，在临港新片区实现“四类场景，千辆规模”的智能网联汽车示范应用，形成相应的安全保障、技术标准、政策法规体系，基本建成国际领先的“智能网联汽车创新引领区、未来交通示范先行区”。

2022年9月
《临港新片区加快构建智能新能源汽车产业生态的行动方案(2022—2025)》
到2025年，将临港新片区打造成为世界级智能新能源汽车产业的集聚地、中国汽车电子产业的新高地。

《上海市浦东新区促进无驾驶人智能网联汽车创新应用规定》
明确了无驾驶人(车内不配备驾驶人和测试安全员)智能网联汽车道路测试、示范应用、示范运营过程中的资质及能力要求、安全性自我声明确认流程、监督管理与信息上报、网络与信息安全、故障及事故响应、违法违规处理等。

2023年6月
《浦东新区促进无人驾驶装备创新应用若干规定》
明确无人驾驶装备创新应用活动的管理机制、申请条件、申请流程、通行规定、日常监管、网络安全、故障及事故响应、暂停或终止活动的行为。

《临港新片区智能网联汽车创新引领区发展三年行动方案(2023—2025)》
到2025年，力争把临港新片区建成全国第一个“数据通全路、云网联全车、智能赋全城”的智能网联汽车创新引领区。

图 1　临港新片区智能网联汽车领域相关政策

一是强化产业集聚发展。2020 年 12 月，临港新片区管委会制定发布《中国（上海）自由贸易试验区临港新片区智能网联汽车产业专项规划（2020—2025）》，规划从推动智能网联汽车产业集群发展、智能网联汽车产业技术创新、智能汽车与数字经济融合发展、构建产业应用实践条件、完善政策法规

和技术标准等方面提出到 2025 年，临港新片区智能网联汽车相关多维度、多领域产业链体系基本形成，产业技术水平和产业规模居全国领先地位，产业创新生态基本构建，政策法规体系和支撑保障体系基本建成。

二是筑牢应用场景建设政策体系。2021 年 10 月，临港新片区管委会制定发布《临港新片区智能网联汽车规模化示范应用“十四五”行动方案》，方案围绕营造智能网联汽车创新环境、构建技术平台、打造应用质场景、探索法规体系等方面进一步明确了临港新片区智能网联汽车的推进思路和主要任务，并强调打造四类高质量智能网联汽车规模化示范应用场景，逐步形成客运智慧灵活，干线物流集约有序，设施养护自动高效，配送个性直达的智能网联汽车规模化应用场景。

三是构建“无驾驶人智能网联汽车创新应用”政策保障体系。2022 年 11 月，上海市人大常委会审议通过《上海市浦东新区促进无驾驶人智能网联汽车创新应用规定》，规定明确了无驾驶人智能网联汽车全过程管理要求、各阶段能力评估要求和网络与数据安全管理要求，为智能网联汽车无人驾驶夯实了法律保障，也为后续开展自动驾驶无人化商业应用奠定了基础。

2. 测试环境不断完善，筑牢应用基础

临港新片区自开展智能网联汽车道路测试以来，持续围绕应用支持型的创新基础环境建设，为企业提供良好的创新应用环境。一方面，建设 AI+ 智慧交通封闭测试基地（见图 2），基地满足智能集卡、智能出租、无人配送车等全车型开展智能网联汽车封闭场地测试验证需求。另一方面，还遵循统筹规划、分步实施、重点推进的原则，以智能网联汽车测试与示范应用需求为导向，实现临港新片区 386 范围内自动驾驶测试道路全域开放，共累计开放 241 条测试道路，测试道路总里程达 549km，并覆盖高快速路、主次干道和乡村道路等（见图 3）。

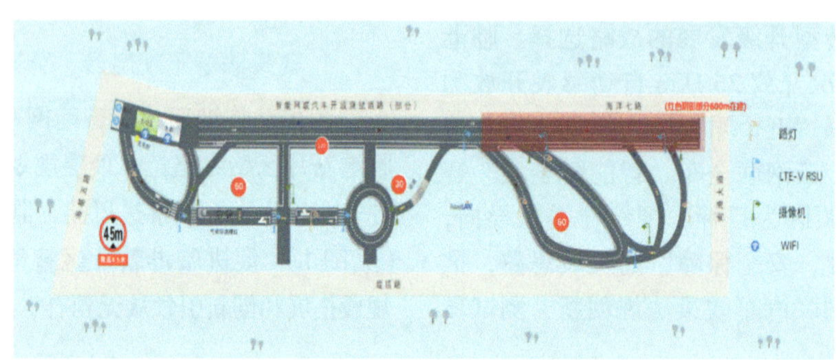

图 2 AI+ 智慧交通封闭测试基地

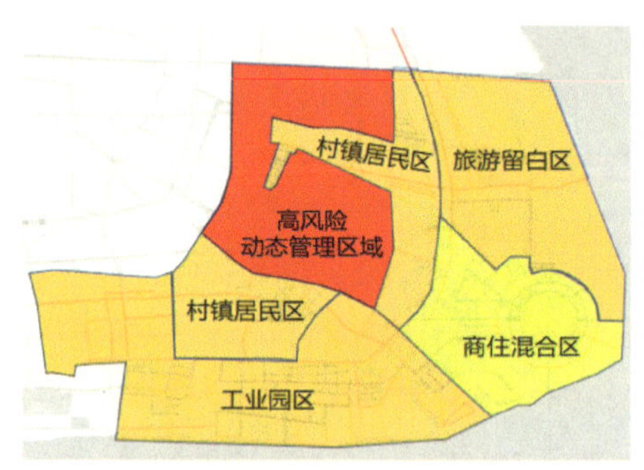

图 3 临港新片区开放测试道路

此外，还推进“智慧联动，弹性协同”的路侧数字基础设施建设，在临港新片区主城区“一线一环一网”的范围内，按照辅助智能满足全量交通信息感知，协同智能实现以云边协同自动驾驶为核心分等级建设 82km 的车路协同智慧道路（见图 4），并围绕行业监管、产业创新、出行服务三方面需求，打造“管理—应用双支撑”的车路云一体化云控平台，赋能车路协同、公安指挥、协同监管等应用，助力智能网联汽车产业良性发展。

3. 应用场景不断拓展，重点示范显著

临港新片区以示范应用驱动技术创新，以先行试点推动政策突破，以实际需求带动规模效应，稳步推进“智能出租、智慧出行、智能重卡”等应用场景规模化示范应用，截至 2023 年 8 月，已有百余辆车在临港新片区开展道路测试或示范应用工作，测试总里程达 505.3 万 km。

在智能出租应用场景上，上汽赛可智能科技有限公司围绕临港主城区的重点园区、小区、景区及商场等 30 余点位投入 35 辆智能网联出租车，围绕探索可持续运营组织模式、标准化服务规范、精细化管理机制，开展常态化载人示范运营。

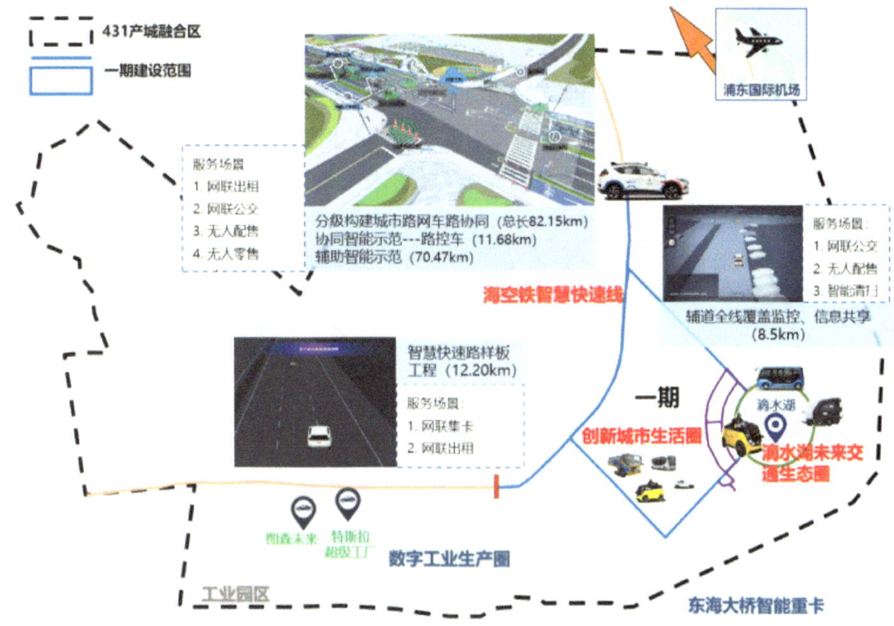

图 4　临港新片区车路协同智慧道路建设范围

在智慧出行应用场景上，基于环湖一路真实生活和出行需求，在环湖一路自动驾驶测试专用道及沿湖 80m 景观带的半封闭区域，打造“滴水湖未来交通生态圈”，并通过建立生态圈运营管理相关细则，先行实践相关管理体系、技术标准，实现 20 余辆的智慧出租、智能公交、无人小巴、无人零售等多场景应用。

在智能重卡应用场景上，围绕“洋山港码头 - 东海大桥 - 深水港物流园区”的真实业务需求，积极推动“5G+L4 智能重卡”的准商业化运营，2022 年 7 月，再次率先启动全国首个社会道路“减员化”运营测试（见图 5）。截至 2022 年年底，洋山港智能重卡示范运营项目累计完成 442 万 km 全业务链自动驾驶测试里程，累计运输超过 16.3 万标准箱。

图 5　智能重卡在东海大桥开展列队跟驰行驶测试

此外，临港新片区还依据《上海市浦东新区促进无驾驶人智能网联汽车创新应用规定》，制定出台《临港新片区促进无驾驶人智能网联汽车创新应用实施细则》，并于 2023 年 6 月首次向友道智途、图森未来、赛可智能、云骥智行四家企业 15 辆车发放基于立法基础的全国首批无驾驶人智能网联汽车道路测试牌照（见图 6）。

图 6　无驾驶人智能网联汽车创新应用牌照发放

4. 牢筑安全保障体系，助力产业发展

为推动临港新片区智能网联汽车健康有序发展，切实贯彻落实《车联网（智能网联汽车）产业发展行动计划》、《智能汽车创新发展战略》以及《上海市浦东新区促进无驾驶人智能网联汽车创新应用规定》等文件要求，临港新片区持续围绕智能网联汽车运行监管和数据安全开展相关研究工作，旨在筑牢安全的基

础，为整个行业的健康发展提供有力保障。

在运行安全监控保障方面，考虑到交通系统的复杂性以及智能网联汽车测试示范的规范性，智能网联汽车上路安全保障不仅需要对自动驾驶功能本身进行充分验证，也需要通过技术手段使得上路车辆处于实时监管的状态，确保日常运行可监控、突发事件可追溯，实现智能网联汽车测试示范的闭环管理。临港新片区建设了“智能网联汽车安全监管平台”（见图 7），实现对智能网联汽车运行状态的数据采集、能力分析、安全监管和实时监控。

图 7　临港新片区智能网联汽车安全监管平台

在推动产业安全研究方面，临港新片区举办了上海市“2023 铸网行动”车联网赛道网络安全实网攻防演练（见图 8），演练以自动驾驶系统、车载联网终端、路侧联网设备、云控设施以及车路协同功能应用等为靶标，通过车路通信信号拦截、证书伪造、权限获取、数据篡改等手段，扰乱车路通信、获取传输数据，采用“实车、实网、实路、实战”的形式开展，检验提升自动驾驶车辆及车路协同设施的安全防护水平。

图 8　车联网赛道网络安全实网攻防演练

汽车自动驾驶一体化仿真测试系统（PanoSim）

浙江天行健智能科技有限公司

作者：丁娟

浙江天行健智能科技有限公司是国内最早从事汽车智能驾驶仿真技术与产品研发并拥有完全自主知识产权的高科技企业，在车辆动力学建模、交通流建模与场景生成、环境传感器建模等智能驾驶仿真测试领域形成了独特的技术优势。公司自主研发的以 PanoSim 为品牌的智能驾驶仿真工具链、驾驶模拟器、数字孪生仿真平台，以及实时多物理体在环仿真试验平台等系列软硬件产品，已在包括美国通用汽车、德国戴姆勒汽车、上汽集团、东风汽车、长安汽车、小鹏汽车和地平线等在内的许多国内外企业和科研院所广泛应用。

PanoSim 是国内首创的面向汽车智能驾驶技术与产品研发的一体化仿真与测试系统，包括高精度车辆动力学模型、高逼真度汽车行驶环境与交通模型、车载环境传感器模型和丰富的测试场景库等，申请或授权专利 60+ 项，其中授权发明专利 20 项，拥有软件著作权 10 项。团队经过十余年的自主研发和创新积累，形成了以 PanoSim 仿真软件工具链为核心，包含 PanoDrive 驾驶模拟器、PanoTwin 数字孪生仿真平台以及 PanoPilot 仿真试验台在内的系列软硬件产品，是国内为数不多具有很强国际竞争优势的高端汽车智能驾驶一体化开发与测试验证工具和品牌，为智能网联汽车全产业链、全周期测试、验证与评价提供一体化和一揽子解决方案。

1. 仿真软件工具链（PanoSim）

面向汽车自动驾驶的一体化仿真与测试软件系统，支持包括自动驾驶感知、决策、规划与控制，以及 ADAS/V2X 等在内的研发与测试；集车辆动力学、汽车行驶环境与交通流、车载环境传感器等模型和丰富的场景库于一体，支持与 Matlab/Simulink 的联合仿真、离线与多物理体在环实时仿真（MIL/SIL/HIL/DIL/VIL）（见图 1）。

2. 驾驶模拟器（PanoDrive）

基于高精度 27 自由度车辆动力学模型，拥有高逼真度场景显示、高灵活度人机交互界面（HMI）、精致的驾驶舱，特别是高精度转向力感模拟系统，为智能驾驶、人机共驾等相关技术与产品的研发和测试提供高效、高逼真且安全可靠的驾驶员在环（DIL）仿真支持（见图 2）。

3. 数字孪生仿真平台（PanoTwin）

通过数字孪生技术，结合物理世界中真实的场地、真实的主车，以及虚拟世界里面复杂的仿真场景和交通，打造出来丰富的虚实融合仿真开发与测试系统（见图 3）。

4. 仿真试验台（PanoPilot）

面向汽车自动驾驶的一体化仿真与测试软硬件系统，集仿真软件工具链（PanoSim）、驾驶模拟器（PanoDrive）、车辆模拟器（PanoCar）、数字孪生仿真平台（PanoTwin）、底盘执行器台架（PanoHiL）及传感器模拟器（PanoSensor）等于一体，支持包括自动驾驶感知、决策、规划与控制，以及 ADAS/V2X 等在内的高效研发与测试，赋能汽车智能化方向的技术及产品演进（见图 4）。

图 1　仿真软件工具链（PanoSim）

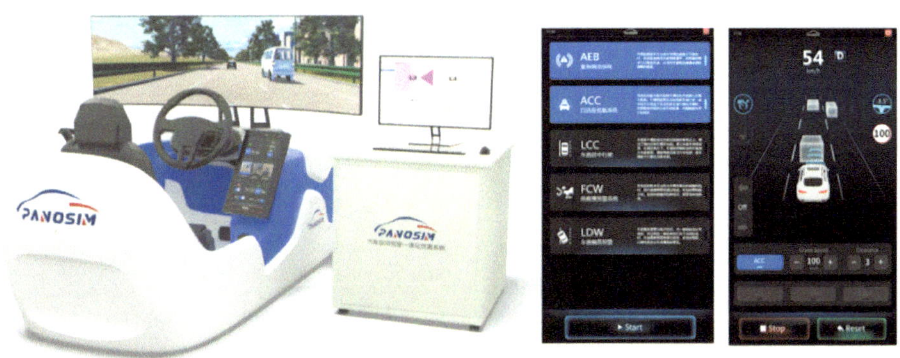

图 2　驾驶模拟器（PanoDrive）

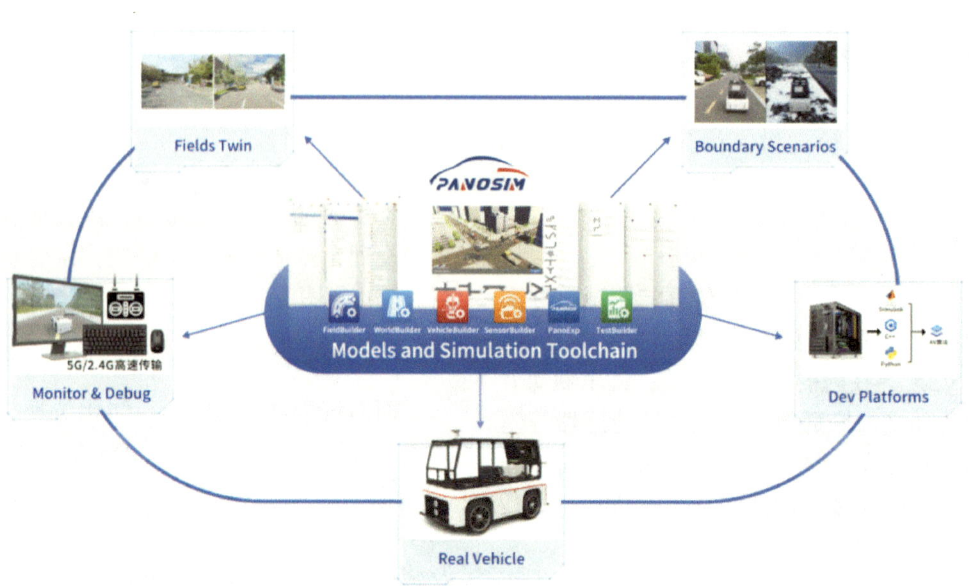

图 3　数字孪生仿真平台（PanoTwin）

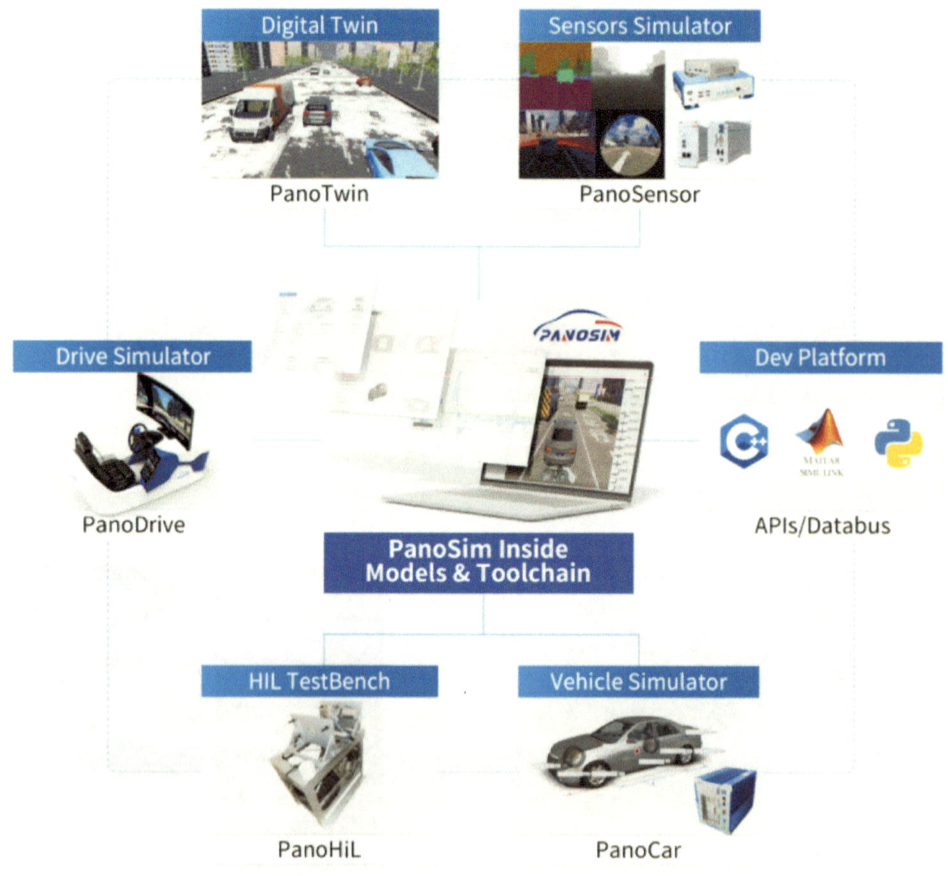

图 4　仿真试验台（PanoPilot）

助力万亿战略，转型智车之城——广州市智能网联汽车示范区发展情况介绍

广州市智能网联汽车示范区运营中心
作者：吴征明，陈彦宇，孙莲莲，梁春贤

近年来，随着《中国制造 2025》《智能汽车创新发展战略》《国家车联网产业标准体系建设指南（智能交通相关）》《智能网联汽车道路测试与示范应用管理规范》等文件的出台，发展智能网联汽车产业已提升为国家战略，发展路径日渐清晰，一条通过充分融合智能化与网联化发展特征，以五大基础平台为载体，实现“车 - 路 - 云”一体化智能网联汽车系统的“中国方案”跃然纸上。

广州市作为国家重要经济、工业、科技创新城市，粤港澳大湾区城市群的双核驱动核心城市，正积极响应国家号召，将智能网联汽车产业的发展作为推动城市前进的重大历史使命和责任。

1. 产业基础雄厚、集群效应显著

广州市具备良好的智能网联汽车产业发展基础，汇集传统汽车零部件、创新部件 / 系统集成、创新电动系统、第三方检验测试机构、整车研究院 / 制造业创新中心、自动驾驶系统集成、新能源汽车整车制造、传统汽车整车制造、“新基建”建设、出行平台等行业头部企业。

2022 年，全市规上汽车制造业实现产值 6472 亿元，增长 6.3%，实现汽车产量 313.68 万辆，整车产量已连续四年居国内城市第一位。其中，智能网联汽车产业集群总产值达到了 6471 亿元，占全国比重的 7%。

汽车产业已经成为广州的名片，这里汇集了以广汽集团、小鹏汽车等企业为代表的 12 家整车制造企业，在经历过去三年对汽车供应链的极端考验中，广州的汽车供应链产业也进一步实现蜕变，目前已有 1200 多家汽车零部件和贸易企业落户，构建起覆盖产业上中下游产业链的完整产业集群（见图 1）。

图 1　广汽埃安智能生态工厂焊装车间

2. 立足长远、先行先试，把握历史机遇

过往辉煌皆为序章，随着以“智能化”“网联化”为代表的汽车“新四化”下半场时代的到来，智能网联汽车成为汽车产业发展新的历史机遇。征程正未有穷期、不待扬鞭自奋蹄，2020 年，广州市以时不我待的紧迫感发布了《广州市促进汽车产业加快发展的意见》，提出由“汽车之城”向“智车之城”转变，规划到 2025 年，全市汽车产业加快发展初见成效，汽车产能突破 500 万辆，规模以上汽车制造业产值力争达到 1 万亿元。

在实现“智车之城、万亿战略”宏大目标的过程之中，广州市智能网联汽车示范区的重要作用日益凸显，示范区承载了智能网联汽车开放道路测试、应用示范运营、产业集群促进发展等工作。广州市智能网联汽车示范区运营中心作为承担示范区运营的第三方机构，支撑了政策服务和产业服务等一系列具体工作任务，并参与推进了道路测试（含市政道路测试和高快速路测试）等具体工作。

3. 加速起步、成果显著，经验独树一帜

截至 2023 年 11 月底，广州向 14 家测试主体的 405 辆智能网联汽车发放道路测试许可，同时已向 4 家示范运营主体的 74 辆智能网联汽车发放示范运营许可；总计开放 505 条测试道路，其中一般道路单向里程合计 956.679km，双向里程合计 1913.358km，如加上南沙全域开放的三级以外乡村路段 1328.9km，总开放一般测试路段已达 3242.258km；高快速方面，广州已开放首批两条测试路段，累计单项里程 104.913km，双向里程 209.826km；并设立了黄埔、南沙、花都 3 个智能网联汽车道路测试先行试点，发挥各区优势，探索区域政策创新先行；据“广州市智能网联汽车道路测试实时监管平台”（以下简称监管平台，见图 2）收录和存储数据显示，累计道路测试与示范应用里程 1644.57 万 km，智能网联汽车累计运行总里程 2384.16 万 km。截至 2023 年 11 月底，经广州市公安局交通警察支队查询，相关智能网联车辆交通事故认定记录为 0。

图 2　广州市智能网联汽车道路测试实时监管平台

（1）道路测试：创新与监管同步推进

广州市开展智能网联汽车道路测试 4 年多来，在“鼓励创新”与“加强监管”兼顾的工作思路上不断优化总结：

一是设计了“测试道路”风险等级划分的工作方案。广州市出台了《广州市智能网联汽车开放测试道路路段管理办法（试行）》及《广州市智能网联汽车开放测试道路及附属设施技要求（试行）》，按照城市道路交通的主要参与要素，对人、车、道路、环境四大模块 25 个分项进行风险定性，再将相关风险因素组合后确定道路的风险等级，将道路划分为一级道路、二级道路、三级道路。

二是设计了“测试项目”阶段性管理制度。广州市智能网联汽车道路测试许可项目共分为道路测

试、载客测试、远程测试、编组测试等，科学有效地对相关测试工作进行管理。

三是落实了测试数据“备案证明”工作制度。第三方机构每季度从监控平台数据库中调取各测试企业测试车辆数据接入情况，与测试企业进行数据比对和备案，并以《季度简报》的形式上报主管部门。

四是从测试企业的实际需求出发，通过流程优化，实现效率提升。广州市智能网联汽车道路测试实现了对其他地区测试许可的互认，简化测试程序。

（2）应用示范运营：体系成型，稳步加速推进

广州市积极探索智能网联汽车示范运营的相关工作，开展不同混行比例、车路协同不同参与度以及多种新型出行服务的多维度、综合性、大规模城市级交通试验，稳步推进智能网联汽车（自动驾驶）混行试点。

广州在智能网联汽车道路测试工作保持稳定良性运行的基础上，创新性地提出“混行试点”工作规划，经过 2 年积极准备，基本形成了“1+1+2+9”的智能网联汽车（自动驾驶）应用示范运营政策体系。同时，为智能网联汽车加速技术升级迭代、加大社会化导入宣传和有序推进混行交通系统研究做好政策支撑，已分别于 2022 年 6 月和 2023 年 3 月在南沙区和花都区正式启动混行试点示范运营。

截至 2023 年 11 月底，广州市已批准 6 款（5 款乘用车、1 款载货货车）智能网联汽车示范运营车型，相关企业计划投入应用示范运营车辆将突破 100 辆，规划 2025 年示范运营车辆规模 3000 辆。

为进一步激发产业活力，营造以赛促产业发展的良好氛围。由广州市人民政府、广东省工业和信息化厅、中国电子信息产业发展研究院指导，汽车电子产业联盟等主办的智能网联汽车驾驶大赛（广州）已经成功举办三届。其中，从第二届开始，大赛正式升级成为混行运营测试（GMOT）。该比赛通过模拟真实混行运营场景，考验参赛主体真实上路、处理复杂路况的能力，比赛还搭建了科学且完善的评价体系，从经营、技术及服务体验三个维度去评估和展示参赛主体的出行服务能力。混行运营测试通过这种具有前瞻性、可实操的自动驾驶大赛形式，成功为产业各方构建起一个良性竞争、充分交流与开放合作的权威平台，已成为中国科技界阵容强劲、体系完整、影响力广的自动驾驶出租车（Robotaxi）年度评选赛事（见图 3）。

图 3　第三届智能网联汽车驾驶大赛（广州）参赛车型

（3）车路协同：聪明的车 + 智慧的路，践行“中国方案”

随着《智能网联汽车技术路线图》的提出，中国式自动驾驶解决方案“车路协同”进一步加速汽车产业的变革。广州市作为国内第一大生产基地，有内生驱动的需要，也有带头示范的责任，在 5G、智慧灯杆等硬件基础设施、营商环境等软设施方面，已经实现国内领先。

政策方面，先后出台《广州市促进汽车产业加快发展的意见》《广州市智能网联与新能源汽车产业链高质量发展三年行动计划（2022—2024 年）》，发布《2021 年广州市智能网联汽车（车联网）第一批示范应用场景目录》等，加快推进智能网联汽车产业发展；标准规范方面，在广东省智能网联汽车创新中心的牵头下，细化车联网先导区标准体系建设标准，目前正在编制的有 15 项，已经发布的 7 项；在智慧灯杆（多功能杆）建设方面，广州坚持由市属国企牵头推进。截至 2023 年 11 月，累计建成智慧灯杆（多功能杆）4254 根，通过设备挂载构建物联感知体系，有效支撑城市道路的智能化改造工作，为无人驾驶业务测试应用提供服务。

广州还在积极引导广州移动等三大运营商建设通信网，重点布局 5G 网络，持续完善网络深度覆盖。截至 2023 年 11 月，全市累计建成 5G 基站约 9.12 万座（含室外站、室内分布系统和共享站点），实现了全市城区和行政村的 5G 网络全覆盖，有力支持智能网联汽车的协同发展（见图 4）。

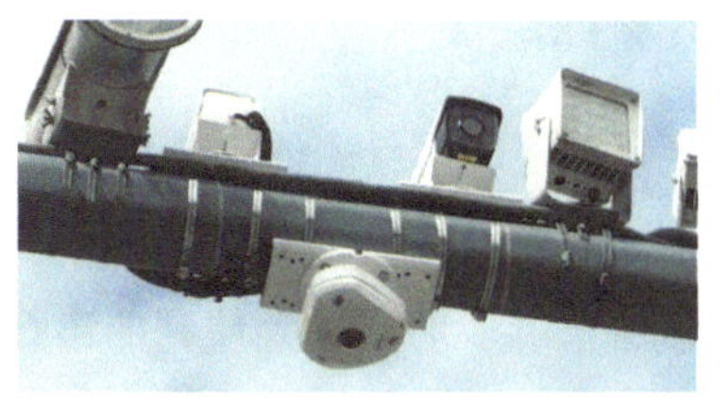

图 4　广州市黄埔区车路协同基础设施

汽车芯片安全一体化测试平台

北京银联金卡科技有限公司

北京银联金卡科技有限公司（国家金融科技测评中心，以下简称 BCTC）是由中国人民银行批准成立，中国银联股份有限公司和中国印钞造币集团有限公司出资成立的独立第三方专业技术服务提供商。作为国内权威的第三方测评机构，BCTC 在芯片安全、终端安全、网络安全等领域有着丰富的技术积累与测评经验。

随着我国智能座舱、车图导航、车载联网化及无人驾驶等技术的快速发展与产业应用，信息安全被行业广泛关注。BCTC 自 2017 年开始从事汽车信息安全方向的研究，公司先后建成“生物识别安全实验室”“车联网终端产品安全检测实验室”“汽车电子芯片安全检测实验室”和“车规级高可靠性实验室”等专项重点实验室。

为了形成“车规级可靠性，金融级安全性”的技术特色，公司在原有优势的安全芯片测试的基础上，增加了车规级可靠性测试项目，为客户提供芯片安全测评 + 可靠性验证测试一站式服务；可以提供安全芯片、安全设备的物理攻击、侧信道攻击、故障注入、协议分析、渗透测试、加速环境应力测试、加速生命周期模拟测试、封装组装完整性测试、电性验证测试等方面的技术能力。

在行业标准化规范化的进程中，BCTC 也贡献了自己的力量。作为中国汽车芯片产业创新战略联盟会员单位，中国汽车芯片标准检测认证联盟理事单位，BCTC 积极参与了《车路云一体化系统数据分类分级指南》《汽车远程升级（OTA）信息安全测试规范》《国家汽车芯片标准体系建设指南（2023 版）》《V2X 车载终端安全芯片处理性能测试方法》《智能网联汽车毫米波雷达感知性能测试评价方法》《信息安全技术　声纹识别数据安全要求》《信息安全技术　汽车电子芯片安全技术要求》等多项标准的研究和编制工作。

1. 智能化、网联化自主创新产品

随着全球汽车行业智能化和车联网的发展，新时代的人们越来越多地享受到便利的出行和舒适的驾乘体验。然而，联网环境下所带来的各种风险也悄然而至，无论是互联网、紧急呼叫、导航系统、自动收费、按需供电，还是基于地点的服务广告、维护更新和交通告警，都将成为黑客攻击的潜在漏洞，汽车安全事件频发，构建智能网联汽车信息安全防护体系刻不容缓。

在汽车信息安全防护体系中，芯片安全是非常关键的一环，符合安全要求的中央网关、域控制器、ECU 等车载设备，可以实现车内通信加密、车内设备的身份识别，以及 OBD 诊断的设备安全接入。芯片安全可以有效阻止 CAN、以太网等总线攻击，阻止非法 OBD 设备读取和刷写、识别恶意节点发送非法报文等，芯片检测是验证芯片是否有达到设计的安全性能的重要手段，只有通过测试筛查的安全芯片才能真正让用户放心。

BCTC 拥有国内顶尖的芯片安全专家及专业的技术服务团队，建立了多功能安全分析平台，为汽车电子芯片提供硬件及软件多方面的安全检测服务。

多功能安全分析平台技术自主可控，设备关键零部件及整体结构采用自主研发，已申请多项技术专利，核心系统及零部件可实现国产化替代，不受国际禁运和出口限制影响，并且支持客户定制功能开发和产品国产化定制研发需求。其中侧信道检测设备、错误注入设备以及组合故障注入设备已经成功交付航天二院、航天三院、中汽研软件测评中心、头部车企研发部门等机构。

多功能芯片安全检测平台是一款支持对国内外主流密码算法进行侧信道分析平台、故障注入分析平台及车规芯片可靠性测试服务平台的安全产品和车规级芯片的检测平台。

（1）侧信道分析平台（见图 1）

该平台可根据客户的需求，定制组装电源功耗采集、电磁信号采集、激光注入、电磁注入、电压毛刺注入、频率干扰、局部智能温控等模块，并具备对国内外主流算法实施泄露检测、波形采集、预处理、攻击模型分析、差分秘钥分析等功能。

该设备适用于车载芯片、智能安全芯片、物联网芯片、安全终端及模组的安全性测试和实验教学，可广泛应用于金融、物联网、汽车电子、高校教学等领域。

图 1　侧信道分析平台

多功能安全芯片分析平台特点：

1）支持算法广泛：支持国内外常用密码算法安全分析，自带 AES、DES、RSA、ECC、SM2、SM4 等算法的侧信道分析模型和示例脚本。

2）支持二次开发：根据客户需求，可提供 Python 语言开发接口和使用示例。

3）组装灵活：客户可灵活选配相应的测试模块，支持选配电源功耗、电磁辐射采集等模块，具备错误注入扩展功能。

4）平台兼容性强：可支持 SPA、DPA、CPA、EMA、模板分析、机器学习等信道分析。

5）接口兼容性强：可支持 ISO 7816、UART、I2C、SPI、CAN 等协议。

（2）组合式故障注入攻击平台（见图 2）

对车载芯片或模块可实施激光、电压毛刺、电磁、频率和温度单一维度或多维度干扰，以检测芯片或模块的数据或秘钥安全防护能力。

图 2　组合式故障注入攻击平台

1）光注入：支持 808nm 和 1064nm 光源，脉冲延时小于 30ns。

2）电压毛刺注入：毛刺电压幅度 −10 ~ 7V，注入毛刺宽度最小 4ns。

3）电磁注入：能量等级 170 ~ 910V 可调，数字毛刺输入脉宽小于 300ns。

4）频率干扰：支持频率 100Hz ~ 25MHz 可调，时钟控制精度最小 5ns。

5）温度控制：局部温控范围 −5 ~ 80℃，温控精度 ±0.5℃，功率大于 120W。

（3）车规芯片可靠性测试服务平台

AEC-Q 系列标准是汽车电子零部件的通用测试规范，作为系列标准，对于不同类型器件适用不同标准，只有通过相对应的标准规定的全部测试项目，才能声称通过 AEC-Q 认证。不同等级所验证的环境工作温度范围如下：

Grade 0：环境工作温度范围 −40 ~ 150℃。

Grade 1：环境工作温度范围 −40 ~ 125℃。

Grade 2：环境工作温度范围 −40 ~ 105℃。

Grade 3：环境工作温度范围 −40 ~ 85℃。

银联金卡配置了相应的试验设备和业内顶尖的自动化测试设备（见图 3），为芯片产品的可靠性检测、失效分析等质量保障工作提供支持基于 AEC-Q100 的车规级集成电路 IC 可靠性测试服务：

组类	试验大类	试验项目
A 组	加速环境应力测试	预处理，有偏加速应力测试，无偏加速应力测试，温度循环，PTC 温度循环，高温存储寿命测试
B 组	加速生命周期模拟测试	高温工作寿命评估，早期失效率测试，非易失存储器测试
C 组	封装组装完整性测试	邦线剪切，邦线拉力，可焊性，物理尺寸，锡球剪切，引脚完整性
E 组	电性验证测试	电气特性测试，静电测试人体放电模式 HBM，静电测试元件充电模式 CDM，LU 闩锁测试，EMC 电磁兼容性测试

高温试验箱

温度循环试验箱

快速温度试验箱

HAST温箱

SAT超声波扫描设备

推拉力测试仪

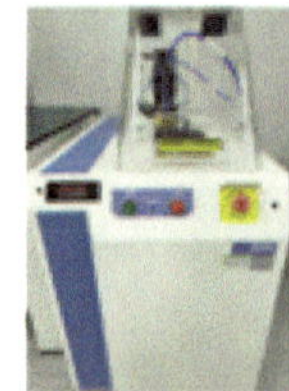
CDM测试仪

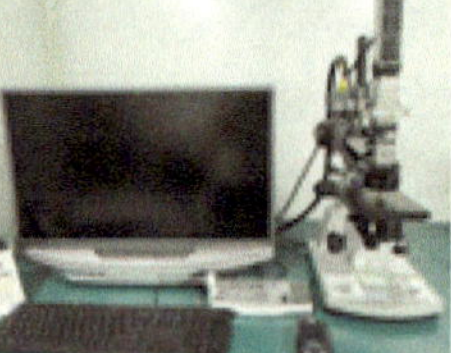
超景深显微镜

热流罩

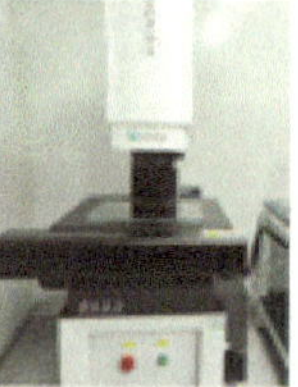
视频测量仪

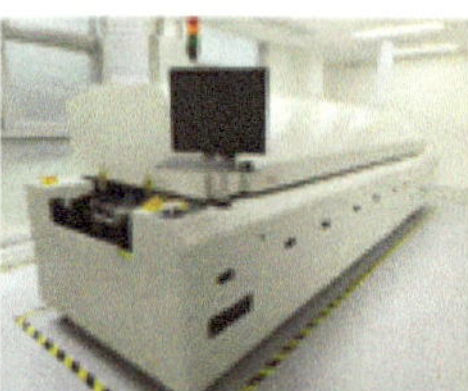
Reflow设备

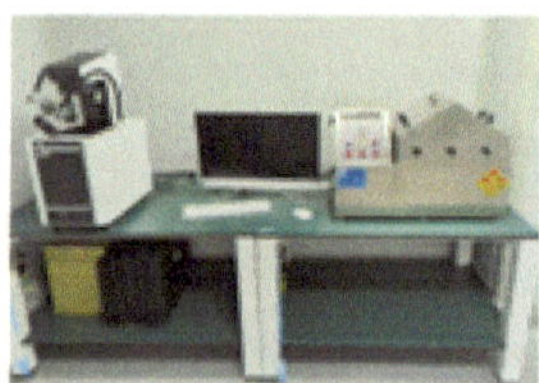
可焊性测试仪

图 3　部分设备照片

2. 前景展望

BCTC 将继续致力于信息安全和高可靠性（车规级）技术研究与产品测评工作，依托重点实验室，协助车企及芯片生产厂商整合芯片、半导体等相关行业优势资源，聚焦芯片安全、车规半导体等关键技术，参与标准化编制工作，构建信息安全和车规可靠性技术研究平台；为推进我国自主芯片、半导体产品的实车应用配套，实现产业自主可控，推动产业标准化落地、车载芯片及网联产品的功能安全和信息安全提供专业的安全服务。

第 16 章 智能网联汽车高校技术研究创新成果

基于虚拟现实技术的智能驾驶安全防护系统

海南大学机电工程学院

作者：陈振斌，李培新

基于虚拟现实技术的智能驾驶安全防护系统旨在解决智能驾驶中可能出现的安全隐患。通过模拟各种驾驶场景，并对电子设备故障、环境干扰、驾驶员误操作等情况进行预测和应对，系统提高了安全防护系统的精度、稳定性和实时性。此外，系统还制定了控制策略和优化算法，提高了智能驾驶的主动安全性能。这将为智能驾驶技术的发展提供重要支持，为安全驾驶保驾护航。

1. 基于虚拟现实技术的智能驾驶安全防护系统

（1）紧急制动系统

在自定义场景上，通过制定紧急制动策略，搭建紧急制动规划控制算法，对紧急制动行为进行合理的规划和控制，使得配备了紧急制动系统的车辆会在车辆前方遇到障碍物时，视情况发出预警或是采取不同程度的制动，甚至停车，以此来避免事故发生或是降低事故损失。紧急制动算法运行效果见图 1。

图 1　紧急制动算法运行效果

（2）主动转向系统

首先，利用激光雷达，使用 SLAM 算法，将障碍物识别出来，构建车辆可行域；接着，运用模糊决策方法进行车辆转向决策；然后，使用三次多项式对车辆路径进行规划，并添加车辆运动学和安全距离约束；最后，采用非线性模型预测控制算法控制车辆转向角跟踪规划路径。配备主动转向系统的车辆可以绕过静止障碍物或是超越缓行车辆正常行驶，使得车辆更加灵活，在提高通勤效率的同时也能保障安全。

（3）行人避撞系统

算法将道路划分为不同的等级危险区域，同时根据 TTC 对车辆和行人的危险程度进行了等级划分，针对不同的危险区域和危险程度，车辆选取避撞风险较低且符合一般行驶规则的避撞行为决策。根据不同的决策结果对车辆进行不同的控制操作，减少车辆与行人发生碰撞的风险，提高道路交通的安全性。行人避撞成功仿真截图见图 2。

图 2　行人避撞成功仿真截图

（4）人机共驾系统

研究人员基于车辆驾驶模拟器和自动驾驶仿真软件，对人机共驾的最佳接管时间和接管请求方式进行相关研究，设置有关接管行为的变量和指标，基于不同的道路场景，对不同的接管请求方式和接管时间进行对比分析，结合驾驶员的舒适性和车辆安全性进行综合考虑，对不同的场景选择不同的接管方式和最佳的接管时间，进一步保障人车之间接管畅通。

总之，智能驾驶安全防护系统通过使用先进的传感器技术和车辆控制等算法，能够及时检测驾驶员的状态和车辆周围信息并采取相应措施，预防潜在的交通事故。此外，智能驾驶安全防护系统还可以辅助驾驶员在复杂交通环境中行车，提供车辆感知和控制等功能，从而保护驾驶员和其他道路使用者的生命安全，提升整体交通安全水平，减少交通事故的发生，以及保障行车过程中的安全性和舒适性。

2. 驾驶员疲劳预警系统

驾驶员疲劳预警系统是一种通过监测驾驶员的

生理指标和行为特征，来判断驾驶员是否存在疲劳驾驶风险，并及时发出警示的系统。

团队建立了 1 套驾驶员疲劳预警系统（见图 3）。该系统采用罗技 C270 网络摄像头对驾驶员进行面部信息采集，采用树莓派计算平台运行程序，辅以神经计算棒，采用扬声器对驾驶员进行安全预警。

图 3　驾驶员疲劳预警系统

该系统基于 Dlib 库实现驾驶员的人脸检测，利用了多种技术来实现对驾驶员面部的检测和分析。首先，系统使用了特征提取、模板匹配和机器学习等方法，通过经典的梯度直方图（HOG）特征来表示图像中的人脸。这些特征被送入线性分类器、图像金字塔和滑动窗口检测，以输出图像中人脸的位置和大小信息。接着，系统根据检测到的驾驶员人脸关键点计算眼睛的闭合程度（EAR）、闭眼持续时间百分比（PERCLOS）来判断驾驶员的睁闭眼状态和次数，同时也计算嘴巴的移动程度（MAR）来判断打哈欠的次数。最后，系统基于驾驶员的眼睛闭合次数和打哈欠次数特征进行综合决策，以提前预警和报警提示驾驶员疲劳驾驶的情况，从而达到研究的预期目的。系统总体架构见图 4。

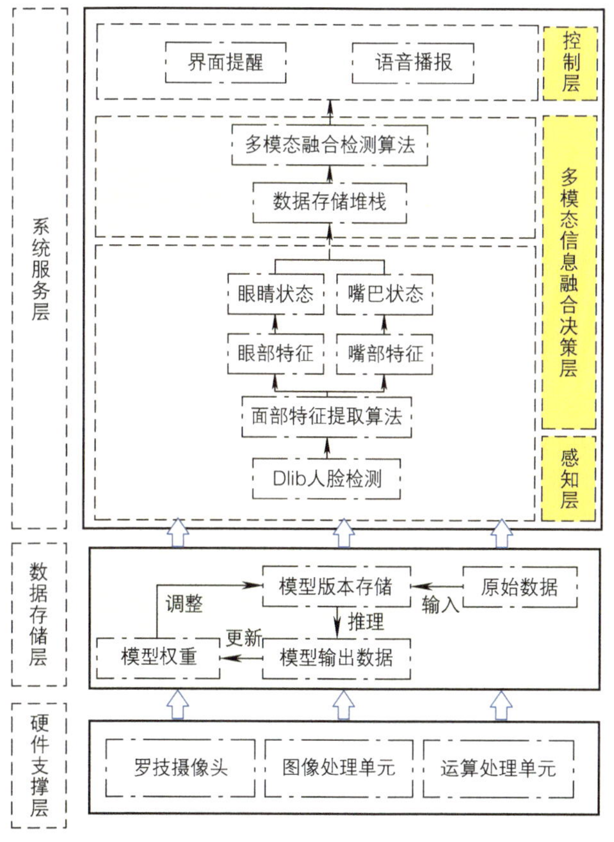

图 4　疲劳驾驶预警系统总体架构

此外，团队还建立了一种多模态的驾驶员疲劳驾驶检测平台，检测算法结合了驾驶员面部特征和心率特征，以消除单一特征带来的弊端。通过使用 Dlib 算法进行驾驶员人脸 ROI 区域检测，并利用高精度目标检测网络 YOLOv7 替换了主干特征提取网络为 MobileViT，以满足轻量化部署要求。为解决生理信号检测方法的侵入性问题，采用基于视觉的心率特征提取模型。最后，将轻量化 YOLOv7 输出的面部特征和 Res-Efficient 模型输出的心率值在特征级别融合，并送入时序神经网络进行疲劳检测。

团队基于疲劳驾驶预警系统试验台架（见图 5）设计了白天和夜晚两种驾驶工况并进行了模拟测试，

验证算法的可行性。这一算法的创新之处在于综合利用了多种信息源，结合了人脸特征和心率特征，以提高疲劳驾驶检测的准确性和鲁棒性。通过多模态融合机制和基于注意力的时序神经网络，该算法有望为疲劳驾驶检测领域带来新的突破。

驾驶员疲劳预警系统的实现可以帮助提高驾驶安全性，通过对驾驶员疲劳状态的实时监测和预警，有望减少因疲劳驾驶而引发的交通事故。同时，系统能够准确地识别驾驶员的面部特征，进而进行疲劳驾驶的预警和报警，为驾驶员和乘客的安全提供了一定的保障。

图 5　疲劳驾驶预警系统试验台架

智能网联汽车的 OpenSCENARIO 场景自动生成工具与自动化测试

同济大学汽车学院
作者：陈君毅

随着智能网联汽车技术的不断发展，测试与验证环节的重要性日益凸显。由于系统复杂性的提升，基于里程的测试已经无法满足智能网联汽车的测试需求。凭借可复现性、测试高效、场景设置灵活等优势，基于场景的仿真测试成为当前主流的测试手段。

由自动化及测量系统标准协会（ASAM）制定的 OpenX 系列标准提供了完整的场景描述方案作为仿真测试的基础，包括 OpenDRIVE、OpenCRG 和 OpenSCENARIO（OSC）等。其中仿真测试场景的静态部分（如道路拓扑结构、交通标志标线等）由 OpenDRIVE 格式描述；道路的表面细节（如坑洼、卵石路等）由 OpenCRG 格式描述；仿真测试场景的动态部分（如车辆的行为）由 OSC 格式描述。基于上述方案，OpenX 系列标准将仿真测试场景统一化，提高了仿真场景在不同仿真软件内迁移进行测试的效率，也有利于对不同仿真软件测试进行统一的场景评估。其中，OSC 用于描述智能网联汽车测试场景的动态内容，其主要用例是描述涉及多个实体，如车辆、行人和其他交通参与者的复杂操作，其中动作、轨迹和其他元素都可以被参数化，在不需要创建大量场景文件的前提下允许了测试自动化。对于智能网联汽车决策规划系统而言，OSC 描述的动态内容是其主要输入，因此团队采用了 OSC 格式描述具体的测试用例。进一步地，通过在仿真软件内运行测试用例，达到对决策规划系统的测试目的。然而，由于 XML 的 OSC 格式较为底层，文件描述过于复杂，人工编写场景耗时长、效率低，迫切需要一个更高级的接口来连接语义级别的场景定义与OSC格式，因此，为高效自动地生成场景文件，团队开发了OSC场景编译器，结合仿真测试工具，实现智能网联汽车的自动化仿真测试。

OSC作为一种场景描述的领域特定语言（Domain-Specific Language，DSL），它的编译体系借鉴了传统编程语言的架构，分为OSC前端与OSC后端两个主要模块。OSC前端负责处理输入即JSON语言定义的场景蓝图，蓝图中较为固定的参数（如车辆尺寸）进行了默认设置，仅保留对于测试关键的参数定义。OSC后端负责根据前端的解析结果，构建OSC的DOM树，进而编译产生最终用于仿真软件运行的OSC场景文件。在OSC后端中，将OSC的本体使用面向对象编程的思想进行了形式化，可编译生成OSC中的任意节点组合，并且使用xsd文件对生成结果的正确性进行验证，以确保其完全符合OSC格式标准。此外，为优化后端处理的空间复杂度，设计了句柄树，实现了对OSC格式的DOM树或其任何子树的便捷操作，架构见图1。

在具体应用OSC场景编译器时，对于OSC前端，使用JSON格式描述场景蓝图，使用RapidJSON解析场景蓝图。对于OSC后端，使用C++语言编写后端的主体部分，使用pugixml处理XML的DOM树以及输入和输出。

应用上述OSC场景编译器，团队以仿真软件Virtual Test Driving（VTD）为平台，实现了面向决策规划系统测试的自动化场景生成与测试。在此基础上，针对逻辑场景参数空间连续，场景数量无穷尽的问题，结合优化算法，实现了危险场景的加速测试，具体应用框架见图2。该技术能大大提升对危险场景的搜索效率，有效降低智能网联汽车仿真测试验证的成本。

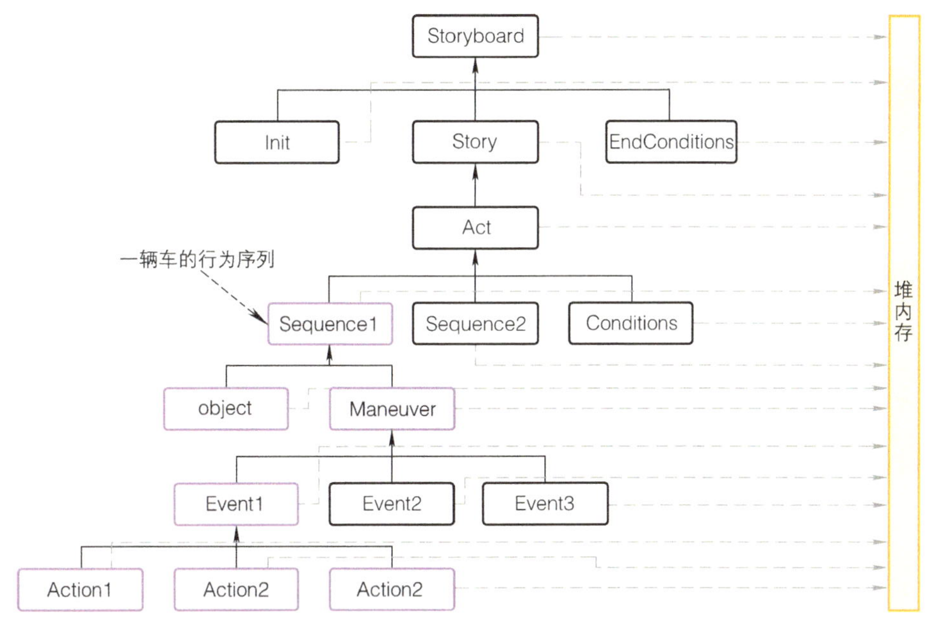

图 1　OSC 后端句柄树架构

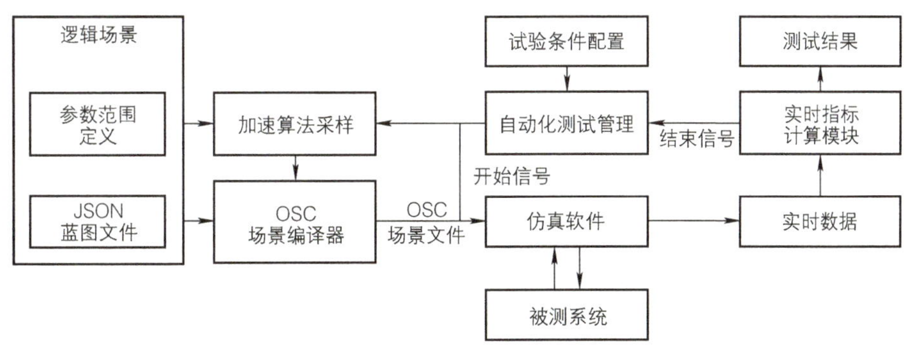

图 2　危险场景加速测试应用框架

汽车主动预紧安全带

湖南大学 湖南立中科技股份有限公司

作者：曹立波，廖家才

研究表明，20% 的乘员乘车时存在离位状况，80% 的乘员佩戴安全带存在松弛现象。乘员离位和安全带松弛会导致乘员在碰撞时的损伤增加。尤其是近年来自动紧急制动（AEB）等在汽车上得到普及应用，AEB 在减少或减轻碰撞事故的同时，也会导致在汽车发生碰撞时乘员处于离位状态，使乘员损伤加大。因此，配装了 AEB 系统的车辆都需要配装主动预紧安全带来克服乘员离位问题。主动预紧安全带融合了主动传感技术和被动安全带技术，实现了汽车主被动安全的有机结合，可以通过体感危急提醒（避免事故的发生）和多级预紧（消除安全带间隙和纠正乘员离位坐姿）显著提升乘车安全性。

湖南大学汽车车身先进设计制造国家重点实验室于 2013 年在国内率先开展了主动预紧安全带的研发，申请了相关的核心专利，并在长沙立中汽车设计开发股份有限公司进行产业化。10 余年来，立中公司对主动预紧安全带产品进行了不断的技术更新和迭代，已经完成了量产化产品的开发，并在一些主机厂进行了适配测试。同时，立中还开发了相关的测试工具和设备，牵头制订了国内首个主动预紧安全带团体标准。

1. 产品介绍

（1）产品功能

主动预紧安全带的主要功能见图 1。

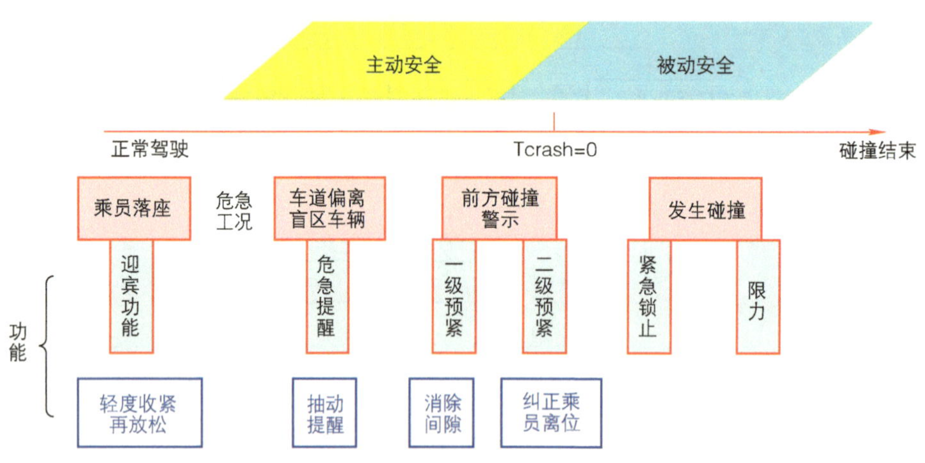

图 1 产品功能

1）迎宾功能：乘员落座并系上安全带后，卷收器轻度收紧再放松安全带，消除安全带过多的佩戴间隙。

2）危急提醒：通过小幅度往复抽动安全带织带，提醒乘员注意当前行车安全。

3）一级预紧：用于快速消除乘员与安全带之间的间隙，并使织带处于张紧状态。

4）二级预紧：用于将乘员约束到正常坐姿，并改善乘员离位状态。

（2）产品结构

立中主动预紧安全带结构（见图 2）主要包括直流电机、齿轮传动机构、控制板、离合器、传统安全带卷收部分等。

（3）上位机

立中开发的上位机集成参数设置、程序升级、版本读取、功能模拟四部分，实现了通过 CAN 通信与控制板进行交互，能够实现主动预紧安全带的实车测试、台架测试、参数标定、诊断等功能（见图 3）。

2. 性能测试

（1）台架性能测试

立中公司开发了主动预紧安全带性能测试台架，能够开展主动预紧安全带的预紧时间、卷收速度、预紧力的大小测试，并进行了大量的产品对比试验（见图 4）。

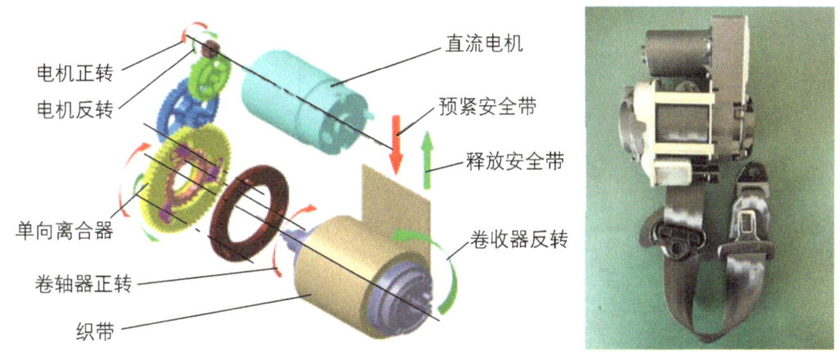

图 2　立中主动安全带结构及实物

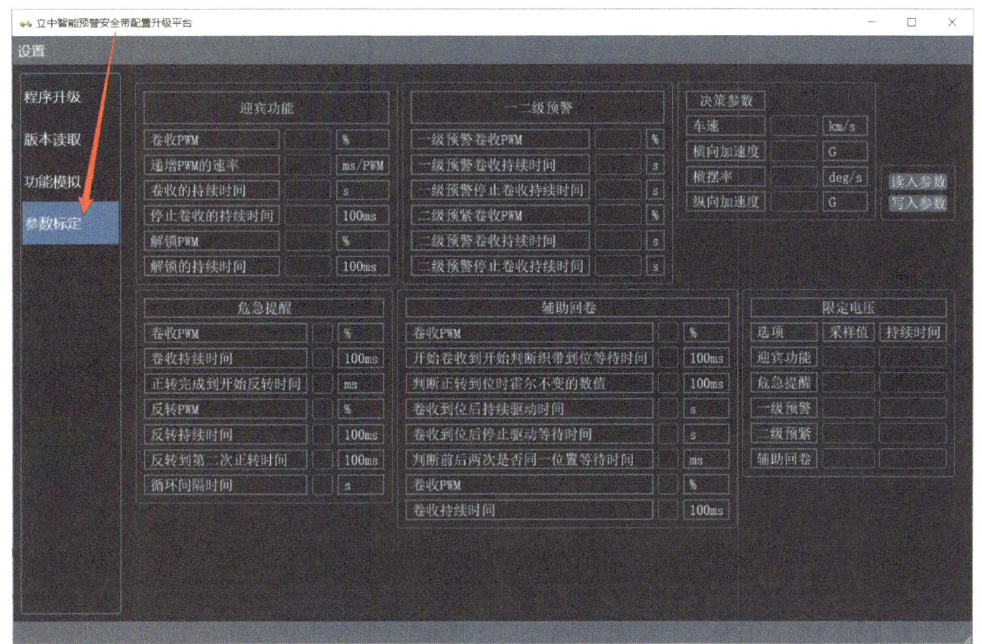

图 3　立中主动预紧安全带测试上位机界面

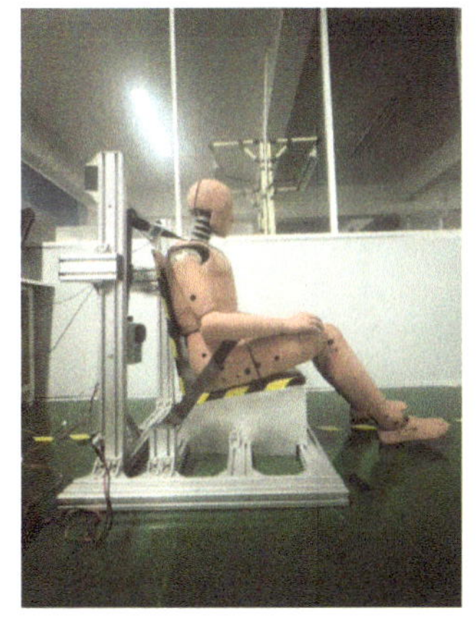

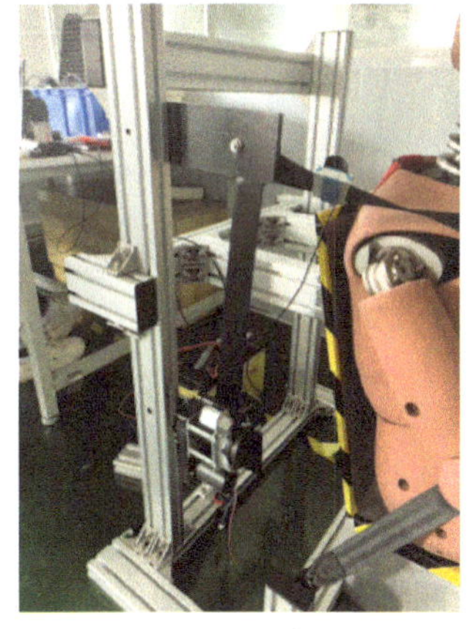

图 4　台架测试系统

（2）实车测试

目前，立中主动预紧安全带已经在宇通、广汽、北汽、东风柳汽、吉利等主机厂的车型上开展了实车的配装测试，对安全带的卷收速度、预紧力、舒适度等进行了主客观评价（见图 5）。

a) 宇通客车

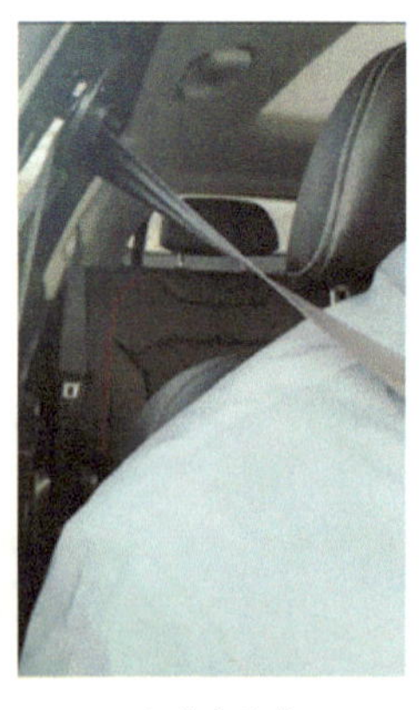

b) 北京汽车

c) 东风柳汽

图 5　实车测试

基于车路协同的智慧停车系统创新成果案例

重庆邮电大学

作者：蒋建春

为了解决城市车辆“最后一公里”室内外大型停车场车位状态监测难、停车找车难、停车场事故追责难等问题，重庆邮电大学汽车电子团队研发了基于车路协同的智慧停车系统。该系统利用车路协同感知识别系统，实现车辆车牌识别、车辆全程跟踪、车位状态监测、室内外一体化定位导航、违规停车监测等功能，通过 App 预约车位，然后实现停车导航、停车入位、找车服务等，系统架构见图 1。

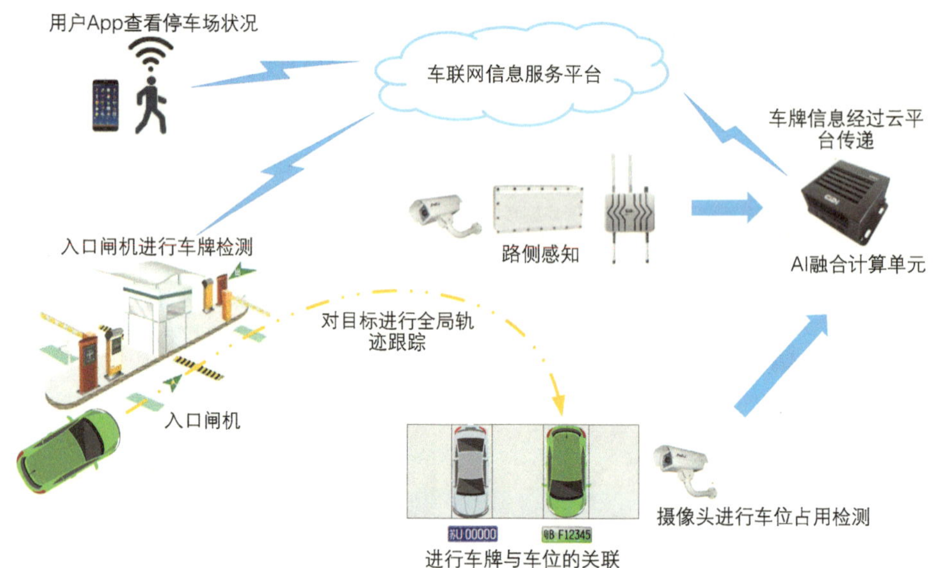

图 1　基于车路协同系统的智慧停车系统

该系统主要包含以下 3 项关键技术。

（1）GNSS+ 蓝牙 AOD+IMU+ 视觉等多源融合室内外高精度定位一体化技术

为了解决室内停车定位导航困难和室内外导航连续性问题，本智慧停车系统研发了基于 GNSS+ 蓝牙 AOD+IMU+ 视觉等多源融合定位技术（见图 2）。该技术利用移动终端即可实现室内外一体化停车定位导航，可以有效解决室内外高精度定位及其通用性与一致性问题，提高停车导航便捷性和效率。

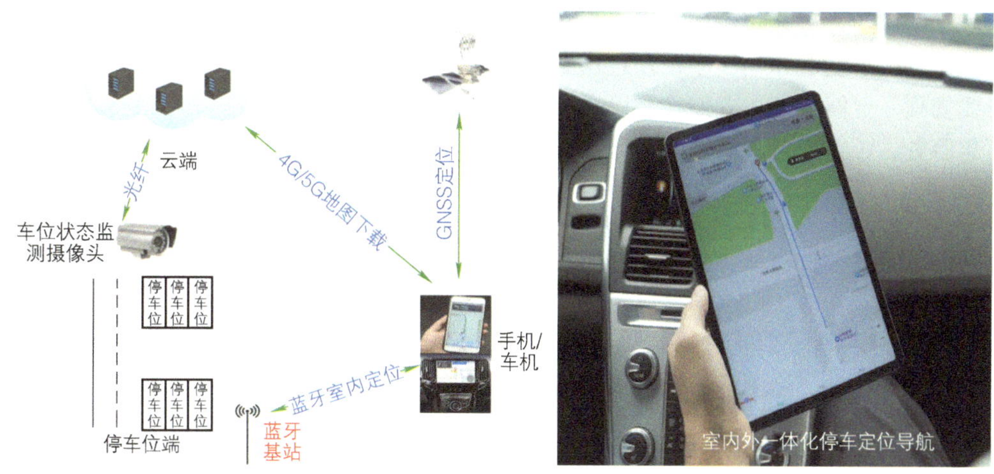

图 2　室内外高精度定位一体化技术

（2）基于车路协同感知的车位状态监测与车辆跟踪技术

为了解决大型停车场车位状态实时监测和车辆与车位关联问题，采用路侧 + 雷达 +V2X 的多源感知识别技术实现对车位状态实时监测、车辆车牌识别与车辆全程跟踪、车辆与车位关联等功能（见图 3）。该系统可以有效降低成本，提高管理效率。

（3）基于路侧感知识别的停车场碰撞预警、事故监测与报警技术

为了解决车辆擦挂、碰撞事故后车辆逃逸无法获取证据等问题，使用路侧感知识别技术，实现停车场车辆防碰撞预警、交通事件的监测与报警（见图 4），并及时通知车主和运营方，方便停车场运营管理，降低交通事故造成的难以罪责的运营风险。

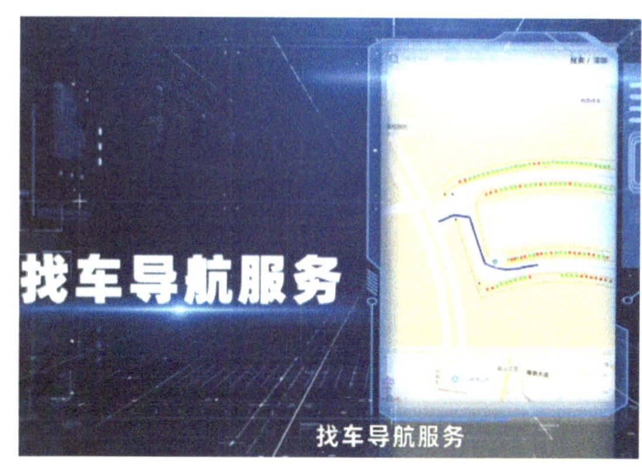

图 3　车辆跟踪与车位关联

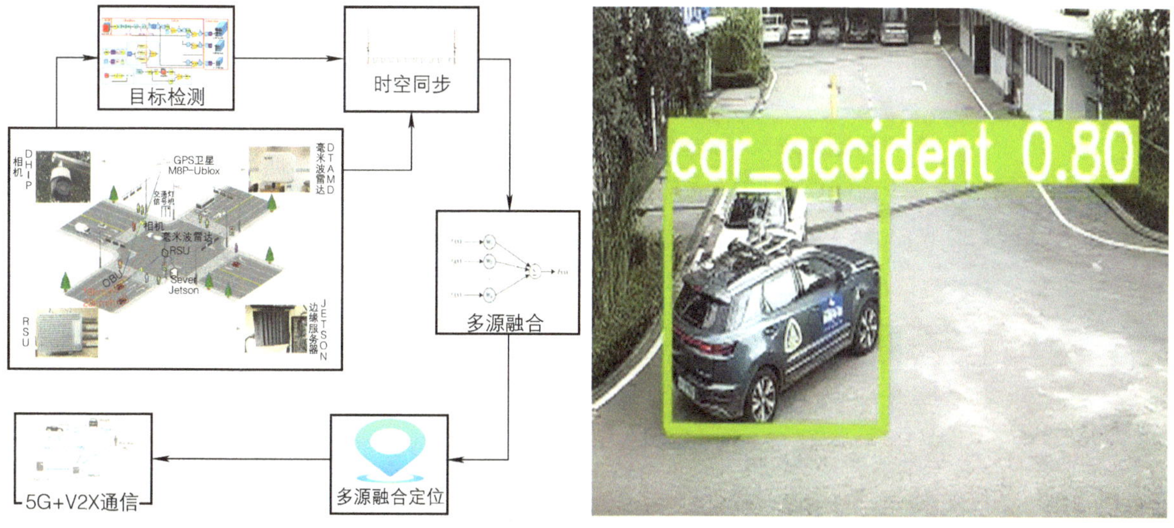

图 4　交通事故监测与报警

该智慧停车系统通过蓝牙定位、计算机视觉等技术，实现停车位状态实时检测、车位预定、室内外定位、路线规划、智能找车、事件检测以及智慧收费等智慧化服务，可以降低人们停车找车导航难度，提高停车效率，降低排放，提升停车位资源的利用率，易于普及与推广。该系统相关技术已获得国家发明专利 35 项。

汽车智能技术专业教育教学创新成果案例

广西电力职业技术学院　汽车与交通工程学院
作者：谢毅松，吴继璋

1. 智能网联课程改革成果

广西电力职业技术学院针对汽车智能技术专业进行了课程结构的重大改革，特别是在智能网联领域。这一改革以行业需求为导向，重点增设了涵盖车载通信、自动驾驶技术、传感器应用、计算机网联基础等内容的新课程。课程通过理论与实践相结合的方式，加强了实验、实训和项目驱动的教学方法。重要改革措施包括：

1）课程模块化：将复杂技术拆分为若干模块，每个模块专注于特定技术点，使学生可以更加深入地理解每个技术的应用和工作原理。

2）实验室建设：升级现有实验室，配备模拟器和仿真软件，以及与智能网联相关的实车和测试设备，提供更接近工业应用的实践环境。

3）项目导向学习：开设具有挑战性的项目课题，鼓励学生团队合作，解决实际应用中的问题。

2. 智能网联双创成果

在智能网联课程改革的基础上，广西电力职业技术学院倡导的“双创”教育（即创新与创业）也取得了显著成果。学院通过与企业和技术孵化器合作，为学生提供了将课程知识转化为创新产品和服务的机会。关键成果包括：

1）创新实验室的建立：为学生提供了一个实验与创新的空间，他们可以在这里进行跨学科的合作，并使用最新的技术工具和资源开展研发工作，这个平台为学生的创新制作提供了有利条件，并获得了一些奖项（见图 1）。

获奖证书

宁岗山、杨宇东、侯兴旺

你（们）的作品《车内儿童识别及误锁解救装置》在第九届“挑战杯”广西大学生课外学术科技作品竞赛中荣获

二等奖

参赛高校：广西电力职业技术学院　指导老师：吴继璋、赖德鹏

特发此证，以兹鼓励！

共青团广西壮族自治区委员会　广西壮族自治区教育厅　广西壮族自治区科学技术厅　广西壮族自治区科学技术协会　广西壮族自治区学生联合会

二〇一九年六月

图 1　大学生创新创业作品竞赛

2）创业孵化平台：学院建立了校内外的创业孵化平台，支持有创新想法的学生团队，提供资金支持、技术指导和市场接入等一系列辅导服务。

3）行业合作项目：通过与行云新能（深圳）科

技有限公司和广西汽车集团有限公司密切合作，学生得以参与真实的智能网联项目，这不仅为他们提供了实践经验，也促成了多个创新产品的诞生。

3. 智能网联科研成果

（1）科研项目攻关

广西电力职业技术学院紧密跟踪智能网联汽车技术发展前沿，在科研项目方面有显著的进步。学院不仅在省市级层面获得多项研究项目，并且在国家级科研项目中也占有一席之地。通过校企合作，学院建立了智能网联汽车研发中心，促进教学、科研和实践的紧密结合，这些项目不仅推进了智能网联相关技术的研发，还提供了学生实际参与高科技项目研究的机会，这极大地丰富了学生的学习体验和实践技能。

（2）学术论文与专利

此外，学院师生在智能网联科研领域的表现同样突出。教师团队通过对智能网联核心技术的深入研究，发表了多篇学术论文，这些论文不仅在学术圈产生了一定的影响，也为学生的学习与研究提供了丰富的知识资源。同时，学院鼓励学生参与研究工作，并通过指导学生申请发明专利，加强了学生的科研能力和创新意识，这也体现了学院在科研教育融合中的积极作为。

学院主要专利包括《一种汽车落水自动逃生装置》、《一种防儿童误锁车内的电路及装置》（见图 2）和《一种汽车空调远程控制装置的研制》（见图 3）；主要论文包括《一种新型智能移车装置的研究与开发》《一种智能控制汽车转向灯的设计》。

4. 智能网联教学模式探索

广西电力职业技术学院对智能网联教学模式的探索体现在几个关键方面：

（1）理实结合的教学体系

更新的教学模式突破了传统的课堂教学边界，课程设计充分考虑理论与实际应用的结合。例如，开展自动驾驶车辆的模拟操作，以及车联网系统的实时数据交互、分析试验，这让学生能够在近乎真实的环境中学习和测试学习成果。

（2）项目驱动法

采用项目驱动法，在教学中融入真实或仿真的项目情境，教师引导学生完整地经历项目从起始到结束的整个流程，增强了学生的问题分析和解决能力，以及团队协作和项目管理能力。

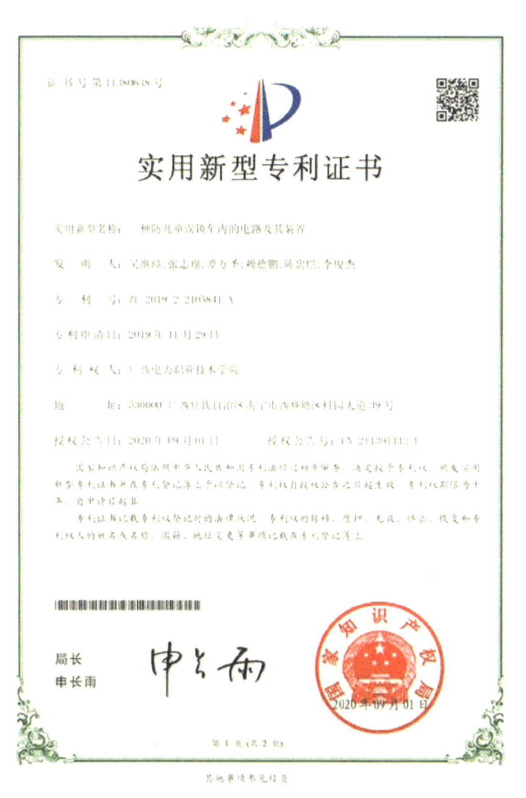

实用新型专利证书

实用新型名称：一种防儿童误锁车内的电路及其装置

专利号：ZL 2019 2 2105841.X

专利申请日：2019年11月29日

专利权人：广西电力职业技术学院

授权公告日：2020年09月01日

局长
申长雨

2020年09月01日

图 2　一种防儿童误锁车内的电路及其装置专利

附件1

项目领域：☑自然科学类　□人文社科类

2019年度广西高校中青年教师

科研基础能力提升项目申请书

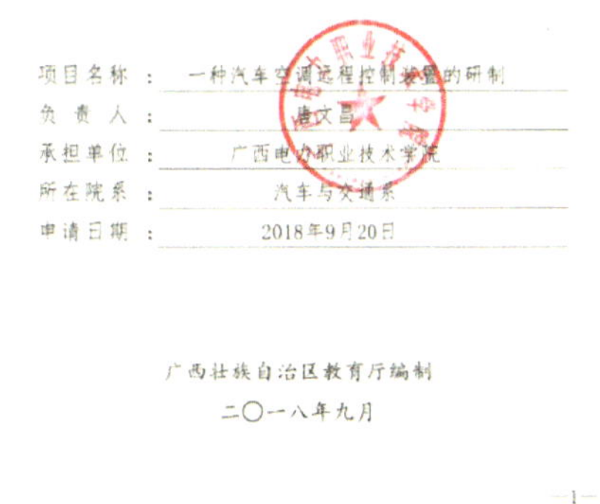

项目名称：一种汽车空调远程控制装置的研制

负责人：唐文昌

承担单位：广西电力职业技术学院

所在院系：汽车与交通系

申请日期：2018年9月20日

广西壮族自治区教育厅编制

二〇一八年九月

图 3　一种汽车空调远程控制装置的研制课题项目

（3）案例教学与工作坊模式

案例教学将真实的行业案例带入课堂，学生在教师的指导下讨论并分析案例，学习如何应对实际工作中的复杂问题。同时，学院还建立了工作坊，提供一个平台供学生在教师指导下进行设计制造、编程开发等活动，增强学生工程实践能力。

（4）翻转课堂与在线学习

采取翻转课堂的方式，让学生在课堂之外通过在线资源自行学习理论知识，课堂时间更多用于讨论、试验和解决实际问题。通过这种方式，学生能更主动地参与学习过程，提高学习效率。

这些教学模式探索不仅提高了学生的学习积极性和自主性，而且培养出了更多适应当代汽车行业需求的高素质技术人才。通过不断创新教育教学方法，这些教学创新成果为学院赢得了良好的社会声誉，并培养出一批具备强烈创新意识和实践能力的汽车智能技术专业毕业生。广西电力职业技术学院在智能网联汽车人才培养方面迈出了坚实的步伐，有效地推动了区域乃至国家智能网联汽车产业的发展。

一种高低速统一预瞄滑模驾驶控制方法及控制系统

湖北汽车工业学院　汽车工程师学院

作者：邓召文

由于多挂汽车列车的大尺寸、高质心和多车体特点，与单车体乘用车相比，多单元组成的多挂汽车列车具有独特的横向动力学特性。在低速时具有较差的路径跟随性能，而在高速时具有较弱的整车横向稳定性和较为剧烈的挂车横向运动特性。多挂汽车列车在高速行驶时横向稳定性差，主要表现为挂车折叠、挂车摆尾和侧翻等危险工况。在高速公路变换车道行驶过程中，挂车常出现横向摆动，这种现象可能以向后放大的形式出现。挂车横摆运动具有由牵引车依次向后端逐步放大的特点，也就是说相比于牵引车单元，最后一节挂车单元具有最大的侧向加速度。因此，在汽车列车上，往往最后一节挂车最先有侧翻趋势和发生侧翻的可能。相邻车辆单元之间的铰接和牵引车驾驶室的悬架隔离了驾驶员对挂车运动状况的感知。多挂汽车列车驾驶员很难通过感知获得挂车的运动状态，其对汽车列车的运动感受主要来源于牵引车。当出现危险工况，最后部的挂车开始发生侧翻时，驾驶员很难通过牵引车的运动来感知和判断整车的不安全状态。当驾驶员感知整车的危险状态时，再通过对整车的紧急控制来避免危险情况的发生可能已经为时已晚。这一独特的特性是造成铰接车辆或汽车列车发生侧翻的主要原因。

由于汽车列车的驾驶员行为特性与单体车不同，所以不能将单体车辆的驾驶员模型简单地用于多单元铰接式汽车列车上。鉴于驾驶员方向控制模型在驾驶员 - 汽车 - 道路闭环系统仿真、驾驶员辅助系统开发和智能汽车控制中的重要作用，因此，研究并设计适用于多单元铰接式重型车辆的、包含牵引车和各节挂车预瞄信息的、多点预瞄驾驶员模型就显得尤为必要。

研究团队根据汽车列车的结构特点和运动学要求，提出一种高低速统一预瞄滑模驾驶控制方法及控制系统。基于各车体侧向位置、侧向位置变化、侧向速度以及横摆角度大小，再结合行驶道路信息设计优化趋近率，进行滑模控制器优化。在此基础上，建立一种适用于双拖挂汽车列车的、包含牵引车和各节挂车预瞄信息的、具有高低速模式的汽车列车多点预瞄驾驶员模型。汽车列车模型和期望路径的几何表示示意图见图 1。

在低速模式下，首先保证路径跟踪特性，其控制思路为牵引车的前轴中心和所有被牵引单元的后端都应该遵循理想轨迹；在高速模式下，首先保证横向稳定性，其控制思路是每个前单元的后端铰接点都是相邻后单元要跟踪的轨迹。适用于汽车列车的高低速统一预瞄滑模驾驶控制方法流程和控制方法原理分别见图 2 和图 3。

整个控制系统主要包括数据获取模块、模型构建模块、参数获取模块、控制器优化模块和控制模块组成。首先，数据获取模块进行汽车行驶道路信息的获取；其次，模型构建模块确定汽车道路模型以及汽车动力学模型；然后，参数获取模块得到汽车列车的侧向位置、侧向位置变化、侧向速度以及横摆角速度相关参数；随后，控制器优化模块进行

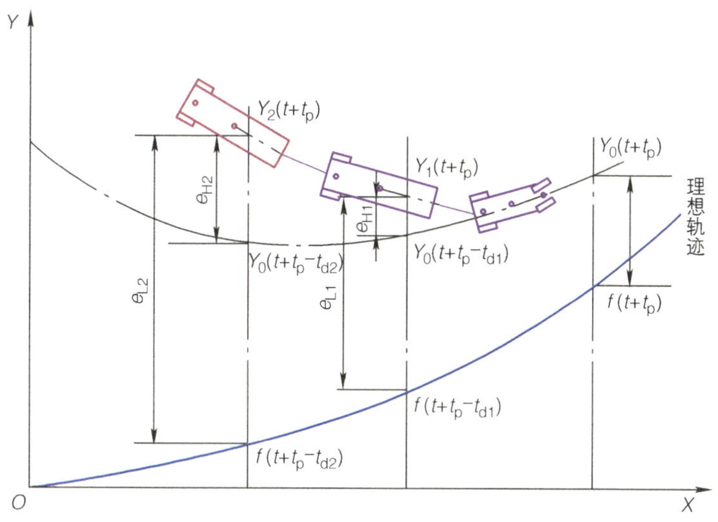

图 1　汽车列车模型和期望路径的几何表示示意图

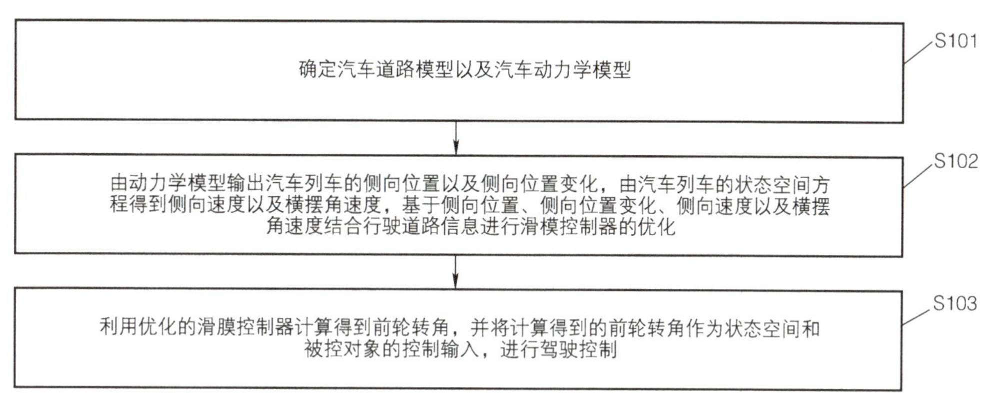

图 2　高低速统一预瞄滑模驾驶控制方法流程

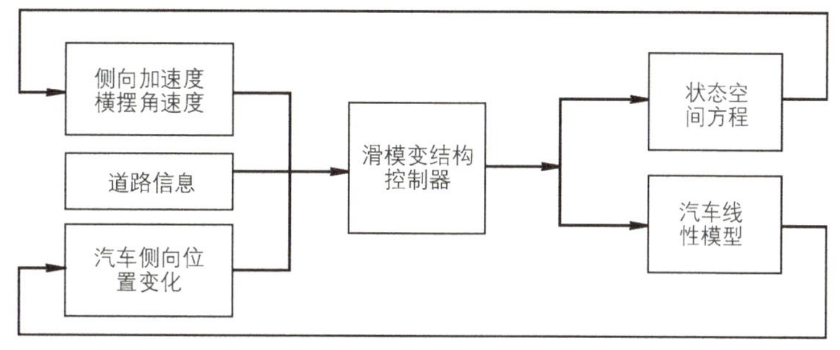

图 3　高低速统一预瞄滑模驾驶控制方法原理

滑模控制器优化；最后，控制模块利用优化的滑模控制器进行驾驶控制。

基于项目组授权专利技术（一种高低速统一预瞄滑膜驾驶控制方法及控制系统，授权号：ZL202010587133.9），本系统可实现低速轨迹跟踪模式和高速横向稳定模式，既可以提高挂车单元的低速路径跟随性，又可以改善汽车列车的高速稳定性和安全性，大大降低各单元的横摆和侧向运动，抑制了趋近滑模面时的抖动现象，具有较好的自适应和鲁棒效果。本系统的研究开发，对于提升多单元铰接式汽车列车的操纵稳定性、行驶安全性以及智能驾驶水平具有较好的应用前景。

自动驾驶高精地图与北斗融合定位研究进展

武汉大学

作者：李必军

1. 四层一体化高精地图模型调整与完善

为了使数据分层组织更加明确、要素更加详细具体、用户个性化需求更加突出，在刘经南院士提出的四层一体化模型基础上进行改进和完善，得到新的四层模型。新模型的四层分别为静态数据层、道路实时信息层、车辆动态信息层和用户模型层。静态数据层增加了服务点 POI 和与其他交通体系的接驳点，用于满足服务和换乘需求；道路实时信息层更注重道路全局动态信息，如交通事故信息、道路临时维修信息等，服务于导航路线及时变更优化；车辆动态信息层聚焦于车辆周边局部信息，如行人、其他车辆、临时障碍物等，服务于车辆局部路径规划和车辆控制；用户模型层增添了用户数据集和车辆特征数据集，用户数据集用于满足用户个性化需求，如平稳行驶、避免红绿灯等，车辆特征数据集记录了详细的自车信息，如车身长度、宽度、高度等，用于车辆精准控制。四层一体化模型的调整与完善情况见图 1。

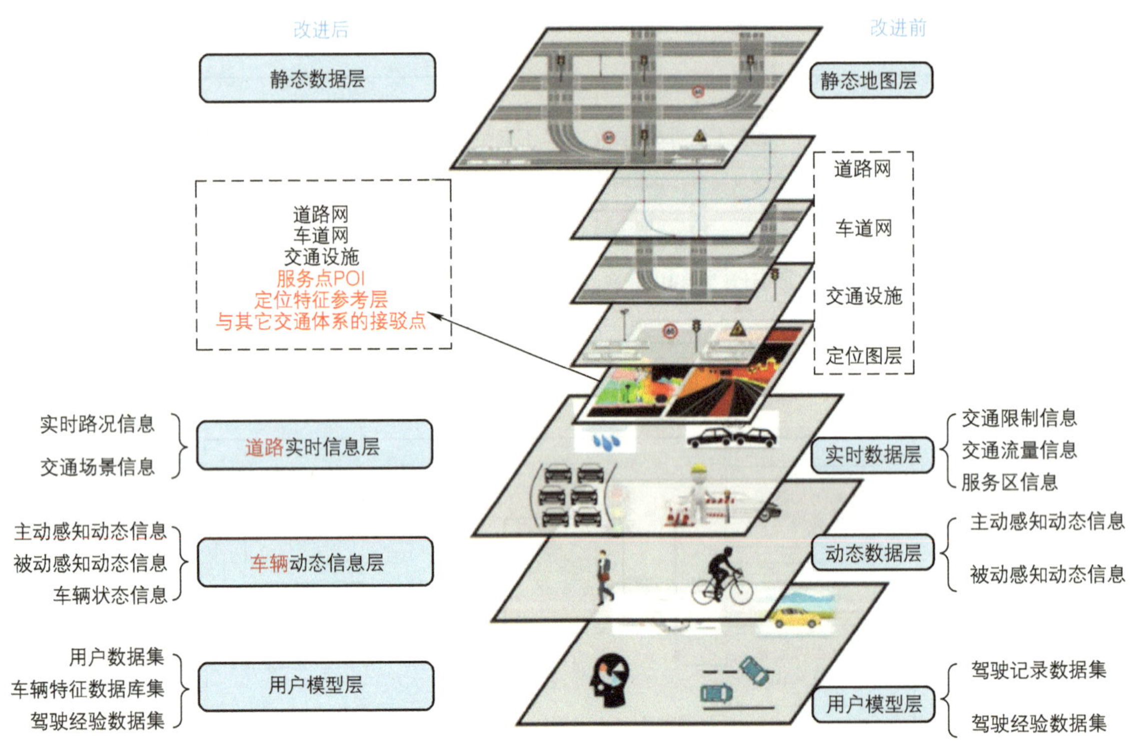

图 1　四层一体化模型改进前后对比

2. 高精地图知识图谱构建方法

高精地图知识图谱的构建过程就是高精地图数据进行语义化的过程，将高精地图中的数据抽取出来，构建各个要素之间的联系，使人和车辆可以通过语义信息理解数据的含义和关系，进而可以进行推理、决策等应用（见图 2）。依据自上而下的知识图谱构建方法，先构建高精地图知识图谱模式层，作为知识图谱数据层构建的规范和约束，后结合实际数据构建高精地图知识图谱数据层，形成完整的高精地图知识图谱。在模式层方面，以高精地图四层逻辑模型为理论框架，结合 GDF 5.1（Geographic Data Files 5.1）、ASAM OpenDRIVE 等相关标准规范构建高精地图要素本体概念、关系和属性等知识类的内容和层次结构，为知识图谱数据层的知识抽取提供模式规范，指导数据层的构建。在数据层方面，采用分而治之的方法构建高精地图知识图谱，在抽取静态数据先验信息的基础上对动态、实时数据和自车数据进行融合，先构建静态地图知识内部之间的联系，再构建动态实时信息和静态信息、车辆之间的关联，形成完整的知识图谱数据层，在自动驾驶过程中针对实时交通场景辅助车辆进行实时推理、决策和规划。

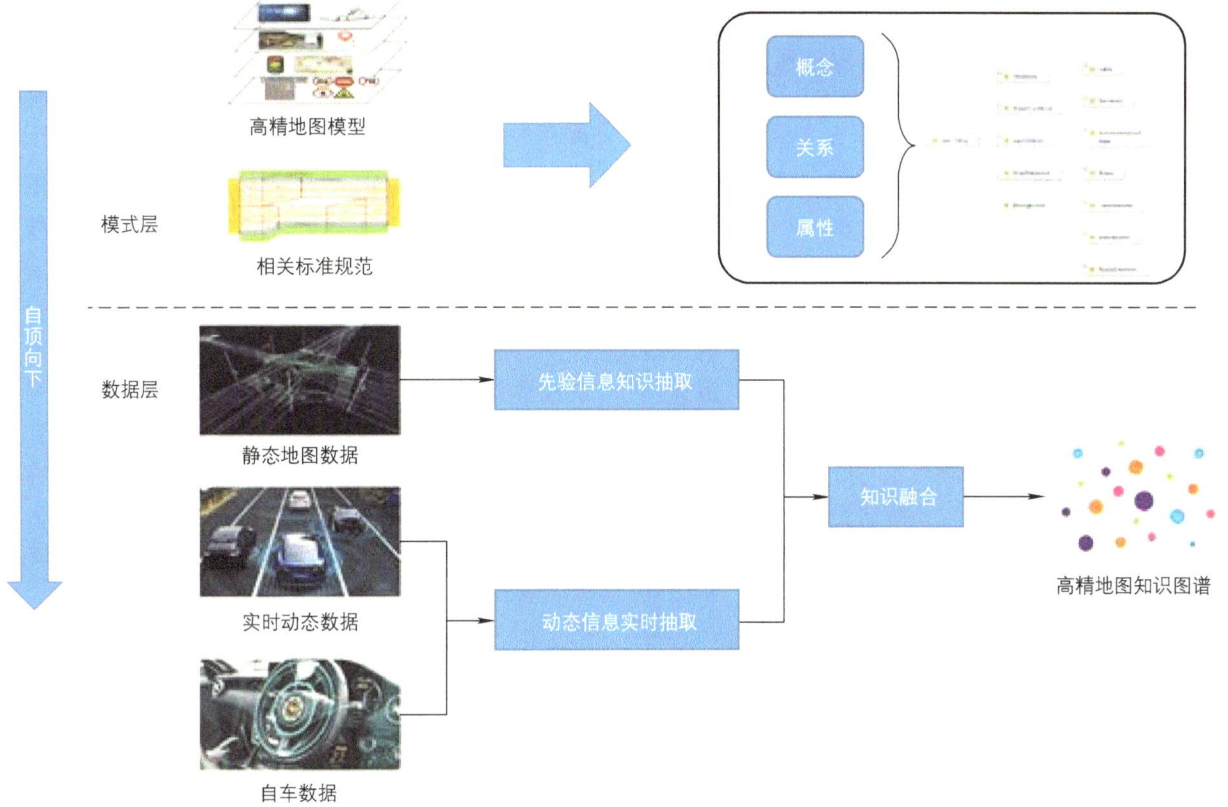

图 2　高精地图知识图谱构建框架

探索行业发展前沿，深耕产品转化落地

（同济大学）南昌智能新能源汽车研究院　智能网联汽车研究所

作者：吴名芝，孙志朋，张周平，熊睿洋，刘婷

南昌智能新能源汽车研究院是由同济大学、南昌市政府、江铃汽车集团、小蓝经开区共同牵头，于 2019 年 11 月成立的新型研发机构。研究院聘请彭苏萍院士、李克强院士、李俊院士、余卓平等为技术委员会专家，江铃集团董事长邱天高为理事长，由国家同济大学长聘教授、博士生导师、国务院特殊津贴专家楼狄明担任院长。

研究院自成立以来，已经获批新能源汽车及动力系统国家工程研究中心分中心，江西省汽车产业科技创新联合体牵头单位、江西省新型研发机构、江西省汽车工业协会（会长单位）、江西省重大创新平台建设机构、江西省引进共建高端研发机构。研究院着眼于国家智能汽车重大战略和行业发展关键技术需求，高度重视智能及新能源汽车共性技术研发，依托同济大学汽车学院的学科优势，通过开展前瞻技术研究课题合作，快速建立在智能网联与新能源汽车领域的核心技术能力，省级成果登记 25 项、受理发明专利 93 项 / 授权 25 件、论文 60 篇；

主持行业标准 1 项，参与 10 项；参与国家级重点研发计划 1 项，承接省部级项目 9 项，市级项目多项，研究成果应用于江铃集团、斯特兰蒂斯、吉利瑞蓝汽车、华为赛力斯等国内外知名企业。项目和研发成果实现产业化，分别在智能驾驶及线控底盘控制系统研发与集成、新能源混动电驱系统、动力系统热管理新材料三个方向孵化出江西同铃汽车科技有限公司、南昌济铃新能源科技有限公司、南昌同岩新材科技有限公司，实现上亿元产值。

研究院与同济大学联合推进江西人才培养“十百千工程”，拟为江铃集团培养十名工程博士、百名工程硕士，为江西省培养千名工程硕士。2021 年 8 月，同济大学、江铃集团、研究院签订《人才培养三方合作协议》。2022—2023 年，江铃集团以及研究院已经有 81 名工程硕士研究生、6 名工程博士研究生通过入学考试、复试，进入同济大学深造。

研究院深度调研智能汽车行业发展趋势，以及江西省智能汽车自动驾驶系统研发领域的技术生态实际情况，在专家的指导下，以《智能网联汽车技术路线图 2.0》为指引，围绕“三横两纵”技术架构，基于依托单位南昌智能新能源汽车研究院以及同济大学、江铃集团等合作单位的研发设备基础、人才以及研发优势基础，于 2020 年 7 月组建成立智能网联汽车研究所。研究所围绕智能汽车自动驾驶系统技术开展以下 3 个方向的研究：①智能汽车自动驾驶线控底盘系统技术；②智能汽车自动驾驶智驾系统技术；③智能汽车自动驾驶车路云新型电子电气架构系统技术。

研究所成立以来组织开展“自主泊车自动驾驶系统组合定位技术研究与应用”“自动代客泊车底盘线控制动关键技术研究”“ADAS（L2.5+）功能关键技术研究”“中央智能服务型域控制器开发”“车内高速时间敏感网络物理仿真演示系统开发”等智能汽车自动驾驶相关领域的自主研发课题 14 项；通过江西省机械工程学会、江西省汽车工业协会等组织认证为国内领先以上技术水平，承接“全线控汽车底盘控制系统研发与示范应用”“双源双冗余全线控汽车底盘控制系统研发与示范应用”“基于国产域控制器芯片的单 SOC 行泊一体智能驾驶系统开发”“基于国产芯片的智能汽车高速实时通信网络平台研发”等省级研发项目 4 项，“面向高级别自动驾驶的轻型商用车 ADAS 平台化技术开发”“5G-V2X 和双星定位的车路云协同辅助驾驶关键技术研发与应用”等市级研发项目 2 项；发表智能汽车自动驾驶领域相关论文 15 篇，授权发明专利 20 项，受理发明专利 80 项，参与行业标准 4 项；登记“面向车端的自动代客泊车系统开发与应用”“结合 GNSS/INS、车辆动力学和视觉 SLAM 信息的车辆组合定位技术”“基于 79GHz 毫米波雷达的车内有无人检测”等省级成果 15 项。

研究所在自动驾驶系统相关关键共性技术的成果已经成功应用于省内外行业的头部企业。在线控底盘领域，与江铃股份、驭势科技、同驭科技合作进行线控轻型货车、线控无人小车的研发攻关；在智能驾驶领域，为斯特兰蒂斯等头部企业开展自主代客泊车（AVP）L4Appollo 无人小车等技术开发；在车路云电子电气架构领域，为江铃股份开展 SOA 架构设计、车载以太网设计、江西五十铃在线远程升级（OTA）/ 远程诊断（RDS）、华为赛力斯 ADS 高阶智驾系统检验验证等技术研发工作。尤其在车载高速通信领域，进行车载以太网的设计、研发工作，逐步向时间敏感网络（TSN）、数据分发服务（DDS）的融合方面进行技术攻关，研发和应用高速、高实时性、高确定性、高稳定性的车载通信技术。

研究所依托自主研发的成果以及行业服务的经验，孵化成立“江西同铃汽车科技有限公司”，开展线控底盘、智能驾驶系统领域的产业化工作，2022 年产值超 4000 万，其线控底盘产品是江西省首台套推荐目录第二名，是低速无人驾驶产业联盟理事单位。其线控轻型货车产品已经在多个园区物流场景进行无人运营。

综上所述，南昌智能新能源汽车研究院智能网联汽车研究所聚焦国家智能汽车发展战略，面向江西省内外汽车行业自动驾驶领域卡脖子关键共性技术问题，极具产业服务平台特性，人才培养模式特色鲜明，在行业关键共性技术领域研究成果突出，已实现产业孵化。为提升江西省汽车产业竞争力、推动江西省汽车产业的高质量创新发展发挥作用，逐步成为区域智能汽车发展的重要力量贡献者。

合肥工业大学全自动泊车团队创新成果案例

合肥工业大学车辆工程系　安徽省智能汽车工程研究中心

作者：张炳力

1. 全自动泊车停车位及障碍物目标检测方法

随着我国汽车数量的不断增长，城市交通资源愈发紧张，停车难问题已成为城市交通面临的重大挑战。在智能驾驶技术飞速发展的今天，将智能驾驶技术应用于城市泊车已成为研究热点。本团队基于神经网络以及深度学习框架，开发了一套停车位及障碍物的多任务检测算法。

本算法的输入端为 360 环视图像，首先将环视图像数据输入共享的骨干网络（Backbone），提取环视图像数据特征（Feature）；其次通过颈部网络（Neck）融合多任务特征信息，再分别进入各自检测头并输出检测结果图，检测结果同时呈现障碍物和车位信息，其网络框架见图 1；最后在公开数据集上的检测效果见图 2。

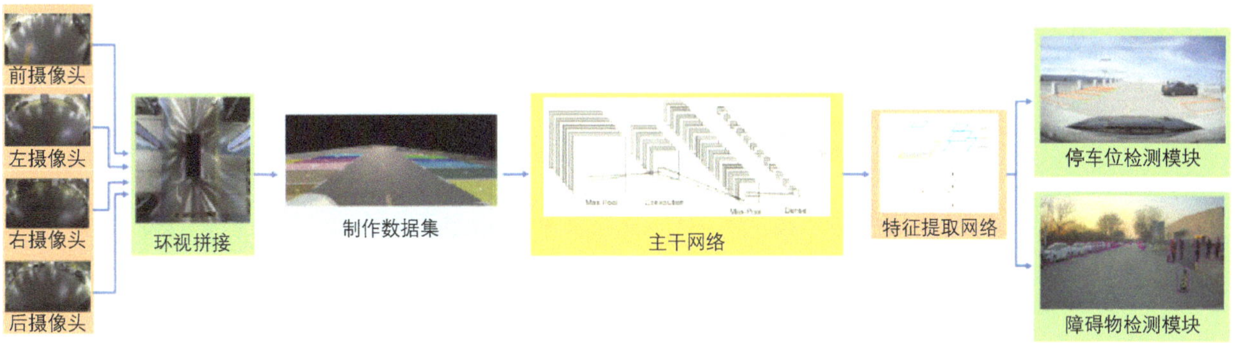

图 1　算法网络框架

图 2　车位与障碍物检测效果

2. 全自动泊路径规划与跟踪控制方法

本团队针对轨迹规划中的实时性问题，设计了基于改进的混合 A* 算法和 RRT* 算法。对于混合 A* 算法，首先在进行节点扩展时不局限于栅格中心点，并且考虑车辆的运动学约束；其次综合偏航角信息和车辆运动模式信息设计代价函数，选取综合代价最小的节点进行扩展；最后对搜索到的节点路径基于 Bezier 插值进行路径平滑。对于 RRT* 算法，根据车辆当前速度和目标速度进行速度规划，在进行节点扩展时综合偏航角信息和和碰撞威胁设计代价函数，对每个路径点进行速度赋值，并通过贝赛尔曲线拟合的方式进行平滑处理生成局部路径发送至运动控制系统，该方法能够快速生成局部路径，并且满足车辆的运动学约束。路径规划算法流程图见图 3。

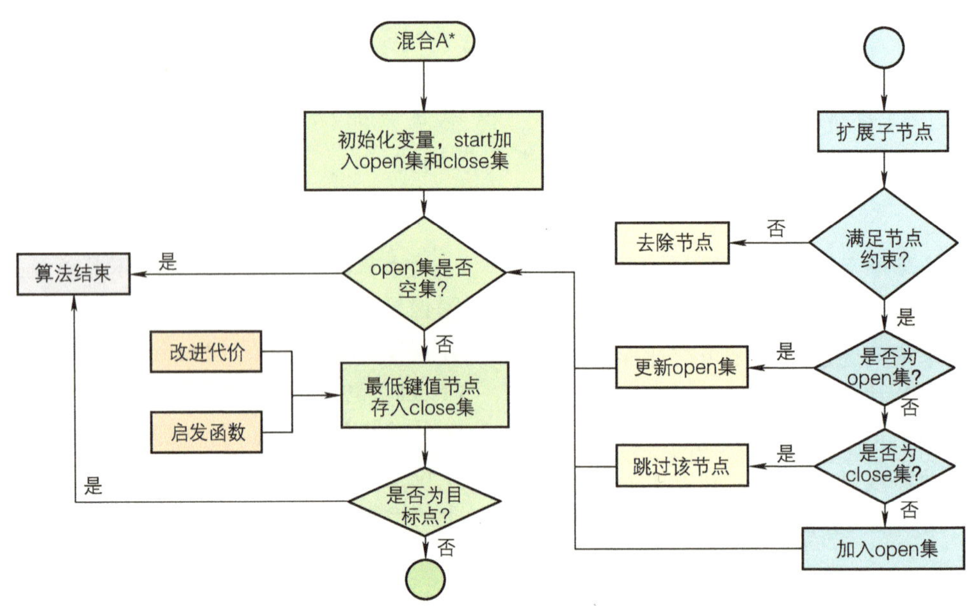

图 3　混合 A* 算法流程图

系统设计，整体推进，动态调整，全面提升汽车服务与管理专业群建设质量典型案例

北京交通运输职业学院

作者：缑庆伟，段卫洁，悦中原，姚立泽

1. 面向汽车全产业链协同发展，跨界融合，形成“网状生态”组群逻辑

随着汽车产业向“新四化”特别是智能化、网联化、共享化加速迈进，新能源与智能网联汽车成为产业发展的重要载体，其汇集能源、交通、汽车技术、通信技术、人工智能、计算机视觉等多领域、多学科的交叉融合技术，具有明显的跨界融合属性。原有的产业边界正在变得模糊，汽车与其他产业间、汽车前后市场间、汽车后市场各领域间的跨界交融速度越来越快，企业类型、业务模式、业务流程等正在加速重构，汽车产业由“垂直线型产业价值链”向“交叉网状出行生态圈”演变。在此背景下，汽车人才类型的分界也随之日渐模糊，职业、岗位、工作内容正在发生重大变化，从而对能力的要求有了根本性的变化。

在此背景下，汽车服务与管理专业群产业链面向由聚焦传统汽车后市场转变为全产业链，覆盖汽车前后市场；岗位面向由销售服务、售后维修相关岗位向产品研发、生产制造相关岗位延伸；职业能力培养打破只针对单一岗位培养的理念和做法，重视岗位迁移和创新能力的培养；打破技术与非技术的界限，培养全产业链软硬兼备，同时具有一定的岗位迁移能力的复合型人才，构建“新汽车人才”成长生态，形成专业群协同型的“网状生态”组群逻辑（见图 1）。

2. 基于系统化职业能力分析，构建能力递进型模块化专业群课程体系

专业群对接就业岗位需要，系统化开展行业企业调研，科学实施基于职业岗位能力的 PGSD 职业能力分析，在总结赛证融通、课证融通的基础上，依据人才成长规律和岗位能力培养需要，开发“模块化、层级递进、岗课赛证融通”的专业课程体系，整合形成“底层共享、中层分立、高层互选”的专业群课程体系（见图 2），促进人才技术应用与技术研发能力相融合，有效应对汽车产业向电动化、智能化、网联化快速转型对复合型人才的培养需求。

图 1 “网状生态”组群逻辑

图 2 “底层共享、中层分立、高层互选”的课程体系

3. 创新提出“双链对接、校企共育、六维融合”的人才培养模式

将德国“双元制”下的工学交替人才培养模式进行本土化改良，创新提出“双链对接、校企共育、六维融合”的人才培养模式（见图 3），通过学校教师与企业教师对接、校园文化与企业文化对接、教学内容与工作内容对接、企业资源与学校资源对接、人才培养与企业需求对接，实现教育链与产业链的“双链对接”；通过学生在企业、学校不同场地环境交替学习，校企双师合作授课，实现“校企共育”人才；将岗位需要的学习能力、实践能力、问题解决能力与学生个人发展需要的正向价值、沟通与合作能力、创新思维“软技能”融合培养，实现课程培养目标“六维融合”。

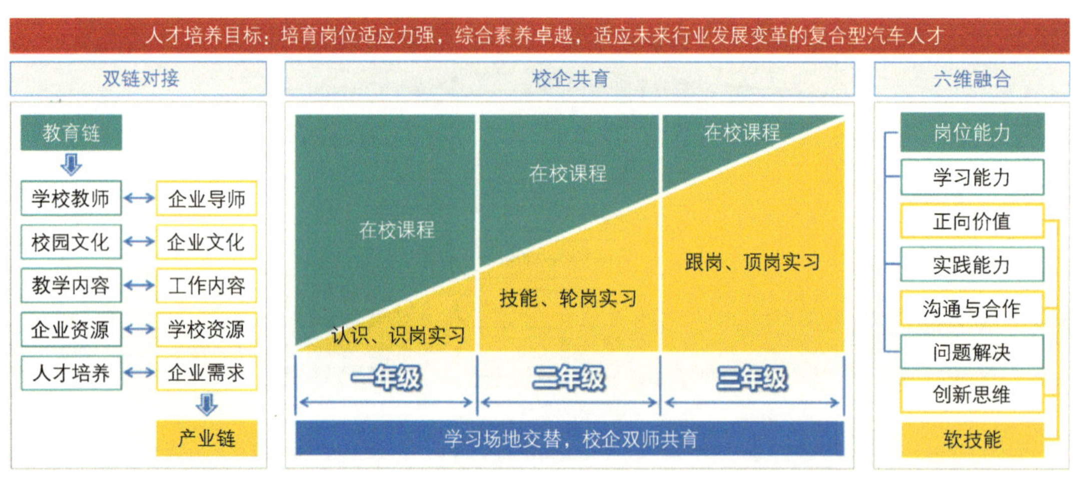

图 3 “双链对接、校企共育、六维融合”的人才培养模式

4. 深化校企双元协同育人机制，形成“一平三化四融合”课程资源建设新模式

传统课程资源与学生认知规律契合度低，偏重理论建构、缺乏企业实例，与生产实际脱节，课程仅用于院校教学，资源利用率低。在此现状下，专业群采取企业人员进校和院校教师入企，反复调研论证，精准把握高职学生认知规律，依托企业真实的工作流程、岗位要求、典型工作任务建构课程，并将企业工作中体现的劳动观念、诚实守信、爱岗敬业、工匠精神等思政元素融进课程内容，高度对接企业生产实际、工作岗位进行课程资源建设。探索形成了“一平三化四融合”汽车类课程资源建设模式总体思路（见图 4），即：“建立线上课程学习平台”“课程资源信息化、多元化、共享化”“思政融合、岗课融合、赛课融合、证课融合”。

5. 打造“一基地、六平台、多模块、虚实融合式”智能车路协同技术虚拟仿真实训基地

北京交通运输职业学院智能车路协同技术虚拟仿真实训基地是以智能车路协同技术虚拟仿真教学系统为核心，打破专业界限，在现有校内燃油车及新能源汽车虚拟仿真教学资源平台、自动驾驶虚拟仿真平台的基础上，建设智能车路协同技术虚拟仿真＋小型封闭交通环境实训基地，涵盖车载智能平台、智慧路网平台、车路协同云控平台、自动驾驶仿真平台、智能网联汽车教学平台和车联网技术融合平台六大平台，每个平台内置多个模块，按照自动驾驶汽车落地测试的真实工作逻辑进行虚实融合设计，并与企业测试平台共享数据与案例，打造成为“一基地、六平台、多模块、虚实融合式”虚拟仿真实训基地（见图 5）。

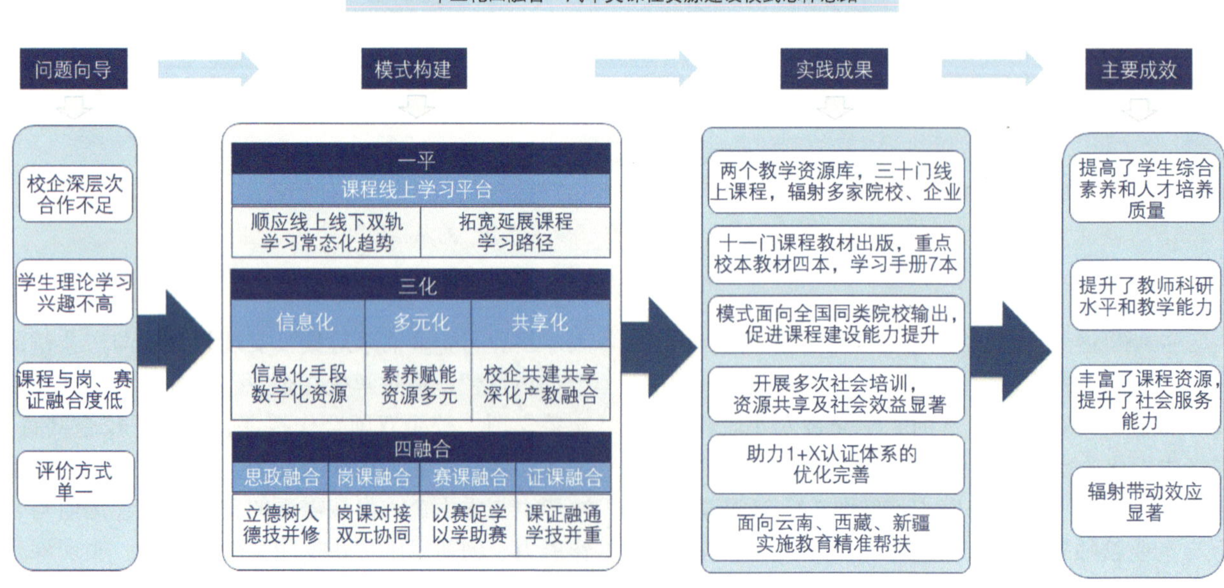

图 4 “一平三化四融合”汽车类课程资源建设模式总体思路

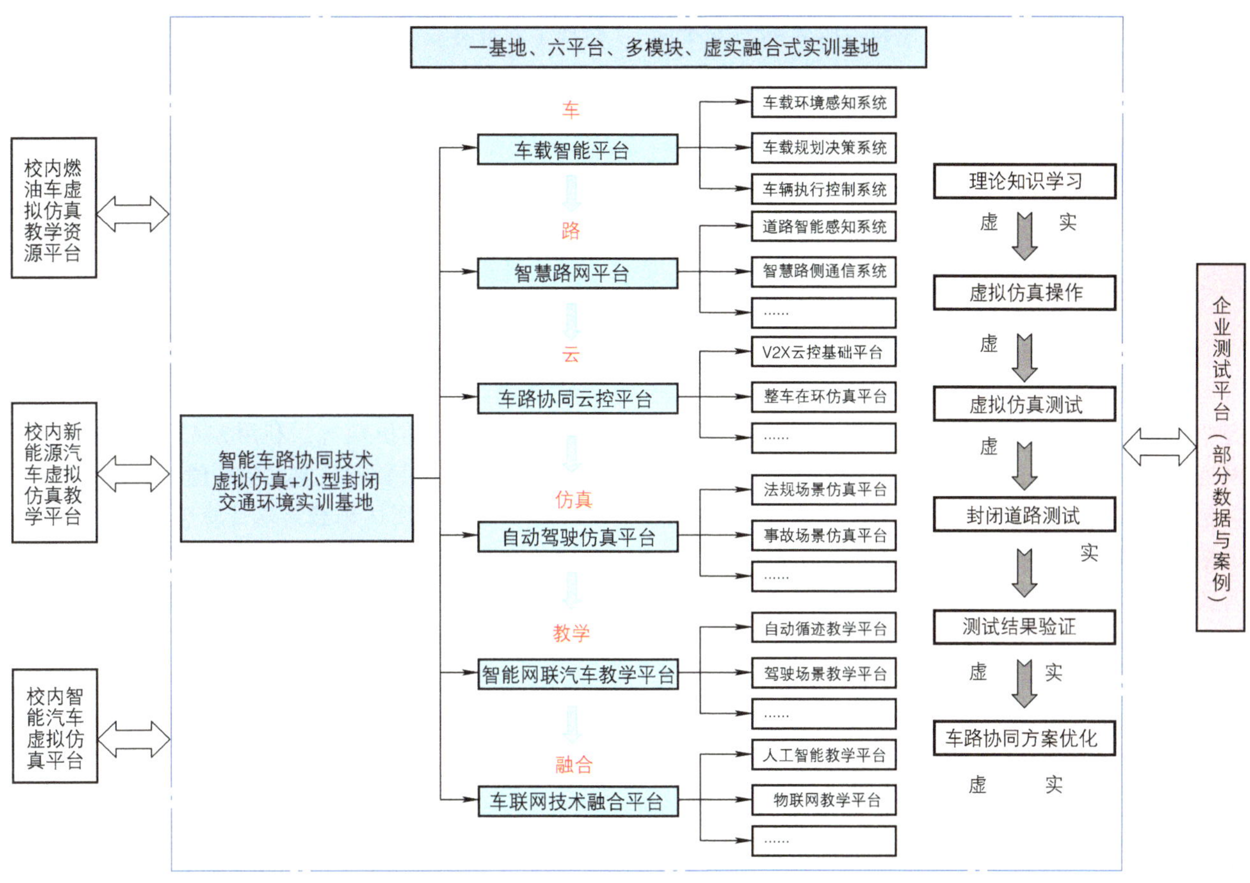

图 5　虚拟仿真实训基地建设体系

实训基地建设紧密结合区域经济和智能网联汽车行业企业发展的新需求和新动向，结合虚拟仿真技术特点和适应场景进行统筹规划，突出重点、合理配置、分步实施，避免低水平的重复投入，为虚拟仿真技术在更广泛的社会服务领域中的应用探索最佳方案。学院与百度、理想汽车、智能车联、国汽智联、清华大学苏州汽车研究院、智行者等十多家行业领先企业共建共享实训基地，以用促建，以研领建，形成集教学、实训、科研、竞赛、社会服务等功能为一体的综合性虚拟仿真实训基地。

基于国密算法的车联网安全认证方法、系统及设备

南京理工大学

作者：戚湧，郝冠亚

1. 研究背景

在现有计算机和通信技术的驱动下，网联车辆通过搭载传感器设备和通信设备实现车辆之间、车与路侧设施之间的通信。但由于车联网通信环境的开放性和高速移动性的特点，车辆的用户身份、地理位置等隐私信息可能会暴露在网络中。如果用户身份没有进行合法认证，使得用户信息无法得到有效的保护，车联网通信将带给用户隐私泄露、身份欺诈、虚假信息传播等一系列安全问题，同时车辆和路侧设施等信息节点将面临重放攻击、假冒攻击、消息拦截、窃听或篡改等安全威胁。

与传统的物联网不同，现阶段的车联网身份认证技术存在以下局限性：

1）计算和存储资源有限：车辆中大部分资源用于汽车驾驶技术，较少的资源用于计算和通信技术。

2）服务平台专业化：车辆用户需要在多个服务

端认证信息以获得多样化的体验，服务端需要不同的身份验证操作。

3）路侧设施不完善：能够接入车联网数据的路侧设施节点通用性不强，造成网络延迟或资源浪费。

基于上述分析，如何实现以较低的计算资源和通信带宽对车联网信息节点的身份合法性进行认证，是目前需要解决的技术问题。

2. 研究成果

南京理工大学江苏省智能交通与车联网工程研究中心通过多年研究，发明了基于国密算法的车联网通信安全认证方法、系统及设备。本发明的方法包括：车载终端构造身份认证请求消息发送至路侧设施；车载终端接收身份认证应答消息并验证签名；若验证成功，车载终端计算会话密钥及其哈希值并构造确认消息发送至路侧设施；用于路侧设施计算会话密钥及其哈希值进行对比验证；若哈希值相等，则安全认证成功并生成会话密钥，若不相等，则安全认证失败，认证流程见图 1。本发明结合 SM2 数字签名算法、SM2 公钥加密算法和 SM3 杂凑算法，确保该方法可应用于车载终端与路侧设施的通信过程中，能够以较低的总计算资源和较低的通信带宽抵御多种攻击。

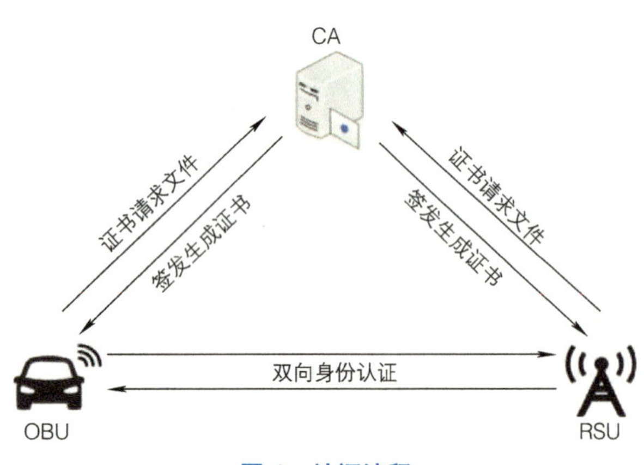

图 1 认证流程

所述车载终端构造身份认证请求消息的方法包括：

车载终端生成临时序列号 SN 和随机数 r_A，利用 SM2 公钥加密算法使用路侧设施的公钥对随机数 r_A 进行加密得 $E_{PubB}(r_A)$，利用 SM2 数字签名算法使用车载终端的私钥对随机数 r_A 的哈希值 $H(t)$ 进行签名得 $S_{PriA}(H(r_A))$，将临时序列号 SN、身份标识符 ID_A、加密随机数 $E_{PubB}(r_A)$、签名哈希值 $S_{PriA}(H(r_A))$ 组合所述身份认证请求消息 M_{Rep}；所述身份认证请求消息按照下式计算：

$$M_{Rep}=\{SN \| ID_A \| E_{PubB}(r_A) \| S_{PriA}(H(r_A))\}$$

其中，‖ 表示数据连接符；计算哈希值 $H(r_A)$ 使用的散列算法为 SM3 国密杂凑算法。

所述车载终端接收路侧设施所构造的身份认证应答消息并验证签名的方法包括：

车载终端接收路侧设施的身份认证应答消息 M_{Rep}，获取路侧设施的身份标识符 ID_B，利用 SM2 公钥加密算法使用车载终端的私钥对加密随机数 $E_{PubA}(r_B)$ 解密得随机数 r_B，利用 SM2 数字签名算法使用路侧设施的公钥验证签名哈希值 $S_{PriB}(H(r_B))$。

进一步地，所述车载终端计算会话密钥及其哈希值并构造确认消息的方法包括：

车载终端计算会话密钥 S_{ka} 为随机数 r_A 与随机数 r_B 的异或值，并计算会话密钥 S_{ka} 的哈希值 $H(S_{ka})$，将序列号 SN+2、身份标识符 ID_A、会话密钥哈希值 $H(S_{ka})$ 组合确认消息 M_{Ack}；所述会话密钥、确认消息按照下式计算：

$$S_{ka}=r_A \oplus r_B$$
$$M_{Ack}=SN+2 \| ID_A \| H(S_{ka})$$

其中，⊕表示异或运算；‖ 表示数据连接符；计算哈希值 $H(S_{ka})$ 使用的散列算法为 SM3 国密杂凑算法。

在所述车载终端构造身份认证请求消息发送至路侧设施之前还包括：

车载终端向 CA 发送证书请求文件，接收 CA 对车载终端的证书请求文件进行签发生成的数字证书，所述数字证书包括车载终端的公钥、路侧设施的公钥；数字证书为 X.509 格式的 CA 根证书，数字证书信息包括版本号、序列号、签名算法、颁发者、有效期、主体、主体公钥、主体公钥算法、签名值。

本研究中心基于上述国密算法研发了相关的车联网车载终端，所述该终端包括随机数生成模块、证书签发模块、身份认证消息构造模块、认证模块；上述基于国密算法的车联网通信车载终端安全认证方法，其中，随机数生成模块，通过所述车载终端中预置的安全芯片内随机数生成器生成私钥，并存储在安全芯片的存储单元中不能导出；证书签发模块，用于车载终端向 CA 发送证书请求文件，接收 CA 对车载终端的证书请求文件进行签发生成的数字证书；身份认证消息构造模块，用于构造身份认证请求并发送至路侧设施；认证模块，用于在接收到路侧设施的身份认证应答消息后，使用路侧设施数字证书的公钥验证签名，同时计算会话密钥及其哈希值，具体流程见图 2。

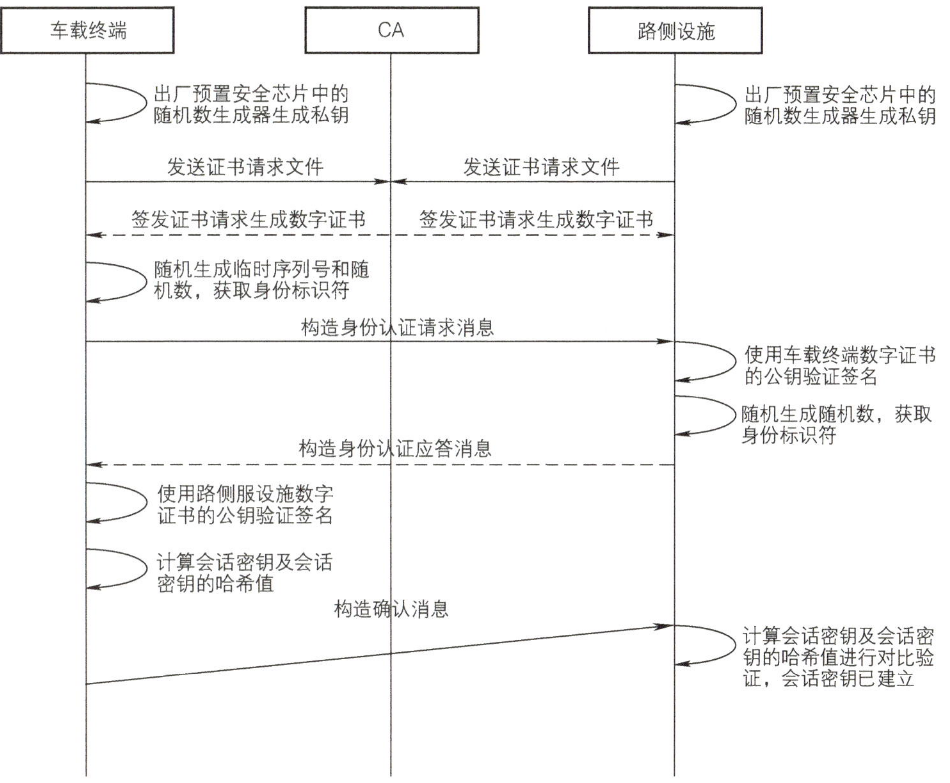

图 2 车联网通信安全认证流程

该研究成果还提供一种基于国密算法的车联网通信路侧设施安全认证方法，所述方法包括：

路侧设施接收车载终端构造的身份认证请求消息并验证签名；若验证失败，则车载终端连接路侧设施的请求中断；若验证成功，则路侧设施构造身份认证应答消息发送至车载终端；

路侧设施接收车载终端构造的确认消息并计算会话密钥及其哈希值，与车载终端计算的会话密钥及其哈希值进行对比验证；若路侧设施计算的会话密钥的哈希值与车载终端计算的会话密钥的哈希值相等，则车载终端与路侧设施间安全认证成功并生成会话密钥，若不相等，则车载终端与路侧设施间安全认证失败。

当确认消息由车载终端接收，并通过签名验证后，应答消息（包含计算会话密钥及其哈希值）回发至路侧设施。

该成果在实际使用中可以在保证车联网消息能够有效安全传输的前提下，减少复杂运算的次数，降低时间复杂度并节省车载终端内存。同时，由于会话密钥的不断更新，攻击者无法及时获取新会话密钥，有效地确保消息无法被长期窃听的可能。由于采用临时序列号、随机数及会话密钥散列值进行对比验证，若散列值不同，则用户消息在认证过程中产生变动无法通过认证，有效地防止消息重放攻击、假冒攻击、中间人攻击等多种安全威胁的发生。

附　录

附录 A　2023 年中国智能网联汽车行业投融资事件汇总

融资时间	企业简称	轮次	融资金额（人民币）	投资方
2023-11-28	孔像科技	Pre-A	数千万元	得邦投资
2023-11-23	清研精准	A+	1.02 亿元	擎在投资、壳牌资本、神骐好汇等
2023-11-21	炽橙科技	A+	数千万元	元禾控股、金沙江联合资本、杭州城投等
2023-11-15	云潼科技	未披露	数千万元	两江资本
2023-11-14	元创智联	未披露	未披露	明月湖种子
2023-11-07	锐见智行	A	数千万元	祥晖佑芯
2023-11-07	道充科技	Pre-A	数千万元	成为创投、成为叶健、源渡创投
2023-11-06	佑驾创新	E	3.25 亿元	中科特选创投、凤栖创投、博原资本等
2023-11-06	易鼎丰	B	未披露	达晨财智、汇通达
2023-10-30	橙仕汽车	B	数十亿元	中享聚盛、普洛斯、远致投资等
2023-10-30	光昱智能	未披露	未披露	相聚创投
2023-10-26	卡尔动力	天使轮	1500 万元	深圳湾天使三期创投
2023-10-26	零跑汽车	战略投资	114.67 亿元	Stellantis
2023-10-25	恩井汽车	C+	数亿元	蔚来发展投资
2023-10-24	小马智行	未披露	7.18 亿元	新未来城投资基金
2023-10-23	宾理智能科技	战略投资	数亿元	Al Faisaliah Group Holding Company
2023-10-12	纽劢科技	B	7.8 亿元	StonehillTechnologyLimited、上海岩山、不公开的投资者
2023-10-12	滴滴自动驾驶	未披露	数十亿元	广州开发区投资、广汽资本
2023-10-11	清研锐为	A	3000 万元	前海基金、洛阳市知识产权基金
2023-10-07	艾上智能	未披露	未披露	华创上古投资
2023-10-07	科讯智泊	A+	500 万元	北城天使投资
2023-09-28	雷科智途	A	未披露	中关村远见创投、天枢创投、辰极同舟等
2023-09-28	精控能源	D	未披露	锦沙资本、博裕投资、湖南泊富等
2023-09-27	斑马智行	Pre-IPO	7 亿元	国寿创投、国和斑际、南京一汽创投等
2023-09-21	禾芯半导体	天使轮	未披露	凯风开盛创投、乾融园丰创业、元禾原点芯智等
2023-09-14	smart 汽车	A	10.78 亿元	天齐锂业
2023-09-13	宏景智驾	B+	数亿元	优选投资、扬州典辰创投、Aramco Ventures Investments Limited 等
2023-09-13	必博科技	Pre-A	9500 万元	赛富投资、策源广益投资、赛富皓海投资等
2023-09-13	智场移动充电	战略投资	数千万元	上海颢旸
2023-09-08	恺望数据	Pre-A	数千万元	亚盛投资、清智创投
2023-09-08	智德汽车	未披露	未披露	津欧投资、德创创投、西安改革基金等
2023-09-05	智云谷	A	数千万元	清新资本、不公开的投资者
2023-09-01	麦腾物联网	未披露	未披露	汇创汽投、浦东智能智造投资
2023-08-31	阿维塔科技	B	30 亿元	轩辕一号创投、重庆产业投资母基金、粤凯投资等
2023-08-24	中科慧居	未披露	未披露	中光城服投资
2023-08-23	天固信安	B	未披露	盛世泽金投资
2023-08-18	芯弦半导体	A	数千万元	阳光仁发投资
2023-08-16	木蚁机器人	B+	4810 万元	兴邦投资、浔元投资
2023-08-15	傲图科技	种子轮	2511.88 万元	初心资本、李一帆、Zhen Partners Fund VII，L.P.
2023-08-11	八维通科技	未披露	未披露	南京一汽创投、贵州省创新赋能投资
2023-08-09	乐骑智能	A+	3000 万元	温润叁号投资、温润投资
2023-08-09	瑞地测控	未披露	未披露	姑苏人才三期创投、姑苏人才创投
2023-08-08	太乙传心	Pre-A	数百万元	卓德投资、天搏大成
2023-08-08	可数智能	战略投资	未披露	石鼓创投

（续）

融资时间	企业简称	轮次	融资金额（人民币）	投资方
2023-08-02	路凯智行	A+	数千万元	北京智能网联汽车创投、荣辰投资
2023-07-28	T3 出行	A+	数亿元	洪泰创投
2023-07-26	君逸数码	基石投资	4951 万元	中信建投基金
2023-07-19	精英智通	老转让	未披露	新龙脉陆号投资
2023-07-18	禾多科技	C	3 亿元	广祺叁号投资、粤科人才创投
2023-07-18	易航智能	未披露	未披露	疌泉安鹏投资
2023-07-18	新石器无人车	C+	未披露	中金启阳基金、亦庄投资
2023-07-14	峰智睿联	天使轮	数千万元	华义投资
2023-07-11	辉羲智能	战略投资	1.68 亿元	朗玛六十八号创投、三七投资、极丰创投等
2023-07-11	辉羲智能	战略投资	1.68 亿元	极丰创投、朗玛六十九号创投、芯智基金等
2023-07-10	经纬达汽车科技	A	数亿元	道淳资本、雅瑞资本、不公开的投资者
2023-07-04	巨磁智能	B+	未披露	前瞻投资、宁波粒集、海拉汽车等
2023-06-30	映驰科技	B+	数亿元	紫峰资本、知风之自基金、云晖投资
2023-06-30	炽橙科技	A	未披露	元晟橙禾创投、逻橙创投
2023-06-28	英创汇智	C	未披露	宸隆投资、航鼎创投、中芯熙诚科技基金等
2023-06-28	极氪智能	A+	54.08 亿元	越秀金蝉五期投资、Amnon Shashua、蓝吉投资等
2023-06-21	蔚来汽车	上市定增	53.02 亿元	CYVN Investments RSC Ltd
2023-06-09	易成创新	A	数千万元	深圳特区建发战略创投、汇智伟创投资
2023-06-08	海康智联	A	1.5 亿元	信之风投资、华舆国创投资、新星翰禧投资等
2023-06-02	苇渡科技	A	数亿元	Yun Qi Partners III，L.P、合肥创新投、方源资本等
2023-06-01	磐易科技	天使轮	数百万元	奇绩创坛
2023-05-30	滴滴自动驾驶	战略投资	未披露	法雷奥
2023-05-30	银基科技	B+	2 亿元	华控投资、奇安投资、博将资本等
2023-05-28	纵苇自动化	Pre-A	未披露	顺赢投资、海河顺科投资、横琴创投等
2023-05-26	畅停信息	A	数千万元	嘉禾沣瑜投资
2023-05-26	首帆动力	新三板定增	2079 万元	瑞达投资、王纪仁、上海新储等
2023-05-25	北汽蓝谷	上市定增	60.45 亿元	电子控股、京能能源基金、诺德基金等
2023-05-24	恩井汽车	C+	1.4 亿元	淮茗投资、小米智造投资、临燃投资
2023-05-22	边界智控	Pre-A	3517 万元	澳银天使创投、弘晖七号投资、澳银投资等
2023-05-18	智达科技	新三板定增	1072 万元	深圳锐明、北京公交集团、张世强等
2023-05-18	悠跑科技	B	2.5 亿元	经纬创投、创世基石投资、东投创投等
2023-05-16	一英里	Pre-B	数千万元	两山创投、启吉创投、核聚领航投资
2023-05-11	寅家科技	B	数亿元	深高新投、富海领航创投、深圳市创新投资等
2023-05-08	启英泰伦	B+	数千万元	水木领航叁号创投、佳承元和创投、自觉尚贤投资等
2023-05-08	优控智行	A	3390 万元	苏州工业园区科技创投、中新苏州工业园区创投、鳌图创投
2023-05-06	蘑菇车联	C+	5.8 亿元	睿超科技、海都创投、成都同创等
2023-05-06	蘑菇车联	C+	5.8 亿元	梧桐树创投、睿超科技、海都创投等
2023-05-04	必博科技	Pre-A	1.83 亿元	芯和产投七叶草创投、杭实探针等
2023-04-25	昇启科技	天使轮	数千万元	宸星创投、方信青成投资、奇绩创坛等
2023-04-24	易咖智车	战略投资	未披露	北京数字政通科技、优势资本
2023-04-22	格陆博科技	C	2.37 亿元	海口市国盈君和、湖州天时创投、湖北中金瑞为投资等
2023-04-20	恺望数据	天使轮	未披露	PNP、辰韬智驾投资
2023-04-16	云创智行	A	数千万元	涌智投资、Eve One Fund II L.P.、上杭兴杭启航创投
2023-04-12	路凯智行	A	数千万元	金善新兴产业投资、中关村发展基金
2023-04-10	比博斯特	A	1.65 亿元	江苏高投中小贰号创投、蔚来产业投资、君富投资等
2023-04-07	标贝科技	B+	数亿元	汇隆华泽投资、恒汇泰基金
2023-03-29	风图智能	A	1.98 亿元	LG Technology Ventures、UOB Venture

（续）

融资时间	企业简称	轮次	融资金额（人民币）	投资方
2023-03-24	驭势科技	C	数亿元	重庆科学城投资、信之风投资
2023-03-24	盒子智行	A	10 亿元	河南省智能网联新能源汽车、中豫新能源汽车基金、海马汽车
2023-03-22	英博超算	A+	未披露	得壹投资、合瑞盈创投、橙叶智兴投资
2023-03-18	炽云科技	战略投资	数千万元	德赛西威
2023-03-17	瀚强科技	A	1.54 亿元	红土智能投资、聚源芯创投资、深圳市创投等
2023-03-13	松灵机器人	A+	未披露	红杉瀚辰投资、五源启兴创投、祥峰投资等
2023-03-07	卡睿智行	战略投资	1700 万元	辰韬智驾投资、清科乐钛创投、SMBC 信托银行等
2023-03-05	车小米	未披露	未披露	鑫欣泰越科创投资
2023-02-28	精控能源	C	5.4 亿元	乾融坤润投资、申毅创投、中车转型升级投资等
2023-02-27	比博斯特	老转让	未披露	伍祺基金、水木华清创投
2023-02-27	艾上智能	未披露	未披露	航天宏图
2023-02-23	木卫四	天使轮	3250 万元	中小企业发展基金联想（天津）、苏州元起网安一期创投
2023-02-20	千二科技	未披露	未披露	杭州敦泰阳能投资、杭州敦骏投资
2023-02-17	弗浪科技	天使轮	数千万元	风林投资
2023-02-17	智天新航	A	3955.08 万元	雅瑞智友投资、顺之铝投资、腾业创投等
2023-02-16	悦坤智能	未披露	未披露	草稚星道流创投
2023-02-14	长线智能	种子轮	未披露	渝地投资、长安汽车
2023-02-13	镁佳科技	D	未披露	厦门南山星辰三期创投、上海艾穆三十一投资、慕华科创基金等
2023-02-12	极氪智能	A	50.91 亿元	通商基金、Amnon Shashua、信安智造投资等
2023-02-09	锦图计算	战略投资	数千万元	厦门盈趣汽车电子
2023-02-01	矽杰微电子	C	8000 万元	融汇弘上
2023-02-01	领充新能源	A	1.74 亿元	天津奇安菁英创投、朗玛六十号创投等
2023-01-19	腾盛智能	新三板定增	2000 万元	张银成、童甫、曾澍湘等
2023-01-17	申博电子	天使轮	数千万元	融晟先进创投、科创天使一期创投、融晟先行创投
2023-01-09	理岩控制	B	未披露	元培科技、和生鼎欣投资
2023-01-09	至星	种子轮	数千万元	蔚来资本
2023-01-05	北斗智能	A+	未披露	小巨人投资

附录 B　中国整车厂车载摄像头供应链情况

整车厂商	车型	车型年份	供应商	零部件名称
中国一汽	红旗 E-HS9（4WD）(China）	2023	纵目科技（上海）股份有限公司（原上海纵目科技有限公司）	环视摄像头系统（SVC）
	红旗 H5（FF）(China）	2023	北京经纬恒润科技股份有限公司（原北京经纬恒润科技有限公司）	车载摄像头（1.5T，7DCT）
	红旗 H5（FF）(China）	2023	北京经纬恒润科技股份有限公司（原北京经纬恒润科技有限公司）	车载摄像头（2.0T，8AMT）
	红旗 H5（FF）(China）	2023	博世汽车部件（苏州）有限公司	车载摄像头（1.5T，7DCT）
	红旗 H5（FF）(China）	2023	博世汽车部件（苏州）有限公司	车载摄像头（2.0T，8AMT）
	红旗 H9（FR）(China）	2023	纵目科技（上海）股份有限公司（原上海纵目科技有限公司）	环视摄像头系统（SVC）
	红旗 E-HS3（4WD）(China）	2022	北京经纬恒润科技股份有限公司（原北京经纬恒润科技有限公司）	驾驶员监控系统车载摄像头
	红旗 E-HS3（FF）(China）	2022	北京经纬恒润科技股份有限公司（原北京经纬恒润科技有限公司）	驾驶员监控系统车载摄像头
	红旗 E-HS9（4WD）(China）	2022	北京经纬恒润科技股份有限公司（原北京经纬恒润科技有限公司）	驾驶员监控系统车载摄像头

（续）

整车厂商	车型	车型年份	供应商	零部件名称
中国一汽	红旗 E-HS9（4WD）(China）	2022	纵目科技（上海）股份有限公司（原上海纵目科技有限公司）	环视摄像头系统（SVC）
	红旗 H5（FF）(China）	2022	北京经纬恒润科技股份有限公司（原北京经纬恒润科技有限公司）	驾驶员监控系统车载摄像头（1.5T，7DCT）
	红旗 H5（FF）(China）	2022	北京经纬恒润科技股份有限公司（原北京经纬恒润科技有限公司）	驾驶员监控系统车载摄像头（1.8T，6AT）
	红旗 H7（FR）(China）	2022	北京经纬恒润科技股份有限公司（原北京经纬恒润科技有限公司）	驾驶员监控系统车载摄像头（1.8T，6AT）
	红旗 H7（FR）(China）	2022	北京经纬恒润科技股份有限公司（原北京经纬恒润科技有限公司）	驾驶员监控系统车载摄像头（2.0T，6AT）
	红旗 H9（FR）(China）	2022	北京经纬恒润科技股份有限公司（原北京经纬恒润科技有限公司）	驾驶员监控系统车载摄像头（2.0T，7DCT）
	红旗 H9（FR）(China）	2022	北京经纬恒润科技股份有限公司（原北京经纬恒润科技有限公司）	驾驶员监控系统车载摄像头（3.0T，7DCT）
	红旗 H9（FR）(China）	2022	纵目科技（上海）股份有限公司（原上海纵目科技有限公司）	环视摄像头系统（SVC）
	红旗 H9 48V 轻混（FR）(China）	2022	北京经纬恒润科技股份有限公司（原北京经纬恒润科技有限公司）	单目摄像头（2.0T，7DCT）
	红旗 H9+（FR）(China）	2022	北京经纬恒润科技股份有限公司（原北京经纬恒润科技有限公司）	驾驶员监控系统车载摄像头（3.0T，7DCT）
	红旗 HS5（4WD）(China）	2022	北京经纬恒润科技股份有限公司（原北京经纬恒润科技有限公司）	车载摄像头（2.0T，6AMT）
	红旗 HS5（4WD）(China）	2022	北京经纬恒润科技股份有限公司（原北京经纬恒润科技有限公司）	驾驶员监控系统车载摄像头（2.0T，6AT）
	红旗 HS5（FF）(China）	2022	北京经纬恒润科技股份有限公司（原北京经纬恒润科技有限公司）	车载摄像头（2.0T，6AMT）
	红旗 HS5（FF）(China）	2022	北京经纬恒润科技股份有限公司（原北京经纬恒润科技有限公司）	驾驶员监控系统车载摄像头（2.0T，6AT）
	红旗 HS7（4WD）(China）	2022	北京经纬恒润科技股份有限公司（原北京经纬恒润科技有限公司）	驾驶员监控系统车载摄像头（3.0T，8AT）
	红旗 HS7（FR）(China）	2022	北京经纬恒润科技股份有限公司（原北京经纬恒润科技有限公司）	驾驶员监控系统车载摄像头（2.0T，7DCT）
长城	哈弗 二代大狗（4WD）(China）	2023	纵目科技（上海）股份有限公司（原上海纵目科技有限公司）	环视摄像头系统（SVC）
	哈弗 二代大狗（FF）(China）	2023	纵目科技（上海）股份有限公司（原上海纵目科技有限公司）	环视摄像头系统（SVC）
	哈弗 二代大狗 PHEV（FF）(China）	2023	纵目科技（上海）股份有限公司（原上海纵目科技有限公司）	环视摄像头系统（SVC）
	哈弗 大狗（4WD）(China）	2023	纵目科技（上海）股份有限公司（原上海纵目科技有限公司）	环视摄像头系统（SVC）
	哈弗 大狗（FF）(China）	2023	纵目科技（上海）股份有限公司（原上海纵目科技有限公司）	环视摄像头系统（SVC）
	哈弗 F7（FF）(China）	2022	博世汽车部件（苏州）有限公司常州分公司	车载摄像头（1.5T，7DCT）
	哈弗 大狗（4WD）(China）	2022	纵目科技（上海）股份有限公司（原上海纵目科技有限公司）	环视摄像头系统（SVC）
	哈弗 大狗（FF）(China）	2022	纵目科技（上海）股份有限公司（原上海纵目科技有限公司）	环视摄像头系统（SVC）
	魏牌 摩卡（4WD）(China）	2022	法雷奥汽车内部控制（深圳）有限公司（原深圳法雷奥航盛汽车开关及探测系统有限公司）	驾驶员监控系统车内摄像头

（续）

整车厂商	车型	车型年份	供应商	零部件名称
长城	魏牌 摩卡（FF）(China)	2022	北京市商汤科技开发有限公司	乘客监控系统（OMS）
	魏牌 玛奇朵（FF）(China)	2022	博世华域转向系统有限公司（原上海采埃孚转向系统有限公司）	前摄像头
长安福特	福特 探险者（4WD）(China)	2022	大陆汽车电子（长春）有限公司	车载摄像头（2.3T，10AMT）
长安	阿维塔 11（China）	2023	华为技术有限公司	车载摄像头
	UNI-K（4WD）(China)	2023	纵目科技（上海）股份有限公司（原上海纵目科技有限公司）	环视摄像头系统（SVC）
	UNI-K（FF）(China)	2023	纵目科技（上海）股份有限公司（原上海纵目科技有限公司）	环视摄像头系统（SVC）
	UNI-K iDD（FF）(China)	2023	纵目科技（上海）股份有限公司（原上海纵目科技有限公司）	环视摄像头系统（SVC）
	UNI-V（China）	2023	纵目科技（上海）股份有限公司（原上海纵目科技有限公司）	环视摄像头系统（SVC）
	UNI-V iDD（FF）(China)	2023	纵目科技（上海）股份有限公司（原上海纵目科技有限公司）	环视摄像头系统（SVC）
	阿维塔 011（China）	2022	华为技术有限公司	车载摄像头
	阿维塔 11（China）	2022	华为技术有限公司	车载摄像头
	UNI-K（4WD）(China)	2022	纵目科技（上海）股份有限公司（原上海纵目科技有限公司）	环视摄像头系统（SVC）
	UNI-K（FF）(China)	2022	北京地平线机器人技术研发有限公司	乘客监控系统（OMS）
	UNI-K（FF）(China)	2022	纵目科技（上海）股份有限公司（原上海纵目科技有限公司）	环视摄像头系统（SVC）
	UNI-T（FF）(China)	2022	博世汽车部件（苏州）有限公司	车载摄像头（1.5T，7DCT）
	UNI-T（FF）(China)	2022	博世汽车部件（苏州）有限公司	车载摄像头（2.0T，8AT）
	UNI-T（FF）(China)	2022	博世汽车部件（苏州）有限公司常州分公司	车载摄像头（1.5T，7DCT）
	UNI-T（FF）(China)	2022	北京地平线机器人技术研发有限公司	乘客监控系统（OMS）
	UNI-V（China）	2022	福瑞泰克智能系统有限公司（原福瑞泰克（桐乡）智能系统有限公司）	车载摄像头
	UNI-V（China）	2022	苏州智华汽车电子有限公司	车载摄像头
	UNI-V（China）	2022	纵目科技（上海）股份有限公司（原上海纵目科技有限公司）	环视摄像头系统（SVC）
悦达起亚	起亚 傲跑（FF）(China)	2022	HL 万都（原 Mando Corporation）	车载摄像头（1.5L，CVT8）
一汽丰田	丰田 亚洲龙（FF）(China)	2022	电装	车载摄像头（2.5L，8AMT）
一汽 - 大众	大众 ID.4 CROZZ(4WD)(China)	2023	江苏日盈电子股份有限公司	后摄像头洗涤系统
	大众 ID.4 CROZZ（RR）(China)	2023	江苏日盈电子股份有限公司	后摄像头洗涤系统
	大众 ID.6 CROZZ(4WD)(China)	2023	江苏日盈电子股份有限公司	后摄像头洗涤系统
	大众 ID.6 CROZZ（RR）(China)	2023	江苏日盈电子股份有限公司	后摄像头洗涤系统
一汽奔腾	奔腾 T99（FF）(China)	2022	北京经纬恒润科技股份有限公司（原北京经纬恒润科技有限公司）	车载摄像头（2.0T，8AT）
	奔腾 T99（FF）(China)	2022	北京经纬恒润科技股份有限公司（原北京经纬恒润科技有限公司）	车载摄像头（2.0T，8AMT）
小鹏汽车	小鹏 G3i（China）	2022	比亚迪	车顶摄像机总成
	小鹏 G3i 460G（FF）(China)	2022	弗迪科技有限公司	车载摄像头
	小鹏 G3i 460N（FF）(China)	2022	弗迪科技有限公司	车载摄像头
	小鹏 G3i 520G（FF）(China)	2022	弗迪科技有限公司	车载摄像头
	小鹏 G3i 520N（FF）(China)	2022	弗迪科技有限公司	车载摄像头

（续）

整车厂商	车型	车型年份	供应商	零部件名称
小鹏汽车	小鹏 G9（China）	2022	惠州市德赛西威汽车电子股份有限公司	前视双目摄像头
	小鹏 G9（China）	2022	惠州市德赛西威汽车电子股份有限公司	倒车影像
	小鹏 G9（China）	2022	惠州市德赛西威汽车电子股份有限公司	环视摄像头
	小鹏 P7（RR）(China）	2022	博世汽车部件（苏州）有限公司常州分公司	车载摄像头
沃尔沃亚太	沃尔沃 EX90（4WD）(China）	2024	Luminar Technologies, Inc.	车载摄像头
	沃尔沃 EX90（RR）(China）	2024	Luminar Technologies, Inc.	车载摄像头
蔚来	ES8（4WD）(China）	2022	宁波均胜电子股份有限公司	前视摄像头
威马汽车	威马 EX5（FF）(China）	2023	纵目科技（上海）股份有限公司（原上海纵目科技有限公司）	后视摄像头（RVC）
	威马 EX6 PLUS（FF）(China）	2023	纵目科技（上海）股份有限公司（原上海纵目科技有限公司）	后视摄像头（RVC）
	威马 EX5（FF）(China）	2022	纵目科技（上海）股份有限公司（原上海纵目科技有限公司）	后视摄像头（RVC）
	威马 EX6 PLUS（FF）(China）	2022	纵目科技（上海）股份有限公司（原上海纵目科技有限公司）	后视摄像头（RVC）
特斯拉中国	特斯拉 Model 3（RR）(China）	2022	联创电子科技股份有限公司（原汉麻产业投资股份有限公司）	车载镜头
	特斯拉 Model 3（RR）(China）	2022	无比视汽车产品服务（上海）有限公司	车载摄像头
	特斯拉 Model 3（RR）(China）	2022	Mobileye Vision Technologies Ltd.	前置三目摄像头
	特斯拉 Model 3（RR）(China）	2022	Tesla	三目前摄像头
	特斯拉 Model Y（RR）(China）	2022	Mobileye Vision Technologies Ltd.	前置三目摄像头
上汽通用五菱	宝骏 KiWi EV（RR）(China）	2023	大疆车载	双目摄像头
	宝骏 KiWi EV（RR）(China）	2023	大疆车载	环视摄像头
	宝骏 云朵 灵犀版（China）	2023	大疆车载	双目摄像头
	宝骏 云朵 灵犀版（China）	2023	大疆车载	环视摄像头
	宝骏 云朵 灵犀版（China）	2023	大疆车载	单目摄像头
	宝骏 悦也（RR）(China）	2023	大疆车载	前视双目摄像头
上汽通用	别克 GL8 ES 陆尊（FF）(China）	2023	江苏日盈电子股份有限公司	后摄像头洗涤系统
	别克 GL8 艾维亚 48V 轻混（FF）(China）	2023	江苏日盈电子股份有限公司	后摄像头洗涤系统
	别克 GL8 陆上公务舱（FF）(China）	2023	江苏日盈电子股份有限公司	后摄像头洗涤系统
	凯迪拉克 CT5（FR）(China）	2022	宁波均胜电子股份有限公司	驾驶员监控系统车内摄像头（2.0T，10AMT）
	凯迪拉克 CT6（FR）(China）	2022	宁波均胜电子股份有限公司	驾驶员监控系统车内摄像头（2.0T，10AMT）
	凯迪拉克 LYRIQ（4WD）(China）	2022	宁波均胜电子股份有限公司	驾驶员监控系统车内摄像头
	凯迪拉克 LYRIQ（RR）(China）	2022	宁波均胜电子股份有限公司	驾驶员监控系统车内摄像头（2.0T，10AMT）
	别克 昂科威 S 艾维亚（FF）(China）	2022	麦格纳电子（张家港）有限公司	单目摄像头（1.5T，9AMT）
上汽大众	大众 ID.3（RR）(China）	2023	江苏日盈电子股份有限公司	后摄像头洗涤系统
	大众 ID.4 X（4WD）(China）	2023	江苏日盈电子股份有限公司	后摄像头洗涤系统
	大众 ID.4 X（RR）(China）	2023	江苏日盈电子股份有限公司	后摄像头洗涤系统
	大众 ID.6 X（4WD）(China）	2023	江苏日盈电子股份有限公司	后摄像头洗涤系统
	大众 ID.6 X（RR）(China）	2023	江苏日盈电子股份有限公司	后摄像头洗涤系统

（续）

整车厂商	车型	车型年份	供应商	零部件名称
上汽大通	大通 G90（FF）(China)	2022	北京经纬恒润科技股份有限公司（原北京经纬恒润科技有限公司）	驾驶员监控系统车内摄像头（2.0T，8AT）
	大通 大家 9（FF）(China)	2022	北京经纬恒润科技股份有限公司（原北京经纬恒润科技有限公司）	驾驶员监控系统车内摄像头
上汽乘用车	名爵 7（China）	2023	无比视汽车产品服务（上海）有限公司	前视摄像头
	荣威 RX5（FF）(China)	2023	北京经纬恒润科技股份有限公司（原北京经纬恒润科技有限公司）	驾驶员监控系统车载摄像头（1.5T，7DCT）
	荣威 eRX5 混动（China）	2022	北京经纬恒润科技股份有限公司（原北京经纬恒润科技有限公司）	驾驶员监控系统车载摄像头
	荣威 ERX5 纯动（China）	2022	北京经纬恒润科技股份有限公司（原北京经纬恒润科技有限公司）	驾驶员监控系统车载摄像头
赛力斯	SF5（RR）(China)	2022	博世汽车部件（苏州）有限公司常州分公司	车载摄像头（1.5T）
	AITO 问界 M5（China）	2022	博世汽车部件（苏州）有限公司	车载摄像头
	AITO 问界 M7（China）	2022	欧菲光集团股份有限公司（原欧菲科技股份有限公司）	驾驶员监控系统车内摄像头
	AITO 问界 M7（China）	2022	欧菲光集团股份有限公司（原欧菲科技股份有限公司）	环视摄像头
	AITO 问界 M7（China）	2022	欧菲光集团股份有限公司（原欧菲科技股份有限公司）	乘客监控系统车内摄像头
奇瑞新能源	大蚂蚁（China）	2022	浙江亚太机电股份有限公司	多功能摄像头
奇瑞	捷途 X70 PLUS（FF）(China)	2022	北京市商汤科技开发有限公司	乘客监控系统（OMS）
	星途 揽月（FF）(China)	2022	博世汽车部件（苏州）有限公司常州分公司	车载摄像头（2.0T，7DCT）
哪吒汽车	哪吒 S（China）	2022	华为技术有限公司	车载摄像头
	哪吒 U（China）	2022	北京市商汤科技开发有限公司	乘客监控系统（OMS）
零跑汽车	零跑 C11（RR）(China)	2022	浙江华锐捷技术有限公司	车载摄像头
理想汽车	理想 L7（4WD）(China)	2023	欧菲光集团股份有限公司（原欧菲科技股份有限公司）	环视摄像头
	理想 L7（4WD）(China)	2023	深圳佑驾创新科技股份有限公司（原深圳佑驾创新科技有限公司）	前摄像头模块
	理想 L7（4WD）(China)	2023	纵目科技（上海）股份有限公司（原上海纵目科技有限公司）	侧面摄像头
	理想 L7（4WD）(China)	2023	纵目科技（上海）股份有限公司（原上海纵目科技有限公司）	环视摄像头
	理想 L7（4WD）(China)	2022	Melexis N.V.	3D 深度传感器
	理想 L8（4WD）(China)	2022	Melexis N.V.	3D 深度传感器
	理想 L9（4WD）(China)	2022	Melexis N.V.	3D 深度传感器
	理想 L9（4WD）(China)	2022	深圳佑驾创新科技股份有限公司（原深圳佑驾创新科技有限公司）	单目前视摄像头
	理想 ONE（4WD）(China)	2022	博世汽车部件（苏州）有限公司常州分公司	车载摄像头（1.2L）
	理想 ONE（China）	2022	北京地平线机器人技术研发有限公司	车载摄像头芯片
岚图汽车	岚图 FREE（4WD）(China)	2023	惠州市华阳集团股份有限公司	多功能摄像头
	岚图 FREE 增程版（4WD）(China)	2023	纵目科技（上海）股份有限公司（原上海纵目科技有限公司）	环视摄像头系统（SVC）
	岚图 FREE 纯电版（4WD）(China)	2023	纵目科技（上海）股份有限公司（原上海纵目科技有限公司）	环视摄像头系统（SVC）

（续）

整车厂商	车型	车型年份	供应商	零部件名称
岚图汽车	岚图 FREE 纯电版（RR）(China)	2023	纵目科技（上海）股份有限公司（原上海纵目科技有限公司）	环视摄像头系统（SVC）
	岚图 FREE（RR）(China)	2022	罗伯特博世	车载摄像头
	岚图 FREE 增程版（4WD）(China)	2022	博世汽车部件（苏州）有限公司常州分公司	车载摄像头（1.5T）
	岚图 FREE 增程版（4WD）(China)	2022	纵目科技（上海）股份有限公司（原上海纵目科技有限公司）	环视摄像头系统（SVC）
	岚图 FREE 纯电版（4WD）(China)	2022	纵目科技（上海）股份有限公司（原上海纵目科技有限公司）	环视摄像头系统（SVC）
	岚图 FREE 纯电版（RR）(China)	2022	纵目科技（上海）股份有限公司（原上海纵目科技有限公司）	环视摄像头系统（SVC）
江铃新能源	雷诺 江铃集团 羿（4WD）(China)	2023	纵目科技（上海）股份有限公司（原上海纵目科技有限公司）	环视摄像头系统（SVC）
	雷诺 江铃集团 羿（FF）(China)	2023	纵目科技（上海）股份有限公司（原上海纵目科技有限公司）	环视摄像头系统（SVC）
江淮	江淮钇为 钇为 3（China）	2023	杭州宏景智驾科技有限公司	前视摄像头
	江淮钇为 钇为 3（China）	2023	北京地平线机器人技术研发有限公司	前摄像头高算力芯片
极狐	阿尔法 S 华为 HI（4WD）(China)	2022	华为技术有限公司	车载摄像头
吉利	ICON（FF）(China)	2022	北京经纬恒润科技股份有限公司（原北京经纬恒润科技有限公司）	驾驶员监控系统车内摄像头（1.5T，7DCT）
	帝豪（FF）(China)	2022	北京经纬恒润科技股份有限公司（原北京经纬恒润科技有限公司）	驾驶员监控系统车载摄像头（1.5L，5MT）
	帝豪（FF）(China)	2022	北京经纬恒润科技股份有限公司（原北京经纬恒润科技有限公司）	驾驶员监控系统车载摄像头（1.5L，CVT8）
	星瑞（FF）(China)	2022	维宁尔（中国）电子有限公司（原奥托立夫（中国）电子有限公司）	车载摄像头（2.0T，7DCT）
	星越 S（4WD）(China)	2022	北京经纬恒润科技股份有限公司（原北京经纬恒润科技有限公司）	驾驶员监控系统车内摄像头（2.0T，7DCT）
	星越 S（FF）(China)	2022	北京经纬恒润科技股份有限公司（原北京经纬恒润科技有限公司）	驾驶员监控系统车内摄像头（2.0T，8AT）
	缤越 PHEV（FF）(China)	2022	北京经纬恒润科技股份有限公司（原北京经纬恒润科技有限公司）	驾驶员监控系统车载摄像头（1.5T，7DCT）
华晨宝马	宝马 325Li M（China）	2022	采埃孚汽车系统（上海）有限公司（原天合汽车零部件（上海）有限公司）	单目摄像头（2.0T，8AMT）
	宝马 iX3（China）	2022	大陆汽车电子（长春）有限公司	车载摄像头
	宝马 iX3（RR）(China)	2022	采埃孚汽车系统（上海）有限公司（原天合汽车零部件（上海）有限公司）	前摄像头
恒大新能源	恒驰 5（FF）(China)	2022	安波福电子（苏州）有限公司（原德尔福电子（苏州）有限公司）	车载摄像头
	恒驰 5（FF）(China)	2022	法雷奥汽车内部控制（上海）有限公司	环视摄像头
合创	Z03（China）	2022	延锋伟世通汽车电子有限公司	驾驶员监控系统车内摄像头
广汽乘用车	传祺 GS4（FF）(China)	2022	安波福电子（苏州）有限公司（原德尔福电子（苏州）有限公司）	车载摄像头（1.5T，6MT）
	传祺 GS4（FF）(China)	2022	安波福电子（苏州）有限公司（原德尔福电子（苏州）有限公司）	车载摄像头（1.5T，7DCT）
广汽本田	本田 飞度（FF）(China)	2022	大陆汽车电子（长春）有限公司	车载摄像头（1.5L，CVT）

（续）

整车厂商	车型	车型年份	供应商	零部件名称
广汽埃安	埃安 LX Plus（FF）(China)	2022	无比视汽车产品服务（上海）有限公司	车载摄像头
	埃安 V（China）	2022	无比视汽车产品服务（上海）有限公司	车载摄像头
	埃安 V Plus（FF）(China)	2022	延锋伟世通汽车电子有限公司	驾驶员监控系统车内摄像头
	埃安 Y（FF）(China)	2022	延锋伟世通汽车电子有限公司	驾驶员监控系统车内摄像头
高合汽车	高合 HiPhi X（China）	2022	北京经纬恒润科技股份有限公司（原北京经纬恒润科技有限公司）	乘客监控系统（OMS）
	高合 HiPhi X（China）	2022	北京经纬恒润科技股份有限公司（原北京经纬恒润科技有限公司）	驾驶员监控系统车载摄像头
	高合 HiPhi Z（China）	2022	北京经纬恒润科技股份有限公司（原北京经纬恒润科技有限公司）	驾驶员监控系统车内摄像头
飞凡汽车	飞凡 R7（RR）(China)	2022	上海创时汽车科技有限公司	前摄像头总成
	飞凡 R7（RR）(China)	2022	采埃孚汽车系统（上海）有限公司（原天合汽车零部件（上海）有限公司）	车载摄像头
东风柳汽	东风风行 T5 EVO（FF）(China)	2022	北京经纬恒润科技股份有限公司（原北京经纬恒润科技有限公司）	车载摄像头（1.5T，7DCT）
东风乘用车	东风风神 AX7（FF）(China)	2022	采埃孚汽车系统（上海）有限公司（原天合汽车零部件（上海）有限公司）	车载摄像头（1.5T，6MT）
	东风风神 AX7（FF）(China)	2022	采埃孚汽车系统（上海）有限公司（原天合汽车零部件（上海）有限公司）	车载摄像头（1.5T，7DCT）
比亚迪	海豹（4WD）(China)	2023	维宁尔（中国）电子有限公司（原奥托立夫（中国）电子有限公司）	单目摄像头
	海豹（RR）(China)	2023	维宁尔（中国）电子有限公司（原奥托立夫（中国）电子有限公司）	单目摄像头
	驱逐舰 07（China）	2023	比亚迪半导体股份有限公司（原比亚迪半导体有限公司）	DMS 影像模组
	汉 EV（FF）(China)	2022	维宁尔（中国）电子有限公司（原奥托立夫（中国）电子有限公司）	车载摄像头
	海豚（FF）(China)	2022	Mobileye Vision Technologies Ltd.	车载摄像头
北汽（广州）	北京 X7（FF）(China)	2022	博世汽车部件（苏州）有限公司常州分公司	车载摄像头（1.5T，7DCT）
北京现代	现代 索纳塔（FF）(China)	2022	HL 万都（原 Mando Corporation）	车载摄像头（1.5T，7DCT）

附录 C　中国整车毫米波 / 激光雷达供应链情况

整车厂商	车型	车型年份	供应商	零部件名称
智己汽车	智己 LS6（4WD）(China)	2024	深圳市速腾聚创科技有限公司	激光雷达
	智己 LS6（RR）(China)	2024	深圳市速腾聚创科技有限公司	激光雷达
	智己 L7（4WD）(China)	2023	深圳市速腾聚创科技有限公司	激光雷达
	智己 L7（RR）(China)	2023	深圳市速腾聚创科技有限公司	激光雷达
	智己 LS6（4WD）(China)	2023	深圳市速腾聚创科技有限公司	激光雷达
	智己 LS6（RR）(China)	2023	深圳市速腾聚创科技有限公司	激光雷达
	智己 LS7（4WD）(China)	2023	深圳市速腾聚创科技有限公司	激光雷达
	智己 LS7（RR）(China)	2023	深圳市速腾聚创科技有限公司	激光雷达
	智己 L7（4WD）(China)	2022	深圳市速腾聚创科技有限公司	激光雷达
	智己 L7（RR）(China)	2022	深圳市速腾聚创科技有限公司	激光雷达

（续）

整车厂商	车型	车型年份	供应商	零部件名称
长城	沙龙 机甲龙（4WD）(China)	2023	华为技术有限公司	激光雷达
	魏牌 蓝山 DHT-PHEV（China）	2023	深圳市速腾聚创科技有限公司	激光雷达
	哈弗 F7（FF）(China)	2022	博世汽车部件（苏州）有限公司常州分公司	毫米波雷达（1.5T，7DCT）
	魏牌 玛奇朵（FF）(China)	2022	博世汽车部件（苏州）有限公司常州分公司	毫米波雷达
长安福特	福特 探险者（4WD）(China)	2022	大陆汽车电子（长春）有限公司	毫米波雷达（2.3T，10AMT）
长安	阿维塔 11（China）	2023	华为技术有限公司	激光雷达
	阿维塔 11（China）	2023	华为技术有限公司	毫米波雷达
	阿维塔 11（China）	2023	华为技术有限公司	超声波传感器
	阿维塔 011（China）	2022	华为技术有限公司	激光雷达
	阿维塔 011（China）	2022	华为技术有限公司	毫米波雷达
	阿维塔 11（China）	2022	华为技术有限公司	激光雷达
	阿维塔 11（China）	2022	华为技术有限公司	毫米波雷达
	CS75 PLUS（4WD）(China)	2022	博世汽车部件（苏州）有限公司	雷达（2.0T，8AMT）
	CS75 PLUS（FF）(China)	2022	博世汽车部件（苏州）有限公司	雷达（2.0T，8AMT）
	CS75 PLUS（FF）(China)	2022	博世汽车部件（苏州）有限公司	雷达（1.5T，8AMT）
	UNI-T（FF）(China)	2022	安波福电子（苏州）有限公司（原德尔福电子（苏州）有限公司）	短程雷达（1.5T，7DCT）
	UNI-T（FF）(China)	2022	安波福电子（苏州）有限公司（原德尔福电子（苏州）有限公司）	短程雷达（2.0T，8AT）
	UNI-T（FF）(China)	2022	博世汽车部件（苏州）有限公司	毫米波雷达（1.5T，7DCT）
	UNI-T（FF）(China)	2022	博世汽车部件（苏州）有限公司	毫米波雷达（2.0T，8AT）
	UNI-T（FF）(China)	2022	博世汽车部件（苏州）有限公司	超声波传感器（1.5T，7DCT）
	UNI-T（FF）(China)	2022	博世汽车部件（苏州）有限公司	超声波传感器（2.0T，8AT）
	UNI-T（FF）(China)	2022	博世汽车部件（苏州）有限公司常州分公司	毫米波雷达（1.5T，7DCT）
一汽丰田	丰田 亚洲狮（FF）(China)	2022	电装	雷达（2.0L，CVT）
	丰田 亚洲狮双擎（FF）(China)	2022	电装	雷达（2.0L，CVT）
一汽 - 大众	大众 揽巡（4WD）(China)	2023	桑尼尼（常州）汽车零部件有限公司	雷达罩
	大众 揽巡（FF）(China)	2023	桑尼尼（常州）汽车零部件有限公司	雷达罩
	大众 速腾（FF）(China)	2022	博世汽车部件（苏州）有限公司常州分公司	毫米波雷达（1.2T，5MT）
	大众 速腾（FF）(China)	2022	博世汽车部件（苏州）有限公司常州分公司	毫米波雷达（1.2T，7DCT）
小鹏汽车	小鹏 X9（4WD）(China)	2024	深圳市速腾聚创科技有限公司	激光雷达
	小鹏 X9（FF）(China)	2024	深圳市速腾聚创科技有限公司	激光雷达
	小鹏 G6（4WD）(China)	2023	深圳市速腾聚创科技有限公司	激光雷达
	小鹏 G6（RR）(China)	2023	深圳市速腾聚创科技有限公司	激光雷达
	小鹏 G9（4WD）(China)	2023	深圳市速腾聚创科技有限公司	激光雷达
	小鹏 G9（RR）(China)	2023	深圳市速腾聚创科技有限公司	激光雷达
	小鹏 P5（FF）(China)	2023	深圳市览沃科技有限公司	激光雷达
	小鹏 P7i（4WD）(China)	2023	深圳市速腾聚创科技有限公司	激光雷达
	小鹏 P7i（RR）(China)	2023	深圳市速腾聚创科技有限公司	激光雷达
	小鹏 G3i 460G（FF）(China)	2022	博世汽车部件（苏州）有限公司	雷达
	小鹏 G3i 460N（FF）(China)	2022	博世汽车部件（苏州）有限公司	雷达
	小鹏 G3i 520G（FF）(China)	2022	博世汽车部件（苏州）有限公司	雷达

（续）

整车厂商	车型	车型年份	供应商	零部件名称
小鹏汽车	小鹏 G3i 520N（FF）(China）	2022	博世汽车部件（苏州）有限公司	雷达
	小鹏 G9（China）	2022	深圳市速腾聚创科技有限公司	激光雷达
	小鹏 P5（FF）(China）	2022	博世汽车部件（苏州）有限公司常州分公司	毫米波雷达
	小鹏 P5（FF）(China）	2022	深圳市览沃科技有限公司	激光雷达
	小鹏 P7（RR）(China）	2022	博世汽车部件（苏州）有限公司常州分公司	毫米波雷达
沃尔沃亚太	沃尔沃 EX90（4WD）(China）	2024	Luminar Technologies, Inc.	雷达
	沃尔沃 EX90（4WD）(China）	2024	Luminar Technologies, Inc.	激光雷达
	沃尔沃 EX90（RR）(China）	2024	Luminar Technologies, Inc.	雷达
	沃尔沃 EX90（RR）(China）	2024	Luminar Technologies, Inc.	激光雷达
蔚来	ES6（4WD）(China）	2023	图达通智能科技（苏州）有限公司	激光雷达
	ES7（4WD）(China）	2023	图达通智能科技（苏州）有限公司	激光雷达
	ET5（4WD）(China）	2023	图达通智能科技（苏州）有限公司	激光雷达
	ET7（4WD）(China）	2023	图达通智能科技（苏州）有限公司	激光雷达
	ES6（4WD）(China）	2022	博世汽车部件（苏州）有限公司	毫米波雷达
	ES7（4WD）(China）	2022	图达通智能科技（苏州）有限公司	激光雷达
	ES8（4WD）(China）	2022	博世汽车部件（苏州）有限公司常州分公司	毫米波雷达
	ET5（4WD）(China）	2022	图达通智能科技（苏州）有限公司	激光雷达
	ET5（4WD）(China）	2022	宁波均胜电子股份有限公司	激光雷达
	ET7（4WD）(China）	2022	图达通智能科技（苏州）有限公司	激光雷达
	ET7（4WD）(China）	2022	宁波均胜电子股份有限公司	激光雷达
威马汽车	威马 M7（China）	2022	深圳市速腾聚创科技有限公司	激光雷达
腾势新能源	腾势 N7（China）	2023	深圳市速腾聚创科技有限公司	激光雷达
特斯拉中国	特斯拉 Model 3（RR）(China）	2022	大陆集团	短程雷达
	特斯拉 Model 3（RR）(China）	2022	大陆集团	远程雷达
	特斯拉 Model 3（RR）(China）	2022	法雷奥集团	毫米波雷达
	特斯拉 Model Y（RR）(China）	2022	法雷奥集团	毫米波雷达
上汽通用五菱	宝骏 KiWi EV（RR）(China）	2023	大疆车载	毫米波雷达
	宝骏 KiWi EV（RR）(China）	2023	大疆车载	超声波传感器
	宝骏 云朵 灵犀版（China）	2023	大疆车载	毫米波雷达
	宝骏 云朵 灵犀版（China）	2023	大疆车载	超声波传感器
上汽大众	大众 Polo Plus（FF）(China）	2022	大陆汽车电子（长春）有限公司	毫米波雷达（1.5L，5MT）
	大众 Polo Plus（FF）(China）	2022	大陆汽车电子（长春）有限公司	毫米波雷达（1.5L，6AMT）
	大众 威然（FF）(China）	2022	博世汽车部件（苏州）有限公司常州分公司	毫米波雷达（2.0T，7DCT）
	大众 途岳（FF）(China）	2022	大陆汽车电子（长春）有限公司	毫米波雷达（1.4T，7DCT）
上汽乘用车	飞凡 ES33（China）	2022	Luminar Technologies, Inc.	激光雷达
	飞凡 ES33（China）	2022	采埃孚	4D 成像雷达
赛力斯	SF5（RR）(China）	2022	博世汽车部件（苏州）有限公司常州分公司	毫米波雷达（1.5T）
	AITO 问界 M5（China）	2022	博世汽车部件（苏州）有限公司	毫米波雷达
奇瑞新能源	大蚂蚁（China）	2022	浙江亚太机电股份有限公司	毫米波雷达
奇瑞	星途 揽月（FF）(China）	2022	博世汽车部件（苏州）有限公司常州分公司	毫米波雷达（2.0T，7DCT）

（续）

整车厂商	车型	车型年份	供应商	零部件名称
哪吒汽车	哪吒 S 纯电版（RR）（China）	2023	华为技术有限公司	激光雷达
	哪吒 S（China）	2022	华为技术有限公司	激光雷达
	哪吒 S（China）	2022	华为技术有限公司	毫米波雷达
	哪吒 S（China）	2022	华为技术有限公司	超声波传感器
路特斯	Eletre（4WD）（China）	2023	上海禾赛科技有限公司（原上海禾赛科技股份有限公司）	激光雷达
	Eletre（4WD）（China）	2023	深圳市速腾聚创科技有限公司	激光雷达
零跑汽车	零跑 C01（4WD）（China）	2023	南京楚航科技有限公司	77GHz 毫米波雷达（前方）
	零跑 C01（4WD）（China）	2023	南京楚航科技有限公司	盲点监控传感器
	零跑 C01（RR）（China）	2023	南京楚航科技有限公司	77GHz 毫米波雷达（前方）
	零跑 C01（RR）（China）	2023	南京楚航科技有限公司	盲点监控传感器
	零跑 C01（4WD）（China）	2022	南京楚航科技有限公司	77GHz 毫米波雷达（前方）
	零跑 C01（4WD）（China）	2022	南京楚航科技有限公司	盲点监控传感器
	零跑 C01（RR）（China）	2022	南京楚航科技有限公司	77GHz 毫米波雷达（前方）
	零跑 C01（RR）（China）	2022	南京楚航科技有限公司	盲点监控传感器
	零跑 C11（RR）（China）	2022	浙江华锐捷技术有限公司	雷达
理想汽车	理想 L7（4WD）（China）	2023	上海禾赛科技有限公司（原上海禾赛科技股份有限公司）	激光雷达
	理想 L7（4WD）（China）	2023	芜湖森思泰克智能科技有限公司	前方毫米波雷达
	理想 L9（4WD）（China）	2023	上海禾赛科技有限公司（原上海禾赛科技股份有限公司）	激光雷达
	理想 L8（4WD）（China）	2022	上海禾赛科技有限公司（原上海禾赛科技股份有限公司）	激光雷达
	理想 L9（4WD）（China）	2022	上海禾赛科技有限公司（原上海禾赛科技股份有限公司）	激光雷达
	理想 ONE（4WD）（China）	2022	博世汽车部件（苏州）有限公司常州分公司	毫米波雷达（1.2L）
岚图汽车	岚图 FREE（RR）（China）	2022	罗伯特博世	毫米波雷达
	岚图 FREE 增程版（4WD）（China）	2022	博世汽车部件（苏州）有限公司常州分公司	毫米波雷达（1.5T）
江汽集团	思皓 X8 PLUS（FF）（China）	2023	华为技术有限公司	毫米波雷达（1.5T，7DCT）
	思皓 爱跑 S（FF）（China）	2022	华为技术有限公司	毫米波雷达
江铃汽车	福特 领界（FF）（China）	2022	博世汽车部件（苏州）有限公司常州分公司	毫米波雷达（1.5T，CVT）
集度	ROBO-01（China）	2023	上海禾赛科技有限公司（原上海禾赛科技股份有限公司）	激光雷达
	ROBO-01（China）	2022	上海禾赛科技有限公司（原上海禾赛科技股份有限公司）	激光雷达
极狐	阿尔法 S 华为 HI（4WD）（China）	2023	华为技术有限公司	激光雷达
	阿尔法 S 华为 HI（4WD）（China）	2022	华为技术有限公司	激光雷达
	阿尔法 S 华为 HI（4WD）（China）	2022	华为技术有限公司	毫米波雷达
	阿尔法 S 华为 HI（4WD）（China）	2022	华为技术有限公司	超声波传感器
吉利	极氪 007（4WD）（China）	2024	深圳市速腾聚创科技有限公司	激光雷达
	极氪 007（RR）（China）	2024	深圳市速腾聚创科技有限公司	激光雷达
	银河 L7（China）	2023	福瑞泰克智能系统有限公司（原福瑞泰克（桐乡）智能系统有限公司）	激光雷达
	极氪 001（4WD）（China）	2022	深圳市速腾聚创科技有限公司	激光雷达
	极氪 001（RR）（China）	2022	深圳市速腾聚创科技有限公司	激光雷达
	星瑞（FF）（China）	2022	维宁尔（中国）电子有限公司（原奥托立夫（中国）电子有限公司）	毫米波雷达（2.0T，7DCT）
华晨宝马	宝马 iX3（China）	2022	大陆汽车电子（长春）有限公司	毫米波雷达
	宝马 iX3（RR）（China）	2022	Innoviz Technologies Ltd.	激光雷达

（续）

整车厂商	车型	车型年份	供应商	零部件名称
恒大新能源	恒驰 5（FF）(China）	2022	安波福电子（苏州）有限公司（原德尔福电子（苏州）有限公司）	毫米波雷达
广汽丰田	丰田 汉兰达（FF）(China）	2022	株式会社爱德克斯	毫米波雷达（2.5L，E-CVT）
广汽乘用车	传祺 GS4（FF）(China）	2022	安波福电子（苏州）有限公司（原德尔福电子（苏州）有限公司）	毫米波雷达（1.5T，6MT）
	传祺 GS4（FF）(China）	2022	安波福电子（苏州）有限公司（原德尔福电子（苏州）有限公司）	毫米波雷达（1.5T，7DCT）
广汽埃安	Hyper 昊铂 HT（RR）(China）	2024	深圳市速腾聚创科技有限公司	激光雷达
	Hyper 昊铂 GT（RR）(China）	2023	深圳市速腾聚创科技有限公司	激光雷达
	Hyper 昊铂 HT（RR）(China）	2023	深圳市速腾聚创科技有限公司	激光雷达
	埃安 LX Plus（FF）(China）	2023	深圳市速腾聚创科技有限公司	激光雷达
	埃安 LX Plus（FF）(China）	2022	博世汽车部件（苏州）有限公司常州分公司	毫米波雷达
	埃安 LX Plus（FF）(China）	2022	博世汽车部件（苏州）有限公司常州分公司	超声波传感器
	埃安 LX Plus（FF）(China）	2022	深圳市速腾聚创科技有限公司	激光雷达
	埃安 V（China）	2022	罗伯特博世	毫米波雷达
	埃安 V（China）	2022	博世汽车部件（苏州）有限公司常州分公司	毫米波雷达
	埃安 V（China）	2022	博世汽车部件（苏州）有限公司常州分公司	超声波传感器
	埃安 V Plus（FF）(China）	2022	罗伯特博世	前雷达
	埃安 V Plus（FF）(China）	2022	博世汽车部件（苏州）有限公司常州分公司	毫米波雷达
高合汽车	高合 HiPhi Y（4WD）(China）	2023	上海禾赛科技有限公司（原上海禾赛科技股份有限公司）	激光雷达
	高合 HiPhi Y（RR）(China）	2023	上海禾赛科技有限公司（原上海禾赛科技股份有限公司）	激光雷达
	高合 HiPhi Z（4WD）(China）	2023	上海禾赛科技有限公司（原上海禾赛科技股份有限公司）	激光雷达
	高合 HiPhi X（China）	2022	安波福电子（苏州）有限公司（原德尔福电子（苏州）有限公司）	短程雷达（角雷达）
	高合 HiPhi X（China）	2022	安波福电子（苏州）有限公司（原德尔福电子（苏州）有限公司）	前雷达
	高合 HiPhi Z（China）	2022	上海禾赛科技有限公司（原上海禾赛科技股份有限公司）	激光雷达
飞凡汽车	飞凡 F7（4WD）(China）	2023	深圳市速腾聚创科技有限公司	激光雷达
	飞凡 F7（4WD）(China）	2023	采埃孚	4D 成像雷达
	飞凡 F7（RR）(China）	2023	深圳市速腾聚创科技有限公司	激光雷达
	飞凡 F7（RR）(China）	2023	采埃孚	4D 成像雷达
	飞凡 R7（4WD）(China）	2023	Luminar Technologies, Inc.	激光雷达
	飞凡 R7（4WD）(China）	2023	采埃孚中国	4D 成像雷达
	飞凡 R7（RR）(China）	2023	Luminar Technologies, Inc.	激光雷达
	飞凡 R7（RR）(China）	2023	采埃孚中国	4D 成像雷达
	飞凡 MARVEL R（RR）(China）	2022	采埃孚中国	4D 成像雷达
	飞凡 R7（RR）(China）	2022	上海海拉电子有限公司	角雷达
	飞凡 R7（RR）(China）	2022	Luminar Technologies, Inc.	激光雷达
	飞凡 R7（RR）(China）	2022	采埃孚汽车系统（上海）有限公司（原天合汽车零部件（上海）有限公司）	雷达

（续）

整车厂商	车型	车型年份	供应商	零部件名称
东风日产	日产 天籁（FF）(China)	2022	松下电器产业株式会社	毫米波雷达（2.0L，CVT）
东风乘用车	东风风神 AX7（FF）(China)	2022	采埃孚汽车系统（上海）有限公司（原天合汽车零部件（上海）有限公司）	毫米波雷达（1.5T，6MT）
	东风风神 AX7（FF）(China)	2022	采埃孚汽车系统（上海）有限公司（原天合汽车零部件（上海）有限公司）	毫米波雷达（1.5T，7DCT）
比亚迪	元 PLUS（China）	2023	弗迪科技有限公司	超声波传感器
	元 Pro（FF）(China)	2023	弗迪科技有限公司	超声波传感器
	唐 DM-i（FF）(China)	2023	弗迪科技有限公司	超声波传感器
	唐 DM-i 冠军版（FF）(China)	2023	弗迪科技有限公司	超声波传感器
	唐 DM-p（4WD）(China)	2023	弗迪科技有限公司	超声波传感器
	唐 EV（4WD）(China)	2023	弗迪科技有限公司	超声波传感器
	唐 EV（FF）(China)	2023	弗迪科技有限公司	超声波传感器
	宋 MAX DM-i（FF）(China)	2023	弗迪科技有限公司	超声波传感器
	宋 PLUS DM-i（4WD）(China)	2023	弗迪科技有限公司	超声波传感器
	宋 PLUS DM-i（FF）(China)	2023	弗迪科技有限公司	超声波传感器
	宋 PLUS EV（FF）(China)	2023	弗迪科技有限公司	超声波传感器
	宋 Pro DM-i（FF）(China)	2023	弗迪科技有限公司	超声波传感器
	汉 DM-i（FF）(China)	2023	弗迪科技有限公司	超声波传感器
	汉 DM-p（4WD）(China)	2023	弗迪科技有限公司	超声波传感器
	汉 EV（4WD）(China)	2023	弗迪科技有限公司	超声波传感器
	汉 EV（FF）(China)	2023	弗迪科技有限公司	超声波传感器
	海豹（4WD）(China)	2023	维宁尔（中国）电子有限公司（原奥托立夫（中国）电子有限公司）	毫米波雷达
	海豹（RR）(China)	2023	维宁尔（中国）电子有限公司（原奥托立夫（中国）电子有限公司）	毫米波雷达
	秦 PLUS DM-i 2023 冠军版（FF）(China)	2023	弗迪科技有限公司	角雷达
	秦 PLUS DM-i 2023 冠军版（FF）(China)	2023	弗迪科技有限公司	超声波传感器
	秦 PLUS EV（FF）(China)	2023	弗迪科技有限公司	超声波传感器
	秦 PLUS EV 2023 冠军版（FF）(China)	2023	弗迪科技有限公司	超声波传感器
	元 PLUS（China）	2022	弗迪科技有限公司	超声波传感器
	唐 DM-i（FF）(China)	2022	弗迪科技有限公司	超声波传感器
	唐 DM-p（4WD）(China)	2022	弗迪科技有限公司	超声波传感器
	唐 EV（4WD）(China)	2022	弗迪科技有限公司	超声波传感器
	唐 EV（FF）(China)	2022	弗迪科技有限公司	超声波传感器
	宋 MAX DM（FF）(China)	2022	上海海拉电子有限公司	盲区辅助检测（BSD）
	宋 MAX DM-i（FF）(China)	2022	弗迪科技有限公司	超声波传感器
	宋 PLUS DM-i（4WD）(China)	2022	弗迪科技有限公司	超声波传感器
	宋 PLUS DM-i（FF）(China)	2022	弗迪科技有限公司	超声波传感器
	宋 PLUS EV（FF）(China)	2022	弗迪科技有限公司	超声波传感器
	宋 Pro DM（4WD）(China)	2022	上海海拉电子有限公司	盲区辅助检测（BSD）
	宋 Pro DM-i（FF）(China)	2022	弗迪科技有限公司	超声波传感器
	汉 DM-i（FF）(China)	2022	弗迪科技有限公司	超声波传感器
	汉 DM-p（4WD）(China)	2022	弗迪科技有限公司	超声波传感器
	汉 EV（4WD）(China)	2022	弗迪科技有限公司	超声波传感器

（续）

整车厂商	车型	车型年份	供应商	零部件名称
比亚迪	汉 EV（FF）(China)	2022	弗迪科技有限公司	超声波传感器
	汉 EV（FF）(China)	2022	维宁尔（中国）电子有限公司（原奥托立夫（中国）电子有限公司）	毫米波雷达
	秦 PLUS DM-i（FF）(China)	2022	弗迪科技有限公司	超声波传感器
	秦 PLUS DM-i（FF）(China)	2022	上海海拉电子有限公司	盲区辅助检测（BSD）
	秦 PLUS EV（FF）(China)	2022	弗迪科技有限公司	超声波传感器
	秦 PLUS EV（FF）(China)	2022	上海海拉电子有限公司	盲区辅助检测（BSD）
	秦 Pro DM（FF）(China)	2022	上海海拉电子有限公司	盲区辅助检测（BSD）
	秦 Pro EV（FF）(China)	2022	上海海拉电子有限公司	盲区辅助检测（BSD）
北汽制造	极石 01（4WD）(China)	2023	上海禾赛科技有限公司（原上海禾赛科技股份有限公司）	激光雷达
北汽（广州）	北京 X7（FF）(China)	2022	博世汽车部件（苏州）有限公司常州分公司	毫米波雷达（1.5T，7DCT）
北京现代	现代 索纳塔（FF）(China)	2022	HL 万都（原 Mando Corporation）	毫米波雷达（1.5T，7DCT）
爱驰	U5（FF）(China)	2022	上海禾赛科技有限公司（原上海禾赛科技股份有限公司）	激光雷达
Polestar 极星	Polestar 4（4WD）(China)	2023	Luminar Technologies，Inc.	激光雷达
	Polestar 4（FR）(China)	2023	Luminar Technologies，Inc.	激光雷达

附录 D　中国整车厂高级辅助驾驶系统 ECU 供应链情况

整车厂商	车型	车型年份	供应商	零部件名称
中国一汽	红旗 E-QM5（FF）(China)	2023	黑芝麻智能科技（上海）有限公司	智能驾驶芯片
	红旗 E001（China）	2023	黑芝麻智能科技有限公司	智能驾驶芯片（华山二号 A1000L）
	红旗 E202（China）	2023	黑芝麻智能科技有限公司	智能驾驶芯片（华山二号 A1000L）
	红旗 E-HS3（4WD）(China)	2022	北京经纬恒润科技股份有限公司（原北京经纬恒润科技有限公司）	驾驶员监控系统 ECU
	红旗 E-HS3（FF）(China)	2022	北京经纬恒润科技股份有限公司（原北京经纬恒润科技有限公司）	驾驶员监控系统 ECU
	红旗 E-HS9（4WD）(China)	2022	北京经纬恒润科技股份有限公司（原北京经纬恒润科技有限公司）	驾驶员监控系统 ECU
	红旗 H5（FF）(China)	2022	北京经纬恒润科技股份有限公司（原北京经纬恒润科技有限公司）	驾驶员监控系统 ECU（1.5T，7DCT）
	红旗 H5（FF）(China)	2022	北京经纬恒润科技股份有限公司（原北京经纬恒润科技有限公司）	驾驶员监控系统 ECU（1.8T，6AT）
	红旗 H7（FR）(China)	2022	北京经纬恒润科技股份有限公司（原北京经纬恒润科技有限公司）	驾驶员监控系统 ECU（1.8T，6AT）
	红旗 H7（FR）(China)	2022	北京经纬恒润科技股份有限公司（原北京经纬恒润科技有限公司）	驾驶员监控系统 ECU（2.0T，6AT）
	红旗 H9（FR）(China)	2022	北京经纬恒润科技股份有限公司（原北京经纬恒润科技有限公司）	驾驶员监控系统 ECU（2.0T，7DCT）
	红旗 H9（FR）(China)	2022	北京经纬恒润科技股份有限公司（原北京经纬恒润科技有限公司）	驾驶员监控系统 ECU（3.0T，7DCT）
	红旗 H9+（FR）(China)	2022	北京经纬恒润科技股份有限公司（原北京经纬恒润科技有限公司）	驾驶员监控系统 ECU（3.0T，7DCT）
	红旗 HS5（4WD）(China)	2022	北京经纬恒润科技股份有限公司（原北京经纬恒润科技有限公司）	驾驶员监控系统 ECU（2.0T，6AT）

（续）

整车厂商	车型	车型年份	供应商	零部件名称
中国一汽	红旗 HS5（FF）(China）	2022	北京经纬恒润科技股份有限公司（原北京经纬恒润科技有限公司）	驾驶员监控系统 ECU（2.0T，6AT）
	红旗 HS7（4WD）(China）	2022	北京经纬恒润科技股份有限公司（原北京经纬恒润科技有限公司）	驾驶员监控系统 ECU（3.0T，8AT）
	红旗 HS7（FR）(China）	2022	北京经纬恒润科技股份有限公司（原北京经纬恒润科技有限公司）	驾驶员监控系统 ECU（2.0T，7DCT）
智己汽车	智己 LS6（4WD）(China）	2024	联创汽车电子有限公司	ADAS 域控制器
	智己 LS6（RR）(China）	2024	联创汽车电子有限公司	ADAS 域控制器
	智己 LS6（4WD）(China）	2023	联创汽车电子有限公司	ADAS 域控制器
	智己 LS6（4WD）(China）	2023	英伟达	智能驾驶芯片（Orin-X）
	智己 LS6（RR）(China）	2023	联创汽车电子有限公司	ADAS 域控制器
	智己 LS6（RR）(China）	2023	英伟达	智能驾驶芯片（Orin-X）
	智己 LS7（4WD）(China）	2023	英伟达	智能驾驶芯片（Orin-X）
	智己 LS7（4WD）(China）	2023	上海创时汽车科技有限公司	ADAS 域控制器
	智己 LS7（RR）(China）	2023	英伟达	智能驾驶芯片（Orin-X）
	智己 LS7（RR）(China）	2023	上海创时汽车科技有限公司	ADAS 域控制器
	智己 L7（China）	2022	北京地平线机器人技术研发有限公司	驾驶员监控系统（DMS）
	智己 L7（China）	2022	北京地平线机器人技术研发有限公司	智能驾驶芯片
	智己 L7（China）	2022	英伟达	ADAS 域控制器芯片
	智己 L7（China）	2022	上海创时汽车科技有限公司	自动驾驶域控制器
	智己 LS7（China）	2022	北京地平线机器人技术研发有限公司	智能驾驶芯片
长城	沙龙 机甲龙（4WD）(China）	2023	华为技术有限公司	智能辅助驾驶系统
	哈弗 H9（4WD）(China）	2022	北京地平线机器人技术研发有限公司	智能驾驶芯片（2.0T，8AMT）
	哈弗 H9（China）	2022	北京地平线机器人技术研发有限公司	驾驶员监控系统（DMS）
	魏牌 拿铁 DHT（FF）(China）	2022	Qualcomm，Inc.	智能驾驶芯片（1.5T，2DHT）
	魏牌 摩卡（4WD）(China）	2022	Qualcomm，Inc.	智能驾驶芯片（2.0T，9DCT）
	魏牌 摩卡（FF）(China）	2022	北京世纪高通科技有限公司	高算力芯片
	魏牌 摩卡（FF）(China）	2022	北京市商汤科技开发有限公司	驾驶员监控系统（DMS）
	魏牌 摩卡（FF）(China）	2022	Qualcomm，Inc.	智能驾驶芯片（2.0T，9DCT）
	魏牌 摩卡（FF）(China）	2022	法雷奥汽车内部控制（深圳）有限公司（原深圳法雷奥航盛汽车开关及探测系统有限公司）	驾驶员监控系统 ECU
	魏牌 玛奇朵（FF）(China）	2022	Qualcomm，Inc.	智能驾驶芯片（1.5L，2DHT）
	魏牌 玛奇朵（FF）(China）	2022	采埃孚中国	智能驾驶系统
长安	阿维塔 11（4WD）(China）	2023	华为技术有限公司	智能驾驶芯片（MDC810）
	阿维塔 11（RR）(China）	2023	华为技术有限公司	智能驾驶芯片
	阿维塔 12（4WD）(China）	2023	华为技术有限公司	智能驾驶系统
	阿维塔 12（4WD）(China）	2023	华为技术有限公司	智能驾驶芯片（MDC810）
	阿维塔 12（RR）(China）	2023	华为技术有限公司	智能驾驶系统
	阿维塔 12（RR）(China）	2023	华为技术有限公司	智能驾驶芯片（MDC810）
	逸达（FF）(China）	2023	北京市商汤科技开发有限公司	乘员健康检测系统（软件）
	阿维塔 011（China）	2022	华为技术有限公司	高级驾驶员辅助系统（ADAS）
	阿维塔 011（China）	2022	华为技术有限公司	自动驾驶感知系统
	阿维塔 11（China）	2022	华为技术有限公司	高级驾驶员辅助系统（ADAS）
	阿维塔 11（China）	2022	华为技术有限公司	自动驾驶感知系统

（续）

整车厂商	车型	车型年份	供应商	零部件名称
长安	UNI-K（4WD）(China）	2022	北京地平线机器人技术研发有限公司	智能驾驶芯片（2.0T，8AT）
	UNI-K（FF）(China）	2022	北京地平线机器人技术研发有限公司	驾驶员监控系统（DMS）
	UNI-K（FF）(China）	2022	北京地平线机器人技术研发有限公司	智能驾驶芯片（2.0T，8AT）
	UNI-T（FF）(China）	2022	北京地平线机器人技术研发有限公司	驾驶员监控系统（DMS）
	UNI-T（FF）(China）	2022	北京地平线机器人技术研发有限公司	ADAS 域控制器芯片
	UNI-T（FF）(China）	2022	北京地平线机器人技术研发有限公司	智能驾驶芯片（1.5T，7DCT）
	UNI-T（FF）(China）	2022	北京地平线机器人技术研发有限公司	智能驾驶芯片（2.0T，8AT）
	UNI-V（China）	2022	北京地平线机器人技术研发有限公司	自动驾驶域控制器芯片
	UNI-V（China）	2022	北京地平线机器人技术研发有限公司	智能驾驶芯片（1.5T，7DCT）
	UNI-V（China）	2022	北京地平线机器人技术研发有限公司	智能驾驶芯片
一汽 - 大众	大众 ID.4 CROZZ（4WD）(China）	2023	Mobileye Vision Technologies Ltd.	智能驾驶芯片（EyeQ4）
	大众 ID.4 CROZZ（RR）(China）	2023	Mobileye Vision Technologies Ltd.	智能驾驶芯片（EyeQ4）
	大众 ID.6 CROZZ（4WD）(China）	2023	Mobileye Vision Technologies Ltd.	智能驾驶芯片（EyeQ4）
	大众 ID.6 CROZZ（RR）(China）	2023	Mobileye Vision Technologies Ltd.	智能驾驶芯片（EyeQ4）
	奥迪 A4L（4WD）(China）	2022	北京世纪高通科技有限公司	高算力芯片（2.0L，7DCT）
	奥迪 A4L（FF）(China）	2022	北京世纪高通科技有限公司	高算力芯片（2.0L，7DCT）
	大众 ID.4 CROZZ（4WD）(China）	2022	Mobileye Vision Technologies Ltd.	智能驾驶芯片
	大众 ID.4 CROZZ（RR）(China）	2022	Mobileye Vision Technologies Ltd.	智能驾驶芯片
	大众 ID.6 CROZZ（4WD）(China）	2022	Mobileye Vision Technologies Ltd.	智能驾驶芯片
	大众 ID.6 CROZZ（RR）(China）	2022	Mobileye Vision Technologies Ltd.	智能驾驶芯片
小鹏汽车	小鹏 G6（4WD）(China）	2023	英伟达	智能驾驶芯片（Orin-X）
	小鹏 G6（RR）(China）	2023	英伟达	智能驾驶芯片（Orin-X）
	小鹏 P7i（4WD）(China）	2023	英伟达	智能驾驶芯片（Orin-X）
	小鹏 P7i（RR）(China）	2023	英伟达	智能驾驶芯片（Orin-X）
	小鹏 X9（China）	2023	英伟达	智能驾驶芯片（Orin-X）
	小鹏 G3（FF）(China）	2022	北京世纪高通科技有限公司	高算力芯片
	小鹏 G3i 460G（FF）(China）	2022	英伟达	自动驾驶芯片
	小鹏 G3i 460N（FF）(China）	2022	博世汽车部件（苏州）有限公司	自动紧急制动系统（AEB）
	小鹏 G3i 460N（FF）(China）	2022	英伟达	自动驾驶芯片
	小鹏 G3i 520G（FF）(China）	2022	英伟达	自动驾驶芯片
	小鹏 G3i 520N（FF）(China）	2022	博世汽车部件（苏州）有限公司	自动紧急制动系统（AEB）
	小鹏 G3i 520N（FF）(China）	2022	英伟达	自动驾驶芯片
	小鹏 G9（China）	2022	英伟达	自动驾驶芯片
	小鹏 P5（FF）(China）	2022	惠州市德赛西威汽车电子股份有限公司	ADAS 域控制器
	小鹏 P5（FF）(China）	2022	英伟达	高算力芯片
	小鹏 P5（FF）(China）	2022	英伟达	ADAS 域控制器芯片
	小鹏 P5（FF）(China）	2022	英伟达	自动驾驶芯片
	小鹏 P7（4WD）(China）	2022	博世汽车部件（苏州）有限公司常州分公司	自动驾驶感知系统
	小鹏 P7（RR）(China）	2022	北京世纪高通科技有限公司	高算力芯片
	小鹏 P7（RR）(China）	2022	博世汽车部件（苏州）有限公司常州分公司	自动驾驶感知系统
	小鹏 P7（RR）(China）	2022	惠州市德赛西威汽车电子股份有限公司	自动驾驶域控制器
	小鹏 P7（RR）(China）	2022	英伟达	高算力芯片
	小鹏 P7（RR）(China）	2022	英伟达	自动驾驶域控制器芯片
	小鹏 P7（RR）(China）	2022	英伟达	ADAS 域控制器芯片

（续）

整车厂商	车型	车型年份	供应商	零部件名称
沃尔沃亚太	沃尔沃 EX90（4WD）(China）	2024	重庆斯玛艾视觉科技有限公司	驾驶员监控系统（DMS）
	沃尔沃 EX90（RR）(China）	2024	重庆斯玛艾视觉科技有限公司	驾驶员监控系统（DMS）
蔚来	EC6（4WD）(China）	2023	英伟达	智能驾驶芯片（Orin-X）
	EC7（4WD）(China）	2023	英伟达	智能驾驶芯片（Orin X）
	ES6（4WD）(China）	2023	英伟达	智能驾驶芯片（Orin X）
	ES7（4WD）(China）	2023	南通商汤科技有限公司	驾驶员监控系统（DMS）
	ES7（4WD）(China）	2023	上海商汤智能科技有限公司	乘客监控系统（OMS）
	ES7（4WD）(China）	2023	上海商汤智能科技有限公司	驾驶员监控系统（DMS）
	ES8（4WD）(China）	2023	英伟达	智能驾驶芯片（Orin X）
	ET5（4WD）(China）	2023	南通商汤科技有限公司	驾驶员监控系统（DMS）
	ET5（4WD）(China）	2023	上海商汤智能科技有限公司	乘客监控系统（OMS）
	ET5（4WD）(China）	2023	上海商汤智能科技有限公司	驾驶员监控系统（DMS）
	ET5 Touring（4WD）(China）	2023	英伟达	智能驾驶芯片（Drive Orin）
	ET7（4WD）(China）	2023	南通商汤科技有限公司	驾驶员监控系统（DMS）
	ET7（4WD）(China）	2023	英伟达	智能驾驶芯片
	ET7（4WD）(China）	2023	上海商汤智能科技有限公司	乘客监控系统（OMS）
	ET7（4WD）(China）	2023	上海商汤智能科技有限公司	驾驶员监控系统（DMS）
	EC6（China）	2022	Mobileye Vision Technologies Ltd.	ADAS 域控制器芯片
	ES6（China）	2022	Mobileye Vision Technologies Ltd.	ADAS 域控制器芯片（EyeQ4）
	ES7（4WD）(China）	2022	南通商汤科技有限公司	驾驶员监控系统（DMS）
	ES7（4WD）(China）	2022	英伟达	自动驾驶芯片
	ES8（China）	2022	Mobileye Vision Technologies Ltd.	ADAS 域控制器芯片
	ET5（4WD）(China）	2022	南通商汤科技有限公司	驾驶员监控系统（DMS）
	ET7（4WD）(China）	2022	南通商汤科技有限公司	驾驶员监控系统（DMS）
	ET7（4WD）(China）	2022	英伟达	高算力芯片
威马汽车	威马 M7（China）	2022	英伟达	高算力芯片
天际	ME7（China）	2022	北京世纪高通科技有限公司	高算力芯片
腾势新能源	腾势 N7（China）	2023	英伟达	智能驾驶芯片（Orin）
特斯拉中国	特斯拉 Model 3（RR）(China）	2022	ON Semiconductor Corp.	智能功率模块（IPM）
	特斯拉 Model 3（RR）(China）	2022	瑞萨电子	MCU
	特斯拉 Model 3（RR）(China）	2022	STMicroelectronics N.V.	MCU
	特斯拉 Model 3（RR）(China）	2022	Tesla	ADAS 域控制器芯片
	特斯拉 Model 3（RR）(China）	2022	Tesla	Autopilot 自动驾驶系统
	特斯拉 Model Y（RR）(China）	2022	Tesla	ADAS 域控制器芯片
上汽通用五菱	宝骏 KiWi EV（RR）(China）	2023	大疆车载	智能辅助驾驶系统
	五菱 凯捷混动铂金版（FF）(China）	2023	北京地平线机器人技术研发有限公司	智能驾驶芯片（征程 2）
	宝骏 悦也（RR）(China）	2023	大疆车载	智能驾驶辅助系统
	宝骏 E300（RR）(China）	2022	东软睿驰汽车技术（上海）有限公司	自动驾驶域控制器
上汽通用	凯迪拉克 CT5（FR）(China）	2022	宁波均胜电子股份有限公司	驾驶员监控系统 ECU（2.0T，10AMT）
	凯迪拉克 CT6（FR）(China）	2022	宁波均胜电子股份有限公司	驾驶员监控系统 ECU（2.0T，10AMT）
	凯迪拉克 CT6（FR）(China）	2022	欧司朗光电半导体（中国）有限公司	驾驶员监控系统红外 LED（2.0T，10AMT）
	凯迪拉克 CT6（FR）(China）	2022	欧司朗光电半导体（中国）有限公司	彩色 LED 指示灯（驾驶员监控系统，2.0T，10AMT）

（续）

整车厂商	车型	车型年份	供应商	零部件名称
上汽通用	凯迪拉克 CT6（FR）（China）	2022	Seeing Machines	驾驶员监控系统 ECU（2.0T，10AMT）
	凯迪拉克 LYRIQ（4WD）（China）	2022	宁波均胜电子股份有限公司	驾驶员监控系统 ECU
	凯迪拉克 LYRIQ（RR）（China）	2022	宁波均胜电子股份有限公司	驾驶员监控系统 ECU（2.0T，10AMT）
上汽大众	大众 ID.3（RR）（China）	2023	Mobileye Vision Technologies Ltd.	智能驾驶芯片（EyeQ4）
	大众 ID.4 X（4WD）（China）	2023	Mobileye Vision Technologies Ltd.	智能驾驶芯片（EyeQ4）
	大众 ID.4 X（RR）（China）	2023	Mobileye Vision Technologies Ltd.	智能驾驶芯片（EyeQ4）
	大众 ID.6 X（4WD）（China）	2023	Mobileye Vision Technologies Ltd.	智能驾驶芯片（EyeQ4）
	大众 ID.6 X（RR）（China）	2023	Mobileye Vision Technologies Ltd.	智能驾驶芯片（EyeQ4）
	大众 ID.3（RR）（China）	2022	Mobileye Vision Technologies Ltd.	智能驾驶芯片
	大众 ID.4 X（4WD）（China）	2022	Mobileye Vision Technologies Ltd.	智能驾驶芯片
	大众 ID.4 X（RR）（China）	2022	Mobileye Vision Technologies Ltd.	智能驾驶芯片
	大众 ID.6 X（4WD）（China）	2022	Mobileye Vision Technologies Ltd.	智能驾驶芯片
	大众 ID.6 X（RR）（China）	2022	Mobileye Vision Technologies Ltd.	智能驾驶芯片
上汽大通	大通 G90（FF）（China）	2022	北京经纬恒润科技股份有限公司（原北京经纬恒润科技有限公司）	驾驶员监控系统 ECU（2.0T，8AT）
	大通 大家 9（FF）（China）	2022	北京经纬恒润科技股份有限公司（原北京经纬恒润科技有限公司）	驾驶员监控系统 ECU
上汽乘用车	荣威 RX5（FF）（China）	2023	北京经纬恒润科技股份有限公司（原北京经纬恒润科技有限公司）	驾驶员监控系统 ECU（1.5T，7DCT）
	荣威 RX5（FF）（China）	2023	深圳佑驾创新科技股份有限公司（原深圳佑驾创新科技有限公司）	驾驶员监控系统（DMS）（1.5T，7DCT）
	荣威 RX5（FF）（China）	2023	深圳佑驾创新科技股份有限公司（原深圳佑驾创新科技有限公司）	驾驶员监控系统（DMS）
	荣威 eRX5 混动（China）	2022	北京经纬恒润科技股份有限公司（原北京经纬恒润科技有限公司）	驾驶员监控系统 ECU
	荣威 ERX5 纯动（China）	2022	北京经纬恒润科技股份有限公司（原北京经纬恒润科技有限公司）	驾驶员监控系统 ECU
	荣威 RX5（FF）（China）	2022	北京地平线机器人技术研发有限公司	自动驾驶域控制器芯片
	荣威 RX5（FF）（China）	2022	深圳佑驾创新科技股份有限公司（原深圳佑驾创新科技有限公司）	驾驶员监控系统（DMS）
赛力斯	AITO 问界 M5（4WD）（China）	2023	华为技术有限公司	智能驾驶芯片（MDC610）
	AITO 问界 M5（RR）（China）	2023	华为技术有限公司	智能驾驶芯片（MDC610）
	AITO 问界 M5 EV（4WD）（China）	2023	华为技术有限公司	智能驾驶芯片（MDC610）
	AITO 问界 M5 EV（RR）（China）	2023	华为技术有限公司	智能驾驶芯片（MDC610）
	AITO 问界 M7（4WD）（China）	2023	华为技术有限公司	智能驾驶芯片（MDC610）
	AITO 问界 M7（RR）（China）	2023	华为技术有限公司	智能驾驶芯片（MDC610）
	AITO 问界 M5（China）	2022	博世汽车部件（苏州）有限公司	智能驾驶系统
	AITO 问界 M5（China）	2022	博世汽车部件（苏州）有限公司	驾驶员监控系统（DMS）
奇瑞新能源	大蚂蚁（China）	2022	北京地平线机器人技术研发有限公司	ADAS 域控制器芯片
	大蚂蚁（China）	2022	英博超算（南京）科技有限公司	自动驾驶域控制器
	大蚂蚁（China）	2022	浙江亚太机电股份有限公司	ADAS 域控制器
	小蚂蚁（RR）（China）	2022	北京地平线机器人技术研发有限公司	智能驾驶芯片
奇瑞捷豹路虎	路虎发现运动版（4WD）（China）	2022	北京世纪高通科技有限公司	高算力芯片（2.0L，9AT）

（续）

整车厂商	车型	车型年份	供应商	零部件名称
奇瑞	捷途 旅行者（4WD）(China）	2023	上海商汤智能科技有限公司	乘客监控系统（OMS）
	捷途 旅行者（4WD）(China）	2023	上海商汤智能科技有限公司	驾驶员监控系统（DMS）
	捷途 旅行者（FF）(China）	2023	上海商汤智能科技有限公司	驾驶员监控系统（DMS）
	星途 星纪元 ES（4WD）(China）	2023	华为技术有限公司	智能驾驶芯片（MDC610）
	星途 星纪元 ES（RR）(China）	2023	华为技术有限公司	智能驾驶芯片（MDC610）
	星途 星纪元 ET（4WD）(China）	2023	华为技术有限公司	智能驾驶芯片（MDC610）
	星途 星纪元 ET（FF）(China）	2023	华为技术有限公司	智能驾驶芯片（MDC610）
	捷途 X70 PLUS（FF）(China）	2022	北京市商汤科技开发有限公司	驾驶员监控系统（DMS）
	星途 凌云（FF）(China）	2022	百度在线网络技术（北京）有限公司	驾驶员监控系统（DMS）（1.6T，7DCT）
	星途 凌云（FF）(China）	2022	百度在线网络技术（北京）有限公司	驾驶员监控系统（DMS）（2.0T，7DCT）
	星途 揽月（FF）(China）	2022	百度在线网络技术（北京）有限公司	驾驶员监控系统（DMS）（2.0T，7DCT）
哪吒汽车	哪吒 GT（4WD）(China）	2023	北京地平线机器人技术研发有限公司	智能驾驶芯片（征程 3）
	哪吒 GT（RR）(China）	2023	北京地平线机器人技术研发有限公司	智能驾驶芯片（征程 3）
	哪吒 S 纯电版（4WD）(China）	2023	浙江商汤科技开发有限公司	智能驾驶辅助系统
	哪吒 S 纯电版（RR）(China）	2023	浙江商汤科技开发有限公司	智能驾驶辅助系统
	哪吒 U Pro（China）	2023	上海商汤智能科技有限公司	高级驾驶员辅助系统（ADAS）
	哪吒 U-II（FF）(China）	2023	北京地平线机器人技术研发有限公司	智能驾驶芯片（征程 3）
	哪吒 X（FF）(China）	2023	北京地平线机器人技术研发有限公司	智能驾驶芯片（征程 3）
	哪吒 S 纯电版（4WD）(China）	2022	浙江商汤科技开发有限公司	智能驾驶辅助系统
	哪吒 S 纯电版（RR）(China）	2022	浙江商汤科技开发有限公司	智能驾驶辅助系统
	哪吒 U（China）	2022	北京市商汤科技开发有限公司	驾驶员监控系统（DMS）
	哪吒 U（China）	2022	Mobileye Vision Technologies Ltd.	ADAS 域控制器芯片
	哪吒 U-II（FF）(China）	2022	北京地平线机器人技术研发有限公司	智能驾驶芯片
猛士	917（4WD）(China）	2023	上海商汤智能科技有限公司	驾驶员监控系统（DMS）
	917（4WD）(China）	2023	上海商汤智能科技有限公司	乘客监控系统（OMS）
路特斯	Eletre（4WD）(China）	2023	英伟达	智能驾驶芯片（Orin-X）
零跑汽车	零跑 C11（RR）(China）	2022	浙江零跑科技有限公司	ADAS 域控制器芯片
理想汽车	理想 L7（4WD）(China）	2023	虹软科技股份有限公司（原虹软（杭州）多媒体信息技术有限公司）	驾驶员监控系统软件
	理想 L7（4WD）(China）	2023	北京地平线机器人技术研发有限公司	智能驾驶芯片（征程 5）
	理想 L7（4WD）(China）	2023	惠州市德赛西威汽车电子股份有限公司	ADAS 域控制器
	理想 L7（4WD）(China）	2023	惠州市德赛西威汽车电子股份有限公司	智能驾驶系统
	理想 L7（4WD）(China）	2023	英伟达	智能驾驶芯片（Orin-X）
	理想 L8（4WD）(China）	2023	北京地平线机器人技术研发有限公司	智能驾驶芯片（征程 5）
	理想 L8（4WD）(China）	2023	英伟达	智能驾驶芯片（Orin-X）
	理想 L9（4WD）(China）	2023	北京地平线机器人技术研发有限公司	智能驾驶芯片（征程 5）
	理想 L9（4WD）(China）	2023	英伟达	智能驾驶芯片（Orin-X）
	理想 L7（4WD）(China）	2022	北京地平线机器人技术研发有限公司	智能驾驶芯片
	理想 L7（4WD）(China）	2022	英伟达	智能驾驶芯片
	理想 L8（4WD）(China）	2022	北京地平线机器人技术研发有限公司	智能驾驶芯片
	理想 L8（4WD）(China）	2022	英伟达	智能驾驶芯片
	理想 L9（4WD）(China）	2022	富赛汽车电子有限公司	自动驾驶系统（1.5T）
	理想 L9（4WD）(China）	2022	北京地平线机器人技术研发有限公司	自动驾驶芯片（1.5T）
	理想 L9（4WD）(China）	2022	英伟达	自动驾驶芯片（1.5T）

（续）

整车厂商	车型	车型年份	供应商	零部件名称
理想汽车	理想 L9（4WD）(China)	2022	欧菲光集团股份有限公司（原欧菲科技股份有限公司）	视觉感知系统（1.5T）
	理想 X01（China）	2022	英伟达	高算力芯片
岚图汽车	岚图 FREE 纯电版（4WD）(China)	2023	百度在线网络技术（北京）有限公司	智能辅助驾驶系统
	岚图 FREE（RR）(China)	2022	北京地平线机器人技术研发有限公司	ADAS 域控制器芯片
	岚图 FREE 增程版（4WD）(China)	2022	北京地平线机器人技术研发有限公司	智能驾驶芯片（1.5T）
凯翼汽车	凯翼 炫界（FF）(China)	2023	北京四维图新科技股份有限公司	ADAS 域控制器（1.5L，5MT）
	凯翼 炫界（FF）(China)	2023	北京四维图新科技股份有限公司	ADAS 域控制器（1.5L，CVT）
	凯翼 炫界 Pro（FF）(China)	2022	北京四维图新科技股份有限公司	ADAS 域控制器（1.5L，5MT）
	凯翼 炫界 Pro（FF）(China)	2022	北京四维图新科技股份有限公司	ADAS 域控制器（1.5L，CVT）
江汽集团	思皓 QX（FF）(China)	2023	黑芝麻智能科技（上海）有限公司	智能驾驶芯片
	思皓 X8 PLUS（FF）(China)	2023	北京地平线机器人技术研发有限公司	自动驾驶芯片（1.5T，7DCT）
	思皓 QX（FF）(China)	2022	北京地平线机器人技术研发有限公司	智能驾驶芯片（1.5T，6DCT）
江淮	江淮钇为 钇为 3（China）	2023	英飞凌科技（无锡）有限公司	ADAS 域控制器
极狐	阿尔法 S 华为 HI（4WD）(China)	2022	华为技术有限公司	ADAS 域控制器芯片
	阿尔法 S 华为 HI（4WD）(China)	2022	华为技术有限公司	自动驾驶 MDU
	阿尔法 S 华为 HI（4WD）(China)	2022	华为技术有限公司	自动驾驶芯片
吉利	极氪 007（4WD）(China)	2024	英伟达	智能驾驶芯片（Orin-X）
	极氪 007（RR）(China)	2024	英伟达	智能驾驶芯片（Orin-X）
	极氪 009（4WD）(China)	2023	无比视汽车产品服务（上海）有限公司	智能驾驶芯片（EyeQ5H）
	领克 08（China）	2023	黑芝麻智能科技有限公司	智能驾驶芯片（华山二号 A1000）
	博越 L（FF）(China)	2023	北京地平线机器人技术研发有限公司	智能驾驶芯片（征程 3）
	极氪 001（RR）(China)	2022	Mobileye Vision Technologies Ltd.	ADAS 域控制器芯片
	领克 05（FF）(China)	2022	北京世纪高通科技有限公司	高算力芯片（2.0T，8AMT）
	ICON（FF）(China)	2022	北京经纬恒润科技股份有限公司（原北京经纬恒润科技有限公司）	驾驶员监控系统 ECU（1.5T，7DCT）
	博越 L（FF）(China)	2022	北京地平线机器人技术研发有限公司	智能驾驶芯片
	帝豪（FF）(China)	2022	北京经纬恒润科技股份有限公司（原北京经纬恒润科技有限公司）	驾驶员监控系统 ECU（1.5L，5MT）
	帝豪（FF）(China)	2022	北京经纬恒润科技股份有限公司（原北京经纬恒润科技有限公司）	驾驶员监控系统 ECU（1.5L，CVT8）
	星越 S（4WD）(China)	2022	北京经纬恒润科技股份有限公司（原北京经纬恒润科技有限公司）	驾驶员监控系统 ECU（2.0T，7DCT）
	星越 S（FF）(China)	2022	北京经纬恒润科技股份有限公司（原北京经纬恒润科技有限公司）	驾驶员监控系统 ECU（2.0T，8AT）
	缤越 PHEV（FF）(China)	2022	北京经纬恒润科技股份有限公司（原北京经纬恒润科技有限公司）	驾驶员监控系统 ECU（1.5T，7DCT）
恒大新能源	恒驰 5（FF）(China)	2022	Mobileye Vision Technologies Ltd.	自动驾驶芯片
合创	Z03（China）	2022	延锋伟世通汽车电子有限公司	驾驶员监控系统 ECU
广汽丰田	丰田 赛那（FF）(China)	2022	广州小马智行科技有限公司	智能驾驶芯片
广汽乘用车	传祺 E8（FF）(China)	2024	上海智驾汽车科技有限公司	智能驾驶系统
	传祺 E8（FF）(China)	2023	上海智驾汽车科技有限公司	智能驾驶系统
	传祺 E9（FF）(China)	2023	禾多科技（北京）有限公司	高级驾驶员辅助系统（ADAS）
	传祺 ES9（China）	2023	上海商汤智能科技有限公司	乘客监控系统（OMS）
	传祺 ES9（China）	2023	上海商汤智能科技有限公司	驾驶员监控系统（DMS）
	传祺 影酷 混动版（FF）(China)	2023	禾多科技（北京）有限公司	高级驾驶员辅助系统（ADAS）

（续）

整车厂商	车型	车型年份	供应商	零部件名称
广汽乘用车	传祺影酷燃油版（FF）(China）	2023	禾多科技（北京）有限公司	高级驾驶员辅助系统（ADAS）
	传祺 GA6（FF）(China）	2022	博世汽车部件（苏州）有限公司	自动驻车系统（Auto hold，1.5T，6AMT）
	传祺 GA6（FF）(China）	2022	博世汽车部件（苏州）有限公司	紧急制动辅助系统（EBA）（1.5T，6AMT）
	传祺 GS4 PLUS（FF）(China）	2022	北京地平线机器人技术研发有限公司	智能驾驶芯片（2.0T，E-CVT）
	传祺影酷混动版（FF）(China）	2022	禾多科技（北京）有限公司	高级驾驶员辅助系统（ADAS）
	传祺影酷燃油版（FF）(China）	2022	禾多科技（北京）有限公司	高级驾驶员辅助系统（ADAS）
广汽本田	本田 极湃 1（FF）(China）	2023	上海商汤智能科技有限公司	驾驶员监控系统（DMS）
	本田 雅阁插混（FF）(China）	2023	上海商汤智能科技有限公司	驾驶员监控系统（DMS）
	本田 雅阁 锐·T 动（FF）(China）	2022	北京世纪高通科技有限公司	高算力芯片（1.5T，CVT）
广汽埃安	Hyper 昊铂 GT（RR）(China）	2023	禾多科技（北京）有限公司	高级驾驶员辅助系统（ADAS）
	Hyper 昊铂 GT（RR）(China）	2023	上海商汤智能科技有限公司	驾驶员监控系统（DMS）
	埃安 LX Plus（4WD）(China）	2023	禾多科技（北京）有限公司	高级驾驶员辅助系统（ADAS）
	埃安 LX Plus（4WD）(China）	2023	深圳市商汤科技有限公司	智能驾驶辅助系统
	埃安 LX Plus（FF）(China）	2023	禾多科技（北京）有限公司	高级驾驶员辅助系统（ADAS）
	埃安 LX Plus（FF）(China）	2023	深圳市商汤科技有限公司	智能驾驶辅助系统
	埃安 LX（FF）(China）	2022	马瑞利汽车电子（广州）有限公司	自动驾驶域控制器
	埃安 LX Plus（4WD）(China）	2022	禾多科技（北京）有限公司	高级驾驶员辅助系统（ADAS）
	埃安 LX Plus（4WD）(China）	2022	深圳市商汤科技有限公司	智能驾驶辅助系统
	埃安 LX Plus（FF）(China）	2022	禾多科技（北京）有限公司	高级驾驶员辅助系统（ADAS）
	埃安 LX Plus（FF）(China）	2022	深圳市商汤科技有限公司	智能驾驶辅助系统
	埃安 V（China）	2022	罗伯特博世	驾驶员监控系统（DMS）
	埃安 V（China）	2022	Mobileye Vision Technologies Ltd.	ADAS 域控制器芯片
	埃安 V Plus（FF）(China）	2022	延锋伟世通汽车电子有限公司	驾驶员监控系统 ECU
	埃安 Y（FF）(China）	2022	北京地平线机器人技术研发有限公司	驾驶员监控系统（DMS）
	埃安 Y（FF）(China）	2022	北京地平线机器人技术研发有限公司	智能驾驶芯片
	埃安 Y（FF）(China）	2022	延锋伟世通汽车电子有限公司	驾驶员监控系统 ECU
高合汽车	高合 HiPhi Y（4WD）(China）	2023	英伟达	智能驾驶芯片（Orin-X）
	高合 HiPhi Y（4WD）(China）	2023	德州仪器半导体技术（上海）有限公司	智能驾驶芯片（TDA4）
	高合 HiPhi Y（China）	2023	纵目科技（上海）股份有限公司（原上海纵目科技有限公司）	驾驶员监控系统（DMS）
	高合 HiPhi Y（RR）(China）	2023	英伟达	智能驾驶芯片（Orin-X）
	高合 HiPhi Y（RR）(China）	2023	德州仪器半导体技术（上海）有限公司	智能驾驶芯片（TDA4）
	高合 HiPhi Z（4WD）(China）	2023	纵目科技（上海）股份有限公司（原上海纵目科技有限公司）	乘客监控系统（OMS）
	高合 HiPhi X（China）	2022	安波福（中国）投资有限公司	高级驾驶员辅助系统（ADAS）
	高合 HiPhi X（China）	2022	北京经纬恒润科技股份有限公司（原北京经纬恒润科技有限公司）	驾驶员监控系统（DMS）
	高合 HiPhi X（China）	2022	北京经纬恒润科技股份有限公司（原北京经纬恒润科技有限公司）	驾驶员监控系统 ECU
	高合 HiPhi Z（4WD）(China）	2022	纵目科技（上海）股份有限公司（原上海纵目科技有限公司）	乘客监控系统（OMS）
	高合 HiPhi Z（China）	2022	北京经纬恒润科技股份有限公司（原北京经纬恒润科技有限公司）	驾驶员监控系统 ECU
	高合 HiPhi Z（China）	2022	英伟达	自动驾驶芯片

（续）

整车厂商	车型	车型年份	供应商	零部件名称
飞凡汽车	飞凡 F7（4WD）(China)	2023	英伟达	智能驾驶芯片（Orin）
	飞凡 F7（RR）(China)	2023	英伟达	智能驾驶芯片（Orin）
	飞凡 R7（4WD）(China)	2023	英伟达	智能驾驶芯片（Orin）
	飞凡 R7（RR）(China)	2023	英伟达	智能驾驶芯片（Orin）
	飞凡 R7（RR）(China)	2022	英伟达	自动驾驶域控制器芯片
东风日产	启辰 VX6（FF）(China)	2023	北京地平线机器人技术研发有限公司	智能驾驶芯片（征程 3）
东风本田	本田 e:NS1（FF）(China)	2023	上海商汤智能科技有限公司	驾驶员监控系统（DMS）
比亚迪	汉 EV（China）	2023	东软睿驰汽车技术（上海）有限公司	ADAS 域控制器
	驱逐舰 07（China）	2023	比亚迪电子（国际）有限公司	智能驾驶辅助系统
	宋 MAX DM（FF）(China)	2022	博世汽车部件（苏州）有限公司	弯道速度控制系统（CSC）
	宋 MAX DM（FF）(China)	2022	上海海拉电子有限公司	并线辅助系统（LCA）
	宋 PLUS DM-i（4WD）(China)	2022	博世汽车部件（苏州）有限公司	AEB-VRU 行人识别 / 保护系统
	宋 PLUS DM-i（4WD）(China)	2022	博世汽车部件（苏州）有限公司	自动紧急制动系统（AEB CCR）
	宋 PLUS DM-i（4WD）(China)	2022	博世汽车部件（苏州）有限公司	交通拥堵辅助系统（TJA）
	宋 PLUS DM-i（4WD）(China)	2022	博世汽车部件（苏州）有限公司	交通标志智能识别系统（TSR）
	宋 PLUS DM-i（FF）(China)	2022	博世汽车部件（苏州）有限公司	AEB-VRU 行人识别 / 保护系统
	宋 PLUS DM-i（FF）(China)	2022	博世汽车部件（苏州）有限公司	自动紧急制动系统（AEB CCR）
	宋 PLUS DM-i（FF）(China)	2022	博世汽车部件（苏州）有限公司	交通拥堵辅助系统（TJA）
	宋 PLUS DM-i（FF）(China)	2022	博世汽车部件（苏州）有限公司	交通标志智能识别系统（TSR）
	宋 PLUS EV（FF）(China)	2022	博世汽车部件（苏州）有限公司	AEB-VRU 行人识别 / 保护系统
	宋 PLUS EV（FF）(China)	2022	博世汽车部件（苏州）有限公司	自动紧急制动系统（AEB CCR）
	宋 PLUS EV（FF）(China)	2022	博世汽车部件（苏州）有限公司	弯道速度控制系统（CSC）
	宋 PLUS EV（FF）(China)	2022	博世汽车部件（苏州）有限公司	紧急制动辅助（EBA）
	宋 PLUS EV（FF）(China)	2022	博世汽车部件（苏州）有限公司	预测性碰撞报警系统（PCW）
	宋 PLUS EV（FF）(China)	2022	博世汽车部件（苏州）有限公司	交通拥堵辅助系统（TJA）
	宋 PLUS EV（FF）(China)	2022	博世汽车部件（苏州）有限公司	交通标志智能识别系统（TSR）
	宋 Pro DM（4WD）(China)	2022	博世汽车部件（苏州）有限公司	AEB-VRU 行人识别 / 保护系统
	宋 Pro DM（4WD）(China)	2022	博世汽车部件（苏州）有限公司	自动紧急制动系统（AEB CCR）
	宋 Pro DM（4WD）(China)	2022	博世汽车部件（苏州）有限公司	弯道速度控制系统（CSC）
	宋 Pro DM（4WD）(China)	2022	博世汽车部件（苏州）有限公司	紧急制动辅助（EBA）
	宋 Pro DM（4WD）(China)	2022	博世汽车部件（苏州）有限公司	预测性碰撞报警系统（PCW）
	宋 Pro DM（4WD）(China)	2022	博世汽车部件（苏州）有限公司	交通拥堵辅助系统（TJA）
	宋 Pro DM（4WD）(China)	2022	博世汽车部件（苏州）有限公司	交通标志智能识别系统（TSR）
	宋 Pro DM（4WD）(China)	2022	上海海拉电子有限公司	并线辅助系统（LCA）
	汉 DM（4WD）(China)	2022	比亚迪	高级驾驶员辅助系统（ADAS）(2.0T，6AT)
	汉 DM-i（FF）(China)	2022	比亚迪	高级驾驶员辅助系统（ADAS，1.5T）
	汉 DM-p（4WD）(China)	2022	比亚迪	高级驾驶员辅助系统（ADAS，1.5T）
	汉 EV（4WD）(China)	2022	比亚迪	高级驾驶员辅助系统（ADAS）
	汉 EV（FF）(China)	2022	比亚迪	高级驾驶员辅助系统（ADAS）
	海豚（FF）(China)	2022	采埃孚中国	智能驾驶 ECU
	秦 PLUS DM-i（FF）(China)	2022	上海海拉电子有限公司	并线辅助系统（LCA）
	秦 PLUS EV（FF）(China)	2022	上海海拉电子有限公司	并线辅助系统（LCA）
	秦 Pro DM（FF）(China)	2022	博世汽车部件（苏州）有限公司	弯道速度控制系统（CSC）
	秦 Pro DM（FF）(China)	2022	博世汽车部件（苏州）有限公司	交通标志智能识别系统（TSR）

（续）

整车厂商	车型	车型年份	供应商	零部件名称
比亚迪	秦 Pro DM（FF）(China)	2022	博世汽车部件（苏州）有限公司	预测性碰撞报警系统（PCW）
	秦 Pro DM（FF）(China)	2022	博世汽车部件（苏州）有限公司	自动紧急制动系统（AEB CCR）
	秦 Pro DM（FF）(China)	2022	博世汽车部件（苏州）有限公司	AEB-VRU 行人识别 / 保护系统
	秦 Pro DM（FF）(China)	2022	博世汽车部件（苏州）有限公司	紧急制动辅助（EBA）
	秦 Pro DM（FF）(China)	2022	上海海拉电子有限公司	并线辅助系统（LCA）
	秦 Pro EV（FF）(China)	2022	博世汽车部件（苏州）有限公司	弯道速度控制系统（CSC）
	秦 Pro EV（FF）(China)	2022	博世汽车部件（苏州）有限公司	交通标志智能识别系统（TSR）
	秦 Pro EV（FF）(China)	2022	博世汽车部件（苏州）有限公司	预测性碰撞报警系统（PCW）
	秦 Pro EV（FF）(China)	2022	博世汽车部件（苏州）有限公司	自动紧急制动系统（AEB CCR）
	秦 Pro EV（FF）(China)	2022	博世汽车部件（苏州）有限公司	AEB-VRU 行人识别 / 保护系统
	秦 Pro EV（FF）(China)	2022	博世汽车部件（苏州）有限公司	紧急制动辅助（EBA）
北汽制造	极石 01（4WD）(China)	2023	英伟达	智能驾驶芯片（Orin-X）
	极石 01（4WD）(China)	2023	德州仪器半导体技术（上海）有限公司	智能驾驶芯片（TDA4）
smart	精灵 #1（RR）(China)	2023	Mobileye Vision Technologies Ltd.	智能驾驶芯片（EyeQ5）
Polestar 极星	Polestar 3（4WD）(China)	2023	英伟达	高级驾驶员辅助系统（ADAS）
	Polestar 4（4WD）(China)	2023	Mobileye Vision Technologies Ltd.	高级驾驶员辅助系统（ADAS）
	Polestar 4（FR）(China)	2023	Mobileye Vision Technologies Ltd.	高级驾驶员辅助系统（ADAS）

附录 E　中国整车厂显示屏供应链情况

整车厂商	车型	车型年份	供应商	零部件名称
中国一汽	红旗 E001（China）	2023	天马微电子股份有限公司（原深圳天马微电子股份有限公司）	电子仪表显示屏
长城	坦克 400 Hi4-T（4WD）(China)	2023	天马微电子股份有限公司（原深圳天马微电子股份有限公司）	中控显示屏
	哈弗 H6 新能源（FF）(China)	2023	天马微电子股份有限公司（原深圳天马微电子股份有限公司）	电子仪表显示屏
	哈弗 H6 新能源（FF）(China)	2023	天马微电子股份有限公司（原深圳天马微电子股份有限公司）	中控显示屏
	山海炮 柴油版（4WD）(China)	2023	天马微电子股份有限公司（原深圳天马微电子股份有限公司）	电子仪表显示屏
	山海炮 柴油版（4WD）(China)	2023	天马微电子股份有限公司（原深圳天马微电子股份有限公司）	中控显示屏
	山海炮 柴油版（4WD）(China)	2023	天马微电子股份有限公司（原深圳天马微电子股份有限公司）	流媒体内后视镜显示屏
	山海炮 汽油版 48V 轻混（4WD）(China)	2023	天马微电子股份有限公司（原深圳天马微电子股份有限公司）	电子仪表显示屏
	山海炮 汽油版 48V 轻混（4WD）(China)	2023	天马微电子股份有限公司（原深圳天马微电子股份有限公司）	中控显示屏
	山海炮 汽油版 48V 轻混（4WD）(China)	2023	天马微电子股份有限公司（原深圳天马微电子股份有限公司）	流媒体内后视镜显示屏
	哈弗 H6（FF）(China)	2022	惠州市华阳集团股份有限公司	显示屏（2.0T，7DCT）
	哈弗 H6 新能源（FF）(China)	2022	天马微电子股份有限公司（原深圳天马微电子股份有限公司）	电子仪表显示屏
	哈弗 H6 新能源（FF）(China)	2022	天马微电子股份有限公司（原深圳天马微电子股份有限公司）	中控显示屏
	哈弗 神兽（4WD）(China)	2022	大陆汽车车身电子系统（芜湖）有限公司	中控显示屏（2.0T，7DCT）

（续）

整车厂商	车型	车型年份	供应商	零部件名称
长城	哈弗 神兽（FF）(China)	2022	大陆汽车车身电子系统（芜湖）有限公司	中控显示屏（1.5T，2DHT）
	哈弗 神兽（FF）(China)	2022	大陆汽车车身电子系统（芜湖）有限公司	中控显示屏（1.5T，7DCT）
	哈弗 神兽（FF）(China)	2022	大陆汽车车身电子系统（芜湖）有限公司	中控显示屏（2.0T，7DCT）
长安	UNI-K（4WD）(China)	2023	辉创电子科技（苏州）有限公司	流媒体内后视屏
	UNI-K（FF）(China)	2023	辉创电子科技（苏州）有限公司	流媒体内后视屏
	UNI-K iDD（FF）(China)	2023	辉创电子科技（苏州）有限公司	流媒体内后视屏
	阿维塔 011（China）	2022	华为技术有限公司	中控显示屏
	阿维塔 11（China）	2022	华为技术有限公司	中控显示屏
一汽丰田	丰田 凌放（FF）(China)	2023	深圳莱宝高科技股份有限公司（原深圳莱宝真空技术有限公司）	智能触摸显示屏
	丰田 凌放双擎（4WD）(China)	2023	深圳莱宝高科技股份有限公司（原深圳莱宝真空技术有限公司）	智能触摸显示屏
	丰田 凌放双擎（FF）(China)	2023	深圳莱宝高科技股份有限公司（原深圳莱宝真空技术有限公司）	智能触摸显示屏
	丰田 凌放（FF）(China)	2022	深圳莱宝高科技股份有限公司（原深圳莱宝真空技术有限公司）	智能触摸显示屏
	丰田 凌放双擎（4WD）(China)	2022	深圳莱宝高科技股份有限公司（原深圳莱宝真空技术有限公司）	智能触摸显示屏
	丰田 凌放双擎（FF）(China)	2022	深圳莱宝高科技股份有限公司（原深圳莱宝真空技术有限公司）	智能触摸显示屏
小鹏汽车	小鹏 X9（China）	2024	江苏天华汽车电子科技有限公司	电子仪表显示屏
	小鹏 X9（China）	2024	江苏天华汽车电子科技有限公司	中控显示屏
	小鹏 G3i 460G（FF）(China)	2022	惠州市领沃园区管理服务有限公司（原乐金电子部品（惠州）有限公司）	中控显示屏
	小鹏 G3i 460G（FF）(China)	2022	芜湖长信科技股份有限公司	中控显示屏
	小鹏 G3i 460N（FF）(China)	2022	惠州市领沃园区管理服务有限公司（原乐金电子部品（惠州）有限公司）	中控显示屏
	小鹏 G3i 460N（FF）(China)	2022	芜湖长信科技股份有限公司	中控显示屏
	小鹏 G3i 520G（FF）(China)	2022	惠州市领沃园区管理服务有限公司（原乐金电子部品（惠州）有限公司）	中控显示屏
	小鹏 G3i 520G（FF）(China)	2022	芜湖长信科技股份有限公司	中控显示屏
	小鹏 G3i 520N（FF）(China)	2022	惠州市领沃园区管理服务有限公司（原乐金电子部品（惠州）有限公司）	中控显示屏
	小鹏 G3i 520N（FF）(China)	2022	芜湖长信科技股份有限公司	中控显示屏
	小鹏 P7（4WD）(China)	2022	群创科技（南海）有限公司	中控显示屏
	小鹏 P7（RR）(China)	2022	群创科技（南海）有限公司	中控显示屏
蔚来	ET7（4WD）(China)	2023	芜湖长信科技股份有限公司	显示屏
特斯拉中国	特斯拉 Model 3（RR）(China)	2022	京东方科技集团股份有限公司	中控显示屏
	特斯拉 Model 3（RR）(China)	2022	康宁汽车玻璃系统（合肥）有限公司	中控屏玻璃盖板
	特斯拉 Model 3（RR）(China)	2022	晶瑞电子材料股份有限公司（原苏州晶瑞化学股份有限公司）	触控屏零部件
	特斯拉 Model 3（RR）(China)	2022	Cypress Semiconductor Corporation	中控屏驱动电路
	特斯拉 Model 3（RR）(China)	2022	鸿腾精密科技股份有限公司	电子仪表显示屏
	特斯拉 Model 3（RR）(China)	2022	深圳莱宝高科技股份有限公司（原深圳莱宝真空技术有限公司）	触控屏零部件

（续）

整车厂商	车型	车型年份	供应商	零部件名称
特斯拉中国	特斯拉 Model 3（RR）(China）	2022	宸鸿电子材料（厦门）有限公司	触控屏
	特斯拉 Model 3（RR）(China）	2022	芜湖长信科技股份有限公司	中控屏模组
	特斯拉 Model 3（RR）(China）	2022	无锡夏普显示科技有限公司	中控显示屏
奇瑞	捷途 X70（FF）(China）	2023	天马微电子股份有限公司（原深圳天马微电子股份有限公司）	电子仪表显示屏
	捷途 X70（FF）(China）	2023	天马微电子股份有限公司（原深圳天马微电子股份有限公司）	中控显示屏
	瑞虎 8（FF）(China）	2023	天马微电子股份有限公司（原深圳天马微电子股份有限公司）	电子仪表显示屏
	瑞虎 8（FF）(China）	2023	天马微电子股份有限公司（原深圳天马微电子股份有限公司）	中控显示屏
哪吒汽车	哪吒 S（China）	2022	惠州市德赛西威汽车电子股份有限公司	中控显示屏
路特斯	Eletre（4WD）(China）	2023	江西合力泰科技有限公司	电子外后视镜显示屏模组
	Eletre（4WD）(China）	2023	伟世通	多功能显示屏
理想汽车	理想 L7（4WD）(China）	2023	闻泰科技股份有限公司（原中茵股份有限公司）	后排车顶显示屏
	理想 L7（4WD）(China）	2023	武汉海微科技有限公司	中控屏
	理想 ONE（4WD）(China）	2023	芜湖长信科技股份有限公司	中控屏
	理想 L9（4WD）(China）	2022	武汉海微科技有限公司	多功能显示屏（1.5T）
江铃汽车	福特 全顺（FF）(China）	2023	伟世通中国	多功能显示屏
	江铃 域虎（China）	2023	延锋伟世通怡东汽车电子有限公司（原延锋伟世通怡东汽车仪表有限公司）	中控显示屏
吉利	极氪 007（4WD）(China）	2024	惠州市华阳集团股份有限公司	OLED 显示器
	极氪 007（RR）(China）	2024	惠州市华阳集团股份有限公司	OLED 显示器
	极氪 001（4WD）(China）	2023	惠州市华阳集团股份有限公司	显示屏
	极氪 001（RR）(China）	2023	惠州市华阳集团股份有限公司	显示屏
	银河 L7（China）	2023	天马微电子股份有限公司（原深圳天马微电子股份有限公司）	电子仪表显示屏
	极氪 X（4WD）(China）	2023	天马微电子股份有限公司（原深圳天马微电子股份有限公司）	中控显示屏
	极氪 X（RR）(China）	2023	天马微电子股份有限公司（原深圳天马微电子股份有限公司）	中控显示屏
恒大新能源	恒驰 5（FF）(China）	2022	艾杰旭显示玻璃（深圳）有限公司（原旭硝子新型電子表示玻璃（深圳）有限公司）	显示屏玻璃材料
广汽本田	本田 缤智（FF）(China）	2023	深圳莱宝高科技股份有限公司（原深圳莱宝真空技术有限公司）	智能触摸显示屏
	本田 缤智（FF）(China）	2022	深圳莱宝高科技股份有限公司（原深圳莱宝真空技术有限公司）	智能触摸显示屏
高合汽车	高合 HiPhi X（China）	2022	京东方科技集团股份有限公司	中控显示屏
飞凡汽车	飞凡 R7（4WD）(China）	2023	艾杰旭显示玻璃（深圳）有限公司（原旭硝子新型電子表示玻璃（深圳）有限公司）	车载显示器玻璃盖板
	飞凡 R7（4WD）(China）	2023	京东方科技集团股份有限公司	中控屏
	飞凡 R7（RR）(China）	2023	艾杰旭显示玻璃（深圳）有限公司（原旭硝子新型電子表示玻璃（深圳）有限公司）	车载显示器玻璃盖板

（续）

整车厂商	车型	车型年份	供应商	零部件名称
飞凡汽车	飞凡 R7（RR）(China）	2023	京东方科技集团股份有限公司	中控屏
	飞凡 R7（RR）(China）	2022	京东方科技集团股份有限公司	显示屏
东风本田	本田 享域（FF）(China）	2023	深圳莱宝高科技股份有限公司（原深圳莱宝真空技术有限公司）	智能触摸显示屏
	本田 享域锐·混动（FF）(China）	2023	深圳莱宝高科技股份有限公司（原深圳莱宝真空技术有限公司）	智能触摸显示屏
	本田 享域（FF）(China）	2022	深圳莱宝高科技股份有限公司（原深圳莱宝真空技术有限公司）	智能触摸显示屏
	本田 享域锐·混动（FF）(China）	2022	深圳莱宝高科技股份有限公司（原深圳莱宝真空技术有限公司）	智能触摸显示屏
比亚迪	仰望 U8（4WD）(China）	2023	天马微电子股份有限公司（原深圳天马微电子股份有限公司）	电子仪表显示屏
	仰望 U8（4WD）(China）	2023	天马微电子股份有限公司（原深圳天马微电子股份有限公司）	中控显示屏
	唐 DM-i（FF）(China）	2023	芜湖长信科技股份有限公司	中控屏模组
	唐 DM-p（4WD）(China）	2023	芜湖长信科技股份有限公司	中控屏模组
	唐 EV（4WD）(China）	2023	芜湖长信科技股份有限公司	中控屏模组
	唐 EV（FF）(China）	2023	芜湖长信科技股份有限公司	中控屏模组
	宋 MAX DM-i（FF）(China）	2023	芜湖长信科技股份有限公司	中控屏模组
	宋 PLUS DM-i（4WD）(China）	2023	芜湖长信科技股份有限公司	中控屏模组
	宋 PLUS DM-i（FF）(China）	2023	芜湖长信科技股份有限公司	中控屏模组
	宋 PLUS EV（FF）(China）	2023	芜湖长信科技股份有限公司	中控屏模组
	宋 Pro DM-i（FF）(China）	2023	芜湖长信科技股份有限公司	中控屏模组
	汉 DM-i（FF）(China）	2023	芜湖长信科技股份有限公司	中控屏模组
	汉 DM-p（4WD）(China）	2023	芜湖长信科技股份有限公司	中控屏模组
	汉 EV（4WD）(China）	2023	芜湖长信科技股份有限公司	中控屏模组
	汉 EV（FF）(China）	2023	芜湖长信科技股份有限公司	中控屏模组
	海豹（4WD）(China）	2023	芜湖长信科技股份有限公司	中控屏
	海豹（RR）(China）	2023	芜湖长信科技股份有限公司	中控屏
	秦 PLUS DM-i（FF）(China）	2023	芜湖长信科技股份有限公司	中控屏模组
	秦 PLUS EV（FF）(China）	2023	芜湖长信科技股份有限公司	中控屏模组
北汽福田	福田 大将军 G7（4WD）(China）	2022	惠州华阳通用电子有限公司	显示屏（2.0T，6MT）
	福田 大将军 G7（4WD）(China）	2022	惠州华阳通用电子有限公司	显示屏（2.0T，8AT）
	福田 大将军 G7（FR）(China）	2022	惠州华阳通用电子有限公司	显示屏（2.0T，6MT）
	福田 大将军 G7（FR）(China）	2022	惠州华阳通用电子有限公司	显示屏（2.0T，8AT）
	福田 大将军 G9（4WD）(China）	2022	惠州华阳通用电子有限公司	显示屏（2.0T，8AT）
	福田 大将军 G9（FR）(China）	2022	惠州华阳通用电子有限公司	显示屏（2.0T，8AT）
宝马	MINI Cooper E（China）	2024	Samsung Display Co., Ltd.	OLED 显示器
	MINI Cooper SE（China）	2024	Samsung Display Co., Ltd.	OLED 显示器

附录 F　中国整车厂车载信息娱乐设备供应链情况

整车厂商	车型	车型年份	供应商	零部件名称
中国一汽	红旗 HS5（4WD）(China）	2022	东软集团股份有限公司	智能座舱域控制器（2.0T，6AMT）
	红旗 HS5（FF）(China）	2022	Mobileye Vision Technologies Ltd.	智能座舱域控制器芯片
	红旗 HS5（FF）(China）	2022	东软集团股份有限公司	智能座舱域控制器（2.0T，6AMT）

（续）

整车厂商	车型	车型年份	供应商	零部件名称
中国一汽	红旗 HS5（FF）(China）	2022	东软睿驰汽车技术（上海）有限公司	智能座舱域控制器
	红旗 HS7（FR）(China）	2022	Mobileye Vision Technologies Ltd.	智能座舱域控制器芯片
	红旗 HS7（FR）(China）	2022	东软睿驰汽车技术（上海）有限公司	智能座舱域控制器
智己汽车	智己 LS7（4WD）(China）	2023	Qualcomm，Inc.	智能座舱域控制器芯片（8155）
	智己 LS7（RR）(China）	2023	Qualcomm，Inc.	智能座舱域控制器芯片（8155）
长城	哈弗 F5（FF）(China）	2023	思必驰科技股份有限公司（原苏州思必驰信息科技有限公司）	智能语音操作系统
	哈弗 H6（FF）(China）	2023	思必驰科技股份有限公司（原苏州思必驰信息科技有限公司）	智能语音操作系统
	哈弗 H6S（FF）(China）	2023	Qualcomm，Inc.	智能座舱域控制器芯片（8155）
	魏牌 拿铁 DHT（FF）(China）	2023	Qualcomm，Inc.	智能座舱域控制器芯片（8155）
	魏牌拿铁 DHT-PHEV（4WD）(China）	2023	Qualcomm，Inc.	智能座舱域控制器芯片（8155）
	魏牌 拿铁 DHT-PHEV（FF）(China）	2023	Qualcomm，Inc.	智能座舱域控制器芯片（8155）
	魏牌 摩卡（4WD）(China）	2023	Qualcomm，Inc.	智能座舱域控制器芯片（8155）
	魏牌 摩卡（FF）(China）	2023	Qualcomm，Inc.	智能座舱域控制器芯片（8155）
	魏牌摩卡 DHT-PHEV（4WD）(China）	2023	Qualcomm，Inc.	智能座舱域控制器芯片（8155）
	魏牌 摩卡 DHT-PHEV（FF）(China）	2023	Qualcomm，Inc.	智能座舱域控制器芯片（8155）
	沙龙 机甲龙（4WD）(China）	2023	Qualcomm，Inc.	智能座舱域控制器芯片（8155）
	魏牌 玛奇朵 DHT（FF）(China）	2023	Qualcomm，Inc.	智能座舱域控制器芯片（8155）
	魏牌 玛奇朵 DHT-PHEV（FF）(China）	2023	Qualcomm，Inc.	智能座舱域控制器芯片（8155）
	哈弗 神兽（4WD）(China）	2023	Qualcomm，Inc.	智能座舱域控制器芯片（8155）
	哈弗 神兽（FF）(China）	2023	Qualcomm，Inc.	智能座舱域控制器芯片（8155）
	哈弗 F5（FF）(China）	2022	思必驰科技股份有限公司（原苏州思必驰信息科技有限公司）	智能语音操作系统
	哈弗 H6（4WD）(China）	2022	惠州市华阳集团股份有限公司	智能座舱域控制器（2.0T，7DCT）
	哈弗 H6（FF）(China）	2022	思必驰科技股份有限公司（原苏州思必驰信息科技有限公司）	智能语音操作系统
	哈弗 H6（FF）(China）	2022	惠州市华阳集团股份有限公司	无线充电器（1.5T，7DCT）
	哈弗 H6S（FF）(China）	2022	Qualcomm，Inc.	智能座舱域控制器芯片
	魏牌 拿铁 DHT（FF）(China）	2022	Qualcomm，Inc.	智能座舱域控制器芯片
	魏牌 拿铁 DHT-PHEV（4WD）(China）	2022	Qualcomm，Inc.	智能座舱域控制器芯片
	魏牌 拿铁 DHT-PHEV（FF）(China）	2022	Qualcomm，Inc.	智能座舱域控制器芯片
	魏牌 摩卡（4WD）(China）	2022	Qualcomm，Inc.	智能座舱域控制器芯片（2.0T，9DCT）
	魏牌 摩卡（FF）(China）	2022	安波福（原 Delphi Automotive PLC	智能座舱域控制器
	魏牌 摩卡（FF）(China）	2022	Qualcomm，Inc.	智能座舱域控制器芯片（2.0T，9DCT）
	魏牌 摩卡 DHT-PHEV（4WD）(China）	2022	Qualcomm，Inc.	智能座舱域控制器芯片
	魏牌 摩卡 DHT-PHEV（FF）(China）	2022	Qualcomm，Inc.	智能座舱域控制器芯片
	魏牌 玛奇朵（FF）(China）	2022	长城	智能座舱

（续）

整车厂商	车型	车型年份	供应商	零部件名称
长城	魏牌 玛奇朵（FF）(China)	2022	Qualcomm, Inc.	智能座舱域控制器芯片
	魏牌 玛奇朵 DHT（FF）(China)	2022	Qualcomm, Inc.	智能座舱域控制器芯片
	魏牌 玛奇朵 DHT-PHEV（FF）(China)	2022	Qualcomm, Inc.	智能座舱域控制器芯片
	哈弗 神兽（4WD）(China)	2022	惠州市华阳集团股份有限公司	无线充电器（2.0T，7DCT）
	哈弗 神兽（4WD）(China)	2022	东软集团股份有限公司	智能座舱域控制器（2.0T，7DCT）
	哈弗 神兽（4WD）(China)	2022	Qualcomm, Inc.	智能座舱域控制器芯片（2.0T，7DCT）
	哈弗 神兽（FF）(China)	2022	惠州市华阳集团股份有限公司	无线充电器（1.5T，2DHT）
	哈弗 神兽（FF）(China)	2022	惠州市华阳集团股份有限公司	无线充电器（1.5T，7DCT）
	哈弗 神兽（FF）(China)	2022	惠州市华阳集团股份有限公司	无线充电器（2.0T，7DCT）
	哈弗 神兽（FF）(China)	2022	东软集团股份有限公司	智能座舱域控制器（1.5T，2DHT）
	哈弗 神兽（FF）(China)	2022	东软集团股份有限公司	智能座舱域控制器（1.5T，7DCT）
	哈弗 神兽（FF）(China)	2022	东软集团股份有限公司	智能座舱域控制器（2.0T，7DCT）
	哈弗 神兽（FF）(China)	2022	Qualcomm, Inc.	智能座舱域控制器芯片（1.5T，2DHT）
	哈弗 神兽（FF）(China)	2022	Qualcomm, Inc.	智能座舱域控制器芯片（1.5T，7DCT）
	哈弗 神兽（FF）(China)	2022	Qualcomm, Inc.	智能座舱域控制器芯片（2.0T，7DCT）
	欧拉 闪电猫（4WD）(China)	2022	惠州市华阳集团股份有限公司	无线充电器
	欧拉 闪电猫（FF）(China)	2022	惠州市华阳集团股份有限公司	无线充电器
长安马自达	马自达 CX-50（FF）(China)	2023	亿咖通（湖北）技术有限公司	智能座舱计算平台
长安	阿维塔 11（China）	2023	华为技术有限公司	智能座舱
	阿维塔 12（4WD）(China)	2023	华为技术有限公司	智能座舱系统
	阿维塔 12（RR）(China)	2023	华为技术有限公司	智能座舱系统
	CS75 PLUS（FF）(China)	2023	虹软科技股份有限公司（原虹软（杭州）多媒体信息技术有限公司）	手势控制模块
	CS75 PLUS（FF）(China)	2023	南京芯驰半导体科技股份有限公司（原南京芯驰半导体科技有限公司）	智能座舱域控制器芯片
	欧尚 Z6（FF）(China)	2023	联发科技股份有限公司	智能座舱域控制器芯片（1.5T，7DCT）
	阿维塔 011（China）	2022	华为技术有限公司	智能座舱系统
	阿维塔 011（China）	2022	华为技术有限公司	智能座舱域控制器芯片
	阿维塔 011（China）	2022	华为技术有限公司	语音交互
	阿维塔 11（China）	2022	华为技术有限公司	智能座舱系统
	阿维塔 11（China）	2022	华为技术有限公司	智能座舱域控制器芯片
	阿维塔 11（China）	2022	华为技术有限公司	语音交互
	CS75 PLUS（FF）(China)	2022	惠州市德赛西威汽车电子股份有限公司	车载信息娱乐系统（1.5T，6AT）
	CS75 PLUS（FF）(China)	2022	惠州市德赛西威汽车电子股份有限公司	车载信息娱乐系统（2.0T，8AT）
	CS75 PLUS（FF）(China)	2022	南京芯驰半导体科技股份有限公司（原南京芯驰半导体科技有限公司）	智能座舱域控制器芯片
	UNI-T（FF）(China)	2022	重庆梧桐车联科技有限公司	语音交互（1.5T，7DCT）

（续）

整车厂商	车型	车型年份	供应商	零部件名称
长安	UNI-T（FF）(China）	2022	重庆梧桐车联科技有限公司	语音交互（2.0T，8AT）
	UNI-T（FF）(China）	2022	北京地平线机器人技术研发有限公司	座舱域控制器芯片
	UNI-T（FF）(China）	2022	联合汽车电子有限公司	智能座舱域控制器
	UNI-V（China）	2022	深圳市掌锐电子有限公司	智能座舱
	欧尚 Z6（FF）(China）	2022	联发科技股份有限公司	智能座舱域控制器芯片（1.5T，7DCT）
一汽 - 大众	大众 ID.4 CROZZ(4WD）(China）	2022	LG Electronics Inc.	智能座舱域控制器
	大众 ID.4 CROZZ（RR）(China）	2022	LG Electronics Inc.	智能座舱域控制器
	大众 ID.6 CROZZ(4WD）(China）	2022	LG Electronics Inc.	智能座舱域控制器
	大众 ID.6 CROZZ（RR）(China）	2022	LG Electronics Inc.	智能座舱域控制器
一汽奔腾	奔腾 T90（China）	2023	Qualcomm，Inc.	智能座舱域控制器芯片（8155）
小鹏汽车	小鹏 G3i 460G（FF）(China）	2023	思必驰科技股份有限公司（原苏州思必驰信息科技有限公司）	智能语音操作系统
	小鹏 G3i 460N（FF）(China）	2023	思必驰科技股份有限公司（原苏州思必驰信息科技有限公司）	智能语音操作系统
	小鹏 G3i 520N（FF）(China）	2023	思必驰科技股份有限公司（原苏州思必驰信息科技有限公司）	智能语音操作系统
	小鹏 G6（4WD）(China）	2023	思必驰科技股份有限公司（原苏州思必驰信息科技有限公司）	智能语音操作系统
	小鹏 G6（RR）(China）	2023	思必驰科技股份有限公司（原苏州思必驰信息科技有限公司）	智能语音操作系统
	小鹏 G9（4WD）(China）	2023	思必驰科技股份有限公司（原苏州思必驰信息科技有限公司）	智能语音操作系统
	小鹏 G9（RR）(China）	2023	思必驰科技股份有限公司（原苏州思必驰信息科技有限公司）	智能语音操作系统
	小鹏 P5（FF）(China）	2023	思必驰科技股份有限公司（原苏州思必驰信息科技有限公司）	智能语音操作系统
	小鹏 P5（FF）(China）	2023	惠州市德赛西威汽车电子股份有限公司	智能座舱域控制器
	小鹏 P5（FF）(China）	2023	Qualcomm，Inc.	智能座舱域控制器芯片（8155）
	小鹏 P7（4WD）(China）	2023	思必驰科技股份有限公司（原苏州思必驰信息科技有限公司）	智能语音操作系统
	小鹏 P7（RR）(China）	2023	思必驰科技股份有限公司（原苏州思必驰信息科技有限公司）	智能语音操作系统
	小鹏 P7i（4WD）(China）	2023	Qualcomm，Inc.	智能座舱域控制器芯片（8155）
	小鹏 P7i（RR）(China）	2023	Qualcomm，Inc.	智能座舱域控制器芯片（8155）
	小鹏 G3i 460G（FF）(China）	2022	思必驰科技股份有限公司（原苏州思必驰信息科技有限公司）	智能语音操作系统
	小鹏 G3i 460N（FF）(China）	2022	思必驰科技股份有限公司（原苏州思必驰信息科技有限公司）	智能语音操作系统
	小鹏 G3i 520N（FF）(China）	2022	思必驰科技股份有限公司（原苏州思必驰信息科技有限公司）	智能语音操作系统
	小鹏 G9（4WD）(China）	2022	思必驰科技股份有限公司（原苏州思必驰信息科技有限公司）	智能语音操作系统
	小鹏 G9（RR）(China）	2022	思必驰科技股份有限公司（原苏州思必驰信息科技有限公司）	智能语音操作系统
	小鹏 P5（FF）(China）	2022	思必驰科技股份有限公司（原苏州思必驰信息科技有限公司）	智能语音操作系统

（续）

整车厂商	车型	车型年份	供应商	零部件名称
小鹏汽车	小鹏 P5（FF）(China）	2022	Qualcomm, Inc.	智能座舱域控制器芯片
	小鹏 P7（4WD）(China）	2022	科大讯飞股份有限公司	智能互联系统
	小鹏 P7（RR）(China）	2022	思必驰科技股份有限公司（原苏州思必驰信息科技有限公司）	智能语音操作系统
	小鹏 P7（RR）(China）	2022	科大讯飞股份有限公司	智能互联系统
	小鹏 P7（RR）(China）	2022	英伟达	智能座舱域控制器
	小鹏 P7（RR）(China）	2022	英伟达	智能座舱域控制器芯片
沃尔沃亚太	沃尔沃 EM90（China）	2023	Qualcomm, Inc.	数字座舱平台
	沃尔沃 EX30（4WD）(China）	2023	Qualcomm, Inc.	数字座舱平台
	沃尔沃 EX30（4WD）(China）	2023	伟世通中国	座舱域控制器
	沃尔沃 EX30（RR）(China）	2023	Qualcomm, Inc.	数字座舱平台
	沃尔沃 EX30（RR）(China）	2023	伟世通中国	座舱域控制器
蔚来	ET5 Touring（4WD）(China）	2023	Qualcomm, Inc.	智能座舱域控制器芯片
	ET7（4WD）(China）	2023	Qualcomm, Inc.	智能座舱域控制器芯片（8155）
	EC6（4WD）(China）	2022	科大讯飞股份有限公司	智能语音操作系统
	ES6（4WD）(China）	2022	科大讯飞股份有限公司	智能语音操作系统
	ES7（4WD）(China）	2022	科大讯飞股份有限公司	智能语音操作系统
	ES7（4WD）(China）	2022	Qualcomm, Inc.	智能座舱域控制器芯片
	ES8（4WD）(China）	2022	科大讯飞股份有限公司	智能语音操作系统
	ET5（4WD）(China）	2022	科大讯飞股份有限公司	智能语音操作系统
	ET5（4WD）(China）	2022	Qualcomm, Inc.	智能座舱域控制器芯片
	ET7（4WD）(China）	2022	科大讯飞股份有限公司	智能语音操作系统
	ET7（4WD）(China）	2022	Qualcomm, Inc.	智能座舱域控制器芯片
威马汽车	威马 E.5（FF）(China）	2022	科大讯飞股份有限公司	智能语音操作系统
	威马 EX5（FF）(China）	2022	科大讯飞股份有限公司	智能语音操作系统
	威马 EX6 PLUS（FF）(China）	2022	科大讯飞股份有限公司	智能语音操作系统
	威马 M7（China）	2022	科大讯飞股份有限公司	智能语音操作系统
	威马 W6（FF）(China）	2022	科大讯飞股份有限公司	智能语音操作系统
	威马 W6（FF）(China）	2022	Qualcomm, Inc.	智能座舱域控制器芯片
天际	ME7（China）	2022	惠州市德赛西威汽车电子股份有限公司	车载信息娱乐系统
特斯拉中国	特斯拉 Model Y（4WD）(China）	2022	Advanced Micro Devices Inc.	智能座舱域控制器
	特斯拉 Model 3（RR）(China）	2020	英伟达	智能座舱域控制器
神龙	标致 4008（FF）(China）	2023	亿咖通（湖北）技术有限公司	智能座舱计算平台
	标致 4008（FF）(China）	2023	亿咖通（湖北）技术有限公司	智能座舱域控制器芯片
	标致 508L（FF）(China）	2023	亿咖通（湖北）技术有限公司	智能座舱计算平台
	标致 508L（FF）(China）	2023	亿咖通（湖北）技术有限公司	智能座舱域控制器芯片
	雪铁龙 天逸 C5 Aircross（FF）(China）	2023	亿咖通（湖北）技术有限公司	智能座舱计算平台
	雪铁龙 天逸 C5 Aircross（FF）(China）	2023	亿咖通（湖北）技术有限公司	智能座舱域控制器芯片
深蓝	S7 增程版（RR）(China）	2023	Qualcomm, Inc.	智能座舱域控制器芯片（8155）
	S7 纯电版（RR）(China）	2023	Qualcomm, Inc.	智能座舱域控制器芯片（8155）
	SL03 EV（RR）(China）	2023	镁佳（北京）科技有限公司	智能座舱域控制器
	SL03 EV（RR）(China）	2023	Qualcomm, Inc.	智能座舱域控制器芯片（8155）
	SL03 FCV（RR）(China）	2023	镁佳（北京）科技有限公司	智能座舱域控制器
	SL03 FCV（RR）(China）	2023	Qualcomm, Inc.	智能座舱域控制器芯片（8155）

（续）

整车厂商	车型	车型年份	供应商	零部件名称
深蓝	SL03 Hybrid（RR）(China)	2023	镁佳（北京）科技有限公司	智能座舱域控制器
	SL03 Hybrid（RR）(China)	2023	Qualcomm, Inc.	智能座舱域控制器芯片（8155）
	SL03 EV（RR）(China)	2022	镁佳（北京）科技有限公司	智能座舱域控制器
	SL03 FCV（RR）(China)	2022	镁佳（北京）科技有限公司	智能座舱域控制器
	SL03 Hybrid（RR）(China)	2022	镁佳（北京）科技有限公司	智能座舱域控制器
上汽通用五菱	五菱 凯捷（FF）(China)	2023	思必驰科技股份有限公司（原苏州思必驰信息科技有限公司）	智能语音操作系统
	五菱 凯捷混动铂金版（FF）(China)	2023	思必驰科技股份有限公司（原苏州思必驰信息科技有限公司）	智能语音操作系统
	五菱 宏光 MINI EV（China）	2023	思必驰科技股份有限公司（原苏州思必驰信息科技有限公司）	智能语音操作系统
	五菱 凯捷（FF）(China)	2022	思必驰科技股份有限公司（原苏州思必驰信息科技有限公司）	智能语音操作系统
	五菱 宏光 MINI EV（China）	2022	思必驰科技股份有限公司（原苏州思必驰信息科技有限公司）	智能语音操作系统
上汽通用	别克 世纪（FF）(China)	2023	Cerence Inc.	语音识别软件
	别克 世纪（FF）(China)	2023	延锋伟世通汽车电子有限公司	信息娱乐系统
	别克 君越（FF）(China)	2023	Qualcomm, Inc.	智能座舱域控制器芯片（8155）
	别克 君越 艾维亚（FF）(China)	2023	Qualcomm, Inc.	智能座舱域控制器芯片（8155）
	凯迪拉克 CT5（FR）(China)	2022	百度在线网络技术（北京）有限公司	智能语音操作系统（2.0T，10AMT）
	凯迪拉克 CT6（FR）(China)	2022	百度在线网络技术（北京）有限公司	语音交互（2.0T，10AT）
	凯迪拉克 CT6（FR）(China)	2022	百度在线网络技术（北京）有限公司	智能语音操作系统（2.0T，10AMT）
	凯迪拉克 LYRIQ（4WD）(China)	2022	Qualcomm, Inc.	智能座舱域控制器芯片（2.0T，10AMT）
	凯迪拉克 LYRIQ（RR）(China)	2022	Qualcomm, Inc.	智能座舱域控制器芯片（2.0T，10AMT）
	别克 世纪（FF）(China)	2022	Qualcomm, Inc.	智能座舱域控制器芯片（8155）
	别克 微蓝 7 纯电动（FF）(China)	2022	百度在线网络技术（北京）有限公司	语音交互
	别克 昂科威 PLUS（4WD）(China)	2022	百度在线网络技术（北京）有限公司	语音交互（2.0T，9AT）
	别克 昂科威 PLUS（FF）(China)	2022	百度在线网络技术（北京）有限公司	语音交互（1.5T，9AT）
	别克 昂科威 PLUS（FF）(China)	2022	百度在线网络技术（北京）有限公司	语音交互（2.0T，9AT）
	别克 昂科威 Plus 艾维亚（4WD）(China)	2022	百度在线网络技术（北京）有限公司	语音交互
	别克 昂科威 S（4WD）(China)	2022	百度在线网络技术（北京）有限公司	语音交互（2.0T，9AT）
	别克 昂科威 S（FF）(China)	2022	百度在线网络技术（北京）有限公司	语音交互（1.5T，9AT）
	别克 昂科威 S（FF）(China)	2022	百度在线网络技术（北京）有限公司	语音交互（2.0T，9AT）
	别克 昂科威 S GS(4WD)(China)	2022	百度在线网络技术（北京）有限公司	语音交互（2.0T，9AT）
	别克 昂科威 S GS（FF）(China)	2022	百度在线网络技术（北京）有限公司	语音交互（2.0T，9AT）
	别克 昂科威 S 艾维亚（4WD）(China)	2022	百度在线网络技术（北京）有限公司	语音交互

（续）

整车厂商	车型	车型年份	供应商	零部件名称
上汽大众	大众 ID.3（RR）(China）	2022	LG Electronics Inc.	智能座舱域控制器
	大众 ID.4 X（4WD）(China）	2022	LG Electronics Inc.	智能座舱域控制器
	大众 ID.4 X（RR）(China）	2022	LG Electronics Inc.	智能座舱域控制器
	大众 ID.6 X（4WD）(China）	2022	LG Electronics Inc.	智能座舱域控制器
	大众 ID.6 X（RR）(China）	2022	LG Electronics Inc.	智能座舱域控制器
上汽大通	大通 大家 7（FF）(China）	2023	Qualcomm, Inc.	智能座舱域控制器芯片（8155）
上汽乘用车	名爵 5 天蝎座（FF）(China）	2023	Qualcomm, Inc.	智能座舱域控制器芯片（8155）
	名爵 7（China）	2023	Qualcomm, Inc.	智能座舱域控制器芯片（8155）
	荣威 RX5 MAX（FF）(China）	2023	Qualcomm, Inc.	智能座舱域控制器芯片（8155）
	荣威 RX5 PLUS（FF）(China）	2023	思必驰科技股份有限公司（原苏州思必驰信息科技有限公司）	智能语音操作系统
	荣威 RX9（China）	2023	Qualcomm, Inc.	智能座舱域控制器芯片（8155）
	荣威 鲸（FF）(China）	2023	Qualcomm, Inc.	智能座舱域控制器芯片（8155）
	名爵 5 天蝎座（FF）(China）	2022	Qualcomm, Inc.	智能座舱域控制器芯片
	荣威 RX5 MAX（FF）(China）	2022	Qualcomm, Inc.	智能座舱域控制器芯片
	荣威 RX5 PLUS（FF）(China）	2022	思必驰科技股份有限公司（原苏州思必驰信息科技有限公司）	智能语音操作系统
赛力斯	AITO 问界 M5（4WD）(China）	2023	华为技术有限公司	智能座舱系统
	AITO 问界 M5（RR）(China）	2023	华为技术有限公司	智能座舱系统
	AITO 问界 M5 EV（4WD）(China）	2023	华为技术有限公司	智能座舱系统
	AITO 问界 M5 EV（RR）(China）	2023	华为技术有限公司	智能座舱系统
	AITO 问界 M7（4WD）(China）	2023	华为技术有限公司	智能座舱系统
	AITO 问界 M7（RR）(China）	2023	华为技术有限公司	智能座舱系统
	SF5（4WD）(China）	2022	华为技术有限公司	智能互联系统（1.5T）
	SF5（RR）(China）	2022	华为技术有限公司	智能互联系统（1.5T）
	AITO 问界 M5（China）	2022	华为技术有限公司	智能座舱
	AITO 问界 M5（China）	2022	华为技术有限公司	智能座舱域控制器
	AITO 问界 M5 EV（4WD）(China）	2022	惠州市华阳集团股份有限公司	无线充电器
	AITO 问界 M5 EV（4WD）(China）	2022	华为技术有限公司	智能座舱系统
	AITO 问界 M5 EV（RR）(China）	2022	惠州市华阳集团股份有限公司	无线充电器
	AITO 问界 M5 EV（RR）(China）	2022	华为技术有限公司	智能座舱系统
	AITO 问界 M7（4WD）(China）	2022	惠州市华阳集团股份有限公司	无线充电器
	AITO 问界 M7（4WD）(China）	2022	华为技术有限公司	智能座舱系统
	AITO 问界 M7（RR）(China）	2022	惠州市华阳集团股份有限公司	无线充电器
	AITO 问界 M7（RR）(China）	2022	华为技术有限公司	智能座舱系统
睿蓝汽车	睿蓝 9（FF）(China）	2023	百度在线网络技术（北京）有限公司	智能语音操作系统
奇瑞新能源	无界 Pro（RR）(China）	2023	Qualcomm, Inc.	智能座舱域控制器芯片（6155）
	无界 Pro（RR）(China）	2023	腾讯科技（深圳）有限公司	智能语音操作系统
	无界 Pro（RR）(China）	2022	Qualcomm, Inc.	智能座舱域控制器芯片
	无界 Pro（RR）(China）	2022	Qualcomm, Inc.	智能座舱域控制器芯片（8155）
奇瑞	JAECOO J7（出口海外）(China）	2023	Qualcomm, Inc.	智能座舱域控制器芯片（8155）
	星途 凌云（4WD）(China）	2023	东软集团股份有限公司	智能座舱系统
	星途 凌云（FF）(China）	2023	东软集团股份有限公司	智能座舱系统
	星途 揽月（4WD）(China）	2023	东软集团股份有限公司	智能座舱系统
	星途 揽月（FF）(China）	2023	东软集团股份有限公司	智能座舱系统
	捷途 旅行者（4WD）(China）	2023	Qualcomm, Inc.	智能座舱域控制器芯片（8155）

（续）

整车厂商	车型	车型年份	供应商	零部件名称
奇瑞	捷途 旅行者（FF）(China)	2023	Qualcomm，Inc.	智能座舱域控制器芯片（8155）
	星途 星纪元 ES（China）	2023	科大讯飞股份有限公司	智能语音操作系统
	瑞虎 8（FF）(China)	2023	镁佳（北京）科技有限公司	智能座舱域控制器
	星途 瑶光（4WD）(China)	2023	科大讯飞股份有限公司	智能语音操作系统
	星途 瑶光（4WD）(China)	2023	Qualcomm，Inc.	智能座舱域控制器芯片（8155）
	星途 瑶光（FF）(China)	2023	科大讯飞股份有限公司	智能语音操作系统
	星途 瑶光（FF）(China)	2023	Qualcomm，Inc.	智能座舱域控制器芯片（8155）
	星途 追风（FF）(China)	2023	东软集团股份有限公司	智能座舱系统
	捷途 X90（FF）(China)	2022	惠州市德赛西威汽车电子股份有限公司	智能座舱域控制器（1.5T，6MT）
	捷途 X90（FF）(China)	2022	惠州市德赛西威汽车电子股份有限公司	智能座舱域控制器（1.5T，6DCT）
	捷途 X90 PLUS（FF）(China)	2022	惠州市德赛西威汽车电子股份有限公司	智能座舱域控制器（1.5T，6MT）
	捷途 X90 PLUS（FF）(China)	2022	惠州市德赛西威汽车电子股份有限公司	智能座舱域控制器（1.5T，6DCT）
	捷途 X90 PLUS（FF）(China)	2022	惠州市德赛西威汽车电子股份有限公司	智能座舱域控制器（1.6T，7DCT）
	星途 凌云（4WD）(China)	2022	东软集团股份有限公司	智能座舱系统
	星途 凌云（FF）(China)	2022	东软集团股份有限公司	智能座舱系统
	捷途 大圣（FF）(China)	2022	Qualcomm，Inc.	智能座舱域控制器芯片（1.6T，7DCT）
	星途 揽月（4WD）(China)	2022	东软集团股份有限公司	智能座舱系统
	星途 揽月（FF）(China)	2022	东软集团股份有限公司	智能座舱系统
	瑞虎 8（FF）(China)	2022	惠州市德赛西威汽车电子股份有限公司	智能座舱域控制器（1.5T，7DCT）
	瑞虎 8（FF）(China)	2022	惠州市德赛西威汽车电子股份有限公司	智能座舱域控制器（2.0T，7DCT）
	瑞虎 8（FF）(China)	2022	惠州市德赛西威汽车电子股份有限公司	智能座舱域控制器（1.6T，7DCT）
	瑞虎 8（FF）(China)	2022	镁佳（北京）科技有限公司	智能座舱域控制器
	瑞虎 8 Plus（FF）(China)	2022	惠州市德赛西威汽车电子股份有限公司	智能座舱域控制器
	瑞虎 8 Plus 鲲鹏 e+（FF）(China)	2022	惠州市德赛西威汽车电子股份有限公司	智能座舱域控制器（1.5T，3AT）
	瑞虎 8 Pro（4WD）(China)	2022	惠州市德赛西威汽车电子股份有限公司	智能座舱域控制器（2.0T，7DCT）
	瑞虎 8 Pro（FF）(China)	2022	惠州市德赛西威汽车电子股份有限公司	智能座舱域控制器（2.0T，7DCT）
	瑞虎 8 Pro（FF）(China)	2022	惠州市德赛西威汽车电子股份有限公司	智能座舱域控制器（1.6T，7DCT）
	艾瑞泽 8（FF）(China)	2022	科大讯飞股份有限公司	智能座舱系统
	艾瑞泽 8（FF）(China)	2022	科大讯飞股份有限公司	语音交互
	艾瑞泽 8（FF）(China)	2022	科大讯飞股份有限公司	智能互联系统
	星途 追风（FF）(China)	2022	东软集团股份有限公司	智能座舱系统
哪吒汽车	哪吒 GT（4WD）(China)	2023	虹软科技股份有限公司（原虹软（杭州）多媒体信息技术有限公司）	手势控制模块
	哪吒 GT（RR）(China)	2023	虹软科技股份有限公司（原虹软（杭州）多媒体信息技术有限公司）	手势控制模块

（续）

整车厂商	车型	车型年份	供应商	零部件名称
哪吒汽车	哪吒 S 增程版（RR）(China)	2023	虹软科技股份有限公司（原虹软（杭州）多媒体信息技术有限公司）	手势控制模块
	哪吒 S 纯电版（4WD）(China)	2023	虹软科技股份有限公司（原虹软（杭州）多媒体信息技术有限公司）	手势控制模块
	哪吒 S 纯电版（RR）(China)	2023	虹软科技股份有限公司（原虹软（杭州）多媒体信息技术有限公司）	手势控制模块
	哪吒 X（FF）(China)	2023	Qualcomm, Inc.	智能座舱域控制器芯片（8155）
	哪吒 S（China）	2022	惠州市德赛西威汽车电子股份有限公司	智能座舱域控制器
	哪吒 S（China）	2022	Qualcomm, Inc.	智能座舱域控制器芯片
	哪吒 U（China）	2022	Qualcomm, Inc.	智能座舱域控制器芯片
	哪吒 U Pro（China）	2022	Qualcomm, Inc.	智能座舱域控制器芯片
	哪吒 U-II（FF）(China)	2022	Qualcomm, Inc.	智能座舱域控制器芯片
路特斯	Eletre（4WD）(China)	2023	Qualcomm, Inc.	智能座舱域控制器芯片（8155）
	Eletre（China）	2022	Qualcomm, Inc.	智能座舱域控制器芯片
零跑汽车	零跑 C01（4WD）(China)	2023	Qualcomm, Inc.	智能座舱域控制器芯片（8155）
	零跑 C01（RR）(China)	2023	Qualcomm, Inc.	智能座舱域控制器芯片（8155）
	零跑 C11（4WD）(China)	2023	Qualcomm, Inc.	智能座舱域控制器芯片（8155）
	零跑 C11（RR）(China)	2023	Qualcomm, Inc.	智能座舱域控制器芯片（8155）
	零跑 C11 增程（RR）(China)	2023	Qualcomm, Inc.	智能座舱域控制器芯片（8155）
	零跑 C01（RR）(China)	2022	科大讯飞股份有限公司	智能语音操作系统
	零跑 C11（RR）(China)	2022	科大讯飞股份有限公司	智能语音操作系统
	零跑 C11（RR）(China)	2022	Qualcomm, Inc.	智能座舱域控制器芯片
	零跑 S01（FF）(China)	2022	科大讯飞股份有限公司	智能语音操作系统
	零跑 T03（FF）(China)	2022	科大讯飞股份有限公司	智能语音操作系统
理想汽车	理想 L7（4WD）(China)	2023	思必驰科技股份有限公司（原苏州思必驰信息科技有限公司）	智能语音操作系统
	理想 L7（4WD）(China)	2023	镁佳（北京）科技有限公司	智能座舱域控制器
	理想 L9（4WD）(China)	2023	虹软科技股份有限公司（原虹软（杭州）多媒体信息技术有限公司）	手势控制模块
	理想 L9（4WD）(China)	2023	镁佳（北京）科技有限公司	智能座舱域控制器
	理想 L9（4WD）(China)	2023	Qualcomm, Inc.	智能座舱域控制器芯片（8155）
	理想 L7（4WD）(China)	2022	科大讯飞股份有限公司	智能语音操作系统
	理想 L7（4WD）(China)	2022	Qualcomm, Inc.	智能座舱域控制器芯片
	理想 L8（4WD）(China)	2022	科大讯飞股份有限公司	智能语音操作系统
	理想 L8（4WD）(China)	2022	Qualcomm, Inc.	智能座舱域控制器芯片
	理想 L9（4WD）(China)	2022	湖南三安半导体有限责任公司	智能座舱域控制器（1.5T）
	理想 L9（4WD）(China)	2022	科大讯飞股份有限公司	智能语音操作系统
	理想 L9（4WD）(China)	2022	镁佳（北京）科技有限公司	智能座舱域控制器（1.5T）
	理想 L9（4WD）(China)	2022	Qualcomm, Inc.	智能座舱域控制器芯片（1.5T）
	理想 ONE（4WD）(China)	2022	惠州市德赛西威汽车电子股份有限公司	车载信息娱乐系统
	理想 ONE（China）	2022	惠州市德赛西威汽车电子股份有限公司	智能座舱域控制器
岚图汽车	岚图 FREE（4WD）(China)	2023	Qualcomm, Inc.	智能座舱域控制器芯片（8155）
	岚图 梦想家（4WD）(China)	2023	Qualcomm, Inc.	智能座舱域控制器芯片（8155）
	岚图 追光（4WD）(China)	2023	镁佳（北京）科技有限公司	智能座舱域控制器

（续）

整车厂商	车型	车型年份	供应商	零部件名称
岚图汽车	岚图 FREE（RR）(China)	2022	东软睿驰汽车技术（上海）有限公司	智能座舱域控制器
	岚图 梦想家（4WD）(China)	2022	Qualcomm, Inc.	智能座舱域控制器芯片
凯翼汽车	凯翼 昆仑（4WD）(China)	2023	华为技术有限公司	智能座舱系统
	凯翼 昆仑（FF）(China)	2023	华为技术有限公司	智能座舱系统
江西五十铃	五十铃 D-Max 柴油（4WD）(China)	2023	思必驰科技股份有限公司（原苏州思必驰信息科技有限公司）	智能语音操作系统
	五十铃 D-Max 柴油（FR）(China)	2023	思必驰科技股份有限公司（原苏州思必驰信息科技有限公司）	智能语音操作系统
	五十铃 牧游侠 柴油（4WD）(China)	2023	思必驰科技股份有限公司（原苏州思必驰信息科技有限公司）	智能语音操作系统
	五十铃 牧游侠 柴油（FR）(China)	2023	思必驰科技股份有限公司（原苏州思必驰信息科技有限公司）	智能语音操作系统
	五十铃 牧游侠 汽油（4WD）(China)	2023	思必驰科技股份有限公司（原苏州思必驰信息科技有限公司）	智能语音操作系统
	五十铃 牧游侠 汽油（FR）(China)	2023	思必驰科技股份有限公司（原苏州思必驰信息科技有限公司）	智能语音操作系统
	五十铃 经典瑞迈（China）	2023	思必驰科技股份有限公司（原苏州思必驰信息科技有限公司）	智能语音操作系统
	五十铃 铃拓 柴油（FR）(China)	2023	思必驰科技股份有限公司（原苏州思必驰信息科技有限公司）	智能语音操作系统
	五十铃 牧游侠 柴油（4WD）(China)	2022	思必驰科技股份有限公司（原苏州思必驰信息科技有限公司）	智能语音操作系统
	五十铃 牧游侠 柴油（FR）(China)	2022	思必驰科技股份有限公司（原苏州思必驰信息科技有限公司）	智能语音操作系统
	五十铃 牧游侠 汽油（4WD）(China)	2022	思必驰科技股份有限公司（原苏州思必驰信息科技有限公司）	智能语音操作系统
	五十铃 牧游侠 汽油（FR）(China)	2022	思必驰科技股份有限公司（原苏州思必驰信息科技有限公司）	智能语音操作系统
	五十铃 铃拓 柴油（FR）(China)	2022	思必驰科技股份有限公司（原苏州思必驰信息科技有限公司）	智能语音操作系统
江汽集团	思皓 X8 PLUS（FF）(China)	2023	科大讯飞股份有限公司	智能语音操作系统（1.5T, 7DCT）
	思皓 QX（FF）(China)	2022	科大讯飞股份有限公司	智能语音操作系统（1.5T, 6MT）
	思皓 QX（FF）(China)	2022	科大讯飞股份有限公司	智能语音操作系统（1.5T, 6DCT）
	思皓 爱跑（FF）(China)	2022	科大讯飞股份有限公司	智能语音操作系统
	思皓 爱跑 S（FF）(China)	2022	瑞萨电子（中国）有限公司	智能座舱域控制器芯片
江淮	江淮钇为 钇为 3（China）	2023	科大讯飞股份有限公司	智能语音操作系统
极狐	考拉（China）	2023	Qualcomm, Inc.	智能座舱域控制器芯片（8155）
	阿尔法 S 华为 HI（4WD）(China)	2023	华为技术有限公司	智能座舱系统
	阿尔法 S 华为 HI（4WD）(China)	2022	华为技术有限公司	智能座舱
	阿尔法 S 华为 HI（4WD）(China)	2022	华为技术有限公司	智能座舱域控制器
	阿尔法 S 华为 HI（4WD）(China)	2022	华为技术有限公司	智能座舱域控制器芯片
吉利	极氪 007（4WD）(China)	2024	Qualcomm, Inc.	智能座舱域控制器芯片（8295）
	极氪 007（RR）(China)	2024	Qualcomm, Inc.	智能座舱域控制器芯片（8295）
	极氪 009（4WD）(China)	2023	Qualcomm, Inc.	智能座舱域控制器芯片（8155）
	极越 01（4WD）(China)	2023	马瑞利汽车电子（广州）有限公司	一体化中控显示屏

（续）

整车厂商	车型	车型年份	供应商	零部件名称
吉利	极越 01（4WD）(China）	2023	Qualcomm, Inc.	智能座舱域控制器芯片（8295）
	极越 01（RR）(China）	2023	马瑞利汽车电子（广州）有限公司	一体化中控显示屏
	极越 01（RR）(China）	2023	Qualcomm, Inc.	智能座舱域控制器芯片（8295）
	领克 06 EM-P（FF）(China）	2023	亿咖通（湖北）技术有限公司	数字座舱平台
	领克 08（China）	2023	亿咖通（湖北）技术有限公司	智能座舱域控制器芯片
	领克 08 EM-P（4WD）(China）	2023	亿咖通（湖北）技术有限公司	数字座舱平台
	领克 08 EM-P（FF）(China）	2023	亿咖通（湖北）技术有限公司	数字座舱平台
	领克 09 EM-P（4WD）(China）	2023	Qualcomm, Inc.	智能座舱域控制器芯片（8155）
	领克 09 MHEV（4WD）(China）	2023	Qualcomm, Inc.	智能座舱域控制器芯片（8155）
	几何 G6（China）	2023	华为技术有限公司	智能座舱系统
	银河 L6（China）	2023	Qualcomm, Inc.	智能座舱域控制器芯片（8155）
	银河 L7（China）	2023	亿咖通（湖北）技术有限公司	数字座舱平台
	银河 L7（China）	2023	湖北芯擎科技有限公司	智能座舱域控制器芯片
	几何 M6（China）	2023	华为技术有限公司	智能座舱系统
	极氪 X（4WD）(China）	2023	上海伟世通汽车电子系统有限公司	座舱域控制器
	极氪 X（RR）(China）	2023	上海伟世通汽车电子系统有限公司	座舱域控制器
	星越 L（4WD）(China）	2023	Qualcomm, Inc.	智能座舱域控制器芯片（8155）
	星越 L（FF）(China）	2023	Qualcomm, Inc.	智能座舱域控制器芯片（8155）
	星越 L 雷神 Hi · F（FF）(China）	2023	Qualcomm, Inc.	智能座舱域控制器芯片（8155）
	星越 L 雷神 Hi · P（FF）(China）	2023	Qualcomm, Inc.	智能座舱域控制器芯片（8155）
	极氪 001（4WD）(China）	2022	Qualcomm, Inc.	智能座舱域控制器芯片
	极氪 001（RR）(China）	2022	Qualcomm, Inc.	智能座舱域控制器芯片
	领克 09 EM-P（4WD）(China）	2022	Qualcomm, Inc.	智能座舱域控制器芯片
	领克 09 MHEV（4WD）(China）	2022	Qualcomm, Inc.	智能座舱域控制器芯片
	几何 E（China）	2022	科大讯飞股份有限公司	语音交互
	几何 G6（China）	2022	华为技术有限公司	智能座舱系统
	几何 M6（China）	2022	华为技术有限公司	智能座舱系统
	帝豪（FF）(China）	2022	东软集团股份有限公司	智能座舱域控制器（1.5L, 5MT）
	帝豪（FF）(China）	2022	东软集团股份有限公司	智能座舱域控制器（1.5L, CVT8）
	帝豪 EV Pro（China）	2022	东软集团股份有限公司	智能座舱域控制器
	帝豪 EV500（FF）(China）	2022	东软集团股份有限公司	智能座舱域控制器
	帝豪 GSe（FF）(China）	2022	东软集团股份有限公司	智能座舱域控制器
	帝豪 PHEV（FF）(China）	2022	东软集团股份有限公司	智能座舱域控制器（1.8L）
	帝豪 S（FF）(China）	2022	东软集团股份有限公司	智能座舱域控制器（1.4T, CVT）
	星瑞（FF）(China）	2022	东软集团股份有限公司	智能座舱域控制器（2.0T, 7DCT）
	星越 L（4WD）(China）	2022	Qualcomm, Inc.	智能座舱域控制器芯片（2.0T，7DCT）
	星越 L（4WD）(China）	2022	延锋伟世通汽车电子有限公司	信息娱乐系统（2.0T，7DCT）
	星越 L（4WD）(China）	2022	延锋伟世通汽车电子有限公司	座舱域控制器（2.0T，7DCT）
	星越 L（FF）(China）	2022	Qualcomm, Inc.	智能座舱域控制器芯片（2.0T，8AT）
	星越 L（FF）(China）	2022	延锋伟世通汽车电子有限公司	信息娱乐系统（2.0T，8AT）
	星越 L（FF）(China）	2022	延锋伟世通汽车电子有限公司	座舱域控制器（2.0T，8AT）
	星越 L 雷神 Hi · F（FF）(China）	2022	Qualcomm, Inc.	智能座舱域控制器芯片
	星越 L 雷神 Hi · P（FF）(China）	2022	Qualcomm, Inc.	智能座舱域控制器芯片

（续）

整车厂商	车型	车型年份	供应商	零部件名称
恒大新能源	恒驰 5（FF）(China）	2022	百度在线网络技术（北京）有限公司	智能互联系统
	恒驰 5（FF）(China）	2022	百度在线网络技术（北京）有限公司	语音交互
	恒驰 5（FF）(China）	2022	Qualcomm，Inc.	智能座舱域控制器芯片
合创	007（China）	2023	镁佳（北京）科技有限公司	智能座舱系统
	V09（China）	2023	Qualcomm，Inc.	智能座舱域控制器芯片（8155）
	007（China）	2022	镁佳（北京）科技有限公司	智能座舱系统
广汽三菱	三菱 欧蓝德（4WD）(China）	2022	太仓阿尔派电子有限公司	Display audio 智能屏互联系统（2.4L，CVT8）
	三菱 欧蓝德（FF）(China）	2022	太仓阿尔派电子有限公司	Display audio 智能屏互联系统（2.0L，CVT8）
广汽乘用车	传祺 E8（FF）(China）	2024	Qualcomm，Inc.	智能座舱域控制器芯片（8155）
	传祺 E8（FF）(China）	2023	Qualcomm，Inc.	智能座舱域控制器芯片（8155）
	传祺 E9（FF）(China）	2023	Qualcomm，Inc.	智能座舱域控制器芯片（8155）
	传祺 M8（FF）(China）	2023	Qualcomm，Inc.	智能座舱域控制器芯片（8155）
	传祺 M8 宗师系列 HEV（FF）（China）	2023	Qualcomm，Inc.	智能座舱域控制器芯片（8155）
	传祺 M8 宗师系列 燃油版（FF）（China）	2023	Qualcomm，Inc.	智能座舱域控制器芯片（8155）
	传祺 影酷 混动版（FF）(China）	2023	Qualcomm，Inc.	智能座舱域控制器芯片（8155）
	传祺 影酷 燃油版（FF）(China）	2023	Qualcomm，Inc.	智能座舱域控制器芯片（8155）
	传祺 影酷（FF）(China）	2022	苏州智华汽车电子有限公司	智能座舱系统
	传祺 影酷 混动版（FF）(China）	2022	Qualcomm，Inc.	智能座舱域控制器芯片
	传祺 影酷 燃油版（FF）(China）	2022	Qualcomm，Inc.	智能座舱域控制器芯片
广汽埃安	埃安 LX Plus（4WD）(China）	2023	Qualcomm，Inc.	智能座舱域控制器芯片（8155）
高合汽车	高合 HiPhi Y（4WD）(China）	2023	Qualcomm，Inc.	智能座舱域控制器芯片（8155）
	高合 HiPhi Y（4WD）(China）	2023	上海商汤智能科技有限公司	智能座舱计算平台
	高合 HiPhi Y（RR）(China）	2023	Qualcomm，Inc.	智能座舱域控制器芯片（8155）
	高合 HiPhi Y（RR）(China）	2023	上海商汤智能科技有限公司	智能座舱计算平台
	高合 HiPhi Z（4WD）(China）	2023	BlackBerry Ltd.	语音识别软件
	高合 HiPhi Z（4WD）(China）	2023	上海商汤智能科技有限公司	智能座舱计算平台
	高合 HiPhi X（China）	2022	科大讯飞股份有限公司	智能语音操作系统
	高合 HiPhi X（China）	2022	宁波均胜电子股份有限公司	智能互联系统
	高合 HiPhi Z（China）	2022	科大讯飞股份有限公司	智能语音操作系统
福建奔驰	梅赛德斯 - 奔驰 V 260（China）	2022	英伟达	智能座舱域控制器芯片（2.0T，9AT）
	梅赛德斯 - 奔驰 V 260 L（China）	2022	英伟达	智能座舱域控制器芯片（2.0T，9AT）
飞凡汽车	飞凡 F7（4WD）(China）	2023	Qualcomm，Inc.	智能座舱域控制器芯片（8155）
	飞凡 F7（4WD）(China）	2023	零束科技有限公司	智能座舱系统
	飞凡 F7（RR）(China）	2023	Qualcomm，Inc.	智能座舱域控制器芯片（8155）
	飞凡 F7（RR）(China）	2023	零束科技有限公司	智能座舱系统
	飞凡 R7（4WD）(China）	2023	科大讯飞股份有限公司	智能语音操作系统
	飞凡 R7（4WD）(China）	2023	Qualcomm，Inc.	智能座舱域控制器芯片（8155）
	飞凡 R7（4WD）(China）	2023	零束科技有限公司	智能座舱系统
	飞凡 R7（RR）(China）	2023	科大讯飞股份有限公司	智能语音操作系统
	飞凡 R7（RR）(China）	2023	Qualcomm，Inc.	智能座舱域控制器芯片（8155）

（续）

整车厂商	车型	车型年份	供应商	零部件名称
飞凡汽车	飞凡 R7（RR）(China)	2023	零束科技有限公司	智能座舱系统
	飞凡 R7（RR）(China)	2022	科大讯飞股份有限公司	智能语音操作系统
	飞凡 R7（RR）(China)	2022	零束科技有限公司	智能座舱系统
东风日产	启辰 VX6（FF）(China)	2023	南京芯驰半导体科技股份有限公司（原南京芯驰半导体科技有限公司）	智能座舱域控制器芯片（X9HP）
	启辰 T90（FF）(China)	2022	恩智浦半导体	智能座舱域控制器芯片
	启辰 T90（FF）(China)	2022	深圳市航盛电子股份有限公司	智能座舱域控制器
东风乘用车	东风风神 皓极（FF）(China)	2023	南京芯驰半导体科技股份有限公司（原南京芯驰半导体科技有限公司）	智能座舱域控制器芯片
大运汽车	远航 H8（China）	2023	斑马信息科技有限公司	智能座舱系统
	远航 H8（China）	2023	Qualcomm, Inc.	智能座舱域控制器芯片（8155）
	远航 Y6（China）	2023	斑马信息科技有限公司	智能座舱系统
	远航 Y6（China）	2023	Qualcomm, Inc.	智能座舱域控制器芯片（8155）
比亚迪	秦 PLUS EV（FF）(China)	2023	科大讯飞股份有限公司	智能语音操作系统
	驱逐舰 07（China）	2023	Qualcomm, Inc.	智能座舱域控制器芯片
	元 PLUS（China）	2022	科大讯飞股份有限公司	智能语音操作系统
	唐 DM-i（FF）(China)	2022	科大讯飞股份有限公司	智能语音操作系统
	唐 DM-p（4WD）(China)	2022	科大讯飞股份有限公司	智能语音操作系统
	唐 EV（4WD）(China)	2022	科大讯飞股份有限公司	智能语音操作系统
	唐 EV（FF）(China)	2022	科大讯飞股份有限公司	智能语音操作系统
	宋 EV（China）	2022	科大讯飞股份有限公司	智能语音操作系统
	宋 MAX DM-i（FF）(China)	2022	科大讯飞股份有限公司	智能语音操作系统
	宋 PLUS（FF）(China)	2022	科大讯飞股份有限公司	智能语音操作系统
	宋 Pro DM-i（China）	2022	科大讯飞股份有限公司	智能语音操作系统
	汉 DM（4WD）(China)	2022	科大讯飞股份有限公司	智能语音操作系统（2.0T，6AT）
	汉 DM-i（FF）(China)	2022	科大讯飞股份有限公司	智能语音操作系统（1.5T）
	汉 DM-p（4WD）(China)	2022	科大讯飞股份有限公司	智能语音操作系统（1.5T）
	汉 EV（4WD）(China)	2022	科大讯飞股份有限公司	智能语音操作系统
	汉 EV（FF）(China)	2022	科大讯飞股份有限公司	智能语音操作系统
	秦 EV（FF）(China)	2022	科大讯飞股份有限公司	智能语音操作系统
	秦 PLUS DM-i（FF）(China)	2022	科大讯飞股份有限公司	智能语音操作系统
	秦 PLUS EV（FF）(China)	2022	科大讯飞股份有限公司	智能语音操作系统
北汽制造	极石 01（4WD）(China)	2023	Qualcomm, Inc.	智能座舱域控制器芯片（8155）
北汽越野车	北京 BJ40（4WD）(China)	2023	思必驰科技股份有限公司（原苏州思必驰信息科技有限公司）	智能语音操作系统
	北京 BJ40（FR）(China)	2023	思必驰科技股份有限公司（原苏州思必驰信息科技有限公司）	智能语音操作系统
	北京 BJ80（4WD）(China)	2023	思必驰科技股份有限公司（原苏州思必驰信息科技有限公司）	智能语音操作系统
	北京 BJ40（4WD）(China)	2022	思必驰科技股份有限公司（原苏州思必驰信息科技有限公司）	智能语音操作系统
	北京 BJ40（FR）(China)	2022	思必驰科技股份有限公司（原苏州思必驰信息科技有限公司）	智能语音操作系统
	北京 BJ80（4WD）(China)	2022	思必驰科技股份有限公司（原苏州思必驰信息科技有限公司）	智能语音操作系统

（续）

整车厂商	车型	车型年份	供应商	零部件名称
北汽福田	福田 大将军 G7（4WD）(China)	2022	惠州华阳通用电子有限公司	信息娱乐系统（2.0T，6MT）
	福田 大将军 G7（4WD）(China)	2022	惠州华阳通用电子有限公司	信息娱乐系统（2.0T，8AT）
	福田 大将军 G7（FR）(China)	2022	惠州华阳通用电子有限公司	信息娱乐系统（2.0T，6MT）
	福田 大将军 G7（FR）(China)	2022	惠州华阳通用电子有限公司	信息娱乐系统（2.0T，8AT）
	福田 大将军 G9（4WD）(China)	2022	惠州华阳通用电子有限公司	信息娱乐系统（2.0T，8AT）
	福田 大将军 G9（FR）(China)	2022	惠州华阳通用电子有限公司	信息娱乐系统（2.0T，8AT）
北京现代	现代 伊兰特（FF）(China)	2023	百度在线网络技术（北京）有限公司	语音交互
	现代 伊兰特 N Line（China）	2023	百度在线网络技术（北京）有限公司	语音交互
	现代 途胜 L（FF）(China)	2022	百度在线网络技术（北京）有限公司	智能互联系统（1.5T，7DCT）
北京汽车	北京 魔方（FF）(China)	2023	华为技术有限公司	智能座舱系统
	北京 魔方（FF）(China)	2022	华为技术有限公司	智能座舱系统（1.5T，7DCT）
	北京 魔方（FF）(China)	2022	华为技术有限公司	语音交互（1.5T，7DCT）
北京奔驰	梅赛德斯 - 奔驰 E 260 L（FR）(China)	2023	Qualcomm，Inc.	智能座舱域控制器芯片(8295)
	梅赛德斯 - 奔驰 E 260 L 4MATIC（4WD）(China)	2023	Qualcomm，Inc.	智能座舱域控制器芯片(8295)
	梅赛德斯 - 奔驰 E 300 L（FR）(China)	2023	Qualcomm，Inc.	智能座舱域控制器芯片(8295)
	梅赛德斯 - 奔驰 A 180 L（FF）(China)	2022	英伟达	智能座舱域控制器芯片（1.3T，7DCT）
	梅赛德斯 - 奔驰 A 180 L（FF）(China)	2022	伟世通	智能座舱域控制器（1.3T，7DCT）
	梅赛德斯 - 奔驰 A 200（China）	2022	英伟达	智能座舱域控制器芯片（1.3T，7DCT）
	梅赛德斯 - 奔驰 A 200 L（China）	2022	英伟达	智能座舱域控制器芯片（1.3T，7DCT）
	梅赛德斯 - 奔驰 A 200 L（China）	2022	伟世通	智能座舱域控制器（1.3T，7DCT）
	梅赛德斯 -AMG A 35 4MATIC（4WD）(China)	2022	伟世通	智能座舱域控制器（2.0T，7DCT）
	梅赛德斯 - 奔驰 C 200 L（FR）(China)	2022	英伟达	智能座舱域控制器芯片（1.5T，9AT）
	梅赛德斯 - 奔驰 C 260（FR）(China)	2022	英伟达	智能座舱域控制器芯片（1.5T，9AT）
	梅赛德斯 - 奔驰 C 260 L（China）	2022	伟世通	智能座舱域控制器（1.5L，9AT）
	梅赛德斯 - 奔驰 C 260 L（FR）(China)	2022	英伟达	智能座舱域控制器芯片（1.5T，9AT）
	梅赛德斯 - 奔驰 C 260 L 4MATIC（4WD）(China)	2022	英伟达	智能座舱域控制器芯片（1.5T，9AT）
	梅赛德斯 - 奔驰 E 260 L（FR）(China)	2022	英伟达	智能座舱域控制器芯片（2.0T，9AT）
	梅赛德斯 - 奔驰 E 260 L 4MATIC（4WD）(China)	2022	英伟达	智能座舱域控制器芯片（2.0T，9AT）
	梅赛德斯 - 奔驰 E 300（FR）(China)	2022	英伟达	智能座舱域控制器芯片（2.0T，9AT）

（续）

整车厂商	车型	车型年份	供应商	零部件名称
北京奔驰	梅赛德斯 - 奔驰 E 300 L（FR）（China）	2022	英伟达	智能座舱域控制器芯片（2.0T，9AT）
	梅赛德斯 - 奔驰 E 350 e L（China）	2022	英伟达	智能座舱域控制器芯片（2.0T，9AT）
	梅赛德斯 - 奔驰 EQA（China）	2022	英伟达	智能座舱域控制器芯片
	梅赛德斯 - 奔驰 EQB（China）	2022	英伟达	智能座舱域控制器芯片
	梅赛德斯 - 奔驰 EQB 350 4MATIC（4WD）（China）	2022	英伟达	智能座舱域控制器芯片
	梅赛德斯 - 奔驰 EQC 350 4MATIC（4WD）（China）	2022	英伟达	智能座舱域控制器芯片
	梅赛德斯 - 奔驰 EQC 400 4MATIC（4WD）（China）	2022	英伟达	智能座舱域控制器芯片
	梅赛德斯 - 奔驰 EQE（China）	2022	英伟达	智能座舱域控制器芯片
	梅赛德斯 - 奔驰 GLA 180（FF）（China）	2022	英伟达	智能座舱域控制器芯片（1.3T，7DCT）
	梅赛德斯 - 奔驰 GLA 200（FF）（China）	2022	英伟达	智能座舱域控制器芯片（1.3T，7DCT）
	梅赛德斯 - 奔驰 GLA 220 4MATIC（4WD）（China）	2022	英伟达	智能座舱域控制器芯片（2.0T，8DCT）
	梅赛德斯 - 奔驰 GLB 200（FF）（China）	2022	英伟达	智能座舱域控制器芯片（1.3T，7DCT）
	梅赛德斯 - 奔驰 GLB 220（China）	2022	英伟达	智能座舱域控制器芯片（2.0T，8DCT）
	梅赛德斯 - 奔驰 GLC 260 L 4MATIC（4WD）（China）	2022	英伟达	智能座舱域控制器芯片（2.0T，9AT）
	梅赛德斯 - 奔驰 GLC 300 L 4MATIC（4WD）（China）	2022	英伟达	智能座舱域控制器芯片（2.0T，9AT）
smart	精灵 #1（RR）（China）	2023	Qualcomm，Inc.	智能座舱域控制器芯片（8155）
	精灵 #1（RR）（China）	2022	亿咖通（湖北）技术有限公司	车载主机
	精灵 #1（RR）（China）	2022	Qualcomm，Inc.	智能座舱域控制器芯片
	精灵 #1（RR）（China）	2022	上海伟世通汽车电子系统有限公司	座舱域控制器
Polestar 极星	Polestar 4（4WD）（China）	2023	Qualcomm，Inc.	数字座舱平台
	Polestar 4（FR）（China）	2023	Qualcomm，Inc.	数字座舱平台

附录 G　中国整车厂汽车导航系统供应链情况

整车厂商	车型	车型年份	供应商	零部件名称
中国一汽	红旗 E-HS3（4WD）（出口）（China）	2022	HERE Technologies	车载导航系统
	红旗 E-HS9（出口）（China）	2022	HERE Technologies	车载导航系统
	红旗 E-QM5（FF）（出口）（China）	2022	HERE Technologies	车载导航系统
	红旗 H5（FF）（出口）（China）	2022	HERE Technologies	车载导航系统（1.5T，7DCT）
	红旗 H5（FF）（出口）（China）	2022	HERE Technologies	车载导航系统（1.8T，6AT）
	红旗 H7（FR）（出口）（China）	2022	HERE Technologies	车载导航系统（1.8T，6AT）
	红旗 H7（FR）（出口）（China）	2022	HERE Technologies	车载导航系统（2.0T，6AT）
	红旗 H9（FR）（出口）（China）	2022	HERE Technologies	车载导航系统（2.0T，7DCT）
	红旗 H9（FR）（出口）（China）	2022	HERE Technologies	车载导航系统（3.0T，7DCT）
	红旗 HS5（4WD）（出口）（China）	2022	HERE Technologies	车载导航系统（2.0T，6AT）
	红旗 HS5（FF）（出口）（China）	2022	HERE Technologies	车载导航系统（2.0T，6AT）
	红旗 HS7（4WD）（出口）（China）	2022	HERE Technologies	车载导航系统（3.0T，8AT）
	红旗 HS7（FR）（出口）（China）	2022	HERE Technologies	车载导航系统（2.0T，7DCT）

（续）

整车厂商	车型	车型年份	供应商	零部件名称
长城	欧拉 闪电猫（China）	2023	东软集团股份有限公司	车载导航系统
	哈弗 H6（4WD）(China）	2022	东软集团股份有限公司	车载导航系统（2.0T，7DCT）
	哈弗 H6（FF）(China）	2022	东软集团股份有限公司	车载导航系统（2.0T，7DCT）
	哈弗 H6（FF）(China）	2022	东软集团股份有限公司	车载导航系统（1.5T，7DCT）
	欧拉 好猫（FF）(China）	2022	东软集团股份有限公司	车载导航系统
	欧拉 好猫 GT（FF）(China）	2022	东软集团股份有限公司	车载导航系统
	魏牌 玛奇朵（FF）(China）	2022	高德软件有限公司	导航地图
	欧拉 芭蕾猫（FF）(China）	2022	东软集团股份有限公司	车载导航系统
长安福特	福特 EVOS（FF）(China）	2022	易图通科技（北京）有限公司	车载导航系统（2.0T，8AT）
	福特 Mustang Mach-E（China）	2022	易图通科技（北京）有限公司	车载导航系统
	福特 Mustang Mach-E GT（China）	2022	易图通科技（北京）有限公司	车载导航系统
长安	锐程 PLUS（FF）(China）	2023	高德软件有限公司	车载导航系统
	UNI-T（FF）(China）	2022	高德软件有限公司	导航地图（1.5T，7DCT）
	UNI-T（FF）(China）	2022	高德软件有限公司	导航地图（2.0T，8AT）
	UNI-T（FF）(China）	2022	腾讯科技（深圳）有限公司	导航地图（1.5T，7DCT）
	UNI-T（FF）(China）	2022	腾讯科技（深圳）有限公司	导航地图（2.0T，8AT）
	UNI-V（China）	2022	高德软件有限公司	导航地图
	逸动 PLUS（China）	2022	高德软件有限公司	车载导航系统（1.6L，CVT8）
	逸动 PLUS（China）	2022	高德软件有限公司	车载导航系统（1.6L，5MT）
	逸动 PLUS（China）	2022	高德软件有限公司	车载导航系统（1.4T，7DCT）
	锐程 PLUS（FF）(China）	2022	高德软件有限公司	车载导航系统
悦达起亚	起亚 K3 EV（China）	2022	百度在线网络技术（北京）有限公司	车载导航系统
一汽奔腾	奔腾 T99（FF）(China）	2022	南京四维智联科技有限公司	AR（增强现实）导航（2.0T，8AT）
	奔腾 T99（FF）(China）	2022	南京四维智联科技有限公司	AR（增强现实）导航（2.0T，6AT）
小鹏汽车	小鹏 G3i 460G（FF）(China）	2022	高德软件有限公司	车载导航系统
	小鹏 G3i 460N（FF）(China）	2022	高德软件有限公司	车载导航系统
	小鹏 G3i 520G（FF）(China）	2022	高德软件有限公司	车载导航系统
	小鹏 G3i 520N（FF）(China）	2022	高德软件有限公司	车载导航系统
	小鹏 G9（China）	2022	高德软件有限公司	导航地图
	小鹏 G9（China）	2022	广州导远电子科技有限公司（原广州艾宝信息科技有限公司）	高清定位器
	小鹏 P5（FF）(China）	2022	高德软件有限公司	导航地图
	小鹏 P7（4WD）(China）	2022	高德软件有限公司	车载导航系统
	小鹏 P7（RR）(China）	2022	高德软件有限公司	车载导航系统
沃尔沃亚太	沃尔沃 XC60 T8 混动（4WD）(China）	2023	高德软件有限公司	车载导航系统（2.0T，8AT）
	沃尔沃 XC60 T8 混动（4WD）(China）	2022	高德软件有限公司	车载导航系统（2.0T，8AT）
蔚来	EC6（4WD）(China）	2022	高德软件有限公司	车载导航系统
	ES7（4WD）(China）	2022	高德软件有限公司	车载导航系统
	ES8（4WD）(China）	2022	高德软件有限公司	车载导航系统
	ES8（4WD）(China）	2022	北京四维图新科技股份有限公司	车载导航系统
	ET5（4WD）(China）	2022	高德软件有限公司	车载导航系统
	ET7（4WD）(China）	2022	高德软件有限公司	车载导航系统

（续）

整车厂商	车型	车型年份	供应商	零部件名称
威马汽车	威马 M7（China）	2022	北京六分科技有限公司	GPS 导航系统
特斯拉中国	特斯拉 Model 3（RR）（China）	2022	北京四维图新科技股份有限公司	导航地图
上汽通用	雪佛兰 科鲁泽（FF）（China）	2023	上海索菱实业有限公司	车载导航系统（1.5L，6DCT）
	雪佛兰 科鲁泽（FF）（China）	2023	上海索菱实业有限公司	车载导航系统（1.3T，6AMT）
	凯迪拉克 CT6（FR）（China）	2022	高德软件有限公司	车载导航系统（2.0T，10AT）
	别克 GL8 ES 陆尊（FF）（China）	2022	高德软件有限公司	车载导航系统（2.0T，9AT）
	别克 GL8 艾维亚（FF）（China）	2022	高德软件有限公司	车载导航系统（2.0T，9AT）
	别克 GL8 陆上公务舱（FF）（China）	2022	高德软件有限公司	车载导航系统（2.0T，9AT）
	别克 微蓝 7 纯电动（FF）（China）	2022	百度在线网络技术（北京）有限公司	车载导航系统
	别克 昂科威 PLUS（4WD）（China）	2022	百度在线网络技术（北京）有限公司	车载导航系统（2.0T，9AT）
	别克 昂科威 PLUS（FF）（China）	2022	百度在线网络技术（北京）有限公司	车载导航系统（1.5T，9AT）
	别克 昂科威 PLUS（FF）（China）	2022	百度在线网络技术（北京）有限公司	车载导航系统（2.0T，9AT）
	别克 昂科威 Plus 艾维亚（4WD）（China）	2022	百度在线网络技术（北京）有限公司	车载导航系统
	别克 昂科威 S（4WD）（China）	2022	百度在线网络技术（北京）有限公司	车载导航系统（2.0T，9AT）
	别克 昂科威 S（FF）（China）	2022	百度在线网络技术（北京）有限公司	车载导航系统（1.5T，9AT）
	别克 昂科威 S（FF）（China）	2022	百度在线网络技术（北京）有限公司	车载导航系统（2.0T，9AT）
	别克 昂科威 S GS（4WD）（China）	2022	百度在线网络技术（北京）有限公司	车载导航系统（2.0T，9AT）
	别克 昂科威 S GS（FF）（China）	2022	百度在线网络技术（北京）有限公司	车载导航系统（2.0T，9AT）
	别克 昂科威 S 艾维亚（4WD）（China）	2022	百度在线网络技术（北京）有限公司	车载导航系统
	雪佛兰 科鲁泽（FF）（China）	2022	上海索菱实业有限公司	车载导航系统
	别克 英朗（FF）（China）	2022	高德软件有限公司	车载导航系统（1.3T，6AT）
	别克 英朗 XT（FF）（China）	2022	高德软件有限公司	车载导航系统（1.5L，6AT）
上汽乘用车	荣威 RX5（FF）（China）	2023	北京四维图新科技股份有限公司	车载导航系统
	荣威 RX5 eMAX（China）	2023	北京四维图新科技股份有限公司	车载导航系统
	荣威 RX5 MAX（FF）（China）	2023	北京四维图新科技股份有限公司	车载导航系统
奇瑞新能源	无界 Pro（RR）（China）	2023	高德软件有限公司	导航地图
	无界 Pro（RR）（China）	2023	腾讯科技（深圳）有限公司	导航地图
奇瑞	捷途 X90 子龙（FF）（China）	2023	高德软件有限公司	车载导航系统
	捷途 X90 子龙（FF）（China）	2023	百度在线网络技术（北京）有限公司	车载导航系统
	捷途 X90 子龙（FF）（China）	2023	腾讯科技（深圳）有限公司	车载导航系统
	捷途 大圣 i-DM（FF）（China）	2023	高德软件有限公司	车载导航系统
	捷途 大圣 i-DM（FF）（China）	2023	百度在线网络技术（北京）有限公司	车载导航系统
	捷途 大圣 i-DM（FF）（China）	2023	腾讯科技（深圳）有限公司	车载导航系统
	捷途 大圣（FF）（China）	2022	高德软件有限公司	导航地图（1.6T，7DCT）
	捷途 大圣（FF）（China）	2022	百度在线网络技术（北京）有限公司	导航地图（1.6T，7DCT）

（续）

整车厂商	车型	车型年份	供应商	零部件名称
奇瑞	捷途 大圣（FF）(China)	2022	北京北斗星通导航技术股份有限公司	车载导航系统（1.6T，7DCT）
	捷途 大圣（FF）(China)	2022	腾讯科技（深圳）有限公司	导航地图（1.6T，7DCT）
	艾瑞泽 8（FF）(China)	2022	THINKWARE Corporation	AR（增强现实）导航
哪吒汽车	哪吒 U（China）	2022	高德软件有限公司	车载导航系统
	哪吒 U Pro（China）	2022	高德软件有限公司	车载导航系统
理想汽车	理想 L7（4WD）(China)	2023	高德软件有限公司	导航地图
	理想 L7（4WD）(China)	2023	广州导远电子科技有限公司（原广州艾宝信息科技有限公司）	高清定位器
江汽集团	思皓 X8 PLUS（FF）(China)	2023	高德软件有限公司	导航地图（1.5T，7DCT）
	思皓 爱跑（FF）(China)	2022	高德软件有限公司	车载导航系统
	思皓 爱跑 S（FF）(China)	2022	腾讯科技（深圳）有限公司	车载导航系统
吉利	几何 E（China）	2022	高德软件有限公司	车载导航系统
	嘉际（FF）(China)	2022	高德软件有限公司	车载导航系统（1.8T，7DCT）
	嘉际 PHEV（FF）(China)	2022	高德软件有限公司	车载导航系统（1.5T，7DCT）
恒大新能源	恒驰 5（FF）(China)	2022	百度在线网络技术（北京）有限公司	导航地图
广汽乘用车	传祺 E9（FF）(China)	2023	高德软件有限公司	导航地图
	传祺 GS8（4WD）(China)	2023	高德软件有限公司	车载导航系统
	传祺 GS8（FF）(China)	2023	高德软件有限公司	车载导航系统
	传祺 GS8 双擎（4WD）(China)	2023	高德软件有限公司	车载导航系统
	传祺 GS8 双擎（FF）(China)	2023	高德软件有限公司	车载导航系统
	传祺 GA4 PLUS（China）	2022	高德软件有限公司	车载导航系统（1.5T，7DCT）
	传祺 GA4 PLUS（China）	2022	北京北斗星通导航技术股份有限公司	GPS 导航系统（1.5T，7DCT）
	传祺 GA4 PLUS（China）	2022	深圳市赛格导航科技股份有限公司	GPS 导航系统（1.5T，7DCT）
	传祺 GA6（FF）(China)	2022	高德软件有限公司	车载导航系统（1.5T，6AT）
	传祺 GA6（FF）(China)	2022	腾讯科技（深圳）有限公司	导航地图（1.5T，6AT）
	传祺 GA8（FF）(China)	2022	高德软件有限公司	车载导航系统（2.0T，6AT）
	传祺 GA8（FF）(China)	2022	腾讯科技（深圳）有限公司	导航地图（2.0T，6AT）
	传祺 GS3 POWER（FF）(China)	2022	高德软件有限公司	车载导航系统（1.5T，6AT）
	传祺 GS4（FF）(China)	2022	高德软件有限公司	车载导航系统（1.5T，6AT）
	传祺 GS4（FF）(China)	2022	北京北斗星通导航技术股份有限公司	GPS 导航系统（1.5T，6AT）
	传祺 GS4（FF）(China)	2022	深圳市赛格导航科技股份有限公司	GPS 导航系统（1.5T，6AT）
	传祺 GS4（FF）(China)	2022	腾讯科技（深圳）有限公司	导航地图（1.5T，6AT）
	传祺 GS4 Coupe（FF）(China)	2022	高德软件有限公司	车载导航系统（2.0T，7DCT）
	传祺 GS4 Coupe（FF）(China)	2022	北京北斗星通导航技术股份有限公司	GPS 导航系统（2.0T，7DCT）
	传祺 GS4 Coupe（FF）(China)	2022	深圳市赛格导航科技股份有限公司	GPS 导航系统（2.0T，7DCT）
	传祺 GS4 Coupe（FF）(China)	2022	腾讯科技（深圳）有限公司	导航地图（2.0T，7DCT）
	传祺 GS4 PHEV（FF）(China)	2022	高德软件有限公司	车载导航系统（1.5T）
	传祺 GS4 PHEV（FF）(China)	2022	北京北斗星通导航技术股份有限公司	GPS 导航系统（1.5T）
	传祺 GS4 PHEV（FF）(China)	2022	深圳市赛格导航科技股份有限公司	GPS 导航系统（1.5T）
	传祺 GS4 PHEV（FF）(China)	2022	腾讯科技（深圳）有限公司	导航地图（1.5T）
	传祺 GS4 PLUS（FF）(China)	2022	高德软件有限公司	车载导航系统（1.5T，6AT）
	传祺 GS4 PLUS（FF）(China)	2022	高德软件有限公司	车载导航系统（2.0T，6AT）

（续）

整车厂商	车型	车型年份	供应商	零部件名称
广汽乘用车	传祺 GS8（4WD）(China)	2022	高德软件有限公司	车载导航系统（2.0T，8AT）
	传祺 GS8（FF）(China)	2022	高德软件有限公司	车载导航系统（1.8T，8AT）
	传祺 GS8（FF）(China)	2022	高德软件有限公司	车载导航系统（2.0T，8AT）
	传祺 GS8 双擎（4WD）(China)	2022	高德软件有限公司	车载导航系统（2.0T，E-CVT）
	传祺 GS8 双擎（FF）(China)	2022	高德软件有限公司	车载导航系统（2.0T，E-CVT）
	传祺 M6（FF）(China)	2022	高德软件有限公司	车载导航系统（1.5T，6AT）
	传祺 M8（FF）(China)	2022	北京北斗星通导航技术股份有限公司	GPS 导航系统（2.0T，8AT）
	传祺 M8（FF）(China)	2022	深圳市赛格导航科技股份有限公司	GPS 导航系统（2.0T，8AT）
高合汽车	高合 HiPhi X（China）	2022	高德软件有限公司	导航地图
飞凡汽车	飞凡 R7（4WD）(China)	2023	百度在线网络技术（北京）有限公司	导航地图
	飞凡 R7（RR）(China)	2023	百度在线网络技术（北京）有限公司	导航地图
东风乘用车	东风风神 皓极（FF）(China)	2023	百度在线网络技术（北京）有限公司	车载导航系统（1.5T，7DCT）
	东风风神 皓极（FF）(China)	2023	百度在线网络技术（北京）有限公司	车载导航系统（1.5T，E-CVT）
	东风风神 奕炫 MAX(FF)(China)	2022	百度在线网络技术（北京）有限公司	车载导航系统（1.5T，7DCT）
	东风风神 奕炫 MAX(FF)(China)	2022	百度在线网络技术（北京）有限公司	车载导航系统（1.5T，E-CVT）
比亚迪	驱逐舰 07（China）	2023	高德软件有限公司	导航地图
	海豚（FF）(China)	2022	高德软件有限公司	导航地图
北汽制造	极石 01（4WD）(China)	2023	百度在线网络技术（北京）有限公司	导航地图
北京现代	现代 伊兰特（FF）(China)	2023	百度在线网络技术（北京）有限公司	车载导航系统
	现代 伊兰特 N Line（China）	2023	百度在线网络技术（北京）有限公司	车载导航系统
北京奔驰	梅赛德斯 - 奔驰 A 180 L(FF)(China)	2022	高德软件有限公司	车载导航系统（1.3T，7DCT）
	梅赛德斯 - 奔驰 A 200（China）	2022	高德软件有限公司	车载导航系统（1.3T，7DCT）
	梅赛德斯 - 奔驰 A 200 L（China）	2022	高德软件有限公司	车载导航系统（1.3T，7DCT）
	梅赛德斯 - 奔驰 E 260（China）	2022	高德软件有限公司	车载导航系统（2.0T，9AT）
	梅赛德斯 - 奔驰 E 260 L(FR)(China)	2022	高德软件有限公司	车载导航系统（2.0T，9AT）
	梅赛德斯 - 奔驰 E 260 L 4MATIC（4WD）(China)	2022	高德软件有限公司	车载导航系统（2.0T，9AT）
	梅赛德斯 - 奔驰 E 300(FR)(China)	2022	高德软件有限公司	车载导航系统（2.0T，9AT）
	梅赛德斯 - 奔驰 E 300 L(FR)(China)	2022	高德软件有限公司	车载导航系统（2.0T，9AT）
	梅赛德斯 - 奔驰 E 350 e L(China)	2022	高德软件有限公司	车载导航系统（2.0T，9AT）
	梅赛德斯 - 奔驰 EQA（China）	2022	高德软件有限公司	车载导航系统
	梅赛德斯 - 奔驰 EQB（China）	2022	高德软件有限公司	车载导航系统
	梅赛德斯 - 奔驰 EQB 350 4MATIC（4WD）(China)	2022	高德软件有限公司	车载导航系统
	梅赛德斯 - 奔驰 EQC 350 4MATIC（4WD）(China)	2022	高德软件有限公司	车载导航系统
	梅赛德斯 - 奔驰 EQC 400 4MATIC（4WD）(China)	2022	高德软件有限公司	车载导航系统
smart	精灵 #1（RR）(China)	2022	HERE Technologies	导航地图

HONGQI

广告
武汉经开区
WUHAN ECONOMIC DEVELOPMENT ZONE